UTB
FÜR WISSEN
SCHAFT

Eine Arbeitsgemeinschaft der Verlage

Wilhelm Fink Verlag München
A. Francke Verlag Tübingen und Basel
Paul Haupt Verlag Bern · Stuttgart · Wien
Hüthig Fachverlage Heidelberg
Verlag Leske + Budrich GmbH Opladen
Lucius & Lucius Verlagsgesellschaft Stuttgart
Mohr Siebeck Tübingen
Quelle & Meyer Verlag Wiesbaden
Ernst Reinhardt Verlag München und Basel
Schäffer-Poeschel Verlag Stuttgart
Ferdinand Schöningh Verlag Paderborn · München · Wien · Zürich
Eugen Ulmer Verlag Stuttgart
Vandenhoeck & Ruprecht in Göttingen und Zürich

Gernot Badtke (Hrsg.)

Lehrbuch der Sportmedizin

Unter Mitarbeit von

Frank Bittmann, Dieter Böhmer, Wolfgang Giebel, Siegfried Israel, Bodo-Knut Jüngst, Klaus Koinzer, Andree Niklas, Ulrich Pahlke, Dieter Schmidt †, Ina Überschär

4., neubearbeitete Auflage

Mit 345 Abbildungen und 63 Tabellen

Johann Ambrosius Barth
Heidelberg · Leipzig

Die Deutsche Bibliothek – CIP-Einheitsaufnahme

Lehrbuch der Sportmedizin : mit 63 Tabellen / unter Mitarb. von Frank Bittmann ... Hrsg. von Gernot Badtke. – 4., neubearb. Aufl. – Heidelberg ; Leipzig : Barth, 1999
(UTB für Wissenschaft)
ISBN 3-8252-8098-5 (UTB)

Printed in Germany
Einbandgestaltung: A. Krugmann, Freiberg am Neckar
Satz: Strassner ComputerSatz, Leimen
Druck: Druckerei Lokay, Reinheim

ISBN 3-8252-8098-5

Vorwort

Die dritte Auflage des „Lehrbuchs der Sportmedizin" wurde sowohl von Studierenden der Sportwissenschaft als auch von Ärzten, Übungsleitern und Trainern gut aufgenommen und war bald vergriffen. Verlag und Autoren sahen sich bereits nach einem Jahr veranlaßt, die Vorbereitung der 4. Auflage in Angriff zu nehmen. Es galt, technische Fehler zu eliminieren, den Stoff auf den heutigen Stand des Wissens zu bringen und einen großen Teil der Illustrationen zu verbessern. Das Kapitel Erste Hilfe wurde völlig neu gestaltet.

Herausgeber und Verfasser danken allen, die mit konstruktiver Kritik an der Qualifizierung des gut eingeführten Lehrbuches beteiligt sind und hoffen auf weitere, fördernde Hinweise.

Ein herzlicher Dank gebührt aber auch dem J. A. Barth-Verlag und seinen Mitarbeitern für die gleichbleibend sehr gute Zusammenarbeit mit den Autoren und dem Herausgeber. Das gilt besonders für Frau Heidi Zscherp, die unser Buch seit seiner ersten Auflage engagiert und erfolgreich fördert und begleitet.

Potsdam, Januar 1999 *Gernot Badtke*

Herausgeber

Univ.-Prof. Dr. med. **Gernot Badtke**

Autoren

Prof. Dr. med. **Gernot Badtke**
Direktor des Instituts für Sportmedizin
und Prävention Universität Potsdam
Am Neuen Palais, 14415 Potsdam
(Vorwort, Einführung, Kapitel 1.3, 2.2, 3.1, 3.3, 3.4, 3.7, 3.8, 4.1.1, 4.1.2.9, 5.3)

Prof. Dr. rer. nat. **Frank Bittmann**
Institut für Sportmedizin und Prävention
Universität Potsdam
Am Neuen Palais, 14415 Potsdam
(Kapitel 8)

Prof. Dr. med. **Dieter Böhmer**
em. Direktor des Instituts für Sportmedizin
Universität Frankfurt
Am Mühlgraben 3, 63263 Neu-Isenburg
(Kapitel 4.1.3)

Prof. Dr. med. **Wolfgang Giebel**
Worth 16, 39218 Schönebeck/E.
(Kapitel 3.1.3.1, 3.9)

Prof. Dr. med. Dr. paed. **Siegfried Israel**
em. Leiter des Instituts für Sportmedizin
Sportwissenschaftliche Fakultät
Universität Leipzig
Jahnallee 59, 04109 Leipzig
(Kapitel 1.1, 3.5, 3.6, 4.1.2, 4.2.2., 4.2.3, 5.1.2, 5.2.3)

Prof. Dr. med. **Bodo-Knut Jüngst**
Leitender Oberarzt der Kinderklinik
der Universität Mainz i.R.
Kehlweg 64, 55124 Mainz-Gensenheim
(Kapitel 7.1, 7.2, 7.3, 7.4, 7.5, 7.6, 7.7)

Prof. Dr. med. **Klaus Koinzer**
Technische Universität Chemnitz
Phil. Fakultät, Fachgebiet Sport,
Leiter des Lehrstuhls Sportmedizin
Thüringer Weg 11, 09107 Chemnitz
(Kapitel 4.2.1, 6, 7.1, 7.2, 7.5, 7.6, 7.7)

Prof. Dr. med. Dr. rer. nat. **Andree Niklas** (Kapitel 3.1.3.2, 3.1.3.4, 3.2)
Institut für Sportwissenschaft,
Lehrstuhl Sportmedizin
Georg-August-Universität
Sprangerweg, 37075 Göttingen

Dr. med. habil. **Ulrich Pahlke** (Kapitel 1.2, 2.1, 4.1.4, 5.1.1, 5.1.3, 5.2.1, 5.2.3.1, 5.2.3.2, 5.2.3.3, 5.2.4)
Gemeinschaftspraxis
Bramscher Str. 24, 49593 Bersenbruck

Prof. Dr. med. **Dieter Schmidt** † (Kapitel 3.8)
Institut für Sportwissenschaft,
Lehrstuhl Sportmedizin
Humboldt-Universität zu Berlin

Dr. med. **Ina Ueberschär** (Kapitel 2.2, 5.1.2.1, 5.1.4)
Leitende Ärztin des Landesarbeitsamtes Sachsen-Anhalt/Thüringen
Merseburger Str. 96, 06110 Halle/S.

Inhalt

1 Biologische Grundlagen

1.1 Prinzipien der bewegungsbedingten körperlichen Adaptation

Von *S. Israel*

Der Begriff **Adaptation (Anpassung)** wird in zahlreichen Wissenschaftsdisziplinen mit unterschiedlichem Inhalt verwendet. In der Biologie wird unter Adaptation eine morphologische und/oder funktionelle Modifikation des Organismus auf innere oder äußere Anforderungen verstanden.

1.1.1 Erläuterung des Adaptationsbegriffs

Adaptationen sind die organismische Widerspiegelung von Anforderungen. Sie erfolgen gesetzmäßig; sie sind damit vorhersagbar, und es besteht ein kausaler Zusammenhang mit bestimmten Stimuli.

Sie sind grundsätzlich auf die bessere Bewältigung der sie bewirkenden Belastungen gerichtet. Adaptationen treten ein, wenn die Ansprüche mit dem vorhandenen Potential nicht oder ungenügend bewältigt werden können.

Infolge der Adaptation kommt es zu einer Steigerung der Funktionstüchtigkeit, Leistungsfähigkeit und der Belastungstoleranz.

Eine sportbezogene Form der Adaptation, die äußerlich deutlich in Erscheinung tritt, ist die Hypertrophie (Verdickung) des Skelettmuskels als Antwort auf ein Krafttraining; die Folge dieser Reaktion ist ein gesteigertes Kraftpotential, das dem Muskel eine erhöhte Kontraktionskraft bzw. eine erhöhte Zugspannungsentwicklung ermöglicht.

Zahlreiche weitere anschauliche trainingsrelevante Beispiele für Adaptationen finden sich in den Abschnitten der Kapitel 2 bis 5.

Adaptationen sind auf allen hierarchischen Ebenen des Körpers von intrazellulären (innerhalb der Zelle befindlichen) Strukturen über die Zellen, Körpergewebe, Organe und Organsysteme bis zum Gesamtorganismus möglich.

Adaptationen wirken grundsätzlich als stabilisierendes Moment, und sie vergrößern den Spielraum körperlicher Reaktionen.

Adaptationen gehören zur Entwicklung des Lebens, und sie sind ein wichtiges Kennzeichen des Lebens. Durch die Möglichkeit bewußt und gezielt herbeigeführter Adaptationen, die auch als körperliche Selbstorganisation aufgefaßt werden können, ist der Mensch in einem bestimmten Rahmen zur Selbststrukturierung fähig.

Es gibt diverse Adaptationsgrade (vom geringen bis zum höchstmöglichen Niveau). Jeder Mensch verfügt über einen Adaptationsstatus, der entsprechend den wechselnden Anforderungen ständigen Schwankungen unterworfen ist.

Adaptationen hängen von der Reizeinwirkung ab, d. h., sie bilden sich bei Wegfall des sie auslösenden bzw. unterhaltenden Stimulus zurück; sie sind also jederzeit umkehrbar, und ein hohes Niveau muß ständig neu erworben werden.

Im Regelfall geht die Rückbildung eines hohen Adaptationsniveaus signifikant schneller vonstatten als dessen Ausprägung. Die bewegungsindizierten epigenetischen Adaptationen folgen einer Exponentialfunktion, d. h., je stärker ihr Ausprägungsgrad, um so aufwendiger ist es, einen weiteren Zuwachs zu erzielen und um so schneller findet bei einer Entlastung die Rückbildung statt.

Eine sportbedingte Adaptation geht mit einer Optimierung von Regelungsprozessen (regulative Adaptation) und gegebenenfalls mit einer Zunahme der Kapazität von Funktionssystemen (kapazitive Adaptation) einher.

Zur Alters- und Geschlechtsabhängigkeit von sportbedingten Adaptationen wird in den Abschnitten 3.1. und 3.2. Stellung genommen.

1.1.2 Die Ebenen biologischer Adaptation

Bei lebenden Systemen werden grundsätzlich folgende Adaptationsebenen unterschieden:

- genetische Adaptation
- extragenetische Adaptation

1.1.2.1 Genetische Adaptation

Es handelt sich um das im Zellkern kodierte genetische Programm, das sich im Laufe der Evolution entwickelt hat, das stabil ist und das nur im Laufe von Generationen auf der Grundlage von Mutation, Neukombination und Selektion veränderbar ist.

1.1.2.2 Extragenetische Adaptation

Die extragenetische Adaptation kann nur in dem genetisch determinierten Rahmen stattfinden. Die Fähigkeit zu extragenetischer Adaptation ist somit ein Bestandteil des genetischen Programms, das sich im Laufe der Entwicklungsgeschichte ausgebildet hat.

Die extragenetische Adaptation äußert sich in naturgesetzlichen Vorgängen, die von der Umwelt und dem Verhalten abhängig sind und sich somit auf dieser Basis gestalten lassen. Die evolutiv entstandenen Möglichkeiten zur extragenetischen Adaptation entwickeln sich unter bestimmten Bedingungen zur Wirklichkeit. Sie sind eine genetisch angelegte, aber gezielt realisierbare Chance!

Die extragenetische Adaptation läßt die Differenzierung von zwei Reaktionsformen zu:

- Epigenetische Adaptation: Es handelt sich um länger anhaltende, relativ stabile organismische Veränderungen, die darauf gerichtet sind, das innere Milieu bei wiederholten Anforderungen (z. B. im Verlauf eines Trainingsprozesses) aufrecht zu erhalten. Sie gehen mit mehr oder weniger ausgeprägten morphologischen Veränderungen (morphologische Adaptation), wie zum Beispiel Vermehrung (Hyperplasie) oder Vergrößerung (Hypertrophie) von Zellen, einher, die in einem gesetzmäßigen Zusammenhang mit funktionellen Veränderungen (funktionelle Adaptation) stehen und die im Sinne des Adaptationsziels, z. B. der Leistungssteigerung durch Training, zweckmäßig sind.
- Metabole Adaptation (Synonym: Reaktion, Umstellung): Es handelt sich um akute, überwiegend funktionelle Umstellungen zur Bewältigung einer aktuellen Störung des inneren Gleichgewichts. Der Begriff metabol (den Stoffwechsel betreffend) kennzeichnet den Stimulus dieser Adaptationsform; aktuell gesteigerte Stoffwechselansprüche lösen im Organismus zahlreiche akute Folgereaktionen aus (z. B. gesteigerte Herzschlag- und Atemfrequenz, erhöhte Sauerstoffaufnahme u.v.a.), die in ihrer Gesamtheit als metabole Adaptation bezeichnet werden. Diese Adaptation an eine aktuelle Steigerung der Belastung bildet sich bei Wegfall des

sie bewirkenden Reizes, also in der Wiederherstellungsphase, relativ schnell zurück.

Obwohl beim Vollzug sportlicher Leistungen metabole Adaptationen allgegenwärtig sind, wird grundsätzlich die epigenetische Adaptation als trainingsbedingte Anpassung aufgefaßt. Begrifflich kompliziert wird die Situation auch dadurch, daß sich die epigenetische Adaptation in Modifikationen der metabolen Adaptation äußert. Das Bild 1.1 zeigt die Gegebenheiten am Beispiel der ausdauertypischen Veränderungen der Herzschlagfrequenz.

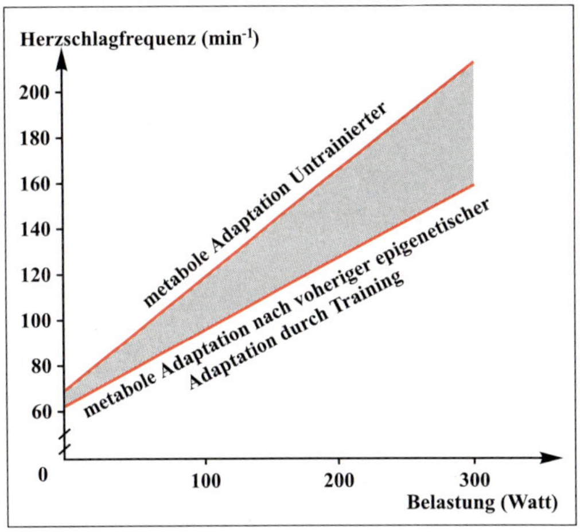

Bild 1.1 Schematische Darstellung von metaboler und epigenetischer Anpassung. Der Anstieg der Charakteristiken kennzeichnet die metabole Adaptation der Herzschlagfrequenz an eine progressive Belastung; der kleinere Anstiegswinkel bei der Herzschlagfrequenz charakterisiert die epigenetische Adaptation des Trainierten

Sowohl beim ausdauerangepaßten Menschen als auch beim Untrainierten erhöht sich die Herzschlagfrequenz bei ansteigender Leistung (metabole Adaptation); der Trainierte zeigt jedoch eine flachere Anstiegscharakteristik (epigenetische Adaptation), die in diesem Fall der Ausdruck größerer Leistungsreserven sowie einer ökonomischen Arbeitsweise ist.

Ein Zuwachs an epigenetischer Adaptation ist gesetzmäßig verbunden mit einem Gewinn an regeneratorischem Vermögen, das heißt, sie geht einher mit beschleunigter und vertiefter Erholung. Nach einer aktuellen Mehrleistung kommt es zu einer relativ schnellen Rückstellung der ausgelenkten Funktionen.

1.1.3 Homöostase und Heterostase

Der Begriff der Homöostase kennzeichnet einen ungestörten Gleichgewichtszustand der Köperfunktionen und eine Konstanz des inneren Milieus.

Der Körper zeigt stets ein Bestreben, die Homöostase, die grundsätzlich durch Sollwerte einzelner Funktionen charakterisiert wird, aufrechtzuerhalten. In der Homöostase befinden sich **aufbauende** (anabole) und **abbauende** (katabole) Stoffwechselprozesse im Gleichgewicht, oder es überwiegen unter bestimmten Bedingungen – während des Wachstums oder der Spätphase der Erholung nach körperlicher Belastung – die anabolen Vorgänge. Die Aufrechterhaltung der Homöostase wird durch zahlreiche nervale, hormonelle sowie lokal-eigenregulatorische Mechanismen gewährleistet. Die Einhaltung der Sollwerte erfolgt im Regelfall nach den Prinzipien der Kybernetik (negativ rückgekoppelter Regelkreis).

Die Heterostase kennzeichnet einen gestörten Gleichgewichtszustand der Körperfunktionen und des inneren Milieus.

Der Begriff Störung ist dabei zunächst als wertneutral aufzufassen. So löst z. B. körperliche Belastung eine Heterostase aus; bei gesteigerter Muskelaktivität treten katabole Stoffwechselprozesse ein, die über einen begrenzten Zeitraum aufrechterhalten werden können.

Keine andere physiologische Anforderung vermag beim gesunden Menschen eine derartig ausgeprägte Heterostase auszulösen wie eine hohe körperliche (sportliche) Beanspruchung. Der Begriff der Heterostase zeigt eine weitgehende Übereinstimmung mit dem der metabolen Adaptation. Hierbei handelt es sich, wie bereits dargelegt, um eine heterostatische Auslenkung infolge einer aktuellen Anforderung. Sie ist die situationsgerechte Reaktion des Organismus auf eine momentane Belastung, und sie folgt den Ansprüchen einer akuten Mehrleistung.

Ein entscheidendes Kriterium des trainierten Organismus ist darin zu sehen, daß er längere Zeit in der Lage ist, seine homöostatischen Sollwerte bei Störungen gewissermaßen festzuhalten bzw. die Abweichung bei definierter Belastung in Grenzen zu halten und die ruhebezogenen Sollwerte nach Auslenkungen relativ schnell wieder zu erreichen. Die Vorgänge der epigenetischen - Adaptation reduzieren bei einer definierten Leistung die Notwendigkeit zu metaboler Adaptation, d. h. zu heterostatischer Umstellung.

Auch vermag der trainierte Organismus in der Regel stärkere (heterostatische) Auslenkungen und Abweichungen des inneren Milieus zu tolerieren und zu kompensieren, bevor es zum Versagen kommt. Nicht zuletzt auf diesem Befund beruht die gesteigerte Leistungsfähigkeit des Trainierten.

Die trainingsbedingten epigenetischen Adaptationen sichern eine hohe Stabilität des Gesamtsystems gegenüber belastenden Einwirkungen, also gegenüber Reizen, die bei Untrainierten schnell zu starken heterostatischen Störungen des inneren Milieus führen würden.

Der Organismus kann aufgefaßt werden als ein thermodynamisch offenes, selbstregulierendes, multistabiles, adaptables System, welches seine innere Struktur so verändert, daß sein inneres Milieu trotz vielfältiger Einwirkung aus der Umwelt oder aus dem körpereigenen Bereich durch Adaptation aufrechterhalten wird.

1.1.4 Trophotropie und Ergotropie

Die Trophotropie kennzeichnet eine Stoffwechselsituation im Organismus, die sich durch aufbauende bzw. restituierende Grundvorgänge auszeichnet.

Sie wird maßgeblich vegetativ gesteuert (s. 3.1). Im Bereich des vegetativen Nervensystems führt eine Dominanz des Nervus Parasympathikus (Nervus vagus) zu einer trophotropen Einstellung. Ein Ausdauertraining fördert eine derartige Stoffwechsellage (erkennbar z. B. an der verminderten Herzschlagfrequenz, der Trainingsbradykardie).

Die Ergotropie charakterisiert eine Stoffwechselsituation, die sich durch den Zustand einer Mobilisation des Organismus auszeichnet.

Als ein generelles Kennzeichen für die Ergotropie gilt das Überwiegen des Nervus sympathicus im Bereich des vegetativen Nervensystems (erkennbar z. B. an einer Beschleunigung der Herzschlagfrequenz und der Atmung).

Für den Trainierten ist ein großer Abstand zwischen seiner trophotropen Einstellung unter Ruhebedingungen und seiner ergotropen Mobilisationsfähigkeit bei körperlicher Aktivität gegeben. Eine stark ausgeprägte Trophotropie in Ruhe vermag einer ebenso ausgeprägten Ergotropie bei Belastung Platz zu machen und umgekehrt.

Das bedeutet eine große Funktionsamplitude und Regelbreite. Im Bild 1.2. ist diese Situation an einem konkreten Beispiel, der Herzfunktion, dargestellt.

Eine stark ausgebildete Trophotropie existiert in Einheit mit der Möglichkeit einer stark ausgeprägten Ergotropie; das bedeutet, daß die Fähigkeit zu starker, langandauernder körperlicher Aktivität gesetzmäßig kombiniert ist mit der Fähigkeit zu durchgreifender Erholung. Diese Kombination verleiht dem Gesamtsystem eine höhere Stabilität; das Bild 1.2 kennzeichnet diese Gegebenheit.

Für den Trainierten ist als Ausdruck der Adaptation ein schneller und zuverlässiger Übergang von Trophotropie zu Ergotropie und umgekehrt charakteristisch.

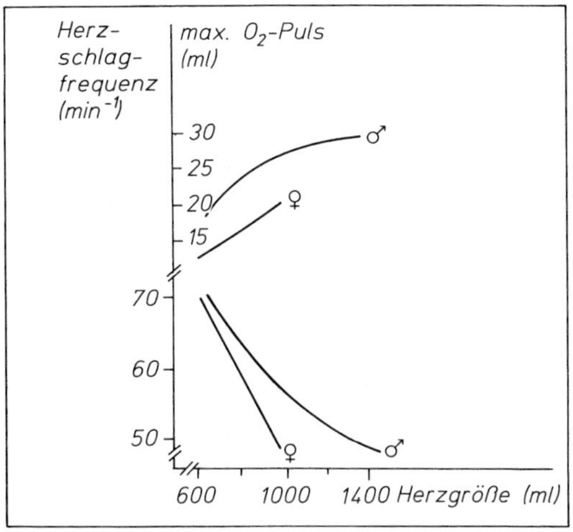

Bild 1.2 Schematische Darstellung der Reaktion von Untrainierten und Trainierten auf eine definierte Einwirkung

1.1.5 Spezielle, allgemeine und gekreuzte Adaptation

Bei der Durchdringung der Zusammenhänge zwischen sportlichem Training und Adaptation gelangt man zu einer Dreiteilung der Adaptationsvorgänge, wobei die zu differenzierenden Ebenen eine innige Verflochtenheit erkennen lassen.

1.1.5.1 Spezielle (tätigkeitsspezifische) Adaptation

Sie ist die organismische Konsequenz des Einsatzes tätigkeitsspezifischer bzw. sportartspezifischer Trainingsmittel. Ihr Ausmaß hängt ab von der Intensität, der Dauer und der Häufigkeit der gesetzten Reize. Sie realisiert sich in der Regel auf der Basis der allgemeinen Adaptation, zeigt jedoch bewegungsstrukturell bedingte Charakteristiken. Sie betrifft somit vor allem die für die spezifischen Bewegungsaktionen geforderten Muskelgruppen sowie ihre Steuer- und direkten Versorgungssysteme; sie hat ihren Schwerpunkt im Nerv-Muskel-Bereich und manifestiert sich über die Skelettmotorik nach außen als direktes Bindeglied zur Umwelt.

1.1.5.2 Allgemeine (fähigkeitsspezifische) Adaptation

Sie betrifft die innere Funktionstüchtigkeit des Organismus entsprechend den fähigkeitsspezifischen Anforderungen. Während die speziellen Adaptationen bei Läufern, Straßenradrennfahrern und Skilangläufern teilweise unterschiedlich sind, stimmen die allgemeinen Adaptationen (z. B. die Herzfunktion oder die maximale Sauerstoffaufnahme) bei diesen Sportlern überein.

Die spezielle Adaptation ist die Grundlage für bestimmte motorische Aktionen, die allgemeine Adaptation ist die Basis für absichernde Reaktionen im Bereich der „Dienstleistungssysteme" (Sauerstoff- und Substratversorgung, Abtransport von Stoffwechselprodukten u. a.).

Die allgemeinen Anpassungen sichern generell die Lebensfunktionen bei hohen Ansprüchen. Sie finden sich vorwiegend in den vegetativ-nerval und hormonell gesteuerten Organen und Funktionen sowie in den Regulationssystemen selbst (Herzkreislauf-, Atmungs-, Stoffwechselsystem u. a.). Sie stellen die Grundlage für elementare körperliche Reaktionen dar. Sie haben einen stark übergreifenden Charakter und gehen teilweise bereits in die gekreuzte Adaptation über.

1.1.5.3 Gekreuzte Adaptation

Unter gekreuzter Adaptation oder Kreuzadaptation wird das Phänomen verstanden, daß es unter dem Einfluß eines adaptationswirksamen Stimulus nicht allein in den direkt angeregten Systemen zu einer Adaptation kommt, sondern daß sich auch in anderen organismischen Bereichen, die durch den einwirkenden Reiz direkt nicht betroffen wurden, Adaptationen ausbilden.

Von einer positiven Kreuzadaptation ist die Rede, wenn gleichzeitig ein adaptiver Gewinn eintritt; eine negative Kreuzadaptation ist gegeben, wenn ein gleichzeitiger Adaptationsverlust einsetzt.

Die positive Kreuzadaptation wird umgangssprachlich als Abhärtung bezeichnet; sie ist durch eine generelle Steigerung der Resistenz (Widerstandskraft) gekennzeichnet.

Die negative Kreuzadaptation ist charakterisiert durch eine (zumindest teilweise) Resistenzminderung; sie reflektiert Schwächen in bestimmten organismischen Bereichen. Trainierte haben gegenüber Untrainierten auf der Grundlage einer positiven Kreuzadaptation körperliche Vorteile.

Die positive Kreuzadaptation ist beim Trainierten unter anderem gekennzeichnet durch:

- hohe Stabilität gegenüber Temperaturschwankungen (verbesserte Hitze- und Kältetoleranz),
- gesteigerte Sauerstoffmangelverträglichkeit,
- höhere Abwehrfähigkeit gegenüber Infektionen (gestärktes Immunsystem), verbesserte Heilungstendenz,
- verbesserte Widerstandsfähigkeit gegenüber Toxinen,
- beschleunigte Erholungsvorgänge,
- gesteigerte psychische Stabilität

Positive kreuzadaptive Vorgänge lassen sich bis zum zellulären Niveau verfolgen. Im Zustand der akuten Ermüdung und des Übertrainings liegt eine negative Kreuzadaptation vor. Unter derartigen Bedingungen müssen sachgerechte Schutzmaßnahmen zur Geltung gebracht werden.

1.1.6 Konkurrenzreaktionen bei hochgradiger Adaptation

Hochgradige Adaptationen eines Organsystems laufen in der Regel auf Kosten anderer organismischer Bereiche ab.

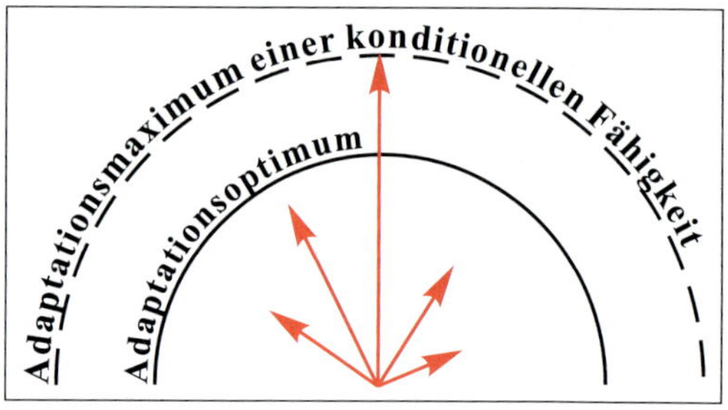

Bild 1.3 Grobschematische Darstellung des Adaptationspotentials

Das Bild 1.3 zeigt das Prinzipielle potentieller körperlicher Konkurrenzreaktionen, wie sie für den Spitzensport durchaus bezeichnen sind. Die unterbrochene Linie markiert die genetisch vorgegebene Grenze des Anpassungspotentials für einen bestimmten körperlichen Bereich. Wird eine Funktion bis zu diesem Limit ausgeprägt, so können bestimmte andere Funktionen nicht einmal einen Entwicklungsstand erzielen, bis zu dem unter günstigsten Bedingungen der Gesamtorganismus ein Adaptationsoptimum aufweisen würde (durchgezogene Linie). Diese Gegebenheit erklärt zum Beispiel, daß gute Gewichtheber (Maximalkraftausprägung) schlechte Langstreckenläufer (Langzeitausdauer) sind und umgekehrt. Das Schema zeigt weiterhin, daß zwischen dem (hypothetischen) Adaptationsminimum (Zentrum des Kreises) und dem Adaptationsmaximum (äußere Begrenzung) ein beträchtlicher Radius gegeben ist; dieser kennzeichnet die Adaptationsmöglichkeiten. In diesem grobschematisch dargestellten Rahmen, der als genetische Adaptation in den Erbanlagen festgelegt ist, erfolgt die extragenetische Adaptation entsprechend den Anforderungen, die zumeist aus der Umwelt und dem eigenen Verhalten resultieren.

Sicher ist, daß unter den gegenwärtigen Lebensbedingungen, die maßgeblich durch technischen Fortschritt und dem damit verbundenen Bewegungsmangel bestimmt werden, nur ein geringer Teil des durch Muskeltätigkeit realisierbaren Adaptationspotentials tatsächlich genutzt wird. In der Abstraktion des Bildes 1.3. würde eine große Mehrheit der Menschen in einem industrialisierten Land nur über kurze Pfeile verfügen. Eine optimale Verwirklichung der durch Muskelaktivität auslösbaren Adaptation ist jedoch ein wesentlicher Faktor der körperlichen Stabilität. Nicht zuletzt aus dieser Situation erfährt die freiwillig übernommene körperlich-sportliche Aktivität ihre biologische Begründung.

Der Organismus hat in bezug auf die allgemeine und die Kreuzadaptation nur wenige Reaktionsmuster auf zahlreiche spezielle bewegungsstrukturelle bzw. leistungsstrukturelle Anforderungen zur Verfügung. Auf vergleichbare Ansprüche im Laufen, Radfahren oder Schwimmen reagiert der Organismus im allgemein- oder kreuzadaptiven Bereich übereinstimmend.

Bei identischer allgemeiner und gekreuzter Adaptation sind beispielsweise Läufer und Schwimmer bei der Beanspruchung in ihrer Sportart sehr unterschiedlich leistungsfähig; sie verfügen jedoch über ein analoges Sportherz oder über die gleiche überdurchschnittliche Widerstandskraft gegenüber Temperaturschwankungen.

1.1.7 Zeitbedarf, wechselndes Training, Individualität, soziale Bedeutung

Die Organe und Organsysteme reagieren epigenetisch-adaptiv nicht synchron. Das Zeitintervall zwischen Reizsetzung durch Training und adaptiver Reaktion ist unterschiedlich. Auf dieser Basis lassen sich tachyadaptable (sich schnell anpassende) und bradyadaptable (sich langsam anpassende) Körpergewebe unterscheiden. Während sich z. B. Atmung und Kreislauf relativ rasch adaptieren, ist die Zeitversetzung zwischen Reizeinwirkung und adaptiver Wandlung beim Stützgewebe (Knochen) verhältnismäßig groß.

Eine Frage von hoher praktischer Stichhaltigkeit geht im Zusammenhang mit der bewegungsbedingten epigenetischen Adaptation dahin, ob es zweckmäßig ist, durch ein gleichförmiges Trainingsprogramm das Niveau auf einer erwünschten Höhe zu erhalten oder ob es vorteilhaft ist, durch einen gewissen Wechsel von Umfang, Intensität, Häufigkeit und auch Inhalt des Trainings eine Schwankung in der Ausprägung epigenetischer Adaptationen zu bewirken. Das letztgenannte Programm ist zu bevorzugen. Die Bedingungen des Trainings sollten wechseln. Ein ständiges Gleichgewicht auch auf hohem Niveau engt die adaptive Reaktionsbereitschaft ein; die Empfänglichkeit für die oft monotone Reizsetzung nimmt ab. Ein angemessener Wechsel im Training senkt die Schwelle für epigenetisch-adaptive Veränderungen und verhindert das Wirksamwerden von Hemmungsprozessen.

Über das Ausmaß und den Zeitverlauf der epigenetischen Adaptation entscheiden nicht allein die adaptiationswirksamen Belastungen, sondern auch die individuellen Voraussetzungen. Diese sind im Erbgut verankert. Ein identisches Trainingsprogramm kann sehr unterschiedliche Adaptationsabbilder auslösen. Auf dieser Basis hat die Trainierbarkeit eine Determinante in der erblichen Anlage, die damit auch zur Grundlage eines sportlichen Talentes wird. Epigenetische Adaptation bedeutet reizgerechte Explikation von bestimmten Genen. Der sportbezogene Phänotyp ist genotypabhängig. Ein Beispiel unter diesem Aspekt ist das genetisch fixierte Muskelfaserprofil (s. Kapitel 5.1.2), das interindividuell beim M. vastus lateralis ein Verhältnis der schnellkontrahierenden zu den langsamkontrahierenden Fasern (FTF : STF) von 80 : 20 oder 20 : 80 aufweisen kann. Bei einer anderen sportrelevanten Kenngröße, der maximalen Sauerstoffaufnahme, wurden bei einem größeren Kollektiv bei identischem Training über 20 Wochen Zuwächse zwischen 120 und 1025 ml · min^{-1} gemessen!

Auch im Zeitmuster der Adaptation existieren Unterschiede von Mensch zu Mensch. Das Bild 1.4 zeigt schematisch das Prinzipielle eines solchen Sachverhaltes.

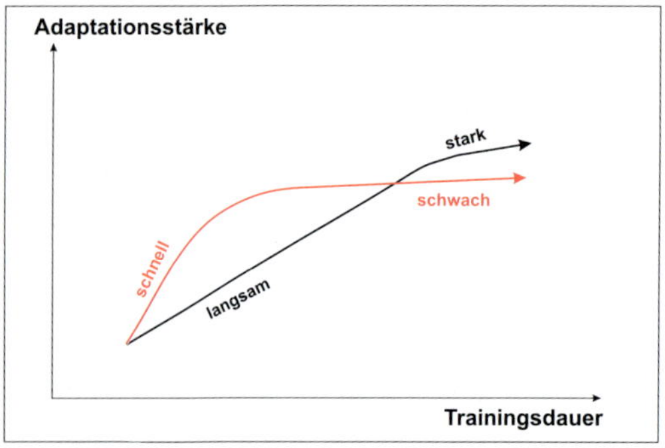

Abb. 1.4 Darstellung für schnelle und langsame sowie starke und schwache Anpassungen von Körpersystemen auf einen Trainingsprozeß

Die Ableitung für die Praxis aus dieser Gegebenheit läuft darauf hinaus, daß starke oder geringe anfängliche adaptive Gewinne nur bedingt auf den potentiellen finalen Zuwachs schließen lassen.

Die epigenetische körperliche Adaptation verfügt über eine soziale Dimension. Da die Mehrzahl der Körperbefunde keine Naturkonstante darstellt, sondern auf der Grundlage der adaptiven Plastizität zur Umorganisation in der Lage ist, wird der Organismus in einer bestimmten Richtung gestaltbar.

Die Zielsetzung einer adaptiven Gestaltung ist im Leistungssport eindeutig, im Sport der Kinder ist sie auf eine Stabilisierung der Gesundheit und eine Optimierung der Entwicklungsvorgänge gerichtet, im Breitensport geht es um adaptive Prozesse, die mit Gesundheit, vielseitiger Leistungsfähigkeit, Erholung und Wohlbefinden in Verbindung zu bringen sind. Der Rehabilitationssport beabsichtigt, Adaptationen auszuprägen, um die Folgen einer gesundheitlichen Störung zu mildern oder zu eliminieren.

Die bewußte Herbeiführung von bewegungsinduzierten Adaptationen reflektiert den Menschen als biopsychosoziale Einheit. Biologische Gesetze können über sozial und psychisch gesteuerte Handlungen (Sport) genutzt werden, um den Organismus unter einer bestimmten Zielsetzung (z. B. Gesundheit, Leistungsfähigkeit, Resistenz) im Rahmen seines Adaptationspotentials zu verändern.

1.2 Die Zelle

Von *U. Pahlke*

Jede lebende Zelle des Organismus erfüllt grundsätzlich die Kriterien des Lebens:

- Reizbarkeit (Erregbarkeit),
- Stoffwechsel,
- Wachstum,
- Vermehrung,
- Beweglichkeit.

Die lebende Zelle ist in der Lage, sich in einer für sie spezifischen Bandbreite an Anforderungen ihrer Umwelt anzupassen. Die Anpassung kann als ein weiteres Kriterium des Lebens gesehen werden.

Beim Einzeller sind die Kriterien des Lebens uneingeschränkt gegeben. Bei höherentwickelten Lebewesen sind die Zellen so weit differenziert, daß nicht mehr jede Zelle alle Kriterien in vollem Umfang erfüllt. Die Zellen eines Organismus sind gewissermaßen spezialisiert. Auf ihrem „Spezialgebiet" (z. B. Stoffwechselaktivität, Reizbarkeit, Beweglichkeit) sind sie zum Vorteil des Gesamtorganismus in weitem Maße leistungs- und anpassungsfähig.

Der menschliche Organismus besteht aus etwa 100 Billionen Zellen. Zwischenzellsubstanz und Körperflüssigkeit verbinden und trennen sie gleichermaßen. Abhängig von ihrer Funktion und ihrer unmittelbaren Umgebung sind die Zellen verschieden groß und verschieden geformt (z. B. Blutzellen – Drüsenzellen – Muskelzellen – Nervenzellen). In den folgenden Kapiteln werden sie näher beschrieben.

1.2.1 Strukturelemente der Zelle

Die menschliche Zelle besteht hauptsächlich aus einer Reihe komplizierter Fett-Eiweiß-Verbindungen. Ein wesentlicher Bestandteil ist Wasser (Bild 1.5).

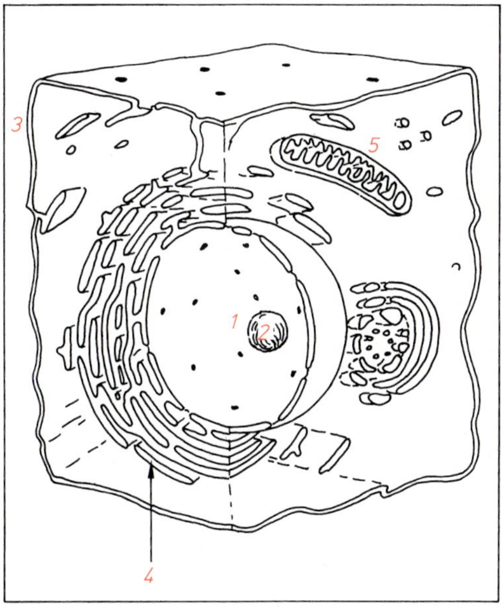

Bild 1.5 Zelle **1** Zellkern, **2** Kernkörperchen, **3** Zellmembran, **4** endoplasmatisches Retikulum, **5** Mitochondrien

In der Zelle haben Strukturelemente ganz bestimmte Aufgaben übernommen (Bild 1.6). Diese Strukturelemente sind in Abhängigkeit von der Funktion der Zelle unterschiedlich stark ausgeprägt. Sie sollen in den folgenden Abschnitten besprochen werden.

1.2.1.1 Membranen der Zelle

Die Zelle wird von der Zellmembran umgeben. Auch innerhalb der Zelle gibt es Membranen, die einzelne Strukturelemente der Zelle vom Zytoplasma abgrenzen. Sie sind dünner als die alles umschließende Zellmembran und in ihrem Aufbau unterschiedlich.

Die Zellmembran besteht aus einer inneren und einer äußeren Eiweißschicht – dazwischen befindet sich eine Fettschicht (Bild 1. 7).

Die Zellmembran folgt tiefen Einstülpungen in die Zelle und kleidet Vakuolen aus. Die Membranen in der Zelle und die Zellmembran haben folgende Hauptaufgaben:

- Trennung unterschiedlicher Reaktionsräume;
- Gewährleistung und Kontrolle des Stoffaustausches zwischen den Reaktionsräumen (Diffusion und aktiver Transport auf Grund der bestehenden Semipermeabilität;
- zum Teil Aufnahme von Reizen und Fortleitung von Erregungen.

Störungen an der Zellmembran (Verminderung ihrer Aktivität, erhöhte Durchlässigkeit) haben für die Lebensvoraussetzungen der Zelle schwerwiegende Folgen.

Ganz wesentlich für die Funktion der Zelle, vor allem für die Aufnahme, Abgabe und Weitergabe von Informationen, ist das **Membranpotential**. Es ist das Ergebnis des Unterschiedes der Ladungen der Membraninnenseite gegenüber dem Membranäußeren. Dieser Ladungsunterschied wird überwiegend bewirkt durch eine Ungleichverteilung von Natriumionen (Na^+) und Kaliumionen (K^+) außerhalb und innerhalb der Zelle (s. Bild 3.3). Schon die einfachsten Lebewesen im Meer verfügen über eine – durch energiereiche Phosphate betriebene – **Ionenpumpe**, die Na^+ aus dem Zellinneren herauszwingt und K^+ bis auf das etwa 40fache der Außenkonzentration im Inneren der Zelle steigert.

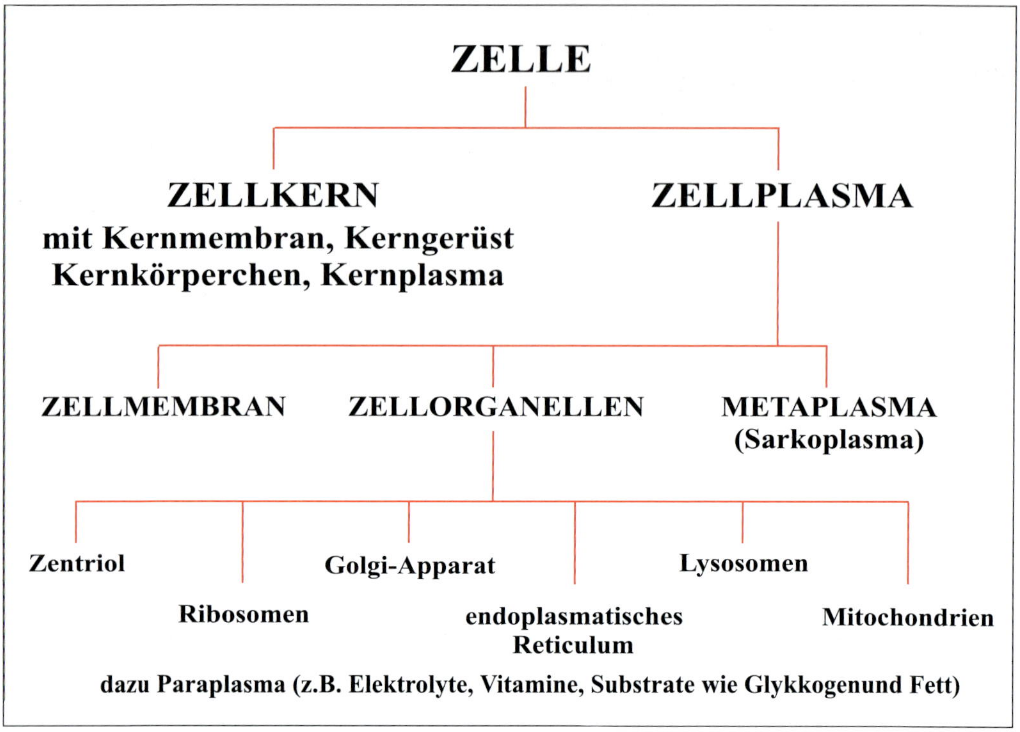

Bild 1.6 Strukturelemente der Zelle

98 Prozent des Kaliums im menschlichen Körper befindet sich im intrazellulären Bereich, nur 2 % extrazellulär.

Bei Muskel- und Nervenzellen des Menschen beträgt das auf dieser Ionenpumpe beruhende Membranpotential (Ruhepotential) etwa -90 mV.

Veränderungen an der Zellmembran führen nicht selten zum Austreten von Stoffen aus dem Zellinneren. Die Membran hat gleichsam ein Leck (oder mehrere), wird durchlässiger.

Bei den Nervenzellen zum Beispiel mit ihren Ausläufern (Kap. 3.1) fungiert die Zellmembran wie eine Isolierschicht zwischen zwei Leitern beim Kondensator (Zellinneres negativ – Extrazellulärraum positiv, dazwischen die Membran).

Dieser Umstand hat seine Bedeutung für die Beurteilung von Zellfunktionen. Das Auftauchen von normalerweise nur in den Zellen vorhandener Stoffen im Blutserum zeigt eine Einschränkung der Zellfunktion an. So ist z. B. beim Untergang von Herzmuskelgewebe die Konzentration der Lactatdehydrogenase im Serum erhöht.

1.2.1.2 Zellkern

Er regelt Prozesse der Zelltätigkeit, vor allem die des Wachstums und der Vermehrung. Er ist durch eine Membran vom Zellplasma abgegrenzt. Seine Grundsubstanz ist das Kernplasma, eingelagert sind Strukturbestandteile, zum Beispiel das Chromatin (Teil der Chromosomen als Träger der Erb-

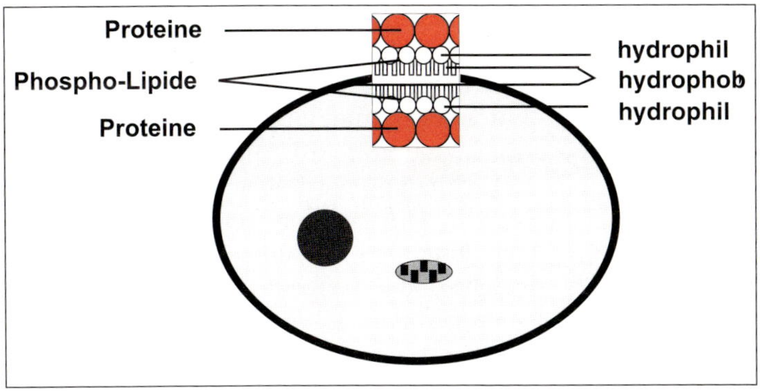

Bild 1.7 Schematische Darstellung einer Zeilmembran. Die doppelmolekulare Lipidschicht ist in der Mitte wasserabstoßend (hydrophob) und nach außen jeweils wasseraufnehmend (hydrophil). Eine monomolekulare Eiweißkette schließt diese Struktur beiderseits ab.

substanz) und das Kernkörperchen (Nukleolus). Die Eiweißträger DNS (Desoxyribonukleinsäure) und RNS (Ribonukleinsäure) steuern die Eiweißbildung in der Zelle.

Die DNS des Kerns überträgt ihr genetisches Programm auf die RNS im Kern. Diese von der DNS geformte RNS wird aus dem Kern ausgeschleust und bewirkt im Zellplasma und in den Ribosomen des endoplasmatischen Retikulums die Produktion genau des für die Zelle notwendigen Eiweißes

1.2.1.3 Zellplasma

Das Zellplasma (Zytoplasma) ist die Grundsubstanz der Zelle, es nimmt etwa 70 Prozent des Zellraumes ein. Metaplasma, Zellorganellen und Zelleinschlüsse sind in diese Grundsubstanz eingelagert. Im Zellplasma findet sich ein Großteil der Enzyme des anaeroben Stoffwechsels, deren Aktivität durch geeignete Trainingsanforderungen gesteigert werden kann.

1.2.1.4 Zellorganellen

Von den Zellorganellen sollen einige mit wesentlichen Aufgaben vorgestellt werden. Das **Zentriol (Zentrosom)** spielt bei der Zellteilung eine Rolle. **Ribosomen** befinden sich als kleine, etwa runde Körperchen an der Außenseite der Kernmembran und des endoplasmatischen Retikulums. Sie sind im Bereich der motorischen Endplatte relativ häufig. Sie verwirklichen einen Teil der DNS-gesteuerten Eiweißsynthese in der Zelle. Beim Trainierten finden sich als Ausdruck des gesteigerten Eiweißstoffwechsels mehr Ribosomen als beim Untrainierten.

Der **Golgi-Apparat** ist von einer Doppelmembran umgeben. Er speichert und transportiert Stoffe, die in der Zelle gebildet werden. In Drüsenzellen ist er besonders gut ausgebildet. **Liposomen** sind die Hauptträger der intrazellulären „Verdauung“. Sie bauen nicht mehr benötigte oder schwer geschädigte Strukturen ab und beseitigen eingedrungene fremde Substanzen.

Mitochondrien werden „Kraftwerke der Zelle“ genannt (Bild 1.8). Die Zahl der Mitochondrien, die Größe, die Anordnung in der Zelle und die Ausbildung ihrer Leisten hängen stark von den Anforderungen ab. Die Leisten werden durch Enzyme des oxidativen Stoffwechsels besetzt. Ihre Hauptfunktion ist die aerobe Resynthese energiereichen Phosphats (ATP = Adenosintriphosphat). In den Zellen des Skelettmuskels und der Herzmuskulatur sind besonders viele Mitochondrien nachzuweisen.

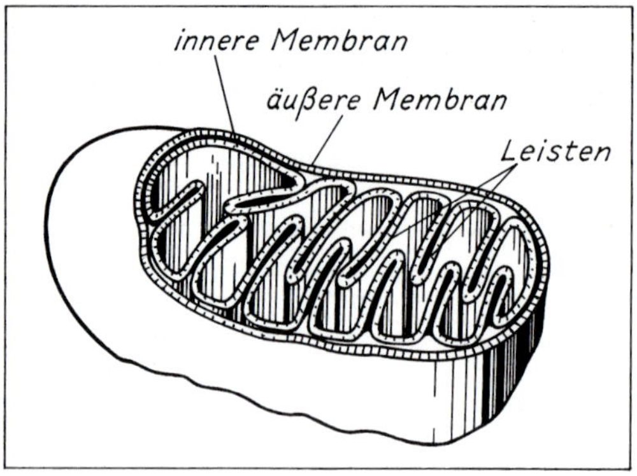

Bild 1.8 Schnitt durch ein Mitochondrium. Die Leisten vergrößern die innere Oberfläche der Mitochondrien. Sie sind besetzt vor allem mit Enzymen des aeroben Energiestoffwechsels. Zahl, Größe und Auskleidung der Mitochondrien sind anforderungsabhängig (nach Guyton).

Bei Ausdauersportlern ist die Zahl der Mitochondrien deutlich erhöht. Die Organellen sind stärker gegliedert und synthetisieren vermehrt Enzymproteine. Die Enzyme des oxidativen Stoffwechsels weisen hohe Aktivitäten auf, so daß die Stoffwechselleistung pro Zeiteinheit höher als bei Untrainierten ist.

Kinder haben pro Raumeinheit in den Skelettmuskelzellen mehr Mitochondrien als untrainierte oder wenig trainierte Erwachsene.

Der Anteil der Mitochondrien in der Muskelzelle des jüngeren Kindes erreicht den von Ausdauersportlern.

Extreme Ausdaueranforderungen und hohe Milchsäurekonzentrationen können kurzdauernde Störungen an den Mitochondrien bewirken.

Das **endoplasmatische Reticulum** (auch sarkoplasmatisches Reticulum) ist ein längsverlaufendes Schlauchsystem. Das Tubulussystem verbindet dieses Schlauchsystem durch Querröhrchen (Bild 1.9). Zusammen stellen sie ein verbundenes Hohlraumsystem in der Zelle dar. Über dieses Hohlraumsystem werden überwiegend Transport und Austausch innerhalb der Zelle realisiert. Besondere Bedeutung hat das endoplasmatische Reticulum für die Verbindung zwischen der motorischen Endplatte und dem kontraktilen Apparat (Actomyosin) der Muskelzelle. Diese Verbindung wird über Calciumionen hergestellt. Die Bindung und Freisetzung des Calciums sind Leistungen dieses Systems, welche durch geeignetes Training verbessert werden können (Bild 1.9).

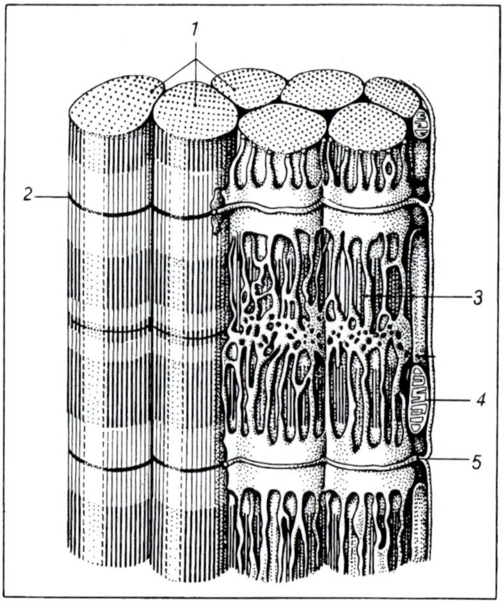

Bild 1.9 Myofibrillenbündel **1** Myofibrillen, **2** Z-Linie **3** endoplasmatisches Retikulum, **4** Mitochondrium **5** Tubulussystem (Querröhrchen)

Metaplasma werden Strukturen mit spezifischen Aufgaben in einigen Zellverbänden genannt. Bei der Muskelzelle sind das die Eiweiße Actin und Myosin. Sie bilden die Myofibrille. Die Myofibrille ist in der Lage, chemische Energie in mechanische Energie und Wärme umzuwandeln – sich zu kontrahieren, d. h., sich zu verkürzen. Die fadenförmig angeordneten Eiweiße Actin und Myosin verschieben beim Kontraktionsvorgang unter Verbrauch von Energie ihre Position gegeneinander. Sportliches (Kraft-) Training fördert die Bildung von Actin und Myosin.

Das **Myoglobin** ist ebenfalls ein Eiweißkörper. Es wird nur in der Muskelzelle gefunden. Es ist in seinem Aufbau und der Funktion dem roten Blutfarbstoff (Hämoglobin) gleichzusetzen. Myoglobin bindet Sauerstoff und gibt ihn – wenn der Sauerstoffpartialdruck in seiner Umgebung sinkt – wieder ab. Myoglobin gibt den langsam kontrahierenden Muskelfasern ihre Färbung. Durch das Myoglobin werden pro Kilogramm Skelettmuskulatur etwa 10 Milliliter Sauerstoff gebunden. Das ist deshalb wichtig, weil damit Sauerstoff unmittelbar am Ort des Verbrauchs (in der Zelle) zur Verfügung steht.

1.2.1.5 Zelleinschlüsse/Zelleinlagerungen (Paraplasma)

Zelleinschlüsse und Zelleinlagerungen dienen hauptsächlich der Bevorratung. Es sind überwiegend Substrate für die Energiewandlung. Aber auch Ablagerungen wie Staubteilchen, Ruß, Schwermetalle, Vitamine und Inkrete zählen zu dieser Kategorie, ebenso Wasser und Elektrolyte.

Kohlenhydrate in Form von Glycogen werden besonders in der Muskelzelle interfibrillär (zwischen den Myofibrillen) eingelagert. Sie sind so bei Bedarf schnell verfügbar. Die Zelle des Ausdauertrainierten enthält bis zu doppelt so viel Glycogen wie die des Untrainierten. Fette stellen den überwiegenden Zellanteil der Fettzellen. Im mikroskopischen Bild scheinen diese Zellen nur aus Kern, Membran und Fett zu bestehen – so deutlich dominiert das Paraplasma Fett. Fettzellen dienen dem Schutz gegenüber mechanischen Einwirkungen (Polsterung), sie wirken temperaturisolierend, und sie sind ein wichtiges energetisches Substrat. Je nach Nahrungsangebot, Erbanlage und körperlicher Anforderung ist der Fettanteil des Menschen unterschiedlich stark ausgebildet.

In den Muskelzellen werden Fette vorwiegend in den langsam kontrahierenden Muskelfasern gebunden – in unmittelbarer Nachbarschaft der Mitochondrien.

Eiweiße werden ebenfalls gespeichert. Das Eiweiß Melanin in der Oberhaut dient dem Lichtschutz.

Adaptation der Zelle

In den vorangehenden Ausführungen wurden dazu bereits einige detaillierte Angaben gemacht.

Generell reagiert die Zelle auf ein angemessenes Training zunächst mit einer Verbesserung der Funktion in jenen Systemen, die durch den Reiz gefordert wurden.

Darüber hinaus kommt es schließlich auch zu baulichen Veränderungen, Erweiterungen von Kapazitäten, Vergrößerungen einzelner Teile der Zelle (z. B. der Organellen, des Metaplasmas usw.) oder der gesamten Zelle.

Bei richtig dosierten Anforderungen ermöglichen die Anpassungsreaktionen der Zelle eine Optimierung ihrer Leistungen durch Veränderung ihrer Funktion und ihres Baus. Die Struktur als das Ergebnis des Zusammenwirkens von Funktion und Bau ist stets mehr (oder anders) als die Summe beider Elemente.

1.3 Beziehungsgefüge Zelle – Organ – Organismus

Von *G. Badtke*

Zur Aufrechterhaltung der Homöostase ist die enge funktionelle Verflechtung der Zellen, Gewebe, Organe und Systeme untereinander eine wesentliche Voraussetzung. Deshalb besitzt der menschliche Organismus eine Reihe von Möglichkeiten, seine Beziehungen mit der Umwelt zu regulieren.

Alle seine Strukturen sind dem Ziel untergeordnet, mit einem Minimum an Energie eine möglichst optimale Beziehung zur Umwelt aufrecht zu erhalten oder wiederherzustellen.

Die dafür erforderlichen Steuerungs- und Regelungsprozesse werden hauptsächlich durch das neurohormonelle System gewährleistet. Nervensystem und Hormonsystem sind also funktionell eng miteinander verkoppelt und gewährleisten u.a. die im Bild 1.10 ausgewiesenen reflektorischen Beziehungen zwischen den Bestandteilen des Organismus. In hierarchischer Hinsicht ist das Nervensystem dem Hormonsystem übergeordnet.

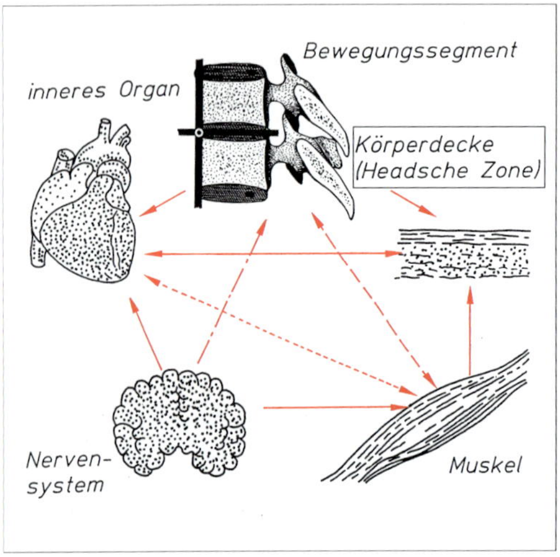

Bild 1.10 Reflektorische Beziehungen zwischen wesentlichen Strukturen des Stütz- und Bewegungssystems

Diese Abbildung läßt erkennen, daß durch Funktionsänderungen bei nur einem Partner auch alle übrigen Teilsysteme aus ihrem aktuellen Zustand ausgelenkt werden können.

1.3.1 Beziehungsgefüge auf zellulärer Ebene

Wie bereits erwähnt, sind alle Komponenten des menschlichen Organismus dem Ziel untergeordnet, mit einem möglichst geringen Aufwand an Energie die Homöostase so lange wie möglich aufrechtzuerhalten oder so rasch wie möglich wiederzuerlangen. Die einzelnen Strukturen besitzen dabei jedoch nur eine begrenzte Regelbreite. Je mehr diese ausgeschöpft ist, desto geringer wird naturgemäß deren noch verbleibendes Adaptionspotential und desto stärker müssen dann andere Bereiche Leistungen zur Aufrechterhaltung der Homöostase erbringen (Bild 1.11).

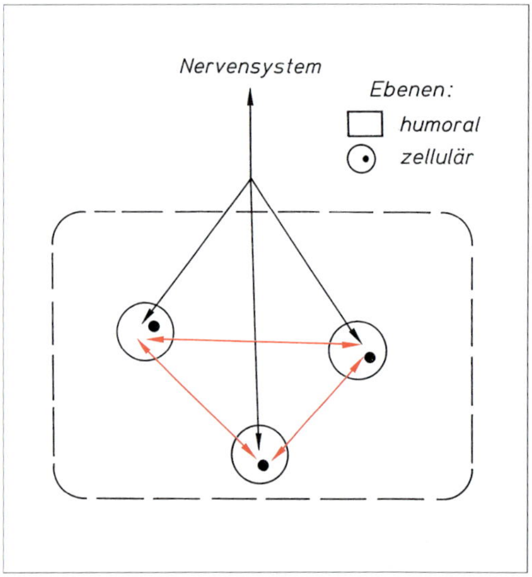

Bild 1.11 Adaptationsreserven bei unterschiedlicher funktioneller Ausgangslage

Voraussetzung für eine sinnvolle Reaktion auf veränderte Umweltbedingungen ist aber ein ständiger Informationsfluß von den einzelnen Teilen des Organismus zu den peripheren und zentralen Steuerzentren.

Es sind aber bereits unterhalb dieser Ebenen Informations- bzw. Kommunikationsprozesse möglich.

Die Informationen auf zellulärer Ebene können u. a. über folgend Mechanismen vonstatten gehen:

- Nerval über sog. Axonreflexe: Es handelt sich um die Weiterleitung von Erregungen innerhalb eines afferenten Nerven in periphere (also umgekehrte) Richtung. Als Reaktion darauf kann es u. a. zur Veränderung der Durchblutung kommen.

Als Beispiel dafür mag die Rötung eines Hautbezirkes nach mechanischer Reizung dienen. Aber auch Teile des vegetativen Nervensystems können funktionelle Verbindungen zwischen benachbarten Zellen realisieren. Es handelt sich besonders um das sog. intramurale System in den Wänden von Hohlorganen (z.B. Herz, Harnblase, Darm...).

- Humoral über den Austausch von Stoffen, die in Flüssigkeiten gelöst sind. Es kann sich dabei z. B. um Hormone aber auch um Stoffwechselprodukte handeln. Ein Beispiel dafür ist die Abgabe von Transmittersubstanzen zwischen zwei Nervenzellen (also im Bereich einer Synapse). Sie kann in Abhängigkeit von der Art des Überträgerstoffes zu einer Verminderung oder einer Verstärkung des Ruhepotentials führen (s. auch Kapitel 3.1 und 3.2).

Mit den bisher dargestellten Mechanismen und Strukturen allein lassen sich die im Organismus ablaufenden komplexen Steuervorgänge zur Erhaltung und Wiedererlangung der Homöostase noch nicht erklären.

Deshalb gibt es seit Jahren Bemühungen, die theoretischen Grundlagen dafür weiterzuentwickeln. Die meisten Ergebnisse hielten einer genaueren Überprüfung aber nicht stand. Jedoch haben zwei Konzepte zu wesentlichem Erkenntnisgewinn beigetragen.

Es sind das die gedanklichen Gebäude von der Rolle der „Grundsubstanz“ und vom „segmental-reflektorischen Komplex“. Obgleich beide Theorien nicht in der Lage sind, die vielfältigen Steuer- und Regelmechanismen des menschlichen Organismus umfassend zu erklären, erleichtern sie doch das Verständnis für diese Vorgänge. Ihre gedankliche Zusammenführung könnte weiteren Zugewinn ermöglichen.

1.3.2 Beziehungen zwischen den Zellverbänden

Es ist das Verdienst Pischingers, mit seiner Theorie über das System der Grundregulation neue Denkanstöße zu diesen Fragen geliefert zu haben. Pischinger geht davon aus, daß die etwa 10^{14} Zellen des Organismus in ihrer Funktion so geordnet aufeinander abgestimmt sein müssen, daß die bereits im Kapitel 1.2 erwähnten Grundfunktionen des Gesamtsystems – Wachstum und Entwicklung, Fortpflanzung und Vererbung, Reaktions- und Regulationsfähigkeit sowie Bewegungsfähigkeit – gewährleistet werden.

Die Grundfunktionen können sowohl vom Gesamtorganismus als auch von den einzelnen Zellen in mehr oder weniger ausgeprägter Weise wahrgenommen werden.

Die Zelle selbst ist durch ihre Membran einerseits von ihrer Umgebung abgetrennt (s. Kap. 1. 2). Andererseits läßt die Zellmembran aber einen sinnvollen Informations- und Stoffwechselaustausch mit den Nachbarstrukturen zu. Obgleich alle lebenden Zellen eines Organismus in ihrem Kern identische Erbanlagen in Form von Desoxyribonukleinsäuren gespeichert haben, differenzierten sich im menschlichen Organismus im Verlaufe der Evolution verschiedene Zellverbände heraus.

Diese Spezialisierung ermöglicht einerseits die Wahrnehmung besonderer Aufgaben. Andererseits führt sie aber zu einer verstärkten Abhängigkeit von den übrigen Systemen (s. a. Kap.1.2).

Anders ausgedrückt: Je stärker Zellen, Gewebe und Untersysteme spezialisiert sind (z. B. für die Wahrnehmung von Abwehr- oder Transportaufgaben), desto größer wird der notwendige Aufwand, um ihre Funktionen miteinander abzustimmen. Es ist einleuchtend, daß das neurohormonelle System allein nicht in der Lage ist, alle lebenden Zellen des menschlichen Organismus in ihrer Funktion so zu koordinieren, daß sie optimal zur Aufrechterhaltung der Homöostase beitragen können. Nach Pischinger, Thomas, Heine u. a. werden wesentliche Regelungsleistungen auch vom Mesenchym, dem weichen Bindegewebe, erbracht.

Das **Mesenchym** ist überall im Körper vorhanden. Es verbindet die einzelnen Zellen und Gewebe miteinander. Seine Gesamtmasse wird auf ca. 16 bis 18 Kilogramm geschätzt. Das entspräche nahezu 25 Prozent der Gesamtkörpermasse.

1.3.2.1 Grundsubstanz

Im weichen Bindegewebe beginnen und enden sämtliche Ver- und Entsorgungssysteme für die Zellen. Es enthält somit neben Wasser und Elektrolyten auch Energieträger, Stoffwechselprodukte, Abwehrpotenzen, Eiweiße und alle übrigen Stoffe, die zwischen Kapillaren und den Parenchymzellen ausgetauscht werden.

Es hat sowohl die Funktion eines Mittlers als auch die Aufgabe eines Filters zwischen Kapillare und Zelle. Nach Pischinger spielen sich die wesentlichsten Vorgänge der Grundregulation in diesem Zusammenwirken ab. Er bezeichnete diese Zusammenhänge als „Zelle – Milieu – System". Heine entwickelte seine Gedanken weiter und prägte den Begriff der **Grundsubstanz**.

Er charakterisierte sie so: „Die Grundsubstanz stellt einen Netzverbund hochpolymerer Zukker in Form von Glukosaminglykanen und an Proteine gebundener Oligosaccharidketten dar – die Proteoglykane und Strukturglykoproteine (Kollagen, Elastin, Fibronektine)." Die Zuckerkomponenten sind in der Lage, Wasser und Elektrolyte zu binden. Damit ist die Grundsubstanz an der Aufrechterhaltung von Isotonie, Isoionie und Isoonkie beteiligt und somit ein wesentlicher Faktor für die Sicherung der Homöostase.

Nun ist aber auch jede Zellmembran mit einer spezifischen Glykokalyx, einer zuckerartigen Schicht, umhüllt. Diese dehnt sich bis in die Grundsubstanz aus und verbindet Parenchymzelle und Bindegewebe zu einer funktionellen Einheit. Wahrscheinlich können andererseits Proteoglykane und Fibronektine die Membranen von Parenchymzellen durchdringen und somit auch eine morphologische Verbindung zwischen Bindegewebe und Funktionszelle (Parenchymzelle) herstellen.

Funktionsweise der Grundsubstanz: Das Mesenchym kann nach Pischinger auf drei Kommunikationsebenen Regelungsvorgänge im Organismus bewirken. Es sind dies die zelluläre, die humorale und die nervale Ebene.

Die **zelluläre Ebene** gewährleistet das chemische Gleichgewicht im weichen Bindegewebe und realisiert Abwehrfunktionen. Sie wird in erster Linie durch die Zellen des retikulo-histiozytären Systems repräsentiert (s. a. Kap.3.3).

Die **humorale Ebene** wird über ein Transportsystem wirksam. Durch die Kapillaren und das Lymphsystem werden Nährstoffe, Sauerstoff, Stoffwechselprodukte, Hormone u. ä. transportiert und verteilt. Diese Ebene ermöglicht eine Kommunikation mit örtlich entfernteren Systemen.

Die **nervale Ebene** wird durch das Nervensystem repräsentiert. Seine Funktionsweise wird im Kapitel 3.1 behandelt. Es stellt ebenfalls funktionelle Verbindungen zu allen übrigen Strukturen des Organismus her, benötigt dazu aber im Vergleich zur humoralen Ebene viel weniger Zeit.

Da alle Ebenen sich im Mesenchym treffen, sind vielfältige funktionelle Verknüpfungen zwischen ihnen möglich.

Innerhalb der Grundsubstanz spielen die **Fibrozyten** eine Schlüsselrolle. Diese Zellen sind in der Lage, Grundsubstanz neuzubilden.

Die Signale dazu erhalten sie auf unterschiedliche Weise. So unter anderem über die Endverzweigungen der vegetativen Nervenfasern (s. Kap. 3.1). Diese verlaufen innerhalb der Grundsubstanz. Bei einer Erregung wird der entsprechende Transmitter dorthinein abgegeben und bewirkt Neubildung von Grundsubstanz. Weitere Eingangsinformationen gelangen durch andere bioaktive Substanzen zum Fibrozyten.

So z. B. über die von den Mastzellen, Lymphozyten und Makrophagen freigesetzten Stoffe (s. Kap. 3.3).

Der Fibrozyt modifiziert also die Zusammensetzung und damit die Qualität der von ihm gebildeten Grundsubstanz stets in Abhängigkeit von der Art der bei ihm ankommenden Signale. Einlaufende Störsignale sind also in der Lage, die Grundsubstanz zu verändern.

Dies wiederum beeinflußt die übrigen Regulationsebenen. So können z. B. Fehlinformationen an benachbarte Zellen gelangen oder über verschiedene Reflexmechanismen (Axonreflexe, viszerokutane Reflexe u. ä.) zunächst auf segmentaler, später auf übersegmentaler Ebene einen Teufelskreis in Gang setzen, der sich schließlich zu einem Beschwerdebild oder zu einer Krankheit aufschaukelt.

Das weiche Bindegewebe kann also als Kreuzung, als Drehscheibe, als Verbindungsglied zwischen den Zellen des Abwehr- und Immunsystems, dem humoralen System und dem Nervensystem betrachtet werden. Alle diese Systeme beginnen oder enden dort. Sie sind dort miteinander vernetzt.

Im Bindegewebe spielen sich aber nicht nur die bisher genannten Prozesse und wesentliche Teile der Abwehrfunktion ab. Hier werden auch Stoffwechselschlacken, Fremdkörper und z. T. die nicht völlig phagozytierten Bakterien bzw. Toxine eingelagert. Dieses früher als nahezu indifferent gehaltene Gewebe hat also eine Fülle von Funktionen. Deshalb wird auch erklärlich, daß bereits geringe Störsignale dort zum Ausgangspunkt von Fehlregulationen werden können. Diese Fehlregulationen können ihrerseits wieder Ausgangspunkt für weitere Störmeldungen werden. Das geht u. a. auf Arbeiten von Heine und Harkness zurück, die darlegten, daß die Empfindung von Schmerz nicht im Nerven sondern in der Grundsubstanz ihren Anfang nimmt.

Sie entsteht u.a. durch Veränderung der Kollagenstruktur in der unmittelbaren Umgebung des Nerven.

Der weitaus größte Teil der Schmerzsignale gelangt nicht bis ins Bewußtsein (s. a. Kap. 3.1) sondern löst unbewußte Abwehrreaktionen aus. Diese Abwehrreaktionen können auf ein Segment beschränkt (z. B. viszerokutane, kutoviszerale und viszeromuskuläre Reflexe) sein, sie können aber auch segmentübergreifend ihre Wirkung entfalten und unter dem Faktor Zeit ihrerseits Schmerzempfindungen und psychische Verstimmungen auslösen.

1.3.2.2 Segmentalreflektorischer Komplex (s. a. Kap. 3.3 und 3.4)

Wie im voranstehenden Kapitel beschrieben, kann über die Grundsubstanz eine Fülle von Signalen aufgenommen und sowohl vertikal als auch horizontal weitergeleitet werden. Die dadurch ausgelösten Reaktionen sind häufig allgemeiner Natur, also relativ unspezifisch.

Der Organismus besitzt aber auch Regelungsmöglichkeiten, die spezifische, zumindest aber örtlich begrenzte Antworten auf horizontaler Ebene erlauben. Das soll am Beispiel des Stütz- und Bewegungssystems, dessen Funktionstüchtigkeit ja im Sport eine bedeutende Rolle spielt, kurz erläutert werden:

Junghanns führte als eine wesentliche Grundlage für die Weiterentwicklung der funktionellen Denkweise in der Medizin den Begriff Bewegungssegment ein. Er verstand darunter einen Funktionskomplex, bestehend aus zwei benachbarten Wirbeln, der dazugehörenden Bandscheibe, den Wirbelgelenken sowie den verbindenden Bändern. Er postulierte, daß jede dieser Strukturen an einer Bewegung beteiligt ist und daß Störungen im Bewegungssegment von jeder dieser Strukturen ausgehen können und Auswirkungen auf die übrigen Partner des Bewegungssegments haben. In Weiterführung dieser Arbeiten führte Gutzeit den Begriff **Vertebron** (bei peripheren Gelenken: **Arthron**) in die Literatur ein, weil er erkannte, daß das Junghannssche Modell die Rolle anderer wesentlicher Strukturen bei der Entstehung von Störungen am Bewegungsapparat nicht in ausreichendem Maße erklären konnte. Dazu gehören alle dem Segment zugehörenden Komponenten wie Muskulatur, Bindegewebe und Gefäße.

Das Gutzeitsche Modell wurde von Bergsmann und Eder um eine weitere Dimension ergänzt. Sie bezogen Aspekte der Regulation in die Betrachtungsweise ein und wurden so der wesentlichen Bedeutung des Nervensystems bei der Registrierung und Beantwortung von Störungen gerecht.

Zum Inhalt des Begriffs: Bergsmann und Eder brachten damit wesentliche funktionelle Aspekte in die Vorstellung über die Mechanismen zur Regelung der Beziehungen zwischen den Strukturen des Organismus. Über eine Fülle von Reflexmechanismen können Regelungen (aber auch Entgleisungen) sowohl auf horizontaler als auch auf vertikaler Ebene erfolgen. Zu den segmental (also horizontal) ablaufenden Prozessen gehören u. a. viszerokutane, muskulokutane, vertebroviszerale Reflexe und Axonreflexe . Übersegmentale (also vertikale) Regelungen erfolgen z. B. über das vegetative Nervensystem , die Gammafasern und das Hormonsystem und beziehen oft zentrale Strukturen (Formatio reticularis, limbisches System) mit ein.

Nach Bergsmann und Eder reagieren bei Auslenkung aus der Homöostase alle in dieser Weise miteinander verknüpften Strukturen wie ein einheitliches Gebilde als segmentalreflektorischer Komplex.

2 Gewebe

2.1 Muskelgewebe

Von *U. Pahlke*

Die Anatomie/Morphologie unterscheidet drei Gruppen von Muskulatur (s. Lehrbücher der Anatomie).

Die **Herzmuskulatur** ist charakterisiert durch Muskelzellen (Muskelfasern), die netzartig miteinander verbunden sind. Diese Anordnung wird dem Hohlmuskel Herz am besten gerecht. Die Herzmuskulatur ist willkürlicher Innervation nicht zugänglich. Sie wird vom vegetativen Nervensystem versorgt. Herzmuskelfasern kontrahieren relativ schnell, sie sind nahezu unermüdbar.

Die **glatte Muskulatur** finden wir im gesamten Magen-Darm-Trakt, in der Blase, den ableitenden Harnwegen, in den Blutgefäßen und in der Lunge. Die Tätigkeit der glatten Muskulatur ist dem Willen nicht unterworfen. Deshalb vollziehen sich Verengungen oder Erweiterungen der Blutgefäße und Lungenabschnitte sowie die Transportvorgänge im Darm unwillkürlich. Die glatte Muskulatur wird vom vegetativen Nervensystem innerviert. Sie erscheint unter dem Mikroskop einförmig „glatt", daher ihre Benennung. Die glatte Muskulatur ändert ihre Spannung langsam, sie ist nahezu unablässig aktiv.

Die **Skelettmuskulatur** wird nach ihrem unverwechselbaren Aussehen unter dem Mikroskop auch quergestreifte Muskulatur genannt. Sie wird (fast ausschließlich) willkürlich eingesetzt.

Die Bewegungstätigkeit des Menschen von weit ausholenden, kraftvollen, groben bis zu den kaum sichtbaren, feinen, genauen Aktionen – auch die Haltearbeit – wird durch die Kontraktion bzw. Spannungsänderung der Skelettmuskulatur möglich.

Die Kontraktion kann sich in einer Längen- oder Spannungsänderung (Verkürzung oder Spannungszunahme) äußern.

Kontraktion und Erschlaffung werden immer von dem Zusammenspiel zwischen Nervensystem und Skelettmuskulatur bewirkt, denn jede Kontraktion hat einen Reiz zur Voraussetzung.

Neben der weitaus im Vordergrund der Leistungen der Skelettmuskulatur stehenden Kontraktion und Erschlaffung übernimmt diese noch Aufgaben bei der Substratbevorratung – Kohlenhydrate und Fette werden als Paraplasma eingelagert – und bei der Konstanthaltung von Faktoren des inneren Milieus (Wasserhaushalt, Elektrolythaushalt, Säure-Basen-Gleichgewicht) (s. 1.1). Da zwei Drittel des Energieumsatzes bei der Muskelkontraktion als Wärme frei werden, ist die Bedeutung der Skelettmuskulatur für den Wärmehaushalt kaum zu unterschätzen (s. 3.5). Unmittelbar zum Skelettmuskel müssen seine Hilfseinrichtungen gezählt werden. Das sind:

- Faszien (Muskelbinden),
- Sehnen,
- Schleimbeutel,
- Sehnenscheiden.

Über diese Hilfseinrichtungen sollte in Lehrbüchern der Anatomie nachgelesen werden.

Nur aus didaktischen Gründen ist es gerechtfertigt, die Einheit von Nervensystem und

Skelettmuskel zu trennen, weil die Muskeltätigkeit in überwiegendem Maße das Ergebnis zentralnervaler Informationen ist.

Zentral eingegebene Informationen – Impulse oder Impulsserien – äußern sich in der Kontraktion unterschiedlich großer Anteile von Muskelfasern eines Muskels. Der enge funktionelle Zusammenhang zwischen der motorischen Nervenzelle, ihrem Neuriten und den zugehörigen Muskelzellen kommt in der Bezeichnung **motorische Einheit** zum Ausdruck.

Zeitlicher Verlauf, Quantität und Qualität der Kontraktion werden an das zentrale Nervensystem (ZNS) rückgemeldet, sind also kontrollierbar. Das Zusammenspiel der Muskeltätigkeit bei einfachen und komplizierten Bewegungen wird nach Mustern vollzogen, die im ZNS gespeichert sind. Diese Muster werden meist erlernt; sie sind mehr oder weniger stabil, d. h. auch weniger oder mehr (durch Übung) veränderbar. Die Skelettmuskulatur ist das größte Organsystem des Menschen. Beim normgewichtigen Erwachsenen macht ihr Anteil an der Körpermasse zwischen 35 Prozent (bei der Frau) und 40 Prozent (beim Mann) aus.

Demgegenüber ist der Anteil der Skelettmuskulatur an der Körpermasse des Kindes wesentlich geringer. Er beträgt beim Neugeborenen etwa 20 Prozent. Mit dem Wachstum bzw. im Verlauf der Reifung nimmt der Anteil zu und erreicht nach der Pubertät die Werte von Erwachsenen.

Zu jeder Zeit des Lebens ist der durchschnittliche Anteil der Muskelmasse an der Körpermasse beim weiblichen Geschlecht geringer als beim männlichen. (Der Körperfettanteil der Mädchen und Frauen ist stets größer als beim männlichen Geschlecht.) Diese Abständigkeit ist vor der Pubertät gering. Sie wird mit und nach der Pubertät deutlich erweitert.

Der Skelettmuskel ist ein stoffwechselaktives Organ. Bei Muskeltätigkeit wird die Mehrzahl der Versorgungs- und Entsorgungskapazitäten des Gesamtorganismus dieser Aufgabe untergeordnet.

2.1.1 Bau des Skelettmuskels

Jeder Muskel ist charakteristisch aufgebaut. Er hat in der Regel Ansatz und Ursprung (meist durch eine Sehne, die an einen Knochen fixiert ist). Er ist von einer Faszie (Muskelbinde) umgeben. Mit Informationen versorgen ihn Nervenzellen über sich vielfach verzweigende Nerven. Die Versorgung mit Substraten, aber auch Informationsträgern wie Hormonen, übernehmen Blutgefäße (Arterien). Über andere Blutgefäße (Venen) erfolgt die Entsorgung, der Abtransport von nicht mehr nutzbaren Stoffen. Arterien und Venen stehen über Kapillaren (s. 2.5.2) miteinander in Verbindung. Nerven und Gefäße sind in lockeres Bindegewebe eingebettet. Den ganzen Muskel umgibt unter der Faszie eine Fleischhaut (Perimyslum). Dünnere, durchsichtige Häutchen teilen jeweils immer kleinere **Muskelbündel** ab (Bild 2.1).

Über die sogenannten tertiären und sekundären Muskelfaserbündel kommt man so zu

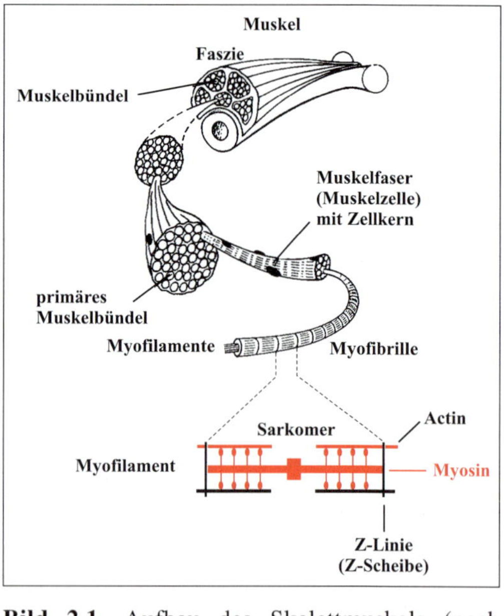

Bild 2.1 Aufbau des Skelettmuskels (nach Laub)

einer geschlossenen Struktureinheit, dem primären **Muskelfaserbündel**.

Das primäre Muskelfaserbündel besteht aus vielen tausend (Gesäßmuskel) oder wenigen (Augenmuskeln) Muskelzellen. Jede Muskelzelle (Muskelfaser) vereint in sich Hunderte bis Tausende von Muskelfibrillen (Myofibrillen), und jede Myofibrille enthält wieder mehrere tausend **Myofilamente**.

Die Verschiebung der Myofilamente Actin und Myosin gegeneinander im Sarkomer, dem kontraktilen Element (kleinste kontraktile Einheit), bewirkt letztlich die Längen- oder Spannungsänderung des Skelettmuskels.

Die Myofilamente Actin und Myosin sind jeweils an der seitlichen Begrenzung des Sarkomer, der Z-Linie, angeheftet. Bei einer Kontraktion arbeiten Tausende dieser kontraktilen Einheiten gleichsinnig (s. a. Bild 2.4)

2.1.1.1 Entwicklung der Muskelzelle

Die Entwicklung der Muskelzelle ist grob in dem Bild 2.2 dargestellt.

Aus dieser Entwicklung ist die Vielzahl der Kerne einer Muskelzelle zu erklären. Sie sichert nicht zuletzt die Regeneration nach Verletzungen.

Bei verletzungs- oder erkrankungsbedingtem Untergang von Muskelzellen können sich unter bestimmten Bedingungen die im Bild 2.2 dargestellten Satellitenzellen zu vollwertigen Muskelzellen entwickeln und die Funktion der aus dem Zellverband ausgeschiedenen Muskelfaser übernehmen.

Dieser Vorgang benötigt Zeit. Muskelverletzungen sind deshalb nicht in wenigen Tagen zu überwinden.

Muskelwachstum ist mit verschiedenen Vorgängen verbunden – es wird von den unterschiedlichsten Faktoren beeinflußt.

Genetisch vorgegeben wird es modifiziert durch:

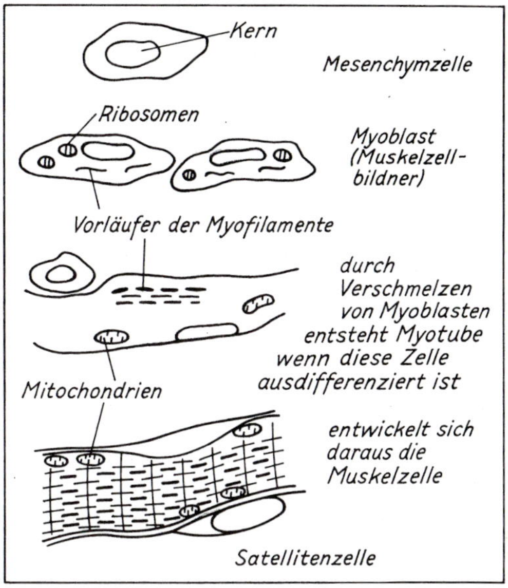

Bild 2.2 Entwicklung der Muskelzelle. Bis in das erste Lebensjahr hinein wird die genetisch vorgegebene Entwicklung der einzelnen Fasertypen vollzogen. Es ist unentschieden, ob in dieser Zeit wesentliche Veränderungen durch äußere Einflüsse möglich sind. Später mit Sicherheit nicht mehr

- Zunahme der Knochenlänge beim Skelettwachstum;
- Muskeltonus, Muskeldehnung beim Wachstum, Bewegung, Training;
- hormonelle Gegebenheiten (wieder beeinflußt von Bewegungsaktivitäten) vor allem von den Hormonen Testosteron, Insulin, Wachstumshormonen, Thyroxin;
- neurotrope Faktoren (neuromuskuläres Gleichgewicht);
- Ernährung.

Es werden sowohl neue Sarkomere durch Addition (Veränderung der Länge) als auch durch Längsspaltung (Verbreitung, Dickenzunahme) gebildet.

2.1.1.2 Skelettmuskelzellen (Muskelfaser)

Die einzelnen Zellen (Muskelfasern) sind unterschiedlich lang. Die Spanne reicht von kurzen Fasern mit Längen unter 1 mm bis zu über 30 cm langen Muskelzellen. Die Faser reicht in der Regel von den Ursprungs- bis zu den Ansatzsehnen des Muskels. Sie hat mehrere bis viele randständige Kerne (Bild 2.3) und ist mit (fast) allen bei der Beschreibung der Zelle erwähnten Bestandteilen ausgestattet (s. 1.2).

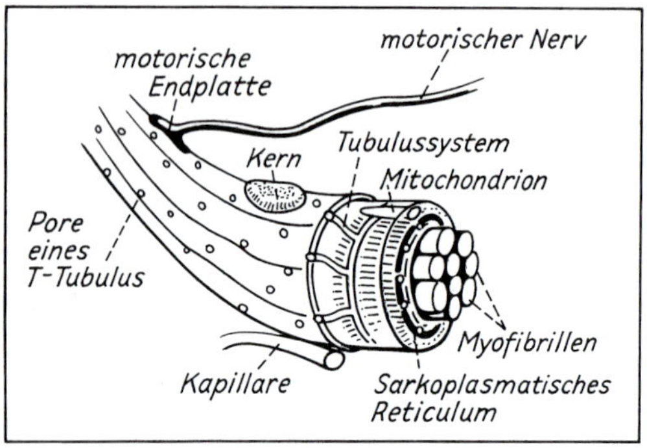

Bild 2.3 Skelettmuskelfaser

Die **Zellmembran** umgibt die Muskelzelle. Sie ist von Poren des Tubulussystems durchsetzt. Eng angelagerte kleinste Blutgefäße – die Kapillaren – ermöglichen den Stoffaustausch. Über das Tubulussystem und das sarkoplasmatische Retikulum gelangen zum Beispiel die für den Kontraktionsvorgang wichtigen Calciumionen ins Innere der Muskelzelle. Die geformten Bestandteile der Muskelzelle werden vom Sarkoplasma (Zellsubstanz) umgeben.

Das Sarkoplasma ist Vorrats- und Wirkort der Enzyme des anaeroben Energiestoffwechsels.

Der Skelettmuskel als ein stoffwechselaktives Organ enthält in jeder Zelle zahlreiche **Mitochondrien**. Sie liegen dicht unterhalb der Zellmembran und in unmittelbarer Nähe des kontraktilen Apparates. Offenbar können sie dort die notwendigen Stoffe besser aufnehmen bzw. abgeben.

In den Mitochondrien werden Kohlenhydrate und Fette unter Nutzung von Sauerstoff zum Zweck der Energiegewinnung abgebaut. Diese Energie dient vor allem dem Kontraktionsvorgang sowie der Erschlaffung.

Ribosomen finden sich vor allem im Bereich der motorischen Endplatte der Muskelzelle. In der Muskelzelle sind Kohlenhydrate (als Muskelglykogen in Form von Schollen) und Fette (als Lipidtröpfchen) zum unmittelbaren Verbrauch gespeichert. Im Myoglobin, dem roten Muskelfarbstoff, wird Sauerstoff gebunden.

Eine Nervenfaser steht über einer motorischen Endplatte (eine spezielle Synapse) mit der Muskelzelle in Verbindung (s. 2.1.2).

Entsprechend den ankommenden Reizen wird die Muskelzelle zu einer Kontraktion oder einer Kontraktionsfolge veranlaßt.

2.1.1.3 Kontraktiles Element

Die **Myofibrillen** sind dem Metaplasma zuzurechnen. Sie fassen jeweils mehrere tausend Myofilamente zusammen.

Die Myofilamente bestehen im wesentlichen aus den kontraktilen Eiweißen Actin und Myosin. Diese kontraktilen Eiweiße können bei der Zufuhr von Aktivatoren (z. B. Calciumionen) unter Energieverbrauch ihre Lage zueinander reversibel ändern. Das Bild 2.4 soll schematisch zeigen, wie die beiden Eiweiße bei der Kontraktion – über sogenannte Kreuzbrücken – miteinander in Verbindung treten.

Wichtig für das Gelingen einer Kontraktion ist, daß die Myosinfilamente nicht endlos aneinander gereiht sind. Sie werden von durchgehenden Z-Linien (mehrdimensional gesehen: Z-Scheiben) in Kontraktionseinheiten getrennt. Diese Elementareinheiten der Muskelfaser werden kontraktiles Element oder **Sarkomer** genannt.

Nach dem Bild im Elektronenmikroskop sind außer der Z-Linie noch andere Erscheinungen mit Buchstaben benannt worden. Sie sollen hier nicht weiter beschrieben werden.

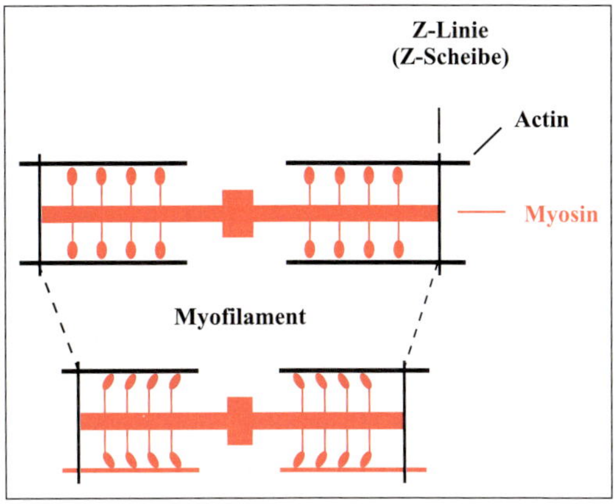

Bild 2.4 Das Sarkomer im entspannten und kontraktilen Zustand. Die Kontraktion erfolgt durch „Brückenschlag“ und durch einen Gleitvorgang der Actin- und Myosinfilamente

Die Darstellung der Kreuzbrücken in der gewählten Form (Bild 2.4) und des Vorbeigleitens der kontraktilen Eiweiße ist eine Vereinfachung, die zum Verständnis von Voraussetzungen der Kontraktion und Erschlaffung ausreicht.

Der Vorgang der **Kontraktion** und **Erschlaffung** soll hier bereits kurz dargestellt werden, obwohl einige Kenntnisse dazu erst in nachfolgenden Kapiteln vermittelt werden. Gesteuert durch das Zentralnervensystem gehen vom Motoneuron (einer Nervenzelle im Rückenmark) über den motorischen Nerv und die motorische Endplatte (Synapse) der Muskelzelle Informationen zu.

Die Muskelzelle reagiert auf die Erregung der Synapse (der Impulsübertragungsstelle) mit Änderungen an ihrer gesamten Zellmembran, die sich bis in die Querröhrchen (Tubulussystem) ausbreiten. Die Membranänderungen bewirken eine Freisetzung von Calcium aus dem sarkoplasmatischen Retikulum und dessen Konzentrationsanstieg im Bereich des Sarkomers. Calcium aktiviert im kontraktilen Element ein Enzym (einen Biokatalysator), die Myosin-ATPase. Dieses Enzym spaltet von der energiereichen Verbindung Adenosintriphosphat (ATP) einen Phosphatrest ab; Energie wird frei. Die Freisetzung von Energie führt zur Wärmebildung und zum Brückenschlag Actin-Myosin. Die Zeit zwischen Reizung der Muskelzelle und Kontraktionsbeginn wird als Latenzzeit bezeichnet. Sie dauert nur Millisekunden.

Der Brückenschlag zwischen Actin und Myosin ist mit einer Verkürzung des kontraktilen Elementes verbunden (Bild 2.4). Die Z-Linien nähern sich einander an. Das ist auch der Fall, wenn der Muskel eine Haltearbeit leistet – also der Gelenkwinkel sich nicht ändert. Elastische Komponenten im Muskel und in den Hilfseinrichtungen nehmen dabei die Kontraktionsenergie auf.

Bricht die Impulsserie ab, dann normalisiert sich der Zustand der Membran. Der Calciumeinstrom wird unterbrochen, die Aktivierung der Myosin-ATPase geht zurück. Es wird weniger ATP gespalten. Kontraktionsenergie steht nicht mehr zur Verfügung. Die Filamente des kontraktilen Elements kehren unter Aufhebung der Brückenbildung in ihre Ausgangsposition zurück (Erschlaffung).

Auch dieser Erschlaffungsvorgang verbraucht Energie. Sie wird für die Rückführung Ca^{++} an seinen Speicherort im sarkoplasmatischen Retikulum benötigt.

2.1.2 Motorische Einheit

Aus den Ausführungen zur Muskelzelle (Muskelfaser) und der Muskelkontraktion ging hervor, daß die Kontraktion durch einen Reiz (Impuls oder Impulsserie) bedingt wird. Die elementare bauliche Voraussetzung für eine Muskelkontraktion ist die motorische Einheit.

Eine motorische Einheit besteht aus einer motorischen Vorderhornzelle und allen von ihr versorgten Muskelfasern.

Die **motorischen Vorderhornzellen** (Motoneurone) liegen in den Vorderhörnern der grauen Substanz des Rückenmarks (s. 3.1). Sie sind untereinander und mit höheren Zentren über Zellfortsätze (Dendriten) verbunden (Bild 2.5).

Mit den jeweils zu einer motorischen Vorderhornzelle gehörenden Muskelzellen übernehmen Nervenfasern die Verbindung. Sie werden **Neuriten** genannt und bestehen aus Axon und Markscheide (s. Lehrbuch der Anatomie). Die motorischen Vorderhornzellen haben je einen Neuriten, der die Erregung – je nach Dicke der Markscheide mit einer Geschwindigkeit zwischen 60 und 120 $m \cdot s^{-1}$ leitet. Im Muskel teilen sich die Neuriten und finden über motorische Endplatten Anschluß an unterschiedlich viele Muskelzellen.

Bei Muskeln, die ohne größere Kraft genau arbeiten müssen, wie zum Beispiel die Augenmuskeln, sind an ein Motoneuron 4 bis 20 Muskelzellen angeschlossen. Bei Muskeln, die weniger genau, dafür aber ausgesprochen kraftvoll arbeiten müssen, innerviert ein Motoneuron bis weit über 1000 Muskelzellen. Das wäre beispielsweise beim Gesäßmuskel der Fall.

Neuron – Neurit und Muskelfaser sind über eine Synapse miteinander verbunden (s. 3.1). Der Nerv (Neurit) endet als präsynaptisches Element (Synonym: präsynaptische Membran) einer motorischen Endplatte (Spezialform einer Synapse) breit auf der Muskelzelle.

Den Bezirk der Muskelzellmembran unter der motorischen Endplatte nennt man die postsynaptische Membran. Die neuromuskuläre Ankopplung zwischen Neuron/Neurit und Muskelzelle wird also durch die motorische Endplatte garantiert (Bild 2.6).

Die motorische Vorderhornzelle – das Motoneuron – wird in der Regel von höheren Zentren (motorische Hirnrinde), aber auch durch Impulse aus ihrer unmittelbaren Umgebung, veranlaßt, einen Impuls oder eine Impulsserie über ihren Neuriten in Richtung Muskelfasern abzugeben. Dieser Impuls wird durch Membranveränderungen (elektrische Potentialschwankungen bei Veränderung der Ionen innerhalb und außerhalb der Zelle) bis zur motorischen Endplatte fortgeleitet (s. 2.3.1). Die motorische Endplatte fängt die einlaufenden Impulse auf und leitet die Erregung auf die Muskelzelle über.

Die motorischen Vorderhornzellen sind keinesfalls alle völlig gleich gebaut. Es gibt größere mit auffallend markhaltigen Neuriten und kleinere mit weniger markhaltigen Neuriten. Auch die motorischen Endplatten sind unterschiedlich groß.

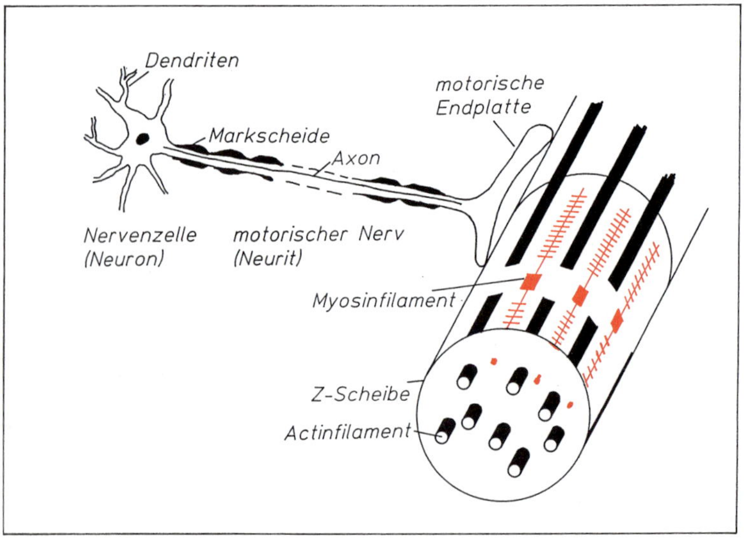

Bild 2.5 Die Motorische Vorderhornzelle (Motoneuron) ist von zahlreichen anderen Nervenzellen umgeben und hat zu ihnen synaptischen Kontakt. Über ihren Neurit ist sie mit den Muskelfasern funktionell verbunden (s. 3.1)

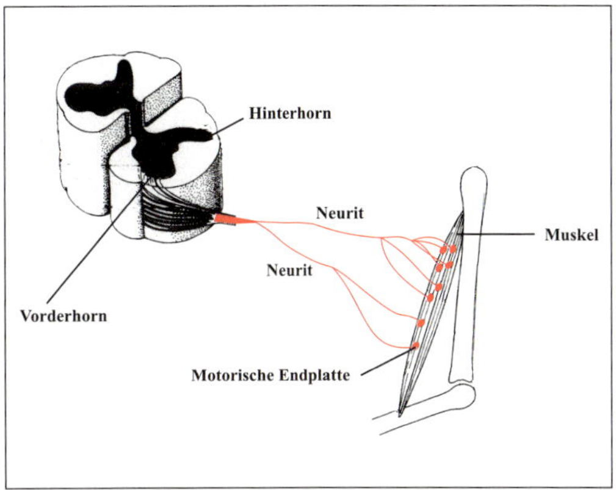

Bild 2.6 Motorische Einheit. Motorische Nervenzellen im Vorderhorn des Rückenmarks (Motoneurone) geben über Neuriten an mehr oder weniger viele Muskelzellen Impulse ab. Die Motoneurone sind sowohl miteinander als auch mit höheren Zentren funktionell verbunden

Größe und Beschaffenheit von Motoneuron, Neurit und Endplatte weisen auf den Muskelfasertyp (s. 2.1.3) hin.

Würde eine motorische Einheit für sich allein arbeiten, so wäre das am Gesamtmuskel nicht zu sehen – selbst wenn über 1000 Fasern angeschlossen wären. Um eine Bewegung in einem Gelenk zu bewirken oder Haltearbeit zu leisten, müssen immer mehrere bzw. viele motorische Einheiten tätig sein. Die Steuerung der Muskeltätigkeit (s. 2.1) garantiert dabei, daß sich nach einem bestimmten Erregungsmuster motorische Einheiten miteinander abwechseln und daß eine motorische Einheit nicht längere Zeit ununterbrochen belastet wird.

Nie arbeiten in einem Muskel alle Muskelfasern (und damit alle motorischen Einheiten) gleichzeitig. Niemals sind selbst in ein Erregungsmuster, das die Fasern in der Arbeit abwechseln läßt, alle motorischen Einheiten einbezogen.

Auch bei maximaler (gewollter oder erzwungener) Anstrengung werden nie alle motorischen Einheiten eines Muskels in die Kraftentwicklung eingeschaltet. Einige motorische Fasern bleiben immer in Reserve. Es gelingt mit normalen Mitteln des Sports nicht, diese Reserve anzugreifen.

2.1.3 Muskelfasertypen

Schon vor mehr als hundert Jahren beschrieben Physiologen zwei verschieden aussehende und auch unterschiedlich arbeitende Muskelarten beim Tier. Es wurden Muskeln, die dunkelrot aussahen, sich langsam (tonisch) kontrahierten und nahezu unermüdbar arbeiteten, von Muskeln unterschieden, die wesentlich heller -weiß- waren, schnell (phasisch) arbeiteten und bereits nach einigen Kontraktionen ermüdeten. Diese Beobachtung ließ sich deshalb besonders gut beim Tier vornehmen, weil es dort Muskeln gibt, die vollständig aus „roten" oder ausschließlich aus „weißen" Muskelzellen bestehen.

Diese scharfe Trennung in langsam kontrahierende (slow twitch – ST) und schnell kontrahierende (fast twitch – FT) Muskeln gibt es beim Menschen nicht. Der menschliche Skelettmuskel enthält jeweils sowohl **langsam kontrahierende** (ST) als auch **schnell kontrahierende** (FT) Fasern.

Es gibt Muskeln, die aus überwiegend langsam kontrahierenden Fasern bestehen. Der gerade Bauchmuskel, der hauptsächlich Haltearbeit zu leisten hat, enthält einen hohen Anteil ST-Fasern. Der zweiköpfige Oberarmmuskel besteht aus mehr FT-Fasern. In der folgenden Übersicht werden einige Möglichkeiten der Benennung gezeigt. Die nach der englischen Bezeichnung vorgenommene Abkürzung hat sich in den letzten Jahren durchgesetzt (Tabelle 2.1).

Die Kenntnisse über die Muskelfasertypen wuchsen schnell, nachdem Bergstroem (1962) eine gut anwendbare Methode der Muskelbiopsie erarbeitet hatte. Mit dieser Methode wurde es möglich, Muskelproben von weniger als einem Gramm Masse aus verschiedenen Muskeln ohne nennenswerte Beschwerden zu entnehmen. Die Untersuchung dieser Proben ist aufwendig. Auch deshalb ist und wird die Muskelbiopsie nicht als Routinemethode bei der Einschätzung der sportlichen Eignung oder bei der Steuerung des Trainings eingesetzt.

Tabelle 2.1 Zusammenstellung verschiedener Benennungen der Muskelfasertypen (für uns ist die herausgehobene Bezeichnung verbindlich)

Roter Muskel	Weißer Muskel	
tonisch	phasisch	
langsam kontrahierend slow twitch (ST) oxidativ (aerob)	schnell kontrahierend fast twitch (FT)	
	oxidativ aerob	glykolytisch anaerob
ST (Faser)	**FTO** (Faser)	**FTG** (Faser)
Typ I	Typ II A	Typ II B

Zusammengefaßt lassen sich die Erkenntnisse zur Museklfasertypisierung entsprechend der Tabelle 2.2 darstellen.

2.1.3.1 ST-Fasern

Den physiologischen Kenngrößen rot, langsam kontrahierend (ST), ermüdungsresistent und wenig Zugspannung erreichend, entsprechen histologisch (feingeweblich) Muskelzellen, die von kleinen motorischen Nervenzellen im Vorderhorn des Rückenmarks (kleine Alpha-Motoneuronen) innerviert werden.

Sie bekommen von einer kleinen motorischen Endplatte ihre Reizimpulse und sind von vielen Kapillaren umgeben. Die ST-Fasern weisen in der Nähe der Zellmembran und zwischen den Myofilamenten viele Mitochondrien auf und sind mit größeren Anteilen von rotem Muskelfarbstoff (Myoglobin) ausgerüstet. Das Myoglobin gibt der Zelle die rote Farbe.

Histochemisch dominieren in den ST-Fasern die Enzyme des aeroben Kohlenhydrat- und des Fettstoffwechsels. Auffällig ist auch die großzügige Einlagerung von Fetten. Die kleinen Alpha-Motoneurone, die im Vorhorn des Rückenmarks liegen, sind mit den motorischen Rindenfeldern des Zentralnervensystems verbunden (s. Kap. 3.1).

2.1.3.2 FT-Fasern

Die myoglobinarmen, weißen, schnell kontrahierenden (FT) Muskelfasern entwickeln große Kraft. Sie ermüden schnell.

Sie werden von großen **Alpha-Motoneuronen** innerviert, die in den Vorderhörnern des Rückenmarks liegen. Die übergeordnete Verbindung dieser Motoneurone erfolgt stärker über das extrapyramidale Bahnsystem. Die neuromuskuläre Ankopplung wird über eine große motorische Endplatte vorgenommen. Die Leitungsgeschwindigkeit des Neuriten einer großen Alpha-Zelle übertrifft die eines kleinen Alpha-Motoneurons. Anhand der Kontraktionsstärke, der Ermüdbarkeit sowie der überwiegenden Nutzung entweder des aeroben oder des anaeroben Stoffwechsels werden die schnell kontrahierenden (FT) Fasern unterteilt in:

- oxydativ arbeitende = FTO-Fasern und
- glykolytisch arbeitende = FTG-Fasern (s. Tabelle 2.1)

Die FTO-Fasern haben einen größeren Querschnitt als die FTG-Fasern, sie enthalten wesentlich mehr Mitochondrien und oxidative Enzyme. Sie kontrahieren nicht so kräftig wie die FTG-Fasern, sind jedoch deutlich ausdauernder.

Die FTG-Fasern enthalten weniger Mitochondrien, weniger Myoglobin als die FTO-Fasern. Die Enzyme des anaeroben

Stoffwechsels im Sarkoplasma dieses Muskelzelltyps sind stark ausgeprägt und von hoher Aktivität. Die Faser ist weniger eng von Blutgefäßen umgeben, ihre motorische Endplatte ist groß. Dieser Unterschied zwischen FTO und FTG wird durch ihren Einsatz bei Bewegungsaktivitäten bestimmt. Das Bild 2.7 soll diesen Sachverhalt noch einmal darstellen.

Ob der Mensch aufgrund seines genetischen Programms bereits mit einem genau definierten Anteil an ST- und FT-Fasern geboren

Tabelle 2.2 Wesentliche Merkmale der einzelnen Muskelfasertypen

ST-Muskelfasern	**FT-Muskelfasern**	
ST	FTO	FTG
Langsam kontrahierend kontrahierend	schnell kontrahierend	sehr schnell kontrahierend
Kontraktionsdauer 75 ms	30 ms	20 ms
wenig Kraft pro Kontraktion	mehr Kraft pro Kontraktion	sehr große Kraft
Zugspannungsfaktor 1	Faktor 4	Faktor 12
ermüdungsresistent	ermüdbar	schnell ermüdet
kleine Motoneurone	große Motoneurone	große Motoneurone
kleine mot. Endplatten mot. Endplatten	größere	große
sehr viele Mitochondrien	viele	wenig
sehr viel Myoglobin	mäßig viel	wenig
sehr viele Kapillaren	viele	wenig
wenig Phosphagene	viele	sehr viele
Myosin-ATPase Aktivität gering	hoch	sehr hoch
viel Fett weniger KH gespeichert	viel KH gespeichert	viel KH gespeichert
mit hochaktiven Enzymen des aeroben Fett- und KH-Stoffwechsels ausgestattet	mit Enzymen des aeroben und anae roben Stoffwechsels versehen	Dominanz von Enzymen des anaeroben Stoffwechsels
Querschnitt 3100 bis 5000 m^2	4400 bis 5900 m^2	3500 bis 5300 m^2

wird, oder ob – unter Einwirkung von Umwelteinflüssen – in den ersten Lebensjahren noch Veränderungen dieser vorgegebenen Aufteilung möglich sind, ist nicht völlig klar. Fest steht, daß sich etwa mit dem Eintritt in die Pubertät das Verhältnis von ST- zu FT-Fasern kaum noch ändert.

Für die Sportwissenschaft ist die Erkenntnis, daß sich (außer unter extremen Experimentalbedingungen) ST-Fasern nicht in FT-Fasern und FT-Fasern nicht in ST-Fasern umwandeln lassen, von fundamentaler Bedeutung.

Diese Tatsache hat im Leistungssport Konsequenzen für das trainingsmethodische Vorgehen und könnte in bestimmten Fällen bei der Eignungsbeurteilung oder bei der Auswahl eines Sportlers genutzt werden.

Zur motorischen Ansteuerung der Muskelfasertypen: Die Unterschiedlichkeit der Motonneurone (kleine und große Alpha-Motoneurone), der motorischen Endplatten, der Reizschwellen und schließlich der Muskelfasertypen weist darauf hin, daß die motorischen Einheiten der ST- und FT-Fasern verschiedene Aufgaben wahrnehmen. Bewegungen, die wenig Kraft erfordern, lassen die kleinen Alpha-Motoneuronen die zugehörigen ST-Fasern ansteuern. Reichen diese zur Lösung der Aufgabe nicht mehr aus oder ist die Anforderung von vornherein höher, so werden FT-Fasern mit einbezogen.

Die glykolytisch arbeitenden, sehr viel Zugspannung entwickelnden, leicht ermüdbaren FTG-Fasern werden nur angesteuert (hohe Reizschwelle), wenn maximale Bewegungsanforderungen realisiert werden müssen. Für

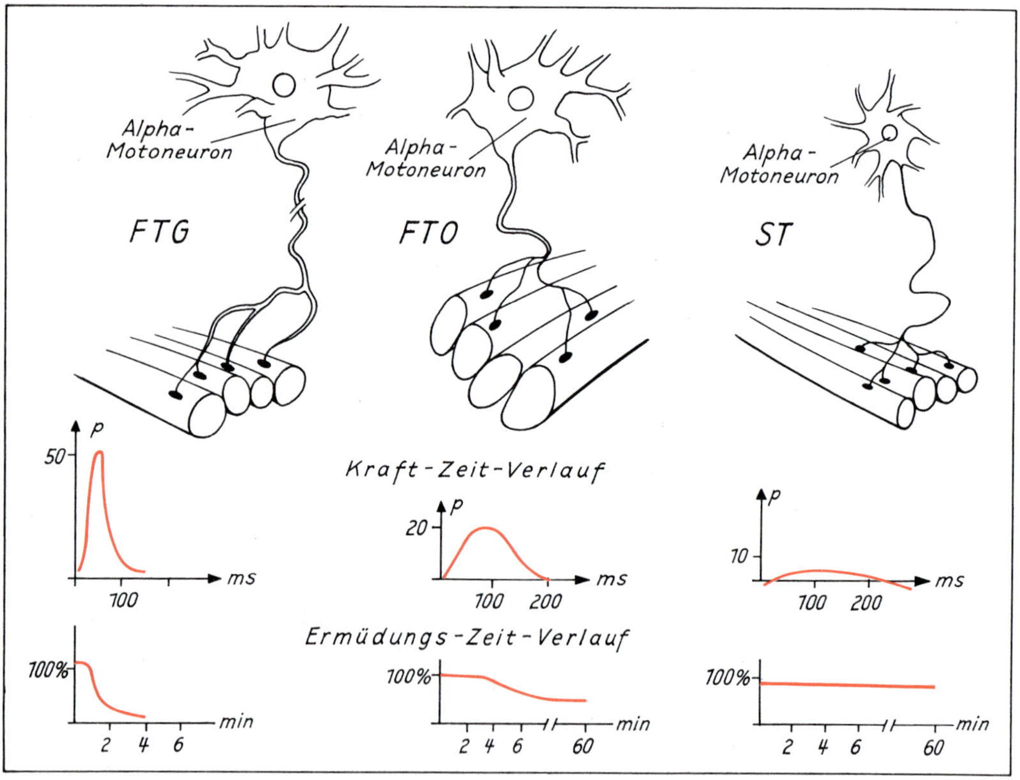

Bild 2.7 Charakteristisches zum Bau, dem Kraft-Zeit-Verlauf und dem Leistungsverlauf (Ermüdungsverlauf) der Muskelfasertypen (nach Edgerton)

das Training bedeutet das: Man kann die Leistungsvoraussetzungen der FTG-Fasern nur entwickeln, wenn man maximale Kontraktionen fordert.

2.1.3.3 Metabolische Differenzierung

Während die Umwandlung von ST- in FT-Fasern nicht gelingt, ist es durch gezielte Beanspruchung (Training) möglich, vorwiegend oxidativ arbeitende FTO-Fasern stärker anaerob auszuprägen und – umgekehrt – stärker glykolytisch ausgestattete FTG-Fasern in Richtung aerobe Energieumwandlung zu entwickeln. Durch geeignete Belastungsgestaltung ist also die „Umwandlung“ von FTO-Fasern erreichbar, ebenso die Umprogrammierung von FTG- zu FTO-Fasern. Der Fasertyp FT ist erbbedingt vorgegeben. Je nach motorischer Anforderungen an die FT-Faser werden Stoffwechselprozesse mehr in die aerobe oder anaerobe Richtung ausgeprägt. Diese Ausprägung hat für die FT-Faser auch bauliche Konsequenzen.

Die Anpassung der FT-Faser, der Hauptrichtung der Bewegungsanforderung und den damit notwendigen Stoffwechselprozessen folgend, nennt man metabolische Differenzierung.

Die metabolische Differenzierung geht mehr in Richtung FTO oder stärker in Richtung FTG. Veränderungen der Bewegungsanforderungen können die einmal eingegangene metabolische Differenzierung abschwächen, aufheben, ja selbst umkehren. Anforderungen durch Schnellkraft/Schnelligkeit prägen die FT-Fasern in Richtung FTG. Kraft/Ausdauerübungen leiten die Entwicklung in Richtung FTO. Bei Sportlern, die betont über Jahre nach der Devise „lange und langsam“ trainieren, wird man keine oder kaum FTG-Fasern finden. Zwischen dem weiblichen und dem männlichen Geschlecht gibt es keine Unterschiede der Möglichkeiten metabolischer Differenzierung.

2.1.3.4 Muskelfasertypenverteilung

In der großen Spanne der möglichen Fasertypenverteilung sind die Mittelwerte von Mädchen und Jungen, Frauen und Männern identisch. Unterschiede in der Leistungsfähigkeit der Muskulatur zwischen den Geschlechtern können also in der Fasertypverteilung keine Erklärung finden.

Die Zugehörigkeit zu den einzelnen Muskelfasertypen bis -subtypen wird histologisch (also mit dem Mikroskop)) festgestellt. Dazu wird die Muskelprobe angefärbt (histochemisch). Das geschieht z.B. durch die Darstellung des Enzyms Myosin-ATPase. Dieses Enzym bewirkt die Spaltung von ATP in ADP und P (anorganisches Phosphat) unter Freisetzung von Kontraktionsenergie für den Brückenschlag Actin-Myosin. Es ist in den FT-Fasern von erheblicher größerer Aktivität als in den ST-Fasern (s. Kap. 2.1.1).

Die Muskelfaserverteilung für einige große Muskeln (Kennmuskeln für bestimmte Sportdisziplinen) sind gut untersucht. Das gilt für den zweiköpfigen Armmuskel (M. biceps brachii), den Deltamuskel, den mittleren Kopf des vierköpfigen Oberschenkelmuskels und den Zwillingswadenmuskel. Die Verteilung der Muskelfasertypen in einigen Muskeln ist oft ähnlich. Werden zum Beispiel in dem für schnelle Bewegungen ausgelegten zweiköpfigen Armmuskel FT/ST-Fasern in einer bestimmten Verteilung gefunden, so ist diese Verteilung beim gleichen Individuum auch in dem ebenfalls für schnelle Bewegungen ausgelegten vierköpfigen Schenkelstrecker zu erwarten. Die mehr auf Haltearbeit ausgerichteten Deltamuskel und Zwillingswadenmuskel sind in ihrer Verteilung einander ebenfalls ähnlich. In zulässiger Vereinfachung kann nach einer Muskelbiopsie von der Fasertypausstattung des betreffenden Menschen gesprochen werden.

In der Normalverteilung der Bevölkerung (von Kind bis Greis) sind – bei weiter individueller Streubreite – Mittelwerte der Fa-

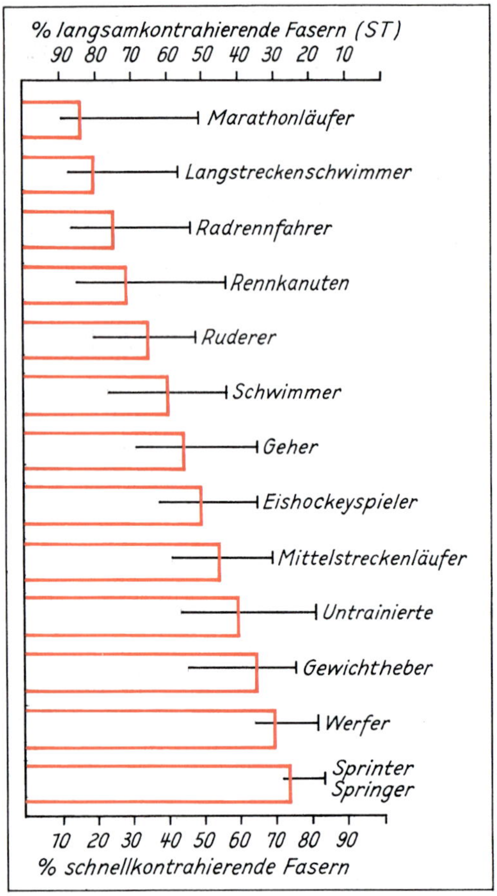

Bild 2.8 Schematische Darstellung des Zusammenhangs Faserverteilung und Sportart. Die Standardabweichung ist überall groß (nach Burke et al., 1977; Costill et al., 1972 Komi et al., 1977; Thorstensson et al., 1977)

serverteilungen von 50 bis 60 Prozent ST-Fasern und 40 bis 50 Prozent FT-Fasern gefunden worden (davon jeweils 60 % FTO- und 40 % FTG-Muskelfasern).

Es wurden Mittelwerte für Faserquerschnitte, Kapillarisierung, Substratbevorratung errechnet.

Bei erfolgreichen Sportlern überwiegen je nach ausgeübter Sportart (Bild 2.8) die ST-Muskelfasern (Ausdauersportler wie Marathonläufer, Straßenradsportler) oder die FT-Fasern (Sportler der Schnellkraft/Schnelligkeitsdisziplinen wie Sprinter, Springer, Werfer, Gewichtheber). Für eine ganze Reihe von Sportarten spielt die Faserverteilung auch im Hochleistungsbereich keine oder nur eine untergeordnete Rolle (Spielsportarten, Reitsport, Schießsport, technisch-kompositorische Sportarten).

Die Verteilung der Muskelfasertypen stellt offenbar für das Erreichen von Weltspitzenleistungen in einigen Sportarten eine Leistungsvoraussetzung dar. Ein Mensch mit überwiegend langsam kontrahierenden Fasern wird kein Weltklassesprinter werden können und ein mit vorwiegend FT-Fasern ausgestatteter kein Spitzenmarathonläufer (Bild 2.9). In Sportarten, die nicht so extrem von einer einzelnen Fähigkeit (wie Schnelligkeit, Ausdauer) bestimmt werden, ist die Faserverteilung auch deshalb nicht leistungsbestimmend weil:

- Faserquerschnitt (Faservolumen),
- Enzymausstattung,
- Substratbevorratung,
- Kapillarisierung,
- nervale Ansteuerung und
- Ausprägung der Zellorganellen (Mitochondrien, Ribosomen)

vom Training im Sinne einer Einwirkung auf die ST-Fasern bzw. einer metallischen Differenzierung der FT-Fasern verändert werden.

Schnellkraft-, Schnelligkeits- und Maximalkrafttraining fordern – und fördern – mehr die FT-Fasern differenziert in Richtung FTG.

Sie bewirken Faserflächenvergrößerungen durch Entwicklung der kontraktilen Elemente sowie Ausprägung der im Sarkoplasma befindlichen Enzyme des anaeroben Stoffwechsels. die Kapillarisierung geht zurück; es werden weniger Mitochondrien benötigt.

Training der Ausdauer und der Kraftausdauer fördert die Ausprägung der ST-Fasern.

Es kommt zur Vergrößerung der Faserflächen durch Vermehrung der Mitochondrien und der darin enthaltenen Enzyme des aeroben Stoffwechsels und des Myoglobins (Verbesserung der Sauerstoffdiffusionskapazität) sowie zur metabolischen Differenzierung der FT-Fasern in Richtung FTO mit verbesserter Kapillarisierung.

Wird auf einem hohen Ausprägungsniveau der Fähigkeiten das Training zur Verbesserung von Schnellkraft, Schnelligkeit und Maximalkraft betrieben, so ist mit dieser Verbesserung umgekehrt ein Rückgang der Ausdauerleistungsfähigkeit zu konstatieren.

Das trifft auf einem niedrigeren Ausprägungsniveau der Fähigkeiten (Sportunterricht, Breitensport) nicht zu.

Auf niedrigem Leistungsniveau sind sowohl Schnellkraft, Schnelligkeit und Maximalkraft als auch Kraftausdauer und Langzeitausdauer nebeneinander zu entwickeln.

Im Breitensport und im Schulsport tritt also die Faserverteilung als Faktor für die Entwicklung konditioneller Fähigkeiten in ihrer Bedeutung weit zurück. Es ist ohne Abstriche für jeden gesunden jungen Menschen möglich, bei angemessener Vorbereitung unabhängig von der sowieso unbekannten Faserverteilung sowohl gute Schnellkraft- und Schnelligkeitsleistungen als auch gute Ausdauerleistungen zu erreichen. Obwohl die Fasertypen in ihrer Verteilung bei beiden Geschlechtern gleich sind, gibt es doch einige erwähnenswerte Unterschiede zwischen den Fasertypen von Männern und Frauen.

FT: Querschnitt und Volumen sind bei Männern größer. Es besteht ein höherer Eiweißumsatz (hormonbedingt) und damit auch eine bessere Trainierbarkeit. Die Kraftentfaltung pro Querschnittseinheit ist bei Frauen etwas geringer.

ST: Querschnitt und Volumen sind bei Männern größer. Die Fasern enthalten mehr Glykogen und mehr Mitochondrien. Die Fasern bei Frauen haben mehr Fett gespeichert.

Genauso wie sportliches Training die Muskelzelle zu positiven Anpassungen anregt,

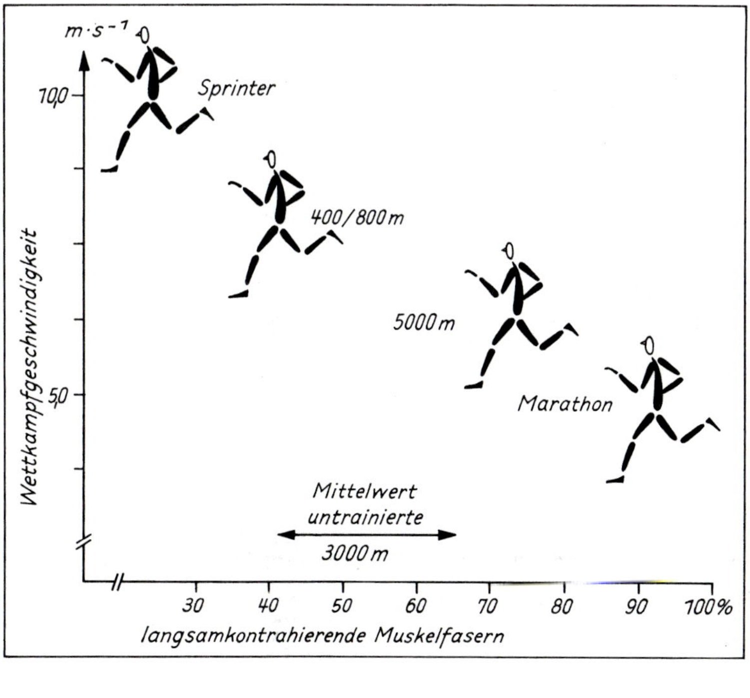

Bild 2.9 In die Häufigkeitsverteilung der Fasertypen des Menschen ist die für Höchstleistungen bedeutsame Verteilung für dominierende Fähigkeiten und ausgewählte Sportarten eingetragen

kommt es beim Fehlen der Bewegungsanforderung zu Erscheinungen, die insgesamt als Atrophie bezeichnet werden. Körperliche Inaktivität – aufgezwungen oder aus Bequemlichkeit – führt zu atrophischen Veränderungen, die jederzeit durch ein geeignetes Belastungsregime umkehrbar sind.

Ruhigstellung einer Extremität durch einen Gipsverband für einen Monat führt bereits zu:

- Abnahme des Faserquerschnitts über 20 Prozent,
- Elastizitätsverlust,
- Tonusverlust,
- Abnahme von Kraft und Kontraktionsgeschwindigkeit,
- Verminderung der Kapillarisierung,
- Abnahme der Ausrüstung der Zelle mit Mitochondrien, Enzymen und Substraten,
- Störung der Feinkoordination (motorische Ansteuerung).

In den letzten Jahren ist versucht worden, eine Beziehung zwischen Kenngrößen der Kontraktion (Kontraktionsschnelligkeit, Kraftanstieg, Erschlaffungsverhalten) und der Faserverteilung bestimmter Muskeln herzustellen. Für die maximale Kontraktionsschnelligkeit (Kraft-Zeit-Verlauf) und den Anteil sich schnell kontrahierender Fasern ließ sich eine Abhängigkeit finden. Damit scheinen grobe Einschätzungen des Faserspektrums auch ohne Muskelbiopsien möglich zu werden.

2.1.4 Einteilung der Skelettmuskulatur nach äußerer Form und Funktion

Bauliche Gegebenheiten bestimmen in erheblichem Maße die Funktion, und umgekehrt prägen Anforderungen an die Funktion den Bau der Muskeln. Die äußere Form, die Ausgangspunkte und Angriffsorte, das Zusammenwirken mit anderen Muskeln, die Art der Kraftübertragung – das alles muß in die Überlegungen auch des Trainers oder Sportlehrers zum wirkungsvollen Dosieren und Ausführen von Körperübungen berücksichtigt werden.

Den zusammenfassenden Bemerkungen zur Einteilung sei vorangestellt: Bei einer willkürlich herbeigeführten Muskelkontraktion, die mit einer Bewegung in einem oder in mehreren Gelenken einhergeht oder die Spannung bei festgestellten Gelenken erhöht, werden zwei Muskelgruppen einbezogen: Muskeln, die im Sinne der gewollten Bewegungsrichtung arbeiten (**Agonisten und Synergisten**) und solche, die gegen diese Wirkrichtung arbeiten (**Antagonisten**).

Es muß unbedingt beachtet werden, daß sowohl die Arbeit der Agonisten als auch die der Antagonisten für eine harmonische Bewegung notwendig ist. Die jeweiligen Antagonisten haben bei jeder Bewegung eine ganz wichtige Aufgabe. Ihr Ausfall würde eine normale Bewegung unmöglich machen. Je nach der Art der Bewegung wechseln Agonisten/Synergisten und Antagonisten. Eine Einteilung müßte also für jede Bewegung gesondert vorgenommen werden (s. Lehrbuch der Anatomie). Für manche Bewegungen hat es sich zur besseren Vorstellung des Bewegungsablaufes bewährt, sich auf bestimmte Kennmuskeln zu konzentrieren. Sie tragen zumeist den Hauptanteil an der betreffenden Bewegung. Man muß sich aber immer darüber im klaren sein, daß der zweiköpfige Armmuskel (M. biceps brachii) nicht allein für die Beugung im Ellenbogengelenk verantwortlich ist – und daß er auch nicht nur beugt. Die meisten Skelettmuskeln haben eine definierte Begrenzung. Sie enden beiderseits in einer Sehne, strahlen in Knorpel oder Knochen ein. Man hat sich darauf geeinigt, den Ursprung eines Muskels als dem Stamm näherliegend und stärker fixiert, den Ansatz dem Stamm fernerliegend und stärker bewegt anzunehmen. Es ist unschwer einzusehen, daß auch diese Einteilung von der jeweiligen Bewegung abhängig ist und für jede Bewegung präzisiert werden müßte. Es gibt auch Skelettmuskeln, die keinen definierten Ursprung und Ansatz haben. Der Schließmuskel des Auges gehört dazu. Die Einteilung der Muskeln kann nach unterschiedlichen Kriterien erfolgen. Nach ihrem äußeren Erscheinungsbild teilt man ein in:

- spindelförmige Muskeln (einköpfig, zwei- und mehrköpfig),
- Muskelplatten (wie das Zwerchfell),
- Muskeln, die durch sehnige Strukturen unterbrochen werden und dadurch zwei oder mehrere Bäuche haben (wie der gerade Bauchmuskel),
- Muskel, die halb gefiedert, gefiedert oder mehrfach gefiedert sind.

Nach ihrer hauptsächlichen Funktion teilt man die Muskeln ein in: **Beuger**, **Strecker**,

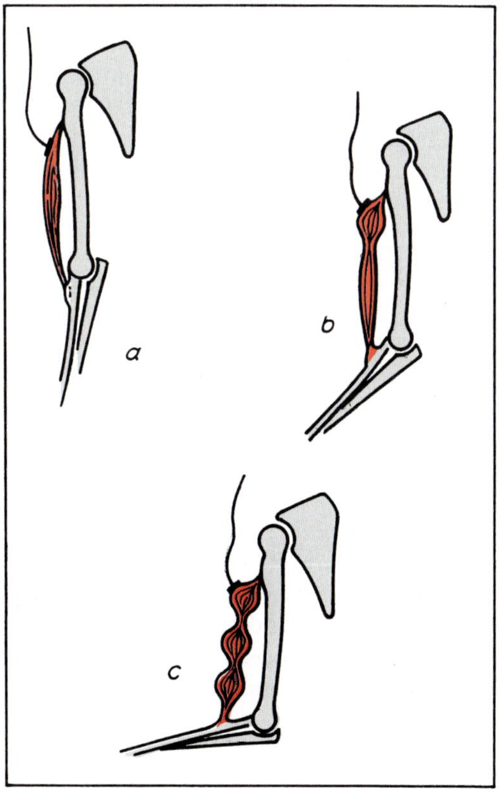

Bild 2.10 Schematische Darstellung der Reizantwort einer Muskelfaser. **a** Ausgangsstellung, **b** Verkürzung bei Einzelimpuls (Einzelkontraktion); **c** Summation bei drei aufeinanderfolgenden Kontraktionswellen

Anzieher (zum Körper hin), **Abzieher** (vom Körper weg), **Schließer**, **Erweiterer**, **Heber**, **Spanner**. Ausführliche Informationen dazu können den Lehrbüchern für Anatomie entnommen werden.

2.1.5 Kontraktionsverhalten des Skelettmuskels

2.1.5.1 Einzelzuckung, Summation, Tetanus

Die Einzelkontraktion (Einzelzuckung) ist die Grundform der Arbeit einer motorischen Einheit. Die motorische Einheit hat darüber hinaus noch weitere Möglichkeiten, Kraft (Spannung) zu entfalten. Folgen mehrere Reize hintereinander und wirken mehrere Einzelzuckungen der Muskelzellen schnell hintereinander – etwa zehn und mehr pro Sekunde -, so kommt es zu einer Summation der Einzelzuckungen, zur Ausbildung von Kontraktionswellen.

Der noch nicht wieder erschlaffte Muskel bekommt auf einen noch vorhandenen Kontraktionszustand eine (oder mehrere) weitere Kontraktion(en) aufgesetzt und entwikkelt insgesamt mehr Spannung als bei einer Einzelzuckung. Das Bild 2.10 soll das für eine lange Muskelfaser illustrieren. Einer Kontraktionswelle folgt eine zweite, eine dritte usw.

Folgen die Reize noch schneller aufeinander, wird der Beginn einer Verschmelzung der Kontraktionen miteinander beobachtet. Diese Art der Kontraktionen nennt man eine unvollständige tetanische Kontraktion.

Kennzeichen der unvollständigen tetanischen Kontraktion: die Einzelzuckungen sind noch auszumachen.

Die Kontraktionleistung des Muskels ist höher als bei der Einzelzuckung.

Folgen die Impulse des Motoneurons noch schneller aufeinander, wird die Muskelzelle noch häufiger erregt, so verschmelzen die

Einzelzuckungen auf einem hohen Kontraktionsniveau. Es kommt zu einer vollständigen tetanischen Kontraktion (auch vollständiger Tetanus genannt). Die Kontraktionsformen sind in dem Bild 2.11 dargestellt.

Die Kraft der Kontraktion bei der vollständigen tetanischen Kontraktion ist mehr als doppelt so groß wie bei der Einzelzuckung. Die bei der tetanischen Kontraktion einer motorischen Einheit erreichte Kraft ist abhängig:

- von der Zahl der einbezogenen Muskelfasern,
- vom Fasertyp (ST – FTO – FTG),
- vom Querschnitt der Fasern,
- vom Substrat und Enzymbesatz der Fasern,
- von Alter, Geschlecht,
- von Faktoren des inneren Milieus.

Alle von uns willkürlich veranlaßten Kontraktionen der Skelettmuskulatur sind tetanische Kontraktionen. Einzelzuckungen können bei Eigenreflexen (s. 3.1) beobachtet werden.

Jeder einzelne Skelettmuskel wird in seinem Kontraktions-Kraft-Verlauf (und im Erschlaffungsprozeß) über den zugehörigen Nerven (der Gesamtheit der Neuriten vieler Motoneurone) sowie durch die Anzahl und die Art der gleichzeitig aktivierten Muskelzellen gesteuert. Das wenige Muskelfasern ansteuernde Motoneuron der Augenmuskeln wird weniger Kraft entwickeln als das viele Fasern einbeziehende Neuron des Wadenmuskels. Die Kraftabstufung des Augenmuskels kann andererseits genauer sein als die des Wadenmuskels.

2.1.5.2 Rekrutierung

Abhängig von der Bewegungsaufgabe, die der Muskel zu lösen hat, werden mehr oder weniger motorische Einheiten einbezogen (rekrutiert). Ist nur eine geringe Kraftentfaltung erforderlich, werden wenige langsame motorische Einheiten (ST-Fasern) angesprochen. Bei höheren Anforderungen werden noch mehr langsame Einheiten zusätzlich rekrutiert. Ist

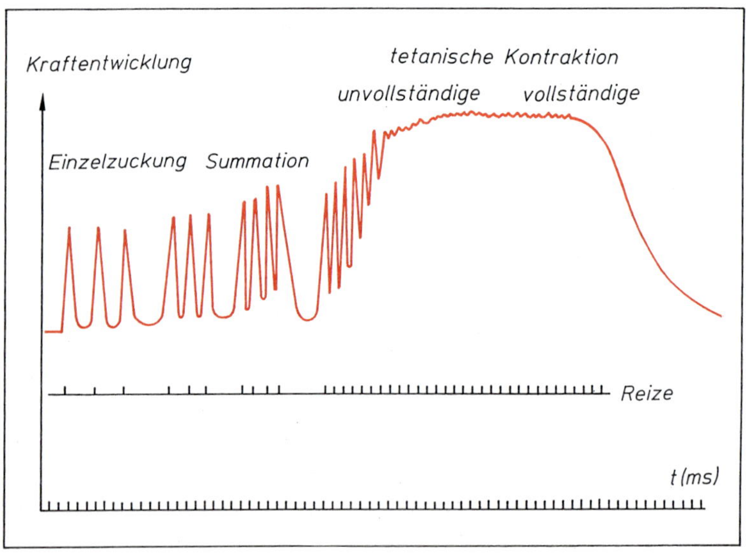

Bild 2.11 Kontraktion der motorischen Einheit

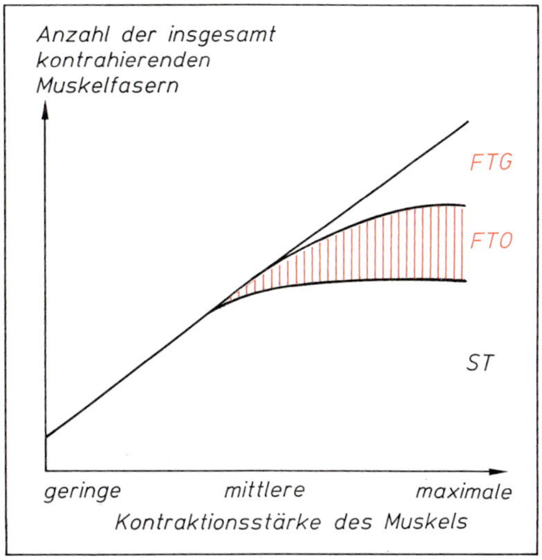

Bild 2.12 Durch unterschiedliche Reizschwellen kommt es abhängig vom Krafteinsatz zu einer rampenförmigen Rekrutierung der Muskelfasern (nach Costill, Walmsley)

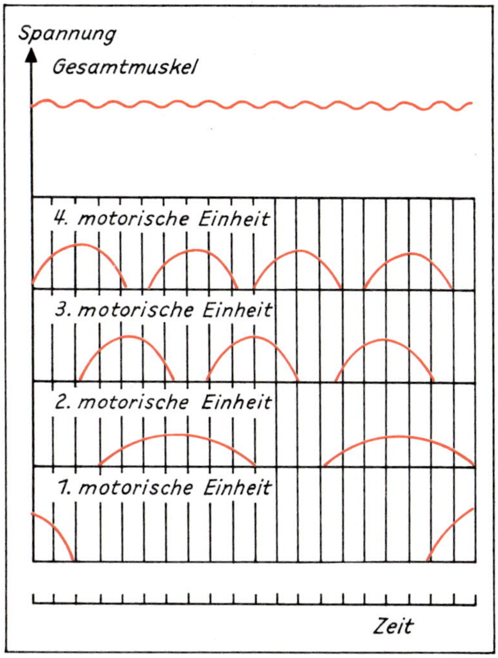

Bild 2.13 Verschiedene Rekrutierungsmuster motorischer Einheiten ergeben eine anforderungsgerechte gleichbleibende Spannung des Gesamtmuskels

die Anforderung sehr hoch oder gar maximal, werden sowohl langsame als auch zunehmend schnelle Einheiten aktiviert.

Nie arbeiten alle Muskelfasern eines Skelettmuskels gleichzeitig. Auch nicht bei maximaler Anstrengung und kurzer Kontraktionsdauer. Immer lösen sich nach einem der Bewegungsaufgaben angemessene Rekrutierungsmuster die motorischen Einheiten ab.

Rekrutierung heißt also die Einbeziehung von motorischen Einheiten zu bereits aktivierten Einheiten bei einer Kontraktion des Skelettmuskels.

Die rekrutierten Muskelfasern können vom langsamen oder schnellen Fasertyp sein. ST-Fasern werden zuerst zugeschaltet, die FT-Fasern später. Es können jeweils sehr verschieden viele Fasern einbezogen sein, und sie können nach dem Muster des unvollständigen (meist die FT-Fasern) und des vollständigen Tetanus arbeiten. Mit der Fülle der durch diese Gegebenheiten vorliegenden Möglichkeiten kann jede Kontraktion im Hinblick auf Genauigkeit, Zuverlässigkeit, Kraftentwicklung und Schnelligkeit abgestimmt werden (Bild 2.13).

Synergist und Antagonist ergänzen sich dabei sinnvoll (s. Kap. 2.1.7). Besonders bei schnellen, kraftvollen Kontraktionen ist der Antagonist (zumeist über Propriozeptoren gebahnt) in die Abbremsung der Bewegung einbezogen.

2.1.5.3 Synchronisation

Das Rekrutierungsmuster für die Realisierung einer motorischen Anforderung (also z. B. für das Halten einer Hantel) aktiviert alternierend motorische Einheiten. Der ständige Wechsel, das Abschalten und Zuschalten von Muskelfasern wird zentral gesteuert und garantiert kraftvolle Bewegung als auch die notwendige Wiederherstellung jeder einzelnen motorischen Einheit nach ihrem Einsatz. Ist die im Beispiel angenommene Hantel so schwer (oder muß sie so lange gehalten werden), daß zu viele motorische Einheiten gleichzeitig benötigt werden, dann kann die Wiederherstellung nicht ausreichend erfolgen. Es sind für diese Aufgabe einfach nicht genügend Einheiten da, die sich nach dem Rekrutierungsmuster abwechseln können. In diesem Falle ändert sich das Rekrutierungsmuster. Es kommt zunehmend zur Synchronisation des Einsatzes der motorischen Einheiten. Ganze Verbände von Motoneuronen innervieren ihre angeschlossenen Muskelfasern synchron (gleichzeitig) und schalten sich (ermüdungsbedingt) gleichzeitig wieder aus.

Zunehmende Synchronisation – äußerlich sichtbar durch Muskelzittern unter Anspannung – ist ein untrügliches Zeichen dafür, daß ein Grenzbereich der Belastung erreicht wurde. Wenn man so will, ist die Synchronisation des Einsatzes der Muskelfasern ein letzter Versuch, Unmögliches möglich zu machen.

Auch im Falle der Synchronisation arbeiten nie mehr als 80 – 90 % der motorischen Einheiten eines Skelettmuskels gleichzeitig. Es sind also immer noch Reserveeinheiten vorhanden. Muskelzittern ist ein Ermüdungszeichen. Nach Übungen, deren Ausführung Zeichen von Synchronisation erkennen ließen, sollte die Belastung erst nach einer längeren Pause erneut erfolgen. Diese „Ausnahmezustand“ der Rekrutierung muß auch eine (dosierte) Ausnahme bei sportlichen Belastungen sein.

Rekrutierungs- und Synchronisationsformen des Muskels sind bis zu einem gewissen Grade im Training veränderbar.

2.1.5.4 Muskeltonus

Unter dem Begriff des Muskeltonus ist die Spannung eines Muskels oder einer Muskelgruppe in Ruheposition zu verstehen. Ruheposition heißt: der Muskel ist entlastet, aber angeheftet an Ursprung und Ansatz. Also ist die Ruheposition nicht gleichzusetzen mit der Gestalt, die ein Muskel annimmt, wenn sein Ursprung oder Ansatz abgetrennt ist. Dann – das wird im Falle eines kompletten Muskel- oder Sehnenrisses deutlich – zieht er sich stärker als in der Ruheposition zusammen. Er ist in der Ruheposition also etwas vorgespannt (tonisiert). Diese Spannung ist das Ergebnis einer ganzen Reihe von Einflüssen. In nahezu allen Muskeln werden auch in einer Ruheposition einige motorische Einheiten aktiviert. Die gerade kontrahierenden (stets wechselnden) Einheiten sorgen für eine gewisse Spannung. Im Tiefschlaf kann die Aktivierung von motorischen Einheiten zeitweise aussetzen.

Der Muskel enthält eine Anzahl elastischer Bausteine – von kleinen elastischen Anteilen schon in den kontraktilen Elementen bis zu den elastischen Hüllen der Bündel, zu den Faszien und Sehnen. Diese elastischen Anteile im Muskel und in seinen Hilfseinrichtungen vermitteln ebenfalls Spannung (Tonus).

Der Tonus des ruhenden Skelettmuskels wird auch durch die im Muskel (in den Muskelzellen, in der Zwischenzellsubstanz, in den Kapillaren) vorhandenen osmotisch aktiven Substrate (z. B. Kohlenhydrate) und Mineralstoffe beeinflußt. Er zeigt darüber hinaus Abhängigkeit von der Temperatur, vom Wasserhaushalt und weist deutliche Beziehungen zu körperlichen Belastungen auf.

Der ermüdete Muskel läßt immer einen Tonusanstieg erkennen.

Verkürzte Muskeln haben eine hohe Grundspannung (Ruhetonus); bei abgeschwächten Muskeln ist der Tonus eher erniedrigt.

Die Sportmedizin hat Möglichkeiten entwickelt, den Muskeltonus ausgewählter Muskeln bzw. Muskelgruppen zu bestimmen. Die Werte, die vor und nach sportlichen Belastungen gemessen werden, können über die Belastungsverarbeitung aussagen und somit für die Belastungssteuerung genutzt werden. Dabei muß in Rechnung gestellt werden, daß der Muskeltonus jedes Menschen individuell geprägt ist und sich in einer für ihn charakteristischen Weise verändert. In der Praxis des Sporttreibens steht eine Palette von Maßnahmen zur Verfügung, um auf den Muskeltonus Einfluß zu nehmen.

Neben entspannenden und tonisierenden Körperübungen gibt es psychologische Methoden, den Tonus zu verändern (für den einzelnen oder die Gruppe). Sportphysiotherapeutische Maßnahmen sind in der Regel darauf gerichtet, den nach dem Training gesteigerten Tonus herabzusetzen (warme Bäder, Sauna, Massagen). Maximalkraftübungen sind geeignet, den Tonus zu erhöhen.

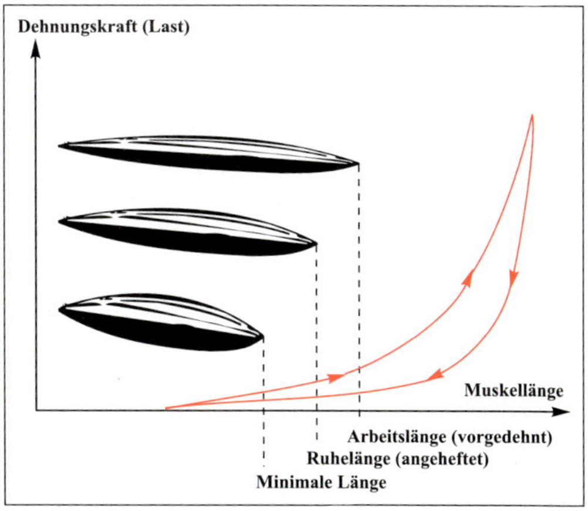

Bild 2.14 Darstellung von Minimallänge, Ruhelänge und Arbeitslänge eines Muskels

2.1.6 Mechanische Eigenschaften des Skelettmuskels

Wird ein Muskel durch zunehmende Vergrößerung des Abstandes zwischen Ursprung und Ansatz gedehnt, so kommt es bei dieser Muskeldehnung zu einer elastisch-plastischen Verformung. Abhängig von der dehnenden Kraft ist die Verformung geringer oder größer. Auf dem Bild 2.14 wird dieser Vorgang schematisch dargestellt. Die aufsteigende Kurve verfolgt die Annahme der zunehmend stärkeren Kraftwirkung (Ordinate) auf die Länge des Muskels (Abszisse). Dieser ändert seine Länge bei Dehnung erst stärker, dann weniger, dann – auch bei erheblich gesteigerter Krafteinwirkung – kaum noch. Am höchsten Punkt der Kurve könnte die einwirkende Kraft den Muskel reißen lassen. Soweit kommt es in unserem Beispiel nicht. Wird der Muskel entlastet (absteigende Kurve), entdehnt er sich. Er erreicht bei vergleichbar einwirkenden Kräften (Lasten) nicht die Länge, die vor der Dehnung gemessen worden war. Es verbleibt ein Dehnungsrückstand. Die getönte Fläche markiert die Gesamtheit des Dehnungsrückstandes. Dieser Dehnungsrückstand wird bedingt durch die plastische Komponente im Muskel und die aufgewandte innere Arbeit (Reibung, Wärmebildung).

Nach ausgeprägter Dehnung zieht sich der Muskel zunächst nicht vollständig auf seine Ausgangslänge zurück.

Das ist für die sportliche Praxis eine wichtige Erkenntnis, weil eine gewisse Vordehnung eine Voraussetzung für gute Kontraktionsleistung ist. Jeder Muskel unseres Körpers wird durch die Anheftung an Ursprung und Ansatz auf eine bestimmte Länge vorgedehnt (Ruhelänge). Er kann in dieser Länge nicht bestmöglich arbeiten. Auch bei zu starker Vordehnung hat der Muskel keine optimalen Kontraktionsbedingungen.

2.1.7 Verhalten des Skelettmuskels auf elektrische Reize

Normalerweise wird die Skelettmuskulatur durch Impulse ihres Motoneurons zu einer Kontraktion veranlaßt. Es ist ebenso möglich, mit elektrischen Einzelreizen oder Reizserien die Kontraktion eines Skelettmuskels zu erreichen. Für die Sportmedizin ist es bei einigen Behandlungsmaßnahmen wichtig, die Wirksamkeit elektrischer Reizung zu kennen und zu nutzen. Zunächst ist davon auszugehen, daß die Wirksamkeit einer elektrischen Reizung von der anliegenden Stromstärke, der Zeit der Einwirkung des Stromes

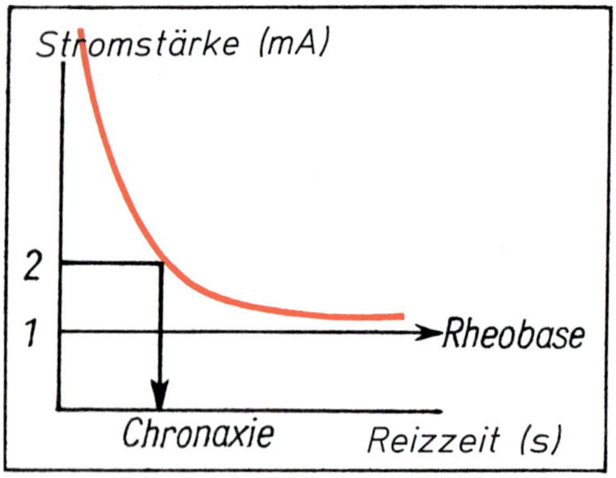

Bild 2.15 Beziehung zwischen Reizstärke und Reaktionszeit

und der Stromrichtung abhängt. Zur Reizung wird Gleichstrom verwendet. Grundsätzlich gilt: Reizt man mit hoher Stromstärke, braucht man wenig Einwirkungszeit. Ist die Stromstärke gering, muß man den Strom länger einwirken lassen. Die Stromstärke, die bei langer Einwirkungsdauer gerade noch eine Kontraktion bewirkt, wird **Rheobase** genannt. Die Stromstärke der doppelter Rheobase verkürzt die Einwirkungszeit bis zur Muskelkontraktion erheblich. Die Zeit, während der ein Reiz von doppelter Rheobase auf einen Muskel bis zur Kontraktion desselben einwirken muß, heißt **Chronaxie** (Bild 2.15).

Es ist bei medizinischer Behandlung günstig, mit der Einwirkungszeit (Nutzzeit) der Chronaxie zu reizen. Die Chronaxie ist auch in der Zustandsdiagnostik der Muskulatur eine aussagefähige Größe (Muskeltest nach Titow).

2.1.8 Muskeldehnung

Bei zahlreichen sportlichen Übungen nutzt der Sportler (bewußt oder unbewußt) die günstige Wirkung einer muskulären Vordehnung für seine sportliche Leistung: Viele Auftaktbewegungen, zum Beispiel in der Leichtathletik, beginnen mit einer Vordehnung – oft mit Hilfe einer ausgeprägten Konterbewegung (Diskuswurf, Speerwurf). Die kontraktilen Elemente werden vorgedehnt, und die elastischen Anteile des Zwischenzellgewebes, Häutchen bis Faszien, sowie selbst des Sehnengewebes werden beansprucht und geben einen Teil der dafür notwendigen Energie bei ihrer Entdehnung wieder für die Zugspannungsentwicklung des Muskels ab. Bei jeder starken bis maximalen Kontraktion des Muskels bleibt ein Kontraktionsrückstand bestehen. Nach fast maximalen Belastungen erreicht der Muskel zunächst nicht seine Ausgangslänge – er bleibt zeitweilig verkürzt. Sein Tonus ist erhöht. Die zeitweilige Verkürzung der Arbeitsmuskulatur ist eine der häufigsten Störungen der Muskelfunktion in der sportlichen Praxis. Sie wird vom Sportler als Verspannung empfunden und kann durch Dehnungsübungen vollständig behoben werden. Wird eine solche Dehnung versäumt, dann kann sich ein Zustand dauernder Verkürzungen einstellen, der nicht mehr mit einer einfachen Folge von Dehnungsübungen zu beseitigen ist. Ein verkürzter Muskel kann nicht optimal kontrahieren (s. Kap. 2.1.7). Er neigt zu Verletzungen wie Muskelzerrungen, Muskelhärten, Muskel- und Sehnenrissen. Es ist erwiesen, daß durch die Verkürzung eines Muskels bzw. einer Muskelgruppe stets der Antagonist und beteiligte Gelenke in Mitleidenschaft gezogen werden. Er ist in seiner Leistung eingeschränkt und abgeschwächt.

Damit sind das Muskel-Gelenk-Gleichgewicht (arthromuskuläres Gleichgewicht) gestört und Grundlagen für Fehlbelastungen mit ihren möglichen Folgen entstanden.

Richtig dosierte Dehnung optimiert also die Arbeitsbedingungen des Muskels und beugt Verletzungen und Schäden vor. Für die Muskel-Gelenk-Beziehungen soll das noch einmal unterstrichen werden.

Die Muskulatur und ihre Hilfseinrichtungen halten die Belastung eines Gelenkes normalerweise minimal. Bei jeder Gelenkstellung, bei jeder Bewegung im Gelenk hat die Muskulatur (über Sehnen, Bänder, Kapseln) die Aufgabe, das Gelenk in eine belastungsarme Mittelstellung zu bringen. Aus dieser Stellung ist effektivere Arbeit bei größtmöglicher Schonung gewährleistet. Kann diese Position durch Fehlfunktion der Muskulatur nicht eingestellt werden, kommt es auf die Dauer zu Veränderungen – vor allem am Gelenkknorpel und schließlich am Knochen selbst. Ein verkürzter Muskel übt auf seine Sehnen und Verankerungssteilen einen Dauerzug aus. Ein derartiger Dauerzug muß schließlich eine Überlastung bewirken, die sich in chronischer Entzündung (Schwellung, Schmerz), Degeneration (Abnutzung) und Belastbarkeitsminderung äußert. Dem gestörten Gleichgewicht zwischen Muskel und Gelenk kann durch Dehnung der verkürzten und Kräftigung der abgeschwächten Muskeln wirkungsvoll begegnet werden. Die Prüfung zur Feststellung von Verkürzung und Abschwächung wird nach den Angaben z. B. von Janda vom Sportmediziner durchgeführt.

Schmerzhafte Dehnung bewirkt starke reflektorische Gegenspannung der Muskulatur.

Auch die Angst vor Schmerz führt bereits zu einer Sollwertverstellung der Meßfühler. Wie kann ein Muskel gedehnt werden ? Eine Dehnung ist auf aktivem oder passivem Wege möglich. Eine aktive Dehnung erfolgt durch Arbeit der Antagonisten, eine passive mit Hilfe der Schwerkraft oder durch Schwung, durch Kraft bzw. Masse des Partners. In der Regel setzt eine bestimmte Position oder Lagerung die gute Ausführung einer Dehnübung voraus. Es haben sich drei Formen von Dehnübungen durchgesetzt: die Dauerdehnung, die wiederholende Dehnung und die Dehnung nach Anspannung.

2.1.8.1 Dauerdehnung

Wird der Dehnungsreiz leicht bis mäßig stark längere Zeit (10 – 30 Sekunden) ausgeübt, passen sich Strukturen und Meßfühler des Muskels durch Sollwertverstellung etwas an diesen Reiz an. Dadurch wird zunehmend mehr eine Dehnung möglich. Diese Art der Dehnung wird vor allem durch besondere Lagerungen (bekannt bei Yogaübungen) unter sonst völliger Entspannung erreicht. Ubungen mit Dauerdehnungen werden bis achtmal wiederholt. Wichtig ist die absolute psychische Entspannung – Schmerz ist völlig auszuschließen. Die Entspannung bei der Dauerdehnung muß bewußt angestrebt – nicht nur passiv erlebt – werden.

2.1.8.2 Wiederholende Dehnung

Kürzere Dehnübungen, rhythmisch, durch Schwünge mit mehreren bis vielen (10 – 20) Wiederholungen sind in der sportlichen Praxis mit Recht sehr verbreitet. Dabei erfolgt die Dehnung ausgiebiger mit fortschreitender Erwärmung. Beim „Warmmachen“, aber auch in der Nachbelastungsphase sind jeweils drei bis fünf Übungen mit zehn bis zwanzig Dehnungen pro Muskelgruppe durchzuführen.

Wiederholende, auch rhythmische Dehnung, hat nichts zu tun mit ruckartiger oder gar schmerzhafter Dehnung. Federungen an der Endstellung eines Gelenkes tragen ebenfalls nicht zur Muskeldehnung bei.

Dehnung nach Anspannung: Wirksame Dehnübungen dieser Art beginnen mit mäßiger isometrischer Anspannung des gering (und weich) vorgedehnten Muskels gegen einen Widerstand. Die gleichmäßige Anspannung wird etwa zehn Sekunden aufrechterhalten. Danach erfolgt eine Bewegung in die Gegenrichtung innerhalb weiterer acht bis zehn Sekunden, wodurch der Gelenkwinkel erweitert und der Muskel gedehnt wird. Das läßt sich schmerzfrei einige Male (4–8) wiederholen. Auf diese Weise erlangt man einen Dehnungszustand, den man nur passiv schmerzfrei nicht erreichen kann. Diese postisometrische Relaxation nach Lewit basiert auf dem Verhalten der Propriozeptoren, die kurz nach einer Muskelanspannung eine sekundenlange „Sendepause“ haben. In diese Zeit gibt man den Sollwert für den neuen Dehnungszustand ein. Der schnelle Wechsel zwischen Anspannung, Entspannung und Dehnung überfordert die Meßfühler für eine kurze Zeit.

Aktive und passive Methoden haben ihre Vor- und Nachteile. Ausführliche Informationen zu dieser Problematik bieten die Arbeiten von Janda, Lewit und Sachse.

2.1.9 Kontraktionsformen

Die Kontraktionsformen des Muskels haben in der Praxis des sportlichen Übens und Trainierens grundlegende Bedeutung. Es werden prinzipiell zwei Kontraktionsformen unterschieden: die **statischen (isometrischen)** Kontraktionsformen (Bild 2.16) und die **dynamischen Kontraktionsformen** (Bild 2.17) Bei der statischen Form der Kontraktion ändert sich der Gelenkwinkel zwischen Ursprung und Ansatz des Muskels nicht. Der Muskel entwickelt Spannung, ändert aber nicht seine Länge. Diese statische Form der Kontraktion wird deshalb auch isometrisch (gleichbleibende Länge) genannt.

Haltearbeit und Spannungsentwicklung gegen einen unüberwindbaren Widerstand finden auf der Grundlage isometrischer Kontraktionsformen statt.

Die dynamische Form der Kontraktion ist vielgestaltiger als die statische. Bei ihr wird die Stellung des Gelenkes verändert, über die der Muskel oder die Muskelgruppe zieht. Der Muskel entwickelt Zugspannung (Kraft) und überwindet einen Widerstand bzw. muß einem Widerstand nachgeben.

Die dynamischen Formen der Muskelkontraktion werden unterteilt in überwindende (konzentrische) und nachgebende (exzentrische) Kontraktionsformen

Eine überwindende (konzentrische) Muskelkontraktion kann in verschiedener Weise vollzogen werden:

- Isotonisch Muskelkontraktion: Es wird mit gleichbleibender Muskelspannung gearbeitet. Beispiel: Zug an einem dafür geeigneten Krafttrainingsgerät, etwa Zugrolle.
- Isokinetisch Muskelkontraktion: Es wird mit gieichbleibender Geschwindigkeit der Bewegung gearbeitet. Auch diese Kontraktionsform ist in reiner Form nur an besonderen Krafttrainingsgeräten erreichbar.
- Auxotonisch Muskelkontraktion: Dabei verändern sich fast ständig sowohl Kraftentwicklung als auch Geschwindigkeit bei einer überwindenden (konzentrischen) Kontraktion.

Die auxotonische Kontraktion kann auch als eine Kombination von isometrischer und iso-

Bild 2.16 Beispiel isometrische Kraftübung. Reckstange oder Hantel sind nach oben und unten fixiert. Beim Drücken verbleibt der Muskel in einer bestimmten (gleichen) Länge. Die aufgewendete Kraft kann dabei unterschiedlich sein

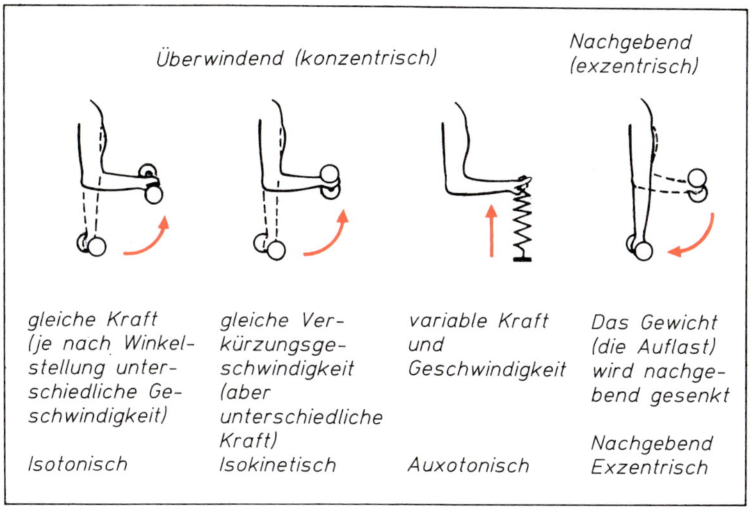

Bild 2.17 Dynamische Kontraktionsformen

tonischer Muskelkontraktion aufgefaßt werden.

Nahezu alle unsere herkömmlichen überwindenden Kraftübungen sind auxotonisch. Als Beispiel für diese Kontraktionsform soll das Auseinanderziehen einer Stahlfeder (Expander) dienen.

Zuerst ist ein zunehmender Kraftaufwand bis zum Nachgeben der Feder (isometrische Phase) erforderlich. Ursprung und Ansatz der beteiligten Muskeln nähern sich noch nicht. Erst mit Beginn der Federdehnung setzt die isotonische Phase ein.

Als letzte Kontraktionsform wird die **nachgebende (exzentrische)** vorgestellt. Eine einwirkende Kraft (z. B. eine Last) ist größer als die Kontraktionskraft der Muskulatur. Trotz der Zugspannungsentwicklung des Muskels kommt es zu einer Bewegung gegen seine Wirkrichtung. Zugspannungsentwicklung bei gleichzeitiger Dehnung ist die Folge. Ein Beispiel dafür ist das Absetzen einer Last. Reine Kontraktionsformen, vor allem dynamische, sind selten. Einzelne Kontraktionsformen – werden sie als Trainingsübungen angewandt – haben unterschiedliche Wirkungen. Bild 2.18 soll das beweisen.

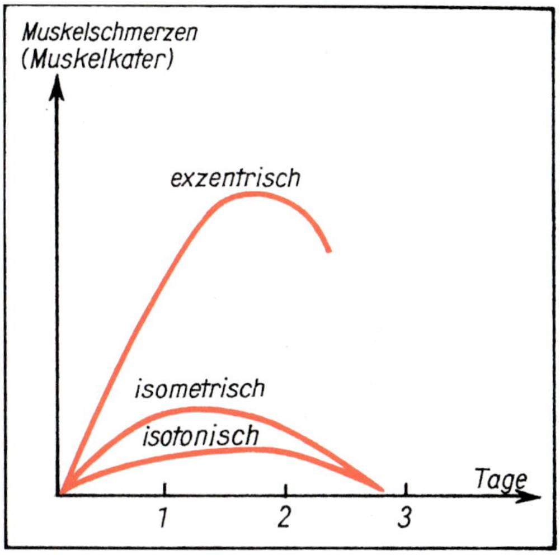

Bild 2.18 Nebenwirkungen des Krafttrainings bei der Anwendung verschiedener Kontraktionsformen

Die Tabelle 2.3 faßt einige Erkenntnisse zum Krafttraining in Abhängigkeit von den Kontraktionsformen zusammen. Die in der klassischen Muskelphysiologie zusätzlich gefundenen Kontraktionsformen wie Unterstützungszuckung und Anschlagzuckung sollen hier nur erwähnt werden. Sie haben für das sportliche Training keine Bedeutung.

Tabelle 2.3 Formen des Krafttrainings

Dynamische Muskelarbeit	**Statische Muskelarbeit**
Vorteile: Bewegungsablauf wird mit geschult Nachteil: Bei komplizierten Bewegungen bestimmt das schwächste muskuläre Glied der kinetischen Kette die Zugspannung	**Isometrisches Krafttraining** Konstante Muskellänge, keine Gelenkbewegung, aktive oder aufgezwungene (Last) Anspannung
Konzentrisches/überwindendes Krafttraining: auch positiv-dynamisches Krafttraining genannt. Ein äußerer Widerstand wird überwunden. Generell ist die Bewegungsgeschwindigkeit dem Widerstand umgekehrt proportional starke Entwicklung des Zwischenzellgewebes	Vorteile: geringer Zeitaufwand Nachteile: keine koordinative Ausprägung, Behinderung der Durchblutung,
Isometrisches Krafttraining: stets gleiche Kontraktionsstärke während der Bewegung – kaum zu realisieren	Anwendung: Rehabilitation nach Ruhigstellung, Body building
Isokinetisches Krafttraining: gleiche Kontraktionsgeschwindigkeit durch spezielle Krafttrainingsgeräte. Garantiert auch bei ungünstigem Gelenkwinkel hohe Wirksamkeit	
Auxotonisches Krafttraining Mischform aus isotonischen und isometrischen Elementen	
Exzentrisches/nachgebendes Krafttraining: auch negativ-dynamisches Krafttraining genannt. Großen Lasten oder Zugkräften wird mit geringerer Kraft entgegengewirkt. Das reaktive Krafttraining ist eine Sonderform des exzentrischen Krafttrainings. Beschleunigte Massen werden abgebremst (exzentrisch) und erneut beschleunigt (auxotonisch), z. B. Niedersprünge. Sehr reizwirksam, jedoch hohe Belastung des Stütz- und Halteapparates	

2.1.10 Einflußgrößen auf die Muskelkontraktion

Die Möglichkeit, ein unterschiedliches Rekrutierungsmuster mit Bevorzugung des einen oder anderen Fasertyps anzuwenden, ist schon besprochen worden (s. Kap. 2 1.5)

Wir stellen uns vor, daß gleich viele Muskelfasern mit einem konstanten Anteil von schnellen und langsamen Fasern nah einem gleichen Erregungsmuster kontrahieren. Das Ergebnis der Kontraktion, die entwickelte Kraft, muß dabei keinesfalls bei jedem Menschen gleich sein. Das liegt an der interindividuellen Verschiedenheit, aber auch an unterschiedlichen äußeren und inneren Bedingungen. Einige Faktoren, die für die Kontraktionsleistung des Muskels wichtig sind, sollen vorgestellt werden.

2.1.10.1 Querschnitt der Muskelfasern

Der Querschnitt der Einzelfaser ist anlagebedingt (biologisch) und anforderungsbedingt (sozial) unterschiedlich ausgebildet. Ein großer Faserquerschnitt kann in grober Annäherung gleichgesetzt werden mit der Möglichkeit großer Kraftentwicklung. Trainierte haben größere Querschnitte als Untrainierte. Sie entwickeln pro Flächeneinheit mehr Kraft. Der Querschnitt eines Gesamtmuskels zeigt ebenfalls eine Beziehung zur Kraftentwicklung. Dabei ist der Unterschied zwischen jung und alt, männlich und weiblich nicht so groß, wenn man auf die Flächeneinheit umrechnet (Bild 2.19).

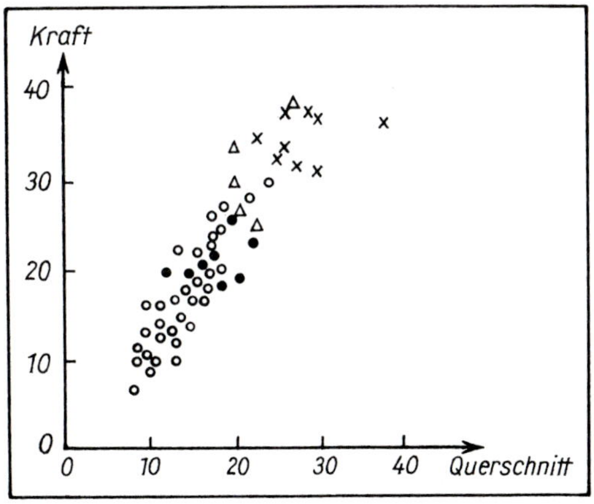

Bild 2.19 Beziehung zwischen Querschnitt (cm^2) und Kraftentwicklung (kp) einer Muskelgruppe (Kinder, Erwachsene, Trainierte, Untrainierte) (nach Ikai et al., 1968)

Aber: einem Quadratzentimenter Muskelschnitt entsprechen 20 bis 100 N Zugspannungsentwicklung. Das ist eine breite Spanne. Unterschiedlich stark entwickeltes Zwischenzellgewebe ist dabei zu beachten. (Es wird daran erinnert, daß isometrisches Muskelkrafttraining dieses Gewebe betont ausprägt.).

2.1.10.2 Winkelstellung des Gelenkes

Die Abhängigkeit der Kraftentwicklung eines Muskels vom Gelenkwinkel wird in Bild 2.20 erklärt. Beträgt der Gelenkwinkel zwischen zwei langen Röhrenknochen 150°, so kann der dargestellte Muskel nur wenig Kraft in die beabsichtigte Richtung aufbringen. Ebenso ist das bei einer Winkelstellung von 50° der Fall. Bei einem Winkel von zum Beispiel 100° kann die Bewegung deutlich kraftvoller ausgeführt werden. Die Gelenkstellung ist demnach eine Wirkgröße auf die Kontraktion des Muskels. Diese Erkenntnis ist im Sport von fundamentaler Bedeutung. Unter Umständen (Höchstleistungen, Grenzbelastungen) können schon wenige Grad Veränderung des Gelenkwinkels eine Übung unmöglich oder leicht machen.

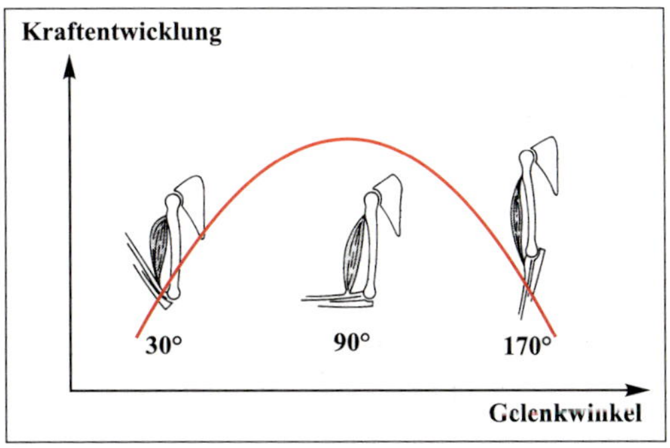

Bild 2.20 Abhängigkeit der Kraftentwicklung eines Muskels von der Gelenkstellung

2.1.10.3 Muskellänge

Erinnern wir uns an den Feinaufbau des Muskels. Das Sarkomer als elementares kontraktilen Element entwickelt unter Energieverbrauch Kontraktionskraft durch den Brückenschlag Actin-Myosin (s. Bild 2.4). Die Winkelstellungen dieser Brücken müssen eine Beziehung zur Kontraktionsstärke haben. Die Winkelstellung ist mit einem bestimmten Winkel optimal (in unserem Beispiel bei 45°); sie ist für eine kraftvolle Kontraktion ungünstiger bei kleinerem (45°) oder größerem Winkel (45°). Nur bei optimaler Anordnung der kontraktilen Eiweiße kann die Kontraktionskraft optimal sein. Sowohl bei Verkürzung als bei Überdehnung ist die Kontraktionskraft eingeschränkt. Die positiven Einflüsse gutdosierter Dehnung vor und nach sportlichen Übungen wird auch durch die mechanischen Eigenschaften des Muskels belegt (s. Kap. 2.1.5). Sie werden mit der Ruhedehnungskurve beschrieben (s. Bild 2.14).

Die Besonderheit für die höchstmögliche (optimale) Kraftentfaltung des Skelettmuskels liegt darin, daß nicht die Ruhelänge die besten Voraussetzungen dafür schafft. Eine gewisse Vordehnung ist notwendig, um höchste Kontraktionsleistungen zu erreichen (Bild 2.21).

Nicht zuletzt aus diesem Grund haben Dehnungsübungen einen festen Platz in dem Erwärmungsprogramm des Sporttreibenden.

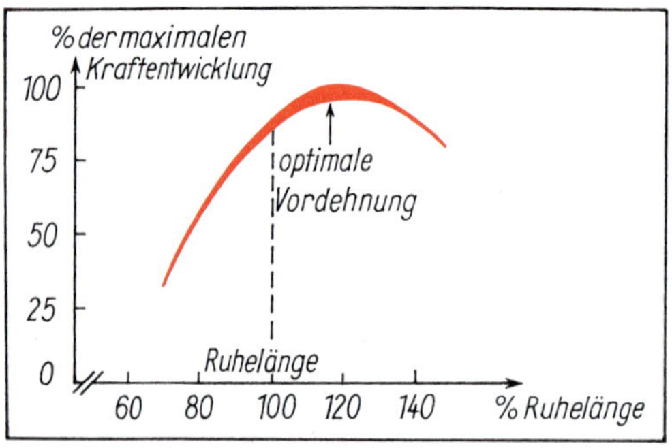

Bild 2.21 Schematische Darstellung der Abhängigkeit der Spannungsentwicklung des Skelettmuskels von seiner Ausgangslänge (nach Lamb)

Auf die Wichtigkeit der anforderungsgerechten Muskellänge für die Funktion des Muskels und darüber hinaus auch des Gleichgewichtszustandes zwischen Gelenk und Muskel und des Zusammenspiels der Muskeln (Synergisten – Antagonisten) ist im Kapitel 2.1.9 ausführlich eingegangen worden.

2.1.10.4 Kontraktionsschnelligkeit/ Auflast

Wenn der Skelettmuskel mit der Absicht kontrahiert wird, eine möglichst große Zugspannung (Kraft) zu entfalten, dann muß ein Optimum gefunden werden für das Verhältnis von Masse, die bewegt und Beschleunigung, die dieser Masse erteilt werden soll. In starker Vereinfachung stellt sich uns die Beschleunigung als Bewegungsschnelligkeit dar und die Masse als Eigenmasse plus Auflast. Ein isolierter Muskel – also zum Beispiel der zweiköpfige Beuger des Oberarmes – zeigt für seine optimale Kraftentfaltung die in den Bildern 2.22 bis 2.24 dargestellten Abhängigkeiten.

Bei nur reichlich einem Drittel der höchstmöglichen Bewegungsgeschwindigkeit wird (mit Auflast) die größte Kraft (Zugspannung) pro Zeiteinheit erzeugt, also die größte Leistung erreicht.

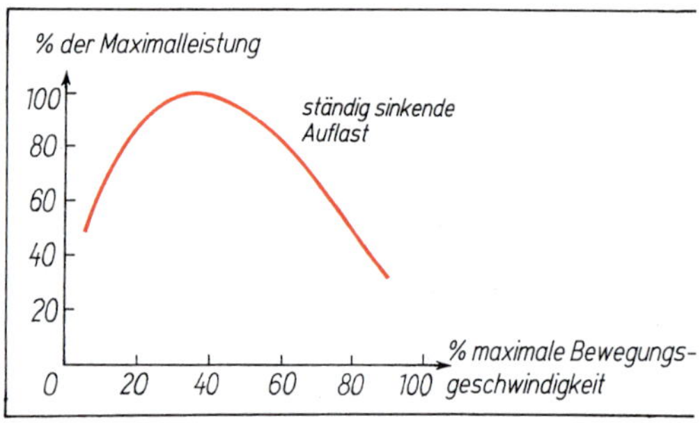

Bild 2.22 Abhängigkeit der maximalen Leistung bei einer Kraftübung von der Bewegungsgeschwindigkeit (schematisch).Das Bild muß in Zusammenhang mit dem Bild 2.25 gesehen werden. Geschwindigkeitsverlust bedeutet höhere Auflast

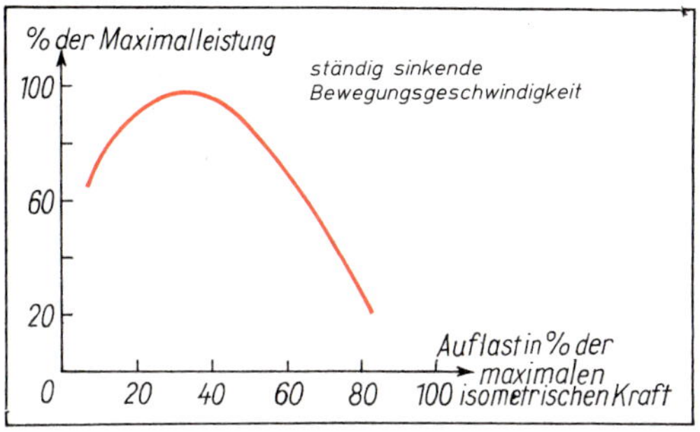

Bild 2.23 Abhängigkeit der maximalen Leistung bei einer Kraftübung von der Auflast (schematisch). Das Bild muß in Zusammenhang mit dem Bild 2.24 gesehen werden. Veränderungen der Kraft (Auflast) bewirken Geschwindigkeitsveränderungen

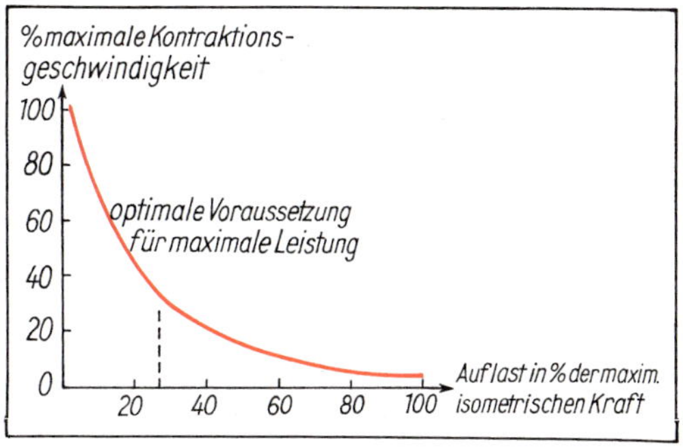

Bild 2.24 Abhängigkeit der maximalen Kontraktionsgeschwindigkeit von der Größe der Auflast. Höchste Geschwindigkeit der Kontraktion ohne Auflast. Geringere Kontraktionsgeschwindigkeiten bei zunehmender Auflast. Schließlich ist nur noch isometrische Kontraktion möglich

Bei 40 Prozent der maximal möglichen Auflast wird (weil die Bewegungsgeschwindigkeit mit in die Berechnung eingeht) die höchstmögliche Kraft pro Zeiteinheit entwickelt, die optimale Leistung erreicht.

Die Kontraktionsschnelligkeit nimmt natürlich mit wachsender Auflast ab. Im Bereich des Scheitelpunktes der Kurvenverkrümmung ist die größte Kraftentwicklung möglich. Die Aussage stimmt mit der aus Bild 2.22 überein. Diese Erkenntnisse aus der Muskelphysiologie begründen, weshalb im Schulsport und überwiegend im Freizeit- und Erholungssport auf Übungen mit hohen Auflasten verzichtet werden kann. Mit der Körpermasse des Sporttreibenden lassen sich bei entsprechender Methodik die Zielstellungen zur Entwicklung der Kraft erreichen.

In fundamentalen Untersuchungen hat der Japaner Ikai nachgewiesen, daß Übungen ohne oder mit nur sehr geringer Auflast die Schnelligkeit der Kontraktion fördern (s. Bild 2.24).

Übungen mit fast maximalen Auflasten fördern zwar die Kraft der Kontraktion, nicht aber die Schnelligkeit der Bewegung. Völlig übereinstimmend mit der Forderung Paerischs nach schnelligkeitsorientiertem Krafttraining wird herausgestellt, daß bei Auflasten zwischen 30 Prozent und 60 Prozent und schnellstmöglicher Kontraktion die besten Zuwachsraten sowohl für die Bewegungsschnelligkeit als auch für Kontraktionsstärke zu erwarten sind (Bild 2.25.). Ob die Auflast näher an dem unteren oder oberen (30 – 60 %) Wert liegen soll, hängt vom Trainingszustand und der Leistungsfähigkeit des Übenden ab. Zu fordern sind dabei immer höchste Willensanstrengung und kurze Übungsserien mit ausreichenden Pausen. Es wird nochmals betont, daß als Auflast im Bereich um 30 Prozent die Körpermasse des Übenden genutzt werden kann.

2.1.10.5 Inneres Milieu

Von den Faktoren Mineralhaushalt, Wasserhaushalt, Säure-Basen-Status, Wärmehaushalt soll an dieser Stelle nur etwas über die Abhängigkeit der Kontraktion von der Temperatur gesagt werden. Auch die relativ einfachen Maßnahmen zur Beeinflussung der Muskeltemperatur durch den Sportler rechtfertigen eine Herausstellung. Muskulatur ist hauptsächlich Eiweiß. Der Aggregatzustand von Eiweiß (Sol – Gel) ist temperaturabhängig. Die Eiweiße der kontraktilen Elemente Actin und Myosin brauchen eine bestimmte

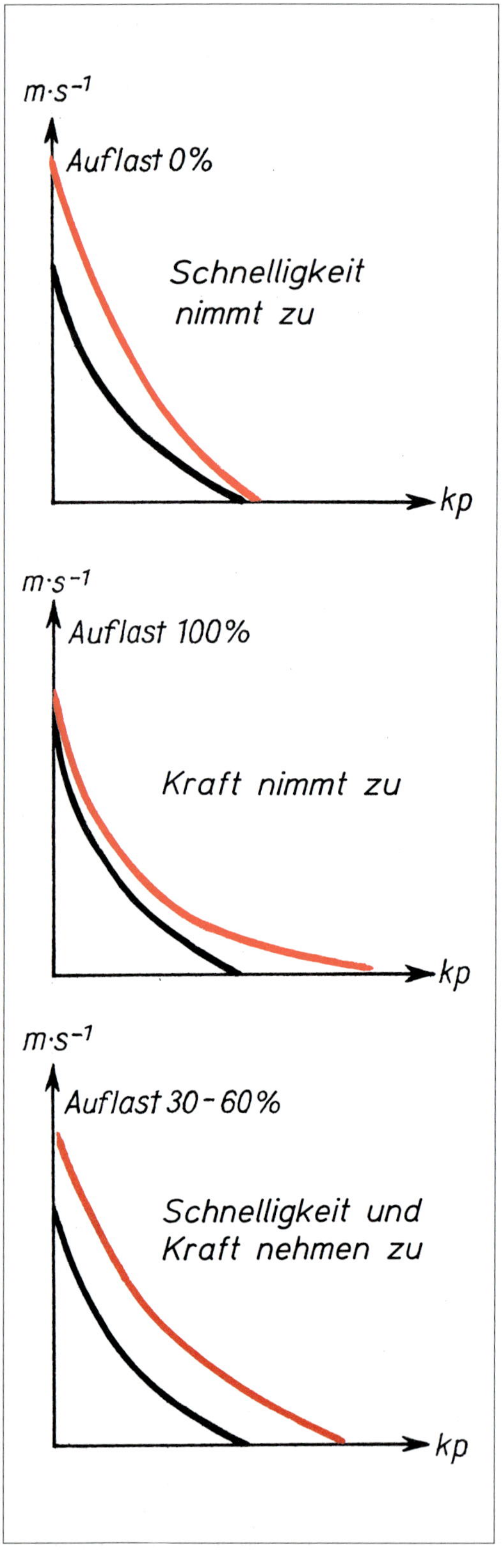

Arbeitstemperatur. Diese Arbeitstemperatur liegt über der Ruhetemperatur. Wird nach Erwärmung die Arbeitstemperatur im Muskel erreicht, dann ist der Muskel geschmeidiger (die Viskosität der Eiweiße ist gesunken); größerer Energieumsatz pro Zeiteinheit kann erreicht werden.

Bei jeder Muskelarbeit wird Wärme frei. Mindestens zwei Drittel der umgesetzten Energie wird als Wärme abgegeben. Passive Erwärmung wie Sauna, Sonnen- oder Wannenbad lassen in der Muskulatur nur sehr unsicher die notwendige Arbeitstemperatur entstehen. Da auch wesentliche andere Inhalte der Vorbereitung auf die sportliche Leistung oder Belastung nur bei aktiver Erwärmung erfüllt werden, können Formen der passiven Erwärmung die aktiven nicht ersetzen.

Es ist daher am wirksamsten, vor jede sportliche Betätigung aktive Muskelarbeit als Erwärmung zu stellen.

2.1.10.6 Substratbevorratung

Das Vorhandensein von energiereichen Phosphaten und anderen Energieträgern wie Kohlenhydrate und Fette ist eine entscheidende Voraussetzung für die Muskelkontraktion. Kann keine Energie bereitgestellt werden, erfolgt keine Kontraktion. Bei der Umwandlung von Energie und bei der Substratbevorratung spielt auch der Enzymbesatz eine wichtige Rolle. Sind Substrate und Enzyme ausreichend vorhanden, dann ist eine wesentliche Voraussetzung zur Kontraktion erfüllt.

Bild 2.25 Entwicklung von Kontraktionsschnelligkeit und Kontraktionskraft in Abhängigkeit von der Auflast im Trainingsexperiment (schwarz vor, rot nach dem 8wöchigen Training) (nach Ikai, 1972)

Es ist leicht einzusehen, daß entsprechend der aktuellen Anforderung entweder mehr Energie in der ST- oder in FT-Faser benötigt wird. Es werden also bei geringen und mittleren Anforderung überwiegend die ST-Fasern arbeiten. Sie werden aerob arbeiten, Sauerstoff verbrauchen und mit Hilfe der Enzyme des aeroben Stoffwechsels Kohlenhydrate und Fette abbauen. Nach Übungen mit diesem Anforderungsprofil wird demnach die Aktivität der Enzyme des aeroben Energiestoffwechsels (s. 2.1.12) hoch sein, Fett- und Kohlenhydrateinlagerungen in den ST-Fasern haben abgenommen. Nach einer Kontraktionsfolge mit Anforderungen nahe der maximalen Kontraktionskraft werden in den FT-Fasern Phosphagene und Kohlenhydrate (Muskelglykogen) abnehmen. Bei ausreichender Übungsdauer wird sich Laktat ansammeln. Die Aktivität der Enzyme des anaeroben Stoffwechsels wird hoch sein.

Substratbevorratung und Enzymbesatz bestimmen den Energiedurchsatz bei der Kontraktion.

2.1.10.7 Vorausgegangene sportliche Anforderungen

Nach einer längeren maximalen Kontraktion ist kurz darauf keine Wiederholung von gleicher Stärke möglich. Auch eine Kontraktionsserie, die bis zur Erschöpfung geführt wird, erfordert eine große Pause. Nach Langzeitausdauerbelastungen ist die maximale Kontraktionsleistung ebenso eingeschränkt wie nach intensiven kürzeren Belastungen. Substratverfügbarkeit, Enzymaktivität und Laktatakkumulation beeinflussen die Muskelkontraktion genauso wie die Prozesse von Bahnung und Hemmung im ZNS und die neuromuskuläre Ankopplung. Sie sind durch vorausgegangene Belastungen beeinflußt worden (s. a. Kap. 3.1). Auf die Abhängigkeit der Muskelkontraktion von Alter und Geschlecht wird in den Kapiteln 3.2 und 3.3 eingegangen.

2.1.11 Energiestoffwechsel des Skelettmuskels

Jede Zelle des Organismus braucht für die verschiedenen Äußerungen ihrer Lebenstätigkeit die Möglichkeit, Stoffe zuzuführen, umzubauen, abzubauen und abzugeben, und sie braucht Energie für diese Prozesse, Energie für den Stoffwechsel. Sie gewinnt diese Energie durch Abbau bestimmter Energieträger. Der Stoffwechsel der Skelettmuskulatur, des größten Organsystems unseres Körpers, macht bereits in Ruhe etwa 20 Prozent des Gesamtstoffwechsels aus. Unter Belastung kann dieser Anteil auf über 80 Prozent ansteigen.

Der Energieumsatz wird bei maximaler Belastung um mehr als das 50fache gesteigert. Je nach der Funktion einer Zelle wird der Stoffwechsel recht verschiedene Schwerpunkte haben. Die Produktion von Inkreten (Hormonen) oder Sekreten (z. B. Magensaft) stellt andere Anforderungen als der Elementarvorgang der Kontraktion – das Aneinander-Vorbeigleiten von geformten Eiweißen.

Der Energiestoffwechsel ist in der Skelettmuskelzelle besonders ausgeprägt. Auch in den anderen Zellen des Körpers wird prinzipiell auf die gleiche Weise Energie aus Substraten gewandelt und für Zelleistungen bereitgestellt. Grundlage der Energiefreisetzung im menschlichen Organismus ist die biologische Oxydation, die Zusammenführung von Wasserstoff und Sauerstoff. Diese Reaktion $2H_2 + O_2\ 2H_2O$ ist als Knallgasreaktion bekannt. Die Reaktion setzt – unbeeinflußt – in kurzer Zeit soviel Energie frei, daß es zum Gewebstod kommen würde. Sie geht jedoch in den Zellen unter Abbau eines Substrats (KH, Fett) schrittweise vonstatten. Dadurch wird Energie in Portionen frei, die gut verkraftet werden können. Wenn man – etwas bildhafter – die Vorgänge in der Zelle mit denen in einem Verbrennungsmotor vergleicht, so hätten beide gemeinsam: Eine Substanz mit viel (chemisch gebundener) Energie wird verändert (verbrannt, oxydiert) in Substanzen mit weit weniger chemisch gebundener Energie – Energie wird frei.

Im Fall der Zelle kann man auch zusammenfassen: $C_6H_{12}O_6 + 6O_2 \rightarrow 6CO_2 + 6\ H_2O$ + Energie. Die schrittweise Zusammenführung von H_2 und $^1/_2O_2$ wird über die Atmungskette vollzogen. Die bei jedem Reaktionschritt entstehende Energie wird dazu benutzt, energiereiche Verbindungen aufzubauen. Die für die Energiebereitstellung des Skelettmuskels wichtigsten energiereichen Verbindungen sind Phophatverbindungen – die Phosphagene. Die wesentlichsten davon sind:

- Adenosintriphosphat = (ATP)
- Adenosindiphosphat = (ADP)
- Kreatinphosphat = (CrP)

Nicht jede der Phosphatverbindungen ist gleich energiereich. Wird Energie in der Zelle benötigt (zu irgendeiner energieverbrauchenden Zelleistung), so wird ein Phosphatrest vom ATP abgespalten.

2.1.11.1 Zentrale Rolle des ATP im Energiestoffwechsel

Wird in der Zelle Energie benötigt, so kann diese unmittelbar nur durch eine Reaktion bereitgestellt werden – durch die Abspaltung eines Phosphatrestes vom ATP (Bild 2.26)

Adenosin-P – P – P → Adenosin- P – P + Energie + P. Diese Reaktion wird in ihrer Schnelligkeit bestimmt durch das Vorhandensein des Enzyms (Biokatalysator) Myosin-ATPase

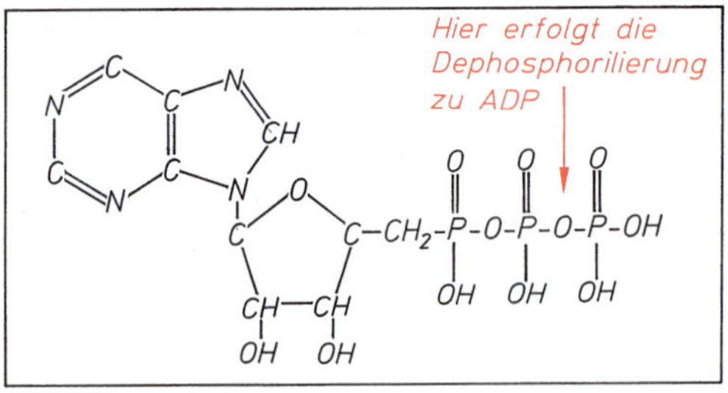

Bild 2.26 Adenosintriphosphat (ATP) und seine Spaltung in Adenosindiphosphat (ADP) + Energie + Phosphat

Die Abspaltung eines Phosphatrestes vom ATP ist das Zahlungsmittel, die Währung des Organismus zum Begleichen jeglicher energetischer Anforderung.

Alle anderen energieliefernden Prozesse – also zum Beispiel die Abspaltung von Phosphatresten anderer Phosphagene (z. B. ADP, AMP, CrP) – können nicht direkt für die energetische Absicherung von Leistungen der Zelle genutzt werden.

Die bei der Abspaltung von Phosphatresten aller Phosphagene (außer ATP) und beim Abbau von Kohlenhydraten, Fetten (und Eiweißen) gewonnene Energie wird mittelbar, nämlich über den Wiederaufbau, die Resynthese, von ATP für die Zelle nutzbar (Bild 2.27).

Der Abbau von ATP zu ADP deckt, wie bereits betont, den Energiebedarf jeder Energie benötigenden Reaktion. Das Verhältnis zwischen vorhandenem ATP und vorhandenem ADP ist aussagekräftig zu der Frage, ob gerade Energie verbraucht worden ist. Der Vorgang ATP↓ und ADP↑ heißt damit:

ATP fällt in seiner Konzentration, ADP steigt.

Es ist gerade Energie verbraucht worden bzw. es wird noch Energie gebraucht.

Energieliefernde Prozesse werden in Gang gesetzt bzw. beschleunigt. ATP ↑ und ADP ↓ bedeutet: die ATP-Konzentration steigt, der ADP-Spiegel fällt. Es wird gleich oder bald genügend Energie zur Verfügung stehen. Energieliefernde Prozesse werden gebremst oder gestoppt. Der Quotient bzw. die Dynamik dieses Quotienten ATP/ADP sagt damit jederzeit über die aktuelle energetische Situation aus. Über ihn wird der Energiestoffwechsel maßgeblich bestimmt.

ATP ist im Muskel in der Nähe der kontraktilen Elemente (Sarkomer) in geringer Menge gespeichert. Ebenso sind in der Muskel-

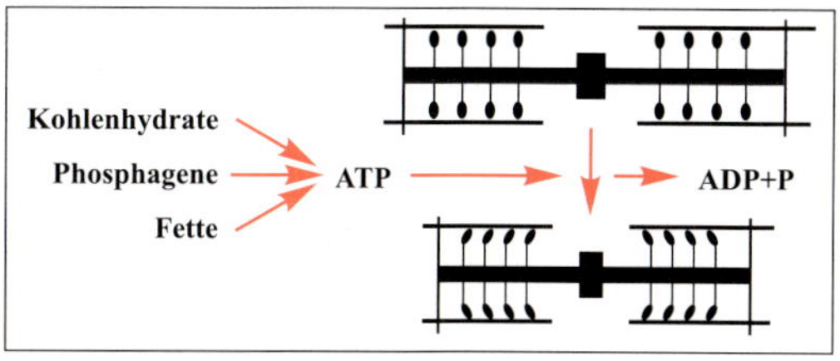

Bild 2.27 Die zentrale Rolle des ATP. 177g Kohlenhydrat (Zucker) entsprechen einem Mol. Aus diesem einen Mol werden 38 mol ATP. Pro Tag werden etwa 1200 kJ (3000 kcal) zur Energiebereitstellung benötigt. Das sind 800 g Zukker = 171 mol ATP. Ständig in den Muskelzellen sind insgesamt 0,07 mol ATP. Wenn also täglich ohne wesentliche Belastungen 171 mol ATP gebraucht werden, sind die vorhandenen 0,07 mol etwa 2400mal zu erneuern

zelle andere Phosphagene eingelagert. Von besonderer Bedeutung, weil zur Resynthese von ATP bevorzugt benutzt, ist das Kreatinphosphat.

Wird ATP zur Energiefreisetzung (z. B. bei der Muskelkontraktion, aber auch zur Erschlaffung) gespalten, so wird es sofort durch die Rephosphorylierung wieder aufgebaut.

Die Menge des in der Muskelzelle vorhandenen ATP schwankt somit nur wenig, obwohl für ganz kurze Zeit das unmittelbar am kontraktilen Apparat befindliche ATP abnehmen kann. Durch sportliches Training nimmt nach unseren derzeitigen Kenntnissen das unmittelbar in der Zelle vorhandene ATP nur gering zu. Die Schnelligieit des Umsatzes, also die Aktivität der Myosin-ATPase, kann allerdings deutlich ansteigen.

2.1.11.2 Reaktionsräume

Die Stoffwechselleistungen des Gewebes sind an genau definierte Struktureinheiten gebunden. Das Bild 2.28 faßt die wichtigsten Gegebenheiten zusammen.

Aus der Kapillare treten z. B. Sauerstoff und Substrate (Fette, Kohlenhydrate) in den Extrazellularraum über. Sie diffundieren durch die Zellmembran (oder werden aktiv transportiert) und werden im Mitochondrium (aerob) oder im Zytoplasma (anaerob) umgewandelt. Die Abbau- oder Endprodukte gelangen zum großen Teil über den Extrazellularraum wieder in das Blutgefäßsystem.

2.1.11.3 Energiebereitstellung aus Phosphagenen

Durch Umwandlung von energetisch unterschiedlich wertigen Phosphagenen in ATP werden diese Verbindungen für den Energiestoffwechsel nutzbar. Wie schon ausgeführt, kann die Energiebereitstellung aus Phosphagenen unmittelbar erfolgen – wenn ATP eingesetzt wird, oder mittelbar – über den Aufbau von ATP.

Zum Beispiel: CrP + ADP → ATP + Cr

oder seltener ADP + ADP → ATP + AMP

Da bei dieser unmittelbaren und mittelbaren Energiebereitstellung keine Milchsäure – oder deren Salz, das Laktat – entsteht, nennt man diesen Weg der Energiebereitstellung auch den alaktaziden (den ohne Milchsäurebildung). Weil er außerdem ohne Sauerstoffverbrauch – also anaerob – abläuft, heißt die vollständige Bezeichnung dieser Form der Energiebereitstellung: **anaerob-alaktazid**.

Über das ATP wurde schon gesagt, daß es nur in geringer Menge im Muskel vorhanden ist (Tab. 2.4). Das unmittelbar in der Nähe des kontraktilen Apparates befindliche ATP wäre bereits nach einer bis drei maximalen Muskelkontraktionen aufgebraucht.

Bevor es jedoch dazu kommt, daß der Bestand an ATP in der Zelle wesentlich absinkt, wird durch den Abbau anderer Phosphagene – vor allem des Kreatinphosphats – das ATP wieder aufgebaut (resynthetisiert).

Bei maximalen Anforderungen (z. B. Mehrfach-Sprüngen) sind allerdings nach 3 bis 7 Sekunden die verfügbaren Phosphagenreser-

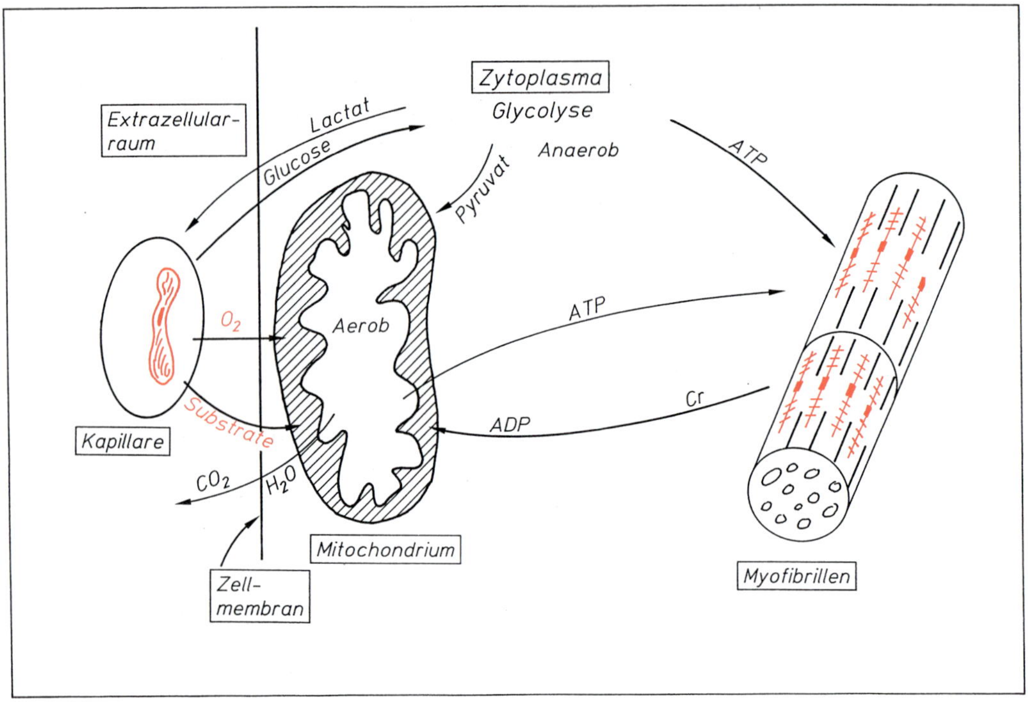

Bild 2.28 Darstellung der unterschiedlichen Reaktionsräume, sowie der wichtigsten Austausch- und Umwandlungswege

Tabelle 2.4 Substrate, Speicherkapazitäten und maximale Mobilisationsraten der Energiestoffwechsels

Substrate	Substratspeicher ($Mol \cdot g^{-1}$)	Mobilisationsrate ($Mol \cdot g^{-1}$)
Phosphagene	30	bis 3,0
Glykogen anaerob	270	bis 1,0
Glykogen aerob	3000	bis 0,5
Fett	10000	bis 0,25

ven erschöpft, und die Leistung des Muskels (Muskelarbeit in der Zeiteinheit) kann dann auf diesem Niveau nicht gehalten werden.

Während das ATP im Muskel nur wenig absinkt – d. h. absinken darf, kann der Kreatinphosphatspeicher stark ausgeschöpft werden. Das Vorhandensein von ATP im Muskel ist existenznotwendig (Weichmacherfunktion für die Eiweiße, Aufrechterhalten von Membraneigenschaften, Baustoffwechsel u. a.). Sein Spiegel sinkt auch in Ausnahmesituationen im Muskel nur wenig. Der Spiegel des ATP kann kaum, der des CrP sehr weit absinken. Der Wechsel zwischen starker Ausschöpfung und Wiederauffüllung des CrP-Speichers, wie er durch ein Training von Schnellkraft und Schnelligkeit angestrebt wird, führt zu einer Vergrößerung des Vorrats an CrP. (Auch die Umwandlungsgeschwindigkeit CrP + ADP ATP + Cr durch das Enzym Kreatinkinase ist größer als beim Unterminierten.)

Das Bild 2.29 faßt die Energiebereitstellung aus Phosphagenen zusammen.

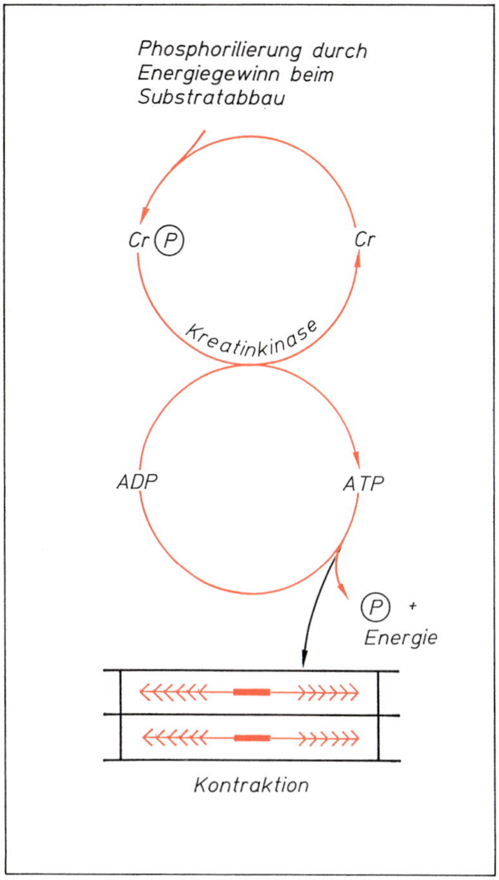

Bild 2.29 Zusammenfassung der Energiebereitstellung aus Phosphagenen

2.1.11.4 Glykolyse

Mit dem Abbau von Kohlenhydraten (Zukker) ohne das Vorhandensein von Sauerstoff (anaerob) kann ATP und damit letztlich Energie gewonnen werden. Als Substrat dieser Art der Energiegewinnung dient das Kohlenhydrat Glykogen (Stärke). Das Glykogen ist die Speicherform der Glukose. Glukose (Traubenzucker) ist eine Hexose, also eine Verbindung mit sechs C-Atomen. Die Summenformel der Glukose lautet: $C_6H_{12}O_6$. Ohne daß Sauerstoff benötigt wird, kann Glukose teilweise abgebaut werden – es entstehen Laktat und ATP. Dieses ATP kann sofort zur Energiebereitstellung genutzt werden. Es dient aber vor allem dazu, die Kreatinphosphatspeicher aufzufüllen, denn ATP selbst läßt sich kaum speichern. ATP wird meist aus CrP nachgeliefert, deshalb ist eine kontinuierliche Auffüllung des sich leerenden CrP-Speichers notwendig.

Bei der Glykolyse, dem Abbau von Kohlenhydraten ohne Sauerstoff, wird Energie unter Milchsäurebildung freigesetzt und bereitgestellt. Dieser Stoffwechselweg wird deshalb als anaerob-laktazider Weg bezeichnet.

Die Konzentrationsverhältnisse der Phosphagene (insbesondere ADP) entscheiden, wann und in welchem Maße dieser Stoffwechselweg genutzt wird. Das Bild 2.30 faßt die Vorgänge bei der Glykolyse zusammen.

Aus einem Mol abgespaltener Hexose (Traubenzucker, ggf auch Fruchtzucker) entstehen Milchsäure und 2 Mol ATP. Die Glykolyse setzt bei körperlichen Beanspruchungen ein, noch wenn die alaktazide Energiebereitstellung (also die Nutzung von

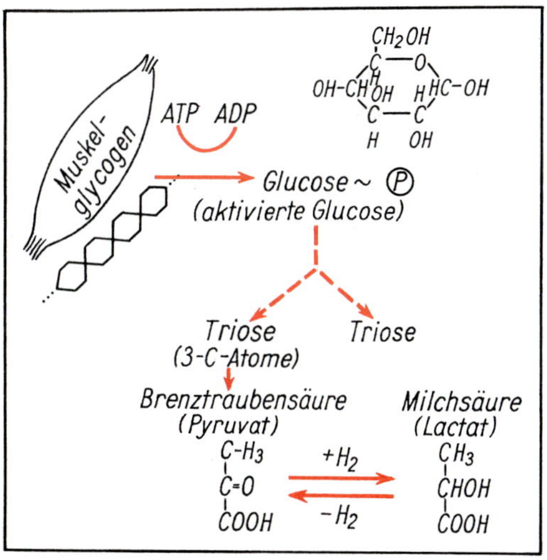

Bild 2.30 Glykolyse. Aus der Speicherform Glykogen wird eine Hexose herausgelöst und aktiviert. Sie wird in zwei Triosen gespalten und jede dieser Triosen zu Pyruvat abgebaut. Pyruvat wird hydriert zu Milchsäure. Dabei entstehen insgesamt 2 mol ATP.

Phosphagenen) läuft. Bei maximalen Belastungen beginnt die Glykolyse bereits nach 5 bis 7 Sekunden. Höchste Durchsatzraten – also maximale Stoffwechselleistung – Verbrauch von Glukose – Ansammlung von Milchsäure – können zwischen 20 und 40 Sekunden gemessen werden.

Milchsäure entsteht nicht, weil kein Sauerstoff vorhanden ist, sondern weil die Stoffwechselrate hoch ist.

Die zunehmende Konzentration der Milchsäure in der Zelle verändert das innere Milieu derselben. Es kommt zu Einschränkungen ihrer Arbeitsleistung. Enzymaktivitäten (s. Kap. 2.1.11) nehmen ab; einige Strukturbestandteile der Zelle können sogar geschädigt werden (z. B. Mitochondrien). Bei maximalen körperlich-sportlichen Anforderungen ist die Laktatkonzentration nach 40 bis 60 Sekunden so hoch, daß die Belastung abgebrochen bzw. die Intensität wesentlich gedrosselt werden muß. Die Möglichkeiten der Energiebereitstellung durch die anaerobe Glykolyse sind also begrenzt.

2.1.11.5 Oxydativer Abbau von Substraten (aerober Energiestoffwechsel)

Die biologische Oxydation von Kohlenhydraten aus dem Glykogen des Muskels oder der Leber (über die Blutglukose) ist in ihren Stoffwechselschritten bis zum Zwischenprodukt Brenztraubensäure (Pyruvat) wie bei der anaeroben Glykolyse. Während des Pyruvat bei der Glykolyse zu Milchsäure hydriert wird (Zugabe von 2H), wird es bei der aeroben Verstoffwechselung oxydiert. Die Abspaltung von 2H von der Brenztraubensäure ist eine Oxydation. Durch gleichzeitige Dekarboxylierung (Abspaltung von CO_2) entsteht Essigsäure (Acetylsäure). Die Essigsäure ist eine Verbindung mit nur noch zwei C-Atomen.

Die Essigsäure wird durch ein Koenzym aktiviert – zu Acetyl-CoA. Als aktivierte Essigsäure kann diese 2-C-Verbindung jetzt im sogenannten Zitronensäurezyklus weiter abgebaut werden. Acetyl-CoA wird mit dem 4-C-Körper Oxalsäure zu Zitronensäure verbunden. Diese wird in mehreren Reaktionsschritten wieder zu Oxalsäure abgebaut. Damit wird an zwei Stellen dekarboxyliert (CO_2 abgespalten) und mehrfach Wasserstoff abgespalten. Die Oxalsäure verbindet sich erneut mit aktivierter Essigsäure zu Zitronensäure. Damit schließt sich der Kreislauf (Zitronensäurezyklus), der auch nach seinem Entdecker Krebs-Zyklus genannt wird (Bild 2.31).

Der energetische Gewinn des Abbaus von einem Mol Glukose auf dem rein aeroben Weg vom Zitronensäurezyklus an beträgt insgesamt 36 Mol ATP. Das ist das 18fache dessen, was durch die Glykolyse aus einem Mol Glukose gewonnen werden kann.

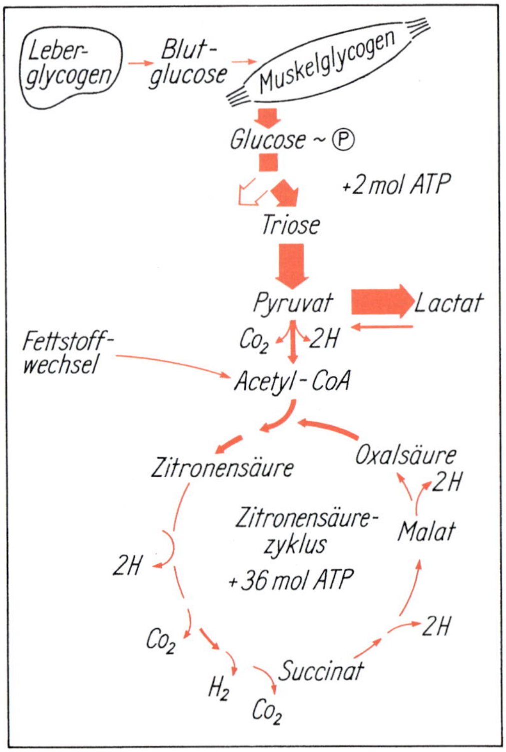

Bild 2.31 Abbau der Kohlenhydrate. Die Dicke des Pfeiles soll den möglichen Durchsatz verdeutlichen. Glykolyse – hoher Durchsatz, geringe Ökonomie. Aerobe Energiefreisetzung geringer Durchsatz, ökonomisch.

Weshalb existieren zwei Wege des Kohlenhydratabbaus, und unter welchen Bedingungen werden beide genutzt?

Die Bevorzugung des einen oder anderen Weges hängt ausschließlich davon ab, ob in der Zeiteinheit viel oder wenig ATP benötigt wird.

Nie wird nur ein Weg allein gewählt. Wird der Organismus (nahe) maximal belastet, werden zunächst die Phoshagene – soweit möglich – erschöpft. Dann besteht aber weiterhin der Bedarf nach viel ATP pro Zeiteinheit. Dieser kann nur gedeckt werden, wenn große Mengen Glykogen bis zum Pyruvat abgebaut werden. Dabei entstehen pro Mol Glykogen zwei Mole ATP. Diese schnell entstehende, große Menge an Pyruvat würde wie ein Stau den Stoffwechselweg – und damit die weitere Gewinnung von ATP – blokkieren. Eine Möglichkeit, das Pyruvat schnell umzubauen ist nur durch die Reduzierung zu Laktat gegeben.

Wasserstoff ist genügend vorhanden. Pyruvat wird also sehr schnell in Laktat umgewandelt, bis dieses Laktat die Arbeitsbedingungen der Zelle so stark stört, daß der gesamte Kohlenhydratabbau drastisch verlangsamt, wenn nicht sogar für kurze Zeit gestoppt wird (s. Kap. 2.1.12).

Obwohl auf diesem Stoffwechselweg nur zwei Mole ATP entstehen, ist der Weg so breit, daß in kurzer Zeit viel ATP zur Verfügung gestellt werden kann. Deshalb wird dieser Weg immer dann genutzt, wenn schnell viel ATP benötigt wird. Wie schon ausgeführt wurde, entscheidet die Spaltungsgeschwindigkeit des ATP (der Quotient ATP/ADP) über die Nutzung der Glykolyse. Bei Energiewandlung und Bereitstellung von Pyruvat aus der Glykolyse läuft die aerobe Energiegewinnung an.

Anaerobe und aerobe Form der Energiebereitstellung schließen sich also nicht aus. Es gibt kein „Entweder – oder“. Sie gehören zu einer Reaktionskette.

Ist die körperliche Anforderung, *nicht* so hoch, wird nicht innerhalb kurzer Zeit sehr viel ATP benötigt, so wird weniger Glykogen abgebaut; weniger Pyruvat entsteht. Dieses weniger schnell anfallende Pyruvat kann nahezu ausschließlich oxydiert und dekarboxyliert werden. Es sind in diesem Fall genügend oxydative Potenzen frei. Wasserstoff kann aufgenommen werden. (Es wird in der Atmungskette mit Sauerstoff zusammengeführt.) Auf diesem oxydativen (aeroben) Weg kann die Glukose vollständig abgebaut werden. Es wird langsam – Schritt für Schritt – ATP gewonnen. Die aerob ablaufenden Prozesse können zwar in der Zeiteinheit nicht so viel ATP bilden, jedoch wird das vorhandene Glykogen vollständig abgebaut und damit rationeller genutzt.

Ein Beispiel soll die Unterschiedlichkeit beider Arten der Energieumwandlung herausarbeiten. Ein Sprinter, der mit vielen Pausen hochintensiv jeweils etwa 50 Sekunden läuft, wird sich insgesamt nicht wesentlich über 10 Minuten belasten können (10 bis 12mal 350 bis 400 m in hoher Geschwindigkeit ist ein enormes Programm). Ein Ausdauersportler kann bei Nutzung des aeroben Stoffwechselweges durch den Abbau von Kohlenhydraten etwa 90 Minuten leisten. Er bewegt sich jedoch wesentlich langsamer als der Sprinter.

Oxydativer Fettsäureabbau

Über Fette (Lipide) verfügt der Organismus in so reichem Maße, daß ihrer energetischen Verwertung kaum Grenzen gesetzt sind (s. Tab. 2.4). In der Muskelzelle liegen Fette als Triglyzeride vor. Auch das Unterhautfettgewebe als bedeutendes Fettreservoir besteht vorwiegend aus Triglyzeriden. Triglyzeride sind Ester des Glyzerins und der Fettsäuren (Bild 2.30). Die Fettsäuren enthalten unterschiedlich viele C-Atome. Am häufigsten sind die Stearinsäure (18 C-Atome) und die Palmitinsäure (16 C-Atome). Es gibt **gesättigte** und **ungesättigte Fettsäure**. Diese Einführung soll darauf hinweisen, in welch mannigfachen Variationen Fette vorliegen können. Bei mäßigen energetischen Anforderungen (langsamen Bewegungen, nicht besonders kräftigen Muskelkontraktionen) und auch dann, wenn die Kohlenhydratspeicher (Glykogenreserven) bereits (nahezu) aufgebraucht sind, werden Fette zur Energiegewinnung genutzt. Fette können nur oxydativ abgebaut werden (Bild 2.32).

Das Fett wird durch Hydrolyse gespalten (Ester + Wasser = Alkohol + Säure). Glyzerol und drei Fettsäuren werden frei.

Durch die Beta-Oxydation wird so lange je ein Bruchstück mit zwei C-Atomen abgespalten, bis die freie Fettsäure abgebaut ist. (Auch der Alkohol Glyzerol ist energetisch verwertbar.) Das aus dem Fettsäureabbau jeweils entstehende 2-C-Bruchstück wird aktiviert – Acetyl-CoA entsteht. Genau wie das aus dem oxydativen Kohlenhydratabbau entstehende Acetyl-CoA wird auch das aus dem Fettabbau anfallende im Zitronensäurezyklus weiter abgebaut. Aus einer freien Fettsäure läßt sich viel ATP gewinnen. Der Abbau eines Mols Palmitinsäure (16 C-Atome) erbringt 130 Mol ATP. Der Abbau von Fett erscheint also sehr ökonomisch. Das ist – nimmt man die Menge des zur Verfügung stehenden Fettes – auch richtig. Nur wird zum Fettsäureabbau mehr Sauerstoff benötigt als zum Kohlenhydratabbau. Zudem kann durch den Fettsäureabbau in der Zeiteinheit weniger ATP gewonnen werden als durch den Abbau von Glykogen, aber der energetische Gewinn pro Zeiteinheit ist geringer. Daher kann immer nur Fett abgebaut werden, wenn die energetischen Anforderungen nicht so hoch sind. Es

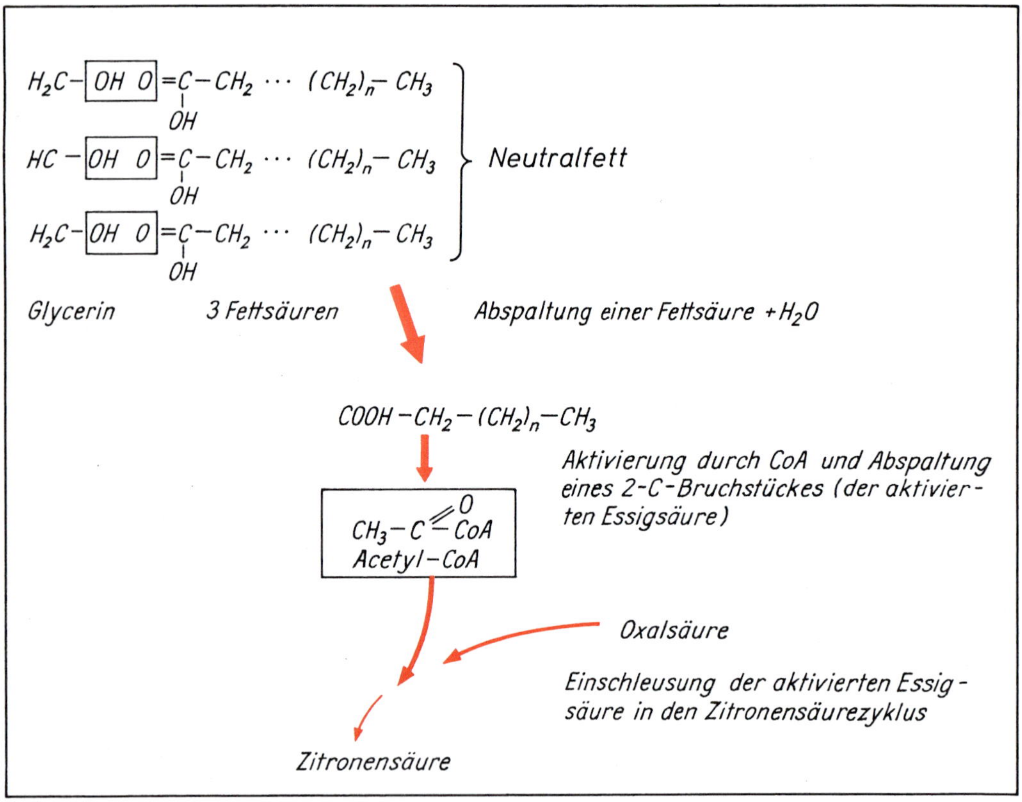

Bild 2.32 Abbau der Fette. Schrittweise wird jeweils ein 2-C-Bruchstück aus der freien Fettsäure losgelöst, aktiviert – und im Zitronensäurezyklus (und in der Atmungskette) zu CO_2 und H_2O oxydiert

muß genutzt werden, wenn die Glykogenreserven fast erschöpft sind. Dann muß auch die Intensität der Belastung sinken.

2.1.11.6 Energiebereitstellung aus Eiweißen

Grundbausteine der Eiweiße sind Aminosäuren. Einundzwanzig verschiedene Aminosäuren sind beim Menschen bedeutsam. Einige baut der Organismus selbst auf – andere muß er zuführen. Die Aminosäuren enthalten vier bzw. fünf Elemente: (S)CHON. Kennzeichnend sind die Säuregruppen und die basische Aminogruppe. Die einfachste Aminosäure ist das Alanin NH_2-CH_2-COOH. Zwanzig Aminosäuren, unterschiedlich kombiniert, lassen die Vielfalt der Eiweißverbindungen ahnen. Das körpereigene Eiweiß wird unter normalen Umständen nur zu einem sehr geringen Prozentsatz energetisch verwertet. Unter den Bedingungen hoher, langandauernder Belastung können aber auch Aminosäuren energetisch genutzt werden. Sie werden zu Pyruvat, Acetyl-CoA bzw. zu passenden Bruchstücken abgebaut und in den Zitronensäurezyklus eingeschleust.

In der Nachbelastungsphase können Aminosäuren über die Zwischenstation Acetyl-CoA oder Pyruvat auch in Kohlenhydrate umgebaut werden Glykogen entsteht neu.

Die Synthese von Kohlenhydraten aus Fetten oder Eiweißen (Aminosäuren) wird Glukoneogenese genannt.

Glukoneogenese aus Eiweißen weist auf eine Ausnahmesituation im Organismus hin, denn beim Abbau und Umbau der Eiweiße zu Kohlenhydraten oder zur energetischen Verwertung entsteht Harnstoff. Auch Aminosäuren können nur oxydativ abgebaut werden.

2.1.11.7 Biologische Endoxydation innerhalb der Atmungskette

Beim aerobem Kohlenhydratabbau ist global dargelegt worden, daß durch Zusammenführung des von den Substraten abgespaltenen Wasserstoffs mit dem über Atemluft – Lunge – Blut – Zelle herangeführten Sauerstoff ATP gebildet wird. Diese schrittweise Zusammenführung ist in der Tat so kompliziert, daß sie hier nur zusammenfassend dargestellt werden kann (Bild 2.33).

Die oxydative Phosphorylierung, also die Bereitsteilung von ATP aus dem oxydativen (aeroben) Abbau von Kohlenhydraten, Fetten (und Eiweißen) benötigt Sauerstoff. Die maximale Menge des verbrauchten Sauerstoffs in der Zeiteinheit gibt Auskunft über die Ausprägung des aeroben Energiestoffwechsels. Die Messung der Sauerstoffaufnahme pro Zeiteinheit hat einen festen Platz in der sportmedizinischen Leistungsdiagnostik (s. Kap. 6.1.3).

2.1.11.8 Enzyme im Energiestoffwechsel

Die Stoffwechselwege sind für jeden Menschen gleich. Ob er mehr oder weniger Energie wandelt und bereitstellt, hängt nach der neuromuskulären Ansteuerung für die einzelne Muskelzelle von zwei Gegebenheiten ab: dem Enzymbesatz der Zelle und den zur Verfügung stehenden Substraten. Jeder Umwandlungsschritt bei der Substratverwertung im Energiestoffwechsel wird durch Biokatalysatoren (Enzyme) ermöglicht und in Schnelligkeit und Umfang weitgehend bestimmt.

Nehmen wir die Faktoren des inneren Milieus (s. 1.1) als konstant an (Isohydrie, Isotonie, Isothermie, Isoionie), so diktieren bei ausreichend vorhandenem Substrat die Enzyme den Ablauf der Stoffwechselvorgänge.

Enzyme ermöglichen einzelne oder verschiedene Stoffwechselschritte. Sie haben unterschiedliche chemische Strukturen.

- Ein Enzym kann ausschließlich aus einem definierten Eiweißkomplex bestehen: wirksames Enzym aus Eiweiß.

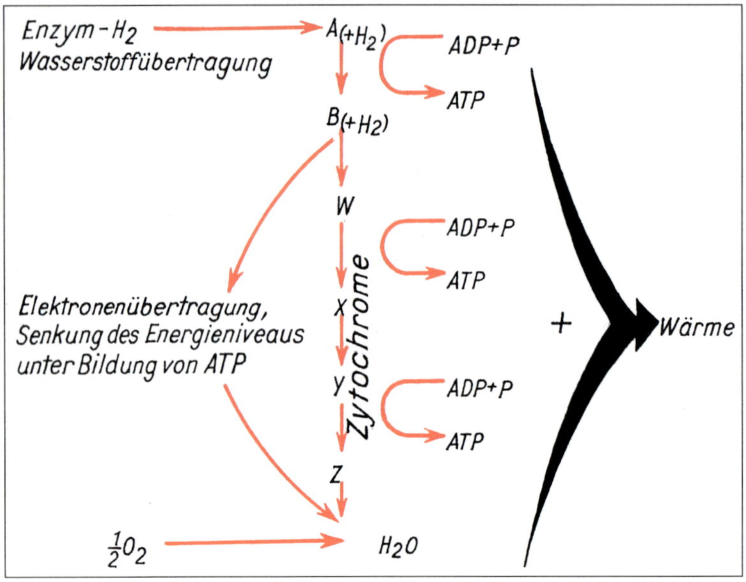

Bild 2.33 Vereinfachte Darstellung der biologischen Endoxydation. Pro mol H_2 entstehen 3 mol ATP

- Eine Reihe von Enzymen benötigt jedoch einen Aktivator, zum Beispiel Ca^{++} oder Mg^{++}, um wirksam zu werden: Enzym + Aktivator.
- Andere Enzyme sind nur aktiv in Verbindung mit einer abspaltbaren organischen Verbindung (Koenzym): Enzym + Koenzym.
- Eine weitere Gruppe von Enzymen wird nur wirksam, wenn sie mit einem organischen Rest (prosthetische Gruppe) fest verbunden ist: Enzym + prosthetische Gruppe.

Alle Enzyme setzen die Aktivierungsenergie für eine Stoffwechselreaktion herab. Genau so gut kann man sagen: sie steigern die Geschwindigkeit für eine biochemische Reaktion.

Die Verbindung Reaktionspartner 1 + Reaktionspartner 2 = Reaktionsprodukt(e) kommt oft nicht zustande oder läuft viel zu langsam ab, weil nicht genügend Aktivierungsenergie vorhanden ist. Sie kann jedoch unter Einwirkung eines Enzyms ablaufen: Reaktionspartner 1 + Enzym + Reaktionspartner 2 = Reaktionsprodukt(e) + Enzym.

Es kommt zu einer Bindung zwischen Reaktionspartner(n) und Enzym; die Aktivierungsenergie wird herabgesetzt, die Reaktion ermöglicht. Nach der Reaktion steht das Enzym wieder zur Bildung weiterer Reaktionsprodukte zur Verfügung. Ein Enzym paßt oft „wie ein Schlüssel zum Schloß" ganz ausschließlich nur zu einem Paar von Reaktionspartnern im Stoffwechsel. Wenn nach der Wirkungsweise grob eingeteilt werden soll, lassen sich unterscheiden:

- Enzyme, deren einer Reaktionspartner Wasser ist (z. B. Esterasen, Phosphatasen),
- Enzyme, die chemische Gruppen (Methylgruppen, Aminogruppen) übertragen oder abspalten (Transferasen),
- Enzyme, die Wasserstoff oder Elektronen übertragen (Oxydoreduktasen)

Die Aktivität der Enzyme wird bestimmt durch:

- ihre Konzentration am Wirkort. Je mehr Enzym vorhanden ist, desto größer die Enzymaktivität),
- die Wasserstoffionenkonzentration des Reaktionsortes (jedes Enzym hat bei ei-

nem bestimmten PH-Wert seine optimale Aktivität),
- die Temperatur am Reaktionsort (jedes Enzym entfaltet seine größte Wirksamkeit bei einer bestimmten (optimalen) Temperatur),
- die Menge (Konzentration) der Reaktionspartner (Ist nicht genügend Substrat vorhanden, kann das zur Verfügung stehende Enzym nicht in vollem Umfang wirksam werden).

Hemmung der Enzymwirkung tritt nicht nur durch ungünstiges Milieu (PH-Wert, Temperatur) und ungenügend vorhandenes Substrat auf. Bestimmte Verbindungen, die einem Reaktionspartner (ganz oder teilweise) ähnlich sind, können das Enzym „besetzen". Durch eine Bindung an diesen falschen Partner wird das Enzym blockiert und unwirksam.

Andere Stoffe können das Enzym zum Beispiel durch Spaltung verändern – auch dadurch wird es unwirksam. Enzymhemmungen können so entweder nur sehr kurz dauern – oder auch längere Zeit bestehen.

Bei Messung der Aktivität eines Enzyms bei einem Stoffwechselschritt kann man aussagen, ob in kurzer Zeit ein hoher Durchsatz, d. h. ein schneller Übergang von einem zum anderen Stoff erreicht wird, oder ob nur eine geringe Umwandlungsrate vorliegen kann. Zum Glück muß man nicht die Enzymaktivität jedes Stoffwechselschrittes messen. Die Enzyme eines Stoffwechselweges weisen eine „Proportionalität" ihrer Aktivitäten auf.

Ist die Aktivität eines Enzyms der Glykolyse bestimmt worden, so kann berechnet werden, welche Aktivität andere Enzyme dieses Stoffwechselweges haben müssen.

Ein aussagekräftiges, leicht meßbares Enzym eines Stoffwechselweges wird **Kennenzym** oder **Schlüsselenzym** genannt. Anhand von Schlüsselenzymen sollen hier einige für das sportliche Training wichtige Erkenntnisse dargestellt werden. Zuvor erinnern wir uns an die sinnvolle Einteilung in der Zelle, anaerobe Vorgänge des Energiestoffwechsels im Zellplasma ablaufen zu lassen. Dort befinden sich auch die Enzyme des anaeroben Energiestoffwechsels. Der aerobe Abbau von Substraten zur Energiewandlung und Bereitstellung findet in den Kraftwerken der Zellen – den Mitochondrien – statt. In den Mitochondrien sind auch die Enzyme des aeroben Energiestoffwechsels zu finden – also jene, die jeden Schritt des aeroben Kohlenhydrat- und Fettabbaus katalysieren (s. Bild 2.28).

Im Reaktionsraum des anaeroben alaktaziden Energiestoffwechsels befindet sich das Enzym Kreatinkinase (CK). Es katalysiert die Reaktion:

Kreatinphosphat + ADP (CK) → ATP + Kreatin. Wird – wie beim Sprinter – diese Reaktion oft gefordert, dann steigt die Aktivität des Enzyms an.

Die Phosphofruktokinase (PFK) ist ein Schlüsselenzym der Glykolyse. Sie bereitet die Spaltung der Hexose in zwei Triosen vor. Das Bild 2.34 soll klarmachen, daß die Aktivitäten der Enzyme der Glykolyse so groß sind, daß ein hoher Durchsatz von Substrat erreicht wird. Pyruvat und Wasserstoff entstehen. Nur durch die Bildung von Laktat sind beide für eine Zeit zu beseitigen. Steigt das Laktat über eine bestimmte Höhe (Absinken des Zell-pH), so wird die Aktivität der PKF gebremst bzw. gestoppt. Der Sportler muß die Belastung abbrechen. Auch eine Zunahme der freien Fettsäuren vermindert die PKF-Aktivität. Ein Glykogenspareffekt tritt ein, wenn der Fettstoffwechsel zur Deckung der energetischen Anforderungen ausreicht. Wird die Glykolyse zur Deckung des Energiebedarfs oft gefordert (Sportler in Kurzzeitausdauerdisziplinen, z. B. 400-m-Läufer), so nimmt die Aktivität der Enzyme zu.

Das Treibrad dreht sich schneller, um im Beispiel des Bildes 2.34 zu bleiben. Es wird jedoch immer von der gleichen Säuerung gebremst – daran kann nichts verändert werden.

Bei Trainingsinhalten, die wiederholt eine verstärkte Glykolyse fordern, steigen Akti-

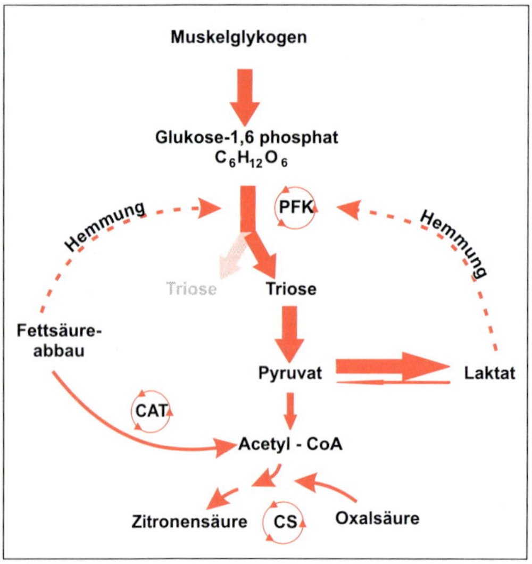

Bild 2.34 Charakteristik von Schlüsselenzymen des Energiestoffwechsels. Die Aktivität wird durch die Größe der Drehgeschwindigkeit symbolisiert. Der Konzentrationsanstieg des Laktats bremst die Aktivität der PFK. Auch der Anstieg der freien Fettsäuren mindert die PFK-Aktivität

vitäten der Enzyme des anaeroben Energiestoffwechsels.

Die Zitratsynthetase (CS) katalysiert die Zusammenführung von aktivierter Essigsäure und Oxalsäure. Sie ist – wenn man so will – der Pförtner des Zitronensäurezyklus. Andere Enzyme katalysieren die folgenden Schritte. Wird bei (Kraft-)Ausdauertraining die aerobe Form der Energiebereitstellung lange Zeit beansprucht, dann ist die CS gefordert. Geschieht das oft, wie im Ausdauertraining, so nimmt innerhalb weniger Wochen die Aktivität dieses Schlüsselenzyms deutlich zu. In der Zeiteinheit kann dann mehr ATP auf aerobem Weg produziert werden. Das Treibrad CS dreht sich schneller. Die Stoffwechselwege bis zum Pyruvat sind so „breit", daß alle körperlichen Belastungen, die unter Nutzung des aeroben Energiestoffwechsels bestritten werden, die Enzymkapazität des anaeroben Stoffwechsels nicht auslasten.

Werden die Aktivitäten der Enzyme des anaeroben Energiestoffwechsels einseitig entwickelt, so sinken die des aeroben – und umgekehrt.

Bei bestimmten Zielstellungen kann das durchaus erwünscht sein, wie zum Beispiel in der Trainingsperiode zur Entwicklung der Langzeitausdauer, in der sich die anaerobe Kapazität nicht entwickelt. Durch geeignete Mischung der Trainingsmittel können aber auch Enzymaktivitäten des anaeroben Energiestoffwechsels neben denen der oxydativen Phosphorylierung gefördert werden. Das wäre zum Beispiel für einen Ruderer oder Kanuten wichtig. Genauso lassen sich Enzymaktivitäten der aeroben Stoffwechselwege neben denen der Glykolyse ausprägen (z. B. beim 400-Läufer). Die Dominanz der Enzymaktivitäten des für die Leistung wichtigeren Stoffwechselweges muß erhalten bleiben (Enzymproportionen bleiben auf einer höheren Ebene gewahrt). Das Bild 2.34 läßt anschaulich die Schlußfolgerung zu, daß bei hoher Aktivität der CS Laktat schnell abgebaut werden kann. Eine gute Entwicklung des aeroben Stoffwechselweges sichert schnellere Erholung. Der Laktatabbau wird zusätzlich beschleunigt, wenn der aerobe Stoffwechselweg durch mittlere Belastung (Auslaufen, Nachbereitung) etwas gefordert wird. Die dadurch erhaltene Mehrdurchblutung der Muskulatur fordert den Übertritt der Milchsäure aus der Muskelzelle in die Blutbahn und ihren Transport zur Weiterverwertung besonders in der Leber und im Herzen.

Durch den Fettstoffwechsel kann ATP zwar insgesamt in großer Menge, aber in der Zeiteinheit deutlich weniger als durch den Kohlenhydratabbau zur Verfügung gestellt werden. Training der Enzyme des Fettstoffwechsels fördert deren Aktivität und darüber hinaus in geringerem Grade die des Kohlenhydratstoffwechsels.

Die Enzyme des Zitronensäurezyklus werden nur mäßig gefordert, wenn beim Fettabbau in langsamer Folge 2-C-Bruchstücke (Acetyl-CoA) in den Zyklus eingeschleust werden.

Im Rahmen dieses Lehrbuches wird auf einzelne Enzyme des Fettstoffwechsels nicht näher eingegangen; ebensowenig auf den energetisch sowieso kaum bedeutungsvollen Eiweißstoffwechsel. Die Reaktionen der Enzymaktivitäten beginnen auf Trainingsreize innerhalb von Tagen. Bei gut dosierten und wirksam gesteigerten Trainingsreizen sieht man deutlich meßbare Anpassungsreaktionen innerhalb von 4 bis 8 Wochen.

Die Enzymaktivität allein sagt nur wenig über die Leistungsfähigkeit des Sportlers aus. Sie läßt nur Aussagen zur Ausprägung eines (oder mehrerer) Stoffwechselwege zu.

Ein Volkssportler zum Beispiel kann die Aktivität der Enzyme seines aeroben Energiestoffwechsels höher ausgeprägt haben als ein gut trainierter Langstreckenläufer – die Leistungsfähigkeit des Langstreckenläufers ist trotzdem besser, weil sie noch von vielen anderen Gegebenheiten mitbestimmt wird. Die Veränderung der Enzymaktivität im Verlaufe eines Trainingsabschnitts läßt eindeutige Schlüsse auf die Wirksamkeit des Trainings zu. In der Regel liegen die Enzymaktivitäten des weiblichen Organismus etwas niedriger als die des männlichen.

2.1.11.9 Substrate im Energiestoffwechsel

Einiges wurde zu den Substraten schon berichtet. Die Phosphagene sind nur in geringer Menge in der Zelle vorhanden. Das unmittelbar im Bereich des Sarkomers befindliche ATP wird – wenn es mit der Dephosphorylierung bei der Kontraktion abnimmt – sofort aus dem Kreatinphosphatspeicher erneuert. Dieser Speicher kann tief ausgeschöpft werden. Er ist trainierbar. Energiefreisetzung mit Hilfe anderer Stoffwechselwege füllt ihn wieder auf (Bild 2.35). Die Phosphagene sind bevorzugt in FT-Fasern (hier besonders in den FTG) konzentriert – zumindest das trainingsbedingte Ansteigen der Phosphagene zeigt sich in den FT-Fasern am deutlichsten.

Die Kohlenhydrate werden als Glykogen – einer Kette von vielen Glukosemolekülen – zur Nutzung im Energiestoffwechsel in Mus-

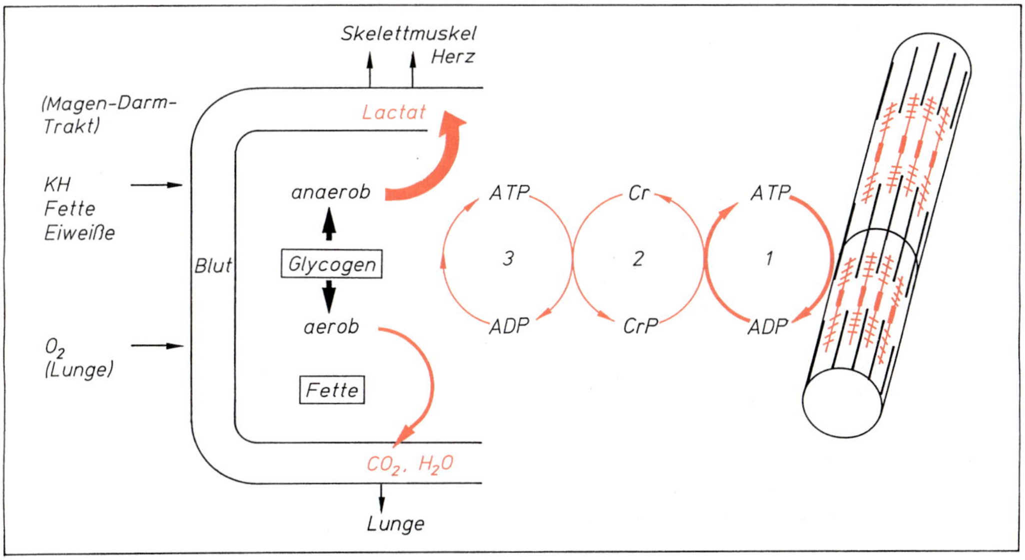

Bild 2.35 Eine geringe Konzentration an ATP unmittelbar am kontraktilen Element wird ergänzt durch Phosphagene und die Stoffwechselleistungen aus dem anaeroben und aeroben Energiestoffwechsel (Glykolyse und Fettsäureabbau)

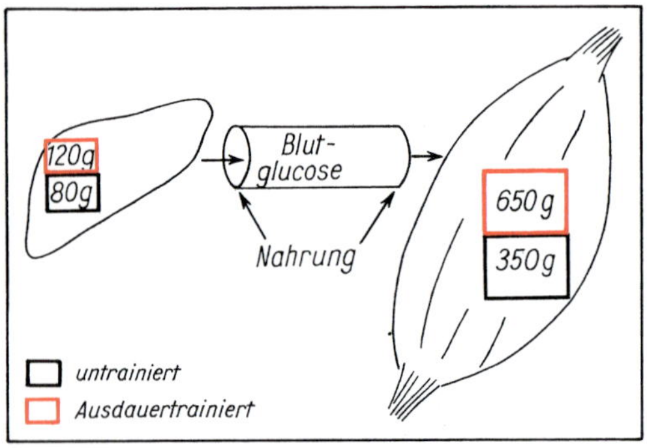

Bild 2.36 Leber- und Muskelglykogen im Verhältnis; über die Blutglukose erfolgt die Nachlieferung (schwarz = untrainiert; rot = ausdauertrainiert)

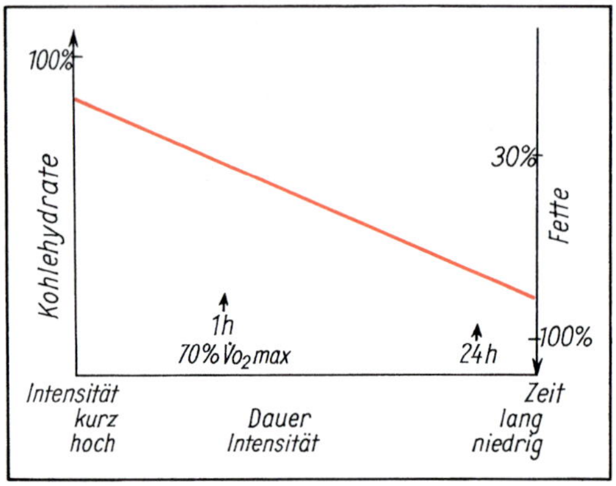

Bild 2.37 Substrateinsatz zur energetischen Absicherung von Anforderung im aeroben Stoffwechselbereich

kel und Leber gespeichert. Im Blut wird Glukose transportiert (s. Kap. 3.7.2). Die Leber enthält 80 bis 120 Gramm Glykogen, das Organ Muskel zwischen 350 und 650 Gramm. Trainierte (insbesondere Ausdauertrainierte) lagern mehr Glykogen in Leber und Muskel als Untrainierte (Bild 2.36). Wesentliche Unterschiede in der Glykogenspeicherung sind zwischen ST- und FT-Fasern nicht gefunden worden.

Bei hohen Intensitäten werden erst die Glykogenreserven der schnellen Fasern entleert (depletiert), bei geringeren Intensitäten erst die der ST-Fasern. Vor allem bei Langzeitausdauerbelastungen – bis zu 90 Minuten Dauer – kann man Abhängigkeiten finden zwischen der Menge des gespeicherten Muskelglykogens und der Leistung. Leberglykogen wird schon relativ früh mobilisiert, wenn die Glykogenvorräte im Muskel zu schwinden beginnen (s. Bild 2.36). Die geringe Masse des Leberglykogens schränkt seine Bedeutung im Energiestoffwechsel ein.

Die Ernährung (s. Kap. 4.1.3) spielt für die Höhe und die Dynamik der Substratbevorratung mit Kohlenhydraten eine nicht zu unterschätzende Rolle. Die Fette sind ein nahezu unerschöpfliches Substrat. Sowohl die freien Fettsäuren als auch Glyzerol werden energetisch genutzt. Fettreserven sind in den langsamen Muskelfasern deutlich nachweisbar – und auch durch Anforderung zu erweitern.

Die mitochondrienreichen, langsamen kontrahierenden, in der Zeiteinheit wenig Energie benötigenden ST-Fasern können die eingelagerten Fette sinnvoll nutzen. Vor allem die Intensität einer Belastung entscheidet darüber, ob und in welchem Umfang Fette energetisch wirksam werden. Höhere Intensitäten (mit Einbeziehung der Glykolyse) verbieten den Abbau von Fetten – er würde einfach nicht genug ATP liefern. Mit Absinken der Intensität werden zunehmend Fettsäuren in die energetische Absicherung einbezogen. Sie dominieren, wenn die Intensität sehr niedrig ist (z. B. Traben) und wenn nach längerer Belastung höherer Intensität die Kohlenhydratreserven (weitgehend) aufgebraucht sind (Bild 2.37).

Die Dynamik der Nutzung von eingelagertem Fett in der Muskelzelle und Fettsäuren aus dem Fettgewebe bei Ausdauerbelastungen zeigt Bild 2.38, Fettreserven brauchen nicht durch besondere diätetische Maßnahmen wieder aufgefüllt zu werden.

Die Milchsäure kann durchaus ein bedeutsames „Substrat" sein. Selbstverständlich wird sie nirgendwo gespeichert. Wird Laktat im Zuge hoher motorischer und energetischer Anforderungen gebildet, dann sammelt es

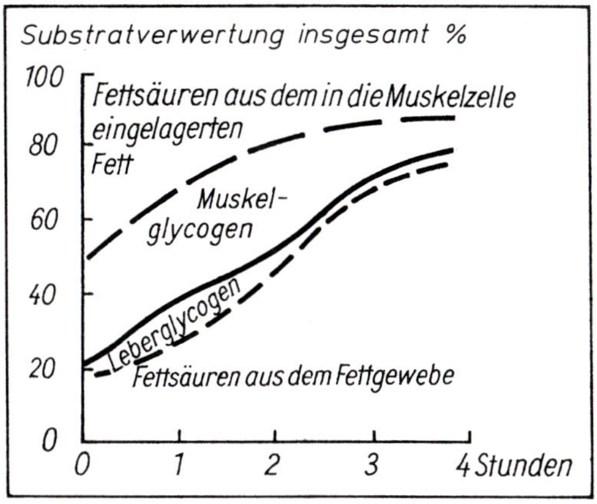

Bild 2.38 Substratverwertung bei Ausdauerbelastungen geringer Intensität und großer Dauer

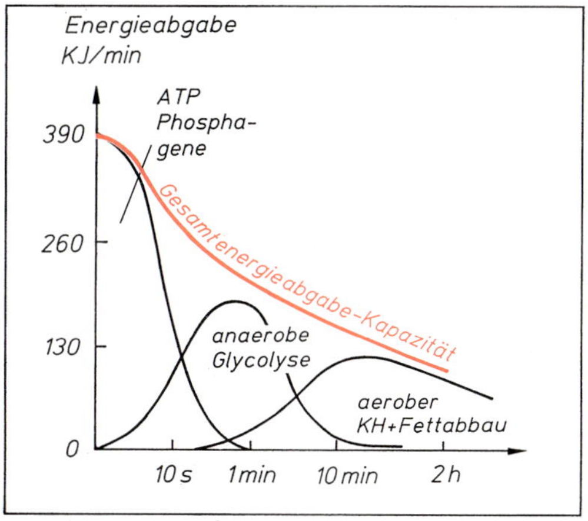

Bild 2.39 Energiebereitstellung bei höchsten motorischen Anforderungen (Wettkämpfen) aus den Phosphagenen, Kohlenhydraten anaerob, Kohlenhydraten (aerob) und Fetten (s. a. Bild 2.41). Wird das ATP sehr schnell verbraucht (kraftvolle Kontraktionen), so entsteht in kurzer Zeit viel ADP

sich zunächst in der Muskelzelle an. Es tritt schließlich aus der Muskelfaser in das Blut über. (Dort wird es auch gemessen.) Mit dem Blutstrom wird das Laktat verteilt. Die Leber (0,5), der Herzmuskel (0,1), die Niere (0,1) und die nicht oder nicht anaerob arbeitenden Muskeln (0,3) nehmen das Laktat auf und bauen es zu Glykogen um oder über den Zitronensäurezyklus zu CO_2 + H_2O + Energie ab. Nach jeder Belastung werden über 70 % des in der Zelle akkumulierten Laktats teils wieder zu Glykogen aufgebaut, teils zur Phosphagenauffüllung abgebaut. Eiweiß spielt im Energiestoffwechsel kaum eine Rolle.

Nur in Ausnahmesituationen werden mehr als 3 und 5 Prozent des Energiestoffwechsels durch Abbau von Eiweiß bestritten.

2.1.11.10 Energetische Anforderung – energetische Absicherung

Es wird zusammengefaßt, wie von der geringsten bis zur höchsten Leistungsanforderung die notwendige Energie auf den verschiedenen Stoffwechselwegen zur Verfügung gestellt wird. Das Bild 2.39 soll in diese Problematik einführen. Abhängig von der Intensität der motorischen Anforderungen und der Dauer der Belastung werden Phosphagene, Glykolyse und/oder oxydative Phosphorylierung beansprucht. Die Konzentration der Phosphagene – insbesondere der Quotient ATP/ADP ist ausschlaggebend für die Art des Stoffwechselweges zur Energiebereitstellung (Bild 2.39 und 2.40).

Ein Anstieg der ADP-Konzentration setzt die Verwertung von Glukose – bis zum Pyruvat auf anaerobem, danach im Rahmen der oxydativen Kapazität auf aerobem Weg – in Gang.

Die ATP-Neubildung auf diese Weise dauert jedoch einige Sekunden. Für die sofortige Resynthese von ATP kommt deshalb nur die Nutzung der vorhandenen Phosphagene in Frage. Ist der ATP-Verbrauch in der Zeiteinheit gering, dann können die Glykolyse und die aerobe Energiebereitstellung in Anspruch genommen werden, bevor der Phosphagenvorrat erschöpft ist. Bei geringsten Beanspruchungen liefert schließlich der Abbau der Fette das nötige ATP nach. Da nicht immer nur ein Weg der Energiebereitstellung und -wandlung beschritten wird, sondern in

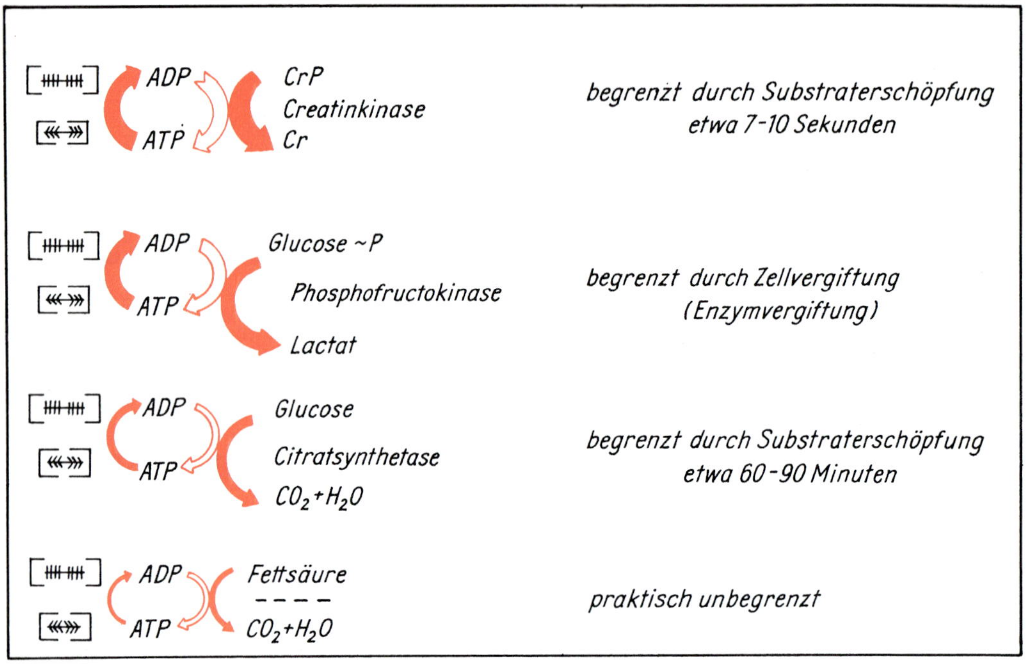

Bild 2.40 Die Dephosphorylierungsgeschwindigkeit des ATP (bzw. der Quotient ATP:ADP) bestimmt die Wahl des „passenden" Stoffwechselweges. Nur die Enzyme dieses Stoffwechselweges werden gefordert

der weitaus überwiegenden Zahl aller sportlichen Tätigkeiten durch unterschiedlichen Einsatz der Muskulatur und eine Vielzahl von Kontraktionsstärken und -frequenzen verschiedene Wege gleichzeitig genutzt werden, sollen anhand des Bildes 2.41 die „Bereiche der Energiebereitstellung" dargelegt werden. In Beziehung dazu werden Leistungen in der Sportart Leichtathletik gesetzt.

Bei maximalem Einsatz nutzt der Sportler bei Sprüngen, Würfen und kurzen Sprints nur die Phosphagene.

Bei einer einmaligen maximalen Kontraktion ist das Substrat nicht leistungsbegrenzend. Für einen Kugelstoß ist immer ausreichend ATP vorhanden – gleich, ob er über 6 Meter oder 22 Meter weit ist. Für derartige Leistungen sind motorische Ansteuerung, Faserzusammensetzung und Ausprägung bei entsprechender Konstitution ausschlaggebend.

Bereits beim 200-m-Lauf reichen die Phosphagene nicht mehr aus. Die Glykolyse wird genutzt, Milchsäure entsteht

Schnellkraft/Schnelligkeitsleistungen sowie Maximalkraftübungen und die Schnelligkeitsausdauerleistungen werden im gekennzeichneten Bereich I dargestellt.

Das Bild 2.42 stellt das noch einmal etwas anders dar. Die Stoffwechselbereiche zwischen Untrainierten und Trainierten sind dabei deutlich verschieden. Der Untrainierte hat weniger Phosphagene und weniger Glykogen. Er hat im Vergleich zur Körpermasse weniger Muskulatur als der Trainierte. Diese wenige Muskulatur hat aber auch noch pro Masseeinheit weniger Substrate. Sie kann insgesamt weniger ATP bereitstellen. Der Untrainierte kann auch in der Zeiteinheit weniger ATP zur Verfügung stellen. Die weniger ausgebildete Muskulatur (dünnere

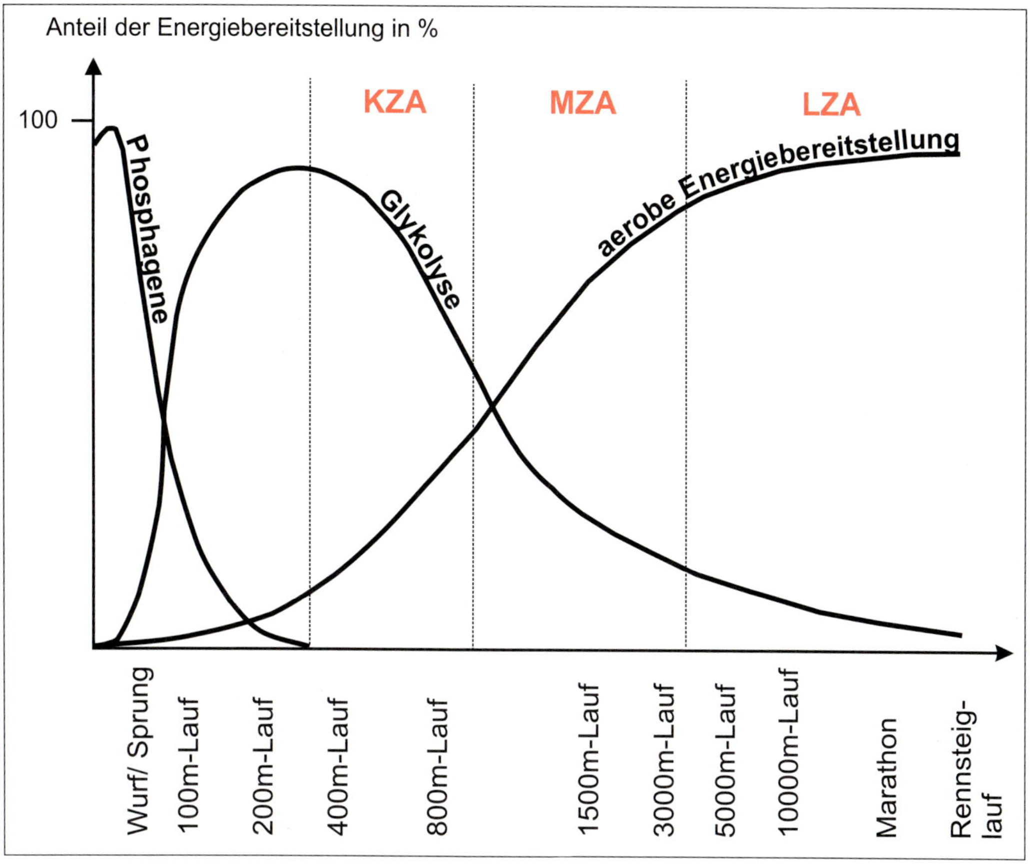

Bild 2.41 Bereiche der Energiebereitstellung am Beispiel der Leichtathletik

Fasern) kann die in geringerer Menge eingelagerten Phosphagene und das Glykogen mit den weniger aktiven Enzymen nur langsamer zu ATP umwandeln. Im Bild 2.42 ist die Gerade für den Untrainierten gegenüber der des Trainierten nach links verschoben, die Stoffwechselbereiche sind eingeschränkt.

2.1.11.11 Der aerob-anaerobe Übergang und die anaerobe Mobilisation im Energiestoffwechsel

Das Bild 2.42 zeigt, daß die sportlichen Belastungen sowohl aerob als auch anaerob energetisch abgesichert werden.

Für die Praxis des sportlichen Trainings hat es sich als außergewöhnlich wichtig erwiesen, genauer zu bestimmen, wann die überwiegend aerobe Energiebereitstellung von der zunehmend anaeroben Energiebereitstellung abgelöst wird.

Ausgehend von Intensitäten, die vollständig durch die aerobe Energiebereitstellung und -wandlung gesichert werden, muß bei steigender Intensität ein Status erreicht werden, an dem die Glykolyse mehr Pyruvat liefert als im Zitratzyklus verbraucht werden kann (aerobe Schwelle). Das darauf entstehende Laktat kann aber noch von anderen Organen in vollem Umfang verwertet werden. Der Hintergrund dieser Qualitätsänderung der Energiebereitstellung ist die Tatsache, daß

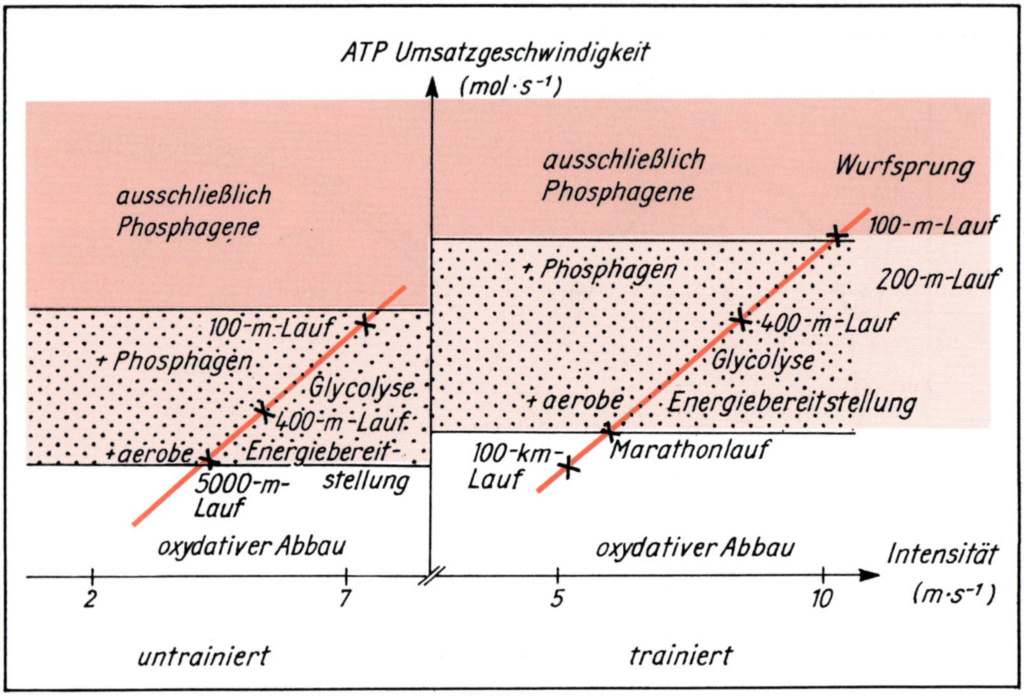

Bild 2.42 Zusammenhang zwischen Geschwindigkeit der ATP-Bereitstellung und der Intensität sportlicher Belastung. Von einer bestimmten Intensität an kann das benötigte ATP nur durch die Dephosphorylierung der Phosphagene erfolgen. Bei geringen Intensitäten reicht die aerobe Energiebereitstellung aus. Zwischen diesen Bereichen liegt eine Zone der ATP-Bereitstellung aus unterschiedlichen Stoffwechselbereichen

neben den bis dahin ausschließlich arbeitenden ST-Einheiten auch FT-Einheiten einbezogen werden müssen, um die Intensität der Muskelarbeit zu erhalten. Die an der Grenze ihrer Möglichkeiten arbeitenden ST-Fasern und die zugeschalteten FT-Fasern (meist FTO) nutzen auch die Möglichkeit der Glykolyse. Diese Möglichkeiten sind bei den ST-Fasern gering. Bei den FT-Fasern (auch bei den FTO) groß. Laktat, das bis dahin in sehr geringer Menge auch entstanden, aber sofort wieder abgebaut worden war, sammelt sich jetzt in bestimmter Menge an und tritt ins Blut über. Die aerobe Schwelle ist erreicht.

Laktatwerte von 2 $mmol \cdot l^{-1}$ kennzeichnen eine Grenze des aerob-anaeroben Übergangsbereiches.

Steigt die Intensität weiter an – werden mehr FT-Fasern einbezogen und auch der anaerobe Stoffwechsel der ST-Fasern stärker gefördert -, so sammelt sich mehr Laktat. Immer noch halten sich aber Laktatbildungsgeschwindigkeit und Laktatabbau (Leber, Herz, Nieren, unbelastete oder weniger belastete Muskulatur) fast die Waage (Bild 2.43).

Bleibt die Intensität im aerob-aneeroben Übergangsbereich gleich, so steigt die Laktatkonzentration im Blut nicht weiter an. Aerober und anaerober Energiestoffwechsel finden ein Gleichgewicht.

Die Intensität, bei der die Glykolyse mehr Laktat entstehen läßt als abgebaut/umgebaut werden kann, markiert die andere Grenze des aerob-anaeroben Übergangsbereiches.

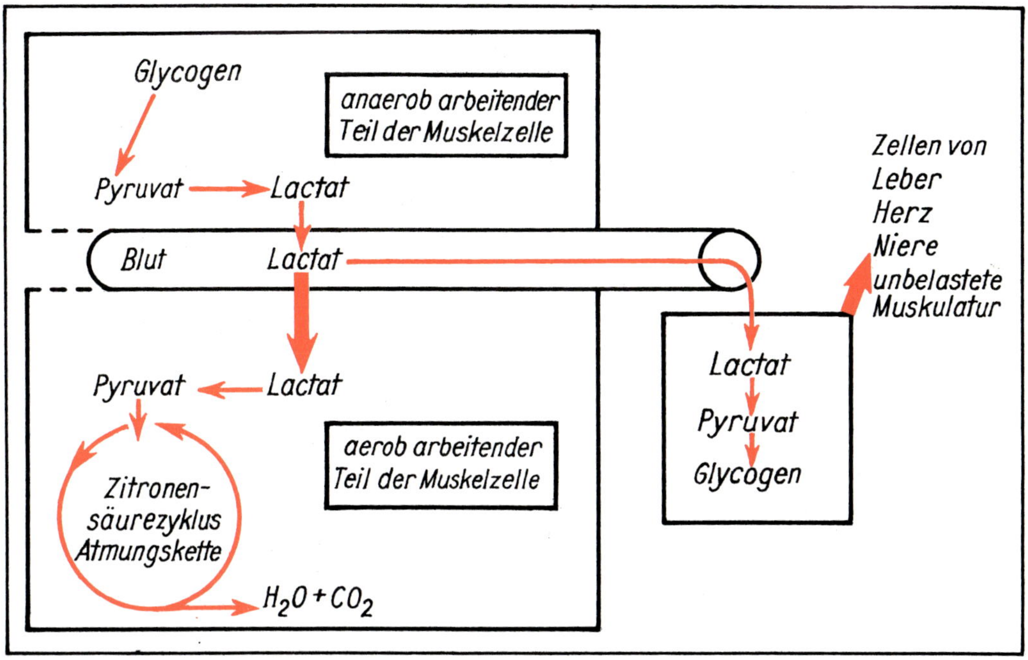

Bild 2.43 Laktatumbau während der Belastung

Sie wird mit etwa 4 mmol·l^{-1} Laktat im Blut angegeben und auch anaerobe Schwelle genannt.

Bei zunehmenden Intensitäten oberhalb des aerob-anaeroben Übergangsbereiches steigt der Laktatspiegel im Blut mehr oder weniger steil an (Bild 2.44)

Mehr und mehr FT-Fasern sind für den Leistungsvollzug rekrutiert worden.

Einbezogene FTG-Einheiten arbeiten weitgehend anaerob.

Die Leistung steuert dem Abbruch zu oder sie muß vermindert werden. Die Grenzwerte 2 mmol·l^{-1} und 4 mmol·l^{-1} sind mit geringen Abweichungen für jeden Menschen gültig. Sie sind keinesfalls willkürlich gewählt. Atem- und Stoffwechselgrößen bestimmen sie. Bei Laktatwerten von 4 mmol·l^{-1} wird zum Beispiel die Nutzung der Fette als Energielieferant eingeschränkt. Die Beziehung

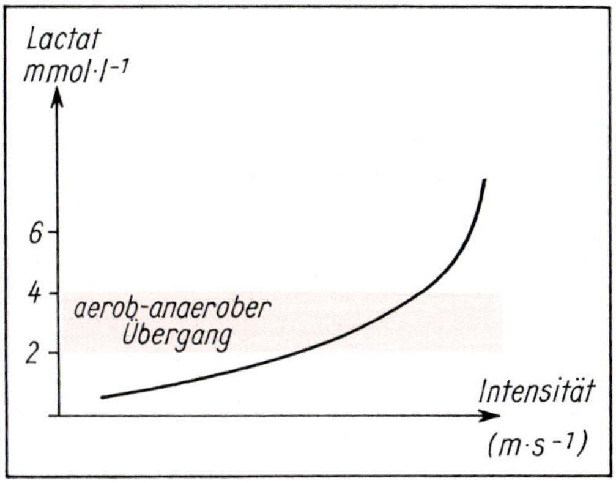

Bild 2.44 Der aerob-anaerobe Übergang. Der Scheitelpunkt der Kurve wird etwa bei Blutlaktatwerten von 4 mmol·l^{-1} gefunden

zwischen aerobem und anaerobem Stoffwechsel, ausgedrückt in der Laktatleistungskurve, spielt in der Leistungsdiagnostik des Sports (s. Kap. 6.1) für die Trainingssteuerung zumindest im Leistungssport eine Rolle. Das Training im Stoffwechselbereich es aerob-anaeroben Übergangs hat sich als äußerst wirksam zur Ausdauerentwicklung erwiesen. Wird die Belastung bei Laktatakkumulation abgebrochen, so ist verständlicherweise die Laktatkonzentration in der Zelle höher als in ihrer Umgebung. Sie ist also auch in dem die Zelle umspülenden Kapillarblut niedriger als in der Zelle. Messungen haben ergeben, daß der Glykogenabbau zum Erliegen kommt, wenn der pH-Wert in der Zelle 6,3 erreicht. Im Blut sind maximal PH-Werte knapp unter sieben gemessen worden. Diese Werte entsprechen Laktatkonzentrationen in der Zelle von 30 mmol·l^{-1} und etwa 20 mmol·l^{-1} im Blut. Schon unmittelbar nach Abbruch der Belastung nimmt die Laktatkonzentration in der Zelle ab. Laktat wird aus der Zelle in die Umgebung, vor allem in das Blut, abgegeben. Das angestaute Pyruvat wird oxidativ verarbeitet. Die Laktatkonzentration im Blut steigt immer unter der Voraussetzung maximaler intrazellulärer Laktatwerte zu dieser Zeit noch an (Bild 2.45).

Deshalb wird nach maximalen kurzdauernden Belastungen die Konzentration des Laktats im Blut nicht sofort nach Belastungsende gemessen! In der Zelle wird das Laktat über Pyruvat – zur Rephosphorylierung des Kreatins und zur ATP-Bildung – im Zitronensäurezyklus abgebaut.

Das weitaus meiste Laktat, das bei maximaler kurzdauernder Belastung durch Glykolyse entsteht, wird in der Zelle nach Abbruch der Belastung wieder zu Glykogen aufgebaut.

Aus dem Blut kann Laktat mit einer Rate von 0,5 mmol·l^{-1} / min eliminiert werden, bis 5 mmol·l^{-1} erreicht sind. Dann nimmt die Eliminierungsrate ab (Bild 2.45).

Die höchsten Laktatwerte (etwa 20 mmol·l^{-1}) im Blut sind bei maximalen Belastungen im Zeitraum von etwa 1 bis 4 Minuten Dauer gemessen worden. So hohe Werte kann man nach einem 10000-m-Lauf von Ausdauer-

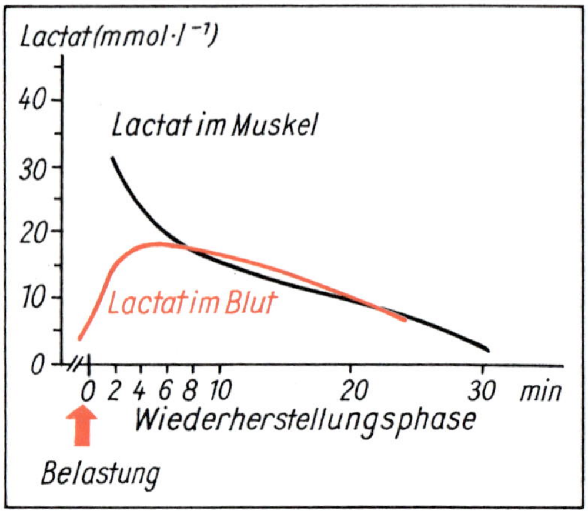

Bild 2.45 Laktatkonzentration nach Maximalbelastung. Die Laktateliminationsrate beträgt etwa 0,5 mmol·l^{-1}

sportlern nicht erwarten, selbst wenn der Spurt bis zur völligen Erschöpfung geführt hat. Glykogen ist bei ihnen nicht mehr in dem Maße vorhanden wie vor der Belastung, die Aktivitäten der Enzyme der Glykolyse sind nicht so ausgeprägt, die Muskelfaserverteilung ist in Richtung langsamer Fasern verschoben. Der Ausdauersportler kann auch bei maximalen Belastungen von einer Minute Dauer nicht die Laktatwerte eines Kurzleisters erreichen. Die Gründe (Enzyme, Faserverteilung, motorische Ansteuerung) wurden schon genannt. Auch im Laufe des Trainingsprozesses kann die Kapazität des anaeroben Stoffwechsels zunehmen oder abnehmen. Das hängt davon ab, wie in der Trainingsperiode die Motorik und der Stoffwechsel gefordert wurden. Männer und Frauen erreichen gleich hohe Laktatwerte. Das Kind mit seiner anteilig (an der Körpermasse) geringeren Muskelmasse, mit mehr in Richtung Ausdauer ausgeprägtem Enzymbesatz, weist nur bei geeigneter motorischer Anforderung dem Erwachsenen vergleichbare Werte auf.

Die körperliche Aktivität des Kindes ist nicht ausgesprochen auf die Nutzung der Glykolyse ausgerichtet.

Deshalb ist dieser Stoffwechselweg sinnvollerweise in der Regel noch nicht in vollem Umfang entwickelt.

Adaptationen

Adaptationen am Skelettmuskel

Sportliche Belastungen veranlassen die betroffenen leistungsbestimmenden Organsysteme zu funktionellen und strukturellen Umstellungen. Sportliches Training – eine geplante, wohldosierte Abfolge von Belastungen und Wiederherstellung – erreicht bei entsprechender Wirksamkeit mehr oder weniger stabile biologische Anpassungen (Adaptationen).

Die differenzierte Reizverarbeitung bei unterschiedlichen Leistungsvoraussetzungen – die vom Körperbau bis zur Motivation reichen – lassen das Ergebnis des gleichen Trainings bei verschiedenen Sportlern unterschiedlich ausfallen.

Anpassungen werden nach (2) 4 bis 8 Wochen deutlich meßbar. Einige generelle Anpassungen des Muskels werden in den folgenden Kapiteln erläutert.

Adaptation der Faserfläche

Schon in ihrem äußeren Erscheinungsbild weisen Sportler mehr Muskulatur auf als Untrainierte – sie sind muskulöser. Dieses Erscheinungsbild hat seinen morphologischen Hintergrund. In der Tat findet man bei Sportlern größere Muskelflächen als bei Nichtsportlem. Wieder kann man bei der Faserflächenvergrößerung unterscheiden, in welcher Hauptrichtung das Training gewirkt hat:

Schnellkraft/Schnelligkeit/Maximalkraft – deutlichere FT-Vergrößerung (Kraft)Ausdauer – deutlichere ST-Vergrößerung (Bild 2.46)

Die Querschnitte entwickeln sich bei richtig geführtem Training stets für beide Fasertypen. Es sind also sowohl ST- als auch FT-Fasern von größerem Querschnitt als beim Untrainierten.

Das wird durch die komplexen Anforderungen im Training garantiert (Bild 2.47).

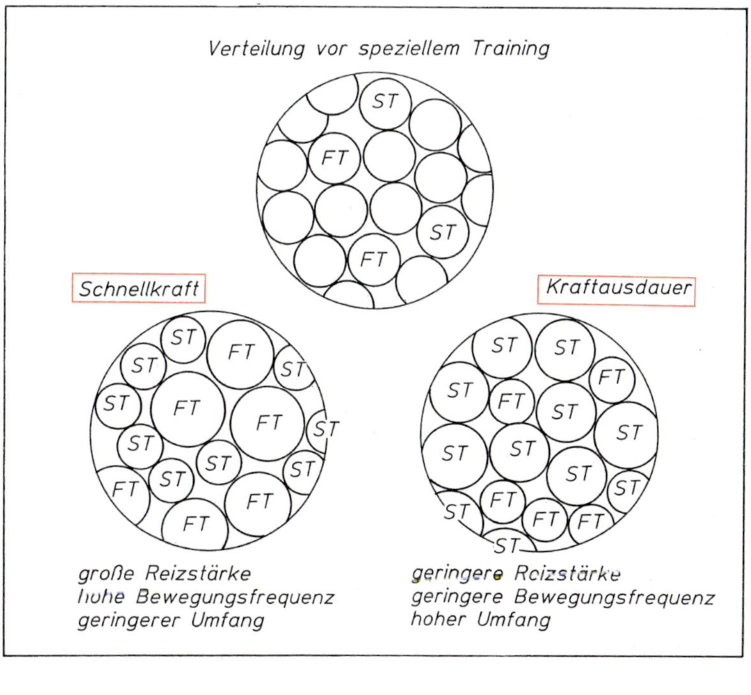

Bild 2.46 Faserquerschnittsveränderungen nach speziellem Training

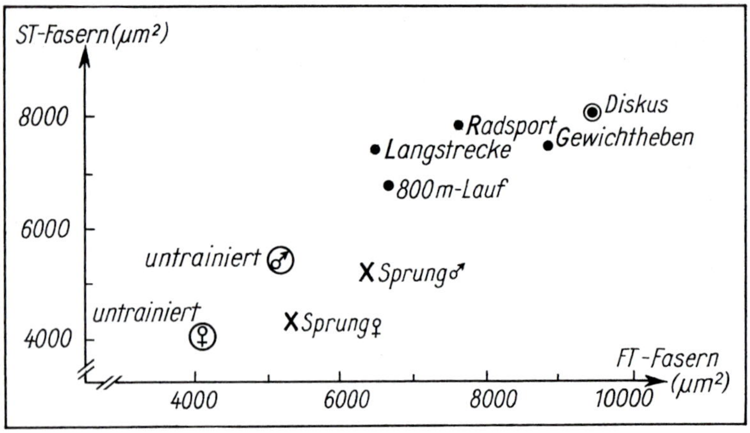

Bild 2.47 Anpassung der Muskelfaser an sportliches Training(Untersuchungen an Untrainierten und Trainierten; Faserflächen)

Sowohl bei vergleichbaren Untrainierten als auch bei Trainierten haben Frauen kleinere Faserflächen als Männer. Die Größe der Faserflächen zeigt auch eine positive Beziehung zur Körpermasse.

Über die Anpassung des Stoffwechsels, die metabolische Differenzierung, wurde im Kapitel 2.1.3.3 berichtet. Diese Differenzierung ist von außerordentlicher Wichtigkeit.

Adaptation des Metaplasmas

Die Myofibrillen, die kontraktilen Eiweiße Aktin und Myosin vermehren sich bei Anforderungen, die in Richtung Schnelligkeit/ Schnellkraft und Maximalkraft gehen. Augenfällig deutlich ist ihre Zunahme bei länger dauerndem isometrischen Krafttraining nach der Art des Bodybuilding. Ihre Massenzunahme und ihre Kontraktionseigenschaften – Qualität der neuromuskulären Ankopplung – gehen dabei nicht immer in die gewünschte Richtung. Der vergrößerte Muskelumfang sagt über die Funktionseigenschaften allein zu wenig aus. Bei einseitigem Training in dieser Wirkrichtung nehmen die Myofibrillen in den ST-Fasem ab! Das Zwischenzellgewebe vermehrt sich und erhöht seine Zugfestigkeit. Myoglobin transportiert und speichert Sauerstoff. Bei (Kraft-)Ausdauertraining wird es vermehrt in den ST-Fasern und in den FTO-Fasern gefunden.

Adaptation des Zellplasmas und der Zellorganellen

Die Ausführungen zur Zelle und zum Stoffwechsel der Muskelfaser führten darauf hin, daß in der Zelle zwei Reaktionsräume für den Energiestoffwechsel vorhanden: sind (s. Bild 2.27). Der eine Reaktionsraum ist das Zellplasma. In ihm spielen sich die Reaktionen des aneeroben Stoffwechsels ab. Sowohl die Reaktion CrP + ADP → ATP + Cr als auch alle Schritte des Kohlenhydratabbaus bis zur Milchsäure haben hier ihren Wirkort.

Die Enzyme Kreatinkinase und Phosphofruktokinase, Schlüsselenzyme der alaktaziden und laktaziden anaeroben Energiebereitstellung, sind hier zu finden. Ihre Aktivität und die Aktivität der anderen beteiligten Enzyme werden entsprechend der Anforderung gesteigert. Der Reaktionsraum des anaeroben Energiestoffwechsels wird größer. Er paßt sich höheren, wiederholten Anforderungen an.

Der andere Reaktionsraum ist die Gesamtheit der Mitochondrien. Diese Organellen ermöglichen den oxydativen Stoffwechsel zur ATP-Bereitstellung fast ausschließlich.

Alle Enzyme des aeroben Energiestoffwechsels sind im Inneren der Mitochondrien aktiv. Bei (Kraft-)Ausdauerbelastungen in einem Trainingsprozeß nehmen die Mitochondrien an Zahl zu. Ihre innere Oberfläche verprößert sich durch stärkere Fältelung. Mehr Leisten entstehen. Die Aktivität der Enzyme steigt. Das die Zahl der Mitochondrien in direktem Zusammenhang zur maximal möglichen Sauerstoffaufnahme steht, ist vielfach überzeugend nachgewiesen worden. Das endoplasmatische Retikulum und das Tubulussystem, also die Straßen bzw. Kanäle, die alle Muskelzellen längs und quer durchziehen, werden ausgedehnter, verzweigter. Sie speichern mehr Calciumionen. Calciumabgabe und -bindung laufen schneller ab. Diese Anpassungserscheinung wie auch Anpassungen anderer Zellorganellen lassen keine eindeutige Zuordnung zur Art des Trainings treffen.

Hohe körperliche Aktivität hat auf diese Zellorganellen einen optimierenden Einfluß.

Adaptation des Paraplasmas

Aus der Zahl der möglichen paraplasmatischen Einschlüsse in der Muskelzelle sollen nur die Substrate Glykogen und Fett hervorgeboben werden. Glykogen wird in scholliger Form, Fett als Tröpfchen eingelagert.

Sportliches Training fahrt zu einer vermehrten Einlagerung von Substraten, wenn diese Substrate oft genutzt werden.

Ständiger Abbau und danach Neuaufbau bewirken (Superkompensation, s. 1.1) schließlich eine anpassungsbedingte Vermehrung. Je nach motorischerAnforderung: entweder kurz, intensiv, von Pausen unterbrochen oder lang, langsam, ununterbrochen werden die Glykogenreserven in den schnellen Fasern oder in den langsamen Fasern bevorzugt abgerufen. Nimmt man alle Sportarten zusammen, gibt es dabei nennenswerte Unterschiede in der Menge gespeicherten Glykogens bei Sportlern in Abhängigkeit von der Sportart. Erhebliche Differenzen (bis über 100 Prozent) bestehen zwischen Trainierten und Untrainierten. Der Kurzleister braucht für seinen Wettkampf kein Fett und für sein Training kaum Fett zur Energiebereitstellung. Er speichert es also auch deutlich weniger als der Langleister.

Adaptationen der Durchblutung des Skelettmuskels

Zur unmittelbaren Anpassung der Muskelzelle gehören Durchblutungsveränderungen nicht. Trotzdem soll etwas dazu gesagt werden, weil eine untrennbare Verbindung zwischen der Versorgung, der Leistung und der Entsorgung des Muskels besteht. Die Ver- und Entsorgung einer Muskelzelle wird kenntlich an ihrer Kapillarisierung.[1)]

Der Untrainierte hat etwa eine bis vier Kapillaren pro Faser in einem Muskelquerschnittspräparat aufzuweisen. Dabei liegt die Zahl bei den ST-Fasern immer über der für die FT-Fasem. Das ist erklärlich, denn Sauerstoff und zusätzliche Substrate benötigen vor allem die ST-Fasern. Im Verlaufe eines Trainings nehmen die Faserflächen zu. Auch die Anzahl der Kapillaren nimmt zu.

Die Anzahl der Kapillaren pro Muskelfaser sagt allein wenig über die Versorgung der Zelle aus. Der Querschnitt der Muskelfaser bestimmt die Diffusionsstrecke, zum Beispiel des Sauerstoffs. Wird diese Strecke zu groß, ist eine ausreichende Sauerstoffversorgung (auch die Entsorgung, z. B. das Ausströmen von Laktat) nicht mehr gegeben. Die Hypertrophie geht über das Versorgungsoptimum hinaus (Bild 2.48).

---

1) Die Kapillaranpassung äußert sich in Zunahme der Länge der Kapillaren, in geringerer Dichte der Basalmembran, verstärkter Fensterung und damit Durchlässigkeit, vermehrter Schlängelung und damit Veränderung der Durchströmungszeit.

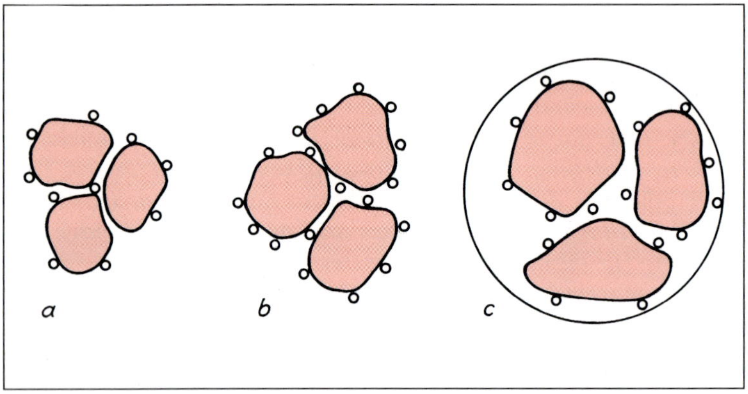

Bild 2.48 Reaktionsräume des Energiestoffwechsels. **a** Untrainiert (3 Kapillaren pro Faser); **b** (Kraft) Ausdauertrainiert mäßige Hypertrophie gute Kapillarisierung (6 Kapillaren pro Faser), **c** Maximalkrafttraining (Bodybuilding), starke Hypertrophie mäßige Kapillarisierung (5:1) (Ausbildung des Zwischenzellgewebes)

Die Notwendigkeit einer ausreichenden Kapillarisierung ist ein Grund dafür, daß die Faserflächenvergrößerung im Training nicht übertrieben angestrebt werden.

Auch hier zeigt sich also wieder die Notwendigkeit, dem Training zur Entwicklung von Schnellkraft, Schnelligkeit und Maximalkraft einen ausreichenden Teil Ausdauertraining zur Seite zu stellen.

Adaptationen am Motoneuron, dem efferenten Nerv und der motorischen Endplatte

Sportliches Training steigert die Stoffwechselprozesse im Motoneuron. Je nachdem, ob große oder kleine Alpha-Motoneurone vornehmlich in die Bewegung einbezogen werden, wird der Stoffwechsel – hier oder dort – gesteigert. Der efferente Nerv, der die Erregung zu den Muskelzellen leitet, verändert sich. Sowohl Axon als auch besonders die Myelinscheide (Markscheide) nehmen an Umfang zu. Es resultiert eine schnellere Nervenleitgeschwindigkeit. Auch hier dominiert die Anpassung entweder mehr an den großen Alpha-Motoneuronen oder mehr an den kleinen. Die motorische Endplatte schließlich paßt sich durch Flächenzunahme und Vermehrung der Überträgersubstanzen den Anforderungen an.

2.2 Binde- und Stützgewebe

Von *G. Badtke, I. Ueberschär*

Dem Binde- und Stützgewebe wurden früher überwiegend mechanische Funktionen zugesprochen. Mit wachsendem Erkenntnisstand zeigte sich aber immer mehr, daß es neben diesen „verbindenden" Funktionen zwischen den verschiedensten Körpergeweben weitere wichtige Aufgaben zu erfüllen hat. Vorkommen und Funktion der einzelnen Gewebearten stehen in engem Zusammenhang mit deren strukturellen Besonderheiten.

Obgleich die verschiedenen Spielarten des Binde- und Stützgewebes gemeinsam mit dem Muskelgewebe einer Urzelle – der embryonalen Bindegewebszelle – entstammen, ist ihre funktionelle und morphologische Differenzierung so weit fortgeschritten, daß diese enge Verwandtschaft auf den ersten Blick kaum zu erkennen ist. Es wäre eigentlich sinnvoller, die Muskulatur und das faserreiche Bindegewebe (d. h. die Sehnen und Faszien) in einem gemeinsamen Kapitel abzuhandeln als z. B. das lockere Bindegewebe und den Knorpel.

Die einschlägigen Anatomiebücher differenzieren je nach Dominanz der einzelnen Bauelemente zwischen zellreichen, faserreichen und grundsubstanzreichen Binde- und Stützgeweben. Diese Einteilung erweist sich be-

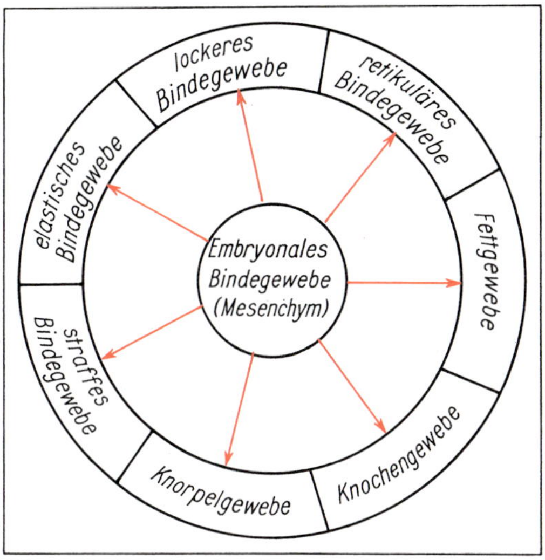

Bild 2.49 Übersicht über die Einteilung der Binde- und Stützgewebe (nach Voss und Geyer)

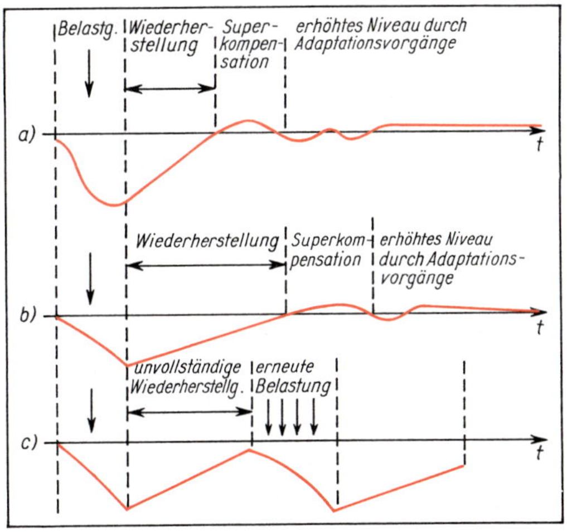

Bild 2.50 Hypothetischer zeitlicher Verlauf der Wiederherstellungs- und Adaptationsvorgänge am **a** Muskelgewebe; **b** Binde- und Stützgewebe bei vollständiger Wiederherstellung; **c** Binde- und Stützgewebe bei unvollständiger Wiederherstellung (nach Dietrich)

sonders dann als sinnvoll, wenn morphologische oder mechanische Gesichtspunkte im Vordergrund stehen.

Bei funktioneller Betrachtungsweise erscheint eine klare Trennung zwischen dem Binde- und dem Stützgewebe geboten.

2.2.1 Bindegewebe

Von den zahlreichen Formen des Bindegewebes können im Rahmen dieses Lehrbuches nicht alle berücksichtigt werden. Wir verweisen deshalb auf einschlägige Anatomiebücher.

2.2.1.1 Retikuläres Bindegewebe

Im Abschnitt 1.3 wurde bereits auf die Bedeutung des Bindegewebes und der Grundsubstanz für die Regulierung der Beziehungen des Organismus zu seiner Umwelt hingewiesen. Die dort erörterten Funktionen bei der Aufrechterhaltung der Homöostase werden besonders durch das retikuläre (netzförmige) Bindegewebe gewährleistet. Die Zellen dieses Gewebes sind innerhalb eines gelartigen Milieus räumlich miteinander verflochten. Die sie umgebende gallertartige Masse wird als **Gewebslymphe** bezeichnet. Diese enthält neben Lymphozyten auch Gefäße und freie Nervendigungen. Nach Tittel ist das retikuläre Bindegewebe die wichtigste Bildungsstätte für Zellen des Bluts und des Lymphsystems. Wir finden diese Gewebeart vorwiegend in den Lymphorganen (Milz, Lymphknoten, Thymusdrüse, Tonsillen) und im Knochenmark. Die Retikulumzellen sind nicht alle ortsständig. Einzelne können sich bei Erfordernis aus ihrem Zellverband lösen und an Orten der Gefahr Abwehraufgaben übernehmen (Phagozytose).

Neben der Phagozytose (Umschließen und Auflösen von Fremdkörpern und Krankheitserregern) erfüllt das retikuläre Bindegewebe noch weitere Aufgaben. Im Knochenmark dient es der Blutbildung, in den Lymphknoten und in der Milz der Lymphozytenbildung. Ferner leitet es in der Milz den Abbau des roten Blutfarbstoffs (Hämoglobin) ein.

Adaptationen des retikulären Bindegewebes

Das retikuläre Bindegewebe ist also vor allem Bestandteil des Immunsystems. Es wird immer dann reagieren, wenn der Organismus aus seiner Homöostase ausgelenkt wird.

Sowohl körperliche Belastung als auch Zelltrümmer, Fremdeiweiße (z.B. eingedrungene Erreger, andere Antigene) und Noxen (schädliche Einwirkungen, Gifte) können das Gewebe aktivieren. Aber auch veränderte Umgebungsbedingungen, wie z. B. der Aufenthalt unter erhöhtem (unter der Wasseroberfläche) oder erniedrigtem (Aufenthalt in Höhenlagen) Umgebungsdruck bzw. unter Schwerelosigkeit, wirken sich auf den Funktionszustand des retikulären Bindegewebes aus. Eine Aktivierung des Gewebes zeigt sich in einer erhöhten Phagozytose, einem verstärkten Auftreten von Leukozyten im Blut und in der Umstellung des Gesamtorganismus auf Abwehrleistungen. Es werden ähnliche – wenn auch häufig viel weniger ausgeprägte – Symptome beobachtet wie bei einer Entzündung. Dazu gehören Erhöhung der Körpertemperatur, Auftreten von Akutphasenproteinen, Schwellung von Lymphknoten u. ä. (s. a. Kap. 4.6 und 4.7).

Die bekannte gesteigerte Widerstandsfähigkeit bei Sporttreibenden gegenüber Infektionskrankheiten beruht unter anderem auf einer vermehrten Phagozytosebereitschaft, deren Ursache mit großer Wahrscheinlichkeit in einer Aktivitätserhöhung der Retikulumzellen liegen dürfte (s. 1.1.5 Kreuzadaptation).

Bei hoch trainierten Sportlern ist häufig eine erhöhte Infektanfälligkeit zu beobachten. Das könnte ein Hinweis dafür sein, daß das retikuläre Bindegewebe seine Adaptationmöglichkeiten ausgeschöpft hat und somit in gewisser Weise als leistungsbegrenzender Faktor bei der sportlichen Betätigung wirkt.

2.2.1.2 Faserreiches Bindegewebe

Das faserreiche Bindegewebe finden wir im menschlichen Oganismus in drei Hauptqualitäten vor: als interstitielles, als straffes und als elastisches Bindegewebe. Der Aufbau der einzelnen Qualitäten wird von der jeweiligen Funktion bestimmt.

Interstitielles (lockeres) Bindegewebe

Das interstitielle Bindegewebe füllt die Räume zwischen allen anderen Geweben und Organen aus. Es dient darüber hinaus als Flüssigkeitsspeicher für den Organismus.

Zwischen seinen Zellen liegen kollagene, retikuläre und elastische Fasern locker und ohne Bevorzugung einer Richtung. In ihm verlaufen die Aufzweigungen der Blut- und Lymphgefäße sowie der Nerven. Neben den eigentlichen Bindegewebszellen enthält das lockere Bindegewebe verschiedene Zellarten, die für die körpereigene spezifische und unspezifische Abwehr sowie für die Wundheilung verantwortlich sind.

Adaptationen des interstitiellen (lockeren) Bindegewebes

Da das lockere Bindegewebe keine kraftübertragenden Aufgaben zu realisieren hat und eine gewisse Strukturlabilität aufweist, ist seine Beanspruchung bei der sportlichen Belastung relativ gering. Die ohnehin gute Durchblutung des lockeren Bindegewebes wird durch die allgemeine kreislaufaktivierende Wirkung einer physischen Belastung noch erhöht. Darüber hinaus steigern die im lockeren Bindegewebe gelegenen spezifischen Zellen die unspezifische Abwehrfähigkeit des Organismus zusätzlich. (s. Kap. 1.1.5)

Straffes Bindegewebe

Das straffe, zugfeste Bindegewebe besteht vorwiegend aus parallelgerichteten kollagenen Faserbündeln. Die kollagenen Fasern sind gewellt. Durch Zugeinwirkungen werden sie gestreckt. Die in sie eingelagerten elastischen Fasern bringen sie danach in ihre gewellte Ausgangsstellung zurück. Diese Konstruktion gewährleistet unter anderem, daß die Zugkräfte der Muskulatur nicht ruckartig, sondern fließend über die Sehnen auf die Knochen übertragen werden.

Der Zellanteil beim straffen Bindegewebe ist gering. Dadurch wird seine Regenerationsfähigkeit nach hoher Belastung oder Schädigung reduziert.

Die inneren Faserbündel sind gefäßlos. Der Stoffaustausch erfolgt lediglich durch Lymphdurchflutung. Er wird dadurch erschwert, daß die selbst nur wenig durchlässigen Fasern sehr eng aneinanderliegen.

Das straffe Bindegewebe ist der Hauptbestandteil von Sehnen, Bändern, Gelenkkapseln und Muskelhüllen (Faszien). Es erfüllt somit als Überträger der Muskelkraft auf den Knochen (Sehnen) und als Gelenkstabilisator (Bänder, Gelenkkapseln) vorwiegend mechanische Aufgaben.

Adaptationen des straffen Bindegewebes

Die Zugbelastung von Sehnen und Bändern bei körperlich-sportlicher Betätigung ist der wichtigste Reiz für die Anpassung des straffen Bindegewebes.

Auf eine kurzzeitige hohe Belastung reagieren Sehnen und Bänder jedoch zunächst mit einer Lockerung ihrer Feinstruktur. Das kann kurzfristig zu einer Verminderung der Reißfestigkeit bis zu 10 Prozent führen.

Diese Phase einer erhöhten Verletzungsanfälligkeit muß bei der Trainingsgestaltung Berücksichtigung finden. Bei einem ausgewogenen Verhältnis zwischen Belastung und Belastbarkeit kommt es jedoch zu morphologischen und funktionellen Anpassungsreaktionen.

Dazu gehören:

- *Hypertrophie der kollagenen Fasern, Vergrößerung des Sehnenquerschnitts,*
- *Zunahme der Zugfestigkeit der Fasern durch Veränderung ihrer Feinstruktur,*
- *Abnahme des Wassergehaltes,*
- *Verbesserung der Durchblutungsverhältnisse durch eine funktionelle Erweiterung des Kapillarbettes sowohl der Bindegewebshüllen der Sehnen als auch des Sehnengewebes selbst.*

Elastisches Bindegewebe

Die im elastischen Bindegewebe dominierenden elastischen Fasern sind im unbelasteten Zustand gewellt. Bei Zugbelastungen werden sie entfaltet und entwickeln dabei elastischen Widerstand.

Adaptationen des elastischen Bindegewebes

Die Anpassung des kardiopulmonalen Systems an körperlich-sportliche Belastung (s. dort) beruht zu einem wesentlichen Teil auf den Adaptationsmechanismen des elastischen Bindegewebes. So wird z. B. bei physischer Belastung die Belüftung der Lunge verbessert. Längerdauerndes Ausdauertraining führt zu einer vergrößerten Funktionsbreite der Lunge (s. a. Kap. 3.6).

Auch die durch das elastische Bindegewebe gewährleistete Windkesselfunktion der Aorta kann durch Training optimiert werden. (s. Kap. 3.5.2.) Diese Tatsache trägt zur Verminderung des Blutdruckanstieges unter Belastungsbedingungen bei (s. Kap. 3.5.1).

2.2.1.3 Fettgewebe

Elastische und kollagene Fasern gliedern das Fettgewebe in Läppchen auf. Man unterscheidet Bau- und Speicherfett. Baufett bildet druckelastische Polster und schützt somit bestimmte Organe und Weichteile vor direkter Druckeinwirkung, wie zum Beispiel am Handteller, an der Fußsohle und in der Augenhöhle. Das Speicherfett macht in seiner Gesamtheit den unter der Haut befindlichen (subkutanen) Fettmantel aus. Es unterliegt als Depotorgan sichtbaren und meßbaren Veränderungen, während das Baufett in seiner Ausbildung konstant bleibt.

Obwohl das Unterhautfettgewebe passive Körpermasse darstellt, hat es als körperformendes Druckpolster, als Energie- und Wasserspeicher sowie als Wärmeisolator wichtige Funktionen zu erfüllen.

Adaptationen des Fettgewebes

Das Fettgewebe selbst läßt bei körperlich-sportlicher Belastung keine aktive Adaptation erkennen. Es wird aber durch die dabei ablaufenden erhöhten Stoffwechselprozesse in seinem Bestand beeinflußt.

Bei extensiven Belastungen wird das im Fettgewebe eingelagerte Neutralfett des Körpers mit zur Energiegewinnung herangezogen. Bei einem regelmäßig trainierenden Ausdauersportler verbessert sich diese Möglichkeit.

Andererseits führt eine Vergrößerung des Fettgewebeanteils im Körper zwangsläufig zu einer relativen Verringerung der aktiven Körpermasse und kann so die Leistungsfähigkeit beeinträchtigen (vergl. Kap. 5.2.2).

2.2.2 Stützgewebe

Zum Stützgewebe zählen das Knorpel- und das Knochengewebe. Die Grundsubstanz des Knorpels ist gallertartig steif und somit druckelastisch. Sie besteht aus einem zähen Glukosaminoglykan-Eiweißkomplex. Beim Knochen ist sie wegen der in ihr enthaltenen Einlagerungen von anorganischen Bestandteilen starr und somit hart und fest. Diese Besonderheiten verleihen beiden Gewebearten eine hohe Formstabilität.

Ähnlich wie bei Sehnen und Bändern sind auch im Knorpel- und Knochengewebe die kraftübertragenden Strukturen gefäßfrei. Sie müssen deshalb durch Diffusion ver- und entsorgt werden.

Der Wechsel zwischen Belastung und Entlastung stellt während der körperlichen Aktivität die Voraussetzung für eine ausreichende Ernährung der gefäßfreien Abschnitte des Binde- und Stützgewebes dar.

Aus dieser Stoffwechselbesonderheit resultieren verzögerte Regenerations- und Anpassungsprozesse im Vergleich zu anderen Geweben (Bild 2.50).

Deshalb wurden mit Zunahme des Trainingsumfanges und der Trainingsintensität im Sport sowohl das Binde- als auch das Stützgewebe immer häufiger zu leistungslimitierenden Faktoren.

Anders ausgedrückt:

Die Adaptationskapazität des Stütz- und Bewegungssystems wird durch die Trainings- und Wettkampfbelastungen gegenwärtig häufiger überschritten als bei anderen Organen und Systemen.

Prinzipiell können sich Knorpel und Knochen ebenso wie das Bindegewebe und alle lebenden Strukturen an veränderte Bedingungen und damit auch an Belastungen anpassen.

Während sich das Bindegewebe mit seinen Adaptationsmechanismen hauptsächlich nur auf Zugkräfte einstellen muß, sind die Stützgewebe zusätzlich auch durch Druck- und Scherkräfte belastet und müssen diese Einwirkungen adaptiv verarbeiten.

2.2.2.1 Knorpel

Auf Grund ihrer unterschiedlichen Struktur und Funktion unterscheidet man drei Knorpelarten:

- den hyalinen Knorpel
- den elastischen Knorpel und
- den faserigen oder bindegewebigen Knorpel

Zu den Gemeinsamkeiten aller drei Knorpelarten gehören die **Grundsubstanz** und das **Fehlen von Gefäßen** (beim Kleinkind sind allerdings in den Zwischenwirbelscheiben noch Kapillaren vorhanden, die aber bis zum 4. Lebensjahr veröden) und **nervöser Versorgung**. Die Ernährung muß deshalb über die Gelenkflüssigkeit oder durch randständige Kapillaren sichergestellt werden. Alle Knorpelformen verlieren im Verlaufe des Alterns Flüssigkeit und Elastizität.

Hyaliner Knorpel

Wir finden diese Knorpelart in den Wachstumsfugen der Röhrenknochen und als Überzug der knöchernen Gelenkpartner.

Die Interzellularsubstanz des hyalinen Knorpels enthält viele zugfeste Kollagenfasern, die in die amorphe Grundsubstanz eingelagert sind.

Die spezielle – an die Armierung des Stahlbetons erinnernde – Anordnung dieser Fasern und ihr fester Kontakt mit der Grundsubstanz verleihen dem hyalinen Knorpel eine hohe Resistenz gegen Druck-, Zug- und Scherbelastungen.

Der hyaline Knorpel als glatter Überzug an allen Gelenkflächen ist hervorragend geeignet, Druckeinwirkungen abzufangen. Die Knorpelschicht ist deshalb im zentralen Teil der Gelenkfläche dicker als im peripheren und an den konvexen Abschnitten kräftiger ausgeprägt als an den konkaven Teilen. Bis zu einer Dicke von 5 mm wird der Gelenkknorpel durch die von der Synovialis gebildeten **Gelenkschmiere** (Synovia) durch Diffusion ausreichend ernährt.

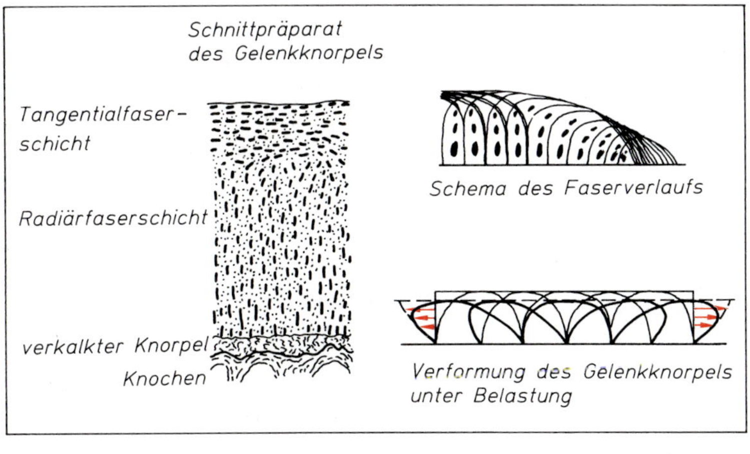

Bild 2.51 Hyaliner Gelenkknorpel; Verlauf der kollagenen Fasern in Ruhe und bei Belastung

Adaptationen des hyalinen Knorpels

Der hyaline Knorpel antwortet auf adäquate Belastungsreize mit adaptiven Veränderungen. Man kann zwischen einer sofortigen und einer Spätreaktion unterscheiden.

Sofortreaktion: Die Knorpeldicke nimmt durch eine zeitlich begrenzte Flüssigkeitsaufnahme um ca. 12 Prozent zu. Das verbessert seine Resistenz gegenüber Druck- und Scherkräften. Diese Dickenzunahme kann schon nach einer Belastung von etwa 10 Minuten – also z. B. im Verlaufe des Erwärmungsprogramms – beobachtet werden. Der Quellungseffekt ist nach etwa 30 Minuten wieder abgeklungen

Spätreaktion: Bei regelmäßiger Trainingsbelastung kommt es nach einem Zeitraum von zwei Monaten zur Hypertrophie. Der Knorpel reagiert mit:

- *einer Dickenzunahme infolge Vergrößerung und z.T. Vermehrung der Zellen,*
- *einer gesteigerten Syntheseleistung von kollagenen Fasern und Glukosaminoglykanen,*
- *einer Optimierung der Faserstruktur entsprechend den Hauptbelastungsrichtungen.*

Durch die Dickenzunahme des Knorpels werden die Druckelastizität durch Verbesserung der Kongruenz der Gelenkflächen und die Fähigkeit zur Stoßdämpfung verbessert.

Der hyaline Knorpel ist jedoch wie alle kraftübertragenden Bindegewebsstrukturen infolge seiner begrenzten Ernährungssituation bei einem Mißverhältnis zwischen Belastbarkeit und Belastung gefährdet. Bei übermäßiger Druckbelastung können

- *Knorpelrisse,*
- *Änderungen der Knorpelarchitektur und*
- *Knorpeldefekte*

entstehen.

Solche hyalinen Knorpeldefekte sind nicht mehr vollständig reparabel, da sie nur durch einen weniger druckelastischen Ersatzknorpel (Faserknorpel) aufgefüllt werden können.

Elastischer Knorpel

Die Grundsubstanz des elastischen Knorpels enthält neben kollagenen auch netzartig angeordnete elastische Fasern. Diese verleihen dem Gewebe die elastische Verformbarkeit. Der elastische Knorpel besitzt im Gegensatz zum hyalinen Gelenkknorpel eine bindegewebige Hülle, das Perichondrium. Von hier aus erfolgt die Ernährung des gefäßfreien Knorpels.

Elastischer Knorpel kommt in der Ohrmuschel, im äußeren Gehörgang, in der Ohrtrompete, im Kehldeckel und in den Bronchialwänden vor.

Adaptationen des elastischen Knorpels

Unter normalen Umständen ist der elastische Knorpel bei körperlich – sportlicher Betätigung keinen übermäßig starken Kräften und somit auch keinen nennenswerten Adaptationszwängen ausgesetzt.

Erwähnenswert sind Folgen von Verletzungen der Ohrmuschel besonders bei Ringern und Judoka:

Wiederholte Blutergüsse und Knorpelbrüche können irreversible Deformierungen des äußeren Ohres zur Folge haben. Dieser als „Blumenkohlohr“ bezeichnete Endzustand ist mit einer degenerativen Veränderung des elastischen Knorpels verbunden.

Faser- oder Bindegewebsknorpel

Die zahlreichen kollagenen Fasern des Bindegewebsknorpels sind vorwiegend parallel ausgerichtet und befinden sich in einer eher spärlich vorhandenen amorphen Grundsubstanz.

Diese Konstruktion verleiht dem Faserknorpel eine hohe Resistenz gegenüber Druck-, Zug- und Scherkräften.

Faserknorpel findet man u. a. in den Zwischenwirbel- und Gelenkscheiben, den Gelenklippen sowie in der Schambeinfuge. Die Ernährung des Faserknorpels erfolgt ebenfalls mittels Diffusion, da auch dieses Gewebe gefäßfrei ist. Beim Kleinstkind sind im Faserknorpel der Zwischenwirbelscheiben allerdings noch Kapillaren nachweisbar, die aber bis zum 4. Lebensjahr veröden.

Wesentlich für eine optimale Ernährung des Gewebes ist eine Wechseldruckbelastung, so daß ein Pump-Saug-Mechanismus entsteht, der den Stofftransport unterstützt (s. Bild 2.52).

Adaptationen des Faser- oder Bindegewebsknorpels

Der Faser- oder Bindegewebsknorpel reagiert auf adäquate Belastungsreize mit:

- *einer Zunahme der Anzahl und der Größe der Knorpelzellen,*
- *einer Steigerung des Stoffwechsels der Knorpelzellen und mit*
- *einer Vermehrung der kollagenen Fasern und Änderung der Faserstruktur.*

Der Faserknorpel besitzt darüber hinaus eine große Bedeutung bei der Reparation von hyalinen Knorpeldefekten. Der zerstörte hyaline Knorpel wird durch Faserknorpel ersetzt.

2.2.2.2 Knochengewebe

Der Mensch besitzt 245 Knochen. Sie zeichnen sich durch Festigkeit gegen Druck, Zug, Biegung und Drehung aus. Sie stellen das wichtigste Calciumdepot des Körpers dar. Die Druckresistenz des Knochens ist gegenüber dem Knorpel 10mal größer.

Diese Eigenschaft ist auf die äußere und innere Struktur sowie den chemischen Aufbau zurückzuführen.

Die Knochenzellen haben zahlreiche lange und schmale Fortsätze, die sich mit den Nachbarzellen verbinden. Der Zelleib ist in die Knochenhöhlen der Grundsubstanz eingebettet, die Fortsätze liegen in Knochenkanälchen, die sich in der Nähe von Blutgefäßen an deren Wände anlagern und somit den Stoffaustausch vermitteln.

Die parallele Anordnung der kollagenen Fasern in der Grundsubstanz gliedert diese in Lamellen und ist die Grundlage für die hohe Druck-, Zug- und Biegebeanspruchbarkeit. Die Grundsubstanz selbst besteht aus anorganischen Salzen, welche die Härte hervorrufen, und aus organischen Substanzen, die für die Elastizität des Knochens verantwortlich sind (s. a. Lehrbücher der Anatomie).

Adaptationen des Knochengewebes

Auch am Knochengewebe kommt es bei wohldosierter, allmählich ansteigender Belastung zu positiven Anpassungsreaktionen und damit zur Erhöhung der Belastungsverträglichkeit. Die Anpassungserscheinungen sind gekennzeichnet durch:

- *Aktivitätshypertrophie der Knochenrinde,*
- *Verstärkung und Ausrichtung der Knochenbälkchen (Spongiosa) entsprechend den Druckkraftlinien,*
- *morphologische Anpassung der Knochen- und Gelenkstrukturen an die spezifische Belastung und durch*
- *verstärkte Ausbildung von Knochenvorsprüngen an den Ansatzzonen von Muskeln, Sehnen, Kapseln und Bändern.*

Die Aktivitätshypertrophie entwickelt sich an Knochen mit hoher mechanischer bzw. funk-

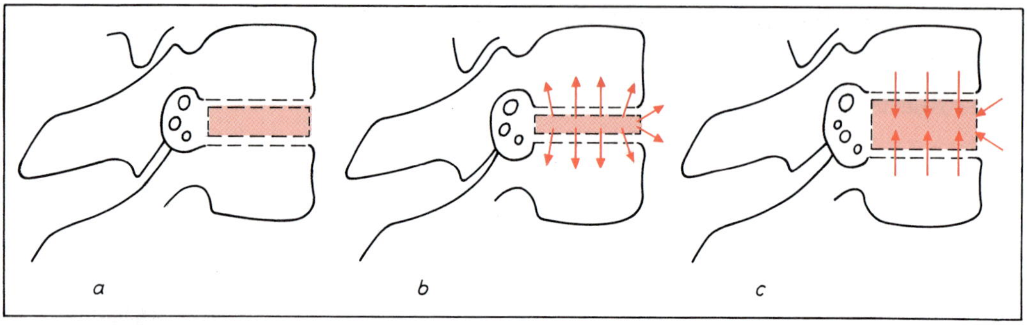

Bild 2.52 Ernährung der Zwischenwirbelscheibe durch die halbdurchlässige (semipermeable) Knorpelmembran zwischen Wirbelkörper und Zwischenwirbelscheibe. **a** Zwischenwirbelscheibe in Mittelstellung bei normaler Belastung (Wechsel von Be- und Entlastung); **b** Zwischenwirbelscheibe bei anhaltend starker Druckbelastung, deutliche Höhenverminderung durch Flüssigkeitsaustritt; **c** Zwischenwirbelscheibe nach längerer Entlastung, deutliche Höhenzunahme durch Flüssigkeitsaufnahme

tioneller Beanspruchung, zum Beispiel an der Wirbelsäule oder an den Extremitäten.

So beobachtet man bei langjährig trainierenden Gehern und Langstreckenläufern eine deutliche Dickenzunahme der Knochenrinde (Kortikalis) des Schienbeines (Tibia) bis auf das Doppelte gegenüber Untrainierten (Bild 2.54).

Die morphologische Anpassung von Knochen- und Gelenkstrukturen an spezifische Belastungen zeigt sich zum Beispiel am Fußskelett von solchen Sportlern, bei denen die Bein- und Fußmuskulatur besonders trainiert wird. Es findet sich eine vermehrte Knochendichte im Bereich der Hauptbelastungslinien.

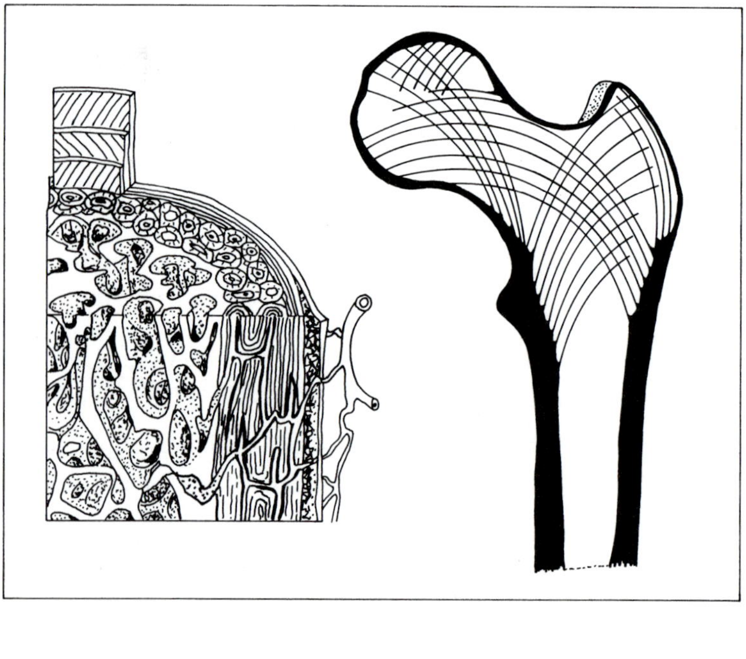

Bild 2.53 Konstruktion eines Röhrenknochens im Schema

Auszüge am Knochengewebe (Knochenvorsprünge, Sporne) können bei sportlicher Betätigung jeweils an den Knochen mit der stärksten Zug- und Druckbelastung, meist im Bereich der Ansatzzonen von Muskeln, Sehnen, Kapseln und Bändern (Bild 2.55) entstehen.

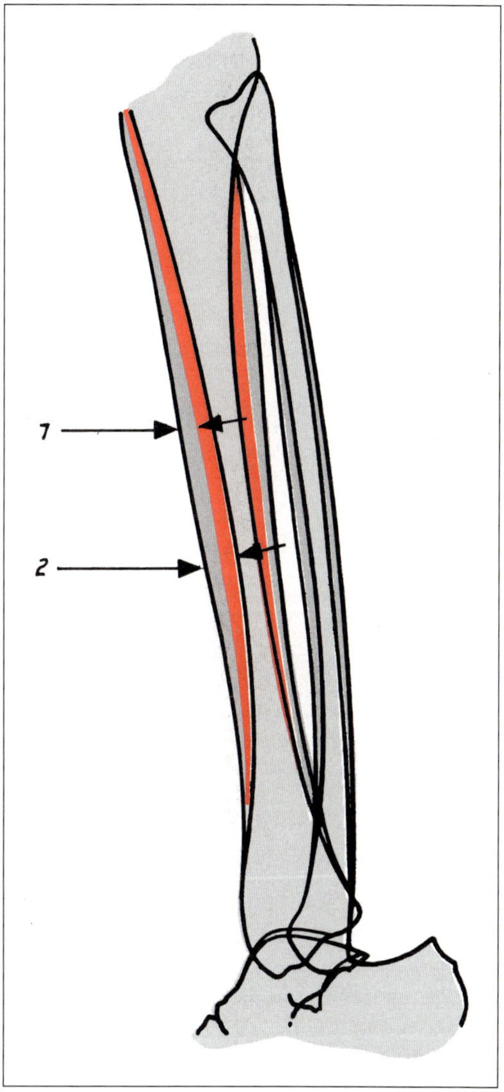

Bild 2.54 Aktivitätshypertrophie der Knochenrinde (Kortikalis) der Unterschenkelknochen (nach Schmidt) **1** Kortikalisdicke beim Untrainierten, **2** Kortikalisdicke beim langjährig trainierten Sportler

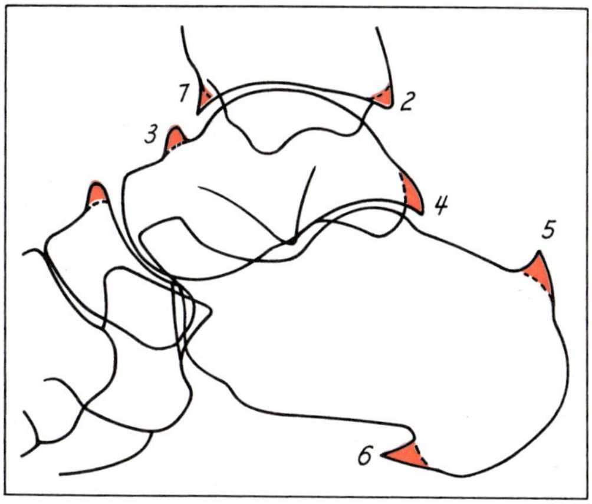

Bild 2.55 Belastungsbedingte knöcherne Ausziehungen am Fußskelett (nach Schmidt) **1** ventrale distale Schienbeinkante, **2** dorsale distale Schienbeinkante, **3** ventrale Talusnase, **4** dorsale Talusnase, **5** dorsaler Fersensporn, **6** plantarer Fersensporn

Auch im Knochengewebe kann es aber infolge zu starker Beanspruchung zu Gewebsschäden bis hin zu Knochenbrüchen („Ermüdungsfrakturen", besser: Erschöpfungsfrakturen) kommen.

2.2.3 Belastungsgestaltung unter Berücksichtigung der Anpassungsfähigkeit des Binde- und Stützgewebes

Jede äußere Belastung hat eine innere Belastung, d. h. eine Belastung der Funktionssysteme des Organismus, so auch des Stütz- und Bewegungssystems, zur Folge.

Das Binde- und Stützgewebe reagiert auf adäquate, regelmäßige Belastungsreize mit einer positiven Anpassungsreaktion. Diese führt zu einer Erhöhung der Belastungsverträglichkeit.

Andererseits wurde der Nachweis erbracht, daß inadäquat hohe Reize eine negative Wirkung auf das Binde- und Stützgewebe ausüben können.

Es gilt daher, durch eine richtige Belastungsgestaltung Schäden am Binde- und Stützgewebe zu vermeiden und eine Erhöhung der Belastungsverträglichkeit dieses Gewebes zu erreichen. Dabei haben die allgemeinen Prinzipien für die systematische Gestaltung der Belastung im Trainingsprozeß ihre volle Gültigkeit.

Bezogen auf das Binde- und Stützgewebe sind sie wie folgt zu berücksichtigen:

- Prinzip der individuellen Belastung,
- Prinzip der systematischen Steigerung der Belastung,
- Prinzip der Be- und Entlastung,
- Prinzip der Erwärmung,
- Prinzip des vielseitigen Krafttrainings,
- Prinzip der Einhaltung der richtigen Technik und der Vermeidung von Schadensquellen

2.2.3.1 Prinzip der individuellen Belastungsgestaltung

Jeder Sportler ist unterschiedlich belastbar. Die individuelle Belastbarkeit hängt von folgenden Faktoren ab:

- Biologisches Alter:
  Nach dem Murk-Jansenschen Gesetz ist die Empfindlichkeit des Gewebes der Geschwindigkeit des Wachstums direkt proportional. So besteht besonders während des puberalen Wachstumsschubes ein erhöhtes Risiko hinsichtlich Fehlbelastungen des Binde- und Stützgewebes.
- Konstitution:
  So besitzen zum Beispiel „Bindegewebsschwächlinge“ auf Grund genetisch bedingter Minderwertigkeit des Binde- und Stützgewebes eine verminderte Belastbarkeit.
- Aktueller Zustand des Stütz- und Bewegungssystems:
  Bei Verletzungen oder Fehlbelastungszuständen des Binde- und Stützgewebes ist verständlicherweise dessen Belastbarkeit reduziert. Der Schmerz als Warnsymptom ist unbedingt zu beachten und zu respektieren.
- Allgemeiner Gesundheitszustand:
  So haben zum Beispiel Infekte oder Mangelernährungszustände negative Auswirkungen auf die Belastbarkeit des Binde- und Stützgewebes.

2.2.3.2 Prinzip der systematischen Steigerung der Belastung

Um die Toleranzgrenzen der Anpassungsvorgänge des Binde- und Stützgewebes nicht zu überschreiten, muß die Belastungssteigerung planmäßig kontinuierlich und langfristig erfolgen. Ein zu rasches und sprunghaftes Vorgehen birgt die Gefahr des Mißverhältnisses zwischen Belastung und Belastbarkeit in sich.

2.2.3.3 Prinzip der Be- und Entlastung

Da die kraftübertragenden Bindegewebsstrukturen nur gering oder gar nicht durchblutet, also durch Diffusion ernährt werden, benötigen diese Gewebe für einen optimalen Stofftransport einen Wechsel von Be- und Entlastung.

Bei Dauerdruck wird der auf Diffusion beruhende Stoffwechsel eingeschränkt.

Um einer Schädigung des Bindegewebes durch Mangelernährung vorzubeugen, sind daher das Bindegewebe hoch beanspruchende Übungen über den Tag mit entsprechenden Pausen gleichmäßig zu verteilen bzw. nach Möglichkeit zu vermeiden. Solche bindegewebsbeanspruchenden Aktivitäten sind zum Beispiel Übungen mit Zusatzlasten, Tiefkniebeugen, starke Kyphosierungen und Lordosierungen der Wirbelsäule, Sprünge u. ä.

Schwimmen, Gymnastik, Liegepausen, Entspannungsbäder oder Saunagänge beschleunigen dagegen die Stoffwechselvorgänge im Binde- und Stützgewebe.

2.2.3.4 Prinzip der Erwärmung

Jede Übungs- und Trainingsstunde muß mit einer allgemeinen Erwärmung beginnen. Dadurch wird die Durchblutung bzw. Durchsaftung des Binde- und Stützgewebes verbessert.

Durch die Lockerung der Muskulatur wird deren Elastizität und Dehnungsfähigkeit erhöht. Darüber hinaus hat die Erwärmung einen günstigen Einfluß auf die Koordination und die Reaktionsfähigkeit sowie auf den gesamten Energiestoffwechsel.

2.2.3.5 Prinzip des vielseitigen Krafttrainings

Das vielseitige Krafttraining stellt eine wichtige prophylaktische Maßnahme zur muskulären Sicherung der Gelenke und der Wirbelsäule dar. Viele Beschwerden und Schäden seitens des Binde- und Stützgewebes sind gerade im Bereich der Wirbelsäule auf eine mangelhaft ausgebildete Rücken-, Bauch- und Gesäßmuskulatur zurückzuführen.

Das vielseitige Krafttraining ist eine wesentliche Grundlage für die Vermeidung muskulärer Dysbalancen. Es ermöglicht eine ausgewogene Belastung von Synergisten und Antagonisten und so eine optimale muskuläre Sicherung der beteiligten Gelenke.

2.2.3.6 Prinzip der Einhaltung der richtigen Technik und Vermeidung von Schadensquellen

Der Trainer, Übungsleiter oder Sportlehrer hat ständig die technisch richtige Ausführung der Übungen zu kontrollieren.

Fehler bei der Technik führen oft zur Herausbildung eines ungünstigen motorisch-dynamischen Stereotyps. Das wiederum kann zu Überbelastung einzelner Strukturen führen (Fehlbelastungsfolgen, s. dort).

Neue Übungen sollten stets im ausgeruhten Zustand erlernt werden, da bei allgemeiner Ermüdung und nach hohen Belastungen Technikfehler häufiger auftreten und die Unfallgefahr größer ist.

Die Einhaltung der sportlichen Regeln, die Vermeidung ungünstiger Bodenverhältnisse (z. B. Asphalt, nasser Rasen, unebene Plätze und Laufstecken), defektfreie Trainingsgeräte, geeignetes Schuhwerk und die konsequente Einhaltung von Ordnung und Sicherheit sind Grundbedingungen für die Realisierung der sportlichen Belastung.

Eine ausreichende Sicherheitsstellung bzw. Hilfeleistung bei risikovollen Bewegungsabläufen ist zu gewährleisten.

Der Trainer bzw. Sportlehrer ist außerdem verantwortlich für den Einsatz der notwendigen Sicherheitsvorrichtungen und Hilfsmittel (Longe, Kopfschutz, Schutzhelm, Gewichthebergürtel u. a.).

Die Unterkühlung auch einzelner Körperpartien muß nicht nur wegen der Infektgefahr, sondern auch wegen der bei Kälte schlechteren Durchblutungs- und damit Ernährungsverhältnisse des Binde- und Stützgewebes vermieden werden. In manchen Sportarten ist auf die konsequente Nutzung von Körperschutzmitteln (Tiefschutz, Ellenbogen-, Nieren- bzw. Knieschützer u.ä.) zu dringen.

Die Belastungsverträglichkeit des Binde- und Stützgewebes als Voraussetzung für die Vermeidung von Verletzungen und Erkrankungen des Stütz- und Bewegungssystems kann nur verbessert werden, wenn die dargestellten Kenntnisse und Maßnahmen sowohl im Kinder- und Jugendsport als auch im Leistungssport sowie im Freizeit- und Erholungssport angewandt werden.

3 Organe und Systeme

3.1 Nerven- und Sinnessystem

Von *G. Badtke*

Das Nerven- und Sinnessystem hat eine überragende Aufgabe bei der Regulierung der Beziehungen zwischen dem Organismus und seiner Umwelt zu erfüllen. Es nimmt **Signale (Reize)** auf, analysiert sie und leitet zweckentsprechende **Reaktionen** ein. Dabei steuert es die Funktionen aller Organe durch direkte Einwirkung oder durch Beeinflussung des Hormonsystems mit dem Ziel, die Homöostase des Individuums aufrechtzuerhalten oder wiederherzustellen. Es faßt somit unsere Organe zu einem Organismus zusammen. Darüber hinaus finden im Nervensystem die bisher noch weitgehend ungeklärten Prozesse des Übergangs von Signalen in den psychischen Bereich statt.

3.1.1 Allgemeine Erregungsphysiologie, Grundlagen der Erregbarkeit und Erregung

Das Nervensystem enthält Zellen, bei denen die Fähigkeit, Reize aufzunehmen und weiterzuleiten, in besonderem Maße ausgeprägt ist. Diese Nervenzellen – auch **Neurone** genannt – enthalten alle wesentlichen; im Kapitel 1.2 dargelegten Bestandteile einer Zelle. Sie sind jedoch als Folge ihrer spezifischen Funktion differenziert ausgeprägt (Bild 3.1 und 3.2).

Uns interessieren in erster Linie die Vorgänge, die mit der Aufnahme, der Weiterleitung und der Beantwortung von Reizen im Zusammenhang mit sportlichen Aktivitäten stehen. Weiterführende Informationen können bei Rüdiger, Küchler und Schadé gewonnen werden.

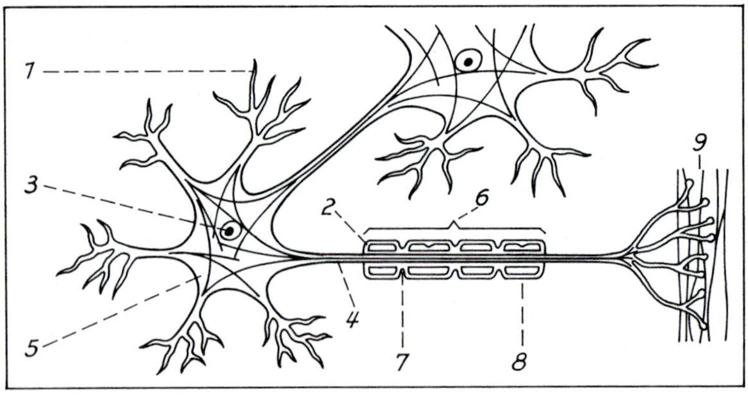

Bild 3.1 Nervenzelle. **1** Dendrit, **2** Markscheide, **3** Zellkern, **4** Neurit, **5** Zellkörper, **6** Nervenfaser, **7** Ranvierscher Schnürring, **8** Schwannsche Scheide, **9** Muskel

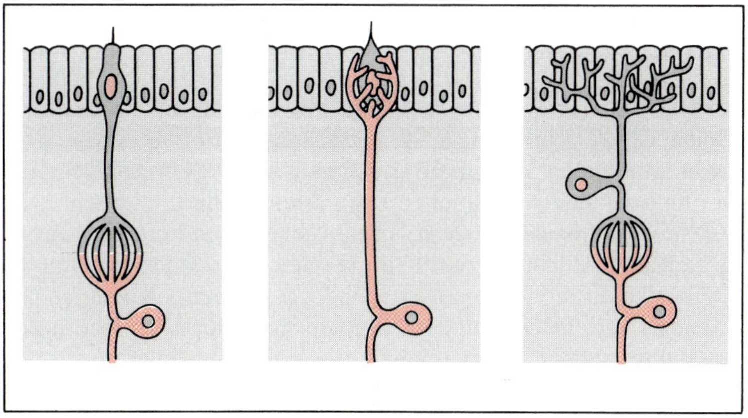

Bild 3.2 Sinneszellen und Sinnesnervenzellen. **a** primäre Sinneszelle; **b** sekundäre Sinneszelle; **c** Sinnesnervenzelle (nach Wissensspeicher Biologie)

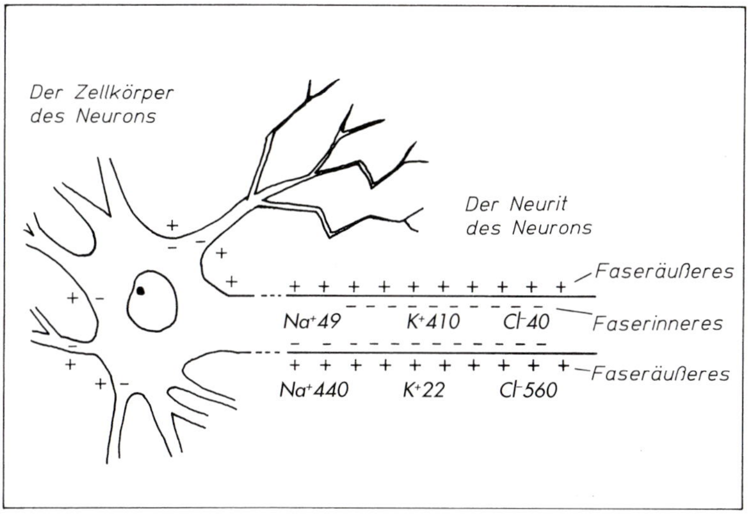

Bild 3.3 Ruhemembranpotential. Vergleich der Ionenverteilung zwischen dem Inneren und Äußeren einer Nervenfaser, angegeben in mmol · l^{-1}

3.1.1.1 Ruhepotential der Zellmembran

Für die Regelung entscheidender Lebensvorgänge sind die Existenz von elektrischen Potentialdifferenzen und ihre Änderung von hoher Bedeutung. Sie sind gekoppelt mit der Versorgung und Entsorgung der Zelle – dem Stofftransport durch die Zellmembran – und darüber hinaus auch die Voraussetzung für das Entstehen einer Erregung und deren Weiterleitung. Potentialdifferenzen bestehen zwischen dem Inneren und der Oberfläche einer jeden lebenden, nicht erregten Zelle; also zwischen der Innen- und der Außenfläche der Zellmembran (Bild 3.3).

Die speziell für die Aufnahme, Weiterleitung und Beantwortung von Reizen ausgestatteten Nerven- und Muskelzellen hängen in ihrer Funktion in besonderem Maße vom Vorhandensein eines **Ruhepotentials** ab. Träger aller elektrischen Phänomene im Gewebe sind die lonen.

Positiv geladene lonen heißen Kationen. Sie würden in einem elektrischen Gleichstromfeld zur negativen Elektrode (der Kathode) wandern. Zu ihnen gehören zum Beispiel die Kalium (K^+)-, Natrium (Na^+)-, Calcium (Ca^{++}) und Wasserstoff- (H^+)-Ionen. Negativ geladene lonen würden im elektrischen Feld zur Anode, der positiven Elektrode wandern. Sie heißen deshalb Anionen, von denen hier die Chlorid (Cl^-), die Bikarbonat (HCO_3^-)- und die Hydroxy (OH^-)ionen genannt werden sollen.

Die Potentialdifferenz zwischen dem Zellinneren und seiner Umgebung kommt dadurch zustande, daß die Konzentration der Ionen in beiden Kompartimenten – d. h. im intrazellulären und im extrazellulären Raum – nicht gleich ist. Die ruhende Zelle besitzt an ihrer Oberfläche mehr positive Ionen (Kationen) als in ihrem Inneren. Ein Meßinstrument, dessen eine Mikroelektrode auf die Zellmembran gesetzt und dessen andere in das Zellinnere hineingeführt würde, könnte uns zwischen Zellinnerem und Zelloberfläche eine Potentialdifferenz von 70 bis 90 Millivolt (mV) anzeigen. Das Zellinnere hat gegenüber der Zelloberfläche eine negative Ladung.

Die ungleiche Verteilung der Ionen wird durch aktive Stoffwechselleistungen der Zelle, also durch Freisetzung von Energie (ATP-Zerfall), gewährleistet (Bild 3.4).

Zur Erläuterung der dabei ablaufenden Grundprozesse wollen wir uns auf die beiden Kationen Na^+ und K^+ beschränken, ohne dabei aus den Augen zu verlieren, daß auch andere Ionen daran beteiligt sind und daß auch der Gesamtzahl aller Kationen eine gleiche Menge von Anionen gegenübersteht. Aus dem Bild 3.3 geht hervor, daß innerhalb der Zelle die Konzentration an K^+ die (410 $mmol \cdot l^{-1}$) gegenüber der Zelloberfläche (22 $mmol \cdot l^{-1}$) etwa 20mal höher ist. Die intrazellulären Natriumionen sind hingegen mit 49 $mmol \cdot l^{-1}$ im Vergleich zur Außenschicht (440 $mmol \cdot l^{-1}$) in ihrer Konzentration deutlich vermindert. Entsprechend den Diffusionsgesetzen müßte bei solcher Konstellation ein Vorgang einsetzen, bei dem die Natriumionen von außen durch die Zellmembran in das Zellinnere wandern, während die Kaliumionen die entgegengesetzte Richtung einschlagen. Das wären passive Vorgänge, bei welchen Ionen vom Ort der hohen Konzentration "bergab" zum Ort der niedrigeren Konzentration „rollen". Dieser Diffusionsprozeß ist zwar vorhanden. Er hält sich aber in Grenzen, weil die Zellmembran nicht schlechthin semipermeabel ist, sondern den Stoff- und Ionentransport gezielt reguliert. Die Membran der ruhenden Zelle ist für die Na^+-Ionen so gut wie undurchlässig, während die K^+-Ionen sie passieren können. Es beginnt also eine Wanderung des positiv geladenen Kaliums nach außen.

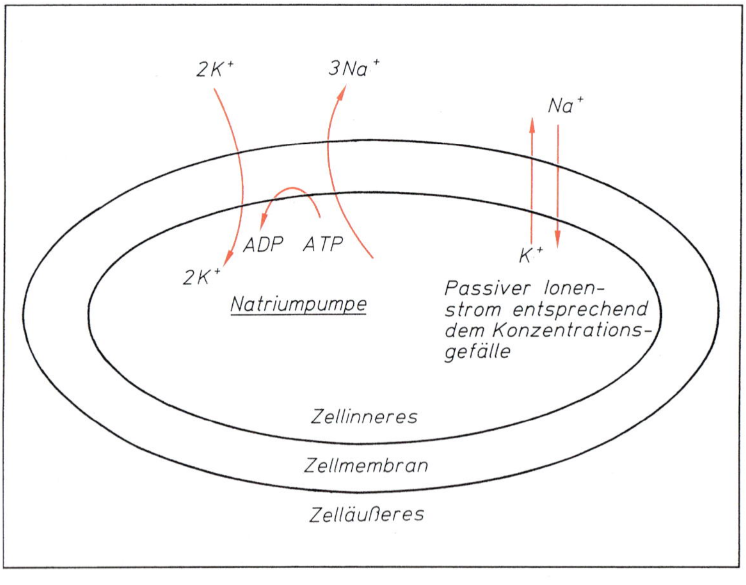

Bild 3.4 Mechanismen zur Aufrechterhaltung des Ruhepotentials

Da hier aber bereits positive Ladungsverhältnisse gegenüber dem Zellinneren bestehen, wird diese Wanderung bald gestoppt; es können nur noch so viele K^+-Ionen austreten, wie an anderer Stelle wieder ins Zellinnere zurückgelangen.

Wir haben es dann mit einer Situation zu tun, in der sich die osmotischen Kräfte – sie fördern den Übertritt des Kaliums nach außen, entlang dem Konzentrationsgefälle – und das elektrische Potential – es verhindert den Abstrom des K^+ aus dem bereits negativ geladenen Zellinneren bzw. begünstigt den K^+ -Strom von außen nach innen – die Waage halten (Bild 3.4). Um das Ruhepotential aufrechtzuerhalten, sind aktive Stoffwechselleistungen der Zelle erforderlich; denn es müssen die durch passive Vorgänge (Diffusion) „abwärts" gerutschten Ionen – zum Beispiel K^+-Austritt aus der Zelle – wieder „bergauf" (in die Zelle hinein) gepumpt werden. Nicht zuletzt deshalb hat jede lebende Zelle auch im Ruhezustand einen Stoffwechsel und damit Sauerstoffbedarf.

Zusammenfassend kann also bemerkt werden:

- Das Ruhepotential einer Zelle ist durch eine negative Ladung des Zellinneren gegenüber der Zelloberfläche charakterisiert
- Es kommt durch unterschiedliche Ionenkonzentrationen zwischen dem intrazellulären Raum und der Zelloberfläche zustande und wird durch aktive Stoffwechselleistungen der Zelle (ATP-Zerfall mit Energiefreisetzung und ATP-Resynthese) aufrechterhalten.
- Das Ruhepotential kann als Voraussetzung für die Reaktionsbereitschaft der Zelle angesehen werden.

Das bedeutet, es ist unentbehrlich:

- für die Entstehung einer Erregung,
- für die Weiterleitung von Erregungen,
- für die Versorgung und Entsorgung der Zelle und damit
- für den Stofftransport durch die Zellmembran.

3.1.1.2 Aktionspotential

Die Entstehung des Aktionspotentials ist mit dem Zusammenfall des Ruhepotentials an erregbaren Membranen (Nerven- und Muskelzellen) gekoppelt. Beim Eintreffen eines überschwelligen Reizes nimmt die Permeabilität der Zellmembran, also ihre Durchlässigkeit für K^+-, aber auch für Na^+-Ionen, schlagartig zu. Damit können in kürzester Zeit große Mengen Na^+ entlang dem Konzentrationsgefälle (bergab) in die Zelle einströmen und K^+-Ionen herauswandern. Der Ruhezustand der Zelle wird in einen Erregungszustand umgewandelt. Somit bricht das Ruhepotential zusammen. Man bezeichnet diesen Vorgang als **Depolarisation**, die dabei meßbaren elektrischen Erscheinungen als **Aktionspotential**. Am Ende der Depolarisation, d. h. auf dem Höhepunkt der Erregung, ist die Außenseite der Zellmembran gegenüber dem Zellinneren negativ geladen (Bild 3.5); es kam also zu einer Potentialumkehr. Daraus läßt sich ableiten, daß an der Oberfläche einer Zellmembran die erregten Anteile gegenüber den unerregten ebenfalls negativ geladen sind; im Zellinneren stellen wir demzufolge fest, daß der erregte Abschnitt gegenüber dem unerregten eine positive Ladung aufweist.

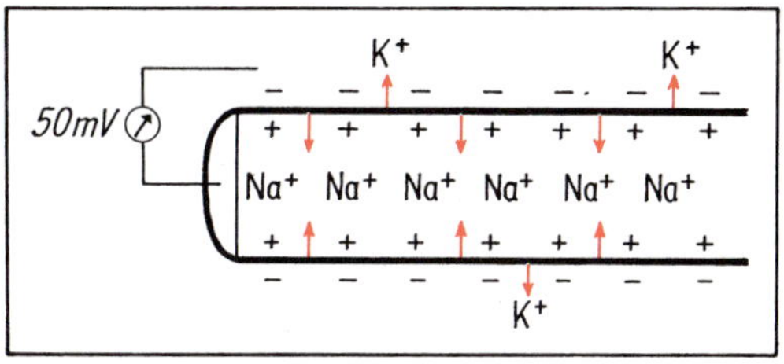

Bild 3.5 Aktionspotential

Ein wesentliches Merkmal des Aktionspotentials ist, daß es nahezu die gesamte Zelloberfläche – zum Beispiel die Nervenzelle mit all ihren Ausläufern (Dendriten und Neurit) oder die gesamte Muskelfaser – erfaßt. Die Ursache dafür besteht in der Tatsache,

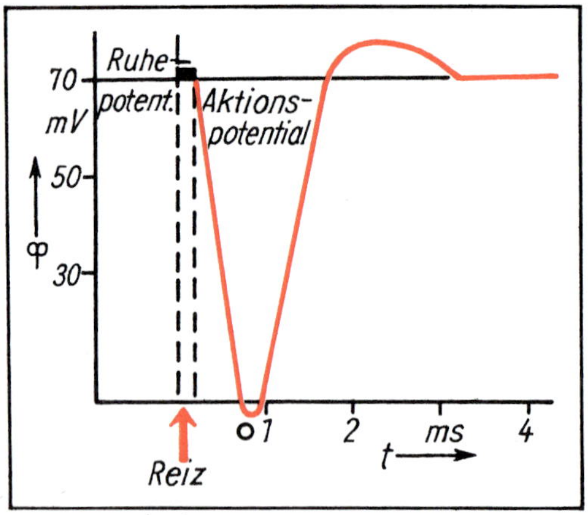

Bild 3.6 Verlauf des Aktionspotentials. *0* Phänomen des Überschießens (Overshoot)

daß die bei der Erregung entstehenden elektrischen Ströme die Permeabilität der noch ruhenden Nachbarabschnitte der Membran ebenfalls vergrößern. So kann auch hier die Depolarisation, d. h. die Umwandlung des Ruhepotentials in ein Aktionspotential beginnen. Das Ruhepotential bricht also wie ein Kartenhaus zusammen, wenn an einer Stelle der erregbaren Membran ein überschwelliger Reiz eine Erregung auslöst. Der gesamte Vorgang der Depolarisation dauert nur kurze Zeit. Bei der Registrierung der elektrischen Phänomene beim Ablauf einer Erregung kann festgestellt werden, daß das Aktionspotential (d. h. die Erregung) bereits etwa eine Millisekunde nach Beginn der Depolarisation seinen Höhepunkt erreicht hat (Bild 3.6) und danach wieder kleiner wird. Denn unmittelbar nach dem Ende der Depolarisation – wenn sich die Konzentrationen von K^+ und Na^+ innerhalb und außerhalb der Membran angeglichen haben – beginnt die Zelle bereits damit, das Ruhepotential wieder aufzubauen. Dieser Vorgang heißt **Repolarisation**. Dafür sind aktive Stoffwechselleistungen der Zelle, d. h. die Freisetzung von Energie aus ATP und die Neubildung von ATP aus den Energieträgern (s.2.1.11), erforderlich.

Die Repolarisation, also die Wiederherstellung des Ruhepotentials, ist nach etwa 2 bis 3 Millisekunden weitgehend abgeschlossen.

Kurz danach ist die Zelle in der Lage, auf den nächsten überschwelligen Reiz mit einer Erregung, der Bildung eines Aktionspotentials, zu reagieren.

Die Bildung eines Aktionspotentials geht stets mit einer vollständigen Erregung der gesamten Zelle einher; unabhängig davon, ob der Reiz eben überschwellig oder stärker war (Alles-oder-Nichts-Gesetz).

3.1.1.3 Generatorpotential (Abgestufte örtliche Erregung)

Nicht jeder adäquate Reiz löst eine Erregung, ein Aktionspotential, aus. Er muß eine bestimmte Stärke, eine Mindestintensität bzw. Mindestdauer, haben. Diese Stärke hängt von der jeweiligen Reizschwelle der erregbaren Membran ab. Erst wenn ein Reiz so stark ist, daß er die Reizschwelle (Erregbarkeitsschwelle) der erregbaren Zelle überschreitet, kommt es zu einer Erregung.

Reize, die unterhalb dieser Schwelle liegen, können lediglich örtlich begrenzte Reaktionen an der Zellmembran nach sich ziehen.

Es kommt an der Stelle der Reizeinwirkung zu einer geringgradigen Permeabilitätssteigerung der Zellmembran in Abhängigkeit von der Reizintensität. Der darauf einsetzende Austritt von Kalium und der Einstrom von Natrium führen zu einem eng lokalisierten Abbau oder zur Verkleinerung des Ruhepotentials, also zu einer örtlich begrenzten Depolarisation, ohne daß daraus eine explosiv fortgeleitete Erregung im Sinne eines Aktionspotentials entstehen kann. Wir bezeichnen diese kleinen elektrischen Entladungsphänomene als **Hypopolarisationen**

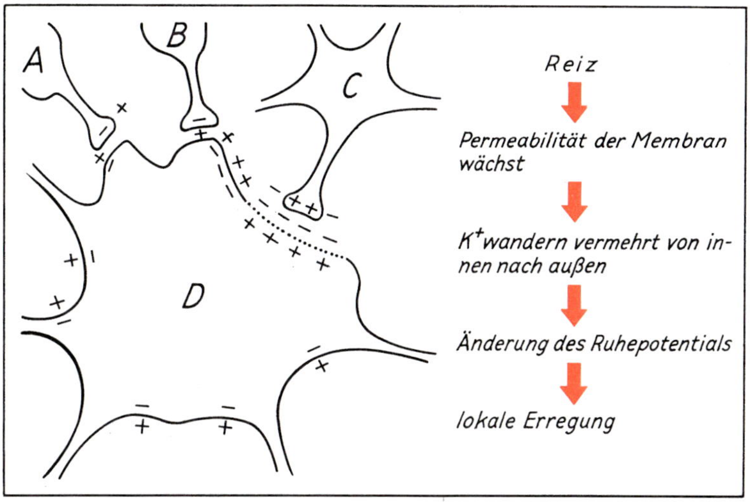

Bild 3.7 Lokal abgestufte Erregung. Die Synapse zwischen den Zellen *C* und *D* ist erregt. Sie löst aber an der (postsynaptischen) Membran der Zelle *D* lediglich eine örtlich begrenzte Depolarisation (Erregung) aus

oder als abgestufte örtliche Erregung. Schon jetzt soll bemerkt werden, daß mehrere, örtlich begrenzte Erregungen in ihrer Summe eine explosiv fortgeleitete Erregung mit der Bildung eines Aktionspotentials hervorrufen können. Daraus läßt sich auch ableiten, daß mehrere unterschwellige Reize gemeinsam die Erregungsschwelle überschreiten und eine Erregung auslösen kann (Bild 3.7).

3.1.1.4 Reiz und Erregung

Reize sind Einwirkungen auf eine Zelle, auf Zellverbände, Organe oder den gesamten Organismus, die eine Auslenkung aus der Homöostase bewirken. Sie können von außen auf den Organismus einwirken (exogene Reize) oder in seinem Inneren entstehen. Reize können als physikalische oder chemische Einwirkung in Erscheinung treten.

Physikalische Reize sind zum Beispiel:

- Lageveränderungen, Druck, Beschleunigung (mechanische Reize);
- Licht (optischer Reiz); Töne, Geräusche, Schall (akustische Reize);
- Wärme, Kälte (thermische Reize).

Zu den chemischen Reizen gehören zum Beispiel:

- Düfte, Gerüche (gasförmige chemische Reize);
- Säuren, Transmittersubstanzen (flüssige chemische Reize).

Die Aufnahme von Reizen erfolgt in der Regel durch **Sinneszellen (Rezeptoren)**. Rezeptoren sind meist für die Aufnahme nur einer ganz bestimmten Reizqualität geeignet und reagieren nur selten auf andersartige Einwirkungen. So reagieren zum Beispiel die Sinneszellen der Netzhaut im Auge nur auf Lichtreize (elektromagnetische Wellen) und nicht auf Töne (Schallwellen) oder Gerüche.

Die Reizqualität, bei der ein Rezeptor erregt wird, heißt adäquater Reiz.

Der adäquate oder „passende" Reiz wäre für das Gehörorgan der Schall, für das Sehorgan das Licht, für einen Thermorezeptor Wärme oder Kälte.

Rezeptoren

Hochentwickelte Lebewesen haben für die Aufnahme und Weiterleitung der wichtigsten Umweltreize speziell dafür ausgebildete Sinneszellen, die Rezeptoren.

Diese haben sich im Verlauf der Phylogenese auf die Aufnahme einer bestimmten Reizqualität, den adäquaten Reiz, spezialisiert (Tabelle 3.1). Rezeptoren – d. h. isolierte Sinneszellen oder solche, die zu Sinnesorganen zusammengefaßt sind – rekrutieren sich aus primären Sinneszellen (z. B. Lichtsinneszellen), sekundären Sinneszellen (z. B. Geschmackssinneszellen) oder Sinnesnervenzellen (z. B. Tastsinneszellen) (s. Bild 3.2). Sie haben einen reizaufnehmenden und einen reizweiterleitenden Anteil. Letzterer wird als afferenter Nerv bezeichnet.

Beim Eintreffen eines adäquaten Reizes vermindert sich das Ruhepotential des reizaufnehmenden Anteils (Hypopolarisation), es entsteht eine örtlich begrenzte Erregung (s. 2.3.1.3). Hat die Reizstärke jedoch einen bestimmten Betrag überschritten, dann kommt es zur vollständigen Depolarisation der Re-

Tabelle 3.1 Lokalisation und Leistung der Sinne

Sinn	Reiz	Lokalisation der Rezeptoren	Empfindung
Gesichtssinn	optische Reize	Netzhaut des Auges	Helligkeitssehen, Farbsehen, Richtungs- und Bewegungssehen, räumliches Sehen
Gehörsinn	akustische Reize	Innenohr	Hören von Tönen
Lage- und Bewegungssinn	mechanische Reize (Lageveränderung des Körpers, Beschleunigung	Vorhofsäckchen und Bogengänge im Innenohr	Körperhaltung, Lage des Körpers, Bewegung, Gleichgewicht
Geruchssinn	chemischer Reiz (gasförmige Stoffe)	Riechschleimhaut der Nase	Geruch: blumig, würzig, brenzlig, fruchtig, ätherisch, faulig
Geschmackssinn	chemischer Reiz (flüssige Stoffe)	Geschmacksknospen der Zunge und des Gaumens	Geschmack: süß, salzig, sauer, bitter
Temperatursinn	thermischer Reiz	Wärme- und Kältepunkte in der Haut	Wärme- und Kälteempfindung
Tast- und Drucksinn	mechanischer Reiz (Berührung, Druck)	Tast- und Lamellenkörperchen in der Haut	Tast- und Druckempfindung. Empfindung der Spannungsänderung der Haut
Schmerzsinn	alle Reizarten	freie Nervenendigungen in der Haut und in inneren Organen	Schmerzempfindung

zeptormembran einschließlich ihrer afferenten Nerven; es entsteht ein Aktionspotential, eine Erregung. Der für eine Erregung unbedingt notwendige Betrag wird **Schwellenwert** oder **Reizschwelle (auch: Erregungsschwelle)** genannt.

Der Schwellenwert ist das Produkt aus Reizdauer und Reizintensität und beinhaltet die Energiemenge eines Reizes, die eine Sinneszelle noch eben erregt.

Die Schwellenwerte bei adäquaten Reizen sind für einige Sinnesorgane in der Tabelle 3.2 angegeben.

Tabelle 3.2 Schwellenwerte bei adäquaten Reizen für einige Sinnesorgane des Menschen (nach Wissensspeicher Biologie)

Berührung 0,1 erg	Geruch	$4{,}4 \cdot 10^{-14}$ g/cm³ Luft (Merkaptan)
Ohr $5 \cdot 10^{-11}$ erg	Geschmack	$1 \cdot 10^{-6}$ g/cm³ (Saccharin)
Auge $2 \cdot 10^{-20}$ erg	Schmerz	(Wärmereizung) $4{,}8 \cdot 10^{-9} \frac{\text{erg}}{\text{s} \cdot \text{cm}^2}$

Wie erwähnt, führt das Auftreffen eines unterschwelligen Reizes am Rezeptor lediglich zur Herausbildung eines örtlich begrenzten Potentials, d. h. zu einer Verkleinerung des Ruhepotentials (Hypopolarisation). Mehrere unterschwellige Reize können, wenn sie kurz hintereinander oder gleichzeitig eintreffen, durch die Gesamtwirkung ihrer örtlich begrenzten Potentiale ein Aktionspotential, eine Erregung, auslösen. Wir sprechen dann von einer Reizsummation. Rezeptoren haben die Eigenschaft der Adaptation an einen Reiz. Uns wird nicht immer die absolute Stärke eines Reizes bewußt, sondern nur die Änderung seiner Intensität. Wenn sich ein Schwimmer vor dem Sprung ins Bassin kalt abduscht, empfindet er zum Beispiel das Wasser wärmer, als wenn er unmittelbar nach der Reinigung mit heißem Wasser in das Becken springen würde.

Erregungsleitung im Nervensystem

Die Erregung als typische Antwort auf adäquate Reize ist bei allen lebenden Zellen zu beobachten.

Das Nervensystem mit seiner ordnenden Funktion ist jedoch auf die Weiterleitung der Erregungen – zum Beispiel zu höheren Zentren, zu Muskeln oder Drüsen – angewiesen, um die Homöostase für den Gesamtorganismus zu gewährleisten, d. h. Reaktionen in den verschiedensten Organsystemen in Gang zu setzen. Es muß alle Meldungen (Signale), die von den zahlreichen Rezeptoren (Sinneszellen, Sinnesorganen) eintreffen, bewerten und darauf reagieren. Sind rasche Reaktionen erforderlich, dann muß das dafür zuständige Organ (z. B. ein Muskel, der eine Schutzbewegung veranlassen soll) das Signal sehr schnell erhalten. Die Nervenbahnen müssen die Erregung also in kürzester Zeit zu diesem Organ leiten. Sie sind deshalb besonders dick. Andere Reaktionen müssen nicht innerhalb von Sekundenbruchteilen ablaufen (z. B. die Aktivierung der Darmtätigkeit); für sie kann also die Erregungsleitung langsamer vonstatten gehen; dünnere Nerven übernehmen diese Aufgabe. Ist das Zeitpolster zwischen dem Eintreffen des Signals (z. B. eine Erhöhung des Blutzuckerspiegels) und der darauf notwendigen Antwort (Senkung des Blutzuckerspiegels) noch größer, dann kann für diese Reaktion sogar der Blutweg (Ausschüttung des Hormons Insulin in die Blutbahn) genutzt werden.

Unter dem Gesichtspunkt, daß der Organismus seine Beziehungen zur Umwelt mit einem möglichst geringen energetischen Aufwand reguliert, ist es verständlich, daß die Nervenfasern entsprechend ihren jeweiligen Aufgaben unterschiedlich gebaut sind (s. Lehrbücher der Anatomie).

Tabelle 3.3 Einteilung, Beschaffenheit und Funktion der verschiedenen Nervenfasern der Wirbeltiere (aus Keidel)

Gruppenbezeichnung	Faserdurchmesser µm	Markscheide	Leitungsgeschwindigkeit m/s Warmblüter 37°C	Funktion z. B.
A – Alpha	10–20	dick	60–120	motorisch und afferent von den Muskelspindeln
A – Beta	7–15	dünner	40–90	von den Berührungsrezeptoren der Haut
A– Gamma	4–8	dünner	30–45	efferent zu den intrafusalen Muskelfasern der Muskelspindeln
A – Delta	2,5–5	dünner	15–25	von den Wärme-, Kälte- (und Schmerz) Rezeptoren der Haut
B	1–3	dünn	3–15	präganglionäre vegetative Fasern
C	0,3–1,5	„marklos“	0,5–2	postganglionäre Fasern des Sympathikus

Die Nervenleitgeschwindigkeit ist dem Durchmesser der Nervenfaser direkt proportional. Zwischen den mit dicken Markscheiden ausgestatteten A-alpha-Fasern (Leitgeschwindigkeit bis zu 120 $m \cdot s^{-1}$) und den marklosen C-Fasern (Leitgeschwindigkeit 0,5-2 $m \cdot s^{-1}$) lassen sich die durch ihre Funktion geprägten übrigen Fasern einordnen (Tabelle 3.3). Es existieren zwei Formen der Erregungsleitung. Marklose Fasern zeigen die kontinuierliche Form. Die Depolarisation vollzieht sich von dem Rezeptor ohne Unterbrechung über den gesamten Verlauf der Nervenfaser.

Markhaltige Nervenfasern leiten die Erregung saltatorisch (saltare – tanzen, springen). Die saltatorische Form der Erregungsleitung ist dadurch charakterisiert, daß sich die Depolarisation nur an den Ranvierschen Schnürringen des Neuriten vollzieht. Die Erregung „springt“ von dort über die Schwannsche Scheide auf den nächsten Schnürring über und löst dort eine Depolarisation aus (Bild 3.8).

Die Geschwindigkeit bei der saltatorischen Leitung ist höher als bei der kontinuierlichen Form. Sie ist jedoch von der Stärke der jeweiligen Markscheide abhängig. Nach Keidel läßt sich deshalb eine Einteilung der Nervenfasern entsprechend der Tabelle 3.3 vornehmen.

Refraktärzeit

Eine gerade erregte Zelle ist zu Beginn ihres Aktionspotentials nicht in der Lage, auf weitere Reize zu reagieren; sie befindet sich in einer absoluten Refraktärphase.

Diese Situation ist einleuchtend, weil ja während der Zeit des Aktionspotentials das Ruhepotential zusammengebrochen ist. Somit können auf einen erneuten Reiz hin zum Beispiel keine Natriumionen zusätzlich in die Zelle einströmen (s. Bild 3.5). Die absolute Refraktärphase dauert so lange, bis die Zelle ihr Ruhepotential wieder weitestgehend aufgebaut hat. Hat die Spannungsdifferenz zwischen Innen- und Außenseite der Zellmembran durch den aktiven Rücktransport der Ionen (Kalium in die Zelle hinein, Natrium aus der Zelle heraus) wieder einen Betrag von etwa 60 Millivolt erreicht, dann kann die Zelle bereits wieder auf Reize reagieren. Da ihre Erregungsschwelle aber noch höher ist als beim voll wiederhergestellten Ruhepotential von etwa 80 Millivolt, müssen diese Reize stärker sein, wenn sie eine Reaktion hervorrufen sollen.

Die Zeit der verminderten Erregbarkeit zwischen dem teilweise wiederhergestellten und voll ausgebildeten Ruhepotential nach einer Erregung heißt **relative Refraktärphase**.

Erregungsübertragung im Nervensystem

Die Erregungsübertragung erfolgt an **Synapsen**. Hier lösen die bei der Erregungsausbreitung entstehenden elektrischen Phänomene biochemische Prozesse aus. Eine Synapse besteht aus drei Hauptkomponenten. Diese sind:

- das präsynaptische Element,
- der Synapsenspalt und
- das postsynaptische Element (Bild 3.10).

Das präsynaptische Element ist das Ende des Neuriten einer Nervenzelle. Es enthält neben vielen Mitochondrien auch Bläschen (Vesikel) mit einer Überträgersubstanz (Transmittersubstanz). Das postsynaptische Element ist der Zellkörper (Zellmembran, Dendrit) jener Nervenzelle, die das Signal aus dem präsynaptischen Element (also einer anderen Nervenzelle, z. B. einem Rezeptor) erhalten kann. Zwischen dem präsynaptischen und dem postsynaptischen Element liegt der Synapsenspalt.

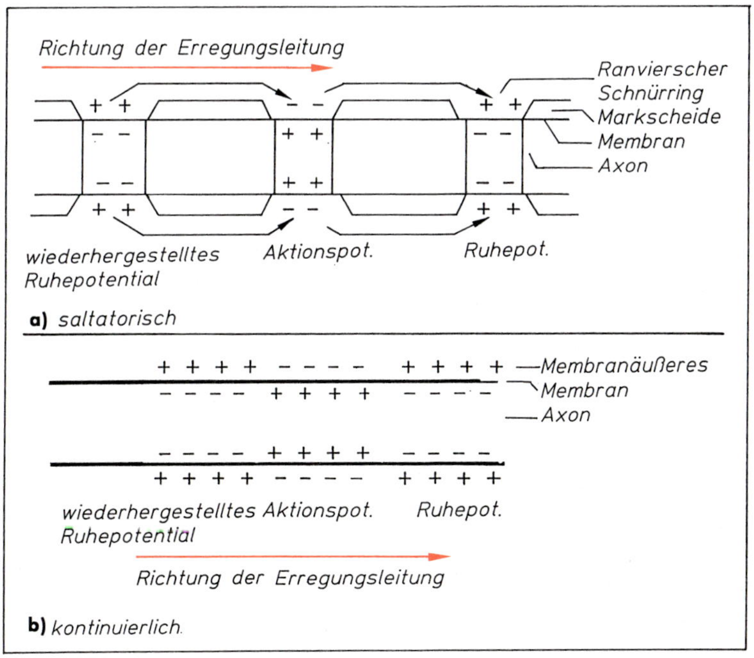

Bild 3.8 Formen der Nervenleitung. **a** saltatorisch; **b** kontinuierlich.

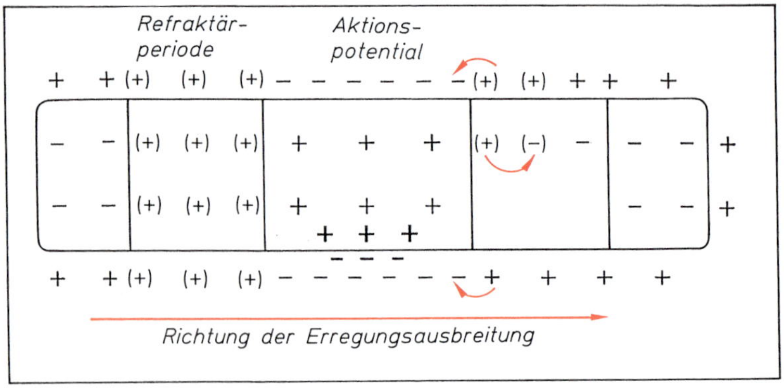

Bild 3.9 Ladungsverhältnisse an der Zellmembran in der Refraktärperiode (nach Kleine Enzyklopädie Leben)

Die Schaltstellen innerhalb des Nervensystems heißen **neuroneurale Synapsen**, weil sie zwei Nervenzellen funktionell miteinander verkoppeln. Demgegenüber wird eine Verbindung zwischen Motoneuron und Muskulatur, zum Beispiel die motorische Endplatte, als neuromuskuläre Synapse bezeichnet. Sie stellt die morphologische Grenze zwischen Nervensystem und Muskulatur dar.

Arbeitsweise einer neuroneuralen Synapse

Beim Eintreffen des Aktionspotentials (d. h. bei der Depolarisation) am präsynaptischen Element sondern die Synapsenbläschen ihre Transmittersubstanz ab. Diese gelangt in den Synapsenspalt und kommt mit der postsynaptischen Membran in Kontakt. Dadurch wird deren Permeabilität verändert (Bild 3.11). In Abhängigkeit von der chemischen Struktur der Überträgersubstanz wird die Permeabilität entweder erhöht oder vermindert. Die Erhöhung der Permeabilität führt zum Einstrom von Natriumionen in die Zelle und zum Austritt von Kaliumionen. Es resultiert daraus eine Hypopolarisation, d. h. eine abgestufte örtliche Erregung . Sie kann als exzitatorisches postsynaptisches Potential (EPSP) gemessen werden. Übersteigt das EPSP die Erregungsschwelle der Nervenzelle, dann kann es auch zu einer Depolarisation der gesamten Membran kommen.

Während innerhalb des Nervensystems durchaus nicht jedes EPSP zu einer Erregung führt, sondern meist nur zur lokali-

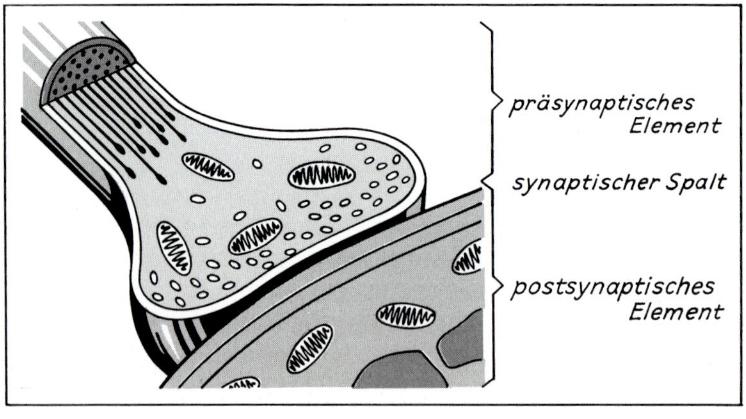

Bild 3.10 Schema einer Synapse (nach Schadé)

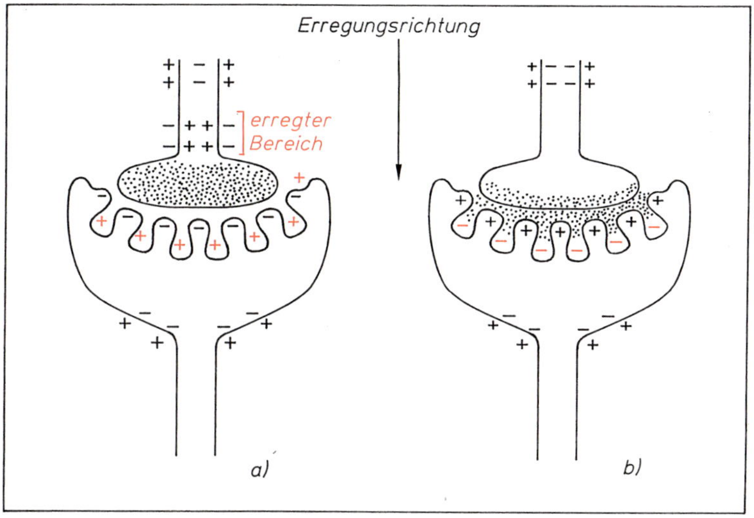

Bild 3.11 Arbeitsweise einer Synapse. **a** Eintreffen des Reizes (Depolarisation des präsynaptischen Elements); **b** Freisetzung der Transmittersubstanz mit Depolarisation des postsynaptischen Elements

sierten Hypopolarisation, bewirkt im Bereich der motorischen Endplatte jede Depolarisation im präsynaptischen Element eine Erregung. Über die Ausschüttung der Transmittersubstanz Azetylcholin wird eine völlig Depolarisation der als postsynaptisches Element fungierenden Muskelzellmembran mit nachfolgender Kontraktion eingeleitet.

Nachdem die Transmittersubstanz ihre Wirkung am postsynaptischen Element entfaltet hat, wird sie durch Fermente inaktiviert. Dieser Vorgang dauert nur wenige Millisekunden.

Bahnung und Hemmung

Bahnung

Bei einer Bahnung summieren sich mehrere unterschwellige Reize zu einem überschwelligen Reiz, der dann eine Erregung auslöst.

Jeder unterschwellige Reiz löst für sich eine örtlich begrenzte Erregung (Hypopolarisation) aus. Übersteigt die Summe dieser kleinen Potentialverminderungen einen bestimmten Betrag, d. h. die Erregungsschwelle, dann kommt es zu einer explosiv fortgeleiteten Depolarisation der gesamten Zellmembran. Die Bahnung kann zeitlich, räumlich oder kombiniert vonstatten gehen.

- Zeitliche Bahnung: Mehrere unterschwellige Reize treffen so kurz hintereinander ein, daß die Wirkung des ersten Reizes (lokale Depolarisation) noch nicht abgeklungen ist, wenn die übrigen Reize die postsynaptische Membran erreichen (Bild 3.12).
- Räumliche Bahnung: An einer Nervenzelle treffen gleichzeitig mehrere unterschwellige Reize ein. Jeder für sich erzeugt an der (postsynaptischen) Zellmembran eine lokale Depolarisation. Diese Phänomene lösen in der Summe eine völlige Depolarisation und damit Erregung der Nervenzelle aus (Bild 3.12).

Hemmung

Die Hemmung wird als eine zeitweilige Verminderung der Erregbarkeit einer Nervenzelle definiert, die nicht auf Ermüdung oder Schädigung zurückzuführen ist.

Die als postsynaptisches Element funktionierende Membran der Nervenzelle steht mit

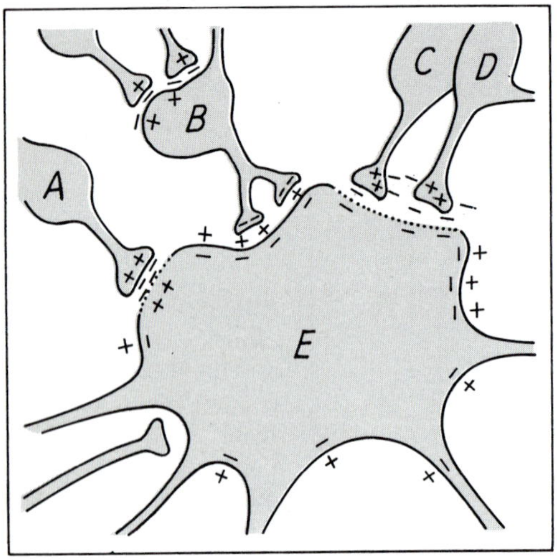

Bild 3.12 Bahnung. Die Synapsen der Nervenzellen *A*, *C* und *D* sind erregt und lösen an der postsynaptischen Membran eine begrenzte Depolarisation aus, ohne daß sich die Zelle *E* insgesamt erregt. Wenn jedoch von der Zelle *B* ebenfalls ein exzitatorischer Impuls kommt (ihre Erregung wird bereits angedeutet), würde sich die Zelle E insgesamt erregen, also ein Aktionspotential aufbauen

präsynaptischen Elementen in Kontakt, deren Transmittersubstanzen die Permeabilität des postsynaptischen Elements vermindern, die Membran der Nervenzelle quasi abdichten können (Bild 3.13). Die Folge der Erregung einer hemmenden Synapse ist somit eine Hyperpolarisation am postsynaptischen Element. Sie kann als inhibitorisches postsynaptisches Potential (IPSP) gemessen werden.

Einige Formen der Hemmung sollen erwähnt und erläutert werden:

- Antagonistenhemmung: Nahezu jede Muskelbewegung ist mit einer Hemmung des jeweiligen Gegenspielers verbunden. So wäre es zum Beispiel nicht möglich, den Arm im Ellenbogengelenk zu beugen, wenn nicht gleichzeitig die Streckmuskulatur für dieses Gelenk gehemmt würde, um dieser Bewegungsrichtung nachzugeben. Besonders bei Sportarten mit hohem Schnelligkeits- und Koordinationsanspruch (z. B. Sprint, Turnen) ist die optimale Abfolge von Aktivierungs- und Hemmungsvorgängen entscheidend für die Ausprägung der erforderlichen Technik und das Erzielen hoher Leistungen.
- Schmerzhemmung: Wir kennen diese Form der Hemmung zum Beispiel als Abwehrspannung der Muskulatur im rechten Unterbauch bei einer Entzündung des Wurmfortsatzes. Aber auch die Schonhaltung der Wirbelsäule bei einer Reizung des Ischiasnervs (Lumbago, Hexenschuß) ist auf diese Mechanismen zurückzuführen.

Wir finden die Schmerzhemmung auch regelmäßig bei Gelenkverletzungen. Obgleich die Muskulatur selbst von dem Schaden oft nicht betroffen ist, sondern nur die Bänder oder andere Strukturen des Gelenks, humpelt der Betroffene, und dem Arzt ist es bei der Untersuchung oft nicht möglich, die Gelenkpartner gegeneinander zu verschieben, obgleich die rein mechanischen Verhältnisse es ermöglichen würden.

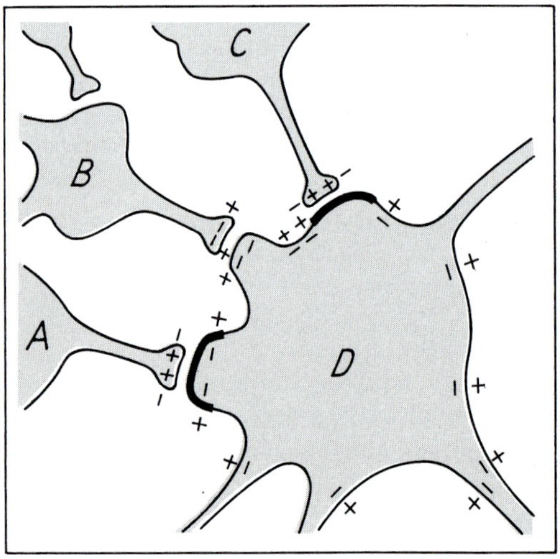

Bild 3.13 Hemmung. Bei der Erregung einer hemmenden Synapse (*A*, *C*) wird die postsynaptische Membran abgedichtet. Die Landungsdifferenzen (außen +, innen -) vergrößern sich

Generell kann vermerkt werden, daß sich im Bereich von entzündlichen, geschädigten oder überlasteten Strukturen die Muskulatur feststellt, daß sich ihr Tonus erhöht, daß Mechanismen der Hemmung eingesetzt haben.

Dabei müssen die Signale der Schmerzrezeptoren (Nozizeptoren) nicht immer bis zur Großhirnrinde gelangen und ins Bewußtsein treten.

- Rückgekoppelte Hemmung (Bild 3.14): Hier handelt es sich um einen Schutzmechanismus für die Nervenzelle selbst. Er wird auch Renshaw-Hemmung genannt. Läuft eine Erregung zum Beispiel von einem Motoneuron zur motorischen Endplatte, dann wird gleichzeitig über eine kleine Kollaterale (Abzweigung des Neuriten) eine sogenannte Renshaw-Zelle erregt, deren Transmittersubstanz an der Vorderhornzelle eine Hyperpolarisation, d. h. einen Hemmvorgang durch den Aufbau eines IPSP auslöst.

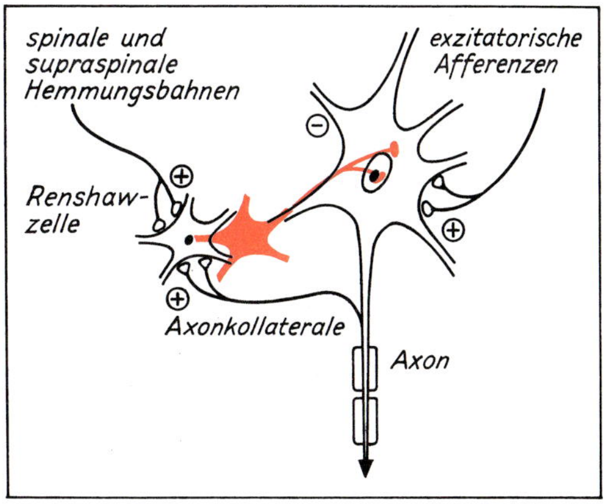

Bild 3.14 Rückgekoppelte (Renshaw-)Hemmung (nach Keidel)

3.1.2 Nervensystem

Neben den eigentlichen Nervenzellen (Neuronen) mit ihren Fortsätzen (Dendriten und Neuriten) enthält das Gewebe des Nervensystems noch **Stützzellen** (Gliazellen). Letztere haben vielfältige Funktionen. Unter anderem sind sie an der Bildung der Markscheiden, die bedeutsam für eine schnelle Erregungsleitung sind, beteiligt (s. dort).

Die Einteilung des Nervensystems kann nach morphologisch-anatomischen oder nach funktionellen Gesichtspunkten vorgenommen werden.

Die morphologisch-anatomische Einteilung gliedert es in **zentrales Nervensystem** (ZNS) und **peripheres Nervensystem** (Bild 3.15).

Das ZNS besteht aus Gehirn und Rückenmark. In diesen Strukturen findet sich eine hohe Konzentration von Nervenzellen, in denen die aus der Peripherie einlaufenden Informationen verarbeitet, verteilt und gespeichert werden. Das periphere Nervensystem liegt außerhalb des ZNS und besteht überwiegend aus Nerven (Leitungsbahnen), d. h. aus den gebündelten Neuriten jener Nervenzellen, die zum größten Teil noch im ZNS liegen (Bild 3.15). Zum peripheren Nervensystem gehören auch Nervenknoten und die meisten Rezeptoren. Seine Nervenbahnen leiten die Erregungen entweder zum ZNS – vor allem zum Rückenmark – hin (afferente Nerven) oder vom ZNS in die Peripherie (efferente Nerven).

Die Einteilung nach funktionellen Aspekten gliedert das Nervensystem in einen animalen und einen vegetativen Anteil.

Das animale Nervensystem reguliert alle direkten Beziehungen zwischen Organismus und Umwelt. Dazu gehören zum Beispiel die Aufnahme von Sinneseindrücken, die Sprache und die Steuerung der Skelettmuskulatur. Das vegetative Nervensystem reguliert die Funktionen der Organe untereinander. Es nimmt Signale aus dem Körper selbst auf, verarbeitet sie und leitet die notwendigen Reaktionen ein. Seine Hauptaufgabe ist die Aufrechterhaltung bzw. Wiederherstellung der Homöostase (s. Kap.1). Das vegetative Nervensystem besteht aus einem sym-

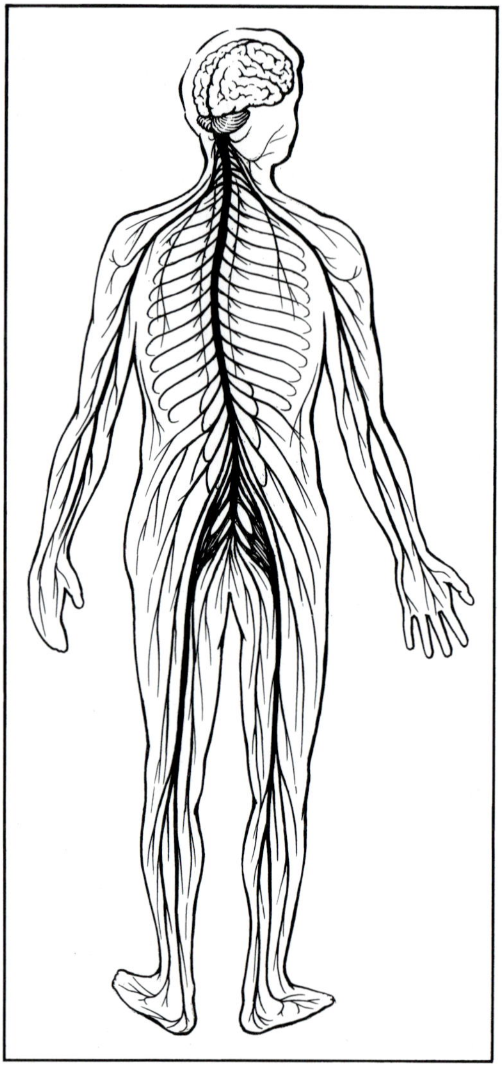

Bild 3.15 Nervensystem (nach Schadé)

pathischen und einem parasympathischen Anteil. Sowohl das animale als auch das vegetative Nervensystem besitzen zentrale – also zum ZNS gehörende – und periphere Komponenten.

3.1.2.1 Zentrales Nervensystem (ZNS)

Der Bau des ZNS widerspiegelt enge hierarchische Beziehungen in funktioneller Hinsicht; übergeordnete Anteile steuern nachgeordnete Strukturen. Das ZNS gliedert sich in folgende Teilabschnitte (Bild 3.16):

- Großhirn (Telencephalon),
- Zwischenhirn (Diencephalon),
- Mittelhirn (Mesencephalon),
- Kleinhirn (Cerebellum),
- verlängertes Mark (Myelencephalon),
- Rückenmark (Medulla spinalis).

Mit Ausnahme des Rückenmarks sind alle anderen Abschnitte Bestandteile des Gehirns (Encephalon, Cerebrum).

Großhirn (Telencephalon)

Das Großhirn ist der phylogenetisch jüngste Teil des Gehirns. Es besteht aus der **rechten** und der **linken Hemisphäre** (Hälfte), die durch eine kompakte Platte von Nervenfasern – dem Balken (Corpus callosum) – miteinander verbunden sind. Die Oberfläche des Großhirns ist die Großhirnrinde, die zur grauen Substanz gehört. Sie nimmt einen Anteil von etwa 0,4 der gesamten Gehirnmasse ein; letztere beläuft sich beim Neugeborenen auf etwa 340 Gramm, beim Erwachsenen auf annähernd 1500 Gramm und beim Greis auf ca. 1300 Gramm.

Die **Großhirnrinde** ist stark gefurcht; das ist Voraussetzung dafür, daß sie eine Gesamtfläche von etwa 2000 cm^2 einnehmen könnte, wenn sie voll entfaltet wäre. Sie besitzt eine kaum vorstellbar große Anzahl von Nervenzellen und noch mehr Gliazellen. Die Summe der Nervenzellen wurde auf 16 Milliarden geschätzt. Ein Mikroliter Hirnrinde (1 mm^3) enthält somit etwa 100000 Nervenzellen, von denen jede oft weit mehr als 1000 synaptische Kontakte zu anderen Zellen besitzt. Ein Anteil von 0,7 der Großhirnrinde liegt innerhalb der Furchen, der Rest von 0,3 an der Oberfläche.

Die Großhirnrinde läßt sich mikroskopisch in sechs Schichten untergliedern. Diese sind durch die Anhäufung bestimmter Zelltypen charakterisiert, die jeweils spezielle Aufga-

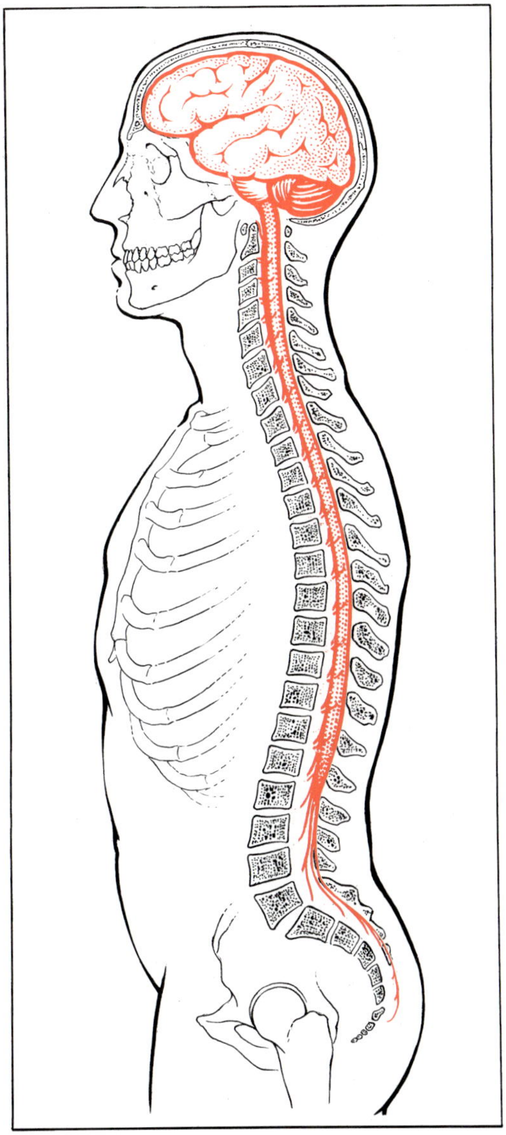

Bild 3.16 Zentrales Nervensystem

ben haben. Nähere Informationen dazu können aus den Lehrbüchern der Physiologie entnommen werden. Die Furchung der Großhirnrinde ist aus architektonischer Sicht bei allen Menschen annähernd gleich (Bild 3.17). Daraus ergeben sich auch interindividuell vergleichbare **Hirnwindungen** (Synonyma: Kortexfelder, Hirnrindenfelder, Rindenfelder, Areale). In diesen sind die zellulären Voraussetzungen für die Wahrnehmungen spezieller Funktionen lokalisiert –, die Zentren. Die Neuronen dieser Zentren haben entsprechend ihren jeweiligen Aufgaben synaptischen Kontakt mit ihnen zugeordneten tieferliegenden Strukturen.

So ist es zum Beispiel einleuchtend, daß die Nervenzellen des Sehzentrums Verbindungen zu den Rezeptoren der Netzhaut des Auges haben müssen. Darüber hinaus müssen aber noch Beziehungen zu anderen Bereichen vorhanden sein; zum Beispiel zum Zentrum für optische Erinnerung oder zu motorischen Arealen, damit gegebenenfalls eine Fluchtbewegung auf einen optischen Reiz hin eingeleitet werden kann. Das wiederum bleibt nicht ohne Folgen auf das vegetative Nervensystem; also muß es auch in diese Richtung zumindest indirekte – über Schaltneuronen realisierte – Verbindungen geben. Die Zentren selbst sind in ihren Funktionen hochspezialisiert. Sie erfüllen jeweils Teilaufgaben der gesamten Großhirnrinde. Einige dieser Zuordnungen können aus dem Bild 3.17 entnommen werden. So sind zum Beispiel die vordere Zentralwindung für die Einleitung der Willkürmotorik und die hintere Zentralwindung für die Wahrnehmung von Gefühlen „zuständig". Im Stirnlappen gibt es weitere motorische Zentren, zum Beispiel für die Sprache, für das Lesen und für das Schreiben. Bisher konnten an der menschlichen Großhirnrinde nahezu 200 Zentren gefunden werden, die sich in ihren jeweiligen Funktionen beeinflussen und ergänzen. Die Verbindung zwischen den Zentren der Großhirnrinde wird durch ein Leitungssystem (Fasersystem) gewährleistet. Es besteht aus den Fortsätzen – also den **Dendriten** und **Neuriten** – der Nervenzellen und ist so kompliziert verschaltet, daß eine völlige Klärung seines Verlaufs bisher noch nicht möglich war. Sämtliche Fortsätze aneinandergereiht würden eine Gesamtlänge von nahezu einer halben Million Kilometern ergeben. Das Fasersystem verläuft in der weißen Substanz des Großhirns, dem Mark. Seine Verbindungsfunktion besteht aus drei Komplexen. Dies sind:

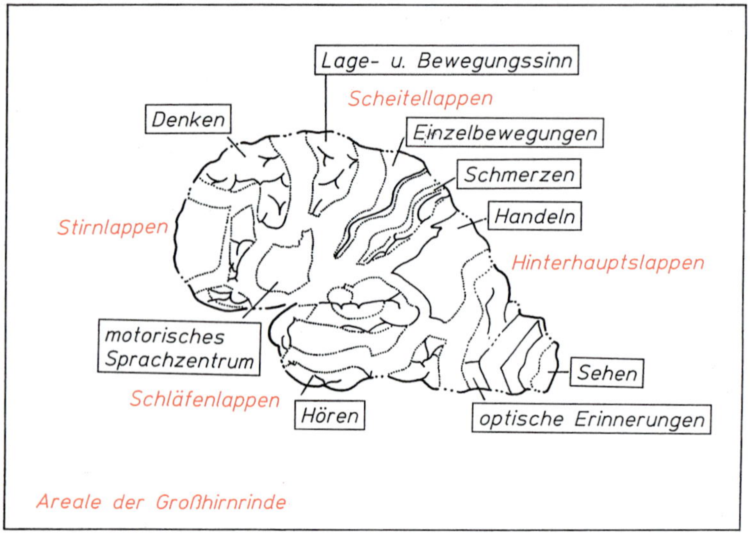

Bild 3.17 Lokalisation wesentlicher Zentren in der Großhirnrinde

- die Verschaltung verschiedener Großhirnzentren einer Hemisphäre untereinander durch Assoziationsbahnen;
- die Verbindung von Großhirnzentren mit gleichen Aufgaben in den beiden Hemisphären durch Kommissurenbahnen und
- die funktionelle Kopplung von Großhirnzentren mit nachgeordneten Strukturen des ZNS (z. B. mit dem Zwischenhirn, dem Kleinhirn oder dem Rückenmark) durch Projektionsbahnen.

Jede Faser des Systems kann nur einem dieser drei Komplexe angehören. Beim Erlernen und bei der Ausführung sportlicher Bewegungsabläufe spielen die aus der vorderen Zentralwindung abgehenden **Projektionsbahnen** eine wesentliche Rolle. Über sie werden die Signale zur Aktivierung der für die Tätigkeit wichtigen Muskelgruppen geleitet. Die Fasern verlaufen, nachdem sie noch im Gehirn einen Wechsel zur anderen Seite vollzogen haben, in der Pyramidenbahn des Rückenmarks und enden an der motorischen Vorderhornzelle mit synaptischem Kontakt (s. Kap. 2.1.2). Sie gehören dem sogenannten Pyramidensystem an.

Zwischenhirn (Diencephalon)

Alle Gehirnabschnitte, die nicht zum Großhirn oder Kleinhirn gehören, bilden den Hirnstamm, in welchem lebenswichtige Zentren lokalisiert sind.

Durch das Zwischenhirn wird die Verbindung des Hirnstamms zum Großhirn gewährleistet.

Die Lage des Zwischenhirns kann aus dem Bild 3.18 entnommen werden.

Morphologisch läßt es sich in zwei Hauptanteile gliedern; den **Thalamus** (Sehhügel) und den **Hypothalamus**. Auch die Zirbeldrüse und der Hypophysenhinterlappen (Neurohypophyse, s.3.2.3.1) sind Bestandteile des Diencephalons. Die funktionelle Bedeutung des Zwischenhirns ist vielfältig. In den ausgedehnten Kerngebieten des Thalamus werden die meisten Bahnen vom und zum Großhirn umgeschaltet. Die dort einlaufenden Erregungen werden moduliert und koordiniert; es entstehen Stimmungen und Gefühle wie Freude, Lust, Angst und Schmerz.

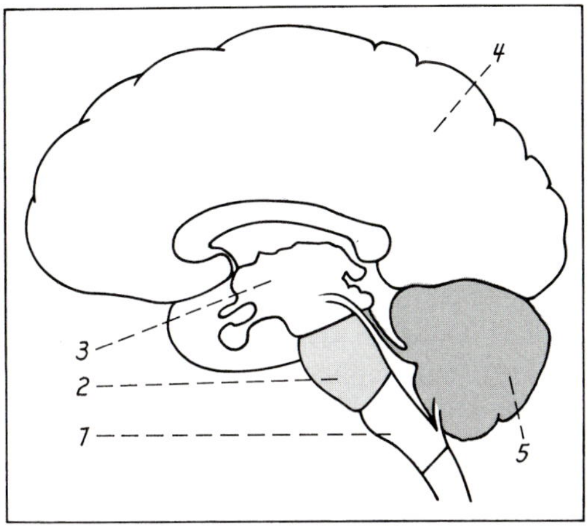

Bild 3.18 Gehirn im Längsschnitt. *1* Verlängertes Mark, *2* Mittelhirn, *3* Zwischenhirn, *4* Großhirn, *5* Kleinhirn

Weiterhin sind in einigen Kernen des Thalamus die Ursprungsbereiche (Neuronen) des extrapyramidalen Systems lokalisiert.

Der Thalamus arbeitet weitgehend selbständig und wird lediglich durch die Großhirnrinde in seinen Funktionen beeinflußt. Im Hypothalamus sind wichtige Zentren des vegetativen Nervensystems lokalisiert. Diese sind für die Aufrechterhaltung des inneren Milieus von Bedeutung. Sie sorgen zum Beispiel für eine weitgehende Konstanz des Elektrolyt- und Wassergehaltes im Organismus, regeln die Körpertemperatur und Stoffwechselprozesse.

Der Hypothalamus besitzt ausgedehnte nervöse Verbindungen zu übergeordneten (Großhirn) und nachgeordneten (z. B. Mittelhirn) Abschnitten und steuert über die Ausschüttung von Hormonen die Hypophyse (s. Kap. 3.2). Er ist darüber hinaus der Entstehungsort für emotionale Reaktionen.

Somit ist der Hypothalamus die Gehirnstruktur, in welcher die Koordinierung einerseits zwischen dem animalen und vegetativen Nervensystem und andererseits zwischen Nervensystem und Hormonsystem vollzogen wird.

Mittelhirn (Mesencephalon)

In diesem Gehirnabschnitt sind wesentliche Ursprungsgebiete des extrapyramidalen Systems lokalisiert. Zu ihnen gehört zum Beispiel der rote Kern (Nucleus ruber), der für den Ablauf unwillkürlicher und automatisierter Bewegungen von Bedeutung ist. Das Mittelhirn ist darüber hinaus die Schaltstelle für akustische und optische Reflexbahnen und hat Einfluß auf die Haltung des Menschen und seine Stellung im Raum.

Kleinhirn (Cerebellum)

Wie beim Großhirn kann man auch am Kleinhirn eine weiße Markschicht (überwiegend Nervenbahnen) von einer grauen Rindenschicht (Zellkörper der Nervenzellen) abgrenzen. Das Kleinhirn spielt eine überragende Rolle bei der Koordinierung aller Muskelaktivitäten und Bewegungsabläufe. Es beeinflußt also die willkürlichen Muskelaktionen genauso wie die automatisierten Bewegungsabläufe, die Balance, die Haltung, die Koordination oder den Muskeltonus. Es ist funktionell eng verbunden mit der vorderen Zentralwindung (Willkürmotorik) des Großhirns und den Zentren des extrapyramidalen Systems.

Verlängertes Mark (Medulla oblongata)

Im verlängerten Mark sind lebenswichtige Zentren lokalisiert. Diese steuern zum Beispiel des Herzkreislaufsystem und das Atemsystem. Hier liegen auch die Ursprungskerne für die zwölf **Hirnnervenpaare**.

Rückenmark (Medulla spinalis)

Das Rückenmark schließt sich direkt an das verlängerte Mark an und stellt in der Hierarchie der Bestandteile des ZNS die unterste

Ebene dar. Es liegt im Wirbelkanal (s. Lehrbuch Anatomie). Seine zellkörperreiche graue Substanz hat in der Aufsicht die Form eines Schmetterlings und wird von der weißen Substanz, die überwiegend aus Nervenfasern besteht, umgeben. In der grauen Substanz können neben einem zentral gelegenen Anteil je ein paarig angelegtes **Vorderhorn** und **Hinterhorn** erkannt werden (Bild 3.19).

Im Vorderhorn befinden sich überwiegend die Nervenzellen, deren Neuriten (motorische oder efferente Nerven) Erregungen in die Peripherie leiten. Sie heißen motorische Vorderhornzellen oder Motoneurone. Die Zellen des Hinterhorns erhalten von den Neuriten der Rezeptoren (sensible oder afferente Nerven) Signale aus der Peripherie.

Die weiße Substanz enthält gebündelte Leitungsbahnen, die Erregungen entweder in höher gelegene Zentren (z. B. in das Großhirn) oder in die Gegenrichtung (z. B. in die Peripherie zu einem Muskel) leiten. Jede Bahn (Tractus) führt entweder zu bestimmten Gehirnabschnitten oder kommt von dort. Sie hat deshalb auch jeweils spezielle Aufgaben zu erfüllen.

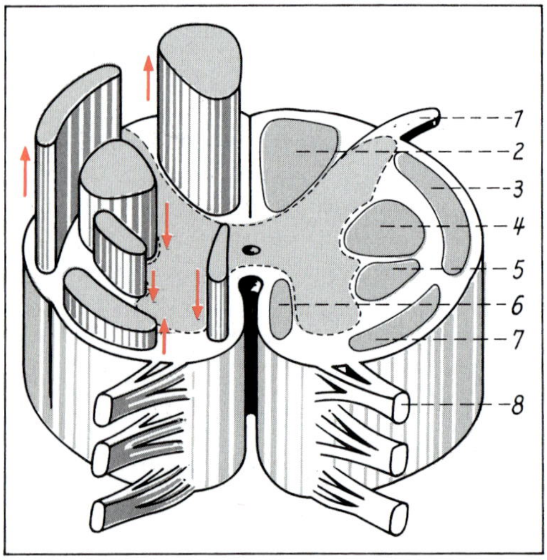

Bild 3.19 Rückenmark in der Aufsicht. *1* Hinterwurzel, *2* Hinterstränge, *3* Kleinhirnseitenstränge, *4* Pyramidenbahn (gekreuzt), *5* extrapyramidale Bahnen, *6* Pyramidenbahn (ungekreuzt), *7* Vorderseitenstränge, *8* Vorderwurzel

In Rückenmark gehen das zentrale und das periphere Nervensystem ineinander über. Durch die Zwischenwirbellöcher treten Nervenbündel entweder ins Hinterhorn ein (hintere Wurzel) oder aus dem Vorderhorn heraus (vordere Wurzel). Außerhalb des Wirbelkanals laufen beide Faserqualitäten gebündelt wie ein Kabel; innerhalb des Kanals sind afferente und efferente Bahnen getrennt (Bild 3.20).

3.1.2.2 Peripheres Nervensystem

Alle außerhalb von Gehirn und Rückenmark liegenden Bestandteile des Nervensystems gehören dem peripheren Nervensystem an. Es besteht aus Nerven und Nervenzellen. Nerven sind **gebündelte Neuriten**, die Informationen zwischen der Peripherie und dem ZNS übertragen. Sie sind entweder marklos oder mit einer Markscheide umgeben (s. Kap. 3.1.1). Nerven, die Informationen aus der Peripherie zum ZNS übermitteln (d. h. in die Hinterwurzel des Rückenmarks führen), heißen **afferente** oder **sensorische** (auch sensible oder zentripetale) **Nerven**.

Leiten sie die Erregung von der Vorderwurzel in die Peripherie, dann sind es efferente bzw. zentrifugale oder motorische (bei der Innervation von Drüsen: sekretorische) Nerven. Die Nervenzellen des peripheren Nervensystems finden wir hauptsächlich konzentriert in den Nervenzellknoten (Ganglien) vor. Sie sind aber auch in den Sinnesorganen oder als Rezeptoren (z. B. Tastkörperchen) in weniger starker Häufung anzutreffen.

Funktion des Nervensystems

Obgleich jede unserer etwa 15 Milliarden Nervenzellen für sich eine strukturelle Ein-

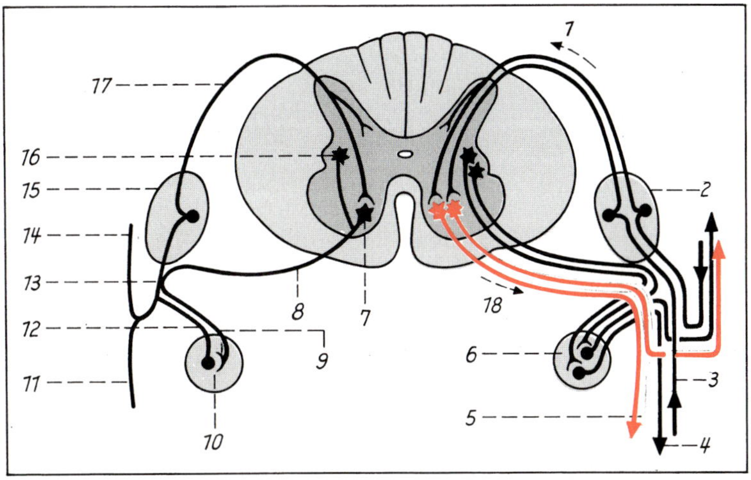

Bild 3.20 Rückenmarkwurzeln. *1* Hinterwurzel, *2* Spinalganglion, *3* sensible Fasern, *4* sympathische Fasern, *5* motorische Fasern, *6* Grenzstrangganglion, *7* Vorderhorn (motorisch), *8* Radix ventralis, *9* Ramus communicans albus, *10* Grenzstrangganglion, *11* Ramus ventralis, *12* Ramus communicans griseus, *13* Spinalnerv, *14* Ramus dosalis, *15* Spinalganglion, *16* Seitenhorn (sympathisch), *17* afferente Fasern, *18* efferente Fasern

heit darstellt, ist sie doch durch ihre zahlreichen Fortsätze mit anderen Zellen so innig verbunden, daß ihre Funktion nie losgelöst von den übrigen Anteilen des Nervensystems möglich ist. Einzelne Neurone stehen oft mit tausend und mehr anderen Nervenzellen in synaptischem Kontakt. Sie müssen also ständig Signale aufnehmen, analysieren und verarbeiten. Die ungeheure Anzahl der möglichen Verschaltungen von Zellen innerhalb des Nervensystems bewirkt, daß sich viele Bereiche desselben gegenseitig direkt oder indirekt beeinflussen.

Trotz der Vielzahl von Signalen, die an einer einzelnen Nervenzelle eintreffen können, hat diese nur zwei Möglichkeiten, darauf zu antworten: sich zu erregen (Depolarisation der Zellmembran) oder sich nicht zu erregen (Hyperpolarisation beim Eintreffen eines IPSP der Hypopolarisation durch ein EPSP).

Trotz der Tatsache, daß nur diese beiden Möglichkeiten als Folge des Eintreffens von Signalen bestehen, nimmt das Nervensystem eine Fülle von Aufgaben wahr. Nach Schadé lassen sich diese Aufgaben in drei Gruppen zusammenfassen:

- Integration aller Organfunktionen zum Individuum;
- Befähigung des Individuums zur Regulierung seiner Beziehungen zur Umwelt;
- Herstellung der Verbindung zwischen Körper und Geist.

Wir wollen uns bei der Erläuterung der Arbeitsweise des Nervensystems auf die Darlegung von Grundzügen der motorischen Lernprozesse beschränken. Jede Tätigkeit der Skelettmuskulatur wird durch Signale aus dem ZNS ermöglicht und kontrolliert. Obgleich die Skelettmuskulatur in ihrer Arbeit durch unseren Willen beeinflußt werden kann, laufen viele Muskelaktivitäten ab, ohne daß wir sie ständig bewußt steuern oder registrieren. Dazu gehören zum Beispiel die Atemtätigkeit und die Haltearbeit der Rumpfmuskulatur. Die Signale für die Muskeltätigkeit gehen also nicht immer von der Großhirnrinde aus. Ebensowenig erhält die Großhirnrinde ständig Informationen über den Aktivitätszustand der Muskulatur. Denn einige Funktionen der Muskelsteuerung können und müssen von tieferliegenden Abschnitten des ZNS übernommen werden (Bild 3.21).

Das geht jedoch nur, wenn bestimmte Bewegungsprogramme (Bewegungsmuster) vorliegen, die im weiteren Sinne als Reflexmechanismen bezeichnet werden können.

Nur ein geringer Teil dieser Bewegungsmuster ist schon bei der Geburt angelegt; der größere muß im Laufe des Lebens entwikkelt werden. Dazu sind Übung und Training erforderlich. Wir beobachten zum Beispiel die Herausbildung von Bewegungsprogrammen (motorischen Fähigkeiten bzw. Bewegungsfertigkeiten) sowohl bei einem Kind, das gerade das Laufen erlernt hat, als auch bei einem Turner, der sich einen komplizierten Abgang vom Reck erarbeitet. Die Ansteuerung der dafür zu aktivierenden Motoneurone im Vorderhorn des Rückenmarks kann von unterschiedlichen Strukturen des ZNS ausgelöst werden. Dazu gehören zum Beispiel die Großhirnrinde, das Mittelhirn,

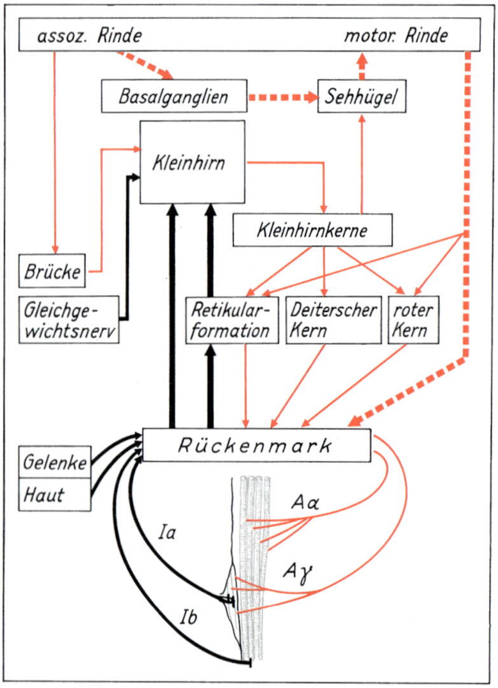

Bild 3.21 Steuerung der Muskeltätigkeit durch tiefere Strukturen (nach Küchler)

das Kleinhirn oder afferente Signale aus dem Rückenmark selbst (s. Bild 3.21). All diesen Vorgängen liegen also Reflexmechanismen zugrunde, die im folgenden erläutert werden sollen.

Reflexe

Ein Reflex ist die unwillkürliche und gesetzmäßig ablaufende Antwort des Organismus auf einen Reiz.

Aus dieser Definition ist zu entnehmen, daß der Reiz einen Rezeptor erregt haben muß, daß die Erregung zum ZNS (Rückenmark bzw. Gehirn) geleitet und daß von dort das Signal für eine sinnvolle Reaktion ausgelöst wurde.

Das Funktionieren eines Reflexes ist also von der Existenz eines sogenannten Reflexbogens abhängig. Die Mindestbestandteile eines Reflexbogens sind (Bild 3.22):

- Der Rezeptor (Sinnesorgan, Organ der Reizaufnahme) mit seinem Neuriten, der als
- afferenter Schenkel oder Nerv bezeichnet wird und eine Erregung bis ins Rükkenmark weiterleitet. Über ein Schaltneuron wird nun eine zweite Nervenzelle aktiviert, deren Neurit als
- efferenter Schenkel bezeichnet wird und
- zum Effektor (Erfolgsorgan) führt. Als Effektor kommen Muskeln oder Drüsen in Betracht.

Reflexe können nach verschiedenen Gesichtspunkten klassifiziert werden:

- Unbedingte (angeborene) Reflexe: Sie sind bereits bei der Geburt vorhanden, also Bestandteil der genetischen Ausstattung und damit vererbbar.
- Bedingte (erworbene) Reflexe: Sie müssen erst im Verlaufe der Auseinandersetzung des Organismus mit seiner Umwelt herausgebildet werden.

Angeborene Reflexe dienen vor allem der Nahrungsaufnahme und dem Schutz. Zu ihnen gehören zum Beispiel: der Schluckreflex, der Niesreflex, der Hustenreflex, die Muskeleigenreflexe, die Gleichgewichtsreflexe, der Lidschlußreflex und die Drüsensekretion auf reflektorischer Grundlage.

Unbedingte Reflexe können darüber hinaus in Eigen- und Fremdreflexe unterteilt werden.

Bei den Eigenreflexen liegen der Rezeptor und die antwortgebende Struktur (Effektor) in einem Organ. Fremdreflexe sind dadurch charakterisiert, daß sich Rezeptor und Effektor nicht im gleichen Organ befinden (Tabelle 3.4).

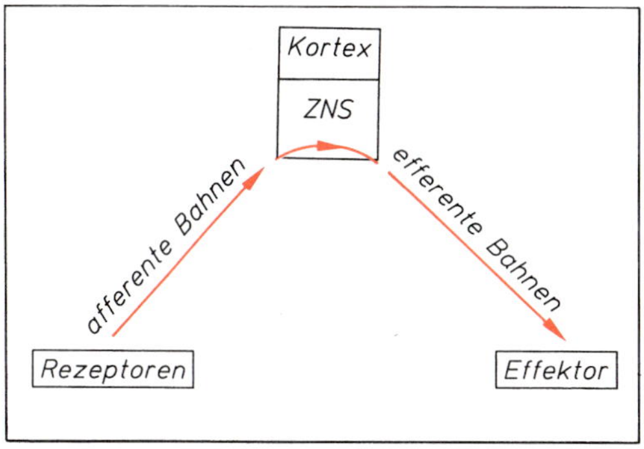

Bild 3.22 Reflexbogen (nach Wissensspeicher Biologie)

Tabelle 3.4 Wesentliche Unterscheidungsmerkmale zwischen Eigen- und Fremdreflexen

	Eigenreflex	Fremdreflex
Reiz- und Erfolgsorgan	identisch	nicht identisch
Zahl der Synapsen	wenige (oft nur eine)	viele
Reflexzeit	kurz (11–15 ms)	lang (20–180 ms)
Reizantwort	Einzelzukkung	tetanische Kontraktion
Ermüdbarkeit	gering	stärker
Summation und Bahnung	gering	stärker
Beeinflussung anderer Erfolgsorgane	fehlt	steigt mit Zunahme der Reizstärke

Ein typischer Eigenreflex ist der Kniesehnenreflex (Bild 3.23). Durch passive Dehnung des vierköpfigen Schenkelstreckers bei Schlag auf die Patellarsehne werden seine Muskelspindeln erregt. Die Erregung wird mit einer Kontraktion der extrafusalen Muskelfasern beantwortet. Die Zeit zwischen der Einwirkung des Reizes und seiner Beantwortung (Reflexzeit) ist kurz, weil der Vorgang nur über eine oder wenige Synapsen abläuft. Als Beispiel für einen angeborenen Fremdreflex mag der Lidschlußreflex dienen: Bei Reizung der Hornhaut des Augapfels durch einen Fremdkörper (z. B. ein Sandkorn) reagiert die Muskulatur des Au-

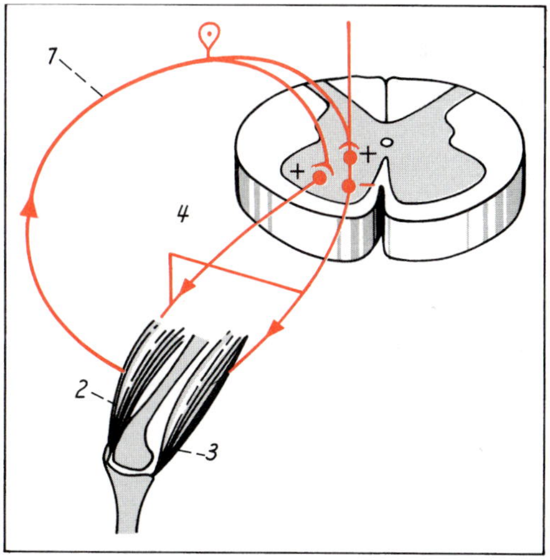

Bild 3.23 Darstellung eines Eigenreflexes am Beispiel des Patellarsehnenreflexes. *1* afferente Nervenfasern, *2* Strecker, *3* Beuger, *4* motorische Nervenfaser

genlides, das sich ohne Steuerung durch unseren Willen schließt.

Bei den Fremdreflexen laufen die reflektorischen Vorgänge stets über mehrere Synapsen ab. Die Zeit zwischen Reizeinwirkung und Reizbeantwortung ist deshalb länger als beim Eigenreflex.

Erworbene oder bedingte Reflexe bilden sich im Verlaufe der Entwicklung durch Lernvorgänge aus. Dazu ist die wiederholte Einwirkung von Reizen erforderlich. Die Entwicklung von bedingten Reflexen ist im motorischen Bereich für die Ausbildung von Koordinationsfähigkeit, Geschicklichkeit und anderen Fertigkeiten von Bedeutung. So ist zum Beispiel ein Kind nicht in der Lage, beim ersten Kontakt mit einem Ball diesen zu fangen. Es muß diese Fertigkeit erst entwickeln. Es müssen sich also Reflexbahnen herausbilden, welche die Wahrnehmungen über den Rezeptor Netzhaut mit den Aktivitäten der für das Fangen zuständigen Muskulatur koordinieren. Dazu ist eine Vielzahl von Fangversuchen erforderlich. Erst wenn die Reflexbahn voll ausgebildet ist, kann der Ball nahezu „automatisch" gefangen werden. Das Kind beurteilt dann zum Beispiel schon im Unterbewußtsein die Flugbahn des Balles und begibt sich in die günstigste Position, um ihn zu erwarten. Im Prozeß der Herausbildung dieses Reflexgeschehens werden immer mehr motorische Aufgaben von der Großhirnrinde auf tiefer gelegene Strukturen übertragen. Mit dem Automatisierungsgrad einer Bewegung nimmt auch der Anteil der über das extrapyramidale System geleiteten Signale zu. Dadurch können die Großhirnrinde und die Pyramidenbahn entlastet werden bzw. andere Aufgaben übernehmen.

Motorischer Lernvorgang (Entwicklung eines motorisch-dynamischen Stereotyps)

Die Herausbildung von Bewegungsfertigkeiten läßt sich nach Simkin in mehrere Phasen unterteilen:

- **Generalisationsphase**: Will zum Beispiel ein Sportler ein neues Übungselement erlernen, dann muß er sich zuerst mit den einzelnen Bestandteilen desselben vertraut machen. Danach wird er versuchen, diese Elemente miteinander zu verbinden. Zu Beginn des Lernprozesses muß er fast jede Teilbewegung bewußt kontrollieren. Die meisten Signale für die Ansteuerung der motorischen Vorderhornzellen verlaufen also von der Großhirnrinde (vordere Zentralwindung) über die Pyramidenbahn.

Diese Form der Bewegungssteuerung ist aus folgenden Gründen unökonomisch:

- Es werden noch zu viele für die Bewegungsaktion unnötige Muskeln eingesetzt.
- Bahnungs- und Hemmungsprozesse sind noch nicht optimiert. Dadurch kann die Bewegung noch nicht flüssig und locker durchgeführt werden.
- Daraus ergibt sich ein erhöhter Substratverbrauch und Sauerstoffbedarf. Das läßt sich nur über eine verstärkte Aktivierung des Herzkreislaufsystems und des Stoffwechsels ausgleichen.

- **Konzentrationsphase**: Auf bedingt reflektorischem Weg bilden sich im Laufe des Lernprozesses relativ stabile Verbindungen zwischen der Großhirnrinde und den übrigen motorischen Zentren (z. B. Thalamus, Kleinhirn) aus. Für den Bewegungsvorgang unnötige Muskeln werden in zunehmendem Maße aus dem Aktivierungsmuster herausgenommen; der Anteil der über das extrapyramidale System laufenden Signale nimmt zu. Damit steigt der Automatisierungsgrad der Bewegung. Bahnungs- und Hemmungsprozesse werden immer besser aufeinander abgestimmt. Jedoch sind die entstandenen reflektorischen Beziehungen noch nicht stabil. Sie können sich leicht wieder lösen, zum Beispiel wenn der Sportler das Training unterbrechen muß. Spätestens in dieser Phase ist es auch erforderlich, mögliche Fehler im Bewegungsablauf zu korrigieren: Danach lassen sich technische Mängel nur noch sehr schwer oder gar nicht mehr beseitigen.

- **Stabilisierungphase**: Die in der Konzentrationsphase entwickelten Bewegungs- und Koordinationsmuster können durch weiteres Üben so vertieft werden, daß die reflektorischen Beziehungen immer stärker ausgeprägt werden. Die Ökonomie der Bewegung nimmt weiter zu. Daraus ergibt sich auch ein geringerer Substrat- und Sauerstoffbedarf für dieselbe Übung im Vergleich zur Generalisationsphase: Das Herzkreislaufsystem wird somit auch nicht mehr in dem Umfang gefordert wie vorher. Wir sprechen in diesem Stadium auch von einer Automatisierungsphase, weil der Bewegungsablauf durch ein Netz bedingt reflektorischer Mechanismen so vorprogrammiert ist, daß er durch einen Auslösereiz aus der Großhirnrinde in Gang gesetzt werden und sich ohne die Kontrolle durch dieselbe vollziehen kann (aber nicht muß).

Steuerungsebenen der Sensomotorik

Versuchen wir, die bisherigen Ausführungen zur Steuerung der Motorik von einem anderen Standpunkt her zusammenzufassen. Obgleich unsere Großhirnrinde alle Handlungen steuern und überwachen kann, sind auch die tiefer liegenden Strukturen des ZNS in der Lage, motorische Aktivitäten auszulösen und zu kontrollieren.

- **Spinale Ebene**: Auf der Ebene des Rückenmarks (Medulla spinalis), das ja funktionell mit den Muskelfasern eng verbunden ist (s. S. 101), lassen sich nach Küchler eine Reihe von Teilfunktionen bei der Steuerung der Sensomotorik erkennen (Bild 3.24). Auf spinaler Ebene laufen danach folgende Aktivitäten ab:
  - Einfache Reflexe mit Schutz- und Abwehrcharakter,
  - Regulierung der Muskelspannung,
  - Kontrolle der Muskellänge,
  - Bahnungs- und Hemmungsprozesse für elementare Bewegungsprogramme (Gehen, koordiniertes Laufen ohne Signale aus höherliegenden Zentren oder aus der Peripherie),
  - Adaptationsvorgänge zur Angleichung von Informationen aus der Peripherie (z. B. von einer Muskelspindel oder einem Gelenkrezeptor) an den Bewegungsablauf.
- **Supraspinale Ebene:** Hiermit sind die oberhalb des Rückenmarks liegenden Anteile des ZNS, also das Gehirn gemeint: Im Bereich des Hirnstammes werden unter anderem folgende motorische Aktivitäten gesteuert:
  - Stabilisierung der Haltung und des Standes,
  - Aktivierung des Muskeltonus;
  - Koordinierung des Muskeltonus.

Diese Leistungen dienen vor allem der Realisierung der **Stützmotorik**.

Die Stützmotorik (Haltungsmotorik) ist für die Überwindung der Schwerkraft und für die Aufrechterhaltung des Gleichgewichts unseres Körpers von großer Bedeutung.

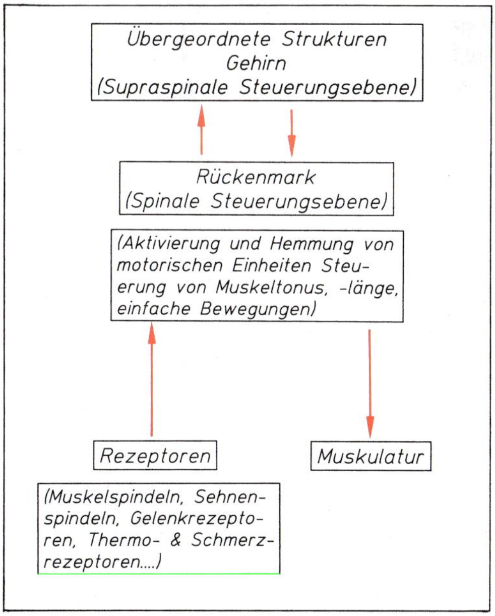

Bild 3.24 Steuerungsebenen der Motorik

Sie wird teilweise bereits auf spinaler Ebene realisiert. Neben der Stützmotorik ist die **Handlungsmotorik** (Zielmotorik) zu erwähnen.

Wenn eine Bewegung ausgeführt werden soll, dann muß eine Koordinierung der Handlungsmotorik mit der **Stützmotorik** erfolgen. Auch diese Koordinierung findet im Hirnstamm statt.

Dazu ein Beispiel: Wird an eine Tafel etwas geschrieben, dann sorgt die Stützmotorik dafür, daß der Arm des Schreibenden nicht der Schwerkraft folgend nach unten fällt. Die **Zielmotorik** hingegen ist für die Bewegungen zuständig, die das Schriftbild formen. Im Kleinhirn werden nach Küchler folgende Leistungen für die Steuerung der Motorik realisiert:

- Koordination von Stütz- und Zielmotorik,
- Einleitung von Kurskorrekturen für die Zielmotorik,
- Integration und Koordination der gesamten Stützmotorik,
- Speicherung von Bewegungsprogrammen für die schnelle Zielmotorik.

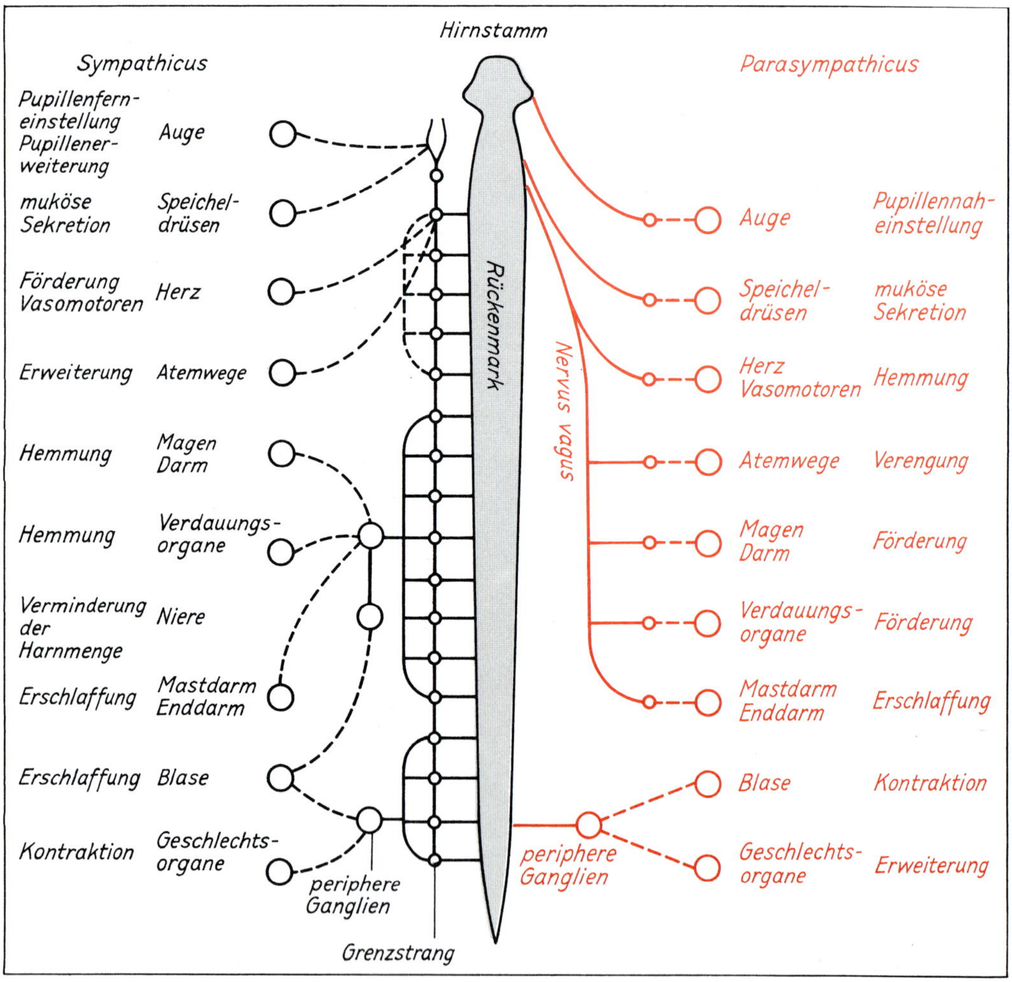

Bild 3.25 Vegetatives Nervensystem. Ursprungs- und Versorgungsgebiete (nach Findeisen)

Die motorischen Areale der Großhirnrinde haben bereits in der Vorbereitung einer motorischen Handlung wesentliche Funktionen zu erfüllen. Für eine zielgerichtete Handlung sind zum Beispiel die Motivation (Handlungsantrieb), die Planung der Handlung und die Programmierung der Handlung Voraussetzung. Darüber hinaus ist die Großhirnrinde das Steuerzentrum, das eine Bewegung in Gang setzt und lenkt.

Nur der Vollständigkeit halber soll nochmals erwähnt werden, daß sich alle Steuerungsebenen der Motorik gegenseitig beeinflussen und ergänzen.

3.1.2.3 Vegetatives Nervensystem

Es wird daran erinnert, daß wir unter funktionellen Gesichtspunkten das Nervensystem in einen animalen (somatischen), d. h. durch den Willen beeinflußbaren, und in einen vegetativen, dem Willen nicht unterworfenen (autonomen), Anteil untergliedern können.

Das vegetative Nervensystem nimmt vorrangig Signale aus dem Körperinneren auf und leitet Reaktionen ein, die der Aufrechterhaltung oder Wiederherstellung des inneren Milieus dienen.

Animales und vegetatives Nervensystem sind in ihrer Funktion eng gekoppelt; haben doch beide die Aufgabe, die Beziehungen des Organismus mit seiner Umwelt zu regulieren. Das VNS besitzt wie das animale Nervensystem zentrale und periphere Abschnitte (Bild 3.25 sowie Lehrbücher Anatomie und Physiologie). Es besteht funktionell aus zwei Teilsystemen; einem sympathischen und einem parasympathischen Anteil. Obgleich diese Anteile aus vielen einzelnen Nervenfasern bestehen, die sich innerhalb anderer Nerven oder im Verlauf von Gefäßen ausbreiten (diese oft als feines Geflecht umspinnen), werden sie umgangssprachlich als der Sympathikus und der Parasympathikus bezeichnet. Die Nervenfasern beider Anteile gelangen nach ihrem Austritt aus dem ZNS nicht direkt zum Erfolgsorgan. Sie enden mit

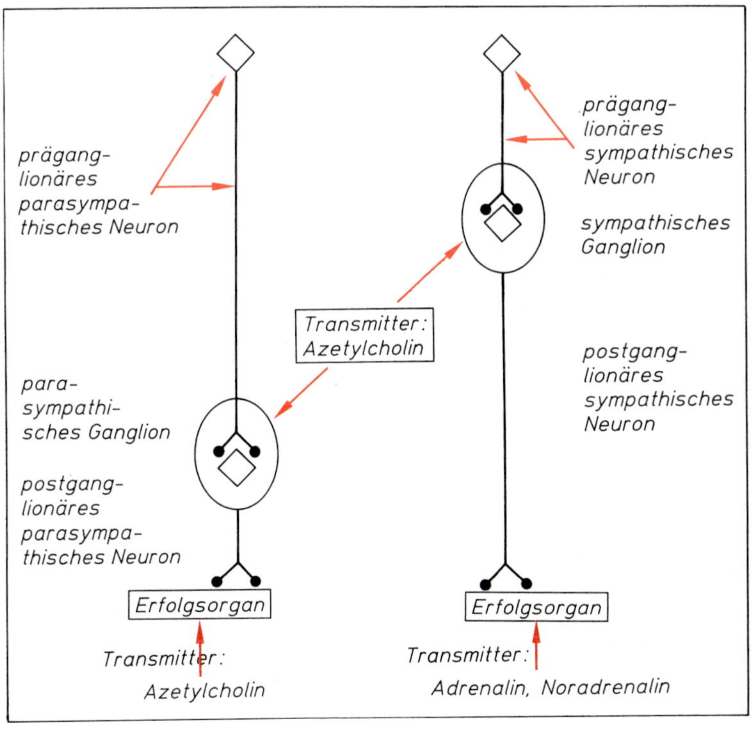

Bild 3.26 Erregungsübertragung im vegetativen Nervensystem

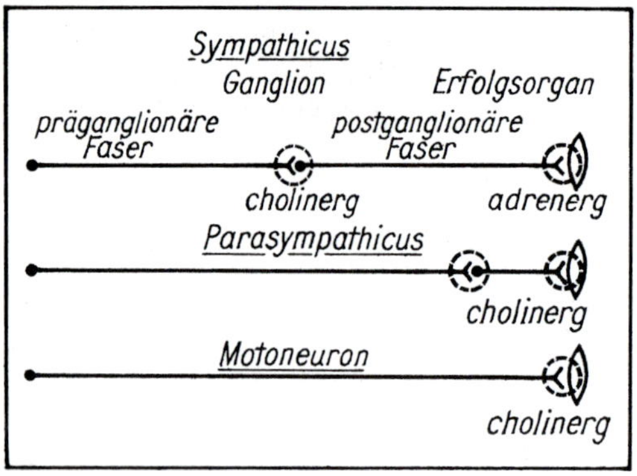

Bild 3.27 Regelungen durch das vegetative Nervensystem (nach Schadé)

synaptischem Kontakt an anderen vegetativen Nervenzellen. Die sympathischen Fasern schalten am Grenzstrang auf ein zweites Neuron um (Bild 3.26), während die parasympathischen Anteile entweder in Nervengeflechten oder in der Nähe des Erfolgsorgans die Erregungen auf ein weiteres Neuron übertragen. Erst das zweite Neuron löst nach seiner Erregung Reaktionen am Erfolgsorgan aus (Bild 3.27).

Als Transmittersubstanz wird an den Synapsen zum zweiten Neuron Acetylcholin ausgeschüttet. An der Synapse zwischen dem zweiten Neuron und dem Erfolgsorgan (glatte Muskulatur, Herzmuskulatur oder Drüse) wird im parasympathischen Anteil ebenfalls Acetylcholin, im sympathischen Anteil jedoch entweder Acetylcholin (Nebennierenmark, Schweißdrüsen) oder Adrenalin (Verdauungsorgane, Herz, Lunge) ausgeschüttet. Die meisten Organe werden sowohl sympathisch als auch parasympathisch innerviert. **Sympathikus** und **Parasympathikus** passen somit gemeinsam die Aktivität der einzelnen Organe den jeweiligen bestehenden Erfordernissen an.

Der Sympathikus überwiegt, wenn der Organismus in eine Alarmsituation (in weitestem Sinne) versetzt wird; der Parasympathikus dominiert in der Erholungsphase.

Als Alarmsituation zählen zum Beispiel Erregung, Angst, Freude und körperliche Belastung. Alle Organe und Systeme, die in solchen Phasen besonders beansprucht sind, werden durch den Sympathikus auf diese Anforderungen eingestellt. Dazu gehören das Herzkreislaufsystem, das Atemsystem, das hormonelle System und die arbeitende Muskulatur. Diese Systeme werden auch auf Kosten der übrigen Organe besser durchblutet als vorher. Der Organismus wird dadurch in die ergotrope Phase versetzt (s. Kap. 1.1). Wenn für den Organismus der Alarmzustand beendet ist, dann setzt die Erholungsphase ein. Die Aktivität des Sympathikus klingt ab, und der Parasympathikus beginnt, seinen Einfluß zu verstärken.

Es kommt jetzt darauf an, die während der Belastung entleerten Speicher wieder aufzufüllen, Stoffwechselschlacken abzutransportieren, kurz: den Organismus wieder in die Homöostase zurückzuführen.

Tabelle 3.5 Einige Wirkungen der vegetativen Nerven, die den ergotropen Effekt des Sympathikus und den trophotropen Effekt des Parasympathikus widerspiegeln sollen

	Wirkung des Sympathikus	Wirkung des Parasympathikus
Herz		
– Frequenz	beschleunigt	verlangsamt
– Kontraktionskraft	erhöht	vermindert
– Sauerstoffverbrauch	erhöht	vermindert
Lunge		
– Bronchien	erweitert	verengt
Darm		
– Peristaltik	gehemmt	gefördert
– Durchblutung	gehemmt	ermöglicht
Harnblase		
– Entleerung	gehemmt	ermöglicht

Somit fördert der Parasympathikus die Aktivität und damit auch die Durchblutung all jener Organe und Systeme, die an den Wiederherstellungsprozessen beteiligt sind bzw. die nur in der Ruhepause arbeiten sollten.

Dazu gehören das Verdauungssystem, die Leber und die Nieren sowie Organe mit Ausscheidungsfunktion (Harnblase, Mastdarm, Gebärmutter): Die während der Alarmphase belasteten Systeme werden in ihrer Aktivität gedrosselt (Tabelle 3.5), ihre Durchblutung vermindert sich; der Organismus ist in der trophotropen Phase (s. Kap. 1.1). Es wäre nicht korrekt, wollte man Sympathikus und Parasympathikus lediglich als Gegenspieler betrachten. Beide Anteile des VNS ergänzen sich vielmehr in ihrer Wirkung. In manchen Situationen sind beide gleichermaßen oder in unterschiedlichem Grade aktiviert. So stellen wir zum Beispiel in der Vorstartphase oder beim sogenannten Lampenfieber sowohl sympathische (erhöhte Herzfrequenz, erhöhter Blutdruck) als auch parasympathische Aktivierungszeichen (Stuhldrang) fest. Für die Realisierung einer hohen sportlichen Leistung ist jedoch ein optimales Zusammenspiel beider Partner von großer Wichtigkeit.

Vegetative Fehlsteuerungen

Vegetative Fehlsteuerungen erschweren die Umstellung des Organismus von der Ruhe- in die Belastungsphase und umgekehrt. Die Kinder leiden zum Beispiel beim raschen Aufstehen aus liegender oder hockender Position unter Kollapsneigung. Wohldosierte körperliche Belastung im Ausdauerbereich kann sich hier sehr günstig auswirken.

Es gibt aber auch Krankheiten, die sich in einer gestörten Harmonie zwischen Sympathikus und Parasympathikus äußern können. So kann zum Beispiel eine Überempfindlichkeit (Allergie) gegenüber bestimmten Eiweißen (z. B. Pollen) zum Bronchialasthma führen. In dem Falle überwiegt der Parasympathikus gegenüber dem Sympathikus so stark, daß daraus eine krankhafte Verengung der Bronchien mit Luftnot und Absonderung eines zähen Sekrets resultiert.

Krampfartige Verengungen der Herzkranzgefäße durch Erhöhung der Aktivität des Parasympathikus können eine akute Sauerstoffnot am Herzmuskel oder sogar den Eintritt von Gewebstod (Myokardinfarkt) zur Folge haben. Die Ursachen dafür sind meistens Bewegungsarmut in Verbindung mit psychischer Überbelastung, Fehlernährung und Genußmittelmißbrauch.

Aber auch eine Dominanz des Sympathikus kann Störungen verursachen oder Ausdruck von Krankheiten sein. Die Fehlsteuerung äußert sich hier in Nervosität, Unruhe und fehlender Ausgeglichenheit.

Wie ein mit zu hoher Ruhedrehzahl laufender Motor arbeiten hier Herzkreislaufsystem, Atmung und Stoffwechsel auf einem viel zu hohen Niveau auch in der Ruhephase. Häufig wird eine solche sympathikotone Lage durch eine Überfunktion der Schilddrüse erzeugt (s. 3.2.3.3). Auch das ist ein Zeichen dafür, wie eng das Nervensystem mit dem hormonellen System als neurohormonelles System zusammenwirkt. Obgleich im Fall der Schilddrüsenüberfunktion eine kausale Behandlung an diesem Organ ansetzen muß, ist auch hier eine dosierte körperliche Ausdauerbelastung bei niedriger Intensität ein wirksames Mittel zur Linderung der unangenehmen subjektiven Symptome.

3.1.3 Ausgewählte Aspekte der Sinnesphysiologie

Von *A. Niklas, W. Giebel*

Für die Anpassung des Organismus an die Umwelt und an sportliche Belastungen ist die ständige Informationsaufnahme physikalischer und chemischer Reize verschiedener Art, Intensität und zeitlichen Verhaltens durch die Sinnesorgane aus der Umgebung des Körpers und aus seinem Inneren (z.B.

Informationen über Muskeltonus, Stellung der Gelenke) von großer Bedeutung. Sinnesempfindungen sind Bewußtseinskorrelate dieser Informationen. Sie ermöglichen damit auch die kontrollierte Durchführung von Willkürbewegungen und die Ausprägung von Verhaltensweisen.

Reiz- und Empfindungsparameter stehen in einem engen Zusammenhang, sind jedoch nicht identisch.

Die den Empfindungen entsprechenden Reize bedingen qualitativ unterscheidbare Sinneserlebnisse, die durch Intensität, Raum und Zeit charakterisiert sind. Die Aufnahme und Weiterleitung von **Informationen** erfolgt durch dafür besonders konstruierte Zellen, die als Rezeptoren (sensible oder sensorische Endorgane, Endapparate, Meßfühler, Steuerorgane, Steuerglieder) bezeichnet werden. Sie sind für spezielle (adäquate) Reize ausgelegt und wirken als Signalwandler. Sie übersetzen die Reizparameter in eine dem Nervensystem verständliche Sprache. Das geschieht durch Umwandlung ihres Membranpotentials in ein **Aktionspotential**, das als Impulsfolge umkodiert über afferente (aufsteigende) Nervenfasern den informationsverarbeitenden Neuronensystemen des Gehirns mitgeteilt wird. Hier entsteht durch die Tätigkeit der Nervenzellen die **bewußte Empfindung**.

Die Empfindungen, die unsere Sinne vermitteln, sind spezifisch und unverwechselbar und bedürfen keiner weiteren Erfahrungen, um gegeben zu sein.

So werden Geruch und Schmerz ebensowenig verwechselt wie Geräusch und Licht. Diesen unterschiedlichen Sinnesempfindungen entsprechen neurophysiologische Vorgänge in separaten **funktionellen Systemen**. Die Gesamtheit einer Rezeptorengruppe oder mehrerer verschiedener Gruppen mit den dazugehörigen verarbeitenden Neuronensystemen im Gehirn bezeichnet man als **Analysatoren** *oder* **sensorische Systeme**. Die Zahl der Rezeptortypen in einem Organismus ist begrenzt. Daher besitzen keineswegs alle möglichen einwirkenden Reize ein subjektives Empfindungskorrelat. So werden beispielsweise weder Radiowellen oder Röntgenstrahlen noch UV-Licht vom optischen Analysator registriert, obwohl es sich in jedem Fall um elektromagnetische Wellen handelt.

Die minimale Reizstärke, die auf ein Sinnesorgan treffen muß, um eine Empfindung auszulösen, heißt Schwellenintensität; sie liegt für das Auge bei $2 \cdot 10^{-11}$ µJ, für das Ohr bei etwa $5 \cdot 10^{-12}$ µJ und für den Drucksinn bei 0,02...0,2 µJ.

Dieser große Schwellenunterschied bedeutet nicht zwangsläufig eine große Differenz der Rezeptorempfindlichkeit, denn die zentralnervale Schwelle der Empfindung muß nicht mit der peripheren Schwelle der Rezeptoren identisch sein. Die zentrale Schwelle ist möglicherweise von einem integrativen Prozeß im ZNS abhängig, in den neben Entladungsfrequenzen z.B. auch die Zahl der erregten Elemente (Reizfläche) eingeht. Hierin liegen wahrscheinlich u.a. die Ursachen für ein besonderes Talent eines Individuums in Bezug auf eine spezifische (z.B. sportliche) Tätigkeit. Oberhalb der **Empfindungsschwelle** wird zwischen eben merklichen und maximalen Empfindungen abgestuft. Dabei ist von Bedeutung, in welchem Maße unsere Sinne Intensitätsunterschiede erfassen können. Den eben merklichen Reizintensitätszuwachs kann man auf die Ausgangsreizzstärke beziehen und erhält die relative Unterschiedsschwelle. Der optische Analysator registriert noch Intensitätsunterschiede von 1 bis 2%, die Druckempfindung solche von 3%. Bei den übrigen muß die Reizintensität um 10 bis 20% geändert werden, wenn ein Empfindungsunterschied entstehen soll. Nach dem Weber-Fechnerschen Gesetz wächst die Empfindung proportional dem Logarithmus der Reizintensität:

$$I_E = k \cdot \log I_R / I_{R0}$$

I_E ... Empfindungsintensität

I_R ... Reizintensität

I_{R0}... Reizschwelle

k ... Proportionalitätsfaktor

Nach Stevens ergibt die Potenzfunktion eine bessere Korrelation zwischen relativer Reizstärke und Empfindungsintensität:

$$I_E = k \cdot (I_R - I_{R0})^n$$

Schließlich kann jede Empfindung in die Außenwelt, das Körperinnere oder auf die Körperoberfläche projiziert werden. Dabei ist die Fähigkeit zur Lokalisation der Reizorte in den Sinnessystemen unterschiedlich ausgebildet. Genau können nur der Gesichtssinn sowie der Druck- und Temperatursinn der Haut lokalisieren, während im Innenohr die Tonfrequenzen bereits räumlich determiniert sind und somit zur Lokalisation von Schallquellen die Zeitdifferenz im Auftreffen der Schallwellen auf beide Ohren genutzt werden muß. Die Empfindungsintensität zeigt auch eine zeitliche Adaptation an den Reizvorgang, so daß eine bewußte Empfindung trotz weiterbestehender Reizung erlöschen kann. Zum Beispiel wird das Tragen von Kleidung durch unsere Berührungsempfindung nach einiger Zeit nicht mehr registriert oder anfangs als kalt bezeichnetes Schwimmbadwasser wird nach kurzer Zeit als adäquat temperiert empfunden.

Die peripheren Rezeptoren zeigen ein proportial-differentiales Regulationsverhalten.

Sinnesorgane, deren rezeptive Meldungen uns nur selten (z.B. Gleichgewichtsorgan) oder gar nicht (z.B. Propriozeption) bewußt werden, erfordern eine Begriffserweiterung zu dem der Rezeptionsorgane.

Die Beteiligung der Rezeptionssysteme an reflektorischen Abläufen und grundlegenden Regulationsmechanismen wird um so deutlicher, je unwichtiger sie für das sensorisch-wahrnehmende Erkennen sind.

Im Hinblick auf die Beanspruchung und Anpassung während und nach sportlichen Belastungen sind das akustische, das Gleichgewichts-, das optische und das kinästhetische System von besonderem Interesse.

3.1.3.1 Akustisches Sinnessystem

Von *W. Giebel*

Das akustische Sinnessystem besteht aus dem **Schalleitungsapparat** und dem **Innenohr**. Der Schalleitungsapparat (Bild 3.28) umfaßt die Ohrmuschel, den äußeren Gehörgang, das Trommelfell und die Gehörknöchelchenkette (Hammer, Amboß, Steigbügel) in der Paukenhöhle.

Zum **Mittelohr** werden Trommelfell (Membrana tympani), Paukenhöhle (Cavum tympani), Gehörknöchelchen (Ossicula auditus) und ihre Verbindungen und Muskeln, die Zellen des Warzenfortsatzes (Processus mastoideus) und die Ohrtrompete (Tuba auditiva Eustachii) gezählt. Letzterer kommt eine wichtige Bedeutung für das Betreiben vieler Sportarten zu. Über sie erfolgt der Ausgleich von Druckdifferenzen zwischen der Paukenhöhle und dem Nasen-Rachen-Raum z.B. beim Tauchen, Sportfliegen, Fallschirmspringen, Skifliegen, Rennschlittensport.

Das **Innenohr** wird vom knöchernen Labyrinth gebildet, welches das häutige Labyrinth umschließt. Somit bilden die der Schallrezeption dienende Schnecke (Concha

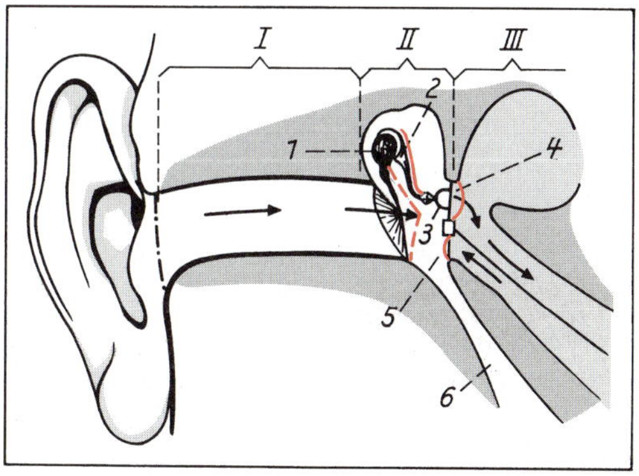

Bild 3.28 Schematische Darstellung des Außenohres (I), Mittelohres (II), Innenohres (III). *1* Hammer, *2* Amboß, *3* Steigbügel, *4* ovales Fenster, *5* rundes Fenster, *6* Tube und Eustachische Röhre (nach Rein und Schneider, 1956)

auditiva) und der Vestibularapparat eine anatomische Einheit. Der von der trichterförmigen Ohrmuschel aufgenommene Schall wird durch die Luft des äußeren Gehörganges weitergeleitet und trifft auf das **Trommelfell**, das als ganze Fläche in Schwingungen versetzt wird. Vor und unterhalb der Trommelfellmitte ist der Hammergriff mit der Innenfläche des Trommelfelles fest verwachsen, so daß die Schwingungen des Trommelfelles aufgrund der Hebelverhältnisse innerhalb der Gehörknöchelchenkette mit 2- bis 3facher Schalldruckverstärkung über den Steigbügel auf das ovale Fenster übertragen werden. Da die Fläche des Steigbügels wiederum kleiner als die des Trommelfells ist, erfolgt eine weitere Druckverstärkung auf insgesamt das 20fache. Der so verstärkte Schalldruck wird auf die Innenohrflüssigkeit

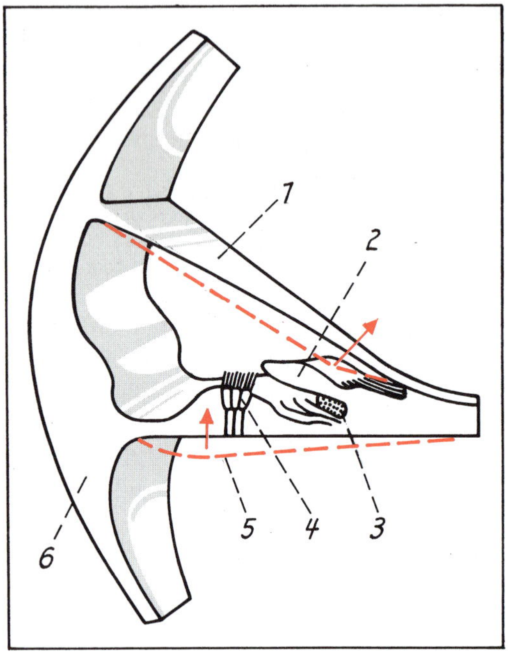

Bild 3.30 Schwingungszustand der Reissnerschen Membran (*1*) und der Basiliarmembran (*5*). *2* Dachmembran, *3* spiraliger Schneckengang, *4* äußere Haarzellen, *5* Mechanorezeptoren, *6* Ligamentum spirale (nach Neubert, 1950)

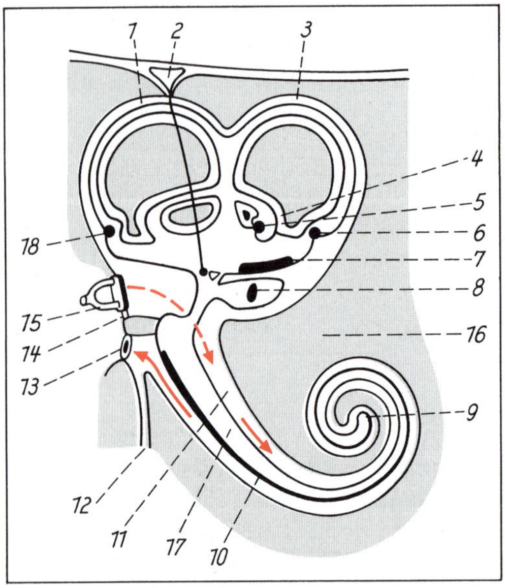

Bild 3.29 Darstellung der Perilymphbewegung im Spaltraum (*11*) zwischen dem häutigen (*17*) und knöchernen (*16*) Labyrinth. *1* Oberer Bogengang, *2* „Bläschen" des Endolymphganges, *3* hinterer Bogengang, *4* seitlicher Bogengang, *7* „Schläuchlein" mit Mechanorezeptoren, *8* „Säckchen" mit Mechanorezeptoren, *9* Schneckenspitze, *10* Schneckengang mit Sinneshaaren, *12* perilymphatischer Gang, *13* rundes Fenster, *14* ovales Fenster, *15* Steigbügel

(Perilymphe) übertragen (Bild 3.29). Die Perilymphe füllt den Spaltraum zwischen dem häutigen und knöchernen Labyrinth aus.

Durch die Bewegung des Steigbügels im ovalen Fenster wird eine „Wanderwelle" (Bekesi) in der Perilymphe im Vorhof (Vestibulum) des Innenohres erzeugt, die sich über die Vorhoftreppe (Scala vestibuli) in der Schnecke nach aufwärts zum Schneckenloch (Helicotrema) bewegt und an der Reissnerschen Membran „anbrandet" (s. Bild 3.29). Hier überträgt sich die Welle auf die Endolymphe des Organon spirale oder Cortischen Organs, welches sich an der unteren Wand des Schneckenganges (Ductus cochlearis) befindet. Das CORTIsche Organ durchzieht den Schneckengang in voller Länge und ist mit Mechanorezeptoren besetzt (Bild 3.30).Die Härchen der Mechanorezeptoren reagieren auf Biegung und Scherung durch den Endolymphstrom. Sie formen die

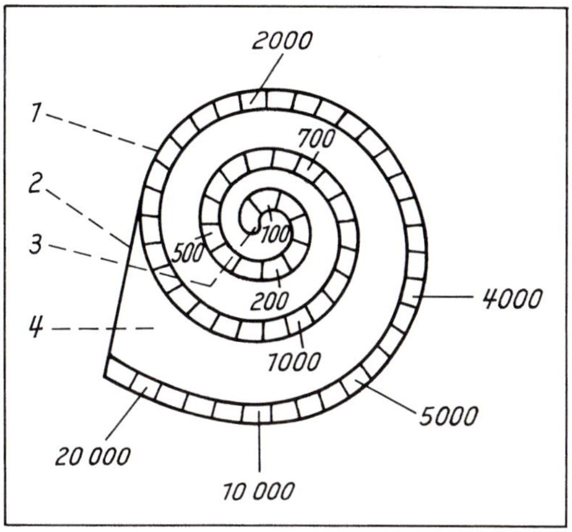

Bild 3.31 Schallverteilung auf der Basiliarmembran (*1*) nach den Frequenzen (Hz), *2* Schneckengang, *3* Schneckenspitze, *4* knöcherner Schneckengang (nach Schubert, 1983)

Schallbewegungen durch Aufbau eines Generatorpotentials in Erregungen um.

Diese werden zentral zum Gehirn fortgeleitet, wo die Verarbeitung der Erregung und bewußte Wahrnehmung erfolgt. Die Schallverteilung erfolgt vom Eingang der Schnekke (hohe Töne) bis zur Schneckenspitze (tiefe Töne) und gewährleistet die Tonhöhenanalyse durch das Ohr (Bild 3.31). Der Perilymphstrom passiert die Paukentreppe wieder abwärts zum runden Fenster, das als nachgiebige Ausgleichsmembran wirkt.

Die Schallübertragung erfolgt im Ohr somit über drei Etappen: durch Luftleitung (vom äußeren Gehörgang zum Trommelfell), durch Knochenleitung (vom Trommelfell über die Gehörknöchelchenkette bis zum ovalen Fenster) und durch Flüssigkeitsleitung (Perilymphstrom) vom ovalen Fenster bis zum Cortischen Organ.

Die Luftleitung ist in einem Bereich von 16 bis 2500 Hz wirksam. Töne über 2500 Hz werden größtenteils durch Knochenleitung übertragen. Auch reine Knochenleitung unter Umgehung der Luftleitung ist möglich, wobei der gesamte Schädel als Schallempfänger wirkt.

Das menschliche Ohr ist in der Lage über einen Frequenzbereich von 16 bis 20000 Hz (10 Oktaven) Tondifferenzen wahrzunehmen.

Aber auch unter 16 Hz kann noch gehört werden, wobei die untere Tonfrequenz nicht mit der unteren Hörgrenze identisch ist. Die größte Empfindlichkeit des menschlichen Ohres liegt bei 1000 bis 2000 Hz. Zu den weiteren Leistungen des Gehörsinns gehören die Ortung der Richtung und der Entfernung von Schallquellen.

Physikalische Grundlagen

Die Schallwellen breiten sich als Druckschwankungen der Luft mit ca. 330 $m \cdot s^{-1}$ aus. Im Wasser beträgt die Ausbreitungsgeschwindigkeit des Schalls bei 20°C etwa 1500 $m \cdot s^{-1}$. Die Schwellenintensität, d.h. die minimale Energie, die eben einen Höreindruck erzeugt, beträgt 10^{-12} $W \cdot m^{-2}$ entsprechend einer effektiven Schalldruckschwankung von $2 \cdot 10^{-5}$ $N \cdot m^{-2}$ gemessen bei 1000 Hz. Im mittleren Intensitätsbereich ist die Empfindungsstärke dem Logarithmus der Reizstärke proportional. Deshalb dient in der Akustik das Bel (nach A.G. Bell) als der dekadische Logarithmus des Verhältnisses zweier auf eine Flächeneinheit bezogener Schalleistungen, die mit dem Quadrat des Schalldruckes ansteigen, als Maßeinheit.

Der Dynamikbereich des menschlichen Ohres beträgt von seiner Hörschwelle bis zur Schmerzgrenze 120 dB. Hörschäden können schon bei einer Dauerbeschallung von 90 dB auftreten, so daß in diesen Fällen Hörschutzvorrichtungen erforderlich werden. Beispiele für typische Schalldruckpegel sind in Tabellen 3.6 aufgeführt.

Tabelle 3.6 Beispiele typischer Schalldruckpegel

120 dB (SPL)	Schmerzgrenze
110 dB	Schmiedehammer in 7 m Abstand
105 dB	Discothek
95 dB	Lastwagen mit 50 km/h in 25 m Entfernung
80 dB	Rasenmäher mit Benzinmotor in 10 m Entfernung
80 dB	Autobahn in 25 m Abstand
70 dB	Radio, Fernsehen
60 dB	normale Unterhaltung
40 dB	ruhigste Großstadtwohnung nachts
20 dB	vollkommene Stille
0 dB	Hörschwelle für 1000 Hz

Für jede Tonfrequenz läßt sich durch Befragen die jeweilige Schwellenintensität bestimmen und in ein Diagramm als Ordinatenwert eintragen (Bild 3.32). Die so erhaltene Intensitätsschwellenkurve wird als Isophone bezeichnet, da jeder Ton gleich laut empfunden wird.

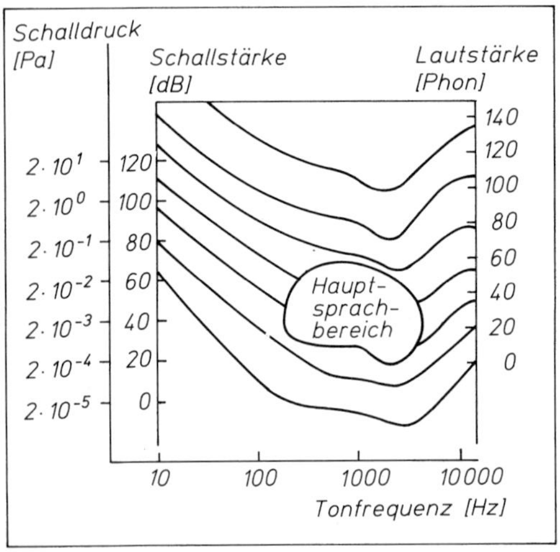

Bild 3.32 Hörschwellenkurve und Isophonen

Akustisches Sinnessystem und Sport

Die Anpassungsfähigkeit des Gehörsinns ist mit seiner Leistung eng verknüpft. So kann über das Zentralnervensystem die Empfindlichkeit der Mechanorezeptoren (Haarzellen) gesteuert werden und über efferente Nerven kann die Acetylcholinfreisetzung eingeschränkt und die sekundäre Weiterleitung der Erregung gehemmt werden. Wird ein Ohr aber längere Zeit mit einem Ton ausreichender Intensität belastet, so tritt auf diesem Ohr eine Ermüdung ein. Es erhöht sich nicht nur die Reizschwelle für den gesetzten Ton, sondern auch für die benachbarten Tonhöhen. Die Einseitigkeit der Ermüdung (das nicht belastete Ohr bleibt unverändert) spricht hierbei für einen peripher gesteuerten Vorgang.

Chronische Lärmeinwirkungen („Knalltraumen") können bei Sportschützen zu einer leichten Lärmschwerhörigkeit führen (Bild 3.33). Es handelt sich hier um eine Schall-

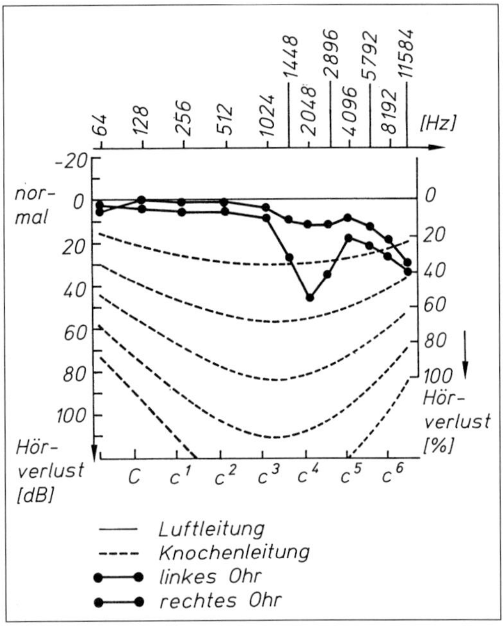

Bild 3.33 Audiogramm nach Knalltrauma, erkennbar an der c^4-Senke

empfindungsstörung (Innenohrschwerhörigkeit) im Bereich von 2000 Hz (C^4-Senke) oder 4000 Hz (C^5-Senke), die in jedem Fall irreversibel ist.

Manche Sportschützen klagen außerdem über „Ohrklingen" bzw. Ohrgeräusche, die ebenfalls als Folge von Haarzellschädigungen durch ein traumabedingtes mangelndes Sauerstoffangebot aus der Endolymphe aufzufassen sind. Das Sprachverständnis ist im Falle von c^4- bzw. c^5-Senken praktisch normal.

Nach Oeken sind jedoch Sportschützen mit weit fortgeschrittener Innenohrschwerhörigkeit bekannt, bei denen die Hochtonfrequenzen über 1 000 Hz ausgefallen sind. In diesen Fällen ist das Sprachverständnis bereits gestört.

Genauere Untersuchungen weisen sowohl auf eine Haarzellschädigung als auch auf eine Schädigung des Hörnerven hin. Durch prophylaktische Maßnahmen wie das Tragen von Hörschutzkappen und durch die Schalldämpfung von Schießständen können Hörschäden vermieden werden.

Eine im Tonschwellenaudiogramm, ähnlich der Lärmschwerhörigkeit imponierende Schallempfindungsstörung, findet man gehäuft bei Sporttauchern, wobei deren Ursache bisher nicht endgültig geklärt werden konnte.

Die Leistungs- und Anpassungsfähigkeit des akustischen Analysators zeigt sich besonders beim Entfernungs- und Richtungshören.

Auf kurzer Distanz können Entfernungen zu akustischen Quellen genau eingeschätzt werden, was z.B. für die taktische Renngestaltung im Radsprint, beim Laufen und beim Schwimmen von Bedeutung ist. Für das Richtungshören genügt eine zeitliche Verzögerung des Auftreffens des Schalles von einem Ohr zum anderen von $3 \cdot 10^{-5}$ s, um die Richtung der Schallquelle zu identifizieren (Bild 3.34). Hierfür ist auch der Bau des äußeren Gehörganges mitverantwortlich, der

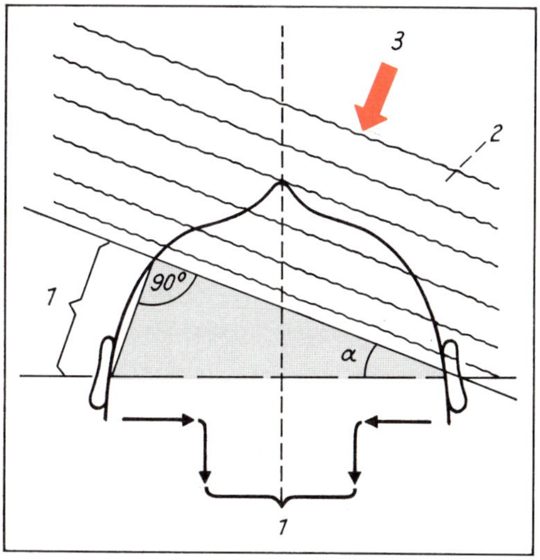

Bild 3.34 Richtungshören. Zeitdifferenz (*1*) des Auftretens der Schallwelle (*2*) auf beide Ohren zur Identifizierung der Schallquelle (*3*) (nach Rüdiger, 1978)

je nach Einfallswinkel des Schalles bestimmte Frequenzen reflektiert und so eine richtungsabhängige Veränderung der Klangfarbe entstehen läßt.

Der Vergleich der Klangfarben zwischen linkem und rechtem Ohr ermöglicht dem akustischen Analysator die Lokalisation der Schallquelle. Solche Fähigkeiten des Gehörsinnes können in den Spielsportarten sowie für Schutz- und Ausweichbewegungen nützlich sein. Beim Tauchen ist das Richtungshören zur Orientierung bei geringen Sichtweiten unerläßlich. Aufgrund der ca. 4,5mal größeren Schallgeschwindigkeit im Wasser kommt es leichter zu Fehleinschätzungen über die Lokalisation einer Schallquelle, so daß jeder Taucher ein spezielles Training zur „Schallorientierung" absolvieren muß.

Durch sportliches Training kann die Reaktionszeit (Zeit vom Geben eines Signals bis zum Beginn der Willküraktion) auf akustische Signale, die für Durchschnittspersonen 0,12 bis 0,27 s beträgt, um bis zu 40% verkürzt werden. So zeigen Schnelligkeitssportler (Sprinter, Fechter, Tischtennisspieler) die kürzesten Reaktionszeiten auf akustische Reize. Akustische Signale dienen auch der Kontrolle motorischer Handlungen (Bewegungskontrolle beim Rudern, Tempokontrolle beim Langstreckenlauf) und geben Informationen über die Bewegungskoordination.

3.1.3.2 Vestibuläres System (Gleichgewichtssystem)

Von *A. Niklas*

Das Gleichgewichtsorgan ist anatomisch dem Innenohr angeschlossen. Entwicklungsgeschichtlich ist seine Entstehung der des Hörorgans sehr ähnlich. Der Hör- und Gleichgewichtsnerv (Nervus vestibulo-cochlearis, VIII. Hirnnerv) versorgt sowohl das Gleichgewichts- als auch das Hörorgan.

Der Organismus bedient sich des Vestibularorgans (Gleichgewichtsorgan, Labyrinth), um Veränderungen von Beschleunigungs- bzw. Gravitationskräften zu registrieren und durch entsprechende motorische Reaktionen des Körpers zu kompensieren und die Lage im Raum zu steuern oder zu regulieren.

Hierin besteht die besondere Bedeutung dieses sensorischen Teilsystems für die optimale Lösung sportlicher Bewegungsaufgaben.

Bau und Funktion

Die Sinneszellen des Gleichgewichtsorgans sind im Innenohr an fünf Stellen lokalisiert und bilden zusammen mit den weiterverarbeitenden Hirnarealen einen wichtigen Bestandteil des Lageanalysators.

Die fünf „Rezeptorfelder" für die Gleichgewichtsempfindung befinden sich als Makulaorgane im Säckchen (Sacculus) und Schläuchlein (Utriculus) sowie als Cristae ampullares an den Ampullen des oberen, hinteren und seitlichen Bogenganges (s. Bild 3.36).

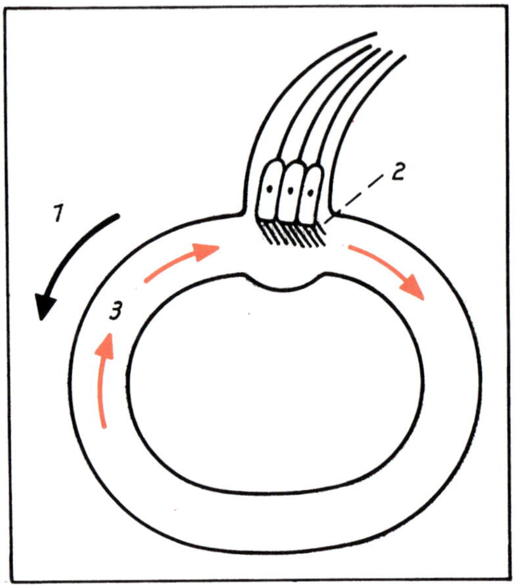

Bild 3.35 Funktion eines Bogenganges. Die Winkelbeschleunigung (1) ist dem Flüssigkeitsstrom im Bogengang (3) entgegengerichtet. Die Sinneshaare (2) verbiegen sich mit dem Flüssigkeitsstrom

Die Ebenen der Bogengänge sind dreidimensional angeordnet und bilden miteinander einen Winkel von ungefähr 90°. Bogengänge und Makulaorgane werden auch als Statolithenapparat bezeichnet. Zwischen Säckchen, Schläuchlein und Bogengängen sowie über eine Verbindung (Ductus reuniens) mit dem Schneckengang (Ductus cochlearis) bewegt sich ein Endolymphstrom. Die Rezeptoren des Gleichgewichtssinnes reagieren auf Änderungen der Raumlage des Kopfes oder des ganzen Körpers mit einer Änderung der Tonusverteilung. Die Sinneszellen sind mit feinen Härchen, den Zilien, als Ausstülpung der Zellmembran ausgestattet. Sie ragen in eine gallertartige Masse hinein und werden Cupula genannt, während die Zilien der Maculaorgane gleichzeitig kleine Calcit-Kristalle, sogen. Otokonien, besitzen und Otolithenmembranen genannt werden.

Die Macula sacculi stellt eine vertikale und die Macula utriculi eine horizontale Otoli-

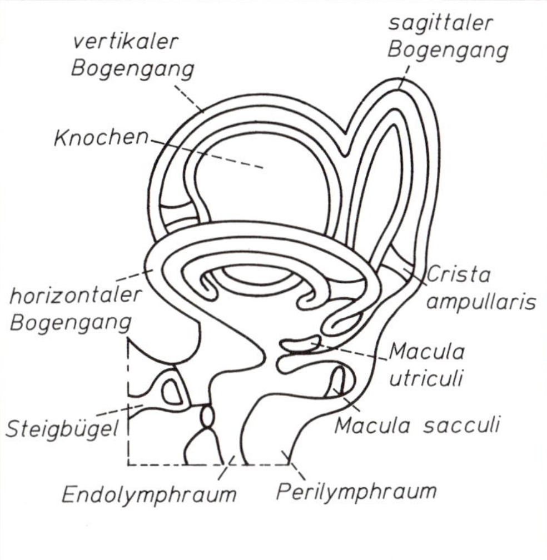

Bild 3.36 Schematisches Bild des Labyrinths (verändert nach Deetjen und Speckmann)

thenmembran dar. Für die Zilien der Bogengänge stellen Drehbewegungen (Winkelbeschleunigungen) den physiologisch adäquaten Reiz dar (Bild 3.35).

Die in den Bogengängen vorhandene Endolymphe verschiebt sich bei Drehungen relativ gegenüber der Bogengangswendung, indem sie nicht sofort der Drehrichtung folgt, sondern infolge ihrer Trägheit zurückbleibt.

Es entsteht dadurch ein gegenläufiger Druck auf die Sinneshaare, deren Entladungsaktivität (Grundrhythmus) verändert wird. Im Ergebnis des Reizes der Sinneshaare kommt es zu entsprechenden Ausgleichsbewegungen.

Bei einer Rechtsrotation z.B. resultieren:

- ein Abweichen der Augen nach links,
- eine Kopf- und Rumpfdrehung nach links,
- ein Abweichen des ausgestreckten Armes nach links
- und ein Absinken des linken Armes.

Der Otolithenapparat in den Makulaorganen führt in „Ruhesituationen" aufgrund der Gravitation zu einer dauernden Verbiegung der Zilien.

Jede Linearbeschleunigung als Druck, Zug oder Scherung wird zum adäquaten Reiz für die Makulaorgane.

Als Folge der Rezeptorerregung wird die tonische Dauererregung in Körperruhe in eine phasische Erregung überführt, die nach Lagewechsel wieder in eine tonische Dauererregung übergeht. Die Meldung nach zentral erfolgt von den Rezeptoren über afferente Nervenfasern zum Nervus vestibularis, durch den die Erregung zum Zwischenhirn weitergeleitet wird. Von hier wird eine komplizierte Verschaltung zum Kleinhirn, zum Sehhügel, zu den Augenmuskelkernen (Nervus oculomotorius) und der Großhirnrinde vorgenommen.

Die efferenten motorischen Nervenfasern führen zu den Interneuronen und Motoneuronen des Rückenmarks und von hier zur Arbeitsmuskulatur (Bild 3.37).

Durch diesen komplexen Mechanismus ist es erklärlich, daß nahezu alle Körperstellungen kontrolliert und korrigiert werden können. Die aus dem Labyrinth stammenden Informationen geben Anlaß zu entsprechenden reflektorischen Korrekturbewegungen der an der Haltungsrealisierung beteiligten Muskulatur. Derartige Koordinationswechselmechanismen laufen über das extrapyramidalmotorische System, das die unbewußte Einstellung der Haltung und Bewegung unter Einbeziehen des propriozeptiven Systems realisiert (Bild 3.38). Aufgrund der Verbindung zu den Okulomotoriuskernen ist die Reaktion des Gleichgewichtsorganes auf Drehbewegungen an den Augen ablesbar, die als Nystagmus bezeichnet wird. Auch zum Hypothalamus und damit zum Steuerzentrum vegetativer Funktionen existieren Verbindungen, die die vegetativen Erscheinungen z.B. bei der Seekrankheit erklären (s. Bild 3.38). Die über das vestibuläre System gesteuerten Reflexmechanismen umfassen die Stütz- und Blickmotorik.

Erstere geht vom Statolithenapparat aus und reguliert Gang und Stand, während letztere ihren Ausgang in den Bogengängen nimmt und zu starke Verschiebungen des Körper-

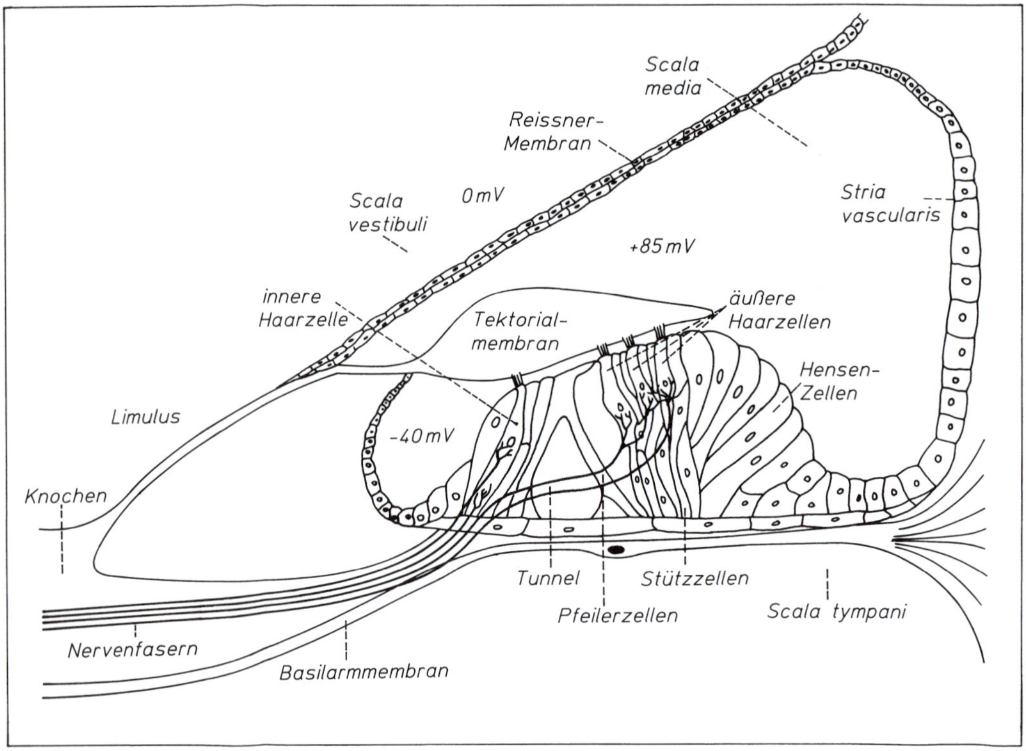

Bild 3.37 Querschnitt durch das Cortische Organ (verändert nach Deetjen und Speckmann)

schwerpunktes während einer Bewegung verhindert. Der Nystagmus wird zur Beurteilung des vestibulären Systems medizinisch-diagnostisch geprüft (Nystagmographie).

Adaptationen

Der Nystagmus ist ein statokinetischer Reflex zur Nachführung des Blickes bei bewegter Umwelt.

Bewegt sich der Sportler selbst relativ zu seiner Umwelt, z.B. beim Turnen, Wasserspringen oder beim Tanz, so bezeichnet man die Blicksteuerung als vestibulär. Im Fall der Bewegung der Umwelt relativ zum Beobachter (z.B. beim Blick aus der Eisenbahn) handelt es sich um eine optokinetische Blicksteuerung.

Bei Untersuchungen von Sportlern wurde festgestellt, daß Beschleunigungen, die längere Zeit anhalten oder durch Perioden konstanter Geschwindigkeit (gleichförmige Bewegung) ersetzt werden, zu Fehleindrücken, Nachempfindungen, Nachnystagmus und Abweichungen bei nachfolgenden Muskelbewegungen führen können. Solche Reaktionen sind für bestimmte Sportarten wie Turnen, Wasserspringen, Eiskunstlauf sowie für Tänzer und Piloten ungünstig.

Dringt z.B. beim Sporttauchen von der Körpertemperatur abweichendes kaltes Wasser in den Gehörgang, werden konvektionsbedingte Endolymphströmungen im Bogengangsystem ausgelöst. Dadurch entsteht ein kalorischer Nystagmus.

Diese Reaktion kann auch zur kalorischen Labyrinthtestung genutzt werden, wenn

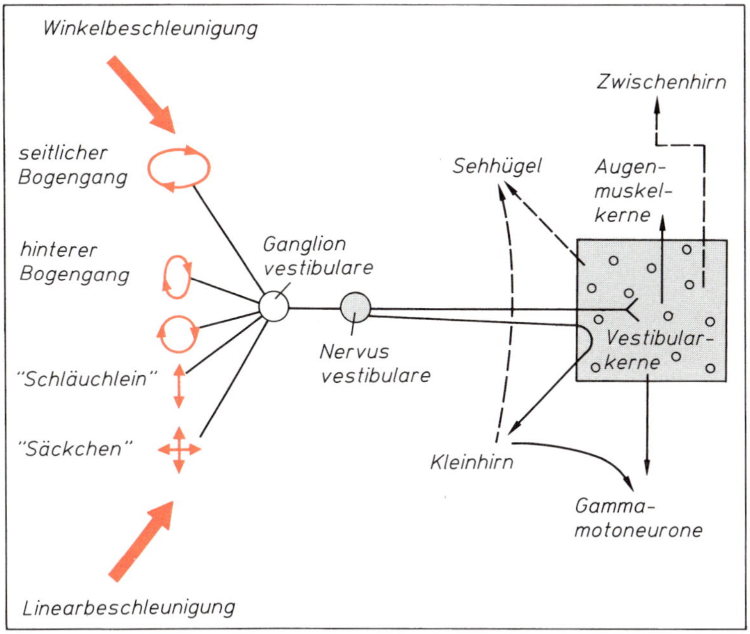

Bild 3.38 Erregung der Rezeptoren im Vestibular- und Bogenapparat

Warm- oder Kaltspülungen einseitig ausgeführt werden.

Bei infolge fehlerhaften Druckausgleiches beim Tauchen eingetretener Trommelfellruptur und nachfolgendem Eindringen kalten Wassers in die Paukenhöhle wird die räumliche Orientierungsfähigkeit des Tauchers abrupt gestört und es besteht die Gefahr eines Labyrinthschocks.

Durch intensives und regelmäßiges Rotieren von Turnern und Wasserspringern in einer bestimmten Richtung um die Körperlängsachse oder durch mehrdimensionale Beschleunigungsreize kommt es zu einer Verbesserung der Funktion des vestibulären Systems. Die vegetativen und somatischen Reflexe, die bei Reizung des Gleichgewichtsorgans hervorgerufen werden, sind dann weniger ausgeprägt als bei Vertretern anderer Sportarten und als bei Untrainierten.

Man bezeichnet diesen Zustand der Reaktionsänderung auf wiederholte Reize als Habituation (Gewöhnung).

Infolge der Anpassung verliert der Reiz an Neuheitswert und Bedeutung. Die Ursachen dieses Anpassungsphänomens sind in zentralnervösen Verarbeitungsprozessen zu suchen. Bei Schwimmern und Tauchern ist durch den ständigen thermischen Reiz des Wassers eine erhöhte Stabilität des Vestibularapparates zu verzeichnen. Durch ein spezielles Training – Habituationstraining genannt – soll die Beeinträchtigung der optischen Wahrnehmung und der unkontrollierten Bewegungssteuerung bei Sportlern, Piloten oder Raumfahrern vermieden werden. Nach einem mehrwöchigen spezifischen Rotationstraining, das die Endolymphbewegung in den verschiedenen Ebenen der Bogengänge berücksichtigt, können günstige Effekte erzielt werden. Ähnliche Ergebnisse sind auch durch Ohrspülungen mit warmem Wasser zu erreichen. Die Habituationseffekte gehen jedoch nach längeren Trainingspausen wieder verloren.

3.1.3.3 Visuelles Sinnessystem

Die Orientierung des Menschen in seiner Umwelt erfolgt vorwiegend über das Sehen. Akustische und taktile Wahrnehmungen dienen dagegen als ergänzende Informationen des Sehens. Das durch den dioptrischen Apparat des Auges auf die über 200 Millionen Photorezeptoren der **Netzhaut** (Retina) fallende Licht wird in Nervenimpulse umgewandelt und über den Nervus opticus und das Mittelhirn zur **Sehrinde** (Radiatio optica) weitergeleitet. Im nachgeschalteten neuronalen Netzwerk der Hirnrinde (Cortex) wird aus den elektrischen Impulsen eine Lichtsinnesempfindung und letztlich eine Wahrnehmung. Für die sportliche Praxis ist das optische System zum Erlernen von Übungen und zur Kontrolle von Bewegungsabläufen unerläßlich.

Ausfälle des optischen Analysators führen zu entscheidenden Koordinationsstörungen bei sportlicher Betätigung.

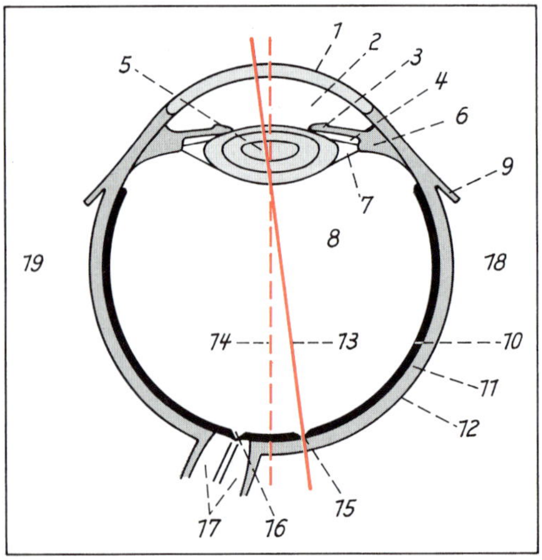

Bild 3.39 Auge (Querschnitt) *1* Hornhaut (Cornea), *2* vordere Augenkammer, *3* Regenbogenhaut (Iris), *4* hintere Augenkammer, *5* Linse (Lens crystallina), *6* Zillarmuskel, *7* Zonulafasern, *8* Glaskörper (Corpus vitreum), *9* Augenmuskel, *10* Netzhaut (Retina), *11* Aderhaut (Chorioidea), *12* Lederhaut (Sciera), *13* Gesichtslinie, *14* optische Achse, *15* „gelber Fleck", *16* „blinder Fleck", *17* Sehnerv (Nervus opticus), *18* temporale Seite des Augapfels, *19* nasale Seite des Augapfels

Der optische Analysator vermag in gewissen Grenzen auch Einschränkungen der Leistungsfähigkeit des vestibulären bzw. propriozeptiven Systems zu kompensieren.

Die Leistungen des optischen Analysators konnten bisher durch technische Systeme nicht simuliert werden: Ein hohes räumliches Auflösungsvermögen (Sehschärfe) über ein (beidäugiges) Gesichtsfeld von 180°, eine Objekterkennung über einen Leuchtdichtebereich von zehn Zehnerpotenzen hinweg und eine sehr hohe Bildverarbeitungsgeschwindigkeit. Letztere findet ihren Ausdruck in der sportlichen Leistung z.B. in Spielsportarten (Tischtennis) oder technisch-kompositorischen Sportarten. Als adäquater Reiz dienen elektromagnetische Wellen zwischen 400 und 750 nm. Beispielsweise wird die Informationsaufnahme durch das Auge auf etwa 10^6 bit/s geschätzt, während der Mensch bewußt nur etwa 10^2 bit/s verarbeiten kann und das visuelle Gedächtnis nur etwa 10 bit/s zu speichern vermag. Der optische Analysator hat also auch die Aufgabe, wesentliche Informationen herauszufiltern um die Bildverarbeitung zu optimieren.

Bau und Funktion

Das Sehorgan besteht aus dem Augapfel (Bulbus oculi), dem **Sehnerv** (Nervus opticus), den sechs Augenmuskeln, den Augenlidern, der Bindehaut (Konjunktiva), den Tränendrüsen (Glandulae lacrimales) und den ableitenden Tränenwegen (Bild 3.39).

Das **bildentwerfende System (optisches System)** des Auges, zu dem die Hornhaut (Cornea), das Kammerwasser, die Linse (Lens) und der Glaskörper (Corpus vitreum) gehören, empfängt die adäquaten Reize aus der Umgebung des Auges. Die gekrümmte Hornhaut und die Linse entwerfen ein umgekehrtes und verkleinertes Bild vom abzubildenden Gegenstand auf der Netzhaut (Bild 3.40). Lage und Größe des Bildes in einem solchen einfachen optischen System ergeben sich durch Konstruktion: Einerseits

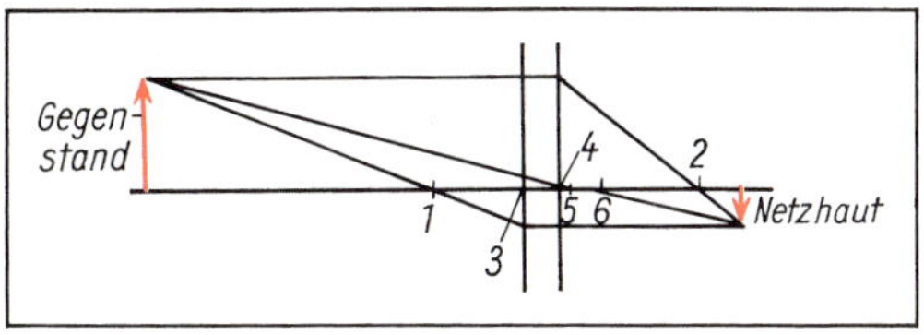

Bild 3.40 Abbildung eines Gegenstandes auf der Netzhaut. *1*, *2* Brennpunkte, *3*, *4* Hauptpunkte, *5*, *6* Knotenpunkte des Sammelsystems (nach Rein und Schneider, 1956)

durch die senkrecht einfallenden Zentralstrahlen, andererseits durch die den äußeren und inneren Brennpunkt durchlaufenden achsenparallelen Strahlen.

Der Schnittpunkt zwischen beiden markiert das Bild. Bildabstand und Objektabstand stehen gemäß der **allgemeinen Abbildungsformel** in Beziehung zueinander:

$$\frac{n_1}{a} + \frac{n_2}{b} = \frac{n_2 - n_1}{r}$$

Es bezeichnen n_1 und n_2 die Brechungsexponenten des vorderen bzw. hinteren Mediums sowie a den Objektabstand und b den Bildabstand. Von praktischer Bedeutung (Brillenverordnung, Sportschießen, Tauchen) ist die Kenntnis der Beziehung von a, b und Brennweite f nach der **Linsenformel**:

$$\frac{1}{a} + \frac{1}{b} = \frac{1}{f}$$

Die Brennweite wird um so klein er, je kleiner der Krümmungsradius und je größer der Unterschied in den Brechungsindizes ist. In der Optik ist es üblich, die Kehrwerte dieser Größen zu nutzen. Im Falle der Brennweite f in m erhält man als Größe die **Brechkraft** D in dpt (Dioptrie).

Das Snelliussche Brechungsgesetz beschreibt die physikalischen Grundlagen für die Abbildung eines Gegenstandes mittels einer Linse. Durchdringt ein Lichtstrahl aus dem Medium 1 mit dem Brechungsindex n_1 die Phasengrenze zum Medium 2 mit dem größeren Brechungsindex n_2, so wird er zum Einfallslot hin gebrochen. Die Brechkraft D ist die bedeutendste Größe des optischen Systems. Sie beträgt beim Menschen 58,8 dpt entsprechend einer Brennweite von 17 mm. Eine zu große Brechkraft oder ein zu langer Augapfel bewirken, daß das entstehende Bild vor der Netzhaut liegt (Kurzsichtigkeit – Myopie). Bei zu geringer Brechkraft oder zu kurzem Augapfel liegt das Bild hinter der Netzhaut (Weitsichtigkeit – Hyperopie). Diese Brechungsanomalien lassen sich durch Vorsatzlinsen (Brillen oder Haftschalen) korrigieren.

Befindet sich der Mensch in einem von Luft verschiedenen Medium (z.B. als Taucher im Wasser), verändern sich dementsprechend die Brechungsverhältnisse der in das Auge einfallenden Lichtstrahlen, so daß das Bild auch beim normalsichtigen (emmetropen) Auge hinter der Netzhaut entsteht. Dies entspricht einer hochgradigen Weitsichtigkeit von 50 dpt. Das liegt darin begründet, daß das Wasser nahezu den gleichen Brechungsindex wie das Auge aufweist. Beim Sehen unter Wasser wird somit die Brechkraft des Auges aufgehoben. Für unser Auge ist es daher erforderlich, zwischen Hornhaut und umgebendem Wasser eine Luftschicht zu legen, die von einer ebenen Scheibe begrenzt wird. Dadurch wird die normale Refraktion des Auges wiederhergestellt.

Jetzt entsteht jedoch am Übergang Wasser-Luft, getrennt durch eine Glasscheibe, eine Brechung der Lichtwellen, die einerseits zu einer veränderten Wahrnehmung der Distanz führt und andererseits Objekte um ca. 30% größer als in Wirklichkeit erscheinen läßt.

Die Adaptationsfähigkeit des optischen Analysators ist hier sehr groß. Schon nach 15 min Aufenthalt unter Wasser werden bei Testaufgaben weniger Fehler gemacht als zu Anfang.

Bei Tauchern, die einigermaßen mit einem Aufenthalt unter Wasser vertraut sind, gibt es nach 30 min keine Hand-Augen-Koordinationsfehler mehr. Völlig Ungeübte benötigen für die Adaptation allerdings längere

Zeit. Durch die von der Natur am Auge vorgegebenen Abmessungen und Konstanten – Brechungsindizes der lichtbrechenden Medien und Krümmungsradien der lichtbrechend wirksamen Flächen sowie deren Abstand voneinander und durch die Anordnung der Netzhaut im Brennpunkt – wäre das Auge nicht in der Lage, nahe Gegenstände scharf abzubilden. Lediglich über eine Veränderung der Brechkraft durch Verstärkung der Linsenkrümmung können nahe Gegenstände scharf abgebildet werden. Diese Eigenschaft des Auges wird als **Akkommodationsfähigkeit** bezeichnet.

Der Krümmungszustand der Linse hängt einerseits von der Elastizität der sie bildenden Strukturen und andererseits von den auf die Linsenkapsel wirkenden Zugkräften ab. Bei Entfernung der Linse (Staroperation) kann das Auge nicht mehr akkommodieren.

Nahakkommodation erfolgt durch Innervation parasympathischer Fasern des Sehnerven, wodurch Kontraktionen des ringförmig um die Linse angeordneten Ziliarmuskels ausgelöst werden. Gleichzeitig werden die radiären Aufhängefasern der Linse entspannt, so daß sie durch ihre Elastizität kugeliger und gekrümmter wird (Bild 3.41). Für die Fernakkommodation sind die antagonistisch wirkenden Fasern des Halssympathikus verantwortlich. Mit der Fernakkommodation erreicht die Linse ihre minimale Brechkraft.

Unter Akkommodationsbreite versteht man die Differenz zwischen der Brechkraft des fern- und des maximal nahakkommodierten Auges in dpt.

Beim Jugendlichen kann die Akkommodationsbreite höchstens 14 dpt betragen, d.h. Gegenstände in einem Abstand von minimal 7 cm vor dem Auge können auf der Netzhaut noch scharf abgebildet werden. Mit zunehmendem Alter verliert die Linse aufgrund struktureller Veränderungen an Elastizität. Es verringert sich somit die Akkommodationsbreite und der Nahpunkt beträgt beim 50jährigen Menschen ca. 1 m (Presbyopie – Altersweitsichtigkeit). Der Akkommodationsvorgang wird unterstützt durch – Verengung der Pupille und Erhöhung der Tiefenschärfe – konvergente Augapfelbewegungen zur Einstellung des Fixpunktes.

Eine besondere Bedeutung besitzt die Akkommodationsfähigkeit für den Zielvorgang beim Sportschießen, der bei Pistole und Gewehr darin besteht, Kimme, Korn und Halteraum an der Zielscheibe in eine Ebene zu bringen.

Die Brechkraft des dioptrischen Apparates des menschlichen Auges wird der jeweiligen Fixationsdistanz angepaßt, somit erscheint auf der Netzhaut entweder das Ziel oder die Visiereinrichtung in optimaler Schärfe.

Im Schießen neigen Unerfahrene fälschlicherweise dazu, auf das Ziel zu akkommodieren, wodurch die Konturen von Kimme und Korn an Schärfe verlieren. Ein exaktes Einrichten der Waffe ist aber nur realisierbar, wenn Kimme und Korn scharf, das Ziel dagegen unscharf wahrgenommen werden.

In diesem Zusammenhang sollte eine weitere sinnesphysiologische Gegebenheit Beachtung finden. Um Abweichungen von der mittleren Trefferlage rechtzeitig zu erkennen, bedient sich der Schütze eines Beobachtungsglases, mit dem er die weiße Zielscheibe bzw. den zentral liegenden schwarzen Spiegel nach jeder Schußabgabe betrachtet. In der Meinung das zielende Auge vor Blendeffekten zu bewahren, benutzt er dazu das nicht zielende Auge. Durch das konsensuelle Verhalten der Pupille und den Angleich retinaler Rezeptorenfelder auf den Adaptationszustand des stärker belichteten Auges wird die Tiefenschärfe durch die Hell-auf Dunkelangleichung und die damit einhergehende kontinuierliche Pupillenerweiterung verringert und damit ein korrekter Akkommodationsvorgang beim Zielen in Frage gestellt. Durch Vorsetzen von Graublenden vor das Okular oder Objektiv des Beobachtungsglases läßt sich der Hell-Dunkel-Kontrast beeinflussen.

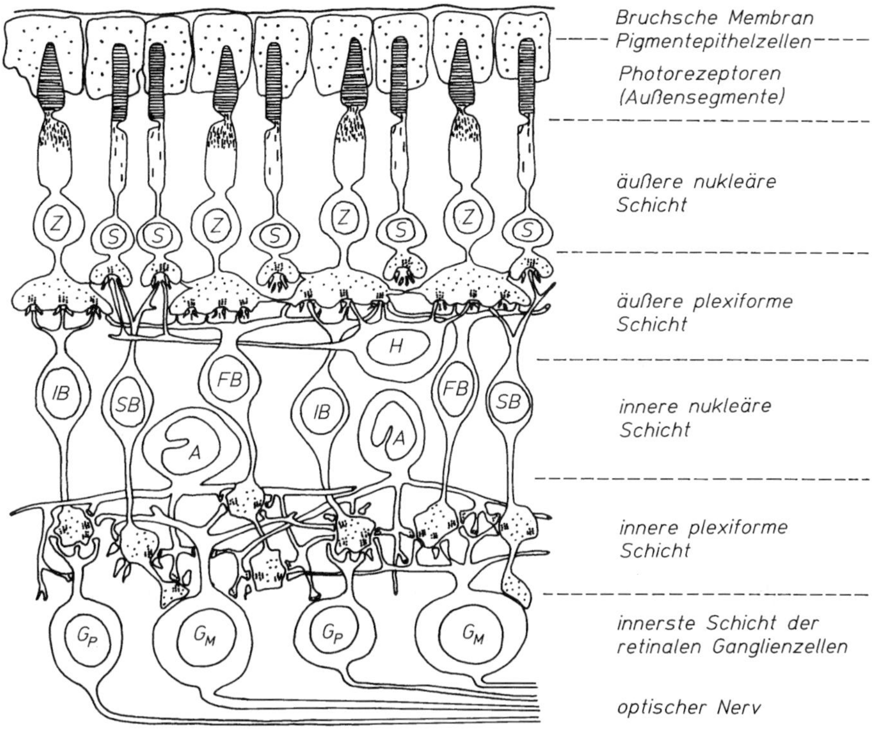

Bild 3.41 Schema des Aufbaus und der neuronalen Verschaltung der Netzhaut. Zapfen (*Z*) und Stäbchen (*S*) sind über verschiedene Bipolarzellen (flache Bipolarzellen FB; invaginierende Bipolarzellen IB; Stäbchen-Bipolarzellen SB) mit den Ganglienzellen des großzelligen Systems (G_M) und des kleinzelligen Systems (G_p) verbunden. Die Querverschaltung erfolgt über Horizontalzellen (*H*) oder über Amakrinzellen (*A*). Es kommen sowohl elektrotonische „gap-junctions" (z. B. zwischen Zapfen und Stäbchen in der äußeren plexiformen Schicht) als auch chemische Synapsen (z. B. in der inneren plexiformen Schicht) in der Netzhaut vor. Die Kerne der Photorezeptoren bilden die äußere nukleäre Schicht, die der Bipolarzellen. Horizontalzellen, Amakrinzellen die innere nukleäre Schicht, während die Ganglienzellen, deren Axone den optischen Nerv bilden, die innerste Schicht der retinalen Neurone bilden. Die Außensegmente der Photorezeptoren stehen in innigem Kontakt mit den Pigmentepithelzellen

Die optische Qualität des menschlichen Auges erreicht bei Tageslicht das physikalisch mögliche Optimum. Die wie bei einem Fotoapparat wirkende Irisblende (**Regenbogenhaut**) bestimmt die Weite der **Pupille** (Sehloch) und damit die Größe des Lichteinfalles. Sie wird je nach Lichtintensität von den an ihr ansetzenden Augenmuskeln bei Helligkeit reflektorisch verengt (Parasympathikuswirkung) und bei Dunkelheit erweitert (Sympathikuswirkung). Der Regulationsmechanismus geht von Rezeptoren in der Netzhaut aus. Er kann über bestimmte Pharmaka (Sympathiko- bzw. Parasympathikomimetika oder -lytika) beeinflußt werden (Dopingproblematik!). Lichtstrahlen, die von optischer Achse weiter entfernt auf eine sphärische Phasengrenzfläche treffen, werden stärker gebrochen als solche, die näher an der optischen Achse liegen.

Diese sphärische Aberration wird dadurch korrigiert, daß die **Hornhaut** (Kornea) nicht exakt sphärisch ist, sondern nach außen flacher wird und die Linse außen einen niedrigeren Brechungsindex aufweist als im Zentrum. Dadurch werden weiter außen eintreffende Strahlen weniger abgelenkt. Außerdem ist zu berücksichtigen, daß kurzwelliges (blaues) Licht stärker gebrochen wird als langwelliges (rotes) Licht (chromatische Aberration). Durch die Wirkung der Irisblende wird bis zu einem Pupillendurchmesser von 2,4 mm die Tiefenschärfe erhöht. Kleinere Pupillendurchmesser verschlechtern durch Beugung des Lichtes am Pupillenrand die Bildqualität wieder.

Insgesamt ermöglicht die Pupillomotorik eine Veränderung des Durchmessers von 2 bis 8 mm, was einem Flächenverhältnis von 1:16 entspricht.

Die Latenzzeit des Regulationsvorganges beträgt 0,2 s und die Stellzeit etwa 0,5 s. Die Pupillenweite zeigt einen deutlichen Bezug zur Entfernung des jeweiligen Fixationspunktes. Betrachtet man zunächst ein weit entfernt liegendes Objekt und danach einen in geringer Distanz befindlichen Gegenstand, so verengen sich die Pupillen. Diese Nahakkommodation geht mit einer Konvergenz der Sehachsen beider Augen einher. Sie wird deshalb als Konvergenzreaktion bezeichnet und sorgt für einen Anstieg der Tiefenschärfe. Die durch das optische System des Auges gelangenden Lichtwellen treffen auf die **Netzhaut** (Retina), die die gesamte Augapfelinnenfläche mit Ausnahme der Linse auskleidet. Die Netzhaut enthält etwa 108 Photorezeptoren aus Stäbchen für das Dämmerungssehen(skotopisches Sehen) und Zapfen für das Helligkeits- bzw. Tagessehen (photopisches Sehen). Die Rezeptoren befinden sich auf der dem Lichteinfall abgewandten Seite der Netzhaut (Bild 3.42).Im Bereich der Fovea centralis befinden sich nur Zapfen, während die peripheren Bereiche der Netzhaut nahezu ausschließlich von Stäbchen besetzt sind.

In einer Übergangszone sind beide Rezeptorformen gemischt vertreten. Sie enthalten Sehpigmente, die durch Lichteinfall „gebleicht“ werden und somit der Signalwandlung dienen. Das Sehpigment der Stäbchen, der Sehpurpur (Rhodopsin), besteht aus einer Verbindung zwischen Vitamin A und einem Protein. Am Tage oder bei hellem Kunstlicht ist das Rhodopsin ausgebleicht und der Stäbchenapparat deshalb am Sehen nur gering beteiligt. Das skotopische Sehen entsteht durch Lichtabsorption in den Stäbchen. Es ist farblos und bei geringer Sehschärfe im peripheren Feld der Netzhaut besser als im Netzhautzentrum (Fovea centralis).

Das photopische Sehen entspricht dem Farbsehen und hat als Rezeptoren drei Zapfentypen mit photochemischem Pigment, das den drei Grundfarben grün, rot und blau entspricht.

Es ist gekennzeichnet durch eine große Sehschärfe, gute räumliche und zeitliche Kontrastempfindlichkeit und ein Sehschärfeoptimum an der Fovea. In der Fovea gibt es keine oder nur sehr wenige Stäbchen, so daß in der Dunkelheit ein physiologischer blinder Fleck in der Netzhautmitte entsteht (Zentralskotom). Bei völliger Dunkelheit herrscht an den Photorezeptoren ein Ruhemenbranpotential von -20 bis -40 mV. Durch die photochemische Rezeptorerregung (“Bleichung” des Sehpigmentes durch Absorption der Lichtquanten) entsteht eine elektrische Membranhyperpolarisation (im Gegensatz zu den meisten anderen Rezeptoren, die depolarisiert werden). Die drei Zapfenarten (Rot-, Grün-, Blau-Zapfen) schalten nach Erregung über zwischengeschaltete, erregungsverteilende Nervenzellen (Bipolarenschicht) auf eine retinale Ganglienzellschicht um. Daneben bestehen noch komplexe Neben- und Querschaltungen. Auch zahlreiche Stäbchen leiten auf die gleiche Ganglienzelle ab, die die Erregungen summiert und im Sehnerven zum Gehirn weiterleitet. Für das Hell- und Dunkelsehen gibt es zwei Neuronensysteme, die sich in der Netzhaut befinden und als on- und off-Zentrum-Neurone die relative Helligkeit als Kontrast zur Umgebung zur Sehrinde melden. Die off-Zentrum-Ganglienzellen signalisieren relative Dunkelheit durch verminderte oder kontrastierte Lichtreize zur Sehrinde. Bei fehlenden Lichtreizen zeigen beide Neuronensysteme eine unregelmäßige Ruheentladung. Diese Vorgänge sind im Elektroretinogramm (ERG) als Summenpotentiale meßbar.

Farbsehen

Zur Erklärung des Farbsehens, das an die Zapfen gebunden ist, haben die Theorie von Joung-Helmholtz – die verschiedenen Farben entstehen aus der Mischung der Grundfarben grün, rot und blau – sowie Herings Gegenfarbentheorie – die Farben entstehen aus drei antagonistisch gekoppelten Prozessen grün/rot, gelb/blau und schwarz/weiß in der Netzhaut – immer noch volle Gültigkeit. Die neuronalen Grundlagen des Farbensehens in der Sehrinde des Gehirns sind noch weitgehend ungeklärt.

Störungen des Farbsinnes finden sich bei etwa 8% aller Männer und 0,4% aller Frauen. Die Gene für das Opsin der Rot- und Grünzapfen (Jodopsin) liegen auf dem x-Chromosom und werden von der Frau rezessiv vererbt: Etwa 1% der männlichen Bevölkerung sind rotschwach (protanomal), 1% rotblind (protanop), 4% grünschwach (deuteranomal) und 2% grün-blind (deuteranop).

Das Opsin der Blauzapfen (Cyanopsin) ist auf einem Autosom lokalisiert und wird ebenfalls rezessiv vererbt. Folglich sind die Blauschwäche (Tritanomalie) und die Blaublindheit (Tritanopie) selten. Wird das Sehen ausschließlich über Stäbchen realisiert (Stäbchen-Monochromasie), besteht totale Farbenblindheit. Es können dann nur verschiedene Grauwerte unterschieden werden und die Sehschärfe ist stark beeinträchtigt. Es besteht in diesen Fällen besondere Blendempfindlichkeit (Phoptophobie). Sportler mit solchen Störungen sind für Motorsportarten, das Flugwesen, den See- und Wassersport nur bedingt tauglich. Chemisch ist das Rhodopsin mit dem Vitamin A verwandt, das auch eine wichtige Basissubstanz für die Synthese des Sehpigments ist. Die ersten Anzeichen des Vitamin-A-Mangels sind verzögerte Dunkelanpassung der Augen bzw. „Nachtblindheit“.

Bewegungssehen

Die Bewegungswahrnehmung erfolgt durch Projektion des sich bewegenden Gegenstandes auf die Netzhaut in mehreren Stufen. Die primäre Bewegungswahrnehmung erfolgt bei ruhenden Blickachsen. Die sekundäre Bewegungswahrnehmung ergibt sich aus der Kopplung von Objektbewegung und Verfolgung mit der Blickachse. Die zeitliche Auflösung intermittierender Reize ist einerseits vom Grad der Helligkeit und andererseits vom Adaptationszustand des Auges abhängig. Die Stäbchen sind in der Lage, 20 Lichtreize je Sekunde zu trennen (Flimmerverschmelzungsfrequenz). Bei größeren Leuchtdichten übernehmen die Zapfen die Flimmerwahrnehmung. Sie erreichen eine Flimmerverschmelzungsfrequenz von maximal 60 Hz.

Treffen mehr Reize je Zeiteinheit auf die Netzhaut, so fließen die Einzelbilder zu einer Bewegung zusammen.

Diese Eigenschaft wird z.B. beim Film oder beim Fernsehen genutzt .Das Bewegungswahrnehmungssystem gestattet es, bis zu einer Winkelgeschwindigkeit von 4°/s eine Bewegungsunschärfe zu vermeiden, obwohl die Rezeptoren der Retina eine Integrationszeit von 0,02 bis 0,1 s aufweisen. Die dynamische Sehschärfe (Sehschärfe für bewegte Objekte) nimmt bei kleinen Winkelgeschwindigkeiten (bis 2°/s) gegenüber der statischen Sehschärfe (für ruhende Objekte) zu und sinkt erst bei Winkelgeschwindigkeiten von 10°/s unter die statische.

Die größte Sehschärfe besteht im Netzhautzentrum, da die Zapfen schmaler als die Stäbchen sind und isoliert von Nervenfasern versorgt werden.

Entsprechend wird bei intakter Okulomotorik ein fixierter Gegenstand auf der Fovea centralis abgebildet. Diese Sehschärfe an der Stelle des schärfsten Sehens wird als Visus bezeichnet und mittels standardisierter Sehtafeln (Schrift oder Landoldt-Ringe) bestimmt. Der Visus ist definiert als

$V = \alpha^{-1}$ in Winkelmin^{-1},

wobei α die Größe der Aussparung in Winkelminuten bedeutet, die gerade noch wahrgenommen werden kann. Beträgt eine Winkelminute, ist der Visus gleich 1.

Räumliches Sehen

Das räumliche Sehen wird bis zu einem gewissen Grad auch monokular realisiert. Das geschieht über Erfahrungen im Bereich des optischen Analysators: Gegenstandsgrößen, perspektivische Verkürzungen, Überdeckungen, Lichtverhältnisse, Schattenwurf, Relativbewegungen usw.

Das binokulare (beidäugige) Sehen mit Zusammenschaltung beider Netzhäute ist eine Funktion des zentralen Sehsystems und beruht nach geometrischen Gesetzen auf dem Abstand beider Augen.

Die unterschiedliche Abbildung desselben Gegenstandes auf den Retinae bewirkt den räumlichen Eindruck, obwohl dieser Gegenstand auf den einzelnen Retinae einfach wahrgenommen wird, weil das fixierte visuelle Reizmuster auf sogenannten korrespondierenden, d.h. neuronal im ZNS konvergierenden Netzhautfeldern registriert wird. Diese sogenannte binokulare Fusion erfolgt jedoch nur, wenn sich der fixierte Gegenstand auf dem Horopter befindet. Dieser ist als sphärisch gekrümmte Fläche definiert, auf der die Knotenpunkte des dioptrischen Apparates beider Augen sowie der jeweilige Fixationspunkt (Gegenstand) gelegen sind.

Die binokulare Koordination für die Zusammenführung der Bilder beider Augen ist mit der Nah- und Ferneinstellung gekoppelt.

Das räumliche Auflösungsvermögen und die Kontrastbildung vermitteln die Formwahrnehmung.

Gesichtsfeld

Das monokulare Gesichtsfeld wird durch die Netzhaut, den dioptrischen Apparat und die anatomische Begrenzung der Augenhöhle (Nase, Augenbrauen bestimmt. Es beträgt beim fixierten Auge über 150°, das binokulare hingegen über 180°. Infolge der Überschneidung beider Gesichtsfelder wird der physiologische blinde Fleck des jeweiligen anderen Gesichtsfeldes (Sehnerveneintritt) kompensiert. Die Grenzen des Gesichtsfeldes werden durch die Perimetrie bestimmt. Während man unter Gesichtsfeld die Gesamtheit aller bei ruhendem Auge wahrzunehmenden Gegenstände versteht, bezeichnet man als Blickfeld die unter Augenbewegungen registrierbaren visuellen Bilder.

Das Blickfeld wird z.B. beim Tauchen mit einer Tauchermaske(„Brille“) verändert. Es werden sowohl das mon- als auch das binokulare Gesichtsfeld deutlich eingeschränkt. Werden echte Taucherbrillen benutzt, ist die Einschränkung des Gesichtsfeldes zwar geringer, jedoch wird aufgrund unterschiedlicher Winkelverhältnisse der Brillengläser die Abbildung von Gegenständen so verändert, daß sie verzerrt bzw. als Doppelbilder wahrgenommen werden. Panoramatauchmasken bieten einen vertretbaren Kompromiß. Das Gesichtsfeld kann auch durch Schädigungen im Verlauf der Sehnervenbahn gestört sein (vergl. hierzu Lehrbücher der Physiologie).

Adaptationen

Das Auge ist wie andere Sinnesorgane in der Lage, sich an starke Änderungen der Reizintensität, z.B. extreme Beleuchtungsverhältnisse, anzupassen. Diese Eigenschaft wird als Adaptation (Bereichseinstellung) bezeichnet. Die Anpassungsfähigkeit des Sehsystems übertrifft diejenige aller anderen Sinnessysteme. Wir unterscheiden eine Kurzzeitadaptation von einer Langzeitadaptation. Bei der Kurzzeitadaptation erfolgt eine rasche Einstellung des Generatorpoten-

tials von seinem Maximalwert auf den „Steady-state"-Wert (Proportional-Differentialregulation). Die Langzeitadaptation ist durch eine relativ langsame Veränderung der Differentialquotientenempfindlichkeit gekennzeichnet (Proportionalregulation). Sie bewirkt, daß die Empfindlichkeit der Photorezeptoren stets in einem optimalen Arbeitsbereich eingestellt ist.

Der Vorgang der Helladaptation nach vorangegangener Dunkelheit und von Dunkeladaptation nach vorangegangener Helligkeit erfolgt mit unterschiedlicher Geschwindigkeit.

Erstere erfolgt bei zunächst subjektiver Blendwirkung innerhalb von Sekunden, letztere benötigt eine deutlich längere Zeit von 30 bis 40 min. Sie ist trainierbar und deshalb z.B. bei Röntgenassistentinnen deutlich kürzer. Der Verlauf der Dunkeladaptation in der Netzhaut ist unterschiedlich.

In der Fovea centralis verläuft die Dunkelanpassung rasch und ist bereits nach 2 bis 3 min abgeschlossen. Die maximal erreichbare Empfindlichkeit ist jedoch in der Sehgrube weitaus geringer als in der Peripherie. Erfahrungsgemäß ist die Sehschärfe auch bei dunkeladaptiertem Auge relativ gering.

Trotz aller Regulations- bzw. Adaptationsfähigkeiten des optischen Analysators kann die Hell- und Dunkeladaptation des menschlichen Auges bei länger anhaltender Überreizung, etwa nach Skitouren im Hochgebirge, Flugreisen mit ungeschützten Augen, Höhensonnenbestrahlung ohne Schutzbrille oder Einwirkung von starken Lichteffekten in Diskotheken bis zu mehreren Tagen in Frage gestellt werden.

Lösel stellt drei wesentlichen physiologischen Faktoren mögliche Störeffekte bei der Ausübung des Schießsportes gegenüber:

- *Angleich der Pupillenweite an die mittlere Leuchtdichte des Blickfeldes;*
- *Ungestörter Ablauf biochemischer Vorgänge bei der Synthese und Transformation der Sehpigmente;*
- *Steuerung der Informationsaufnahme und -verarbeiung des visuellen Systems*

Als Störfaktoren beim Schießsport kommen in Betracht:

- *Beeinträchtigung des Lichtsinnes nach Betrachten einer Schießscheibe mit großer Flächenhelligkeit bei weitwinklig eingestelltem Beobachtungsglas;*
- *unphysiologisch hohe Leuchtdichtesprünge in den mittleren Bereichen des Blick- bzw. Gesichtsfeldes ;*
- *stärkere Schwankungen der Lichtverhältnisse, besonders der Leuchtdichte, im Bereich der Scheiben und deren näherer Umgebung;*
- *positive oder negative Nachbilder nach längerem Fixieren der Schießscheibe.*

Das Erkennen von Details erfolgt bei der Betrachtung durch zwei Vorgänge:

Durch Einzelfixation des Gegenstandes mit der Fovea, der Stelle des deutlichsten Sehens, und durch ständig schnelle Änderung der Blickrichtung (Nystagmus).

Bei der Blickabtastung eines Gegenstandes entstehen in Abhängigkeit vom Grad des „Sehenkönnens" bizarre Bilder. Auch hier soll ein Beispiel aus dem Sportschießen der Erläuterung dienen:

Bei zu schnellem Wechsel von Schußkontrolle („Glas") und Schußabgabe ist das Auge gezwungen, sich bereits auf die Zielrichtung einzustellen, d.h. die Pupillen zu verengen, bevor der Adaptationsvorgang und die damit verbundene Erweiterung der Pupillen abgeschlossen ist. Dies führt nicht nur zu einer Überforderung des Sehsinnes und damit zu seiner frühzeitigen Ermüdung, sondern beeinflußt auch unmittelbar den Schärfentiefebereich, der erst nach abgeschlossener Adaptation wieder seinen Maximalwert erreicht. Über das visuelle Vorstellungsvermögen ist es erst möglich, die Bewegungsabläufe zu erfassen. Sie können dann gedanklich nachvollzogen werden, was beim ideomotorischen Training genutzt wird.

Sportler sind in der Lage, ihre Reaktionszeit auf optische Signale, die 0,15 bis 2 s be-

trägt, durch Training zu verkürzen, was für die Kampf- und Spielsportarten oder das Fechten bedeutungsvoll ist. Die Adaptationsfähigkeit des visuellen Systems wird damit zu einer wesentlichen Voraussetzung für die Entwicklung koordinativer Fähigkeiten.

Die Augenbewegungen (Blickmotorik) stellen einen weiteren Bereich zur Adaptation der visuellen Informationsaufnahme dar. Einerseits bilden Kopf- und Körperbewegungen und andererseits sprunghafte Augenbewegungen (Sakkaden) und kontinuierliche Augenfolgebewegungen die Voraussetzungen zur erweiterten Signalaufnahme. Blickmotorische Vorgänge sind bei der Erfassung bewegter Vorgänge von besonderer Bedeutung. Bewegungsbeobachtungen im Sport dienen der Bewegungsanalyse und -korrektur beispielsweise durch den Trainer oder (z.B. über Videoaufzeichnungen) den Sportler selbst. Die Anforderungen an das visuelle Sinnessystem verändern sich im Bereich der Blickmotorik qualitativ, wenn sich die Bewegungsrichtung plötzlich ändert. Eine solche Situation ist z.B. im Fußball beim „abgefälschten" Ball gegeben. Die Häufigkeit der Fehlreaktionen des Torwartes weist auf mögliche sensorische Defizite bei der Informationsverarbeitung hin. Man sollte diese „technischen Schwächen oder Fehlleistungen" also nicht auf fehlerhafte motorische Mechanismen reduzieren, zumal auch chaostheoretische Ansätze diskutiert werden.

3.1.3.4 Kinästhetisches Sinnessystem

Von *A. Niklas*

Zum kinästhetischen Sinnessystem gehört eine Gruppe von Propriorezeptoren, die in der Tiefe des Körpers liegen und als Rezeptoren der Tiefensensibilität bezeichnet werden. Sie teilen dem jeweiligen Zentrum des ZNS den momentanen Dehnungs- und Kontraktionszustand des aktiven Bewegungsapparates mit und signalisieren die räumliche Position artikulierender Partner im Arthron. Mit der Empfindung der Lage im Raum geht die Propriozeption über die Funktion der Tiefensensibilität hinaus, denn sie schließt den vestibulären Anteil an der Empfindung mit ein.

Kinästhesie i. e. S. ist nur mit dem Bewegungssinn, d.h. dem dynamischen Anteil der Tiefensensibilität, identisch.

Die Propriorezeptoren sind auch an der Regulation der Motorik beteiligt und gehen somit über die rein kognitive Funktion hinaus. An der sensorischen Regulation der Spinalmotorik sind folgende Propriorezeptoren beteiligt:

- Muskelspindeln,
- Sehnenspindeln,
- Gelenkrezeptoren,
- vestibulare Rezeptoren.

Weiterhin sind die motorischen Vorderhornzellen für die Funktion des verstellbaren Folgeregelkreises von Bedeutung. Zu ihrer Funktion sind einige Erläuterungen erforderlich.

Motorische Vorderhornzellen

Die α-Motoneurone haben einen mittleren Axondurchmesser von 10 bis 16 µm und eine Leitungsgeschwindigkeit von 80 $m \cdot s^{-1}$. Ihr Versorgungsgebiet ist die extrafusale Muskulatur (Skelettmuskulatur). Jedes α-Motoneuron innerviert mehrere Muskelfasern und bildet auf diese Weise die motorische Einheit.

Innerhalb der Gruppe der α-Motoneurone unterscheidet man die kleinen tonischen und die großen phasischen Zellen. Erstere versorgen die langsam kontrahierenden ST-Fasern, letztere die schnell kontrahierenden FTO- und FTG-Muskelfasern. Die γ-Motoneurone weisen einen mittleren Axondurchmesser von nur 5 µm und eine Leitgeschwindigkeit von 30 $m \cdot s^{-1}$ auf. Sie verlaufen mit den Axonen der α-Motoneurone in peripheren efferenten Nerven zu den intrafusalen Muskeln (Muskelspindeln). Die Aktivierung

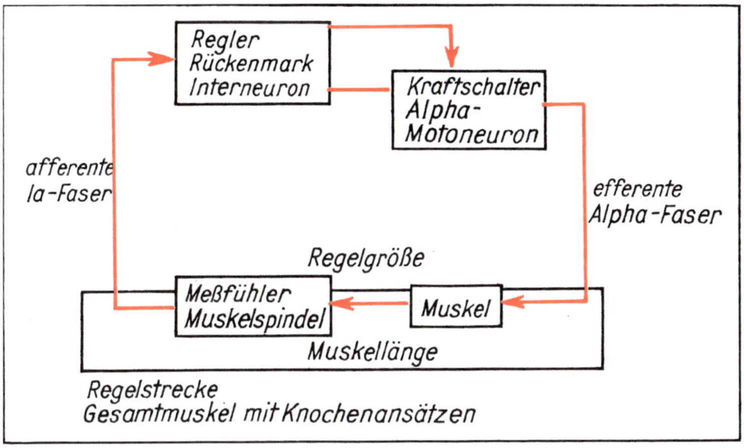

Bild 3.42 Biologischer (eigenreflektorischer) Regelkreis (nach Henatsch, 1976)

der γ-Fasern der Muskelspindeln führt zu einer Kontraktion der intrafusalen Muskelfasern und zu einer „inneren Dehnung“ ihres Mittelteils. Dieser Vorgang wird als „Spindelvorgabe“ bezeichnet. Durch diese Sollwerteinstellung ändert sich das zuvor bestehende Gleichgewicht zwischen der intra- und extrafusalen Muskellänge. Das führt zu einer Änderung des afferenten Informationsflusses, der sich wie bei einer äußeren Muskeldehnung verhält, obwohl eine solche sichtbar nicht stattfand: Über die afferenten Nerven werden die α-Motoneurone eigenreflektorisch erregt und der Skelettmuskel verkürzt sich. Dies geschieht, bis bei kleiner Muskellänge ein neues Gleichgewicht zwischen intra- und extrafusaler Muskulatur wiederhergestellt ist (Sollwertverstellung) (Bild 3.43).

Die Auslösung von Willkürkontraktionen erfolgt im allgemeinen über die α-Motoneurone. Gleichzeitig werden aber immer die γ-Motoneurone aktiviert. Das Ergebnis ist eine Stabilität der Körperhaltung.

Für die Sportpraxis bedeutet die parallele Aktivierung der α- und γ-Motoneurone, daß die durch die Kontraktion der intrafusalen Muskelfasern (Spindeln) entstandene höhere Entladungsfrequenz ihrer sensiblen Nervenfasern auch beim kontrahierten Zustand der Skelettmuskulatur erhalten bleibt.

Dadurch sind die Bedingungen für eine hohe Kontraktionsgeschwindigkeit der Muskulatur verbessert, die für Schnelligkeits- und Schnellkraftübungen benötigt wird.

Muskelspindeln

Die Muskelspindeln sind kompliziert gebaute sarkoplasmareiche und aktomyosinarme Muskelfasern mit einer spärlichen Querstreifung. Sie besitzen spindelförmige Bindegewebskapseln und werden infolge ihrer spezifischen Muskelfaserstruktur als intrafusale (fusus lat. Spindel) Muskulatur bezeichnet. Durch ihre feste Verbindung mit dem Perimysium des Skelettmuskels liegen sie parallel (nicht „in Reihe“) zum Skelettmuskel und registrieren Dehnungen und Kontraktionen (adäquater Reiz).

Bei passiver Dehnung des Muskels (d.h. der extrafusalen Muskulatur) wird die Muskelspindel erregt.

Sie sendet über ihre afferenten γ-Fasern verstärkt Signale in die Hinterwurzel des Rükkenmarks. Diese werden zu den motorischen Vorderhornzellen weitergeleitet und lösen dort eine Erregung aus. Diese läuft über den Neuriten der Vorderhornzelle zu den zuge-

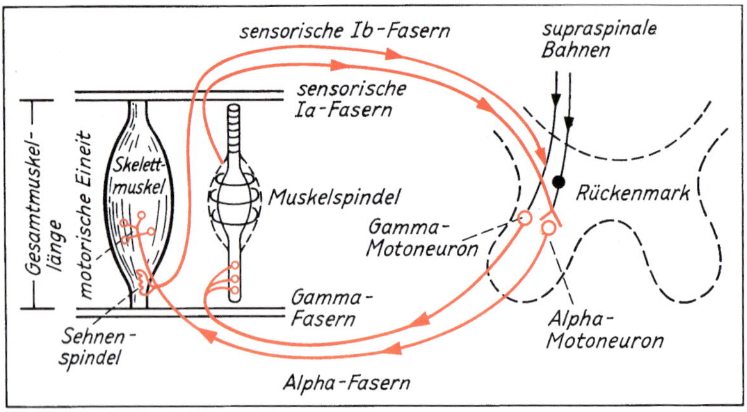

Bild 3.43 Schematische Darstellung peripherer Regelkreise der Sensomotorik (nach Henatsch, 1976)

hörigen motorischen Endplatten und führt zu einer Kontraktion der entsprechenden Muskelfasern. Daraufhin wird die Erregung der Muskelspindel gedämpft.

Aufgrund ihrer Struktur sind die Muskelspindeln Längenmesser und Feinregler der Muskelkontraktion.

Sehnenspindeln (Golgi-Sehnenorgane)

Es handelt sich um spindelähnliche Verdikkungen, die durch Verzweigungen sensibler Nervenfasern entstehen und in fast allen Sehnen einschließlich des Zwerchfells und der sehnigen Abschnitte des geraden Bauchmuskels (Intersectiones tendineae) zu finden sind. Sie werden von jeweils einer afferenten Ib-Nervenfaser mit mehreren rezeptiven Endigungen versorgt. Am Übergang von der Sehne zu den Muskeln sind die Sehnenspindeln besonders dicht gelagert.

Die Sehnenspindeln sind zum Skelettmuskel seriell gelagerte („in Reihe geschaltet") Spannungsrezeptoren und antworten sowohl auf Dehnung als auch auf Verkürzung des Muskels.

Ihre Erregungsschwelle gegenüber dynamischen Muskelkontraktionen ist erheblich niedriger als gegenüber äußerem Zug an der Gesamtsehne. Die Meldungen aus den Sehnenspindeln erfolgen an das Regulationszentrum im Rückenmark und führen zu einer reflektorischen Hemmung der α- und γ-Motoneurone und zur Aktivierung antagonistisch wirkender Muskeln. Somit wirken die Sehnenspindeln als Überlastungsschutzmechanismus zur Vermeidung von Sehnenrissen. Das Zusammenspiel von Muskel- und Sehnenspindeln reguliert die Grundspannung („kontraktiler Tonus") der Skelettmuskulatur. Bei Sportlern findet man einen guten Muskeltonus, bei haltungsschwachen Personen ist er schlecht. Durch Massage und Anwendung psychoregulativer Verfahren (autogenes Training, Yoga usw.) kann der Muskeltonus herabgesetzt werden. Er ist auch im Schlaf erniedrigt. Im Falle der auf das Gaumensegel wirkenden Muskulatur führt das u.U. zum Schnarchen.

Gelenkrezeptoren

In den Gelenkbändern und -kapseln befinden sich Rezeptoren verschiedenen Typs:

- Die sich langsam adaptierenden Rezeptoren vom Golgi-Typ zeigen die exakte Gelenkstellung an. Der Entladungsrhythmus dieser Rezeptoren ist von Längen- und Spannungsänderungen der Skelettmuskulatur abhängig.

- In den Gelenkkapseln liegen Rezeptoren vom Ruffini-Typ. Sie reagieren auf gerichtete Gelenkbewegungen. Sie adaptieren sich ebenfalls langsam und arbeiten unter dem Einfluß der Muskeln, die die Spannung der Gelenkkapseln verändern.
- Die Rezeptoren nach Art der Pacinischen Körperchen kommen in den Gelenkkapseln in geringer Zahl vor. Da sie sich schnell adaptieren, werden sie für Beschleunigungsrezeptoren gehalten.

Die Informationen von den Gelenkrezeptoren sind für die Koordination von Bewegungen bedeutungsvoll. Sie erlauben eine bewußte Wahrnehmung der Gelenkstellung bei geschlossenen Augen, wobei proximale Gelenke eine niedrigere Unterschiedsschwelle als distale aufweisen.

Im Kniegelenk beispielsweise können Unterschiede von 2 bis 3° erfaßt werden, im Schultergelenk 0,2° bei einer Winkelgeschwindigkeit von 0,3°/s. Die Propriozeptoren in den Strukturen der Wirbelsäule ermöglichen es dem Menschen, bei Ausfall des Labyrinthsystems sein Gleichgewicht aufrecht zu erhalten. Andererseits ist Schwindel insbesondere bei Sportlern nicht selten die Folge einer Blockierung der Kopf- oder der kleinen Wirbelgelenke und somit das Ergebnis propriozeptiver Signale an das ZNS. Neben den genannten Rezeptorsystemen sind noch eine Reihe weiterer Rezeptortypen an der spinalen Sensomotorik beteiligt.

Es sind dies in erster Linie die verschiedenen Mechano- und Nozizeptoren, die sowohl in der Haut als auch in tiefer gelegenen Organen, auch in den Haversschen Kanälen der Knochen, lokalisiert sind, teilweise aber auch Thermo- und Chemorezeptoren.

Die Gelenkkapsel insbesondere ist mit einem dichten Netz von marklosen und markhaltigen Fasern durchsetzt. Sie registrieren mechanische, chemische, thermische und osmotische Reize.

Das ZNS erhält dadurch eine sehr genaue Information über die Gelenkstellungen. Den Propriozeptoren der Gelenkkapseln und Bänder fällt die Aufgabe zu, den geordneten Bewegungsablauf im Bereich des Gelenkes zu ermöglichen. Wird der Kapsel-Bandapparat fehlbeansprucht, kommt es zu reflektorischen Gegenaktionen der Muskeln (Schutzmechanismus). Durch kleine Zerrungen kann es zu einer plötzlichen reflektorischen Unterbrechung der Muskelkontraktion kommen, so daß die Betroffenen in der Folge „zusammensacken“.

Die Rezeptoren der Gelenkkapsel können aber auch eine Muskelverspannung auslösen, wenn auf diesem Weg die Kapsel geschont werden kann.

Auch entzündliche Vorgänge in Schleimbeuteln und Sehnenscheiden führen zu reflektorischen Tonusänderungen der Muskeln, weil die Aktivitäten der Nozizeptoren auf komplexem Wege die Motoneurone bis zur vorübergehenden Lähmung hemmen können. Auf nozizeptive Reize („Schmerzen“) werden stets die Aktivitäten des arthromuskulären Systems in spezifischer Weise verändert. Die eine Muskelart wird reflektorisch hyperton, die anderen hypoton. Die Bewegungseinheit wird in eine Schonposition versetzt und eine Abweichung von diesen Muskelaktivitäten wird schmerzhaft.

3.1.4 Die integrative Funktion des Nerven- und Sinnessystems

Von *A. Niklas*

Es ist bewiesen, daß auf allen Ebenen des ZNS rückgekoppelte Informationsflüsse auf der Grundlage biologischer Regelkreise stattfinden. Je komplexer die Strukturen sind, die angesteuert werden, desto schwieriger wird es sein, die ineinandergreifenden Systeme gegeneinander abzugrenzen und zu identifizieren. Beim Menschen nehmen die im Großhirn lokalisierten sensomotorischen Prozesse die führende Rolle bei voller Wahrung der Selbständigkeit der untergeordneten Ebenen ein.

Im Großhirn werden verschiedene funktionelle Verknüpfungen, flexible Regelungen und Steuerungen derart miteinander vereint, daß lernfähige adaptive Systeme höchster Ordnung entstehen. Das Großhirn reguliert dabei Sensorik und Motorik.

Denkt man dabei an die efferente Beeinflussung der Muskelspindeln, so ist erkennbar, daß die Kontrolltätigkeit des Gehirns nicht nur die motorische Seite (die Muskelkontraktion) beeinflußt, sondern auch die sensorischen Afferenzen (die Meldung aus den Muskelspindeln). Diese Kontrolle der Afferenzen oder „Eingangskanäle" (engl. gate control) ist ein wichtiger Bestandteil der selektiven Informationsverarbeitung. Es kann auf niedriger Ebene bereits entschieden werden, welche Reflexwirkung oder Regulation begünstigt werden soll, auf höherer Ebene wird ausgewählt, was zum Bewußtsein gelangen soll. Durch das „gate control"- System können die „Eingangstore" wahlweise geöffnet oder geschlossen werden. Zur Erläuterung soll die supraspinale Kontrolle des γ-Systems kurz beschrieben werden.

Das ZNS wird durch die Signale des aktivierten γ-Systems veranlaßt, über eine Änderung des Sollwertes der primären Muskelspindelendigung die sensorische Afferenz der Ia-Faser zu beeinflussen.

Die efferente Kontrolle zentralnervaler Strukturen betrifft nicht nur den Effektor, sondern ist auch auf die afferenten Strukturen einschließlich der Rezeptoren gerichtet. Die zentrale Kontrolle der sensorischen „Eingangstore" erfolgt auf allen zentralnervalen Ebenen, so daß die im Rückenmark befindlichen Systeme von Zwischenneuronen ständig durch Signale aus höheren Zentren beeinflußt werden. Dadurch ergibt sich eine Selektion bzw. Reduktion der eingehenden afferenten Informationen und somit eine Optimierung der zentralnervalen Informationsverarbeitung.

Die integrativen Leistungen des ZNS sind nicht angeboren, sondern entwickeln sich vom Kindes- bis zum Erwachsenenalter. Die für die Integration notwendigen Systeme und Mechanismen vervollkommnen sich ständig im Zusammenhang mit immer anpassungsfähiger und lernfähiger werdenden Rückkopplungskontrollen. Das einfache Regelsystem zeichnet sich durch eine Stabilität gegenüber bestimmten Störungen aus der Umgebung aus. Das hochentwickelte Regelsystem des Erwachsenen kann gegenüber Störungen, die die Stabilität verändern, so reagieren, daß es unter den ihm verfügbaren Verhaltensweisen solange eine neue auswählt, bis wieder ein stabiler Zustand erreicht wird. Darüber hinaus ist dieses System in der Lage, eine das Handlungsziel vorwegnehmende und vorausberechnete Informationsverarbeitung vorzunehmen. Mit Hilfe der Elektroenzephalographie (EEG) lassen sich von der Schädeloberfläche sogenannte evozierte Potentiale ableiten, die durch adäquate oder auch elektrische Reizung eines erregbaren Gewebes ausgelöst werden können. Die Messung evozierter Potentiale liefert Aussagen über normale oder gestörte Funktionen im Nervensystem. So konnte man bei vielfach wiederholten Willkürbewegungen ermitteln, daß bereits eine Sekunde vor Beginn der Willkürbewegung eine Potentialschwankung auftrat.

Es gibt demnach für schnelle Bewegungen eine zentral vorprogrammierte Aktivierung der betroffenen Muskelgruppen. Gleichzeitig wird, wie elektromyographische Untersuchungen ergeben haben, eine alternierende Abstimmung von Agonisten und Antagonisten, z.B. von Flexoren und Extensoren, vorgenommen.

Regeltheoretisch erkannt wurde auch der Zusammenhang zwischen den Augen- und Handfolgebewegungen bei variabel bewegten Vorgabesignalen. Hierbei sind höher adaptierte Regulations- und Steuersysteme mit unteren Regelkreisen (auf niederer Ebene) eng vermascht (Bild 3.44). Zur integrativen Leistung des ZNS gehört neben dem Zusammenwirken von Sensorik und Motorik die Bereitstellung der vegetativen Verhaltensmuster sowie ihre Durchführung und Ein-

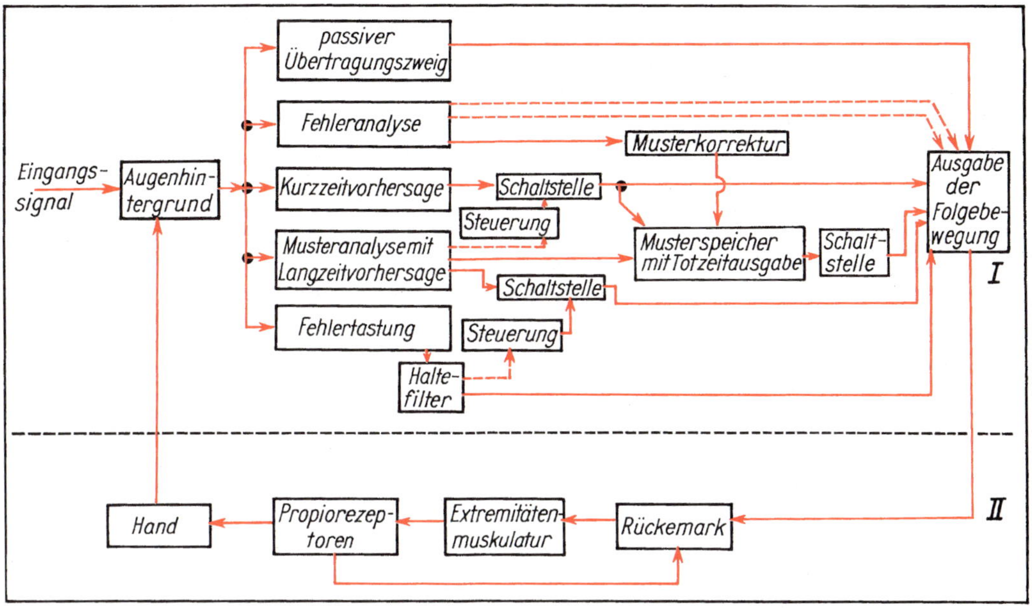

Bild 3.44 Blockschaltbild und Regelung der Handfolgebewegung in Verbindung mit dem Auge (Orientierungsschema). I Zentrale, obere Ebene, II untere Ebene (nach Vossius, 1976)

ordnung in die Reaktion des Menschen in der Umwelt.

Die Einordnung erfolgt ebenfalls auf der Grundlage von Lernprozessen vom Kindes- bis zum Erwachsenenalter. Das Kind muß erst lernen, die Harn- und Stuhlentleerung willensmäßig zu steuern. Voraussetzung dafür ist die „bewußte" geistige Aneignung des Entleerungsreflexes und die soziale Einsicht in die Notwendigkeit, ihn unter Kontrolle zu bringen.

Für die Entwicklung der Persönlichkeit ist die integrative Funktion des Nervensystems folglich von sehr großer Bedeutung.

Zu den weiteren Fähigkeiten des ZNS im Integrationsprozeß gehören das Lernen, die Ausbildung des Gedächtnisses, die Sprache, die Fähigkeit des Denkens, Lesens, Schreibens, die Ausbildung des Bewußtseins sowie das Wachen und Schlafen. Wegen dieser komplexen Fähigkeiten und seiner Vielzahl von Verschaltungen und Querverbindungen wird das Gehirn mit einem Computer verglichen:

Der ständige Prozeß der Aufnahme von Informationen aus dem Körperinneren und der Umgebung desselben in das ZNS wird als Lernen bezeichnet, die Speicherung als Gedächtnis, wobei nur 1% der Bewußtseinsafferenzen ins Gedächtnis aufgenommen und gespeichert werden, um auf Abruf zur Verfügung zu stehen.

Für die Entwicklung sportmotorischer Fertigkeiten muß der Lernende oder Trainierende das „Gefühl" (Kraftsinn, Sensibilität), die „Bewegungsempfindung" für die auszuführende sportliche Bewegung erwerben, zum Beispiel das „Wassergefühl" des Schwimmers als komplizierten kinästhetischen Wahrnehmungsvorgang. So umfaßt allgemein die kinästhetisch-vestibuläre Regulation eine Wahrnehmung der Afferenzen aus Proprio- und Mechanorezeptoren sowie dem Gleichgewichtsorgan einerseits und die zentral-nerval kontrollierte Tätigkeit der Skelettmuskulatur zur Realisierung sportlicher Bewegungen andererseits.

Schließlich sei als hervorragende Fähigkeit des ZNS des Menschen aufgeführt, daß es in der Lage ist, von Gegenständen zu abstrahieren und dafür sowie für ideelle Begriffe entsprechende Worte zu finden, mit denen es die Sprache bildet.

Diese Leistung der Übertragung von gegenständlichen Signalen auf Signalbegriffe wird auch als Bildung der „Signale von Signalen" im zweiten Signalsystem bezeichnet. Ihre Ausbildung erfolgt beim Heranwachsenden in den ersten Lebensjahren. Weil der Organismus auf eine sportliche Belastung stets als Ganzes antwortet, ist die Ausbildung, besonders der koordinativen Fähigkeiten, von der Funktionsweise und dem Zusammenspiel des ZNS und der verschiedenen Sinnessysteme abhängig. Bei der Durchführung motorischer Aktionen werden die Rezeptoren der verschiedenen Sinnessysteme, z.B. des optischen, kinästhetischen und akustischen Sinnessystems, gleichzeitig gereizt: Das Auge kontrolliert die Stellung des Körpers im Raum und kann die Bewegungsrichtung und -schnelligkeit verändern helfen; der Gleichgewichtssinn sichert die Erhaltung der Körperlage im Raum, was bei technisch-kompositorischen Sportarten von besonderer Bedeutung ist. Die Fehlerkorrektur über den akustischen Analysator dient vorwiegend dem motorischen Lernprozeß.

Trainierte Sportler zeigen gegenüber untrainierten eine höhere Stabilität bei Anforderungen an das ZNS sowie eine größere Flexibilität der Nervenprozesse. Die Erregungs- und Hemmungsprozesse im ZNS weisen eine größere Ausgeglichenheit auf.

Durch den motorischen Lernprozeß und die Kenntnis der Übungen werden die Bewegungen präziser und exakter ausgeführt, wobei durch Filterung von Informationen überflüssige Erregungen des ZNS vermieden werden. Diese Bewegungsoptimierung führt nicht nur zu einer informationellen Entlastung zentralnervaler Strukturen, sondern auch zur Verringerung energetischer Aufwendungen für die sportliche Bewegung.

Die auffälligsten Veränderungen zeigen sich bei Trainierten am vegetativen Nervensystem. Sympathisches und parasympathisches Nervensystem werden bei motorischen Handlungen immer gleichzeitig innerviert.

Bei trainierten Sportlern wird während der Belastungen jedoch der Sympathikotonus schneller und sicherer erhöht. Diese Reaktionsweise ist eine Folge der Erweiterung der Funktionsamplitude aller Organe und Organsysteme infolge regelmäßigen sportlichen Übens. Durch das Überwiegen des Parasympathikus in Ruhesituationen, was sich am auffälligsten in der Ruhebradykardie äußert, ist der trainierte Organismus in der Lage, seine Ökonomie zu verbessern. Unter dem Einfluß der Parasympathikuswirkung verkürzen sich die Erholungs- und Wiederherstellungszeiten nach sportlichen Belastungen. Je öfter durch das Training der Sympathikus angesteuert wird, um so mehr überwiegt der Parasympathikus in der Erholungsphase.

Im Gefüge des Trainings kommt es zu der phasenförmigen Entwicklung der Bewegungsfertigkeiten:

- Generalisationsphase (Grobkoordination),
- Konzentrationsphase (Feinkoordination),
- Stabilisationsphase (Automatisierung)

und somit zur Ausbildung eines motorisch-dynamischen Stereotyps (s. a. 3.1). Der motorische Stereotyp beruht auf einer steten Schaltverbindung im zentralen motorischen System, so daß gewisse Muskelgruppen immer in ein und derselben und bestimmten Weise zusammenarbeiten.

Einzelne Muskeln sind in ihren Einsätzen so miteinander verknüpft, daß sie ein Funktionssystem bilden (kinetische Muskelkette).

Neben der Entwicklung des motorisch-dynamischen Stereotyps bilden sich durch die

Tätigkeit der Großhirnrinde neue bedingt reflektorische Verbindungen während der Bewegungshandlungen. Durch sie ist es möglich, einen fixierten motorisch-dynamischen Stereotyp, bei dem räumliche, zeitliche und frequenzmäßige Bewegungsmerkmale als Erregungsmuster im ZNS festgeschrieben sind, zu durchbrechen. So kann man durch Veränderungen der Trainingsmethoden die „Geschwindigkeitsbarriere" bei Sprintern, die durch eine konstante Schrittfrequenz, Schrittlänge, und Raumeinteilung bedingt ist, überwinden.

Andererseits kann sich der Versuch, einen eingeschliffenen motorischen Stereotyp z.B. bei Hochleistungsschwimmern umzustellen, als nicht realisierbar erweisen, weil der in der Stabilisationsphase automatisierte Bewegungsablauf zentralnerval, einschließlich aller Afferenzen und Efferenzen, nahezu irreversibel geprägt ist.

Durch die Elektroenzephalographie (EEG) wurde festgestellt, daß im Laufe der Anpassung an körperliche Belastungen die Wechselbeziehungen zwischen den verschiedenen Rindengebieten zunehmen. Bei jugendlichen Sportlern (z.B. Eiskunstläufern, Turnern, Schwimmern) ist die mannigfaltige Verbindung der bioelektrischen Aktivität in der Großhirnrinde noch geringer ausgeprägt als beim Erwachsenen. Somit ist auch die Fähigkeit einzelner Nervenzellen, eine bestimmte rhythmische Aktivität beizubehalten, geringer und die Rindenneurone können nicht so leicht zu großen Komplexen zusammengefaßt werden. Weiterhin wurden EEG-Unterschiede zwischen Sportlern ermittelt, die unterschiedliche Qualifikation, Spezialisierung und Trainiertheit aufwiesen. Durch ein systematisches sportliches Training ist es möglich, das Niveau der Wechselbeziehungen zwischen den verschiedenen Rindenregionen des ZNS zu erhöhen. Bei Trainingsunterbrechungen gehen die Lerneffekte zu einem großen Teil in Abhängigkeit von der Länge der Trainingspause wieder verloren.

3.2 Hormonsystem

Von *A. Niklas*

3.2.1 Die neurohormonelle Regulation

Die einzelnen Organe und Organsysteme unterliegen dem steuernden und regelnden Einfluß des neurohormonellen Systems, das sich in das nervale und das endokrine Regulationssystem untergliedern läßt. Sowohl funktionell als teilweise auch anatomisch sind beide eng miteinander verknüpft.

Im endokrinen System stellen die Hormone die spezifischen Informationsträger dar. Sie regulieren Stoffwechsel-, Wachstums- und Fortpflanzungsprozesse.

Es handelt sich um spezifische organische Substanzen, die vom Bildungsort über das Blut, den Liquor cerebrospinalis oder den Nervenweg an den Wirkort gelangen (Informationsübertragung). Sie sind also **Inkrete** und werden nicht (wie Exkrete oder Sekrete) nach außen abgegeben. Jedes Hormon hat eine definierte biologische Halbwertszeit, weil es im Blut und im Gewebe zum großen Teil inaktiviert und abgebaut wird. Die Hormone werden zum geringsten Teil direkt, hauptsächlich als Metabolite über die Niere und Leber-Galle ausgeschieden. Sie sind Bestandteil des humoralen vegetativen Systems, das die Homöostase aufrecht erhält und die Anpassung an Umweltreize (z.B. physische Belastung) sichert.

Die Wirkungen der Hormone sind relativ langsam und anatomisch weniger gerichtet im Vergleich zur schnellen und präzise lokalisierten Regulation durch das Nervensystem.

Einerseits ist das koordinierte Zusammenspiel von nervaler und hormoneller Regulation Voraussetzung für die Anpassung des Organismus z.B. an physische Belastungen, andererseits führt ein sportliches Training auch zu einer Adaptation des hormonellen Systems. Kenntnisse über die hormonelle Regulation sind eine Voraussetzung für die Beurteilung physiologischer Prozesse während oder nach sportlichen Belastungen.

3.2.2 Einteilung und Wirkungsweise der Hormone

Alle Hormone greifen primär regelnd in Stoffwechselvorgänge ein. Sie werden entweder ständig oder in bestimmten zeitlichen Rhythmen oder bei Bedarf gebildet.

Nach den **Bildungsorten** werden Hormone wie folgt eingeteilt:

- Neurosekretorische Hormone, die in speziellen Zellen und Geweben des ZNS gebildet werden.
- Drüsenhormone, deren Bildungsort Hormondrüsen sind, bilden die häufigsten und wichtigsten Vertreter.
- Gewebshormone, die in Geweben oder Organen gebildet werden und in unmittelbarer Nähe des Bildungsortes wirken.
- Mediatoren, die in vielen Geweben und Organen gebildet werden und lokal wirken.

Es gibt glandotrope und effektorische Hormone. Die glandotropen Hormone regulieren Größe und Hormonproduktion peripherer endokriner Organe (Drüsen – Glandulae). Die effektorischen Hormone wirken über den Stoffwechsel auf die Funktionen peripherer Gewebe.

Nach der **chemischen Struktur** der Hormone werden unterschieden:

- Steroidhormone, deren Struktur sich von einem mehrgliedrigen organischen Ringsystem (Steran, Cholesterin) ableitet.
- Proteohormone, bei denen es sich um Oligo- und Polypeptide (Eiweiße) handelt
- Aminosäurederivate mit vielfältiger chemischer und biochemischer Charakteristik (z.B. Katecholamine).
- Prostaglandine, die von ungesättigten Fettsäuren abgeleitet sind.

Viele Hormone werden als Vorstufen (Prohormone) gebildet und im endokrinen Gewebe, in der Blutbahn oder am Wirkort in das aktive Hormon überführt. Nach erfolgter Ausscheidung in das Blut werden Hormone vielfach zunächst an Plasmaproteine gebunden. Dadurch werden vorzeitiger Abbau oder Ausscheidung verhindert. Speicherung und Abgabe von Hormonen (besonders Proteohormonen) ins Blut werden durch Teile des Nervensystems, aber auch des Hormonsystems selbst reguliert. Die Biosysnthese der Steroidhormone führt zu ihrer unmittelbaren Freisetzung.

Eine wirksame hormonelle Regulation ist vom Verhältnis von Bildungs- und Abbaugeschwindigkeit (biochemische Reaktionskinetik) der Hormone abhängig.

Die Inaktivierung der meisten Hormone erfolgt in der Leber und die Abbauprodukte werden dann über die Niere oder den Darmtrakt ausgeschieden, so daß unter physiologischen Bedingungen keine hohen Hormonkonzentrationen im Organismus gefunden werden.

Zum endokrinen System des Menschen werden folgende **Drüsenorgane** gerechnet (Bild 3.45):

- Hirnanhangsdrüse (Hypophyse) in anatomischer Verbindung und funktioneller Einheit mit dem Hypothalamus,
- Schilddrüse (Glandula thyreoidea),
- Nebenschilddrüse (Epithelkörperchen, Glandulae parathyreoideae),
- Inselorgan der Bauchspeicheldrüse (Pankreas),
- Nebennieren (Glandulae suprarenales)
  - Rinde (Cortex),
  - Mark (Medulla, Paraganglion suprarenale),
- Keimdrüsen
  - Eierstöcke (Ovarien),
  - Hoden (Testes) und ggf.,
  - Mutterkuchen (Plazenta).
- Bries (Thymus),
- Zirbeldrüse (Epiphyse),
- Milz (Lien),

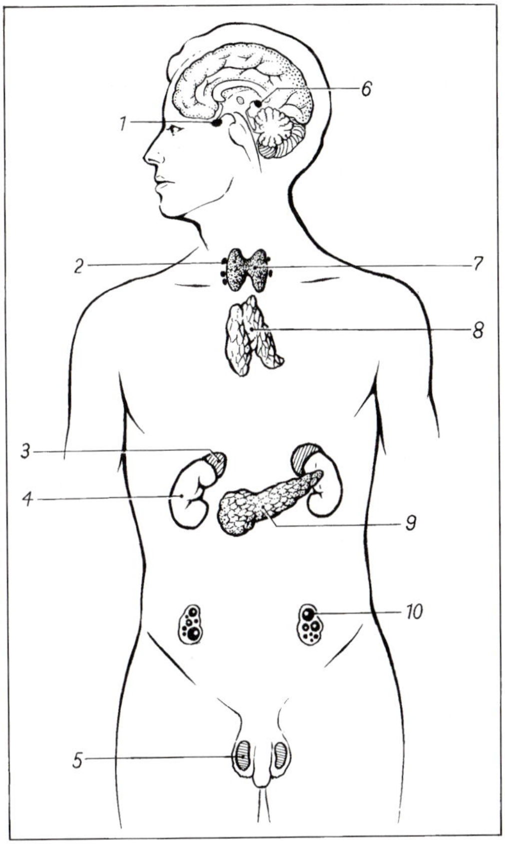

Bild 3.45 Lage endokriner Drüsen im menschlichen Körper. *1* Hirnanhangsdrüse, *2* Nebenschilddrüse, *3* Nebenniere, *4* Niere, *5* Hoden, *6* Zirbeldrüse, *7* Schilddrüse, *8* Bries, *9* Inselorgan der Bauchspeicheldrüse, *10* Eierstock

Die Funktion eines Organs als endokrine Drüse und diejenige einer Substanz als Hormon, kann durch Ausschaltungs- und Substitutionsversuche am Tiermodell geklärt werden.

Beim Menschen treten Störungen im Stoffwechsel bei Über- oder Unterfunktion einzelner Hormondrüsen auf.

Auf Extirpation einer endokrinen Drüse reagiert der Organismus mit typischen Ausfallserscheinungen, die durch Substitution des fehlenden Hormons durch einen Organextrakt oder eine adäquate synthetische Substanz bzw. durch Reimplantation der extirpierten Drüse rückgängig gemacht werden kann.

Hormone sind unterschiedlich artspezifisch, sie wirken in jedem Fall aber funktionsspezifisch, d.h. auch bei verschiedenen Arten ist die Wirkrichtung des Hormons festgelegt.

Diese Eigenschaft ermöglicht in einigen Fällen die Verwendung tierischer Hormonextrakte zur Behandlung von Ausfallerscheinungen beim Menschen. Ein ausschließlich artspezifisches Hormon ist das menschliche Wachstumshormon. Nach ihrer Stoffwechselwirkung unterscheidet man **anabole** und **katabole** Hormone. Erstere fördern Syntheseprozesse, während letztere Abbauprozesse regulieren.

Somit sind Hormone als physiologische oder biochemische Regulatoren zu betrachten, weil sie die Wirkung bestimmter Enzyme im Stoffwechsel beeinflussen und den Synthese- oder Abbauweg z.B. der Kohlenhydrate bestimmen.

Hormone können nur an den Zellen Wirkungen entfalten, die für sie einen spezifischen **Rezeptor** (Angriffsort) in der Zellmembran besitzen. Es handelt sich um spezifische Bindungsstellen für Hormone. Sie sind mit den Rezeptoren im Nervensystem nur bedingt vergleichbar. Es lassen sich zwei unterschiedliche Mechanismen der Hormonwirkung an der Effektorzelle unterscheiden (Bild 3.46)

- Aktivierung der Adenylzyklase z.B. durch Proteohormone mit folgenden Reaktionsschritten:
  - Fixierung des Hormons an Rezeptoren der Zellmembran,
  - enzymatische Bildung des cAMP (zyklisches Adenosinmonophosphat),
  - Aktivierung von Stoffwechselenzymen im Zellplasma durch cAMP,
  - Abbau des cAMP zu AMP.

Nach diesem Grundprinzip können Gewebe in unterschiedlicher Weise beeinflußt werden. Beispielsweise erfolgt durch das cAMP

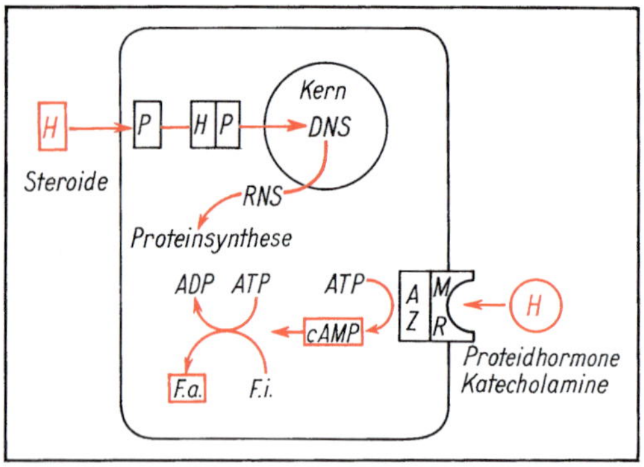

Bild 3.46 Wirkungsmechanismen der Hormone in der Zelle. *H* Hormon, *P* hormonbindendes Protein, *MR* Membranrezeptor, *AZ* Adenylzyklase, *F.a.* Ferment aktiv, *F. i.* Ferment inaktiv (nach Rapoport)

im Fettgewebe die Aktivierung der Lipolyse in der Leber und der Skelettmuskulatur eine Aktivierung der Glykogenolyse.

- Kontrolle der Genaktivität z.B. durch Steroidhormone über folgende Reaktionen:
  - Penetration durch die Zellmembran,
  - Bindung an Rezeptorproteine im Zellplasma,
  - Eindringen des Hormon-Protein-Komplexes in den Zellkern,
  - Aktivierung von Genen auf der chromosomalen DNS,
  - Biosynthese bestimmter Proteine über die m-RNS durch die Ribosomen.

Hormone beeinflussen sich auch gegenseitig. So hat die Ausschüttung von Hormonen meist Einfluß auf die Produktion gegenregulatorisch wirksamer Hormone. Ein Beispiel hierfür bildet die Blutzuckerregulation durch das Insulin-Glukagon-System. Bei einigen Hormonen wird die Produktion direkt durch die Stoffwechselfunktion gesteuert, auf die sie einwirken.

Bestimmte Stoffwechselparameter hemmen oder fördern die Ausschüttung des auf sie regulierend wirkenden Hormons. Es liegt eine direkte Rückkopplung zwischen peripheren Anforderungen und der steuernden hormonellen Aktivität vor.

Beispiele liefern hierfür die Funktion der Epithelkörperchen (Nebenschilddrüse) im Calciumstoffwechsel, des Inselorgans im Kohlenhydratstoffwechsel, aber auch die Produktion von Gewebshormonen im Gefolge lokaler Veränderungen in den Geweben. Die Hormonproduktion des überwiegenden Teils der inkretorischen Drüsen unterliegt der direkten oder indirekten Kontrolle des ZNS. Dabei spielen Einflüsse bis aus den höchsten Hirnstrukturen eine Rolle. Die Produktion und Freisetzung der Nebennierenmarkhormone unterliegt beispielsweise einer direkten nervalen Steuerung über den Sympathikus. Die meisten endokrinen Organe sind über ein **mehrstufiges Regulationssystem** mit dem ZNS und der als endokrines Steuerzentrum zwischengeschalteten Hypophyse verknüpft. Zentralnervales Regelzentrum ist der **Hypothalamus**, ein Teil des Zwischenhirns (Bild 3.47).

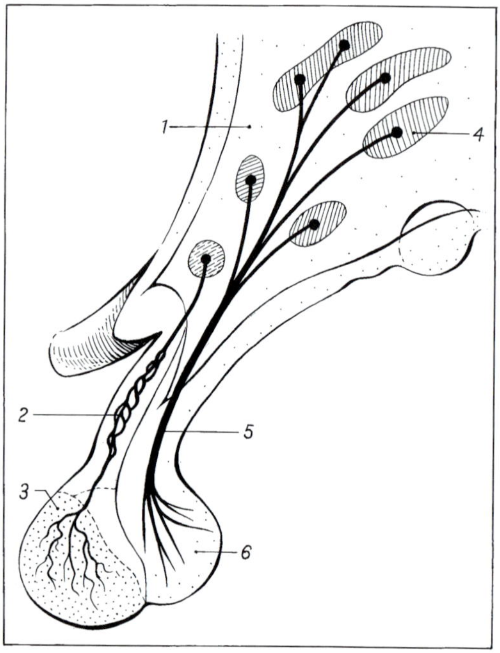

Bild 3.47 Beziehungen zwischen Hypothalamus und Hypophyse. *1* Zentralnervensystem, *2* Pfortaderkreislauf der Hypophyse, *3* Hypophysenvorderlappen, *4* Kerngebiete des Hypothalamus, *5* Nervenbahnen zur Hypophyse, *6* Hypophysenhinterlappen

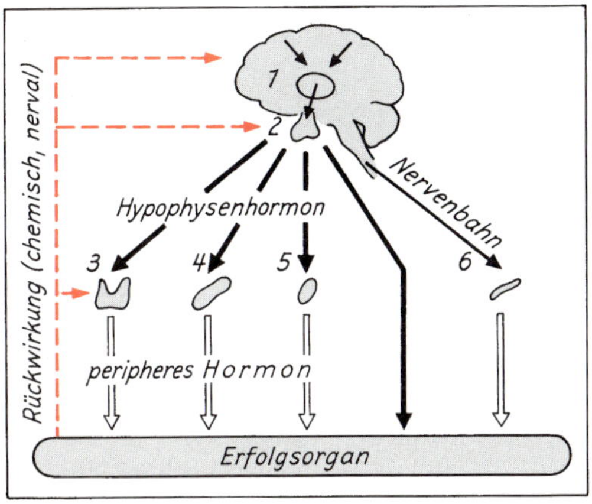

Bild 3.48a Zusammenspiel nervaler und hormoneller Regulation. *1* Hypothalamus, *2* Hypophyse, *3* Schilddrüse, *4* Nebennierenrinde, *5* Keimdrüse, *6* Nebennierenmark

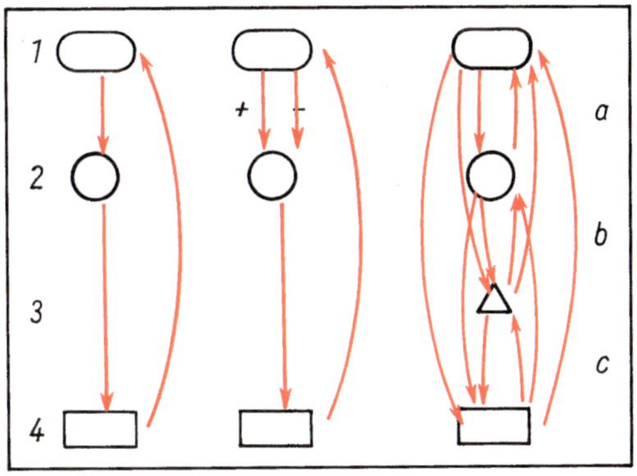

Bild 3.49 Rückkopplungsmechanismen des hormonellen Systems. *1* Zentralnervensystem, *2* Hypophyse, *3* periphere Drüse, *4* Erfolgsorgan, **a** Oligopeptide, **b** Polypeptide, Proteine, **c** Steroide, Thyroxin (nach Gerber u. a.)

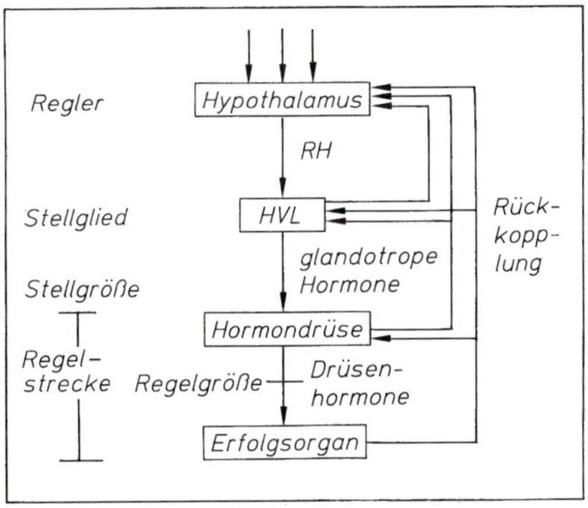

Bild 3.48b Regulation hormoneller Prozesse

Von ihm werden **Neurohormone** produziert, welche die Hypophyse über Nervenfasern erreichen. Sie wirken als Freisetzungshormone (releasing factors) auf die Hormonproduktion dieses Organs oder werden direkt als peripher wirksame Effektorhormone von ihr abgegeben (Bild 3.48 a und b).

Die von den peripheren Hormondrüsen ausgeschütteten Inkrete entfalten nicht nur spezifische Stoffwechselfunktionen, sondern wirken auf die Hypothalamusfunktion hemmend zurück. Die Abgabe des Releasingfaktors wird reduziert und mit ihr die Produktion glandotroper Hormone aus der Hypophyse (indirekte, mehrstufige Rückkopplung, Bild 3.49).

Ein derartiges Regulationssystem ermöglicht die situationsadäquate diffizile Reaktion des Organismus auf unterschiedliche Umwelteinflüsse sowie die organismische Realisierung genetisch verankerter Entwicklungsprozesse.

3.2.3 Spezielle Aufgaben endokriner Organsysteme

Bezogen auf die Gesamtmasse des menschlichen Körpers ist der Anteil hormonbildender Zellen mit weniger als 0,1% sehr gering. Tabelle 3.7 und Bild 3.46 geben einen Überblick über Lage und Aufgaben wichtiger endokriner Organsysteme.

3.2.3.1 Hypothalamus – Hypophysensystem

Der Hypothalamus, ein basaler Abschnitt des Zwischenhirns (Diencephalon), enthält Re-

Tabelle 3.7 Übersicht über wichtige Drüsenhormone, deren Bildungsstätten und grundsätzliche Aufgaben

Ort der Bildung	Hormonbezeichnung	Abkürzung	Grundsätzliche Wirkung	Chemische Zugehörigkeit
Hypophyse				
Hypophysenhinterlappen (HHL) und Hypothalamus	Vasopressin Oxytocin	ADH	Antidiuretisches Hormon, Wehenerregendes Hormon	Peptid- und Proteohormone
Hypophysenvorderlappen (HVL)	Somatotropin	STH	Wachstumshormon	
	Melanotropin	MSH	Melanozyten stimulierendes Hormon	
	Corticotropin	ACTH	Nebennierenrinde stimulierendes Hormon	
	Gonadotropine	FSH, LH	Follikel stimulierendes-Hormon oder	
	Ovulationsauslösendes und Gelbkörperchenbildendes	ICSH	Zwischenzellstimulierendes Hormon	
Plazenta	Choriongonadotropin	HCG	wie LH (im wesentlichen Organismus	
Schildrüse	Thyroxin Triiodthyronin	T_4 T_3	Stoffwechselaktivierung, Wachstums- und entwicklungsfördernd	Aminosäurederivate
Epithelkörperchen	Parathormon		CA^{++}-Mobilisierung	Proteohormone
Inselorgan (Pankreas)	Insulin, Glukagon		Blutzuckersenkung, Blutzuckererhöhung	
Nebenniere				
Nebennierenmark (NNM)	Adrenalin Noradrenalin		Glykogenverwertung (Sympathikuswirkung)	Aminosäurederivate
Nebennierenrinde (NNR)	Aldosteron		Na^{+}-Anreicherung im Mineralhaushalt	Steroide
	Cortisol, Corticosteron		Steigerung des Kohlenhydratstoffwechsels, Glykoneogenese, Entzündungshemmung	
Gonaden (Keimdrüse)	Testosteron (♂)		Ausprägung männl. Geschlechtsmerkmale Eiweißaufbau	
	Östradiol und Östrogen (♀)		Ausprägung weibl. Geschlechtsmerkmale, Aufbau der Uterusschleimhaut (Gebärmutter)	
	Progesteron (♀)		Sekretion der Uterusschleimhaut, Schwangerschaftsbedingungen ausbildend	

gelzentren für die Thermoregulation und das Appetenzverhalten (Nahrungs- und Wasserzufuhr über die Steuerung des Hunger- und Durstgefühls). Zusammen mit der Hypophyse bildet der Hypothalamus das führende Regulations- und Koordinierungsorgan des gesamten vegetativ-endokrinen Systems.

Zwischen Hypothalamus und Hypophyse bestehen direkte anatomische und funktionelle Verbindungen.

Der Hypothalamus geht trichterförmig in den Hypophysenstiel über. Er enthält vorwiegend Nervenbahnen, die in den Hypophysenhinterlappen (HHL) einstrahlen.

Entwicklungsgeschichtlich ist der HHL Bestandteil des Zwischenhirns. Der Hypophysenvorderlappen (HVL) ist mit angrenzenden Abschnitten des Hypothalamus durch ein Gefäßnetz (Pfortadersystem der Hypophyse) verbunden.

Im Hypothalamus befinden sich Nervenzellenanhäufungen, sogenannte Kerngebiete (Nucleus supraopticus, Nucleus paraventricularis), die hormonell wirksame Substanzen (Oxytocin, Vasopressin) produzieren können (s. Bild 3.47). Diese nennt man Neurosekrete bzw. Neurohormone. Sie werden durch die Axone der für ihre Bildung zuständigen Nervenzellen befördert.

Einige gelangen aus den Kerngebieten des Hypothalamus direkt in den HHL. Eine andere Gruppe von Neurohormonen wird durch entsprechende Nervenzellfortsätze in den Bereich des hypothalamisch-hypophysären Pfortadersystems transportiert und dort an das Blut abgegeben. Auf diesem Wege gelangen sie aus dem Hypothalamus in den HVL. Hier beeinflussen sie als „releasing“- oder „inhibitory“-Faktoren dessen Aktivität. Sie fördern oder hemmen die Produktion glandotroper Hormone entsprechend den jeweiligen Erfordernissen.

Der Einfluß höherer koordinierender Zentren der Großhirnrinde unterstützt die enge Wechselwirkung zwischen hormoneller und nervaler Regulation.

Letztere ist phylogenetisch jünger und zeichnet sich durch relativ hohe Geschwindigkeiten und strenge Lokalisation der Wirkungen aus. Sie ist eine Kurzzeitregulation, die dem Organismus eine schnelle Reaktion auf äußere Reize ermöglicht.

Durch Hormone wird mit zeitlicher Verzögerung die nervale Reaktion unterstützt. Die hormonelle Regulation ist eine Langzeitregulation, weil ihre Geschwindigkeit von der stark zeitabhängigen Verteilung der Hormonmoleküle im Organismus, u.a. von der Strömung des Blutes, abhängig ist. Folgende Neurohormone mit Wirkung auf die Produktion der HVL-Hormone (Tropine) sind bekannt:

- Corticotropin-Releasing factor CRF
- Thyreotropin-Releasing factor TRF
- RF des Follikelstimulierenden Hormons FRF
- RF des Luteinisierenden Hormons LRF
- RF des Prolaktinfreisetzenden Hormons PRF
- Wachstumshormon-RF (growth-hormon) GRF
- Wachstumshormon-Hemmungsfaktor GIF

Die Neurosekretion der tropinfreisetzenden Hormone ist mehrstufig negativ rückgekoppelt. Sie wird von der Tropinkonzentration, von der Konzentration des entsprechenden peripheren Hormons und von den Wirkungen am Zielorgan beeinflußt (Bild 3.48 und 3.50).

Die an der Hirnbasis befindliche, annähernd rundliche Hypophyse hat ca. 1 cm Durchmesser. Im HVL (Adenohypophyse) werden die glandotropen Hormone gebildet (Bild 3.51).

Ausnahmen machen das **Somatotropin (STH)**, das als Wachstumshormon direkt auf verschiedene Körpergewebe wirkt, sowie das Melanotropin. Das *STH* wirkt direkt auf das Knochenwachstum, aber auch auf den Kohlenhydrat-, Fett- und Eiweißstoffwechsel. Es ist ein Proteohormon aus 190 Aminosäuren (M = 21 500) und hochgradig artspezifisch.

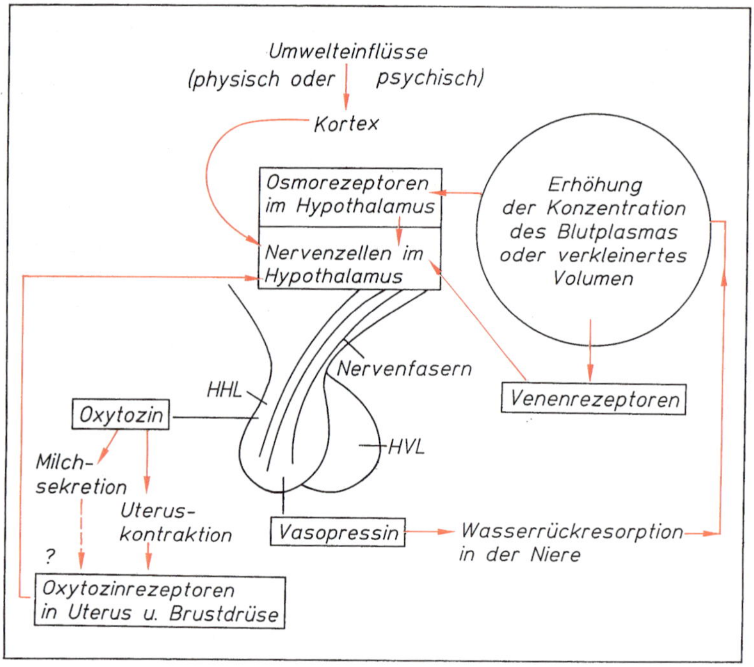

Bild 3.50 Einflüsse auf die Sekretion der im Hypophysenvorderlappen gespeicherten Hormone und ihre Hauptwirkungen (nach Hall, 1978)

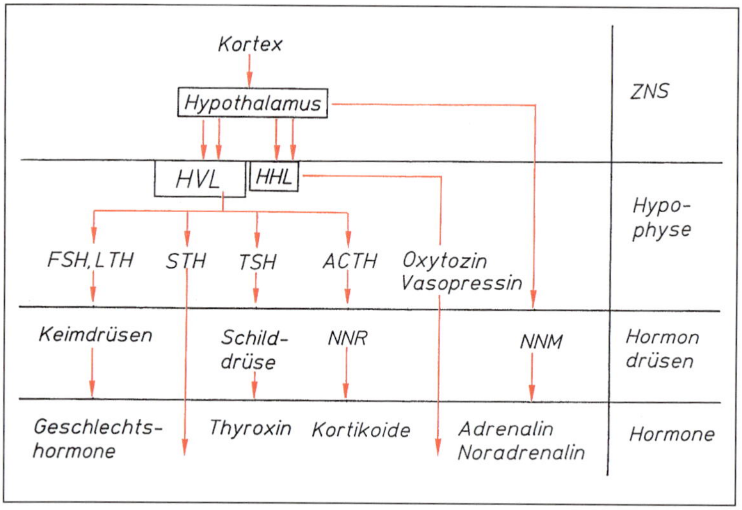

Bild 3.51 Hierarchie der Regulationsebenen bei der Beeinflussung der Hormondrüsen (nach Gerber, 1974). *HVL* Hypophysenvorderlappen, *HHL* Hypophysenhinterlappen, *ZNS* Zentralnervensystem, *FSH* Follikelstimulierendes Hormon, *LTH* Luteinstimulierendes Hormon, *STH* Somatotrophes Hormon, *TSH* Threoideastimulierendes Hormon, *ACTH* Adrenokortikotrophes Hormon, NNR Nebennierenrinde, NNM Nebennierenmark

Die Syntheserate des STH ist nicht gleichmäßig, die Sekretion erfolgt schubweise. Ein Teil der Wachstumseffekte des STH wird indirekt erzeugt. So scheint die Leber unter dem Einfluß des STH eine hormonell wirksame Substanz, das Somatomedin, zu produzieren. Letzteres löst direkte Wachstumseffekte aus und entsprechend wäre auch die Leber als endokrines Organ anzusehen. Erhöhte Konzentrationen an Nebennierenrindenhormonen hemmen die STH-Synthese und führen zu Wachstumsminderungen. Die Wirkung von STH wird durch im Blut vorkommende Somatomedine vermittelt. STH-Mangel führt zu einer Verringerung des Skelettwachstums (hypophysärer, proportionierter Zwergwuchs). Diese Symptome sind oft mit einem Mangel an keimdrüsenstimulierenden Hormonen des HVL und damit einer Unterentwicklung der Genitalorgane verbunden. Demgegenüber finden wir im Falle der Überfunktion der eosinophilen Zellen des HVL den proportionierten Riesenwuchs (Gigantismus). Nach Abschluß des Längenwachstums führt eine verstärkte STH-Bildung zur Akromegalie, d.h. einer Vergrößerung von Nase, Kinn, Händen und Füßen.

Die anabole Funktion des STH äußert sich in positiver Stickstoff- und Phosphorbilanz. Im Wachstumsalter zeigen verschiedenste Zellen Hypertrophie und Hyperplasie.

STH wirkt aber auch im Erwachsenenalter anabol: Es beschleunigt die Proteinsynthese und fördert den Eiweißansatz, die Energiefreisetzung aus Kohlenhydraten wird eingeschränkt und der Glykogeneinbau im Muskel gesteigert.

Damit entfaltet es antiinsulinäre Wirkungen. Darüber hinaus erfolgt durch STH eine Mobilisierung **freier Fettsäuren** aus dem Fettgewebe, und die energetische Verwertung der Fettsäuren steigt an. Entsprechend stimuliert physische Belastung die STH-Produktion. Auslösend hierfür sind die Senkung der Blutglukosekonzentration und die vermehrte Wärmebildung. Folglich finden sich erhöhte STH-Aktivitäten vornehmlich bei **Langzeitausdauerbelastungen**. STH drosselt in dieser Situation den Kohlenhydratverbrauch im Muskel und fördert den Fettsäureabbau. In der Leber wird teilweise schon während der Belastung die Laktatverwertung über die Glukoneogenese gefördert.

In der Wiederherstellungsphase wird die Glykogenresynthese durch STH angeregt und es kommt zur beschleunigten Wiederauffüllung der Glykogenreserven. Es handelt sich in diesem Fall um eine synergistische Wirkung zum Insulin. Von der Norm abweichende STH-Aktivität wirkt in jedem Lebensalter leistungsbeeinflussend.

Nach Langer et al. unterliegt die STH-Aktivität auch deutlicher **psychischer Beeinflussung**. Somit tritt unter leistungsmedizinischen Aspekten in verstärktem Maße die Notwendigkeit auf, zwischen einer adäquaten zentralnervalen Aktivierung im psychophysischen Bereich als einer Voraussetzung für höhere Leistungen einerseits und hohen Aktivierungen des ZNS andererseits unterscheiden zu müssen, die sich infolge überschießender Reaktionen bereits leistungsmindernd auswirken. Es wird also ein Optimum anzustreben sein. Unumgänglich erscheint es, den Parameter STH-Konzentration in die Leistungsdiagnostik der Kampfsportarten (Langer et al.) sowie der Sportschützen (Göhler und Lauterbach in[3]) einzubeziehen, um psychische Reaktionsmuster der einzelnen Sportler differenzieren und ggf. gezielt beeinflussen zu können. Eine schematische Erläuterung der Zusammenhänge zwischen psychischer Beanspruchung, sportlicher Belastung und hormoneller Regulation gibt das Bild 3.52.

Aufgrund der eng miteinander „vermaschten“ Regelkreise im endokrinen System haben auch die **glandotropen Hormone** der

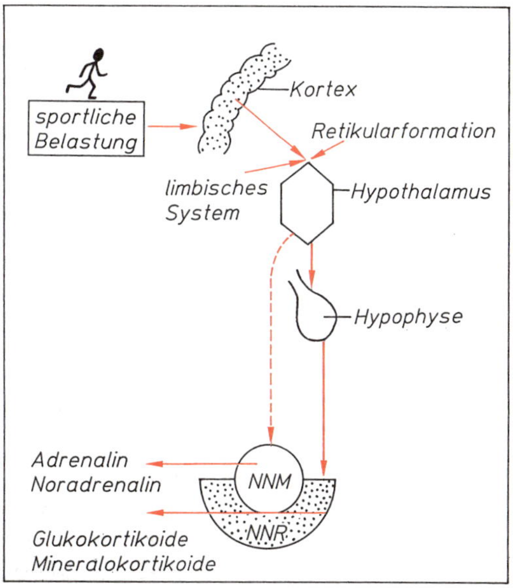

Bild 3.52 Beziehungen zwischen Großhirn, Hypothalamus, Hypophyse und Nebennieren bei sportlicher Belastung (nach Neumann, 1981) → Sympathikusaktivierung

Hypophyse bedeutsame Wirkungen im Hinblick auf die sportliche Leistungsfähigkeit. In den basophilen Zellen des HVL wird das **Kortikotropin** (ACTH -Adrenokortikotropes Hormon) gebildet. Es ist ein artspezifisches Proteohormon aus 39 Aminosäuren, kann synthetisch hergestellt werden und bewirkt eine Stimulierung der Nebennierenrinde. So wirkt es vordergründig vorwiegend über die Gluko- und Mineralokortikoidbildung und setzt aber des weiteren Fettsäuren im Gewebe frei (Lipolyse).

Psychische Belastung sowie thermische, toxische, infektiöse oder traumatische Einflüsse und hohe Ausdauerbelastung bewirken eine erhöhte ACTH-Aktivität. Diese wird zentralnerval durch die Neurosekretion von CRF ausgelöst und verfügt über eine ausgeprägte Tagesrhythmik.

Das **schilddrüsenstimulierende Hormon** (TSH) ist ein Glukoproteid mit einer biologischen Halbwertszeit von 60 Minuten und einem Molekulargewicht von 30 000. Der Abbau erfolgt in Leber und Niere. Es fördert das Wachstum und die Hormonproduktion der Schilddrüse. Dabei ist die Jodaufnahme gesteigert. Die TSH-Produktion ist mit der Konzentration von Schilddrüsenhormonen im Blut negativ rückgekoppelt. Verminderte hormonelle Syntheseleistung in der Schilddrüse steigert die TSH-Ausscheidung im HVL. So kommt es zur Kropfbildung (Struma) trotz Unterfunktion (Hypothyreose). Die TSH-Konzentration im Blut ist in der Pubertät oft erhöht, andererseits kann die Steigerung auch durch **psychische und thermische** Faktoren (Abkühlung) ausgelöst werden. Unter dem Begriff **Gonadotropine** werden diejenigen endokrinen Substanzen des HVL zusammengefaßt, welche die Keimdrüsenfunktion, insbesondere deren Hormonproduktion steuern. Es handelt sich um artspezifische Glukoproteide (FSH, LH, ICSH) und ein Protein(LTH).

Das **follikelstimulierende Hormon** (FSH) löst Wachstum und Reifung des Eibläschens (Follikel) im Eierstock (Ovar) aus. Zusätzlich leitet es dort die Östrogenproduktion ein. Im männlichen Organismus fördert es die Spermiogenese.

Das **luteinisierende Hormon** (LH) führt zum Follikelsprung (Ovulation) und zur ersten Phase der Gelbkörperbildung (Corpus luteum). Dabei wird die Östrogenbildung weiter unterstützt und die Progesteronbildung in Gang gesetzt.

Im männlichen Organismus nennt man dieses Hormon **interstitialzell stimulierendes Hormon** (ICSH). Es bewirkt die Testosteronbildung in den Leydigschen Zwischenzellen des Hodens. LH/ICSH sind für die Ausbildung der sekundären Geschlechtsmerkmale erforderlich.

Das **luteotrope Hormon** (LTH, Prolaktin) steigert die Östrogen- und Progesteronausscheidung weiter. Zusammen mit STH und weiblichen Keimdrüsenhormonen stimuliert es die Entwicklung der Brustdrüsenfunktion (Laktation). Die wechselseitige Förderung und Hemmung der Hormonproduktion läßt den letztendlich zentralnerval gesteuerten Menstruationszyklus beim weiblichen Geschlecht entstehen. Durch sinnvollen Eingriff in dieses mehrstufig rückgekoppelte System ist eine medikamentöse Schwangerschaftsverhütung (Kontrazeption) möglich geworden. Die in den HHL gelangenden Neurohormone **Vasopressin** und **Oxytocin** werden dort an Polypeptide (Neurophysine) gebunden und zunächst intrazellulär gespeichert. Ihre grundsätzliche gemeinsame Wirkung ist die Erhöhung der Membranpermeabilität vieler Zellen. Vasopressin wirkt hauptsächlich antidiuretisch (Adiuretin), d. h. hemmend auf die Harnbildung, indem es die Wasserrückresorption in den distalen Nierentubuli stimuliert. Der Harn kann dadurch konzentriert werden, um die Isotonie des Blutplasmas aufrechtzuerhalten. Empfindliche Osmorezeptoren im Hypothalamus und Volumenrezeptoren unter anderem in den Herzvorhöfen regulieren die Vasopressinaktivität.

Durst, aber auch psychophysische Belastung erhöhen die Vasopressinkonzentration im Blut. Dadurch wird jedoch die Reaktionszeit des Menschen verlängert, was für die sportliche Leistungsfähigkeit bedeutsam ist. Es sei an die schweißbedingte Dehydratation unter Belastung und beim „Gewichtmachen" erinnert.

Vasopressin führt nicht nur im arbeitenden Skelettmuskel, sondern auch generell zur Vasokonstriktion und damit zur Blutdruckerhöhung. Es zeigt in dieser Beziehung ähnliche Wirkungen wie die Hormone des Nebennierenmarks. Das Oxytocin hat in physiologischer Konzentration eine spezifische Wirkung auf die Kontraktion der glatten Muskulatur der Gebärmutter (Uterus). Am Ende einer Schwangerschaft regt es daher die Wehentätigkeit an.

3.2.3.2 Epiphyse (Zirbeldrüse)

Mit dem Zwischenhirn anatomisch verbunden ist eine weitere inkretorische Drüse, die Zirbeldrüse. Ihre Funktion ist noch nicht endgültig geklärt. Eine Hemmwirkung auf Wachstum und Pubertätseintritt wird unter anderem vermutet.

3.2.3.3 Schilddrüse (Glandula thyreoidea) und Nebenschilddrüse (Glandula parathyreoidea)

Die Schilddrüse ist ein weiches mehrlappiges, stark durchblutetes Organ mit einer Masse von 20 bis 30 g. Sie befindet sich vorn seitlich neben dem Kehlkopf und dem oberen Teil der Luftröhre. Histologisch enthält die Drüse Bläschen (Follikel), die durch einen einschichtigen Zellmantel begrenzt sind. Zwischen ihnen befinden sich vegetative Nervenfasern und ein ausgeprägtes Blutgefäßnetz. Der Inhalt der Follikel ist eine amorphe Eiweißsubstanz (Kolloid), die aus Thyreoglobulin besteht und Tetrajodthyronin-T4 (Thyroxin) und Trijodthyronin-T4 (beide sind iodsubstituierte Derivate der

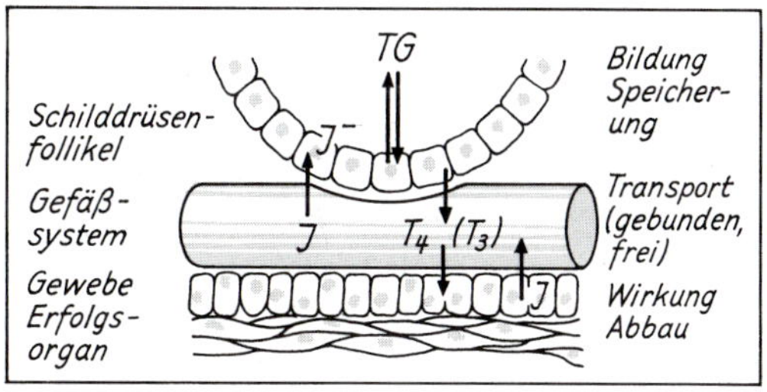

Bild 3.53 Verteilungsräume des Schilddrüsenhormons für Bildung, Speicherung, Transport, Wirkung und Abbau, *J* Jod, J^{-1} Jodid, *TG* Thyreoglobulin, T_3 Trijodthyronin, T_4 Thyroxin

Aminosäure Tyrosin) enthält. Die Freisetzung der Schilddrüsenhormone T3 und T4 erfolgt durch enzymatische Spaltung des Thyreoglobulins unter dem Einfluß des TSH der Hypophyse oder des Sympathikus (Bild 3.53).

Aus dem Schilddrüsenepithel gehen die freien Hormone an das Blut über und werden dort teilweise an Plasmaproteine gebunden. Für die Synthese der Hormone ist Jod erforderlich, das ebenfalls in der Drüse gespeichert wird. Der tägliche Bedarf an Jod beträgt 0,15 mg Jodid.

Die Wirkungen von Schilddrüsenhormonen erstrecken sich auf den gesamten Stoffwechsel. Sie haben insbesondere Einfluß auf die Energiefreisetzung, Wachstumsvorgänge und Funktionen des Nervensystems.

Physiologische Hormonkonzentrationen bewirken eine positive Stickstoffbilanz bei gesteigerter Eiweißsynthese. Diese anabole Wirkung ist von größter Bedeutung für Wachstums- und Entwicklungsvorgänge. Kältereize, physische und psychische Belastungen erhöhen die Synthese und die Freisetzung.

Erhöhte Konzentrationen an Schilddrüsenhormonen bewirken eine katabole Stoffwechsellage, intensivierte Glykogenresorption aus dem Darm, beschleunigten Glykogenumsatz und verstärkte Fettmobilisierung aus den Depots.

Ein gesteigerter Eiweißabbau führt zur Glukoneogenese. Damit wirken sie stark leistungsfördernd und sind außerdem für eine normale Funktion des zentralen und peripheren Nervensystems unerläßlich.

Schilddrüsenüberfunktion

Störungen der Schilddrüsenaktivität haben verschiedene eindrucksvolle Auswirkungen:

Zu hohe Konzentrationen von T3 und T4 führt zu unphysiologischer Aktivierung des Stoffwechsels (**Basedowsche Krankheit**). Die betroffenen Menschen verlieren Körpermasse, weil bereits unter geringer Leistungsanforderung verstärkt Energiesubstrate abgebaut werden. Es wird auch Eiweiß in die Prozesse zur Energiegewinnung einbezogen und es kommt zur negativen Stickstoffbilanz und zum Eiweißverlust (katabole Stoffwechsellage). Trotz erhöhter Energieumwandlung (erhöhter Grundumsatz !) ist der Nutzeffekt im Hinblick auf die ATP-Synthese verringert. Die Ursache hierfür liegt in der Abkopplung der biologischen Oxydation von den Vorgängen der Phosphorylierung. Man spricht von der Entkopplerwirkung des Thyroxins, die zu folgenden Veränderungen führt:

- Der gesteigerte aerober Substratabbau hat unter diesen Bedingungen mehr Wärme- und weniger ATP-Bildung zur Folge.
- Die neuromuskuläre Erregbarkeit ist erhöht, die Muskelkraft infolge des Eiweißverlustes erniedrigt.
- Die Herzarbeit erhöht sich unökonomisch und die Belastbarkeit im Ausdauerbereich ist erheblich reduziert.
- Eine erhöhte Hitzeempfindlichkeit schränkt die Leistungsfähigkeit weiter ein.
- Das psychische Bild widerspiegelt auffällige Nervosität.
- Infolge der Schilddrüsenvergrößerung kann es zur Behinderung der Ventilation im Bereich der oberen Luftröhre kommen, wodurch die physische Leistungsfähigkeit zusätzlich eingeschränkt wird.

Schilddrüsenunterfunktion (Myxödem)

Dieses Störungsbild kann durch Unterentwicklung der Drüse oder durch mangelndes Jodangebot entstehen. Es ist durch folgende Merkmale charakterisiert:

- Die Stoffwechselprozesse sind in ihrer Aktivität gemindert.
- Allgemeine Aktivität und Körpertemperatur sinken ab, die Erkrankten sind kälteempfindlich.
- Das Skelettwachstum und die Hirnentwicklung werden gehemmt. Wesentliche Symptome sind Zwergwuchs, schwache Muskulatur und herabgesetzte geistige Leistungsfähigkeit.
- Aufgrund des bestehenden Rückkopplungsmechanismus zwischen der Aktivität der Effektorhormone und dem TSH des HVL ist auch bei Schilddrüsenunterfunktion der Drüsenkörper vergrößert.

Zwischen den Schilddrüsenfollikeln befinden sich die sogenannten parafollikulären C-

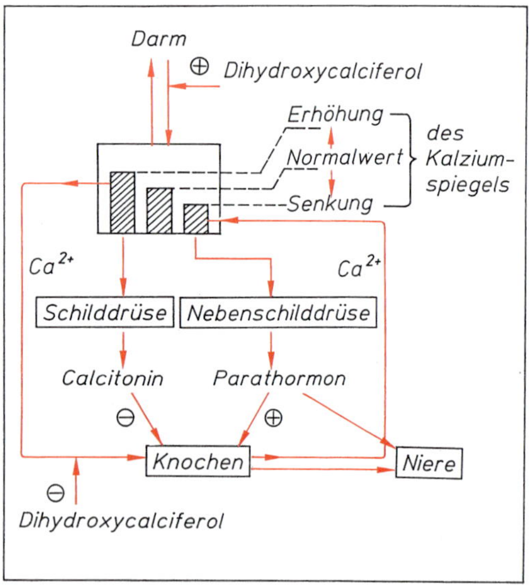

Bild 3.54 Hormonelle Regulation des Calciumspiegels

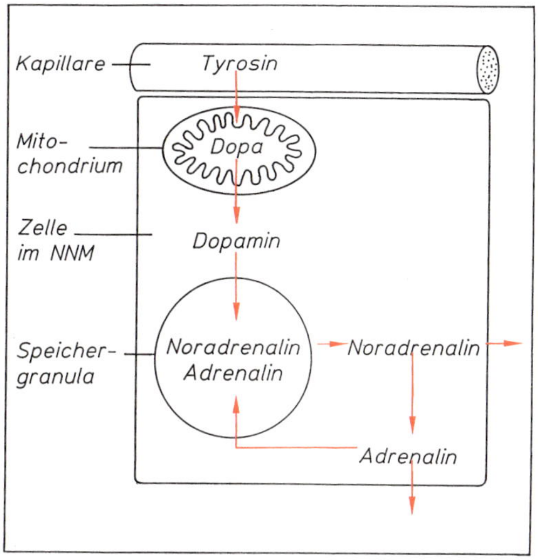

Bild 3.55 Biosynthese der Katecholamine (schematisch)

Zellen, die das Hormon Calcitonin produzieren, das regulierend in den Calcium- und Phosphatstoffwechsel eingreift. Es fördert den Transport von Calciumionen aus dem Blut in den Knochen.

3.2.3.4 Nebenschilddrüse

Das Hormon der in Form von Epithelkörperchen auf der Schilddrüse lokalisierten Nebenschilddrüse ist das **Parathormon**. Es wirkt antagonistisch zum Calcitonin.

Beide Hormone sorgen für die Konstanz der Calciumionenkonzentration im Blut (Bild 3.54) und sichern damit alle über die Vermittlung durch Calciumionen funktionierenden Prozesse an Biomembranen, z.B. die elektromechanische Ankopplung bei der Muskelkontraktion oder die Transmitterfreisetzung an der motorischen Endplatte.

3.2.3.5 Nebennieren

Die Nebennieren sind topographisch-anatomisch den Nierenpolen aufgelagerte Drüsen, deren Masse beim Erwachsenen etwa 4 g beträgt. Sie bestehen aus zwei völlig unterschiedlichen Organen: Nebennierenrinde und Nebennierenmark.

Nebennierenmark (NNM)

Im Inneren der Nebennieren befindet sich das Nebennierenmark, dessen Zellen sich nach Bau und Funktion sowie ihrer entwicklungsgeschichtlichen Entstehung als Abkömmlinge sympathischer Anteile des vegetativen Nervensystems einordnen lassen („sympathikoadrenales System“). Die Hormone des NNM sind Adrenalin und Noradrenalin, also Katecholamine, deren Biosynthese aus der Aminosäure Tyrosin über die Vorstufe Dopamin erfolgt (Bild 3.55).

Zwischen den Zellen des NNM sind reichlich vegetative Nervenfasern eingelagert; die Wirkung der Katecholamine entspricht weitgehend den Folgen einer Sympathikusreizung. Die Adrenalinproduktion beträgt etwa das dreifache der Noradrenalinsynthese.

Noadrenalin wirkt vasokonstriktorisch sowie beschleunigend auf die Herztätigkeit und damit blutdrucksteigernd, Adrenalin fördert die Glykogenolyse und steigert die Blutzuckerkonzentration; sein vasokonstriktorischer Effekt ist geringer ausgeprägt.

Das sympathikoadrenale System entfaltet innerhalb kurzer Zeit ergotrope Reaktionen des Organismus auf psychophysische Belastungsreize, u. a. den Start- bzw. Vorstartzustand.

Für die Realisierung sportlicher Leistungen aber auch für die Aktivierung von Abwehrmechanismen in Notsituationen sind die Katecholamine von wesentlicher Bedeutung. Ihre Wirkung wird von der Art der Rezeptoren an der Zellmembran bestimmt. Es wird zwischen α-, β_1- und β_2-Rezeptoren unterschieden (Tabelle 3.8).

Adrenalin und (synthetische) Derivate des Adrenalins zählen zu den **Dopingsubstanzen**. Entsprechend ihrer schnellen Wirkung

Tabelle 3.8 Wirkung der sympathischen Transmitter in Abhängigkeit vom Rezeptortyp

Organ		Rezeptortyp	Wirkung
Herz	– Sinusknoten	β_1	↑ Herzschlagfrequenz
	– Vorhof- und Kammermuskulatur	β_1	↑ Kontraktionskraft
Blutgefäße	Haut	α	Kontraktion
	Eingeweide	α	
	Skelettmuskel		
	– Arteriolen im Aktionsgebiet	α, β_2	Erschlaffung
	– Arteriolen im Kompensationsgebiet	α	Kontraktion
Darmmuskulatur		α, β_1	Erschlaffung
Bronchien		b2	Erschlaffung
Leber		α	↑ Glykogenolyse
Skelettmuskel		β_2	
Fettgewebe		β_1	↑ Lipolyse

beträgt die biologische Halbwertszeit der Katecholamine nur wenige Sekunden. Sie werden zu Vanillinmandelsäure abgebaut und in dieser Form über die Nieren ausgeschieden.

Aus leistungsmedizinischer Sicht interessiert die Differenzierung zwischen psychischer und physischer Beanspruchung. Diesem Ziel dient die Bestimmung des Verhältnisses von Adrenalin und Noradrenalin. Der Quotient Noradrenalin/Adrenalin wird benutzt, um vorwiegend den physischen Anteil einer sportlichen Belastung zu bewerten. Der Kehrwert vermittelt Informationen zu ihrer psychischen Komponente.

Die Problematik der Katecholaminwirkung soll am Beispiel des Sportschießens erläutert werden: Die hohe psychische Belastung des Sportschützen im Wettkampf bewirkt über längere Zeit eine erhöhte Katecholaminaktivität, die bei nur minimaler physischer Belastung zu Herzschlagfrequenzen von über 160 min-1 führen kann. Die Gesamtaktivierung des Stoffwechsels wird jedoch infolge der geringen physischen Aktivität des Sportschützen kaum genutzt und kann bei Fehlen eines notwendigen Kompensationstrainings zu Störungen und ggf. Schädigungen vorwiegend des Herzkreislaufsystems führen.

Nebennierenrinde (NNR)

Die Nebennierenrinde stellt ein eigenständiges endokrines Organ dar. Histologisch lassen sich in ihr drei Zonen unterscheiden:

- An der Oberfläche liegen die Zellen haufenförmig angeordnet – Zona glomerulosa.

- Es folgt eine breitere Schicht mit säulenförmiger Zellanordnung– Zona fasciculata.
- In der inneren Schicht bilden die Zellen ein Netzwerk – Zona reticularis.

Die Nebennierenrinde produziert völlig andersartige Hormone als das Nebennierenmark. Die NNR-Hormone gehören wie die Sexualhormone zu den Steroiden, d.h. es sind Derivate des mehrgliedrigen Steran-Ringsystems.

Sie werden unter dem Begriff Kortikosteroide zusammengefaßt. Ihre biologische Halbwertszeit liegt zwischen 20 und 90 Minuten.

Funktionell lassen sich Gluko- und Mineralokortikoide unterscheiden. Erstere tragen zur Regulation des Kohlenhydrat- und letztere zur Regulation des Mineralstoffwechsels bei.

Die NNR-Hormone werden in der Leber über die Veresterung mit Glukuron- bzw. Schwefelsäure inaktiviert; ihre aktuelle Konzentration im Blut ist gering, zeigt jedoch charakteristische tageszeitliche (zirkadiane) Schwankungen mit einem Minimum um Mitternacht und einem Maximum gegen 9 Uhr, deren Ursache wiederum in der vom Zentralnervensystem gesteuerten Hypophysenaktivität zu suchen ist. Die Hormone sind im Blut zum großen Teil an Proteine gebunden, entfalten ihre Aktivität jedoch nur als freie Substanzen. Sie wirken über die sogenannte Enzyminduktion, d.h. Rezeptorproteine in den Zellmembranen des Zielorgans binden das Hormon und schleusen es in den Zellkern ein. Hier deblockiert es die DNS und ermöglicht die Transkription und die nachfolgende Synthese von Enzymproteinen. Die Abbauprodukte (Metabolite) werden als 17-Ketosteroide im Harn ausgeschieden. Die Biosynthese der NNR-Hormone selbst erfolgt über Azetyl-CoA. Sie ist von der Vitamin-C-Konzentration im Organismus abhängig. Mangel an Vitamin C führt zur Unterfunktion der NNR und damit zum Nachlassen der allgemeinen Leistungsfähigkeit. Die Aktivität der **Mineralokortikoide** ist von der Konzentration der Kalium-, Natrium- und Chloridionen abhängig. Der wichtigste Vertreter der Mineralokortikoide ist das **Aldosteron**. Täglich werden ca. 0,2 mg in der **Zona glomerulosa** gebildet. Es bewirkt eine Natriumretention in der Niere aber auch in den Schweißdrüsen und beeinflußt somit die gesamte Ionenbilanz im Organismus. So wird die Ausscheidung von Wasser, Chlorid und Bikarbonat eingeschränkt und die von Kalium- und Wasserstoffionen gefördert.

Störungen im Mineralstoffwechsel beeinträchtigen den Flüssigkeitshaushalt und führen zur Funktionsminderung im Nervensystem. Die regulatorische Wirkung des Aldosterons kann durch pharmakologische Antagonisten gehemmt werden. Diese Maßnahme bewirkt dann eine verstärkte Ausscheidung von Natriumionen und Wasser bei gleichzeitiger Kaliumretention und wird in der Therapie des Bluthochdruckes genutzt. Die **Glukokortikoide**, hauptsächlich Kortisol und Kortikosteron, werden in der **Zona fasciculata** und der **Zona glomerulosa** gebildet. Ihre Tagesproduktion beträgt 15 bis 20 mg. Sie steigern den Eiweißabbau in der Körperperipherie u.a. im Skelettmuskel und bewirken eine Steigerung der Glukoneogenese aus den glukoplastischen Aminosäuren in der Leber. Gleichzeitig fördern sie die Glykogenolyse.

Andererseits hemmen die Kortikoide die Proteinbiosynthese und weisen eine entzündungshemmende Wirkung auf.

Letztere Eigenschaft eröffnet eine pharmakologische Nutzung von vorwiegend synthetischen Kortikoidderivaten (Prednisolon) zur Behandlung von Entzündungsprozessen. Die genannten Effekte führen insgesamt zum Anstieg der Blutglukosekonzentration und zur Mobilisierung freier Fettsäuren aus den Fettdepots. Nach Muskelarbeit mit maximaler Intensität steigt die Glukokortikoidaktivität deutlich an (Langer und Häcker in[3]). Ebenso ist ein Anstieg im Verlauf extensiver Belastung feststellbar. Wegen der aktivierten Glukoneogenese ist er bedeutsam für die weitere Energiebereitstellung, drosselt aber andererseits den Glukoseverbrauch im Muskel. Trainierte zeigen auf gleicher Belastungsstufe einen geringeren Glukokortikoidanstieg als Untrainierte.

Die entzündungshemmende Wirkung insbesondere des Kortisols betrifft die Leukozytenfunktion für Immunreaktionen und Wundheilung. Sie trägt zum Schutz gegen überschießende entzündliche Prozesse bei.

Infolge überhöhter Beanspruchungen des Organismus kann eine glukokortikoidbedingte Hemmung des Immunsystems zu erhöhter **Infektanfälligkeit** führen. Die Kortikoidproduktion wird über CRF des Hypothalamus durch ACTH-Ausschüttung der Hypophyse gesteuert. Erhöhte Kortisolaktivität bremst das Hypothalamus-Hypophysensystem im Sinne einer negativen Rückkopplung.

Die NNR leistungssportlich Trainierender ist regulär deutlich hypertrophiert. Unter hohen Belastungen sind sie in der Lage, größere Glukokortikoidmengen freizusetzen als Untrainierte.

3.2.3.6 Inselorgan des Pankreas (Langerhanssche Inseln)

Das Pankreas (Bauchspeicheldrüse) besteht aus einem exokrinen Anteil, der Enzyme für die Verdauung bildet und diese über einen Ausführungsgang in den Zwölffingerdarm (Duodenum) abgibt, und einem endokrinen Anteil, der die Hormone bildet. Die endokrinen Zellen sind in Form der Langerhansschen Inseln in den exokrinen Anteil eingebettet. Der Anteil der insgesamt etwa 1 Million Inseln an der Gesamtdrüse (50 bis 75 g) beträgt ca. 1 bis 2%.

In den Inseln lassen sich zwei Zelltypen differenzieren, die man als α– und β-Zellen bezeichnet. Erstere bilden das Hormon Glukagon und letztere das Hormon Insulin.

Beide Substanzen steuern hauptsächlich den Kohlenhydratstoffwechsel.

Insulin

Das Insulin ist ein Polypeptid aus 52 Aminosäuren mit einer relativen Molmasse von knapp 6000 (Bild 3.56). Seine biologische Halbwertszeit beträgt 30 Minuten. Die Bildung erfolgt über das inaktive Proinsulin.

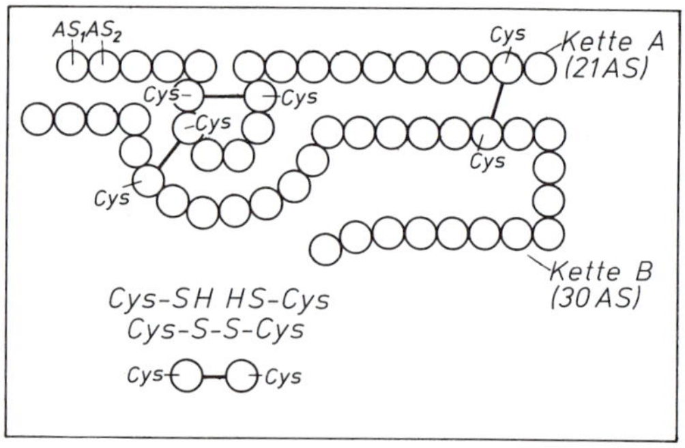

Bild 3.56 Struktur des Insulins (nach Rapoport)

Insuline tierischer Herkunft zeigen geringe Abweichungen in der Aminosäuresequenz der Peptidketten, wobei das Schweineinsulin dem menschlichen am nächsten kommt. Insuline können auch biotechnologisch synthetisiert werden.

Insulinausschüttung führt zur Senkung der Blutglukosekonzentration. Es fördert die Glykogensynthese in der Leber und im Muskel durch Aktivierung der betreffenden Schlüsselenzyme (Bild 3.57 und 3.58).

Vor allem im Muskel fördert es die oxydative Glukoseverwertung. Im Fettgewebe vermindert es durch Hemmung der Lipaseaktivität die Fettsäurefreisetzung und damit den Fettabbau. Gleichzeitig fördert es die Fetteinlagerung durch Neutralfettsynthese aus Kohlenhydraten. In der Leber und im Muskel werden die Aufnahme von Aminosäuren sowie die Eiweißsynthese gefördert. Die Glukoneogenese aus Aminosäuren wird dabei gehemmt.

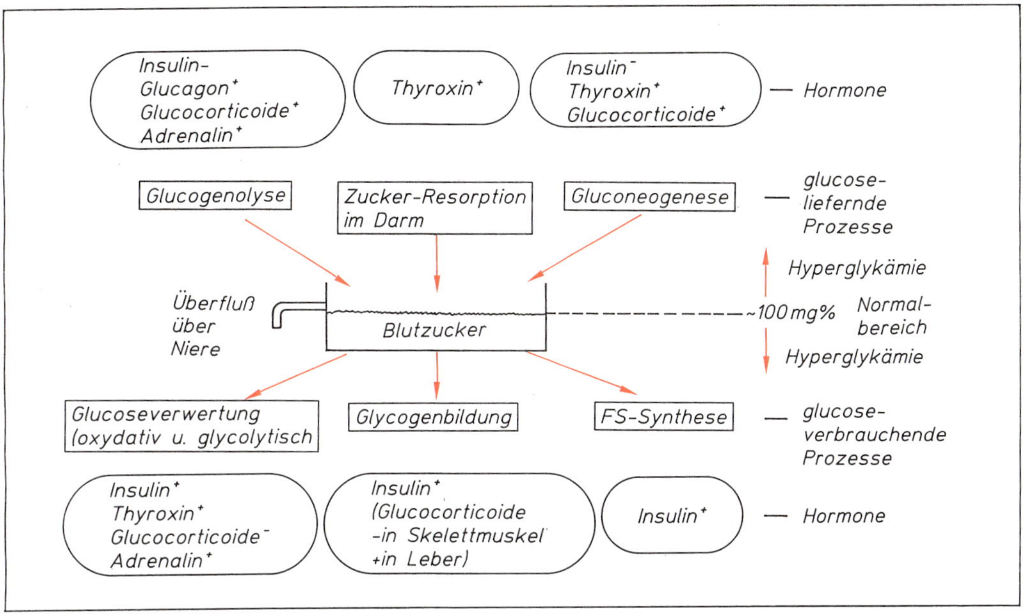

Bild 3.57 Hormonelle Beeinflussung des Blutzuckerspiegels

An den Zellen vieler Organe (u.a. Leber und Muskel) steigert Insulin die Membranpermeabilität für Glukose. Es begünstigt dadurch den Glukoseeinstrom aus dem Blut bzw. der extrazellulären Flüssigkeit in die Zellen.

Durch zusätzliche insulinartige Aktivität im Zellplasma bleibt dieser Effekt auch unter muskulärer Belastung trotz Verminderung der Insulinkonzentration erhalten. Die Insulinsynthese ist entscheidend von der Blutglukosekonzentration abhängig. Weitere Faktoren sind Gewebshormone des Verdauungstraktes (Gastrin, Sekretin), die durch Glukose freigesetzt werden, die Glukagonkonzentration, Triglyzeride, freie Fettsäuren und Ketonkörper sowie die Aktivität des Parasympathikus. Adrenalin und Noradrenalin hemmen die Insulinproduktion direkt. Gleiches bewirkt Azidose, z.B. durch erhöhte Laktatproduktion, durch Senkung der Calciumionenkonzentration in den β-Zellen.

Glukagon

Das Glukagon ist ein Polypeptid aus 29 Aminosäuren mit einer relativen Molmasse von 3500. Es bewirkt einen Anstieg der Blutzukkerkonzentration.

In der Leber, nicht jedoch im Muskel, wird der Glykogenabbau gefördert. Daneben erfolgt in der Leber vermehrt Glukoneogenese aus Aminosäuren.

Beide Mechanismen unterstützen die Glukosemobilisation und tragen dadurch zur Glukoseverwertung im Muskel bei.

Die Glukagonabgabe wird vor allem durch sinkende Blutglukosekonzentration stimuliert.

Auch zunehmendes Aminosäureangebot erhöht die Glukagoninkretion. Weitere Hormone mit antiinsulinärer Wirkung greifen in den Kohlenhydratstoffwechsel ein: Adrenalin be-

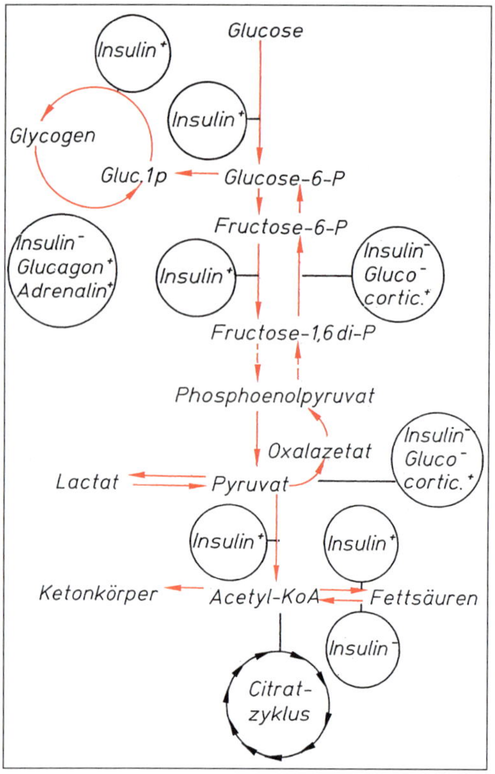

Bild 3.58 Beeinflussung des Kohlenhydratstoffwechsels durch Hormone

wirkt eine Hyperglykämie vor allem durch Glykogenolyse in der Leber. Thyroxin hat analoge Wirkung, welche durch Förderung der Glukoseresorption aus dem Darm noch unterstützt wird. Glukokortikoide erhöhen die Blutzuckerkonzentration durch Steigerung der Glukoneogenese und Einschränkung der Glukoseverwertung zum Energiegewinn. STH vermindert den Glukoseabbau ebenfalls und erhöht die Glukoneogenese.

Die aufgeführten Wechselwirkungen machen verständlich, daß die Insulinabgabe unter Ausdauerbelastungen vermindert ist. In der Wiederherstellungsphase erhöht sie sich dagegen. Hier fördert Insulin stark die Wiederauffüllung der Energievorräte aber auch den Ersatz bzw. Aufbau von Zellproteinen. Von der zur Verfügung stehenden Glukosemenge ist die Leistungsfähigkeit der Skelettmuskulatur abhängig.

Die Glukosekonzentration im Blut („Blutzuckerspiegel") beträgt relativ konstant 3,35 bis 5,55 $mmol \cdot l^{-1}$ bzw. 80 bis 100 $mg \cdot dl^{-1}$.

Ein starkes Absinken der Blutglukosekonzentration kann zum **hypoglykämischen Schock** mit Bewußtlosigkeit und Krämpfen führen. Ein Überschreiten der normalen Blutglukosekonzentration **(Hyperglykämie**) ist mit einer Ausscheidung von Glukose über die Nieren verbunden (Glukosurie). Durch das Wechselspiel der Aktivitäten der am Kohlenhydratstoffwechsel beteiligten Hormone im Zusammenhang mit Nahrungszufuhr und dem vegetativen Nervensystem werden die Blutglukosekonzentration reguliert, die ergotrope Einstellung bei Belastung und die trophotrope Einstellung in der Wiederherstellungsphase realisiert. Voraussetzung dafür ist die Existenz glukosensibler Rezeptoren im Inselorgan des Pankreas, in der Leber und im Hypothalamus („Zuckerzentrum"). Letztere aktivieren das Inselorgan und die Nebennieren über die Hypophyse. Im Gegensatz zu den Glukagon produzierenden -Zellen stellt eine Schädigung der ß-Zellen ein ggf. lebensbedrohliches Krankheitsbild dar.

Insulinmangel führt zum Diabetes mellitus („Zuckerkrankheit"), der häufigsten endokrinologischen Erkrankung.

Die Folgen des Insulinmangels lassen sich aus den Wirkungen des Hormons ableiten und bestimmen die Symptomatik der Erkrankung:

- Erhöhung der Blutglukosekonzentration,
- Glukosurie mit Wasser- (Polyurie) und Elektrolytverlust sowie nachfolgendem Hungergefühl und verstärkter Nahrungszufuhr,
- Durstgefühl und erhöhte Flüssigkeitsaufnahme (Polydipsie).

Insulinmangel steigert den Glykogenabbau in der Leber, vermindert aber den Glukoseeintritt in viele Zellen, vor allem in die Muskulatur. Einem extrazellulären Glukoseüberschuß steht somit ein intrazellulärer Glukosemangel gegenüber.

Dieser erfordert den Fett- und Eiweißkatabolismus zur Energiedeckung. Der Proteinabbau kann zur negativen Stickstoffbilanz führen. Sinkende Muskelkraft, eingeschränkte Immunaktivität mit steigender Infektionsanfälligkeit und vermindertes Wachstum sind die Folgen. Aus dem Fettgewebe werden vermehrt freie Fettsäuren mobilisiert und zum Zweck des Energiegewinns in den Zellen über die ß-Oxydation abgebaut. Das dabei entstehende **Acetyl-CoA** kann jedoch infolge des Kohlenhydratmangels nicht vollständig in den Zitratzyklus eingespeist werden. Es wird daher **in der Leber zu Ketonkörpern** umgewandelt; das sind überwiegend Karbonsäuren (Azetessigsäure, β-Hydroxybuttersäure), die zu einer Übersäuerung (Ketoazidose) des Blutes und zu einer „Stoffwechselentgleisung" führen können. Durch das ebenfalls entstehende Azeton kann ein diabetisches Koma bei einem Patienten u.a. auch über den typischen Geruch diagnostiziert werden. Solche Zustände sind gefährlich und müssen durch eine konsequente Therapie dieser Krankheit vermieden werden. Es werden zwei unterschiedliche Arten des Diabetes mellitus unterschieden:

- Typ-I-Diabetes infolge Insulinmangels durch Schädigung des Langerhansschen Inselorgans (jugendlicher Diabetes),
- Typ-II-Diabetes infolge mangelnder Ansprechbarkeit der Insulinrezeptoren in der Zellmembran (Altersdiabetes).

Die Therapie unterscheidet sich wesentlich: Der Typ-I-Diabetes ist im allgemeinen durch Substitution von Insulin zu behandeln („insulinpflichtiger Diabetes"), während der Typ-II-Diabetes oft mit Diät, sportlicher Betätigung und ggf. mit sogenannten oralen Antidiabetika („Tabletten") kompensiert werden kann.

Somit umfaßt die Behandlung des Diabetikers die drei Komplexe Diät, blutzuckersenkende Medikamente und körperliche Betätigung.

Insbesondere eine Kombination von Diät mit einer präzise dosierten Sporttherapie gestattet in vielen Fällen, die Pharmakotherapie zu reduzieren bzw. auf sie über längere Zeit zu verzichten. Die Wirkung der physischen Belastung auf die Blutzuckerregulation kann folgendermaßen erklärt werden: Unter Sympathikuseinfluß erfolgt zu Beginn einer physischen Belastung die Ausschüttung von Adrenalin und Glukagon, die eine Aktivierung der Glykogenolyse in der Leber und der Skelettmuskulatur nach sich zieht. Im Skelettmuskel wird durch Thyroxin, Adrenalin und Insulin die freigesetzte Glukose zur Energiebereitstellung verwertet. In der Nachbelastungsphase steigt die Insulinkonzentration an, wodurch die Energiespeicher regeneriert werden (**Überkompensation**). Durch die Glukokortikoide wird die Glukoneogenese z.B. aus dem gebildeten Laktat gefördert. Im Falle der sporttherapeutischen Beeinflussung des Diabetes sind die synergistischen und antagonistischen Wirkungen der am Kohlenhydratstoffwechsel beteiligten Hormone in der zeitlichen Abfolge ihrer Ausschüttung zu berücksichtigen:

- Zeitpunkt und Dosis der Insulininjektion,
- Zeitpunkt der Nahrungsaufnahme,
- Menge der aufgenommenen Nahrung,

Umfang und Intensität der Belastung. Eine präzise Kombination von Diät, Pharmako- und Sporttherapie erfordert eine Ermittlung des Blutzuckerverhaltens im zeitlichen Verlauf (Tagesprofil) und in Abhängigkeit von einer definierten Belastung (Ergometrie, Feldtest).

3.2.3.7 Hormone der Keimdrüsen (Geschlechtshormone)

Die Keimdrüsenhormone fördern die Reifung der Keimzellen, beeinflussen das geschlechtsspezifische Verhalten und sind somit für die Arterhaltung erforderlich. Bei beiden Geschlechtern werden männliche *und* weibliche Keimdrüsenhormone, jedoch in unterschiedlichen Konzentrationen synthetisiert.

> Bildungsort der weiblichen Sexualhormone sind die Eierstöcke (Ovarien) und in der Schwangerschaft der Mutterkuchen (Plazenta).

Sexualhormone sind **Steroidhormone** mit hoher Funktionsspezifität. Sie gliedern sich entsprechend der unterschiedlichen Wirkrichtung in **Östrogene** (Östradiol, Östron) und **Gestagene** (Progesteron). Ihre biologische Halbwertszeit beträgt nur wenige Minuten. Sie sind zur Ausbildung der sekundären weiblichen Geschlechtsmerkmale erforderlich. Ihre Produktion setzt folglich erst in der Pubeszenz im Alter von 8 bis 9 Jahren ein. Die Bildung wird durch das hypothalamisch-hypophysäre System induziert. Außerdem schwankt ihre Aktivität phasenverschoben und löst zyklische Wirkungen an den Erfolgsorganen aus.

Als solche sind der **Menstruationszyklus** und die **Schwangerschaft** anzusehen. Schließlich erlischt ihre Freisetzung mit der Beendigung der ovariellen Funktionen (Klimakterium). In der Rindenschicht der Ovarien befinden sich etwa eine halbe Million unreifer, von einschichtigem Epithel umgebene Eizellen (Primärfollikel). Unter dem Einfluß des FSH des HVL reifen während des generativen Lebensabschnittes ca. 1 ‰ von ihnen zu Eibläschen (Tertiärfollikeln) heran. Das reifende Eibläschen bildet Follikelhormone (Östrogene). Östrogene haben anabole Wirkungen, vor allem auf die weiblichen Geschlechtsorgane und sind mitverantwortlich für die geschlechtsspezifischen Besonderheiten des Binde- und Stützgewebes einschließlich der Körperdepotfettverteilung und der Muskulatur. Hervorzuheben ist der fördernde Einfluß der Östrogene auf das Knochenwachstum. Ein Abfall der FSH-Aktivität und starker Anstieg der LH-Aktivität des HVL führen zum Follikelsprung (Ovulation) und zur Abgabe der Eizelle in den Eileiter (Tube). Das verbliebene Gewebe des Eibläschens wandelt sich in den Gelbkörper (Corpus luteum) um und produziert unter dem Einfluß von LH und LTH die Gestagene, deren wichtigster Vertreter das Progesteron ist. Es wirkt besonders auf die Uterusschleimhaut und bereitet sie auf die Einbettung der Keimanlage vor. Auch Gestagene unterstützen die Entwicklung der weiblichen Geschlechtsorgane und sekundärer Geschlechtsmerkmale. Sie besitzen des weiteren geringe Wirkungen, die denen der Kortikoide entsprechen. Unter Führung des Hypothalamus bewirkt der Rhythmus der Hormonaktivität des HVL und der Ovarien den Menstruationszyklus mit einer Dauer von 28±5 Tagen (Bild 3.59):

- Die Reifung des Follikels im Ovar und die damit verbundene Östrogenausschüttung regen das Wachstum der Uterusschleimhaut an.
- Die Östrogene aktivieren den Parasympathikus und schaffen dadurch besonders günstige Voraussetzungen für die körperliche Leistungsfähigkeit in dieser Zyklusphase.
- Mit dem Follikelsprung wird in der Zyklusmitte eine befruchtungsfähige Eizelle in den Eileiter abgegeben. Dies wird teilweise als sogenannter Mittelschmerz empfunden und kann durch Messung der Basaltemperatur registriert werden. Sie steigt um etwa 0,5 K.- Der anschließend entstehende Gelbkörper produziert weiterhin Östrogene, zusätzlich aber auch Gestagene. Vielfach ist in dieser Zyklusphase ein Absinken der körperlichen Leistungsfähigkeit zu verzeichnen.
- Die Reduktion der LH-Aktivität aus dem HVL bewirkt gegen Ende des Menstruationszyklus die Einstellung der hormonellen Aktivität des Gelbkörpers. Die Uterusschleimhaut wird bis auf eine basale Schicht abgestoßen (Menstruationsblutung).
- Die ca. 4 Tage dauernde Blutung wird als Beginn des Menstruationszyklus gerechnet. Sie stellt im Normalfall kein leistungsminderndes Ereignis dar.

Das erstmalige Auftreten des Menstruationszyklus wird **Menarche** genannt. Sie erfolgt zwischen dem 11. und 13. Lebensjahr. Die Zyklen verlaufen zunächst unregelmäßig und monophasisch (d. h. anovulatorisch).

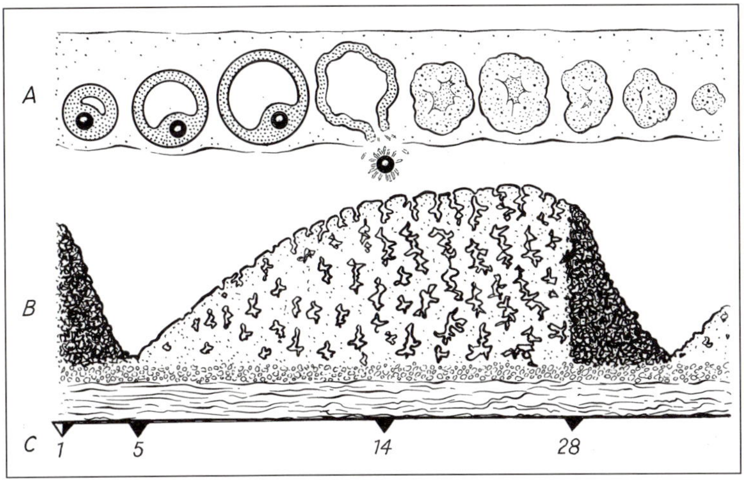

Bild 3.59 Hormonell gesteuertes Zyklusgeschehen im weiblichen Organismus. *A* Vorgänge im Eierstock (Ovar) mit Follikelreifung, Follikelsprung, Gelbkörperbildung und -rückbildung. *B* Vorgänge an der Schleimhaut der Gebärmutter (Uterus) mit Abstoßungs-, Regenerations-, Wachstums-, Sekretions- und erneut beginnender Abstoßungsphase. *C* mittlere Zyklustage

Eine Ausreifung zum regulären Zyklusgeschehen erfolgt innerhalb von zwei bis drei Jahren und ist normalerweise nicht von Einfluß auf die sportliche Belastbarkeit.

Im Falle der Befruchtung der Eizelle implantiert sich der Keimling nach 3 bis 4 Tagen in der Uterusschleimhaut (Schwangerschaft, Gravidität). Der Gelbkörper bleibt erhalten und vergrößert sich (Corpus luteum graviditatis). Die Östrogen- und Gestagenproduktion erhöht sich, und es kommt während der Schwangerschaft zu keiner Menstruationsblutung.

Die sich aus dem Keimling bildende Plazenta ist ebenfalls hormonell aktiv und liefert zusätzlich Östrogene und Gestagene, welche die umfangreichen Wachstumsvorgänge während der Schwangerschaft stimulieren. Bereits in der zweiten Schwangerschaftswoche übernimmt die Plazenta die Gonadotropinproduktion der Hypophyse und bildet das **Humanchoriongonadotropin** (HCG), welches im Labortest zur Schwangerschaftsfeststellung herangezogen werden kann. Gegen Schwangerschaftsende sinken Östrogen- und Gestagenbildung der Plazenta. Die Uterusmuskulatur wird dadurch kontraktionsbereit. Der Geburtsvorgang wird durch **Oxytocin**-Abgabe aus dem HHL eingeleitet (Wehen, rhythmische Kontraktionen der Uterusmuskulatur). Das **Prolaktin** (LTH) des HVL bewirkt unmittelbar nach der Geburt die Milchsekretion (Laktation).

Durch medikamentöse Gabe von Östrogen/Gestagen-Kombinationen kann die Ovulation und damit eine Schwangerschaft verhindert werden (Kontrazeption).

Um Nebenwirkungen minimal zu halten, sind die verabreichten Hormonmengen und ihre zeitliche Abfolge den physiologischen Bedingungen anzupassen. Vor der erwarteten Menstruationsblutung wird das Medikament vorübergehend abgesetzt, und es entsteht eine „Abbruchblutung“ nach einem anovulatorischen Zyklus. Im Hochleistungssport wird eine kontrollierte Zyklusverschiebung durch Kontrazeptiva möglich. Es besteht dabei die Absicht zur Nutzung individueller zyklusabhängiger Phasen besonders hoher sportlicher Leistungsfähigkeit.

Die **männlichen Keimdrüsen** sind die paarig angelegten **Hoden** (Testes). Sie befinden sich in einer Ausstülpung der Bauchhöhle, dem Hodensack. In den Testes befinden sich zahlreiche Samenkanälchen, welche der Bildung von Spermien (Spermiogenese) dienen. Zwischen den Kanälchen liegen gruppenweise die Leydigschen Zwischenzellen. Sie produzieren die **männlichen Keimdrüsenhormone, die Androgene.** In geringer Menge werden Androgene auch in der NNR produziert. Das wichtigste androgene Hormon ist das **Testosteron**. Die Ausscheidung dieses Steroidhormons wird durch die ICSH-Inkretion des HVL stimuliert, wobei negative Rückkopplung existiert. Die Testosteronproduktion des erwachsenen Mannes beträgt etwa 5 mg/d. Es ist im Plasma zu 2/3 an Eiweiß gebunden. Der Abbau der Androgene erfolgt in der Leber und die Ausscheidung der Abbauprodukte über die Niere.

Bereits im zweiten Schwangerschaftsmonat setzt beim männlichen Keimling eine geringe Testosteronproduktion ein. Sie wird durch das HCG der Plazenta angeregt. Diese Testosteronmenge reicht aus, um die Differenzierung der männlichen Geschlechtsorgane und den Abstieg der Hoden aus der Bauchhöhle zu bewirken.

Nach der Geburt erlischt die Testosteronbildung zunächst wieder, um dann über den Hypothalamus ab dem 10. bis 12. Lebensjahr infolge der Gonadotropinfreisetzung aus dem HVL wieder aktiviert zu werden (Pubeszenz). Unter Einwirkung des FSH/ICSH des HVL beginnen gegen Ende der Pubeszenz die Spermiogenese und die Ausbildung der sekundären männlichen Geschlechtsmerkmale. Testosteron hat eine ausgeprägte anabole Wirkung und fördert die Proteinsynthese. Das führt zum stärkeren Muskelwachstum beim männlichen Geschlecht. Auch die Eiweißeinlagerung in die Knochenmatrix ist erhöht und das Knochenwachstum wird gefördert. Testosteron trägt aber auch zum Epiphysenschluß durch Aufbrauch der knorpeligen Wachstumszone bei, womit das Längenwachstum beendet wird. Synthetische Testosteronderivate besitzen einen verstärkten anabolen Effekt *(**Anabolika**)* bei eingeschränkter virilisierender Wirkung. Mit Hilfe solcher Medikamente läßt sich das Muskelwachstum verstärken. Werden diese Pharmaka in Verbindung mit Krafttraining eingesetzt, verschafft sich der Sportler einen ungerechtfertigten Vorteil im Wettkampf *(**Doping**)*.

Die Einnahme unphysiologischer Anabolika erbringt mehrere gesundheitliche Risiken: Bei Jugendlichen kann durch vorzeitigen Epiphysenschluß das Längenwachstum beeinträchtigt werden; bei weiblichen Personen treten virilisierende Effekte ein. Bei allen Sportlern besteht die Gefahr von Überforderungsschäden im Binde- und Stützgewebe, da dessen Stoffwechsel nicht mit dem hohen Muskelzuwachs Schritt hält.

3.2.3.8 Gewebshormone

Eine Reihe weiterer körpereigener Stoffe werden nicht in endokrinen Drüsen, sondern in Zellen verschiedener anderer Gewebe gebildet. Sie wirken teilweise ebenfalls über den Blutweg, oft aber nur in unmittelbarer Nähe ihres Bildungsortes. Daher werden diese Hormone **Gewebshormone (lokale Hormone)** genannt. Einige derartige Hormone werden im **Magen-Darm-Kanal** gebildet (Gastrin, Cholezystokinin, Pankreozymin, Sekretin). Es sind Peptidhormone mit unterschiedlicher Kettenlänge, die an der Regulation der Verdauung entscheidend beteiligt sind. In der **Niere** wird das Hormon **Erythropoetin** gebildet, das auf das rote Knochenmark wirkt und die Bildung und Reifung der Erythrozyten beschleunigt. Dieses Hormon wird unter chronischem Sauerstoffmangel verstärkt aktiviert und trägt so mittelbar zur Regulation des Sauerstofftransportes von der Lunge zu den peripheren Geweben bei. Dieser Effekt wird u.a. beim **Höhentraining** genutzt.

Auch die Überträgerstoffe (Transmitter) an den Synapsen wie Acetylcholin, Noradrenalin, im Gehirn auch Serotonin, Histamin, Dopamin u.a. können als lokale Hormone aufgefaßt werden.

Vor allem in den Speicheldrüsen und im Pankreas wird das Bradykinin gebildet. Das Peptidhormon wirkt gefäßerweiternd und an der glatten Muskulatur anderer Organe bewirkt es eine Kontraktion. Bei Verletzungen trägt es durch Reizung sensibler Nervenendigungen zur Schmerzauslösung bei.

Mediatoren

Mediatoren nehmen eine gewisse Sonderstellung ein, da sie sich am Bildungsort durch **Diffusion** ausbreiten und somit nur lokal wirken. Zu diesen Mediatoren gehören Histamin und Serotonin. **Histamin** entsteht durch Dekarboxilierung der Aminosäure Histidin und wird vor allem bei **allergischen Reaktionen** freigesetzt. Es wirkt speziell auf kleinste Gefäße erweiternd und permeabilitätssteigernd mit den bekannten Erscheinungen des Hautjuckens, -brennens und der Quaddelbildung (Urtikaria). Aufgrund der mit einer Gefäßerweiterung verbundenen Blutdrucksenkung kann es als Folge einer Überempfindlichkeitsreaktion lebensbedrohliche Zustände auslösen (**anaphylaktischer Schock**). Histamin steigert die Sekretion der Salzsäure im Magen und bedingt die Rötung der Haut bei Sonnenbrand u.a. Entzündungsreaktionen.

Serotonin entsteht im Stoffwechsel der Aminosäure Tryptophan und wirkt verengend auf die Blutgefäße und die Bronchien. Es ist an der Blutgerinnung beteiligt und regt die Peristaltik des Darmes an. In einzelnen Hirnabschnitten ist es ein wichtiger Transmitter an synaptischen Verbindungen. Histamin und Serotonin sind an der Schmerzauslösung im verletzten Gewebe beteiligt.

Prostaglandine sind von (essentiellen) ungesättigten Fettsäuren abgeleitet und zeigen einen sehr schnellen Umsatz. Sie werden in vielen Geweben gebildet und verhalten sich antagonistisch zu den Katecholaminen. Sie wirken auf einige Nervenzellen (z.B. Formatio reticularis) anregend, auf andere wiederum hemmend. Prostaglandine können die Gallen- und Magensaftsekretion hemmen und verzögern die Blutgerinnung. Weil eine Vielfalt von Prostaglandinen existiert, sind auch ihre Wirkungen sehr unterschiedlich, teilweise sogar gegensätzlich (z.B. Prostacyclin/Thromboxan). Sie führen zu starker Gefäßerweiterung und sind an der Reaktion des Organismus auf körperliche Belastungen beteiligt. So gehört Prostacyclin (ein Abkömmling der Arachidonsäure) zu den potentesten vasodepressorischen Hormonen (blutdrucksenkend) und darüber hinaus ist die vasorelaxierende Wirkung anderer vasodepressorischer Hormonsysteme (Angiotensin, Katecholamine) durch Prostacyclin moduliert. Hervorzuheben sind die Stoffwechselwirkungen der Prostaglandine. Sie unterstützen Teilfunktionen anderer Hormone wie z.B. des Insulins. Ihre Freisetzung bei Entzündungsprozessen ist ebenfalls schmerzauslösend. Die vielfältigen biologischen Wirkungen werden in den Zellen über cAMP vermittelt.

3.3 Immunsystem

Von *G. Badtke*

Auch das Immunsystem spielt bei der Regulierung der Beziehungen zwischen dem Organismus und seiner Umwelt eine wesentliche Rolle. Es stellt einen wichtigen Anteil des Abwehrpotentials dar. Seine Hauptaufgabe besteht in der Gewährleistung der individuellen Integrität. Und diese Integrität muß im Prinzip auf allen hierarchischen Ebenen des Organismus gewährleistet sein. Deshalb finden wir Komponenten des Immunsystems nicht nur auf molekularer Ebene (z.B. als Immunglobuline oder als Lymphokine). Wir begegnen ihnen auch in Form spezieller Zellen (z. B. Lymphozyten, Plasmazellen) oder Organen (Lymphknoten, Tonsillen...). Aber auch eine Fülle anderer Schutz- und Abwehrmechanismen trägt dazu bei, die Integrität und damit die Lebensfähigkeit zu gewährleisten.

Die Existenz des Immunystems auf organischer, auf zellulärer und auf molekularer Ebene ermöglicht ihm die Wahrnehmung von drei Grundaufgaben:

- Differenzierung von Stoffen als „körperfremd“ und „körpereigen“.

- Initiierung einer spezifischen Antwort auf „körperfremde" Stoffe.
- Entwicklung eines „immunologischen Gedächtnisses" (Wiedererkennung körperfremder Zellen).

3.3.1 Bestandteile des Abwehrpotentials und des Immunsystems

Die Abwehrmöglichkeiten des Menschen lassen sich in folgende drei Komplexe unterteilen:

- Mechanismen der Resistenz,
- unspezifische Abwehrmechanismen und
- spezifische Abwehrmechanismen.

3.3.1.1 Resistenz

Resistenz ist eine angeborene oder erworbene Widerstandsfähigkeit gegenüber schädigenden Einwirkungen. Sie wird realisiert durch mechanisch-physikalische, chemische und biologische Vorgänge bzw. Mechanismen. So schützt uns z. B. die Haut mechanisch durch ihre robuste Konstruktion vor eindringenden Erregern und durch ihre Pigmentierung vor einigen schädigenden Strahlen. Ihr Säuremantel, der durch die Sekrete der Talg- und Schweißdrüsen aufrechterhalten wird, vermag einzelne Bakterien in ihrem Wachstum zu hemmen.

Auch die Magenschleimhaut bildet mit ihrem Säureschutzmantel eine Barriere gegen eingedrungene Erreger. Der Darminhalt dagegen ist mit saprophytären harmlosen Bakterien durchsetzt, welche die Vermehrung von Krankheitserregern verhindern.

3.3.1.2 Unspezifisches Immunsystem

Die unspezifischen Abwehraufgaben werden auf zellulärer und humoraler Ebene realisiert (zelluläre unspezifische Abwehr s. a. Kapitel 3.7).

Zu den unspezifischen Abwehrzellen gehören die Granulozyten , die natürlichen Killerzellen und die mononukleären Phagozyten (Bild 3.60). Sie entstehen aus einer omnipotenten Stammzelle im Knochenmark.

Bei Erfordernis gelangen die Granulozyten und Monozyten zum Ort einer Entzündung und sind dort in der Lage, durch Phagozytose eingedrungene Fremdeiweiße bzw. Krankheitserreger zu vernichten. Danach gehen sie zugrunde. Die natürlichen Killerzellen entstammen der lymphozytären Reihe und sind in der Lage, Tumorzellen aufzulösen. Darüber hinaus bilden sie ein Interferon, das diese zelltoxische Aktivität unterstützt. Monozyten können darüber hinaus noch regulatorisch wirkende Stoffe bilden, die ihrerseits die Produktion von Substanzen ermöglichen, die im Abwehrgeschehen wichtige Aufgaben zu übernehmen haben. Beispiel: Monozyten bilden Interleukine, Prostaglandine und Alpha-Interferone. Das Interleukin 1 wiederum induziert die sog. Akutphasenreaktion, die Umstellung des Organismus auf Abwehrtätigkeit. Dazu gehören eine Erhöhung der Körpertemperatur (Fieber), vermehrte Bildung von Akute-Phasen-Proteinen und von Fibrinogen.

All diese Leistungen sind unspezifisch, also nicht auf ein bestimmtes Fremdeiweiß (z.B. einen speziellen Erreger) gerichtet. Sie können sofort eingeleitet werden, sind aber in ihrer Effektivität nicht so hoch wie die spezifischen Antworten des Immunsystems.

3.3.1.3 Spezifisches Immunsystem

Auch das spezifische Immunsystem wird überwiegend auf zellulärer und humoraler Ebene wirksam. Es hat seinen Ursprung im Thymus und im Knochenmark. Die dort gebildeten Zellen erlangen ihre spezifischen Immunpotenzen jedoch erst nach dem Durchlaufen eines Reifeprozesses in der Milz, in den Lymphknoten oder im lymphatischen Gewebe des Darmes. Die zellulären

Tabelle 3.9 Mechanismen der natürlichen Resistenz (Peter 1986)

Grenzorgan	Physikalisch	Chemisch	Biologisch
Haut	Mechanische Resistenz d. Epidermis: Hornschicht, Interzellularbrücken, Haare, Pigmente	Schweiß- und Talgsekretion führen zu saurem pH durch ungesättigte Fettsäuren u. Milchsäure	Saprophytäre Keimbesiedelung verhindert die Ko-Ionisation pathogener Keime
Gastrointestinaltrakt	Gute Motilität, freier Gallen- u. Pankreasabfluß	Säureschutz des Magens; Schleim u. Enzymsekretion	Saprophytäre Keimbesiedelung verhindert die Ko-Ionisation pathogener Keime
Respirationstrakt	Intakte Atemmuskulatur, elastisches Lungengewebe, Hustenreflex, Flimmerepithelien	Schleim- u. Surfactantsekretion	Saprophytäre Keimbesiedelung verhindert die Ko-Ionisation pathogener Keime
Urogenitaltrakt	Unbehinderter Urinabfluß, vollständige Blasenentleerung, intakter Sphinker	Saurer Urin-pH durch Ausscheidung organischer Säuren	Keimfreiheit

Tabelle 3.10 Faktoren des unspezifischen Immunsystems (Peter, 1986)

Humoral	Komplementensystem, Properdinsystem, Interferone alpha/beta, Akute-Phasen-Proteine Gerinnungssystem
Zellulär	Granulozyten, Mononukleäre Phagozyten, NK-Zellen

spezifischen Immunleistungen, werden von den T-Lymphozyten erbracht. Das T steht für ihren Entstehungsort Thymus. Die Zellen besitzen nach dem Verlassen ihres Entstehungsortes noch keine Immunkompetenz. Nachdem sie jedoch den ersten Kontakt mit einem Fremdeiweiß – einem Antigen – hatten, bilden sie an ihrer Oberfläche speziell gegen diesen Stoff gerichtete Molekularstrukturen aus und wandern danach wieder ins lymphatische Gewebe zurück. Sollte das Antigen nun erneut in den Organismus eindringen, werden sie aktiviert und können speziell gegen diesen als „fremd" erkannten Stoff eine effektive Abwehrreaktion einleiten.

Die B-Lymphozyten werden nach der Bursa fabricii benannt, einem bei Vögeln vorhandenen lymphatischen Organ, das beim Menschen nicht existiert, jedoch funktionell durch ein „Bursaäquivalent" (lymphoide Stammzellen in der fetalen Leber und im

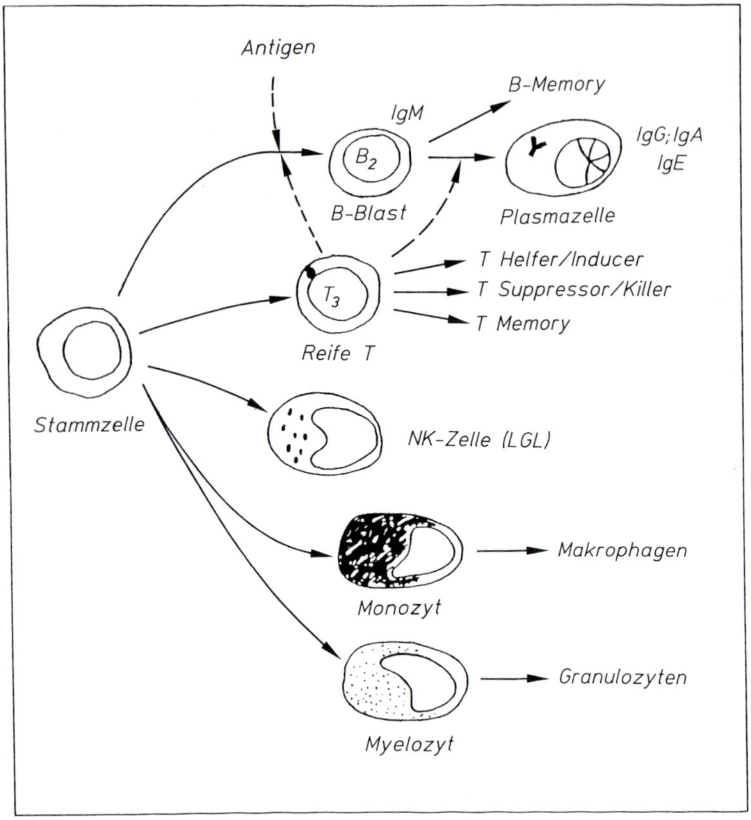

Bild 3.60 Entwicklung der unspezifischen Abwehrzellen aus einer Stammzelle

Knochenmark) präsentiert wird. Ihre Oberfläche ist mit spezifischen Antigenrezeptoren versehen. Bei Kontakt mit einem Antigen wandeln sie sich entweder zu Plasmazellen um, die in der Lage sind, Antikörper zu bilden. Oder sie werden als Bestandteil des „immunologischen Gedächtnisses" als Memory cells (sog. Gedächtniszellen) in den lymphatischen Organen deponiert, um ähnlich wie die T-Zellen beim erneuten Eindringen des gleichen Antigens als spezifischer Träger von Antikörpern effektive Abwehraufgaben übernehmen zu können.

Adaptationen

Immunsystem und Sport

Unser Immunsystem reagiert keinesfalls nur auf Fremdeiweiße. Es muß ja in allen Situationen, in denen die Integrität bedroht wird, reagieren. Auch die Auslenkung aus der Homöostase ist im biologischen Sinne bereits eine solche Bedrohung.

Deshalb reagiert das Immunsystem nicht nur bei jeder körperlichen oder sportlichen Belastung mit sondern auch bei psychischen Alterationen.

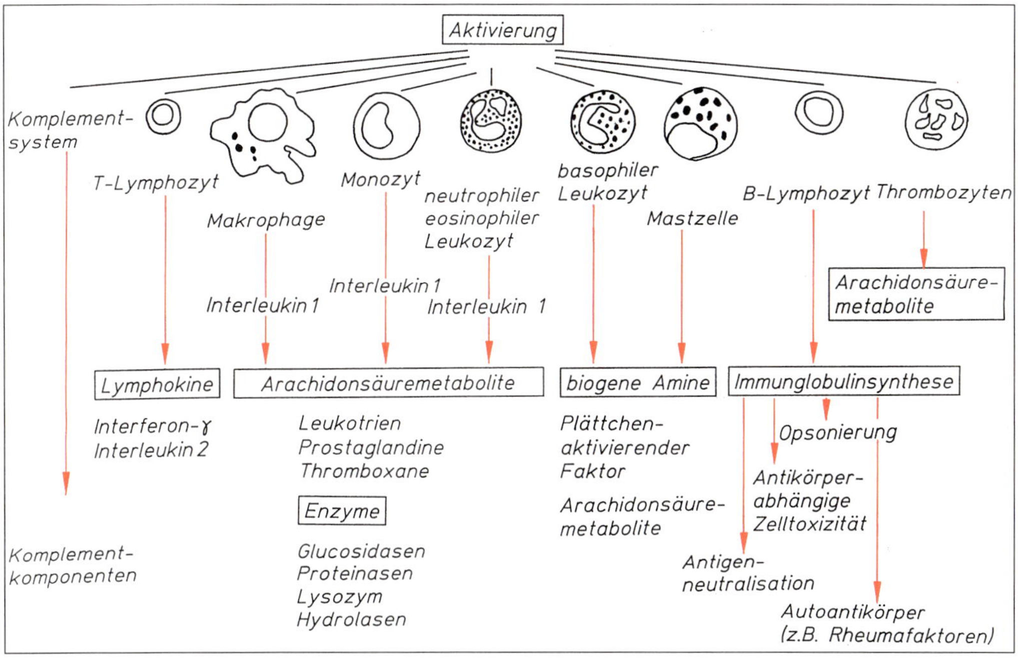

Bild 3.61 Zellen und Substanzen der Infektabwehr (nach Müller, 1990)

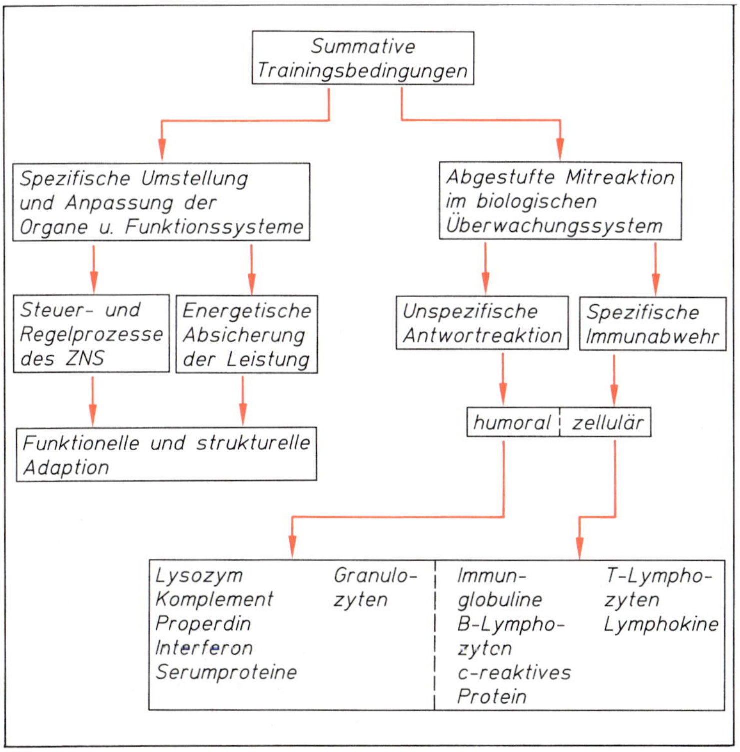

Bild 3.62 Mitreaktion des Immunsystems bei körperlich-sportlicher Belastung (nach Neumann, 1986)

Wie bei allen Organen und Systemen ist auch die Kapazität des Immunsystems endlich und damit begrenzt. Ist seine Adaptationsbreite erschöpft, dann besteht die Gefahr einer gesundheitlichen Beeinträchtigung oder Erkrankung. Dabei ist es aus biologischer Sicht von untergeordneter Bedeutung, ob seine Kapazität durch Infektabwehr, psychischen Streß oder hohe körperliche Belastung aufgebraucht wurde oder ob diese und noch weitere Faktoren gemeinsam gewirkt haben.

Immunantwort bei sportlicher Belastung

Die Antwort des Immunsystems auf sportliche Belastung hängt von verschiedenen Faktoren ab. Zu ihnen gehören z. B.:

- *Alter und Geschlecht,*
- *Gesundheitszustand,*
- *Trainingszustand,*
- *Sportart und sportliche Disziplin,*
- *Ernährungszustand,*
- *Witterungsbedingungen u. v. a. m.*

Das Immunsystem eines gesunden Sportlers wird zu Beginn einer Belastung aktiviert. Hält die Belastung jedoch längere Zeit an oder wird sie intensiver, dann kann es an die Grenze seiner Adaptationsfähigkeit gelangen – es wird überfordert und ist nur noch bedingt in der Lage, die Integrität des Organismus zu gewährleisten.

Tabelle 3.11 Verhalten von Immunfaktoren bei unterschiedlichen Graden der subjektiven Belastung (Stickl, 1991)

Phasen	Immunfaktor
1) Anregung	+ + + positiv
2) Überforderung	+ + bis reduziert
3) Adaptierung	von – bis + schwankend
4) Stabilisierung	+ + positiv je nach Belastung

Tabelle 3.12 Reaktion des Immunsystems bei positiver und negativer Befindlichkeit (Stickl, 1991)

Streß

Erfolg	**Frustration**
Angriff und Flucht: Sympathikotonie Myotonus erhöht	Niederlage: Atonie Myotonus erniedrigt
Nebennierenmarkhormone erhöht: • Adrenalin • Noradrenalin	Hypophysenvorderlappenhormone erhöht • ACTH und Cortison • Prolaktin • Katecholamine
Regenerationsstoffwechsel: Katabol (Sehnenriß?)	Anstieg von Wachstumshormonen, Fettansatz („Kummerspeck“)

Der Zeitpunkt des Überganges in diese Phase ist ebenfalls von den oben erwähnten Faktoren abhängig.

Eine Überforderung des Immunsystems beobachten wir aber in der Praxis weniger im Verlauf einer einmaligen hohen Belastung sondern öfter als Ergebnis einer chronischen Überbelastung. Sie äußert sich dann vor allem in einer verstärkten Infektneigung.

Trainingsbelastung im Rahmen der Adaptationsmöglichkeiten des Organismus bewirkt hingegen eine Stabilisierung des gesamten Immunsystems und trägt somit auch aus dieser Sicht zur Gesunderhaltung bei (Tabelle 3.11). Wahrscheinlich werden diese Stabilisierungsprozesse durch die Ausschüttung von Endorphinen und anderer Gewebshormone initiiert.

Endorphine bewirken auch eine Anhebung der Stimmungslage. Allerdings wird auch wiederum ihre Freisetzung durch die psychische Situation beeinflußt. Befindet sich der Sportler z. B. nach einem Sieg in einer Hochstimmung, dann wird diese Situation durch vermehrte Ausscheidung von Endorphinen noch weiter verbessert. Andererseits wird die Freisetzung dieser Stoffe nach einer frustrierenden Niederlage gebremst, was ein weiteres Absinken der ohnehin durch dieses Ergebnis gedämpften Stimmungslage zur Folge hat (Tabelle 3.12).

3.4 Stütz- und Bewegungssystem

Von *G. Badtke*

Das Stütz- und Bewegungssystem integriert Muskulatur, Skelett und Teile des Nervensystems zu einer funktionellen Einheit. Eine Komponente ist ohne die anderen nicht funktionsfähig. Aufbau und Arbeitsweise dieser Komponenten wurden in den Kapiteln 2.1, 2.2 und 3.1 ausführlich abgehandelt. Mit seinen ca. 240 Knochen und etwa 500 Willkürmuskeln ist das Stütz- und Bewegungssystem als größtes System des Organismus aber nicht schlechthin als eine Aneinanderreihung muskulärer und knöcherner Strukturen anzusehen, sondern als ein Funktionsbereich, der wichtige Anteile bei der Aufrechterhaltung der Homöostase zu erbringen hat (Ortsveränderung als Schutzmaßnahme und zur Nahrungssuche, Nahrungsaufnahme etc.). Es beansprucht in Abhängigkeit vom Maß seiner jeweiligen Aktivität einen relativ großen Anteil von der Kapazität des Herzkreislaufsystems.

Bei funktioneller Betrachtungsweise müssen aktiver und passiver Teil des Bewegungsapparates zusammen mit Strukturen des Nervensystems als Einheit angesehen werden. Kein Partner kann losgelöst von der Funktion der anderen seine Aufgaben erfüllen; jeder besitzt spezifische Regulationsmöglichkeiten (Tabelle 3.13).

Als Gesamtheit bewirkt somit das Stütz- und Bewegungssystem mehr als die Summe seiner Bestandteile.

Die Regulationsbreite der einzelnen Komponenten eines Arthrons wird durch eine Fülle von Faktoren beeinflußt. Dazu gehören u.a. Alter, Geschlecht, genetische Ausstattung und Trainingszustand.

Ist die Regulationsbreite – und damit die Adaptationsmöglichkeit – erschöpft, dann ist das Beziehungsgefüge zwischen Arthron und Organismus (zuweilen auch zwischen Organismus und seiner Umwelt) labilisiert. Es kommt zu präpathologischen bzw. pathologischen Situationen. Aus der rein funktionellen Auslenkung kann sich also eine – im Prinzip biologisch sinnvolle – morphologische Antwort mit Krankheitswert entwickeln (Tabelle 3.14).

Aus biologischer Sicht ist der Mensch in seiner genetischen Konstruktion ein Wesen der Bewegung, der Flucht und der Jagd. Obgleich er seine Reaktionen zur Aufrechterhaltung oder Wiedererlangung der Homöostase in erster Linie durch das neurohormo-

Tabelle 3.13 Reaktionsmöglichkeiten von wesentlichen Komponenten eines Arthrons (Vertebrons) bei Auslenkung aus der aktuellen Funktionslage

Komponente des Arthrons	Reaktionsmöglichkeit der Komponente	Beispiele für Reaktion der Komponente
Muskulatur	Veränderung des Tonus	Erhöhung oder Erniedrigung des Muskeltonus Veränderung des motorisch-dynamischen Stereotyps
Knöcherne Gelenkpartner	Veränderung der Beweglichkeit zueinander	Erhöhung oder Verminderung des Gelenkspiels (joint play) und/oder des Endfederns zwischen den Gelenkpartnern
Nervale Strukturen z.B. Muskel- und Sehnenspindel, Flexor-Reflex-Afferenzen	Veränderung der Aktivität der Rezeptoren	veränderte Signalfolge von Afferenzen mit Einfluß auf die Muskelfunktion
Weiches Bindegewebe	Veränderung des Turgors	Verquellung/Entquellung

Tabelle 3.14 Beispiele für morphologische Antworten von pathognomonischen Werten auf längerdauernde Funktionsveränderungen am Ende der Adaptationsbreite von Komponenten des Arthrons. Der Übergang vom noch physiologischen in den bereits pathologischen Bereich ist meist fließend und z. T. reversibel

Komponente des Arthrons	Antwort in Richtung erhöhte Beweglichkeit	Antwort in Richtung verminderte Beweglichkeit
Muskulatur	Tonusverminderung - Abschwächung - schlaffe Lähmung	Tonuserhöhung bis zur Krampfneigung - Verkürzung - Schrumpfung bindegewebiger Anteile
Knöcherne Gelenkpartner	vergrößertes Gelenkspiel übergroßes Endfedern, lokale pathologische Hypermobilität	leichte Gelenkblockierung - schwere Gelenkblockierung - pathologische Hypermobilität, Demineralisierung, arthrotische Reaktionen Ankylose
Nervale Strukturen	Verbesserung der Durchblutung - Verstärkung antagonistischer Hemmsignale	verstärkte Aussendung von Schmerzsignalen Aktivierung von Nozizeptionen-Phantomschmerz

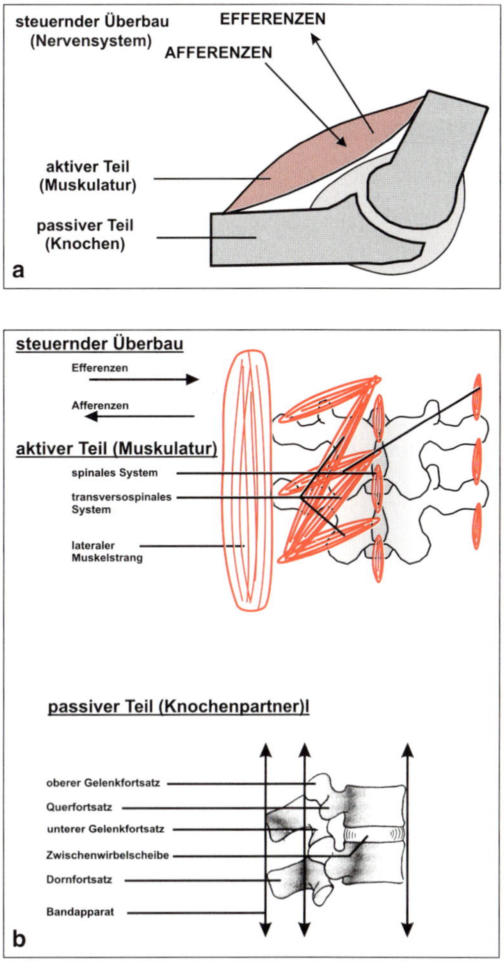

Bild 3.63 **a** Arthron; **b** Vertebron

nelle System einleitet (Aufnahme und Verarbeitung von Reizen, Einleitung der erforderlichen Antworten), erfolgt die Ausführung dieser Regulationsimpulse in hohem Maße durch Muskeltätigkeit, durch Bewegung. Dabei ist es zunächst gleichgültig, ob es sich um Aktivitäten der glatten Muskulatur (z.B. Erhöhung der Darmperistaltik), der Herzmuskulatur (z.B. Veränderung der Herzfrequenz) oder der Skelettmuskulatur (z.B. Fluchtreaktion) handelt.

Auch ein Einzelgelenk kann somit als ein Funktionskomplex angesehen werden, zu welchem neben den knöchernen Gelenkpartnern alle funktionell zugeordneten Strukturen wie Muskulatur, Bindegewebe, Gefäße und nervale Komponenten gehören. Dieser Funktionskomplex wurde von Gutzeit als **Arthron** (an der Wirbelsäule: **Vertebron**) bezeichnet und später von Bergsmann und Eder durch regulative Aspekte erweitert (Bild 3.63).

3.4.1 Gelenkfunktion

Ein ungestörtes Gelenk besitzt zwei wesentliche Eigenschaften:

Das Gelenkspiel (joint play) und eine weich anschlagende Endfederung.

Das **Gelenkspiel** wird durch die Gleitmöglichkeiten zwischen den knöchernen Gelenkpartnern bestimmt (s. Bild 5.44).

Die **Endfederung** ist ein Phänomen, das am Ende einer Bewegungsrichtung beobachtet werden kann. Beispiel: Nach maximaler aktiver Streckung im Ellenbogengelenk kann passiv (d. h. z. B. vom Behandler aus) noch eine geringe weitere Streckung federnd bis zu einem weichen Anschlag durchgeführt werden (Bild 3.64).

Änderungen des joint play und des Endfederns sind Ausdruck einer gestörten Gelenkfunktion. Dabei ist der Begriff Störung wertneutral.

Hypermobilität (Überbeweglichkeit)

Ein vergrößertes Gelenkspiel ist in der Regel mit einem längeren Federungsweg gekoppelt und Ausdruck einer Hypermobilität.

Ein hypermobiles Gelenk kann nur durch verstärkte muskuläre Sicherung stabilisiert werden oder stabil bleiben. Es stellt also an den aktiven Anteil des Arthrons erhöhte Anforderungen.

Hypermobilität erfordert also ein sinnvolles Muskeltraining mit dem Ziel, die Ge-

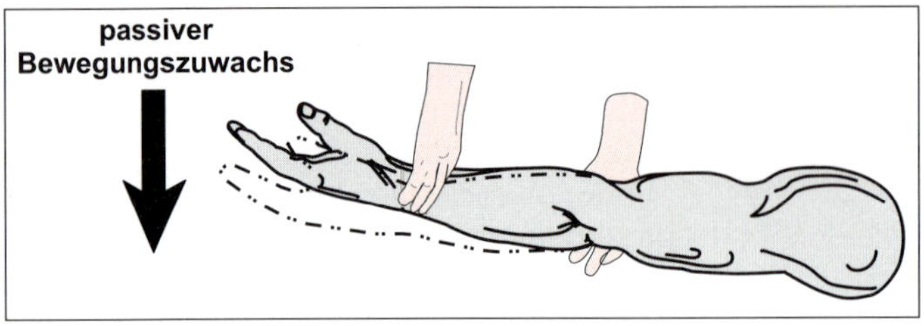

Bild 3.64 Endfedern eines Gelenkes

lenkpartner in allen anatomisch vorgegebenen Bewegungsrichtungen so zu führen bzw. zu sichern, daß das vergrößerte Gelenkspiel vor dem Erreichen einer Endposition gebremst wird.

Dafür spielt nicht die Entwicklung der Maximalkraft einzelner Muskeln sondern deren sinnvolle Ansteuerung die wichtigste Rolle.

Hypomobilität (Blockierung)

Eine funktionsbedingte Hypomobilität wird Blockierung (restricted movement) genannt. Gelenkspiel und Endfederung sind vermindert oder aufgehoben (s. a. 5.3.2).

Adaptationen

Im Sport spielt naturgemäß der durch die Skelettmuskulatur bestimmte Anteil des Stütz- und Bewegungssystem die wichtigste Rolle. Denn die Bewegung im Raum ist den überwiegenden Sportarten immanent. Jede aktive Ortsveränderung fordert unserem Organismus eine Fülle sensomotorischer Leistungen ab. Dazu gehören z.B. die Nutzung vorhandener oder der Erwerb neuer Bewegungsprogramme (motorisch-dynamischer Stereotypen), optische oder akustische Kontrollen und Rückkopplungen, Modifizierung des Energiestoffwechsels u.v.a.m.

Die Anforderungen an das Koordinationsvermögen, an die Reaktions- oder Umstellungsfähigkeit bei sportlicher Betätigung sind durch Belastungen des Alltags kaum zu übertreffen.

Deshalb sind Behauptungen, daß der Sport lediglich die physischen Komponenten des Organismus fordert und fördert, unzutreffend. Obgleich jede körperlich-sportliche Betätigung über das Stütz- und Bewegungssystem realisiert wird, wirkt sie sich stets auf den Gesamtorganismus aus. Die Adaptationen erfolgen in Abhängigkeit vom jeweiligen Auslenkungsgrad in allen seinen Systemen.

Es muß erwähnt werden, daß Adaptationen an Teilen des Stütz- und Bewegungssystems unter ungünstigen Bedingungen (z. B. bei zu hohem Trainingsreiz oder Störungen des motorisch-dynamischen Stereotyps,...) für die Belastbarkeit des Gesamtsystems nachteilig sein können. Die Tabelle 3.14 soll das untermauern.

3.5 Herzkreislaufsystem

Von *S. Israel*

3.5.1 Herz

Das Herz ist die Druck- und Saugpumpe des Blutkreislaufs. Sie schafft das Druckgefälle, das den Blutstrom im Gefäßsystem aufrechterhält.

3.5.1.1 Mechanik der Herztätigkeit

Das Herz ist ein Hohlmuskel, der durch Zusammenziehung (Systole) und Erschlaffung (Diastole) rhythmisch sein Füllungsvolumen ändert. Die Richtung des Blutstroms ist durch zwischengeschaltete Klappen (Ventilfunktion) festgelegt.

Die Blutbewegung im Herzen selbst wird durch eine Exkursion der Klappenebene begünstigt. Letztere führt während der Systole eine relativ große Bewegung in Richtung auf die Herzspitze aus. Dadurch werden die Vorhöfe vergrößert, und das Blut wird aus den großen Venen angesaugt.

Andererseits schiebt sich während der Kammerdiastole die Klappenebene über das im Vorhof befindliche Blut und verlagert es so in die Kammer (s. Bild 3.65). Während der Vorhofsystole befinden sich die Kammern im Zustand der Diastole und umgekehrt. Am Ende der Kammerdiastole befinden sich Vorhof und Kammern im Zustand der Erschlaffung, d. h., bis zum Beginn der Vorhofsystole tritt eine Herzpause ein. Der gesamte Bewegungskomplex des Herzens (Herzperiode oder Herzrevolution) ist somit dreiphasig. Er besteht aus Systole, Diastole und **Herzpause**. Der Klappenmechanismus ist den jeweiligen Arbeitsphasen so angepaßt, daß ein Zurückfließen des Blutes verhindert wird.

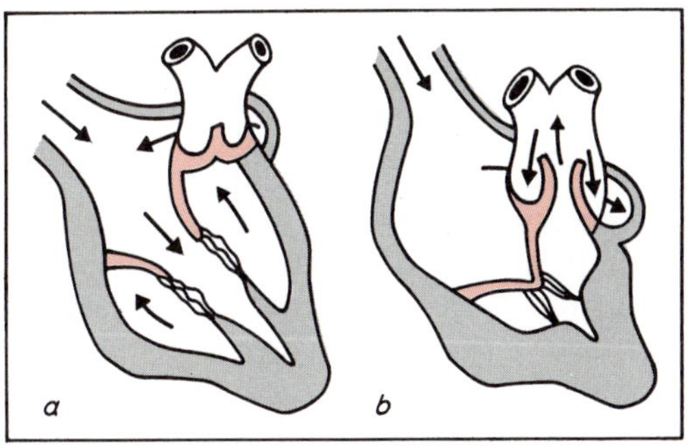

Bild 3.65 Schematische Darstellung der Herzklappen. **a** Während der Erschlaffung; **b** während der Kontraktion der Kammern

Systole: Während einer Kammersystole kann zwischen einer Anspannungs- und einer Austreibungszeit unterschieden werden (Bild 3.66). Die Anspannungszeit umfaßt die Zeit der Ausbreitung der elektrischen Erregung in der Herzkammer sowie die Zeit der isometrischen Kontraktion des Herzmuskels. Während dieser isovolumetrischen Kontraktion erhöht sich der Druck auf das in den Herzkammern befindliche Blut bis auf den Wert, der in den abführenden großen Arterien herrscht. Bei einer weiteren Steigerung des Drucks öffnen sich die entsprechenden Klappen, und es beginnt die dynamische Phase der Herzmuskelkontraktion, die Austreibungszeit. Diese Phase ist durch eine Verkürzung der Herzmuskelfasern gekennzeichnet, so daß das Blut in die großen Arterien ausgeworfen wird.

Diastole: Der erste Abschnitt der Diastole wird als Erschlaffungszeit bezeichnet (s. Bild 3.66). Dabei sind alle Klappen geschlossen. Der Druck in den Kammern nimmt immer mehr ab, bis es zu einer Öffnung der Vorhof-Kammer-Klappen kommt. Dadurch kann das Blut aus den Vorhöfen in die Kammern einströmen; dieser Zeitabschnitt wird als Füllungszeit bezeichnet. Die Füllung erfolgt zunächst passiv, d. h. ohne aktive Mitwirkung der Vorhöfe. Der Blutstrom folgt dem Druckgefälle. Erst im letzten Abschnitt der Kammerdiastole setzt eine kurze Vorhofkontraktion (Vorhofsystole) ein, welche die Kammern unter leichtem Druck füllt.

3.5.1.2 Kenngrößen der Herzfunktion

Von den zahlreichen Kenngrößen der Herzfunktion sollen nachfolgend lediglich die drei sportmedizinisch stichhaltigsten dargestellt werden: Die Herzschlagfrequenz, das Herzschlagvolumen und das Herzminutenvolumen.

Herzschlagfrequenz

Unter Herzschlagfrequenz wird die Anzahl der Herzschläge pro Minute verstanden. Die Schlagfolge des gesunden Herzens ist von der Frequenz abhängig, mit welcher der Sinusknoten im rechten Vorhof Impulse erzeugt (Sinusrhythmus). Sie wird von zahl-

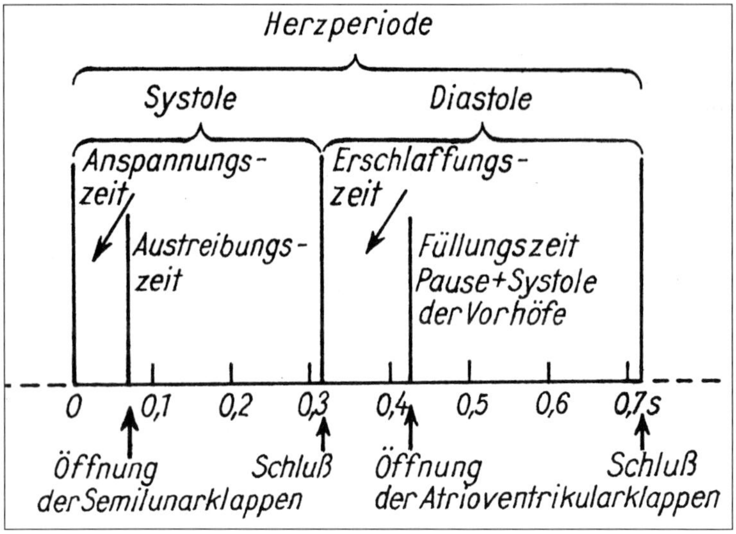

Bild 3.66 Schematische Darstellung der Phasen einer Herzperiode

reichen Faktoren beeinflußt (Lebensalter, Körpertemperatur, körperliche Belastung, emotionaler Zustand, Körperhaltung, Biorhythmus, Blutdruck, Herzgröße u.a.). Die Herzschlagfrequenz liegt in Ruhe bei etwa 70 (60-80) Schlägen·min^{-1}. Dieser Wert ist für den erwachsenen Menschen zutreffend. Das Neugeborene weist eine Herzschlagfrequenz von 130 bis 150•min^{-1} auf. Bis zur zweiten Phase der Pubeszenz kommt es zu einem Abfall der Herzschlagfrequenz auf einen Wert um 70•min-1. Die Ruheherzschlagfrequenz ist bei Kindern somit anders zu bewerten als bei Erwachsenen.

Herzschlagvolumen und Herzminutenvolumen

Unter dem Herzschlagvolumen (SV) wird die bei einem Herzschlag aus der Herzkammer ausgeworfene Blutmenge verstanden. Sie beträgt beim gesunden Erwachsenen etwa 70 ml. Bei Kindern ist dieser Wert entsprechend der Körpermasse und der Herzgröße geringer. Unter dem Herzminutenvolumen (HMV) wird die Blutmenge verstanden, die während einer Minute aus dem Herzen ausgetrieben wird. Diese Größe ergibt sich aus dem Produkt von Herzschlagvolumen und Herzschlagfrequenz. Es beträgt in Ruhe etwa 5 Liter. Das Bild 3.67 zeigt die Stellung der Faktoren des Herzminutenvolumens in einem regeltheoretischen Schema.

3.5.1.3 Herzarbeit und Herzleistung

Das Herz hat Druck-, Volumen- und Beschleunigungsarbeit zu leisten. Es verleiht einer bestimmten Blutmenge einen Bewegungsimpuls gegen Strömungswiderstände. Bei einem durchschnittlichen Schlagvolumen von 70 ml und einem aufzubringenden Druck von 13,3 kPa (100 Torr) beträgt die Arbeit der linken Herzhälfte für eine Herzperiode etwa 0,9 J; die Arbeit der rechten Herzhälfte beträgt lediglich den siebenten Teil. Die Beschleunigungsarbeit ist relativ gering und kann in Ruhe vernachlässigt werden. Erst unter Belastung gewinnt sie an Bedeutung. Sie kann von etwa 5 Prozent der Gesamtarbeit in Ruhe auf etwa 15 Prozent bei höchster Belastung ansteigen. Da das Herz mit einer durchschnittlichen Frequenz von 70·min^{-1} schlägt, leistet es eine Tagesar-

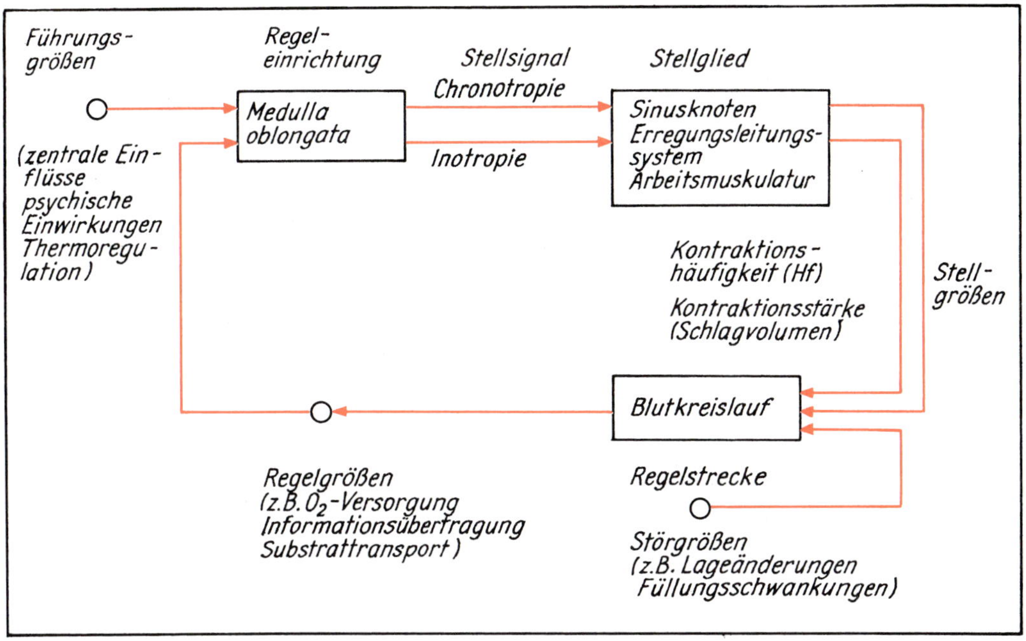

Bild 3.67 Stellung von Schlagfrequenz und Schlagvolumen in einem regeltheoretischen Schema der Herztätigkeit

beit von über 100 kJ. Es wirft durchschnittlich 7000 Liter Blut am Tag aus. Leistung im physikalischen Sinn ist Arbeit in der Zeit. Die Herzleistung läßt sich in Watt oder $J \cdot s^{-1}$ ausdrücken. Sie beträgt etwa $1 J \cdot s^{-1}$ pro Herzschlag.

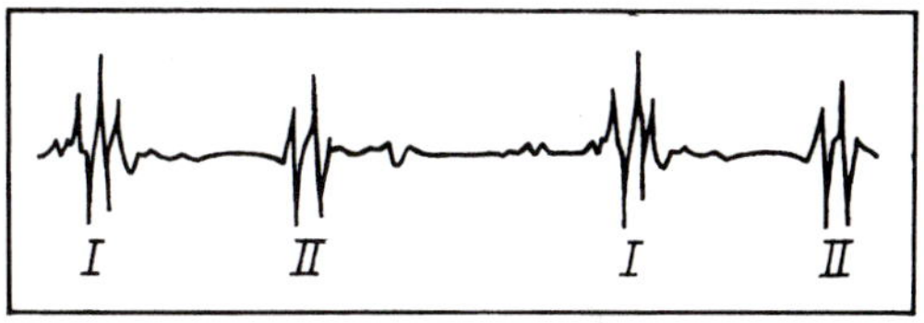

Bild 3.68 Herztonschreibung (Phonkardiogramm) mit Wiedergabe des I. und II. Herztones

3.5.1.4 Herztöne

Die Herztätigkeit löst akustische Phänomene aus. Diese werden als Herztöne bezeichnet (im physikalischen Sinn handelt es sich um Geräusche). Sie sind mit Hilfe eines Stethoskops (Hörrohres) gut wahrzunehmen und lassen sich auch mit Hilfe der Herzschallschreibung (Phonokardiographie) aufzeichnen (Bild 3.68).

In jeder Herzperiode sind beim Gesunden zwei Herztöne deutlich voneinander abgrenzbar. Der erste Ton, ein Muskelton, entsteht am Anfang der Systole, wenn sich die Muskulatur des Herzens um das inkompressible Blut anspannt. Der zweite Ton, ein Klappenton, der kürzer und klangheller als der erste Ton ist, kommt durch den Schluß der Semilunarklappen in der Anfangsphase der Diastole zustande.

3.5.1.5 Erregungsbildungs- und Erregungsleitungssystem

Das Herz besitzt aus sich heraus alle Voraussetzungen zur Kontraktion; es verfügt über eine Funktionsautomatie. Das primäre

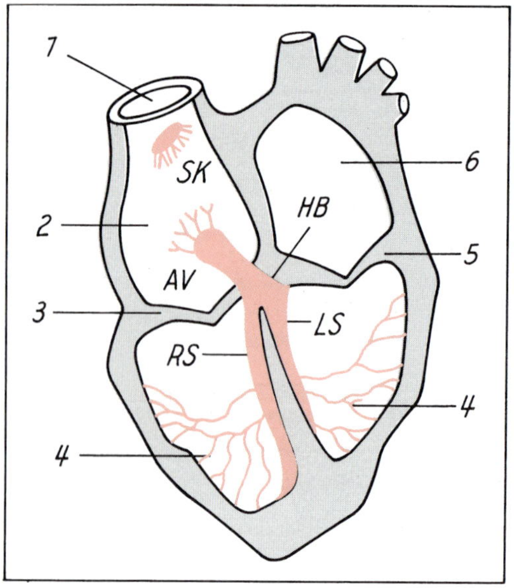

Bild 3.69 Erregungsbildungs- und Erregungsleitungssystem des Herzens. *SK* Sinusknoten, *AV* Atrioventrikularknoten, *HB* Hissches Bündel, *RS* rechter Schenkel, *LS* linker Schenkel, *1* obere Hohlvene, *2* rechter Vorhof, *3* dreizipfelige Klappe, *4* Purkinjesche Fasern, *5* zweizipfelige Klappe, *6* linker Vorhof

Zentrum der Erregungsbildung im Herzen ist der Sinusknoten. Er liegt im rechten Vorhof und sendet unter Ruhebedingungen 60 bis 80 Impulse pro Minute aus. Er ist der Schrittmacher des Herzschlagrhythmus.

Eine Steigerung der Herzschlagfrequenz (z. B. bei körperlicher Belastung, Erhöhung der Körpertemperatur, psychischer Erregung u. a.) wird als **Tachykardie**, eine Frequenzminderung (z.B. Anpassung an sportliches Ausdauertraining) als **Bradykardie** bezeichnet.

Die vom Sinusknoten gebildeten elektrischen Erregungen werden strahlenförmig ohne spezielle Leitungsbahnen über die rechte und linke Vorhofwand geleitet, wodurch beide gleichzeitig zur Kontraktion gebracht werden (Bild 3.70). Die Erregungen aktivieren dann den Atrioventrikularknoten, der auch als sekundäres Zentrum bezeichnet wird, und sie werden nach kurzer Verzögerung über das spezifische Erregungsleitungssystem (Hissches Bündel mit linkem und rechtem Schenkel, Purkinjesche Fasern) der Arbeitsmuskulatur der Kammerwände zugeleitet, die daraufhin mit einer Kontraktion antwortet.

Beim Ausfall des Sinusknotens kann jeder Teil des Erregungsleitungssystems die Erregungsbildung übernehmen und so die Funktion des Herzens und damit die Lebensfähigkeit des Organismus sichern.

Der Automatierhythmus der nachgeordneten Teile des Systems ist jedoch langsamer. Der Atrioventrikularknoten erzeugt 40 bis 50 Erregungen, das Hissche Bündel mit seinen Ausläufern 20 bis 30 Erregungen pro Minute.

Die Elektrokardiografie registriert die bei der Herztätigkeit auftretenden elektrischen Potentiale. Mit Hilfe spezieller Elektroden werden von der Körperoberfläche (Extremitäten, Brustwand) die Aktionsströme abgenommen und nach Verstärkung als Elektrokardiogramm (EKG) aufgezeichnet.

Das EKG weist um eine isoelektrische Linie mehrere charakteristische positive und negative Ausschläge auf, die bestimmten Erregungsabläufen am Herzen entsprechen (Bild 3.70).

Zur Beschreibung der EKG-Kurve werden die einzelnen Zacken mit den Buchstaben P, Q, R, S und T bezeichnet. In Bild 3.71 wird eine schematische Darstellung des normalen EKG mit den wichtigsten Zacken- und Streckenbezeichnungen und ihrer Zuordnung zu den mechanischen Vorgängen am Herzen gegeben. Die Amplitude und unter Umständen auch die Ausschlagrichtung der einzelnen Zacken ist bei den verschiedenen Ableitungsformen des EKG unterschiedlich.

Form und zeitliche Dauer der einzelnen Abschnitte des EKG lassen Rückschlüsse auf den Zustand des Herzens zu.

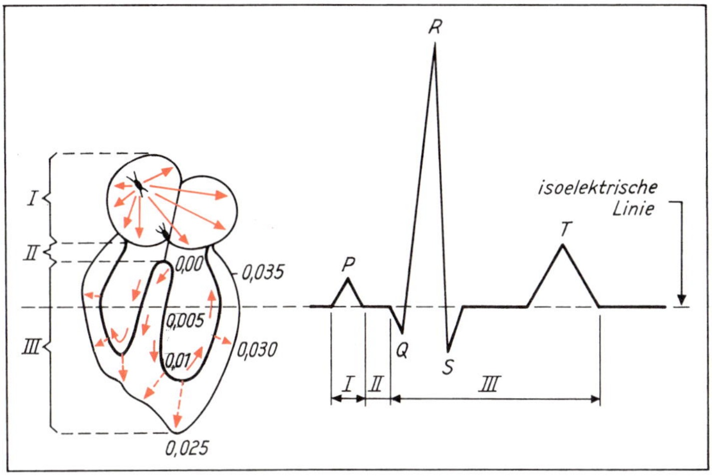

Bild 3.70 Schematische Darstellung der Erregungsvorgänge in der Herzmuskulatur als Grundlage für die Entstehung eines EKG. P-Zacke elektrischer Ausdruck der Vorhoferregung; PQ-Strecke Dauer der Überleitung der Erregung von den Vorhöfen zu den Kammern; QRS-Komplex Ausbreitung der Erregung im Kammerbereich; ST-Strecke vollständige Erregung der Kammern; T-Zacke Erregungsrückgang in den Kammern

3.5.1.6 Extrakardiale Einflüsse

Das Herz arbeitet zwar spontan (automatisch), unterliegt aber ständigen nervalen und humoralen Einflüssen. Dadurch kann die Herztätigkeit den jeweiligen Anforderungen des Körpers sofort und zuverlässig angepaßt werden. Dieser Einfluß vollzieht sich vorrangig über die extrakardialen (außerhalb des Herzens liegenden) Herznerven. Beeinflußt werden:

- die Erregbarkeitsschwelle und damit die Erregbarkeit,
- die mechanische Funktionsfähigkeit und damit die Kontraktilität,
- die Erregungsbildung im Sinusknoten und damit die Herzschlagfrequenz,
- die Geschwindigkeit der Erregungsausbreitung und damit die Erregungsleitung.

Im Sinne einer Aktivierung der Herztätigkeit wirkt der **Nervus sympathicus** (Akzeleranz, Beschleuniger); er ist der Förderungs- oder Leistungsnerv des Herzens. Im Sinne der Dämpfung wirkt der **Nervus vagus**; er ist der Hemmungs- oder Erholungsnerv des Herzens. Es werden auch Nervenimpulse vom Herzen in das Zentralnervensystem ge-

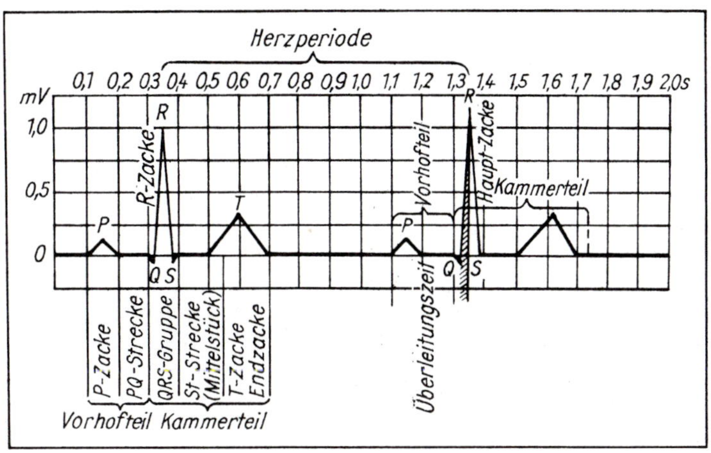

Bild 3.71 Schematische Darstellung des normalen EKG

Bild 3.72 Abhängigkeit der Sportherzbildung von der betriebenen Sportart

leitet. So löst zum Beispiel Sauerstoffmangel des Herzmuskels Schmerzen aus. Auf nervalem Weg kommt auch die sogenannte respiratorische Arrhythmie der Herzaktion zustande: Bei der Einatmung ist durch die Dehnung des Brustkorbs der Blutzufluß zum rechten Herzen begünstigt. Das führt zu einer Beschleunigung der Herzschlagfrequenz während der Einatmungsphase. So kann über eine erhöhte Herzschlagfolge das vermehrte Blutangebot bewältigt werden.

Adaptationen an sportliche Belastung – das Sportherz

Die als Sportherz bezeichnete physiologische Herzvergrößerung des Ausdauersportlers nimmt unter den möglichen Formen der Herzvergrößerung eine Sonderstellung ein. Beim Sportherzen handelt es sich um ein strukturell intaktes Organ, das höchsten Anforderungen an seine Pumpfunktion vollauf genügen kann. Der größenändernde Einfluß des Sports auf das Herz wurde erstmals 1899 beschrieben. Es wurde die Herzvergrößerung mit Hilfe der Perkussion (Abklopfen) bei Teilnehmern an Wettkämpfen im Skilanglauf ermittelt. Bei der Deutung der Ergebnisse wurde die hohe funktionelle Tüchtigkeit der vergrößerten Herzen der Sportler der verminderten Funktionsfähigkeit krankhaft vergrößerter Herzen bei Patienten mit Schädigung des Herzmuskels gegenübergestellt. Bereits in der ersten Mitteilung dieser Art findet sich der Begriff Sportherz, der trotz berechtigter sprachkundlicher Einwände – es handelt sich um ein Sportlerherz – bis in die Gegenwart auch im wissenschaftlichen Sprachgebrauch beibehalten wurde. In der Folgezeit ließ sich die sportbedingte Herzvergrößerung röntgenologisch einfach bestätigen (Bild 3.73).

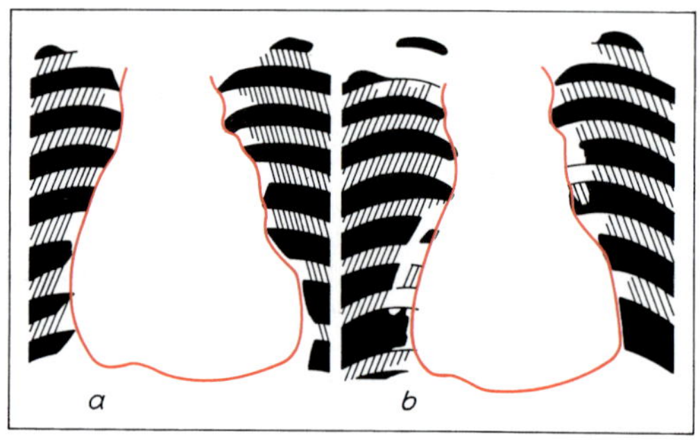

Bild 3.73 Herz **a** eines Weltmeisters im Straßenradrennsport; **b** im Vergleich zum Herzen eines Untrainierten

Die Situation beim Sportherzen im Vergleich zum sogenannten Normalherzen ist weitgehend analog den Verhältnissen der Herzen bei wildlebenden und domestizierten Tieren;

Wildkaninchen und Wildenten haben zum Beispiel ein „Sportherz“ gegenüber dem Stallkaninchen und der Hausente.

Abhängigkeit der Sportherzbildung von der Sportart

Das Sportherz ist als Adaptation an eine gesteigerte Ausdauerbeanspruchung großer Muskelgruppen zu sehen.

Ein Sportherz findet sich bei Aktiven in Sportarten mit hohem Energieumsatz des Gesamtorganismus über längere Zeit. Allein Ausdauerbelastungen mit relativ hoher Intensität führen im Laufe von Monaten und Jahren zur Sportherzbildung (s. Bild 3.72). Das Ausmaß der sportbedingten Herzvergrößerung kann bis zu 70 Prozent betragen.

Die Bandbreite der Herzgröße ist im Bild 3.73 wiedergegeben. Da die Herzgröße auch vom Körperbau beeinflußt wird, erfolgen die Angaben nicht allein in Absolutmaßen, sondern ebenfalls in körpermassebezogenen Werten. Angesichts der gegenwärtig üblichen großen Trainingsumfänge finden sich zunehmend häufiger – zumindest angedeutet – die anatomischen wie physiologischen Merkmale eines Sportherzens auch bei Sportlern aus Sportarten, die vorwiegend die Fähigkeiten Kraft, Schnellkraft oder Koordination beanspruchen; eine hohe Zahl der Übungswiederholungen verleiht dem Training bereits einen gewissen Ausdauercharakter.

Das Ausmaß der sportbedingten Herzvergrößerung ist auch von noch nicht näher bekannten individuellen (genetischen) Voraussetzungen abhängig. Ein definiertes Training muß bei mehreren Sportlern nicht zu identischer Herzvergrößerung führen.

Das Ausmaß der Herzvergrößerung beim Sportler hängt weiterhin von der Art der angewandten Trainingsmethodik ab. In den Ausdauersportarten mit zyklischem Bewegungsablauf führt bei übereinstimmender Wettkampfleistung ein Intervalltraining in der Regel zu stärkerer Herzvergrößerung als ein Training, das die Dauerleistungsmethode bevorzugt. Etwas vereinfachend kann dieser Befund so gedeutet werden, daß das Intervalltraining in hohem Maße „herzkräftigend“ wirkt, während es beim Dauerleistungstraining infolge besonders ausgeprägter Adaptationen in der Peripherie auch zu einer Herzentlastung kommt.

Gesundheitliche Bewertung des Sportherzens

Die Gesundheit des Sportherzens ergibt sich aus folgenden Kriterien:

- Es verfügt über eine hohe Funktionstüchtigkeit als Muskel und als Pumpe. In der Ausbelastung ist ein überdurchschnittlicher Blutauswurf (Herzschlag- und Herzminutenvolumen) möglich.
- Der Herzmuskel ist bei mikroskopischer Untersuchung einwandfrei. Bei tödlich verunglückten Sportlern fand sich kein Anhalt für krankhafte feingewebliche Veränderungen.
- Der Herzmuskel ist sehr gut durchblutet und überdurchschnittlich widerstandsfähig gegenüber Sauerstoffmangel.
- Es herrscht ein normaler Herzinnendruck.
- Diagnostische Verfahren wie Elektrokardiografie, Herztonaufzeichnung, Ultraschallüberprüfung, Herzkatheter u. a. ergeben Normalbefunde. Abweichungen von der Mehrheitsnorm können als Anpassungszeichen oder Normvarianten interpretiert werden.
- Es besteht eine spontane Rückbildungsfähigkeit. Beim Ausbleiben der Reize, die die Sportherzbildung auslösen, erfolgt eine Rückbildung der Herzgröße und -funktion auf aktivitätsgemäße Werte.
- Es findet sich eine herabgesetzte bzw. in höhere Altersabschnitte verlagerte Erkrankungsrate und Sterblichkeit bezüglich Herz- und Kreislauferkrankungen bei Sportveteranen gegenüber gleichaltrigen Nichtsportlern.

Es ist bislang nicht bekannt geworden, daß allein durch sportliche Belastung ein Todesfall durch das Versagen eines gesunden Herzens eingetreten sei.

Bei nichttraumatischen herzbezogenen Todesfällen während oder nach sportlicher Aktivität bestand zuvor ein organischer Schaden oder es lagen Mißbildungen vor.

Erweiterung (Dilatation) der Vorhöfe und Kammern des Sportherzens

Die durch Ausdauerleistungen bewirkte Sportherzbildung ist maßgeblich durch eine Erweiterung aller vier Herzhöhlen bedingt. Im Zusammenhang mit dem Sportherzen wurde der Begriff der regulativen Dilatation (Erweiterung) geprägt. Damit soll zum Ausdruck gebracht werden, daß bei einem vollauf funktionstüchtigen Herzen eine erhöhte Blutmenge in den Herzhöhlen vorhanden ist. Die Erweiterung des Sportherzens ist unter anderem sehr einfach mit Hilfe des Preßdruckversuches nachzuweisen; das Sportherz reagiert bei der Preßatmung mit einer markanten Verkleinerung. Unter den Bedingungen der Pressung behindert oder drosselt der gesteigerte Innendruck des Brustkorbes den venösen Zustrom zum Herzen, jedoch nicht den arteriellen Abfluß des Blutes vom Herzen. So kommt es zu einer Inanspruchnahme des Restblutes, das sich in den Herzkammern befindet, für die Bereitstellung des Schlagvolumens. Auf diese Weise kann das Herz sich weitgehend leer pumpen, und die Größe eines ausgeprägten Sportherzens kann sich dabei um mehr als den Faktor 0,5 reduzieren. Eine krankhafte Störung der Herzwände liegt beim Sportherzen nicht vor. Die regulativen Mechanismen für eine variable Dehnbarkeit der Herzwände werden vor allem hormonell und nerval gesteuert. Bei der Adaptation des Herzens an ein Ausdauertraining kommt es darüber hinaus zu strukturellen Veränderungen des Herzmuskels, wodurch die Dehnungsfähigkeit ebenfalls verändert wird. Dieser Entstehungsmechanismus unterscheidet das Sportherz grundsätzlich vom krankhaft vergrößerten Herzen.

Das Herz reagiert bei der ausdauerbedingten Adaptation mit einer Vergrößerung seiner Hohlräume ohne Erhöhung des Innendrucks. Diese Situation hat unter Ruhebedingungen eine geringe Steigerung des Schlagvolumens zur Folge. Es verbleibt eine größere Menge Restblut in den Herzhöhlen (Blutmenge, die nach der Systole in der Kammer verbleibt.).

Innerhalb weniger Schläge vermag das Sportherz durch entsprechende Steuerimpulse seinen effektiven Hubraum jedoch erheblich zu steigern und anforderungsgerecht ein großes Schlagvolumen zur Erfüllung des Blutbedarfs der Körpergewebe (insbesondere der arbeitleistenden Muskulatur) zu fördern. Das geschieht durch die Ausnutzung des Restblutes als Schlagvolumenreserve. Die veränderte Größe schafft für das Herz veränderte Arbeitsbedingungen. Das Sportherz ist durch seine regulative Erweiterung für die Förderung großer Schlagvolumina besonders geeignet. Eine bestimmte Faserverkürzung führt bei unterschiedlicher Herzgröße (unterschiedlichem Radius der Herzhöhlen) zu sehr verschiedenen Volumenänderungen. Das Sportherz erreicht weit grö-

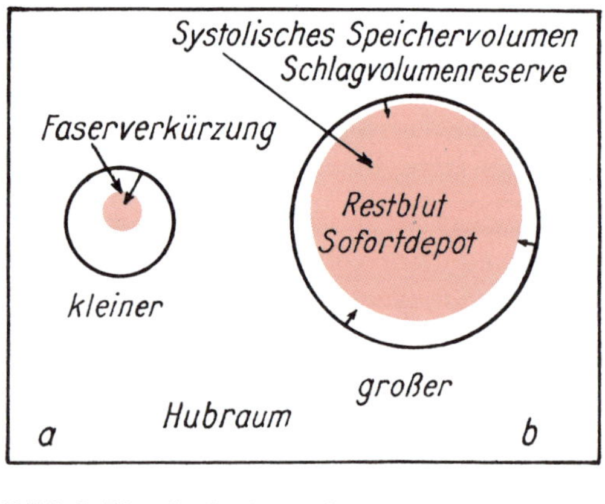

Bild 3.74 Grobschematische Darstellung der notwendigen Faserverkürzung zur Bewältigung eines bestimmten Schlagvolumens bei einem **a** ausdaueruntrainierten und **b** einem ausdauertrainierten Herzen

ßere Schlagvolumina als das „Normalherz" bei gleichem Grad der Faserverkürzung; es benötigt allerdings entsprechend der Laplaceschen Gleichung einen höheren Kraftaufwand, wobei die systolischen Kräfte aber über eine größere Fläche verteilt sind (Bild 3.74).

Es zeigt sich beim Sportherzen eine Volumenadaptation (auf Anforderung wird das Schlagvolumen stark gesteigert), die eine rationellere Funktion gestattet als es bei einer Frequenzadaptation (auf Anforderung wird die Schlagfrequenz besonders stark gesteigert) der Fall wäre.

Verdickung (Hypertrophie) der Wände des Sportherzens

Schon William Harvey beschrieb im 17. Jahrhundert, daß körperlich schwer arbeitende Menschen dicke Herzwände haben. Dennoch weist selbst ein stark ausgeprägtes Sportherz nur eine geringe Hypertrophie seines Muskels auf; wie vielfache Untersuchungen eindeutig ausgewiesen haben, ändert sich die Wanddicke nur geringfügig. Der Durchmesser der Wand der linken Herzkammer findet sich beim Sportherzen um 2 bis 3 mm vergrößert.

Die Hypertrophie des Sportherzens ist harmonisch und physiologisch; das bedeutet, daß beide Herzkammern beteiligt sind, daß das Verhältnis von Muskelmasse und Durchblutung nicht gestört und daß die Kontraktionskraft pro Querschnittseinheit des Herzmuskels nicht beeinträchtigt ist.

Die Herzmasse des Untrainierten beläuft sich im Mittel auf 310 Gramm. Das ausgeprägte Sportherz überschreitet nicht (oder nur unwesentlich) die sogenannte kritische Herzmasse von 500 Gramm (Tabelle 3.15). Jenseits eines solchen Wertes wäre bei gesteigerten Anforderungen eine zuverlässige Blutversorgung des Herzmuskels nicht mehr gewährleistet.

Der Herzmuskel vermag bei regelmäßigen hohen Anforderungen an seine Kontraktionskraft nach dem gegenwärtigen Kenntnisstand nicht mit einer Vermehrung seiner Zellen (Hyperplasie) zu reagieren, sondern es kommt zu einem kompensatorischen Wachstum der bereits vorhandenen Zellen (Hypertrophie); dieser Vorgang führt zu einer Volumenvergrößerung des einzelnen zellulären Elements.

Eine Hypertrophie des Herzmuskels hat grundsätzlich eine ungünstige Veränderung der Relation von Muskelmasse zu Kapillaren (Haargefäße) zur Folge, wodurch das Risiko eines Durchblutungsmangels entsteht.

Eine Zellvergrößerung erhöht zwangsläufig die Entfernung zwischen den Kapillaren und damit die intrazelluläre Diffusionsstrecke für Sauerstoff; das Sauerstoffdruckfeld sinkt zur Zellmitte hin ab. Eine Hypertrophie erhöht das Zellvolumen, das von einem Gefäß versorgt werden muß; es findet sich mehr Gewebe in größerer Entfernung von der Kapillare (Bild 3.75). Diese Position wird aller-

Tabelle 3.15 Herzmasse von tödlich verunglückten Sportlern (zusammengestellt von Reindell et al., 1960)

Anzahl der Fälle	bis 300 g	300 bis 350 g	350 bis 400 g	400 bis 450 g	450 bis 500 g	500 bis 540 g
40	6	6	9	14	2	3

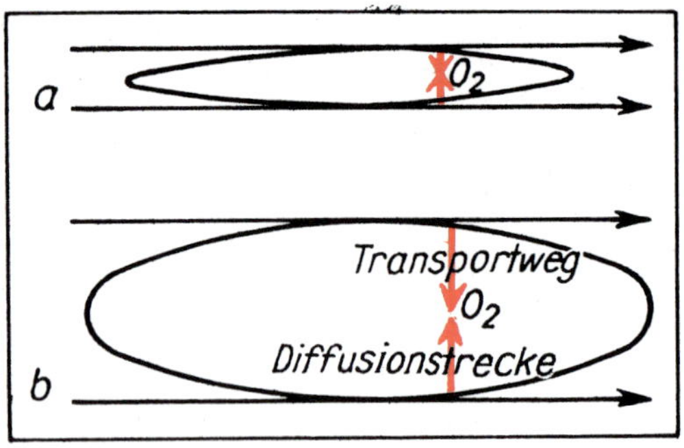

Bild 3.75 Schematische Darstellung der intrazellulären Diffusionsstrecke für Sauerstoff bei einer **a** normalen; **b** einer stark hypertrophierten Herzmuskulatur

dings dadurch eingeschränkt, daß der Herzmuskel primär über besonders schmale Muskelfasern (Zellen) verfügt und daß deren sportinduzierte Massenzunahme auch wesentlich durch eine Längenzunahme der Fasern stattfindet. Da die Grenze der kritischen Herzmasse auch von ausgeprägten Sportherzen nur unwesentlich überschritten wird, sind die hypertrophiebedingten Nachteile für den Sauerstoffaustausch nicht gegeben. Das Sportherz reagiert erst bei stärkerer Durchblutungseinschränkung mit dem Zeichen eines Sauerstoffmangels.

Der Herzmuskel des Ausdauertrainerten benötigt zur Erfüllung seiner Aufgaben nur eine geringe Hypertrophie, da er sich qualitativ verändert und pro Flächeneinheit mehr Kontraktionskraft zu entwickeln vermag als das beim Herzmuskel des Untrainierten der Fall ist.

Dadurch wird die Kontraktionsleistung (Kraft-Geschwindigkeits-Beziehung) und die Pumpleistung (Längen-Spannungs-Beziehung) verbessert.

Bei Sportlern, in deren Bewegungsstruktur isometrische Kontraktionen großer Muskelgruppen (z. B. Gewichtheben) einen bedeutenden Raum einnehmen, ist die Hypertrophie des Herzmuskels etwas stärker ausgeprägt. Die genannten Belastungen bewirken eine starke Widerstandserhöhung in der Peripherie, gegen die das Herz anarbeiten muß (stark gesteigerte Werte des arteriellen Blutdrucks). Die Hypertrophie des Herzmuskels hält sich jedoch in Grenzen; es gibt keinen Hinweis auf pathologische Vorgänge.

Durchblutung des Sportherzens

Der Herzmuskel macht etwa 0,5 Prozent der Körpermasse aus, er benötigt aber unter Ruhebedingungen 5 Prozent des Herzminutenvolumens, also des von ihm selbst beförderten Blutes. Bei höheren Anforderungen vervielfacht sich die Förderleistung des Herzens; derartige Ansprüche an seine Pumpfunktion erfordern eine zuverlässige Durchblutung und Sauerstoffversorgung des Herzmuskels. In Ruhe ist für den Herzmuskel eine Durchblutung von 80 bis 100 ml pro 100 g Muskelgewebe in der Minute erforderlich; bei medikamentös ausgelöster Erweiterung der Herzkranzgefäße (Koronararterien) erhöht sich der entsprechende Wert auf 400 ml; es kann als gesichert gelten, daß dieser Wert vom trainierten Herzen während maximaler Förderleistung bei hoher sportlicher Anforderung noch deutlich übertroffen wird.

Die Ausnutzung des Sauerstoffs aus dem Blut des herzeigenen Kreislaufs (Koronarkreislauf) beträgt in Ruhe bereits 65 bis 70 Prozent, so daß hohe Ansprüche des Herzmuskels an seine Sauerstoffversorgung fast ausschließlich über eine Mehrdurchblutung des koronaren Gefäßbettes gedeckt werden müssen.

Mit zunehmender Ausdaueradaptation kommt es zur Steigerung der Voraussetzungen für die Sauerstoffversorgung des Herzmuskels. Diese Situation tritt ein:

- *durch eine Verminderung des Sauerstoffbedarfs für eine vergleichbare Herzleistung;*
- *durch eine Vergrößerung des Gefäßbettes (Erweiterung der arteriellen Blutgefäße und Vermehrung der Kapillaren) als*

Voraussetzung für eine verbesserte Durchströmung.

Der Energieverbrauch des trainierten Herzens liegt in Ruhe und in jeder Belastungsphase infolge zahlreicher Adaptationsvorgänge unter dem des untrainierten Herzens (bis zu 0,5).

Mit zunehmender Adaptation steigt bei hoher Anforderung die Durchblutung des Herzmuskels stärker an als seine Fähigkeit, den angebotenen Sauerstoff zu verwerten. Es kommt zu einer überschießenden Mehrdurchblutung. Die Koronarreserve übertrifft die Stoffwechselreserve.

Der gesamte Gefäßbaum mit seiner Makro- wie Mikrozirkulation trägt zur Vergrößerung des Gefäßbettes im Rahmen der trainingsinduzierten Adaptation bei. Koronararterien mit auffallend großem Kaliber und damit auch gesteigerter Durchlaßfähigkeit konnten bei verstorbenen (verunglückten) Ausdauersportlern gefunden werden. Moderne Untersuchungsmethoden, die es gestatten, die Gefäßweite unblutig zu bestimmen (Ultraschalldiagnostik), erbrachten die Erkenntnis, daß sich im Gefolge eines Ausdauertrainings eine Weitstellung der Koronarien entwickelt. Ein solcher Befund konnte auch bei sporttreibenden Kindern ermittelt werden! Auch an den Arterien, die den Kapillaren vorgeschaltet sind, und an den sogenannten Kollateralen (Verbindungen im Arteriolenbereich zwischen zwei Ästen derselben Koronararterie oder zwischen zwei Koronararterien) konnten Trainingswirkungen belegt werden. Die Weitlumigkeit dieses Gefäßtypes wird durch eine wiederholte Steigerung der Strömungsgeschwindigkeit und des Druckgradienten ausgelöst. Die verbesserte Funktionstüchtigkeit der Kollateralen kommt zum Beispiel dadurch zum Ausdruck, daß im Tierversuch bei der völligen Unterbindung einer Koronararterie der Bezirk absterbenden Muskelgewebes relativ klein ist.

Ausdauersport ist ein physiologischer Reiz, der die Neubildung von Kapillaren im Herzmuskel (Bild 3.76)) aktiviert, andererseits führt eine körperliche Ruhigstellung zu einer Verringerung der Kapillarenanzahl.

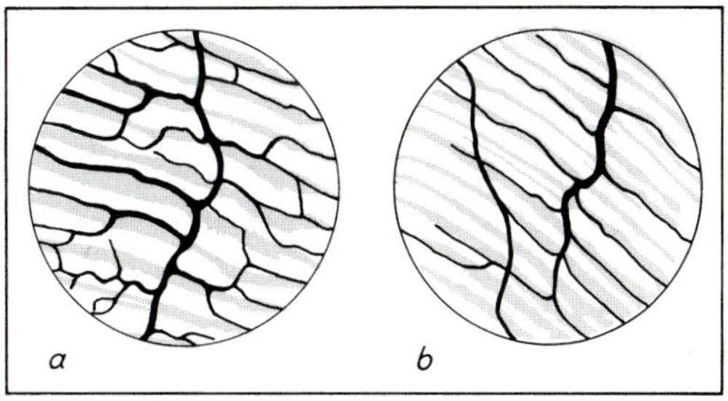

Bild 3.76 Kapillarisierung eines **b** untrainierten und **a** eines trainierten Muskels (nach Vanotti und Fister)

Infolge einer Vermehrung der Kapillaren durch das Ausdauertraining steigt das Verhältnis von Kapillaren zu Muskelfasern an. Mit der Zahl der Kapillaren nimmt die Kapillardichte zu.

Ultrastukturelle Anpassungen der Kapillaren zeigen sich unter anderem in verstärkter Fensterung und in einer dünnen Basalmembran, was fraglos einen Vorteil für die Durchlässigkeit, z.B. für Sauerstoff bedeutet.

Die trainingsbedingte Verbesserung der Gefäßversorgung des Herzens mit ihren Konsequenzen für die Durchblutung führt dazu, daß auch bei höchsten Stoffwechselansprüchen keine Durchblutungsnot des Herzmuskels eintritt.

Bei intensiver wie extensiver Ausbelastung konnten bei hochtrainierten Sportlern keine durch einen eventuellen Sauerstoffmangel verursachten Veränderungen am Herzen beobachtet werden.

Bei hochtrainierten Radrennfahrern fand sich in simulierten Höhen von 4000 Metern in einer Unterdruckkammer im Zustand fahrradergometrisch herbeigeführter Ausbelastung bei Herzschlagfrequenzen um 180·min^{-1} kein Zeichen für eine unzureichende Sauerstoffversorgung des Herzens. Wenig trainier-

te gesunde Männer gleichen Alters wiesen unter denselben Bedingungen bei geringerer Beanspruchung bereits zu etwa der Hälfte Sauerstoffmangelzeichen am Herzen auf.

Der Herzmuskel von trainierten Personen kann bei hoher Beanspruchung bis zu 90 Prozent seines Energiebedarfs mit Laktat decken. Unter derartigen Bedingungen entnimmt der Herzmuskel dem Blut in höchstem Maße ein Stoffwechselprodukt, das im Arbeitsmuskel unter Sauerstoffnot entstanden war, und nützt es auf aerobem Weg zur eigenen Energiebereitstellung!

Das vergrößerte Gefäßbett des Sportherzens verfügt über eine bedeutende Reservekapazität. Bei motorisch bedingten höchsten Ansprüchen an die Pumpfunktion des trainierten Herzens mit Minutenvolumina um 35 Liter benötigt das Herz für die eigene Versorgung mehr als 1,5 Liter Blut pro Minute. Es kommt dabei zu einer drastischen Erweiterung der Koronargefäße. Die starke Steigerung der Durchblutung erhöht nachweislich auch die Kontraktionskraft des Herzens.

Eine plötzliche intensive Belastung kann auch bei herzgesunden Personen zu Reaktionen im Sinne einer ungenügenden Sauerstoffversorgung des Herzmuskels führen. Die adäquate Einstellung der Durchblutung auf hohe Anforderungen hat einen Zeitbedarf von zwei bis drei Minuten. Eine entsprechende Einarbeitungszeit (Aufwärmen) ist erforderlich, um die Durchblutungsgröße auf die Stoffwechselansprüche abzustimmen.

Zelluläre Adaptationen des Sportherzens

Die verbesserte Kontraktilität des trainierten Herzmuskels ist an die kontraktilen Proteine gebunden, in deren Bereich Veränderungen im Sinne einer Adaptation eintreten (s. Kap. 2.1). Der trainierte Herzmuskel vermag pro Quadratzentimeter Querschnittsfläche mehr Spannung zu entwickeln als der untrainierte. Nicht zuletzt diese Adaptation verschafft dem Sportherzen eine gesteigerte Kontraktionsreserve; sie erklärt auch, weshalb beim Sportherzen trotz starker Beanspruchung des kontraktilen Apparates nur eine relativ geringe Hypertrophie auftritt.

Die Herzmuskelzelle ist auf eine ununterbrochene Tätigkeit spezialisiert; der Herzmuskel ist ausschließlich aus schmalen ST-Fasern (langsam kontrahierend, oxydativ) aufgebaut.

Der Herzmuskel steht unter allen Muskeln des Körpers bezüglich der Fähigkeit zur Substratoxydation auf Grund seines Aufbaus an der Spitze. Er funktioniert nahezu obligat aerob; auf anaerobem Wege könnte nur ein sehr geringer Anteil des Energiebedarfs gedeckt werden. Dennoch kommt es unter dem Einfluß des Ausdauertrainings zu einer weiteren Adaptation solcher Mechanismen, die den Sauerstoff aufnehmen, weiterreichen und verwerten, während eine körperliche Ruhigstellung geradezu spiegelbildlich zu einem Funktionsverlust entsprechender intrazellulärer Strukturen führt. Der trainierte Herzmuskel verfügt über eine gesteigerte Konzentration an Myoglobin (roter Muskelfarbstoff); das bedeutet, daß die Transportkapazität für Sauerstoff innerhalb der Zelle zunimmt und daß eine erhöhte Sauerstoffreserve vorhanden ist. Die Masse an Mitochondrien wird durch ein Ausdauertraining vergrößert.

Das sichert einen Enzymbesatz der Zelle, der auf eine starke Sauerstoffverwertung gerichtet ist. Diese Adaptationssituation – oxydative Reserve und günstige energetische Bedingungen – ermöglicht eine hochgradige Laktat- und Fettsäurenverwertung bei höchster Stoffwechselaktivität des Gesamtorganismus. Die trainingsbedingte überschießende Durchblutung in Verbindung mit den Voraussetzungen für eine starke Sauerstoffbereitstellung, -weitergabe und -verwertung verhindert beim Sportherzen zuverlässig einen Sauerstoffmangel der Zellen. Selbst bei einer intrazellulären Sauerstoffspannung von nur 0,007 kPa (0,05 Torr) wandelt die Herz-

muskelfaser ihre Energie noch auf aerobem Wege. Zu den trainingsbedingten Adaptationen des Herzmuskels gehört weiterhin eine verstärkte Konzentration energiereicher Phosphate. Auch ist der Verlust an Kalium, welches für den Kontraktionsvorgang wichtig ist, unter Belastung geringer. Der Gehalt des Herzmuskelgewebes an Katecholaminen, denen ein „Sauerstoffverschwendungseffekt" anhaftet, ist beim Sportherzen herabgesetzt.

Analog zum Skelettmuskel erhöht ein Ausdauertraining den Glykogengehalt im Herzmuskel. Der verfügbare eigene Energievorrat ist im trainierten Herzen vergrößert. Die Dynamik der Glykogenkonzentration bei aktueller Anforderung entspricht im Herzmuskel weitgehend der im beanspruchten Skelettmuskel. Es kommt zu einer Verarmung mit nachfolgender schneller Wiederauffüllung und Superkompensation.

Funktion des Sportherzens

Die Adaptation der Herzfunktion an ein Ausdauertraining zeigt sich unter Ruhebedingungen, bei submaximalen Belastungen, in der Ausbelastung sowie in der Nachbelastungsphase. Generell ist die Funktion des Sportherzens durch energie- und sauerstoffsparende Mechanismen sowie durch die Fähigkeit zu starker Mobilisierung von energiebereitstellenden Prozessen im Bedarfsfall gekennzeichnet.

Funktion des Sportherzens unter Ruhebedingungen

Das Sportherz stellt sich in einer Situation dar, für welche der Begriff des Schonganges gewählt wurde. Der funktionelle Status ist maßgeblich durch eine niedrige Schlagfrequenz und einen langsamen Kontraktionsablauf gekennzeichnet. Unter den Steuermechanismen überwiegt das hemmende System; es dominiert der Vaguseinfluß. Aber auch die Eigenfrequenz des Herzens, zum Beispiel bei seiner Isolierung von allen nervalen Verbindungen, ist bei Ausdauertrainierten signifikant niedriger als bei Untrainierten; damit wäre der Nachweis geführt, daß die langsame Herzschlagfolge (Trainingsbradykardie) nicht allein vegetativ-nerval determiniert ist, sondern daß auch herzeigene Mechanismen im Sinne der Adaptation verändert werden. Die Trainingsbradykardie ist der hervorstechendste und am meisten untersuchte Effekt eines Ausdauertrainings am Herzen. Die Herzschlagfrequenz ist mit dem Grad der Sportherzbildung negativ korreliert. Die Trainingsbradykardie kennzeichnet die ökonomische Einstellung der Herzfunktion; ihr Ausmaß gilt als ein Kriterium der Ausdauertrainiertheit. Als bradykard gilt eine Ruheherzschlagfrequenz von weniger als 60 pro Minute. Die Tabelle 3.16 gibt die Ruheherzschlagfrequenz von Athleten aus einer Reihe von Sportarten wieder. Im Extremfall kann durch ein Ausdauertraining die Ruheherzschlagfrequenz bei einwandfreiem Sinusrhythmus auf Werte um 30·min^{-1} gesenkt werden. Das Ausmaß einer Trainingsbradykardie wird durch genetische Faktoren mitbestimmt.

Tabelle 3.16 Die Ruheherzschlagfrequenz (min^{-1}) von Sportlern verschiedener Sportarten

Sportart	n	Ruhe-Hf
Marathonlauf	18	45±5
Straßenradsport	157	47±5
Rudern	32	48±5
Eisschnellauf	14	50±7
Mittelstreckenlauf	67	50±9
Schwimmen	53	51±8
Ringen	55	56±7
Fußball	71	56±9
Turnen	42	62±7
Wurf/Stoß	12	62±9
Gewichtheben	17	64±8

Die mit der Trainingsbradykardie gesetzmäßig verbundene Verlängerung der Herzperi-

odendauer erfolgt sowohl für den systolischen als auch für den diastolischen Anteil; allerdings ist an dieser Verlängerung in besonderem Maße die Diastole beteiligt (Tabelle 3.17). Die mit einer solchen Situation einhergehende Ökonomisierung der Funktion kommt zum Beispiel darin zum Ausdruck, daß die „Arbeitszeit" des Herzens – d. h. die Dauer aller Systolen addiert – im Verlaufe eines Tages bei einer Schlagfrequenz von 30·min^{-1} nur 4,5 Stunden, bei einer Schlagfrequenz von 100·min^{-1} aber 12 Stunden beträgt.

Tabelle 3.17 Beziehungen zwischen Herzgröße, Herzschlagfrequenz sowie Systolen- und Diastolendauer

Herzgröße (ml · kg^{-1})	n	Hf (min^{-1})	Systole (ms)	Diastole (ms)
10 bis 10,9	51	71±9	357±24	569±152
13 bis 13,9	93	59±8	373±23	695±147
16 bis 16,9	32	49±7	400±22	858±178

Das mittlere Schlagvolumen wurde bei aufrechter Körperhaltung mit 70 bis 80 ml und im Liegen mit 80 bis 100 ml ermittelt. Bei Ausdauersportlern, die eine stark erniedrigte Herzschlagfrequenz aufweisen, liegen die Werte um 10 bis 30 ml darüber. Unter Ruhebedingungen demonstriert das Sportherz in seiner Arbeitsweise ein Ökonomieprinzip, das sich in niedrigen Werten für die Herzleistung ausdrückt und das zu herabgesetzter 24-Stunden-Herzarbeit führt.

Funktion des Sportherzens bei submaximalen Anforderungen

Bei submaximalen Anforderungen zeigt die Herzfunktion feste Beziehungen zur Stoffwechselintensität. Obwohl der Sauerstoffverbrauch auf definierten submaximalen Belastungsstufen nur einen geringfügigen Unterschied zwischen Trainierten und Untrainierten aufweist, wird das Herzkreislaufsystem seiner Sauerstofftransportfunktion doch auf unterschiedliche Weise gerecht. Mit zunehmender Sportherzbildung sinkt die Herzschlagfrequenz bei standardisierter submaximaler Belastung ab (Bild 3.77).

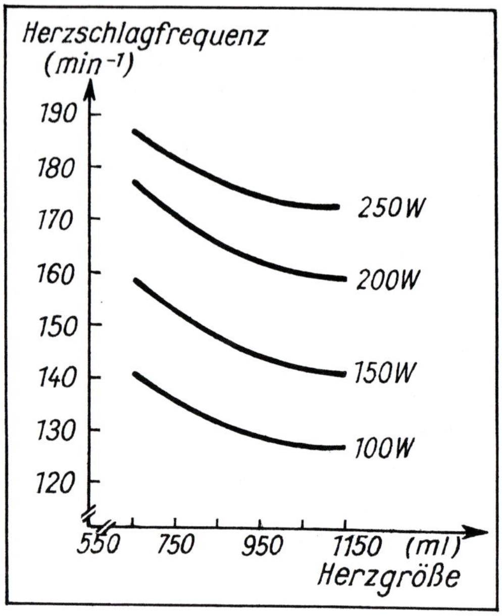

Bild 3.77 Verhalten der Herzschlagfrequenz auf verschiedenen Belastungsstufen in Abhängigkeit von der Sportherzbildung

Die herabgesetzte Herzschlagfrequenz des Trainierten bei submaximalen Anforderungen geht mit einem erhöhten Sauerstoffpuls einher (Sauerstoffpuls = die Menge Sauerstoff, die mit einer Herzaktion zur Verwertung weitertransportiert wird); dieser erhöhte Sauerstoffpuls ist unter anderem Ausdruck einer Steigerung des Schlagvolumens durch verstärkte Ausnutzung des Restblutes in den Herzkammern. Das Herzminutenvolumen ist gering erniedrigt. Diese Situation kennzeichnet wiederum eine Funktionsoptimierung, da sie Leistungsreserven des Herzens erschließt. Eine Absenkung der Herzschlagfrequenz bedeutet weiterhin eine sauerstoffsparende Reaktion für den Herzmuskel. Durch ein Training läßt sich der Wirkungs-

grad der Herzmuskelfunktion von 20 auf Werte über 30 Prozent verschieben. Eine Verschärfung des Trainings kann relativ kurzfristig markante Effekte am Verhalten der submaximalen Herzschlagfrequenz auslösen (Bild 3.78).

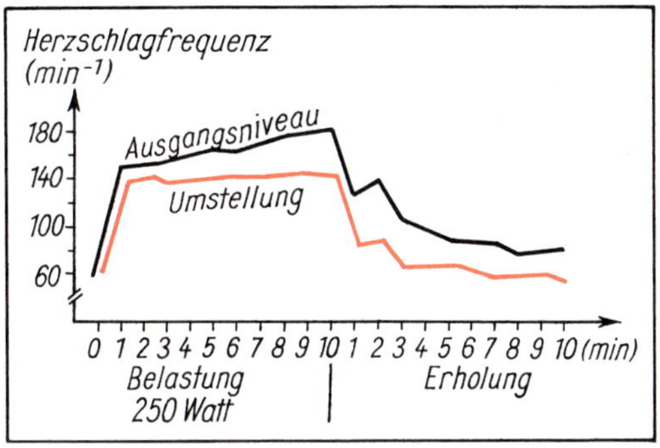

Bild 3.78 Reaktion der submaximalen Herzschlagfrequenz bei einem Sportler im Abstand von etwa 10 Wochen bei Umstellung und Verschärfung des Trainings

Es besteht Einmütigkeit in der Auffassung, daß eine Erniedrigung der Schlagfrequenz des gesunden Herzens auf definierten submaximalen Belastungsstufen als ein Zeichen einer verbesserten Herzkreislaufsituation zu werten ist.

Bei definierter submaximaler Leistung ist der Anstieg der Herzschlagfrequenz beim Einsatz spezifisch trainierter Muskeln geringer als beim Einsatz weniger trainierter Muskelbezirke oder Bewegungsabläufe. Die Tabelle 3.18 charakterisiert diesen Befund. Es existiert eine gewisse Sportartspezifik (Tätigkeitsspezifik) der Reaktion des Herzens auf submaximale Anforderungen.

Tabelle 3.18 Die Abhängigkeit der Herzschlagfrequenz (min^{-1}) von der speziellen Trainiertheit bei definierter submaximaler Anforderung

	Laufband	Fahrradergometer
Läufer	160	168
Radrennfahrer	178	158

Die Belastung der Arme löst eine hochsignifikant stärkere Reaktion der Herzschlagfrequenz aus als eine in Watt ausgedrückt vergleichbare Belastung der Beine.

Der Begriff der Dauerleistungsgrenze muß im Sport von einem anderen Aspekt aus betrachtet werden als im Berufsleben. So sind Marathonläufer in der Lage, für die Dauer von mehr als zweieinhalb Stunden eine Herzschlagfrequenz von 170 bis 190 Schlägen pro Minute (ohne ansteigende Laktatakkmulation im Blut) aufrechtzuerhalten; bei Radrennfahrern finden sich über fünf Stunden hinweg mittlere Herzschlagfrequenzen von 160·min^{-1}.

Mechanismen, die eine Verstärkung der Herzkraft bewirken

Die Steigerung der Herztätigkeit mit dem Ziel, den erforderlichen Bluttransport zu realisieren, erfolgt bei motorischen Ansprüchen über folgende Mechanismen:

- *Mitinnervation ausgehend von zentralnervalen Impulsen für die Skelettmuskulatur (Kopie der Impulse von motorischen zu herzaktivierenden Zentren);*
- *Veränderungen des neurovegetativen Gleichgewichts (Rückgang der Vagusaktivität, Sympathikuserregung);*
- *Einfluß der Katecholamine (Hormone, die den Aktivitätszustand des Körpers generell steigern);*
- *vermehrter venöser Blutzustrom zum Herzen;*
- *Antriebe, die ihren Ausgangspunkt in Stoffwechselprozessen der Arbeitsmuskulatur haben;*
- *Steigerung der Körperkerntemperatur; Verstärkung der Thermoregulation;*
- *veränderte Ansprechbarkeit der Rezeptoren,*
- *Veränderung des Plasmavolumens.*

Die Umstellung der Herztätigkeit bei körperlicher Beanspruchung unterliegt somit einem Komplex von sehr heterogenen Kon-

trollmechanismen mit unterschiedlichem Zeitbedarf; auch kann die Dominanz der einzelnen Antriebe erheblich wechseln.

Der Übergang aus der Ruhe zur Muskelarbeit ist nahezu momentan von einer Umstellung der Herzfunktion begleitet. Die Verzögerung beträgt nur etwa 0,5 Sekunden. Bereits die erste Herzperiode, die der Skelettmuskelkontraktion folgt, ist verkürzt !

In 30 Sekunden maximalen Muskeleinsatzes (z. B. beim 200-m-Lauf) können Herzschlagfrequenzen von mehr als 180 · min^{-1} erreicht werden. Dieser Wert bedeutet jedoch keinesfalls die Grenze der Beschleunigungsfähigkeit der Herzschlagfrequenz. Reflektorisch ausgelöste Herschlagfrequenzbeschleunigungen, wie sie im Sport mitunter auch bei heftigen statischen Anspannungen großer Muskelpartien eintreten (z. B. beim Gewichtheben), kommen in wesentlich kürzeren Zeiträumen zustande.

Bei zeitlich ausgedehnten sportlichen Anforderungen mit hoher aber submaximaler Beanspruchung des Herzkreislaufsystems kommt es bei gleichbleibender abgegebener äußerer Leistung, zum Beispiel bei konstantem Lauftempo, zu einer Verschiebung der Komponenten des sich nicht ändernden Herzminutenvolumens.

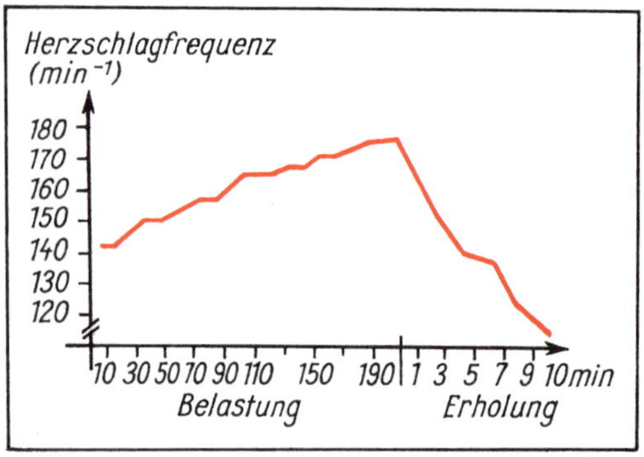

Bild 3.79 Verhalten der (submaximalen) Herzschlagfrequenz bei konstanter Laufgeschwindigkeit

Während im Regelfall die Herzschlagfrequenz ansteigt (Bild 3.79), fällt das Herzschlagvolumen proportional dazu ab. Bei hochtrainierten Ausdauersportlern mit sehr funktionstüchtigem Herzkreislaufsystem ist dieses Phänomen schwächer ausgeprägt als bei gering trainierten Personen.

Funktion des Sportherzens bei Ausbelastung

Die maximale Leistung des Herzens wird im Zustand der (intensiven) Ausbelastung nach einer bestimmten Mindestbelastungsdauer erreicht, wobei die Ausbelastung durch den Einsatz massiger Muskelpartien des Körpers herbeigeführt werden muß. Dabei wird die Kapazität des Herzens, dem Organismus und insbesondere der Arbeitsmuskulatur Blut zur Verfügung zu stellen, voll ausgenutzt. Ein gesunder untrainierter Mann im „Höchstleistungsalter“ erreicht Minutenvolumina des Herzens um 25 Liter. Hinsichtlich des maximal möglichen Fördervolumens des Herzens kommt es im Verlauf eines Trainingsprozesses zu Adaptationen, die Werte um 40 l pro Minute zulassen, was einer maximalen Sauerstoffaufnahme von mehr als 6 l · min^{-1} entspricht. An dieser Steigerung sind Schlagfrequenz und Schlagvolumen beteiligt.

Die maximale Herzschlagfrequenz unterliegt starken interindividuellen und auch gewissen intraindividuellen Unterschieden. Sie ist im Regelfall zwischen 180 und 220 · min^{-1} angesiedelt. Kurzfristig auftretende Werte bis 240 · min^{-1} können bei Abwesenheit von Zeichen, die auf Fehlregulationen hinweisen, noch als physiologisch gelten. Werte, die darüber hinausgehen, sichern keinesfalls mehr ein höchstmögliches Herzminutenvolumen. Mit ansteigender Ausdauertrainiertheit und zunehmender Sportherzbildung kommt es zu einer Herabsetzung der maximalen Herzschlagfrequenz (Bild 3.80).

Dennoch kann in gewissem Sinne von einer Frequenzreserve des trainierten Herzens ge-

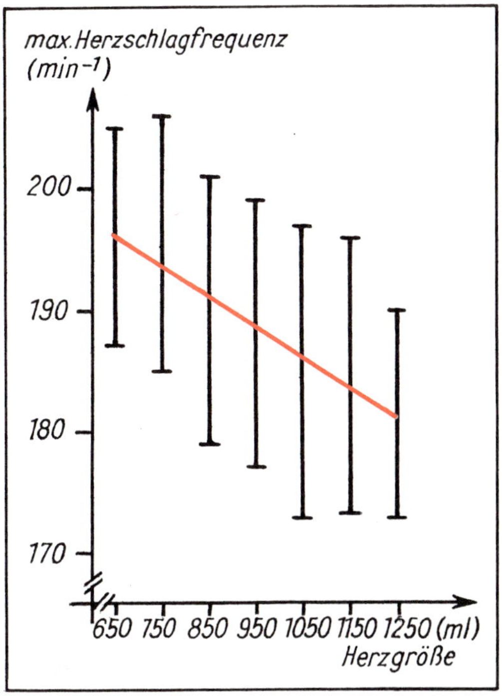

Bild 3.80 Beziehungen zwischen der Sportherzausprägung und der maximalen Herzschlagfrequenz

sprochen werden, wenn von den prozentualen Steigerungsmöglichkeiten ausgegangen wird:

- *Untrainierter 70 · min^{-1} (Ruhewert) 210 · min^{-1} (bei Ausbelastung) (Steigerungsfaktor: 3,0)*
- *Trainierter 40 · min^{-1} (Ruhewert) 180 · min^{-1} (bei Ausbelastung) (Steigerungsfaktor: 4,5).*

Die mit der Steigerung der Herzschlagfrequenz verbundene Verkürzung der Herzperiodendauer geschieht ganz überwiegend auf Kosten der Diastole, während sich die Systolendauer nur gering verkürzt. Bei einer Herzschlagfrequenz von 200 · min^{-1} beträgt die Diastolendauer nur noch 0,1 bis 0,13 Sekunden. Die Herabsetzung der maximalen Herzschlagfrequenz im Gefolge eines Ausdauertrainings muß als biologisch zweckmäßig interpretiert werden. Da der Koronarkreislauf rhythmisch funktioniert und zu über 80 Prozent in der Diastole erfolgt, kann eine starke zeitliche Verkürzung der Erschlaffungsphase der Herzwände zu einer Gefährdung der Durchblutung und damit der Sauerstoffversorgung des Herzmuskels führen.

Obwohl die Koronararterien weitgehend in druckgeschützten Herzfurchen verlaufen, werden sie, zumindest linksseitig, während der Systole komprimiert; der Muskeldruck übertrifft den Gefäßinnendruck.

Die zeitliche Reduzierung der Diastole bei sehr hoher Herzschlagfrequenz verkürzt weiterhin die Füllungszeit der Ventrikel (Kammern), was zu einem ungenügenden Blutzustrom und damit zu mangelhafter Ausnutzung der Schlagvolumenreserve führen kann. Die volumenangepaßte Arbeitsweise des trainierten Herzens ist ökonomisch und bedingt einen tieferen Sauerstoffverbrauch des Herzmuskels als eine starke Frequenzreaktion bei gleicher Leistung. Da die Reaktion der maximalen Herzschlagfrequenz nicht zur adaptationsbedingten Steigerung des Herzminutenvolumens beim Sportherzen beiträgt, muß es zu einer überproportionalen Erhöhung des möglichen maximalen Schlagvolumens im Verlauf eines Trainingsprozesses kommen. Tatsächlich können von ausgeprägten Sportherzen maximale Schlagvolumina von mehr als 200 ml erreicht werden. Ein Sauerstoffpuls über 30 ml kennzeichnet einen solchen Wert für das maximale Herzschlagvolumen. Diese hohen Schlagvolumina weisen auf einen guten kontraktilen Zustand des Herzmuskels sowie seine überdurchschnittliche Kontraktionsreserve hin. Das Sportherz erzeugt ein starkes Druckgefälle im großen Kreislauf, d. h. zwischen dem linken Ventrikel und dem rechten Vorhof; die damit einhergehenden Werte des systolischen Blutdrucks erreichen (und überschreiten mitunter ohne Vorliegen von Fehlregulationen) 33 kPa (250 Torr).

Ein Moment, das die Pumpleistung des Herzens beeinflußt, ist die Konzentration der ro-

ten Blutkörperchen (Erythrozyten) im Blut. Ein hoher Wert beansprucht in starkem Maße die Kräfte, die das Herzzeitvolumen bewerkstelligen; eine hohe Erythrozytenkonzentration steigert die Viskosität des Blutes und beeinträchtigt damit die Fließeigenschaften und somit die Durchblutung. Als optimal für die Sauerstoffversorgung der Körpergewebe wurde ein Erythrozytengehalt des Blutes (Hämatokrit) von 0,40 bis 0,44 ermittelt. Unter diesem Aspekt ist es nicht überraschend, daß bei hochtrainierten Ausdauersportlern nicht selten „subnormale" rote Blutbilder angetroffen werden. Tatsächlich realisiert der ausdaueradaptierte Organismus einen hohen Sauerstoffverbrauch über eine gesteigerte Herzkreislaufleistung, also über das Transportorgan, und keinesfalls über eine Konzentrationssteigerung der Sauerstoffträger im Blut.

Funktion des Sportherzens in der Nachbelastungsphase

Die Nachbelastungsphase kennzeichnet die Wiederherstellung der Homöostase im Körper.

Zahlreiche auf das Herz gerichtete Funktionsprüfungen gehen davon aus, daß der Zeitbedarf für die Rückstellung ausgelenkter Funktionen nach Standardbelastungen ein Kriterium für die Funktionstüchtigkeit des Herzens sei. Diese Phase charakterisiert einen Komplex von Belastungsnachwirkungen und gibt einen Einblick in die Wiederherstellungsfähigkeit und damit auch in einen bestimmten Bereich der Adaptation, der das regeneratorische Vermögen determiniert.

In der Nachbelastungsphase ist vor allem die Herzschlagfrequenz als relativ langschwingender Parameter zur Beurteilung der Ermüdung und Erholung sowie der Wiederbelastungsfähigkeit stichhaltig.

Das Bild 3.81 zeigt, daß mit zunehmender Sportherzbildung (Ausdauertrainiertheit) die ausgelenkte Herzschlagfrequenz trotz höherer Ausbelastungsleistung schneller auf den Ausgangswert zurückschwingt. Das Bild 3.82 demonstriert, daß nicht nur Trainingszustand und Höhe des Herzschlagfrequenzwertes beim Abbruch einer Belastung die Kennlinie des Rückganges der Herzschlagfrequenz bestimmen, sondern daß auch die Dauer der vorausgegangenen Belastung eine Rolle für den Verlauf der Nachbelastungsherzschlagfrequenz spielt.

Der Rückgang der Herzschlagfrequenz zeigt eine hyperbelförmige Charakteristik mit einer schnellen und einer trägen Komponente. Die Strecke des Steilabfalls drückt vor allem einen ausbleibenden bzw. nachlassenden Impulszustrom für die Herzaktion von seiten unterschiedlicher nervaler Regionen aus. In der zweiten, langsamen Phase des Frequenz-

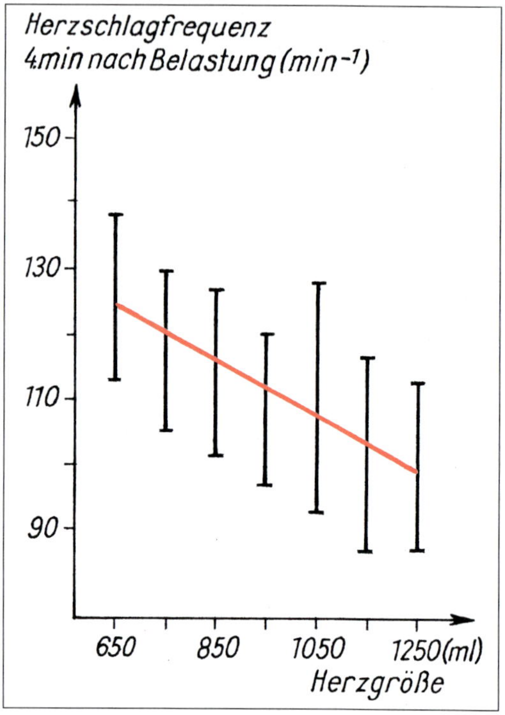

Bild 3.81 Beziehungen zwischen der Sportherzausprägung und der Herzschlagfrequenz in der 4. min nach einer fahrradergometrischen Ausbelastung

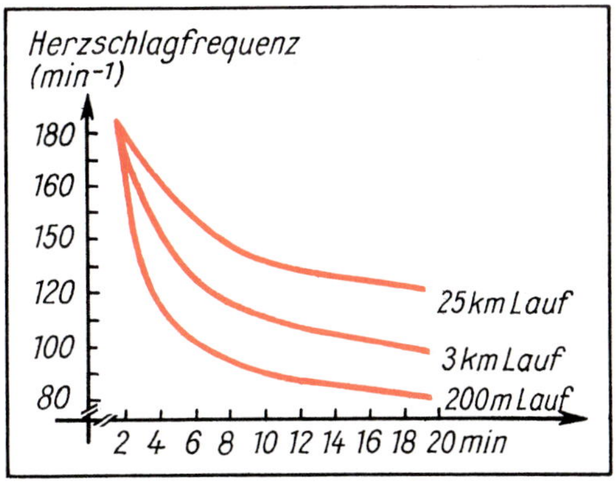

Bild 3.82 Charakteristik des Rückgangs der Herzschlagfrequenz in ihrer Abhängigkeit von der Dauer der vorangegangenen Belastung

rückganges spielen neben zentralen Mechanismen auch Modalitäten des herzeigenen Stoffwechsels eine wichtige Rolle. Nach extremen Belastungen, zum Beispiel im Marathonlauf, kann das Ruheniveau der Herzschlagfrequenz oft erst nach mehr als 24 Stunden wieder erreicht werden.

Adaptation des Herzens an dynamische und statische motorische Belastungen

Das Herz reagiert in seiner Adaptation unterschiedlich auf dynamische und statische motorische Belastungen. Das Sportherz, wie es in den vorangehenden Abschnitten dargestellt wurde, ist das Ergebnis eines Trainingsprozesses mit dynamischen Ausdaueranforderungen. Bei häufigen statischen motorischen Anforderungen, zum Beispiel im Gewichtheben, reagiert das Herz hinsichtlich seiner Adaptation in einer Weise, wie es für Widerstandserhöhungen in der Kreislaufperipherie typisch ist.

Beim Kraftsportler ist die Herzgröße nur unerheblich verändert gegenüber dem Untrainierten, jedoch findet sich eine leichte konzentrische Verdickung (Hypertrophie) der Ventrikelwände und somit eine Erhöhung der Herzmasse.

Diese Entwicklung hält sich jedoch in Grenzen, und es gibt keine Hinweise für Störungen am Herzmuskel. Bei der isometrischen Kontraktion größerer Muskelgruppen hat das Herz kurzfristig eine erhebliche Druckarbeit zu leisten, die ihren Ausdruck in systolischen Blutdruckwerten bis zu 40 kPa (etwa 300 Torr) findet. Bedingt ist eine solche Kreislaufsituation vor allem durch die Kompression größerer Gefäßbezirke in der arbeitsleistenden Muskulatur. Dabei kommt es weiterhin zu einem sprungartigen Anstieg der Herzschlagfrequenz und zu einer leichten Steigerung des Herzminutenvolumens bei reduziertem Herzschlagvolumen.

Dynamik der Aus- und Rückbildung eines Sportherzens

Bei bewegungsentwöhnten Personen führen bereits wenige Trainingseinheiten zu signifikanten funktionellen Anpassungen des Herzens.

Diese Anpassungen zeigen sich z. B. an der Ruheherzschlagfrequenz; etwa zwei Monate nach dem Beginn eines der Leistungsfähigkeit angepaßten Trainings von zwei- bis dreimal wöchentlich einer Stunde Dauer stellt sich die Ruheherzschlagfrequenz je nach Ausgangslage um 5 bis 10 · min^{-1} abgesenkt dar (z B. von 70 auf 65, von 80 auf 70 · min^{-1}). Eine solche funktionelle Adaptation, die auch mit einer gesteigerten Mobilisationsfähigkeit verbunden ist – maximaler Sauerstoffpuls, maximales Herzminutenvolumen sind erhöht – kann ohne auffällige Änderung der Dimensionen des Herzens eintreten. Die Ausbildung eines hochgradigen Sportherzens benötigt mehrere Jahre; ein solcher Zeitraum ergibt sich schon aus der Notwendigkeit, extreme Trainingsanforderungen, die allein ein ausgeprägtes Sportherz induzieren, hinsichtlich Umfang, Intensität und Häufigkeit zu tolerieren.

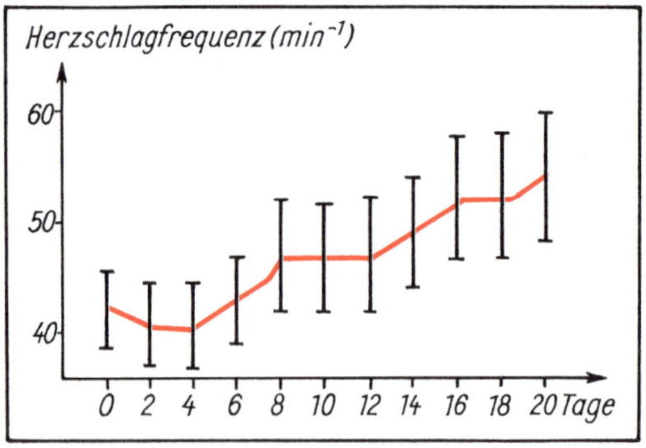

Bild 3.83 Rückbildungscharakteristik der Trainingsbradykardie bei akuter Entlastung (Mittelwerte von n = 13)

Bei unfall- oder krankheitsbedingter weitgehender Immobilisierung von Ausdauersportlern konnte bei ausgeprägten Sportherzen (16-17 ml · kg^{-1}) wiederholt eine Verkleinerung von 100 bis 150 ml innerhalb von einem Monat beobachtet werden. Derartige Veränderungen verlaufen parallel mit der Rückbildung funktioneller Adaptationen, die sich leicht faßbar in einem Anstieg der Ruheherzschlagfrequenz manifestieren (Bild 3.83). Ursprüngliche Herzgröße und funktionelle Parameter lassen sich nach vier- bis sechswöchiger weitgehender Trainingsunterbrechung in sechs bis acht Wochen nach Wiederaufnahme des Trainings erneut erreichen.

Die abrupte Unterbrechung eines Trainingsprozesses führt bei stark adaptierten Sportlern in der Regel zu Entziehungserscheinungen, die sich im Bild des akuten Entlastungssyndroms äußern.

Nach einer Belastungskarenz von zwei bis sieben Tagen kann ein sehr variabler Beschwerdekomplex eintreten, bei dem Symptome, die auf das Herz bezogen werden, häufig im Vordergrund stehen. Dabei handelt es sich zumeist um Druckempfindungen und Stiche in der Herzgegend sowie um lästig empfundene Unregelmäßigkeiten des Herzschlags (Extrasystolen); hinzu kommen mitunter Schwindel und Kreislauflabilität. Da es kaum eine Indikation gibt, die eine völlige Ruhigstellung des Sportlers erfordert, ist eine rechtzeitige Mobilisation (Bewegung, Belastung) unbedingt anzustreben.

Die mit Sicherheit erfolgreiche ursächliche Behandlung des akuten Entlastungssyndroms mit Herzkreislaufsymptomatik besteht in körperlicher Belastung.

Zumeist reichen etwa 30 Prozent der vorangegangenen Anforderungen aus, um Beschwerdefreiheit zu gewährleisten; diese Belastungen brauchen nicht sportartspezifisch zu erfolgen.

Das Bild 3.84 zeigt, wie sich die Herzgröße nach der Unterbrechung hochgradiger Ausdaueranforderungen zurückbilden kann. Es wurde in diesem Fall angemessen abtrainiert, so daß bei völliger Symptomfreiheit stets ein altersgemäßes überdurchschnittliches Leistungsvermögen bestand.

Diese Reaktion weist aus, daß das Sportherz seine Fähigkeit zu spontaner Rückbildung auf ein anforderungsgerechtes Maß behält.

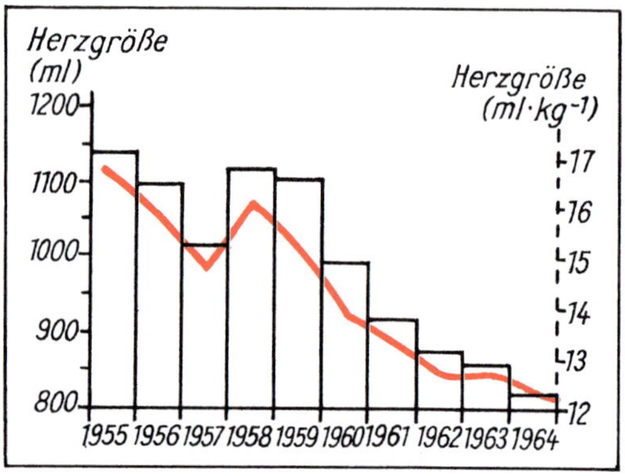

Bild 3.84 Rückbildungscharakteristik des Sportherzens eines Marathonläufers bei fachgerechtem Abtrainieren ab 1960

Adaptationen des Herzens bei Kindern und Jugendlichen

Noch vor wenigen Jahrzehnten herrschte eine zurückhaltende Einstellung zur Belastbarkeit des kindlichen Herzens; dieses wur-

de als besonders empfindlich angesehen. Offensichtlich wurde dabei das Adaptationspotential des kindlichen Herzens unterschätzt. Das Herzkreislaufsystem ist auch in den frühen Perioden der Individualentwicklung gut trainierbar. Die in den vorangegangenen Abschnitten dargelegten sportbedingten Adaptationsreaktionen des gesunden Herzens treffen prinzipiell für jedes Lebensalter zu. Allerdings liegen bei Kindern in quantitativer Hinsicht entwicklungsgemäße Verhältnisse vor; auch erreichen die sportlichen Belastungen mit entsprechenden Adaptationskonsequenzen für das Herz bei Kindern nur mittlere Größenordnungen.

Die Relation von Herzgröße und Körpermasse ist (beim Untrainierten) in allen Entwicklungsphasen konstant. Sie beträgt 10 bis 11 ml · kg^{-1}. Kenngrößen, die die Funktionstüchtigkeit des Herzens charakterisieren (maximale Sauerstoffaufnahme, maximaler Sauerstoffpuls, Herzschlagfrequenz bei definierten Anforderungen), sind ebenfalls korrelativ mit der Herzgröße verbunden. Das kindliche Herz reagiert bei entsprechender Reizsetzung (Ausdauertraining) mit einer Vergrößerung im Sinne des Sportherzens. Längsschnittuntersuchungen erbrachten eindeutig einen Herzgrößengewinn, der über den erwarteten Wachstumswert hinausgeht. Die Zunahme der Herzgröße ist mit einer Verbesserung der Ausdauerleistung verbunden. Ein Ausdauertraining führt bei Kindern zu folgenden funktionellen Veränderungen bei hohen Belastungen:

- *Zunahme des maximalen Herzminutenvolumens als Ausdruck einer gesteigerten Pumpfunktion des Herzens;*
- *Vergrößerung des maximalen Schlagvolumens in Verbindung mit gesteigerter Kontraktionskraft;*
- *Erhöhung des maximalen Sauerstoffpulses und der maximalen Sauerstoffaufnahme;*
- *Steigerung des systolischen Blutdrucks unter Ausbelastungsbedingungen (Volumenhochdruck);*
- *verstärkte Durchblutung des Herzmuskels.*

Die Herzschlagfrequenz beträgt in den ersten Lebensmonaten etwa 130 bis 150 · min^{-1} und fällt bis zur Zeit nach der Pubertät kontinuierlich auf Werte um 70 · min^{-1} ab. Wegen dieses alterstypischen Verhaltens ist die Herzschlagfrequenz (und mit ihr eine Reihe weiterer Parameter der Herzfunktion) im Zusammenhang mit sportlichen Anforderungen anders zu beurteilen als beim Erwachsenen. Insgesamt ist die Situation bei Kindern vorrangig durch eine Sympathikussteuerung gekennzeichnet. Auch im Kindesalter tritt nachweislich eine Trainingsbradykardie ein; ein Ausdauertraining bewirkt auch hier die Ausbildung eines „Schonganges" des Herzens. Bei submaximaler Belastung wird bei Kindern und Jugendlichen eine Frequenzregulation der Herztätigkeit beobachtet (Bild 3.85). Der initiale Frequenzanstieg ist besonders ausgeprägt.

Als Trainingseffekt ist wie beim Erwachsenen eine Absenkung der Herzschlagfrequenz bei definierten submaximalen Belastungen zu beobachten. Die maximale Herzschlagfrequenz erreicht bei Kindern bei entsprechender Belastungsmotivation in der Regel Werte um 230 · min^{-1}. Bei diesem relativ hohen Wert ist in Rechnung zu stellen, daß Kinder in Wettkampfsituationen mit ihrer Herzschlagfrequenz höher ansteigen als im Funktionslabor. In der Nachbelastungspha-

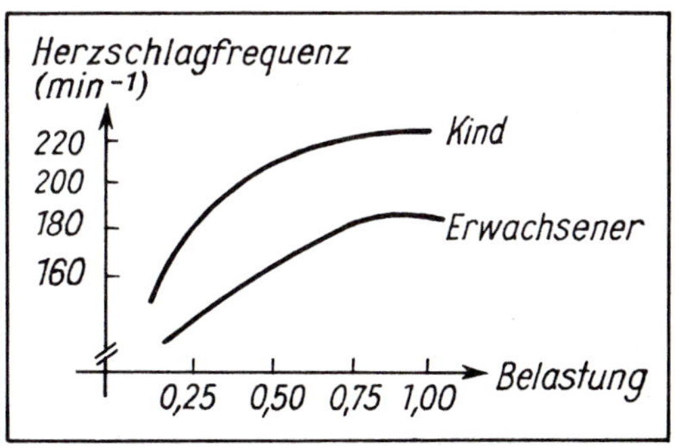

Bild 3.85 Schematische Darstellung der belastungsinduzierten Herzschlagfrequenz bei Kindern und Erwachsenen (1,0 = maximale Belastung)

se ist eine relativ langsame Rückkehr der Werte auf die Ausgangslage festzustellen. Bei sporttreibenden Kindern erfolgt die Rückstellung auf Ruhewerte jedoch signifikant schneller als bei nichtsporttreibenden.

Adaptation des Herzens bei älteren Menschen

Für die Adaptationsfähigkeit des menschlichen Herzens an Ausdaueranforderungen gibt es ein „Höchstleistungsalter", das von der zweiten Phase der Pubeszenz bis etwa zum vierzigsten Lebensjahr angenommen werden kann. Aber auch das Herz älterer Menschen bewahrt seine Adaptationsfähigkeit. Bei alten Menschen sind die Verhältnisse nicht selten durch verdeckte Herzkrankheiten überlagert.

So kann sich durch die Aufnahme eines dem Lebensalter und der Leistungsfähigkeit angemessenen Trainings unter Umständen das Herz sogar verkleinern, weil im Zuge der Adaptation ein durchaus erwünschter gesteigerter Spannungszustand der Herzwände eintritt.

Die Ruheherzschlagfrequenz zeigt im Alter eine Tendenz zur Absenkung. Auch benötigt eine Beschleunigung der Herzschlagfrequenz im fortgeschrittenen Lebensalter stärkere Impulse.

Ein regelmäßiges Ausdauertraining führt auch bei alten Menschen zu Adaptationen des Herzens, von denen die Trainingsbradykardie wiederum die markanteste ist.

Zahlreiche Untersucher fanden nach dem Lebensalter mit der höchsten körperlichen Leistungsfähigkeit eine fortschreitende Abnahme der maximal erreichbaren Herzschlagfrequenz (Bild 3.86). Die jährlich ermittelten Regressionskoeffizienten beliefen sich auf etwa 0,5 d. h., daß mit jeder Lebensdekade die maximale Herzschlagfrequenz um ca. fünf Schläge pro Minute zurückgeht. Es zeigt sich jedoch, daß im Regelfall die körperliche Trainiertheit aus biologischen, vor allem aber auch aus sozialen Gründen mit zunehmendem Lebensalter sinkt.

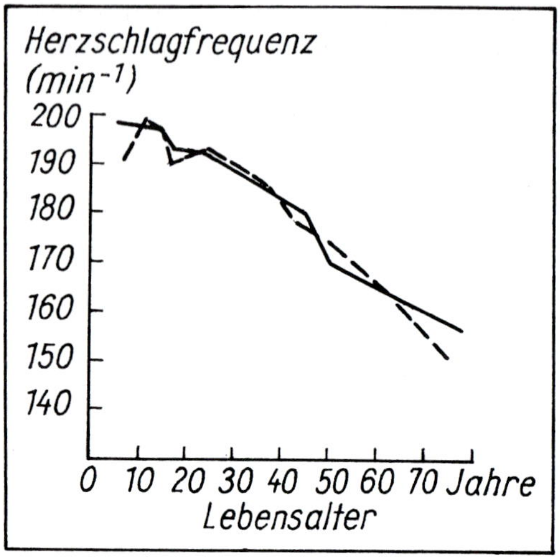

Bild 3.86 Verhalten der maximalen Herzschlagfrequenz im Alternsgang (nach Robinson)

Der ältere Mensch wird traditionell körperlich geschont. Das führt dazu, daß eine stärkere körperliche Tätigkeit wegen Konditionsmangel abgebrochen werden muß, bevor die Mobilisationsreserve des Herzens ausgeschöpft ist.

Grundsätzlich sollten alte Menschen wegen möglicherweise bestehender Vorschädigungen des Herzens hochintensive Ausdauerbelastungen meiden. Die Erniedrigung der maximalen Herzschlagfrequenz und anderer Ausbelastungskriterien des Herzens im Alternsgang ist in dem Ausmaß, wie es sich gegenwärtig darstellt, ein Indiz für die Adaptationssituation der Menschen in industrialisierten Ländern. Dieser Rückgang ist nicht nur ungenügende Funktionstüchtigkeit des Herzens als biologische Gesetzmäßigkeit, sondern auch der Ausdruck einer mangelhaften Trainiertheit des Herzens. Das Herz des älteren Menschen verfügt durchaus über ein Adaptationspotential. Die Leistungsfähigkeit des gesunden Herzens ist mehr im Zusammenhang mit der biosozial determinierten allgemeinen körperlichen Leistungsfähigkeit zu sehen als mit dem kalendarischen Alter. Vielfach wird hier eine mangelhafte Trainiertheit als Alternsvorgang interpretiert.

Regelmäßig Sport treibende alte Menschen weisen kardial vielfach funktionelle Verhältnisse auf, wie sie für jüngere Menschen typisch sind.

3.5.2 Kreislauf

Von *S. Israel*

Die Aufgaben des Kreislaufs bestehen darin, einen gerichteten Stoff- und Energietransport in einem flüssigen Medium (Blut) zu sichern. Das Herz erzeugt ein Druckgefälle zwischen seinem Ausgang und Eingang, wodurch die Bewegung des Blutes ermöglicht wird.

Der Kreislauf übernimmt Transportfunktionen und durch Variation des Strömungswiderstandes (des Drucks) Verteileraufgaben entsprechend den Bedürfnissen der Zielorgane. Er ist zuständig für Nachlieferung, Entschlackung und Informationsübermittlung.

Das Kreislaufsystem verfügt über zahlreiche und zunehmend kleinere Aufteilungen und Verzweigungen in letztendlich sehr kleine Gefäßäste (**Kapillaren**), wodurch das arterielle Blut in die für die Austauschprozesse notwendige Nähe der Körperzellen gelangen kann. Die Verteilung des Blutes in einzelne Körperbezirke erfolgt nach funktionellen Erfordernissen durch aktive Änderung des Widerstandes (der Durchlaßfähigkeit) einzelner Gefäßbereiche (Tabelle 3.19).

Tabelle 3.19 Verteilung des Blutes auf wichtige Bereiche des Körperkreislaufs in Ruhe (HMV : 5 l) und bei hoher sportlicher Belastung (HMV : 25 l)

	Ruhe Prozent	Liter	Belastung Prozent	Liter
Muskel und Haut	20 bis 35	1,6	85	21,30
Gehirn	15	0,75	4	1,00
Niere	20 bis 25	1,76	2	0,50
Verdauungsorgane	25 bis 30	1,38	2,5	0,60
Skelett	3	0,15	0,5	0,10
Endokrinium	3	0,15	1	0,25

3.5.2.1 Blutströmung

Die **Blutströmung (Hämodynamik)** unterliegt den Gesetzen der Mechanik, und sie läßt sich aus der Strömungslehre und dem Verhalten elastischer Röhrensysteme ableiten. Unter Stromstärke wird bekanntlich das Flüssigkeitsvolumen verstanden, das in der Zeiteinheit einen bestimmten Rohrquerschnitt durchströmt. Die Stromstärke muß an allen Abschnitten eines starrwandigen Systems gleich sein, da sich ja das Volumen der transportierten Flüssigkeit nicht ändert. Bei gleicher Stromstärke ändert sich bei wechselndem Querschnitt des durchströmten Rohres (wie es beim Kreislauf der Fall ist) somit gesetzmäßig die Strömungsgeschwindigkeit. Beim Kreislaufsystem entspricht der Gesamtquerschnitt der Summe aller einzelnen Querschnitte der parallel geschalteten Gefäßäste. Der Gesamtquerschnitt im Kapillargebiet ist etwa um das 300fache größer als der Aortenquerschnitt. Querschnitt und Strömungsgeschwindigkeit verhalten sich entgegengesetzt (Bild 3.87).

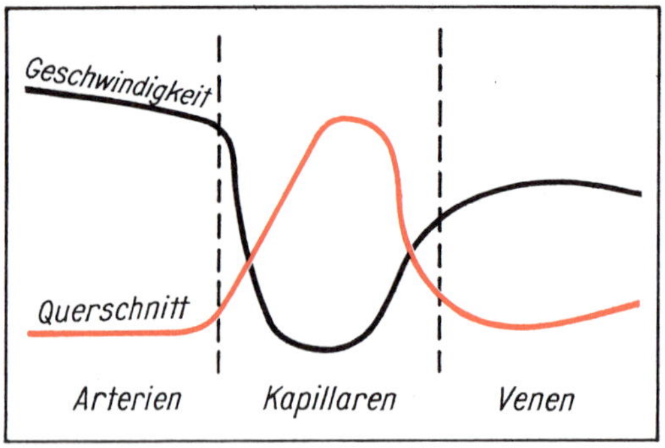

Bild 3.87 Schematische Darstellung der Beziehungen zwischen dem Gesamtquerschnitt in einzelnen Gefäßgebieten und der jeweiligen Strömungsgeschwindigkeit

Die Strömungsgeschwindigkeit des Blutes beträgt unter Ruhebedingungen in der Aorta 40 bis 60, in den Arteriolen 6, in den 0,5 bis 1 mm langen Kapillaren 0,05 und in den Venen 3 bis 5 $cm \cdot s^{-1}$. Die Strömung in den arteriellen Gefäßen ist laminar, d. h., daß der Zentralstrom der Blutsäule, in dem sich überwiegend die zellulären Elemente des Blutes befinden, sich schneller bewegt als das Blut der Randzonen.

Die sehr variable Weite der Arteriolen gibt den Ausschlag für die Durchblutung des jeweils nachgeschalteten Kapillargebietes.

3.5.2.2 Windkesselfunktion der großen Arterien

Während der Diastole der Ventrikel, in der das Herz kein Blut auswirft, darf der Blutstrom in den Gefäßen nicht abreißen. Die Kontinuität des Blutstroms wird dadurch aufrechterhalten, daß die Aorta (und in geringem Maße auch die nachfolgenden großen Arterien) die Funktion eines Windkessels übernehmen. Dieser Begriff ist der Physik entlehnt, und er kennzeichnet ein Phänomen, wie es im Bild 3.88 veranschaulicht wird.

In der Systole wird die Aorta (ihre elastische Wand) gedehnt, und sie vermag dabei einen Teil des Herzschlagvolumens aufzunehmen. Während der Systole steigt das Fassungsvermögen der Anfangsteile der Aorta um etwa 50 Prozent an. Ein Teil der Energie, die das Herz während der Systole freisetzt, wird als elastische Spannung in der Gefäßwand gespeichert. Diese Energie kann in der Zeit der Diastole der Herzkammern durch Rückstellung der gedehnten Gefäßwand als kinetische Energie wieder abgegeben werden. Auf diese Weise fließt während der Diastole das Blut kontinuierlich in den Körperkreislauf ab. Die organismische Bedeutung des natürlichen arteriellen Windkessels besteht demnach darin, daß dieser einen relativ gleichmäßigen Abstrom des Blutes in die Körperperipherie ermöglicht.

In den sich anschließenden Arterien und in den Arteriolen ist der Reibungsverlust, also der Widerstand der Einzelgefäße, am größten.

Dieser hohe Gefäßwiderstand bewirkt, daß das von Herz und Windkessel bewegte Blut relativ langsam in die Peripherie abfließt. Der Querschnitt der Arteriolen entscheidet darüber, in welchem Maße dem Gesamt-

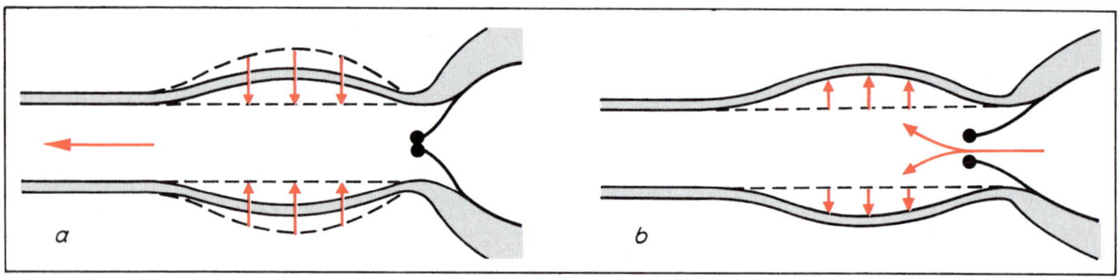

Bild 3.88 Schematische Darstellung der Windkesselfunktion der Aorta. **a** in der Diastole; **b** in der Systole

kreislauf Blut für das jeweils zuständige Organgebiet entnommen wird.

Auf Grund der Zusammenschaltung von Herz und Windkessel ist die vom Herzen aufzubringende Arbeit vor allem eine Druckarbeit. Die relativ unökonomische, gegen die Trägheit der Blutmasse gerichtete Beschleunigungsarbeit braucht vom Herzen nur in geringem Maße geleistet zu werden, da das Blut ständig im Fluß ist und nicht bei jeder Systole erneut aus dem Stillstand angeschoben werden muß.

In den späteren Lebensabschnitten kommt es zu einem Elastizitätsverlust (Sklerose) und damit zu einem erhöhten elastischen Widerstand der großen Arterien. Die Folge ist eine geringere Wirksamkeit des Windkessels und eine zunehmend erschwerte Arbeit des Herzens.

3.5.2.3 Puls und Blutdruck

An den oberflächlich liegenden Arterien kann ein Druckpuls getastet werden. Beim Herzkreislaufgesunden entspricht die Pulsfrequenz stets der Herzschlagfrequenz; ihr Wert liegt demnach um 70 · min^{-1}. Es lassen sich verschiedene Pulsqualitäten unterscheiden (z. B. langsam, schnell, regelmäßig, unregelmäßig, stark, schwach). Der arterielle Puls ist eine Druckwelle, welche durch die Herzaktion hervorgerufen wird. Sie läuft als Schlauchwelle im Sinne einer Deformation der Gefäßwand gewissermaßen über das strömende Blut hinweg.

Die Pulswellengeschwindigkeit (5 bis 6 m · s^{-1}) übertrifft die Blutgeschwindigkeit um mehr als das Zehnfache.

Die Pulswelle, die von oberflächlich verlaufenden Arterien abgenommen und aufgezeichnet werden kann, hat eine bezeichnende Form (Bild 3.89); aus den Auslenkungen sowie aus den Zeitcharakteristika lassen sich Rückschlüsse auf die Arbeitsweise des Herzens und auf den Zustand der geprüften Blutgefäße ziehen.

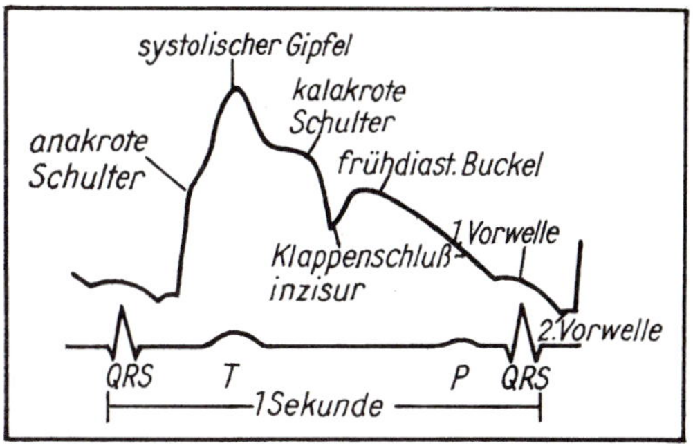

Bild 3.89 Pulswelle der großen Halsschlagader (Arteria carotis externa) dargestellt über dem EKG

Als Blutdruck wird der im Gefäßsystem herrschende Wanddruck verstanden; als Maß des Blutdrucks gilt der Druck über dem Atmosphärendruck in kPa bzw. Torr oder mmHg. Als Blutdruck in mehr praktischem Sinne wird konventionell jedoch der bei unblutiger Messung festgestellte Druck in der leicht zugänglichen, relativ herznahen Oberarmarterie bezeichnet; dieser Druck spiegelt weitgehend die Druckverhältnisse in der Aorta wider (s. 5.1.3).

Der durch die Herztätigkeit und die Windkesselfunktion der großen arteriellen Gefäße erzeugte Druck hält sich nicht durchgehend auf einem konstanten Wert, sondern verläuft zwischen einem systolischen Maximum (16 kPa ~ 120 Torr) und einem diastolischen Minimum (10 kPa ~ 80 Torr). Die Differenz zwischen beiden Werten, die als Blutdruckamplitude bezeichnet wird, ist in der Aorta naturgemäß am größten, und sie nimmt mit der Entfernung vom Herzen ab.

3.5.2.4 Regulation der Durchblutung

Der untrainierte Mensch verfügt über 5 Liter Blut; diese Menge muß den Organen entsprechend ihrer Stoffwechselintensität zugeführt werden (s. Tabelle 3.19). Durch eine Aktivierung der Herztätigkeit kann das vorhandene Blutvolumen den Kreislauf mit gesteigerter Geschwindigkeit passieren. So beträgt die Umlaufzeit für den gesamten Kreislauf bei einem Herzminutenvolumen von 5 Liter unter Ruhebedingungen eine Minute. Bei intensiver sportlicher Belastung kann das Herzminutenvolumen beim hochtrainierten Ausdauersportler, der adaptiv über 6 bis 7 Liter Blut verfügt, auf Werte bis nahe 40 Liter ansteigen; unter diesen Bedingungen beträgt die Umlaufzeit des totalen Blutvolumens nur noch etwa 10 Sekunden. Die angemessene Blutversorgung der tätigen Organe – das ist im Sport die arbeitleistende Muskulatur – bedarf jedoch darüber hinaus eines bevorzugten Blutzuflusses, was selbstverständlich zu Lasten von Organen gehen muß, die eine geringe Stoffwechselaktivität aufweisen; der Blutstrom zu Organen, die für die geforderte Leistung nicht stichhaltig sind, wird gezielt gedrosselt.

In der Tabelle 3.19 wurden die Verhältnisse der Umverteilung des Herzminutenvolumens bei hoher muskulärer Beanspruchung bereits dargestellt.

Eine Neuverteilung des Blutes je nach den regionalen Ansprüchen erfolgt durch Erweiterung (Vasodilation) oder Verengung (Vasokonstriktion) peripherer arterieller Blutgefäße.

Diese Vorgänge beruhen auf der Tätigkeit der in der Gefäßwand befindlichen glatten Muskulatur. Das Kaliber der peripheren Blutgefäße (vor allem der Arteriolen) ändert sich unter dem Einfluß von gefäßwirksamen (vasoaktiven) Substanzen oder von Nerven, die dem vegetativen Nervensystem angehören (Vasomotoren). Die Gefäßreaktion wird letztendlich stets durch das Adrenalin und Noradrenalin bzw. durch das Acetylcholin (s. 3.1.2.3) ausgelöst. Auf die eigenständige Durchblutungsregelung des Kapillargebietes wird später eingegangen.

Der Regelkreis für die Blutverteilung im Organismus und für den Blutdruck ist im Bild 3.90 dargestellt. Das Regelzentrum (Vasomotorenzentrum), das sich im verlängerten Mark des Zentralnervensystems befindet,

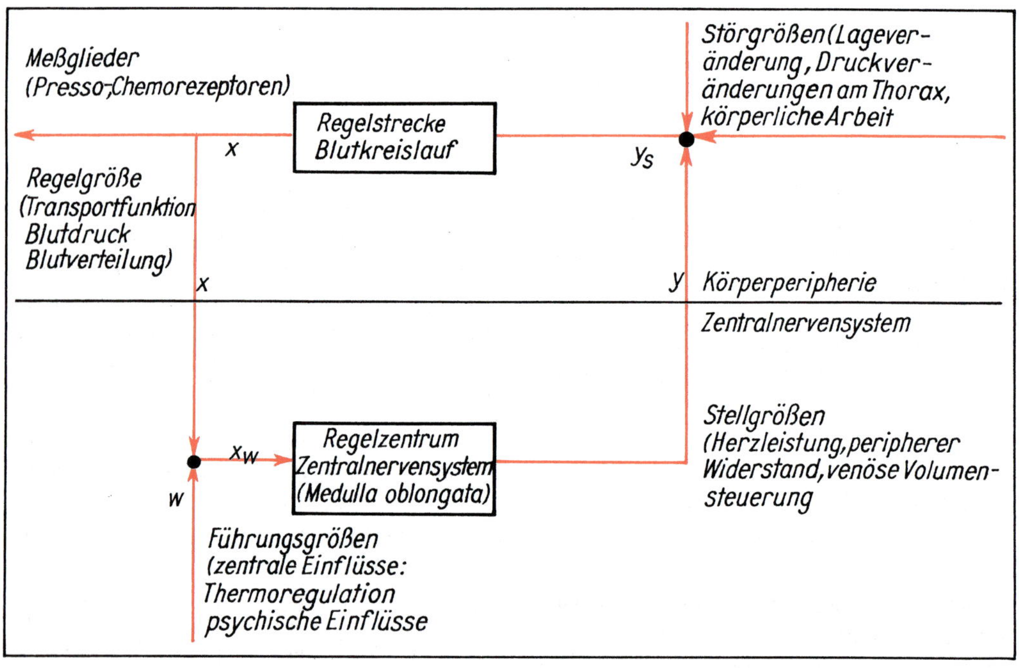

Bild 3.90 Regeltheoretisches Schema des Blutkreislaufs (nach Schubert)

reagiert auf Informationen, die ihm aus den Presso- und Chemorezeptoren der Peripherie übermittelt werden. Diese Meßfühler (Rezeptoren), die auf den Dehnungszustand der Gefäßwand bzw. auf die CO_2 und O_2-Konzentration sowie auf den pH Wert des Blutes ansprechen, befinden sich in der Aorta und den Halsschlagadern.

Die zentral ausgelöste Reaktion des Kreislaufs auf den CO_2- und O_2-Gehalt des Blutes weist auf eine innige funktionelle Verflechtung der Kreislaufregulation mit der Regulation der Herztätigkeit und der Atmung hin.

Die Abstimmung dieser Systeme erfolgt maßgeblich mit der Orientierung auf eine adäquate Sauerstoffversorgung des Organismus. Die Pressorezeptoren im Aortenbogen reagieren naturgemäß bedarfsgerecht auf eine Änderung der Auswurfleistung des Herzens.

Eine Steigerung des Herzminutenvolumens führt zu einer Blutdruckerhöhung.

Die Blutdruckerhöhung wird von den Pressorezeptoren registriert und über afferente (nach zentral gerichtete) Nervenbahnen dem Regelzentrum übermittelt, von wo aus die für die Situation zweckmäßigen Gefäßreaktionen ausgelöst werden.

Mit den trainingsbedingten Veränderungen der Herzfunktion muß die Kreislauffunktion abgestimmt sein. Zentrum und Peripherie bilden einen geschlossenen Kreis, und das Ausdauertraining vervollkommnet das gesamte System. Insgesamt verhält sich der Kreislauf passiver als das Herz, und die Adaptationserscheinungen sind geringer ausgeprägt.

3.5.2.5 Kreislauffunktion bei sportlicher Belastung

Während unter Ruhebedingungen ein Anteil von etwa 20 Prozent des Blutes durch die Muskulatur strömt, werden bei hohen Anforderungen an große Muskelpartien bis zu 85 Prozent durch die Arbeitsmuskulatur geleitet! Gleichzeitig wird der Blutstrom durch nicht belastete Gewebe, zum Beispiel durch die Gefäßgebiete von Magen, Darm, Leber und Niere, gedrosselt; das Gehirn dagegen wird nach neueren Untersuchungen global etwas verstärkt mit Blut versorgt (s. Tabelle 3.19). Eine anforderungsgemäße Gefäßerweiterung in der Muskulatur wird anderenorts grundsätzlich von einer kompensatorischen Gefäßverengung begleitet; auf diesem Weg findet eine Umverteilung des Blutes entsprechend den Erfordernissen statt. Die Stromstärke wird bei der belastungsbedingten Umstellung so einreguliert, daß möglichst optimale Austauschvorgänge stattfinden können.

Ein wesentliches Anpassungsphänomen des Kreislaufs ist die Steigerung der Reserven hinsichtlich der Gefäßerweiterung und damit der Transportkapazität. Der Füllungszustand der Gefäße kann beim Trainierten stärker als beim Untrainierten variieren.

Adaptationen

Adaptation der Arterien und Arteriolen

Der arterielle Ruheblutdruck wird durch ein ausdauerbetontes Training gering im Sinne einer Erniedrigung beeinflußt; die arteriellen Gefäßwände stellen sich nachgiebiger dar, weil der Ruhetonus der glatten Muskulatur infolge eines geringeren Sympathikuseinflusses herabgesetzt ist.

Zur Aufrechterhaltung eines ungestörten Blutstromes ist bei der langsamen Ruheherzschlagfrequenz des Ausdauertrainierten eine Abstimmung verschiedener Vorgänge des Herzkreislaufsystems nötig.

Die großen Arterien haben die langsam pulsierende Strömung in eine kontinuierliche Strömung zu wandeln.

Es ist eine prägnante Windkesselfunktion erforderlich, damit der Blutstrom während der langen Diastole fortlaufend funktioniert. Während der relativ langandauernden Diastole nimmt die Wandspannung der Aorta nur langsam ab, so daß ein verzögerter Abstrom erfolgt. Auf ein Ausdauertraining reagiert die Aortenwand im Sinne der Anpassung mit einer veränderten Elastizität.

Das Blut fließt beim Trainierten unter Ruhebedingungen ausgesprochen langsam. Die Kreislaufzeit kann bis auf das 1,5fache verlängert sein.

Bei standardisierten submaximalen Belastungen wird die Durchblutung der Arbeitsmuskulatur des Trainierten auf einem relativ niedrigeren Niveau als bei Untrainierten einreguliert; der Wirkungsgrad der Muskeldurchblutung ist somit verbessert. Es tritt bei Trainierten bereits auf niedrigen Belastungsstufen eine stärkere Sauerstoffbereitstellung aus dem arteriellen Blut ein (erhöhte arterio-venöse Sauerstoffdifferenz). Darüber hinaus ist auf Grund einer verbesserten inneren Koordination der Muskulatur der lokale Sauerstoffbedarf auch etwas geringer als beim Untrainierten.

Bezeichnend ist die Trainingsabhängigkeit der Herzschlagfrequenz-Blutdruck-Relation. Mit zunehmender sportbedingter Herzgröße steigt der systolische Blutdruck bei einer bestimmten Herzschlagfrequenz an (Bild 3.91).

Dieser Befund ist als Ausdruck eines vergrößerten Schlag- und Minutenvolumens des Herzens zu deuten. Dabei ist in Rechnung zu stellen, daß die motorische Leistung der Trainierten bei definierter Herzschlagfrequenz höher ist als die der Untrainierten.

Mit zunehmender Sportherzbildung erhöht sich der systolische Ausbelastungsblutdruck (Bild 3.92).

Der systolische Ausbelastungsblutdruck ist beim Trainierten als ein Volumenhochdruck aufzufassen (bei der Bluthochdruckkrankheit liegt in der Regel ein Widerstandshochdruck vor). Bei leistungsfähigen Sportlern sind systolische Blutdruckwerte von 33 kPa (~ 250

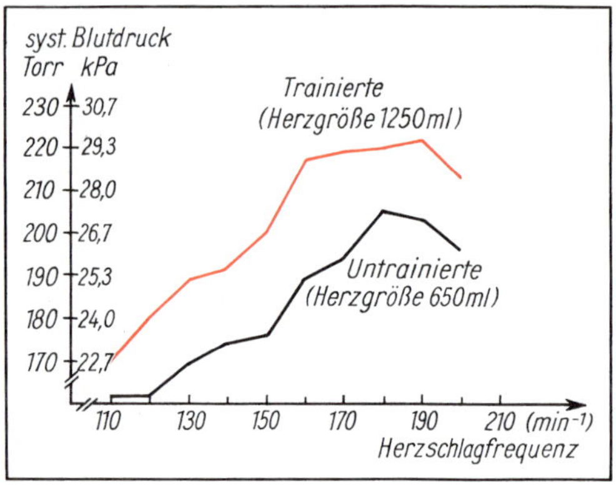

Bild 3.91 Beziehungen zwischen Herzschlagfrequenz und systolischem Blutdruck bei trainierten und untrainierten Personen. Die Trainierten erreichen bei definierter Herzschlagfrequenz eine hochsignifikant bessere Leistung

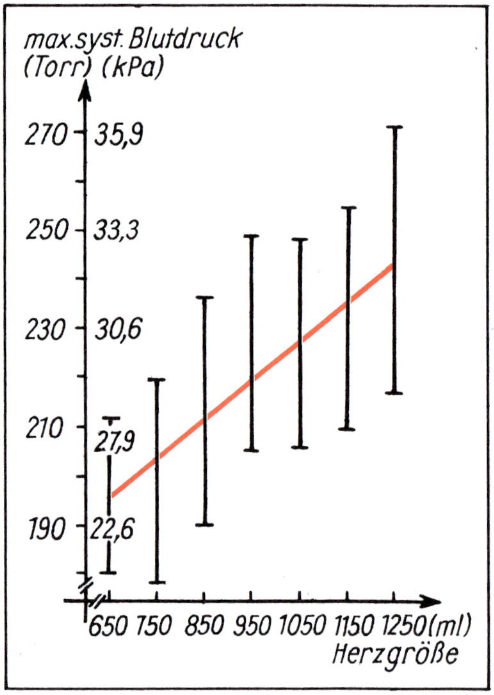

Bild 3.92 Beziehungen zwischen Herzgröße (Ausdauertrainiertheit) und Ausbelastungsblutdruck

Torr) während der Ausbelastung noch als physiologisch zu betrachten. Es zeigt sich, daß der Ausbelastungsblutdruck auch von der bevorzugt angewendeten Trainingsmethode abhängt. Sportler, die nach der Intervallmethode trainieren, reagieren mit einem stärkeren Blutdruckanstieg als Sportler, die die Dauerleistungsmethode wählen. Der diastolische Druck bleibt auch in der Ausbelastung unverändert oder sinkt leicht ab. Die Blutdruckamplitude kann in der Ausbelastung mehr als 26 kPa (~ 200 Torr) betragen. Da es sich um einen Volumenhochdruck handelt, setzt die Situation ein bemerkenswertes Speichervolumen der Aorta voraus, was auch an Hand dieses Befundes auf ausgezeichnete Druckspeichereigenschaften der Aortenwand schließen läßt.

Bei Belastungsabbruch tritt eine schnelle Rückstellung der ausgelenkten Blutdruckwerte ein.

Selbst bei extremen Anstiegen ist im Regelfall nach 15 Minuten der Ausgangswert wieder erreicht, der anschließend leicht unterschritten wird (Senkungsphänomen des arteriellen Blutdrucks). Die Dauer der Blutdruckerniedrigung in der Nachbelastungsphase kann mehrere Stunden betragen. Da der diastolische Blutdruck in der Nachbelastungsphase leicht ansteigt, kommt es zu einer Einengung der Blutdruckamplitude.

Bei Kindern und Jugendlichen sind die Reaktionen des systolischen Blutdrucks auf sportliche Belastungen geringer.

Bei ihnen sind die Anpassungserscheinungen weniger ausgeprägt, da die Trainingsanforderungen hinsichtlich Umfang und Intensität deutlich unter denen der Erwachsenen liegen. Weiterhin sind bei Kindern auf Grund der Körperproportionen die Entfernungen, die der Kreislauf bis zu den mit Blut zu versorgenden Organen überbrücken muß, relativ kurz.

Es ist somit bei Kindern ein kleineres Herzminutenvolumen als beim Erwachsenen erforderlich, und dieses braucht auch weniger weit transportiert zu werden. Diese Situation erfordert naturgemäß auch einen geringeren vom Herzen zu erzeugenden Druck. Abgesehen von den Ausmaßen treten bei Kindern jedoch prinzipiell die gleichen trainingsbedingten Adaptationen am Kreislauf ein wie beim Erwachsenen.

Die Strömungsgeschwindigkeit des Blutes, die bei Trainierten in Ruhe signifikant reduziert ist, erreicht bei maximaler Belastung in den großen Gefäßen bis zu 2 m · s^{-1}*; von dieser Geschwindigkeit aufwärts würden Turbulenzen bei der Blutströmung eintreten, die Druckverluste verursachen.*

Die Kreislaufzeit beträgt in der Ausbelastung etwa 6 bis 8 Sekunden.

Bei extensiven sportlichen Anforderungen mit hoher Intensität kommt es, vor allem bei hohen Außentemperaturen und hoher Luftfeuchtigkeit, zu einem starken Wärmestau im Körper. Es muß bedacht werden, daß mindestens 70 Prozent der gewandelten Energie als Wärmeenergie (Abwärme) in Erscheinung treten. Körperkerntemperaturen um, 40°C sind bei Langstreckenwettkämpfen die Regel (s. 4.1.2). Da die Wärmeenergie allein über die Körperoberfläche an die Umwelt abgegeben werden kann, muß dieser Vorgang in wesentlichen Anteilen vom Kreislauf bewältigt werden. Unter diesen Bedingungen kommt es im Dienste der Thermoregulation zu einer Gefäßerweiterung im Bereich der Haut. Eine solche Reaktion tritt in Konkurrenz zur Muskeldurchblutung, und sie kann bis zu 15 Prozent des Herzzeitvolumens, beanspruchen. Da die thermoregulatorischen Erfordernisse eine vitale Funktion darstellen, die eine dominierende Bedeutung hat, - „Über-alles-Reaktion" -, erfolgt die Neuverteilung des Blutes stets auf Kosten der Arbeitsmuskulatur. Es findet so eine Drainage des aufgeheizten Blutes über eine Umleitung durch die Gefäßgebiete der Haut statt. Diese Kreislaufreaktion wird durch das Training vervollkommnet.

Adaptationen der Kapillaren

Während die Arterien und Arteriolen allein Transport- und Verteilerfunktion für das Blut besitzen, liegt der eigentliche Zweck des Kreislaufs im Bereich der Kapillaren (Haargefäße), denn hier findet der Stoff- und Energieaustausch mit den Geweben statt. Hier müssen Blutangebot, Stromstärke und Filtrationsdruck so abgestimmt sein, daß die Austauschvorgänge optimal verlaufen können. Die mögliche Intensität der Austauschprozesse zwischen Blut und Gewebe hängt maßgeblich von der Kapillardichte ab.

Die Anzahl der Kapillaren pro Querschnittsfläche Muskulatur ist inhomogen verteilt und zeigt Beziehungen zum Muskelfasertyp. Muskeln, die überwiegend aus langsam kontrahierenden Fasern zusammengesetzt sind, verfügen über eine höhere Gefäßdichte als Muskeln, die überwiegend schnell kontrahierende Fasern enthalten (Verhältnis etwa 2:1).

Die mögliche Blutversorgung eines Muskels wird entscheidend von seinem vorherrschenden Fasertyp determiniert. Sie ist positiv korreliert mit der oxydativen Kapazität des Muskels.

Die Adaptation an Ausdauerforderungen auf der kapillaren Ebene erfolgt in der Weise, daß die Kapillaren sich anforderungsgerechter rekrutieren, d. h. öffnen und schließen (kollabieren) und daß sie mehr fassen. Ein Ausdauertraining führt weiterhin zur Ausbildung (Knospung) neuer Kapillaren, die wieder Anschluß an das Gefäßnetz finden (s. Bild 3.80). Andererseits sind die Kapillaren im Skelettmuskel bei Immobilisation signifikant vermindert. Eine große Kapillardichte findet sich z.B. bei allen Tierspezies, an die hohe Ausdaueransprüche gestellt werden. Der Hase besitzt zum Beispiel pro Einheit Muskelquerschnittsfläche signifikant mehr Kapillaren als das Kaninchen. Wichtig ist die Zahl der Kapillaren pro Flächeneinheit der Muskelfasern.

Das Verhältnis von Kapillaren zu Faserzahl sagt noch nicht alles aus über die Diffusionsstrecke; entscheidend für die Versorgung des Körpergewebes ist die interkapilläre Entfernung. Die Diffusion für Sauerstoff und andere Stoffe wird allein erleichtert durch die Kapillardichte.

Das Blut, das einen stark beanspruchten Muskel verläßt, zeigt in der Regel keine totale Sauerstoffausschöpfung; das venöse Blut enthält auch dann noch Sauerstoff, wenn der tätige Muskel auf den anaeroben Stoffwechselweg zurückgreifen muß und Laktat bildet.

Diese Feststellung hat zu der Annahme geführt, daß das Sauerstofftransportsystem (die Sauerstoffanflutung) keine leistungsbegrenzende Rolle für die Muskeltätigkeit spielen kann, sondern daß die Begrenzung in der zellulären Kapazität der Sauerstoffverwertung liegen muß.

Eine solche Position ist allerdings unvereinbar mit dem Befund, daß eine Untersättigung des arteriellen Blutes mit Sauerstoff oder eine Einschränkung der Kreislauftätigkeit die muskuläre Leistungsfähigkeit signifikant reduziert, wogegen die Atmung von sauerstoffangereicherter Luft während der Belastung über ein gesteigertes Sauerstoffangebot an den Muskel die Leistungsfähigkeit eindeutig verbessert; jeder extra transportierte Sauerstoff steigert die Leistung. Die Rekrutierung (Öffnung bzw. Weitstellung) der Kapillaren erfolgt bei hoher Belastung unter schnell wechselnden Bedingungen, da die arbeitenden motorischen Einheiten einem ständigen Aktivitätswechsel unterliegen; in einem kontinuierlich tätigen Muskel, der ja konstruktiv aus Tausenden von Einzelelementen, den Muskelfasern, besteht, arbeiten die motorischen Einheiten inhomogen gewissermaßen im Schichtsystem, sie werden wechselweise ab- und zugeschaltet (s. Kap. 2.1). Diesem Aktivitätswechsel der Zellen kann die Rekrutierung der Kapillaren selbstverständlich nicht mit letzter Übereinstimmung folgen. Die Verteilung der roten Blutkörperchen als Sauerstoffträger findet nicht völlig nach dem schnell wechselnden Bedarf statt. In parallelen Kapillaren kann der Blut-

strom sehr unterschiedlich sein. Über- und unterdurchblutete Kapillaren können nebeneinander verlaufen. Hinzu kommt, daß der Sauerstoffdruck am Ende der Kapillare wesentlich niedriger ist als am Beginn, so daß die dazugehörigen Zellbezirke nur ein geringeres Sauerstoffdruckfeld aufbauen können. So ist es erklärbar, daß manche Muskelzellen anaerob zu arbeiten genötigt sind, während andere den vorbeiströmenden Sauerstoff nicht abnehmen.

Das Training vervollkommnet die gesamte Sauerstoffkette des Organismus. Von der Lunge bis zum Mitochondrion, der intrazellulären Struktureinheit, in der der aerobe Stoffwechsel stattfindet, sind die Funktionskreise in ihrer Kapazität, die ja nur selten voll beansprucht wird, weitgehend aufeinander abgestimmt. Bei höchsten Anforderungen wird jedoch im Regelfall das Transportsystem zum begrenzenden Moment.

Die Kapillaren werden nur auf Anforderung genutzt. Ein großer Teil des potentiellen Kapillarbettes befindet sich stets gewissermaßen in Bereitschaft; aus dieser Wartestellung werden die Kapillaren lediglich bei hohen Stoffwechselansprüchen funktionell erschlossen.

Für die Durchblutung des Arbeitsmuskels existiert eine organeigene Regulation in Verbindung mit der muskelzellulären Energiefreisetzung. Die Kapillarfunktion ist mit der Stoffwechselintensität gekoppelt. Die Kapillaren reagieren hinsichtlich ihrer Weite auf Konzentrations- und Temperaturänderungen des Blutes. Die regionale Regulation der kapillären Durchblutung erfolgt maßgeblich durch gefäßaktive Stoffe.

Das Blut tätiger Muskeln enthält gefäßerweiternde Faktoren. Als gefäßerweiternde Substanzen konnten K^+, anorganisches Phosphat, Laktat, CO_2, H^+, Mg^{++} u. a. identifiziert werden. Für das Fassungsvermögen der Kapillaren der Lungen sind die Blutgase in besonderem Maße von Bedeutung. Generell spielt die Osmolarität des Blutes weitgehend unabhängig von der Art der Partikel für die Gefäßweite eine Rolle.

Die kapilläre Durchblutung wird durch Stoffwechselprodukte des arbeitleistenden Muskels geregelt und auf den lokalen Bedarf orientiert; auf diesem Weg ist auch weitgehend eine Feinabstimmung der Durchblutung möglich, und es erfolgt eine bedarfsgerechte Sauerstoffauflieferung sowie ein zuverlässiges Auswaschen der Stoffwechselendprodukte (Spüleffekt).

Neben den genannten Einflüssen auf die Durchblutung des belasteten Muskels hat auch die Abwärme aus den Stoffwechselprozessen einen dilatatorischen (gefäßerweiternden) Effekt. Vor allem jedoch über das beschriebene osmolare Kontrollsystem tritt die aktive Durchblutungssteigerung im Arbeitsmuskel ein. Sie ist eine Bedingung für die erforderliche hohe Sauerstoffbereitstellung. Auf diesem Weg wird auch die Neuverteilung des Blutvolumens (und Herzminutenvolumens) zu den aktiven Muskeln geregelt. Regional kann sich die Durchblutung eines Muskels wesentlich steigern.

Nach einer hohen Aktivität herrscht im Skelettmuskel für eine längere Zeit eine Phase der Gefäßerweiterung. Das Blut, das den Muskel verläßt, ist dann noch hochgradig sauerstoffgesättigt. Diese gesteigerte Durchblutung im Anschluß an eine Belastung sichert einen günstigen Ablauf der Wiederherstellung in der Erholungsphase.

Adaptation des peripheren venösen Systems

Im Rahmen der Kreislaufregulation obliegt es dem Venensystem, das Blutangebot an das Herz dem aktuellen Bedarf anzupassen. Das Herzminutenvolumen als die zentrale Kenngröße des Herzens hängt von der Herzfüllung ab, die ihrerseits vom venösen Zustrom bestimmt wird.

Ein Ausdauertraining hat als Adaptation eine Vergrößerung der venösen Kapazität zur Folge.

Diese trainingsbedingte Reaktion bewirkt, daß beim Sporttreibenden trotz gesteigerten totalen Blutvolumens der Venendruck nicht erhöht ist. Trainierte verfügen über ein anderes venöses Druckvolumendiagramm als Untrainierte (Bild 3.93). Das bedeutet, daß die Venenwände beim Trainierten elastischer und somit dehnbarer sind; diese Venen vermögen ohne Steigerung des Innendrucks mehr Blut aufzunehmen. Das Venensystem erfüllt beim Ausdauersportler angesichts der adaptativen Steigerung des totalen Blutvolumens eine wichtige Funktion als Blutdepot. Vor allem in den großen Lungenvenen befindet sich Blut, das sich mit geringer Strömungsgeschwindigkeit bewegt, und das auf Anforderung in den Kreislauf integriert werden kann.

Unter Belastung tritt eine Zunahme der Venenwandspannung ein; dadurch wird bei dem belastungsbedingten Druckanstieg in Arterien und Kapillaren ein zu starkes Abfließen des Blutes in die Venen verhindert. Dieser Anstieg der Wandspannung dient weiterhin der Aufrechterhaltung einer angemessenen Blutströmungsgeschwindigkeit.

Die Reaktion erfolgt regional differenziert entsprechend der geforderten Neuverteilung des Blutvolumens. Für die Wandspannung der Venen im Bereich der Haut spielen die Erfordernisse der Thermoregulation eine maßgebliche Rolle.

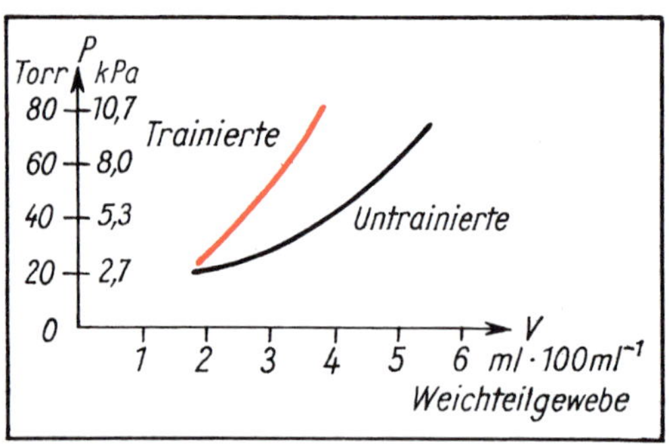

Bild 3.93 Beziehungen zwischen Druck (*p*) und Volumen (*V*) in den Beinvenen bei trainierten und untrainierten Personen (nach de Marées)

In den großen Venen ist synchron mit der Tätigkeit der Vorhöfe des Herzens ein Volumenpuls festzustellen, der die Abflußverhältnisse des Blutes aus dem venösen System in das rechte Herz charakterisiert. Der Venenpuls ist an den großen oberflächlichen Halsvenen nach hohen Belastungen mitunter gut sichtbar.

Veränderungen der Körperlage, wie sie im Sport üblich sind, erfordern auf Grund des sich ändernden hydrostatischen Drucks momentane regulatorische Aktivitäten der Venen.

Der hydrostatische Druck, der von der Höhe der Blutsäule bestimmt wird, beträgt zum Beispiel bei senkrechter Körperhaltung im Bereich der Füße etwa 13 kPa (~ 100 Torr); er muß zum effektiven Venendruck addiert werden. Die Venenwand muß somit auf Druckhöhen von der Größe des arteriellen Drucks in Herzhöhe reagieren. Da der Dehnungswiderstand der Venenwände etwa 100mal geringer als der von Arterien ist, wechselt je nach Körperposition eine Blutmenge bis zu 700 ml ihre Lage.

Bei Sportlern sind Orthostasereaktionen (Schwindel oder „Schwarzwerden vor den Augen" bei plötzlichem Übergang in die senkrechte Körperhaltung) häufig, so daß eine Abgrenzung physiologischen Verhaltens von Fehlregulationen nicht immer eindeutig möglich ist.

Grundsätzlich verbessert ein sportliches Training die Kreislaufsofortumstellung bei orthostatischer Kreislaufbelastung; eine längere Ruhigstellung (Trainingsunterbrechung) dagegen wirkt sich negativ auf die orthostatische Frühanpassung aus.

Orthostatische Episoden werden durch eine belastungsbedingte Überhitzung begünstigt; hier spielt die bedeutende Rolle der Venen bei der Thermoregulation hinein. Das höchste Herzminutenvolumen ist in aufrechter

Körperhaltung erreichbar. Offensichtlich ist die Drainage der Gewebe bei einer gewissen orthostatischen Belastung besser. In diesen Komplex gehört auch der Befund, daß bei hängendem Arm mit der Hand wesentlich länger Arbeit geleistet werden kann als bei erhobenem (Hand-über-Kopf-Arbeit). Aktive Pumpmechanismen werden bei motorischen Anforderungen stark mobilisiert; die leichte Erweiterungsfähigkeit und Komprimierbarkeit der Venen ermöglicht diese Einflüsse, die von benachbarten Geweben ausgehen. Die aktiven Pumpmechanismen unterstützen den venösen Rückstrom.

Die ***Muskelpumpe*** *ist weitgehend an das Vorliegen funktionstüchtiger Venenklappen im Bereich der unteren Extremitäten gebunden. Sie kann bis zu 50 Prozent der für die Zirkulation in den Venen notwendigen Energie liefern und einen Druck von 13 kPa (~ 100 Torr) überwinden. Besonders wirksam ist die Muskelpumpe beim Lauf; dabei wird die Blutströmungsgeschwindigkeit in den Venen gegen die Schwerkraft erheblich gesteigert. Die venöse Strömungsgeschwindigkeit, die beim Stehen im Bereich der Wade etwa* $2\ cm \cdot s^{-1}$ *beträgt, steigt allein durch Fußbewegungen auf* $10\ cm \cdot s^{-1}$ *an. Die Muskelpumpe vermag das venöse Blutvolumen in den unteren Extremitäten gegenüber vergleichbaren Bedingungen ohne eine entsprechende Pumpwirkung um etwa 200 ml zu verringern. In diesem Zusammenhang wird bildhaft von einem peripheren oder zusätzlichen Herzen gesprochen. Der Rückfluß des Blutes erfolgt in Abhängigkeit von der Muskeltätigkeit stark diskontinuierlich; so kommt es in der „Muskelsystole“, also während der Muskelkontraktion, kaum zu einem Einstrom von Blut in die entsprechenden Gefäßbereiche, wohl aber zu einem herzwärts gerichteten Abfluß.*

Die Erschlaffungsphase des Muskels ist somit entscheidend für seine Durchblutung.

Der Bewegungsrhythmus entscheidet mit über die Muskeldurchblutung; die Optimierung der muskulären Entspannungsphase bei zyklischen Bewegungsabläufen hat eine wesentliche Bedeutung für die lokale Regulation des Kreislaufs. Isometrische Muskelkontraktionen (statische Belastungen) reduzieren die Venenfüllung stark und steigern den Venendruck; daraus entstehen Nachteile für die Gesamtsituation des Kreislaufs.

Da sich Venen und Arterien oftmals in räumlicher Nachbarschaft befinden und mitunter von einer gemeinsamen bindegewebigen Scheide umgeben sind, teilen sich bei muskulärer Anforderung die verstärkten Arterienpulsationen der Vene mit und üben ebenfalls eine Pumpwirkung aus.

Die Brustkorbpumpe ist ein Ausdruck für die Verknüpfung von Atmung und Venensystem.

Im respiratorischen Zyklus treten Druckschwankungen im Venensystem ein. Eine Abhängigkeit der venösen Strömung von der Atmung zeigt sich noch weit peripher. Die verstärkte Ventilation bei körperlichen Leistungen unterstützt den venösen Rückstrom.

Die Drainage des Blutes aus dem Skelettmuskel erfolgt aus den tiefen und oberflächlichen Venen, wobei der Blutabfluß über diese Systeme durch Änderung der Gefäßweite entsprechend den Erfordernissen variieren kann. Unter der Notwendigkeit, Wärme aus dem Körper zu eliminieren, erfolgt ein verstärkter venöser Blutstrom zur Haut. Die Venen der Extremitäten haben infolge des Pendeleffekts von Armen und Beinen bei sportlichen Bewegungshandlungen eine besondere Bedeutung für die Thermoregulation. Sie erschlaffen stark bei Erwärmung und kontrahieren sich bei Abkühlung; hier wird durch die Thermoregulation in die Kontrolle der Venenfüllung erheblich eingegriffen. Das an der Körperoberfläche abgekühlte Blut wird in den zentralen Kreislaufbezirken dem übrigen Blut wieder zugemischt.

Die Preßatmung hat einen markanten Einfluß auf das Venensystem (s. a. 3.6.8)

3.6 Atemsystem

Von *S. Israel*

Unter Atmung wird der **Verbrauch von Sauerstoff** in lebenden Systemen unter Bildung von Kohlendioxid und Wasser verstanden. Die äußere Atmung umfaßt die gesamte Sauerstoffversorgungskette; sie wird vor allem repräsentiert durch den Gasaustausch zwischen Organismus und Umwelt sowie zwischen Körpergeweben und dem sie umgebenden Medium; auch die Sauerstofftransportfunktion des Kreislaufs ist somit ein Bestandteil der äußeren Atmung. Deren letzter Zweck besteht somit darin, den Gasgehalt in den Körpergeweben entsprechend den Stoffwechselansprüchen zu regulieren. Die **innere Atmung** (Zellatmung) ist die biologische Oxydation in den Mitochondrien. Sie ist die maßgebliche Quelle der Energiewandlung für die Körperzellen.

Die innere Atmung ist eine chemische Reaktion (z. B. $C_6H_{12}O_6 + 6\ O_2 \rightarrow 6\ CO_2 + 6\ H_2O$ + Energie). Die Atmungsgeschwindigkeit wird durch den Sauerstoffverbrauch in der Zeiteinheit gekennzeichnet.

Äußere und innere Atmung sind aufeinander abgestimmt. Der Fluß von Sauerstoff (O_2) und Kohlendioxid (CO_2) durch das respiratorische System wird entscheidend durch den Grad der Energiewandlung in der Oxydationskette der Mitochondrien bestimmt.

Der Gasaustausch in den Lungen ist der Anfang der Sauerstoffversorgungskette; er ist der erste Teil der **äußeren Atmung**. Der Wechsel gasförmiger Stoffe zwischen Organismus und Umwelt erfolgt fast ausschließlich durch die Lunge. Die Haut spielt als Organ des Gaswechsels eine nachgeordnete Rolle. Lediglich etwa 2 Prozent des O_2- und 2,5 Prozent des CO_2-Austausches erfolgen über die Haut.

Die Tätigkeit der Lunge (Lungenatmung, Ventilation) ist ein rhythmischer Vorgang, bei dem atmosphärische Luft über die Atemwege in den Alveolarraum strömt und O_2-verarmte sowie CO_2-angereicherte Luft den Alveolarraum verläßt. Das Ergebnis dieses Vorganges ist somit für den Organismus die Zufuhr von O_2 und die Abgabe von CO_2.

3.6.1 Lungenventilation

3.6.1.1 Atemtechnik

Einatmung (Inspiration) und **Ausatmung (Exspiration)** erfolgen im Wechsel. Die Lunge folgt den Größenänderungen des Brustkorbes (Thorax). Bei seiner Erweiterung wird Luft aus der Umwelt in die Lunge gesaugt, bei seiner Verkleinerung wird Luft ausgestoßen. Die Vergrößerung des Thoraxinnenraumes bei der Einatmung geschieht durch:

- Anheben der Rippen infolge Kontraktion der äußeren Zwischenrippenmuskeln und
- Senken des Zwerchfells (Diaphragma) infolge Kontraktion des Zwerchfellmuskels (Bild 3.94).

Die Tätigkeit der Zwischenrippenmuskeln kennzeichnet die Brustatmung.

Die besondere Anordnung der Rippen-Wirbel-Gelenke ermöglicht die Erweiterung des Thorax nach vorn und seitlich (s. Bild 3.94 und 3.95).

Die Tätigkeit des Zwerchfells kennzeichnet die Bauchatmung.

Beim Zwerchfell handelt es sich um einen flächenartig angeordneten Muskel, der an der Wand des Thorax ansetzt und dessen Zentrum als Sehnenplatte kuppelartig in den Thorax hineinragt. Es trennt den Brust- vom Bauchraum.

Bei der Kontraktion dieses Muskels bewegt sich die Zwerchfellkuppel nach unten und vergrößert auf diese Weise den Thoraxinnenraum auf Kosten des Bauchraumes.

Die Ausatmung (Exspiration), d. h. die Verkleinerung des Thorax, ist unter Ruhebedingungen ein weitgehend passiver Vorgang.

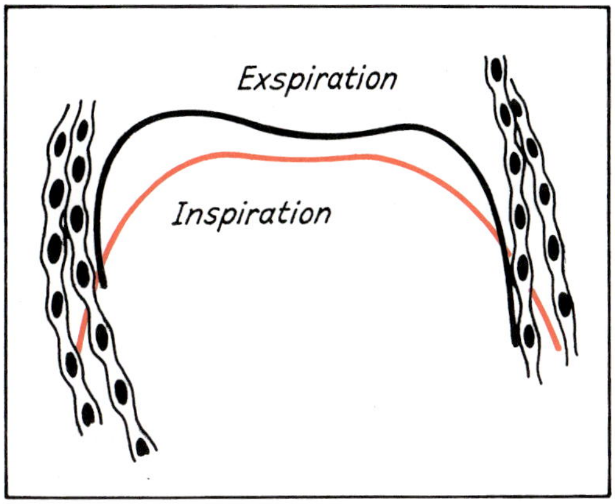

Bild 3.94 Stellung der Rippen und des Zwerchfells bei Inspiration und Exspiration

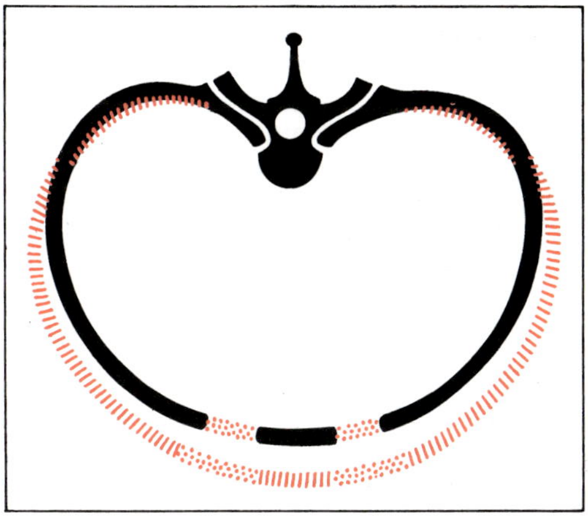

Bild 3.95 Rippenbewegung bei der Inspiration

Der angehobene Thorax senkt sich in die Ausgangsstellung, und der Zwerchfellmuskel steigt bei seiner Erschlaffung höher. Die Ausatmung wird weiterhin unterstützt durch die Elastizität der bei der Inspiration gedehnten Lunge sowie durch den Überdruck im Bauchraum, der durch die Senkung des Zwerchfells hervorgerufen wurde. Brust- und Bauchatmung laufen synchron ab. Unter Ruhebedingungen fördert die Bauchatmung mehr als 80 Prozent des Atemvolumens. Bei stark forcierter Atmung, wenn die ventilierte Luftmenge beim Erwachsenen etwa 40 – 50 $l \cdot min^{-1}$ übersteigt, werden zur Bewerkstelligung der Thoraxexkursionen auch Atemhilfsmuskeln mit herangezogen.

Als Hilfseinatmungsmuskeln können solche Muskeln wirken, die, von der Wirbelsäule oder dem Schultergürtel ausgehend, den Brustkorb anheben.

Als Hilfsausatmungsmuskeln dienen neben den inneren Zwischenrippenmuskeln vor allem die Bauchmuskeln.

Die Lunge ist an ihrer Oberfläche von einem flächenhaften dünnen Gewebe, dem **Lungenfell** (Pleura visceralis), überzogen; dieses liegt dem **Rippenfell** (Pleura parietalis) an, das die innere Brustkorbwand auskleidet. Zwischen beiden Gewebeflächen, den Pleurablättern, die gut gegeneinander verschiebbar sind, befindet sich ein haarfeiner, mit Flüssigkeit angefüllter Spalt (Pleuraspalt), in dem ein Unterdruck herrscht; dieser beträgt bei tiefer Einatmung mehr als 4 kPa (ca. 30 Torr), bei der Ausatmung etwa 0,4 kPa (ca. 3 Torr). Mit den Atembewegungen ist eine Veränderung des Brustkorbvolumens verbunden.

Die Lunge, die sich stets in einem Zustand stärkerer Dehnung (Einatmung) oder schwächerer Dehnung (Ausatmung) befindet, folgt passiv den muskulär bewirkten Thoraxbewegungen und verändert ebenfalls ihr Volumen.

Auf diese Weise wird, wie bereits dargelegt, bei der Einatmung Luft aus der Umwelt über die Atemwege angesaugt, die bei der Ausatmung in veränderter Zusammensetzung wieder ausgestoßen wird.

3.6.1.2 Atemwege

Dem Ort des Gasaustausches, den Lungenalveolen, sind die Atemwege vorgelagert (Nase, Mund, Rachen, Kehlkopf, Luftröhre und deren Abzweigungen in Form von Bronchien und Bronchiolen). Da hier kein Gaswechsel stattfindet, wird dieser Bereich als Totraum bezeichnet. Seine Größe beläuft sich bei Ruheatmung auf etwa 140 ml. Bei einem Atemzugvolumen von 500 ml (unter Ruhebedingungen) gelangen somit nur etwa zwei Drittel der eingeatmeten Luft in die Alveolen. Der Totraum hat folgenden wesentlichen Einfluß auf die eingeatmete Luft:

- Anwärmung: Beim Vorbeistreichen der Luft an der Schleimhaut der zuführenden Luftwege erfolgt eine Erwärmung der Atemluft auf die Körperkerntemperatur.
- Anfeuchtung: Die Einatmungsluft verfügt über eine vollständige Wasserdampfsättigung, wenn sie die gegen Austrocknung sehr empfindliche Alveolarauskleidung erreicht.
- Reinigung: Nasenhaare, Schleimhaut Feuchtigkeit und Flimmerepithel (Bild 3.95) vermögen eingedrungene Partikel aufzuhalten.

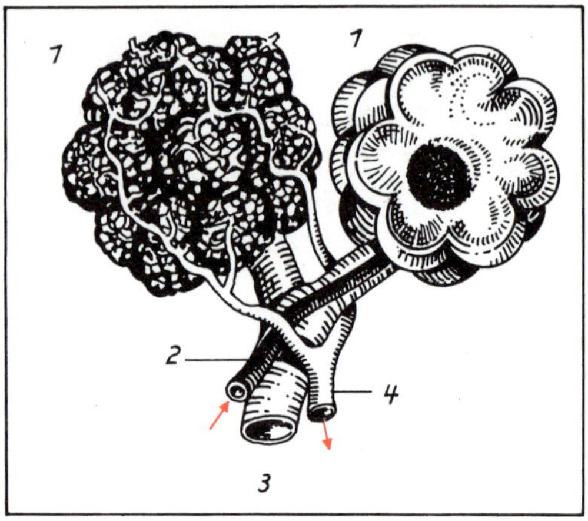

Bild 3.97 Endzweig eines Luftröhrenastes mit Alveolen. *1* Lungenbläschen, *2* Lungenarterie, *3* Luftröhrenast, *4* Lungenvene

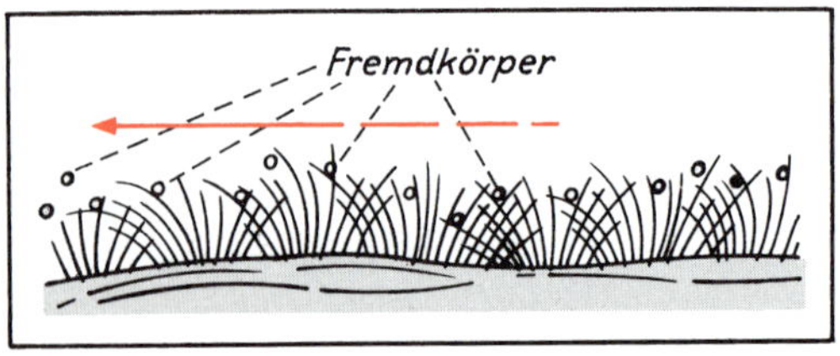

Bild 3.96 Schlag der Härchen des Flimmerepithels. Schleimbewegung in Richtung des Pfeiles

3.6.1.3 Alveolarraum

Der Mensch verfügt über etwa 300 Millionen Alveolen; diese haben eine Gesamtoberfläche von 50 bis 80 m^2. Die Alveolen stellen sackförmige blinde Endigungen der Bronchiolen dar. Sie bestehen aus einer dünnen Epithelschicht, die mit einem feinmaschigen Netz von Fasern und Kapillaren umgeben ist (Bild 3.97). Die Bewegung der Gase zwischen Alveole und dem Kapillarblut läuft passiv im Sinne der Diffusion ab; das Konzentrationsgefälle (der Druckgradient) gibt den Ausschlag über Richtung und Ausmaß des Gastransports. Auf der Grundlage dieses Mechanismus verläßt das Stoffwechselendprodukt Kohlendioxid die Blutbahn, während Sauerstoff als Voraussetzung für den aeroben Stoffwechsel in sie übertritt.

Die Diffusionskapazität kennzeichnet den möglichen O_2- und CO_2-Transfer zwischen den Alveolen der Lunge und dem Kapillarblut. In diesem Zusammenhang ist vor allem der Übergang des O_2 in das Blut von Interesse; die Diffusionskonstante für O_2 ist um etwa das 20fache niedriger als die für CO_2.

Der CO_2-Druck in der atmosphärischen Luft beträgt 0,04 kPa (0,3 Torr); diese Luft mischt sich im Totraum und in der Alveole selbst mit Luft, die bereits am Gasaustausch teilgenommen hat; auf dieser Grundlage findet sich in der Alveole ein mittlerer CO_2-Druck von 5,3 kPa (40 Torr). Während das venöse Blut unter Ruhebedingungen mit einem CO_2-Gehalt von 6 kPa (46 Torr) die Lunge erreicht, verfügt das arterielle Blut, das die Lunge verläßt, über den gleichen CO_2-Druck wie die Luft, die sich in der Alveole befindet.

Beim gesunden Sportler ist auch bei höchster Beanspruchung der Atmung keine CO_2-Anreicherung in dem Blut, das die Lunge verläßt, möglich.

Die Diffusion des CO_2 aus dem Blut in die Alveole erfolgt problemlos durch die Grenzflächen von Kapillare und Alveole hindurch. Andere Gegebenheiten liegen bei

Unterbrechung der Atmung (Apnoe) vor; hier steigt die CO_2-Konzentration.

Die Diffusionskapazität für O_2 in der Lunge hängt ebenfalls vom O_2-Druck in der Alveole und in der Kapillare ab; je größer das O_2-Druckgefälle von der Alveole zur Kapillare ist, um so leichter geht der Übertritt vonstatten. In der Atmosphäre herrscht unter NN-Bedingungen ein O_2-Druck von etwa 21 kPa (160 Torr); in der Alveole ist unter Ruhebedingungen ein O_2-Druck von ca. 14 kPa (110 Torr) gegeben. Vom Anfang der Atemwege bis zur Alveole tritt somit ein Druckabfall von ca. 7 kPa (50 Torr) ein. Dieser kommt wiederum dadurch zustande, daß sich in den Atemwegen und in den Alveolen die Frischluft mit verbrauchter Luft, die ja O_2-arm und CO_2-reich ist, mischt. Der O_2-Druck im venösen Mischblut beträgt 8 kPa (60 Torr), er beläuft sich im arteriellen Bereich, also nach der O_2-Diffusion aus den Alveolen, auf 12 kPa (90 Torr). Der Druckunterschied zur alveolären Luft beträgt damit 4 kPa (30 Torr).

Das Hämoglobin des Menschen verfügt über eine charakteristische Sauerstoffbindungskurve (O_2-Dissoziationskurve). Die Beziehungen zwischen O_2-Druck im Blut und der O_2-Sättigung des Hämoglobins sind nicht linear, sondern sie stellen sich in Gestalt einer s-förmigen Charakteristik dar (Bild 3.98.).

Oberhalb eines O_2-Druckes von etwa 10 kPa (80 Torr) ist das Hämoglobin nahezu abgesättigt; eine weitere Steigerung des O_2-Drucks hat keinen Einfluß auf den Sauerstofftransport des Blutes, abgesehen von einem geringen Betrag im Serum gelösten Sauerstoffs.

Dieser im Blutstrom gelöste Sauerstoff folgt gesetzmäßig dem physikalischen Druck und nicht der O_2-Bindungskurve des Hämoglobins.

Bei einem O_2-Druck von etwa 9 kPa (70 Torr) zeigt die O_2-Bindungskurve des Hämoglobins eine deutliche Krümmung, und ein Unterschreiten dieses Wertes führt zu einer zunehmenden O_2-Untersättigung des Hämoglobins; damit wird die O_2-Transportkapazität des Blutes erheblich reduziert.

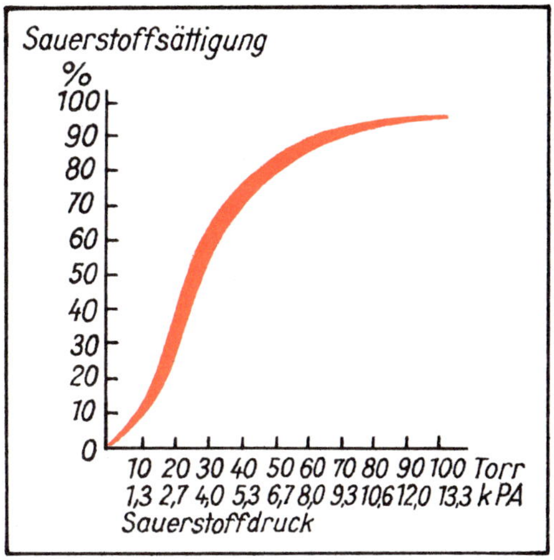

Bild 3.98 Sauerstoffbindungskurve des Hämoglobins (die Beziehung zwischen dem Sauerstoffdruck im Blut und der Sauerstoffsättigung des Hämoglobins)

Der Stickstoff in der Atemluft hat unter normalem Umgebungsdruck keine Bedeutung für die Stoffwechselprozesse des Organismus; es findet deshalb auch kein physiologisch relevanter Austausch zwischen Atemluft und Blut statt.

3.6.2 Meßwerte der Lungenatmung

Die mit Hilfe der Spirometrie (Spirografie) relativ einfach zu ermittelnden Werte einzelner Lungenvolumina und -kapazitäten sind im Bild 3.99 dargestellt.

Die gemachten Angaben fußen auf Durchschnittswerten. Sie variieren erheblich in Abhängigkeit von Körperhöhe, Körpermasse, Lebensalter, Geschlecht, Trainingszustand u. a.

In Ruhe werden mit jedem Atemzug etwa 500 ml Luft ventiliert (Atemzugvolumen, AV). Darüber hinaus können bei maximaler

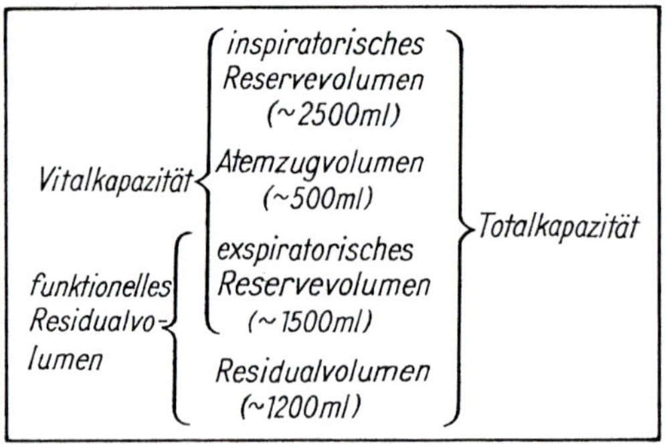

Bild 3.99 Lungenvolumina und Lungenkapazitäten

Inspiration noch etwa 2500 ml Luft eingeatmet werden (inspiratorisches Reservevolumen, IRV); nach normaler Exspiration können zusätzlich weitere etwa 1500 ml Luft ausgeatmet werden (exspiratorisches Reservevolumen, ERV). Die nach maximaler Exspiration in der Lunge verbleibende Luftmenge von etwa 1200 ml wird als Residualvolumen (RV) bezeichnet.

Die Vitalkapazität (VK) ist die Luftmenge, die maximal bei einem Atemzug aktiv bewegt werden kann.

Die VK wird gemessen, indem nach tiefster Inspiration maximal in ein Meßgerät (Spirometer) ausgeatmet wird. Somit setzt sich die VK aus der Summe von AV, IRV und ERV zusammen. Die Begriffsbildungen funktionelles Residualvolumen und Totalkapazität ergeben sich aus Bild 3.99.

Die Atemzugfrequenz beträgt unter Ruhebedingungen $16 \cdot min^{-1}$. Das Atemminutenvolumen (AMV) ist das Produkt aus Atemzugvolumen und Atemzugfrequenz ($AMV = AV \cdot Af$); es beläuft sich in Ruhe auf 8 Liter. Der Atemgrenzwert (AGW) ist das maximal erreichbare Atemminutenvolumen. Die höchstmögliche Ventilation über 6 oder 10 Sekunden wird auf den Minutenwert umgerechnet. Sportler erreichen mehr als 150, teilweise mehr als 200 Liter. Unter Atemsekundenwert – auch exspiratorische Sekundenkapazität genannt – wird die Luftmenge verstanden, die nach maximaler Inspiration in einer Sekunde ausgestoßen werden kann. Der Normalwert liegt bei 70 bis 80 Prozent der VK.

3.6.3 Steuerung der Atmung

Ein für das Leben so wichtiger und variabler Vorgang wie die Lungenventilation unterliegt mehreren Steuermechanismen.

Unter Ruhebedingungen ist der CO_2 -Druck des arteriellen Blutes, welches das Atemzentrum im verlängerten Mark (Medulla oblongata) des Zentralnervensystems durchströmt, die entscheidende Regelgröße.

Die Lungenventilation wird so geregelt, daß ein CO_2-Druck von 5,3 kPa (40 Torr) im arteriellen Blut konstant eingestellt bleibt. Eine Erhöhung dieses Wertes führt zu einer Steigerung, eine Erniedrigung zu einer Senkung der Lungenventilation (Bild 3.100).

Weiterhin können kurzfristig Veränderungen der Lungenventilation von Chemorezeptoren ausgehen, die sich in der Halsschlagader (Arteria carotis) befinden; diese Rezeptoren reagieren auf den CO_2- und O_2-Gehalt des Blutes. In der Lunge selbst befindet sich ein Steuermechanismus, der von Dehnungsrezeptoren ausgeht und der einen Einfluß auf die Atemtiefe ausübt. Diese Dehnungsrezeptoren werden beim Inspirationsvorgang zunehmend erregt, wodurch über nervale Vermittlung die Einatmungsbewegung erschwert und die Ausatmungsbewegung vorbereitet wird. Unter körperlicher Belastung werden weitere Mechanismen wirksam, die eine Abstimmung der Lungenventilation mit den Stoffwechselerfordernissen des Organismus sichern. Bei Beginn einer intensiven Belastung ist bereits der erste Atemzyklus verstärkt; diese Reaktion ist so zu erklären, daß eine Kopie des zentralnervalen Befehls, der an die Arbeitsmuskulatur gerichtet ist, an das Atemzentrum geleitet wird, das ohne eine nennenswerte Verzögerung eine Einstellung der Lungenventilation auf die skelettmotori-

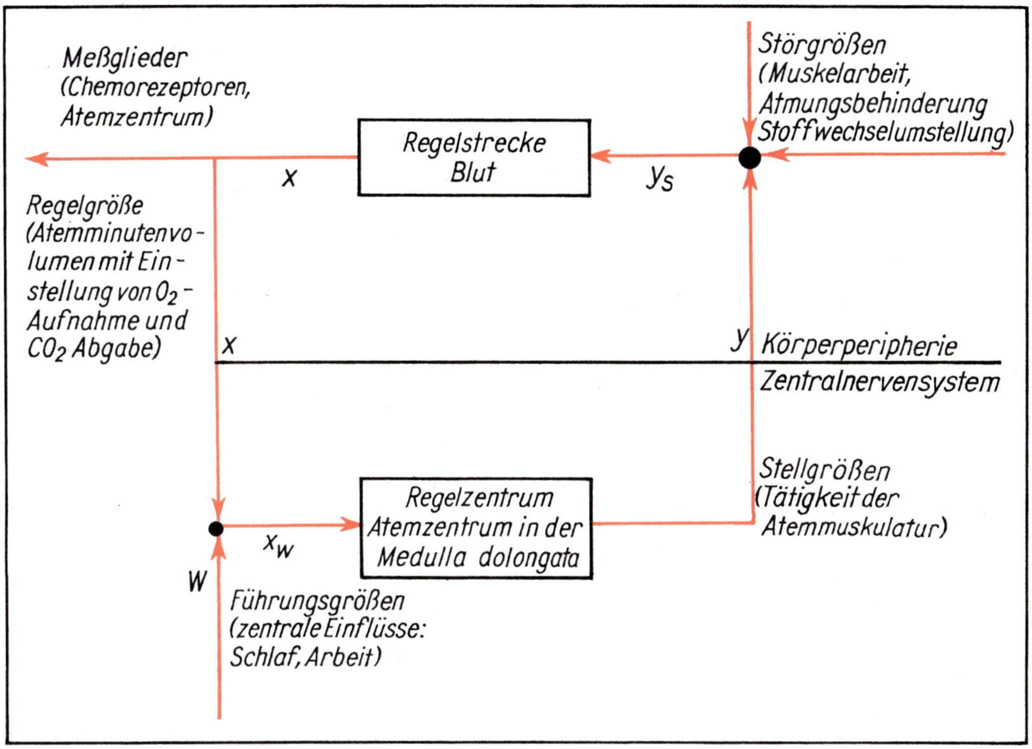

Bild 3.100 Regeltheoretisches Schema der Atmung (nach Schubert)

sche Tätigkeit vornimmt. Weiterhin beeinflussen Afferenzen (nervale Rückmeldungen aus der Arbeitsmuskulatur), pH-Veränderungen, der O_2-Druck und eine Steigerung der Körperkerntemperatur das Maß der Lungenventilation. Bei sportlichen Ausdauerleistungen tritt die Bedeutung der unter Ruhebedingungen dominierenden Regelgröße (arterieller CO_2-Druck) zurück; unter diesen Bedingungen wird oft ein CO_2-Druck von weniger als 5,3 kPa (40 Torr) im arteriellen Blut angetroffen.

Die Steuerung der Atmung kann sich an der Lungenventilation durch folgende Atemformen manifestieren:

- Eupnoe: Normale Ruheatmung mit rhythmischem Wechsel von Ein- und Ausatmung – Lungenventilation beim Sport mit einer exspiratorische Pause.
- Hyperpnoe: Gesteigerte Atmung (CO_2-Druck im arteriellen Blut verbleibt bei 5,3 kPa).
- Tachypnoe: Schnellatmung (unproportionale Steigerung der Atemfrequenz, Hechelatmung).
- Dyspnoe: Hyperpnoe oder Tachypnoe verbunden mit der Empfindung der Atemnot.
- Hyperventilation: Gesteigerte Ventilation der Alveolen (CO_2-Druck $<$5,3 kPa).
- Hypoventilation: Herabgesetzte Ventilation der Alveolen (CO_2-Druck $>$5,3 kPa).
- Apnoe: Unterbrochene Lungenatmung.

Die **Steigerung der Lungenventilation** ist das eindrucksvollste äußere Zeichen einer intensiven sportlichen Belastung. Unter keinen anderen physiologischen Bedingungen werden derartig hohe Ansprüche an den Gasaustausch und damit an die Lungenventilation gestellt wie bei intensiver sportlicher Betätigung. Der Ursprung dieser Ventilationssteigerung liegt in den Stoffwechselansprüchen der arbeitleistenden Muskulatur. Die Ventilation wird entsprechend den Stoffwechselanforderungen jeweils so einreguliert, daß das Blut in den Lungenkapillaren mit Sauerstoff abgesättigt ist. Das Atemminutenvolumen kann bei ausdauerintensiver sportlicher Belastung in Einzelfällen bis auf 200 Liter ansteigen. Es ist somit eine Steigerung der Ventilation um das 25fache möglich. Der Mensch verfügt über eine bemerkenswerte ventilatorische Reserve. Beim Gesunden und insbesondere beim Trainierten ist deshalb die Ventilation selten leistungsbegrenzend. Dennoch ist sie sportmedizinisch und leistungsphysiologisch als stichhaltig anzusehen.

Die Leistungsfähigkeit der Lunge wird vorrangig durch folgende Faktoren bestimmt:

- Oberfläche der gaswechselnden Alveolen (Respirationsfläche),
- Dichte des Kapillarnetzes (Lungendurchblutung),
- Durchlässigkeit der Wände (Alveolen und Kapillaren) zwischen Luft und Blut für O_2.

Adaptationen der Lunge

Wie an anderen Organen, so kommt es auch an der Lunge mit ihrer Ventilationsfunktion bei Sporttreibenden zu bewegungsbedingten Adaptationen.

Diese werden durch die gesteigerten Anforderungen bewirkt, und sie manifestieren sich als akute Umstellungen bei aktueller Beanspruchung und als relativ stabile Veränderung an den Lungen im Verlauf eines Trainingsprozesses (s. Kap. 5).

Respirationsfläche

Unter Ruhebedingungen, d. h. bei einem niedrigen Atemvolumen, ist nur ein Teil der

Bild 3.101 Schematische Darstellung der Entfaltung einer Alveole bei verstärktem Lufteinstrom

Alveolen voll entfaltet; ein anderer Teil ist kaum am Vorgang des Gaswechsels beteiligt. Bei hohen Ventilationsansprüchen nehmen dagegen alle Alveolen am Gasaustausch teil (Bild 3.101); es kommt zu einer anforderungsgerechten Entfaltung der Alveolen.

Auf diese Weise wird die aktive Alveolaroberfläche vergrößert und die Wand wird infolge ihrer Dehnung besser durchlässig. Die Unterbelüftung einzelner Alveolen wird aufgehoben, und Ungleichmäßigkeiten in der Ventilation einzelner Lungenabschnitte werden ausgeschaltet. Dieser Vorgang im Sinne einer Steigerung der atmungseffektiven Lungenoberfläche erfolgt bei Trainierten mit größerer Zuverlässigkeit als bei Untrainierten.

Diffusionskapazität

Bei submaximaler Belastung tritt ein Anstieg des O_2-Drucks im Blut ein, das die Lungen verläßt; durch die motorische Aktivität erfolgt eine verbesserte O_2-Beladung des Blutes. Diese günstigen Veränderungen bei mittleren motorischen Anforderungen sind vor allem aus den Umstellungen heraus zu verstehen, die in den Abschnitten 1.1.2 bis 1.1.5 beschrieben sind. Es kommt zu einer gesteigerten Ventilation und damit zu einer erhöhten Frischluftzufuhr in die Alveolen; dort steigt der O_2-Druck auf Werte über 16 kPa (120 Torr) an. Weiterhin erfolgt bei der Deh-

nung der Lunge infolge verstärkter Ventilation eine Verdünnung der Alveolarmembran, wodurch der Übertritt des Sauerstoffs in das Blut erleichtert wird. Die erhöhte Durchblutung der Lunge stellt ebenfalls eine Komponente der verstärkten O_2-Aufnahme in das Blut dar.

In höchsten Belastungsstufen vergrößert sich der alveoloarterielle Sauerstoffgradient erheblich; er kann mehr als 6,7 kPa (50 Torr) betragen. Das bedeutet, daß der O_2-Druck des Blutes, das die Lunge verläßt, auf weniger als 9,3 kPa (70 Torr) absinken kann. Auf diesen Wert wurde im Zusammenhang mit der O_2-Bindungskurve des roten Blutfarbstoffs (Hämoglobin) bereits eingegangen (s. 2.7.2). Der erhebliche Druckabfall des O_2 zwischen Alveole und Blut ist vor allem mit der belastungsbedingten stark beschleunigten Blutströmung im Lungenkreislauf in Verbindung zu bringen. Die Kontaktzeit des Blutes reduziert sich bei maximaler Aktivierung des Lungenkreislaufs im Alveolenbereich von 0,8 auf weniger als 0,3 Sekunden. Diese Zeit reicht nicht mehr aus, um einen ausreichenden Übertritt des O_2 aus der Alveolarluft in das Blut zu gewährleisten. Nach Wettkämpfen im 1500-m-Lauf, im 4000-m-Zeitfahren im Bahnradsport oder im Rudern wurden O_2-Sättigungswerte des Blutes von 70 bis 80 Prozent ermittelt; diese Werte entsprechen einem arteriellen O_2-Druck von 6,7 bis 8,0 kPa (50 bis 60 Torr)! Bei hochintensiven Belastungen großer Muskelpartien über 3 bis 6 Minuten reicht auch angesichts des aktivierten Herz-Kreislauf-Systems die alveolokapilläre Diffusionskapazität für O_2 nicht aus, um das schnell strömende Blut mit O_2 abzusättigen. Es kommt zu einer O_2-Mangelsituation, die in hohem Maße die anaerobe Energiewandlung zum Einsatz kommen läßt, und die zu einem dominierenden leistungsbegrenzenden Faktor wird. Es ist erwiesen, daß ein Ausdauertraining die alveolokapilläre Diffusionskapazität für O_2 signifikant verbessert; infolge einer trainingsbedingten Adaptation lassen die Trennwände, die zwischen alveolärer Luft und Blut angeordnet sind, den Sauerstoff leichter passieren.

Durchblutung der Lunge

Die Funktion der Lunge ist integriert in die des Herzkreislaufsystems. Ein gesteigertes Herzminutenvolumen geht in der Regel einher mit einem äquivalent gesteigerten Atemminutenvolumen.

Der Lungenkreislauf zeigt bei akuter motorischer Belastung und im Trainingsprozeß grundsätzlich gleiche Reaktionen im Sinne der Anpassung wie der Körperkreislauf.

Ein trainierter Ausdauersportler erreicht ein maximales Herzminutenvolumen von 35 Litern gegenüber etwa 20 Litern, die ein Untrainierter zu erreichen vermag. Diese Blutmenge passiert auch die Lungenstrombahn. Das setzt beim Trainierten eine erhöhte Gefäßkapazität voraus. Auch die Blutgefäße der Lunge steigern im Verlauf eines Ausdauertrainings als Adaptation an die Durchblutungsansprüche ihr Fassungsvermögen. Es tritt eine anpassungsbedingte Weitung von Arterien und Venen ein; darüber hinaus kommt es in der Lunge analog zu den Adaptationen im Skelett- und Herzmuskel zur Neubildung von Kapillaren (s. Bild 3.76). Die Blutströmungsgeschwindigkeit in der Lunge erhöht sich bei intensiven Ausdauerbelastungen etwa um das 3fache; dieser Mechanismus bedeutet zwar eine wesentliche Kreislaufreserve, er kann jedoch trotz des vergrößerten Gefäßbettes beim Trainierten der Anlaß für eine ungenügende O_2-Sättigung des Blutes sein, da die Verweilzeit des Blutes an der Grenzfläche zur Alveole stark abgekürzt ist (s. Diffusionskapazität).

Ausgiebige Exkursionen des Brustkorbes und des Zwerchfells, wie sie für hohe Ventilationsleistungen kennzeichnend sind, haben Auswirkungen auf den Lungenkreislauf. Sie begünstigen die arterielle wie kapilläre Durchblutung, und sie fördern den venösen Rückstrom.

Arteriovenöse Gefäßverbindungen

Die Lungenstrombahn ist verhältnismäßig reich an arteriovenösen Gefäßverbindungen (Anastomosen). Dabei handelt es sich um Blutgefäße, die unter Umgehung des Kapillargebietes einen Kurzschluß zwischen Arterien und Venen herstellen. Unter Ruhebedingungen sind zahlreiche dieser arteriovenösen Kurzschlußverbindungen geöffnet, so daß ein Teil des Blutes das Kapillargebiet im Bereich der Alveolen nicht berührt; dieses O_2-verarmte Blut das die arteriovenösen Verbindungen führen, wird dem O_2–beladenen Blut hinter dem alveolären Kapillargebiet zugemischt. Auf diese Weise kommt es hier zu einem venösen Zumischungsgradienten; er beträgt beim Untrainierten etwa 4,5 und beim Trainierten etwa 3,0 Prozent des Herzminutenvolumens. Der Zumischungsgradient hat zur Folge, daß es unter Ruhebedingungen keine hundertprozentige O_2-Sättigung des arteriellen Blutes gibt. Der Sättigungsgrad liegt bei 95 bis 98 Prozent. Bei hohen Ansprüchen an die Atmung kommt es zu einem Schluß der arteriovenösen Gefäßverbindungen, so daß das gesamte Blut, das die Lungen durchströmt, zu den Alveolen geleitet wird (Bild 3.102). Diese Reaktion, die eine bessere Nutzung des Blutes für den O_2-Transport sichert, geht beim Trainierten zuverlässiger vonstatten als beim Untrainierten.

Ventilationsfähigkeit

Wiederholte höhere Ansprüche an die Ventilation kräftigen die Atemmuskulatur. Das betrifft vor allem die Zwischenrippenmuskeln und das Zwerchfell. Die Steigerung der Funktionstüchtigkeit der Atemmuskeln verbessert wiederum die Ventilationsfähigkeit.

Oberhalb eines Atemminutenvolumens von etwa 50 Liter werden Atemhilfsmuskeln benötigt.

Auch diese Muskeln finden sich in ihrer spezifischen Funktion als Atemhilfsmuskeln beim Trainierenden gestärkt und tragen so zu einer generellen Verbesserung der Ventilationsfähigkeit bei. Der überdurchschnittliche Atemgrenzwert, der den Sportler auszeichnet, ist unter anderem Ausdruck einer gut ausgebildeten Atemhilfsmuskulatur (s. 3.6.1.1).

Die Qualität der Lungenatmung wird maßgeblich durch die Elastizität des Brustkorbes beeinflußt. Die Möglichkeit zu großen Atemexkursionen kennzeichnet gute Ventilationsvoraussetzungen. Auch die Weitungsfähigkeit des Brustkorbes ist gut trainierbar und findet sich bei Sportlern verbessert.

Durchlaßfähigkeit der Atemwege

Die Luftröhre und deren Aufzweigungen sind kein starres Röhrensystem, sondern sie vermögen ihren Querschnitt aktiv zu verändern.

Unter Belastung tritt eine bronchomotorische Arbeitsreaktion im Sinne einer aktiven Erweiterung des Zuleitungssystems zu den Alveolen ein. Damit wird der Strömungswi-

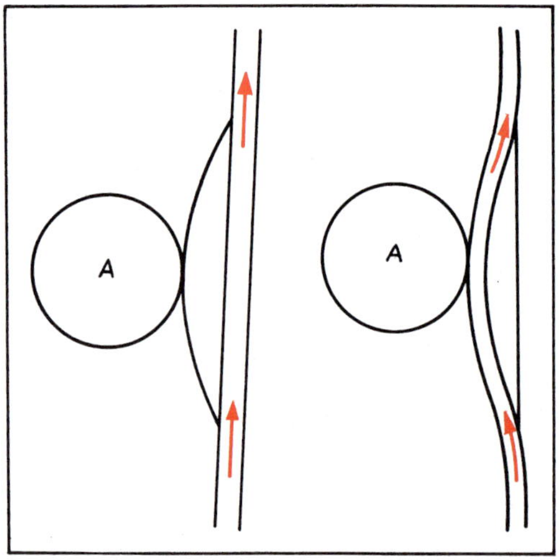

Bild 3.102 Schematische Darstellung der arterio-venösen Verbindung bei einer ruhenden und einer atmungsaktiven Alveole

derstand in den Luftwegen herabgesetzt. Diese Reaktion wird nerval und hormonell gesteuert.

Die Senkung des Strömungswiderstandes in den Atemwegen bei hohen Atemminutenvolumina ist vor allem deshalb von großer Bedeutung, weil die Atemarbeit quadratisch mit dem Widerstand ansteigt.

Trotz der Erweiterung der Atemwege und der damit verbundenen Reduktion des Strömungswiderstandes steigt der Energieaufwand für die Atmung bei den erheblichen zu bewegenden Luftvolumina überproportional zur Ventilation. Die Ventilation benötigt relativ viel Sauerstoff für sich selber. Während sie unter Ruhebedingungen etwa 1 bis 2 Prozent des Gesamtstoffwechsels ausmacht, beläuft sich ihr Anteil bei einem Atemminutenvolumen von 150 Liter auf 10 bis 12 Prozent. An diesen Werten zeigt sich, daß eine ***rationelle Atemtechnik für die sportliche Leistung*** *von großer Bedeutung sein kann (s. Kap. 3.6.2).*

Die Erweiterung der Atemwege unter Belastung, die der anforderungsgemäßen Reduzierung der Atemwiderstände dient, wird mit einer Vergrößerung des Totraumes erkauft. Unter intensiver Ausdauerbelastung erfolgt eine Vergrößerung des Totraumes um 70 bis 80 Prozent. Die atemtechnischen Nachteile dieser Reaktion werden allerdings durch die Herabsetzung der Atemwiderstände mehr als ausgeglichen. Auch ist in Rechnung zu stellen, daß sich angesichts sehr großer Atemzugvolumina der prozentuale Anteil der Totraumluft an der insgesamt ventilierten Luftmenge verringert.

3.6.4 Atemäquivalent

Das Atemäquivalent kennzeichnet die Beziehung von Atemminutenvolumen und O_2-Aufnahme. Es wird durch den Quotienten AMV (ml · min^{-1}) / VO_2 (ml · min^{-1}) ausgedrückt.

Das Atemäquivalent charakterisiert eine wesentliche Qualität der Ventilation; es weist aus, wieviel Sauerstoff aus einer definierten Menge ventilierter Luft in das Blut übergetreten ist. Da sich die O_2-Aufnahme im Nenner des Quotienten befindet, ist ein niedriger Wert für das Atemäquivalent günstig zu bewerten. Ein kleiner Wert bedeutet, daß aus einer bestimmten Luftmenge ein hoher O_2-Anteil genutzt werden konnte, bzw. daß für eine erforderliche O_2-Aufnahme wenig Luft ventiliert werden mußte. Das Atemäquivalent ist von der Intensität der Ventilation abhängig; es erreicht bei etwa 60 Prozent der maximalen O_2-Aufnahme sein Minimum. In diesem Bereich funktioniert die Ventilation bei Untrainierten wie Trainierten am ökonomischsten. Allerdings bedeuten 60 Prozent der maximalen O_2-Aufnahme für Untrainierte etwa 1800 ml · min^{-1} und für Trainierte 3000 ml · min^{-1}.

Der Trainierte erreicht seine optimalen Ventilationsverhältnisse bei absolut höherer Stoffwechselintensität.

Entscheidend ist jedoch der Befund, daß das Atemäquivalent beim Trainierten Werte bis 25 erreichen kann, während der Untrainierte kaum unter 35 gelangt.

Der günstige Wert für das Atemäquivalent des Trainierten ist das Ergebnis der dargestellten sportbedingten Adaptationsvorgänge im Bereich der Lunge. Größere Kapazität und Ökonomisierung der Ventilation sind verantwortlich dafür, daß der Trainierte auch bei hohen Belastungen keinen Luftmangel empfindet. In diesen Anpassungen ist auch die Erklärung dafür zu suchen, daß zum Beispiel bei identischer Laufgeschwindigkeit der Untrainierte kurzatmig wird, während der Trainierte seine Ventilationsreserven nicht ausschöpft.

3.6.5 Atemtechnik und Lungenfunktion

Die Lungenventilation, die über quergestreifte Muskeln realisiert wird, unterliegt der autonomen (unwillkürlichen) Kontrolle, und sie wird durch verschiedene Mechanismen auf dem erforderlichen Niveau gehalten (s. Kap. 3.6.3). Der Grundrhythmus ist jedoch in gewissen Grenzen willkürlich zu beeinflussen.

Diese Möglichkeit kann für den Sport ausgenutzt werden, da eine Beziehung zwischen der Atemtechnik und der Effektivität der Lungenfunktion besteht.

Es können vier Regulative der Atemtechnik unter dem Aspekt ihres optimalen Einsatzes für den Gaswechsel eingesetzt werden. Die gezielte Schulung der Atemtechnik bei sportlichen Anforderungen führt dazu, daß sich eine optimale Funktion dieser Mechanismen beim Sporttreibenden als Stereotyp ausbildet. Zu spezifizieren wäre das Verhältnis von:

- Atemzugvolumen zu Atemzugfrequenz,
- Einatmung zu Ausatmung,
- Brustatmung zu Bauchatmung,
- Nasenatmung zu Mundatmung.

3.6.5.1 Verhältnis von Atemzugvolumen zu Atemzugfrequenz (Ventilationskoeffizient)

Ein Ventilationsbedarf von zum Beispiel 90 $l \cdot min^{-1}$, wie er bei sportlichen Anforderungen beim Erwachsenen gegeben sein kann, ließe sich realisieren, indem 45mal je 2 Liter oder 30mal je 3 Liter Luft geatmet werden. Da die Lungenventilation für ihr eigenes Funktionieren Sauerstoff benötigt, wäre zunächst ein diesbezüglicher Vergleich zwischen beiden Atemformen anzustellen.

Es ist erwiesen, daß die langsame Tiefatmung günstiger ist, also energiesparend wirkt.

Ein Hecheln wäre unökonomisch. Die Minimierung der Atemarbeit findet sich bei einem relativ großen Atemzugvolumen. Auch die übertriebene Tiefatmung verläßt wieder das energetische Optimum; dieses Optimum liegt jedoch mehr auf der Seite des größeren Volumens jedes Atemzuges als auf der Seite der hohen Atemfrequenz. Durch die inspiratorische Lungendehnung erfolgt eine nervale Rückkopplung, die eine Einatmungshemmung zur Folge hat (s. Kap. 3.6.3). Die bei der Einatmung zu erzeugende Dehnungsspannung der Lunge steht in einer physikalischen Beziehung zum Lungenvolumen (Längen-Spannungsverhältnis). Die elastische Situation der Lunge erfordert jedoch erst ab einer Ausnutzung der Vitalkapazität von mehr als 75 Prozent einen unökonomischen Aufwand. Die geforderte Tiefatmung überschreitet diesen Wert nicht.

Auf benachbarte Organe, zum Beispiel Herz oder Magen, hat eine Tiefatmung durch beträchtliche Atembewegungen von Brustkorb und Zwerchfell oder infolge stärkerer Druckschwankungen keinen negativen Einfluß.

Als günstig muß die Tiefatmung für den Rücktransport des venösen Blutes sowie für die gleichmäßige Verteilung der Atemluft in der Lunge aufgefaßt werden. Bei dem genannten Beispiel unterscheidet sich auch das Verhältnis von Alveolarraum zu Totraum; so müßte die nutzlose, am Gasaustausch nicht beteiligte Luft des Totraumes entsprechend der Atemfrequenz in dem einen Fall 45mal, im anderen Fall jedoch nur 30mal je Minute bewegt werden. Die Vorzüge der Tiefatmung liegen weiterhin in der günstigeren Relation von Frischluft zu verbrauchter Luft in der Lunge (Tabelle 3.20).

Wird das bei Belastung vergrößerte Atemzugvolumen zu gleichen Teilen durch Inanspruchnahme des inspiratorischen und exspiratorischen Reservevolumens bewirkt, so ist das Mischungsverhältnis von Frischluft zu Luft, die in der Lunge verblieben war, bei kleinem Atemzugvolumen eindeutig ungünstiger. Ein großes Atemzugvolumen sichert eine effektive Ventilation der Lungenbereiche, in denen der Gasaustausch stattfindet.

Tabelle 3.20 Zusammensetzung der Alveolarluft (Verhältnis von Frischluft zu verbrauchter Luft) bei verschiedenen Möglichkeiten der Ausnutzung einer Vitalkapazität von 5 Litern

	1	2	3	4
Inspiratorisches Reservevolumen (IRV) (ml)	1 500	1 000	500	1 500
Atemzugvolumen (AV) (ml)	2 000	3 000	3 000	3 000
Exspiratorisches Reservevolumen (ERV) (ml)	1 500	1 000	1 500	500
Residualvolumen (RV) (ml)	1 500	1 500	1 500	1 500

Bei der Beurteilung des Atemtyps ist von vier Atemstellungen auszugehen:

- maximale Inspirationslage,
- inspiratorische Atemruhelage,
- exspiratorische Atemruhelage,
- maximale Exspirationslage.

Hieraus ergeben sich die in der Tabelle 3.20 markierten Atemvolumina. Die Spalten 2 bis 4 demonstrieren bei einem Atemzugvolumen von jeweils 3 Liter die Verhältnisse bei mittlerer, inspiratorischer und exspiratorischer Atemlage.

Es wird deutlich, daß bei exspiratorischer Atemlage das beste Mischungsverhältnis von Frischluft zu verbrauchter Luft in den Lungenalveolen erreicht wird; die alveoläre Ventilation ist bei diesem Vorgehen am günstigsten.

Die alveoläre Gaszusammensetzung ändert sich in Abhängigkeit vom Atemtyp. Neben der Tiefatmung ist bewußt ein exspiratorischer Atemtyp anzustreben. Bei erfolgter Ausatmung ist der Gasaustausch in der Lunge nicht unterbrochen; bei forcierter Ausatmung steht zu diesem Zeitpunkt zwar nur relativ wenig Luft für den Gasaustausch zur Verfügung, jedoch ist bei beschleunigter Ausatmung diese Phase zeitlich kurz, und es erfolgt schnell wieder eine Frischluftzufuhr. Weiterhin steigt mit abnehmendem funktionellen Residualvolumen (exspiratorisches Reservevolumen plus Residualvolumen) der Wirkungsgrad der Atemmuskulatur an.

3.6.5.2 Verhältnis von Einatmung zu Ausatmung (Atemzeitkoeffizient)

Volumenmäßig wird grundsätzlich soviel Luft ausgeatmet wie eingeatmet wurde; das Verhältnis beträgt praktisch stets 1:1. Zeitlich läßt sich das Verhältnis von Einatmung zu Ausatmung jedoch variieren. Nach den Darlegungen im Abschnitt 3.6.5.1 ergibt sich die Forderung nach betonter Ausatmung; diese sollte auch zeitlich etwas länger dauern als die Einatmungsphase (Verhältnis 5:4).

Die Tiefatmung bei exspiratorischer Atemlage erfordert in den letzten Phasen der Ausatmung zur Verkleinerung des Brustraums die Überwindung der Brustkorbelastizität.

Da sich ein relativ großer Teil der Ventilation auf der Ausatmungsseite (gewissermaßen unterhalb der Atemmittellage) vollzieht, liegt auch ein Teil der Energiebereitstellung für die Atmung selbst bei der Ausatmung. Die Einatmung vollzieht sich bei dieser Atemtechnik in ihren Anfangsphasen in der Weise, daß elastische Kräfte den Brustkorb bis zur Atemmittellage zurückführen. Nach tiefer Ausatmung geschieht der Einatmungsvorgang, unterstützt durch die elastischen Kräfte des Brustkorbs, weitgehend von selbst und vor allem auch sehr schnell, was letztendlich für das Vorhandensein einer angemessenen großen Frischluftmenge in den Alveolen von Bedeutung ist.

Beim exspiratorischen Atemtyp als Voraussetzung für ein günstiges Verhältnis von Frischluft zu verbrauchter Luft in den Alveolen wird weiterhin am Ende der Ausatmung gerade die Luft aus der Lunge entfernt, die am längsten am Gasaustausch teilgenommen hat.

Sportler neigen unter Belastung eher zu einer Hochstellung der Atemlage. Bei großem Atemminutenvolumen wird der Brustkorb spontan angehoben. Diese Tendenz müßte Anlaß sein, bewußt eine mehr exspiratorische Atemlage einzunehmen.

Die Frage, ob der Atemrhythmus an den Bewegungsrhythmus gebunden werden sollte, ist nur in den Sportarten mit zyklischem Bewegungsablauf von Interesse; in den Sportarten mit azyklischen Bewegungsvorgängen ist eine Übereinstimmung von Atmungs- und Bewegungsrhythmus nicht stichhaltig. Beim Schwimmen ist die Atmung von der Bewegungsstruktur abhängig; auch beim Rudern ist die Variationsmöglichkeit in engen Grenzen fixiert. Beim Lauf, Skilauf und Radfahren sollte die Atmung nicht bewußt auf den Bewegungsrhythmus orientiert werden. Vielfach geschieht das durch den Sportler spontan; strikte Vorschriften sind jedoch unangebracht. Bei Tieren findet sich keine Koordination von ventilatorischem und lokomotorischem Rhythmus.

Im Sport muß sich die Atmung grundsätzlich nicht dem Bewegungsablauf unterordnen. Die Atmung richtet sich bei Beachtung der dargelegten Prinzipien nach dem Sauerstoffbedarf.

Eine feste Kopplung von Atem- und Bewegungsrhythmus müßte außerdem bei jedem kurzfristigen Tempowechsel zu Störungen führen.

3.6.5.3 Verhältnis von Brustatmung zu Bauchatmung

Die Brustatmung erfolgt durch Heben und Senken des Brustkorbes, die Bauchatmung durch die Ab- und Aufwärtsbewegung des Zwerchfells. Beide Formen werden gleichzeitig und gleichsinnig eingesetzt. Der früher hervorgehobene Geschlechtsunterschied – Frauen bevorzugen die Brust-, Männer die Bauchatmung – ist unerheblich.

Bei ansteigender motorischer Anforderung und zunehmender Lungenventilation bildet sich eine Neigung zu verstärkter Brustatmung heraus.

Während unter Ruhebedingungen das Zwerchfell allein 80 Prozent zur Ventilation beiträgt, erreicht bereits bei mittleren motorischen Ansprüchen die Brustatmung einen Anteil von mehr als 25 Prozent. Diese Verschiebung in der Beteiligung der Bauch- und Brustatmung an der Ventilation bei Bewegungsanforderungen macht ständig eine neue Abstimmung von Zwerchfellmuskel und Zwischenrippenmuskeln (sowie Atemhilfsmuskeln) erforderlich. Diese Tendenz begünstigt ein Anheben der Atemlage. Beim Lauf zum Beispiel kann dabei der Bauch eingezogen werden; das ist besonders dann der Fall, wenn der Läufer einen langen Schritt und eine Hohlkreuzhaltung bevorzugt. Ein solcher Laufstil behindert die Ausatmung und die Bauchatmung. Bei der Einatmung muß die Bauchwand sich vorwölben oder anspannen, damit der Anteil der Zwerchfelltätigkeit an der Gesamtatmung angemessen sein kann.

3.6.5.4 Verhältnis von Nasenatmung und Mundatmung

Sowohl die Nase als auch der Mund können den Anfangsabschnitt der Atemwege bilden.

Die Nasenatmung bietet zunächst prinzipielle Vorteile wegen der zuverlässigeren Aufwärm- und Kühlfunktion, Filterwirkung sowie Anfeuchtung der Atemluft. Die Forderung nach ausschließlicher Anwendung der Nasenatmung im Sportbetrieb muß jedoch als unrealistisch zurückgewiesen werden.

Schon in Ruhe ist der Widerstand des Luftstromes bei der Nasenatmung zwei- bis dreimal höher als bei der Mundatmung; bei gesteigerter Ventilation verändert sich das noch zu Ungunsten der Nase. Allerdings variieren die Werte für die Durchlaßfähigkeit individuell erheblich in Abhängigkeit von der Nasenform und dem Nasenraum.

Im Mittel beträgt der Atemgrenzwert bei reiner Nasenatmung weniger als 50 Prozent gegenüber reiner Mundatmung.

Der Übergang von der Nasen- zur Nasen-Mund-Atmung ist beim Erwachsenen bei einem Atemminutenvolumen von 40 bis 50 Liter erforderlich, da es sonst zu einer Minderventilation kommt. Atemminutenvolumina, wie sie schon bei mittleren motorischen Intensitäten auftreten, sind über die Nasenatmung allein nicht mehr zu verwirklichen; hier muß zusätzlich die Mundatmung einsetzen. Dabei werden beide Atemwege gleichzeitig benutzt; der weitaus größere Teil der Atemluft gelangt bei der Nasen-Mund-Atmung über den Mund in die Lunge. Der Atemwiderstand wird durch den Übergang auf eine vorherrschende Mundatmung minimiert.

Die Mundatmung ist im Sport unerläßlich!

Die Luft gelangt durchaus temperiert in die Lunge. Wettkämpfe im Skilanglauf können bei Temperaturen unter minus 20°C ausgetragen werden; dabei wird intensiv über mehrere Stunden durch den Mund geatmet, und es wird keine kältebedingte Störung der Lungen beobachtet. Die Luft hat bei Sportlern; wenn sie die Lungen erreicht, in jedem Fall eine Temperatur von etwa 37°C angenommen. Auch die Wasserdampfsättigung der Atemluft erreicht bei der Mundatmung unter allen Bedingungen praktisch 100 Prozent. Bei sehr niedrigem Wasserdampfdruck der Luft (wie er besonders in der Höhe gegeben ist) treten leichte Austrocknungserscheinungen in den Atemwegen ein; diese können aber sowohl bei der Nasenatmung (im Nasenbereich) als auch bei der Mundatmung (Rachen, Luftröhre) gegeben sein.

Im Verlauf des Trainings kommt es jedoch zu einer Anpassungsreaktion der Schleimhäute, wodurch ihre Austrocknung bei hohen Atemminutenvolumina verhindert oder stark gemildert wird.

Für eine erhöhte Anfälligkeit gegenüber Infekten der oberen Luftwege bei Sportlern, die in Training und Wettkampf die Nasen-Mund-Atmung praktizieren, gibt es keinen gesicherten Anhalt.

Jede Auffassung, die auf eine strikte Ablehnung der Mundatmung im Sport hinausläuft, muß als überholt angesehen werden.

Es kann davon ausgegangen werden, daß der Sportler nur während hoher körperlicher Anforderungen verstärkt durch den Mund atmet; über die weitaus längste Zeit des Tages praktiziert er die Nasenatmung. Alle ungünstigen Faktoren, die zu Recht gegen eine permanente Mundatmung ins Feld geführt werden, gelten während des Sporttreibens nicht.

3.6.6 Vitalkapazität

Die Ventilationsleistung ist u. a. von der Vitalkapazität (VK) abhängig. Sie kennzeichnet das für die Ventilation ausnutzbare Lungenvolumen (s. Bild 3.99). Die VK ist eine wichtige Kenngröße des Ventilationssystems, und sie ist mit Hilfe der Spirometrie oder Spirografie einfach zu messen; dabei steht in der Regel das Ergebnis sofort zur Verfügung. Durch ein Training kann die VK bis zu 30 Prozent gesteigert werden. Es findet sich bei der Vitalkapazität eine Abhängig-

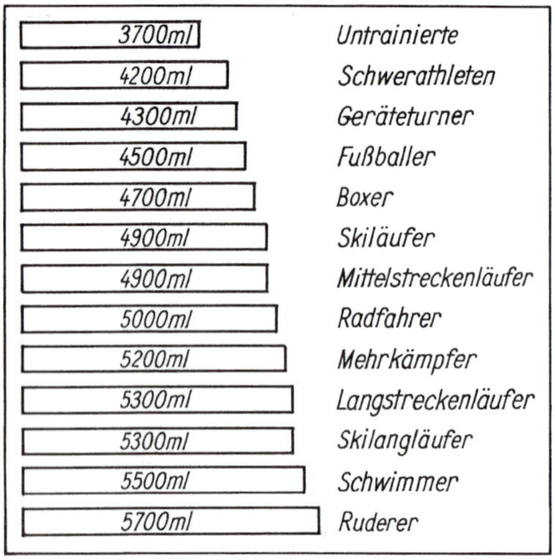

Bild 3.103 Vitalkapazität bei Sportlern verschiedener Sportarten (Die angeführten Werte sind bei Frauen um etwa 0,25 zu vermindern)

keit von der Beanspruchung der Ventilation und von dem in der jeweiligen Sportart vorherrschenden Körperbautyp (Bild 3.103).

Bei der Prüfung der VK spielt die Körperhaltung eine Rolle; so sind die ermittelten Werte im Sitzen um 5 Prozent und im Liegen um 10 Prozent geringer als im Stehen.

Bei der VK handelt es sich um eine statische Kenngröße; sie gewinnt erst ihre volle Bedeutung, wenn sie in Funktion umgesetzt wird. Weiterhin hängt sie in hohem Maße vom Körperbautyp ab. Ihre leistungsphysiologische Aussagekraft wird mitunter überschätzt.

Sportler mit einer auf die Körpermasse bezogenen unterdurchschnittlichen VK gibt es jedoch kaum. Bei günstigen konstitutionellen Voraussetzungen können Untrainierte aber bemerkenswert hohe Werte erreichen. Dennoch sichert eine große VK ein großes Atemzugvolumen, und es existieren signifikante lineare Beziehungen zwischen VK, Atemminutenvolumen und maximaler O_2-Aufnahme. Eine O_2-Aufnahme von zum Beispiel 4 l · min^{-1} ist nur möglich bei einer VK von mindestens 4,5 Litern.

Die Aufbesserung einer ungenügenden VK geschieht am einfachsten durch eine gezielte Atemgymnastik. Vielfach genügen dazu Tiefatemübungen. Dabei wird der volle Ventilationsspielraum bewußt ausgenutzt. Die vollständige Ausatmung ist ebenso wichtig wie die tiefe Einatmung. Am günstigsten werden diese Übungen während oder direkt nach submaximalen Anforderungen bei noch gesteigertem Atmungsbedürfnis ausgeführt. Vielfach ist es bei der Atemgymnastik noch üblich, bei der maximalen Einatmung die Arme in die Hochhalte zu führen. Dieses Vorgehen ist für die Streckung der Wirbelsäule fraglos gut geeignet, es hat, wie die Tabelle 3.21 ausweist, für die Schulung des Ventilationssystems jedoch auch einige Nachteile.

Tabelle 3.21 Vitalkapazität und Weitungsfähigkeit der oberen sowie unteren Brustkorbpartien in Abhängigkeit von der Armhaltung bei der Messung (n =13 Radrennfahrer)

	Arme in Hochhalte	Arme neben dem Körper
Vitalkapazität	4 850 ml	5 250 ml
Weitungsfähigkeit der oberen Brustkobpartie	7,0 cm	12,5 cm
Weitungsfähigkeit der unteren Brustkorbpartie	10,0 cm	13,0 cm

Etwa ab dem 30. Lebensjahr entwickeln sich VK und Residualvolumen umgekehrt proportional. Sportliches Training und Atemgymnastik mit bewußt tiefer Ausatmung vermögen diese ungünstige Entwicklung zu mildern und zu verzögern.

3.6.7 Sauerstoffdefizit und Sauerstoffschuld

Einen relativ breiten Raum nehmen auch in der neueren sportmedizinischen Literatur noch die Begriffe O_2-Defizit und O_2-Schuld ein (Bild 3.104).

Ein O_2-Defizit tritt zu Beginn einer intensiven sportlichen Anforderung ein, weil die Atmung nicht schlagartig den erhöhten Stoffwechselansprüchen folgen kann.

Die Motorik des Menschen, stellt sich fast als Sprungfunktion dar; ein Sprinter vermag beim Start binnen einer Sekunde seine Laufgeschwindigkeit von 0 auf 30 km $\cdot h^{-1}$ zu beschleunigen. Die Absicherung dieser motorischen Leistung durch vegetative Körperfunktionen einschließlich der Atmung ist dagegen relativ träge, und sie hat einen bestimmten Zeitbedarf für die Umstellung auf das erforderliche Niveau.

Da der menschliche Organismus nicht über (nennenswerte) O_2-Speicher verfügt, muß zu Beginn intensiver motorischer Belastungen die anaerobe ATP-Bildung gewissermaßen als Anlasser zur Verfügung stehen.

Diese anaerobe alaktazide wie laktazide Energiebereitstellung erzeugt ein O_2-Defizit, welches während fortgeführter Belastung je nach Intensität verkleinert, gehalten oder auch vergrößert werden kann. Das O_2-Defizit kann im Extremfall bis zu 20 Litern betragen. Im Regelfall wird auch bei Langzeitausdauersportarten ein leichtes O_2-Defizit aufrechterhalten (Bild 3.104). Nach Abschluß einer sportlichen Leistung muß das zu Beginn eingegangene O_2 Defizit abgetragen werden. Leicht erkennbarer Ausdruck dieser Situation ist die Nachatmung, die im Anschluß an jede sportliche Leistung mehr oder weniger ausgeprägt stattfindet.

Der über den aktuellen O_2-Bedarf hinaus in der Nachbelastungsphase aufgenommene Betrag an O_2 wird als Sauerstoffschuld bezeichnet.

Diese ist stets größer als das O_2-Defizit. Die O_2-Schuld repräsentiert neben dem O_2-Defizit auch eine Stoffwechselsteigerung durch Prozesse, die durch spezifische Vorgänge der Nachbelastungsphase begründet sind. Dazu gehören unter anderem:

- Die stoffwechselanregende Wirkung der belastungsbedingten Steigerung der Körperkerntemperatur sowie die dadurch ausgelösten Prozesse der Temperaturregulation (z. B. Mobilisierung des Herzkreislaufsystems).
- Die durch die Notwendigkeit der Nachatmung verstärkte Ventilation.
- Die aufbauenden (anabolen) Stoffwechselprozesse. Die Resynthese energiereicher Speichersubstrate (z. B. Glykogen) ist eine exergone (exotherme) energiebenötigende Reaktion. Diese Resyntheseprozesse laufen in der Anfangsphase der Wiederherstellung mit relativ hoher Intensität ab (z. B. der Umbau von Laktat zu Glykogen).
- Das Überwiegen des sympathischen Anteils des vegetativen Nervensystems. Eine solche vegetative Grundeinstellung, die als Belastungsnachwirkung aufzufassen ist, hat einen stoffwechselanregenden Effekt.

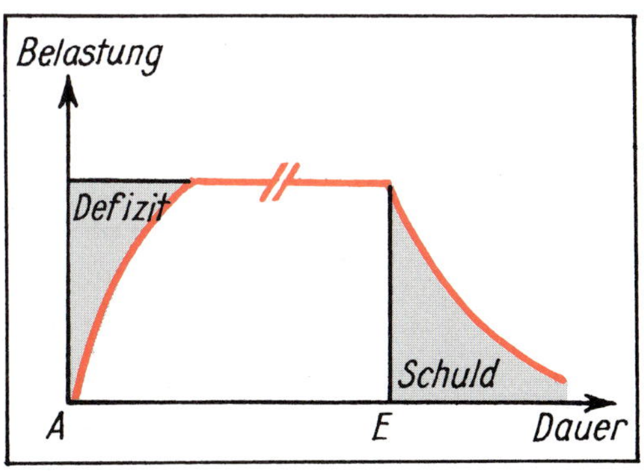

Bild 3.104 Schematische Darstellung von O_2-Defizit und O_2-Schuld. *A* Anfang der Belastung, *E* Ende der Belastung

3.6.8 Preßatmung

Unter Preßatmung (Pressung, Valsalva-Mechanismus) wird eine starke Ausatmungsaktion bei geschlossener Stimmritze, d. h. bei bewußt verhinderter Ausatmung, verstanden. Es werden zumeist bei luftgefüllter Lunge die Ausatmungsmuskeln stark innerviert, wobei jedoch durch den Schluß der Stimmritze durch die Stimmbänder im Kehlkopf keine Ausatmung stattfinden kann. Die Pressung wird im Sport zur Herbeiführung besonderer biomechanischer Verhältnisse praktiziert (s. u.); es kommt dabei jedoch zu einer ungünstigen Herzkreislaufsituation.

Die Pressung erzeugt im Brustraum einen Innendruck, der höher ist als der Druck in den Venen. Unter diesen Umständen kann das venöse Blut nicht in den Brustraum und damit auch nicht in das Herz (in den rechten Vorhof) gelangen.

Es kommt zu einem Blutstau vor dem Brustkorb, was zum Beispiel an der Schwellung der Venen im Hals- und Kopfbereich sichtbar wird. Die linke Herzkammer dagegen, der die Aufgabe zufällt, den arteriellen Druck zu erzeugen und das Blut aus dem Brustraum herauszupumpen, vermag den Innendruck des Brustkorbes auch bei starker Pressung zu überwinden und das Blut in den Körperkreislauf zu befördern. Unter den Gegebenheiten des blockierten Zustroms und des normal verlaufenden Abtransports kommt es zu einem zunehmenden Blutmangel im Brustraum, und das Herz kann sich leerpumpen. Der daraus resultierende Mangel an O_2-beladenem Blut im Körper wird zu einem leistungsbegrenzenden Faktor und kann über eine Sauerstoffnot bestimmter Abschnitte des Gehirns bis zur Bewußtlosigkeit führen. Hinzu kommt, daß reflektorisch ein starker Anstieg des systolischen Blutdrucks erfolgt, was insbesondere für ältere Menschen nicht ohne Risiko ist, da die Pressung auch mit einer Minderdurchblutung des Herzmuskels verbunden sein kann und da bei der Freigabe der Pressung das vor dem Thorax gestaute Blut buchstäblich in das rechte Herz stürzt und dieses überfordern kann. Häufige und langandauernde Pressungen reduzieren nicht nur die Leistung, sondern sie können zu Schädigungen führen. Es ist deshalb erforderlich, darauf zu achten, daß Pressungen im Sport nur in einem unerläßlich notwendigen Ausmaß durchgeführt werden. Vor allem jugendliche Sporttreibende müssen von Anbeginn auf die Minimierung von Preßvorgängen orientiert werden.

In der Praxis des Sports sind Pressungen unvermeidbar.

Durch einen Preßvorgang erfolgt die Fixierung des Brustkorbs als Voraussetzung für einen wirksamen Einsatz der oberen Extremitäten. Erst der durch eine Pressung festgestellte Brustkorb bildet ein unnachgiebiges Widerlager für die durch den Schultergürtel mit dem Brustkorb verbundenen Arme.

Bei Wurf und Stoß, im Turnen, im Gewichtheben und zahlreichen anderen Sportarten, in denen ein maximal- oder schnellkräftiger Einsatz der Arme stattfindet, erfordert die sportliche Technik eine Fixation des Brustkorbes durch eine Pressung. Diese muß zeitlich jedoch so kurz wie möglich gehalten werden. In der sportlichen Praxis erkennt man heute, sehr im Gegensatz zum Sportbetrieb noch vor wenigen Jahrzehnten, deutlich das Bemühen, Preßvorgänge auf ein tolerables Minimum herabzusetzen. Durch die Beachtung und Berücksichtigung der mit einer Pressung verbundenen Herzkreislaufreaktionen läßt sich eine gravierende venöse Einflußstauung in den Brustraum vermeiden.

3.6.9 Atmung unter Höhenbedingungen

Die Probleme des Sports in Höhenlagen haben vor allem durch die Vergabe der Olympischen Sommerspiele an Mexiko-Stadt (2240 m über NN) in den) Jahre vor 1968 umfangreiche wissenschaftliche Aktivitäten

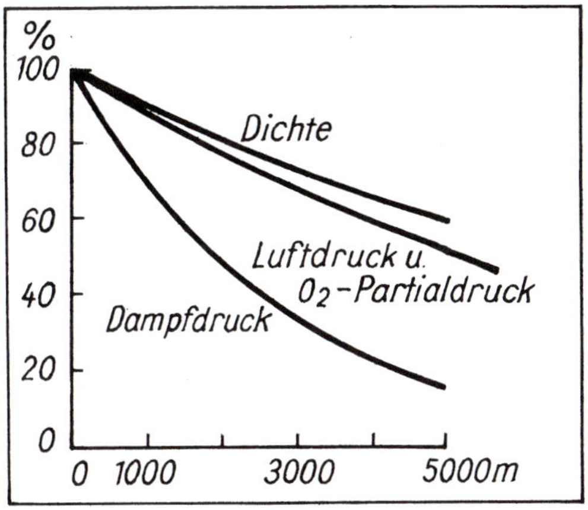

Bild 3.105 Luftdichte, Luftdruck, O_2-Partialdruck und Wasserdampfdruck in Abhängigkeit von der Höhe über NN

ausgelöst. Trainingsabschnitte und Wettkämpfe in mittleren Höhen – das sind unter sportwissenschaftlichem Aspekt Höhenlagen von 1500 bis 2500 m über NN – erfordern auch die Berücksichtigung einiger atemphysiologischer Besonderheiten. Mit steigender Höhe nimmt der Luftdruck und damit gleichlaufend der Sauerstoffpartialdruck der Atmosphäre ab (Bild 3.105). In einer Höhe von 2000 m ist der O_2-Partialdruck in den Alveolen bereits um fast 4 kPa (30 Torr) herabgesetzt. Damit ist bereits die Grenze einer Absättigung des Hämoglobins mit O_2 entsprechend der O_2-Bindungscharakteristik (s. Bild 3.99) leicht unterschritten.

Mit zunehmender Höhe tritt gesetzmäßig ein starker Abfall des Wasserdampfdrucks der Luft ein (Bild 3.105). Das führt zu Austrocknungserscheinungen im Bereich der Atemwege, da die trockene Luft den Atemwegen viel Flüssigkeit entzieht. Dieser Vorgang wird durch die Steigerung der Ventilation, die als Kompensation des herabgesetzten O_2-Partialdrucks in der Atemluft einsetzt, noch verstärkt.

Nach einem Höhenaufenthalt von etwa einer Woche sind die Schleimhäute infolge gesteigerter Durchblutung und vermehrter Anfeuchtung adaptiert, und ihre Austrocknung hält sich sodann in tolerablen Grenzen.

Infolge des reduzierten O_2-Partialdrucks kommt es unter Höhenbedingungen sofort und längerfristig zu Adaptationen, die die Folgen des herabgesetzten Sauerstoffangebots für den Organismus ausgleichen oder mildern. Das geschieht im wesentlichen durch drei Vorgänge:

- Hyperventilation: Durch eine Steigerung der Ventilation (Atemzugfrequenz und Atemzugvolumen) gelangt mehr Frischluft in die atmungsaktiven Alveolen. Dadurch wird der alveoläre O_2-Druck angehoben, was zu einer analogen Reaktion des kapillären O_2-Drucks und damit zu einer Begünstigung der O_2-Sättigung des Hämoglobins führt. Dieser Mechanismus ist jedoch nur bis zu einem bestimmten Grade zu realisieren, da durch die verstärkte Ventilation CO_2 im Überschuß abgeatmet wird. Das kann eine CO_2-Verarmung des Organismus (Hypokapnie) mit leistungsabträglichen Folgen nach sich ziehen. Die Hyperventilation mit dem Ziel der besseren O_2-Versorgung wird von den Steuerzentren der Atmung nur in einem solchen Maße realisiert, daß keine funktionsstörende CO_2-Verarmung eintritt.
- Anregung der Herzkreislauftätigkeit: Durch eine Erhöhung des Herzschlag- und Herzminutenvolumens sowie durch eine Zunahme der Lungendurchblutung werden die kreislaufmäßigen Voraussetzungen für eine bessere O_2-Versorgung der Körpergewebe geschaffen.
- Steigerung der O_2-Transportkapazität: Bei ständigem oder intermittierendem Absinken des arteriellen O_2-Drucks kommt es zu einer Stimulierung der Bildungsstätten für rote Blutkörperchen im Knochenmark.

Unter diesem Einfluß erhöht sich die Konzentration der Sauerstoffträger und des Hämoglobins im Blut. Weiterhin wird die Funktionsfähigkeit der sauerstoffübertragenden

Systeme in den Körpergeweben, namentlich in der Arbeitsmuskulatur, gesteigert.

Kehrt ein Sportler, der mehrere Wochen in mittleren Höhen trainiert hat, in das Flachland zurück, so ist bei ihm im Regelfall mit einer besonders guten Ausdauerleistungsfähigkeit zu rechnen (Nachhöheneffekt).

Das Training in mittleren Höhen ist als ein Training unter erschwerten Bedingungen aufzufassen; es führt infolge spezifischer Anpassungen dazu, daß der „Kampf um Sauerstoff“ vom Organismus besser bestanden wird. Bei der Rückkehr in das Flachland wirkt sich die höhenbedingte Vervollkommnung der O_2-aufnehmenden, -transportierenden und -verwertenden Systeme noch für einen Zeitraum bis zu vier Wochen positiv auf die Leistungsfähigkeit aus. Für das Zustandekommen des Nachhöheneffekts spielen zahlreiche Faktoren eine Rolle, jedoch ist die hohe Effektivität des O_2-Haushaltes des Körpers als die entscheidende Wirkkomponente zu betrachten.

3.6.10 Sport und Erkrankungen der Atemwege

Bei jungen Menschen sind die akuten respiratorischen Infektionen (ARI) die häufigsten Erkrankungen. Es handelt sich dabei in der Regel um Virusinfekte, die mehr oder weniger ausgeprägte Störungen des Befindens verursachen und die sich vordergründig in Entzündungszeichen an den Atemwegen zu erkennen geben. Die Erreger gelangen über die Atemluft in den Körper.

Der Organismus verfügt über mehrere Abwehrsysteme zur Verhinderung oder Abschwächung von Infektionen der Atemwege.

Eines davon – die erste Front – ist die Schleimhautbarriere. Die krankheitserregenden Viren müssen als ersten Schritt auf dem Weg in den Körper die Schleimhäute der Atemwege passieren, um überhaupt wirksam werden zu können.

Der abhärtende Effekt des Sporttreibens beruht unter anderem auf einer Verstärkung der Schleimhautbarriere in den Atemwegen.

Die gesteigerte Ventilation bei der sportlichen Aktivität, häufig verbunden mit wechselnden Temperaturreizen, führt zu einer verbesserten Durchblutung und Anfeuchtung der Auskleidung der Luftröhre und ihrer bronchialen Verzweigungen.

Diese Situation ist mit einer allgemeinen wie örtlichen Resistenzsteigerung verbunden. Es gehört andererseits zum gesicherten Wissen, daß schlecht durchblutete und ausgetrocknete Schleimhäute durchlässig und auch anfällig sind.

Im Zustand der Ermüdung nach sportlichen Belastungen sind generell die Reserven des Organismus herabgesetzt, und in dieser Phase besteht eine gesteigerte Infektanfälligkeit (Schwächung des Immunsystems). Es ist erforderlich, im ersten Abschnitt der Wiederherstellung das Verhalten auf eine Infektionsprophylaxe zu orientieren.

Das Vorliegen einer akuten respiratorischen Infektion ist keine Kontraindikation gegen ein sportliches Training, wenn das Allgemeinbefinden nicht erheblich beeinträchtigt ist und wenn kein oder nur ein geringer Anstieg der Körpertemperatur vorliegt.

Die Belastung soll jedoch ohne jegliche intensiven Elemente sein, und sie darf nicht ermüden; die Kleidung muß den Körper gut warm halten. Ein solches Training hebt die allgemeine Abwehrlage und fördert die Selbstreinigung der Atemwege; ein mäßiger Wärmestau unterstützt die Überwindung der Infektion. Das im Jugendalter nicht selten vorkommende Bronchialasthma schließt eine sportliche Aktivität keinesfalls aus. Diese kann sogar als Therapeutikum genutzt werden. Eine ärztliche Beratung ist im Einzelfall erforderlich.

Zu den häufigsten degenerativen Erkrankungen in höherem Lebensalter gehört das Lungenemphysem (Lungenblähung). Diese chronische Krankheit, die die Atmungskapazität einschränkt, ist vornehmlich durch einen Schwund an Alveolen und durch eine abnehmende Kapillardichte gekennzeichnet. Eine solche Situation bedingt eine Leistungseinschränkung der Atmung und damit eine unzureichende Sauerstoffversorgung der Körpergewebe. Dadurch werden die Vorgänge des Alterns weiter beschleunigt. Auf der Grundlage einer positiven Beeinflussung der funktionellen Verhältnisse der Lunge durch ein regelmäßiges sportliches Training kann das Lungenemphysem weitgehend verhindert oder sein Auftreten gemildert bzw. in höhere Altersabschnitte verschoben werden.

3.7 Blut

Von *G. Badtke*

Das Blut verbindet die Zellen des Körpers untereinander und erfüllt in erster Linie Transportaufgaben. Es ist in der Lage, Substanzen, die für den Zellstoffwechsel benötigt werden oder die als Stoffwechselprodukte anfallen, weiterzuleiten. Dazu gehören unter anderem Nährstoffe, Hormone, Wasser, Abwehrstoffe, Atemgase und harnpflichtige Verbindungen. Auch am Wärmetransport ist das Blut beteiligt. Sein Anteil an der Körpermasse liegt zwischen 6 und 9 Prozent. Ein Mann von 70 Kilogramm besitzt etwa 5,5 Liter Blut.

3.7.1 Zusammensetzung des Blutes

Innerhalb geringer Schwankungsbreiten ist die Zusammensetzung des Blutes weitestgehend konstant, so daß von einer Isostruktur gesprochen werden kann. Diese wird um Beispiel repräsentiert durch die:

- Isotonie (Konstanz des osmotischen Druckes), die
- Isoionie (konstante Zusammensetzung der Ionenanteile) und die
- Isohydrie (Konstanz der Wasserstoffionenkonzentration).

Aber auch das Verhältnis der zellulären Bestandteile zueinander ist im gesunden Organismus nur geringen Schwankungen unterworfen. Auslenkungen aus der Isostruktur treten durch die Wirkung von Reizen auf (z. B. physische oder psychische Belastung, Auseinandersetzung mit Krankheitserregern) und werden durch Stoffwechselleistungen des Gesamtorganismus wieder rückgängig gemacht. Dabei spielen Leber, Niere und Lunge eine besondere Rolle.

3.7.1.1 Zelluläre Bestandteile

Rote Blutkörperchen (Erythrozyten)

Die Erythrozyten werden im Knochenmark gebildet und haben eine durchschnittliche Lebensdauer von 100 bis 120 Tagen. Sie bestehen zu etwa zwei Dritteln aus Wasser und einem Drittel aus Trockensubstanz. Letztere enthält den roten Blutfarbstoff (Hämoglobin) sowie ein Proteingerüst (Stroma), welches mit Lipoiden, Phosphatiden und Sacchariden durchsetzt ist. Sie besitzen keinen Zellkern und haben die Form eines in der Mitte eingedellten abgeflachten Diskus. Ihr Durchmesser beläuft sich auf 7 bis 8 µm, ihre Dicke auf etwa 2 µm (Bild 3.106). Ein Liter Blut enthält 4,6 bis $6{,}2 \cdot 10^{12}$ rote Blutkörperchen.

Die Erythrozyten sind verformbar und deshalb in der Lage, Kapillaren zu passieren,

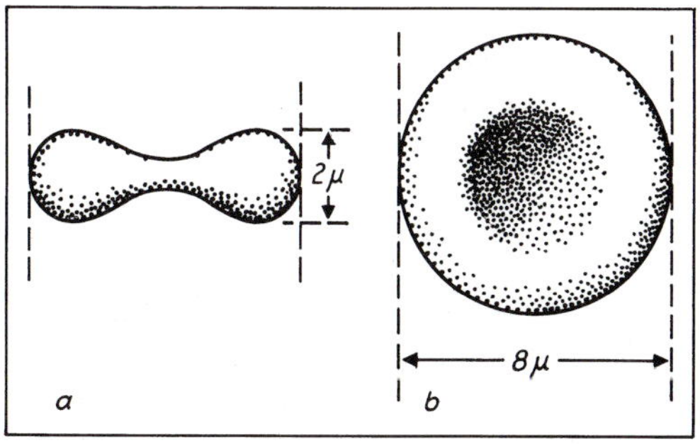

Bild 3.106 Erythrozyt. **a** seitlich; **b** frontal

die einen Durchmesser unter 7μm besitzen. Ihre Hauptaufgabe ist die Beteiligung am Atemgastransport (s. Kap. 2.6.2.1).

Weiße Blutkörperchen (Leukozyten)

Die Leukozyten unterscheiden sich in Form und Funktion. Die meisten von ihnen sind in der Lage, durch amöboide Bewegung aus der Blutbahn ins Gewebe überzutreten.

Sie werden in drei Hauptgruppen unterteilt (Bild 3.107):

- Granulozyten (Durchmesser: 7-15μm): Sie werden im Knochenmark gebildet und repräsentieren mit etwa 70 Prozent den größten Anteil aller Leukozyten. Ihre Lebensdauer liegt bei etwa 10 Tagen. Ihre Zellkerne sind vielgestaltig (polymorph), ihr Plasma enthält körnchenförmige Einschlüsse (Granula, daher der Name Granulozyten), die sich in unterschiedlicher Weise anfärben lassen. Die differenzierte Färbbarkeit gestattet es, die Granulozyten in drei weitere Gruppen zu unterteilen:

Die **basophilen Granulozyten** lassen sich mit basischen Farbstoffen anfärben. Sie enthalten in ihren Granula Heparin, einen gerinnungshemmenden Stoff, und erfüllen wahrscheinlich Aufgaben im Gerinnungssystem (Freisetzung von Antithrombin) und bei der Regulierung des Fettspiegels im Blut.

Die **eosinophilen Granulozyten** lassen sich mit Eosin, einem sauren Farbstoff, Anfärben. Sie stehen funktionell mit dem Hormonsystem in Verbindung und treten vermehrt auf bei allergischen Erkrankungen und Streß.

Die **neutrophilen Granulozyten** nehmen im Hinblick auf die Färbbarkeit eine Zwischenstellung ein. Ihre Zellkerne sind entsprechend dem jeweiligen Reifestadium mehr oder weniger segmentiert. Sie enthalten eine Reihe von Fermenten, die in der Lage sind, Fremdstoffe (z. B. Bakterien) abzubauen.

Die Fähigkeit der neutrophilen Granulozyten, durch amöboide Mechanismen gesteuerte Bewegungsimpulse zu realisieren, ist die Voraussetzung für die Erfüllung ihrer Schutzfunktion im Orga-

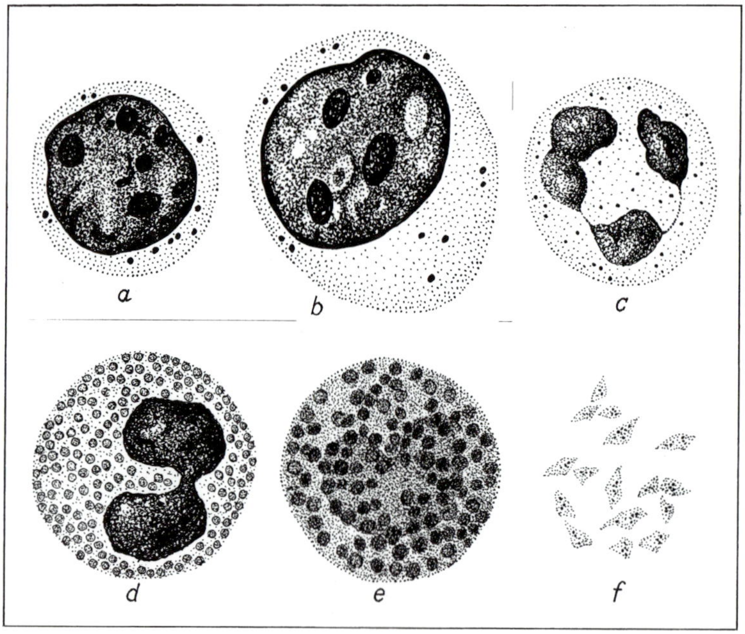

Bild 3.107 Leukozyten. **a** kleiner Lymphozyt; **b** großer Lymphozyt; **c** neutrophiler polymorphkerniger Granulozyt; **d** eosinophiler Granulozyt; **e** basophiler Granulozyt; **f** Blutplättchen

Tabelle 3.22 Zusammensetzung des Blutes

- Blut
  - zelluläre Bestandteile (Hämatorit)
    - Thrombozyten
Blutplättchen
(Gerinnung)
$150–300 \cdot 10^9 \cdot l^{-1}$
    - Leukozyten
weiße Blutkörperchen
$3{,}8–98, \cdot 109 \cdot l^{-1}$
      - Granulozyten
        - Basophile
(Gerinnungs-
hemmung)
        - Eosinophile
(Einfluß auf den
Ablauf allergi-
scher Reaktion)
        - Neutrophile
(unspezifische
Abwehr)
      - Lymphozyten
(spezifische Abwehr)
      - Monozyten
(unspezifische Abwehr)
    - Erythrozyten
rote Blutkörperchen
(Atemgastransport)
$4{,}6–6{,}2 \cdot 10^{12} \cdot l^{-1}$
  - Plasma
    - Serum
(Transport,
Gerinnung,
Abwehr)
      - Albu-
min
      - Globu-
line
      - Mineral-
bestand-
teile
      - Bestand-
teile auf
dem Trans-
portweg
      - Wasser
    - Fibrinogen
(Gerinnung)

nismus im Sinne einer unspezifischen Abwehr.

Die Zellen reagieren auf chemische Reize, die von Entzündungsherden, Wunden oder Gewebstrümmern ausgelöst werden können (Chemotaxis). Sie treffen dabei auf Fremdkörper (z. B. Bakterien, abgetötete Zellen), die sie nach der Berührung umschließen (Thigmotaxis). Dabei können sie Partikel in sich aufnehmen, die ihre Eigengröße um ein Mehrfaches übertreffen. Danach beginnt durch die Freisetzung proteolytischer Enzyme der Abbau der Fremdkörper.

Dieser Vorgang – d. h. die Aufnahme und der Abbau schädlicher Partikel – wird Phagozytose genannt und ist Bestandteil der unspezifischen zellulären Abwehrmöglichkeiten des Organismus.

- Monozyten: Sie sind die größten Zellen im Blut. Sie haben einen Durchmesser von etwa 20 m und werden im retikuloendothelialen System (RES) gebildet. Ihre Lebensdauer liegt bei etwa 14 Tagen. Auch sie sind in der Lage, wie die Granulozyten die Gefäßbahn zu verlassen. Das geschieht oft unter starker Verformung ihrer Gestalt. Monozyten nehmen ähnlich wie die neutrophilen Granulozyten unspezifische Abwehraufgaben (Phagozytose) wahr.
- Lymphozyten: Sie entstehen im lymphatischen System, d. h. überwiegend in den Lymphknoten, in der Milz und im Thymus (Bild 3.108). Ihre Bildung erfolgt in zweierlei Formen. Wir unterscheiden die T-Lymphozyten von den B-Lymphozyten. T-Lymphozyten werden im Thymus (Bries), einer hinter dem Brustbein liegenden Drüse mit innerer Sekretion und in dem von ihm gesteuerten lymphatischen Gewebe gebildet. Die B- Lymphozyten (abgeleitet von dem bei Vögeln am Enddarm existierenden lymphatischen Organ Bursa fabricii) entstehen im lymphatischen Gewebe des Darmbereiches. Aus den T-Lymphozyten entwickeln sich Makrophagen (große, für die zelluläre Immunreaktion bedeutsame Zellen) und Lymphozyten mit speziellen Abwehraufgaben (memory cells – Erinnerungszellen). Demgegenüber entwickeln sich die B-Lymphozyten zu den Plasmazellen, die für die Antikörperbildung im Blut verantwortlich sind.

Lymphozyten nehmen also im Gegensatz zu den Granulozyten und Monozyten spezifische Abwehraufgaben wahr (s. Kap. 3.3). Sie gehören zu den immunkompetenten Zellen.

Blutplättchen (Thrombozyten)

Die Thrombozyten (Blutplättchen) entstehen aus den Megakaryozyten (Riesenzellen) des Knochenmarks. Ihre Lebensdauer liegt zwischen 4 und 10 Tagen. In einem Liter Blut finden wir 150 bis $300 \cdot 10^9$ dieser Zellen. Thrombozyten haben wichtige Aufgaben im Gerinnungsprozeß zu erfüllen. Dazu gehören zum Beispiel die vorläufige Blutstillung (Bildung eines Agglutinationspfropfs), die Freisetzung von Thromboplastin zur beschleunigten Umwandlung von Prothrombin in Thrombin und die Förderung der Retraktion des Blutgerinnsels. Außerdem dichten die Thrombozyten Blutgefäße ab.

3.7.1.2 Blutplasma

Das Blutplasma des Menschen ist durchsichtig und blaßgelb gefärbt. Es besteht zu 90 Prozent aus Wasser und zu 6 bis 8 Prozent aus Eiweißen (Proteinen). Außerdem enthält es Ionen und solche Verbindungen, die im Stoffwechselgeschehen gebildet oder benötigt, d. h. von einem Teil des Organismus zu einem anderen Teil transportiert werden. Zu der letztgenannten Gruppe gehören Nährstoffe (Fette, Kohlenhydrate, Eiweißbausteine, Vitamine), Stoffwechselprodukte (Kohlendi-

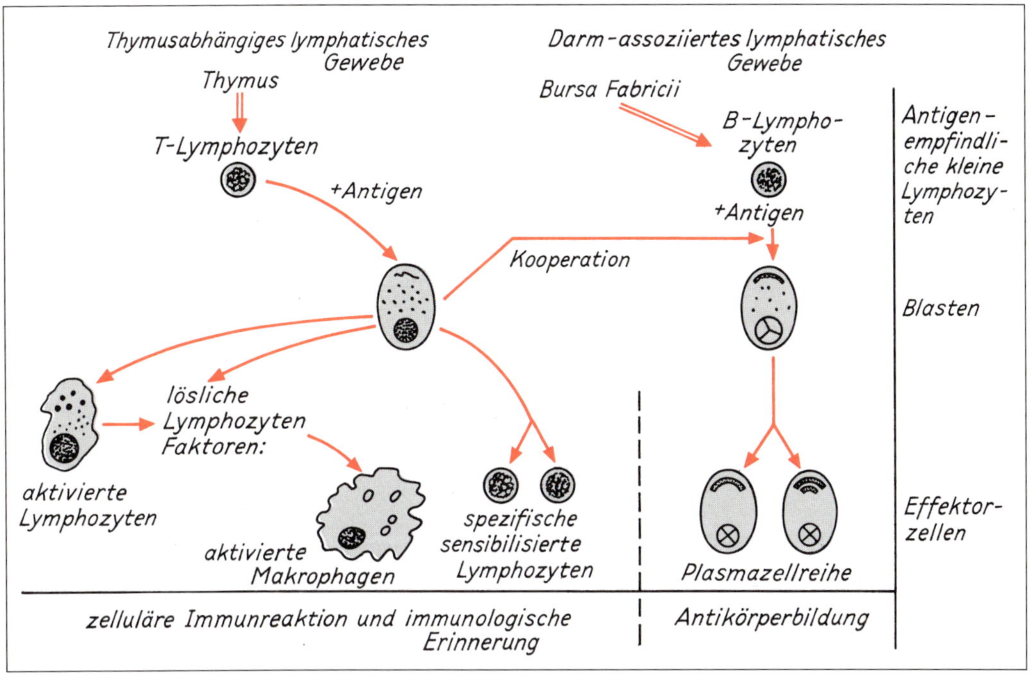

Bild 3.108 Lymphozyten (nach Roit)

oxid, Ammoniak, Milchsäure), Hormone und Enzyme. Die Plasmamenge des gesunden Menschen liegt bei 0,55 der Gesamtblutmenge. Die etwa 5 Liter Blut eines Mannes von 70 Kilogramm enthalten also ca. 3 Liter Blutplasma. Diese Menge schwankt unter Ruhebedingungen nur unwesentlich. Das ist deshalb bemerkenswert, weil erstens zwischen dem Kreislauf und den durch ihn verbundenen Körperbezirken (Gewebe, Interstitium) ein lebhafter Flüssigkeitsaustausch stattfindet und zweitens der Organismus mit der Umwelt in dieser Hinsicht in lebhafter Wechselwirkung steht. Mehrmals täglich wird Flüssigkeit aufgenommen (z. B. durch die Nahrung) und ständig wird Flüssigkeit abgegeben (z. B. durch Lunge, Nieren, Schweißdrüsen – s. a. Kap. 4.1.3).

Wasser

Im Plasmawasser sind alle übrigen Blutbestandteile gelöst oder suspendiert. Wasser dient somit als Vehikel, als Transportmittel. Es transportiert nicht nur innerhalb des Kreislaufs. Im arteriellen Teil des Kapillarbettes verläßt es zum Teil das Gefäßsystem und gelangt durch das Interstitium (Raum zwischen den organtypischen Zellkomplexen) ins Gewebe. Dort „liefert" es gleichermaßen alle von der Zelle benötigten Substanzen ab, belädt sich mit nicht mehr nutzbaren Produkten des Zellstoffwechsels und gelangt im venösen Teil der Kapillaren wieder in den Kreislauf zurück. Die Zelle gibt also etwa die gleiche Menge Wasser mit Produkten ihres Stoffwechsels (z. B. CO_2, Wärme, Hormone) im venösen Teil der Kapillaren wieder an den Kreislauf zurück, die sie im arteriellen Teil aufgenommen hat (Bild 3.109). Erniedrigung des Wassergehalts, zum Beispiel durch Flüssigkeitsverlust bei körperlicher Belastung, Flüssigkeitsverlust durch Schweiß, mangelhafte Flüssigkeitszufuhr, hohe Blutverluste, Durchfälle und Erbrechen, können nicht nur zu einem Defizit im Gewebe (Exsikkose – Austrocknung) füh-

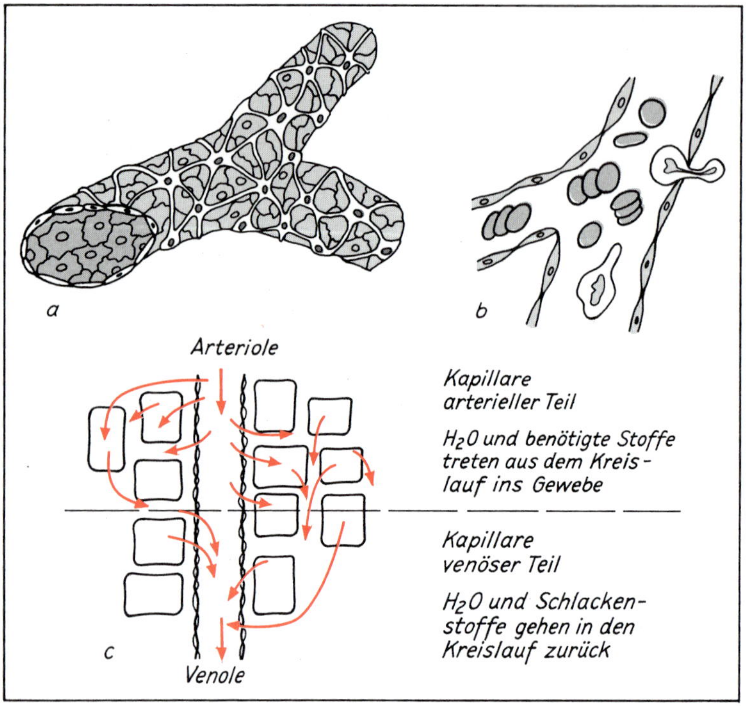

Bild 3.109 Flüssigkeitsaustausch im Gewebe (nach Wissensspeicher Biologie). **a** Bau der Kapillaren; **b** Auswandern weißer Blutkörperchen durch die Wand der Kapillare; **c** schematische Darstellung des Aufbaus der terminalen Strombahn

ren, sondern haben auch eine Eindickung des Blutes zur Folge (erhöhter Hämatokrit). Das bringt eine erhöhte Belastung des Herzens mit sich (das Blut wird zäher) und behindert den Stoffaustausch zwischen Kreislauf und Geweben (s. a. Kap. 3.5.1 und Kap. 3.5.2).

Eiweiße (Proteine)

Die Eiweiße des Plasmas setzen sich aus Albuminen, Globulinen und Fibrinogen zusammen. Sie werden zumeist in der Leber gebildet und sind Ampholyte, d. h., sie können saure und alkalische Valenzen binden. Sie sind von einer Wasserhülle umgeben.

Albumine haben ein Molekulargewicht von etwa 70000 und sind die kleinsten Bestandteile der Plasmaproteine. Sie stellen jedoch mit 56 Prozent der Gesamteiweiße die stärkste Fraktion dar. Ihr geringes Molekulargewicht und ihr hoher Gesamtanteil sind Indikator dafür, daß sie sehr zahlreich vorhanden sind. Ihre Gesamtoberfläche ist deshalb beträchtlich.

Somit können die Albumine eine große Menge Wasser an sich binden, was in Beteiligung am Zustandekommen des onkotischen Drucks (Eiweißdruck – Ausdruck für die Kraft, mit der Wasser an die Eiweiße gebunden wird) unterstrichen wird.

Die Albumine sind außerdem als Einheiten für den Eiweißtransport zwischen Leber (Bildungsort) und den übrigen Körperzellen (Ort des Bedarfs) anzusehen.

Globuline besitzen ein Molekulargewicht von etwa 140000. Entsprechend ihres unterschiedlichen Verhaltens bei der Elektrophorese – einem Untersuchungsverfahren zur Trennung von Substanzen im elektrischen Gleichstromfeld – werden sie in Alpha-, Beta- und Gammaglobuline unterteilt. Ihre Hauptaufgaben bestehen:

- im Transport von wasserunlöslichen Substanzen (z. B. Lipoiden, Enzymen, Hormonen, Metallen);
- in der Beteiligung an den Abwehrleistungen des Organismus (die Gammaglobuline sind zum Beispiel Träger von Antikörpern);
- in der Beteiligung am Gerinnungsgeschehen und – als Transportform für Eiweiße zwischen Leber und übrigen Körperzellen.

Fibrinogen hat ein Molekulargewicht von etwa 400000. Seine wichtigste Funktion ist die Beteiligung am Prozeß der Blutgerinnung.

Mineralbestandteile

Aus der Tabelle 3.23 sind die regelmäßig nachweisbaren wesentlichsten anorganischen Bestandteile des Serums und ihre Konzentration (abgerundet) zu entnehmen.

Obgleich die einzelnen Ionen innerhalb des Stoffwechsels unterschiedliche Funktionen zu erfüllen haben (s. d.), tragen sie doch alle zur Aufrechterhaltung des osmotischen Drucks im Plasma bei und gewährleisten somit dessen Isotonie. Da unter Ruhebedingungen das mengenmäßige Verhältnis der Ionen untereinander weitgehend konstant ist, besteht darüber hinaus eine Isoionie.

Tabelle 3.23 Konzentration wichtiger Ionen im Blutplasma in mmol · l^{-1}

	mmol · l^{-1}		mmol · l^{-1}
Natrium	140	Chlorid	103
Kalium	4	Phosphat	1
Calcium	2,5	Sulfat	0,5
Magnesium	1	Laktat	2

Blutbestandteile auf dem Transportweg

Entsprechend der jeweiligen Stoffwechselsituation lassen sich im Plasma noch eine Reihe von Substanzen finden, deren Konzentration schwankt. Dazu gehören zum Beispiel:

- Glukose (Traubenzucker) – Anstieg z. B. nach kohlenhydratreicher Nahrung,
- Lipide (Fette) und ihre Abkömmlinge – Anstieg zum Beispiel nach fettreicher Nahrung,
- Milchsäure – Anstieg beim Ablauf anaerober energiebereitstellender Prozesse ,
- Stickstoffverbindungen – (z. B. Harnstoff, Kreatinin, Ammoniak) – Anstieg zum Beispiel nach eiweißreicher Ernährung und hoher körperlicher Belastung),
- Alkohol – nachweisbar nach Alkoholgenuß.

Diese und andere hier nicht erwähnten Substanzen werden durch das Blut verlagert, um durch die Zellverbände genutzt (z. B. Zukker, Fette), in der Leber umgebaut (z. B. Milchsäure, Alkohol), durch die Niere ausgeschieden oder anderweitig verwertet, abgelagert oder umgebaut zu werden. Dabei ist zu beachten, daß diese Verbindungen in unterschiedlichem Maße aus dem Blut entfernt werden. So ist zum Beispiel eine Mindestkonzentration an Glukose nötig, um den Organismus lebensfähig zu halten. Beim Absinken des Traubenzuckerspiegels unter diesen Wert würde deshalb Glukose aus der Leber in das Blut abgegeben werden.

3.7.2 Ausgewählte Funktionen des Blutes

3.7.2.1 Gastransport

Das Blut ist in der Lage, alle in der Atemluft enthaltenen Gase zu transportieren. Da unter Normalbedingungen der Austausch von Sauerstoff und Kohlendioxid zwischen Organismus und Umwelt die überragende Rolle spielt, sollen die wichtigsten Schritte dieses Prozesses – soweit das Blut daran beteiligt ist – hier besprochen werden. Dazu ist es erforderlich, einige Mechanismen zu erläutern, die auf physikalischen oder chemischen Gesetzmäßigkeiten beruhen.

Partialdruck eines Gases: Der Partialdruck eines Gases ist sein Teildruck innerhalb eines Gasgemisches. Er ist abhängig vom mengenmäßigen Anteil des Gases in diesem Gemisch. Unter Normalbedingungen lastet auf unserem Organismus eine Luftsäule, die einen Druck von etwa 100 Kilopascal (kPa) (760 Torr) ausübt. Da die Luft einen Sauerstoffanteil von rund 21 Prozent besitzt, liegt der Sauerstoffpartialdruck (pO_2) bei 21 kPa. Befände sich der Mensch in einer Höhe von 6000 Metern über dem Meeresspiegel, dann würde die auf ihn einwirkende Luftsäule nur noch einen Druck von etwa 46 kPa (350 Torr) ausüben, wobei sich der pO_2 auf rund 10 kPa verringern würde. Der Partialdruck für Kohlendioxid (pCO_2) in der Atemluft liegt bei 0,04 kPa (0,3 Torr). Innerhalb der Lunge verändern sich die Partialdrücke der Atemgase durch eine Erhöhung der CO_2-Konzentration, durch die Sättigung der Luft mit Wasserdampf und durch den Übertritt von Sauerstoff in das Blut.

Die Löslichkeiten von Gasen in Flüssigkeiten: An der Grenzfläche zwischen einem Gas und einer Flüssigkeit finden Austauschvorgänge statt. So treten unter anderem Gasmoleküle in die Flüssigkeit ein und wieder aus. Anfangs ist die Menge der eintretenden Moleküle größer als die der austretenden. Nach einiger Dauer hat sich jedoch ein Gleichgewichtszustand eingestellt, bei dem die Zahl der pro Zeiteinheit ein- und austretenden Moleküle gleich sind. Die Menge der sich in Lösung befindenden Teilchen ist dann konstant. Ihre Zahl hängt von der Löslichkeit und dem Partialdruck des Gases, von der Art der Flüssigkeit, von der Temperatur und anderen Faktoren ab. Auf die Verhältnisse im menschlichen Organismus unter Normalbedingungen bezogen kann, abgeleitet werden, daß in 100 ml Blut etwa 0,3 ml Sauerstoff und 2,5 ml Kohlendioxid physikalisch gelöst sind.

Chemische Bindung des Sauerstoffs: Das in den Erythrozyten enthaltene Hämoglobin (Bild 3.110) ist in der Lage, physikalisch gelösten Sauerstoff aus dem Blutplasma aufzunehmen und wieder abzugeben. Das Hämoglobin hat ein Molekulargewicht von 64450 und besitzt neben dem Globinanteil vier Mole Eisen, von denen jedes 22,4 Liter Sauerstoff binden kann. Ein Gramm Hämoglobin kann 1,34 ml Sauerstoff binden. Der durchschnittliche Hämoglobingehalt liegt beim Mann um 155 Gramm und bei der Frau um 145 Gramm pro Liter Blut. Daraus läßt sich die Sauerstoffkapazität des Blutes ableiten. Sie liegt in der Größenordnung von 210 (Mann) bzw. 195 (Frau) Millilitern O_2 pro Liter Blut.

Die Menge des vom Hämoglobin chemisch gebundenen Sauerstoffs ist vom aktuellen Sauerstoffpartialdruck abhängig und kann durch die **Sauerstoffbindungskurve** (O_2-Hb-Gleichgewichtskurve) dargestellt werden. Bei einem pO_2 von 13,2 kPa (100 Torr) ist das Hämoglobin zu 0,96 Prozent mit Sauerstoff beladen (oxygeniertes Hämoglobin oder Hb-O_2 bzw. O_2-Hb). Diese Verhältnisse finden wir in den Alveolen der Lunge vor. Sinkt der pO_2, so löst sich ein Teil des an das Hämoglobin gebundenen Sauerstoffs. Bei einem pO_2 von 5,3 kPa (40 Torr) sind nur noch etwa 0,75 des Hämoglobins oxygeniert. Unter Ruhebedingungen herrscht ein pO_2 dieser Größenordnung in den Geweben. Wir können demnach feststellen, daß das Hämoglobin sich in der Lunge auf Grund des dort herrschenden relativ hohen pO_2 nahezu völlig zu O_2-Hb umwandelt. Im Gewebe mit seinem niedrigen pO_2 muß es einen Teil seines Sauerstoffs aus der chemischen Bindung entlassen; der Anteil des desoxygenierten Hämoglobins (H-Hb) nimmt dann zu. Die Differenz zwischen dem Anteil an O_2-Hb in den Arterien und in den Venen heißt arteriovenöse Sauerstoffdifferenz. Sie liegt bei körperlicher Ruhe in einer Größenordnung von 0,2. Bei Belastung, Erhöhung der Körpertemperatur oder Erniedrigung des pH-Wer-

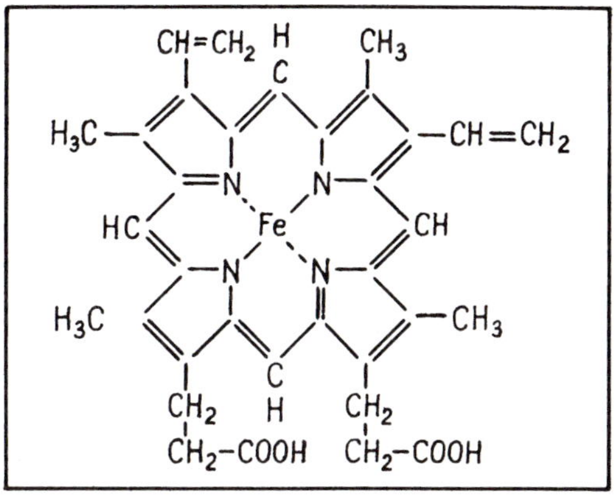

Bild 3.110 Chemische Struktur des Hämoglobins

tes verschiebt sich die Sauerstoffbindungskurve nach rechts (Bilder 3.111, 3.112).

Dadurch erhöht sich die arteriovenöse Sauerstoffdifferenz. Wenn wir in Betracht ziehen, daß bei sportlicher Aktivität, die ja letztlich mit solchen Veränderungen einhergehen kann, gleichzeitig der pO_2 im Gewebe (besonders in der Muskulatur) bis auf 4,0 kPa (30 Torr) absinken kann, dann läßt sich ableiten, daß bei körperlicher Tätigkeit eine bessere Nutzung des im Hämoglobin transportierten Sauerstoffs möglich ist, weil sich die arteriovenöse Sauerstoffdifferenz weiter erhöht und Werte von 0,5 erreichen kann.

Chemische Bindung des Kohlendioxids: Es wurde bereits erwähnt, daß in einem Liter Blut etwa 25 ml CO_2 physikalisch gelöst sind. Ein Teil davon dringt in die Erythrozyten ein und wird mit Hilfe des Enzyms Carboanhydrase unter Anwesenheit von Wasser zu Kohlensäure (H_2CO_3) hydratisiert. H_2CO_3 dissoziiert in H^+ und HCO_3^-. Die Wasserstoffionen werden von den nicht oxygenierten Hämoglobinmolekülen abgepuffert (H-Hb). So können weitere Anteile des physikalisch gelösten CO_2 in die Erythrozyten einströmen und hydratisiert werden. Ein Liter Blut enthält etwa 440 ml Bikarbonat.

Geringe Mengen CO_2 (10 – 30 ml · l^{-1} Blut) werden direkt an das Hämoglobin gebunden (Carbaminohämoglobin). Zusammengefaßt kann der Transport des Kohlendioxids folgendermaßen vor sich gehen:

- in physikalischer Lösung (25 ml · l^{-1} Blut),
- als Bikarbonat (440 ml · l^{-1} Blut),
- als Carbaminohämoglobin (10 – 30 ml · l^{-1} Blut).

Der Sauerstofftransport erfolgt hingegen:
- in physikalischer Lösung (3 ml · l^{-1} Blut) und
- in chemischer Bindung an das Hämoglobin (200 ml · l^{-1} Blut).

Austausch von Sauerstoff und Kohlendioxid in der Lunge (s. a. Kap. 3.6.5 und. 3.6.8):

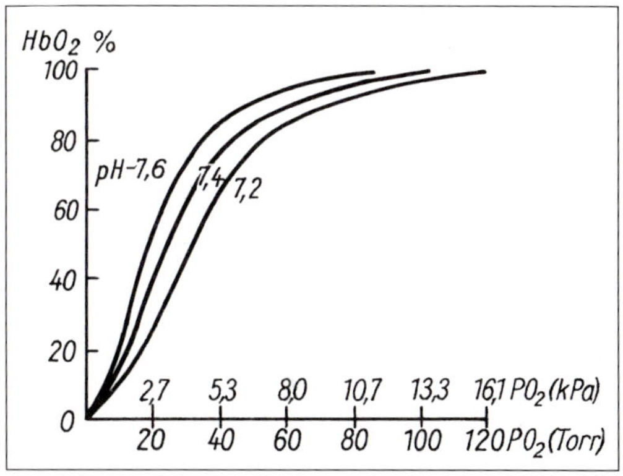

Bild 3.111 Sauerstoffbindungskurve bei unterschiedlichen pH-Werten

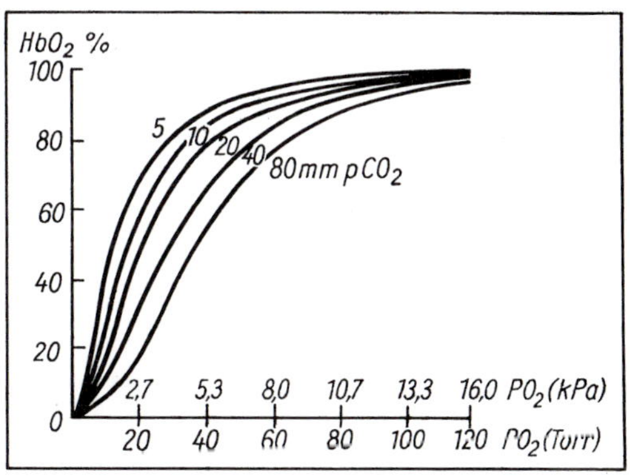

Bild 3.112 Sauerstoffbindungskurve bei unterschiedlichen Partialdrücken für CO_2

Der Sauerstoff diffundiert entlang dem Konzentrationsgefälle aus den Alveolen (pO_2 in den Alveolen: 13,3 kPa bzw. 100 Torr) in das aus der Lungenarterie kommende sauerstoffarme Blut (pO_2: 5,2 kPa bzw. 40 Torr). Das führt zu einer Neubildung von H_2O+ CO_2 aus H^+ und HCO_3^- innerhalb der Erythrozyten, weil das Gleichgewicht

$$HCO_3^- + H^+ \leftrightarrow H_2CO_3^- \leftrightarrow H_2O + CO_2$$

nach links verschoben wurde. Dabei spielt das Enzym Carboanhydrase eine wichtige Rolle, weil es die Reaktion stark beschleunigt. Die für diese Vorgänge notwendigen Wasserstoffionen stammen von dem reduzierten Hämoglobin (H-Hb), das sich ja durch die Aufnahme von Sauerstoff zu O_2-Hb umwandelt (Bild 3.113).

Die Differenzen der Partialdrücke verringern sich mit der Dauer des Kontaktes zwischen Blut und Alveolen. Jedoch werden die geschilderten Mechanismen des Gaswechsels davon nur in quantitativer Hinsicht berührt (s. a. Kap. 3.6.4).

Austausch von Sauerstoff und Kohlendioxid im Gewebe: Im Gewebe laufen die Prozesse des Gasaustausches wie folgt ab: Der physikalisch gelöste Sauerstoff diffundiert entlang dem Konzentrationsgefälle aus dem Blut (pO_2 =13,3 kPa, d. h.100 Torr) in das Gewebe (pO_2 = 5,2 kPa, d. h. 40 Torr). Der dadurch geringer werdende pO_2 im Blut führt zu einer Sauerstoffabgabe aus dem O_2-Hb in das Plasma, der Anteil des H-Hb nimmt zu (Bild 3.110). Gleichzeitig diffundiert das Kohlendioxid aus dem Gewebe (pCO_2 = 6,6 bis 7,3 kPa, d. h. 50 bis 55 Torr) in das Blut (pCO_2 = 5,2 kPa, d. h. 40 Torr) und von dort in die Erythrozyten, wo es unter dem Einfluß der Carboanhydrase zu Kohlensäure bzw. Bikarbonat und Wasserstoffionen umgewandelt wird (Bild 3.114).

3.7.2.2 Pufferfunktion

Die Pufferfunktion des Blutes ist ein wichtiger Faktor für die Aufrechterhaltung der Homöostase. Die Homöostase ist unter anderem dadurch gekennzeichnet, daß der pH-Wert des Blutes bei 7,4 liegt und sich trotz des ständigen Anfalls saurer Stoffwechselprodukte (z. B. Kohlensäure, Milchsäure) kaum ändert. Somit ist die Reaktion des Blutes stets leicht alkalisch. Veränderungen des pH-Wertes in einer Größenordnung von 20 Prozent würden schon so schwerwiegende Störungen im Stoffwechsel nach sich ziehen, daß die Lebensfähigkeit des Organismus auf Dauer nicht gegeben ist. Die Konstanz des pH-Wertes wird durch die Pufferfunktion des Blutes sowie durch die Tätigkeit der Nieren, der Leber und des Atemsystems gewährleistet. Ein Puffer ist in der Lage, Säuren aufzunehmen, ohne daß

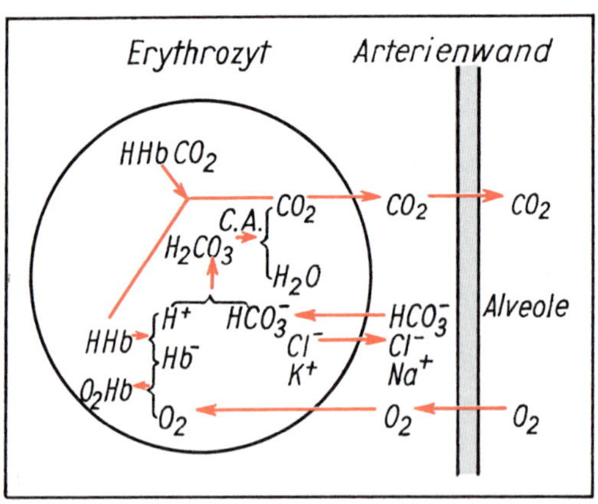

Bild 3.113 Gasaustausch in der Lunge (nach Keidel)

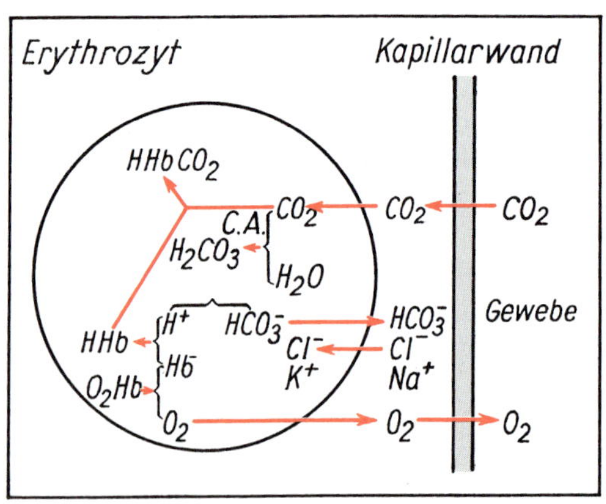

Bild 3.114 Gasaustausch im Gewebe (nach Keidel)

sich der pH-Wert wesentlich vermindert. Pufferwirkungen im Blut gehen vom Bikarbonat, vom Hydrogenphosphat, von den Plasmaeiweißen und vom Hämoglobin aus. Am Beispiel der Bikarbonatpufferung sollen die dabei stattfindenden Vorgänge erläutert werden: Die schwache Säure H_2CO_3, die sich aus dem durch die Zellatmung entstandenen CO_2 und Wasser gebildet hat, dissoziiert teilweise in H^+- und HCO_3^- -Ionen.

$$H_2CO_3 \leftrightarrow H^+ + HCO_3^- \quad (1)$$

Die Mengen der dissoziierten Ionen und der nicht dissoziierten Säuren stehen in einem festen Verhältnis zueinander und können durch die Dissoziationskonstante (Ks) wie folgt charakterisiert werden:

$$Ks = (H^+) \cdot HCO_3^- /(H_2CO_3) \quad (2)$$

Damit läßt sich die Wasserstoffionenkonzentration durch die Henderson-Hasselbalchsche Gleichung errechnen:

$$(H^+) = (H_2CO_3) \cdot Ks / (H_2CO_3) \quad (3)$$

Die Wasserstoffionenkonzentration und die Dissoziationskonstante werden in der Regel durch ihre negativen dekadischen Logarithmen ausgedruckt und als pH bzw. pK_s bezeichnet. Aus (3) ergibt sich dann:

$$pH = pKs + \log (HCO_3^-) / (H_2CO_3) \quad (4)$$

Die Größe des pKs liegt in unserem Beispiel bei 6,1 und die Größen log (HCO_3^-) und log (H_2CO_3) haben ein Verhältnis von 20 :1 zueinander.

Daraus läßt sich ableiten:

$$pH = 6{,}1 + \log 20 / 1 \quad (5)$$

$$pH = 6{,}1 + 1{,}3 \quad (6)$$

$$pH = 7{,}4 \quad (7)$$

Bei Neubildung von CO_2 durch die intrazellulären Stoffwechselprozesse würde nach (4) der Nenner in der Gleichung ansteigen und damit der pH-Wert absinken müssen. Es stellt sich jedoch zwischen dem Säurerest (HCO_3^-)und der undissoziierten Säure (H_2CO_3) erneut ein solches Gleichgewicht ein, daß das ursprüngliche Verhältnis von log 20 /1 wieder hergestellt wird. Die bei der Dissoziation ($H_2CO_3 \leftrightarrow H^+ + HCO_3^-$) freiwerdenden Wasserstoffionen können auf Grund des Übergangs von oxygeniertem Hämoglobin (O_2-Hb) in die reduzierte Form (H-Hb) im Kapillarsystem der Gewebe an das Hämoglobin gebunden werden. Wenn in der Lunge das CO_2 aus dem Blut entweicht, dann laufen diese Vorgänge in umgekehrter Reihenfolge, aber in analoger Weise ab.

3.7.2.3 Abwehrfunktion

Im Abschnitt 3.3 wurde bereits erwähnt, daß das Blut unspezifische und spezifische Abwehrfunktionen wahrnehmen kann.

Träger der unspezifischen Abwehr sind vor allem die Granulozyten und die Monozyten. Sie stehen unabhängig von der Art der zu lösenden Abwehraufgaben sofort zur Verfügung.

Ihre Fähigkeit zur **Diapedese** (Passieren der Gefäßwand), zur **Chemotaxis** (Bewegung auf einen chemischen Reiz hin) und zur **Phagozytose** (Aufnahme von Fremdkörpern) geben dem Organismus Zeit, die Abwehr – zum Beispiel gegen eingedrungene Erreger – gezielt zu organisieren.

Körperfremde Stoffe (Antigene) – zum Beispiel Bakterien, Viren, Fremdeiweiße, Medikamente – lösen im retikuloendothelialen System spezifische Reaktionen, die sogenannten Immunreaktionen aus.

Dabei spielen Lymphozyten eine wichtige Rolle (s. a. Kap.3.3)

Die Mechanismen der spezifischen Sensibilisierung werden in der Medizin zum Beispiel bei den Schutzimpfungen genutzt. Dem Impfling wird ein Krankheitserreger (Antigen), dessen schädliche Wirkungen beseitigt wurden, zugeführt (z.B. gespritzt). Daraufhin bildet der Organismus spezifische zelluläre (aus den T-Lymphozyten) und humorale (aus den B-Lymphozyten) Antikörper (aktive Immunisierung). Gelangt der Krankheitserreger erneut in den Organismus, dann kann er gleich gezielt vernichtet werden. Ein Schutz gegen andere Erreger ist aber erst dann gegeben, wenn auch gegenüber diese eine Sensibilisierung erfolgt ist. Da der volle immunologische Schutz frühestens einige Wochen nach dem ersten Kontakt mit dem Antigen ausgebildet ist, wird zuweilen auch eine passive Immunisierung erforderlich. Dabei werden dem Impfling die spezifisch gegen den Erreger gerichteten Antikörper eingespritzt. Er muß sie also nicht selbst bilden. Der Schutz setzt dabei sofort ein, hält aber nicht sehr lange vor. Jedoch kann die Zeit überbrückt werden, bis der Organismus eigene Antikörper gebildet hat.

Eine aktive Immunisierung ist der passiven Impfung immer vorzuziehen. Denn sie kann zum Zeitpunkt der Wahl erfolgen und nicht zum Zeitpunkt der Not.

Sie ist auch besser verträglich, weil passive Immunisierungen zuweilen mit Nebenwirkungen behaftet sind.

3.7.2.4 Blutgruppen

ABO-System

Viele menschliche Zellen besitzen an ihrer Oberfläche genetisch bedingte, also durch Vererbung entstandene Antigene. Diese sind an den Erythrozyten in besonderem Maße ausgeprägt und werden hier **Agglutinogene** oder **agglutinable Substanzen** genannt und mit den Buchstaben A und B gekennzeichnet. Die Erythrozyten eines Menschen können nun mit einem, mit beiden oder mit keinem dieser Antigene beladen sein. Danach erfolgt auch die Bezeichnung der Blutgruppen: Ein Träger des Agglutinogens A hat somit die Blutgruppe A und ein Träger des Merkmals B die Blutgruppe B. Sind beide Merkmale vorhanden, dann liegt die Blutgruppe AB vor, ist keines anwesend, die Blutgruppe 0.

Bereits im Säuglingsalter bildet der Mensch durch die Einwirkung von Darmbakterien, deren Eiweißstruktur den Blutgruppenantigenen entspricht, Antikörper gegen die Agglutinogene, die er selbst nicht besitzt. Sie heißen Isoagglutinine und sind im Blutserum lokalisiert.

Ein Träger der Blutgruppe A besitzt somit Agglutinine gegen die Erythrozyten der Blutgruppe B. Das Blutserum der Gruppe A würde also die Erythrozyten der Gruppe B zur Agglutination, zur Verklumpung, bringen. Dieser Vorgang wäre bei einer Bluttransfusion lebensgefährlich. Analog verhält es sich mit den anderen Blutgruppen. Die Gruppe B besitzt Anti A, die Gruppe 0 hat Anti A und Anti B. Lediglich die Blutgruppe AB weist in ihrem Serum keines dieser Agglutinine auf (Bild 3.115).

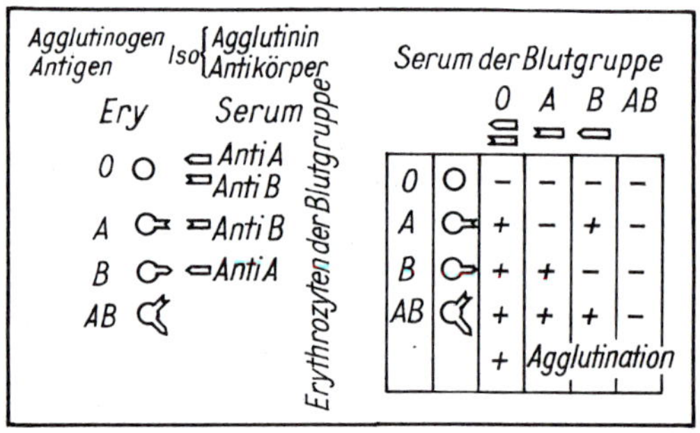

Bild 3.115 Blutgruppen (nach Keidel)

Andere Blutgruppen

Neben den Merkmalen des ABO-Systems können wir im Blut mehr oder weniger häufig auch noch andere Antigene und Blutgruppeneigenschaften vorfinden, von denen der Rhesus (Rh-)-Faktor die größte praktische Bedeutung hat. Es wird darauf jedoch nicht näher eingegangen, sondern auf Lehrbücher der Physiologie und Immunologie verwiesen.

Wegen der Gefahr des Entstehens von Unverträglichkeitserscheinungen ist bei der Übertragung von Blut eine Reihe von Vorsichtsmaßnahmen einzuhalten. Dazu gehört die Forderung, nur **gruppengleiches Blut** zu übertragen, nachdem vorher ein Verträglichkeitstest (Kreuzprobe) im Labor durchgeführt wurde. Darüber hinaus wird die Übertragung von Vollblut immer stärker zugunsten der Anwendung von Blutbestandteilen (z. B. Gabe von reinem Plasma oder Infusion von Erythrozyten) reduziert, um das Risiko für die Entstehung von Komplikationen weiter zu vermindern und um dem jeweiligen Krankheitsgeschehen besser gerecht zu werden. Vor planbaren größeren Operationen werden in zunehmendem Maße Möglichkeiten der Eigenbluttransfusion genutzt, die das Auftreten von Unverträglichkeitserscheinungen und Infektionen nahezu völlig ausschließen. Dem künftigen Patienten wird bereits einige Zeit vor dem operativen Eingriff Blut entnommen. Er tritt also als sein eigener Blutspender auf.

Während der Patient aus eigener Kraft den Butverlust durch Neubildung kompensiert, wird die entnommene Blutkonserve konserviert und steht ihm zum Operationstermin zur Verfügung.

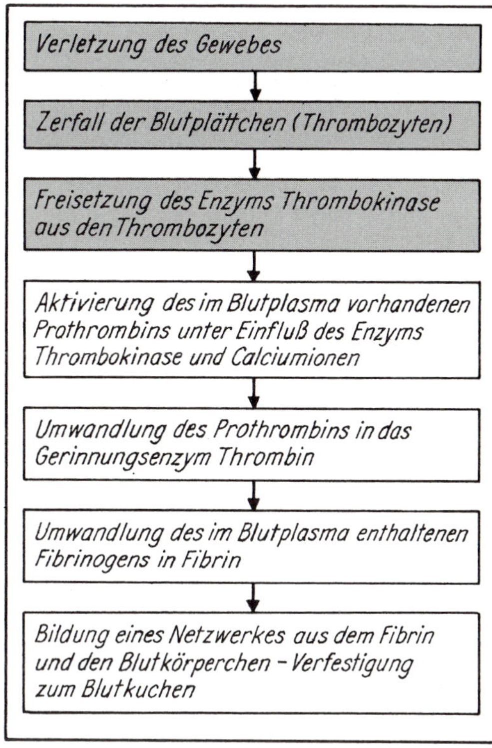

Bild 3.116 Blutgerinnung

3.7.2.5 Gerinnungsfunktion

Blutstillung

Die Gerinnungsfunktion ist eine Teilkomponente im lebenswichtigen Prozeß der Blutstillung. Bei Verletzungen von Gefäßen tritt Blut aus dem Kreislauf aus.

Bevor der eigentliche Gerinnungsprozeß einsetzen kann, ist eine vorläufige Blutstillung erforderlich. Diese wird durch die Thrombozyten (Blutplättchen) und durch die Wand des verletzten Blutgefäßes ermöglicht.

Unmittelbar nach der Verletzung lagern sich Thrombozyten an die geschädigten Strukturen an und verkleben innerhalb von 1 bis 3 Minuten die Blutaustrittsstelle. Das ist jedoch nur möglich, wenn der verletzte Bezirk nicht so groß ist, daß die Verklebungen durch das nachströmende Blut immer wieder gelöst werden. Die Thrombozyten scheiden darüber hinaus Substanzen ab (z. B. Serotonin), die eine Verengung der betroffenen Gefäße bewirken und den Blutzustrom drosseln. Diese Vorgänge allein würden für eine dauerhafte Blutstillung nicht ausreichen. Sie genügen aber, um die Zeit bis zur Blutgerinnung zu überbrücken.

Gerinnungsvorgang

Der Gerinnungsvorgang selbst ist an die Existenz von mehr als zehn Gerinnungsfaktoren gebunden. Das Fehlen nur eines Faktors kann die Bildung des Gerinnungspfropfes verhindern. Aus didaktischen Gründen wird der Gerinnungsvorgang stark vereinfacht dargestellt. Auf die Bedeutung der gerinnungshemmenden Enzyme (z. B. Plasminogen) kann nicht eingegangen werden.

Vorphase: Unmittelbar nach der Verletzung sondert das betroffene Gewebe eine Flüssigkeit ab, aus der sich bei Anwesenheit von Calcium das Gewebsthromboplastin bildet. Auch aus den zerfallenen Blutplättchen kann Thromboplastin freigesetzt werden.

Erste Phase: Das Thromboplastin katalysiert die Umwandlung des im Serum vorhandenen Prothrombins in Thrombin. Dieser Vorgang ist nach knapp 10 Sekunden abgeschlossen.

Zweite Phase: Jetzt bewirkt das Ferment Thrombin die Umwandlung des wasserlöslichen Fibrinogens in das unlösliche Fibrin durch Polymerisation. Es bilden sich Fibrinfäden, die einen ausreichenden Verschluß der Wunde gewährleisten. In diese Fäden sind auch die übrigen Blutbestandteile eingelagert. Wir sprechen von einem Blutkuchen. Aus dem Blutkuchen wird Flüssigkeit abgesondert. Dadurch nimmt das Gerinnsel eine festere Konsistenz an und wird im Verlauf von Tagen zu Schorf umgewandelt.

Adaptationen

Die Adaptationen des Blutes an Trainingsreize sind im Vergleich zu anderen Systemen, zum Beispiel der Muskulatur, diskret. Sie sind aber durchaus vorhanden und am stärksten beim Ausdauertraining nachzuweisen. Das Blut hat in erster Linie Transportaufgaben zu erfüllen und ist Mittler zwischen allen Organen und Geweben. Veränderungen in seiner Zusammensetzung sind deshalb nicht zwangsläufig Anpassungserscheinungen, sondern oft Ausdruck von Reaktionen und Adaptationen anderer Strukturen. Deshalb darf zum Beispiel der Anstieg des Laktatspiegels während einer sportlichen Belastung nicht als Reaktion des Blutes gewertet werden. Er ist die Folge von Stoffwechselprozessen in der Muskelzelle (s. Kap. 2.1.11). Veränderungen der Blutzusammensetzung signalisieren uns also häufig Reaktionen und Adaptationen in anderen Bereichen. Dazu gehören zum Beispiel der Wärmehaushalt, der Flüssigkeitshaushalt, das Hormonsystem, das Herz-Kreislauf-System und die Muskulatur. Deshalb sollte auch dort nachgelesen werden. Erhöhter Bedarf an Transportkapazität kann kurzfristig nicht mit einer Vermehrung der Blutmenge gedeckt werden. Es geht nur über die Mechanismen der Blutverlagerung – aktive Organe werden besser durchblutet als ruhende Strukturen – und über die Beschleunigung der Blutumlaufzeit. Das sind jedoch Funktionen des Herzkreislaufsystems (s. Kap. 3.5.1 und Kap. 3.5.2) und nicht des Blutes in engerem Sinne. Es ist also sinnvoll, die Veränderungen in der Blutzusammensetzung im Zusammenhang mit körperlicher Belastung von den echten Anpassungserscheinungen abzugrenzen.

Veränderungen der Blutzusammensetzung und der Blutfunktion bei körperlicher Belastung

Wenn sich die Systeme des Organismus auf die Bedingungen der Muskelarbeit umgestellt haben, dann widerspiegeln sich die dabei ablaufenden Prozesse in einer Veränderung der Blutzusammensetzung und der Blutfunktion. Davon können hier nicht alle erwähnt werden. Nähere Informationen sind aus all den Kapiteln zu entnehmen, in denen die ursächlichen Mechanismen für diese Veränderungen erläutert werden.

Substrate

Während der Arbeit wird Zucker in den Muskelzellen zur Energiebereitstellung benötigt. Deshalb erfolgt durch eine verstärkte Ausschüttung der Katecholamine eine Mobilisierung von Glukose aus dem Glykogenvorrat der Leber. Außerdem werden in zunehmendem Maße Fette als Energielieferanten genutzt. Sie müssen also auf dem Blutweg zur Arbeitsmuskulatur transportiert werden. Aus diesem Grund kann sich bei schweren

Ausdauerbelastungen der Fettsäurespiegel im Plasma um den dreifachen Betrag des Ausgangswertes erhöhen.

Wasserhaushalt

Deutlich ist auch der Wasserverlust des Blutes bei längerer Belastung (s. Kap. 3.5.2, 4.1.2 und 4.1.3). Die Verminderung des Blutvolumens ist eine Folge des Wasserübertritts vom Blut in die arbeitenden Muskelzellen und ein Effekt des Schweißverlustes. Flüssigkeitsverlust erhöht die Viskosität des Blutes. Dadurch wird die Herztätigkeit erschwert und die Transportkapazität des Herzkreislaufsystems eingeengt. Deshalb soll hier nochmals auf die Notwendigkeit hingewiesen werden, daß während sportlicher Aktivitäten zumindest im Langzeitausdauerbereich III eine ausreichende Flüssigkeitszufuhr erfolgt.

Gerinnung und Fibrinolyse

Ferner ist eine erhöhte Gerinnungsfähigkeit (Koagulabilität) zu konstatieren, weil sowohl Konzentration und Aktivität von Gerinnungsfaktoren als auch die Haftfähigkeit (Adhäsivität) der Thrombozyten an den Gefäßwänden zunimmt. Die Gefahr eines Gefäßverschlusses durch Gerinnselbildung (z. B. Thrombose, Thromboembolie) besteht allerdings nicht, weil gleichzeitig auch die Prozesse der Fibrinolyse (Wiederauflösung von Thromben) aktiviert werden.

Die Fibrinolysetätigkeit nimmt bei Ausdauerbelastung in einem solchen Maße zu, daß trotz gleichzeitig erhöhter Koagulabilität die Gerinnungsfähigkeit des Blutes herabgesetzt wird.

Die Veränderungen im Gerinnungssystem des Blutes haben sich etwa 1 bis 2 Stunden nach Beendigung einer Ausdauerbelastung (erschöpfende Belastung) wieder zurückgebildet. Die Gefahr, daß durch körperliche Belastung Spontanblutungen auftreten, besteht nicht.

Immunglobuline

Immunglobuline sind für die Abwehr von Infekten bedeutungsvoll. Training unter volkssportlichen Bedingungen hat keinen Einfluß auf ihre Konzentration im Blut (s. Kap. 3.3.2). Nach intensiven Ausdauerleistungen ist jedoch noch 2 bis 4 Tage lang eine Verminderung dieser Eiweiße zu konstatieren. Die Infektanfälligkeit der Sportler liegt dann trotzdem noch unterhalb der Werte für die Normalbevölkerung, weil andere Mechanismen der unspezifischen Abwehr wie Phagozytose, Thermoregulation und Schleimhautbarriere stärker ausgeprägt sind als bei Untrainierten (s.a. Kap. 3.3.1).

Hormone

Es wurde bereits erwähnt, daß unmittelbar vor und während einer sportlichen Belastung der Plasmaspiegel der Katecholamine Adrenalin und Noradrenalin ansteigt. Das ist ein Ausdruck der Umstellung des Organismus von der trophotropen in die ergotrope Phase (s. Kap. 1.1.4), der Sympathikus wurde aktiviert. Bei Ausdauerbelastungen zwischen 30 Minuten und 2 Stunden wurde darüber hinaus bei Männern eine Erhöhung des Testosteronspiegels festgestellt (s. Kap. 3.2). Das kann als Ausdruck für eine erhöhte Bremsung kataboler Prozesse gewertet werden (s. Kap. 1.1.3 und 1.1.4). Ausdauerbelastung führt ebenfalls zu einer erhöhten Ausschüttung des Wachstumshormons und zu einer verminderten Insulinsekretion. Auch diese Erscheinungen sind mit der Umstellung des Organismus von der trophotropen in die ergotrope Phase, die Alarmphase, zu erklären.

Enzyme

Während einer körperlichen Belastung kommt es in Abhängigkeit von Dauer und Intensität zu Aktivitätsveränderungen von Enzymen im Serum. Das ist die Folge veränderter Stoffwechselabläufe im Gewebe; vor allem in der arbeitenden Muskulatur, in der Leber und im Herzen.

Bei extremen Ausdauerbelastungen wurden vor allem Enzyme, die für eine Steigerung der aeroben Stoffwechselintensität des Herzens und der Muskulatur von Bedeutung sind, in höheren Konzentrationen gefunden.

Blutgase

Bei sportlicher Aktivität werden die Möglichkeiten für die Abgabe von Sauerstoff ins Gewebe verbessert. Neben anderen Faktoren spielen dabei die Senkung des pH-Wertes, die Temperaturerhöhung, eine verlängerte Kontaktzeit des Blutes sowie Rechtsverschiebung der Sauerstoffbindungskurve eine Rolle. Dadurch wird der Sauerstoffgehalt des venösen Blutes vermindert und die arteriovenöse Sauerstoffdifferenz nimmt zu. Parallel dazu steigt auch der Kohlendioxid- bzw. Bikarbonatgehalt an, weil durch die intensivierten Stoffwechselprozesse eine vermehrte CO_2-Bildung im Gewebe stattfindet.

Leukozyten

Körperliche Belastung führt zu einem Anstieg der im Blut vorhandenen Leukozyten. Vor allem extreme Auslenkungen aus der Homöostase, wie es zum Beispiel ein Marathonlauf bewirkt, können solche Veränderungen des weißen Blutbildes hervorrufen, wie sie auch bei Entzündungsprozessen beobachtet werden.

Adaptationen des Blutes durch Training

Zu echten Adaptationen des Blutes wird es nur dann kommen, wenn seine Transportkapazität voll ausgelastet ist.

Da schon bei Untrainierten eine recht gute Regulationsbreite des Blutes zwischen der trophotropen und der ergotropen Phase besteht, sind Anpassungserscheinungen erst nach längerem Ausdauertraining zu erwarten. Am deutlichsten treten diese bei einem Trainingsaufenthalt in Höhenlagen (etwa ab 2000 m) in Erscheinung.

Während des Trainingsprozesses mit Ausdauercharakter vergrößert sich die Gesamtblutmenge. Findet das Training in Meereshöhe statt, dann dominiert die Erhöhung des Plasmaanteils, während sich die Zahl der Erythrozyten nicht in gleichem Umfang entwickelt.

Somit wird das Verhältnis zwischen den festen und flüssigen Blutbestandteilen verändert. Die festen Bestandteile nehmen vergleichsweise ab, d. h. der Hämatokrit sinkt.

Diese Anpassungserscheinung steht nicht im Widerspruch zu der Hämatokriterhöhung, die bei der Belastung durch den Flüssigkeitsverlust hervorgerufen wird. Die Erhöhung des Blutvolumens geht also unter anderem mit einer absoluten Vermehrung der Erythrozyten, Leukozyten, Bluteiweiße und Elektrolyte einher. Damit sind deren Funktionen stärker ausgeprägt als bei Untrainierten. Es zeigen sich somit folgende Veränderungen:

- *verbesserte Transportkapazität für Atemgase,*
- *verbesserte unspezifische Abwehr,*
- *verbesserte spezifische Abwehr,*
- *verbesserte Pufferkapazität,*
- *vergrößerte funktionelle Reserven bei Flüssigkeitsverlust.*

Die bisher genannten Anpassungserscheinungen lassen sich in Abhängigkeit von der

Trainingsbelastung im Kinder- und Jugendsport, im Freizeit- und Erholungssport und im Leistungssport in unterschiedlicher Ausprägung nachweisen. Das Blutvolumen eines hochtrainierten Ausdauersportlers kann um bis zu 20 Prozent größer sein als bei Untrainierten. Ausdauertraining unter Höhenbedingungen konfrontiert den Organismus zusätzlich zu den üblichen Belastungen mit Sauerstoffmangel. Während der Sauerstoffpartialdruck in Meereshöhe bei ca. 20 kPa (150 Torr) liegt, weist er in der Höhe von Mexico-Stadt (2240 m) nur noch etwa 14 kPa (107 Torr) auf. An diese Situation paßt sich das Blut mit einer deutlichen Erhöhung der Erythrozytenzahl und des Hämoglobingehalts an. Die Vermehrung der roten Blutkörperchen nimmt mit der jeweiligen Aufenthaltshöhe zu. Somit steigt auch der Hämatokrit; das Blut wird dicker. Bei Andenbewohnern stellte man eine Erhöhung des Hämoglobingehaltes auf 130 Prozent im Vergleich zu den Werten auf Meereshöhe fest. Durch Höhentraining wird auch der Gehalt der Erythrozyten an 2,3-Diphosphoglycerat erhöht. Das führt über eine Rechtsverschiebung der Sauerstoffdissoziationskurve zu einer erleichterten Abgabe des Sauerstoffs im Gewebe. Bereits nach einer Trainingsdauer von vier Wochen lassen sich unter Höhenbedingungen Vermehrungen der Erythrozyten und des Hämoglobins nachweisen. Eine völlige Anpassung kann aber erst nach etwa acht Monaten Höhenaufenthalt erreicht werden. Die Zunahme der Erythrozyten und des Hämoglobins ist mit Sicherheit auf die Sauerstoffmangelbedingungen zurückzuführen, die eine Aktivierung der Blutbildung im roten Knochenmark auslösen. Durch diese Mechanismen wird die Transportkapazität des Blutes für Sauerstoff verbessert. Das kann bei Wettkämpfen in Meereshöhe die sportlichen Leistungen in Ausdauerdisziplinen fördern. Dabei ist jedoch zu beachten, daß unmittelbar nach der Rückkehr aus dem Höhenlager der Organismus sich erst an die veränderten klimatischen Bedingungen readaptieren muß. In dieser Zeit, sie dauert etwa drei bis vier Tage, können meist keine hohen Leistungen erreicht werden. Danach beginnt die Phase der besten aeroben Leistungsfähigkeit. In dieser Zeit sollte auch der Wettkampfhöhepunkt liegen (s. a. Kap. 3.6.10). Nach einer Woche des Aufenthalts in Meereshöhe läßt sich ein Rückgang der Erythrozyten und des Hämoglobingehalts nachweisen. Dieser Prozeß setzt sich solange fort, bis die Ausgangswerte aus der Zeit vor dem Höhentraining wieder erreicht sind. Die Dauer der Rückbildung hängt von mehreren Faktoren ab.

Dazu gehören:

- *die Dauer des Höhentrainingslagers,*
- *die Häufigkeit der Aufenthalte in Höhenlagen und*
- *der Charakter des Trainings nach Rückkehr auf das Niveau der Meereshöhe.*

Nach etwa 4 Wochen sind Effekte des Höhentrainings im Blut nicht mehr nachweisbar. Höhentrainingslager sollten nicht kürzer als vier Wochen sein. Obgleich es in dieser Zeit noch nicht zur vollen Adaptation des Organismus an Sauerstoffmangelbedingungen (Hypoxiebedingungen) gekommen ist, lassen sich bereits Anpassungserscheinungen im Herz-Kreislauf-System, im Blut und sogar auf Zellniveau feststellen. Vor Ausdauerbelastungen in mittlerer (Mexico-Stadt 2240 m) und großer Höhe (Hochgebirgsalpinismus) ist in jedem Falle eine Adaptationsphase von mindestens zehn Tagen erforderlich.

3.8 Verdauungssystem

Von *G. Badtke, D. Schmidt*

Die Hauptfunktion des Verdauungssystems besteht darin, die in der Nahrung enthaltenen Baustoffe und Energieträger aus der Umwelt aufzunehmen. Damit ist es wesentlich beteiligt an einer Grundfunktion des Lebens, dem Stoffwechsel. Anatomische Grundlage des Verdauungssystems bildet der Verdauungskanal mit seinen Anhangsdrüsen. Dieser erstreckt sich von der Schädel-Hals-

Region über den Brustraum bis in die Bauchhöhle, in welcher die größten Anteile liegen. Der Verdauungskanal besteht aus:

- der Mundhöhle mit Zunge, Zahnreihen und Speicheldrüsen,
- dem Rachen,
- der Speiseröhre,
- dem Magen,
- dem Zwölffingerdarm, in welchen die Anhangsdrüsen Leber und Bauchspeicheldrüse mit Ausführungsgängen münden,
- dem Dünndarm und
- dem Dickdarm mit Mastdarm und After (Bild 3.117).

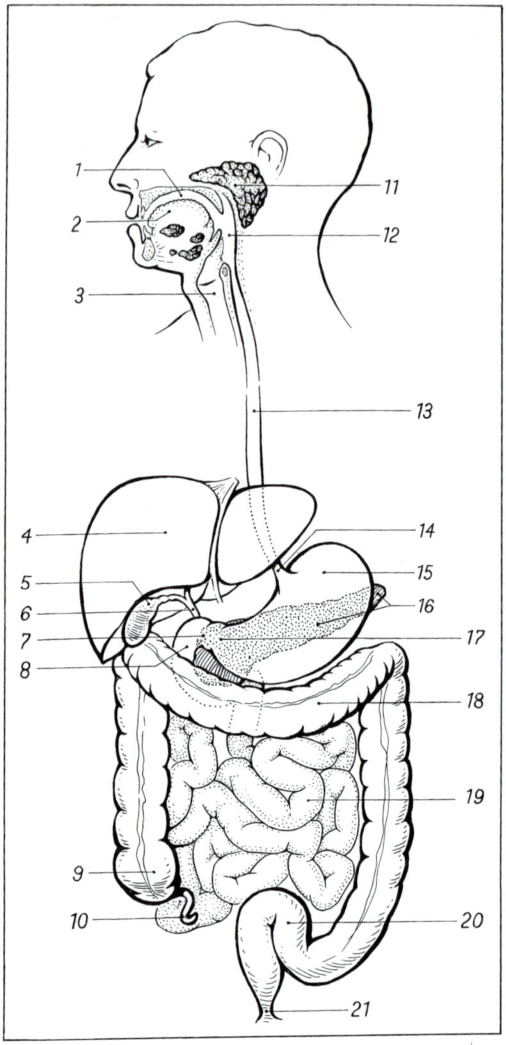

Bild 3.117 Übersicht über den Aufbau des Verdauungssystems. *1* Mundhöhle, *2* Zunge (Lingua), *3* Luftröhre (Trachea), *4* Leber (Hepar), *5* Gallenblase (Vesica fellea), 6 Gallengang (Ductus choledochus), *7* Magenpförtner (Pylorus), *8* Zwölffingerdarm (Duodenum), *9* Blinddarm (Caecum), *10* Wurmfortsatz (Appendix vermiformis), *11* Speicheldrüsen, *12* Rachen, *13* Speiseröhre (Oesophagus), *14* Magenmund (Cardia). *15* Magenkörper (Ventriculus), *16* Bauchspeicheldrüse (Pancreas), *17* Magenausgang, *18* Dickdarm, *19* Dünndarm, *20* Mastdarm, *21* After

Die einzelnen Abschnitte des Verdauungskanals folgen grundsätzlich einem einheitlichen Bauprinzip. Der Innenraum wird von einer Wandung umgeben, die von innen nach außen aus einer Schleimhautauskleidung, einer lockeren Bindegewebsschicht und einem muskulären Wandteil besteht. Da die meisten aufgenommenen Nährstoffe nicht direkt vom Verdauungstrakt in das Blut übergehen (resorbiert) können, müssen sie zuvor in ihre monomeren Grundbauteile zerlegt werden. Diese mit der Resorption endenden Vorgänge stellen die funktionelle Leistung des Verdauungssystems dar. Hierzu sind umfangreiche mechanische, chemische und schließlich resorptive Abläufe notwendig, die schrittweise, jedoch ineinander verzahnt, erfolgen.

Mechanisch sind Zerkleinerung, Durchmischung, Fortbewegung (neben zeitweiliger Speicherung) der aufgenommenen Nahrung und Ausscheidung unverdaulicher, nicht resorbierter Anteile erforderlich.

Chemisch kommt es mittels verschiedener Verdauungssekrete zu enzymatischer Spaltung der Kohlenhydrate bis zu den Monosacchariden, der Eiweiße bis zu den Aminosäuren und der Fette bis zu den Fettsäuren und dem Glyzerin. Überwiegend in diesen Formen können die Nahrungsbestandteile dann durch die Schleimhaut resorbiert werden (Tabelle 3.24).

Tabelle 3.24 Mechanische Vorgänge, Verdauungssekrete und Resorptionsorte des Magen-Darm-Kanals

Abschnitt des M.-D.-Kanals	Mechanik	Sekret	Resorption
Mundhöhle	Aufnahme, Zer- zerkleinerung (Kauen)	Speichel	
Rachen	Beförderung (Schluckakt)		
Speiseröhre	Beförderung		
Magen	Speicherung, Durchmischung, Beförderung (Peristaltik)	Magensaft	
Zwölffingerdarm	Durchmischung (Pendel-) bewegung), Beförderung, Peristaltik	Schleimhautsekret, Gallensaft, Bauchspeichel	Zucker, Aminosäuren. Fettsäuren, Fette
Dünndarm	Peristaltik	Schleimhautsekret (Darmsaft)	Zucker, Aminosäuren. Fettsäuren, Fette
Dickdarm	Peristaltik	Sekret ohne Enzyme	
Mastdarm	Speicherung, Beförderung		
After	Ausscheidung		

3.8.1 Obere Verdauungsabschnitte

3.8.1.1 Aufbau der oberen Verdauungsabschnitte

Den Anfangsteil des Verdauungskanals bildet die **Mundhöhle** (Cavum oris). Sie wird begrenzt durch den Gaumen (Dach der Mundhöhle), Zunge bzw. Mundboden und Unterkieferzungenbeinmuskeln (Boden) sowie Zahnreihen bzw. Wangen (Seitenwände) (Bild 3.118). Der Gaumen gliedert sich in den knöchernen, schleimhautüberzogenen harten Gaumen und den weichen Gaumen. Letzterer besteht aus zwei paarigen Schleimhautfalten, welche Muskulatur überziehen – dem vorderen und hinteren Gaumenbogen – und dem Zäpfchen. Zwischen den Gaumenbögen befinden sich die seitlich gelegenen Gaumentaschen. Sie enthalten die Rachenmandeln (Tonsillae palatinae), die dem lymphatischen System angehören. In die Mundhöhle wölbt sich die Zunge vor und füllt sie weitgehend aus. Die Zunge ist ein schleimhautüberzogenes muskuläres Organ, in dem sich quergestreifte Muskulatur dreidimensional anordnet und ihr dadurch eine erhebliche Verformbarkeit und Beweglichkeit vermittelt.

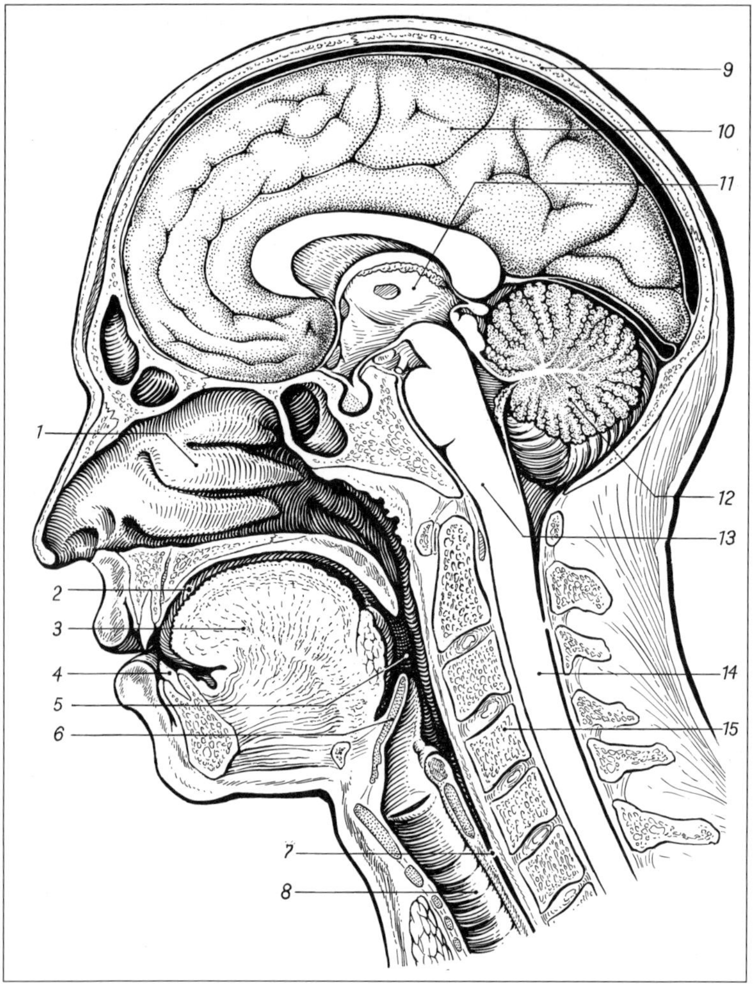

Bild 3.118 Sagittalschnitt durch Kopf und Hals mit oberen Abschnitten des Verdauungskanals. *1* Nasenhöhle mit Nasenmuscheln, *2* Mundhöhle, *3* Zunge, *4* Schneidezahn, *5* Rachenraum, *6* Kehldeckel, *7* Speiseröhre, *8* Luftröhre, *9* Schädelkalotte, *10* Großhirn, *11* Zwischenhirn, *12* Kleinhirn, *13* Nachhirn, *14* Rückenmark, *15* Halswirbel (nach Leutert)

Durch weitere muskuläre Verbindungen erlangt sie Ansatz an Knochenpunkten des Unterkiefers, des Zungenbeines und des Warzenfortsatzes. Auf bestimmte Bereiche der Zungenschleimhaut sind die Geschmacksknospen verteilt. Diese enthalten Rezeptorzellen für die vier Geschmacksqualitäten süß, sauer, salzig und bitter. In der Mundhöhle enden die Ausführungsgänge von Speicheldrüsen. Deren Lage wird durch die Bezeichnung angedeutet. Es sind dies die Ohrspeichel-, Unterkiefer- und Unterzungendrüsen. Die erstgenannten Drüsen sind paarig angelegt. In einzelnen Fächern (Alveolen) des Ober- und Unterkiefers sind sie mit einer Bindegewebshaft an die Zähne (Dentes) befestigt.

Das vollständige **Gebiß** des Erwachsenen umfaßt 32 Zähne: 8 Schneidezähne, 4 Eckzähne, 8 Backenzähne und 12 Mahlzähne. Die Mahlzähne sind beim Milchzahngebiß noch nicht vorhanden.

Die äußere Gestalt der Zähne ist durch ihre Funktion bestimmt. Allgemein lassen sich eine Krone, ein Zahnhals und eine oder meh-

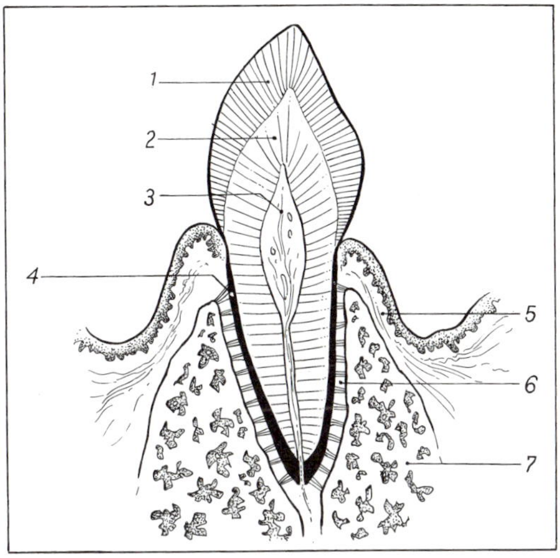

Bild 3.119 Bau und Verankerung des Zahnes im Zahnfach (Alveole). 1 Schmelz, 2 Dentin, 3 Zahnhöhle (Pulpa), 4 Zement, 5 Schleimhaut, 6 Bindegewebshaft des Zahnes im Zahnfach, 7 Kieferknochen (nach Waldeyer)

rere Wurzeln unterscheiden (Bild 3.119). Auch der Zahnaufbau folgt einem gleichbleibenden Prinzip. Im Kronenbereich ist dem Zahn der Schmelz (härteste Substanz des Organismus) aufgelagert.

Am Zahnhals wird dieser in Richtung Wurzel vom sogenannten Zement abgelöst. Nach innen schließt sich ein Mantel aus Zahnbein an. Er umschließt die Zahnhöhle mit den darin bindegewebig umhüllten Gefäßen und Nerven. An die Mundhöhle schließt sich das Schleimhaut-Muskelrohr des Rachens (Pharynx) an. Er ist bindegewebig an die Schädelbasis angeheftet.

Im Bereich des Rachens kreuzen die Atem- und Verdauungswege. Die verschiedenen Regionen des Rachens besitzen somit Verbindung zu den Nasenhöhlen, über die Ohrtrompete zum Mittelohr, zur Mundhöhle, zum Kehlkopf und zum nachfolgenden Abschnitt des Verdauungskanals, der Speiseröhre (Oesophagus).

3.8.1.2 Funktion der oberen Verdauungsabschnitte

Flüssigkeiten gelangen durch Saugen in die Mundhöhle. Das erfolgt durch Kontraktion der Muskulatur des Mundbodens. Feste Nahrungsbestandteile müssen durch Kauen mechanisch zerkleinert werden. Dabei ist die Funktionstüchtigkeit des Gebisses wichtige Voraussetzung, da unzureichende Zerkleinerung zu Verdauungsstörungen führen kann. Für den Kauvorgang läßt das Kiefergelenk Öffnen und Schließen des Mundes, Vor- und Zurückbewegung sowie seitliche Bewegungen der Zahnreihen des Unterkiefers gegen die des Oberkiefers zu. Die dazu erforderliche Kraft wird durch Kontraktion der Kaumuskulatur aufgebracht. Das Abschneiden eines Bissens von einer zusammenhängenden Nahrungsportion geschieht durch die scherenartig wirkenden Schneidezähne. Durch Kombination der vorgenannten Bewegungsmöglichkeiten erfolgt zwischen den Backen- und Mahlzähnen ein fortlaufendes Zerschneiden und Zermahlen des Bissens zu entsprechend kleinen Partikeln. Das Kauen läuft gewöhnlich reflektorisch ab, wobei eine Steuerung durch die ausgeprägte Tastfunktion der Zunge gegeben ist. Der abgesonderte Speichel spielt bereits beim Kauvorgang eine wichtige Rolle. Seine physikalische Funktion ist die Aufweichung des Bissens. Dieser wird dadurch gleitfähig und bildet am Ende des Kauvorgangs zusammen mit den Nahrungspartikeln den Speisebrei. Je nach Nahrungsbeschaffenheit wechselt die Viskosität des Speichels. Er kann relativ dünnflüssig (serös) oder mehr schleimig-zähflüssiger (mukös) auftreten. Das hängt von der anteiligen Sekretionsaktivität einzelner Speicheldrüsen ab und wird durch das vegetative Nervensystem gesteuert.

Die chemische Wirkung des Speichels gründet sich auf seinen Gehalt an Ptyalin, einer Amylase, die Stärke bis zur Maltose spaltet und noch im Magen weiterwirkt.

Die Speichelabsonderung geschieht reflektorisch durch Berührung der Nahrung mit

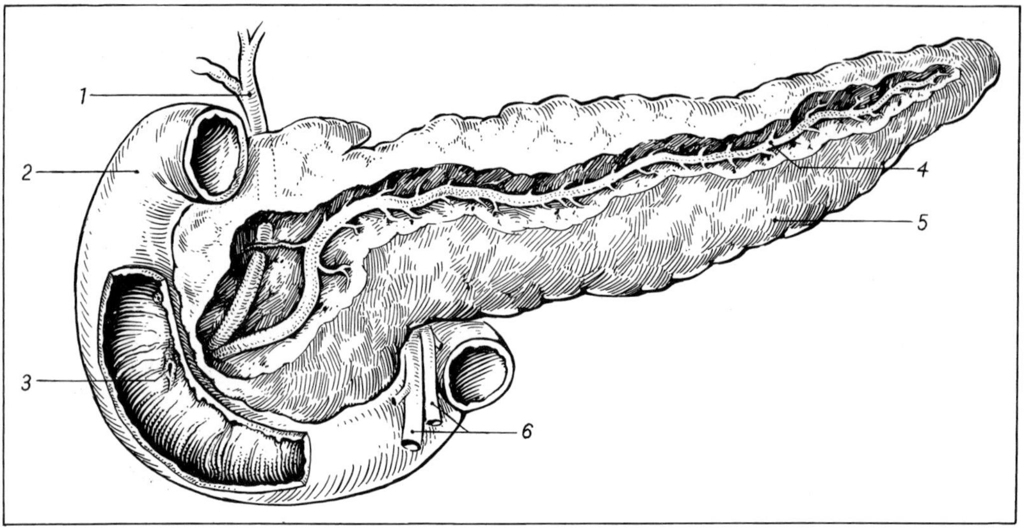

Bild 3.120 Bau und Lagebeziehungen von Zwölffingerdarm und Bauchspeicheldrüse. *1* Gallengang, *2* Zwölffingerdarm, *3* Zwölffingerdarmpapille, *4* Drüsengang, *5* Bauchspeicheldrüse, *6* obere Gekrösegefäße (nach Tittel)

der Mundschleimhaut, aber auch durch andere Sinneseindrücke, die mit der Nahrungsaufnahme in Verbindung stehen (Geruch, akustische und optische Eindrücke) und bedingt-reflektorische Prozesse auslösen. Die Speichelproduktion beträgt bis zu 1,5 Liter täglich. Neben Mineralien und Eiweißen (Mucin, Ptyalin) ist Wasser Hauptbestandteil. Die Weiterbeförderung des Nahrungsbreies durch die oberen Abschnitte des Verdauungskanals erfolgt durch das Schlucken, einen komplizierten Reflexvorgang. Initial wird die Nahrungsportion willkürlich durch die Zunge in den Rachen gepreßt. Nach Kontaktreizung der Gaumenbögen und des Zungengrundes durch die Portion wird der weitere unwillkürliche Verlauf des Schluckaktes eingeleitet. Durch die Muskulatur des weichen Gaumens und der Rachenhinterwand wird die Verbindung zu den Nasenhöhlen verschlossen. Gleichzeitig wird der Kehlkopf unter die Zungenwurzel gehoben und dadurch ebenfalls abgeschlossen. Nun ist die Voraussetzung gegeben, daß die Nahrungsportion die Atemwege kreuzen kann und in die Speiseröhre gelangt (während des Schluckaktes muß also Atemstillstand eintreten). Anschließend erfolgt der Transport durch die Speiseröhre. Er wird durch wellenförmige Kontraktion der ringförmig angeordneten Muskelschicht, die Peristaltik, bewerkstelligt. Der Nahrungsbrei wird so vor dem peristaltischen Kontraktionsring weitergeschoben. Das erfolgt im Bereich der quergestreiften Muskulatur schnell. Im Bereich der glatten Muskulatur verläuft dieser Prozeß naturgemäß wesentlich langsamer. Mit Öffnung des Mageneinganges nach mechanischer Reizung durch die geschluckte Portion verläßt diese die Speiseröhre und tritt in den Magen ein.

3.8.2 Mittlere Verdauungsabschnitte

3.8.2.1 Aufbau der mittleren Verdauungsabschnitte

Zu den mittleren Abschnitten des Magen-Darm-Kanals gehören **Magen**, **Zwölffingerdarm** und **Dünndarm** sowie die in diesen Abschnitt mündenden Anhangsdrüsen. Der Magen (Ventriculus) läßt mehrere anatomisch unterscheidbare Bezirke erkennen. An die Speiseröhre schließt der muskulär verschließbare Magenmund an. Neben ihm wölbt sich die Magengegend kuppelförmig zum Magengrund aus. In anterior-posteriorer Betrachtung verläuft die Magenwand bogenförmig abwärts. Medial in einer kürzeren konkaven und lateral in einer längeren konvexen Magenrundung. Den Magenausgang bildet der Pförtner, ein kräftiger Schließmuskel, der in den Zwölffingerdarm einmündet (s. Bild 3.117). Abwärts des Pförtners (Pylorus) beginnt mit dem Zwölffingerdarm (Duodenum) der oberste Teil des Darmkanals. Der 25 bis 30 cm lange Zwölffingerdarm hat die Form eines C. Sein Wandaufbau gleicht dem des Dünndarms weitgehend. Im absteigenden Duodenalteil findet sich die papillenförmige gemeinsame Mündung des Ausführungsganges der Bauchspeicheldrüse und des Gallengangs. In den Bogen des Zwölffingerdarms eingelagert ist ein Teil der Bauchspeicheldrüse (Pankreas), die in Kopf, Körper und Schwanz untergliedert ist. Das Organ ist vorwiegend aus serösem Drüsengewebe aufgebaut. Die serösen Drüsenzellen bilden den fermentreichen Bauchspeichel. Es finden sich aber auch Drüsenzellen mit innerer Sekretion (Langerhanssche Inseln, s. Kap. 3.2.3.6) (Bild 3.120). Der distale Teil des Zwölffingerdarms geht in den Dünndarm über. Dieser gliedert sich in zwei Abschnitte, den Leerdarm (Jejunum) und den Krummdarm (Ileum). Ihre Länge beträgt 2 und 3 Meter, so daß sich für den Dünndarm 5 Meter Gesamtlänge ergeben. Im Inneren des gesamten Dünndarms finden sich dichtgestellte Ringfalten, die kaudalwärts abnehmend ausgeprägt sind. Die Schleimhaut vorwiegend des Leerdarms (wie auch des Zwölffingerdarms) ist dicht mit ca.1 mm hohen Zotten besetzt. Falten und Zotten vergrößern die innere Darmoberfläche außerordentlich. Jede Zotte besitzt ein reiches, zwischen Arteriolen und Venolen ausgebreitetes Kapillarnetz (wobei arteriovenöse Kurzschlüsse bestehen, die in Ruhe geöffnet sind).

Weiterhin besitzen die Zotte ein axiales Lymphgefäß und glatte Muskelzellen, welche der direkt unter der Schleimhaut befindlichen Muskelschicht entstammen und in der Lage sind, eine Zottenkontraktion hervorzurufen. Zwischen den Zotten befinden sich kleine schlauchförmige Darmdrüsen. Hauptsächlich ihnen entstammt der Darmsaft. Vorwiegend im Krummdarm finden sich solitäre (einzelne) oder aggregierte (gehäuft auftretende) Lymphknötchen mit Abwehrfunktion. In ihrem Bereich fehlen die Zotten (Bild 3.121).

Im gesamten Dünndarm ist ein muskulöser Wandteil mit innerer Ringanordnung (für peristaltische Bewegungen) und äußerem Längsverlauf (für Pendelbewegungen) ausgebildet. In ihnen und in der Bindegewebsschicht zwischen Schleimhaut und Muskelwand befindet sich vegetatives Nervengewebe zur Steuerung der Darmfunktion.

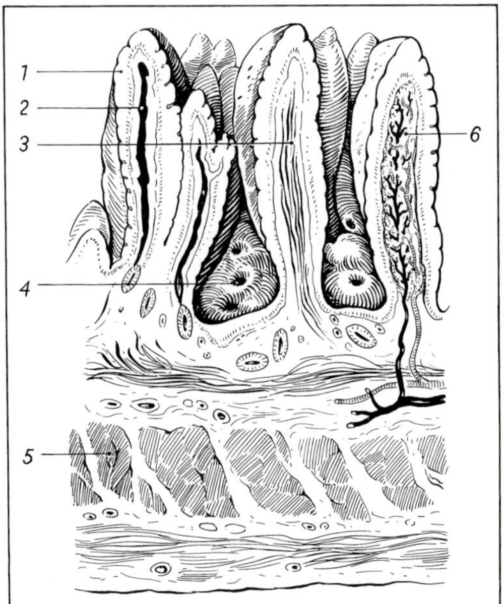

Bild 3.121 Schnitt durch die Darmwand (Leerdarm). *1* Darmzotte, *2* Lymphgefäße, *3* glatte Muskulatur, *4* Darmdrüsen, *5* muskuläre Wandschicht, *6* Blutgefäße (nach Tittel)

3.8.2.2 Funktion der mittleren Verdauungsabschnitte

Beim Übertritt des Speisebreies aus der Speiseröhre in den **Magen** erschlaffen der Mageneingang und die Magenwand. Der Magensaft enthält Enzyme – vor allem Pepsin –, Salzsäure und Schleimsubstanzen. Seine Produktion ist das Ergebnis einer aktiven Stoffwechselleistung und beläuft sich auf etwa 1,5 Liter täglich.

Die Magensaftbildung wird hauptsächlich auf zwei Wegen ausgelöst. Reflektorisch kommt sie durch nahrungsbedingte Mundschleimhautreizung in Gang. Weiterhin wirken Nahrungsbestandteile bzw. Abbauprodukte auf die Pförtner- und Dünndarmschleimhaut. Daraufhin wird ein Hormon (Gastrin) abgegeben, das in der Magenschleimhaut die Sekretion anregt.

Der Magensaft hat mehrere Wirkungen. Die Enzyme Pepsin und Kathepsin spalten in saurem Milieu Eiweiße bis zu Polypeptiden. Die Salzsäure führt zu beträchtlicher pH-Absenkung im Magensaft. Sie aktiviert die genannten Enzyme, verhindert bakterielle Besiedlung und ist an der Aufquellung von Gerüsteiweißen und pflanzlichen Hüllen beteiligt. Die Schleimstoffe verhindern die Andauung der Schleimhaut durch den Magensaft. Der Mageninhalt wird zunächst gespeichert und peristaltisch durchmischt. Die peristaltischen Wellen laufen vom Magengrund abwärts zum Magenpförtner. Auf diesem Weg nimmt ihre Stärke zu. Die Peristaltik wird durch die in der Wand befindlichen vegetativen Nervengeflechte gesteuert. Auslösend wirken dabei mechanische (Füllungszustand) und chemische (Nahrungszusammensetzung, Spaltprodukte) Reize. Einfluß nehmen auch übergeordnete Anteile des vegetativen Nervensystems. Der Parasympathikus fördert, der Sympathikus hemmt die Motorik im gesamten Magen-Darm-Kanal. Nach ausreichender Verflüssigung des Speisebreies beginnt die Entleerung des Magens durch Zunahme der Peristaltik und Erschlaffung des Pförtners. Ist der Dünndarm gefüllt, dann wird die Magenentleerung nervös und hormonell (Enterogastron) gehemmt. Erbrechen ist ein Schutzreflex, der durch direkte physikalische und chemische Reize, sensible Afferenzen (Seekrankheit durch Reizung des Gleichgewichtsorgans) oder sogar psychische Ereignisse ausgelöst werden kann. Der Inhalt des Dünndarms wird im Verlaufe von 5 bis 8 Stunden transportiert und gleichzeitig ständig durchmischt. Hierzu dienen zwei Bewegungsformen. Einmal treten rhythmische, den Ort wechselnde Einschnürungen auf. Zum anderen lassen sich wechselnde halbseitige Längsmuskelverkürzungen erkennen. Dadurch zeigt der Darm pendelnd wechselnde Krümmung. Zur Fortbewegung des Speisebreies dient auch hier die mechanisch ausgelöste automatische Peristaltik (Bild 3.122). Die Resorption unterstützt eine mechanisch, chemisch und hormonell (Villikinin) hervorgerufene Zottenkontraktion.

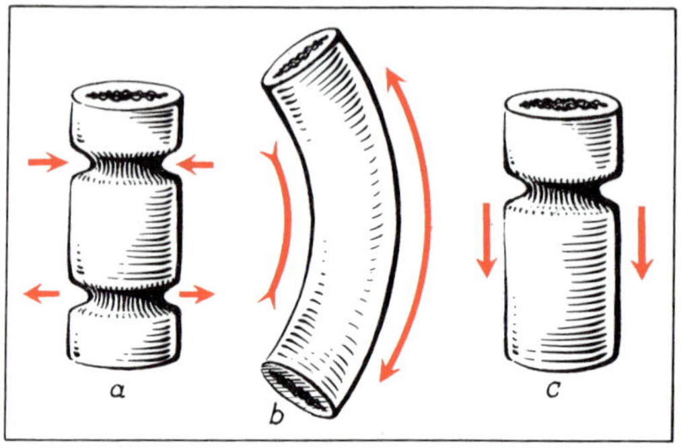

Bild 3.122 Bewegungsformen des Dünndarmes. **a** wechselnde Einschnürung; **b** Pendelung; **c** Peristaltik

Sie erfolgt drei- bis viermal pro Minute. Im Bereich der mittleren Verdauungsabschnitte erfolgt der vollständige enzymatische Abbau der Nahrungsstoffe. Dazu werden zahlreiche Verdauungssekrete abgegeben. Das fermentreichste Verdauungssekret liefert die Bauchspeicheldrüse. Die Bauchspeichelproduktion liegt ebenfalls bei 1 bis 2 Liter pro Tag. Sie erfolgt wiederum erstens reflektorisch über den Magen und zweitens hormo-

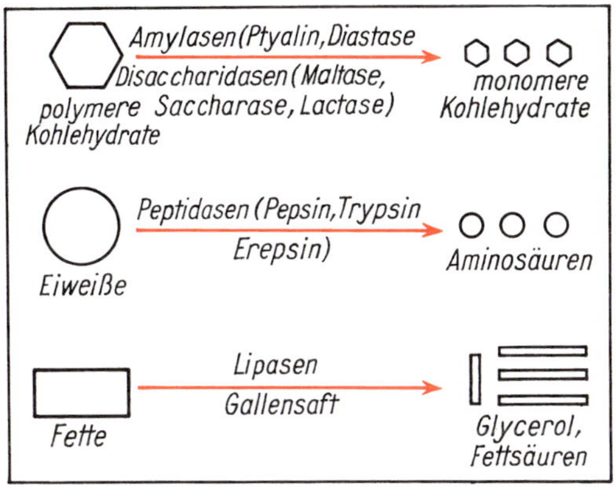

Bild 3.123 Abbau der Nährstoffe durch Fermente

nell (Sekretin) über den Zwölffingerdarm bei Anwesenheit von Eiweißabbauprodukten, Fetten und Säuren. Der Gehalt an Natriumbikarbonat erklärt die basische Reaktion und das hohe Säurebindungsvermögen (Neutralisation des Magensaftes). Die verschiedenen Enzyme sind an der Spaltung aller drei Nährstoffgruppen beteiligt.

So spalten Trypsin, Chymotrypsin und Erepsin Eiweiße und Polypeptide. Sie werden als Pro-Enzyme (inaktive Vorstufen) sezerniert. Im Darm erfolgt ihre Aktivierung durch Enteropeptidase. Pankreasamylase und -maltase spalten Stärke und Glykogen und verschiedene Disaccharide bis zur Glukose und Fruktose. Durch Pankreaslipase werden Neutralfette in Glyzerin und Fettsäuren gespalten.

Dem in der Leber produzierten Gallensaft kommt bei der Fettverdauung besondere Bedeutung zu. Durch die in ihm enthaltenen Gallensäuren emulgieren die Fette. Das hat eine wesentliche Wirkungserhöhung der Lipasen zur Folge. Weiterhin werden aus den im Duodenum entstehenden Fettsäureseifen Mizellen (molekulare Aggregate) gebildet, was ihre Resorption begünstigt. Die Sekrete des Zwölffingerdarms und Dünndarms bzw. die Schleimhautzellen selbst enthalten weitere Enzyme, welche die hydrolytische Spaltung der Nährstoffe bis zu ihren Grundbausteinen besorgen. Dazu gehören Amylasen und Saccharidasen (Freisetzung von Monosacchariden) und Lipasen (restliche Fettspaltung). Die Darmsaftproduktion (Tagesmenge 2 bis 3 Liter) wird wiederum durch mechanische, chemische, hormonelle und vegetative Faktoren beeinflußt (Bild 3.123).

Die dritte Grundfunktion des Magen-Darm-Kanals ist die Resorption. Im Magen ist die resorptive Kapazität noch gering und bezieht sich lediglich auf einige lipoidlösliche Stoffe (z. B. Alkohol!). Hauptort der Resorption sind Zwölffingerdarm und Leerdarm. Das erklärt sich durch die lange Verweildauer (ca. 10 Stunden) und den hohen Abbaugrad (vorwiegend monomere Bausteine) der Nährstoffe sowie durch die große Resorptionsfläche (ca. 4 bis 5m2) ihrer Schleimhaut. Der Bürstensaum (protoplasmatische Haarfortsätze der Zelloberfläche) an den Schleimhautzellen der Zotten vergrößert die Oberfläche um eine weitere Zehnerpotenz. Die Resorption wird durch verschiedene physikalische und biologische Mechanismen realisiert. Dazu zählen:

- Diffusion,
- geförderte Diffusion,
- aktiver (stoffwechselabhängiger) unter Umständen gegen das Konzentrationsgefälle gerichteter Transport,
- Pumpwirkung durch Zottenkontraktion.

So gelangen die Nährstoffe im Zotteninneren in die Blut- bzw. Lymphbahn. Von dort erfolgt der Transport über die Pfortader zur Leber oder über den Milchbrustgang (Lymphstammgefäß) in die venöse Blutbahn. Die Kohlenhydrate werden überwiegend als Monosaccharide resorbiert. Glukose wird gegen das Konzentrationsgefälle aktiv aus dem Darm ins Blut übernommen. Auch die Aminosäuren gelangen größtenteils (L-Formen) aktiv in die Schleimhautzelle und diffundieren von dort ins Blut. Fette werden nach Spaltung in Fettsäuren und Glyzerin, als Monoglyceride (Glyzerin mit einer Fettsäure verestert) und in geringem Umfang als emulgiertes (Neutralfett) resorbiert. Kurzkettige Fettsäuren und ein Teil des Glyzerins treten direkt in die Pfortaderblutbahn über. Langkettige Fettsäuren werden in der Schleimhaut wieder zu Triglyzeriden aufgebaut, mit Eiweiß umgeben (Chylomikronenbildung) und in die Lymphbahn abgegeben. Vorwiegend im mittleren Abschnitt des Verdauungskanals erfolgt die Resorption von Mineralien und Vitaminen. Die Mineralien beeinflussen sich zum Teil gegenseitig bei der Resorption. Bei den Vitaminen sind die fettlöslichen (A, D, E, K) an eine ausreichende Fettresorption gebunden. Auch die Wasserresorption vollzieht sich hauptsächlich in diesem Verdauungskanalabschnitt.

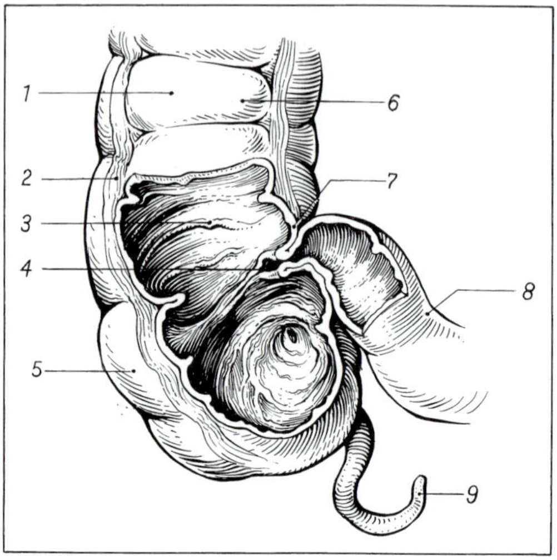

Bild 3.124 Einmündung des Leerdarmes in den Dickdarm sowie Blinddarm mit Wurmfortsatz. *1* Dickdarm (aufsteigender Ast), *2* Längsmuskelbinden, *3* Schleimhautfalten, *4* Dickdarmklappe (Einmündung des Leerdarmes (Jejunum) in den Dickdarm), *5* Blinddarm, *6* Dickdarmausbuchtungen, *7* Schnittöffnung am Übergang zwischen Dickdarm und Blinddarm, *8* Leerdarm, *9* Wurmfortsatz (nach Waldeyer)

3.8.3 Untere Verdauungsabschnitte

3.8.3.1 Aufbau der unteren Verdauungsabschnitte

Der Krummdarm mündet im rechten Unterbauch mit einer Klappe in den **Dickdarm** (Kolon). Unterhalb der Klappe liegt eine kurze Auswölbung des Dickdarms, der Blinddarm. Ihm schließt sich der Wurmfortsatz an. Dessen lymphatisches Gewebe hat Abwehrfunktion, kann dabei aber selbst entzündlich erkranken (Blinddarmentzündung, Appendizitis) und muß dann meist chirurgisch entfernt werden (Bild 3.124).

Oberhalb des Blinddarms reicht der aufsteigende Teil des Dickdarms bis an die Leber. Dort biegt er nach medial um und verläuft quer im Oberbauch bis zur Milz. Nach nochmalig annähernd rechtwinkliger Umbiegung setzt er sich abwärts bis ins Becken fort. Seinen letzten Teil bildet ein s-förmig geschwungener Abschnitt (Sigma). Dieser geht in den Mastdarm über.

Typisch für den Dickdarm sind drei ausgeprägte Längsmuskelbänder. Sie raffen diesen Darmabschnitt so, daß Wandausbuchtungen entstehen.

Der Dickdarm enthält keine Zotten auf der Schleimhaut, aber reichlich die schleimproduzierenden Becherzellen. Zum **Mastdarm** (Rektum) besteht ein unscharfer Übergang. Man unterscheidet eine Mastdarmampulle und einen Mastdarmkanal. Der Mastdarm besitzt eine kräftige Längs- und Ringmuskelschicht. Letztere verstärkt sich gegen den After (Anus) zum inneren Schließmuskel. Ihm schließt sich der quergestreifte, willkürlich arbeitende, äußere Schließmuskel an.

3.8.3.2 Funktion der unteren Verdauungsabschnitte

Durch Ansammlung von Chymus (nicht resorbierte Bestandteile des Speisebreies) am Leerdarmende erschlafft die Muskulatur der Klappe zum Dickdarm. Es kommt zum Übertritt des Inhaltes in die unteren Verdauungsabschnitte. Der Dickdarm zeigt die gleichen motorischen Prinzipien wie der Dünndarm. Auch hier erfolgen Durchmischung und Fortbewegung des sich eindickenden

Tabelle 3.25 Vorgänge der Gärung und Fäulnis im Dickdarm

Chemischer Vorgang	Beteiligte Bakterien	Ausgangsstoffe	Entstehende Produkte
Gärung	Bacterium coli	Kohlenhydrate (z. T. auch Zellulose)	Methan, Kohlendioxide, Alkohol, Milchsäure, Essigsäure (Reaktion: sauer)
Fäulnis	Bacillus putrificus	Eiweiße und deren Spaltprodukte	Schwefelwasserstoff, Indol, Skatol, (Reaktion: basisch)

Darminhaltes. Der dabei entstehende Kot wird im Sigmadarm gesammelt und schubweise an den Mastdarm weitergegeben.

Mastdarmfüllung bildet den Reiz zur Kotentleerung. Es kommt reflektorisch zur Peristaltikverstärkung, deren Wirkung durch die Bauchpresse unterstützt wird.

Dabei erschlaffen die Schließmuskeln. Dieser Vorgang ist willkürlich unterdrückbar. Im Dickdarm wird lediglich Schleim als Gleitmittel abgesondert. Der Dickdarminhalt enthält vorrangig unverdauliche Nahrungsbestandteile. Das sind in erster Linie pflanzliche und tierische Gerüstsubstanzen (Zellulose, Bindegewebe u. ä.). Weiterhin sind in den noch verbliebenen Mengen an Verdauungssäften Schleimhautzellen, Gallenfarbstoffe und Bakterien enthalten. Enzymatische Abbauprozesse finden also kaum statt. Statt dessen werden durch die typische Bakterienbesiedlung des Dickdarms Vorgänge der Gärung (für Kohlehydrate) und Fäulnis (für Eiweiße) ausgelöst. Im Ergebnis dieser Prozesse erhält der Kot seine typische Zusammensetzung, Färbung und Geruch (Tabelle 3.25).

Im Dickdarm wird fast ausschließlich Wasser resorbiert. Die tägliche Menge beträgt ca. 0,3 Liter. Dabei wird der Kot auf seine normale Konsistenz eingedickt. Die Verdauung stellt eine erhebliche Leistungsanforderung an den Organismus dar. So steigt der Sauerstoffbedarf der Schleimhaut des Verdauungskanals bei der Produktion der Verdauungssekrete deutlich an. Weiterhin erhöht sich der Stoffwechsel der glatten Muskulatur, um die notwendigen motorischen Leistungen sicherzustellen. Bereits bei körperlicher Ruhe und durchschnittlicher Verdauungsleistung beträgt die Durchblutung des Verdauungskanals und seiner Anhangsdrüsen ca. 0,35 des Herzminutenvolumens. Dieser Anteil kann sich bei intensiver Verdauungsarbeit noch erhöhen. Um die Kreislaufversorgung der Arbeitsmuskulatur bei körperlicher Belastung zu gewährleisten, sind eine relative und absolute Durchblutungsreduktion und die Entspeicherung der Gefäße des Verdauungssystems erforderlich. Das hat Konsequenzen für die Nahrungsaufnahme wegen der durch sie induzierten Verdauungsarbeit. Unter Berücksichtigung der Verweildauer von Nahrungsmitteln im Magen-Darm-Kanal ergeben sich Forderungen an die Nahrungszufuhr vor, während und nach sportlicher Belastung.

Trotz der Tatsache, daß Nahrungszufuhr energetische und baustoffmäßige Vorbedingungen für die körperliche Leistungsfähigkeit ist, müssen ausreichend lange Karenzzeiten zwischen der Aufnahme schwerverdaulicher Nahrung und der muskulären Belastung eingehalten werden.

Das gilt besonders für Ausdaueranforderungen. Auch die blähende Gasentwicklung schwerverdaulicher Nahrungsbestandteile im

Magen-Darm-Kanal kann sich durch vegetative Reizung und durch Hebung des Zwerchfells mit Einschränkung der Atemleistung negativ auswirken. Andererseits geht die Verdauung in gewissem Umfang auch während sportlicher Belastung weiter vor sich, und es ist günstig bzw. erforderlich, bei Extremlangzeitbelastungen leicht verdauliche Nährstoffe während des Belastungsablaufes zuzuführen.

Sportliche Belastung völlig ohne vorausgehende Nahrungsaufnahme zum geeigneten Zeitraum (z. B. einige Stunden vor dem Wettkampf) ist ebenfalls ungünstig. Krampfartige Leerkontraktionen des Magens und ein möglicher Abfall des Blutzuckerspiegels können sich leistungsbeeinträchtigend auswirken. In der Nachbelastungsphase ist es bei starkem Schweißverlust erforderlich, zunächst das Flüssigkeitsdefizit zu decken, bevor die Verdauung ausreichend in Gang kommt.

Erst dann sind leichtverdauliche Speisen zum Ausgleich des Energieverlustes zuzuführen. Die Magensaftsekretion ist unter Belastung und bereits im Vorstartzustand eingeschränkt. Daher wird auch verständlich, daß Verbesserungen der Verdauungsfunktion durch sportliches Training nicht bekannt sind.

3.8.4 Leber

3.8.4.1 Aufbau der Leber

Die Leber (Hepar) befindet sich im oberen Raum der Bauchhöhle (Bild 3.125). Sie ist mit ca. 1500 Gramm die größte Drüse des Körpers. Mit ihrer konvexen oberen Fläche liegt sie direkt rechts unter dem Zwerchfell. Die konkave Unterseite ist den Baucheingeweiden zugekehrt. Die Leber ist in zwei Lappen geteilt. Von der Teilungsfurche verläuft eine bindegewebige Falte als Anheftung zur Bauchwand. An der Unterseite befindet sich die Leberpforte. Dort treten die Blutgefäße in die Leber ein, und der Lebergang verläßt sie. Dieser hat Verbindung zur Gallenblase,

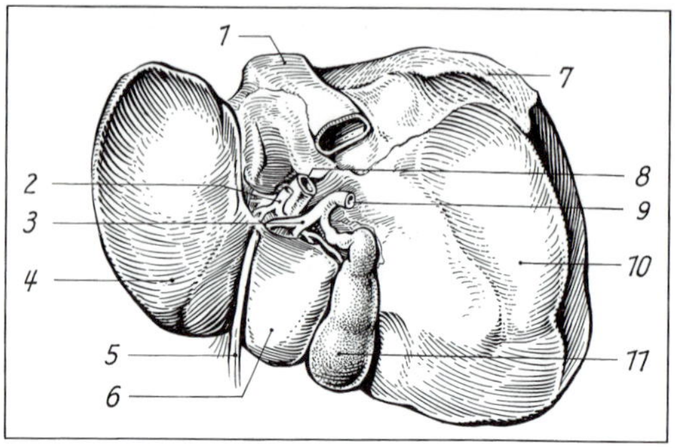

Bild 3.125 Leber (untere Fläche). *1* untere Hohlvene, *2* Leberarterie, *3* Lebergang, *4* linker Leberlappen, *5* Leberband, *6* quadratischer Leberlappen, *7* fixierte Partie, *8* Pfortader, *9* Gallengang, *10* rechter Leberlappen, *11* Gallenblase

deren Wand glatte Muskulatur besitzt. Der weitere gemeinsame Abflußweg ist der Gallengang. Letzterer mündet in den Zwölffingerdarm. Feingeweblich ist die Leber aus Leberläppchen aufgebaut, die sich aus Leberzellbalken zusammensetzen. Diese umschließen die Gallenkapillaren. Die Läppchen enthalten jeweils eine Zentralvene.

Zwischen den Leberläppchen findet sich eine bindegewebige Ausfüllung. In ihr verlaufen eine Aufzweigung der Leberarterie und der Pfortader. Weiterhin ist ein Gallengang enthalten, der den Gallensaft aus den Gallenkapillaren sammelt. Die Gallengänge vereinigen sich letztlich zum Lebergang.

3.8.4.2 Funktion bei körperlicher Ruhe

Die Leber hat vielfältige Stoffwechselfunktionen im Organismus zu erfüllen. Eine Reihe dieser Funktionen mündet in der Produktion und Ausscheidung des Gallensaftes (Galle). In ihr befinden sich die Salze der Gallensäuren, welche das gleiche Steroidgerüst wie Vitamin D, Cholesterin, Nebennierenrinden- und Keimdrüsenhormone besitzen. Sie spielen eine wichtige Rolle bei der Fettverdauung. Auch Cholesterin, dessen abnorm gesteigerter Gehalt im Blut zur Ausbildung der Arteriosklerose beiträgt, wird mit dem Gallensaft ausgeschieden (bei Kristallisation durch Galleeindickung in der Gallenblase kann es zur Steinbildung kommen). Das Bilirubin, ein Abbauprodukt des Hämoglobins, wird in der Leber an Glukuronsäure gebunden und ausgeschieden. Teilweise wird es im Darm rückresorbiert, wodurch ein Kreislauf entsteht.

Die Leber spielt weiterhin eine bedeutende Rolle im Stoffwechsel der Fette, Kohlenhydrate (Bildung, Speicherung und Abbau von Glykogen) sowie Eiweiße (Eiweißsynthese, Bildung von Harnstoff aus NH3). Schließlich werden durch die Leber bestimmte Hormone inaktiviert und deren Abbauprodukte ausgeschieden. Ebenso erfolgen Abbau und Ausscheidung von Medikamenten und Giftstoffen.

3.8.4.3 Funktion unter Belastung

Unter körperlicher Belastung, insbesondere im Ausdauerbereich, fallen der Leber einige bedeutsame funktionelle Aktivitäten zu.

Neben dem im Muskel selbst enthaltenen Glykogenvorrat ist das Leberglykogen für die Glukoseversorgung des belasteten Organismus verantwortlich.

Unter hormonellem Einfluß wird Glykogen enzymatisch zu Glukose abgebaut und ins Blut abgegeben. Dabei ist allerdings der Glukoseverlust der Leber nicht so hochgradig wie in der Muskulatur.

Glukose wird desweiteren durch Neubildung (Glukoneogenese) vor allem aus bestimmten Aminosäuren bereitgestellt.

Das bei Aminosäureabbau freiwerdende Ammoniak, welches ein starkes Zellgift darstellt und unter Belastung vermehrt anfällt, muß ebenfalls beseitigt werden. Hierzu steigt während und nach der Belastung die Harnstoffbildung der Leber deutlich an. Hervorzuheben ist, daß nach Belastungsabbruch eine Wiederauffüllung der Glykogenvorräte in der Leber erfolgen muß. In dieser Phase wird auch Milchsäure zu Glukose umgebaut und ein Teil des Eiweißdefizits durch Resynthese ersetzt.

3.8.4.4 Funktion bei erhöhter Körpertemperatur

Unter körperlicher Belastung steigt der Energiestoffwechsel, vor allem im Muskel notwendigermaßen beträchtlich an. Das führt zu erhöhter Wärmebildung im Organismus.

Aber auch der Leber wird bei Belastung eine erhebliche Stoffwechselsteigerung abgefordert. Das bewirkt eine Temperaturerhöhung im Körperkern.

Der Leistungsumsatz im Lebergewebe kann zu hoher Aufheizung des Leberblutes und somit zu starker Temperatursteigerung im abfließenden venösen Blut führen. Dadurch trägt die Leber zur Erwärmung des Gesamtorganismus bei. Extreme Prozesse dieser Art können sogar zu temporärer Gewebsschädigung führen. Somit stellt ausreichende Wärmeabgabe unter hoher Belastung auch einen Schutzmechanismus für die Leberfunktion dar.

3.8.4.5 Durchblutung

Die Gefäßversorgung der Leber wurde bereits kurz dargestellt. Die Aufzweigungen der Leberarterie und Pfortader gehen innerhalb der Leberläppchen in ein ausgedehntes Kapillarnetz über. Dieses führt das Blut an den Leberzellen vorbei und nach erfolgtem Stoffaustausch zur jeweiligen Zentralvene. Die Leberarterien sichern die Versorgung wie in anderen Organen.

Der Pfortaderkreislauf stellt eine besondere Verbindung vom Dünndarm zur Leber dar. Auf diesem Weg werden zur weiteren Verarbeitung resorbierte Aminosäuren (Proteinsynthese) und Monosaccharide (Glykogensynthese) zur Leber transportiert.

Die Leberdurchblutung wird vegetativ gesteuert. Sympathikuseinfluß hemmt und Parasympathikuswirkung fördert die Durchblutung. Bei Belastung sinkt die Leberdurchblutung ab, unterschreitet einen kritischen Bereich jedoch nicht. Durch erhöhte arteriovenöse Ausschöpfung wird eine ausreichende Sauerstoffversorgung des Lebergewebes dennoch gewährleistet.

Adaptationen der Leber – Sportbedingte Lebervergrößerung

Nach sportlichem Training mit hohen physischen Belastungsanforderungen ist eine Vergrößerung und Gewichtszunahme der Leber feststellbar. Sie resultiert vorwiegend aus einer erhöhten Speicherkapazität für Glykogen.

Dieses wird unter der Belastung teilweise abgebaut und in der Wiederherstellungsphase durch Superkompensation (s.Kap 2.1.12) überschießend aus im Verdauungssystem resorbierter Glukose regeneriert. Da die Leber außerdem unter Belastung vermindert durchblutet wird und ein erhebliches Speichervolumen an den Kreislauf abgibt, schwankt ihre Größe deutlich. Die sportbedingte Lebervergrößerung ist daher in der Wiederherstellungs- und Ruhephase des Trainierten ausgeprägt. Auch der zelluläre Proteingehalt des Organs nimmt zu. Daran ist besonders Enzymeiweiß beteiligt. Den strukturellen Nachweis hierfür liefert unter anderem die Zunahme von Zahl und Größe der Mitochondrien. Darüber hinaus zeigen Schlüsselenzyme des Leberstoffwechsel seine Aktivitätserhöhung.

Die sportbedingte Hypertrophie der Leber als quantitativ bedeutsamstes Stoffwechselorgan neben der Muskulatur ist also ein Anpassungsvorgang und Ausdruck einer erhöhten Funktionsfähigkeit der Leber.

Analog der Trainingshypertrophie des Muskels ist auch sie reversibel. Bei Trainingseinschränkung bildet sich die Lebervergrößerung zurück.

Leberschmerz bei Belastung

Vorwiegend bei untrainierten jugendlichen Personen kommt es häufiger anläßlich von Ausdauerbelastungen zu „Seitenstichen“. Diese werden oft als Schmerz in der Leberregion angegeben. Ursache ist eine vegetative Fehlregulation der Kreislaufverteilung. Paradoxerweise kommt es zu einer Tonusverminderung der Gefäße des Bauchraumes mit steigender Blutfülle in der Leber. Dies löst unter anderem einen Kapseldehnschmerz aus. Nur durch ein dosiert aufbauendes Kreislauftraining ist der Zustand zu beheben. Prinzipielle Belastungseinschränkung ist demnach falsch und kann die Beschwerden noch vergrößern. Selbstverständlich müssen fortbestehende Leberschmerzen ärztlich abgeklärt werden, da sie auch bei Erkrankungen des Leber-Gallensystems vorhanden sein können. Diese sind aber meist nicht belastungsinduziert und treten schon in Ruhe, teilweise anfallsartig auf.

3.9 Urogenitalsystem

Von *W. Giebel*

3.9.1 Niere

Die Nieren haben eine zentrale Stellung bei der Aufrechterhaltung der Homöostase des menschlichen Organismus. Die Konstanz des inneren Milieus wird durch folgende Aufgaben der Nieren erhalten:

- *Homöostatische Funktion*:
  - Isoosmie (osmotische Konzentration),
  - Isoionie (Wasserstoffionenkonzentrationen),
  - Isohydrie (Zusammensetzung der Körperflüssigkeit),

  - Isovolämie (Volumen der Extrazellularflüssigkeit)
- *Konservierungsfunktion*:
  - Eiweiße, Enzyme, Elektrolyte.
- *Exkretorische Funktion:*
  - Stoffwechselendprodukte wie Harnstoff, Harnsäure, Creatinin, Ammoniak.
- *Endokrine Funktion*:
  - Bildung des Hormons Renin,
  - Produktion des Erythropoetins.

Die topographische Anatomie der Nieren, der Nierenaufbau, die Blutversorgung, die Mechanismen der Harnbereitung und die hormonelle Regulation einschließlich der für die Funktion notwendigen Energiebereitstellung stehen ausschließlich im Dienste der Realisation der Nierenfunktion.

3.9.1.1 Topographische Anatomie der Nieren

Die Nieren sind im Organismus außerhalb des Bauchfellraumes paarig angelegt. Doppelnierenbildungen ein- oder beidseitig sind möglich, ohne daß sich daraus ein Vorteil für die Leistungsfähigkeit ergibt.

Bei angeborener Einnierigkeit kompensiert die Restniere das fehlende Organ.

Die Nieren sind durchschnittlich 12 cm lang, 6 cm breit und 3 cm dick (Alverdes 1956). Die rechte Niere steht wegen der Leber 2 – 3 cm tiefer als die linke. Die Nieren sind von einer festen Hülle aus straffem Bindegewebe (Capsula fibrosa), einem Fettpolster (Capsula adiposa) und der alles umschließenden Fascia gerota umgeben, die insgesamt als Schutz vor Erschütterungen dienen (Bild 3.126).

Da die Nieren keine besonderen Hafteinrichtungen besitzen, werden sie hauptsächlich durch den Turgor („Fülle") der Blutgefäße in ihrer Lage gehalten. Das gestattet ihnen eine große Beweglichkeit nach allen Richtungen (Bild 3.126).

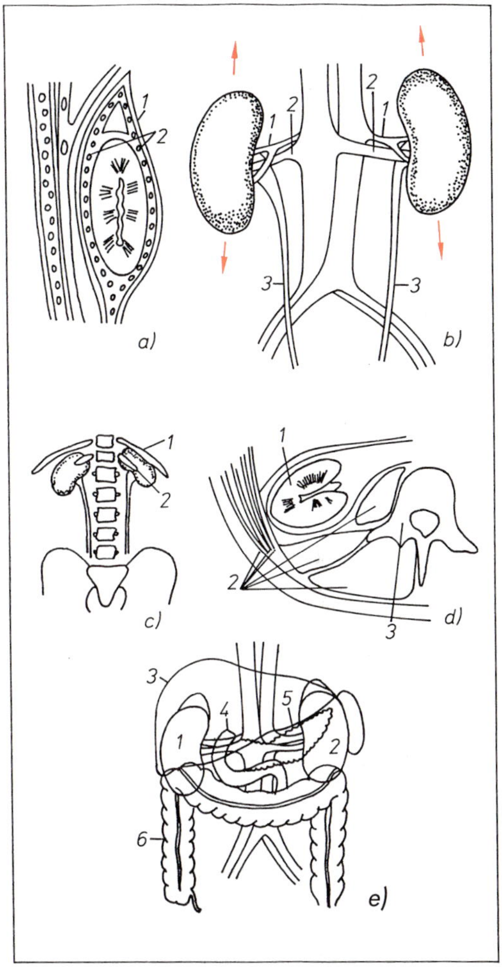

Bild 3.126 Halterung und topographische Beziehung der Niere. **a** Fett- und Bindegewebspolster der Nieren (1 Fascia Gerota, 2 Fettgewebe); **b** Aufhängung der Nieren und Beweglichkeit am Gefäßstiel (*1* Arteria renalis, *2* Vena renalis, *3* Ureter); **c** knöcherner „Schirm" der Nieren (*1* 11. Rippe, *2* 12. Rippe); **d** muskuläres und knöchernes Widerlager (*1* Niere, *2* Muskulatur, *3* Wirbelkörper); **e** topographische Beziehungen (Konturen) der Nieren nach ventral (*1* rechte Niere, *2* linke Niere, *3* Leber, *4* Zwölffingerdarm, *5* Bauchspeicheldrüse, *6* Dickdarm)

Nierenaufbau

Die Nieren bestehen aus einer **Rindenschicht** sowie einer äußeren und **inneren Markschicht**. Während die Rinde in Läppchen gegliedert ist, ragt das Mark mit 10 bis

12 Pyramiden in die Nierenkelche hinein. In den Kelchen sammelt sich der Urin, der im Nierenbecken ein größeres Reservoir findet. Die lebenswichtigen Prozesse der „Blutwäsche" (Dialyse) finden in der Rindenschicht statt, während in der Markschicht ein Elektrolytaustausch und die Herstellung des Endurins ablaufen. Die Nieren besitzen im Feinaufbau **Nephrone** und **Sammelrohre**.

Die Nephrone (insgesamt 1,5 Millionen) bestehen aus den Nierenkörperchen und dem Tubulussystem.

Das Nierenkörperchen (Malpighi-Körperchen) setzt sich aus dem Glomerulum mit ungefähr 30 Gefäßschlingen, der Bowmanschen Kapsel und dem Kapselraum, dem Kapselhorn, dem Harnpol, dem Vas afferens und efferens und der Macula densa zusammen. Weiterhin gehören zur Feinstruktur der Nieren die Sammelrohre.

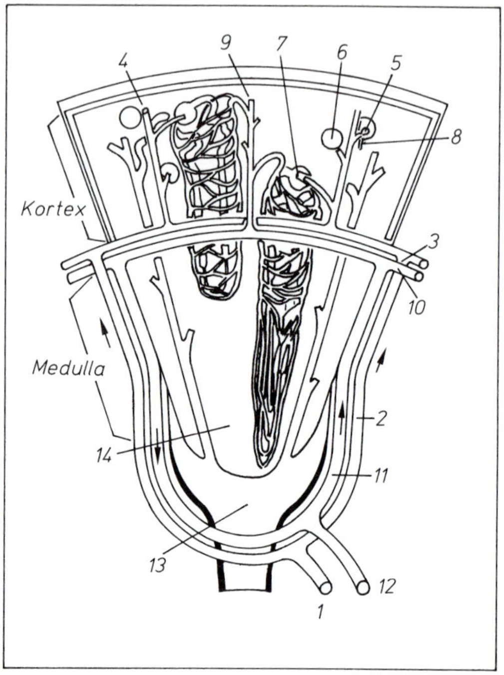

Bild 3.127 Schematische Darstellung der arteriellen und venösen Gefäßversorgung eines Nierenläppchens. *1* Zufluß von der A. renalis, *2* A. interlobaris, *3* A. arcuata, *4* A. interlobularis, *5* Vas afferens, *6* Rindenglomerulum, *7* juxtamedulläres Glomerulum, *8* Vas efferens, *9* V. interlobularis, *10* V. arcuata, *11* V. interlobaris, *12* Abfluß zur V. renalis, *13* Kelchbecher, *14* Papille mit Sammelrohr (nach Grossmann, 1970)

Blutversorgung der Nieren

Die Nieren sind in den Blutkreislauf sowohl zur eigenen Versorgung und Ernährung als auch zu Erfüllung ihrer Funktionen eingeschaltet. Die Blutversorgung erfolgt von der Aorta über die paarigen Aa. renales (Nierenarterien) bis zu den Aa. interlobares, Aa. arcuatae und Aa. interlobulares. Letztere münden in die Vasa afferentiae, welche die zuführenden Gefäße zum Glomerulum („Wunderknäuel"), einem Konvolut aus Kapillaren, bilden.

Die Vasa efferentiae transportieren das „gewaschene" Blut aus dem Glomerulum ab (Bild 3.127). Die Nieren verfügen über zwei Venensysteme in der Mark- und Rindenschicht. Das venöse Blut wird über die großen Nierenvenen (Venae renales) in die große Körperhohlvene (V. cava) abgeleitet.

Der Blutfluß durch die Nieren (renaler Blutfluß) entspricht 1/5 des Herzminutenvolumens = 1 $l \cdot min^{-1}$. Der Nierenplasmafluß (renaler Plasmafluß) beträgt 560 $ml \cdot min^{-1}$.

3.9.1.2 Mechanismen der Harnbereitung

Das Glomerulum ist die zentrale Filtrationseinheit der Nieren. Über das Vas afferens fließt das mit Stoffwechselendprodukten angereicherte Blut in die Kapillarschlingen, durch deren Wand der „Filtrations- und Reinigungsprozeß" des Blutes abläuft. Die Wand der Kapillare ist dreigeschichtet und wird als glomeruläre Basalmembran bezeichnet (Bild 3.128) Sie ist keine starre Barriere sondern ein polyanionisches (negativ geladenes) Gel.

Entsprechend der Stärke des renalen Blut- und Plasmaflusses, des glomerulären Per-

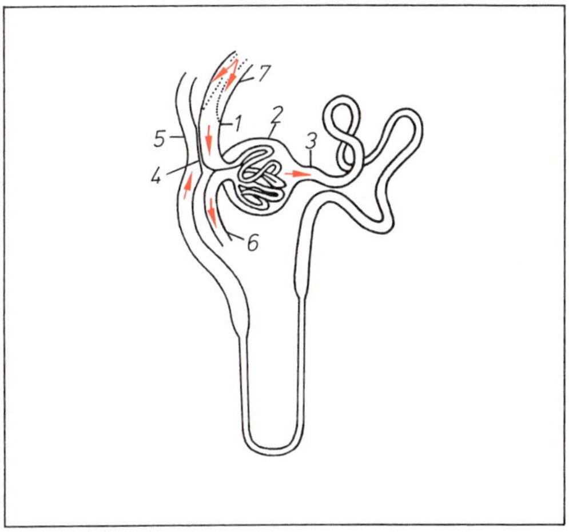

Bild 3.128 Schematische Darstellung der Regulation der Nierendurchblutung am juxtaglomerulären Apparat bei sportlichen Belastungen. *1* Vas afferens, *2* Glomerulum, *3* proximaler Tubulus, *4* Macula densa, *5* distaler Tubulus, *6* Vas efferens, *7* „Bayliss-Effekt" am Vas afferens

meabilitäts- („Durchlässigkeits") koeffizienten, der Molekulargröße, dem isoelektrischen Punkt und der elektrischen Ladung der zu filtrierenden Stoffe, gelangen letztere entweder durch die glomeruläre Basalmembran (GBM) hindurch oder werden im zirkulierenden Blut zurückgehalten (s. Bild 3.128).

Das Ultrafiltrat (= Primärharn) sammelt sich im Bowmanschen Kapselraum der Glomerula und beträgt 120 – 130 ml·min^{-1} = 180 l pro Tag.

Der Primärharn fließt dann durch den sogenannten proximalen und distalen Tubulusapparat, einem Rohrsystem mit selektiv permeablen Wandschichten, durch die ein reger aktiver und passiver Stoffwechseltransport in beiden Richtungen erfolgt (Bild 3.129).

Dabei werden lebenswichtige niedermolekulare Stoffe, die durch die GBM bei der Filtration mit „hindurchgerutscht" (z.B. Elektrolyte, niedermolekulare Eiweiße) sind, wieder in den Blutkreislauf rezyklisiert, während die Stoffwechselendprodukte (Harnstoff, Harnsäure etc.) in das Lumen und über die Sammelrohre sowie das Kelchsystem ins Nierenbecken gelangen. Von hier werden sie über den Harnleiter in die Harnblase befördert (Bild 3.130)

Das gesamte Plasmavolumen wird innerhalb von 25 Minuten filtriert und insgesamt 60 x tgl. der Nierenkontrolle unterzogen. Die Gesamtextrazellularflüssigkeit von 14 Litern wird täglich 12 x renal geklärt.

3.9.1.3 Harnableitung

Der im Nierengewebe gebildete Endharn sammelt sich im **Nierenbecken** mit einem Inhalt von 4 – 8 ml. Von hier aus wird der Urin durch peristaltische Bewegungen (Kontraktionen) des Nierenbeckens und des nachfolgenden Harnleiters, auch entgegen der Schwerkraft, zur Harnblase transportiert.

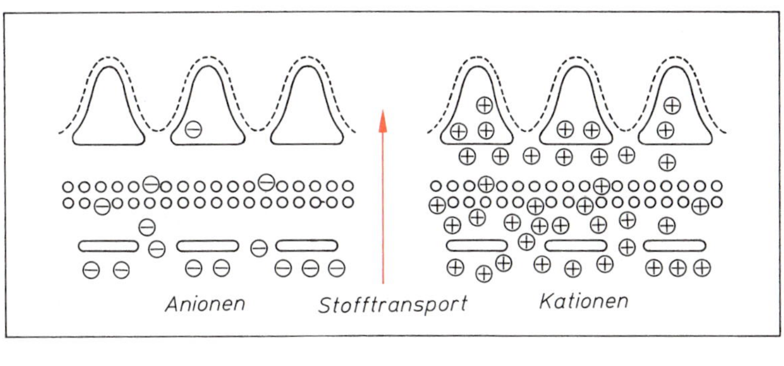

Bild 3.129 Stofftransport durch die dreigeschichtete glomeruläre Basalmembran der Nieren in Abhängigkeit von der elektrischen Ladung

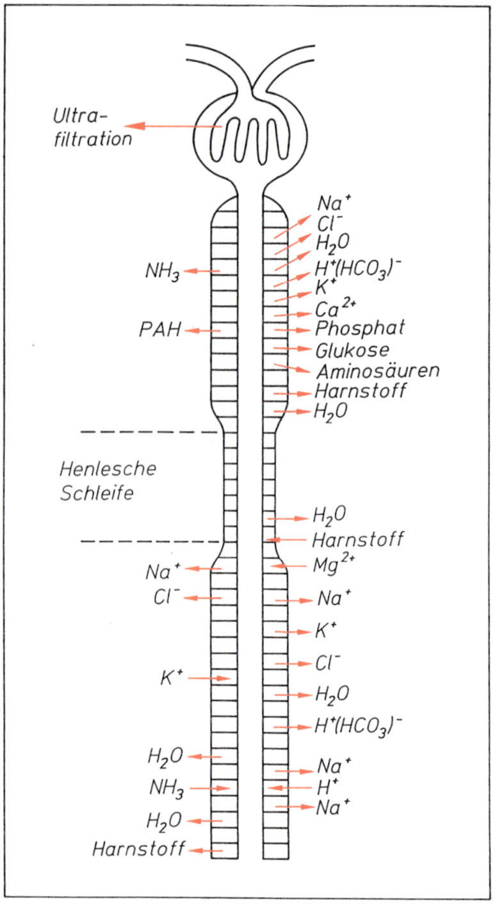

Bild 3.130 Schematische Darstellung des Transportes und Stoffaustausches im Tubulusapparat der Nieren

Der **Harnleiter** hat eine elastische Wandstruktur und durchschnittliche Länge von 30 cm mit einem Durchmesser von ca. 6 cm. Er mündet in die Harnblase in einer schlitzförmigen mit einer Ringmuskelschicht versehenen Öffnung, dem Harnleiterostium.

Die **Harnblase** liegt ebenfalls außerhalb des Bauchfelles (Peritoneum) im kleinen Becken. Sie ist das größte Urinreservoir des Harnsystems mit einem Fassungsvermögen von 500 – 700 ml. Ein dreischichtiges netzförmiges Harnblasenschließmuskelsystem besteht aus der äußeren, mittleren und inneren Blasenmuskelschicht, welches dafür sorgt, daß die Harnblase sich bei Füllung ausdehnen kann, ohne daß ihre Festigkeit wesentlich abnimmt. Bei der Harnentleerung steigt der Tonus der Muskulatur an. Die Fähigkeit den Urin zu halten (Kontinenz), wird durch die Muskulatur der inneren Harnröhrenmündung (unwillkürlicher Schließmuskel) und durch den äußeren, willkürlichen Schließmuskel (Muskelfasern, welche die Harnröhre spiralig umgeben) gewährleistet.

Außer mit Blutgefäßen wird die Harnblase auch nerval versorgt. Über das autonome Nervensystem wird die Harnblasenentleerung gesteuert. Sympathische und parasympathische Nervenfasern dienen der weiteren Steuerung der Harnblasenfunktion.

Durch „reflektorische" Verbindungen zur Haut kann die Harnblasenentleerung auch über die Stimulation sogenannter „Triggerpoints" gesteuert werden.

Die **Harnröhre** des Mannes hat eine Länge von ca. 25 cm. Man unterscheidet einen fixen hinteren Anteil, der von der Prostata umschlossen wird von einem beweglichen Anteil. Vom **Samenhügel**, der Mündung des Samenleiters in der hinteren Harnröhre, bis zur äußeren Harnröhrenmündung existiert nur ein gemeinsamer Weg für Urin und Samenflüssigkeit. Die Harnröhre der Frau ist ca. 2,5 – 4 cm lang. Die Schleimhaut besitzt eine ausgesprochene Oberflächensensibilität.

3.9.1.4 Sicherheitssysteme der Nieren (Autoregulation der Nierenrinde)

Zwei Sicherheitssysteme sorgen dafür, daß die zarten Glomerula bei erhöhtem Blutdruck oder Stromzeitvolumen nicht zerstört oder geschädigt und ein Elektrolyt- und Wasserverlust verhindert werden: der Bayliss-Effekt und der Thurau-Mechanismus.

Bayliss-Effekt: Auf jede Wanddehnung der Muskulatur des blutzuführenden Gefäßes (Vas afferens) erfolgt als myogene Antwort eine Kontraktion (Verengung) des Gefäßlu-

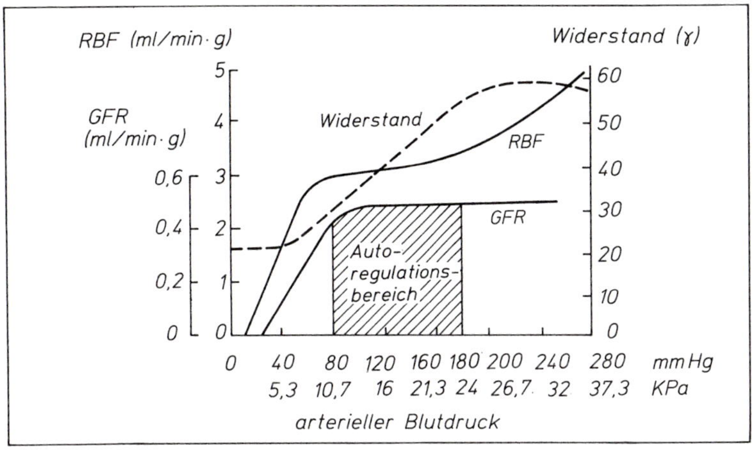

Bild 3.131 Schematische Darstellung des Autoregulationsmechanismus der Nieren

mens. Dabei vermindert sich die Durchblutung des Glomerulums.

Thurau-Mechanismus: Jede Systemblutdruckerhöhung führt zu einer Erhöhung der glomerulären Filtrationsrate und zur Erhöhung des Stromzeitvolumens. Die Rückresorption (Wiederaufnahme) der Elektrolyte Natrium und Chlor ist erniedrigt, da infolge des schnellen Flusses des Primärharns die Kontaktzeit mit der Wand des Tubulusapparates zu kurz ist. Ein Meßfühler im Bereich der Macula densa schüttet das Hormon Renin aus, das wiederum das Angiotensin aktiviert und zu einer Verengung des Vas afferens und Abnahme der Durchblutung führt (Bild 3.131).

In einem Systemblutdruckbereich von 80 mm Hg (10,7 kPa) bis 180 mm Hg (24 kPa) bleibt durch obige Mechanismen die glomeruläre Filtrationsrate gleich.

3.9.1.5 Hormonelle Regulation

Bei Gefahr des Wasser- und Elektrolytverlustes werden hormonelle Mechanismen aktiviert, die solange wirksam sind, bis das „Gleichgewicht“ wiederhergestellt ist. Durch eine verstärkte Natrium- und Wasserrückresorption sollen Verluste letztere durch den Schweiß, ausgeglichen werden (Bild 3.132).

Adaptationen – Beeinflussung der Nierenfunktion durch sportliche Belastung

Regelmäßige sportliche Belastung, insbesondere Ausdauerbelastungen, führen an den Nieren zu metabolen (funktionellen) epigenetischen Adaptationen.

Funktionelle Adaptationen der Nieren

Nierendurchblutung

Die Nierendurchblutung ist bei Langzeitausdauertrainierten in Abhängigkeit vom Trainingszustand bei konstanten submaximalen dynamischen Belastungen bis zu einer zweistündigen Belastungszeit unverändert bis erhöht.

Sie sinkt erst mit zunehmendem physischen und psychischen Streß und dem beginnenden Mißverhältnis in der Elektrolyt- und Wasserbilanz durch die Aktivierung der Katecholamine, des Renin-Angiotensin-Aldosteron-

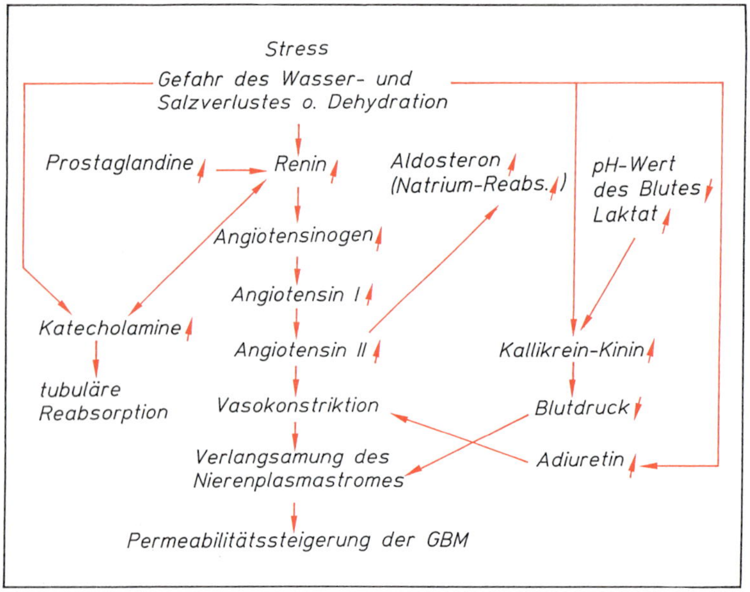

Bild 3.132 Schematische Darstellung der hormonellen Regulation bei Ausdauerbelastungen

Systems (erkennbar am Durst), des Vasopressins (erkennbar an der Oligurie) und des Kallikrein-Kinin-Systems, die zu einer renalen Vasokonstriktion führen.

Vasokonstriktion ist durch folgende Faktoren bei Ausdauertrainierten geringer als bei Untrainierten:

- *verringerte Ausschüttung von Katecholaminen (vorwiegend Adrenalin),*
- *geringere Elektrolytverluste (insbesondere Natrium),*
- *konstantes Blutdruckverhalten im „ Autoregulationsbereich „ der Nieren und verbesserte Organdurchblutung der Gesamtniere.*

Plasmavolumenregulation

Die akute Plasmavolumenregulation durchbricht die Osmolaritätsregulation bei Ausdauerbelastungen.

Unter dem Einfluß des Hormons Aldosteron wird Natrium im Organismus festgehalten und unter der Wirkung von Vasopressin- (Adiuretin-) Wasser vermehrt rückresorbiert.

Das führt zu einer verminderten Urinausscheidung (Bild 3.133).

Das entstandene Wasser- und Elektrolytdefizit kann nach physischen Belastungen rechnerisch ermittelt und durch entsprechende Flüssigkeiten (Obstsäfte, Tee, etc.) ausgeglichen werden (Tabelle 3.25).Die verminderte Urinausscheidung nach Belastungen kann bis zu 15 Stunden anhalten.

Abschaltung salzverlierender Nierenkörperchen

Die Nieren sind in der Lage, „salzverlierende“ Glomerula aus dem zirkulierenden Blut temporär abzuschalten, um so den Organis-

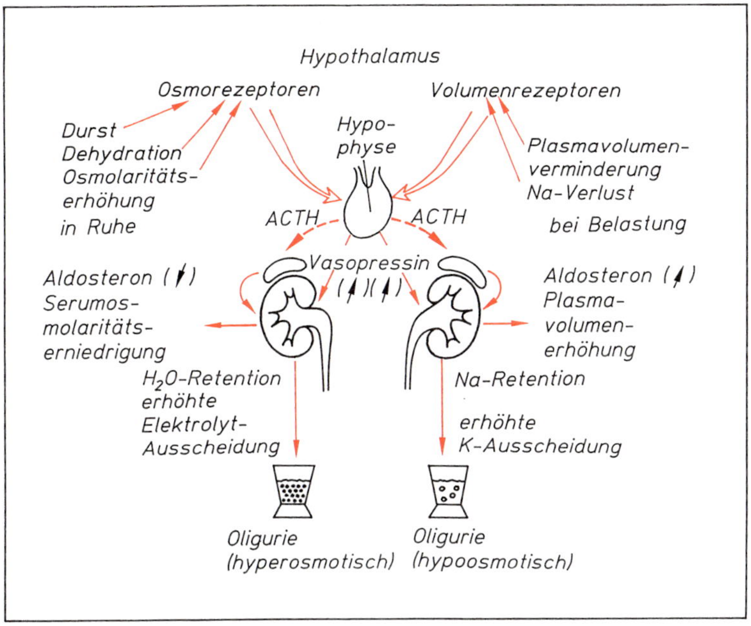

Bild 3.133 Schematische Darstellung der Plasmavolumen- und Osmolaritätsregulation

Tabelle 3.26 Orientierende Ermittlung von Wasser- und Elektolytverlusten (insbesondere Natrium) im Extrazellulärraum

Wasserdefizit (!) $H_2O_{EZR} = \frac{\text{Natrium-Ist (mmol/l)-142}}{142} \times \frac{\text{Körpergewicht (kg)}}{5}$
Natriumdefizit (mml/l) $NA_{EZR} = \frac{\text{[142-Serumnatrium-Istwert (mmol/l)]} \times \text{KG/kg}}{5}$

mus vor weiteren Salzverlusten zu bewahren (Bild 3.134).

Energiebereitstellung

Die Nieren können auf aerobem und anaerobem Wege zur Energiebereitstellung beitragen .Während die aerobe Energiegewinnung (Glukoneogenese, Pyruvat, Ketonkörper, freie Fettsäuren, Intermediate des Zitronensäurezyklus) in der Nierenrinde abläuft, findet die anaerobe Energiebereitstellung (Glykolyse) in den Markschichten statt.

10% des während der Belastung akkumulierten Laktats werden in der Niere abgebaut (Bild 3.135).

Epigenetische Adaptationen der Nieren

Regelmäßiges Ausdauertraining führt zu einer beidseitigen Nierenvergrößerung. Diese

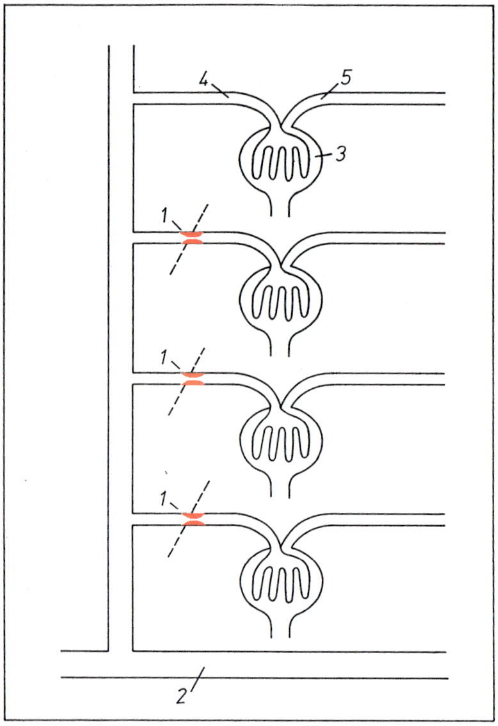

Bild 3.134 Schematische Darstellung der Abschaltung salzverlierender Glomerula bei sportlichen Belastungen. *1* „abgeschaltetes" Glomerulum, *2* A. arcuata, *3* Glomerulum, *4* Vas afferens, *5* Vas efferens

betrifft sowohl die Gesamtnierenfläche als auch ihre Länge und Breite (Bild 3.136).

Als Ursachen der Nierenvergrößerungen („Sportniere") sind anzuführen:

- *Erhöhung der Leistungsfähigkeit des Herzkreislaufsystems als primäre und wichtigste Voraussetzung,*
- *Hyperämie der Nieren,*
- *Zunahme des Plasmavolumens Trainierter und gesteigerte Ruheperfusion der Nieren,*
- *Verbesserung der Hämodynamik und Stabilisierung des renalen Plasmaflusses bei Belastungen,*
- *Volumenreiz durch ein erhöhtes Flüssigkeitsangebot,*
- *vermehrte Belastung mit harnpflichtigen Substanzen, insbesondere Harnstoff (Bild 3.137).*

Die Nierenvergrößerung bedeutet eine Erhöhung der Gesamtfiltrationsfläche, sowie eine Funktions- und Leistungsreserve bei Belastungen.

Analog zur Ausbildung eines „Sportlerherzens" entsteht bei Ausdauertrainierten auch eine „Sportlerniere".

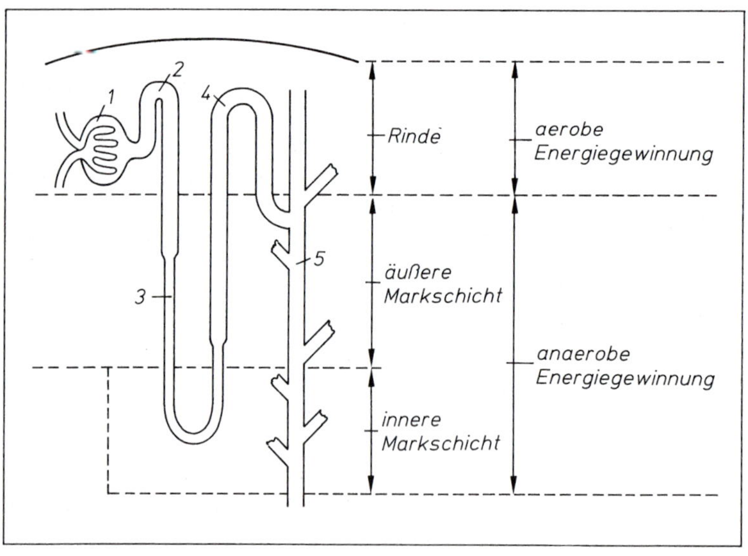

Bild 3.135 Schematische Darstellung der aeroben und anaeroben Energiebereitstellung durch die Nieren

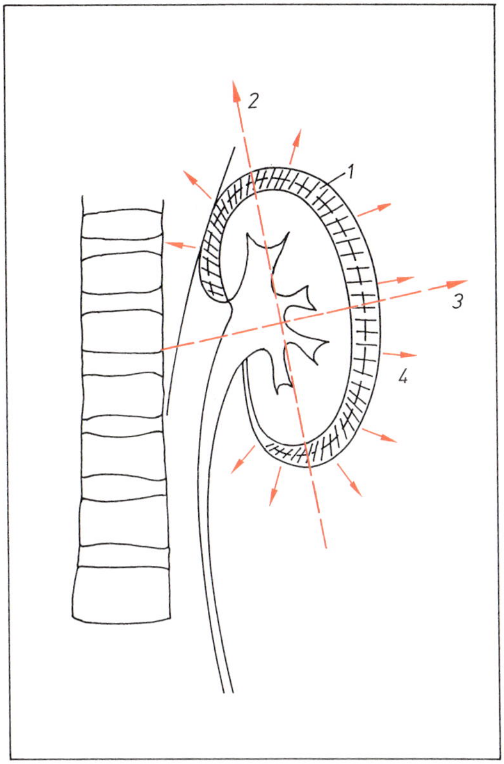

Bild 3.136 Schematische Darstellung der Nierenvergrößerung bei Ausdauertrainierten. *1* „vergrößertes" Parenchym, *2* Längenzunahme, *3* Breitenzunahme, *4* Pfeile = Richtung der Vergrößerung

Sie ist – ähnlich wie die kompensatorischen Hypertrophie bei Einnierigkeit – durch folgendes morphologisches Substrat gekennzeichnet:

- *Erhöhung des Nierengewichtes,*
- *Erhöhung des DNS- Gehaltes,*
- *Erhöhung der Mitochondrienzahl,*
- *gesteigerte Blutversorgung,*
- *Erweiterung und Vermehrung der extra- und postglomerulären Gefäßabschnitte,*
- *Vergrößerung der Glomerula,*
- *Dilatation von Gefäßschlingen,*
- *intensive Zellteilung,*
- *Vermehrung des Außendurchmessers, Lumenausweitungen, Volumenzunahme und Erhöhung der Transportkapazität der Tubuli.*

Auf der Grundlage metaboler und epigenetischer Adaptationen weist die „Sportlerniere" entsprechende physiologische Reaktionsweisen auf:

- *Verbesserung der Herzkreislauffunktion und somit der Durchblutung der Niere,*
- *Verringerung der Katecholaminausschüttung,*
- *Verminderung der Permeabilitätszunahme der glomerulären Basalmembran der Nieren bei Belastungen und Verminderung der Belastungsproteinurie (Eiweißausscheidung im Urin),*
- *Vergrößerung der Gesamtfiltrationsfläche der Nieren durch Volumenzunahme und Erhöhung der Anzahl der gleichzeitig arbeitenden Glomerula,*
- *Senkung des Elektrolytverlustes der Nieren (besonders Natrium) bei Belastungen,*
- *Erhöhung der tubulären Reabsorption durch Erweiterung des tubulären Querschnitts und der Akkumulationsfähigkeit der Tubuli,*
- *Verbesserung der Ökonomie und der Regulationsbreite der Nieren.*

Harnbefunde bei Sportlern in Abhängigkeit vom Adaptationsgrad der Nieren und der sportlichen Belastung

Harnsedimentveränderungen nach sportlichen Belastungen sind schon seit Ende des vorigen Jahrhunderts bekannt. Sie treten regelmäßig bei Sportlern während und nach Belastungen auf. Am häufigsten zu beobachtende Harnbestandteile bei Sportlern sind:

- Proteine (vorwiegend Eiweiße bis zu einem Molekulargewicht von 65000 Dalton),
- Erythrozyten (intakte rote Blutkörperchen),
- Zylinder („Ausgüsse" der Tubuli der Nieren die ausschließlich aus Uromukoid bestehen),

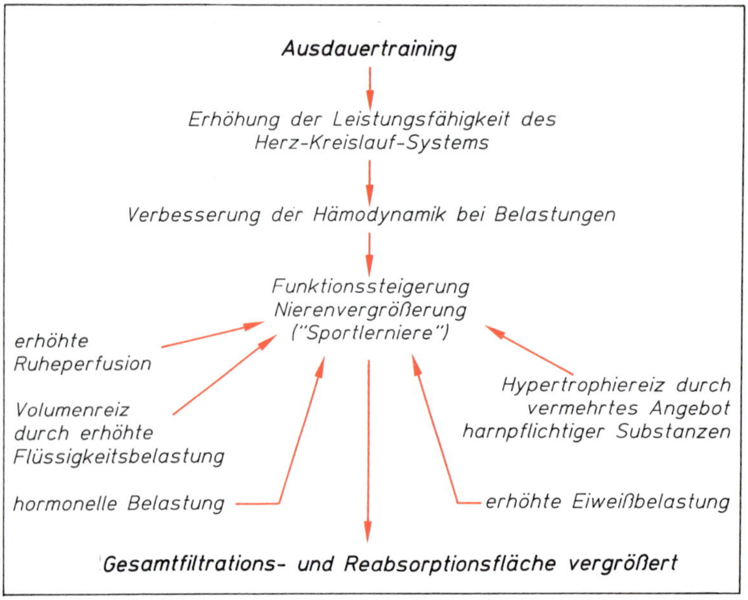

Bild 3.137 Anpassung der Nierenfunktion an sportliche Belastungen

- Kristalle (kleine unagglomerierte Einzelkristalle, die vorwiegend durch Verschiebung des pH-Wertes im Urin entstehen),
- Leukozyten (weiße Blutkörperchen),
- Uromukoid (kohlenhydratreiches Protein, das den Tubuluszellen entstammt),
- Weitere Nichtsedimentbestandteile (Spermien etc.).

Ursächlich ist eine Abhängigkeit der Harnbestandteile von folgenden exogenen und endogenen Faktoren festzustellen:

Trainingszustand des Sportlers: Guter Trainingszustand: geringere Ausscheidung physiologischer Bestandteile im Urin, insbesondere der Eiweiße (Proteinurie).

Laufstil oder Stauchungseffekte: Guter Laufstil: verminderte Gefahr einer Erythrozyturie.

Intensität der sportlichen Belastungen: Hohe Intensität: erhöhte Möglichkeit einer Protein- und Zylindrurie,

Dauer der Belastung: Lange Belastungszeit: steigende Möglichkeit des Erscheinens physiologischer Bestandteile Urin.

Klimatische Einflüsse: Hitze oder Kälte: erhöhte Ausscheidung physiologischer Bestandteile im Urin

Schuhwerk: Fehlendes stoßabsorbierendes Schuhwerk: erhöhte Möglichkeiten der Erythrozyturie und Hämoglobinurie (austretender Blutfarbstoff).

Bodenbeschaffenheit der Trainings- und Wettkampfstätte: Harter Boden: erhöhte Chance einer Erythrozyt- oder Hämoglobinurie.

Trainings- und Wettkampfgerät: Ungeeignetes Gerät birgt die Gefahr der Mikrotraumatisation und z.B. einer Erythrozyturie.

Abgrenzung zu pathologischen Befunden

Der **Entstehungsmechanismus** grenzt die physiologischen Harnbefunde bei Sportlern grundsätzlich von krankhaften Befunden ab, wenn folgende Bedingungen erfüllt sind.

- die Normalwerte der Harnbestandteile dürfen bei Ruhe- und Vorstartuntersuchungen nicht überschritten werden,
- Harnsedimentveränderungen bei Sportlern müssen spätestens 48 Stunden nach der Belastung wieder normalisiert (mit Ausnahme der Kristallurie) sein,
- die Vorgeschichte des Sportlers darf keine Hinweise auf eine floride oder noch nicht ausgeheilte Erkrankung des Harnsystems aufweisen,
- der Sportler darf während und nach der Belastung keine klinischen Beschwerden im Bereich des Harnsystems aufweisen.

Durch alleinige Untersuchungen des Urins als billigstem biologischen Medium können Rückschlüsse auf den Trainingszustand und die „Härte“ einer Belastung (exogene und endogene Faktoren) gezogen werden.

3.9.2 Geschlechtsorgane

Von *W. Giebel*

3.9.2.1 Männliche Geschlechtsorgane

Die äußeren männlichen Geschlechtsorgane bestehen aus dem Penis und dem Hodensack. Zu den inneren Geschlechtsorganen gehören Hoden, Nebenhoden, Samenleiter, Samenblase und Prostata. Der **Penis** ist ein Kopulations- und Miktionsorgan zugleich. Durch ein mit Schwammwerk ausgekleidetes Schwellkörpersystem (Corpora cavernosa), das von einer zentralen Arterie (A. profunda penis) versorgt wird, ist die Blutfülle und damit Ausdehnung (Erektion) des Penis steuerbar. Die Erektion kommt durch Blutzufuhr bei gedrosseltem Blutabfluß zustande. Trotz der Schwellung kann die Samenflüssigkeit beim Orgasmus durch die Harnröhre gelangen. Die Versteifung des Penis wird nervös gesteuert.

Der paarig angelegte **Hoden** (Testis) ist ca. 5 cm lang und von einer festen Konsistenz. Er wird von einer Bindegewebskapsel umschlossen. Trennwände (Septen) teilen das Hodengewebe in bis zu 300 Läppchen. Jedes enthält mehrere Samenkanälchen. Die Sertolizellen (Fußzellen) sezernieren die Samenflüssigkeit und liefern Laktat und Brenztraubensäure (Pyruvat) für die Herstellung der Samenzellen. Mit dem Erreichen der Geschlechtsreife des Mannes bilden sich die Samenzellen über verschiedene Zwischenstufen im Hoden heraus (Spermatogenese). Sie werden im Nebenhoden gespeichert. Beim Orgasmus werden ca. 300 Millionen Spermien ausgestoßen.

Die Zwischenzellen (Leydig-Zellen) produzieren die Androgene (Testosteron), die die Samenbildung fördern und für die Potenz (Beischlafsfähigkeit) verantwortlich sind.

Die Bildung von Samenzellen und die Testosteronbildung werden zentral stimuliert

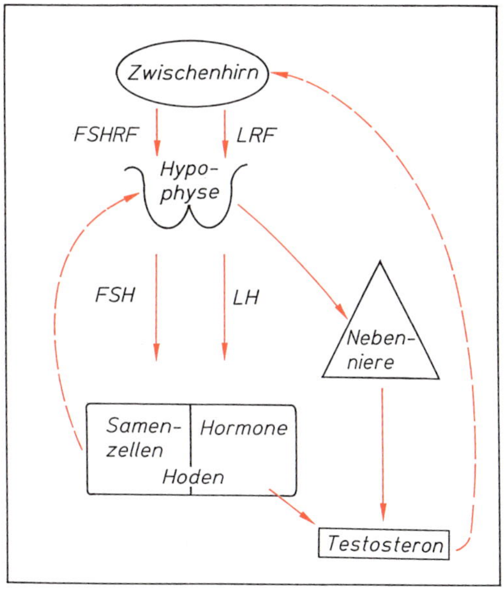

Bild 3.138 Schematische Darstellung des hormonellen Regelkreises zur Produktion des Testosteron. *LRF* Luteinisierungsreleasing (Freisetzungs-)faktor, *FSHRF* Follikelstimulatinghormon releasing faktor, *FSH* Follikelstimulatinghormon, *LH* Luteinisierungshormon

(Bild 3.138). Androgene werden darüber hinaus auch in der Nebenniere gebildet. Im Nebenhoden – einem Kanälchensystem von mehreren Metern Länge – befinden sich die Spermien in einem relativ unbeweglichen Zustand („Säurenstarre") aus dem sie erst durch die Samenbläschen und Vorsteherdrüse (Prostata) befreit werden. Vom Nebenhoden werden die Spermien durch einen Saug- und Druckmechanismus über den Samenleiter (Ductus deferens) transportiert. Der Samenleiter ist ca. 60 cm lang, steigt bis zur Höhe der Harnblase aufwärts um dann durch den Leistenkanal wieder nach abwärts zu ziehen.

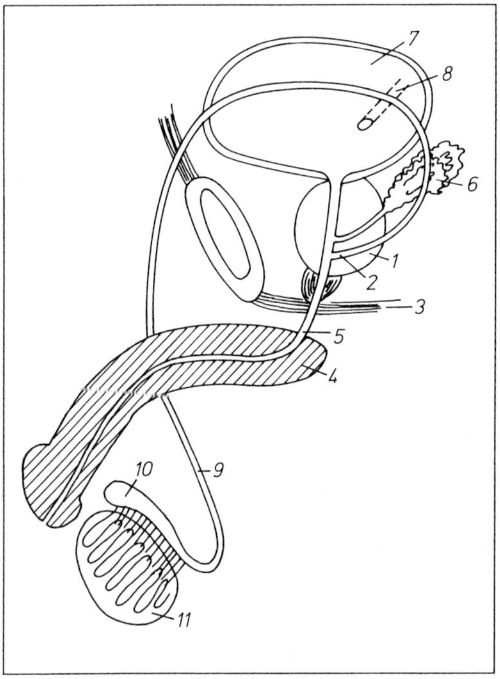

Bild 3.139 Schematische Darstellung der Sexualorgane des Mannes. *1* Prostata, *2* Ausführungsgang des Samenleiters in die Harnröhre, *3* äußeres Schließmuskelsystem, *4* Schwellkörper, *5* Harnröhre, *6* Samenblasen, *7* Harnblase, *8* Harnleiteröffnung, *9* Samenleiter, *10* Nebenhoden, *11* Hoden

Samenbläschen

Die paarig angelegten Bläschendrüsen haben eine Länge von 4 – 5 cm. Sie enthalten ein alkalisches Sekret, das die Beweglichkeit der Spermien auslöst, sowie Energieträger wie Fruktose, die die negative Chemotaxis der Spermien (Bewegungen gegen den Strom) unterstützen. Durch Kontraktionen der Wandmuskulatur wird das Sekret mit der Spermienflüssigkeit (Ejakulat) vermischt (Bild 3.139).

Vorsteherdrüse (Prostata)

Die Prostata ist 3 cm hoch, 4 cm breit und 2 cm dick. Sie ist eine zusammengesetzte tubulöse Drüse mit ca. 30 großen und kleineren Einzeldrüsen. Anatomisch umfaßt sie die hintere Harnröhre und grenzt an die Harnblase. Das Sekret der Prostata ist ebenfalls alkalisch, sorgt für die Beweglichkeit der Spermien und kann bei beginnender Erektion bereits ausgepreßt werden (Bild 3.139).

Anatomisch- physiologische Grundlagen der Sexualität beim Mann

Steuerungsmechanismen der Sexualität

Das ventromediale Feld des vegetativen, markarmen Hypothalamus (Tuber cinerium) wird als Sexualzentrum bezeichnet. Zu unterscheiden ist hierbei ein hypophysennahes „hormonal sex center" von einem „sex behaviour-center" im Bereich des Nucleus ventromedialis. Das „Triebzentrum" ist dem hormonalen Zentrum übergeordnet und wird in seiner Funktion von den Steroidhormonen beeinflußt. Im Sexualzentrum laufen die Afferenzen von den Genitalorganen, der Großhirnrinde (Moral, Phantasie, Intellekt, Erziehung, soziales Milieu) sowie von den Rezeptoren des Sexualhormonspiegels zusam-

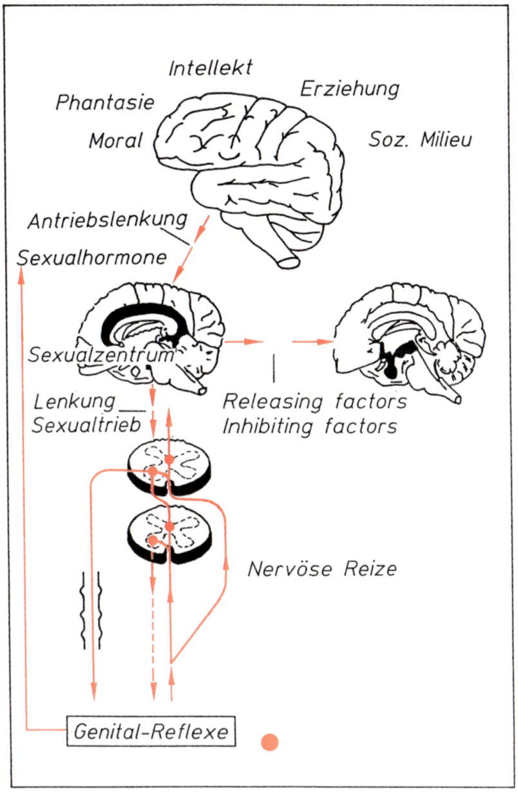

Bild 3.140 Steuerung der Sexualität

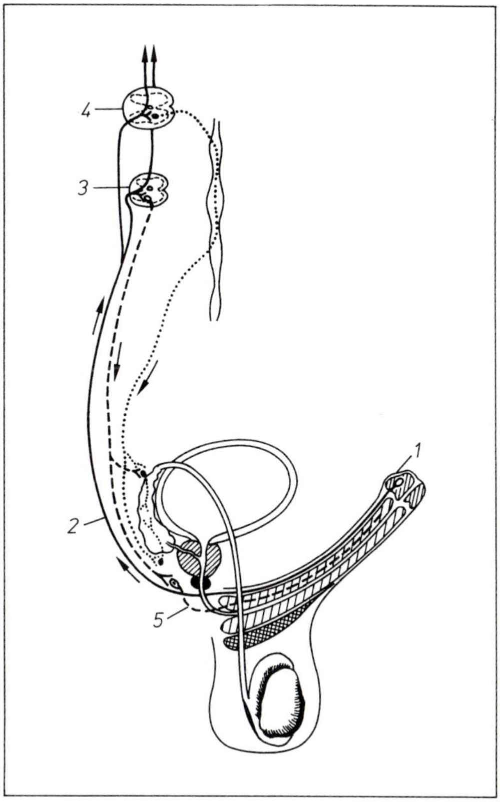

Bild 3.141 Genitalreflexe des Mannes. *1* Genitalkörperchen, *2* aufsteigender Schenkel des Erektionstransportes, *3* Sakralsegment, *4* Lumbalmark, *5* absteigender Schenkel zur glatten Muskulatur

men; auch werden spezifische Neurosekrete zur Anregung oder Hemmung (releasing oder inhibiting factors) der Hypophysenaktivität ausgeschieden (Bild 3.140).

Die Kopulationsreflexe

Erektionsreflex: Der Erektionsreflex wird durch taktile Reize (Genitalkörperchen) der Glans penis ausgelöst. Die Erregung wird über afferente Nervenbahnen zum Erektionszentrum im 2.- 4. Segment des Sakralmarks geleitet. Der efferente Schenkel des Reflexbogens besteht aus parasympathischen Nervenfasern, die die Erektion einleiten und aufrechterhalten (Bild 3.141)

Ejakulationsreflex: Das Ejakulations- („Samenausstoßungs")zentrum liegt im Bereich des 12. Brust- bis 2. Lendenwirbelsegmentes. Der Ejakulationsreflex hat die gleichen afferenten Bahnen wie der Erektionsreflex. Er wird durch sensible Reize während der Kohabitation (Beischlaf) ausgelöst. Die Ejakulation besteht aus zwei Phasen :

- In der ersten Phase erfolgt die Ausstoßung von Spermien in die hintere Harnröhre,
- In der zweiten Phase die eigentliche Ejakulation.

Orgasmus: Der Höhepunkt des sexuellen Lustgefühls (Orgasmus) wird durch Reizung der Sinneskörperchen in der Schleimhaut des Kopulationsapparates eingeleitet. Er setzt in der ersten Phase der Ejakulation ein. Es kommt dabei zu Pupillenerweiterung, Pulsbeschleunigung, Blutdrucksteigerung und Schweißausbruch. Der Orgasmus kann nur ausgelöst werden, wenn der Tractus spinothalamicus intakt ist. Letzterer ist für Schmerz-, Temperatur- und Tastempfindung verantwortlich.

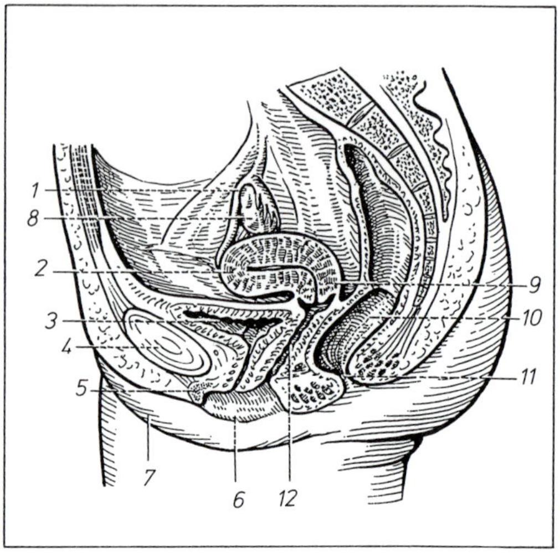

Bild 3.142 Schematische Darstellung der Sexualorgane der Frau. *1* Eileiter, *2* Gebärmutter, *3* Harnblase, *4* Schambein, *5* Kitzler, *6* kleine Schamlippen, *7* große Schamlippen, *8* Eierstock, *9* Gebärmutterhals, *10* Enddarm, *11* Schließmuskel, *12* Scheide

Hormoneller biokybernetischer Regelkreis zur Produktion des Testosterons

Die Anregung zur Hormonproduktion zur Aufrechterhaltung eines normalen Testosteronspiegels erfolgt über die Zwischenstufen Hypothalamus (Zwischenhirn) – Hypophyse (Hirnanhangdrüse) – Hoden. Bei Konzentrationserhöhung des Testosteronspiegels im Blut (gemessen durch Chemorezeptoren) wird über ein „negatives feedback" an das Zwischenhirn die Stimulation der Testosteronproduktion solange eingestellt bis der normale Hormonspiegel wieder erreicht wird. Testosterongaben in Tabletten- oder Spritzenform von „Außen" (im Sport als Dopingmaßnahme verboten!) stören den hormonellen Regelkreis im Sinne der ständigen Unterdrückung der Eigenproduktion des Hormons und führen zu einer Atrophie („Schwund") der Hormonbildungsstätte im Hoden (s. Bild 3.138).

Doping mit Testosteron führt zu krankhaften (pathologischen) Folgen an der Hormonbildungsstätte und möglicher späterer Beischlafunfähigkeit.

3.9.2.2 Weibliche Geschlechtsorgane

Die **äußeren** weiblichen Geschlechtsorgane sind die Schamteile, die **inneren** Geschlechtsorgane bestehen aus den beiden Eierstöcken und Eileitern, der Gebärmutter (Uterus) und der Scheide (Vagina). Eierstökke (Ovarien) und Eileiter (Tuben) werden mit ihren Verbindungen als Adnexe (Anhänge) bezeichnet (Bild 3.142).

Die **äußeren Schamteile** (Vulva) sind unterhalb des muskulösen Beckenbodens gelagert. Der Schamberg (Mons pubis) befindet sich vor der Symphyse und besteht aus Fettgewebe. Die großen Schamlippen (Labia majora) bilden die Schamspalte. Gemeinsam mit den kleinen Schamlippen (Labia minora) begrenzen und schützen sie das innere Genitale und den Kitzler (Klitoris). Die Klitoris besitzt sensible Nervenendigungen und kavernöse Schwellkörper. Bei der Kohabitation wird ein Orgasmus zu 98 % von der Klitoris ausgelöst (Bild 3.143).

Die **Gebärmutter** (Uterus) ist 8 cm lang, 5 cm breit und 3 cm dick. Sie ist zwischen Harnblase und Mastdarm durch bindegewebige und muskuläre Stränge zwar verankert, bleibt aber trotzdem beweglich. Die Wand der Gebärmutter besteht aus mehreren

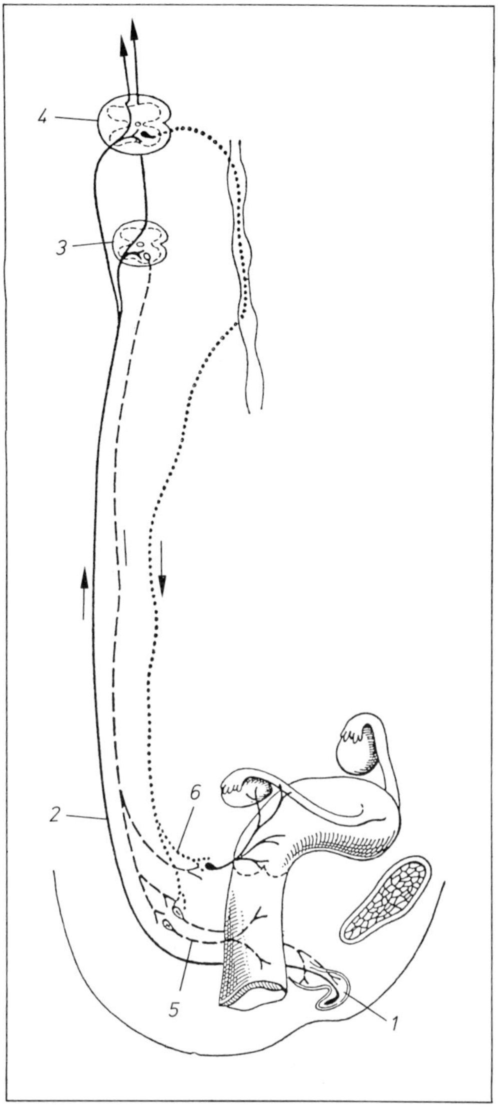

Bild 3.143 Genitalreflexe der Frau. *1* Klitoris, *2* aufsteigender Schenkel des Erregungstransportes, *3* Sakralsegment, *4* Lumbalsegment, *5*, *6* absteigender Schenkel zur Uterus- und Scheidenmuskulatur und Klitoris

Schichten. Die zweigeschichtete Muskulatur (Myometrium) besteht aus einem dreidimensionalen Netzwerk, das ähnlich einem Scherengitter so vermascht ist, daß eine Erweiterung und Dehnung der Wandschichten während der Schwangerschaft ohne eine Gefahr des Zerreißens der Wand erfolgen kann.

Durch die Hormone der Eierstöcke wird der Menstruationszyklus an der Gebärmutterschleimhaut in Phasen (Desquamations-, Regenerations-, Proliferations- und Sekretionsphase) gesteuert (Bild 3.144).

Die **Scheide** (Vagina) hat eine durchschnittliche Länge von 8 – 10 cm. In der geschichteten Wand befindet sich wiederum eine gitterartige Muskelschicht, die während der Schwangerschaftsmonate so „vorbereitet" wird, das ein kindlicher Kopf durch sie hindurch gehen kann. Das Scheidensekret, das Milchsäure enthält, schützt vor Infektionen und stellt die „Gleitfähigkeit" bei der Kohabitation her. Die zu den inneren Geschlechtsorganen gehörenden **Eierstöcke** sind jeweils 3 cm lang, 2 cm breit und 1 cm dick. Sie liegen im Bauchfellraum und sind über die Eierstockbänder mit der Gebärmutter verbunden. Ab der Geschlechtsreife findet man im Eierstock alle Stadien von Follikeln, in denen Eier eingebettet sind. Der Sprung des Follikels erfolgt durch hormonelle Steuerung bei einem 28tägigen Menstruationszyklus zwischen dem 13.-16. Tag. Sowohl doppelte als auch einfache Follikelsprünge sind an jedem Zyklustag möglich. Beim Follikelsprung wird das Ei von dem Eileiter aufgefangen und durch Bewegung der „Flimmerhaare" im Eileiter transportiert. Das Ei wartet im Eileiter auf die Befruchtung. Der befruchtete Komplex wird dann in die Gebärmutter transportiert und nistet sich hier tief in der Gebärmutterschleimhaut ein. Der **Eileiter** (Tuba uterina) hat eine Länge von ca. 12 cm und ist 0,5 cm dick. Er liegt ebenfalls im Bauchfellraum, besitzt Flimmerhaare (s.o.) und ein muskuläres Spiralsystem für die Beförderung des Eies.

Sport in der Schwangerschaft

Unter Berücksichtigung der individuellen Situation, der Sportart und bei verminderter Dosierung der Belastung ist Frauen bis in die letzten Wochen der Schwangerschaft Sport erlaubt.

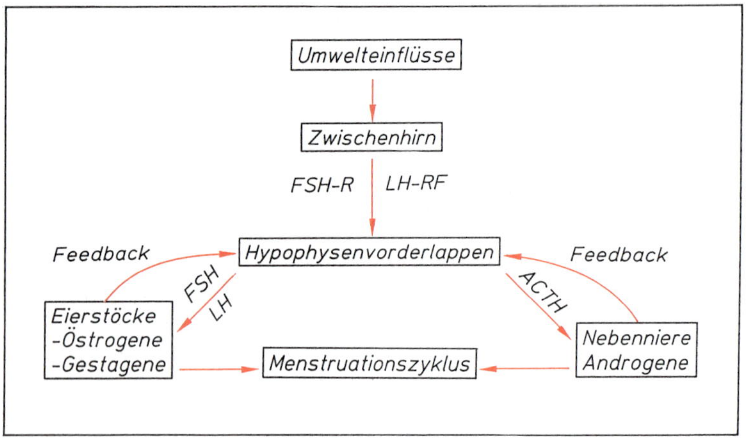

Bild 3.144 Hormonelle Einflüsse auf den Menstruationszyklus. *FSH* Follikelstimulierendes Hormon, *FSHRF* Follikelstimulierendes Hormon realeasing factor, *LH* Luteinisierendes Hormon, *LHRF* Luteinisierendes Hormon realeasing factor, *ACTH* Adrenokortikotrophes Hormon

Empfohlene Sportarten: Leichte Gymnastik (inklusive Schwangerschaftsgymnastik) und Schwimmen. Dazu Yoga als psychoregulatives Verfahren

Entbindungen bei Sportlerinnen sind komplikationsloser, schmerzärmer und schneller. Die Zeit bis zur völligen physischen Wiederherstellung nach der Schwangerschaft ist kürzer.

Schwangerschaft als Adaptationsvorgang

Während der Schwangerschaft wird der gesamte Organismus der Frau durch die „Kraft" einer einzigen Eizelle umgestellt!

Um sich auf die Mehrversorgung für das im Mutterleib wachsende Kind einzustellen wird ein metaboler und epigenetischer Adaptionsprozeß initiiert, der dem Effekt eines intensiven sportlichen Ausdauertrainings entspricht.

Er beinhaltet im wesentlichen folgende Veränderungen:

- *Weitstellung der Blutgefäße und Verbesserung der Durchblutung,*
- *Erweiterung des Brustkorbs,*
- *Herzvergrößerung (Hypertrophie). Das absolute Herzgewicht steigt bis zu 60 g,*
- *Erhöhung des Herzschlagvolumens,*
- *Steigerung des Herzminutenvolumens von 3,7 auf 5,4 l/min.,*
- *Erhöhung der hormonellen Produktion durch:*
  - *Vergrößerung des Hypophysenvorderlappens,*
  - *Hypertrophie und Hyperplasie der Schilddrüse,*
  - *Hypertrophie der Bauchspeicheldrüse,*
  - *Funktionelle Umstellung der Nebenniere.*

Gefahren während des Adaptationsprozesses:

- *Erhöhung der Thrombosebereitschaft,*
- *mögliche Gallensteinbildung (Cholesterin, Lecithin und Lipoide sind erhöht),*
- *Krampfaderbildung.*

Nach einer ungestörten Schwangerschaft ist die physische und psychische Leistungsbereitschaft in Folge des Adaptationsprozesses bei den meisten Frauen erhöht.

Sportliche Leistungsfähigkeit in Relation zum Menstruationszyklus

Sportlerinnen weisen in Abhängigkeit von der normalen Ovarialfunktion und individu-

Ovulation

Phasen	Follikelphase	Gelbkörperphase	Mensis
Hormone	Östrogene	Gestagene	Östrogene
Leistungsfähigkeit	hoch → Optimum	niedrig → prämenstrueller Leistungsknick	individuell unterschiedlich
	Schwankungen bis Optimum		

Bild 3.145 Sportliche Leistungsfähigkeit im Menstruationszyklus

ellen Besonderheiten eine unterschiedliche Leistungsfähigkeit auf (Bild 3.145).

In der Follikelreifungsphase (Wirkung der Östrogene) liegt das Leistungsoptimum der Frau. Während des „Eisprungs“ gibt es erhebliche individuelle Leistungsschwankungen. Die Gelbkörperphase (Corpus-luteum-Phase) ist durch Wirkung der Gestagene (Gelbkörperhormone) und ein Leistungsminimum gekennzeichnet. Während der Regel (Mensis) wird die sportliche Leistungsfähigkeit von Sportlerinnen unterschiedlich eingeschätzt. Nach der Menstruation steigt die Leistungsfähigkeit mit zunehmender Östrogenwirkung (s.o.) wieder an.

Anatomisch-physiologische Grundlagen der Sexualität bei der Frau

Die afferenten sensiblen Bahnen nehmen bei der Frau von der Klitoris und den Labien ihren Ausgang und laufen über den Nervus pudendalis nach zentral zum Sakralmark.

Hier befindet sich ein Zentrum für die Erektion der Klitoris und die Sekretion der Schleimhautdrüsen. Vom höher gelegenen Lumbalmark wird efferent die Kontraktion der Uterus- und Scheidenmuskulatur im Orgasmus gesteuert (s. Bild 3.143).

4 Prozesse

Von *G. Badtke*

Wie schon mehrfach erwähnt, müssen sich alle lebenden Organismen permanent an die sich ständig verändernden Umweltbedingungen anpassen. Der qualitative Anteil der Anpassungspotenzen ist überwiegend genetisch festgelegt. Von ihm hängt es ab, in welche Richtung eine erforderliche Anpassung überhaupt verläuft.

So hat z. B. die Verminderung der Umgebungstemperatur beim Menschen und vielen Warmblütern einen verstärkten Energieumsatz zur Folge (z. B. Kältezittern). Andere Säuger regeln bei kalter Umgebungstemperatur ihren Stoffwechsel auf ein Minimum herunter (Winterschlaf). Das erfolgt jedoch nur in bestimmten Jahreszeiten.

Die Anpassungsbreite wiederum wird im Rahmen der genetischen Vorgaben durch Umweltfaktoren (z. B. Training) bestimmt.

Alle biologischen Prozesse unterliegen einer gewissen Rhythmik, einer Periodizität. Das betrifft sowohl einzelne Zellen als auch Organe, Systeme und den Gesamtorganismus.

Einzelne dieser **Biorhythmen** genannten Phänomene sind sehr kurz (z. B. Rhythmus der Herzschlagfrequenz), andere wiederum dauern Stunden (Schlaf-Wach-Rhythmus), Wochen (Menstruationszyklus), Monate (Schwangerschaft) oder Jahre.

Diese durch die Evolution entstandene Rhythmizität der biologischen Vorgänge hat auch wesentlichen Einfluß auf die Entwicklung des Menschen und seine körperlich-sportliche Leistungsfähigkeit.

In den folgenden Abschnitten sollen dazu nähere Ausführungen gemacht werden.

4.1 Kurzschwingende Prozesse

4.1.1 Zirkadiane Mechanismen

Zirkadiane Rhythmen beziehen sich auf Schwankungen innerhalb eines Tages (zirka: etwa; dian: auf den Tag bezogen). Am bekanntesten dürfte der Schlaf-Wach-Rhythmus sein. Aber auch solche Parameter wie Körpertemperatur, Herz- und Atemtätigkeit oder Lernfähigkeit unterliegen tageszeitlichen Schwankungen. Dabei weisen die „Hochs“ und „Tiefs“ des jeweiligen Merkmals starke interindividuelle Schwankungen auf. Aber auch beim einzelnen Individuum sind die zirkadianen Rhythmen nicht absolut konstant. So kann sich z. B. der Organismus während einer Fernreise nach einigen Tagen auf die neuen Zeitverhältnisse einstellen.

Im Verlauf eines Tages schwankt auch die Leistungsbereitschaft des Menschen deutlich. Und da die Leistungsbereitschaft eine wichtige Komponente der Leistungsfähigkeit ist, wird somit letztere auch durch tageszeitliche Schwankungen beeinflußt.

De Marées wies darauf hin, daß die Schwankung der Leistungsbereitschaft im Tagesverlauf von der Art der jeweiligen Tätigkeit in ihrem Ausmaß beeinflußt werden.

Unter den Bedingungen einer modernen Industriegesellschaft ist es nicht möglich, die

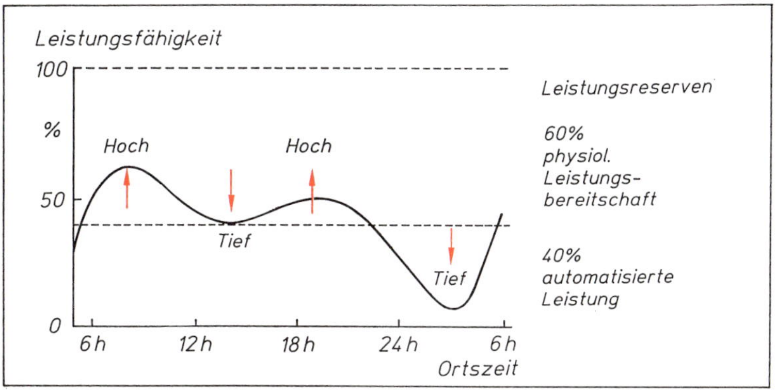

Bild 4.1 Tagesperiodik der Leistungsbereitschaft (nach de Marées)

durch die Erdumdrehungen oder andere Mechanismen ausgelösten Schwankungen der Leistungsfähigkeit bzw. Leistungsbereitschaft im Tagesverlauf in jedem Falle zu berücksichtigen.

Wenn ein Straßenbahnfahrer Nachtdienst hat, muß er diese Tätigkeit ordnungsgemäß realisieren, unabhängig davon, ob er gerade ein Optimum oder ein Pessimum in einem seiner biologischen Regelkreise besitzt oder nicht. Nach dem Dienst muß er schlafen, obgleich es für seinen Organismus eigentlich Zeit zum Aufstehen wäre.

Wenn ein Eiskunstläufer oder Tennisspieler sein Leistungsoptimum vormittags hätte, müßte er dennoch spät am Abend seine höchste Leistung erbringen, wenn es der Wettkampfplan so vorsieht.

Weitere Erschwernisse können dadurch entstehen, daß durch lange Anreisen mehrere Zeitzonen überflogen werden mußten.

Diese Gegebenheiten erfordern dann eine planmäßige Vorbereitung auf diesen Wettkampfzeitpunkt.

Dazu gehören z.B.:

- Rechtzeitige Anreise:

Rechtzeitiges Anreisen vor dem Wettkampf kann die Ausbildung von Desynchronosen verhindern.

Desynchronosen sind Störungen im zirkadianen Geschehen. Sie äußern sich in allgemeiner Verminderung der physischen und psychischen Leistungsfähigkeit, Schlafstörungen, Appetitlosigkeit und zuweilen depressiver Stimmungslage. Nach Gewöhnung an die neuen Zeitstrukturen klingen sie wieder ab.

Pro zwei Stunden Zeitverschiebung benötigt der Organismus etwa einen Tag zur Adaptation an die neuen Verhältnisse.

- Umstellung des Ernährungsplans:

Die Umstellung des Ernährungsplans muß in der Weise erfolgen, daß zum Zeitpunkt des Wettkampfs die Versorgung des Organismus mit den erforderlichen Energieträgern gewährleistet ist, ohne daß der Magen durch unnötige und für die aktuelle sportliche Anforderung nicht mehr wirksame Nahrung belastet wird (s. Kap. 4.1.4.).

- Veränderung des Schlaf- Wach- Rhythmus:

Gegebenenfalls schon Tage vor dem Wettkampf sollte der Sportler versuchen, ein Schlafregime einzuführen, daß den Bedingungen am Wettkampfort am besten entspricht. Dazu ist es zuweilen erforderlich, später oder früher als sonst üblich ins Bett zu gehen bzw. aufzustehen, einen Mittagsschlaf zu verlegen oder ausfallen zu lassen.

Wettkämpfer, die relativ viel Zeit nach dem Erwachen benötigen, um ihren Organismus in optimale Bereitschaft zu versetzen, werden früher aufstehen als solche, die relativ rasch Höchstleistungen entwickeln können.

4.1.2 Thermoregulation und Wasserhaushalt

Von *S. Israel*

4.1.2.1 Körperkerntemperatur des Menschen

Der Mensch als homöothermes Lebewesen ist auf die Konstanz seiner Körperkerntemperatur angewiesen. Diese ist auf einen Sollwert um 37°C eingestellt; sie liegt damit erheblich über der Umgebungstemperatur und ist von dieser weitgehend unabhängig.

Die Körperkerntemperatur des Menschen verfügt nur über eine geringe Toleranz bezüglich einer Steigerung (von etwa 37 bis 41,5°C). Die Einhaltung dieses relativ kleinen Spielraumes ist von lebenserhaltender Wichtigkeit.

Die Bewahrung des Sollwertes der Körperkerntemperatur geschieht durch die Vorgänge der Thermoregulation. Die Einstellung des Sollwertes der Körperkerntemperatur erfolgt durch die Koordinierung der organismischen Möglichkeiten der Wärmebildung und Wärmeabgabe, und sie findet statt im Sinne einer Mehrfachregelung, wie diese vereinfacht im Bild 4.2 dargestellt ist.

4.1.2.2 Körperkerntemperatur bei sportlichen Leistungen

Im Sport ist die überschießende innere Wärmebildung und die Steigerung der Körperkerntemperatur (Hyperthermie) von vorrangiger Bedeutung. Gegen Kälte und Unterkühlung kann ein Sportler sich meistens schützen (s. 4.1.2.9).

Sport ist in der Regel **Arbeit im physikalischen Sinne**. Für die Bewegungshandlungen wird Energie aus chemischen Reaktionen bereitgestellt. Jede Energieumwandlung auf dieser Basis ist mit einer Wärmefreisetzung im Körper verbunden. Analoge Vorgänge existieren bekanntlich auch in der Technik. Auch dort gibt es bei vergleichbaren Reaktionen einen Wärmeausstoß, und für die Kühlung von Maschinen, die naturgemäß bedeutend stärkere Temperaturschwankungen schadlos tolerieren als der menschliche Organismus, wird oft ein beträchtlicher Aufwand betrieben.

Der Nutzeffekt der Muskeltätigkeit des Menschen beträgt im günstigen Fall 30 Prozent. Die Größe des Nutzeffektes wird als thermischer Wirkungsgrad der Energietransformation bezeichnet. Das besagt, daß mindestens 70 Prozent der transformierten Energie in Wärme und höchstens 30 Prozent in mechanische Energie umgewandelt werden.

Die Wärme ist damit ein Begleitprodukt der Energietransformation. Ein Marathonlauf zum Beispiel erfordert etwa 12500 kJ (3000 kal).

Das bedeutet, daß über 8500 kJ (2000 kal) als Wärmeenergie auftreten, die vom Organismus abgegeben werden müssen. Eine langanhaltende körperliche Anstrengung ist die größte Wärmebelastung, die vom Organismus reguliert werden muß.

Das Erreichen einer Körperkerntemperatur von 39°C setzt eine intensive Belastung von etwa 5 Minuten Dauer voraus. 40°C können bereits erreicht werden, wenn 10 Minuten lang größere Muskelpartien intensiv eingesetzt wurden.

Die hochgradige belastungsbedingte Temperatursteigerung stellt einen leistungsbegrenzenden Faktor dar. Bei der bewegungsinduzierten Hyperthermie des Körpers handelt es sich um einen Wärmestau infolge einer positiven Wärmebilanz durch die langanhaltende intensive Muskeltätigkeit. Die Situation ist damit grundsätzlich nicht identisch mit einem Fieber, bei dem es über eine Sollwertverstellung des Temperaturzentrums zu einer Anhebung der Körperkerntemperatur kommt.

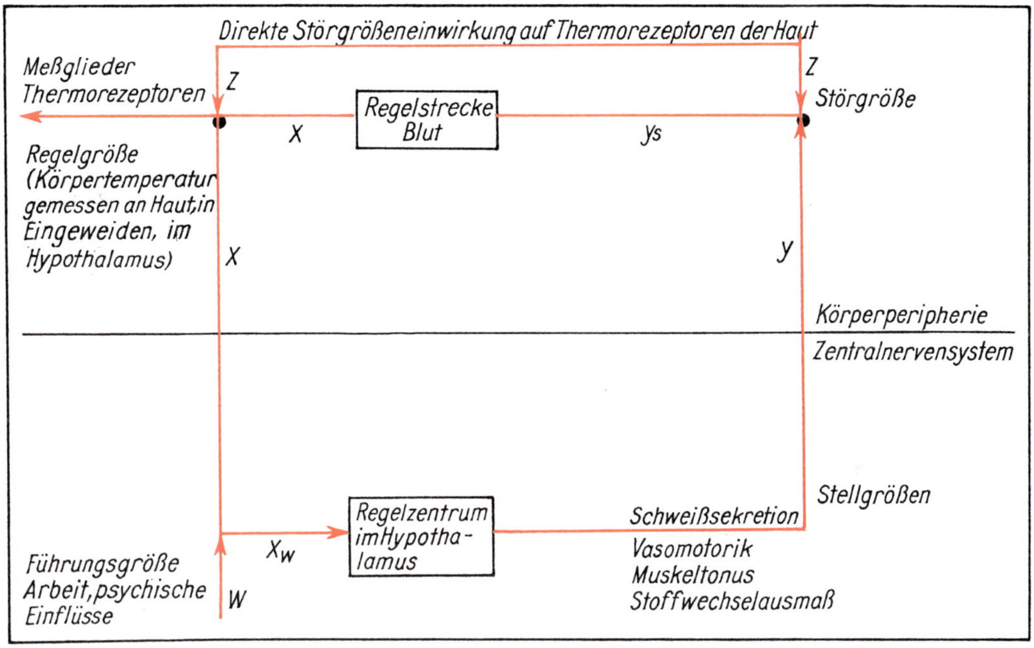

Bild 4.2 Regeltheoretisches Schema der Thermoregulation (nach Schubert)

Die Rückbildung der belastungsbedingten Steigerung der Körperkerntemperatur verläuft nach dem Wegfall des Belastungsreizes in Form einer Exponentialfunktion, d. h., es lassen sich eine schnelle und eine langsame Phase unterscheiden. Eine Kerntemperatur von 40°C beim Zieleinlauf fällt innerhalb von 20 bis 30 Minuten auf 38°C ab; die Normalisierung erfolgt dann innerhalb von 1 1/2 bis 2 Stunden (Bild 4.3). Eine Beschleunigung dieses Vorganges durch sachgerechtes Verhalten ist vorteilhaft für den Ablauf von Erholungsprozessen.

4.1.2.3 Auswirkungen einer stark gesteigerten Körperkerntemperatur

Markante hyperthermale Verhältnisse verändern das innere Milieu des Körpers nachhaltig und verschlechtern seine Arbeitsbedingungen. Folgende Mechanismen spielen dabei eine Rolle:

- Bei stärkeren Temperaturanstiegen kommt es zu einer **Neuverteilung des Blutes** zugunsten der Haut und zuungunsten des Muskels. Es tritt eine Ableitung von Blut aus dem Arbeitsmuskel ein, oder es muß bei unveränderter Muskeldurchblutung ein höheres Blutvolumen vom Herzen gefördert werden. Die Blutgefäße von Muskel und Haut haben verschiedene Aufgaben. Beide treten unter den Bedingungen der Wärmebelastung des Körpers in Konkurrenz zueinander. Die Steigerung der Hautdurchblutung kann bis zu 15 Prozent des Herzminutenvolumens in Anspruch nehmen. Das bedeutet, daß eine bestimmte Blutmenge nicht für die Versorgung der tätigen Muskulatur zur Verfügung steht. Da die Thermoregulation eine sogenannte „Über-alles-Reaktion“ ist, gewinnt den „Kampf um das Blut“ stets die Haut.

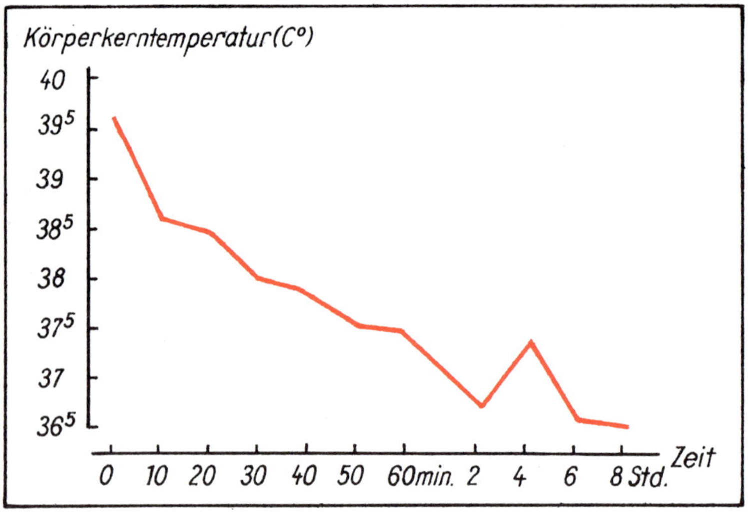

Bild 4.3 Rückbildungscharakteristik der Körperkerntemperatur nach einem Radrennen

- Sämtliche Stoffwechselprozesse werden durch **Enzyme** gesteuert. Diese haben ein Temperaturoptimum, in welchem die Reaktionen mit der größten Geschwindigkeit und Zuverlässigkeit ablaufen.

Bei den Schlüsselenzymen für die Stoffwechselwege, von denen eine sportliche Leistung maßgeblich abhängt, liegt die Optimaltemperatur zwischen 38 und 39°C.

Bei starker belastungsbedingter Wärmeakkumulation im Körper wird der thermale Optimalbereich der Enzymwirksamkeit verlassen, so daß die erforderlichen Stoffwechselreaktionen beeinträchtigt sind.

- Der Sauerstoffverbrauch für eine definierte Leistung ist gesteigert.
- Infolge einer direkten Wirkung der Hyperthermie auf das Zentralnervensystem sind die Voraussetzungen für die koordinativen Fähigkeiten reduziert.
- Die Dehnbarkeit der Venenwände ist gesteigert. Der Blutrückstrom zum Herzen wird dadurch negativ beeinflußt.
- Die Leberdurchblutung ist vermindert, wodurch auch die Leberfunktion herabgesetzt sein kann.
- Es kommt zur Hyperventilation, d. h., daß die Lunge über das notwendige Maß hinaus ventiliert wird (s. 3.6). Diese Reaktion ist thermoregulatorisch zunächst günstig zu bewerten, da Wärme auch abgeatmet werden kann. Die Hyperventilation führt jedoch zu verstärkter CO_2-Abatmung; auf diese Weise kann beim erhitzten Sportler der CO_2-Partialdruck im Blut von 5,3 kPa (40 Torr) auf weniger als 2,7 kPa (20 Torr) absinken (Hypokapnie). Die Folge ist eine Alkalose im Organismus, die unter anderem den Blutdruck absinken läßt und eine Krampfbereitschaft fördert.
- Es treten tiefgreifende Veränderungen bei hormonellen Funktionen ein.
- Der mit anhaltender Steigerung der Körperkerntemperatur verbundene Wasser- und Mineralienverlust durch den Schweiß, stört das innere Gleichgewicht und löst Sparmechanismen in diesem Bereich aus (Rückhaltung von Wasser und Mineralien im Körper), wodurch ein weiterer Temperaturanstieg begünstigt wird.

Vorstehend konnte nur ein Teil aus der Vielzahl thermaler Störungen genannt werden. Für ihre Gesamtheit wurde der Begriff des Hyperthermiesyndroms gewählt.

Die thermoregulatorische Kapazität ist bei gesunden Männern im sogenannten Höhstleistungsalter am größten. Frauen, insbesondere aber Kinder, alte Menschen sowie Kranke zeigen weniger günstige Reaktionen (s. 3.2).

Kinder zeigen bei körpermassebezogener Belastung die gleiche Stoffwechselsteigerung wie Erwachsene, jedoch sind ihre thermoregulatorischen Reaktionen ungünstiger. Bei jungen Menschen ist die Schweißsekretion herabgesetzt. Die Anzahl der Schweißdrüsen ändert sich im Laufe des Lebens zwar nicht, jedoch ist ihre mögliche Aktivität während der Individualentwicklung unterschiedlich.

Fraglos können beim Kind auf Grund der relativ großen Körperoberfläche die anderen Mechanismen der Wärmeabgabe (s. 4.1.2.4) stärker wirksam werden, jedoch zeigt sich an Hand zahlreicher Reaktionen, daß Kinder ihre Körpertemperatur nicht in gleicher Weise zuverlässig zu regulieren vermögen wie Erwachsene.

Ausdaueranforderungen können bei Kindern einen Anstieg der Körperkerntemperatur auf 39 bis 40°C bewirken; auf dieser Grundlage sind Leistungseinschränkungen möglich. Insbesondere übergewichtige Kinder geraten bei stark gesteigerter innerer Wärmebildung leicht an die Grenze ihrer thermoregulatorischen Kompensationsfähigkeit.

Bei älteren und alten Menschen ist die Fähigkeit zur Thermoregulation eine negative Funktion des Lebensalters; sie ist jedoch mit der körperlichen Leistungsfähigkeit und mit der Funktionstüchtigkeit des Herzkreislaufsystems positiv korreliert, d. h., die Thermoregulation bleibt auch im Alter adaptabel (trainierbar). Die Menge des Unterhautfettgewebes spielt infolge seiner wärmedämmenden Eigenschaften für die Thermoregulation (bei innerer Wärmebelastung) in jedem Lebensalter eine wichtige Rolle.

4.1.2.4 Wärmeabgabe

Die Wärme kann energetisch im Organismus nicht genutzt werden. Sie wird, wenn sie im Überschuß auftritt, über physikalische Vorgänge der Entwärmung abgegeben. Die Beseitigung der Abwärme aus dem Organismus erfolgt über die Mechanismen der **Leitung** (Konduktion), des **Transports** (Konvektion), der **Strahlung** (Radiation) sowie der **Schweißverdampfung** (Evaporation). Von diesen Möglichkeiten der Wärmeabgabe tritt bei hohen sportlichen Anforderungen die Schweißverdampfung in den Vordergrund.

Wärmeleitung

Die Wärmeleitung geschieht physikalisch vom Ort höherer zum Ort niederer Temperatur; sie vollzieht sich entlang einem Gefälle innerhalb des Organismus sowie vom Organismus zur Umwelt.

Wärmetransport

Zum Wärmetransport gehört ein sich bewegendes Medium. Im Inneren des Organismus geschieht der Wärmetransport grundsätzlich über das Blut. Bei der Wärmeabgabe nach außen erfolgt der Transport durch die Berührung mit dem umgebenden Medium in der Weise, daß der Wärmemantel, der den Körper an der Oberfläche umgibt, gewissermaßen weggetragen wird. So ist es erklärbar, daß eine Luftbewegung von 4,5 $m \cdot s^{-1}$ den Wärmetransferkoeffizienten gegenüber Windstille um den Faktor 2 erhöht. Bei einer Laufgeschwindigkeit von 16 $km \cdot h^{-1}$ fällt die Hauttemperatur allein durch diesen Mechanismus um 5 bis 6°C ab.

Wärmestrahlung

Von der Körperoberfläche wird die Wärme in Form von elektromagnetischen Wellen (infraroten Strahlen) abgegeben. Steht man neben einem stark erhitzten Sportler, so spürt man, daß er Wärme abstrahlt. Bei hohem Sonnenstand kann andererseits auch Wärmestrahlung durch Absorption vom Körper aufgenommen werden.

Schweißverdampfung

Der Mensch verfügt über die Fähigkeit, Flüssigkeit auf die Körperoberfläche austreten zu lassen. Durch die Verdampfung dieser Flüssigkeit wird dem Körper Wärme entzogen.

Die Schweißverdampfung ist für den Sportler der wichtigste Mechanismus der Wärmeabgabe. Die Schweißdrüsen sind beim Menschen stark entwickelt. Das Schweißvolumen unter körperlicher Belastung hängt maßgeblich von der Körperkerntemperatur ab.

Ein Liter verdampfter Schweiß entzieht dem Organismus 2430 kJ (580 kcal). Zur Charakterisierung des Abkühlungseffekts wurde der Begriff der Verdampfungskälte gewählt.

Bei hoher sportlicher Belastung verdampft mitunter weniger als die Hälfte des abgesonderten Schweißes. Der Schweiß, der abtropft, geht verloren und wird seiner Funktion im Rahmen der Thermoregulation nicht gerecht.

Hierin liegt auch die Abnahme der Wirksamkeit der Wärmeregulation bei hoher Luftfeuchtigkeit begründet. Schwüle ist erfahrungsgemäß ausdauerfeindlich.

Bei intensiver sportlicher Belastung sind beim Trainierten Schweißmengen bis zu zwei Liter pro Stunde möglich. Es treten somit durch den Schweiß erhebliche Flüssigkeitsverluste für den Organismus ein. Da jedoch mehr als 60 % der Körpermasse aus Wasser besteht, kann dieser große Verlust in den Anfangsstadien zunächst körpereigen ausgeglichen werden; es ist jedoch möglichst kurzfristig zu substituieren.

Sportliches Training führt zu einer besseren Anpassung der Thermoregulation über die Schweißabsonderung. Durch ein Ausdauertraining kann die Schweißmenge im Sinne einer Adaptation verdoppelt werden. Weiterhin kommt es durch sportliches Training adaptiv zu einer veränderten Zusammensetzung des Schweißes. Mit dem Schweiß gehen bekanntlich Mineralien verloren; diese müssen substituiert werden. Bei der Adaptation an Ausdauerbelastungen sind im Schweiß weniger gelöste Stoffe vorhanden.

4.1.2.5 Dehydration durch Schweißverlust

Unter Dehydration wird ein Wasserverlust des Organismus verstanden. Im Zusammenhang mit der Thermoregulation im Sport sind neben der markanten körperlichen Belastung und ihren Folgen für alle Organe zwei Vorgänge von besonderem leistungsphysiologischen Interesse:

- Anstieg der Körperkerntemperatur,
- Flüssigkeitsverlust durch das Schwitzen.

Bei der Wärmeabgabe über den Schweiß ist die Wasserbilanz des Organismus negativ. Der Schweißverlust kann bei extensiven Anforderungen über mehrere Stunden unter klimatisch belastenden Bedingungen in Einzelfällen über fünf Liter betragen.

Gut trainierte Sportler erreichen die höchsten Körperkerntemperaturen und tolerieren die höchsten Flüssigkeitsverluste. Das Blut ist der unmittelbare Wasserlieferant für die Schweißdrüsen; es erhält jedoch seinen Nachschub aus anderen Körpergeweben, insbesondere aus der Muskulatur. Die Veränderung des Blutvolumens durch Schweißverlust hängt vom Trainingszustand ab.

Bei Ausdauertrainierten findet sich auch bei höheren Graden der Dehydration ein unverändertes oder sogar erhöhtes Blutvolumen.

Ausdauersportler verfügen über ein großes Volumen von relativ dünnem Blut. Diese Adaptation bedeutet eine Steigerung der Möglichkeiten des Wärmetransports durch das zirkulierende Blutvolumen. Die Fähigkeit, eine Eindickung des Blutes zu vermeiden, d. h. gute Fließeigenschaften des Blutes zu bewahren, entscheidet mit über die Wärmetoleranz. Eine solche Situation verbessert auch den Sauerstofftransport des Blutes.

Im Zustand der Dehydration liegt eine gesteigerte Herzschlagfrequenz vor. Bei dehydrierten Sportlern ist die Herzschlagfrequenz nicht nur in Ruhe, sondern auch bei standardisierter submaximaler Belastung heraufgesetzt. Ihre Rückkehr auf den Ausgangswert erfolgt verzögert, was eine beeinträchtigte Erholung signalisiert.

Das Herzschlagvolumen und die Herzleistung sind vermindert. Der systolische Blutdruck ist erniedrigt. Das Herzkreislaufsystem wird durch eine Dehydration stärker in Mitleidenschaft gezogen als das muskuläre System. Die maximale Sauerstoffaufnahme ist im Zustand der Dehydration gering erniedrigt; es besteht eine herabgesetzte anaerobe Mobilisationsfähigkeit. In einem Experiment erreichten Sportler zum Beispiel im dehydrierten Zustand maximale Laktatwerte von 10,4 mmol $\cdot$ l^{-1} gegenüber 14,0 mmol $\cdot$ l^{-1} in rehydriertem Zustand.

Ältere Personen und Kinder regulieren nicht nur die Körpertemperatur schlechter, sondern ertragen auch die Dehydration schlechter als Menschen im Hochleistungsalter. Es gibt Toleranzunterschiede von Mensch zu Mensch. Daran sind auch Erbfaktoren beteiligt.

Da die negativen Auswirkungen der Dehydration vielfach belegt sind, ist der Flüssigkeitsersatz nach Schweißverlusten bei Sporttreibenden ein dringliches Erfordernis.

Die Deckung des Wasserbedarfs führt im Zustand der Dehydration bei belastungsbedingter Temperatursteigerung zur Senkung der Körperkerntemperatur. Im Experiment fand sich zum Beispiel bei gleichbleibender Belastung eine Reduzierung der Körperkerntemperatur von 39,9 auf 39,1°C allein durch ausreichendes Trinken. Dieser Befund ist angesichts der Feststellung, daß eine Temperaturerhöhung als leistungsbegrenzender Faktor eine Rolle spielt, von erheblicher Bedeutung. Da der Körper im Zustand der Dehydration die Wasserabgabe erschwert, ist die ungenügende Schweißsekretion ein Grund für die unangemessene Steigerung der Körperkerntemperatur (Bild 4.4). Die Temperatursenkung infolge des Trinkens kommt vor allem durch die Anregung der Schweißsekretion und die damit verbundene gesteigerte Wärmeentsorgung des Organismus zustande. Diese ist auch bedingt durch eine verbesserte Durchblutung der Haut.

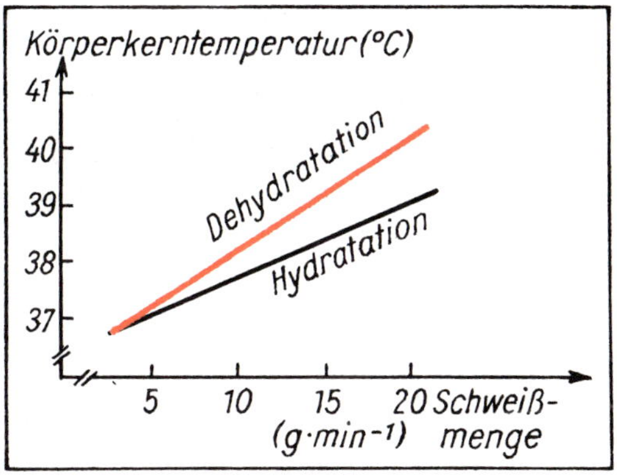

Bild 4.4 Beziehungen zwischen der Schweißabsonderung, dem Hydratationszustand und der Körperkerntemperatur

4.1.2.6 Erwärmen als Startvorbereitung

Unter dem Begriff des **Erwärmens** (Warmmachen, Aufwärmen, warm up) versteht man das aktive Einarbeiten vor einer gezielten sportlichen Tätigkeit. Das Erwärmen im Sinne vorbereitender Übungen ist in einem Komplex von Maßnahmen der unmittelbaren Startvorbereitung der bedeutsamste Faktor. Durch das Erwärmen werden folgende Wirkungen erwartet:

- Erhöhung der Kraft, Schnelligkeit und Ausdauer der Muskelkontraktion;
- Verbesserung der Bewegungskoordination, Reaktionsschnelligkeit und Beweglichkeit;

- Senkung der Verletzungsanfälligkeit;
- Steigerung der Leistungsbereitschaft;

Es werden im Gefolge des Erwärmens zahlreiche physiologische Regulationen mobilisiert, die beim Vollzug der Leistung stark auslenken.

So werden durch die körperlichen Belastungen im Rahmen des Erwärmens das Herzkreislaufsystem, die Atmung, die hormonelle Regulation, der Stoffwechsel, die Neurodynamik u. a. auf ein höheres Aktivitätsniveau versetzt.

Die Umstellung auf die Höchstleistung im Wettkampf geschieht dann gewissermaßen von einem höheren Niveau aus. Es ist unphysiologisch, aus dem Zustand der Ruhe heraus intensive physische Belastungen auszuführen. Die Begriffsbildung des Erwärmens bringt bereits zum Ausdruck, daß auch die Körperkerntemperatur erhöht wird.

Die Optimaltemperatur für Wettkampfleistungen liegt bei 38,5 bis 39°C. In diesem Bereich sind die Vorteile der Erwärmung ohne die Nachteile der Überhitzung wirksam. Die optimale innere Betriebstemperatur des Körpers für hohe körperliche Leistungen ist also nicht bei der Ruhenormaltemperatur um 37°C gegeben, sondern deutlich darüber.

Das Erwärmen hat einen leicht erkennbaren stimulierenden Effekt auf den Kreislauf. Neben der Anregung der Herztätigkeit kommt es in den aktivierten Skelettmuskeln zu einer Gefäßerweiterung, und es tritt eine Umverteilung des vom Herzen ausgeworfenen Blutes zugunsten der tätigen Muskulatur ein. Der Sauerstoffverbrauch des Muskels ist für eine standardisierte Arbeit bei einer Temperatur zwischen 38,5 und 39°C am geringsten. Die Wandlung von chemischer in mechanische Energie erfolgt besonders effektiv. Weiterhin ist im genannten Temperaturbereich das Atemäquivalent am niedrigsten; das bedeutet, daß bei einer definierten Ventilation der Lungen besonders viel Sauerstoff vom Organismus aufgenommen wird. Bei einer Körperkerntemperatur um 39°C geht der Sauerstoffaustausch im Gewebe am schnellsten vonstatten; es setzt eine erhöhte Sauerstoffausschöpfung des Blutes ein.

Der Zeitverzug der Schweißsekretion beträgt in nicht erwärmtem Zustand etwa 5 Minuten, bei deutlich erhöhter Körperkerntemperatur dagegen nur wenige Sekunden. Diese Kürze der Reaktion spricht eindeutig für eine Aktivierung thermoregulatorischer Vorgänge.

Im erwärmten Zustand tritt eine Verbesserung der Aufmerksamkeitsleistung und speziell der optischen Wahrnehmung bei Sportlern ein.

Mit der Erhöhung der Körperkerntemperatur auf den optimalen Wert tritt auch eine Aktivierung von Strukturen im zentralen Nervensystem ein. Man spricht von zentraler Erwärmung. Es wird das Zustandekommen von nervalen Verschaltungen erleichtert. Die zentrale leistungsbezogene Einstimmung gilt als Weckreiz. Die gesteigerte Aktivität des Zentralnervensystems verbessert die Koordination und Präzision motorischer Handlungen.

Durch das Erwärmen wird die Gefahr von Verletzungen am Bewegungsapparat reduziert. Das ist besonders der Fall, wenn der Wettkampf intensiv begonnen wird. Die gesteigerte Reaktionsfähigkeit und Aufmerksamkeit im erwärmten Zustand sind ebenfalls vorbeugende Faktoren.

4.1.2.7 Bedeutung der Umgebungstemperatur für die Thermoregulation des Sportlers

Die Problematik der Thermoregulation im Sport hat eine innere und eine äußere Seite. Die innere Seite ist durch die **Wärmebildung** infolge stark gesteigerter Stoffwechselprozesse bei körperlichen Aktivität repräsentiert, die äußere Seite wird durch das **Klima** zur Geltung gebracht. Aus der Sicht der meteorologischen Verhältnisse spielen Temperatur, Luftfeuchtigkeit, Windgeschwindigkeit und Sonneneinstrahlung eine Rolle. Es findet sich keine nennenswerte Veränderung der Belastungsreaktion des Körpers in einem Temperaturbereich von 10 bis 35°C, wenn die Belastungsdauer von 4 Minuten nicht überschreitet wird.

Für die unter Wettkampfbelastung auftretenden maximalen Körperkerntemperaturen ist die Umgebungstemperatur von untergeordneter Bedeutung. Auch bei Skilangläufern wurden zum Beispiel bei äußeren Minusgraden Körperkerntemperaturen über 40°C gemessen.

Die Wärmebildung ist auch bei strenger Kälte unter hohen sportlichen Belastungen weitaus größer als ihre Beseitigung. Bei gleicher Leistung ist allerdings die Körperkerntemperatur bei Kälte niedriger als bei Hitze, da das Temperaturgefälle von der Haut zur Umwelt und vom Körperkern zur Haut besonders groß ist. Es gibt für sportliche Leistungen eine optimale äußere Temperatur. Diese ist von Sportart zu Sportart und auch interindividuell unterschiedlich.

Leistungen mit hohen Ansprüchen an die Kraft, Schnellkraft, Schnelligkeit oder Koordination erreichen bei relativ hohen Umgebungstemperaturen (25°C) ihr Maximum. Für den Marathonlauf zum Beispiel liegt die günstigste Umgebungstemperatur bei 10°C.

Hohe sportliche Ausdauerleistungen sind keinesfalls bei der geläufigen Behaglichkeitstemperatur erzielbar. Bei den Behaglichkeitstemperaturen, die für Ruhebedingungen gelten, tritt unter Ausdauerbelastung schon eine erhebliche Wärmebelastung ein. Ist die Außentemperatur niedriger, als es für die geforderte Belastung optimal wäre, so ist das für die Thermoregulation zwar günstiger, aber die Kälte wirkt sich in anderer Weise negativ auf die Leistung aus.

Die herabgesetzte Leistungsfähigkeit und die körperliche Schwäche bei hoher Luftfeuchtigkeit (Schwüle) resultieren aus ungenügender Schweißverdampfung.

Die mit Wasserdampf gesättigte Luft läßt den wichtigsten Mechanismus der Wärmeabgabe für den Sportler nicht ausreichend zur Wirkung kommen; der in hohem Maße produzierte Schweiß tropft wirkungslos ab.

4.1.2.8 Krankhafte Störungen infolge Wärmeeinwirkung beim Sport

Hitzekrampf

Der Hitzekrampf stellt sich als eine akute Störung der Funktion des Skelettmuskels dar, die durch phasenhafte, unwillkürliche, schmerzhafte Muskelkontraktionen gekennzeichnet ist.

Betroffen sind zumeist solche Muskeln, die hohen Arbeitsbelastungen unterworfen waren. Die Fortsetzung der sportlichen Tätigkeit ist unter diesen Umständen erschwert oder gar unmöglich. Bei hyperthermen, dehydrierten Sportlern können diese Krämpfe durch Stauchungen unmittelbar ausgelöst werden (Laufen auf hartem Grund, Radfahren über Kopfsteinpflaster o. ä.). Paradox erscheint der Umstand, daß guttrainierte Sportler besonders zum Hitzekrampf neigen.

Es ist jedoch gerade dieser Personenkreis, der sich Situationen aussetzt, die mit hoher und langdauernder körperlicher Anforderung und starkem Schweißverlust verbunden sind und die letztlich den lokalisierten Hitzekrampf im Gefolge haben. Sportbedingte Hitzekrämpfe sind durch Rehydrierungsmaßnahmen (reichliches Trinken) zu vermeiden bzw. relativ zuverlässig und auch schnell zu beherrschen; die Gabe von etwas Kochsalz ist zu empfehlen.

Dem Krampf entgegengerichtet wirken weiterhin eine vorsichtige Dehnung oder eine milde Massage der betroffenen Muskulatur.

Von lokalen Abkühlungsversuchen ist Abstand zu nehmen.

Hitzschlag

Ein Übermaß an Wärmeenergie im Organismus des Menschen kann auch beim Gesunden verhängnisvolle Folgen auslösen.

Beim Hitzschlag ist die Körperkerntemperatur exzessiv erhöht. Die lebensgefährdende Auslenkung liegt beim Sporttreibenden um 42°C. Der Hitzschlag ist auf ein Versagen der Thermoregulation zurückzuführen.

Die Auswirkungen einer versagenden Thermoregulation sind äußerst komplex, und sie führen schließlich zu Kollaps und Schock. Beim anstrengungsbedingten Hitzschlag treffen zumeist starke sportinduzierte Stoffwechselsteigerungen mit klimatisch belastenden Bedingungen zusammen. Eine hohe Außentemperatur, großer Feuchtigkeitsgehalt der Atmosphäre, direkte Sonneneinstrahlung und geringe Luftbewegung sind als hitzschlagfördernde Faktoren anzusehen.

Die Steigerung der Wärmebildung und die Einschränkung der Wärmeabgabe sind gleicherweise eine Voraussetzung für das Auftreten eines Hitzschlags.

Folgende Momente erhöhen für einen Sporttreibenden das Hitzschlagrisiko:

- fehlende Akklimatisation bei schnellem Witterungsumschlag von kalt nach warm,
- schlechter Trainingszustand,
- Ermüdung, Schlafdefizit,
- fieberhafte Erkrankungen, Rekonvaleszenz nach Infektionen, Impfreaktionen,
- Sonnenbrand,
- chronische Erkrankungen,
- Medikamenteinnahme, Alkoholgenuß,
- kurzzeitig zurückliegende reichliche Nahrungsaufnahme.

Bei der Erkennung des Hitzschlags stehen die exzessiv gesteigerte Körperkerntemperatur, Störungen von seiten des Zentralnervensystems und Kreislaufversagen im Vordergrund.

Die Symptome des beginnenden Hitzschlages sind durch emotionale Instabilität, Gereiztheit und Aggressivität oder auch Apathie gekennzeichnet.

Mitunter besteht Verwirrtheit. Der Sportler ist unsicher auf den Beinen und taumelig. Er kann konfus, benommen und desorientiert sein. Es bestehen unter anderem Mattigkeit, Kopfschmerz, Schwindel, zumeist Übelkeit und Erbrechen. Die Lippen sind in der Regel leichtbläulich. Hände und Füße fühlen sich kalt an; im übrigen ist die Haut aber heiß und trocken. Der Puls ist flach und schnell. Die Atmung ist beschleunigt. Es kann zu heftigen lokalen bis zu allgemeinen Krämpfen kommen.

Die erste Hilfe beim Hitzschlag ist durch die Begriffe flach, kühl und naß charakterisiert.

Weitere Maßnahmen erfolgen durch den Arzt. Die Vorbeugung des Hitzschlages ergibt sich aus der Gesamtheit der Ausführungen zur Thermoregulation.

4.1.2.9 Unterkühlung (Hypothermie) im Sport

Von *G. Badtke*

Unterkühlungen werden am häufigsten im Zusammenhang mit sportlicher Betätigung an oder in freien Gewässern sowie in der Alpinistik beobachtet. Sie sind unter unseren geographischen Bedingungen weit seltener anzutreffen als Überhitzungen und oft die Folge von unvorhergesehenen Abläufen oder Unfällen. Dazu gehören vor allem Bootskenterungen, Einbrüche in das Eis und Überschätzung der eigenen Kräfte beim Schwimmen.

Im Gegensatz zu den Bedingungen an der Luft ist der Wärmeverlust im Wasser relativ groß. Er übersteigt das 3fache der Luftbedingungen. Ursache hierfür ist die Tatsache, daß die Grenzschicht im Wasser nur ein Zehntel der Stärke hat wie an der Luft und daß das Wärmeleitvermögen des Wassers 25mal größer ist als das der Luft.

Hinzu kommt, daß die Wassertemperaturen in unseren Breiten fast ständig unter dem Behaglichkeitsbereich liegen und selten 20°C übersteigen.

Dadurch ist der Wärmeverlust durch Strahlung, Leitung und Konvektion größer als beim Aufenthalt an der Luft. Normalerweise wird bei zu starkem Wärmeverlust die Durchblutung der Körperschale gedrosselt.

Das ist beim Schwimmen nur bedingt möglich; der Aktive bewegt sich mit Hilfe seiner Extremitäten voran. Das erfordert eine intensive Durchblutung der gesamten Bein- und Armmuskulatur, die ja ein wichtiger Bestandteil der Körperschale ist.

Der Wärmeverlust ist also relativ groß, und bei Gefährdung der Kerntemperatur wird die Durchblutung der Beine vermindert, und es besteht dann die Gefahr, daß tonische Krämpfe auftreten.

Es gibt aber auch allgemeine Wirkungen der Unterkühlung.

Bei einer Wassertemperatur von 17°C ist der Wärmeverlust des Körpers 6mal größer als in der Luft bei 26°C.

Schon bei geringer Bewegung im Wasser kommt es bald zum Muskelzittern, wodurch zwar der Stoffwechselumsatz auf das 5fache gesteigert, aber eine allmähliche Auskühlung des Organismus nicht verhindert werden kann. In den meisten Fällen kann durch willkürliche Bewegung der Stoffwechsel noch weiter erhöht werden.

Nach Aschoff kühlen aber vor allem extrem magere Personen bei Bewegung im Wasser schneller aus als in Ruhe.

Das hat seine Ursache darin, daß sich die ohnehin schon sehr geringe Grenzschicht so stark verkleinert, daß der Jouleverlust größer wird als die durch die Bewegung erzeugte zusätzliche Wärmemenge.

Stoffwechselsteigerungen bedingen aber notwendigerweise einen verstärkten Sauerstoffverbrauch bzw. können zum Entstehen einer größeren Sauerstoffschuld führen, was den Aufenthalt im Wasser erheblich begrenzen kann.

Bei Wassertemperaturen von 17°C ist die Kerntemperatur nach einer Stunde bereits auf 35°C gesunken. Bei 34°C setzen bereits zentrale Lähmungen der Reaktionsfähigkeit und der Bewegung ein. Zum Kältetod kommt es bei Kerntemperaturen unter 26°C.

Aus diesen Mechanismen lassen sich einige Schlußfolgerungen ziehen:

- Bei Bootskenterungen ist die Bekleidung nicht auszuziehen. Der Gekenterte soll sich so wenig wie nötig bewegen. Dadurch wird das von seinem Körper erwärmte Wasser nicht weitertransportiert und der Wärmeverlust so gering wie möglich gehalten.
- Man soll nie das gekenterte Boot oder andere schwimmende Gegenstände, an denen man sich festhalten kann, loslassen, um an Land zu schwimmen, weil der Tod durch Erschöpfung oder Unterkühlung droht. Besser ist es, zu versuchen, mit diesen Gegenständen das Ufer zu erreichen, um sich bei Bedarf an ihnen festhalten zu können.
- Ein analoges Verhalten ist bei Eisunfällen geboten. Auch hier sind die Bewegungen im Wasser selbst auf ein Minimum zu reduzieren.
- Hat ein stark unterkühlter Sportler allein oder mit fremder Hilfe das Ufer erreicht, dann darf er sich bis zum Eintreffen des Krankenwagens nicht aktiv bewegen (z. B. mit dem Ziel, sich wieder zu erwärmen). Durch Bewegung droht der sogenannte Bergungstod, weil das vom Körperkern abgesperrte kalte Blut der Körperschale, besonders der Extremitäten,

schlagartig in die lebenswichtigen Organe eindringen und letale reflektorische Mechanismen in Gang setzen kann. Es sollte vielmehr der Rumpf des Verunglückten durch Einwickeln in Kälteschutzfolien, Decken o.ä. vor weiterer Auskühlung geschützt werden.

- Die Überführung des Geschädigten in den Krankenwagen hat auch bei erhaltenem Bewußtsein und vorhandener Gehfähigkeit liegend zu erfolgen.

4.1.3 Ernährung

Von *D. Böhmer*

4.1.3.1 Nährstoffe

Durch die Ernährung muß zum einen der tägliche Ersatz von verbrauchter Energie und Körperbausubstanzen (Erhaltungsstoffwechsel) und zum anderen der Auf- oder Ausbau von Strukturen im Organismus (Aufbaustoffwechsel) gewährleistet werden.

Dies gilt nicht nur für den wachsenden Organismus, sondern auch für den Sportler, der ein leistungsbezogenes Training durchführt.

Die hierzu notwendigen Nährstoffe der Nahrung können unterteilt werden in :

- Makronährstoffe (Eiweiße, Fette, Kohlenhydrate),
- Mikronährstoffe (Mineralien, Spurenelemente, Vitamine),
- Wasser und
- Ballaststoffe.

Eiweiße (Proteine)

Eiweiße werden im Körper in vielfältiger Form genutzt. Sie bilden als Bausteine Zellstrukturen und sind die Grundsubstanz für Enzyme, Hormone und Abwehrkörper.

Als Transportproteine im Blut binden sie Substanzen, die sonst zu gefährlichen Reaktionen neigen können und bringen diese zu ihren Wirkungsstätten.

Eiweiße sind gewöhnlich hochspezialisierte Verbindungen und müssen vom Organismus selbst aufgebaut werden.

Die Baupläne hierfür liegen im Zellkern. Bausteine der Proteine sind die Aminosäuren. Neben Kohlenstoff (C), Sauerstoff (O) und Wasserstoff (H) enthalten sie Stickstoff (N), teilweise auch Schwefel. Aus dem Auftreten des Stickstoffes entweder als Ammoniak (NH_3) im Blut oder als Harnstoff im Urin kann auf die Höhe des Eiweißabbaues geschlossen werden. Die normale Ausscheidung im Urin beträgt etwa 15 g Stickstoff täglich. Im Durchschnitt beträgt der Anteil des Stickstoffes an den Aminosäuren 16 %, so daß durch die Ausscheidungsrate im Urin auf einen Eiweißabbau von 90 g hochgerechnet werden kann. Ist die Stickstoffbilanz negativ, wird mehr Stickstoff ausgeschieden als aufgenommen wurde. Es besteht der Verdacht, daß der Abbau von körpereigenem Eiweiß höher ist, als der Wiederaufbau. Dieser Zustand wird als **katabole Phase** bezeichnet. In der **anabolen Phase** wird vermehrt Eiweiß im Körper aufgebaut. Die Stickstoffbilanz ist dann positiv. Im **eubolen Zustand** sind Abbau und Aufbau von körpereigenem Eiweiß ausgeglichen. Exakte Bilanzen müssen nicht nur die genauen Anteile des Eiweißes an der aufgenommenen Nahrung, sondern auch die Ausscheidung des Stickstoffes über den Schweiß und die Faces berücksichtigen. Diese Verfahren sind sehr aufwendig.

Die Bestimmung des Ammoniak aus dem Blut muß erfahrenen biochemischen Labors vorbehalten werden, sollen die Ergebnisse auch für die Trainingsberatung genutzt werden.

Für den menschlichen Organismus sind 20 Aminosäuren bedeutsam, von denen 12 mit Hilfe der Leber selbst aufgebaut werden können.

Bis zu 1000 und mehr Aminosäuren können zu einem Protein verknüpft werden. Die Abfolge der einzelnen Aminosäuren wird Sequenz genannt. Durch die Möglichkeit 20 unterschiedliche Aminosäuren zu kombinieren, – jede sollte in ausreichender Menge zur Verfügung stehen – kann die große Vielfalt der Eiweißmoleküle entstehen, die in einem lebenden Organismus vorhanden ist. Auch hat jeder Körper Eiweiße, die sich, wenn auch nur minimal, vom Eiweiß eines anderen Körpers unterscheiden (körpereigene Eiweiße). Bei 8 (in der Kindheit 9) Aminosäuren ist der Körper auf deren Zufuhr mit der Nahrung angewiesen. Sie werden deshalb als **essentielle Aminosäuren** bezeichnet. Diese sind bis zu 40% an der Bildung der Zelleiweiße beteiligt. Für einige weitere Aminosäuren ist die Rate für die Neubildung im Körper begrenzt.

Bei erhöhtem Bedarf im Sport ist für sie die Kapazität der Eigenproduktion bald erreicht und muß durch ein erhöhtes Angebot in der Nahrung ergänzt werden. Diese Aminosäuren werden semiessentiell genannt. Aber auch die Bildungsrate der übrigen Aminosäuren ist zeitlich limitiert. Möglicherweise ist das Vermögen für Aminosäurensynthesen individuell genetisch festgelegt.

Alle zum Aufbau notwendigen Aminosäuren müssen zur gleichen Zeit zur Verfügung stehen und sollten deswegen auch ausreichend im Angebot der Nahrung vorhanden sein.

Der Pool an freien Aminosäuren im Körper ist gering. Infolge dessen ist ein ständiger Nachschub notwendig.

Auch das Verhältnis der Aminosäuren untereinander sollte beachtet werden. Bei einem Überangebot einzelner Aminosäuren kann es leicht zu Störungen im Stoffwechsel kommen, wodurch Leistungsminderungen verursacht werden können. Bei Aminosäurenkonzentraten sollte deswegen auf Ungleichgewichte (Imbalanzen) im Aminosäurengemisch geachtet werden. Über den Wert der Einnahme einzelner Aminosäuren zur Leistungssteigerung wird noch diskutiert. Die Ergebnisse der Untersuchungen sind widersprüchlich. Allenfalls für das Creatin – eine der Aminosäuren ähnliche Verbindung – vermehren sich Hinweise auf eine leistungsfördernde Wirkung. Aber auch hier genügen die bisherigen wissenschaftlichen Erkenntnisse für eine Empfehlung nicht.

Ein Großteil des aufgenommenen Eiweißes wird zum Ersatz von Zellproteinen benutzt. Erneuerung der Zelleiweiße ist die Voraussetzung für lebenslängliche Funktionstüchtigkeit des Organismus.

Der lebenserhaltende Abbau und Wiederaufbau, das Auswechseln der Zelleiweißbausteine, wird von **Hormonen** gesteuert. Kortison ist das katabole, eiweißabbauende Hormon. Die anabolen Steroide (der bekannteste Vertreter ist das Testosteron) bauen Zelleiweiße – auch in der Muskelfaser – auf.

Der ständige **Eiweißverschleiß** bedeutet einen entsprechenden **Eiweißbedarf**, der durch die Nahrung gedeckt werden muß.

Im Erwachsenenalter beträgt er für

- körperlich Nichttätige 0,9 – 1,0 g/kg KG
- körperlich Leichttätige 1,0 – 1,2 g/kg KG
- Breitensportler 1,2 – 1,3 g/kg KG
- Leistungssportler mit mäßigem Krafttraining 1,2 – 1,5 g/kg KG
- Kraftsportler 1,5 – 1,8 g/kg KG
- Kraftsportler in der Aufbauphase 1,5 – 2,0 g/kg KG.

Bei Schwerathleten können darüber hinaus in Phasen besonders intensiven Krafttrainings auch 2,5-2,7 g/kg Körpergewicht empfohlen werden. Schon aufgrund eigener Erfahrung wird der Athlet zum Wettkampf hin seinen hohen Eiweißverbrauch reduzieren und den Kohlenhydratanteil erhöhen.

Der Eiweißbedarf wird vom Sportler häufig überschätzt. In Ländern mit wohlhabender Bevölkerung erreicht der Eiweißkonsum – auch der des Nichtsportlers – häufig die für Schwerathleten notwendige Höhe.

Der Eiweißverzehr liegt im Durchschnitt der Bevölkerung um 30% – 40% über dem notwendigen und empfehlenswerten Umfang.

Die Halbwertszeit (Zeit, in der die Hälfte einer Substanz abgebaut wird) der Eiweiße ist unterschiedlich; sie reicht von einigen Stunden bis zu einem Monat. Da Aminosäuren in nennenswertem Umfang nicht gespeichert werden können, hat es keinen Sinn, über den Bedarf hinaus Eiweiß zu essen. Es ist eher für den Sportler negativ. Die spezifisch-dynamische Wirkung umfaßt den Energieaufwand des Organismus für die Aufschlüsselung und Resorption der Nährstoffe. Die Bindungsenergie zwischen den Molekülen wird vorwiegend als Wärme frei ; man spricht auch von Diät-induzierter-Thermogenese (DIT). Es ist verständlich, daß Eiweiße eine hohe spezifisch-dynamische Wirkung aufweisen. Die wärmende Wirkung einer dicken Erbsensuppe im Winter beruht nicht nur auf der heißen Brühe. Der hohe Eigenaufwand des Organismus bei der Auflösung der Eiweißmoleküle im Magen-Darm-Kanal, der Resorption und der Wiederzusammensetzung der Aminosäuren zu körpereigenen Eiweißen, ist nur für den tatsächlichen Bedarf sinnvoll. Zuviel aufgenommene Aminosäuren können in Glukose (Glukoneogenese) umgewandelt werden, in geringerem Umfang auch in Fette. Ist dieser Stoffwechselvorgang überfordert, werden die entstehenden Ketokörper über den Urin ausgeschieden, wodurch die Nierenfunktion belastet wird. Wahrscheinlich kann ein andauernder übermäßiger Eiweißgenuß die Arteriosklerose unterstützen und es bei Stoffwechselstörungen zu Ablagerungen von Harnsäure in den Gelenken (Gicht) kommen. Empfohlen wird ein Anteil des Eiweißes von 15% an der Nahrung (berechnet am Kalorienbedarf). Der gesunde Organismus des Sportlers wird auch durch einen höheren Anteil nicht nachhaltig gestört; doch zwingt er seinen Körper zu Stoffwechselaktivitäten, die ihm wenig Gewinn bringen, aber viel unnötige Energie kosten.

Als Quellen für die Eiweißdeckung des Organismus kommen sowohl Fisch, Fleisch, Milch, Eier als auch Pflanzen in Frage.

Die biologische Wertigkeit der Nahrungsproteine ist wesentlich durch die Art und Anzahl der Aminosäuren bedingt und somit durch die Resorbierbarkeit und Verwertbarkeit im Stoffwechsel. Als vollwertig gelten vor allem Lebensmittel, die von Tieren stammen. Das Vollei dient als Bezugsgröße mit einer biologischen Wertigkeit von 100.

Fleisch und Milch haben den Vorteil, für den Menschen günstige Aminosäurenzusammensetzungen (Sequenzen) zu besitzen. Dies gilt auch für das Schweinefleisch. Hier ist allerdings der häufig hohe Fettanteil zu beachten.

Es gibt keine Pflanze, die alle für den Menschen essentiellen Aminosäuren in ausreichender Menge besitzt. Eine Kombination von Pflanzen kann aber den Eiweißbedarf sicher decken, so daß Vegetarier auch Wettkampfsport betreiben können, wie es zahlreiche Hochleistungssportler bewiesen haben. Für den menschlichen Organismus ist es belanglos, aus welcher Quelle die Aminosäuren stammen. Nur die Art und die Anzahl der Aminosäuren, die vom Darmkanal aufgenommen werden, müssen stimmen.

Besonders wenn Milch getrunken wird oder Milchprodukte gegessen werden und die Nahrung bewußt gewählt wird, kann auf Fleisch verzichtet werden. Im Kraftausdauersport allerdings sind Vegetarier seltener anzutreffen, weil der Eiweißbedarf bei diesen Sportlern ökonomischer über Fleisch gedeckt werden kann. Es müßten sonst sehr große Mengen an pflanzlicher Nahrung gegessen werden.

Als Energiequelle werden Eiweiße nur im Notfall genutzt, wenn Kohlenhydrate und Fettsäuren nicht mehr ausreichend zur Verfügung stehen. Der große Aufwand, körpereigene Eiweiße aus Aminosäuren aufzubauen, um dann wieder lediglich die im Molekül steckende Energie zu nutzen, ist sehr unökonomisch. Es wäre ähnlich, als würden kunstvolle mit viel Mühe hergestellte Möbel als Brennholz genutzt.

Tatsächlich aber werden bei anstrengenden Ausdauerbelastungen die Eiweißreserven angegriffen und am Ende eines Marathonlaufes kann bis zu 10% des Energiebedarfs von Eiweißen geliefert werden.

Woher diese Eiweiße stammen, wird noch diskutiert. Bevorzugt werden wohl Eiweiße der Muskulatur, wobei die kontraktilen Substanzen weitgehend geschont werden. In der Regenerationsphase benötigt die Wiederherstellung der abgebauten Muskeleiweiße längere Zeit, häufig mehrere Tage.

Fette (Lipide)

Da Fettzellen nur geringfügig Wasser enthalten, kann pro Volumen Gewebe bis zu 6 mal mehr Energie gelagert werden, als dies bei Kohlenhydraten möglich wäre. Die Energiedichte ist sehr hoch. So kann 1kg Fett ca. 7.000 kcal liefern.

Der Speicherraum, vorwiegend das Unterhautfettgewebe, kann ohne andere Organe zu stören, erheblich erweitert werden. Dieses Speicherfett unterliegt aber auch einem ständigen Stoffwechsel.

Ein normgewichtiger Mann von 75kg besitzt etwa 12-14 kg Fett und somit 80.000-100.000 kcal als Fettreserve. Unter der Haut gelagert dient das Fett als Wärmeschutz und als Puffer gegen Stöße. In der Muskulatur lagern etwa 3.000 kcal als Fett. Frauen haben gewöhnlich etwas mehr Fett/kg Körpergewicht. Es hat Einfluß auf Geschlechtshormone. So hilft ein ausreichend ausgebildetes Unterhautfettgewebe mit, die erste Menstruation auszulösen. Nur bei einer entsprechenden Fettfaltendicke bleibt die Gebärfähigkeit erhalten.

Bei Sportlerinnen mit einem sehr dünnen Unterhautfettgewebe wird die Produktion der Geschlechtshormone gehemmt. Dieser Selbstschutz, bei Unterernährung eine Schwangerschaft zu vermeiden, führt bei Leistungssportlerinnen auch zu Störungen des Calciumstoffwechsels des Knochens.

Eine Osteoporose mit Neigung zu Ermüdungs- (Stress-) frakturen ist besonders bei Mittel- und Langstreckenläuferinnen der Leistungsklassen zu beobachten. Der Fettgehalt sollte bei Breitensportlerinnen nicht zu niedrig sein.

Fette sind nicht nur eine Energiequelle, sondern haben in den Zellen und in den Zellmembranen wichtige Funktionen. In Verbindung mit Eiweißen (Lipoproteine) sind sie an dem Aufbau von Zellstrukturen beteiligt. Spezielle Fettsäuren haben vitaminähnliche Aufgaben.

Da die Fette des Körpers eine neutrale Reaktion aufweisen, werden sie auch als Neutralfette bezeichnet.

Die Nahrungsfette sind gewöhnlich Triglyceride, d.h. an einem Glycerinmolekül sind 3 Fettsäuren angebunden. Diese Fettsäuren sind unterschiedlich lang:

- kurzkettige Fettsäuren 3 – 6 C– Atome
- mittelkettige Fettsäuren bis zu 12 C– Atome
- langkettige Fettsäuren mehr als 12 C– Atome

Die C–Atome werden über Wasserstoffbrükken verbunden. Sind alle möglichen H^+-Positionen mit Wasserstoff besetzt, ist die Fettsäure „gesättigt". Dies kann auch industriell geschehen. Man spricht dann von gehärteten Fetten. Bei ungesättigten Fettsäuren bestehen dementsprechend Doppelbindungen. Es gibt einfach und mehrfach ungesättigte Fettsäureketten. Diese haben in der Diskussion über einen günstigeren Stoffwechsel eine große Rolle gespielt. Die Entstehung einer Arteriosklerose soll durch Verbrennung der ungesättigten Fettsäuren weniger stark gefördert werden, als dies bei den gesättigten möglich ist. Gesättigte Fettsäuren sind vorwiegend in tierischen Fetten vorhanden, ungesättigte Fettsäuren sind überwiegend Bestandteile von pflanzlichen Ölen. Je kürzer die Fettsäureketten, desto öliger ist das Fett und desto bekömmlicher ist es. Cholesterin dient als Grundsubstanz für den Aufbau von speziellen Funktionsträgern wie Gallensäuren und Hormonen. Kurzkettige

Tabelle 4.1 Empfehlenswerte Fettprozentzahlen für Breitensportler

Altersgruppe		19–24	25–29	30–34	35–39	40–44	45–49	50–59	>60
Männer	Minimum	6 %	6	6	6	6	6	6	6
	Maximum	14,8 %	16,5	18,0	19,4	20,5	21,5	22,7	23,5
Frauen	Minimum	9 %	9	9	9	9	9	9	9
	Maximum	21,9 %	22,4	22,7	23,7	25,4	27,2	30,0	30,8

Fettsäuren werden schnell verstoffwechselt. Besonders beachtet werden sollten auch vom Sportler die Omega-Fettsäuren – hier besonders die in Seefischen vorkommende Omega -3- und Omega -6- Fettsäure. Sie haben essentielle Bedeutung und können in die wichtige Ölsäure umgewandelt werden. Ob eine über den Bedarf hinausgehende Zufuhr eine Leistungssteigerung oder Herabsetzung der Ermüdungsgrenze bewirken kann, ist noch Gegenstand der Forschung.

Auch die Milch und somit die Butter weisen zu einem hohen Prozentsatz kurzkettige, allerdings gesättigte, Fettsäuren auf, die in der Leber günstig umgesetzt werden können.

Einige dieser kurzkettigen Fettsäuren sind für die Zellfunktion, besonders auch im Nervengewebe unersetzlich, sie sind essentiell und müssen somit in der Nahrung vorhanden sein.

Ein geringer Fettkonsum ist deshalb lebenswichtig. Dies gilt auch für die Aufnahme fettlöslicher Vitamine A, D, E, K.

Die Mobilisation von Fett zur Energiegewinnung ist aufwendig. Beteiligt ist das auch im Zuckerstoffwechsel aktive Hormon Insulin sowie Adrenalin.

Der Transport vom Depot zur Muskelzelle kann als freie Fettsäure erfolgen oder an Eiweiß gebunden. Die Energiefreisetzung erfolgt in den Mitochondrien. Beim Einschleusen der Fettsäuren in die Mitochondrien hilft Carnitin. Es wurde vermutet, daß diese in ihrer Funktion den Vitaminen ähnliche Substanz, zusätzlich zur Nahrung gegeben, den Umsatz an Energie sowohl beschleunigen als auch erhöhen könnte. Die hierzu durchgeführten Untersuchungen haben keine überzeugenden Ergebnisse gezeigt. Carnitin kann im Körper selbst hergestellt werden und ist darüber hinaus in Pflanzen weitverbreitet und wird deshalb normalerweise in ausreichendem Maße mit der Nahrung aufgenommen.

Da Fettsäuren deutlich weniger Sauerstoffmoleküle als Kohlenstoffatome besitzen, wird zur Verbrennung wesentlich mehr Sauerstoff benötigt, als bei Zucker oder Eiweiß.

Der RQ mit 0,7 zeigt an, daß bei reiner Fettverbrennung deutlich mehr O_2 eingeatmet als CO_2 ausgeatmet wird. Der schrittweise Abbau, die Beta-Oxydation, läuft deshalb im Vergleich zum Zuckerabbau relativ langsam ab. Die Flußrate, die Geschwindigkeit mit der Energie zur Verfügung gestellt werden kann, ist von den 3 Nährstoffen bei Fett am geringsten.

Deshalb kann ein Sportler, der vorwiegend Fette zur Energiebereitstellung nutzt, nur mit etwa 60% seiner maximalen Leistungsfähigkeit arbeiten.

Hier ist das Herzkreislaufsystem als Lieferant für Sauerstoff ein leistungsbegrenzender Faktor.

Der Fettanteil an der Nahrungsaufnahme sollte 30% nicht überschreiten. Nur bei sehr schwer arbeitenden Menschen mit einem Energieumsatz über 25000 kJ (6000 kcal) pro Tag sind höhere Fettanteile sinnvoll. Bei Sportlern sind im Regelfall eher Werte um 25% anzustreben.

Bedingt durch die versteckten Fette im täglichen Nahrungsangebot ist dies aber nur bei sorgfältiger Wahl der Nahrungsmittel und Zubereitung möglich.

Kohlenhydrate (Saccharide)

Kohlenhydrate sind nach den Phosphatspeichern die sofort zur Verfügung stehenden **Energiereserven**. Durch die gute Wasserlöslichkeit ist eine schnelle Verstoffwechselung in der Zelle möglich. Dies gilt auch für die Resorption im Darm.

Kohlenhydrate bestehen aus Zuckern. Diese sind chemische Verbindungen mit den Grundbausteinen Kohlenstoff (C), Sauerstoff (O) und Wasserstoff (H). Diese bilden die Hydrate – CH_2O – , die über C-Brücken verbunden werden.

Moleküle mit 5 bzw. 6 C-Atomen werden Einfachzucker (Monosaccharide) genannt.

Aufgrund dieser Zusammensetzung entsteht bei der oxydativen Energiegewinnung letztendlich $CO_2 + H_2O$. Da soviel Kohlendioxid (CO_2) gebildet wird, wie Sauerstoff (O_2) verbraucht wird, ist der Respiratorische Quotient (RQ) 1. Dies bedeutet den geringst möglichen Sauerstoffverbrauch einer Substanz im Energiestoffwechsel.

Pentosen, bestehend aus 5 C-Atomen, sind die auch in der menschlichen Ernährung bedeutsamen Zucker Sorbit, Xylit und Ribose. Sie werden nach der Resorption in der Leber zu Glukose umgebaut. Gleiches erfolgt mit Fruktose und Galaktose. Glukose ist nicht nur die Transportform im Blut, sondern auch der Zucker mit den umfangreichsten Anwendungsmöglichkeiten im Organismus. Monosaccharide können sich zu größeren Verbänden zusammenfügen. Disaccharid (Zweifachzucker) ist die Saccharose (Rübenzukker), die aus Glukose und Fruktose besteht. Oligosaccharide sind aus 3–10 Zuckern aufgebaut. Sind noch mehr Monosaccharide beteiligt, bezeichnet man diese Verbindungen als Polysaccharide.

Stärke besteht aus langen verzweigten Ketten, in denen auch andere Substanzen eingelagert sein können.

Bei Pflanzen dienen sie als Zellgerüste, z. B. Zellulose oder als Energievorrat in Keimen, Knollen, Wurzeln. Die gespeicherte Glukose beim Tier und Mensch wird als Glykogen bezeichnet.

Je mehr Zucker sich in einem Verbund befinden (Polysaccharide), desto länger dauert es, bis die Monosaccharide zur Resorption zur Verfügung stehen. Obwohl die Verdauung der Stärke, wenn auch nur geringfügig, im Mundspeichel beginnt, dauert es bis zu zwei bis drei Stunden, bevor die Zucker ins Blut aufgenommen worden sind.

Dies kann man sich zunutze machen, wenn ein plötzlicher hoher Zuckereinstrom vermieden werden soll. Ein sinnvoll zusammengesetztes Gemisch aus Mono-Oligo-Polysacchariden kann zu einer zeitlich versetzten Resorption führen und damit eine Übersättigung des Organismus mit Zucker vermeiden, was leistungsmindernde Gegenregulationen auslösen würde.

Am schnellsten werden die Zucker Glukose und Fruktose aufgenommen. Innerhalb von 10 Minuten können sie resorbiert sein und bereits im Körper wirksam werden. Dies kann bei plötzlicher Zuckerverarmung auch beim Sport genutzt werden. Als Maß für die Geschwindigkeit und Höhe des Blutzuckeranstieges nach Aufnahme eines Kohlenhydrates wurde der Glykämie-Index eingeführt. Glukose hat den Index 100, da dieses Monosaccharid optimal resorbiert werden kann.

Tabelle 4.2 Wichtige Formen der Zucker in der menschlichen Nahrung

Verbindungen	Hauptvertreter	
Monosaccharide	Fruktose, (Laevulose oder Fruchtzucker)	Glukose, Galaktose (Dextrose oder Traubenzucker)
Disaccharide	Maltose (Malzzucker) Laktose (Milchzucker)	Sukrose (Rohrzucker, Kristallzucker, Haushalts-zucker)
bis zu 10 Monosaccharide Oligosaccharide	Maltodextrin	
mehr als 10 Monosaccharide Polysaccharide	Speicherform des Zuckers	in Pflanzen = Stärke in Tieren = Glykogen

Komplexere Kohlenhydrate, wie pflanzliche Stärke, müssen erst in die Monosaccharide zerlegt werden. Die Zeit hierfür ist unterschiedlich, je nach Art des Kohlenhydrates, und somit auch die Steilheit des Anstieges der Blutzuckerkurve. Der Glykämie-Index liegt dementsprechend niedriger als für Glukose. Es ist somit möglich, durch eine Kombination verschiedener Kohlenhydrate, einschließlich Einfach-Zucker, die Resorption und damit den Blutzuckerspiegel zu beeinflussen. Hierauf bauen die Empfehlungen für Sportlernahrung vor dem Wettkampf oder Training auf.

Eigene Untersuchungen haben gezeigt, daß auch während körperlicher Aktivität Zukker aufgenommen wird. Dieser kann für den Energiestoffwechsel unmittelbar genutzt werden. Hierbei wird der schnell resorbierbare Zucker verwendet. Es sollte aber darauf geachtet werden, daß auch in den Wettkampfpausen die Einzeldosis von 50g nicht überschritten wird. Eine darüber hinausgehende Zuckermenge ruft eine starke, zeitlich leicht verzögerte Gegenregulation durch das Insulin hervor, um den Blutzuckerspiegel möglichst schnell wieder zu normalisieren.

Wie häufig bei biologischen Regulationsvorgängen kann auch hier der Blutzuckerspiegel unter den angestrebten Normwert fallen (negative Nachschwankung), nachdem der verstärkt aufgenommene Zucker durch das Insulin in die Depots oder zu den Verbrauchsstätten gebracht wurde.

Es kann so zu der paradoxen Situation kommen, daß nach einer erheblichen Zuckereinnahme in der Pause, dann auf dem Spielfeld eine Unterzuckerung im Blut und damit ein Leistungsabfall eintritt.

Zucker, und hier vorrangig Glukose, wird im Organismus nicht nur als Energiequelle, sondern auch für den Aufbau von Zellstrukturen und Wirksubstanzen benötigt.

Häufig geschieht dies in Verbindung mit Eiweiß als Glukoproteine. Auch die Proteoglykane der Knorpel sind Eiweiß-Glukose-Verbindungen. In der Verbindung von Fett (Glukolipide) und als Bestandteil der Nukleotide sind Zucker unverzichtbar für die Funktion der Zellen; Glukose ist die Basisernährung der Körperzellen. Nur die Skelettmuskulatur kann sehr variabel auf andere Energiequellen, wie Fett und notfalls auch Eiweiß direkt zugreifen. Einige Zellen wie die Blutkörperchen oder weitgehend die Hirnzellen können nur Glukose verstoffwechseln und reagieren deshalb sehr empfindlich auf eine Minderung der Glukosezufuhr. Diese können zwar zeitweilig auch die aus dem Fettstoffwechsel stammenden Ketonkörper nutzen, sind aber letztendlich auf ständige Zufuhr von Glukose angewiesen. Deswegen sorgt ein gewöhnlich gut funktionierendes Regelsystem für einen ständigen Glukosespiegel zwischen 4-6,6mmol/l (ält. Bez.: 80-120mg% d.h. mg/dl Blut). Glukose hat den großen Vorteil, auch ohne Sauerstoff Energie freisetzen zu können; wenn dies auch in der Zelle und in der Muskelfaser nur für einige Sekunden (bis 30 sec) möglich ist, kann hierdurch der momentan erhöhte Energiebedarf gedeckt und die Zeit überbrückt werden, bis über den erhöhten Blutzufluß ausreichend Sauerstoff für den wesentlich effektiveren aeroben Stoffwechsel zur Verfügung steht.

Anaerobe Energiegewinnung nutzt aber nur einen Bruchteil der im Glukosemolekül vorhandenen Energie. Nur die aerobe Verbrennung von Glukose ermöglicht die Freisetzung der gesamten Energie eines Moleküls, da das Zuckermolekül mit Sauerstoffatomen gesättigt ist und von allen Energieträgern zur vollständigen Verbrennung im Zitronensäurezyklus am wenigsten Sauerstoff benötigt.

Die Speicher für Glykogen liegen bemerkenswerterweise in der sehr stoffwechselaktiven Leber und in den aktiven Muskelfasern.

Wenn hierdurch auch das Glykogen in unmittelbarer Nähe zum Verbrauchsort liegt, so ist der Speicherraum sehr begrenzt. Deshalb können auch nur 350-400 g, das entspricht etwa 6500 kJ (ca.1400 kcal), gespeichert werden. Das sind etwa 2–4 % des Fettenergievorrates.

Es ist deshalb notwendig, vor einem Wettkampf die Glykogenspeicher maximal aufzufüllen. Hierzu werden die Depots durch ein intensives, erschöpfendes Training entleert. Nach etwa 30 – 45 min kontinuierlicher Arbeit ist das Glykogen in der arbeitenden Muskulatur aufgebraucht.

Dann wird eine kohlenhydratreiche Nahrung (60-70% Anteile) gegessen. Infolge der Superkompensation wird in den entleerten Muskelfasern etwas mehr Glykogen eingelagert, als es dem Ausgangswert entspricht. Wird dies einige Male wiederholt, kann erreicht werden, daß am Wettkampftag statt 20–25 g Glykogen · kg^{-1} Muskelgewebe 30–40 g · kg^{-1} vorhanden sind.

Wasser-Salzhaushalt

Nur was in Wasser gelöst ist, kann direkt verstoffwechselt werden!

Das Verhältnis der gelösten Substanzen zum Lösungsmittel Wasser darf nur in sehr engen Grenzen schwanken. Der Wasser-Salz-Haushalt ist eine funktionale Einheit. Störungen einzelner Bestandteile verursachen sehr bald auch Störungen des gesamten Systems. Von akuten Veränderungen im Sport abgesehen, die nach 10-12 Stunden wieder ausgeglichen sein müssen, bedarf jede länger bestehende Verminderung eines Minerals der genauen Abklärung. Aufgrund der großen Bedeutung des Wasser-Salz-Haushaltes für die Leistungsfähigkeit des Organismus werden die einzelnen Bestandteile sehr genau und effektvoll reguliert.

Die in den Körperflüssigkeiten, den Zellen, dem Zwischenzellgewebe und Serum, gelösten Mineralien gewinnen als Elektrolyte ihre Funktion als Träger elektrischer Ladungen zurück. Als bekanntes Beispiel sei das Kochsalz genannt, das als NaCl neutral ist und im Wasser in die beiden Elektrolyte Na^+ und Cl^- zerfällt und aktiv wird.

Durch die Trennung positiver und negativer Elektrolyte durch eine Membran können elektrische Spannungen entstehen. In den Zellen überwiegen gewöhnlich die negativ geladenen Elektrolyte (Anionen) gegenüber außen, wo verstärkt positiv geladene Elektrolyte (Kationen) vorhanden sind.

Das Verhältnis Wasser/Elektrolyte übt auch einen mechanischen Druck auf die Zellwände aus, den osmotischen Druck. Osmolarität ist das Maß für die osmotisch aktiven Substanzen, die in einem Flüssigkeitsvolumen vorhanden sind. Das Maß für die gelöste Menge ist das Osmol.

Für die Osmolarität einer Lösung wird, da häufig der Druck im Vordergrund steht, auch der Begriff Tonizität verwendet. Lösungen mit dem gleichen osmotischen Druck werden als isotonisch bezeichnet. Die Osmolarität der biologischen Lösungen wird im Körper durch Hormone, besonders aus dem Hypothalamus, in sehr engen Grenzen reguliert. Die große Bedeutung des Wasserhaushalts für den Organismus zeigt sich im prozentualen Gehalt des Wassers in den Organen.

Je stoffwechselaktiver ein Organ ist, desto höher ist auch sein Wassergehalt.

Zu den wasserreichsten Geweben gehören deshalb die von **Muskulatur**, **Gehirn** und **Leber**.

Der Gesamtwassergehalt des Organismus ist zur Zeit des größten Wachstums in der Kindheit am höchsten und nimmt mit dem Alter ab. Die vorprogrammierte Abnahme des Körperwassers ist ein wesentlicher Faktor für das biologische Altern.

Bedeutung des Wasserverlusts für den Organismus: Bereits 1,5 bis 2,0 Liter Wasserverlust führen bei einem 70 kg schweren Sportler zu ersten Zeichen der Leistungsminderung.

Unter normalen klimatischen Verhältnissen in Mitteleuropa ist mit einem Wasserverlust von etwa 1 Liter pro Stunde Sport zu rechnen. Ein hoher Schweißverlust verstärkt entsprechend die Reduzierung des Körperwassers.

Spätestens nach 1 bis 1,5 Stunden sportlicher Aktivität sollte dem Sportler Flüssigkeit angeboten werden. Leider ist das Durstgefühl kein sicheres Zeichen für den Flüssigkeitsbedarf.

Während eines Volleyballturniers an einem Sommertag wurde von den Sportlern allenfalls die Hälfte des verlorengegangenen Wassers getrunken. Die Wasserbilanz wurde am Abend ausgeglichen. Sportler sollten angehalten werden, auch dann zu trinken, wenn kein großer Durst besteht, obwohl sie stark schwitzen.

Hierbei sollte beachtet werden, daß die aktuellen Trinkmengen nicht 250ml übersteigen. Als Richtschnur kann diese Menge alle 15 Minuten, also etwa 1 l/Std. empfohlen werden.

Es ist günstiger kleine Portionen, dafür aber häufiger, zu trinken.

Tatsächlich trinken nur unerfahrene jüngere Sportler sehr große Portionen. Wird zuviel Flüssigkeit getrunken, wird diese auch schnell ins Blut aufgenommen und muß über die Niere ausgeschieden werden. Das bedeutet eine Kreislaufbelastung und Funktionssteigerung der Niere, die während des Sportes ihre Leistung bis zur Hälfte vermindert.

Die Art der angebotenen Flüssigkeit muß auf die Bekömmlichkeit des Sportlers abgestimmt sein. Wesentlich ist das ausreichende Wasserangebot. Der Elektrolytersatz kann sinnvollerweise mit der Flüssigkeitsaufnahme verbunden werden. Obstsäfte werden häufig wegen des hohen Fruchtsäuregehalts, bei gesteigerter Produktion der Magensäure, entweder verdünnt getrunken oder ganz abgelehnt. Kohlensäurehaltige Wässer verhindern ein zu schnelles Trinken und erfrischen den Rachen. Es sollte aber die in den Magen gelangte Kohlensäure wieder durch Aufstoßen entfernt werden können.

Über den Kältegrad der Trinkflüssigkeit muß der Sportler selbst entscheiden.

Bei eisgekühlten Getränken ist zu berücksichtigen, daß durch die körperliche Anstrengung die Temperatur des Körperkerns auf mindestens 38,5 Grad Celsius angestiegen ist. Ein eiskalter Schluck kann die warmen Magenwände irritieren und zum Magenkrampf führen.

Auf der anderen Seite können kühle Getränke zur Wärmeregulierung beitragen. Hier wie bei vielen Empfehlungen zur Ernährung, muß der Sportler während des Trainings herausfinden, welche Kombination für ihn am bekömmlichsten ist und diese dann auch im Wettkampf nutzen. Empfehlenswert ist es sich selbst Sportgetränke herzustellen, z.B. Früchtetee mit Zitrone und etwas Zucker (aber nicht mehr als 5%!).

Elektrolyte

Elektrolyte sind im Wasser **gelöste Salze**. Die dann als Ionen vorliegenden Bestandteile können aufgrund der ihnen eigenen elektrischen Ladungen im elektrischen Feld wandern (Elektrolyse). Sie sind u. a. unentbehrlich für den Aufbau und den Erhalt des Ruhemembranpotentials und für die Entstehung des Aktionspotentials an den Zellgrenzmembranen(s. Kap. 3.1.1). Wie im Kapitel 3.1.1 erwähnt, werden die Aktionsströme durch einen Austausch der Natrium- (von außen nach innen) und der Kaliumionen (von innen nach außen) verursacht, solange die Membran während der Zellaktion durchlässiger wird. Während der sehr kurzen Regeneration muß der umgekehrte Weg gegangen werden. Dieser Vorgang wird als Natrium-Kaliumpumpe bezeichnet.

Weitere Aufgaben der Elektrolyte bestehen in der Aktivierung von Enzymen (Coenzyme) und in der Mitbeteiligung bei der Aufrechterhaltung des osmotischen Druckes. Die Maßeinheit für die Elektrolyte ist das Mol meistens bezogen auf 1 l Flüssigkeit ($mol \cdot l^{-1}$) oder die 1.000ste Teilmenge davon, das $mmol \cdot l^{-1}$.

Natrium

Natrium übt vorwiegend **im Blut** seine Funktion aus. Hier reguliert es mit den Wasserhaushalt. Natrium ist eine Reglergröße für die Urinmenge. Ist die Natriumkonzentration hoch, wird Wasser im Körper zurückgehalten; es entsteht Durstgefühl (z.B. nach Laugenbrezeln). Ist die Natriumkonzentration niedrig, so wird viel Wasser mit dem Urin abgegeben, um das Gleichgewicht wieder herzustellen. Eine für den Organismus zu hohe Kochsalz- (Natriumchlorid-) Konzentration im Wasser z.B. Meerwasser erhöht beim Trinken ständig den Natriumgehalt im Körper ohne den entsprechenden Wassergehalt erhöhen zu können. Es wird immer ein Ungleichgewicht Natrium-Wasser bleiben. Das zuviel aufgenommene Natrium kann nicht ausgeschieden werden und vergiftet so den Körper. Obwohl Natrium mengenmäßig den größten Anteil an den ausgeschiedenen Elektrolyten im Urin und Schweiß ausmacht, ist bei einer gemischten Kost keine Natriumverarmung zu erwarten. Nur bei Ausdauersport unter extremen Hitzebedingungen ist eine Substitution notwendig. Auch vegetarische Kost enthält gewöhnlich genügend Kochsalz, notfalls muß etwas nachgesalzen werden.

Die Sorge, durch zu reichliche Aufnahme von Natrium die Herausbildung eines Bluthochdrucks zu unterstützen, ist nur bei sehr starkem Kochsalzkonsum und Neigung zu natriumempfindlichen Bluthochdruck berechtigt.

Es sollte aber generell der Natriumverlust durch den Sport als günstige Möglichkeit der Regulierung des Natriumbestandes angesehen werden und durch einen maßvollen Natriumkonsum unterstützt werden.

Das negativ geladene Ion Cl^- verhält sich unter sportlicher Belastung ähnlich wie das Natrium, mit dem es die Verbindung Kochsalz (NaCl) bildet. Chlormangel soll Aggressivität unterstützen.

Kalium

Die Funktion des Kaliums liegt überwiegend innerhalb der Zelle, also **intrazellulär**. Das Ion ist Bestandteil zahlreicher Enzyme, auch solcher die am Energietransfer beteiligt sind.

Der Gehalt an Kalium ist mit dem Glykogenbestand gekoppelt. Menschen mit einer stark entwickelten Muskulatur haben auch einen höheren Gesamtkörperkaliumgehalt.

Beim Abbau des Glykogens wird Kalium ins Blut abgegeben und kann dann über den Schweiß, aber auch in nennenswertem Umfang über den Urin, ausgeschieden werden. Dies kann so erheblich sein, daß eine gezielte Zufuhr beachtet werden sollte, insbesondere, wenn wieder verstärkt Glykogen eingelagert werden soll. Eine kaliumreiche Nahrung z.B. Bananen ist gewöhnlich ausreichend. Kaliumhaltige Elektrolytgetränke sind nach anstrengenden Ausdauerbelastungen zu empfehlen, da sie eine schnelle Substitution fördern.

Eine Unterversorgung mit Kalium kann zu Krämpfen führen, aber auch zu Müdigkeit.

Doch sollte ein erniedrigter Kaliumwert immer in einem Zusammenhang mit den anderen Mineralien gesehen werden. Bei vorwiegend intrazellulär aktiven Substanzen sind meistens die Serumwerte nicht sehr aussagefähig.

Verluste in der Zelle, die sich im Serum bemerkbar machen, sind häufig bereits leistungsmindernd und sollten bei Sportlern immer Anlaß zur Elektrolytzufuhr sein. Dies ist zunächst mit einer vollwertigen Mischkost zu versuchen. Bei der Zusammensetzung der Nahrung, gerade im Hinblick auf die Elektrolyte, ist auf Störungen der Resorption durch Interaktionen (Störungen der Substanzen untereinander) zu achten.

Viele der angebotenen Elektrolytgetränke sind aufgrund wissenschaftlicher Erkenntnisse zusammengestellt worden und als Elektrolytersatz empfehlenswert. Diese Elektrolytgetränke haben ihre Bedeutung bei besonderen Belastungen im Sport, z.B. Turnieren oder an sehr heißen Tagen.

Elektrolyte sollten bei Sportlern stets oral zugeführt werden. Injektionen müssen, wegen der Gefahr der plötzlichen Überschwemmung des Körpers mit Salzen, den Ärzten in Krankenhäusern oder Praxen überlassen bleiben.

Magnesium

Auch Magnesium ist in der Zelle vorwiegend **in Enzymen** aktiv. Es kann an den Synapsen der motorischen Endplatten die Erregung hemmen.

Ein Mangel an Magnesium erhöht die Empfindlichkeit der Membran für ankommende Nervenimpulse. Eine verstärkte Muskelaktivität ist die Folge.

Dies macht sich in Muskelzuckungen (Fibrillieren) oder in einem erhöhten Muskeltonus, einer verspannten Muskulatur, bemerkbar. Muskelkrämpfe, vor allem Wadenkrämpfe, während und nach dem Training können auftreten.

Reich an Magnesium sind Nüsse und grüne Blätter. Doch kann der Magnesiumgehalt sehr von Standort und Art der Düngung abhängig sein.

Calcium

Calcium ist als Auslöser der Muskelkontraktion sowie bei Funktionen des Nervensystems von großer Bedeutung.

Das Calcium im Knochen (80% des Gesamtcalciums) unterliegt hormonalen Regulationen, die wiederum von der sportlichen Betätigung beeinflußt sein können.

Calciummangel kann zu Störungen des Nerv-Muskelsystems führen und Krämpfe verursachen.

Hauptcalciumquelle ist die Milch und Milchprodukte. Calcium ist ein Antagonist zum Magnesium, so daß beide Mineralien möglichst getrennt gegessen werden sollten.

Eisen und Spurenelemente

Eisen ist mit einer Körpergesamtmenge von etwa 5g kein Spurenelement im engeren Sinne. Es ist vorwiegend in den Strukturen zu finden, die etwas mit dem Sauerstofftransport oder mit dessen Umsatz zu tun haben. So ist es im Hämoglobin, im Myoglobin und in den Enzymen vorhanden, die im Zitronensäurezyklus, dem aeroben Stoffwechsel aktiv sind. Eisen selbst ist sehr toxisch und muß deshalb im Organismus gebunden werden, meistens an Eiweiß.

Durch den ständigen Abbau der roten Blutkörperchen werden pro Tag 6-9 g Hämoglobin frei und damit 25-30 mg Eisen, das aber in die Bildungsstätten der Blutkörperchen zurückgeführt und wieder verwendet wird.

Durch dieses Recyclingverfahren wird täglich nur wenig Eisen benötigt. Der Verlust über Schweiß und Urin ist normalerweise gering. Ein stärkerer Eisenverlust tritt bei Blutungen auf. Der Sportler und besonders die Sportlerin liegen mit ihrem Eisenbedarf an der oberen Grenze des angegebenen täglichen Bedarfes oder leicht darüber.

Symptome des Eisenmangels:

Tachykardie	Kopfschmerzen
Müdigkeit	Epithelisierungsstörungen
Leistungsabfall	Mundwinkelrhagaden
Ohrensausen	Glossitis
Schwindel	Schluckbeschwerden.

Echte Sportleranämien sind selten. Von einer Anämie wird gesprochen, wenn das Hämoglobin bei Frauen unter 12 $g \cdot l^{-1}$ und bei Männern unter 13 $g \cdot l^{-1}$ sinkt. Durch die Möglichkeit das Speichereisen (Ferretin) zu bestimmen, sind Störungen des Eisenhaushaltes sehr früh zu erkennen.

Erst bei weitgehender Entleerung der Speicher sind Veränderungen im Blut zu erkennen. Dann dauert es mindestens 2 Monate bis das Eisen wieder aufgefüllt ist.

Eine medikamentöse Unterstützung ist hier meistens hilfreich, bedarf aber der Kontrolle durch den Arzt. Eisenquelle ist vor allem das Fleisch. Bei vegetarischer Kost muß der Sportler besonders auf eisenhaltige Pflanzen achten. Der Resorptionsvorgang ist noch keineswegs in allen Einzelheiten bekannt. Doch können Eisenionen leicht gefällt werden. Ascorbinsäure (Orangensaft) unterstützt die Resorption, Kaffee behindert sie.

Die Spurenelemente **Zink, Kupfer, Selen, Molybdän** sind im wesentlichen für die Aktivitäten von Enzymen bedeutsam. Wenn sie auch nur in sehr geringen Mengen im Organismus vorkommen, haben sie doch essentielle Bedeutung. Über den täglichen Bedarf liegen nur Schätzungen vor. Beim Sportler wurde bisher nur das Zink eingehender untersucht. Dies liegt an den Nachweismethoden und der sehr eingeschränkten Möglichkeit, vitales Gewebe zu untersuchen.

Zink spielt eine wesentliche Rolle für die Abwehrkörper. Prophylaktische Gaben, oft kombiniert mit Vitamin C bei drohenden Erkältungskrankheiten, haben sich bewährt.

Vitamine

Vitamine sind für den Stoffwechsel wesentliche Substanzen, die nicht vom Organismus hergestellt werden können und häufig Stickstoff enthalten; daher der Name **Vitamine**. Teilweise handelt es sich um Provitamine, die im Organismus in die aktive Form umgewandelt werden müssen. Obwohl die Existenz von Vitaminen schon länger bekannt ist, konnte erst in den letzten Jahrzehnten die Wirkungsweise auf den Stoffwechsel näher geklärt und über den täglichen Bedarf, besonders im Sport, eingehendere Kenntnis gewonnen werden. Das liegt mit an den aufwendigen Nachweismethoden, besonders im biologischen Material und der Schwierigkeit, die Resorption im Magen-Darm-Kanal im Detail aufzuklären.

Da sich in den letzten Jahren jedoch die Kenntnisse über die Wirkung der Vitamine sehr erweitert haben, ist die alte Einteilung nach den Buchstaben des Alphabetes eng geworden und vielfach ist es korrekter, den Eigennamen des Vitamins zu nennen. Aus Gründen der Übersichtlichkeit soll aber auch hier die Besprechung nach der alten Nomenklatur erfolgen.

Wesentlich ist die Hauptunterscheidung in wasser- und fettlösliche Vitamine. Letztere können, allerdings nur bei sehr hoher Überdosierung, erhebliche Nebenwirkungen verursachen.

Echte Mangelerscheinungen sind heute selten geworden, aber schon geringe Unterversorgung kann Leistungsminderung bedingen.

Sportler haben aufgrund ihres erhöhten Stoffwechsels auch einen erhöhten Vitaminbedarf.

Die zusätzliche Gabe von Vitaminen, z.B. als Tablette (Vorsicht bei Injektionen!) ist bei Sportlern meistens nicht notwendig. Die heutige sehr gute Versorgung mit frischen Früchten und Gemüse während des ganzen Jahres garantiert eine ausreichende Vitaminzufuhr. Voraussetzung ist allerdings eine sinnvolle Auswahl der Nahrungsmittel und eine ordnungsgemäße Zubereitung.

Besonders Alleinversorgende, die auf die Zusammensetzung der Nahrung keinen großen Wert legen, können durchaus in ein Vitamindefizit geraten, zumal der Vitamingehalt der Pflanzen sehr schwanken kann.

Der Standort der Pflanze, der Zeitpunkt der Ernte, der Transport und die Lagerung der Blätter oder Früchte sind von großer Bedeutung. Wird dies nicht ordnungsgemäß beachtet, kann der Vitamingehalt erheblich reduziert sein.

Eine Leistungssteigerung durch Vitamine ist nur bei einem Defizit möglich. Ist dies ausgeglichen, so ist eine vermehrte Zufuhr zwecklos. Hierin ähneln die Vitamine den Mineralien.

Da geringe Vitamindefizite nur unsicher oder gar nicht erkannt werden, kann die Einnahme von Vitamintabletten auch schon bei Verdacht erfolgen, da nur bei massiver Überdosierung, besonders der fettlöslichen Vitamine, Schäden entstehen können.

Fettlösliche Vitamine (A,D,E,K)

Vitamin A: Vitamin A, **Retinol**, ist schon seit langem als wesentlicher Faktor für das Dämmerungssehen bekannt. Für die Fortpflanzung und Entwicklung des Föten wurde die Bedeutung einer ausreichenden Versorgung mit Vitamin A schon früh erkannt.

Auch die Epithelisierung der Haut wird durch Vitamin A gefördert. Bei Mangel kann es zu Störungen nicht nur des Dämmerungssehens kommen, sondern auch zu Rauhigkeiten der oberen Hautschichten und zu Rhagaden (Schrunden) im Mundwinkel.

Da die Haut des Sportlers häufig strapaziert wird, empfiehlt es sich, Vitamin A-haltige Salben bei der Hautpflege mit zu verwenden.

In der neueren Zeit ist die Bedeutung der Vitamine A, E und C als Radikalenfänger erkannt worden. Unter Sauerstoffradikalen werden kurzlebige Sauerstoffmoleküle verstanden, die beim Stoffwechsel entstehen und nicht vollständig mit Elektronen gesättigt sind. Diese Radikalen suchen dann nach Verbindungen. Hierbei können Substanzen entstehen, die gefährliche Reaktionen auslösen können.

So wird vermutet, daß sie Zellschäden, bis hin zu Krebs verursachen können. Je schneller und vollkommener sie nach ihrem Entstehen inaktiviert werden, desto weniger können durch sie negative Stoffwechselvorgänge eingeleitet werden.

Vitamin D (Calciferol): Vitamin D gilt als das antirachitische Vitamin. Es fördert die Härtung des wachsenden Knochens. Das Vitamin muß in der Haut durch ultraviolettes Licht aktiviert werden. Es ist ausreichend in frischer Nahrung vorhanden, so daß auch der leicht erhöhte Knochenstoffwechsel des Sportlers ausreichend abgedeckt ist.

Vitamin E (Tocopherol): Es liegt in zwei Formen vor, dem **alpha- und beta-Tocopherol**. Besonders die beta-Form scheint gut geeignet zu sein, Sauerstoffradikale zu fangen.

Einige Autoren berichten von leistungssteigernden Effekten nach einer 3 – 4 wöchigen Gabe von Vitamin E. Es wurde auch eine Funktionserhöhung des aeroben Stoffwechsels beschrieben. Wahrscheinlich handelt es sich dabei aber um Probanden, die einen latenten Vitamin E-Mangel aufwiesen.

Vitamin K (Phyllochinon): Dieses Vitamin ist ein wesentlicher Faktor für die Blutgerinnung. Es spielt unter anderem in der Regulation des Stoffwechsels eine wichtige Rolle. Ob durch die beim Sport gesteigerte Blutgerinnung auch ein erhöhter Vitamin-K-Bedarf begründet ist, ist nicht bekannt. Bei genügendem Verzehr von Gemüse (Blätter), Fleisch, besonders Leber und Milch sind keine Mangelerscheinungen bisher aufgetreten.

Wasserlösliche Vitamine (B, C)

Vitamin B: Die Vitamine der B-Reihe sind in ihrer Wirkung sehr unterschiedlich. Auch ist noch nicht endgültig geklärt, welche Substanzen zu dieser Gruppe gehören (z.B. Vit. $B_{3,4,5,13}$).

Vitamin B_1 (Thiamin) ist als aktivierender Bestandteil (Co-Enzym) von Enzymen von Bedeutung, die im aeroben Energiestoffwechsel beteiligt sind. Es wurde vermutet, daß Hochleistungssportler in einen relativen Mangel an Thiamin gelangen können. Es wurde deshalb häufiger in den Wettkampfphasen verabreicht. Bisher fehlen aber gesicherte Beweise eines sportbedingten Defizits an Vitamin B_1.

Vitamin B_2 ist eine Untergruppe, der unterschiedliche Substanzen wie Riboflavin, Nikotinsäureamid, Folsäure und Pantothensäure angehören. Im Sport sind in dieser Gruppe bisher keine Besonderheiten bekannt geworden.

Vitamin B_6 (Pyridoxol) ist für den Stoffwechsel der Nerven von Bedeutung. Da das Nervensystem und hier besonders das periphere Nervensystem im Sport stark beansprucht wird, ist eine ausreichende Versorgung mit Vitamin B_6 notwendig. Besonders reich an Vitamin B_6 sind Milch und Fleischwaren.

Vitamin B_{12} (Cobalamin) fördert den Eiweißaufbau, auch den von Ribonucleinsäuren. Vitamin B_{12} ist wesentlicher Bestandteil beim Aufbau der roten Blutkörperchen. Ob der erhöhte Umsatz der roten Blutkörperchen beim Ausdauersport auch einen erhöhten Bedarf an B_{12} bedingt, wurde bisher nicht untersucht. Offensichtlich ist die Zufuhr über eine gemischte Kost ausreichend.

Vitamin C: Vitamin C ist hitzeinstabil und wird bei 70 Grad Celsius zerstört. Als die Milch noch abgekocht werden mußte, um die Tuberkelbazillen abzutöten und im Spätwinter, wenn die Gemüsevorräte zu Ende gingen, waren Vitamin-C-Mangelzustände nicht selten.

Vitamin C dichtet die Kapillaren ab und spielt eine Rolle bei der Infektabwehr. Inwieweit eine rechtzeitige hohe Vitamin-C-Gabe tatsächlich eine Erkältung abwehren kann, ist noch nicht sicher entschieden.

Eine ausreichende Zufuhr durch frisches Obst, Gemüse und Milch ist gewöhnlich ausreichend, auch den leicht erhöhten Bedarf eines Sportlers zu decken.

Ballaststoffe

Ballaststoffe sind alle Nahrungsbestandteile, die der menschliche Darm nicht enzymatisch aufbrechen kann und die deshalb auch nicht verdaut werden können. Das sind unter anderem Zellulose, Hemizellulose, Pektine. Sie nehmen im Dickdarm noch etwas Flüssigkeit auf und quellen etwas auf. Diese Ballaststoffe setzen den wichtigen Reiz auf die Darmwand zur Peristaltik. Ein ballaststoffarmer Darm wird träge.

Die geringen Ballaststoffe der modernen Nahrung bis hin zur hochkonzentrierten Astronautennahrung werden als Mitursache von Zivilisationskrankheiten angesehen.

4.1.3.2 Verdauung (s. a. Kap. 3.8)

Der Mensch hat wie kein anderes höher entwickeltes Lebewesen die Fähigkeit, sich an sehr unterschiedliche Nahrungsangebote anzupassen. Er ist ein Omnivore, das heißt er kann sowohl Fleisch und Fisch als auch Pflanzen essen und darüber hinaus die Anteile dieser Nahrungsquellen variieren. Das menschliche Gebiß hat sowohl spitze, feste Eckzähne – wenngleich auch nicht so ausgeprägt wie bei wildreißenden Tieren -, als auch breitflächige Backenzähne, ähnlich den reinen Pflanzenfressern, um vegetarische Nahrung zu mahlen. Auch die Länge des Darmes mit etwa 8 Meter liegt zwischen pflanzen- und fleischverzehrenden Tieren. Hierdurch war es dem Menschen möglich, fast alle Nahrungsangebote auf der Welt zu nutzen, und in weiten Bereichen der Erde zu leben. Dies bedeutete aber auch durch Evolution möglich gewordene Aufspaltung zunächst fremder nährstoffhaltiger Substanzen und damit weitgehende Anpassung an das örtliche Nahrungsangebot. Die hierzu notwendigen Verdauungsenzyme stehen Menschen anderer Regionen nicht oder nicht in ausreichendem Maße zur Verfügung.

Es ist Vorsicht geboten, extrem ungewohnte Nahrung zu essen, die nicht ausreichend schnell und gut aufgeschlüsselt werden kann. Dies gilt auch für den gesunden Sportler, der in fremden Ländern einheimische Speisen ißt.

Unwohlsein, Magen- und Darmbeschwerden und Leistungsabfall können die Folge sein. Die Anpassungszeit, sofern die Nahrung nicht gänzlich unterschiedlich ist, beträgt etwa 3 Wochen. Die heute sich immer weiter durchsetzende internationale Küche läßt zwar die Vielfalt der Nahrungszusammensetzungen in der Welt schrumpfen, begünstigt aber die schnelle Eingewöhnung bei kurzen Aufenthalten in fremden Ländern.

Verdauung ist die Aufbereitung der Nahrung zur Resorption, zur Aufnahme in die Darmzellen.

Von den nur 2 Tage lebenden Darmzellen werden die Nahrungsbestandteile durch unterschiedliche Transportmechanismen in das Blut weitergeschleust. Häufig wird hierfür auch synonym das Wort Absorption, Resorption oder Adsorption benützt. Das gesamte venöse Blut des Magen-Darmkanales fließt in die Pfortader, die in die Leber mündet und so den Leberzellen als erstes die aufgenommenen Substanzen zur Weiterverarbeitung anbietet. Zahlreiche körpereigene Verbindungen werden hier aufgebaut und als Halbfertigprodukte wieder in das Blut abgegeben um so an die endverbrauchenden Gewebezellen zu gelangen.

Generell können nur die kleinsten Bausteine der Nahrungsmittel resorbiert werden.

Die Verdauung besteht somit in der Aufspaltung der Nahrungsmittel bis zu den Molekülen.

Dies geschieht zum einen mechanisch durch Zerkleinerung beim Kauen und durch eine starke Verflüssigung mit dem Speichel und den Magen-Darmsäften und zum anderen durch eine enzymatische Trennung. Diese Enzyme werden mit den Verdauungssäften von der Magenwand, der Bauchspeicheldrüse und zum geringeren Teil auch von Darmdrüsen in den Darm abgegeben. Hier müssen die Enzyme, früher Fermente genannt, an die Substrate gelangen. Dies ist um so leichter möglich, je flüssiger der Nahrungsbrei ist.

Die Peristaltik, die Eigenbewegung des Magen-Darmtraktes, befördert den Inhalt nicht nur vorwärts, sondern sorgt mit Pendelbewegungen für eine ständige optimale Durchmischung. Die notwendige Wasserbeigabe zur Nahrung beginnt bereits im Mund. Pro Tag werden etwa bis zu 9 Liter Wasser vom Verdauungstrakt sezerniert. Ist die Aufnahme der Nahrungsbestandteile abgeschlossen, wird der Großteil des Wassers im Dickdarm wieder rückresorbiert.

Der Darminhalt dickt zum Kot ein. Ist dieser Vorgang gestört, kann bei Durchfällen viel Wasser verloren gehen und es können kritische Situationen entstehen.

Auch weitere wichtige Aufgaben, wie die Abwehrfunktion, die Produktion von lebenswichtigen Substanzen teilweise unter Mithilfe von Bakterien, erfordern ein möglichst ungestörtes Arbeiten des Magen-Darmkanals.

Die Nahrungsaufnahme ist für jeden Organismus von grundlegender Bedeutung. Das häufig nur spärliche Angebot an Nahrung bedingt den Vorrang der Verdauung und damit der Funktion des Magen-Darmtraktes vor erhöhten Aktivitäten anderer Organe, insbesondere der Muskulatur.

Sowohl die Qualität als auch die Quantität der Nahrung für den Menschen ist in der Welt sehr unterschiedlich verteilt. Erst in den letzten Jahrzehnten steht in einigen Ländern, auch in Mitteleuropa, ein Übermaß an Nahrungsmitteln für viele Menschen zur Verfügung. Aber auch das kann Probleme mit sich bringen.

Der Organismus ist mehr darauf eingestellt, ein geringes Nahrungsangebot optimal auszuschöpfen als ein Übermaß an hochkalorischen Nahrungssubstanzen nur wenig genutzt wieder auszuscheiden.

Grundkenntnisse in der Ernährungslehre können besonders auch dem Sportler helfen, die heutigen großen Möglichkeiten für eine sinnvolle Ernährung zu nutzen. Durch eine sinnvolle Zubereitung und Zusammenstellung der Nahrung kann die Verdauung wesentlich begünstigt werden. In der Küche wird die mechanische Zerkleinerung bereits sehr weit getrieben. Häufig wird die Speise beim Kochen mit Wasser verdünnt, z. B. als Suppe. Dies fördert die weitere Trennung der Nahrungsbestandteile. Durch das Erhitzen wird Eiweiß denaturiert. Hierbei wird die Grundstruktur, ihre räumliche Konfiguration zerstört und die Eiweiße verlieren ihre biologischen Funktionen und können besser abgebaut werden. Hitze kann auch Zellulosestrukturen zerstören.

Wird Fleisch oder Fisch roh gegessen, muß die Denaturation erst durch die Säure im Magen geschehen. Einige pflanzliche Bestandteile, wie getrocknete Hülsenfrüchte, bedürfen einer längeren Verweildauer im Darm, um resorbiert werden zu können.

Aber nicht nur die Zusammensetzung der Nahrungsmittel, sondern auch ihr Geruch, Geschmack und ihre Darreichungsform fördern die Verdauung wesentlich. Durch sie werden die Drüsen im Mund und Magen angeregt, auch schon kurz vor dem Essen den Speichel bzw. die Magensäfte zu sezernieren. Gute Tischsitten haben nicht nur einen ästhetischen Reiz, sondern fördern durch die Speisenfolge und das ausreichend lange Essen ganz erheblich die Verdauung. Natürlich hat ein Wettkampftag eigene Regeln. Aber wenn irgend möglich, sollte versucht werden, den Rhythmus und die Form der Nahrungsaufnahme beizubehalten.

Die dann aufgenommene Speise kann unmittelbar mit den Drüsensäften vermischt werden und der eigentliche Verdauungsvorgang kann sofort beginnen.

In den Magen-Darmkanal werden aber auch eine Reihe von Substanzen abgegeben; nicht nur die Verdauungssäfte sondern auch Stoffwechselendprodukte, die den Körper mit den Fäzes verlassen.

Die vielfältigen Aufgaben bedingen erhebliche Besonderheiten der einzelnen Abschnitte des Magen-Darmkanals (Bild 4.5).

Gemeinsam ist ihnen der schichtweise Aufbau der Wand, ein sehr verzweigtes Blutge-

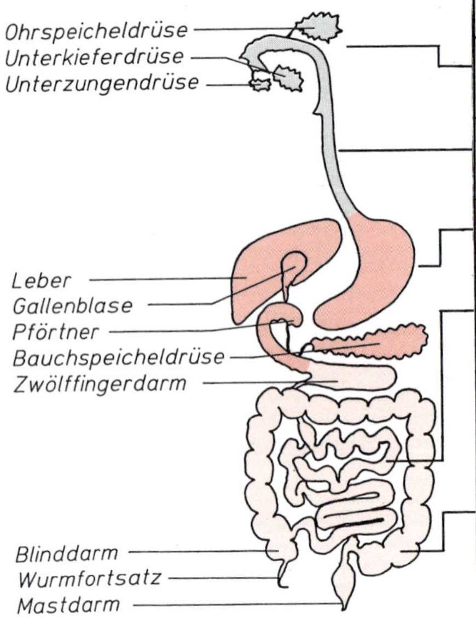

Organ	Verweildauer der Nahrung	Abbau	Resorption von
Mundhöhle	30-40 s	Stärke zu Maltose	Alkohol Nikotin
Speiseröhre	4-10 s		
Magen	1-4 h	Proteine zu Polypeptiden	Alkohol
Dünndarm	4-6 h	Stärke zu Maltose, Maltose zu Glucose, Proteine zu Polypeptiden, Polypeptide zu Aminosäuren, Fette zu Glycerin und Fettsäuren	Zucker Aminosäuren Fettsäuren Glycerin Wasser Salzen
Dickdarm	7-15 h		Wasser Salzen

neutrale Reaktion (Mundhöhle, Speiseröhre)
saure Reaktion (Magen)
alkalische Reaktion (Dünndarm, Dickdarm)

Bild 4.5 Verdauung beim Menschen. Die Farben kennzeichnen die Reaktion der Verdauungssäfte (neutrale, saure, alkalische Reaktion)

fäßsystem und ein eigenes Nervensystem. Dieses sorgt für eine weitgehende Autonomie der Darmfunktion. Das vegetative Nervensystem mit dem N. parasympathikus (N. vagus) und dem N. sympathikus kann allerdings direkten Einfluß auf die Mobilität des Magen-Darmkanals nehmen. Die starke psychische Auswirkung auf die Funktion des Darms ist jedem Sportler bekannt.

Mund und Speiseröhre

Der Mund hat hauptsächlich die Aufgaben, den Speisebissen auf Verträglichkeit zu prüfen, ihn weiter zu zerkleinern und mittels Speichel gleitfähig zu machen.

Die Lippen und die Zunge prüfen die Nahrung auf Verträglichkeit, besonders auf Temperatur und Härte. Je besser die Zähne den Bissen zerkleinern, desto mehr kann er im Speichel gelöst werden, und – im wesentlichen passiv – die Speiseröhre in den Magen hinunter rutschen. Obwohl die Speiseröhre Muskulatur besitzt, ist es schwierig, aber immerhin möglich, beim Kopfstand oder in der Schwerelosigkeit den Bissen weiter zu befördern. Die tägliche Speichelproduktion liegt bei 1 – 1,5 Liter. Der Elektrolytgehalt ist wechselnd hoch. Ein Verlust ist nicht zu berücksichtigen, da die Mineralsalze im Darm wieder rückresorbiert werden. Eine Resorption durch die Mundschleimhaut ist nur für einige Medikamente möglich.

Die Geschmacksknospen der Zunge und die Riechnerven im oberen Abschnitt der Nase schützen nur unvollkommen vor schlecht bekömmlichen oder giftigen Substanzen.

Am Eingang zu Schlund und Speiseröhre liegt ein ringförmiger Wall aus lymphatischem Gewebe. Dieser Bereich gehört zum Immunsystem und spielt besonders in der Jugend eine sehr wichtige Rolle für die Erkennung von Krankheitskeimen in der Nahrung und für die Bildung entsprechender Antikörper. Eine Vergrößerung des Gewebes auch von Tonsillen, die in diesem Ring eingelagert sind, ist deshalb bei Jugendlichen nicht besorgniserregend; wohl aber wenn häufige Entzündungen oder gar Eiterungen auftreten. Dann ist die Gesundheit, besonders des Sportlers, gefährdet und es müssen ärztliche Maßnahmen einsetzen.

Magen

Im Magen wird der Speisebrei gesammelt und mit der von der Magenschleimhaut sezernierten Flüssigkeit durchmischt und es werden nahezu alle Bakterien abgetötet. Die von den Belegzellen in der Magenwand produzierte starke Salzsäure (pH 1,5-2) zerstört fast alle Bakterien. Überleben können nur die säurefesten Tuberkulosestäbchen und andere, die noch von Nahrungsbestandteilen umgeben sind und so nicht angegriffen werden können. Eine Schutzschicht muß die Magenwand vor der aggressiven Säure schützen. Die Zellen bilden den für die Blutbildung wesentlichen „intrinsic factor" der mit dem „extrinsic factor" (B_{12}) einen Komplex eingeht.

Normalerweise sorgt ein kräftiger Ringmuskel am Eingang des Magens dafür, daß nur der Speisebrocken vom Ösophagus in den Magen geführt wird, nicht umgekehrt oder gar wieder in den Mund gelangen kann. Der hierzu notwendige Reflex kann jedoch gestört sein und so entsteht das sehr unangenehme Sodbrennen, wenn Magensäure in die Speiseröhre oder höher aufsteigen kann. Gelegentliches Vorkommen kann als belanglos angesehen werden. Bei Sportlern, die hierzu neigen, sollte auf größere Mahlzeiten vor anstrengendem Training verzichtet werden. Das Trinken von klarem Wasser oder vermischt mit Substanzen, die Säure neutralisieren können, wird empfohlen.

Generell neigen jüngere Wettkampfsportler zu verstärkter Produktion von Magensäure.

Bei häufigerem Auftreten von Sodbrennen ist eine Abklärung durch den Arzt notwendig.

Die Durchmischung mit dem Magensaft verflüssigt den Speisebrei weiter. Besonders für Eiweiß beginnt bereits eine weitere Zerkleinerung der großen Moleküle mit Hilfe von Enzymen, wie Pepsinogen. Der hohe Säurewert hemmt die Hydrolyse der Stärke, so daß eine unnötige Gärung im Magen unterbunden wird.

Das im Mundspeichel befindliche Enzym Ptyalin wirkt während der Dauer der Passage durch die Speiseröhre auf die Stärke ein. Der weitere Abbau zu den Oligosacchariden und weiter zu den Monosacchariden geschieht im Duodenum.

Eine Aufnahme von Nährstoffen durch die Magenwand ist im nennenswerten Umfang nur für Alkohol bekannt.

Die Frage nach dem zeitlichen Umfang der Magenentleerung hat für die Ernährung vor dem Wettkampf oder Training Bedeutung.

Als allgemeine Richtlinien kann gelten:

- Kohlenhydrate nach 1 – 2 Stunden
- Eiweiße nach 2 – 3 Stunden
- Fette nach 3 – 4 Stunden

Getränke werden innerhalb von 10 – 20 min weitergegeben. Dies sollte bei der Zusammensetzung der „Vor-Wettkampfmahlzeit" berücksichtigt werden. Psychische Einflüsse können die Entleerungszeit wesentlich beeinflussen.

Durch eine geregelte, portionsweise Weitergabe von Mageninhalt (der jetzt als **Chymus** bezeichnet wird) durch den Magenpförtner in den Zwölffingerdarm wird die Hauptphase der Verdauung eingeleitet. Die Partikel sind jetzt maximal 2 mm groß. Größere werden im Magen zurückgehalten und zerkleinert. Der Resorptionsvorgang im Darm darf nicht durch ein plötzlich zu hohes Nahrungsangebot beeinträchtigt werden. Insbesondere muß die starke Säure neutralisiert werden. Im Dünndarm wird der Darminhalt alkalisch.

Der obere Teil des Magens ist nur durch das Zwerchfell von der Herzspitze getrennt. Die mit Luft gefüllte Magenblase kann bei vollem Magen gegen Zwerchfell und Herz drücken und so Beschwerden auslösen (Roemheld'scher Symptomen Komplex). Babys, die beim Trinken viel Luft verschlukken, müssen diese durch Aufstoßen entweichen lassen, soll der anschließende Schlaf störungsfrei sein. Sportler, die kohlensäurehaltige Wässer getrunken haben oder häufig Luft schlucken, sollten das gleiche tun, was auch meist ohne Mühe möglich ist.

Sport mit vollem Magen führt nicht nur zur Leistungseinschränkung durch Blutverteilung zugunsten des Magen-Darmtraktes, sondern kann auch, bedingt durch den Magen-Herz-Reflex, zu ernsthaften Störungen, unter unglücklichen Umständen sogar zum Tode führen.

Die parasympathische Nervenversorgung von Magen, Dünndarm, Teilen des Dickdarms und der Leber erfolgt durch den N. vagus. Im Bereich Magen-Leber besteht eine starke Wechselbeziehung zwischen Organfunktionen und Psyche.

Störungen der normalen Vorgänge im Magen rufen sehr bald Unwohlsein und Mißstimmungen hervor. Umgekehrt können psychische Belastungen Magenbeschwerden hervorrufen. Der Einfluß eines guten Essens und der Verdauung auf die Stimmung ist bekannt.

In neuerer Zeit wird auch die Rolle der Magenbakterien, Heliobacter pylori, am Krankheitsgeschehen wieder diskutiert. Eine unsaubere Nahrung kann die Bakterienbesiedlung am Magenausgang augenscheinlich erhöhen.

Bei häufigen Störungen, die durchaus auch psychisch verursacht sein können, sind krankhafte Veränderungen der Magenwand, z. B. Magenschleimhautentzündungen, mitbegründet. Zur Nervosität neigenden Sportlern ist deshalb neben einem Training der Psyche zu einem pfleglichen Umgang mit dem Magen geraten. Hierzu gehören regelmäßige, nicht zu voluminöse Mahlzeiten mit gut zubereiteten und gut verträglichen Nahrungsmitteln.

Dünndarm

In dem etwa 2,5 m langen Dünndarm findet im wesentlichen die Aufnahme der Nahrungsbestandteile in die Zellen der Darmwand und die Weitergabe ins Blut statt.

Dazu muß die Zerlegung der Nährstoffe in ihre kleinsten Bestandteile erfolgt sein.

Bei den Eiweißen sind es die Aminosäuren, bei den Kohlenhydraten der Zucker und bei den Fetten die Glyzeride und Fettsäuren. Dies geschieht einmal mehr durch Verwässerung des Speisebreis, vor allem auf chemischen Wege durch Enzyme. Diese werden hauptsächlich im Pankreas gebildet, zum kleineren Teil in den Darmdrüsen. Die für die Fettresorption notwendigen Substrate,

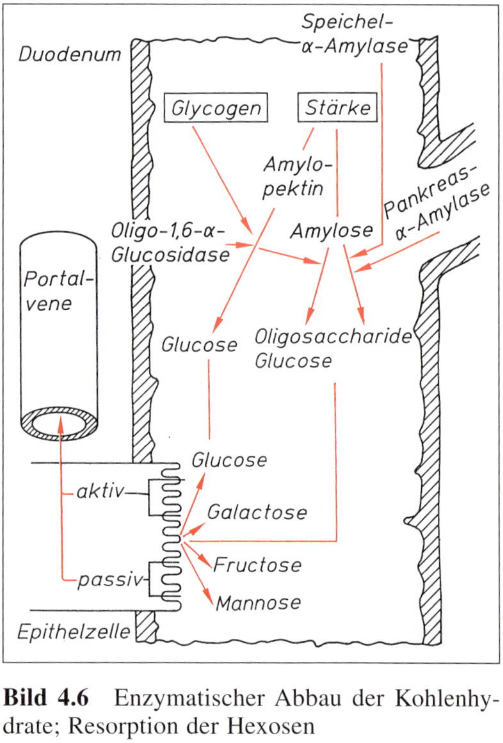

Bild 4.6 Enzymatischer Abbau der Kohlenhydrate; Resorption der Hexosen

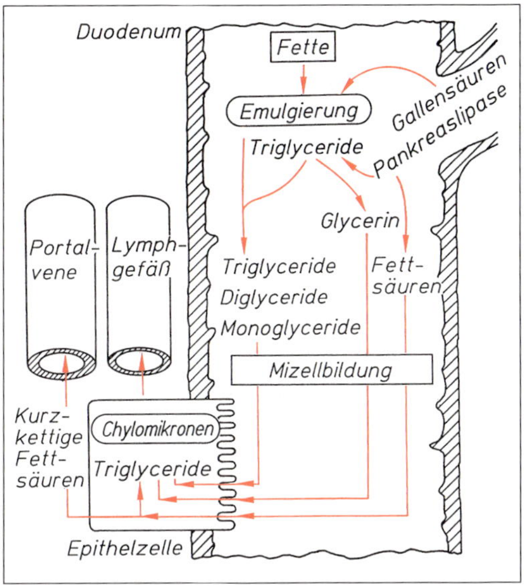

Bild 4.7 Enymatischer Abbau der Neutralfette und Resorption der Lipolyseprodukte

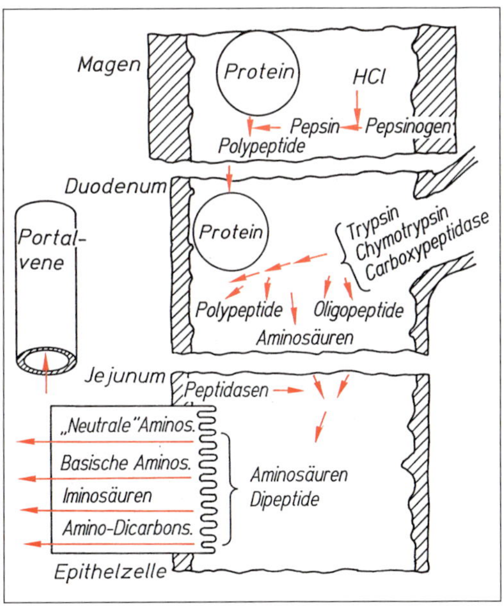

Bild 4.8 Enzymatischer Abbau der Proteine und Polypeptide

die Gallensäuren, werden zum großen Teil in der Leber gebildet und in der Gallenblase gespeichert. Sie werden dann bei Bedarf über die Gallengänge in das Duodenum, den obersten Teil des Dünndarms, abgegeben.

Tabelle 4.3 Wirkungsweise der Verdauungsenzyme

Enzyme	Substrate	Produkte
Proteasen		
z. B. Trypsin/ Chymotrypsin/ Aminopeptidase	Eiweiß	Aminosäuren (Polypeptide)
Lipasen		
z. B. Phospholipase A	Fette	Fettsäuren
Saccharasen		
z. B. Amylase/ Maltase	Stärke Disaccharide	Zucker: Monosaccharide wie Galaktose Fruktose Glukose

Bei der Trennung der Substanzen bis zu den Molekülen wird die Bindungsenergie als Wärme frei. Diese Energie war für die Zusammenfügung notwendig und muß als Energieverlust berücksichtigt werden, soll eine exakte Energiebilanz aufgestellt werden. Bei Angaben über den Energiegehalt von z. B. 100 g Eiweiß, sollten die Bindungsenergien für die Moleküle untereinander berücksichtigt werden.

Die als spezifisch- dynamische Wirkung bezeichnete Wärmefreisetzung bei der Verdauung ist allerdings hinsichtlich der Kalkulation über den Kalorienbedarf eines Tages meistens zu vernachlässigen.

Nur in Ausnahmefällen werden kleinere Molekülverbände von Aminosäuren in die Darmzelle aufgenommen und dort weiter zerlegt, bevor die Monoaminosäuren im Blut weitergegeben werden. Bleiben die Molekülverbände bestehen, können sie als Hapteme wirken und eine Lebensmittelallergie hervorrufen.

Die große Zahl der Darmzotten vergrößert die resorbierende Oberfläche des Dünndarmes auf etwa 150 bis 200 qm, etwa die Größe eines Tennisplatzes. Im Normalfall ist die Resorption 5–6 Stunden nach der Nahrungsaufnahme weitgehend beendet.

Die Absorption der einzelnen Substanzen, der Durchtritt durch die Zellmembran der Darmzelle und die Weitergabe in die Blutgefäße zum Abtransport in die Leber, ist in vielen Einzelheiten noch Gegenstand der Forschung. Grundsätzlich können alle wasserlöslichen Substanzen nicht nur gut und schnell verstoffwechselt werden, sondern auch die Membranen ohne große Probleme passieren. Ein Großteil aber auch dieser Substanzen benötigt Schlepper (engl. Carrier). Dies sind meistens Eiweiße, die andere Substanzen binden können und die dann als Komplexe zellgängig sind. Es handelt sich somit um aktive, meist energieverbrauchende Prozesse. Häufig lösen sich die Verbindungen später wieder und die zu transportierende Substanz wird im Blut oder in der Zelle frei.

Die Bindung an ein Transportprotein im Blut ist für viele Substanzen notwendig, da sie ungebunden giftig sind und erhebliche Störungen hervorrufen würden.

Wasser kann nahezu ungehindert durch Zellgrenzmembranen hindurch diffundieren. Auch Elektrolyte treten auf Grund des Eigenbedarfes der Zellen durch die Membran hindurch. Allerdings sind in den Membranen Kanäle zu passieren, die mit zur Steuerung der Aufnahme in der Zelle beitragen. Sollen aber Elektrolyte entgegen dem Konzentrationsgefälle in die Zelle gelangen, muß dies unter Energieaufwand geschehen. Ein bekanntes Beispiel ist hierfür die Kalium-Natriumpumpe.

Dieser Vorgang wird aktive **Permeabilität** genannt im Gegensatz zur passiven, energieunabhängigen Permeabilität, bei der osmotische, hydrostatische, chemische oder elektrische Gradienten eine wichtige Rolle spielen. Allerdings sind die resorbierbaren Bruchstücke hierbei in ihrer Größe begrenzt und überschreiten nicht 0,8 nm.

Die fettlöslichen Bestandteile der Nahrung werden mit Hilfe der Gallensäuren zellgängig. Kurzkettige Fettsäuren können über den Blutweg transportiert werden; längerkettige werden über die Lymphgefäße abgeführt.

Obwohl die resorbierende Oberfläche des Darmes groß ist, können sich einzelne Substanzen gegenseitig behindern. So ist die Aufnahme von Aminosäuren bei gleichzeitiger Zuckeraufnahme gestört. Magnesium kann durch Calcium fast vollständig an der Resorption gehindert werden. Solche Interaktionen sollten bei der Speisezubereitung, aber auch der Speisenfolge berücksichtigt werden.

In den unteren Dünndarmabschnitten, dem Jejunum und Ileum, findet hauptsächlich die Resorption von Wasser und Mineralien statt.

Die mengenmäßige Aufnahme einzelner Substanzen wird vom Organismus geregelt. Viele der Einzelheiten dieses sehr wichtigen Prozesses sind noch unbekannt. Normalerweise wird z. B. vom Eisenangebot in der Nahrung nur 10% aufgenommen. Dies entspricht dem täglichen geringen Verlust des Eisens. Steigt der Bedarf, so wird auch mehr resorbiert. Augenscheinlich gilt dies auch für zahlreiche andere Substanzen, auch für Nährstoffe. In Zeiten eines Nahrungsmangels wird insgesamt mehr aufgenommen, das Nahrungsangebot stärker ausgenutzt. Weniger regulativ scheint dies bei einem Nahrungsüberangebot zu funktionieren. Hier sorgt der Organismus vor und erweitert nach Möglichkeit die Speicher.

Die Darmmotorik, die **Peristaltik**, bewirkt einen häufigen Wandkontakt des flüssigen Darminhaltes, so daß für die Absorption genügend Zeit zur Verfügung steht. Der Darminhalt, auch Chymus genannt, wird mit einer Geschwindigkeit von etwa 8 cm $\cdot$ min^{-1} im oberen Dünndarm und 2–4 cm $\cdot$ min^{-1} im unteren Dünndarm vorangetrieben.

Primär erfolgt die Steuerung über darmeigene Nerven.

Durch die Füllung des Darmes werden die Wände des Magen-Darm-Rohres gedehnt und Rezeptoren geben diesen Reiz weiter. Auch aus diesem Grund sind etwas voluminösere Speisen zu empfehlen, die Ballaststoffe enthalten und somit auch in den tieferen Darmabschnitten einen ausreichenden Dehnungsreiz für die Peristaltik ausüben.

Die vom Magen-Darmtrakt gebildeten Hormone können ebenfalls – über entsprechende Rezeptoren – die Muskeltätigkeit des Darmes beeinflussen. Die Eigendynamik des Darmes kann durch übergeordnete Nervenzentren erheblich beeinflußt werden. Dies gilt auch für den Dickdarm.

Psychische Erregungen können über das vegetative Nervensystem die Darmtätigkeit entweder aktivieren oder, vor allem im Dickdarm, auch hemmen.

Besonders Frauen klagen häufig über verzögerten Stuhlgang bei längeren Reisen. Sportlerinnen sollten mit der Einnahme von Medikamenten, die den Stuhlgang fördern (Laxantien), sehr zurückhaltend sein, da diese die Leistungsfähigkeit beeinflussen können. Sportliche Aktivitäten, wie Laufen, fördern den Stuhlgang, so daß sich andere Maßnahmen meistens erübrigen.

Dickdarm

Durch eine Klappe wird vom Ileum der Darminhalt portionsweise in das Kolon, den Dickdarm, weitergegeben.

Menschen, die chronisch unter geringer Nahrungszufuhr leben, können die Dickdarmpassage noch zur Aufschlüsselung der Balaststoffe nutzen.

Im Kolon findet die Rückresorption des Wassers statt. Der Darminhalt wird eingedickt und wird bis zum Enddarm, dem Rektum, zum Kot. Von der Wand des Dickdarmes wird Schleim abgesondert, um den dickbreiigen immer fester werdenden Inhalt gleitfähig zu halten.

Im Kolon sind die sonst sehr gefährlichen Kolibakterien aktiv. Über ihre eigentlichen, für den Organismus lebenswichtigen Funktionen ist noch wenig bekannt.

Werden Kolibakterien im Dickdarm abgetötet, gerät der Mensch in eine lebensbedrohliche Krise. Gelangen sie aber in andere Gewebe oder Darmabschnitte, entstehen nur schwer zu beherrschende Infektionen.

Sauberkeit, besonders bei kleinen Verletzungen wie Hautabschürfungen, sollte deshalb auch beim Sportler selbstverständlich sein.

Die Nahrungszusammensetzung hat Einfluß auf die Konsistenz des Kotes. Vor allem aber ist die Verweildauer im Kolon und Rektum für die Härte des Stuhles verantwortlich. Je länger er im Dickdarm verweilt, desto härter wird er.

Zu starke Koteindickungen, die zum Hasenkot (kleine feste Bällchen) führen, zeigen ebenfalls eine Störung der Darmfunktion an. Bei häufigerem Vorkommen muß versucht werden, die Ursache hierfür zu finden. Es sollte darauf geachtet werden, daß einmal am Tag die Kotentleerung stattfindet. Vorübergehende Störungen sind im Regelfall belanglos. Anhaltende Durchfälle können zu erheblichen Wasserverlusten führen und Hinweise auf ernste Erkrankungen sein. Bestehen sie länger als 2 Tage, sollte auch bei Fehlen von allgemein Symptomen ärztliche Hilfe in Anspruch genommen werden.

Adaptationen des Verdauungstraktes bei sportlichen Belastungen

Trotz der grundlegenden Bedeutung des Verdauungstraktes für den Organismus ist dessen Funktion nicht sehr stabil. Akute und chronische psychische Belastungen, die als Disstress empfunden werden, können Störungen verursachen, die zunächst als Verstop-

fung oder Durchfälle sich bemerkbar machen, dann aber durchaus in morphologisch sichtbare Krankheiten übergehen können. Deshalb bedürfen auch geringe Funktionsstörungen, die länger als 2 bis 3 Wochen bestehen, ärztlicher Diagnostik.

Krampfartige Schmerzen um den Nabel können bei Sportlern meistens vor dem Wettkampf auf einer zu lange zurückliegenden Mahlzeit beruhen.

Die „Hungerkrämpfe" der Darmmuskulatur beruhen entweder auf mangelnden Füllungsreizen oder auf Durchblutungsstörungen. Völlegefühle werden nicht selten durch Blähungen verursacht. Diese können auch zu stechenden Schmerzen im rechten oder linken Oberbauch führen.

Die entstehende Gasmenge im Darm schwankt sehr. Im Durchschnitt werden 600 ml/Tag angegeben. Zellulosehaltige Nahrung, wie sie Ausdauersportler bevorzugen, kann noch im Dickdarm zersetzt werden und Gase produzieren. Bekannt ist dies für Bohnen. Tatsächlich kann hier eine erheblich größere Gasmenge entstehen.

Besonders unter Langläufern ist die Neigung zu Durchfällen vor und während Wettkämpfen bekannt. Häufiger werden hierfür Diätfehler oder psychische Erregungen verantwortlich gemacht. Tritt dies jedoch regelmäßig oder zumindestens häufiger auf, sollte der Grund hierfür gefunden und möglichst beseitigt werden. Durchfälle entziehen dem Organismus Wasser. Im Vordergrund stehen aber meist die psychischen Auswirkungen des Stuhldranges, kurz vor dem Start oder während des Laufwettbewerbes selbst.

Vor einigen Jahren alarmierten Berichte über Blut im Stuhl bei Langläufern nach anstrengenden Belastungen. Blutnachweis im Stuhl kann ein Hinweis auf eine ernste Erkrankung des Darmes sein. Glücklicherweise stellte sich heraus, daß es sich bei den Läufern um eine harmlose, vorübergehende Erscheinung handelt. Die wahrscheinlichste Erklärung hierfür ist eine Ischämie, eine nahezu vollkommene Kontraktion der Gefäße eines Darmabschnittes. Nach dem Lauf öffnen sich die Gefäße wieder und die Gefäßwände sind für kurze Zeit durchlässig, wenn der Blutstrom wieder einsetzt. 24 Stunden nach dem Wettkampf muß der Stuhl frei von Blut sein.

Über die Mahlzeiten vor Wettkämpfen oder anstrengendem Training ist viel diskutiert worden. Die Vielfalt der Empfehlungen ist verwirrend und beruht häufig auf der Vorbildfunktion von Hochleistungssportlern. Es ist aber nicht immer zu empfehlen, deren Eßgewohnheiten zu übernehmen.

Einzelne Spitzensportler sind an Mahlzeiten gewöhnt, die sich keineswegs für allgemeine Empfehlungen, auch nicht als „Geheimtip", eignen.

Generell ist eine leicht verdauliche Speise anzuraten, die 3 bis 4 Stunden vor dem Start gegessen werden soll. Bewährt hat sich das Müsli, ein Brei aus Haferflocken, Milch, verschiedenen Zuckern und anderen Zutaten je nach Geschmack. Die Empfehlung hierfür gründet sich auf die unterschiedlich langen Resorptionszeiten der einzelnen Bestandteile. Hierdurch wird eine weitgehend kontinuierliche Aufnahme ins Blut gewährleistet, die spätestens eine Stunde vor dem Start abgeschlossen ist. Vor Beginn des Wettkampfes kann dann noch etwas flüssige oder feste Nahrung zu sich genommen werden, damit der Magen nicht ganz leer ist.

Es ist aber wesentlich, daß der Sportler den Zeitpunkt und die Art der Nahrungsaufnahme im Training ausprobiert. Hier kann das bekömmlichste Verfahren gefunden werden.

Vor dem Wettkampf sollte dann dabei geblieben werden, auch wenn erfolgreiche Athleten sich anders verhalten.

Die Nahrungsmengen sollten dem Verbrauch entsprechen. Findet bei Sportlern ein Muskelaufbau oder bei Kindern und Jugendlichen ein Körperwachstum statt, ist der Anteil des Aufbaustoffwechsels zu berücksichtigen. Im allgemeinen kann das Körperge-

wicht als Maßstab für die Quantität der Nahrung dienen. Wesentlich ist das Wiegen zur gleichen Zeit und mit der gleichen Waage.

Da sich das Körpergewicht gut für die Gesundheitsüberwachung insgesamt eignet, sollte der erwachsene Sportler regelmäßig das Gewicht kontrollieren und in Grenzen von etwa 1 Kilogramm halten.

4.1.3.3 Energiehaushalt

Alle Lebensvorgänge sind energieabhängig. Somit ist eine ausreichende Versorgung mit energiereichen Substanzen eine Voraussetzung für alle im Organismus ablaufenden Stoffwechselprozesse. Diese bilden zwar eine auf den ersten Blick verwirrende Vielfalt von biochemischen Reaktionen, laufen aber im grundsätzlichen nach relativ einfachen und leicht verständlichen Prinzipien ab.

Über C-Brücken werden die Hydrate verbunden. Die Energie hierzu liefert die Sonne (s. Bild 4.9).

Beispiel Glukose:

```
        H

        C = O

H       C – OH

HO –    C – H

H       C – OH

H       C – OH

H       C – OH

        H
```

Im menschlichen Körper, wie auch bei den höher entwickelten Tieren, kann die von den Pflanzen synthetisierte Glukose unter Hin-

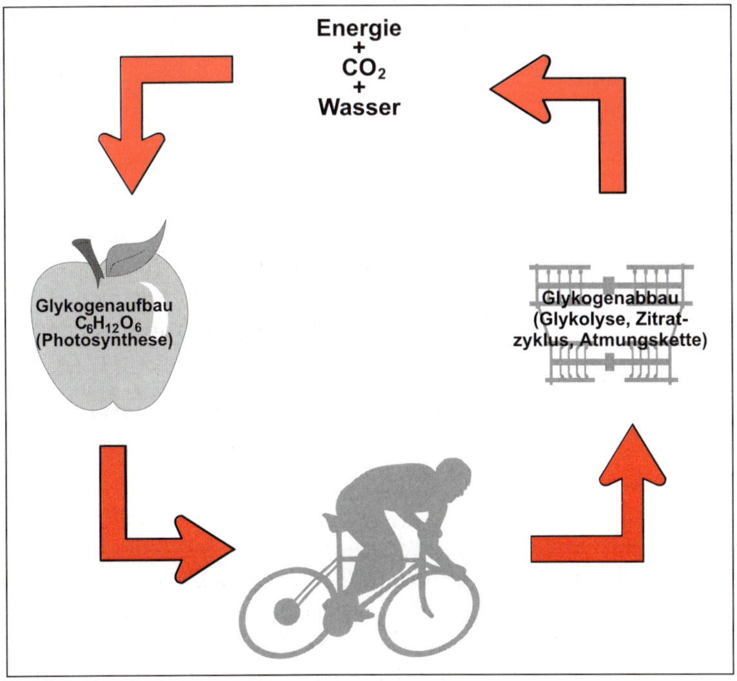

Bild 4.9 Energiekreislauf zwischen Organismus und Umwelt

zuführen von Sauerstoff (O_2) die gespeicherte Energie freisetzen.

Die Endprodukte bei vollständiger Verbrennung sind die Ausgangsprodukte $CO_2 + H_2O$.

Dieser großartige Kreislauf der Natur benötigt einen komplexen Stoffwechsel mit zahlreichen Regelmechanismen. So einfach die Formel erscheint, so aufwendig sind die notwendigen Vorgänge in der Pflanze, um die Elemente zusammenzufügen (Photosynthese) und aus den Grundstrukturen unter Aufnahme von zusätzlichen Elementen wie (N) Stickstoff, (S) Schwefel, (Ph) Phosphor oder Erdalkalien wie Kalium, Magnesium oder anderen Bausteinen Moleküle zu höheren Strukturen wie der Kohlenhydrate, Fette oder Eiweiße und Kombinationen von ihnen zusammenzufügen. Die Aufnahme dieser Substanzen in den menschlichen Körper, der Abbau, Um- und Aufbau zu körpereigenen Substanzen und die Energiefreisetzung sind durch die großen Erfolge wissenschaftlicher Forschung in vielen Einzelheiten bekannt geworden. Doch bestehen durchaus noch wesentliche Wissenslücken.

Die Energiezufuhr ist für 3 Bereiche notwendig:

- Aufbau von Makromolekülen, Aufbau und Erhaltung der lebenden Substanz;
- Transport von Molekülen und Substanzen durch Zellmembranen, Aufrechterhaltung des Membranpotentials;
- Bewegung durch Muskelkontraktion.

Letztendlich stammt alle Energie von der Sonne. Mittels dieser Energie fügt die Pflanze durch die Photosynthese die Elemente C (Kohlenstoff), H (Wasserstoff) und O (Sauerstoff) zu der Grundverbindung C–HO zusammen. Das C stammt vom Kohlendioxid CO_2, das H und das O vom Wasser H_2O.

Stark vereinfacht lautet die Formel:

$$CO_2 + H_2O + \text{Energie} \rightarrow H - C - OH + O_2$$

Das Tier und der Mensch können den daraus aufgebauten Zucker $C_6 H_{12} O_6$ unter Aufnahme von O_2 dann wieder zu $CO_2 + H_2O$ abbauen und die freigewordene Energie nutzen.

Definitionen und Bestimmung des Tagesbedarfes

Die Maßeinheit für den Energieumsatz war und ist in vielen Bereichen bis heute die Kilokalorie (kcal). Die Bevölkerung hat sich an die Größenordnungen gewöhnt, so daß im täglichen Umgang die Kilokalorie als Maß beibehalten wurde. Hiermit wird eine Wärmemenge bezeichnet, die 1 Liter Wasser um 1 Grad erwärmt (genauer von 14,5° auf 15,5°, auf Meereshöhe). Diese Wärmeeinheit wurde genutzt, da früher die beim Energieumsatz frei werdende Wärme gemessen wurde (direkte Kalorimetrie). Die exakte Bezeichnung für die Energie in biologischen Systemen ist Joule (1 Joule = 4,2 kcal). Die Bestimmung erfolgt heute über den Sauerstoffverbrauch. Es wird hierbei davon ausgegangen, daß es kein wesentliches Depot für Sauerstoff im Körper gibt und Energie nur mit Sauerstoff umgesetzt werden kann. Der Sauerstoffverbrauch korreliert somit eng mit dem Energieumsatz (indirekte Kalorimetrie). Hierbei wird der anaerobe Anteil des Energieumsatzes vernachlässigt. Da auch die Herzfrequenz mit der Sauerstoffaufnahme parallel verläuft, genügt es für einen Überblick des Energieverbrauches die Pulsfrequenz während der sportlichen Belastung und einige Zeit danach zu messen (Sauerstoffschuld).

Der Bedarf eines Sportlers setzt sich zusammen aus:

- Grundumsatz (Ruheumsatz),
- Arbeitsumsatz für normale tägliche Arbeiten,
- Leistungsumsatz beim Sport

Der Grundumsatz ist der Eigenbedarf des Körpers zur Aufrechterhaltung der Zellfunktionen, ohne Arbeit zu leisten.

Die Bestimmung erfolgt unter strikten Bedingungen (12 Stunden absolute Ruhe, 12 Stunden nüchtern, 24 Stunden vorher kein Eiweiß, Indifferenztemperatur). Deshalb wird häufiger der Ruheumsatz, morgens nüchtern, nach der Bettruhe bestimmt. Der

Wert liegt 10% – 15% über dem Grundumsatz, ist aber für die Energiebilanzberechnungen ausreichend.

Im Sport wird gewöhnlich ein Richtwert pro Stunde von 1 kcal·kg^{-1} in die Kalkulation aufgenommen. Für einen 70 kg schweren Mann also: 24 Stunden x 70 kg = 1680 kcal (7060 kJ)/Tag.

Dies ist jedoch nur ein Durchschnittswert, da der Grundumsatz stark von der relativen Körperoberfläche, dem Alter und Geschlecht abhängig ist. Als relative Oberfläche wird das Verhältnis Haut zum Inhalt bezeichnet. Je kleiner der Organismus, desto größer die relative Körperoberfläche und desto höher der Grundumsatz. Das ist der Grund für den höheren Stoffwechselumsatz der Maus im Vergleich zum Elefanten pro m^2 Körperoberfläche.

Der Tagesumsatz eines körperlich wenig aktiven Menschen, z. B. eines Büroangestellten, entspricht in etwa dem doppelten Grundumsatz, also insgesamt 2 x 1680 kcal.

Hinzuzurechnen ist der Verbrauch durch sportliches Training. Neben der Dauer und der Intensität ist die Masse der arbeitenden Muskulatur zu berücksichtigen. Im Breitensport ist für eine Stunde Sport mit einem Energieverbrauch zwischen 400 – 600 kcal zu rechnen.

Nach Addieren der Einzelposten wird für den Sportler eine meist leichte und nur für den Spitzensportler eine deutliche höhere Kalorienzahl pro Tag, als für den Nichtsportler, zu errechnen sein. Für den Breitensportler ist der Bedarf fast immer durch eine sinnvoll zusammengesetzte und somit vollwertige Nahrung zu decken. Allerdings stößt dies bei einzeln lebenden jungen Menschen auf Schwierigkeiten im Alltag.

Energieübertragung (s. a. Kap. 2.1)

Der Schlüssel zum Verständnis der Umwandlung von chemischer in mechanische Energie in der Muskelfaser aber auch des Energietransfers in den Zellen ist das Adenosintriphosphat, das ATP.

Es ist der wichtigste unmittelbare Überträger freier Energie. Es handelt sich um ein Nucleotid und besteht aus Apennin, Ribose (Zucker) und 3 Phosphatresten. Durch das Enzym Adenosintriphosphatase (ATPase) kann ein Phosphormolekül abgespalten und freigewordene Bindungsenergie übertragen werden.

$$\text{Adenosin} \sim p \sim p \sim p \xrightarrow{\text{ATPase}} \text{Adenosin} \sim p \sim p + p_i + e^-$$

ATP → ADP + anorgan. Phosphor + e^- = Energie (engl.: inorgan Phosphor)

Energietransfer bedeutet eine Abgabe von Elektronen auf entsprechende Akzeptoren.

Dieser Vorgang wird heute in der Biochemie als **Oxydation** (Abgabe von Elektronen) und **Reduktion** (Aufnahme von Elektronen) bezeichnet, auch dann wenn Sauerstoffanlagerung oder Wasserstoffabgabe hierbei nicht stattfindet.

Ist das ATP durch Abgabe eines Phosphor zum energieärmeren ADP (Adenosindiphosphat) geworden, muß es sofort wieder aufgeladen werden. Um das Phosphor wieder an sich zu ziehen, benötigt es die abgegebene Energie. Diese erhält das ADP zunächst vom Kreatinphosphat (CP), das seinerseits schnell wieder aufphosphorisiert werden muß. Die hierzu notwendige Energie liefern das Glykogen, das mit und ohne Sauerstoff abgebaut werden kann, und das Fett.

Das gesamte Energiesystem in Form einer Energiekette sorgt also für eine ständige Aufladung des ATP- Vorrats und somit für die Bereitschaft, sofort Energie den arbeitenden Strukturen der Zelle und der Muskelfaser zur Verfügung zu stellen, wenn dies benötigt wird. Der ständige Nachschub an Energie ist notwendig, da der ATP-ADP Zyklus für den gesamten Bestand in der Muskelfaser in etwa

15-20 sec abgelaufen ist. Tatsächlich kann die Muskelfaser mit dem ATP-Vorrat (etwa 4-6 mmol · kg^{-1}) nur einige Kontraktionen durchführen. Der Bestand an Creatinphosphat beträgt zwischen 15-17 mmol · kg^{-1} Muskel, ist also 4 mal mehr vorhanden als ATP. Der gesamte Phosphatspeicher beträgt somit 19-23 mmol pro kg Muskel. Hiermit können etwa 0,2 kcal · kg^{-1} Muskel erzeugt werden oder auf die Gesamtmuskulatur berechnet etwa 6-8 kcal. Wenn auch solche Angaben auf theoretischen Überlegungen beruhen, zeigen sie doch deutlich den eng begrenzten Energiepool des ATP-CP Systems. Der Vorrat ist nach einem 100-m-Lauf weitgehend aufgebraucht. Ob er durch körperliches Training wesentlich erhöht werden kann, ist noch nicht geklärt. Unter intensiver Arbeit kann das ATP kurzfristig bis zu 40% abnehmen, ist aber kurz nach Ende der Belastung wieder vollständig regeneriert. Das Kreatinphosphat dagegen kann nahezu vollständig verbraucht werden und benötigt Zeit für den Wiederaufbau. Dies geschieht in der Ruhephase des Muskels.

Vorteile des Phosphatspeichers:

- schnelle Verfügbarkeit freier Energie,
- nur wenige Reaktionsschritte notwendig,
- kein Sauerstoffbedarf,
- unmittelbare Nähe zu den arbeitenden Strukturen,
- keine Abbauprodukte hemmen die Reaktion, daher im Grundsatz nicht ermüdbar.

Der schnellste Weg, verbrauchte Energie an den Phosphatspeicher nachzuliefern, ist die **anaerobe** (ohne Sauerstoffverbrauch) **Glykolyse**, der effektivste der Abbau von Glukose und Fett mit Sauerstoff (aerobe Energiegewinnung).

Anaerobe Glykolyse

Bei der Glykolyse sind bereits 10 Schritte notwendig bis Energie zur Verfügung steht.

Glykogen → 2 Laktat + Energie →3 ADP ↓

→ 3 ATP

Der Gewinn an Energie für ATP beträgt rechnerisch 3 mol. Es können aber durch die bald eintretende Laktatanhäufung nur 1,0 – 1,2 maximal genutzt werden. Die Ausbeutung ist also gering, gegenüber der oxydativen Energiegewinnung, aber schneller möglich, so daß weitere 30-45 sec ohne ausreichende Sauerstoffzufuhr für die Muskelfaser auf hohem Niveau gearbeitet werden kann. Da in zahlreichen Sportarten die Belastungen unter 1 min liegen, ist für sie die anaerobe Kapazität von ausschlaggebender Bedeutung. In der modernen Leistungsdiagnostik ist es möglich, die anaerobe – alaktazide (Phosphatspeicher) Kapazität von der anaeroben- laktaziden (anaerobe Glykolyse) Kapazität getrennt zu bestimmen.

Aerobe Energiegewinnung

Im Zentrum der aeroben Energiegewinnung steht der Zitronensäurezyklus und die Atemkette. Die über 100 Reaktionsabläufe sind kompliziert und erfordern eigene Zellorganellen, die Mitochondrien. Es kann hier nur ein Überblick zum Verständnis der Zusammenhänge im Energiestoffwechsel gegeben werden. Einzelheiten sind in den Lehrbüchern der Biochemie nachzulesen. Das bei der Glykolyse entstandene Pyruvat wird zum Coenzym A und kann als Acetyl-coenzym A in den Zyklus eingeschleust werden (Bild 4.10).

Im Zitronensäurezyklus werden die energiereichen Substrate zu CO_2 und H in mehreren Schritten abgebaut. Schon hierbei entsteht Energie, die zur Restitution von ADP zu ATP genutzt werden kann. Das Wasserstoffatom H gibt Elektronen frei und wird zum Wasserstoffion H^+ + Elektronen e^-. Zum Verbrennen von 1 mol (180g) Glykogen sind 6 mol O_2 nötig.

$$C_6 H_{12} O_6 + 6\,O_2 = 6\,CO_2 + 6\,H_2O + \text{Energie}$$

39 ADP + 39 p_i

Energie → 39 ATP

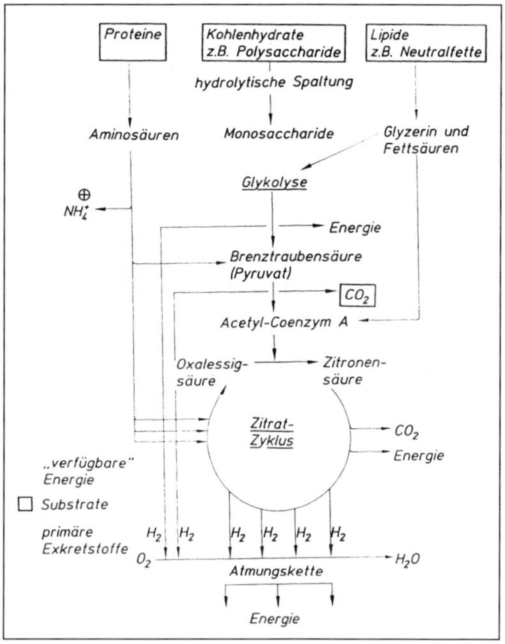

Bild 4.10 Oxydativer Abbau der Nahrungssubstrate

Laktatstoffwechsel

Laktat bildet sich immer dann, wenn Glukose bis zum Pyruvat abgebaut wird, dieses aber bei Sauerstoffmangel nicht in den Zitronensäurezyklus eingeschleust werden kann, sei es, daß zu Beginn einer Muskeltätigkeit der vorhandene Sauerstoff aufgebraucht wurde oder bei erschöpfender Muskelarbeit nicht mehr genügend Sauerstoff durch das Blut antransportiert werden kann. Nur Glukose kann Milchsäure (Laktat) bilden. Der anaerobe Abbau ist auch nur in der Skelettmuskulatur möglich.

Das gebildete Laktat verursacht gemeinsam mit dem CO_2 (Kohlendioxid), das mit Wasser verbunden zu H_2CO_3 (Kohlensäure) wird, eine starke Säuerung. Dies wirkt sich auf die Aktivität von Enzymen hemmend aus.

Enzyme sind Biokatalysatoren. Sie beschleunigen oder ermöglichen erst eine chemische Reaktion, ohne in das Endprodukt einzugehen. Enzyme sind nahezu an jedem Stoffwechselschritt beteiligt. Ohne die Biokatalysatoren würde der Stoffwechsel gar nicht oder sehr langsam ablaufen.

So würde eine Spaltung von ATP ohne ATPase Stunden oder Tage dauern. Enzyme haben ein Temperatur- und ein pH-Optimum. Der pH-Wert zeigt an, ob eine Lösung sauer oder alkalisch ist.

Das pH-Optimum vieler intrazellulärer Enzyme liegt bei 7,3 bis 7,4. Schon ein Absinken auf 7,2 bis 7,0 führt zu einer deutlichen Einschränkung der Stoffwechselaktivität.

Unter normalen Bedingungen strömt die Milchsäure schnell aus der Muskelfaser ins Serum und ist dort nachweisbar und kann zur Laktatdiagnostik genutzt werden. Das Laktat gelangt mit dem Blut zum Herzen und zur Leber. Das Herz wird durch einen Reflex auch dann mit genügend Sauerstoff versorgt, wenn für die arbeitende Muskulatur nicht mehr ausreichend Sauerstoff geliefert werden kann.

Das somit noch gut mit Sauerstoff versorgte Herz kann aber das Laktat vollständig verbrennen und die Energie voll nutzen. Dies ist der Grund, warum das gesunde Herz eines jugendlichen Sportlers nicht vor der Skelettmuskulatur ermüdet und zu Schaden kommen kann. Bestehen allerdings arteriosklerotische Einschränkungen der Gefäßregulation und damit der Durchblutungsanpassung, kann mit diesem Schutzmechanismus nicht mehr gerechnet werden. In der Leber kann aus 2 Laktatmolekülen wieder ein Glukosemolekül aufgebaut werden. Die sich in der Skelettmuskelfaser schließlich aber doch anhäufende Milchsäure verstärkt die Säuerung und bewirkt eine Dämpfung der Enzymaktivität und damit des Stoffwechsels, wodurch die Energiebereitstellung verringert wird. Es kommt zur Ermüdung.

Die Bestimmung des Blutlaktats ist durch die Fortschritte der Analytik schnell und sicher aus dem Ohrläppchenblut möglich. Ein großer Blutstropfen ist ausreichend. Allerdings bedarf es einiger Übung. Das Ohrläppchen sollte nicht zu sehr gequetscht werden. Auch muß die Haut gut von den auf ihr befindlichen Milchsäurebazillen gesäubert werden. Diese könnten bei den verwendeten Mikromethoden zu Verfälschungen führen.

Zur Beurteilung muß der Glykogengehalt der Speicher in der Muskulatur und der Leber bekannt sein. Sind diese nur mäßig gefüllt, kann auch bei maximaler Anstrengung unter anaeroben Bedingungen nur wenig Laktat gebildet werden. Umgekehrt kann bei vollem Glykogenspeicher schon bei geringem anaeroben Stoffwechsel relativ viel Laktat nachweisbar sein.

Bei Berücksichtigung der Eigentümlichkeiten des Laktatverhaltens ist die Kenntnis über den Laktatanstieg bei einer bestimmten Belastung von großem diagnostischen Wert.

Es ist möglich, so Einblick in den Energiestoffwechsel zu gewinnen und festzustellen, wann der anaerobe Stoffwechsel verstärkt einsetzt und damit die Leistungsfähigkeit begrenzt.

Der Zitronensäurezyklus ist auch für die Fette und gegebenenfalls auch für Eiweiß der gemeinsame Abbauweg. Das Tor zum Zyklus ist für die Fette das Coenzym A. Die Ausbeute an ATP ist bei 1 mol Fettsäure z.B. Palminsäure deutlich höher als bei Glykogen. Allerdings ist auch der Sauerstoffverbrauch bedeutend höher.

Beispiel Abbau der Palmitinsäure

$(C_{16} H_{32} O_2)$ n + 23 O_2 → 16 CO_2 + 16 H_2O + Energie

Energie + 130 ADP + 130pi → 130 ATP

130 ADP + 130 pi

Energie ↓

130 ATP

Da 1 mol Sauerstoff 22,4 l entspricht und 1 mol Palmitinsäure 23 mol O_2 benötigen, werden 23 x 22,4 l O_2 = 515,2 l O_2 verbraucht.

Hierzu die Rechnung für Glykogen:

6 mol O_2 sind notwendig um 1 mol Glykogen abzubauen:

6 x 22,4 l O_2 = 134,4 l O_2

Bei einem Marathonlauf werden etwa 150 mol ATP benötigt (etwa 1 mol·min^{-1}). Dies ist im wesentlichen nur mit Fettverbrennung möglich. Auch in Ruhe stammen 2/3 der Energie vom Fett, 1/3 vom Glykogen. Ein anaerober Stoffwechsel in Ruhe findet nur in sehr geringem Umfang statt. Die Maschine läuft gewissermaßen auf geringen Touren, um jeder Zeit die volle Leistung bringen zu können. Das Ruhelaktat wird aber auch von anderem Gewebe mit vorwiegend anaeroben Stoffwechsel wie z. B. dem Gelenkknorpel unterhalten.

4.1.4 Ermüdung, Wiederherstellung

4.1.4.1 Definition von Ermüdung und Wiederherstellung

Von *U. Pahlke*

Ermüdung im Sport ist definiert als eine Desintegration, eine reversible Störung und Einschränkung des Leistungsvollzuges im Verlaufe sportlicher Belastungen.[1]

Sie nimmt mit der Intensität und Dauer der Anforderung zu. Endet die sportliche Aktivität, dann beginnt die Phase der Wiederherstellung. Dosierte Ermüdung durch entsprechende Belastung und Wiederherstellung sind Voraussetzungen zu Anpassung und Leistungssteigerung.

Die Ermüdung geht einher mit sinkender Leistungsbereitschaft und sich steigerndem Anstrengungserleben (Schmidtke). Die Ermüdung des Gesamtorganismus als ein komplexer Vorgang kann nur verstanden werden

1 Bei dieser Definition wird nicht berücksichtigt, daß es unter Umständen auch schon während bestimmter Belastungsabschnitte zu Wiederherstellungsprozessen kommen kann.

aus der Kenntnis von Veränderungen der beanspruchten Organsysteme. Es ist bei der Vielfalt der Anforderungen möglich, daß nur ein Teilsystem das Maß der Ermüdung weitgehend bestimmt.

Die Vorstellung, daß ein Ermüdungsprozeß immer automatisch gleichzusetzen ist, mit der Auslenkung von Parametern der Homöostase geht auf die Fehlinterpretation eines Denkansatzes von Jakowlew zurück (Bild 4.11).

Es ist ganz sicher nicht richtig anzunehmen, daß immer schon mit dem Beginn einer körperlichen Belastung ein Ermüdungsprozeß einsetzt.

Bei einer großen Anzahl verschiedener sportlicher Belastungen kommt es bei Belastungsbeginn und in der ersten Phase der Beanspruchung zu einer Verbesserung der Leistungsvoraussetzungen.

(Auch die Vorstellungen, die in eine Erwärmung gesetzt werden, zielen auf eine Verbesserung von Leistungsvoraussetzungen durch mäßige Beanspruchung).

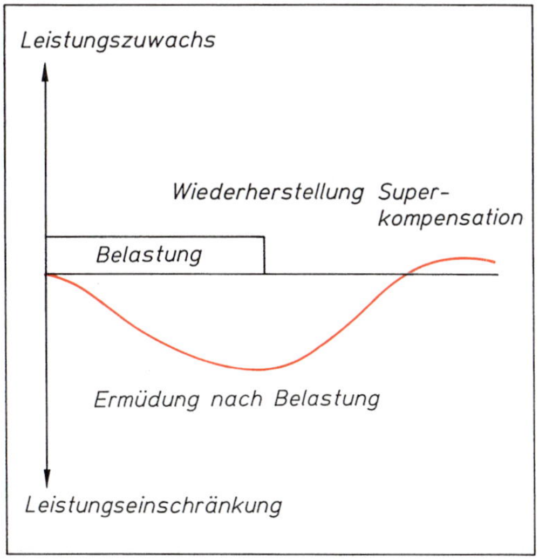

Bild 4.11 Ermüdung und Wiederherstellung/ Superkompensation im Verlaufe einer körperlichen Belastung (nach Jakowlew)

Die Inanspruchnahme von Leistungsfunktionen und Kapazität bedeutet nicht notwendigerweise auch sofort eine Ermüdung.

Ganz entscheidend für die Ausprägung einer Ermüdung ist die Art der Belastung und die Ausgangssituation des Sporttreibenden.

Erst das – von einigen sicheren, vor allem biochemischen und elektrophysiologischen Daten als Vorboten angekündigte – Nachlassen der Kontraktionsleistung der Skelettmuskulatur wird als Ermüdungsbeginn betrachtet.

Kraft-Schnelligkeit (Vortrieb) – Zuverlässigkeit (Genauigkeit) der motorischen Aktivität gehen zurück.

An diesen drei Kriterien (Kraft, Schnelligkeit, Genauigkeit) haben Sportlehrer und Trainer überwiegend die „Ermüdung" zu beurteilen. Das Ermüdungsgeschehen ist in seinem Verlauf und in seiner Ausprägung vor allem abhängig von der Art der Anforderung, vom Umfang und der Intensität der Einzelbelastung, aber auch von der Qualität und Häufigkeit vorangegangener Belastungen.

Die Ermüdung ist gleichsam die Resultierende aus den Einwirkungen sportlicher Belastungen, anderer Umweltfaktoren und der Disposition. Verlauf und Ausprägung der Ermüdung stehen in Beziehung zu vielen Einflußgrößen: Dazu gehören innere und äußere Bedingungen.

Zu den inneren Bedingungen zählen psychophysische Voraussetzungen wie:

- Gesundheitszustand,
- Trainingszustand,
- Lebensalter,
- Geschlecht,
- Motivation.

Unter äußeren Bedingungen sind Umweltbedingungen zu verstehen wie:

- Ernährung,
- Klima,
- Sportgeräte.

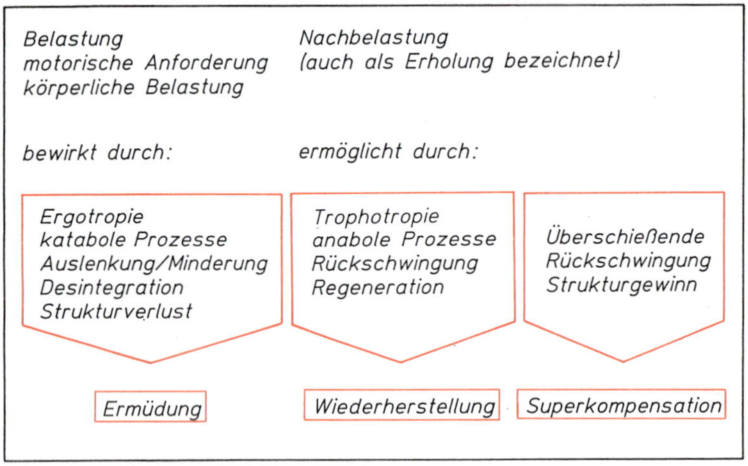

Bild 4.12 Zusammenfassung von Begriffen und Prozessen bei Ermüdung/Wiederherstellung/Superkompensation

Zusammengefaßt kann festgestellt werden:

Biologisches und Soziales bestimmen Ausprägung und Verlauf der Ermüdung.

Im Hinblick auf die Skelettmuskulatur ist die Ermüdung vor allem abhängig von der abgegebenen Leistung der einzelnen Myofibrillen, aber auch von der Zahl und dem Typ der in die Leistungsabgabe einbezogenen Muskelfasern, von deren Rekrutierungsmuster, vom Wirkungsgrad und anderen Faktoren.

Die Skelettmuskulatur ist dabei aber nicht isoliert zu sehen. Auch die Leistungsfähigkeit anderer Organsysteme (Herz-Kreislauf-System, Atmung, endokrines System etc.) des Gesamtorganismus und die Qualität der Zusammenschaltung aller Teilsysteme durch das zentrale Nervensystem (ZNS) gehen in den Ablauf der Ermüdungsprozesse mit ein.

Als übergeordnetes Steuerorgan jeglicher muskulären Aktivität besitzt das ZNS eine besondere Bedeutung.

Als Wiederherstellung im Sport (weniger gut ist der Begriff Erholung) sind die Prozesse der Rückbildung von ermüdungsbedingten Veränderungen zu verstehen.

Unter bestimmten günstigen Bedingungen schließt sich an diesen Rückschwingungsprozeß noch eine Superkompensationsphase an, in der das ursprüngliche Niveau der Leistungsvoraussetzungen überschritten wird.

Die Wiederherstellung ist kein Spiegelbild des Ermüdungsvorganges. Auslenkung und Rückschwingung vieler Vorgänge, die insgesamt die Vorgänge von Ermüdung und Wiederherstellung nach sportlichen Belastungen ausmachen, sind in ihrem zeitlichen Ablauf vielfach ähnlich, keinesfalls aber identisch (Bild 4.13).

Es ist für die Handhabung der Begriffe Ermüdung und Wiederherstellung von Wichtigkeit, den Vorgang der zunehmenden Ermüdung (Auslenkung aus der Homöostase) bei Belastungen zu trennen vom Zustand der Ermüdung: Dieser Zustand liegt sowohl während der Auslenkung als auch noch während der Rückschwingung, dem ersten Teil der Wiederherstellung, vor.

Obwohl die Rückschwingung in der Wiederherstellungsphase abläuft, liegt immer noch eine Ermüdung vor.

Das ist für das Verständnis der Reizsetzung im sportlichen Training von großer Wichtigkeit. Nur während der Phase der Superkompensation liegt kein Ermüdungszustand mehr vor. Im folgenden werden Ermüdung und Wiederherstellung im Sinne der Darstellung in Bild 4.13 gebraucht.

Sich die Ermüdung als Auslenkung und die Wiederherstellung global als einen etwas anders verlaufenden Rückschwingungsvorgang über die ursprüngliche Ausgangslage der Leistungsvoraussetzungen hinaus vorzustellen, wäre eine grobe Vereinfachung. Das Bild 4.13 soll diese Aussage unterstreichen.

Schon die Darstellung dieser Verläufe zeigt, daß es die Ermüdung und die Wiederherstellung nicht gibt.

Die Herzschlagfrequenz zum Beispiel zeigt nur, wenn ihre Auslenkung über Wochen wirksam wiederholt wird, eine sichtbare „Superkompensation" im Sinne einer Verminderung der Ruhefrequenz und der Belastungsfrequenz bei bestimmten Leistungen.

Vor allem aus diesen Gründen ist es bisher ebensowenig gelungen, Ermüdung und Wiederherstellung ausreichend zu beschreiben, oder sie auch nur annähernd genau zu verfolgen oder gar zu messen.

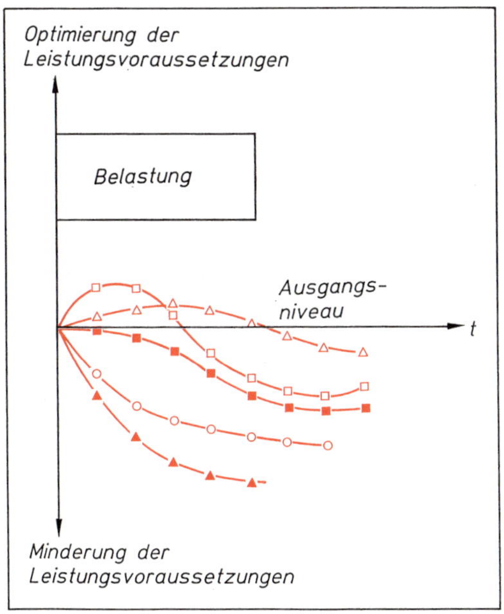

Bild 4.13 Unterschiedliche Dynamik der Wiederherstellung. Die Rückschwingung/Superkompensation von beanspruchten Phosphagenen, Muskelglykogenen und hochwertigen Struktureiweißen dauert unterschiedlich lange und verläuft verschieden

4.1.4.2 Ermüdung

Es erscheint nicht sinnvoll, die Ermüdung nach den hauptsächlich betroffenen Organsystemen zu unterteilen (also z. B. Herz-Kreislauf-Ermüdung, muskuläre Ermüdung ...). Auch andere Unterteilungen wie allgemeine Ermüdung, lokale Ermüdung, primäre, sekundäre, objektive Ermüdung sind selten gerechtfertigt. Ebensowenig erscheint eine Unterteilung des Schweregrades der Ermüdung (etwa: Ermüdung – Übermüdung – Überforderung – chronische Ermüdung – Erschöpfung[2] günstig, weil die Grenzen völlig willkürlich gezogen werden müßten.

Die Ermüdung ist ein im Sport unbedingt notwendiger Prozeß. Nur über die richtig dosierte Auslenkung durch Anforderung kommt es zur gewünschten Anpassung: „Förderung durch Forderung" (Israel).

Es ist allerdings keinesfalls so, daß nur weitestgehende Auslenkungen aus der Homöostase mit höchstmöglicher Ermüdung auch größtmögliche Anpassungen erbringen.

Wiederholte Anforderungen mit mäßiger, länger dauernder Auslenkung fördern die Ökonomie (die Stabilität). Anforderungen mit hoher Auslenkung fördern – auf der Grundlage bereits vorher erreichter Ökonomie – die Erweiterung der Funktionsamplituden.

Das erstere entspräche einem Training der Trophotropie, das zweite einer Erweiterung der Ergotropie (s. Kap. 1.1)

Die Wissenschaftlichkeit des Trainierens liegt darin, durch gut dosierte Anforderung Auslenkung aus der Homöostase zu erreichen und durch Schaffung guter Voraussetzungen eine optimale Wiederherstellung zu ermöglichen.

2 Es steht außer Frage, daß bei extremen Anforderungen (auch und vor allem außerhalb des Sports) eine Erschöpfung weit über das hinausreichen kann, was wir unter Ermüdung fassen.

Wenn im Zusammenhang mit dem Sport versucht werden soll, Ermüdung und Wiederherstellung einzuschätzen, dann muß immer auf die Modellvorstellungen zurückgegriffen werden. Man muß kleine Ausschnitte an repräsentativen Parametern messen und summativ einen Verlauf konstruieren.

Die Aussage zur Ermüdung kann unter diesen Umständen immer nur verhältnismäßig eingeschränkt sein.

Wir erfassen mit unseren derzeitigen Möglichkeiten nur einzelne ermüdungsbedingte Veränderung im Organismus. Viele Veränderungen von Parametern und Zuständen während einer Belastung sind nicht im Sinne einer Ermüdung zu deuten. Die Zahl der im Sinne einer Ermüdung ausgelenkten Parameter ist groß. Wir kennen nur einen Teil davon.

Eine für die Beurteilung der Problematik Ermüdung/Wiederherstellung sehr wesentliche Charakteristik ist die **Ermüdungskinetik**. Die Frage also, wie schnell, wie ausgeprägt, auf welche Anforderung hin eine Ermüdung auftritt.

Bei hohen und maximalen sportlichen Belastungen treten schon nach wenigen Sekunden Ermüdungserscheinungen auf (z. B. Geschwindigkeitsabfall beim Sprint), bei anderen Belastungen erst nach Stunden. In der Regel laufen auch die Wiederherstellungsprozesse nach rasch eingetretener Ermüdung schneller ab als bei Ermüdungen, die erst nach Stunden in Erscheinung getreten sind. (Bild 4.14).

Unsere Kenntnisse zu den Abläufen von Ermüdungsprozessen wurden von Simonson durch die Entwicklung eines geeigneten Konzepts verbessert.

Simonson stellte für die Erklärung und Einschätzung der Ermüdungsprozesse fünf Grundvorgänge heraus, deren Ausprägung von der Art und Dauer der Belastung abhängig ist.

Diese Grundvorgänge manifestieren sich an den unterschiedlichsten Systemen des Organismus und beeinflussen sich gegenseitig. Sie können durch folgende Erscheinungsformen charakterisiert werden:

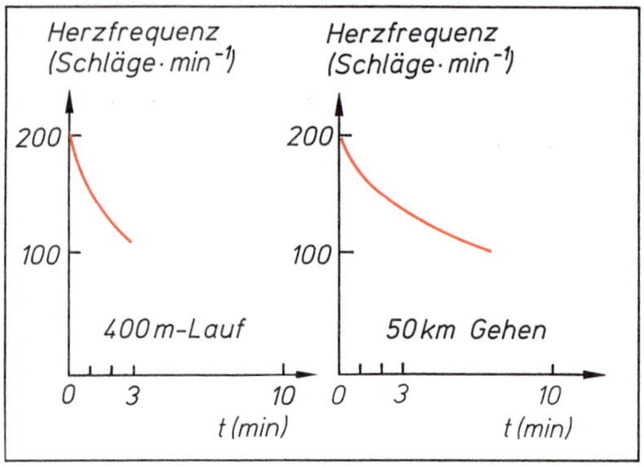

Bild 4.14 Herzschlagfrequenz nach der Belastung ist auch abhängig von vorausgegangener Belastungsdauer

- Akkumulation von (Ermüdungs-)Substanzen. Dazu gehört zum Beispiel die Anhäufung von Laktat in der Muskelzelle.
- Depletierung von Substraten. Als Beispiel dafür mag der Verbrauch von ATP oder Glykogen in der Zelle dienen.
- Veränderung des physikochemischen Zustandes (Temparaturerhöhung, Veränderung des pH-Wertes)
- Störung der Regulation und Koordination. Sie wird durch Überforderung des neurohormonellen Systems ausgelöst.
- Behinderung der Erregungsübertragung. Diese Veränderungen sind im Bereich der neuroneuralen und neuromuskulären Synapsen zu beobachten (neuromuskuläres Übertragungsverhalten).

Es ist sicher, daß sich über diese Grundvorgänge hinaus noch für die Ermüdung wichtige Vorgänge abspielen, die aber entweder noch nicht oder noch nicht ausreichend bekannt bzw. weniger wichtig sind.

Anhäufung von Stoffwechselzwischen- und -endprodukten („Ermüdungssubstanzen“)

Während einer körperlichen Belastung werden die Blut- oder Gewebespiegel bestimmter Substanzen (Hormone, Transmitter u. a.) sowie Stoffwechselzwischen- oder -endprodukte erhöht. Diese Veränderungen führen zum Beispiel über Rezeptorblockierungen, Wirkveränderungen von Enzymen, Sensitivitätsveränderung von Reglern in ihrer Summierung zu einer Desintegration und damit zur Verminderung der Leistungen.

Als Beispiele sollen für diesen Grundvorgang drei Substanzen aufgeführt werden, die in verhältnismäßig hoher Konzentration im Blut vorliegen können. Sie lassen Rückschlüsse auf bestimmte Gegebenheiten in der Zelle zu.

Kreatinphosphat: Ansteigen des Kreatinphosphats im Serum zeigt z. B. eine erhöhte Membranpermeabilität an.

Gamma-Aminobuttersäure: Sie ist eine Substanz, die in der Hirnrinde bei länger dauernden Belastungen stark erhöht gefunden wird. Sie hemmt die Hirnaktivität.

Milchsäure: Bei Belastungen wird Milchsäure in Abhängigkeit von der Intensität in höheren Konzentrationen festgestellt als unter Ruhebedingungen. Das führt zu einer Senkung des pH-Wertes, die wiederum einen Aktivitätsverlust von Enzymen (z. B. PFK) zur Folge hat.

Der Abfall der Produktion von ATP in der Zeiteinheit führt dann zum Abfall der Leistungsvoraussetzungen, zur Ermüdung.

Es ist sicher, daß bei einem pH von 6,3 in der Zelle die PFK-Aktivität vollständig zum Erliegen kommt. Das entspricht Laktatwerten von über 20 mmol · l^{-1} im Blut.

Der Fettstoffwechsel zur energetischen Absicherung wird weitgehend gedrosselt, wenn der Laktatspiegel den Wert von 4 mmol · l^{-1} übersteigt. (Bild 4.15)

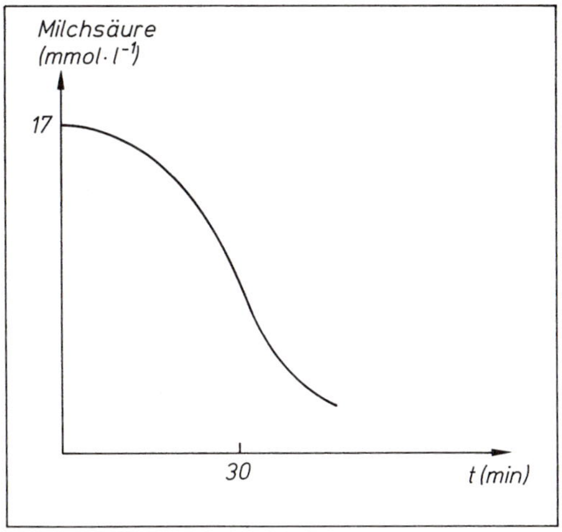

Bild 4.15 Nach hochintensiven, kurzzeitigen Belastungen normalisiert sich der Milchsäurespiegel erst nach über 30 Minuten

Harnstoff: Der Serumharnstoffwert ist zwar von der Art der Ernährung relativ stark beeinflußt. Er steigt aber stets an, wenn körpereigenes Eiweiß zur Energiewandlung genutzt wird. Bei morgendlichen Ruhewerten über 7 mmol·l^{-1} ist anzunehmen, daß eine Ermüdungssituation vorliegt.

Belastungen, die zu Harnstoffanstiegen über diesen Wert für mehrere Tage führten, sind zu reduzieren. Der Abbau wichtiger Struktureiweiße mit dem Ziel der Energiegewinnung ist im Trainingsprozeß nur in Ausnahmefällen erwünscht.

Die „Ermüdungssubstanz“ Harnstoff eignet sich wie Laktat zur Einschätzung der vorausgegangenen Belastung und damit zur Trainingssteuerung.

Andere Verbindungen, die sich in Blut und Geweben infolge hoher sportlicher Belastungen ansammeln, können ähnlich bedeutsam für die Ermüdungsdiagnostik wie diese drei beschriebenen sein.

Es gibt viele Hinweise, die gegen die Annahme sprechen, daß die Ansammlung von Substanzen allein eine Ermüdung bewirkt und daß damit zum Beispiel der Laktatspiegel gleichgesetzt werden kann mit Ermüdung.

Aus der richtigen Anwendung des Grundprinzips „Ermüdungssubstanzen“ folgt:

Bei geeigneter Anforderung (nach Dauer und Intensität) kann der Anstieg bestimmter Substanzen Aussagen über den Grad der Beanspruchung zulassen (Bild 4.16).

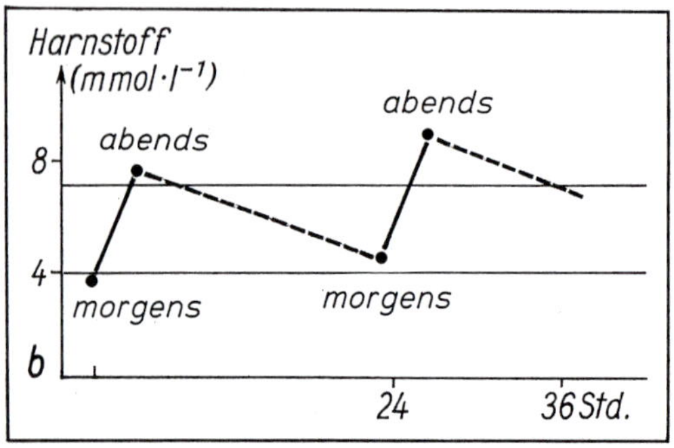

Bild 4.16 Aussagen über die Ermüdung (Beanspruchung) durch die Bestimmung von „Ermüdungssubstanzen“. Harnstoffakkumulation – hier als Folge anforderungsbedingten Eiweißabbaus

Verarmung (Depletierung) an Substanzen, die für den Leistungsvollzug notwendig sind

Verarmung an energiereichen Phosphaten (Phosphagenen): Die für Muskelkontraktionen unmittelbar verfügbare energiereiche Verbindung ATP reicht nur für eine bis drei maximale Kontraktionen aus. Der sehr geringe Vorrat an ATP in der Muskelzelle nimmt dabei etwas ab.

Das führt sofort zu einer Neubildung von ATP aus ADP und Kreatinphosphat (CrP).

CrP + ADP → ATP + Cr

Der ATP-Spiegel kann somit fast konstant gehalten werden. Bei tetanischen Kontraktionen nimmt das ATP deshalb nur um 10 bis 15 Prozent ab. Das ebenfalls im Muskel vorhandene CrP und die anderen energiereichen Verbindungen (ADP, AMP) nehmen weit stärker bei hohen Anforderungen ab. Ihr Vorrat kann für bestimmte Belastungen nach unserem derzeitigen Wissen leistungsbegrenzend sein. Zusammengefaßt gilt:

Für kurzdauernde maximale sportliche Belastungen bis zu 10 Sekunden spielt die Verarmung an Phosphagenen durchaus eine entscheidende Rolle. Ebenso bei wiederholten, von kurzen Pausen unterbrochenen Belastungen unter 10 Sekunden Dauer (Bild 4.17).

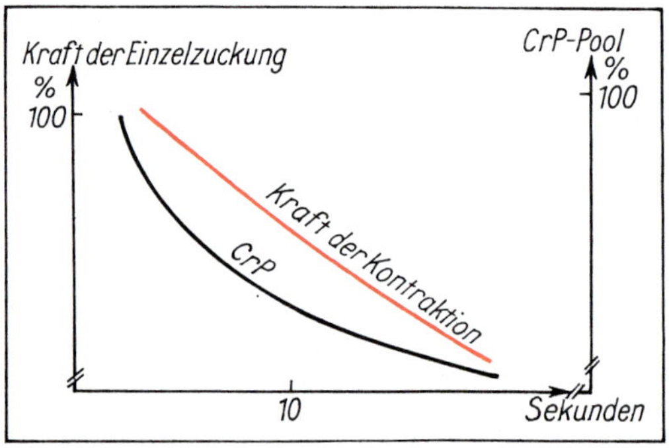

Bild 4.17 Ermüdung in Abhängigkeit vom Vorhandensein von Substraten. Mit der Abnahme des Kreatinphosphats (CrP) sinkt vergleichbar auch die Kraft der Kontraktion ab

Kurzdauernde hohe Anforderungen werden im Sportunterricht und im Training der Kinder oft übertrieben häufig abgefordert. Es ist notwendig, ausreichend lange Phasen einzuplanen. Sonst vermindern sich Explosivität, Schnelligkeit und Genauigkeit bei dieser Art von Substratmangel auffällig.

Für das sportliche Training soll anhand des Bildes 4.18 noch einmal unterstrichen werden, daß der CrP-Vorrat nach Belastung relativ schnell wieder aufgefüllt wird.

Verarmung an Kohlenhydraten und Eiweißen: Die Dauer der Aufrechterhaltung längerer, intensiver Ausdauerleistungen ist auch

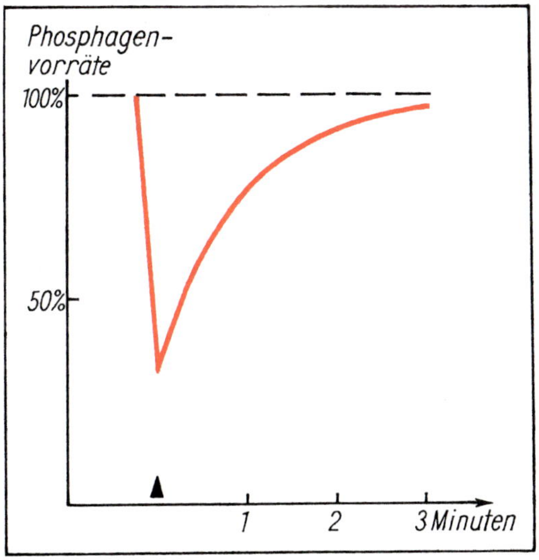

Bild 4.18 Nach einer Belastung von 7 Sekunden werden die Phosphagenvorräte innerhalb von etwa 3 Minuten wieder regeneriert

abhängig von den im Muskel und in der Leber gespeicherten und verfügbaren Kohlenhydraten; überwiegend in Form von Glykogen.

Geht das Maß des Abbaus von Glykogen über einen bestimmten Wert hinaus, dann muß die Belastung verringert werden.

Bei wiederholten längeren Belastungen, zum Beispiel bei intensiven Phasen des Trainings von Ausdauersportlern, bei Etappenrennen, beim Bergsteigen, kann die Verarmung an bzw. die ungenügende Bereitstellung von Eiweißen eine Rolle für die Einstellung von Ermüdungsprozessen spielen. Wichtige Zwischenprodukte des Stoffwechsels können bei Eiweißmangel nicht ausreichend zur Verfügung stehen, Struktureiweiße nicht oder nur in ungenügendem Maße gebildet werden. Auch die Verarmung an Mineralstoffen und Vitaminen kann für die Ermüdung von Bedeutung sein.

Das Substrat Fett ist als Energielieferant praktisch unerschöpflich.

Verarmung an Hormonen und Enzymen: Das ausreichende Vorhandensein von Hormonen und Enzymen ist für sportliche Leistungen eine Grundvoraussetzung. Wird zum Beispiel die Bildung von Adrenalin und Noradrenalin im Verlaufe langdauernder, intensiver oder hochintensiver Belastungen vermindert, dann stellen sich Ermüdungserscheinungen ein.

Bei Schädigung des Nebennierenmarks herrscht ebenfalls ein Mangel an Adrenalin und Noradrenalin. Die absolute Muskelkraft des Betroffenen ist dann zwar noch so hoch wie beim Gesunden, jedoch tritt die Ermüdung bei Beanspruchung bereits nach einem Zehntel der sonst üblichen Zeit ein.

Der Aktivitätsverlust des Enzyms Myosin-ATPase und der Abfall der Phosphagene kennzeichnen bei kurzen, intensiven Belastungen einen entscheidenden Teil der Ermüdung des Muskels (s. Kap. 2.1).

Auch bei anderen Hormonen und Enzymen können Konzentrations- und Aktivitätsänderungen unter Belastung ähnlich denen der hier führten Katecholamine und der Myosin-ATPase gefunden werden.

Veränderung des physikochemischen Zustandes des Organismus

Sportliche Belastungen führen zu Veränderungen der Grundbestandteile und Zustände der Zelle; auch diese Veränderungen machen einen Teil dessen aus, was sich schließlich als Ermüdung äußert.

Auf einige Faktoren zu diesem Grundvorgang soll näher eingegangen werden.

Veränderung der Membranpermeabilität: Bei der Beschreibung der Zelle wurde bereits herausgestellt, daß nur eine intakte, funktionierende Membran die Zelleistung garantiert.

Der Anstieg der Membranpermeabilität ist Ausdruck und zum Teil auch Ursache der Ermüdung. Bei und nach sportlichen Belastungen findet der Biochemiker Stoffwechselprodukte im Blut, die durch eine Änderung der Membranpermeabilität (durch ein „Leck" in der Membran) dort hineingelangen. Dem liegt möglicherweise eine Herabsetzung des Membranpotentials durch Verluste an intrazellulärem K^+ und Ca^{++} zugrunde. Veränderungen der Zellpermeabilität können auch auf dem Abfall des pH-Wertes fußen, der eng an den Anstieg des Laktats im Blut gekoppelt ist.

Veränderungen an den Zellorganellen: Mitochondrien und andere Zellorganellen werden im Verlaufe langdauernder hoher Belastungen verändert (die Leisten der Mitochondrien schwellen an, einzelne Strukturelemente werden aufgelöst).

Der Verlust einer Reihe von „Kraftwerken der Zelle" führt mit Sicherheit zu längeren Leistungseinbußen.

Als Beispiel mag der Marathonläufer dienen, der über einen Tage bis Wochen dauernden Zeitraum nach einem Wettkampf keine Spitzenleistungen erreichen kann. Auch wiederholte ausgiebige Säuerung hat mit Sicherheit negative Wirkungen auf die Struktur der Zellorganellen.

Ausgeprägte Anforderungen im Stoffwechselbereich sind deshalb sparsam und zielgerichtet nach guter Vorbereitung anzuwenden. Das gilt besonders für den Sport im Kindesalter.

Veränderung am Zellkern und Metaplasma: Der Zellkern verliert an Färbung, die Struktureiweiße Aktin und Myosin weisen Aufspleißungen und andere Abnutzungserscheinungen auf.

Die Verlangsamung und die Verlaufsänderung der Muskelerschlaffung und anderer Kontraktionseigenschaften sind wesentliche Kriterien der Ermüdung. Sie werden seit Jahren vor allem bei Laboruntersuchungen genutzt. Diese Reaktionen sind auch Ausdruck von Änderungen des kolloidchemischen Zustandes der Muskelzelle.

Veränderung der Regulation

Dieser vierte Grundvorgang kann sich auf verschiedenen Ebenen manifestieren. Zwischen den Regulationsebenen bestehen teils feste, teils zeitweilige Verbindungen.

Zelluläre Ebene: Mit körperlich-sportlichen Belastungen ändern sich Enzymaktivitäten, Rezeptoraffinitäten, Substratkonzentrationen, Transmitterverfügbarkeit u. a. Wie diese Veränderungen reguliert werden, ist abhängig vom genetischen Code, d. h. den angeborenen Voraussetzungen, von der Summe und der Qualität vorausgegangener Anforderungen, in deren Gefolge zum Beispiel auch der physikochemische Zustand, die Substratverfügbarkeit verändert wird, vom Lebensalter, vom Geschlecht.

Die Veränderungen der Regulation auf zellulärer Ebene haben fraglos große Bedeutung für das Zustandekommen und das Überwinden von Ermüdungserscheinungen.

Autonome Regulation:

Die Funktionen einzelner Organsysteme werden überwiegend vom vegetativen Nervensystem gesteuert. Der Einfluß des sympathischen und parasympathischen Anteils wechselt mit dem Auftreten und dem Grad der Ermüdung.

Eine Einschränkung des Einflusses sympathischer Impulse ist ein Indikator für schnellere oder verstärkte Ermüdung; nicht zuletzt deshalb, weil auch Verarmung an Katecholaminen dabei eintritt. Bei langdauernder, intensiver Belastung sinkt der Einfluß des Sympathikus, Blutdruck und Gefäßtonus nehmen ab. So kommt es zum Beispiel zur verstärkten Wärmeabgabe durch Erweiterung der Hautgefäße. Das Herzminutenvolumen wird zu Lasten der Herzfrequenz erhöht. Eine Ermüdung des Herzens auf zellulärer Ebene ist wenig wahrscheinlich und nur bei extremen Belastungen, zum Beispiel bei einem Lauf über 12 Stunden denkbar.

Die Herzschlagfrequenz, mit deren Hilfe man die Belastungsintensität recht gut beurteilen kann, läßt sich als Ermüdungskriterium nur wenig nutzen. Es ist versucht worden, aus der Summe der Herzschläge, die nach Belastungsende über der Ausgangsherzschlagfrequenz lagen, eine Aussage zur Ermüdung zu treffen. Die als „Erholungspulssumme„ ausgewiesene Meßgröße hat sich nicht bewährt.

Auch zwischen dem Verlauf der Blutdruckkurve während der Belastung und Wiederherstellung konnten keine eindeutig quantitativen Beziehungen gefunden werden.

Die Lungenventilation steigt als Ausdruck einer Ermüdung auch bei gleichbleibender Belastung an. Das sich verändernde Verhältnis von Sauerstoffaufnahme und dafür erforderlicher Ventilation (das Atemäquivalent, s. 3.6.4) ist ein anerkannter Ermüdungsindikator.

Zentrale Regulation der psychomotorischen, sensorischen und intellektuellen Funktionen:

Mit der körperlichen Belastung wirkt auf das ZNS eine Flut von Informationen ein. Dazu gehören zum Beispiel dauernde Veränderungen im Raum, Spannungsveränderungen in der Muskulatur, in Sehnen, Bändern, Kapseln, visuelle Eindrücke, taktile Meßwerte und Schmerz. Eine Vielzahl von Kommandos (zentripetale Impulse) müssen abgestimmt auf diese Informationen abgegeben und ihre Ausführung überprüft werden (Bild 4.19).

Das die Steuerzentrale umgebende Milieu ändert sich dabei ständig durch anflutende Stoffwechselprodukte, durch Temperaturveränderung- , durch Wechsel des osmotischen Drucks und durch mechanische Irritationen.

Eine Steigerung der Aktivität der angesprochenen Zellen des ZNS ist die Folge. Dieser hohe Aktivitätszustand ist nicht unbegrenzt lange zu halten – es kommt zu Hemmprozessen, die sich vermehren und schließlich überwiegen. Das drückt sich objektiv in zunehmender Ermüdung aus. Das Aktivitätsniveau des ZNS kann als ein Ermüdungsindikator gelten. Aktivitätsveränderungen des ZNS zeigen im Verlaufe einer Belastung (Bild 4.20) häufig die Form eines umgekehrten „U“ (s. Lehrbücher der Psychologie). Die Entwicklung von Hemmungen in umschriebenen Bereichen des ZNS bei Anforderungen wird vor allem von russischen Autoren als Grundlage der Ermüdung angesehen und als Abwehrreaktion gegen Überforderung gedeutet.

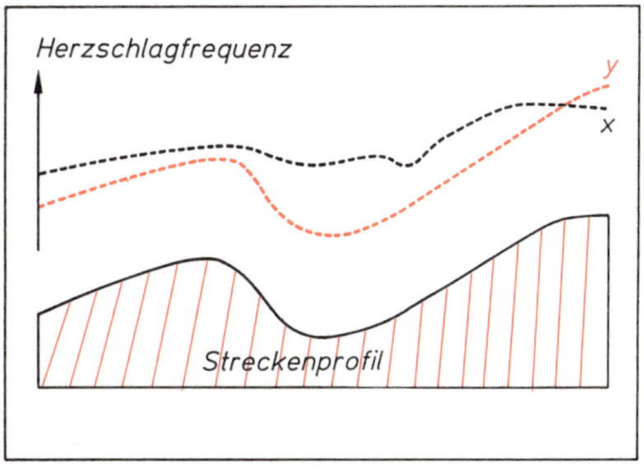

Bild 4.19 Herzschlagfrequenz bei zwei Gehern. Bei dem Leistungsschwächeren (x) folgt die Herzschlagfrequenz ermüdungsbedingt dem Streckenprofil nur noch angedeutet (Regulationseinschränkung). Der stärkere (y) beschleunigt am Ende

Grund für die Hemmung ist die hohe Zahl der Informationen an sensible Zentren; es entstehen Fehler bei der Informationsverarbeitung, die zu einer Hemmung in motorischen Zentren führen.

Die Folge sind Reduktion von Impulsaussendung motorischer Zentren an jede motorische Einheit und Reduktion der Zahl der funktionierenden motorischen Einheiten.

Die Erniedrigung des Sauerstoffpartialdrukkes in größeren Höhen (über 4000 m), ebenso nach sportlichen Anforderungen, die nur durch anaerobe Energiewandlung erfüllt werden können, führt zu Erscheinungen, die denen der „zentralen“ Ermüdung gleichzusetzen sind (Zerfall des Schriftbildes, Anstieg der Zeit bei Wahlreaktionen, Verschlechterung der sportlichen Technik).

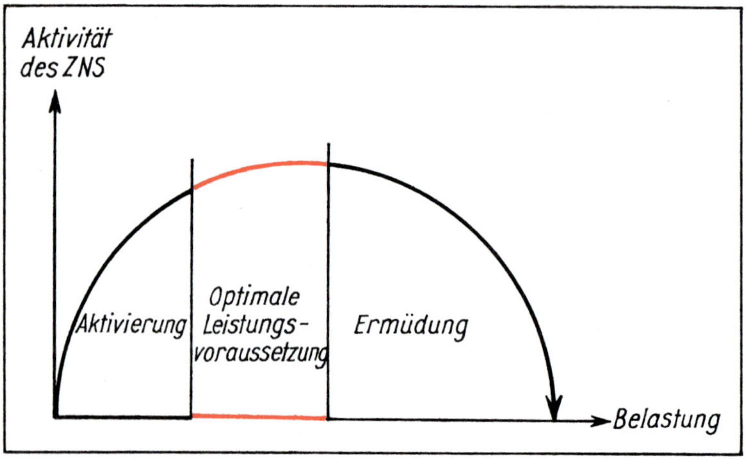

Bild 4.20 Die Aktivität leistungsrelevanter Abschnitte des ZNS im Verlauf einer Belastung. Die rote Linie in der Phase optimaler Leistungsvoraussetzungen soll andeuten, daß diese Phase länger andauern kann

Der akute Sauerstoffmangel kann also zentrale Ermüdungserscheinungen auslösen. Ermüdungserscheinungen umschriebener Bereiche des ZNS müssen jedoch nicht auf O_2-Mangel beruhen.

Einförmige monotone körperliche Belastungen mit gleichartigen Wahrnehmungseindrükken und -inhalten bewirken Hemmungen im ZNS (Überforderung durch Unterforderung), die zu Ermüdungserscheinungen führen, die als „Sättigung" bezeichnet werden. „Rundendrehen" oder andere einförmige, in stets gleicher Umgebung stattfindende Übungen sind ermüdend. Vor allem beim Sporttreiben der Kinder sind deshalb Formen zu finden, die der Monotonie entgegenwirken.

Als Ausdruck von Ermüdung umschriebener Teile des ZNS nehmen zum Beispiel im Sportunterricht unmotivierte Albernheiten, unangemessene Risikofreudigkeit, Disziplinlosigkeit, Aggressivität zu.

Bestimmte Reize können die Hemmung aufhalten, ja sogar rückgängig machen: Freude, Zorn, Siegeswillen („Der Sieger ermüdet nicht").

Gerade der Einfluß der Psyche (z. B. der Motivation) zeigt, wie stark wandelbar die Ermüdung (und nicht nur das Ermüdungsempfinden) sein kann – zeigt damit auch den dominierenden Einfluß des ZNS auf den Prozeß der Ermüdung. Das ist für den Erzieher und Ausbilder eine fundamentale Erkenntnis.

Schwankungen der Leistungsdisposition im Tagesrhythmus (auch die verdauungsbedingte Trägheit nach dem Essen) müssen von der Ermüdung getrennt werden. Wesentlich für diese Erscheinungen ist das Alternieren von ergotropen und trophotropen Phasen (s. Kap. 1.1).

Eine Reihe von Medikamenten kann durch Einfluß auf die Aktivität des ZNS die Ermüdbarkeit fördern (Beruhigungsmittel) oder hemmen (Weckmittel).

Schlafmangel fördert in ausgeprägtem Maße die Ermüdbarkeit des ZNS.

Transmitterermüdung (Übertragungsermüdung)

Die Muskelaktivität wird nicht zuletzt auch durch die Aktivität der neuromuskulären Synapsen, der motorischen Endplatten bestimmt (s. Kap. 2.1).

Das Aktionspotential wandert über den Neuriten der motorischen Vorderhornzelle an die

Peripherie. Am präsynaptischen Element der motorischen Endplatte – dem Ende des Neuriten – bewirkt es eine Ausschüttung von Azetylcholin in den Synapsenspalt. Die Depolarisation führt zur Freisetzung von Ca^{++} und anschließend zur Kontraktion.

Die Ausschüttung des Ferments Cholinesterase bewirkt eine Spaltung des Azetylcholins. Danach kann sich das postsynaptische Element wieder repolarisieren.

Vereinfacht sind diese Vorgänge im nachfolgenden Schema (Bild 4.21) dargestellt.

Bei schnell aufeinanderfolgenden elektrischen Stimulationen des Muskels über seinen motorischen Nerven kommt es zu einer Verminderung seiner Kontraktionskraft, also zu Ermüdungserscheinungen.

Reizt man danach den Muskel direkt, ist die Kontraktion wieder deutlich stärker. Dieses Phänomen wurde dahingehend gedeutet, daß ein Mangel an Übertragungsstoffen ursächlich für Ermüdungserscheinungen in Frage komme.

Übertragungsermüdung ist also eine Einschränkung der Kontraktionsmöglichkeiten durch Vorgänge im Bereich der Kopplung Nerv-Muskel.

Im einzelnen haben folgende Ursachen dabei mehr oder weniger Bedeutung:

- die Azetylcholinmenge wird zu gering, um gute Reizübertragung zu gewährleisten;
- die Cholinesteraseaktivität hat zugenommen;
- die Cholinesterase ist inaktiv, es kommt zu einer Überschwemmung der Endplatte mit Azetylcholin;
- die Reizschwelle des Muskels wird höher (durch Anstieg der Membranpermeabilität, Verlust von Ca^{++} und K^{+} – die Blockierung der Azetylcholinrezeptoren (z. B. durch Anhäufung von Milchsäure).

Übertragungsermüdung ist bei willkürlicher Muskelkontraktion kaum mit Sicherheit zu erreichen.

4.1.4.3 Fehlbelastung, Fehlbelastungsfolgen

Zum umfassenden Verständnis der Ermüdung gehört auch der für den Sport wichtige Bereich des sogenannten „Übertrainings" – besser und richtiger Fehlbelastung oder Fehltraining (Israel) genannt.

Es kann als eine über längere Zeit gehende Fehlforderung, als ein chronisches Mißverhältnis von Belastung und Belastbarkeit begriffen werden.

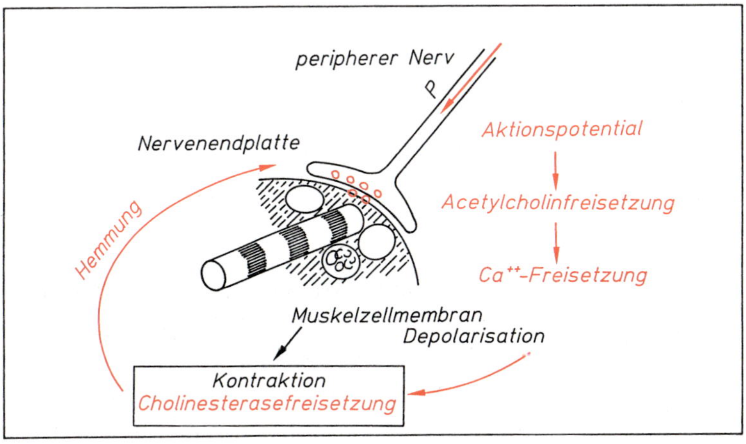

Bild 4.21 Reaktionsablauf bei Freisetzung und Spaltung des Azetylcholins an der motorischen Endplatte

Der Ausdruck „Übertraining“ sollte deshalb verlassen werden, weil nur selten übermäßig, immer jedoch falsch belastet wurde.

Die Fehlbelastung äußert sich durch Leistungsstagnation, ja sogar Leistungsrückgang trotz scheinbarer Erfüllung des beabsichtigten Trainings.

Die Gründe für die Fehlbelastungsfolgen sind vielgestaltig. Der häufigste ist sicher, daß unangemessen trainiert wird. Dabei geht man oft von falschen Voraussetzungen aus und steuert unerreichbare Ziele an (Bild 4.22).

Meist kommen dabei noch andere Faktoren hinzu, zum Beispiel:

- hohe Anforderungen durch das soziale Umfeld (Konflikte, Prüfungen, Mißerfolge),
- Monotonie im Training,
- Herderkrankungen (Zähne!), Verletzungen, Infekte,
- unangemessene Lebensweise,
- Training unter ungünstigen Umweltbedingungen.

Der Einfluß eines oder mehrerer dieser Faktoren kann ein richtig geplantes, wohldosiertes Training zur Fehlbelastung werden lassen, weil die individuelle Belastbarkeit des Sportlers sich vermindert hat. Somit stehen dann Belastung und Belastbarkeit bzw. Anpassungsmöglichkeit in einem Mißverhältnis. Die Folgen des Fehltrainings werden im Regelfall erst nach Wochen deutlich sichtbar.

Die „Behandlung“ nach Fehlbelastung ist nicht innerhalb einiger Tage abgeschlossen. Belastungsumfänge und Intensität sind stark zu reduzieren und komplexe Formen des Trainings anzuwenden. Das Freudvolle soll betont werden. Die oben genannten Faktoren müssen ausgeschaltet werden.

In diesem Abschnitt wurde nicht berücksichtigt, daß Fehlbelastungsfolgen teilweise auch nur lokalisiert in Erscheinung treten. So können zum Beispiel ungünstige statische Verhältnisse in Verbindung mit anderen Faktoren Beschwerden im Bereich der Wirbelsäule, der Sehnen (z. B. Achillessehne), Muskeln und Gelenke hervorrufen.

4.1.4.4 Beurteilung und Einschätzung der Ermüdung

Im günstigsten Falle einer Einschätzung/Messung der Ermüdung werden definierte Außenkriterien (z. B. die Belastung als Leistung in Watt) unter bestimmten Bedingungen (Belastungsregime, Testmethodik) in Beziehung zu Veränderungen definierter biologischer Daten (Herzfrequenz, Milchsäure im Blutserum, Harnstoff im Blutserum) gesetzt.

Es können so bestenfalls Symptome der Ermüdung, nie die Ermüdung selbst erfaßt werden. Vor allem bei Messungen der Muskelleistung gehen Übung, Geschicklichkeit,

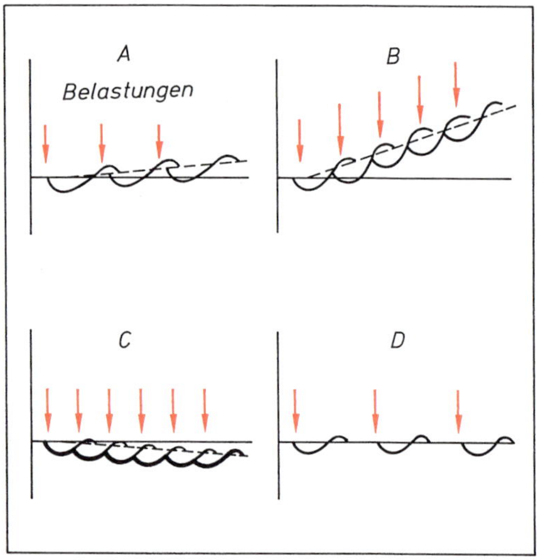

Bild 4.22 Bedeutung der Trainingshäufigkeit für den Trainingseffekt. **A** Der neue Reiz wird in der Superkompensationsphase gesetzt; **B** der neue Reiz wird knapp vor Erreichen der Superkompensationsphase gesetzt. Die Entwicklungsraten sind höher als Beispiel A; **C** der neue Reiz wird nach zu kurzer Zeit der Wiederherstellung gesetzt. Keine Entwicklung bis Fehlentwicklung (Fehltraining) resultiert; **D** Reize erfolgen zu selten – keine Entwicklung

Motivation und andere Einflußgrößen kaum in die Betrachtung dieser Vorgänge mit ein.

Gegenwärtig bestimmen noch Erfahrungen, subjektive Einschätzungen und biowissenschaftliche Stichproben die Beurteilung der Ermüdung im Sport. Die Verbesserung der Kenntnisse auf diesem Gebiet ist für die Sport- und Biowissenschaften eine vordringliche Aufgabe, an deren Lösung zur Zeit intensiv gearbeitet wird.

4.1.4.5 Nachbelastung (Wiederherstellung und Superkompensation)

Obgleich die Wiederherstellung kein Spiegelbild der Ermüdung oder der belastungsbedingten Auslenkung ist, besteht kein Zweifel daran, daß bestimmte Zusammenhänge zwischen Auslenkung und Rückschwingung bestehen müssen.

Viele grundlegende Erörterungen zur Wiederherstellung können also prinzipiell den Ausführungen zur Ermüdung entnommen werden.

Bei jeder Belastung wirken der Einschränkung der Leistungsvoraussetzungen (negative Auslenkung, Ermüdung) auch Prozesse entgegen, die im Sinne einer Gegenregulation (Regeneration, Wiederherstellungsverläufe während der Belastung) verstanden werden müssen.

Alle Maßnahmen des Organismus, die einer Störung seiner Homöostase entgegenwirken, also:

- Mobilisierung von Substraten durch Hormone,
- Regulationen von Herzschlag und Atmung,
- Sicherung der Isotonie, Isoionie, Isohydrie, Isothermie usw.

sind auch unter diesem Gesichtspunkt zu sehen. Der Belastung angemessene Fließraten/Durchsatzraten und eine Vielzahl von Steuerungen und Regelungen halten die auslenkende Störgröße nach Möglichkeit in Grenzen.

Unsere die Gesamtauslenkung kennzeichnende Kurve der Leistungsvoraussetzungen ist das Resultat der auslenkenden und gegenregulierenden Kräfte.

Der belastungsinduzierten Ermüdung wirkt ständig eine gleichermaßen belastungsbegleitende Wiederherstellung entgegen.

Auch bei diesen Überlegungen muß daran gedacht werden, daß die in Bild 4.23 dargestellte Resultierende viele – oft weit voneinander abweichende – Einzelverläufe zusammenfaßt.

In der Literatur zur Ermüdungsproblematik wird gar nicht selten der Wiederherstellungsprozeß in eine Frühphase, eine Spätphase und teilweise noch in weitere Phasen eingeteilt.

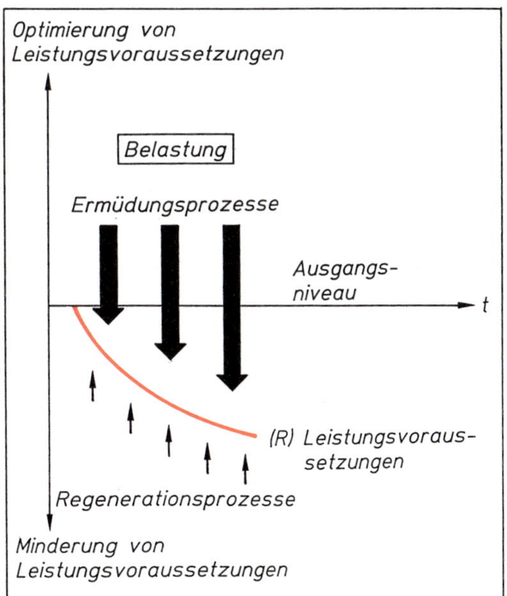

Bild 4.23 Darstellung der Resultierenden (*R*) aus gleichzeitig wirkenden Ermüdungs- und Regenerationsprozessen während sportlicher Belastung

Frühphase: Regeneration energiereicher Phosphate (vor allem CrP), Rückschwingung ausgelenkter Parameter des Herzkreislauf- und Lungensystems (RR, Hf), Normalisierung des pH-Wertes, Abbau der Milchsäure. Wiederherstellung der neuromuskulären Funktionen. Beginn der Substratauffüllung. Die Frühphase dauert bis 6 Stunden nach der Beanspruchung.

Spätphase: Auffüllung der Substrate wie Muskel- und Leberglykogen. Bevorratung mit intrazellulären Triglyzeriden. Regeneration von Zellorganellen (Mitochondrien) und Metaplasma (Actin und Myosin). Regeneration von Zellanteilen des Binde- und Stützgewebes (Knorpel).

Dauer 6 bis 36 Stunden.

Superkompensation: Die nächste Phase ist die der **Superkompensation**, und in einer weiteren Phase wird über einen Einschwingungsvorgang ein neues Niveau der Leistungsvoraussetzungen erreicht.

Es gilt als sicher, daß durch extreme Belastungen die Superkompensation gefährdet wird. (Bild 4.24)

Wenn wir uns daran erinnern, daß die zeitlichen Abläufe für viele Meßgrößen sehr unterschiedlich sind, also einige bereits im Stadium der Superkompensation sind, während andere noch immer das Ausgangsniveau anstreben, so wird diese Einteilung, vor allem

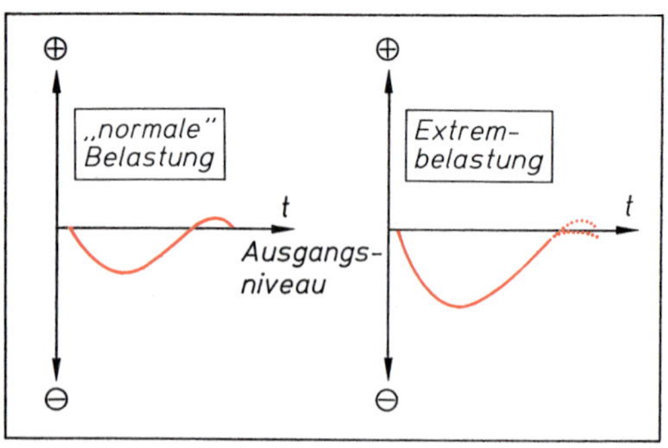

Bild 4.24 Extreme Belastungen bewirken einen veränderten Nachbelastungsverlauf – die Superkompensation wird gefährdet

was Superkompensation und Einschwingen auf ein neues Endniveau betrifft, problematisch.

Die Effektivität des Belastungsreizes ist nicht allein von dessen auslenkender, d. h. ermüdender Wirkung, sondern auch vom Verlauf der Wiederhestellungsperiode abhängig. Die Wiederherstellung ist ein Prozeß, dessen Verlauf gezielt und wirkungsvoll zu beeinflussen ist.

Körperliche Ruhe in der unmittelbaren Nachbelastungsphase schafft keine optimalen Bedingungen für eine schnelle Wiederherstellung. Das ist in der sportlichen Praxis eine bekannte – trotzdem oft ignorierte – Tatsache. Die abrupte Umstellung der Funktionssysteme stellt hohe Anforderungen an den Organismus.

Die wichtigsten Anpassungen, wie zum Beispiel die gesamte Superkompensation vollziehen sich überwiegend in der Nachbelastungsphase. In diesem Zeitraum herrschen anabole Prozesse unter dem Überwiegen der parasympathischen Anteile des vegetativen Nervensystems (Trophotropie) deutlich vor.

Wenn ausreichende Voraussetzungen vorhanden sind, d. h. die Substratzufuhr gesichert ist, störende Einflüsse aus der Umwelt ausgeschaltet sind, dann wird also in dieser Phase Struktur erneuert, gegebenenfalls neue Struktur aufgebaut.

Aus der Überlegung heraus, daß bei positiver innerer Verarbeitung einer körperlich-sportlichen Belastung eine schnellere Wiederherstellung letzten Endes ein höheres Trainingspensum möglich macht, gibt es Bestrebungen, den Wiederherstellungsprozeß zu optimieren. So wie die sportliche Belastung die gezielte Auslenkung aus der Homöostase erfordert, so sollte auch gezielt auf die Wiederherstellung derselben eingewirkt werden.

Verkürzung und Optimierung der Wiederherstellungsprozesse sind prinzipiell aufgrund verschiedener Einflußmöglichkeiten denkbar. Sie sind aber keinesfalls identische Vorgänge. Eine Verkürzung der Wiederherstellung muß nicht zwangsläufig zu einer Optimierung führen; möglicherweise wird zum Beispiel die Superkompensationsphase negativ beeinflußt, d. h. abgeflacht oder verkürzt. Das Bild 4.25 soll das belegen.

Eine Optimierung der Wiederherstellung kann unter Umständen eine Verlängerung der Wiederherstellungsprozesse erfordern, würde aber zusätzlichen Anpassungsgewinn erbringen.

In der Regel ist eine Verkürzung der Wiederherstellungsprozesse mit einer Optimierung der Anpassungsvorgänge verbunden. Die Wiederherstellung ist immer als ein komplexer Prozeß zu sehen; er darf in unserer Vorstellung nicht als die Rückschwingung nur einzelner Parameter betrachtet werden.

Der Rückgang der Herzschlagfrequenz nach einer Belastung ist ein Indikator für den Ablauf der Wiederherstellung des Herz-Kreislauf-Systems. Er repräsentiert also keinesfalls die Wiederherstellung.

Die Unterschiedlichkeit der Rückschwingung einzelner Parameter nach dem Ende der Belastung stellt für das sportliche Training und den Wettkampf immer wieder die Frage:

Wann soll die neue Belastungsanforderung erfolgen ?

Sicher kann nicht gewartet werden, bis auch die langschwingenden Parameter das Ausgangsniveau erreicht haben oder sich im Superkompensationsbereich befinden. Andererseits ist eine zu schnelle Reizfolge nicht günstig.

Es ist für die Praxis des Sporttreibens ratsam, einem „Mittelwert des Wiederherstellungsverlaufs" zu folgen.

Sehr wesentlich dabei ist das Wiederherstellungsgefühl des Sportlers. Bei vielen Belastungen wird bewußt eine schnelle Reizfolge gewählt, damit ein Wechsel der Prozesse Ermüdung – Wiederherstellung – Ermüdung in kurzer Zeit möglichst oft angesprochen wird und eine tiefe Ausschöpfung von Reserven erzielt werden kann.

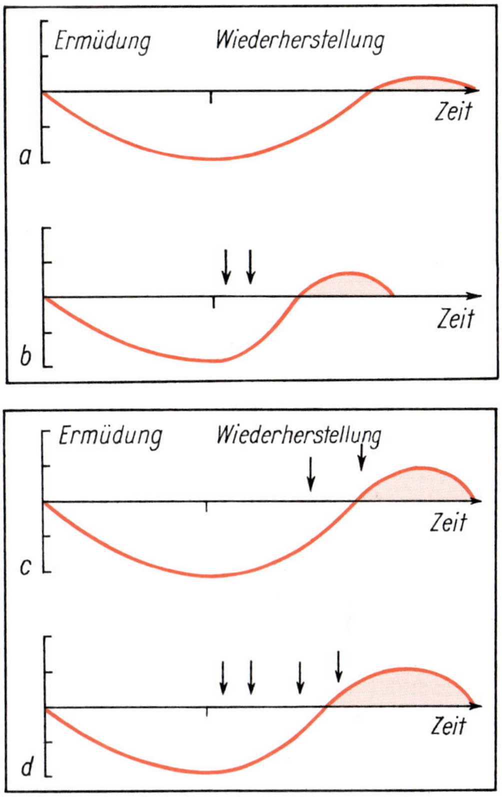

Bild 4.25 Beeinflussung der Wiederherstellung (Schema). **a** Unbeeinflußte Wiederherstellung; **b** Verkürzung der Wiederherstellungszeit; **c** Einflußnahme auf die Superkompensation; **d** Verkürzung der Rückschwingungszeit und Erweiterung der Superkompensation durch ein Ensemble von Maßnahmen

Für die Kohlenhydratkinetik ist bekannt, daß beim Ausdauertraining der Reiz bei etwa 60 Prozent des zu erwartenden Maximums der Muskelglykogeneinlagerung erneut gesetzt werden soll. So trifft der Reiz nicht (wie man erwarten könnte) den Organismus im Stadium der Kohlenhydratsuperkompensation, sondern bereits erheblich früher (Bild 4.26).

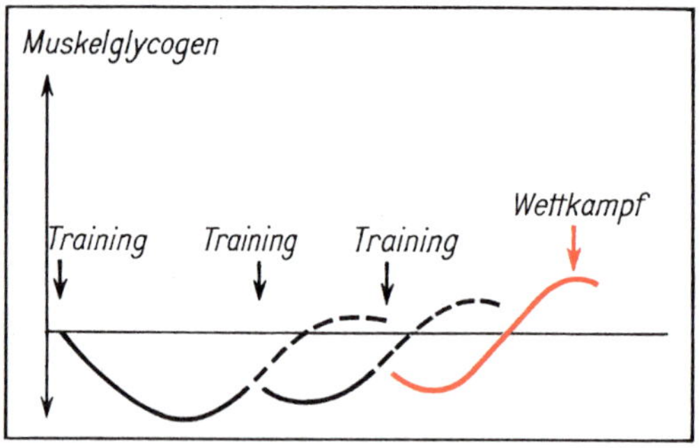

Bild 4.26 Bevor die Glykogenvorräte im Muskel wieder aufgefüllt sind, erfolgt ein neuer Trainingsreiz. Mit der Anpassung nehmen die Vorräte zu. Der Wettkampf erfolgt im Stadium der Superkompensation. Der Trainingsglykogenbestand des Ausdauersportlers ist dann zwar immer noch so hoch wie der des Untrainierten, liegt aber weit tiefer als bei ausgeprägter Superkompensation

Wettkampfbelastungen sollten jedoch auf einen superkompensierten Organismus treffen.

Der Vorgang der Wiederherstellung soll an einigen für das sportliche Training wichtigen Verläufen beispielhaft erläutert werden. Die Verschiedenheit des zeitlichen Ablaufs dieser willkürlichen Auswahl von Kenngrößen unterstreicht noch einmal, daß es die Wiederherstellung nicht gibt und daß kein Parameter für sich allein ausreichend über die Wiederherstellung auszusagen vermag.

Eiweißsynthese

Kraftausdauer- und Langzeitausdaueranfordungen bewirken in besonderem Maße einen Abbau (Verschleiß) von Struktureiweißen. Zum Teil wird das zu Aminosäuren zerlegte Eiweiß für die Energiegewinnung genutzt. Der Wiederaufbau und der Mehraufbau im Sinne der Superkompensation von Struktureiweiß erstreckt sich über Tage bis Wochen. Das ist auch ein Grund dafür, daß zum Beispiel Radsportler nach harten Etappenrennen über längere Zeit erst einmal weniger leistungsfähig sind.

Besonders für den Heranwachsenden ist ausreichende Verfügbarkeit von Eiweiß in der Nahrung notwendig. Es ist leicht einzusehen, daß das additive Wirken von Belastung, Wachstum und Entwicklung an den Eiweißstoffwechsel höhere Anforderungen als beim Erwachsenen stellt.

Glykogenresynthese

Wiederholte harte Belastungen kürzerer Dauer bei anaerober Energiewandlung führen zu einem bevorzugten Abbau der Glykogenvorräte in den schnell kontrahierenden Muskelfasern. Bei langandauernden, wenig intensiven Beanspruchungen wird das Glykogen der langsam kontrahierenden Fasern und der Leber in stärkerem Maße genutzt. Bei geeigneten Belastungen (z. B. 30-km-Skilauf) können die Muskelglykogenvorräte weitgehend erschöpft sein. Die Wiederauffüllung der Speicher ist abhängig vom nachfolgenden Belastungs- und Ernährungsregime.

Wenn keine zusätzliche Belastung erfolgt, wird die Wiederherstellung der Glykogendepots nach einer Dauerbelastung wie in Bild 4.27 gezeigt verlaufen.

Das Bild 4.27 zeigt auch, daß die Ernährung die Wiederauffüllungsdynamik erheblich beeinflußt. Zu wenig oder falsche Nahrungsstoffe können die Wiederherstellung entscheidend verzögern.

Die Durchsetzung gezielter Ernährungsschemata mit Wechsel von der Fett-Eiweiß-Diät zu einer Kohlenhydratdiät hat nicht die anfangs gehegten Erwartungen auf Leistungssteigerungen in den Ausdauerdisziplinen erfüllt.

Kohlenhydratbetonte Ernährung der (Kraft-) Ausdauersportler sichert ausreichende Energiebereitstellung und schnelle Wiederauffüllung.

Nach Intervall- oder intermittierender Belastung mit Laktatbildung erfolgt in den er-

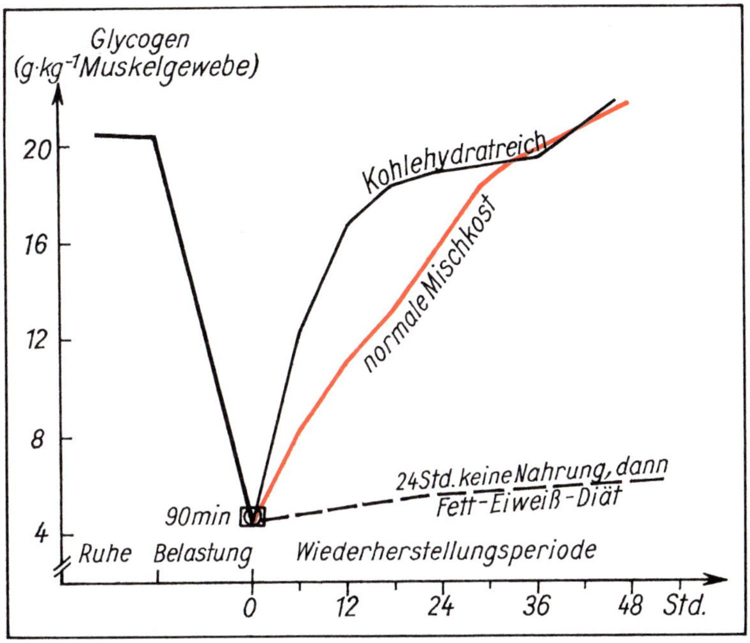

Bild 4.27 Die Kohlenhydratvorräte der Muskulatur werden bei einer 90-Minuten-Belastung erheblich reduziert. Abhängig von der Zusammensetzung der Nahrung werden die Vorräte schneller (kohlenhydratreich) oder langsamer (normale Mischkost) wieder aufgebaut. Fasten oder Fett/Eiweißkost erlauben fast keinen Aufbau des Glykogens

sten 30 Minuten nach Belastungsende durch Umbau des Laktats in Muskelglykogen eine Phase sehr schneller Wiederauffüllung der Vorräte in Muskulatur und Leber unabhängig von der Nahrungszufuhr.

Auch hier wird die Wiederauffüllung der FT-Fasern schneller vollzogen als die der ST-Fasern.

Laktatabbau und -umbau

Das nach intensiven Belastungen entstandene und in Blut und Gewebe akkumulierte Laktat kann als eine Ermüdungssubstanz gelten. Sein Umbau ist einem Wiederherstellungsprozeß gleichzusetzen.

Dabei wird das Laktat direkt zur Energiegewinnung durch Abbau im Zitronensäurezyklus oder – durch Umbau – zur Neubildung von Muskel- und Leberglykogen genutzt.

Abhängig von Trainingszustand, insbesondere auch von der Ausprägung des aeroben Energiestoffwechsels, wird das Laktat langsamer oder schneller ab- bzw. umgebaut. Bei Trainierten sind die Laktatdurchsatzrate und die Umbaugeschwindigkeiten höher.

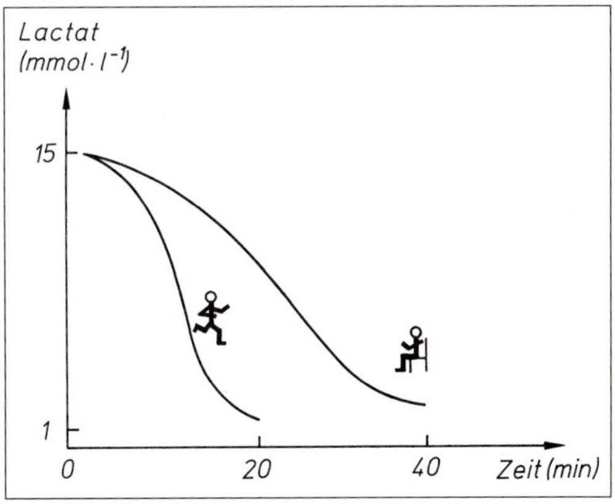

Bild 4.28 Die Abnahmequote der Milchsäure aus dem Blut (und Gewebe) richtet sich nach der Gestaltung der Nachbelastungsphase. Aktive Gestaltung – schnelles Verschwinden des Laktats; passive Gestaltung – Laktat verweilt wesentlich länger (nach Astrand)

Für das sportliche Training ist es von großer Wichtigkeit, zu wissen und zu nutzen, daß mäßige körperliche Belastung (Auslaufen, Ausschwimmen usw.) zu einem wesentlich schnelleren Verschwinden des Laktats aus dem Blut führt, als das bei körperlicher Ruhe der Fall ist.

Im Bild 4.28 soll das schematisch verdeutlicht werden. Die notwendige Intensität der Belastung zur Förderung des Laktatabbaus wird mit etwa 40 Prozent der maximalen Sauerstoffaufnahme angegeben.

Der Organismus braucht bei völliger Ruhe etwa doppelt so lange, um den größten Teil des angesammelten Laktats zu beseitigen.

Folgen mehrere intensive Belastungen in kürzerer Zeit hintereinander, dann ist die körperliche Aktivität zwischen den Belastungen für diese Prozesse besonders wichtig.

Die Nachbereitung intensiver Belastungen im Sportunterricht ist mit den Kenntnissen dieser Verläufe zielgerichtet durchzusetzen.

Resynthese energiereicher Phosphate

Die energiereichen Phosphate sind die unmittelbar (ATP) bzw. sehr schnell verfügbaren (CrP, ADP, AMP usw.) Energiequellen für ultrakurze sportliche Leistungen.

Während das ATP immer sofort nach der Spaltung aus anderen Phosphagenen resynthetisiert wird (sein Gewebsspiegel also nur sehr gering absinkt), nimmt zum Beispiel Kreatinphosphat (CrP) vor allem bei kurz aufeinanderfolgenden Belastungen stark ab.

Es wird, wenn die Belastung beendet ist, innerhalb weniger Minuten wieder aus Kohlenhydraten aufgebaut.

Trainierte Schnellkraftsportler haben infolge der anpassungsbedingten Superkompensation höhere Phosphagenvorräte als Untrainierte. Abbau und Resynthese (Durchsatzrate) verlaufen schneller als beim Untrainierten.

Wiederauffüllung des Sauerstoffmyoglobinsspeichers

Das in der Muskelzelle vorhandene Myoglobin enthält beim erwachsenen Sportler etwa 500 ml Sauerstoff. Der Sauerstoff ist chemisch an den roten Muskelfarbstoff (Myoglobin) gebunden, genau wie der Sauerstoff an das Hämoglobin, den roten Blutfarbstoff. Myoglobin realisiert den Transport nahezu allen Sauerstoffs innerhalb der Muskelzelle zu den Mitochondrien. Das unterstreicht die Bedeutung des O_2-Myoglobinsystems (Bild 4.29).

Bei körperlichen Belastungen wird zunächst der unmittelbar verfügbare Sauerstoff aus dem in der Muskelzelle befindlichen O_2-Myoglobinspeicher zur aeroben Energiewandlung verwandt. Erst danach wird der Sauerstoff aus dem Blut (HbO_2), dem Konzentrationsgefälle folgend, die Membran des Erythrozyten, die Gefäßwand und danach die Zellwand passieren. Das Myoglobin ist sowohl Speicher als auch Überträger des Sauerstoffs. Wenn die Konzentration an Sauerstoff im Blut ausreicht, und das ist nur unter extremen Bedingungen nicht der Fall, dann vollzieht sich die Aufsättigung des Myoglobin in Sekundenschnelle.

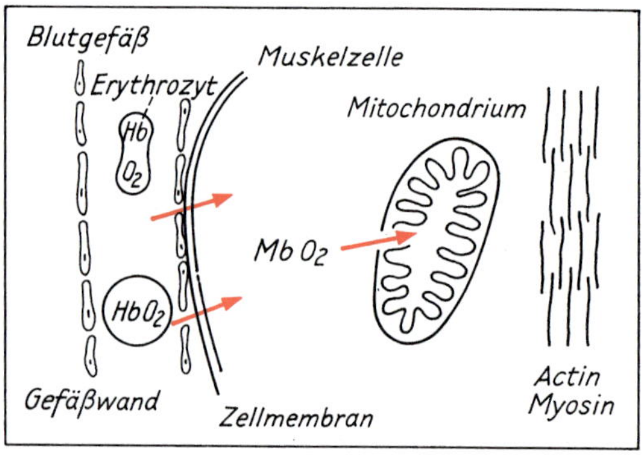

Bild 4.29 Der an das Hämoglobin der roten Blutkörperchen gebundene Sauerstoff dringt – dem O_2-Partialdruckgefälle folgend – in die Muskelzelle ein. Er wird sofort an das Myoglobin gebunden in dieser Verbindung zu den Mitochondrien transportiert

Kompensation

Von besonderer Bedeutung in der Wiederherstellungsphase sind die Maßnahmen zur Kompensation (Ausgleich) der Wirkungen vorausgegangener, oft einseitiger Belastungen.

Die Kompensation dient der leistungsfördernden aktiven Verarbeitung des vorangegangenen Reizes. Die vorher stark belasteten Strukturen werden entlastet, d. h. kaum oder nicht mehr beansprucht, und über den Umweg von milden Belastungen anderer Strukturen wird die Versorgung und Entsorgung auf hohem Niveau gewährleistet.

Eine ganz wesentliche Aufgabe hat die Kompensation bei der Wiederherstellung des arthromuskulären Gleichgewichts. Auch der psychische Ausgleich wird mit einer guten Kompensation angestrebt.

Im Sportunterricht sind beispielsweise Lokkerungs- und Dehnübungen nicht nur in der Vorbereitungsphase, sondern auch als Kompensationsmaßnahmen einzusetzen.

Die Problematik der Einordnung kompensierender Belastung besteht nur scheinbar darin, daß die Rückschwingung einzelner Parameter (nehmen wir wieder als Beispiel die Herzschlagfrequenz) durchaus verzögert wird oder werden kann. Insgesamt jedoch – für den Prozeß der Wiederherstellung – dient die Kompensation der Rückschwingung, optimiert sie die Wiederherstellungsphase und damit das Anpassungsergebnis.

Ihre positiven Wirkungen vor allem auf das ZNS sind noch weitgehend unerforscht – aber zweifellos vorhanden.

Physioprophylaxe

Die Maßnahmen der Physioprophylaxe in der Phase der Wiederherstellung sind darauf gerichtet, anabole Prozesse einleiten zu helfen oder zu unterstützen. Zu ihnen gehören zum Beispiel die Förderung der Durchblutung zum besseren Substrattransport und zum Abtransport von Stoffwechselzwischen- und -endprodukten; aber auch die Herabsetzung des Muskeltonus und die Beeinflussung des vegetativen Nervensystems.

Sehr viele Maßnahmen der Physioprophylaxe und der Physiotherapie wirken reflektorisch über das zentrale Nervensystem. Dazu zählen Massagen, Hydrotherapie, Sauna und Bestrahlungen mit ultraviolettem Licht.

Ernährung und Lebensregime

Die Wiederherstellung wird durch ausgewogene Ernährung (s. 4.1.3) fraglos günstig beeinflußt. Eine wichtige Rolle spielen dabei die Flüssigkeitszufuhr und der Ersatz verbrauchter Mineralien.

Immer wieder muß auf ausreichenden Schlaf hingewiesen werden. Genauso wie die Wiederherstellung durch Erkrankungen – zum Beispiel Infekte der oberen Luftwege – gestört wird, kann sie auch durch Schlafdefizit verzögert werden. Wiederherstellungsprozesse stehen in enger Beziehung zum Trainingszustand des Sporttreibenden.

Die Wiederherstellungsprozesse im Binde- und Stützgewebe vollziehen sich langsamer als die Rückschwingungen einer Reihe einfach zu bestimmender Parameter.

Dem Kapitel 2.2 ist zu entnehmen, daß den Wiederherstellungsvorgängen gerade des Binde- und Stützgewebes mehr als bisher Aufmerksamkeit geschenkt werden muß.

Gar nicht wenige Verletzungen und Überlastungen dieses Organsystems des Erwachsenen lassen sich bis zu falsch geführten Belastungen im Kindes- und Jugendalter zurückverfolgen.

Auf die Notwendigkeit ausgiebiger Kompensation wurde bereits hingewiesen.

4.1.4.6 Schlußfolgerungen für die Trainingspraxis

Die Ausführungen zur Ermüdung und Wiederherstellung lassen einige Schlußfolgerungen für die Praxis zu:

- Ermüdung ist ein für die Effektivität des Übens und Trainierens notwendiger Vorgang. Durch sinnvolle Dosierung der Belastung können Kinetik und Ausmaß der Ermüdung in der gewünschten Höhe herbeigeführt werden.
- Hohe motorische und Lernanforderungen verlangen einen nicht oder nur gering ermüdeten Organismus. Sie erfordern bei Wiederholungen ausgedehnte Pausen und eine gewissenhafte Nachbereitung.
- Ermüdung kann für einzelne Belastungen anhand bestimmter Parameter grob eingeschätzt werden. Der Verlauf der Wiederherstellung ist der Ermüdungskinetik ähnlich – jedoch nicht gleich.
- Abhängig von Art und Ausprägung der Ermüdung kann auf die Wiederherstellungsprozesse Einfluß genommen werden.
- Ziel der Maßnahmen in der Wiederherstellungsphase ist die Verringerung des Zeitbedarfs der Wiederherstellungsvorgänge sowie die Erweiterung des Anpassungsergebnisses. Sorgfältige Trainingsnachbereitung, insbesondere Maßnahmen der Kompensation, Wiederauffüllung der Energiedepots und Physioprophylaxe sind Reserven in der Gestaltung des Prozesses der Wiederherstellung.

4.2 Langschwingende Prozesse

4.2.1 Wachstum, Entwicklung und körperliche Leistungsfähigkeit im Kindes- und Jugendalter

Von *K. Koinzer*

Unter Entwicklung wird die Summe aller Wachstums-, Differenzierungs- und Stukturierungsvorgänge im menschlichen Organismus verstanden. Wachstum drückt die an die Lebenstätigkeit der Zellen gebundene Volumen- und Massenzunahme von Geweben, Organen und des Gesamtorganismus aus. Differenzierung ist der Begriff für Bereicherung von Eigenschaften und Wesenszügen und unter Strukturierung wird das Zusammenfügen dieser Eigenschaften zu einer neuen Ordnung bzw. Struktur verstanden. Ausmaß und Zeitpunkt von Wachstum, Entwicklung und Strukturierung werden sowohl durch endogene – d.h. genetisch determinierte – als auch durch exogene – d.h. aus der Umwelt einwirkende Größen – beeinflußt.

Wachstum, Entwicklung und Strukturierung der Gewebe, Organe und Organsysteme nehmen insbesondere im Kindes- und Jugendalter entscheidenden Einfluß auf die Entwicklung aller motorischen und psychischen Eigenschaften und tragen somit zu steten Veränderungen der sportlichen Belast- und Trainierbarkeit bei.

Dies ist bei den sportlichen Belastungsgestaltungen im Schulalter unbedingt zu beachten. Unter diesem Aspekt sollen im Folgenden **Wachstum**, **Entwicklung** und **Differenzierung** organismischer Strukturen im Kindes-, Jugend- und Höchstleistungsalter dargestellt werden.

4.2.1.1 Grundgesetzmäßigkeiten von Wachstum, Entwicklung und Strukturierung

Begrifflich ist zu unterscheiden zwischen der Phylogenese und der Ontogenese.

- Die Phylogenese umfaßt die Entwicklung des Menschengeschlechts von den frühesten Vorfahren bis zur Gegenwart.
- Die Ontogenese beschreibt die Entwicklung des Individuums Mensch von der befruchteten Eizelle bis zum biologischen Tod.

Die Ontogenese wird in die vorgeburtliche (pränatale) und in die nachgeburtliche (postnatale) Entwicklung eingeteilt. Phylogenetische und ontogenetische Entwicklung bedingen sich einander. Die dem Leben und damit der menschlichen Entwicklung zugrunde liegenden Eigenschaften sind der Stoffwechsel, die Reproduktion (Fortpflanzung) und die Stabilität, die sich in ihrer wechselseitigen Durchdringung als Wachstum, Differenzierung und Strukturierung realisieren.

Stoffwechsel

Während des gesamten Lebens vollziehen sich im Organismus ununterbrochen zwei wechselseitig verbundene Stoffwechselprozesse:

- Assimilation (Aufbau von Körpersubstanz, Anabolismus),
- Dissimilation (Abbau von Körpersubstanz, Katabolismus).

Diese scheinbar entgegengesetzt verlaufenden Vorgänge sind zwei Seiten der einheitlichen, komplexen Lebenstätigkeit des Organismus: Ohne Assimilation kann es keine Dissimilation geben und umgekehrt gibt es ohne Dissimilation keine Assimilation ! Ein Stillstand des Stoffwechsels bedeutet Tod.

Reproduktion

Als zweite wesentliche Eigenschaft der lebenden Materie kann die Fähigkeit zur Fortpflanzung (Reproduktion) unter gleichzeitiger Weitergabe von Erbinformationen angesehen werden. Nach unserem heutigen Wissen erfolgt die Weitergabe von Erbinformationen und damit die Entwicklung der Organismen nach einem erblich fixierten Programm unter Einfluß der Umwelt. Während sich Lamarck am Ende des 18. Jahrhunderts die Entwicklung so vorstellte, daß die unter dem Einfluß der Umwelt durch Gebrauch oder Nichtgebrauch hervorgerufenen Veränderungen der Organismen oder ihrer Organe direkt weitervererbt, also in den Nachkommen fixiert würden, nahm Darwin 1859 in seiner Schrift „Über die Entstehung der Arten" an, daß die in den lebenden Organismen auftretenden Veränderungen zufällig seien. Die Individuen, die dadurch besser an die Umweltbedingungen anpassungsfähig sind, gelangen zur Fortpflanzung (Selektion = Auslese, Grundsatz des Darwinismus). Auf der Grundlage der von Mendel begründeten **Genetik** (1865 Spaltungsgesetz und Unabhängigkeitgesetz) konnte De Vries um 1900 die Mutation, die sprunghaft und plötzlich auftretende Veränderung von Erbinformationen, nachweisen. Mutationen sind vererbbar. Aus den Untersuchungen von Watson und Crick (1953) u.a. wissen wir heute, daß diese Mutationen an den Desoxyribonukleinsäuremolekülen (DNS) der **Gene**, den Trägern der Vererbung, erfolgen. Diese sitzen an den **Chromosomen**. Die Mutation ist also eine vererbbare Veränderung am Genapparat, durch die der konservative Charakter der Gene aufgehoben wird. Die **Mutationen** sind damit jene grundlegenden Mechanismen, die zur Entstehung neuer Formen führen. Diese im molekularen Bereich stattfindenden und dauerhaft fixierten Mutationen können ihrem Wesen nach bei Einzelindividuen sowohl progressiv als auch degressiv wirken. In der Phylogenese gelangen jedoch über das von Darwin formulierte Prinzip der *Selektion* (Auslese) die an die Umwelt besser anpaßbaren Individuen zur Fortpflanzung. Auch der Mensch ist das Ergebnis von natürlicher Auslese und von Mutationen.

Dies ist nach unserem heutigen Wissen die Erklärung dafür, daß die phylogenetische Entwicklung des Menschen progressiv verläuft, d.h., zu Veränderungen des Organismus führt, die diesem eine immer sinnvollere und erfolgreichere Auseinandersetzung mit der natürlichen und sozialen Umwelt ermöglicht. Die derzeitige Entwicklung der durch den Menschen geprägten Umweltbedingungen bewirken allerdings auch die Gefahr degressiver Entwicklungen für den menschlichen Organismus (vgl. sog. Zivilisationskrankheiten).

Stabilität

Die dritte grundsätzliche Eigenschaft der lebenden Materie, das stete **Streben nach Stabilität des biologischen Systems** in seinen Teilen und in seiner Gesamtheit, ermöglicht den Individuen die erfolgreiche Auseinandersetzung mit der Umwelt (Allgemeines Gesetz der Individualentwicklung, Markosjan, 1964). Der menschliche und tierische Organismus strebt stets danach, seine Funktionssysteme stabil, in Homöostase (s. Kap. 1.1) zu halten, um die an sie gestellten Anforderungen mit möglichst geringen Störungen seiner organismischen Stabilität bewältigen zu können. Zur Sicherung der weitgehenden Stabilität der biologischen Systeme besitzt der Organismus nach Markosjan eine Reihe von Voraussetzungen. Dazu gehören:

- ein Überschuß von Substraten und Steuerelementen für die ablaufenden Prozesse,
- Möglichkeiten zur gegenseitigen Ersetzbarkeit der Steuerelemente,
- Möglichkeiten zur perfekten und schnellen Rückkehr in den Zustand der relativen Konstanz,
- die Fähigkeit zur dynamischen Wechselwirkung zwischen den einzelnen Gliedern des Gesamtsystems.

Diese organismischen Voraussetzungen für die Erhaltung einer weitgehenden biologischen Stabilität bei der Auseinandersetzung des Organismus mit den stets wechselnden Umweltbedingungen sind genetisch innerhalb bestimmter Grenzbereiche fixiert. Das bedeutet, daß sie auf der Basis der Anpassungsfähigkeit durch Aktivität über die Ausbildung von Adaptationen (s. Kap. 1.1) innerhalb dieser genetisch vorgegebenen Bereiche optimierbar und maximierbar sind, jedoch durch Inaktivität auch Deadaptationen erfahren.

Die Stabilität der einzelnen biologischen Systeme ist eine untrennbare Eigenschaft alles Lebenden und entwickelt sich gemeinsam mit der lebenden Materie weiter. Das bedeutet, daß auch die organismischen Grundlagen dieser biologischen Stabilität nicht nur in der Phylogenese, sondern auch in der Ontogenese ständiger Entwicklung unterliegen.

4.2.1.2 Entwicklungsstadien

Die Gesamtentwicklung und die der einzelnen Organsysteme vollzieht sich, bezogen auf das Kalenderalter, nicht kontinuierlich, sondern es wechseln Phasen rascherer mit solchen weniger rascher Entwicklung ab **(Diskontinuität der Entwicklung)**. Die menschliche Entwicklung ist biologisch und sozial determiniert, sie wird mit Hilfe komplizierter nervaler und hormoneller Mechanismen auf der Grundlage genetischer Vorgaben gesteuert. Eine Vielzahl von umweltbedingten und körpereigenen Einflüssen wirkt modifizierend. Während an der Steuerung der Entwicklung praktisch alle Hormone beteiligt sind, ist ihr Anteil und ihre zeitliche Einflußnahme in den einzelnen Entwicklungsetappen unterschiedlich ausgeprägt. Die **Steuerung durch Geschlechtshormone** kommt insbesondere im Schulalter zum Tragen. Nach einer relativen Ruhephase bezüglich Ausschüttung von Geschlechtshormonen im Vorschul- und frühen Schulalter erfolgt in der vorpuberalen und ersten puberalen Phase nach Aktivierung von

Hypothalamus, Hypophyse und Gonaden (Keimdrüsen) durch das Sexualzentrum im Tuber cinerium eine sehr rasch zunehmende Produktion und Ausschüttung der gleich- und gegengeschlechtlichen Hormone durch die Keimdrüsen und Nebennieren (Bild 4.30).

Während die **Androgene** einen kräftigen anabolen (eiweißaufbauenden) und wachstumsfördernden Effekt besitzen, ist die Wirkung der **Östrogene** im wesentlichen auf die Reifungsvorgänge ausgerichtet. Beide Hormone bewirken die Ausbildung der primären und sekundären Geschlechtsmerkmale. Am Ende der **Pubeszenz**, die bei Mädchen im Mittel mit 12,5 Lebensjahren und bei den Jungen im Durchschnitt etwa 1,0 bis 1,5 Jahre später erreicht wird (s. Tabelle 4.3), kommt es zur Menarche (erste Regelblutung) bzw. zur Spermarche (erster Samenerguß). Diesen Zeitpunkt der erreichten Geschlechtsreife nennen wir **Pubertät**. In der folgenden **Adoleszenz** (zweite puberale Phase oder Jugendalter oder Ausreifung), die bei Mädchen etwa bis zum 16./17. Lebensjahr und beim männlichen Geschlecht etwa bis zum 18. / 20. Lebensjahr dauert, vergrößert sich die Ausschüttung der Sexualhormone nur noch unwesentlich. In diesem Entwicklungsstadium erreicht u.a. der Östrogen-Progesteron-Wechsel, der die zyklischen Veränderungen der Uterus- und Vaginalschleimhaut induziert, seine Stabilität. Als Folge dieser komplizierten, zeitlich unterschiedlich ablaufenden hormonellen Vorgänge bilden sich ausgeprägte Individual- und Geschlechtsdif-

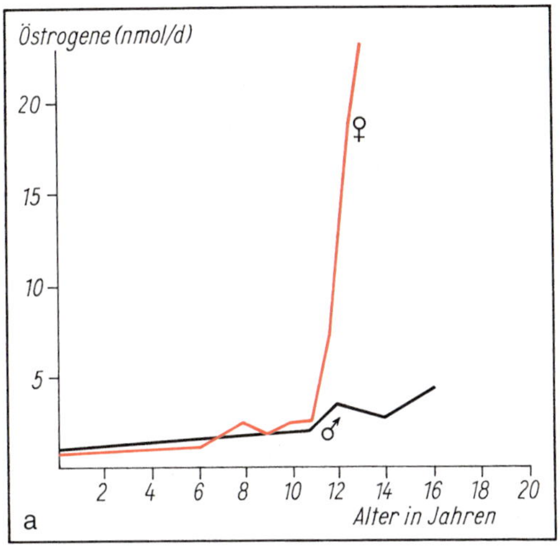

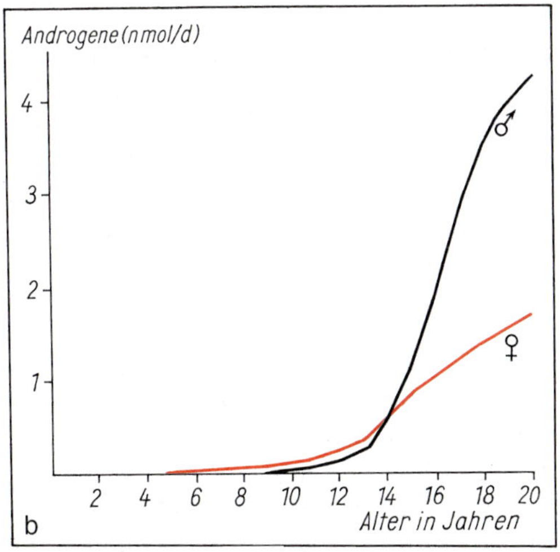

Bild 4.30 a, b Ausschüttung der Geschlechtshormone bei Jungen und Mädchen im Alternsgang (nach Tanner, 1962)

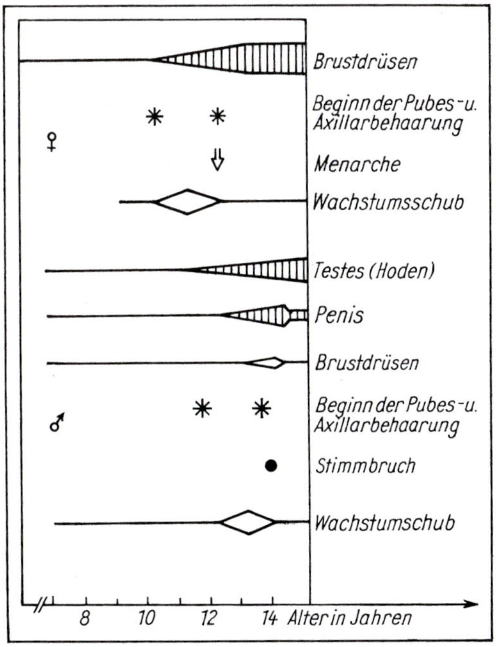

Bild 4.31 Auftreten und Entwicklung der äußeren Geschlechtsmerkmale bei Jungen und Mädchen im Alternsgang (Reifezeichenentwicklung; nach Linneweh, 1959)

ferenzen bezüglich Zeitpunkt, Geschwindigkeit und Ausmaß morphologischer und physiologischer Entwicklungsverläufe heraus. Das Bild 4.31 gibt einen Einblick in die durchschnittlichen Veränderungen wichtiger körperbaulicher Kenngrößen und sekundärer Geschlechtsmerkmale bei Kindern und Jugendlichen beider Geschlechter in der Reifezeit. Die hier angegebenen, zwischen den Geschlechtern versetzten Entwicklungszeiträume sind Durchschnittswerte der heutigen Population. Bedingt durch Entwicklungsdifferenzen zwischen den Individuen eines Geschlechts können in einer Klassenstufe die körperlichen Entwicklungsstadien der Schüler sehr unterschiedlich sein und Schwankungen bis zu +/- drei Jahren beinhalten.

Die ontogenetische **Entwicklung** wird in Entwicklungsstadien, d.h. in größere Entwicklungsabschnitte eingeteilt. In Tabelle 4.4 sind die wichtigsten postnatalen Entwicklungsstadien und ihr Bezug zum Kalenderalter aufgeführt.

Innerhalb dieser Entwicklungsstadien werden Entwicklungsperioden (Entwicklungsetappen, Entwicklungsphasen, Entwicklungsstufen) unterschieden. Da Wachstum und Entwicklung der einzelnen Organsysteme zum Teil zeitlich gegeneinander versetzt sind (s. Bild 4.34), wird die Kompliziertheit der Entwicklung des menschlichen Organismus besonders im Kindes- und Jugendalter verständlich.

Aus all dem ergibt sich, daß der kindliche Organismus keine maßstabsgerechte Verkleinerung des erwachsenen Organismus darstellt. Die Entwicklung des Menschen ist ein sich über das gesamte Leben erstreckender kontinuierlicher Prozeß (Kontinuität der Entwicklung), der von Geburt an in jeder Entwicklungsetappe bestimmte Merkmale aufweist, die für das jeweilige Alter kennzeichnend sind (**Altersbesonderheiten**). Diese müssen bei der Beurteilung der sportlichen Belastbarkeit, der sportlichen Trainierbarkeit und bei der sportlichen Belastungsgestaltung

Tabelle 4.4 Entwicklungsstadien des Menschen bis zur Reife

Vorgeburtliche Entwicklung	Befruchtung bis Geburt
Nachgeburtliche Entwicklung	
– Säuglingsalter	Geburt bis Ende 1. Lebensjahr
– Kleinkindesalter	2. und 3. Lebensjahr
– Vorschulalter	
– Schulalter (mehrere Einteilungsprinzipien möglich)	
Einteilung nach Klassenstufen (Altersstufen):	
1. Unterstufe oder frühes Schulalter	1.–3. Klassenstufe
2. Mittelstufe oder mittleres Schulalter	4.–6. Klassenstufe
3. Oberstufe oder höheres Schulalter	7.–10. bzw. 12. Klassenstufe
Einteilung nach dem biologischen Entwicklungsstand (Reifungsalter)	
1. vorpuberale Phase: Mädchen 9.–10. Lebensjahre, Jungen 10.–11. Lebensjahre	
2. erste puberale Phase oder Pubeszenz oder 1. Reifephase: Mädchen 11.–12,5 Lebensjahre, Jungen 12.–13,5–14. Lebensjahre	
3. Pubertät: Menarche der Mädchen 12,5. (9.–17.) Lebensjahre, Spermarche der Jungen zwischen 13.–14. (10.–18.) Lebensjahren	
4. zweite puberale Phase oder Adoleszenz oder Jugendalter oder Ausreifung: Mädchen 12,5.–16. (17.) Lebensjahre, Jungen 13,5./14.–18./20. Lebensjahre	
5. Maturität: körperliche Vollreife	

berücksichtigt werden. Dies hat insbesondere fürs Kindes- und Jugendalter Berechtigung.

Sportliche Belastbarkeit oder Belastungsverträglichkeit wird als Eigenschaft von Menschen definiert, hohe und höchste sportliche Belastungen ohne akute oder chronische Schädigung des Organismus verarbeiten zu können.

Grundlagen der sportlichen Belastbarkeit des Gesamtorganismus und seiner Teile sind die Funktions- und/oder Regulationsfähigkeit der belasteten biologischen Strukturen. Qualität und Quantität der Belastungsverträglichkeit organismischer Systeme werden maßgeblich durch die physiologische und regulative Leistungsfähigkeit dieser bestimmt. Der biologische Entwicklungszustand ist somit neben dem aktuellen Gesundheits- und Trainingszustand eine wesentliche Einflußgröße auf die sportliche Belastbarkeit. In der Regel limitiert das schwächste Glied in dieser Kette die Belastbarkeit. Oder anders ausgedrückt, je besser die organismischen Teil- und Gesamtleistungsfähigkeiten sind, desto höher darf die sportliche Belastbarkeit erwartet werden. Die sportliche Belastbarkeit charakterisiert also einen komplexen, variablen psychophysischen Zustand, der die Verarbeitung hoher sportlicher Belastungen im leistungsstabilisierenden bzw. leistungsfördernden Sinne ermöglicht. Daraus ergeben sich die folgenden Kriterien der sportlichen Belastbarkeit:

- Abhängigkeit von der aktuellen psychophysischen Leistungsfähigkeit,
- Genetische Determiniertheit,
- Individuelle Ausprägung,
- Geschlechtsspezifische Besonderheiten,
- Disziplinbezogenheit,
- Gesundheitliche Beeinflußbarkeit,
- Ernährungsbedingte Abhängigkeit,
- Ausgeprägte Entwicklungsdynamik.

Sportliche Trainierbarkeit ist die auf der genetisch vorgegebenen Adaptationsfähigkeit der zellulären und subzellulären Substrate beruhende Eigenschaft des Organismus zur Anpassung an entsprechende sportliche Trainingsbelastungen.

Alle motorischen Fähigkeiten sind in allen Lebensaltern trainierbar, doch unterliegt der Grad der Trainierbarkeit in der Ontogenese, insbesondere im Schulalter, starken Schwankungen.

Sensible (sensitive) Phasen sind begrenzte Zeiträume der Entwicklung von Lebewesen, in denen diese auf bestimmte äußere Einwirkungen intensiver mit entsprechenden Adaptationen (Entwicklungseffekten) als in anderen Entwicklungsabschnitten reagieren können.

Im Sport spricht man auch von **Perioden sehr guter Trainierbarkeit**. In ihnen ist demzufolge die **Trainingseffektivität** besonders hoch.

Als kritische Phase wird der Teil innerhalb einer sensiblen Phase bezeichnet, in dem Trainingseinwirkungen unabdingbar sind, um Entwicklungs-(Trainings)effekte nutzen zu können.

Perioden guter Trainierbarkeit liegen vor allem dann vor, wenn die leistungsbestimmenden organismischen Grundlagen dieser Fähigkeiten durch die biologische Entwicklung große Zuwachsraten erfahren. Der Grund hierfür ist ganz einfach der, daß in Phasen rascher biologischer Entwicklung die Zellen und Gewebe auf Wachstum, Differenzierung und Strukturierung besonders gut vorbereitet sind (z.B. durch verstärkte Durchblutung und Durchsaftung, durch einen erhöhten Stoffwechsel u.v.m.).

Für den Sportlehrer, Übungsleiter und Trainer ist die Kenntnis der sensitiven und kritischen Phasen für leistungsbestimmende organismische Grundlagen der einzelnen Fähigkeiten und Fertigkeiten eine wichtige Voraussetzung, um die adäquaten Übungs- und Trainingsmittel zeitlich und methodisch richtig, d.h., im Sinne einer hohen Übungs- oder Trainingseffektivität einsetzen zu können.

4.2.1.3 Pränatale Entwicklung

Die pränatale Entwicklung beginnt mit der Befruchtung der Eizelle, beinhaltet die Ausbildung der Keimblätter und Organanlagen sowie die beginnende Organreifung. Sie endet mit der Geburt. Die Schwangerschaft dauert beim Menschen 280 +/- 11 Tage. In den ersten zwei bis drei Monaten der Schwangerschaft werden wichtige Organe wie z.B. die Augen, die Ohren oder das Herz angelegt. Aus diesem Grunde wird diese Entwicklungsperiode auch als organogenetische Periode (Genese = Entwicklung, Entstehung) oder als **Embryogenese** bezeichnet. Das Herz beginnt bereits im zweiten Schwangerschaftsmonat mit 60 bis 70 Schlägen/min zu schlagen. Die Extremitäten, die Finger und Zehen sind im dritten Schwangerschaftsmonat voll, die Geschlechtsorgane teilweise ausgebildet. Die Frucht, in diesem Entwicklungsstadium, auch Embryo genannt, beginnt sich zu bewegen.

In der darauffolgenden **Fötalperiode** (dritter bis sechster Schwangerschaftsmonat) erfolgt die Entwicklung der feineren Strukturen, zu denen auch die Muskulatur gehört. In den letzten drei Schwangerschaftsmonaten vollzieht sich das Wachstum der bereits ausgebildeten Organe. Insgesamt ist die Wachstumsgeschwindigkeit während der Schwangerschaft die größte des gesamten Lebens. Während die befruchtete Eizelle 1/1000 mg wiegt und einen Durchmesser von 1/10 mm besitzt, betragen das durchschnittliche Geburtsgewicht in Mitteleuropa 3500 g bei den Jungen und 3300 g bei den Mädchen. Die Körperhöhe zum Zeitpunkt der Geburt beträgt im Durchschnitt 48 – 52 cm.

Auf der Grundlage genetischer Vorgaben vollziehen sich intrauterine geschlechts- und individualdifferenzierte Wachstums- und Entwicklungsvorgänge, die durch die Lebensbedingungen der Schwangeren modifiziert werden. So konnte z.B. nachgewiesen werden, daß Neugeborene sozial besser gestellter Familien im Durchschnitt größer und schwerer und damit lebensfähiger sind.

Das typische Äußere des Neugeborenen sind der relativ große Kopf – er mißt ein Viertel der Körperhöhe gegenüber einem Achtel beim Erwachsenen – und der große Gesichtsschädel (Bild 4.32). Dies ist die Folge des raschen Hirnwachstums in der Schwangerschaft. Das Hirn wiegt zur Geburt 13 bis 14 % des Körpergewichts, beim Erwachsenen dagegen nur 2 %. Dennoch kann das Neugeborene infolge der Undifferenziertheit des Gehirns und der peripheren Nerven nur Massenbewegungen auf reflektorischer Basis ausführen.

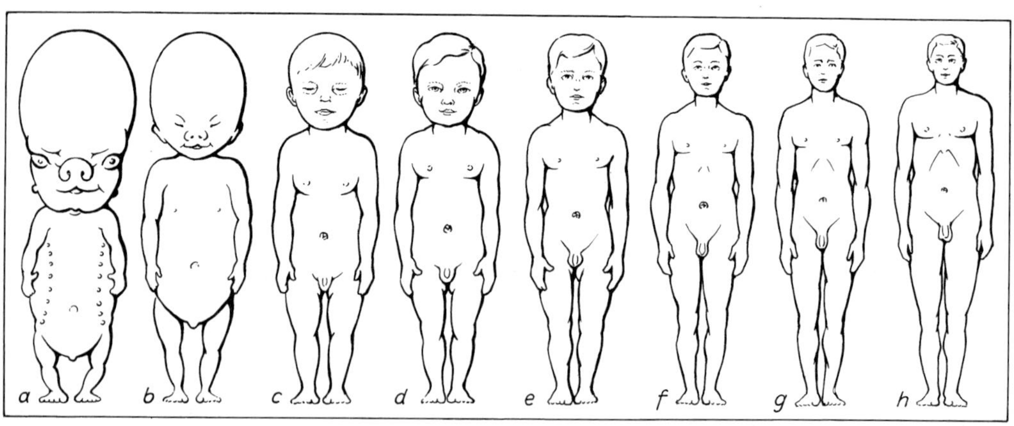

Bild 4.32 Veränderungen der Körperproportionen in der Entwicklung. **a** 2. Keimlingsmonat; **b** 4. Keimlingsmonat; **c** Geburt; **d** 2. Lebensjahr; **e** 6. Lebensjahr; **f** 12. Lebensjahr; **g** 18. Lebensjahr; **h** 25. Lebensjahr (nach Sommer, 1984)

Zehnmal größer als beim Erwachsenen sind beim Neugeborenen die Nebennieren. Die dadurch mögliche höhere Ausschüttung von Streßhormonen (Glukokortikoiden) dient der Vorsorge gegenüber Streßbelastungen im intrauterinen Leben und während des Geburtsvorganges. Auch Leber, Nieren und Milz sind beim Neugeborenen im Verhältnis zur Körpermasse größer als beim Erwachsenen. Grundsätzlich anders als im postnatalen Leben vollziehen sich der intrauterine Blutkreislauf und Gasaustausch. Da die Sauerstoffaufnahme während des intrauterinen Lebens nicht über die Lungen, sondern über den Mutterkuchen (Plazenta) erfolgt, bleiben Lungengewebe und Lungenkreislauf des Kindes während seines intrauterinen Lebens außer Funktion. Mit dem ersten Atemzug entfalteten sich die beiden Lungenflügel und der Lungenkreislauf, so daß der Blutdurchfluß durch das Lungengewebe zum Zwecke des Gasaustausches erfolgen kann.

4.2.1.4 Wachstum und Entwicklung vom Säuglings- bis zum Erwachsenensalter

Da die Tätigkeit des Sportpädagogen auf die Schulung sportlicher Fähigkeiten und Fertigkeiten orientiert ist, muß er in der Lage sein, die entwicklungsbedingten Veränderungen der sportlichen Belastbarkeit, der Trainierbarkeit und der Belastungsgestaltung seiner Schüler/ Sportler auch unter Beachtung ihrer Entwicklung beurteilen zu können. Um ihm dies zu erleichtern, sollen im Folgenden Wachstum, Entwicklung und Strukturierung sowohl für den Gesamtorganismus als auch für einzelne organismische Funktionssysteme kurz dargelegt werden.

Wachstum und Gestaltwandel

Wachstum ist als Neubildung von Körpersubstanz mit dem Ziel der Vermehrung oder Erhaltung lebender Substanz definiert.

Wachstum vollzieht sich in allen Zellen, Geweben und Organen und äußert sich in Längen- und Breitenwachstum.

Die **Wachstumsgeschwindigkeit** ist nicht stetig, sondern es wechseln Phasen rascheren mit Phasen langsameren Wachsens ab (Bild 4.33). Außerdem sind die Wachstumsphasen für Längen- und Breitenwachstum zeitlich gegeneinander versetzt. So vollzieht sich zwischen dem 5. und 7. Lebensjahr die **erste Streckung**. Sie führt zusammen mit der ersten Fülle (s.u.) zum **ersten Gestaltwandel**, der äußerlich durch die relative Vergrößerung des Körperstammes gegenüber dem Kopf, die Abflachung des Brustkorbes, die relative Verlängerung des Gesichtsschädels und der Extremitäten sowie die Ausbildung der physiologischen Krümmungen der Wirbelsäule gekennzeichnet ist. Dadurch erhält das Kleinkind die Gestalt des Schulkindes. Der **zweite Gestaltwandel** ist im Wesentlichen durch die **zweite Streckung** bedingt. Diese vollzieht sich in der zweiten Hälfte der Pubeszenz und überdauert kurzzeitig die Pubertät (Bild 4.33). Dadurch sind

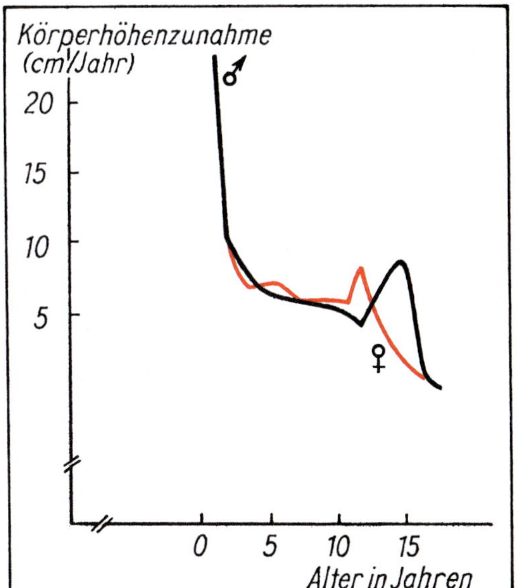

Bild 4.33 Durchschnittliche Wachstumsgeschwindigkeit im Kindes- und Jugendalter (cm/ Jahr) (nach Harre,1973)

die Mädchen auf Grund ihrer zeitiger einsetzenden biologischen Entwicklung kurzzeitig größer als die Jungen (Bild 4.33).

Zeitlich jeweils vor den Streckphasen kommt es zu einer relativ ausgeprägteren Körpergewicht- als Längenzunahme. Diese Zeitabschnitte werden Phasen der Fülle genannt. Die **erste Fülle** umfaßt den Zeitraum vom 3. bis 5. Lebensjahr, die **zweite Fülle** etwa den zwischen dem 8. und 10. Lebensjahr. In der Adoleszenz vollziehen sich Längen- und Breitenwachstum etwa gleich stark. Auf Grund der hier kurz skizzierten Wachstumsdynamik kommt es vom Kindes- bis zum Erwachsenenalter zu den bereits erwähnten typischen Veränderungen der Körperproportionen (Bild 4.32). Außerdem wachsen die Organe unterschiedlich rasch (Bild 4.35). Das Wachstum führt insgesamt zu einem fortschreitenden morphologischen und funktionellen Differenzierungsprozeß der Zellen, Gewebe und Organe. Wachstum und Differenzierung beeinflussen sich dabei gegenseitig, weil jedes Wachstumsgeschehen eine höhere Differenzierungsstufe bewirkt, andererseits jede Differenzierung zu einer Hemmung des weiteren Wachstums führt.

Entwicklungen im neuromuskulären Funktionssystem

Das neuromuskuläre Funktionssystem umfaßt das animale Nervensystem und die Skelettmuskulatur. Im Folgenden sollen Wachstum, Entwicklung und Strukturierung in diesem Funktionssystem kurz dargelegt und deren Einflüsse auf die Veränderungen der konditionellen Fähigkeiten Kraft und Schnelligkeit sowie auf die koordinativen Fähigkeiten im Alternsgang des Kindes und Jugendlichen abgeleitet werden. Die Bedeutung für deren Belast- und Trainierbarkeit sowie für den motorischen Lernprozeß werden aufgezeigt.

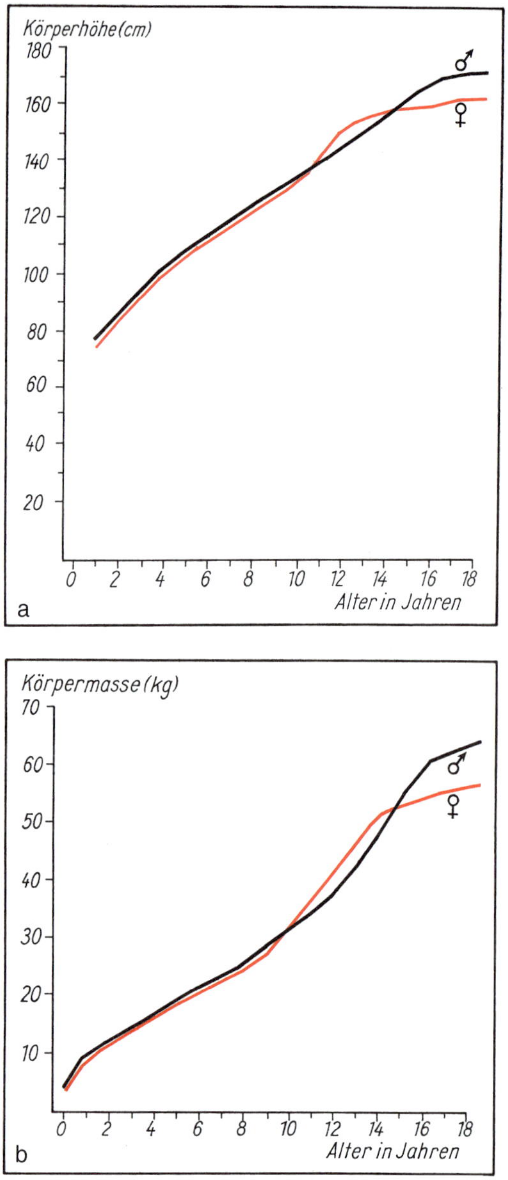

Bild 4.34 Dynamik von **a** Körperlängen- und **b** Körpergewichtszunahme im Kindes- und Jugendalter (nach Markosjan, 1978)

Entwicklung des animalen Nervensystems, der Sinnesorgane, des Denkens und der Sprache

Wachstum des ZNS und des peripheren NS: Das Wachstum des ZNS ist im zweiten und

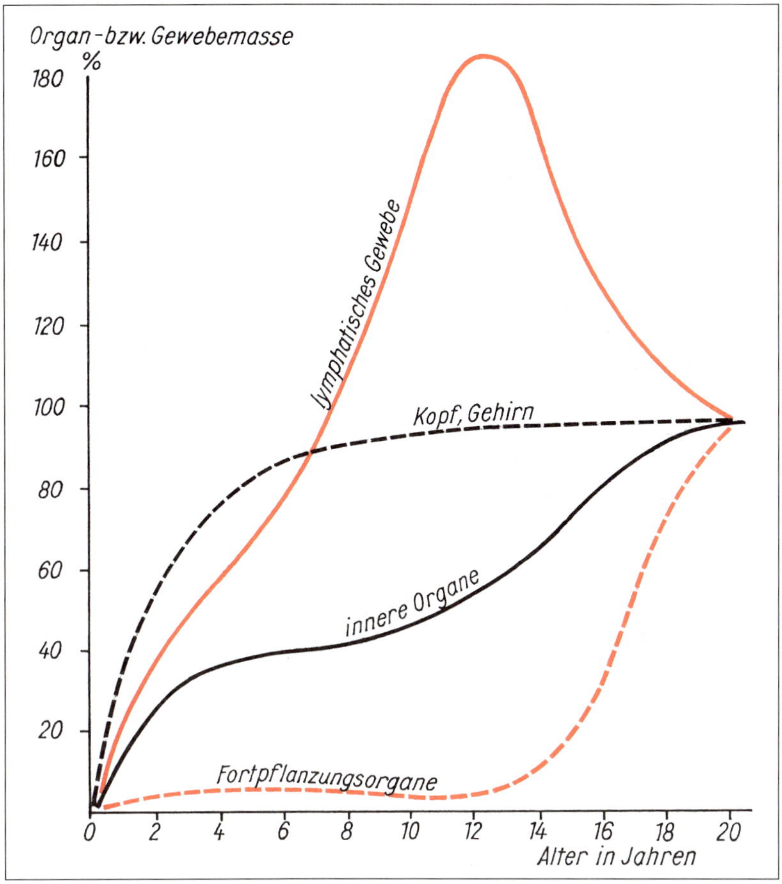

Bild 4.35 Organ- bzw. Gewebemasse im Kindes- und Jugendalter (in Prozent der Organgröße des Erwachsenen)

dritten Lebensjahr besonders stark (Bild 4.35). So wird beispielsweise das Gehirngewicht bis zum Ende des ersten Lebensjahres verdoppelt, bis zum Ende des dritten Lebensjahres verdreifacht. Mit 6 Lebensjahren hat es 95 % der Masse des Erwachsenengehirns. Bis zum 20. Lebensjahr nimmt die Hirnmasse jährlich im Durchschnitt nur noch um jeweils etwa 10 g zu. In der Pubeszenz und Adoleszenz konnte darüber hinaus kein zusätzlicher Hirnwachstumsschub nachgewiesen werden. Ähnlich vollziehen sich die Wachstumsprozesse des Rückenmarks und des peripheren Nervensystems. So verdoppelt sich zum Beispiel das Gewicht des Rükkenmarks im ersten Lebensjahr.

Differenzierungsprozesse im ZNS: Im Zusammenhang mit diesem Wachstum erfolgen im Nervensystem subtile Differenzierungsprozesse. Nur einige wenige Beispiele sollen dies verdeutlichen. Während die Zellstruktur der Großhirnrinde beim 7jährigen Kind im Wesentlichen der des Erwachsenen gleicht, benötigt die Myelinisierung der Nervenbahnen, eine wesentliche Voraussetzung für die lokalisierte und differenzierte Erregungsleitung, nur etwa zwei Jahre. Das verlängerte Mark, in dem die Zentren der Herzkreislauf- und Atemtätigkeit lokalisiert sind, ist bei der Geburt in funktioneller Hinsicht weitgehend ausgereift, wogegen das Kleinhirn als Zentrum der Bewegungskoordination und der Gleichgewichtsfähigkeit beim Neugeborenen noch wenig entwickelt ist. Mit etwa zwei Jahren entspricht es infolge verstärkten Wachstums und intensiver Differenzierung relativ dem Gewicht und der Größe des Erwachsenen. Parallel dazu entwickeln sich die Sinnesorgane und die sensorischen Zentren in der Hirnrinde in den ersten beiden Lebensjahren sehr rasch. Die morphologische Organisation der afferenten oder sensorischen Nervenfasern (Wachstum, Differenzierung, Verzweigung) erreicht bei 7- bis 8jährigen Kindern das Niveau des Erwachsenen. Für die efferente oder motorische Innervation ist dies erst bei 11- bis 13jährigen der Fall.

Funktionelle Entwicklung wesentlicher nervaler Strukturen: Mit den angedeuteten, in den ersten Lebensjahren insgesamt sehr rasch verlaufenden Wachstums- und Differenzierungsvorgängen, kommt es zu einer sehr stürmischen und differenzierten Entwicklung der höheren Nerventätigkeit einschließlich der neuromuskulären Regulationsmechanismen! Bereits in den ersten drei Lebensmonaten beginnen sich, angeregt durch Einflüsse der Umgebung, bedingte Reflexe für den Tast-, Gleichgewichts-, Geruchs-, Geschmackssinn auf der Grundlage subkortikal-kortikaler Verbindungen herauszubilden. Die Entwicklung von bedingten Reflexen auf verbale Reize, z.B. auf Anrufe, auf Wiederholen von Vornamen oder stereotype Wortfolgen, beginnt im zweiten Lebensjahr. Unter der Voraussetzung einer intensiven Einflußnahme der Umwelt auf das Kind kommt es bis zum Beginn des Schulalters zu einer regelrechten Struktur- und Systembildung des zweiten Signalsystems und damit der **Sprache**. So wird der Wortschatz, der am Ende des dritten Lebensjahres ca. 1000 Worte umfaßt, bis zu Beginn des Schulalters auf 3000 bis 4000 Worte erweitert. Ab dem 4. Lebensjahr ist das Kind in der Lage, eigene Bewegungen mit sinngemäßen Worten zu begleiten. Auf der Grundlage dieser kurz umrissenen Entwicklungsmöglichkeiten für bedingte Reflexe und damit für neuromuskuläre Regulationsmechanismen bilden sich bis zum Ende des dritten Lebensjahres die Grundformen der komplexen und kombinierten Körperbewegungen wie Klettern, Hüpfen, Springen u.a. heraus.

Die Entwicklung von bildhaftem Analogie- und Schemadenken und von Abstraktions- und Verallgemeinerungsprozessen auf verbaler Grundlage beginnt im Kleinkind- und Vorschulalter. Die **Sprache** wird immer mehr zum Mittel des Denkens, das zweite Signalsystem dominiert in Wechselwirkung mit dem ersten Signalsystem zunehmend. Im jüngeren Schulalter herrschen zunächst noch das anschaulich-bildhafte **Gedächtnis** (wortgetreues, mechanisches Einprägen) und das bildhafte Analogiedenken vor. Ab 4./5. Klasse vollzieht sich der Übergang vom bildhaften zum begrifflichen und vom konkret-begrifflichen zum abstrakt-logischen **Denken**.

Zusammenfassend kann festgehalten werden, daß mit etwa 12 Lebensjahren die morphologischen und physiologischen Grundlagen der Nerventätigkeit denen des Erwachsenen entsprechen.

Dabei ist für unsere Belange der Sportpädagogik von besonderer Bedeutung, daß die intra- und intermuskulären Koordinationsmechanismen vom Kleinkind- bis zum frühen Schulalter deutlich wachstums- und reifungsbedingt optimiert werden. Dies bedeutet, daß deren **Trainierbarkeit in diesem Lebensabschnitt besonders effektiv** ist. Die intra- und intermuskuläre Koordination ist ab ca. 8-10 Jahren gut entwicklungsfähig. Bei einem Teil der Schüler treten um die Pubertät herum im Zusammenhang mit der sich rasch verändernden Hormonkinetik zeitweilige Umstellungen in den Bahnungs- und Hemmungsprozessen des autonomen und vegetativen Nervensystems auf, die im Zusammenhang mit den körperbaulichen Veränderungen (zweiter Gestaltwandel) zu vorübergehenden, mehr oder weniger deutlichen Störungen der Bewegungskoordination führen können.

Entwicklung der Muskulatur und ihrer energetischen Grundlagen

Die Muskulatur ist das Realisierungsorgan aller körperlich-sportlichen Leistungen. In der Muskulatur werden bei körperlich-sportlichen Belastungen mit maximaler Intensität bis über 90 % der dabei vom Organismus benötigten Energie umgesetzt.

Muskelwachstum: Das Muskelwachstum bleibt in der Kindheit hinter dem des Gesamtorganismus zurück. So beträgt die **Muskelmasse** nach der Geburt ca. 23 %, mit 6 Lebensjahren ca. 28 %, mit 15 Lebensjahren 33 %, mit 18 Lebensjahren 44 % und beim Erwachsenen ca. 42 % der altersbezogenen Körpermasse. Dies macht deutlich, daß das Muskelwachstum einschließlich das seiner Strukturelemente in der Adoleszenz besonders intensiv ist. Es ist nachgewiesen, daß das Muskelwachstum in hohem Maße von der Geschlechtshormonproduktion, insbesondere von der der Androgene, beeinflußt wird. Daneben ist körperliche Aktivität ein entscheidender Reiz für die Muskelentwicklung.

Differenzierungen im Muskelgewebe:

Im Zusammenhang mit dem Muskelwachstum kommt es zu einer zunehmenden Differenzierung der Muskulatur.

So sind die Muskelfasern des Neugeborenen von geringem Durchmesser und enthalten nur wenige Fibrillen. In den ersten drei Lebensjahren erhöht sich die Myofibrillenzahl in den Muskelfasern auf das 4- bis 5-fache, bis zum 7. Lebensjahr auf das 15- bis 20-fache. Man nennt diesen Vorgang **verstärkte Fibrillisation**. So werden die beim Neugeborenen mit einer Häufigkeit von bis zu 50 % gefundenen undifferenzierten Muskelfasern bis zum Ende des ersten Lebensjahres auf etwa zwei % reduziert und durch an das extrauterine Leben angepaßte Muskelfasern ersetzt. Auch die prozentuale Relation der Muskelfasertypen zueinander verändert sich in den ersten Lebensjahren auffällig. Während die Skelettmuskulatur des Neugeborenen überwiegend aus langsamen Muskelfasern besteht, beträgt das Verhältnis von langsamen (ST-) zu schnell kontrahierenden (FT-) Fasern im Musculus quadriceps bei 11- bis 13jährigen Jungen 55:45 %. Bei Erwachsenen ist dieses Muskelfaserverhältnis im genannten Muskel umgekehrt (s. Bild 5.24). Dies zeigt, daß sich die Differenzierung der Muskelfaserarten im gesamten Kindes- und Jugendalter vollzieht. Parallel zur aufgezeigten Entwicklung nehmen die **intramuskuläre Kapillarisierung** und die Verzweigung der **intramuskulären Nervenfaser** zu. Außerdem differenziert und strukturiert sich das Bindegewebe im Muskel und in den Sehnen.

Entwicklung der Kapazitäten des Energiestoffwechsels in der Muskulatur: Aus den Muskelfaserrelationen und aus den bisher spärlich vorliegenden Untersuchungsergebnissen zu den Enzymaktivitäten kann für untrainierte Kinder und Jugendliche eine gegenüber dem Erwachsenen relativ **hohe oxydative Energiewandlungsmöglichkeit** in der Muskulatur abgeleitet werden. So ergaben Untersuchungen an 16jährigen männlichen und weiblichen Jugendlichen Aktivitäten der aeroben Enzyme in den Beinmuskeln, die geringfügig höher waren als bei untrainierten Erwachsenen. Dies schließt die Fähigkeit der kindlichen und jugendlichen Muskulatur zu relativ höherer Fettverbrennung – bedeutet auch Kohlenhydrat-Spareffekt – sowie die erhöhte Kohlenhydratspeicherfähigkeit und die schnellere Wiederauffüllung dieser Speicher nach Belastungen ein. Es besteht nur eine geringe Abhängigkeit von der biologischen Entwicklung und vom Geschlecht.

Dies deutet auf eine hohe **aerobe Belastbarkeit** der Muskulatur im Kindes- und Jugendalter hin.

Die Trainierbarkeit der aeroben muskulären Stoffwechselkapazitäten ist in allen Entwicklungsstadien, auch vor der Pubeszenz, gut bis sehr gut. Regelmäßige Ausdauerbelastungen führen im Rahmen von komplexen Adaptationen in der Muskulatur des Kindes und des Jugendlichen zu Mitochondrienvergrößerungen sowie zu Erhöhungen der aeroben Enzyme und des Myoglobins.

Dagegen ist die Trainierbarkeit der anaeroben Stoffwechselpotentiale bei untrainierten Kindern gering, da ihnen bis zur Pubertät eine relativ niedrige anaerobe Energiewandlungskapazität in den Muskelfasern (niedrige Aktivität der glykolytischen Enzyme pro Muskelmasseeinheit) zur Verfügung steht. Während in der Muskulatur bei präadoleszenten Jungen ATP-Konzentrationen gefunden wurden (3,5-5 mmol/kg Feuchtgewicht), die denen bei Erwachsenen entsprach, waren die KP-Konzentrationen mit 12-22 mmol/kg und insbesondere die Glykogenkonzentrationen mit 45-75 mmol/kg niedriger als bei Erwachsenen (Eriksson u. Saltin 1974, Eriksson 1980, Karlsson 1971). Als Ausdruck der geringeren glykolytischen Phosphorylierungskapazität in der kindlichen Muskulatur gegenüber der von Erwachsenen werden auch die bei Kindern deutlich geringeren maximalen Laktatakkumulationen im Blut nach maximalen sportlichen Belastungen gewertet. Damit im Zusammenhang steht die rasche Ermüdbarkeit der Kinder bei statischen Belastungen. In der Adoleszenz kommt es durch die oben genannte stürmische Vergrößerung der Muskelmasse sowie durch Erhöhung der Aktivität der glykolytischen Enzyme pro Muskelmasseeinheit zu einer rasch zunehmenden Erhöhung der anaeroben Energiewandlungskapazität. Dies äußert sich auch im Anstieg des maximalen Blutlaktats in diesem Entwicklungsstadium. Auf Grund ihrer früher einsetzenden Reifeentwicklung erreichen die Mädchen zwischen dem 12. und 14. Lebensjahr die gleiche, zum Teil sogar eine höhere maximale glykolytische Kapazität als gleichaltrige Jungen. Mit Erreichen der Pubertät beginnend, nimmt die glykolytische Phosporylierungskapazität bei den Jungen in der Adoleszenz rasch zu, so daß sie die der Mädchen deutlich übersteigt.

Es kann also festgehalten werden, daß Muskelwachstum und anaerobe Stoffwechselkapazität in der Muskulatur eine deutliche Reifungsabhängigkeit aufweisen (Bild 4.36).

Daraus ist ableitbar, daß Belastbarkeit und Trainierbarkeit der Skelettmuskelmasse und der anaeroben Stoffwechselkapazität in der Skelettmuskulatur im frühen Schulalter niedrig sind. In der Pubeszenz und vor allem in der Adoleszenz wird die muskuläre Belastbarkeit für Maximalkraft- und Schnellkraftanforderungen zunehmend größer und die Trainierbarkeit der Muskulatur dafür deutlich effektiver.

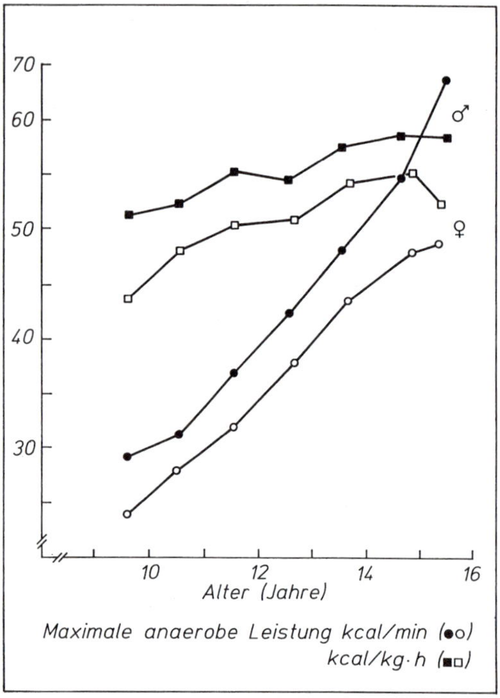

Bild 4.36 Maximale anaerobe Leistungsfähigkeit in Abhängigkeit vom Lebensalter (nach Kurowski, 1977)

Entwicklung von Kraft, Schnelligkeit und Koordination vom Kindes- bis Erwachsenenalter

Die oben kurz beschriebene Dynamik der neuromuskulären Entwicklung ist eine wesentliche Voraussetzung für die Alternsveränderungen der einzelnen Kraft- und Schnelligkeits- sowie der koordinativen Fähigkeiten und damit auch ihrer Belast- und Trainierbarkeit. Über diese wird im Folgenden kurz informiert.

Maximalkraft im Alternsgang

Aus dem Bild 4.37 ist die durchschnittliche Maximalkraft (MK) im Alternsgang für beide Geschlechter ablesbar. Die Gründe für diese Entwicklungsdynamik sind aus den oben kurz skizzierten Alternsveränderungen der leistungsbestimmenden organismischen Grundlagen für diese konditionelle Fähigkeit, insbesondere aus denen der neuromuskulären Koordinationsmechanismen, des Muskelfaserspektrums, der Muskelmasse und der anaeroben Energiepotentiale, ableitbar.

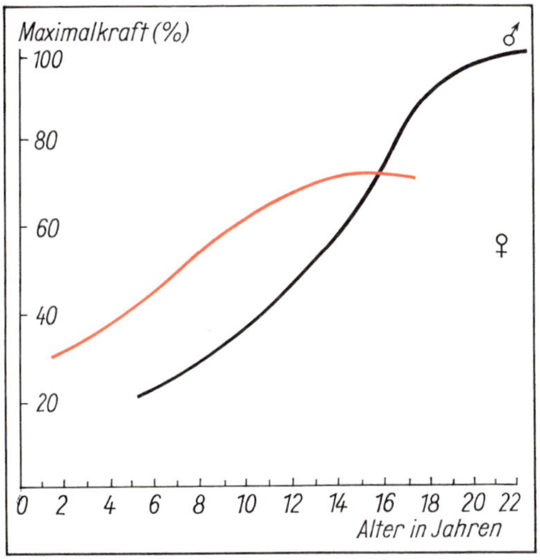

Bild 4.37 Maximalkraft bei Jungen und Mädchen im Alternsgang (in Prozent des Mannes; nach Hettinger, 1968)

Aus dem Bild 4.37 ist unschwer ablesbar, daß die Maximalkraft bis etwa zur Pubertät relativ gleichmäßig bei beiden Geschlechtern zunimmt, so daß die MK-Geschlechtsunterschiede im frühen Schulalter gering sind. In der Adoleszenz, etwa vom 13. Lebensjahr an, kommt es infolge des deutlichen Anstiegs der MK bei den männlichen Jugendlichen und durch die zunehmende Stagnation bei den weiblichen Jugendlichen zur Ausbildung deutlicher MK-Geschlechtsdifferenzen. Jeweils mit Erreichen des Erwachsenenalters werden bei Untrainierten beider Geschlechter die höchsten MK-Werte und die höchsten MK-Unterschiede zwischen den Geschlechtern (bis 40 %) erreicht. Diese sich im Alternsgang ständig verändernden MK-Verhältnisse zwischen den Geschlechtern sind sowohl biologisch als auch sozial determiniert. Die biologischen Ursachen sind zu suchen in der bei den Jungen ab der Pubertät ausgeprägten Entwicklung und Differenzierung der Muskelmasse, der bei Mädchen im Verhältnis zur aktiven Muskelmasse stärkeren Ausprägung des Fettgewebes, wodurch ein ungünstigeres Last-Kraft-Verhältnis resultiert und in den bei Mädchen andersgearteten Hebelverhältnissen.

Die Höhe der **Maximalkraftbelastbarkeit** ist etwa adäquat der Höhe der MK im Alternsverlauf, sie erfährt bei männlichen Jugendlichen in der Adoleszenz eine deutliche Zunahme, bei den weiblichen Jugendlichen nach erfolgter Pubertät dagegen nur noch geringe Veränderungen. Um die Lastbeauflagung im Rahmen des MK-Trainings zu beurteilen, bedarf es zusätzlich der Berücksichtigung der Belastbarkeit des Binde- und Stützgewebes. In der Pubeszenz können zunehmend Lastbeauflagungen zur MK-Schulung eingesetzt werden. Bei Anfängern im Krafttraining und Schülern im Sportunterricht steht dabei die Überwindung der Schwerkraft des eigenen Körpers im Vordergrund. Bei Fortgeschrittenen können geringe Zusatzlasten in die Trainingsprogramme aufgenommen werden (Sandsäcke, Gewichte, Partnerübungen u.a.). Bezüglich der Unterschiede der Lastbeauflagungungen zwischen Jungen und Mädchen sind die Geschlechtsunterschiede zu beachten. Eine mögliche Überschreitung der MK-Belastbarkeit ist durch eine vielseitige Kraftschulung am sichersten zu vermeiden.

Die Trainierbarkeit der Maximalkraft ist bereits im frühen Schulalter gegeben, jedoch von geringer Effektivität. In diesem Altersabschnitt basieren die zu erzielenden Zuwachsraten im Wesentlichen auf Adaptationen im Bereich der intra- und intermuskulären Regulationsmechanismen.

> Gegen Ende der Pubeszenz und besonders in der Adoleszenz wird MK-Training zunehmend effektiver, weil in diesem Entwicklungsabschnitt die Trainingsreize auf die durch die biologische Entwicklung induzierten fulminanten Erhöhungen der Muskelmasse und der anaeroben Grundlagen der MK treffen.

Untersuchungen ergaben, daß durch statisches Muskeltraining ein signifikanter Kraftzuwachs bei Jungen ab 14. und bei Mädchen ab 12. Lebensjahr erreichbar ist. Diese Befunde deuten auf die Abhängigkeit der MK-Trainierbarkeit von der Androgen- und Östrogenausschüttung im kindlichen bzw. jugendlichen Organismus hin. Daraus ist ableitbar, daß das MK-Training dann besonders effektiv ist, wenn ein genügend hoher Testosteronspiegel in den Zellen vorhanden ist.

Einen zusammenfassenden Überblick über die Kraftentwicklung bei Kindern und Jugendlichen aus entwicklungsphysiologischer Sicht mit Hinweisen auf die Krafttrainierbarkeit gibt die Tabelle 4.5.

Tabelle 4.5 Kraftentwicklung bei Kindern und Jugendlichen (Grosser/Brüggemann/Zintl, 1986).

<table>
<tr><th>Alter</th><th>Charakterisierung</th><th>Entwicklung/Training bedingt durch</th></tr>
<tr><td>7–9</td><td>– Geringer Testosteronspiegel
– Muskelanteil ca. 23%
– Schwache Haltemuskulatur
– Beginn der Trainierbarkeit (Schnellkraft) mit geringsten Widerständen</td><td rowspan="2">● Intramuskuläre Koordination (Synapsenschaltung)
● Intermuskulare Koordination (Einschleifen von Reflexmechanismen
● Muskellängenanpassung (Vermehrung der in Serie geschalteten Sarkomere)
● Relative Kraft (Energieumsatz, Fettverbrennung, Last-Kraft-Verhältnis
● Aerobe Kapazität</td></tr>
<tr><td>10–12</td><td>– Geringer Testosteronspiegel
– Muskelanteil ca. 28%
– Gesteigerte Schnellkraft
– Zum Teil Kraftausdauer</td></tr>
<tr><td>ab 11/13
bis 15/17</td><td>– Zunehmende Androgenausschüttung
– Muskelanteil ca. 33%
– Labiles Skelett
– Längenwachstum
– Sensible Phase für Schnellkraft und Kraftausdauer
– Beginn des Maximal-Krafttrainings (♀ab 12/13; ♂ab 13/14)</td><td rowspan="2">Zusätzlich:
Eiweißanabole Wirkung (Muskelhypertrophie)
↓
Hypertrophieverstärkung</td></tr>
<tr><td>ab 15/17
bis 17/19</td><td>– Stabilisierung
– Muskelanteil
ca. 40% Jungen
ca. 33% Mädchen
– Sensible Phase für Maximalkraft und anaerobe Ausdauer</td></tr>
</table>

Schnellkraft im Alternsgang

Die Trainierbarkeit der Schnellkraft ist wegen der raschen Entwicklung der intermuskulären Koordinationsmechanismen bereits ab frühem Schulalter möglich. Die Trainingseffektivität ist bei dieser Kraftfähigkeit ab der Pubertät auf Grund der jetzt großen Zuwachsraten ihrer muskulären Leistungsvoraussetzungen und der größer werdenden Mobilisationsfähigkeit der Phosphagene besonders hoch. Die Tabelle 4.6 gibt einen Überblick über die Trainierbarkeit der Schnellkraft und der Kraftausdauer. Allerdings gibt es zur Trainierbarkeit der Kraftfähigkeiten in Abhängigkeit von der biologischen Entwicklung (sensible Phasen) noch eine Reihe ungeklärter Fragen.

Aktionsschnelligkeit im Alternsgang

Die Aktionsschnelligkeit (Bewegungsfrequenz) erreicht bei untrainierten Kindern ihren höchsten Entwicklungsschub im frühen Schulalter (Bild 4.38) und ihr Maximum im späten Schulalter.

Die bereits beschriebene stürmische Entwicklung der organismischen Grundlagen für die intermuskuläre Koordination im frühen Schulalter ist auch hier die wichtigste organismische Grundlage für diese Entwicklungsdynamik der Aktionsschnelligkeit.

Lokomotorische Schnelligkeit im Alternsgang

Die Alternsveränderungen für die lokomotorische Schelligkeit kommen im Bild 4.39 zum Ausdruck. Die Trainierbarkeit der Reaktionsschnelligkeit und der sportlichen Technik ist besonders gut im Vorschulalter, im frühen Schulalter und im ersten Teil der Pubeszenz, weil die sich in diesem Entwicklungsabschnitt vollziehenden Veränderungen und die recht günstigen Hebelverhältnisse im Zusammenhang mit der vorhandenen guten Elastizität und Dehnungsfähigkeit der

Tabelle 4.6 Trainierbarkeit und Trainingsarten für die Kraftfähigkeit im Kindes- und Jugendalter (Grosser/Brüggemann/Zintl, 1986).

Tranierbarkeit Trainingsarten Kraftformen	Alter männlich	 weiblich
Beginn der Tranierbarkeit der Schnellkraft	am ca. 7/8	ab ca. 7/8
Beginn des Muskelaufbautrainings	ab ca. 9–11	ab ca. 9–11
Gesteigertes Training der Schnellkraft und des Muskelaufbaus	ab ca. 12–14	ab ca. 11–13
Beginn des »kombinierten Trainings«	ab ca. 13–15	ab ca. 12–14
Beginn der Trainierbarkeit der intramuskulären Koordination und der Kraftausdauer	ab ca. 14–16	ab ca. 13–15
Gesteigertes Training der intramuskulären Koordination und der Kraftausdauer	ab 16/17	ab 14–16
Höchstleistungstraining	ab ca. 17	ab ca. 16

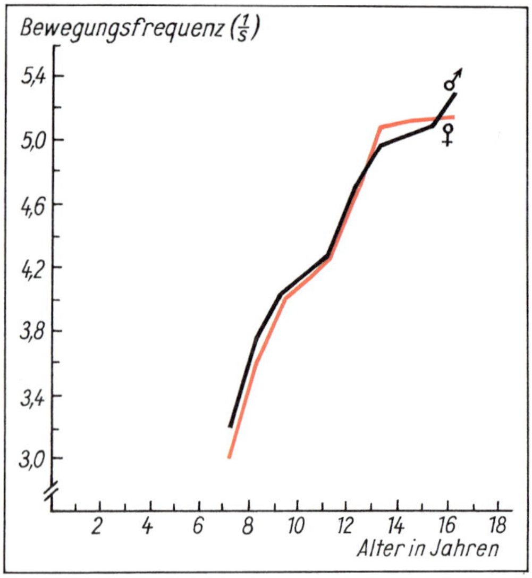

Bild 4.38 Maximalfrequenz von Muskelbewegungen mit kleiner Amplitude bei Jungen und Mädchen im Alternsgang (nach Farfel)

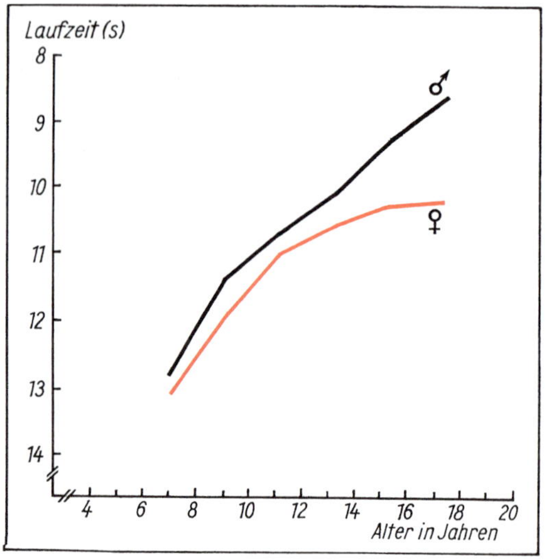

Bild 4.39 60-m-Laufzeiten von Jungen und Mädchen im Alternsgang (nach Crasselt, 1971)

Muskulatur bei beiden Geschlechtern hierfür günstige organismische Voraussetzungen bieten (vgl. auch Bild 4.40). Die effektive Trainierbarkeit der Beschleunigungsfähigkeit und der lokomotorischen Schnelligkeit im Schulalter ist dagegen in die Zeit um die Pubertät und in die Adoleszenz zu legen, da diese Teilfähigkeiten in höherem Maße von der Mobilisationsfähigkeit energetischer Phosphagene und von der Schnellkraft abhängig sind und diese ihre größten Veränderungen in den genannten Entwicklungsphasen erhalten. Bei der Schulung von Beschleunigungsfähigkeit und motorischer Schnelligkeit ist auf die Einhaltung möglichst vollständiger Pausen zu achten, um die Ermüdung der Muskulatur zu verzögern. Dies ist im frühen Schulalter und in der Pubeszenz wegen der geringen glykolytischen Kapazität sowie der geringen Laktatverträglichkeit und der niedrigen Pufferungsfähigkeit besonders wichtig. Durch wechselseitige und kontinuierliche Schulung aller Muskelgruppen des Körpers ist diese Prämisse am ehesten realisierbar. Dadurch wird auch eine Überlastung des Binde- und Stützgewebes weitgehend vermieden.

Das frühe Schulalter sollte wegen der stürmischen Entwicklung der physiologischen Grundlagen der Nerventätigkeit unbedingt zur Schulung der Reaktionsfähigkeit und zur Entwicklung sportlicher Techniken genutzt werden.

Koordinative Fähigkeiten im Alternsgang

Als kordinative Fähigkeiten werden relativ verfestigte und generalisierte Prozeßqualitäten der Bewegungssteuerung verstanden. Die koordinativen Fähigkeiten stellen für eine ganze Reihe von Bewegungshandlungen des Menschen grundlegende Leistungsvoraussetzungen dar. Der Begriff **sportliche Fertigkeiten** bezieht sich auf verfestigte, teilweise automatisierte, also auf hohem Niveau stehende, konkrete sportliche Bewegungshandlungen. Die koordinativen Leistungspotenzen zur Aufnahme, Verarbeitung und Speicherung von Informationen, zur Bewegungs-

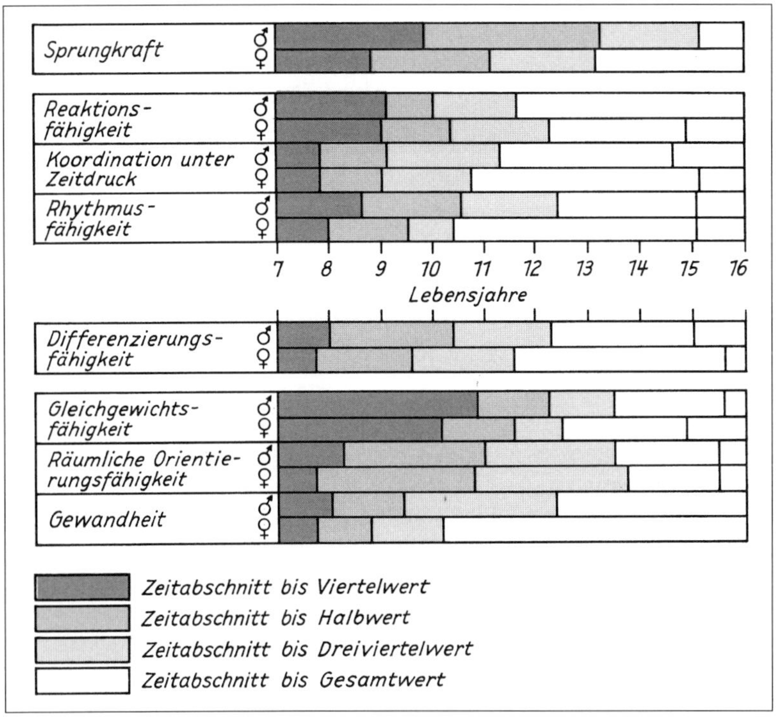

Bild 4.40 Entwicklungsdynamik wesentlicher koordinativer Fähigkeiten im Kindes- und Jugendalter (nach Hirtz, 1978)

programmierung, zur komplexen Reafferenz und zur Antriebsregulation basieren im Wesentlichen auf nervalen Leistungsvoraussetzungen. Die intensivsten Entwicklungsphasen der koordinativen Fähigkeiten liegen deshalb zwischen dem 7. und 10./11. Lebensjahr, die Gesamtentwicklung ist in der ersten Hälfte der Schulzeit so gut wie abgeschlossen. Nach dem 12. Lebensjahr erfolgt in der Regel eine Periode geringerer Entwicklungsdynamik und teilweiser Stagnation. Ursachen dafür sind die bis zur Pubertät fast völlig abgeschlossene morphologische Entwicklung des Nervensystems (s. o.) und die in dieser Lebensphase abnehmende Bewegungsaktivität der Kinder. Trainierende Kinder überwinden diese Stagnationsphase in der Regel unbemerkt.

Die **Entwicklungdynamik** der einzelnen koordinativen Fähigkeiten verläuft zeitlich differenziert (Bild 4.40). Am frühesten entwickelt sich die kinästhetische Differenzierungsfähigkeit, etwas später erfolgt die Ausprägung der Reaktions- und Rhythmusfähigkeit, die bis zum 12. Lebensjahr ca. 75 % ihrer Gesamtentwicklung erreicht haben. Relativ spät vervollkommnen sich die Gleichgewichts- und die räumliche Orientierungsfähigkeit. Der im menschlichen Leben höchste Entwicklungsstand der koordinativen Fähigkeiten liegt zwischen dem 17. und 20. Lebensjahr. Zwischen dem 23. und 24. Lebensjahr ist bereits wieder ein leichter Rückgang der koordinativen Leistungsfähigkeit beobachtet worden. Hinsichtlich der Geschlechtsspezifik der koordinativen Fähigkeiten kann verallgemeinert werden, daß bis zum 11./12. Lebensjahr bei Jungen und Mädchen etwa gleichgroße Voraussetzungen für koordinative Befähigung bestehen. Infolge der früheren geschlechtlichen Entwicklung der Mädchen erreichen diese auch früher ihre „koordinative Reife„, doch kommt es bei ihnen im Zusammenhang mit der früher einsetzenden Verminderung der Bewegungsaktivität auch zu einer früher einsetzenden Stagnation der koordinativen Entwicklung. Dadurch besitzen etwa ab 13. Lebensjahr die Jungen Vorteile in der koordinativen Entwicklung.

Die **Trainierbarkeit der koordinativen Fähigkeiten** ist im frühen Schulalter deutlich größer als in späteren Entwicklungsstadien, dennoch sind die koordinativen Fähigkeiten in allen Altersperioden trainierbar.

In der Adoleszenz und im Erwachsenenalter können jedoch adäquate koordinative Adaptationen nur mit ungleich höherem Trainingsaufwand erreicht werden als im frühen Schulalter. Es besteht auch eine Differenzierung der Trainierbarkeit der koordinativen Fähigkeiten untereinander. Gut beeinflußbar mit den Möglichkeiten im Schulsport sind die Gleichgewichts- und die sportliche Reaktionsfähigkeit, komplizierter die der kinästhetischen Differenzierungsfähigkeit, der räumlichen Orientierungs- und Rhythmusfähigkeit.

Aus diesen kurz skizzierten entwicklungs- und trainingsbedingten Adaptationsmöglichkeiten der koordinativen Fähigkeiten ist zu schlußfolgern, daß alle Altersstufen, während der Schulzeit aber besonders das Alter zwischen 7 und 12 Lebensjahren, zur Schulung der koordinativen Fähigkeiten genutzt werden sollte. Dabei gilt der Grundsatz: Wenig Wiederholungen vieler verschiedener, freudvoller, aber bewegungsverwandter Körperübungen bei gezielter Variation der Bewegungsausführung und der Übungsbedingungen.

Entwicklung des aeroben Funktionssystems

Im Zentrum des aeroben Funktionssystems stehen bekanntlich der zelluläre aerobe Energiestoffwechsel, die Herzkreislauf- und Atemfunktion, die Sauerstofftransportkapazität des Blutes und das vegetativ-hormonelle Regulationssystem. Nach der Darstellung wesentlicher Aspekte von Wachstum, Differenzierung und Strukturierung in diesen Funktionssystemen sollen daraus die Alternsveränderungen der wichtigsten Ausdauerformen und ihre Belast- und Trainierbarkeit dargestellt sowie wesentliche entwicklungsadäquate Grundzüge der Belastungsgestaltung abgeleitet werden.

Entwicklung des Herzkreislaufsystems vom Kindes- bis zum Erwachsenenalter

Das Herz-Kreislauf-System hat über den Blutkreislauf den Gas- und Stofftransport und -austausch im Körper zu sichern. Der im Kapitel 3.5 für das Erwachsenenalter geschilderte Bau- und Funktionsplan von Herz und Kreislauf bildet sich im Kindes- und Jugendalter heraus.

Wachstum von Herz und Gefäßsystem: Wachstum von Herz und Gefäßsystem ge-

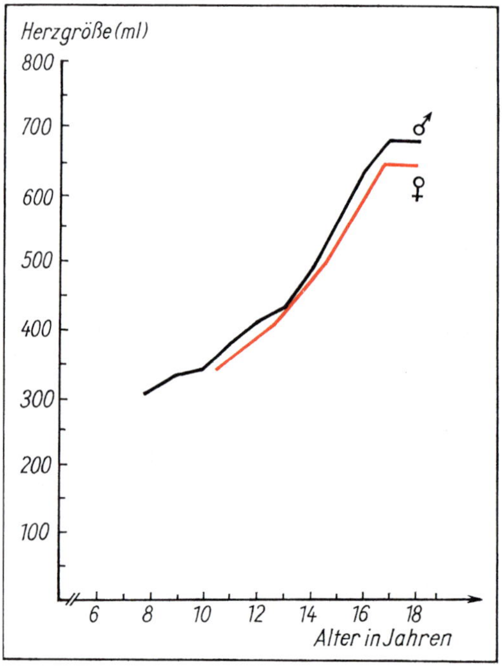

Bild 4.41 Veränderungen des Herzvolumens vom Kindes- bis zum Erwachsenenalter (Jungen nach Hollmann, 1970; Mädchen nach Schleusing, 1969)

hen mit der Entwicklung des Gesamtorganismus parallel. Die Herzvolumenveränderung im Alternsgang (Bild 4.41) läßt erkennen, daß bei beiden Geschlechtern während des allgemeinen Pubertätswachstumsschubs eine deutliche **Herzvolumenzunahme** ersichtlich ist. Die Folgen davon sind auffallend geringe geschlechtsspezifische Unterschiede des Herzvolumens um das 12./13. Lebensjahr. Vom 14./15. Lebensjahr an werden die Herzvolumendifferenzen zugunsten der Jungen größer. Daraus läßt sich die enge Abhängigkeit des Herzwachstums von der durch die biologische Entwicklung induzierten Zunahme der Körpermasse ablesen. Diese Tendenz kommt auch im altersabhängigen **Herzvolumenquotient** (Herzvolumen/Körpermasse) zum Ausdruck. Dieser wird für untrainierte Kinder etwa mit 10,5 ml/kg, für trainierte Jungen mit 12 bis 14 ml/kg und für trainierte Mädchen mit 11,5 bis 13 ml/kg Körpermasse angegeben. Das bedeutet, daß die absolut kleineren Herzen der Kinder und Jugendlichen in Relation zur Körpermasse ebenso groß sind wie die 20- bis 30jähriger Erwachsener. Dies widerlegt frühere Ansichten, wonach eine Diskrepanz zwischen Herz- und Körperwachstum in der Pubeszenz und Adoleszenz bestehen sollte. Auch das Arterien- und Venenwachstum steht in gesetzmäßiger Relation zum Wachstum des Herzens und des gesamten Körpers.

Differenzierung im Herz-Kreislauf-System: Der praktisch mit dem ersten Atemzug nach der Geburt erfolgende Verschluß des Foramen ovale (Öffnung in der Vorhofscheidewand des Herzens) und der Verschluß des Ductus arteriosus Botalli (Verbindung zwischen der Aorta und der Lungenarterie) in den ersten Lebenstagen bilden die Grundlage für die normale Blutzirkulation nach der Geburt.

Die strukturelle Entwicklung von Herz und Gefäßen erfolgt sehr differenziert und funktionsorientiert. Das Bild 4.42 zeigt die Alternsveränderungen von Herzminutenvolumen (HMV) und Herzschlagvolumen (SV) bei untrainierten Schülern. Parallel dazu nehmen die Elastizität und Dehnbarkeit der Aor-

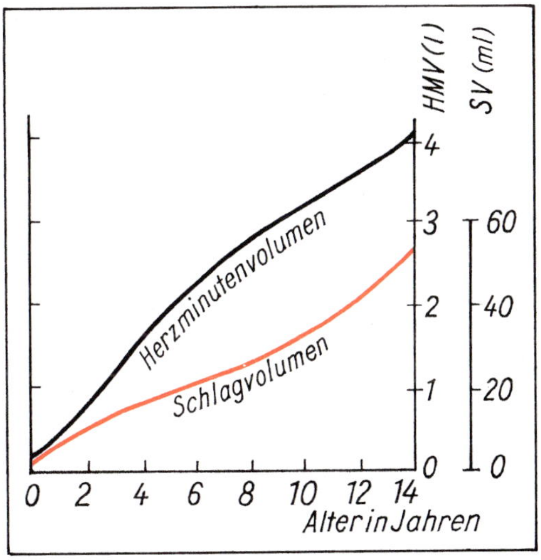

Bild 4.42 Schlagvolumen (*SV*) und Herzminutenrolumen (*HMV*) von Kindern und Jugendlichen im Alternsgang (nach Grasser, entn. aus Linneweh, 1959)

ta ebenfalls zu, wodurch die Windkesselkapazität der Aorta vergrößert wird. Im Hinblick auf den intraarteriellen Druck und damit auf die Strömungsverhältnisse in den Kapillaren und auf die Blutdruckregulation ist diese komplizierte Entwicklung ausgesprochen zweckmäßig. Ohne diese Senkung des Elastizitätskoeffizienten wäre bei gleichem Schlagvolumenanstieg eine ausgeprägte Blutdruckerhöhung unvermeidlich. Die parallel verlaufende Senkung des peripheren Widerstandes ermöglicht die Erhöhung des Herzminutenvolumens ohne wesentliche Steigerung des diastolischen Blutdruckes. Im Ergebnis resultieren die nur unwesentlichen Anstiege von systolischem und diastolischem Blutdruck in diesem Alternsgang (Bild 4.43).

Diese komplizierte Entwicklung des Herzkreislaufsystems wandelt die physiologische **Kreislaufzentralisation** des Säuglings und Kleinkindes mit der überwiegenden Herzfrequenzarbeit in die ökonomischere Schlagvolumen- und Herzminutenarbeit des Jugendlichen um (physiologische Kreislaufentspannung) (Bild 4.42; Bild 4.43). Herz-

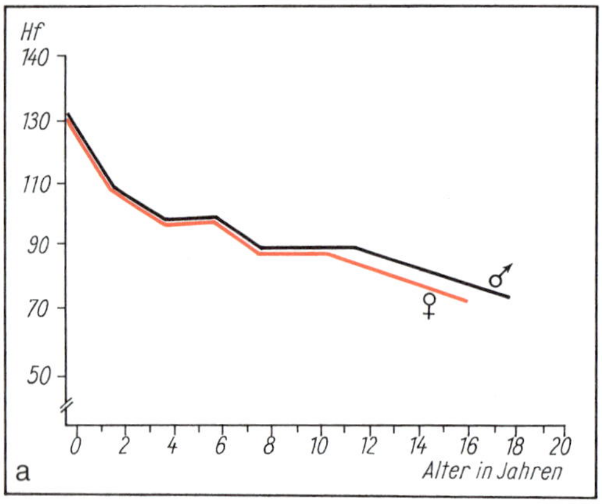

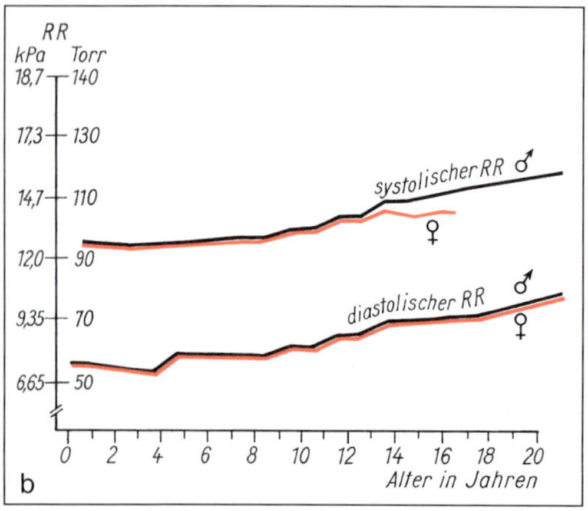

Bild 4.43 **a** Ruheherzschlagfrequenz (Hf) und **b** Ruheblutdruck (RR) im Alternsgang vom Kind bis zum Erwachsenen

schlagvolumen und Herzminutenvolumen zeigen einen charakteristischen Gipfel im Jugendalter, bei Jungen zwischen dem 15. und 18. Lebensjahr, bei Mädchen 1 bis 2 Jahre früher.

Die angedeuteten entwicklungsbedingten Herz-Kreislauf-Veränderungen führen zu einer höheren Belastbarkeit und zu einer Verbesserung der Anpassungsfähigkeit des Herzkreislaufsystems.

Die Trainierbarkeit des Herzens und des Kreislaufs ist offenbar in allen Entwicklungsstadien des Kindes- und Jugendalters, auch im frühen Schulalter, gut.

Es gibt Hinweise dafür, daß sie in der Pubeszenz und Adoleszenz besonders ausgeprägt ist.

Die positive Aussage im Hinblick auf die Leistungsbreite und Belastbarkeit des kindlichen und jugendlichen Herzkreislaufsystems wird auch nicht durch die Tatsache geschmälert, daß bei einem Teil der untrainierten Kinder und Jugendlichen in der Pubeszenz und Adoleszenz die bekannten orthostatischen Kreislaufregulationsstörungen, gekennzeichnet durch Schwindel und Kollapsneigung, auftreten.

Diese sind die Folge von nicht angepaßen Blutumverteilungen im Organismus bei Lagewechsel des Körpers. Hauptgrund hierfür sind die fulminanten hormonellen Umbrüche während der geschlechtlichen Entwicklungsphasen, die zu zeitweiligen Funktionsumstellungen im vegetativen NS führen. Durch regelmäßige körperlich-sportliche Ausdauerbelastungen sind diese orthostatischen Kreislaufdysregulationen positiv beeinflußbar.

Entwicklung des Atemsystems

Lungenwachstum: Durch **Thorax- und Lungenwachstum** und deren altersabhängigen Form- und Funktionswandel entstehen verbesserte Ausdehnungsmöglichkeiten für die Lungen und damit vergrößerte Atemvolumina. So kommt es z.B. in den ersten drei Lebensmonaten durch knospenähnliche Aussprossungen aus feinsten Bronchien zur **Vergrößerung der Gasaustauschfläche**. Im ersten Lebensjahr vergrößern sich Gewicht und Volumen der Lunge auf das Dreifache.

Funktionelle Entwicklung: Funktionelle Veränderungen im Atemsystem vollziehen sich wie folgt: Das Neugeborene ist infolge fast horizontal stehender Rippen und schwach entwickelter Atemmuskulatur vorwiegend auf die **Zwerchfellatmung** (abdominale Atmung) mit geringen Atemvolumina (15 ml pro Atemzug) bei einer hohen Atemfrequenz zwischen 34 und 48 Atemzügen/Minute angewiesen. Durch die oben angedeuteten Wachstumsprozesse mit dem Tiefertreten und der zunehmenden Schrägstellung der Rippen im 1. und 2. Lebensjahr wird die **Thoraxatmung** (Brustatmung) mit größeren Atemexkursionen und Atemvolumina zwischen 70 und 100 ml und einer Senkung der Atemfrequenz auf 22 bis 25 Atemzüge/Minute am Ende des ersten Lebensjahres schrittweise möglich.

Die Funktionsentwicklung führt in den folgenden Lebensjahren zur weiteren Senkung der Atemfrequenz. Diese erreicht mit drei Lebensjahren 20-22 Atemzüge/Minute, in der Pubeszenz 18-20, in der Adoleszenz 16-18 und beim jungen Erwachsenen 12-15 Atemzüge pro Minute.

Da sich die Atemvolumina im vergleichbaren Alternsgang gegensinnig verändern, wird eine zunehmend ökonomischere Atemtätigkeit erreicht. Die *Geschlechtsdifferenzierung* der Lungenfunktionsgrößen zeigt sowohl in ihrem zeitlichen Auftreten als auch in ihrem Ausmaß Parameterabhängigkeit, doch läßt sich insgesamt feststellen, daß bereits mit 7 Lebensjahren Unterschiede zugunsten der Jungen vorhanden sind, die um das 10./11. Lebensjahr etwas geringer und ab 12./13. Lebensjahr wieder deutlicher werden. Eine wesentlich größere Abhängigkeit der Atemgrößen vom biologischen als vom chronologischen Alter ist von einigen Untersuchern nachgewiesen worden.

Entwicklungsvorgänge im Blut

Die funktionelle Aufgabe der Erythrozyten und des Hämoglobins ist der **Sauerstofftransport**. Der im Kindesalter nachweisbare niedrigere Hb-Gehalt pro 100 ml Blut (Bild 4.44) läßt zunächst einen deutlichen Nachteil des Kindes gegenüber dem Erwachsenen im Hinblick auf die **Sauerstofftransportkapazität** des Blutes vermuten. Aber bereits die Betrachtung des Gesamthämoglobins pro kg Körpermasse (Bild 4.45) zeigt, daß etwa ab 11. Lebensjahr die Werte

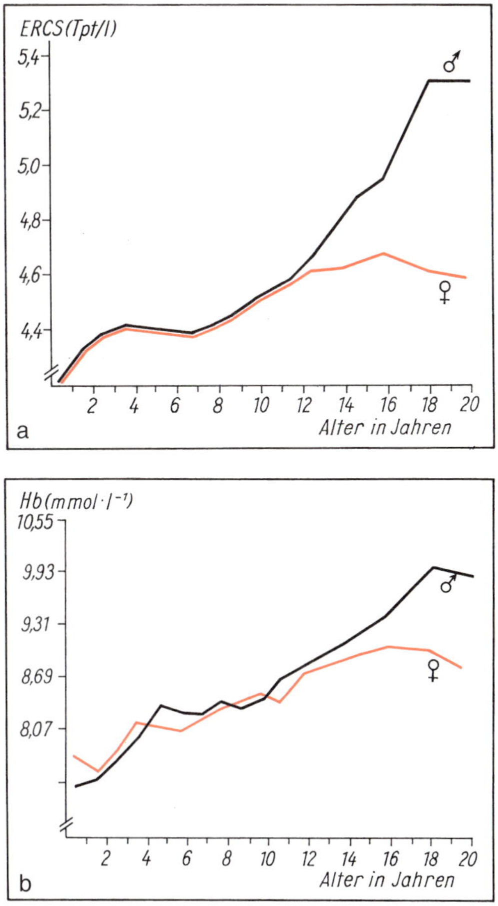

Bild 4.44 **a** Erythrozyten- (ERCS) und **b** Hämoglobinwerte (Hb) im Alternsgang vom Kindes- bis zum Erwachsenenalter

der Kinder denen der Erwachsenen entsprechen. Deutlicher wird dies aus funktioneller Sicht. Berechnet man das relative Minutenhämoglobin, also die pro Minute transportierte Hb-Menge je kg Körpermasse, zeigt sich, daß die im Körper pro Minute und je kg Körpermasse transportierte Hb-Menge bei Kindern größer ist als die bei Erwachsenen (Bild 4.45).

Da die arterielle Sauerstoffsättigung beim Kind mit 95 bis 97 % etwa der des Erwachsenen entspricht, kann das Schulkind pro kg Körpermasse und pro Minute etwa 19 ml Sauerstoff, der Erwachsene aber nur etwa 16 ml Sauerstoff transportieren.

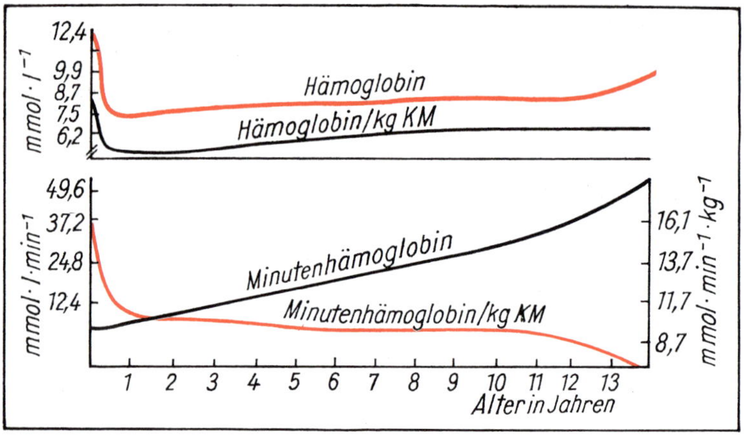

Bild 4.45 Hämoglobin, Hämoglobin/kg KM, Minutenhämoglobin und Minutenhämoglobin/kg KM von Kindern im Alternsgang (nach Betke, entn. aus Wiesner, 1964)

Die periphere arterio-venöse Sauerstoffdifferenz in Ruhe und bei Belastungen entspricht bei Kindern etwa der Erwachsener, so daß das Schulkind im Bedarfsfall (bei maximalen aeroben Belastungen) mehr Sauerstoff pro kg Körpergewicht in der Zeiteinheit in die Zellen (z.B. in die Muskelfasern) zu transportieren vermag als der Erwachsene. Aus der Sicht der Sauerstofftransportfähigkeit ergeben sich für das Kind gegenüber dem Erwachsenen eher Vor- als Nachteile. Dies ist ein weiterer Fakt, der die Aussage über die guten organismischen Voraussetzungen der Kinder für aerobe Belastungen stützt. Somit stellt bei gesunden Kindern aller Altersstufen die Sauerstofftransportkapazität des Blutes keinen limitierenden Faktor bei extremen Ausdauerbelastungen dar.

Ausdaueradaptationen im Blut in Form von Erhöhungen des totalen Hb-Gehaltes und des absoluten Ruheblutvolumens sind auch für Kinder nachgewiesen worden. Ob Unterschiede in der Trainierbarkeit im Vergleich zum Erwachsenen bestehen, konnte bisher nicht eindeutig geklärt werden.

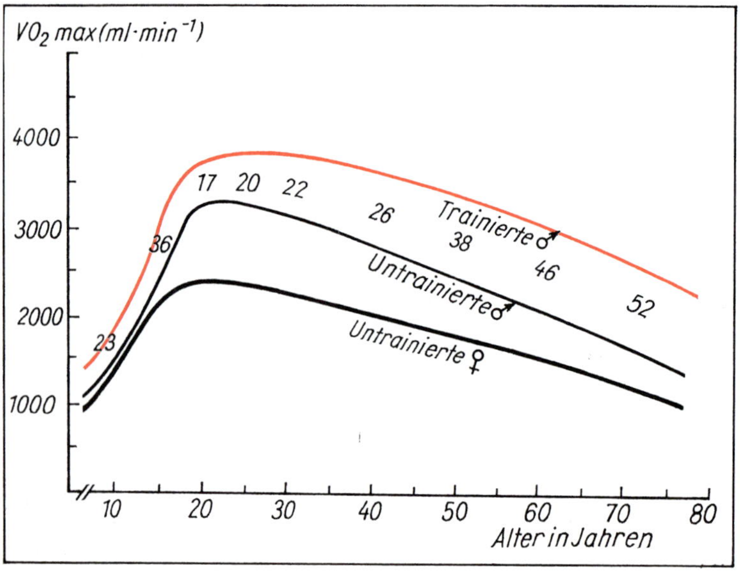

Bild 4.46 Durchschnittliche absolute VO_2-Werte von untrainierten weiblichen sowie von untrainierten und trainierten männlichen Probanden im Alternsgang nach Literaturangaben. Die trainingsbedingten VO_2max-Adaptationen sind in Prozent angegeben (nach Koinzer und Krüger, 1982)

Belast- und Trainierbarkeit der aeroben Kapazität vom Kindes- bis zum Erwachsenenalter

Die aerobe Kapazität entwickelt sich vom Kindes- bis zum Höchstleistungsalter sowohl in morphologischer als auch in funktioneller Hinsicht kontinuierlich und synchron mit dem Gesamtorganismus. Das **maximale Sauerstoffaufnahmevermögen** (VO_2 max) als Summenkriterium der aeroben Kapazität ist für untrainierte Kinder und Erwachsene im Bild 4.46 dargestellt. Daraus wird deutlich, daß in der Pubeszenz und Adoleszenz die aerobe Kapazität große Zuwachsraten erfährt. Die Mädchen erreichen ihr aerobes Maximum mit 16 bis 17 und die Jungen mit 18 bis 20 Lebensjahren, also jeweils mit Beginn des Erwachsenenalters. Die trainingsbedingten VO_2 max-Adaptationen sind in Prozent angegeben. Es konnte nachgewiesen werden, daß sich die VO_2 max-Werte der Mädchen im 12./13. Lebensjahr, also dem Zeitpunkt ihres deutlichen Reifevorsprungs, den maximalen Sauerstoffaufnahmewerten der Jungen nähern. Die Geschlechtsdifferenzen sind hier besonders klein.

Die relative aerobe Kapazität im Schulalter, ermittelt durch die auf die Körpermasse berechneten maximalen Sauerstoffaufnahmewerte (VO_2 max/kg), liegt im Bereich der relativen aeroben Kapazität von Erwachsenen im Höchstleistungsalter (Bild 4.47).

Dies begründet die bekannt hohe aerobe Belastbarkeit bei Kindern.

Die Trainierbarkeit der aeroben Funktionssyteme ist in jedem Lebensalter gegeben, im Kindes- und Jugendalter aber mit gut bis sehr gut zu bezeichnen.

Die hohen entwicklungsbedingten Zuwachsraten der VO_2 max im Kindes- und Jugendalter belegt das Bild 4.46. Dies bedeutet für die Praxis, daß bereits bei relativ niedrigen, im außerunterrichtlichen Schulsport realisierbaren Belastungsumfängen innerhalb weniger Wochen signifikante Adaptationen in den aeroben Funktionssystemen erreichbar sind. Sehr ausgeprägte trainingsbedingte Adaptationen des Herzvolumens, des Herzschlag- und Herzminutenvolumens, des Atemäquivalents und des oxydativen Potentials in den Muskelfasern sind für das Kin-

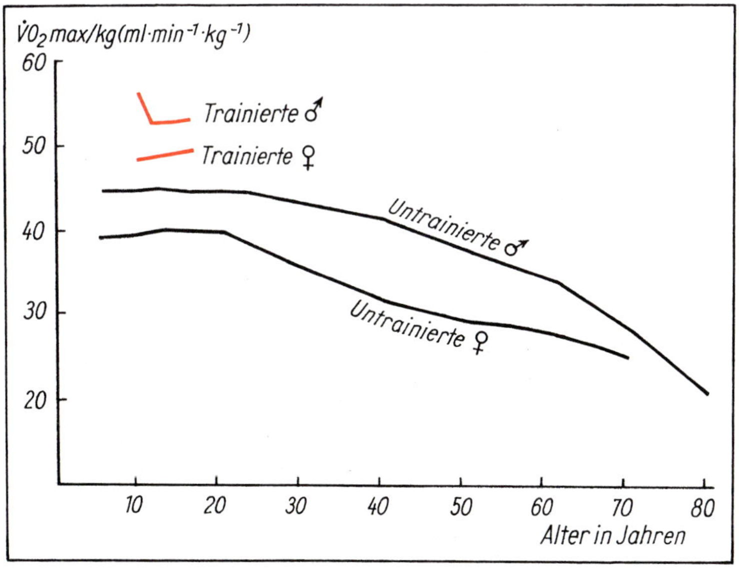

Bild 4.47 Relatives maximales Sauerstoffaufnahmevermögen im Alternsgang (nach Hollmann, 1967; Scharschmidt, 1974; Siegmund, 1976)

des- und Jugendalter nachgewiesen worden. Als Beispiel sei hier nur genannt, daß Kinder so wie Erwachsene nach extensivem Ausdauertraining relative VO_2 max-Werte von über 70 ml/kg/min erreichen können. Nicht eindeutig beantwortet werden kann zur Zeit die Frage, wann die Trainierbarkeit der aeroben Mechanismen am größten ist. Die überwiegende Zahl der Untersucher legt die sensible Phase für die Entwicklung der aeroben Leistungsvoraussetzungen in die Pubeszenz und in die erste Hälfte der Adoleszenz. Geschlechtsunterschiede bezüglich Trainierbarkeit der aeroben Funktionssysteme sind bisher für das Kindesalter nicht eindeutig gesichert, doch deuten die steiler ansteigenden körpermassebezogenen Sauerstoffaufnahmewerte bei ausdauertrainierenden Jungen darauf hin, daß die entsprechenden biologischen Funktionssysteme bei Jungen bereits im Vorschul- und frühen Schulalter etwas schneller und ausgeprägter trainierbar sind.

Zusammenfassend kann der Schluß gezogen werden, daß auf Grund der großen Bedeutung der aeroben Funktionssysteme für die allgemeine Leistungsfähigkeit und für die Gesunderhaltung die im gesamten Schulalter gute bis sehr gute Belast- und Trainierbarkeit der aeroben Funktionssysteme durch regelmäßige und methodisch adäquate Belastungen (Grundlagenausdauerbelastungen mit Dauermethoden bei Belastungsintensitäten im aerob-anaeroben Übergangsbereich) für Adaptationen genutzt werden müssen.

Pubeszenz und Adoleszenz sind entgegen früheren Ansichten keine Schonphasen, sondern Phasen guter Belast- und sehr guter aerober Trainierbarkeit !

Entwicklung der anaeroben Kapazität und Leistungsfähigkeit

Die **anaerobe Kapazität** umfaßt bekanntlich die Voraussetzungen des Organismus zur anaeroben Energiewandlung und zum anaeroben Energieumsatz bei maximalen Belastungen. Diese komplexe physiologische Leistungsfähigkeit wird wesentlich durch die oben besprochenen entwicklungsphysiologischen Veränderungen der anaeroben Stoffwechselkapazität in der Skelettmuskulatur sowie durch Alternsveränderungen der Fähigkeit zur Substratspeicherung, zur Pufferung und zur Laktatverträglichkeit des Organismus bestimmt.

Bezüglich Belast- und Trainierbarkeit der gesamtorganismischen anaeroben Kapazität im Alternsgang kann für Kinder und Jugendliche die gleiche Aussage wie für die Belast- und Trainierbarkeit der anaeroben Stoffwechselkapazitäten in den Skelettmuskeln formuliert werden (s. o.): Geringe Ausprägung im frühen Schulalter und im ersten Teil der Pubeszenz und deutliche entwicklungsbedingte Erhöhungen im zweiten Teil der Pubeszenz und vor allem in der Adoleszenz.

Damit wird verständlich, daß die anaerobe Leistungsfähigkeit, also die Fähigkeit zu maximalen und supramaximalen sportlichen Ganzkörperbelastungen bis zu einer Minute Dauer, bei Kindern im Verhältnis zu Erwachsenen ebenfalls niedrig ist.

Entwicklung des Binde- und Stützgewebes und der Beweglichkeit

Aus dem Bereich der Bindegewebsstrukturen sind Bänder, Sehnen und Gelenkknorpel für die sportliche Belastungbarkeit und Trainierbarkeit von besonderer Bedeutung. Aber auch die Entwicklung der Knochen, die zum Stützgewebe gezählt werden, beeinflussen nicht unwesentlich die sportliche Belastbarkeit.

Wachstum und Differenzierung im Stützgewebe

Die Entwicklung des Skeletts weist Besonderheiten auf, die sich in zeitlichen und kapazitären Unterschieden innerhalb der Verknöcherung, des Wachstums und der Differenzierung äußern.

Die Kenntnis der **Ossifikation** (Verknöcherung) ist eine wichtige Voraussetzung für das Verständnis der Belastbarkeit des Stützgewebes im Kindes- und Jugendalter.

Während der pränatalen Entwicklung beginnt die **desmale Ossifikation** (direkte Umwandlung von Bindegewebe in Knochen). Nur die Schlüsselbeinknochen und die Belegknochen des Schädels entstehen auf diese Weise. Der weitaus größte Teil des Skelettsystems wird intrauterin knorpelig oder bindegewebig angelegt und überwiegend nach der Geburt in Knochen umgewandelt. Dies kann über verschiedene Ossifikationsformen erfolgen:

- **Perichondrale Ossifikation** (Bildung von Knochenmanschetten um die Knorpelstäbe der künftigen Röhrenknochen),
- **enchondrale Ossifikation** (mitten im Knorpel einsetzende Verknöcherung). Die enchondrale Verknöcherung findet statt sowohl bei der Verknöcherung der Hand- und Fußwurzelknochen (Knochenkerne) als auch beim Längenwachstum der Röhrenknochen. Im Rahmen der Skelettentwicklung des Handgelenkes werden die späteren Handwurzelknochen zunächst knorpelig angelegt und verknöchern danach in gesetzmäßig festgelegter Reihenfolge, so daß bei den Mädchen die einzelnen Knochenkerne zwischen 0,2 und 10,8 Lebensjahren und bei den Jungen zwischen 0,3 und 12,7 Lebensjahren auftreten (Bild 4.48). Da Zeitpunkt und Reihenfolge der Verknöcherung hochkorrelative Beziehungen zur biologischen Entwicklung des Gesamtorganismus aufweisen, wird das **Ossifikationsalter** (Knochenalter des Handgelenkes) als ein sehr aussagefähiges Kriterium für die Beurteilung des biologischen Entwicklungsstandes von Individuen benutzt.

Das Längensachstum der Röhrenknochen erfolgt in den knorpeligen **Epiphysenfugen** zwischen Metaphyse und Epiphyse. Nach Abschluß des Längenwachstums verknöchern diese Epiphysenfugen. Man spricht hier von epiphysär-enchondraler Verknöcherung. Zeitlicher Ablauf und Ausmaß der Verknöcherung dieser Epiphysenfugen stehen ebenfalls in sehr enger Beziehung zur biologischen Gesamtentwicklung der Kinder und Jugendlichen, so daß auch die Ossifikation der Epiphysenfugen zur Beurteilung des biologischen Entwicklungsstandes herangezogen wird. Der Verknöcherungsprozeß der Wirbelkörper setzt noch während der Entwicklung im Mutterleib ein und erstreckt sich über den gesamten Entwicklungszeitraum bis etwa zum 20. Lebensjahr. Dabei ist charakteristisch, daß sich die einzelnen späteren Abschnitte der Wirbel von einzelnen Knochenkernen aus „verknöchern“. Eine weitere Form der Verknöcherung ist die

- **apophysäre Ossifikation** (Verknöcherung im Bereich von Knochenvorsprüngen). Diese Art der Verknöcherung tritt insbesondere während des beschleunigten Wachstums in der Pubeszenz und Adoleszenz auf.

Wachstum und Differenzierung der Wirbelsäule

Das Wachstum der Wirbelsäule vollzieht sich bis ins Erwachsenenalter hinein. Die Intensität des Wachstums ist im ersten Lebensjahr und während der Zeit der zweiten Streckung am ausgeprägtesten. Die einzelnen Wirbelsäulenabschnitte wachsen unterschiedlich rasch, so daß sich im Laufe der Entwicklung auch die Proportionen zwischen Hals-, Brust- und Lendenwirbeln verschieben. Die Wirbelkörper der Lendenwirbelsäule wachsen im gesamten Zeitraum am schnellsten, die der Halswirbelsäule am langsamsten, so daß die Halswirbelsäule relativ kürzer wird. Die physiologischen Krümmungen der Wirbelsäule bilden sich in den verschiedenen Altersperioden heraus. Während die Halslordose in den ersten zwei Lebensjahren im Ergebnis der Aufrichtung aus der Bauchlagerung entsteht, bewirkt die

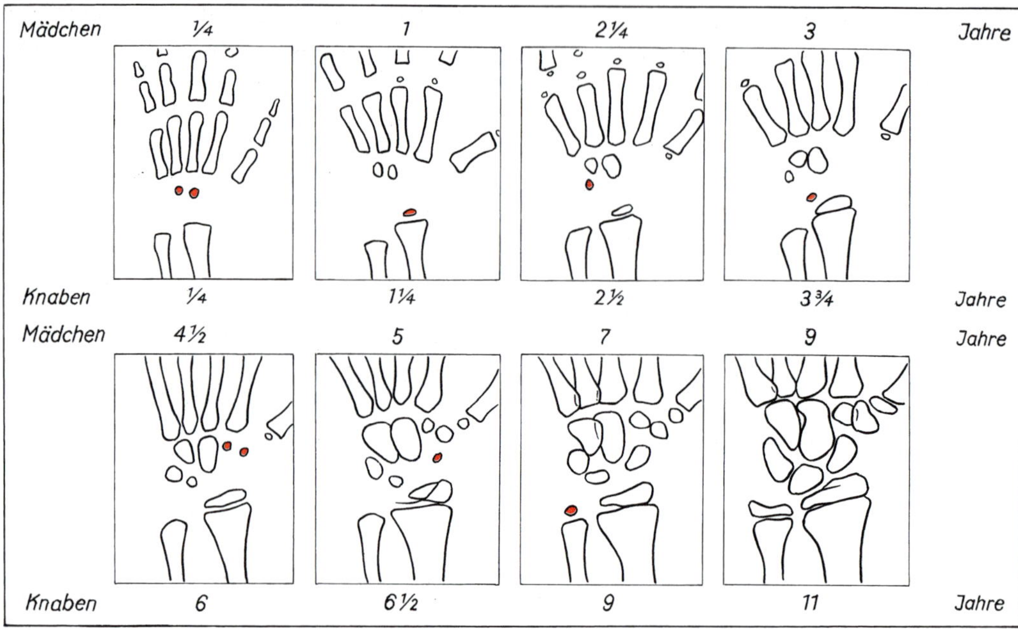

Bild 4.48 Skelettentwicklung des Handgelenkes (nach Wiesner, 1964)

vorwiegende Sitzhaltung und das Laufen im 2. bis 5. Lebensjahr die Ausbildung der Brustkyphose. Bei den Siebenjährigen sind die Krümmungen der Hals- und Brustwirbelsäule deutlich und fast endgültig ausgebildet. Die Herausbildung der Lendenlordose erfolgt in der Pubeszenz.

Belast- und Trainierbarkeit des Stützgewebes im Kindes- und Jugendalter

Auf Grund des relativ hohen Anteils organischer gegenüber anorganischer und knorpliger Bestandteile des kindlichen Knochens weist dieser eine gegenüber dem Erwachsenen höhere Biegsamkeit und Elastizität auf. Dadurch ist die Gefahr von Knochenbrüchen bei Kindern relativ gering. Außerdem werden bei Frakturen im Kindesalter die Knochenbruchenden durch die deutlich dickere Knochenhaut des Kindes praktisch „geschient„ Man spricht von **Grünholzfrakturen**. Andererseits besteht im Kindesalter die Gefahr sporttraumatisch bedingter **Epipysenlösungen** (Verschiebungen der Metaphyse gegen die Epiphyse langer Röhrenkhochen in den Epiphysen).

Unbedingt aufmerksam gemacht werden muß auf die deutlich höhere Gefahr der Entstehung von Haltungsschwächen und Formfehlern in der Pubeszenz und Adoleszenz als in anderen Altersstufen, weil in dieser Entwicklungsphase die Knochenstrukturen besonders adaptationsfähig sind (vgl. oben).

Die Wirbelsäule ist in den genannten Entwicklungsabschnitten dadurch besonders leicht „verformbar"! Chronische Fehl- oder Überbelastungen der Wirbelsäule fallen dadurch auf „fruchtbaren" Boden. Die zum Ausgleich erforderlichen Kräftigungen des Halteapparates der Wirbelsäule (Muskulatur, Bänder) mittels regelmäßiger adäquater sportlicher Belastungen bleiben jedoch bei der überwiegenden Zahl unserer Kinder und Jugendlichen unzureichend oder aus. **Hier ist der Sportunterricht stärker als in der Vergangenheit gefordert.**

Belast- und Trainierbarkeit der Bänder, Sehen und des Gelenkknorpels

Die Wissenschaft kann bisher auf viele Fragen zu Wachstum und Differenzierung von Bändern, Sehnen und Gelenkknorpel im Kindes- und Jugendalter keine befriedigende Antwort geben. Sicher ist, daß diese Gewebearten auf Grund ihres bradytrophen Stoffwechsels ähnlich wie bei Erwachsenen eine relativ **niedrige Belastbarkeit** und eine **verzögerte Anpassungsfähigkeit** im Vergleich zur Skelettmuskulatur besitzen. Besonderheiten des Kindes und Jugendlichen bestehen darin, daß einerseits durch den gegenüber Erwachsenen relativ höheren Stoffwechselumsatz in diesen Geweben und durch den höheren Anteil an elastischen Bindegewebsfasern die Elastizität höher und die Rißanfälligkeit geringer als beim Erwachsenen ist.

Die entwicklungsbedingten hormonellen Einflüsse bedingen andererseits insbesondere um die Pubertät herum Labilitätsphasen in der Belastbarkeit.

Die Trainierbarkeit der genannten Bindegewebsstrukturen ist in allen Altersstufen auf Grund der bradytrophen Stoffwechselmöglichkeiten deutlich geringer als die der gut durchbluteten Muskulatur. Dennoch ist die Anpassungsfähigkeit der Bindegewebsarten im Kindes- und Jugendalter größer als im Erwachsenenalter, da die auf Wachstum und Differenzierung vorbereiteten zellulären und subzellulären Strukturen dieser Gewebsarten auf Belastungsreize mit ausgeprägteren Adaptationen reagieren können. Die wechselnden Hormoneinflüsse, insbesondere in der ersten und zweiten Streckphase, bewirken zeitweilig relativ gute Adaptationsbedingungen. Diese relativ gute Anpassungsfähigkeit bedingt jedoch auch, daß bei chronischem Bewegungsmangel Deadaptationen und bei Fehl-/Überlastungen Überdehnungen von Bändern und Sehnen vorprogrammiert sind.

Die folgenden Hinweise zur Vermeidung von Schäden oder Verletzungen des Binde- und Stützgewebeapparates im Wachstumsalter sollten insbesondere beim Krafttraining exakt beachtet werden:

- aktives Erwärmen vor Belastungen des Stützgewebes unbedingt durchführen,
- allgemeines Krafttraining bevorzugen,
- spezielles Krafttraining allmählich aufbauen,
- allmähliche Intensitätssteigerung sowie sehr vorsichtige Dosierung jeder Kraftübung,
- Krafttraining vielseitig gestalten, um einseitige Überbeanspruchungen zu vermeiden,
- Dehnübungen einschalten, aber nur bei ermüdungsfreien Muskeln,
- technisch einwandfreie Ausführung aller Kraftübungen,
- Erlernen der Technik mit geringen Lasten,
- bei beginnenden Schmerzen in Muskeln, Sehnen oder Bändern die verursachende Kraftübung beenden,
- Vermeidung von Tiefkniebeugen, dafür halbe und dreiviertel Kniebeugen bei normaler Fußstellung benutzen (sonst Schäden im Kniegelenk möglich),
- Entlastung der Wirbelsäule durch Übungen im Liegen oder Sitzen mit angelegtem Rumpf,
- regelmäßige Kräftigung der die Wirbelsäule haltenden Muskulatur,
- Belastung der aufgerichteten Wirbelsäule in Geradhaltung.

Werden diese allgemein bekannten Belastungsprämissen exakt eingehalten, erübrigt sich „Bindegewebsangst" im Zusammenhang mit der Trainings-/Übungsgestaltung bei Kindern und Jugendlichen.

4.2.1.5 Wesen und Erscheinung der Akzeleration

Akzeleration bedeutet Entwicklungsbeschleunigung. Der Leipziger Schularzt Koch prägte diesen Begriff erstmals 1935.

Kennzeichen für die **säkulare Akzeleration** (Akzeleration der Population) sind:

- vorverlegte und beschleunigte Wachstums- und Entwicklungsvorgänge beim Durchschnitt der Bevölkerung im Vergleich zu früheren Jahrzehnten. Beispiel: Vorverlagerung des Menarchealters bei 50 % der Mädchen in Deutschland von 15,5 Lebensjahren um 1900 auf derzeit ca. 12,5 Lebensjahre;
- Verlängerung biologisch aktiver Phasen (Zeitspanne zwischen Pubertät und Menopause, Gesamtlebensalter).Beispiel: Rückverlagerung des Menopausenalters (Verlust der Menstruation) vom 43./44. auf das 48./50. Lebensjahr zwischen 1900 und heute. Dadurch ist die Geschlechtsfähigkeit der Frauen in Mitteleuropa in ca. 90 Jahren um etwa 8 Jahre erweitert worden;
- Erreichen höherer morphologischer und funktioneller Werte am Ende der Entwicklungsphasen. Beispiele: Zunahme der Körperhöhe 14- bis 17jähriger Jugendlicher zwischen 1858 und 1978 in Deutschland um ca. 10 cm, Zunahme der Körpermasse um etwa 7 kg im gleichen Zeitraum.

Die individuelle Akzeleration ist die im Vergleich zum Durchschnitt der jeweiligen Alterspopulation beschleunigte Entwicklung eines Kindes bzw. Jugendlichen.

Die Gründe für die Akzeleration sind nicht bis in alle Einzelheiten geklärt. Es ist heute aber allgemein anerkannt, daß die Akzeleration das Ergebnis der wirksameren Nutzung der genetisch vorgegebenen organismischen Anpassungsfähigkeiten beim überwiegenden Teil der Bevölkerung durch adaptationswirksamere Einflüsse aus der sozialen Umwelt darstellt. Solche gegenüber früheren Jahrzehnten und Jahrhunderten reizwirksameren Einflüsse sind beispielsweise Fortschritte in der Ernährung, in der hygienischen und gesundheitlichen Betreuung, aber auch günstigere Dosierungen von körperlich-sportlichen Belastungen u.v.m.. Die Tatsache, daß die Akzeleration während des 2. Weltkrieges deutlich stagnierte bzw. aussetzte, bestätigt den Einfluß von sozialen Faktoren auf die genetisch vorgegebenen organismischen Entwicklungsmöglichkeiten. Regelmäßige und wohldosierte, vielseitige sportliche Betätigungen führen nach unserem heutigen Wissen im Kindes- und Jugendalter zu Entwicklungsbeschleunigungen.

Die Bedeutung der Akzeleration für Sportler und Trainer liegt in:

- der Verschiebung des Zeitpunktes und der Höhe der maximalen fähigkeits- und fertigkeitsbezogenen Belastbarkeit durch die Akzeleration in jüngere Altersstufen, d.h., Gleichaltrige sind gegenüber früheren Jahrzehnten höher belastbar;
- der Verlegung der optimalen Phasen der Trainierbarkeit in jüngere Altersstufen;
- der Vergrößerung der interindividuellen Unterschiede bezüglich Leistungsfähigkeit, Belast- und Trainierbarkeit bei kalendarisch gleichaltrigen Schülern/Sportlern auf +/- 3-4 Jahre.

4.2.2 Körperliche Leistungsfähigkeit und organismische Funktionstüchtigkeit im fortgeschrittenen Lebensalter

Von *S. Israel*

Der zeitliche Bereich des körperlichen Höchstleistungsalters läßt sich pauschal nicht genau festlegen. Es kann davon ausgegangen werden, daß im Regelfall am Ende des 3. Lebensjahrzehnts das Höchstleistungsalter überschritten ist. Das kommt auch darin zum Ausdruck, daß in der Mehrzahl der Sportarten die Altersklassen mit 28 (Frauen) bzw. 32 Jahren (Männer) beginnen. Die Teilnahme an Veteranenmeisterschaften ist ab 35 bzw. 40 Jahren möglich! Die bewegungsbezogene Adaptabilität der Organe und ihrer Funktion (Trainierbarkeit) bleibt, wenn auch in abnehmendem Maße, bis in hohe Altersstufen erhalten.

4.2.2.1 Körperliche Fähigkeiten

Die Ausprägung der körperlichen Fähigkeiten wird von den individuellen Voraussetzungen und vom Trainingszustand bestimmt. Während ein Untrainierter noch mit 60 Jahren eine Verbesserung seiner körperlichen Leistungsfähigkeit auf ein altersgemäß gutes Niveau erreichen kann, ist für einen gut trainierten Sportler mit bereits hoher Leistungsfähigkeit eine weitere Leistungsverbesserung schwierig.

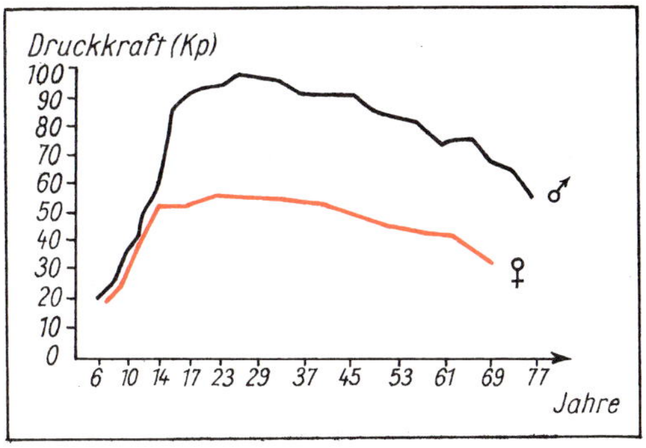

Bild 4.49 Maximale Handdruckkraft im Alternsgang (nach Hettinger, 1958)

Kraft

Die Muskelkraft reduziert sich zwischen dem 30. und 65. Lebensjahr im Mittel um 30 %. Es kommt zu einem Untergang von Motoneuronen (Nervenzellen) mit nachfolgendem Verlust an Muskelfasern; dazu tritt eine Inaktivitätsatrophie ein. Durch ein angemessenes Krafttraining lassen sich allerdings beide Vorgänge hochsignifikant aufhalten. Der Alternsgang der maximalen Handdruckkraft, der auch für die Kraftverhältnisse in anderen Körperpartien im Grundprinzip repräsentativ ist, wird im Bild 4.49 dargestellt.

Sporttreibende sind im späteren Lebensalter bezüglich ihrer Kraftleistung Nichtsporttreibenden signifikant überlegen.

Auch im höheren Lebensalter ist durch ein gezieltes Training ein Muskelzuwachs und damit ein Kraftgewinn zu erreichen, wenn ein entsprechend hoher spezifischer Belastungsreiz gesetzt wird. Nach dem Höchstleistungsalter nimmt die Trainierbarkeit der Kraft zwar allmählich ab, sie bleibt jedoch stets erhalten.

Die Kraft besitzt in jedem Lebensalter, insbesondere jedoch beim älteren Menschen, einen hohen Stellenwert für die Integrität der Gelenke. Besondere Beachtung verdient beim älteren Menschen die Muskulatur des Rumpfes und die der Beine; diese Muskelpartien sind in hohen Maße der Schwerkraft entgegengerichtet, und sie haben für das Alltagsleben eine besondere Bedeutung (Standsicherheit, Sturzrisiko). Im Alterssport sind Maximal- und Schnellkraftübungen zu meiden; sie belasten in zu hohem Maße die zumeist vorgeschädigten Gelenke. Im Gegensatz zu früheren Auffassungen sind im Alterssport isometrische Übungen (s. 5.1.2) zulässig. Allerdings dürfen die Anspannungen nur mit 70 % der Maximalkraft über höchstens 5 s gehalten werden.

Ausdauer

Unter den körperlichen Fähigkeiten spielt die Ausdauer wegen ihrer gesundheitsstabilisierenden Bedeutung für das Herz-Kreislauf-, Atmungs-, Stoffwechsel- und Immunsystem für ältere Menschen eine vorrangige Rolle. Der Alternsgang der Ausdauer ist beispielhaft anhand von Laufleistungen im Bild 4.50 dargestellt.

Es konnte oftmals der Nachweis geführt werden, daß bis in höhere Altersperioden hinein bei einem gesunden Menschen für ein relativ hohes Ausdauerniveau das durchgeführte Trainingsprogramm und nur bedingt das kalendarische Lebensalter die wesentliche Determinante ist. Einzelne 60jährige Alterssportler sind durchaus in der Lage, die Marathonstrecke in weniger als drei Stunden zurückzulegen, und selbst 80jährige vermögen im Einzelfall diese Strecke kontinuierlich laufend zu bewältigen. Bei diesen Per-

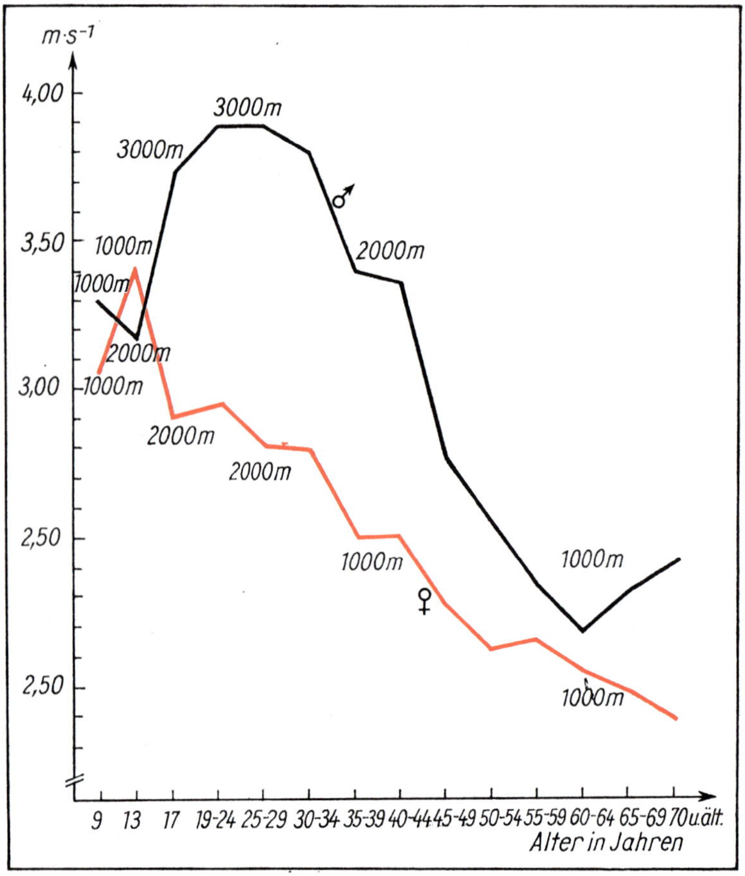

Bild 4.50 Abfall der Laufleistung im Alternsgang

sonen handelt es sich zweifelsfrei um eine Selektion; sie zeigen aber, zu welchen hochgradigen Ausdauerleistungen auch alte Menschen fähig sind. Grundsätzlich müssen ältere Sporttreibende bezüglich hoher Intensitätsansprüche zurückhaltend sein. Es sollte vorrangig das **Lang-und-langsam-Prinzip** realisiert werden. Eine wesentliche Wirkung des Ausdauertrainings im Alter ist die adaptive Aufbesserung der gesamten Sauerstoffkette von der Aufnahme über den Transport bis zur Abnahme durch die Zelle. Der Abfall des Sauerstoffdrucks im arteriellen Blut im Alternsgang kann durch ein Ausdauertraining gemildert werden. Eine gute Sauerstoffversorgung der Körpergewebe wiederum hält vorzeitige Altersvorgänge auf.

Das Übergewicht, das unter älteren und alten Menschen weit verbreitet ist, bleibt auch im Alter ein Risikofaktor für die Gesundheit; es geht vielfach mit körperlicher Inaktivität einher. Die Korpulenz ist nicht allein eine Angelegenheit von Zufuhr und Verbrauch; motorische Aktivität führt adaptiv zu relativ stabilen Wirkungen im Fettstoffwechsel, die die Ablagerung von Depotfett erschweren und die Fettmobilisation begünstigen. Regelmäßiges Sporttreiben erhöht zudem den Grundumsatz.

Es ist erwiesen, daß Sporttreibende ältere Menschen ein besonderes Interesse an Ernährungsfragen entwickeln.

Koordination

Zusammenwirken und Abgestimmtheit von Teilbewegungen zu einer Gesamtbewegung stellen sich in höherem Lebensalter verschlechtert dar. Es finden sich ein Rückgang des Bedürfnisses nach Bewegung, eine Verringerung des Bewegungstempos, eine Reduktion der Fähigkeit zur Kombination von Bewegungen und ein Nachlassen der Ausführungsqualität motorischer Handlungen. Es leidet im höheren Lebensalter vor allem die Kombinationsmotorik, und es kommt zu einer typischen Stereotypie bei den altersmotorischen Handlungen. Als ein Beispiel für die Veränderung einer Koordinationsleistung im Alternsgang sind in der Tabelle 4.7 die Ergebnisse einer Prüfung der Gleichgewichtsfähigkeit dargestellt.

Tabelle 4.7 Standzeiten im Altersverlauf bei der Schienenbalance (nach Richter)

Altersklasse	n	männlich (s)	n	weiblich (s)
15 bis unter 20 Jahre	33	1,9	13	1,7
20 bis unter 30 Jahren	131	2,7	112	2,2
30 bis unter 40 Jahren	72	2,6	91	1,8
40 bis unter 50 Jahren	26	2,6	42	1,8
50 Jahre und älter	21	1,7	22	1,2

Auch der alte Mensch bleibt motorisch lernfähig. Bewegungsgenauigkeit und -ökonomie können auch in höherem Lebensalter durch ein geeignetes Training erhalten und sogar verbessert werden.

Jahrelang ausgeführte Körperübungen mit hohem koordinativ-motorischem Anforderungsprofil können den Rückgang koordinativer Fähigkeiten verzögern. Altersturner, Artisten und auch Instrumentalmusiker können für eine solche Aussage als Beleg dienen. Der ältere Mensch muß durchaus koordinative Ansprüche an sich stellen. Die Ausführung exakter Bewegungen sollte im Alterssport zu einem durchgängigen Prinzip erhoben werden.

Bewegungsschnelligkeit

Mit ansteigendem Alter werden die Bewegungen langsamer, das Ziel des Alterssports muß die zügige Bewegung sein. Maximale Bewegungsschnelligkeit ist ohne nennenswerte Bedeutung für die Gesundheit; sie birgt folgende Hauptrisiken in sich:

- Die Gelenke sind im Regelfall vorgeschädigt und deshalb besonders verletzungsanfällig; sehr schnelle Bewegungen sind gelenkunfreundlich.
- Starke motorische Impulse aus den motorischen Zentren des Gehirns senden eine Befehlskopie an vegetative Zentren; auf diese Weise kann ein starker Impulsstrom z. B. das Herz irritieren. Auch vermögen sich die autonom gesteuerten Organe beim alten Menschen nur verzögert auf hohe motorische Belastungen einzustellen.
- Hohe Intensitäten mobilisieren den anaeroben Stoffwechsel verbunden mit einer stärkeren Laktatfreisetzung. Es handelt sich hierbei um eine Notfallreaktion („Adrenalinstoß“), die im gealterten Organismus gravierende Turbulenzen und Störungen bewirken kann. Sehr schnelle Bewegungen sind vielfach von Unsicherheit und Ängstlichkeit begleitet, wodurch die Fehlerwahrscheinlichkeit erwartungsgemäß ansteigt. Die hohe Bewegungsschnelligkeit großer Muskelgruppen werden vom Körper alter Menschen schlecht angenommen. Die von einer ordnungsgemäßen Belastungsverarbeitung abhängige Gesundheit hat im Alterssport stets Priorität.

Beweglichkeit

Für die Beweglichkeit („Gelenkigkeit“, Gegenteil: Steifheit) sind die Gelenke der Bezugspunkt. Die Bewegungsamplitude ist abhängig vom Zustand des Gelenks, von der

Elastizität des Sehnen- und Bandapparates sowie von der Funktionsfähigkeit und Dehnbarkeit der Muskulatur. Den Alternsgang der Beweglichkeit zeigt das Bild 4.51) am Beispiel der Wirbelsäule.

Neben alters- und inaktivitätsbedingten Elastizitätsverlusten schränken Verschleißerscheinungen am Binde- und Stützgewebe den Aktionsradius der Gelenke ein.

Dennoch läßt sich auch im höheren Alter durch gezielte Dehnungs-, Lockerungs- und Entspannungsübungen die Beweglichkeit erhalten oder sogar verbessern. Die Erfahrung zeigt, daß eine Erhöhung der Beweglichkeit von alten Menschen als besonders positiv wahrgenommen wird.

Besondere Aufmerksamkeit ist solchen Muskelpartien zuzuwenden, die zur Verkürzung neigen.

Beim methodischen Herangehen verdient die gehaltene Dehnung (mildes Stretching) den Vorzug. Eine „Ruck-zuck-Gymnastik" ist für ältere Menschen ungeeignet; ein solches Vorgehen ist beschränkt wirksam und birgt die Möglichkeit von Selbstverletzungen und Zerrungen in sich. Beweglichkeitsfördernde Übungen setzen beim älteren Menschen ein aktives Erwärmungsprogramm voraus.

4.2.2.2 Körperfunktionen

Herz- und Kreislauf

Nach dem 30. Lebensjahr nimmt die Herzmasse jährlich um 1 bis 1,5 Gramm zu; diese Entwicklung ist begründet in der Widerstandserhöhung im arteriellen System infolge degenerativer Gefäßwandveränderungen, die mit einem Elastizitätsverlust verbunden sind. Die Größe des gesunden Herzens verändert sich durch diesen Massenzuwachs mit zunehmendem Lebensalter aber nicht signifikant. Belastbarkeit und Anpassungsfähigkeit des Herzens gehen allmählich zurück.

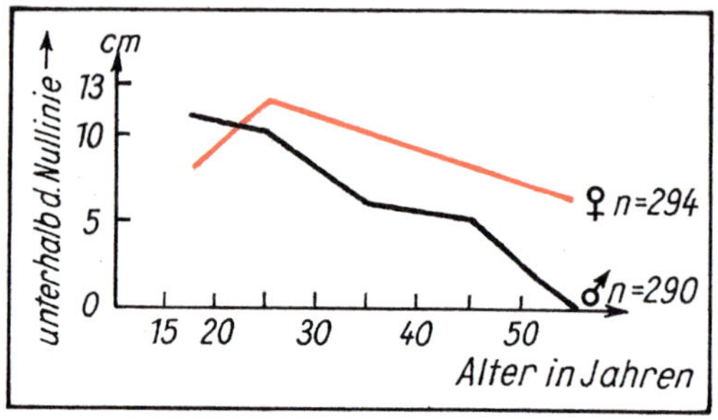

Bild 4.51 Abhängigkeit der Wirbelsäulenbeweglichkeit (Rumpftiefbeuge) vom Lebensalter (nach Richter, 1974)

Die Ruheherzschlagfrequenz sinkt in höherem Lebensalter ab; die Ursachen dafür sind noch nicht bekannt. Bei der Beurteilung der Ruheherzschlagfrequenz des Herzens alter Menschen ist jeweils zu unterscheiden, ob diese alters- oder trainingsbedingt ist. Auf definierten submaximalen Belastungsstufen zeigt die Herzschlagfrequenz keine nennenswerte Veränderung im Alternsgang; Sporttreibende weisen jedoch in jedem Lebensalter eine signifikant niedrigere Schlagfolge des Herzens auf.

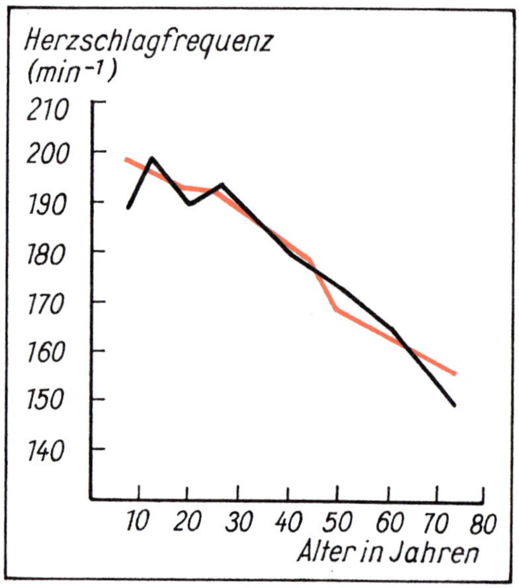

Bild 4.52 Mittlere maximale Herzschlagfrequenz in Abhängigkeit vom Lebensalter (nach Robinson, 1938)

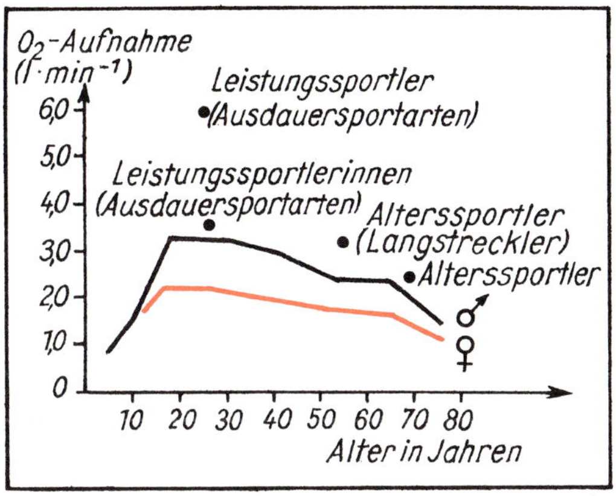

Bild 4.53 Maximale Sauerstoffaufnahme bei untrainierten Personen im Alternsgang (nach Hollmann und Hettinger, 1976)

Bezeichnend ist der Rückgang der maximal erreichbaren Herzschlagfrequenz mit zunehmendem Lebensalter (Bild 4.52); auch hier zeigt sich jedoch, daß regelmäßig sporttreibende alte Menschen Werte erreichen können, wie sie für jüngere Personen typisch sind.

Eine zwar komplexe Kenngröße, die aber maßgeblich durch die Leistung des Herz-Kreislauf-Systems bedingt ist und die weitgehend durch das Herzminutenvolumen bestimmt wird, ist die maximal mögliche Sauerstoffaufnahme (VO_2 max.). Hier tritt ein markanter Abfall im Verlauf des Erwachsenenalters ein, jedoch liegen Sporttreibende mit ihren Werten bei dieser für die Gesundheitsstabilität im Verlauf von Alternsprozessen wichtigen Kenngrößen stets über den von Untrainierten (Bild 4.53).

Systolischer wie diastolischer Blutdruck steigen im Laufe des Lebens kontinuierlich an. Der günstige Einfluß eines Ausdauertrainings auf die negative Entwicklung ist erwiesen.

Lunge

Die alternde Lunge ist gekennzeichnet durch eine Erweiterung der Alveolen (Lungenbläschen), eine Abnahme der Alveolenzahl und eine Verminderung der Elastizität. Hinzu kommt eine Einschränkung der Brustkorbbeweglichkeit wodurch die Ventilationskapazität vermindert wird (inspiratorische Starre). Auch Vitalkapazität, Atemstoßtest und Atemgrenzwert reduzieren sich nach dem 40. Lebensjahr.

So wird die Lunge ihrer Hauptfunktion, dem Gasaustausch und insbesondere der Sicherung eines angemessenen Sauerstoffdrucks im Blut mit steigendem Lebensalter immer weniger gerecht. Sportler unterliegen diesen Veränderungen in geringerem Maße als Nichtsporttreibende.

Stoffwechsel

Die Kapazität für aerobe Stoffwechselprozesse fällt mit zunehmendem Lebensalter ab; ein Ausdauertraining vermag diesen Prozeß jedoch zu verzögern. Auch die Möglichkeit zur Mobilisation des anaeroben Stoffwechsels geht mit ansteigendem Lebensalter zurück. Das wird im Bild 4.54 am Beispiel des Laktatspiegels bei maximaler Belastung dargestellt.

Für das Altern sind vorrangig Stoffwechselvorgänge von Bedeutung, die eine Bezie-

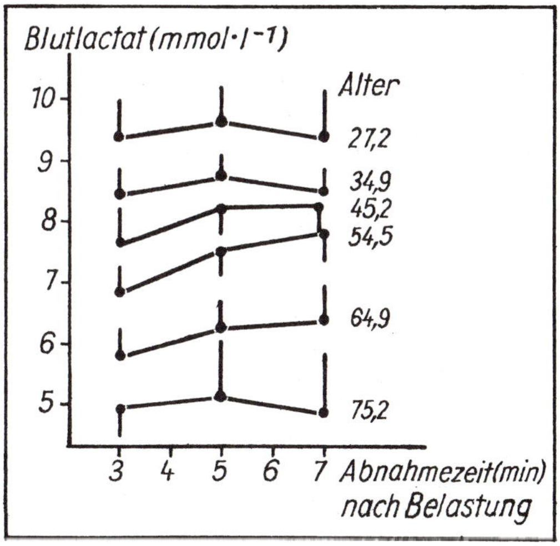

Bild 4.54 Maximale Blutlaktatkonzentration in Abhängigkeit vom Lebensalter (nach Tzankoff und Norris, 1979)

hung zu den sogenannten Risikofaktoren haben. Dabei handelt es sich um Faktoren, die bei hinreichender langer Einwirkungsdauer das Auftreten bestimmter Erkrankungen begünstigen (z. B. Arteriosklerose, Diabetes mellitus, Arthrosen u. a.); derartige Störungen wiederum begünstigen Alternsprozesse. Ein Trainingsprozeß verändert die Blutkonzentration der Fraktionen des Cholesterins (Substanz, die einen Einfluß auf die Ausprägung der Arteriosklerose hat); Trainierende weisen hier ein vorteilhaftes Spektrum auf. Weiterhin verbessert ein sportliches Training eine Reihe von Abläufen im Kohlenhydrat- und Fettstoffwechsel, wodurch Störungen, die das Altern der Körpergewebe beschleunigen, verhindert oder gemindert werden. Dazu gehören Übergewicht, Bluthochdruck, Diabetes mellitus und seine Vorstufen u.a.

Neuromuskuläres System

Im Alter benötigt der Muskel für einen bestimmten Grad der Verkürzung mehr ATP als in der Jugend. Die Konzentration einer Vielzahl von muskelzellulären Enzymen geht in höherem Lebensalter zurück.

Hollmann konnte jedoch den Nachweis führen, daß auch bei alten Menschen die Konzentration der Schlüsselenzyme für den aeroben und anaeroben Muskelstoffwechsel von der körperlichen Belastung abhängig sind; dadurch wird der hohe Stellenwert des Trainings für die Verzögerung alternsabhängiger Veränderungen des Muskelstoffwechsels bestätigt. Die Dauer der Muskelaktionspotentiale steigt mit dem Lebensalter an. Dieser Befund weist auf eine Verkleinerung der Funktionsbreite des neuromuskulären Apparates bei älteren Menschen hin.

Adaptationen

Einfluß des Sports auf den Alternsgang

Das Altern ist eine gesetzmäßige Erscheinung. Es ist an den genetischen Apparat gebunden, aber äußere Faktoren variieren den Prozeß und wirken auf die Mechanismen und das Tempo des Alterns. Der Verlauf des Alterns hängt im Spielraum des Erbgutes vom Verhalten ab.

Eine angemessene körperliche Aktivität beeinflußt Alternsvorgänge im Sinne einer Verzögerung oder Milderung; andererseits weisen die Folgen von Bewegungsmangel und Alternsvorgänge eine Reihe gemeinsamer Merkmale auf.

Der ausgeprägte Bewegungsmangel fördert körperliche Aufbrauchprozesse. Körperliches Altern bedeutet eine Einschränkung der Anpassung und der Anpassungsfähigkeit des Organismus.

Sportliches Training dagegen bewirkt Anpassungen, die gegen Störungen des inneren Gleichgewichts gerichtet sind. Das Antrainieren einer guten Regulationsfähigkeit auf der Grundlage optimierter Organfunktionen stattet den Organismus mit Reserven aus. Dabei handelt es sich vielfach auch um Mechanismen, die die Störanfälligkeit herabsetzen und damit die Gesundheit stabilisieren; Krankheiten haben dagegen einen beschleunigenden Einfluß auf Alternsvorgänge. Ein wesentlicher Faktor des Alterns ist in einer zunehmend schlechteren Sauerstoffversorgung der Körpergewebe zu sehen. Für das Alter ist eine herabgesetzte Tüchtigkeit der gesamten Sauerstofftransportkette des Organismus bezeichnend. Der Sauerstoffmangel ist eine Ursache für universelle körperliche Störungen. Bei Trainierten finden sich Anpassungen im Bereich des sauerstoffaufnehmenden, -transportierenden und -verwertenden Systems. In diesen positiven Veränderungen der Sauerstoffbilanz ist eine maßgebliche, dem Alternsprozeß entgegengerichtete trainingsinduzierte

Anpassung zu sehen; die maximal mögliche Sauerstoffaufnahme (VO_2 max.) kann als eine wesentliche Orientierung für das individuelle biologische Alter aufgefaßt werden. Fraglos gibt es altersbedingte Einschränkungen körperlicher Strukturen und Funktionen. Eine altersadäquate Bewegungstätigkeit vermag jedoch zahlreiche Körperfunktionen länger auf einem hohen Niveau zu halten, als es heute (in einem modernen Industriestaat) tatsächlich geschieht.

Auch ältere Menschen weisen eine organismische Anpassungsfähigkeit an körperliche Belastung auf.

Alterssportler, Bergführer, Instrumentalmusiker u. a. legen Zeugnis darüber ab, daß auch alte Menschen konditionell wie koordinativ zu hohen körperlichen Leistungen in der Lage sein können. Ein sportliches Training ist ein positiver Wirkfaktor im Zusammenhang mit Alternsvorgängen. Lebens- und Leistungsalter können bei Sporttreibenden einen beträchtlichen Abstand haben. Vielfach erscheint ein schlechter Trainingszustand als Alternsvorgang. Auch beim älteren Menschen fördert die körperliche Aktivität Leistungsfähigkeit, Gesundheitsstabilität, Wohlbefinden, Belastbarkeit und Erholungsfähigkeit; sehr alte Menschen haben zumeist ein körperlich aktives Leben geführt.

4.2.3 Geschlechtsspezifik der körperlichen Leistungsfähigkeit

Von *S. Israel*

4.2.3.1 Genetische Determinanten

Die Geschlechtszugehörigkeit ist an das mit der Nr. 23 belegte Chromosomenpaar gebunden. Während die Frau über zwei identische Chromosomen verfügt (xx), besitzt der Mann zwei unterschiedliche Chromosomen, die mit x und y bezeichnet werden. Bis auf das y-Chromosom stimmen Mann und Frau in ihren Erbanlagen grundsätzlich überein. Alle Vorstellungen über die Rolle des y-Chromosoms im Zusammenhang mit der körperlichen und sportlichen Leistungsfähigkeit sind bislang spekulativ. Die Überprüfung der unter 1000 Männern etwa einmal vorkommenden xyy- bzw. xyyy-Variante, die der Ausdruck einer starken y-Dominanz sein könnte, bestätigte nicht mit Sicherheit die Auffassung, daß es sich hier um körperlich überlegene Männer handelt.

Der Geschlechtsdimorphismus in den frühen Lebensperioden zeichnet sich durch einen differenzierten Entwicklungsvorsprung der Mädchen aus, der Unterschied wird keinesfalls erst in der Pubeszenz manifest. Bei Mädchen findet sich eine frühere Markscheidenreifung der Nerven als bei Jungen; Zahn- und Knochenentwicklung treten zeitiger ein. Die ersten Worte und Schritte fallen bei Mädchen in einen früheren Zeitraum als bei Jungen.

Der Vorsprung der Mädchen in psychophysischer Hinsicht zeigt sich unter anderem in einer geringeren Quote der Zurückstellung bei der Einschulung. Andererseits haben Mädchen stets ein grazileres Skelett, kleinere Hände und Füße sowie einen größeren Anteil an Körperfett als Jungen. Die Bewegungsaktivität und die spontane Gehgeschwindigkeit der Jungen übertrifft in allen Lebensphasen die der Mädchen. Die Leistungsvoraussetzungen und ihre Trainierbarkeit sind vor der Pubertät bei beiden Geschlechtern nur gering verschieden.

Die Jungen verfügen über genetisch etwas günstigere Bedingungen, die Mädchen sind jedoch durch ihren differenzierten Entwicklungsvorsprung bevorteilt.

Präpuberal findet sich eine leichte Überlegenheit der Mädchen bei der Ausprägung koordinativ-motorischer Fähigkeiten; vor allem die kleinen Muskeln der Hände werden bei feinmotorischen Handlungen besser beherrscht.

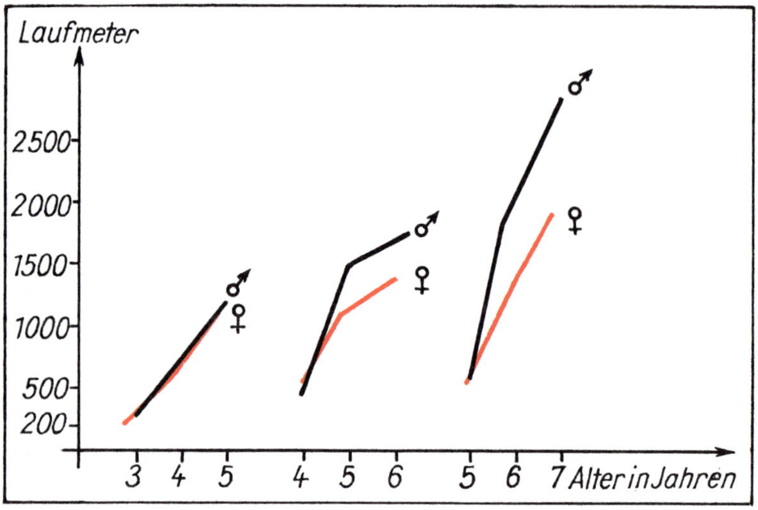

Bild 4.55 Entwicklung der Laufausdauer durch ein zweijähriges Training bei unterschiedlichem Anfangsalter. Die Ausgangswerte sind bei beiden Geschlechtern identisch (nach Frolow et al., 1976)

Bei Geschlicklichkeitsprüfungen demonstrieren Jungen ein (sozial bedingtes) Minus. Wenn Kinder beiderlei Geschlechts in der Artistik oder in der Instrumentalmusik das gleiche Ausbildungsprogramm durchlaufen, stellen sich keine Geschlechtsunterschiede beim motorischen Lernen und in der Fertigkeitsentwicklung dar.

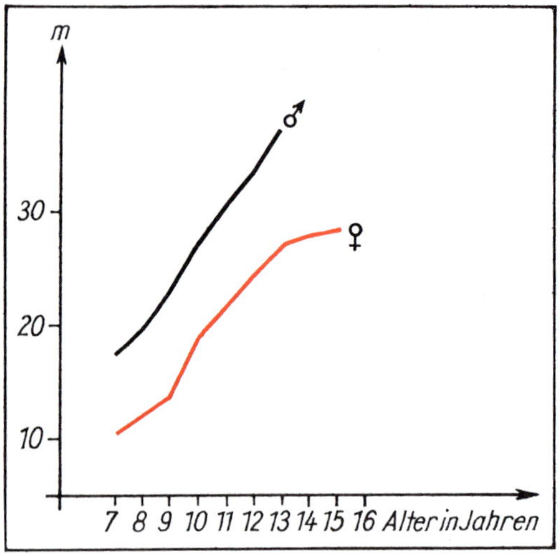

Bild 4.56 Leistungen im Schlagballweitwurf (nach Stemmler, 1962). Mit der ersten Phase der Pubeszenz kommt es zu markanten Veränderungen in der Bildung von Sexualhormonen

Bezüglich der konditionellen Fähigkeiten Kraft und Ausdauer sind Jungen präpuberal mit gering günstigeren organismischen Voraussetzungen ausgestattet. Zeitweise wird das durch den Reifungsvorsprung der Mädchen jedoch mehr als ausgeglichen.

Die gegenwärtig objektivierbare teilweise große Unterschiedlichkeit der Geschlechter in der Leistung hat keine biologische Basis; hier schlagen sich soziale Gegebenheiten nieder. Präpuberal sind beide Geschlechter annähernd gleich trainierbar.

Manifeste Unterschiede in der Leistungsdiagnostik resultieren vor allem daraus, daß infolge nach wie vor wirkender Überlieferungen die Mädchen konditionell geringer gefordert werden als die Jungen.

Mit der ersten Phase der Pubeszenz kommt es zu markanten Veränderungen in der Bildung von Sexualhormonen (s. Tabelle 4.8).

Der Wachstumsschub in der ersten Phase der Pubeszenz (10 – 12 cm Längenzuwachs im Jahr) setzt bei Mädchen ein bis zwei Jahre früher ein als bei Jungen; das Längenwachstum endet bei Jungen etwa drei Jahre später als bei Mädchen.

Mädchen erreichen mit dem 14. Lebensjahr etwa ihr Finalgewicht, während Jungen da-

Tabelle 4.8 Plasmakonzentration (ng · l^{-1}) einiger Sexualhormone in der Pubeszenz (nach Reiter und Root)

Lebensalter (Jahre)	Östron		Östradiol		Testosteron	
	weiblich	männlich	weiblich	männlich	weiblich	männlich
8– 9	200	–	100	–	200	240– 300
10–11	200– 670	–	100–2000	100	100–650	410– 600
12–13	200–1170	–	200–2700	20–300	200–800	1310–2490
14–15	200–1000	–	150–4000	50–400	200–850	3280–6430

nach im Durchschnitt noch 16 Kilogramm zunehmen. Der relative Fettgehalt nimmt bei Jungen ab, während er bei Mädchen etwa gleichbleibt. Sportschwache Mädchen unterscheiden sich von sportstarken vor allem durch die Masse an Körperfett.

Ohne Trainingswirkung wird das höchste körpermassebezogene VO_2 max. bei Mädchen im 12., bei Jungen im 16. Lebensjahr erreicht.

Mit der Pubeszenz beginnt insbesondere für Jungen ein Abschnitt besonders guter Trainierbarkeit (**„sensitive Phase“**) der Kraft und der Ausdauer. Die organismische Voraussetzung dafür findet sich in der stark gesteigerten Bildung männlicher Sexualhormone. Der hohe Stellenwert dieser Hormone liegt in ihrer starken anabolen Wirkkomponente; diese Hormone vermitteln die Proteinanlagerung, wobei aus der Sicht der körperlich-sportlichen Ausbildung vor allem die Synthese von Muskelprotein bedeutsam ist. In der Pubeszenz nimmt der Muskelanteil des Körpers der Jungen von durchschnittlich 27 auf 40 Prozent zu. Erst mit der Pubeszenz können Ausdauer- und besonders Kraftreize verstärkt in biologische Äquivalente transformiert werden. In der Pubeszenz kommt es zu typischen Höhen-, Massen- und Proportionsänderungen des Körpers, die zum Teil geschlechtsspezifisch sind (z. B. Schulterbreite) und einen Einfluß auf die Leistungsfähigkeit ausüben. Die Pubeszenz ist bezüglich der Entwicklung der körperlichen Fähigkeiten vor allem für das männliche Geschlecht eine gewisse Zäsur. Sie ist eine Phase guter Trainierbarkeit und für beide Geschlechter keinesfalls ein Zeitraum der Schonungsbedürftigkeit.

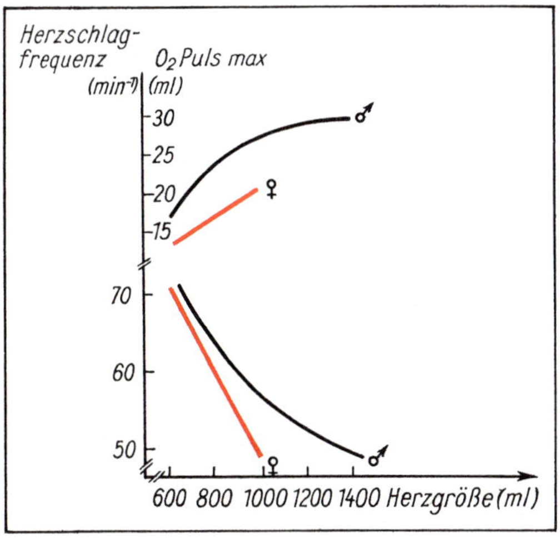

Bild 4.57 Ausweitung der Funktionsamplitude mit ansteigender Ausdauertrainiertheit (Herzgröße)

4.2.3.2 Hormonelle Regulation

Sehr stark gehen in den Geschlechtsdimorphismus des Menschen die Sexualhormone ein. Die Gabe konträrer Sexualhormone kann starke, z. T. schon äußerlich sichtbare (phänotypische) Veränderungen hervorrufen, und es kann bei Erhaltung des durch die Chromosomenstruktur bestimmten Kerngeschlechts phänomenologisch geradezu eine Geschlechtsumwandlung induziert werden. Auffällig sind dabei die Zeichen am Behaarungstyp, an der Stimme, an den primären und sekundären Geschlechtsmerkmalen sowie auch an den konditionellen Fähigkeiten.

Die Unterschiedlichkeit der Geschlechter in Körperbau und Körperfunktion ist mehr durch die physiologische Wirkung der Sexualhormone als durch die genetische Determiniertheit von Grundstrukturen festgelegt.

4.2.3.3 Soziale Einflüsse

Die Überlegenheit des Mannes in der Muskelkraft und – ausdauer sicherte diesem die Vorherrschaft in den überschaubaren historischen Zeiträumen. Die Situation führte frühzeitig zur „natürlichen“ Arbeitsteilung zwischen den Geschlechtern. Dadurch wurden weitere Selektionsmechanismen in Gang gesetzt, die die körperlich Unterschiedlichkeit noch ausprägten. Zweifellos wirken bestimmte überlieferte Ungleichgewichte der Arbeitsteilung bis in unsere Zeit. Im Sport hat sich die Gleichberechtigung der Geschlechter erst seit wenigen Jahrzehnten in der Mehrzahl der Sportarten durchgesetzt.

4.2.3.4 Körperliche Fähigkeiten

Ausdauer

Die Begrenzung der Ausdauerleistung findet sich vor allem in drei physiologischen Mechanismen, die durch die Begriffe Sauerstoffversorgung, Substratmobilisation und Thermoregulation charakterisiert werden können.

Die Prüfung des Geschlechtsdimorphismus bezüglich der Ausdauer erfordert in erster Linie die Betrachtung der Unterschiede bei diesen drei in sich sehr komplexen Komponenten. Auf die Geschlechtsunterschiede in der Sauerstoffaufnahme und in der Thermoregulation wird gesondert eingegangen; hier ergeben sich genetisch begründbare Nachteile der Frau gegenüber dem Mann bei ausdauernden motorischen Anforderungen mit hoher Intensität. Bezüglich der Substratspeicherung, wobei vor allem das Glykogen eine Rolle spielt, konnten in bezug auf trainingsbedingte Steigerungen der Einlagerung geringe Unterschiede zugunsten des Mannes festgestellt werden. Die Androgene (männliche Sexualhormone) sind mitverantwortlich für den Grad der Glykogensuperkompensation nach einer hohen Ausdauerleistung.

Bei Langzeitausdauerbelastung, bei denen weder das VO_2 max. noch die Thermoregulation oder der Glykogengehalt der arbeitsleistenden Muskulatur bis zum äußersten beansprucht werden, können Frauen beachtliche Leistungen erreichen (z. B. 100-km-Lauf, Dauerschwimmen). Frauen tolerieren bei entsprechendem Trainingszustand extensive Ausdaueranforderungen gut und sind somit bezüglich Ausdaueransprüchen auch hoch belastbar.

Kraft

Die Frau verfügt über 54 bis 78 Prozent (im Durchschnitt 67 %) der Kraft des Mannes. Die Differenz ist bei den einzelnen Muskelgruppen unterschiedlich. Das geringste Minus von 22 % findet sich bei den Kaumuskeln. Dieser Befund deutet bereits darauf hin, daß die geschlechtsspezifischen Kraftunterschiede nicht allein genetisch oder hormonell determiniert sind, sondern daß der Gebrauch der jeweiligen Muskelgruppe die Differenz entscheidend beeinflußt.

Wie bei der Ausdauer ist auch bei der Kraft die Trainierbarkeit beider Geschlechter sehr gut. Auf Grund der gegenwärtigen Arbeits- und Lebensbedingungen ist das Ausgangsniveau der Kraftfähigkeiten bei Frauen niedriger als bei Männern; bei einem vergleichbaren Krafttraining erreichen Frauen anfangs einen überproportionalen Zuwachs.

Die Kraft hängt ausschlaggebend vom Querschnitt der Muskelfasern aber. Männer haben in allen Altersgruppen im Mittel größere Querschnitte der Arbeitsmuskulatur als Frauen: die Divergenz tritt mit dem 12. Lebensjahr deutlich hervor. Männer sind zu stärkerer Muskelhypertrophie, die die wichtigste organismische Basis für den Kraftgewinn darstellt, fähig als Frauen. Es kann davon ausgegangen werden, daß der männliche Muskel mehr Spannung zu entwickeln vermag als der weibliche. Im Falle der Hypertrophie eines Muskels übersteigt die Kraftzunahme die Querschnittsvergrößerung. Durch ein Krafttraining nimmt nicht nur die Quantität, sondern auch die Qualität des Muskels bezüglich seines Kraftpotentials zu, d. h., daß die Querschnittseinheit mit zunehmender Hypertrophie mehr Kontraktionskraft (Zugspannung) freisetzen kann.

Der Mann verfügt über mehr Körper- und Muskelmasse als die Frau. Bei Normalgewichtigkeit besteht im Mittel der weibliche Körper zu 35 % und der männliche Körper zu 40 % aus quergestreifter Muskulatur. Das Kraftpotential ist der Muskelmasse proportional.

Bei Muskeln mit überwiegend statischer Funktion (z. B. Haltemuskeln des Rumpfes) sind die Geschlechtsunterschiede gering. Eine männliche Überlegenheit manifestiert sich maßgeblich bei den Muskeln mit vorrangig dynamischer Funktion.

Die Trainierbarkeit der Muskeln, die sich vorherrschend aus ST-Fasern (langsam kontrahierend) zusammensetzen, erscheint bei beiden Geschlechtern nahezu identisch; bei der Beübung von Muskeln mit hohem FT-Faseranteil (schnell kontrahierend) hat der Mann deutliche Vorteile.

Bei Männern ist die Armmuskulatur besser als bei Frauen auf Krafterwerb trainierbar als die Beinmuskulatur; relativ gering sind die Unterschiede in der Trainierbarkeit der Rücken- und Bauchmuskulatur. Bei kleinen Muskeln sind die Geschlechtsunterschiede in der Trainierbarkeit geringer als bei massigen Muskeln. Bei der Frau existiert eine bessere Entspannungsfähigkeit des Muskels, während beim Mann die Anspannung zuverlässiger erfolgt.

Bei der Entwicklung der Maximalkraft dürfen psychische Faktoren nicht außer acht gelassen werden. Die Motivation zu äußerster Kraftentfaltung zeigt fraglos eine Geschlechtsspezifik.

Koordination

Die Koordination hat ihre entscheidende organismische Basis in zentralnervalen Funktionen; sie ist somit vorrangig ein Problem der Steuerung und Regelung von Bewegungskomplexen.

Angesichts dieser Situation ist mit geringen oder fehlenden Geschlechtsdifferenzen beim motorischen Lernen, d. h. in der Trainierbarkeit koordinativer Fähigkeiten, zu rechnen. Zahlreiche Untersuchungen erbrachten eine größere Geschicklichkeit der Frau bei feinmotorischen Handlungen. Bei gleichem Training der Präzisionsmotorik tritt jedoch eine Angleichung der koordinativen Leistung der Geschlechter ein.

Generell verlangt die Geschlechterrolle in Arbeit und Freizeit auch heute noch von den Mädchen und Frauen in höherem Maße Präzisionsmotorik. Der Einfluß der Berufsarbeit und der Freizeitbeschäftigung auf die Ausbildung koordinativer Fähigkeiten ist erheblich.

Auch prägen Begriffe der subjektiven Beurteilung wie Anmut und Eleganz gegenwärtig Mädchen hinsichtlich ihrer Koordination frühzeitig noch stärker als Jungen.

Beweglichkeit

Frauen zeigen bei Dehnübungen größere Auslenkungen als Männer. Das zeigt sich zum Beispiel darin, daß Frauen bei der Rumpfvorbeuge besser abschneiden als Männer, was nicht allein auf die geschlechtsspezifischen anthropometrischen Verhältnisse bezogen werden darf. Bei Frauen ist bei der Mehrzahl der Gelenke die Bewegungsamplitude größer. Diese Befunde sprechen für eine straffere Muskulatur beim Mann; ebenso ist der männliche gelenksichernde Bandapparat straffer, als dies bei der Frau der Fall ist. Dieser Befund ist mit der Wirkung der Geschlechtshormone (Oestrogene, Androgene) weitgehend erklärbar.

4.2.3.5 Organismische Funktionen

Herz-Kreislauf-System

Das Herz-Kreislauf-System reagiert adaptiv vor allem auf Ausdauerbelastungen.

Vergleichbare trainingsbedingte Änderungen der Herzgröße haben bei Männern und Frauen nicht die gleichen Auswirkungen auf die Herzfunktion. Die Größen-Funktions-Beziehungen des Herzens zeigen eine Geschlechtsabhängigkeit (s. Bild 4.57).

Die Trainingseffekte kommen vor allem in den Grenzbereichen der Funktion zum Ausdruck; sowohl die obere als auch die untere Grenze des Funktionsbereiches wird verlagert. Das hat eine Ausweitung der Funktionsamplitude zur Folge. Die im Bild 4.57 beispielhaft an der Ruheherzschlagfrequenz und dem maximalen Sauerstoffpuls dargestellte Arbeitscharakteristik des Herzens zeigt, daß Frauen bis zu den von ihnen erreichbaren Herzgrößen keine geringere, sondern eine anders gelagerte Regelbreite ihrer Herz-Kreislauf-Funktion haben als Männer. Frauen erreichen (gegenwärtig) geringere Ausprägungen eines Sportherzens als Männer. Während bei Sportlern körpermassebezogene Herzgrößen bis zu 18 ml · kg^{-1} vorkommen, liegt der analoge Wert für Sportlerinnen bei 15,5 ml · kg^{-1}. Bei den Absolutwerten für die Herzgröße ist der mögliche Abstand auf Grund der geringen Körpermasse der Frau noch erheblicher. Die im Bild 4.57 deutlich werdende Geschlechtsdifferenzierung macht ein bezeichnendes Prinzip deutlich.

Unter Ruhebedingungen hat eine definierte sportbedingte Herzvergrößerung bei Frauen stärkere Auswirkungen im Sinne der Ökonomisierung der Herzfunktion als bei Männern.

In der Ausbelastung sind die geschlechtsspezifischen Differenzen sehr ausgeprägt. Bei vergleichbarer Sportherzbildung ist bei Männern die Herz-Kreislauf-Leistung größer als bei Frauen.

Dieser Befund ist die Grundlage dafür, daß Männer höhere Werte für das maximale Schlagvolumen (über 200 ml) und die maximale Sauerstoffaufnahme (über 6000 ml · min^{-1}) erreichen können. Bei submaximalen Belastungen reagieren Männer, gemessen an der Herzschlagfrequenz, im Sinne einer besseren Funktionsökonomie als Frauen. Eine standardisierte submaximale Belastung wird von Männern reaktionsärmer toleriert. So erreichen Männer zum Beispiel bei der W 170 (Arbeitskapazität in Watt bei einer Herzschlagfrequenz von 170 · min^{-1}) auf dem Fahrradergometer im Durchschnitt eine um 50 Prozent bessere Leistungen als Frauen. In der Wiederherstellungsphase nach einer Ausbelastung existieren bezüglich der Herz-Kreislauf-Funktion nur unwesentliche Geschlechtsspezifitäten.

Ein Ausdauertraining entwickelt die Gesamtfunktion des Herz-Kreislauf-Systems und verändert seine Arbeitscharakteristik bei beiden Geschlechtern auf der ergotropen wie auf der trophotropen Seite. Während durch das Training beim Mann die Kapazitätskriterien (Mobilisationsfähigkeit) deutlicher verbessert werden, tritt bei der Frau die Verbesserung markanter bei den in Ruhe deutlich werdenden Effektivitätskriterien in Erscheinung.

Rote Blutzellen (Erythrozyten) und Hämoglobin

Die Erythrozytenkonzentration im Blut und damit auch der Gesamthämoglobingehalt ist bei Frauen geringer als bei Männern. Die Werte betragen für Frauen $4{,}8 \cdot 10^{12}$ Erythrozyten und 155 Gramm Hämoglobin in der gleichen Blutmenge. Es stehen der Frau also weniger Sauerstoffträger zur Verfügung. Trainingsadaptiv tritt weder bei Frauen noch bei Männern eine nennenswerte Veränderung der Erythrozytenkonzentration im Blut ein.

Frauen haben ein geringeres Blutvolumen als Männer. Bei beiden Geschlechtern kommt es zu einer trainingsbedingten Steigerung des totalen Blutvolumens. Diese ist bei Männern jedoch stärker ausgeprägt (bei Spitzenathleten von 5 auf 81), was zu einer ausgeprägteren Zunahme des Gesamthämoglobins führt.

Die Bewegung des „dünneren" Blutes bei Frauen erfordert infolge der geringeren Viskosität weniger Kraftaufwand von Seiten des Herzens. Bei identischer Herzleistung wird bei Frauen eine höhere Blutgeschwindigkeit bewirkt, die mit den besseren Fließeigenschaften infolge herabgesenkter Erythrozytenkonzentration zusammenhängt.

Der relativ niedrige Gehalt des Blutes an Erythrozyten bei der Frau gegenüber den Verhältnissen beim Mann muß für Ausdauerleistungen nicht unbedingt nachteilig sein. Das Herz erreicht seine höchste Sauerstofftransportleistung bei einem Hämatokritwert (zellulärer Volumenanteil des Blutes) von 40 bis 42; in diesem Bereich sind die Kenngrößen Blutviskosität, Sauerstoffträger (Erythrozyten) und Herzminutenvolumen optimiert. Der genannte Wert, der für die Erythrozytenkonzentration bei hoher Beanspruchung des Herz-Kreislauf-Systems optimal ist, stimmt weitgehend mit den bei der Frau gegebenen Verhältnissen überein.

Ventilation und Sauerstoffaufnahme

Die Vitalkapazität (verfügbares Fassungsvermögen der Lunge) beträgt bei der Frau etwa 75 Prozent (auf die Körpermasse bezogen 85 bis 90 Prozent) im Vergleich zu den Verhältnissen beim Mann. Auf diesem Befund beruht das geringe Atemzugvolumen der Frau unter Belastung. Beim Atemgrenzwert (maximal zu ventilierende Luftmenge in $l \cdot min^{-1}$) erreichen Frauen etwa 65 bis 70 Prozent der Werte der Männer. Die Thoraxmechanik der Männer ist der der Frau signifikant überlegen; dieser Befund ist neben der körperbaulichen Geschlechtsspezifik maßgeblich auf die kräftigere Atemmuskulatur beim Mann zurückzuführen. Die Geschlechtsdifferenz bezüglich des VO_2 max. beträgt im Mittel 30, auf die Körpermasse bezogen etwa 15 und auf die fettfreie Körpermasse bezogen knapp 10 Prozent zu ungunsten der Frau. Bei äquivalenten submaximalen Belastungen treten bezüglich des VO_2 keine signifikanten Geschlechtsunterschiede auf. Im Verlauf eines vergleichbaren Trainingsprozesses kommt es bei Frauen und Männern zu einer parallelen Ausprägung des VO_2 max., wobei die Absolutwerte der Frauen stets um etwa 25 Prozent unter denen der Männer bleiben. Bei höchsten Trainingsbelastungen, wie sie gegenwärtig nur von Männern bewältigt werden, ergeben sich stärkere Zuwachsraten. Männer erreichen auf Grund der besonders guten Anpassungsfähigkeit ihres Herz-Kreislauf-Systems auf der Mobilisierungsseite signifikant höhere Herzminutenvolumina als Frauen; dieser Befund determiniert das VO_2 max. maßgeblich. Das VO_2 max. wird entscheidend durch die Mobilisationsfähigkeit des Herz-Kreislauf-Systems begrenzt.

Muskelstoffwechsel

Bei Frauen und Männern ist innerhalb der ohnehin großen interindividuellen Variationsbreite das gleiche Muskelfaserspektrum gegeben.

Die geschlechtsspezifische körperliche Leistungsfähigkeit ist nicht mit einer unterschiedlichen Verteilung der schnell- und langsamkontrahierenden Muskelfasern zu erklären.

Bei einem Training mit einem definierten Anteil des individuellen VO_2 max. kommt es bei beiden Geschlechtern zu Adaptationen, die jedoch bezüglich des Muskelquerschnitts, der Konzentration an Glykogen sowie an oxydativen und glykolytischen Enzymen bei den Männern ausgeprägter sind.

Bei den langsam kontrahierenden Fasern (ST-Fasern) tritt in einem Trainingsprozeß eine gewisse Angleichung der Geschlechter ein, während sich bei den schnell kontrahierenden Fasern (FT-Fasern) zum Teil starke Differenzen ergeben.

Der männliche Muskel verfügt über mehr Strukturen, die für den kontrahierten Apparat Energie zur Verfügung stellen. Da ein fester Zusammenhang zwischen VO_2 max. und Mitochondrienmasse besteht, überrascht der Befund einer größeren Gesamtoberfläche der Mitochondrien bei Männern nicht.

Ein Hauptunterschied zwischen Sportlerinnen und Sportlern ist am Skelettmuskel im Faserquerschnitt zu sehen. Bei Sportlern finden sich um 10 bis 20 Prozent dickere Muskelfasern als bei Sportlerinnen. Die Frage, ob das männliche Geschlecht primär auch über eine größere Gesamtzahl an Muskelfasern verfügen, ist noch nicht schlüssig beantwortet. Hinsichtlich der möglichen Laktatkonzentration in der Muskelzelle und im Serum gibt es keine signifikanten Geschlechtsunterschiede. Angesichts der geringeren Körpermasse und insbesondere des geringeren totalen Blutvolumens (Verteilungsraum für Laktat) ist das mögliche Sauerstoffdefizit bei Frauen niedriger zu veranschlagen als bei Männern.

Thermoregulation

Bei Frauen sind die Möglichkeiten der Thermoregulation etwas geringer ausgeprägt als bei Männern.

Bei überschießender innerer Wärmeproduktion durch Stoffwechselsteigerung infolge sportlicher Ausdauerbelastung erreichen Frauen nicht so hohe Körperkerntemperaturen wie Männer. Körperkerntemperaturen von 41 bis 41,5°C, die bei Männern nach extensiven Wettkämpfen noch als physiologisch gelten können, werden von Frauen kaum erreicht; die Leistung wird bereits durch niedrigere Temperaturen limitiert.

Einen Sexualdimorphismus gibt es bei den Wärmeabgabemechanismen. Die bei Frauen stärker ausgebildete Unterhautfettschicht erschwert bei endogener Wärmebelastung thermoregulatorische Vorgänge. Frauen verfügen anlagemäßig über weniger Schweißdrüsen als Männer. Frauen reagieren auf eine endogene Wärmebelastung stark mit vasomotorischen Umstellungen („Die Frau glüht, der Mann transpiriert").

Die Wärmeabgabe an die Umwelt erfolgt in höherem Maße durch Strahlung (s. a. Kap. 4.1.2). Es existiert eine positive Beziehung zwischen der maximalen Schweißrate und dem VO_2 max. Die Schweißsekretion ist ebenso wie das VO_2 max. bei Frauen geringer trainierbar als bei Männern.

Verhaltensmäßige Geschlechtsdifferenzen spielen im Zusammenhang mit der Thermoregulation und der Anpassung an Wärmebelastung eine Rolle. Frauen versuchen eher als Männer, das Schwitzen zu vermeiden; auch tragen Frauen leichtere Kleidung als Männer, und sie sind weniger an schwerer körperlicher Arbeit beteiligt. Generell findet sich ein geringer Anpassungsstatus an innere und äußere Wärmeeinwirkung.

Frauen sind weniger tolerant gegenüber schweißbedingtem Wasserverlust als Männer; es tritt bei ihnen bereits bei geringeren Graden der Wasserverarmung des Körpers ein Zustand der körperlichen Erschöpfung ein.

Sexualhormone

Die Sexualhormone haben neben ihrer spezifischen Wirkung zahlreiche, z. T. universelle weitere Effekte (s. 4.2.3.2). Männliche Keimdrüsenhormone (Androgene) unterstützen die Proteinsynthese; das bedeutet eine Zunahme der fettfreien Körpermasse und damit in Verbindung mit Trainingsreizen einen Anstieg der Muskelkraft. Die physiologischen Wirkungen der männlichen Sexualhormone zeigen sich besonders an der ergotropen (mobilisierenden) Seite motorischer Lebensäußerungen (s. a. Kap. 3.2).

Die weiblichen Sexualhormone der Östrogengruppe haben eine trophotrope Wirkung; diese Stoffe begünstigen solche Vorgänge, die wichtige Seiten des Erholungsvorganges repräsentieren. Auch führen Östrogene zu einer Durchblutungssteigerung und zu einer gewissen Auflockerung der Gewebe. Der Grundumsatz ist bei Frauen niedriger als bei Männern.

Androgene und Östrogene stehen keinesfalls in einer Position der Konkurrenz zueinander; beide Geschlechter verfügen über diese Hormone in unterschiedlicher Konzentration (s. a. Kap. 3.2 und Tabelle 4.8), und sie ergänzen sich zu einer biologisch zweckmäßigen Gesamtwirkung, die jedoch bei den Geschlechtern eine unterschiedliche Akzentuierung aufweist.

4.2.3.6 Körperbauliche Merkmale

Der Körperbau ist in vielen Fällen für hohe sportartspezifische Leistungen eine wichtige Komponente. Männer sind im Mittel 8 bis 12 Zentimeter größer und 10 bis 15 Kilogramm schwerer als Frauen. Die Frau besitzt generell einen leichteren Knochenbau.

Auch der Strebenbau der großen Röhrenknochen ist schwächer. Die Gelenkverbindungen sind bei Männern stärker abgesichert, und der Halteapparat ist stabiler. Für die Frau wird eine Rumpfbetonung, für den Mann eine Extremitätenbetonung als typisch angesehen. Unterschiede gibt es im knöchernen Beckengürtel, wodurch bei der Frau eine X-Beinstellung relativ häufig ist. Ein ähnlicher Geschlechtsdimorphismus findet sich auch in der Anatomie anderer Gelenke, insbesondere des Ellenbogengelenkes. Die bei Frauen anzutreffende gute Beweglichkeit (Gelenkigkeit) resultiert nicht nur aus einem weniger straffen Halteapparat, sondern auch aus einer weicheren Konsistenz und größeren Dehnbarkeit der Muskulatur. In fast allen Sportarten sind typisch männliche Körperbaumerkmale von Vorteil.

5 Der Trainingsprozeß aus sportmedizinischer Sicht

5.1 Entwicklung sportlicher Fähigkeiten

Von *U. Pahlke*

5.1.1 Biologische Grundlagen der Ausdauerentwicklung

Die Ausdauer gilt als eine fundamentale physische Fähigkeit. Ausdauerbelastungen beanspruchen den Organismus universell.

Die Ausprägung der Ausdauer erweitert die Stabilität des Organismus gegenüber einem Großteil möglicher Störeinflüsse. Ausdauer ist grundlegender, voraussetzender Bestandteil spezieller sportlicher Leistungsfähigkeit. Auf Pfeiffer (1968) geht die für uns gültige Definition der konditionellen Fähigkeit Ausdauer zurück:

Physische Ausdauer ist die Gesamtheit von Voraussetzungen und Vorgängen, die bei hohen, umfassenden körperlichen Belastungen das Gleichgewicht der biologischen Prozesse möglichst lange sichern.

Die Voraussetzungen zu Ausdauerleistungen und die Ausprägung der Fähigkeit Ausdauer ist anhand biowissenschaftlicher Parameter ausreichend meßbar.

Ausdauerleistungen können nur realisiert werden, wenn auch andere Fähigkeiten in den Bewegungsvollzug integriert sind. Ausdauerleistungen sind mehr oder weniger an Kraft, Schnelligkeit und Koordination gebunden.

Auch psychische Faktoren, z. B. Leistungsbereitschaft, sowie Technik und Taktik bestimmen Ausdauerleistungen mit.

5.1.1.1 Wechselwirkungen der Ausdauer mit den Fähigkeiten Kraft und Schnelligkeit

Die Fähigkeit Ausdauer existiert nicht isoliert. Das durch Gundlach und Ikai (1967) unabhängig voneinander entwickelte dreidimensionale Modell (Bild 5.1) stellt die Ausdauer der Schnelligkeit diametral gegenüber. Die Kraft ist der Ausdauer und der Schnelligkeit gleich entfernt.

Das Training verändert den „Schnittpunkt" der konditionellen Fähigkeiten im Modell entsprechend seiner Hauptwirkrichtung. In den Ausdauersportarten wird die Fähigkeit Ausdauer vorrangig ausgebildet. Das Training des Ausdauersportlers enthält aber auch Entwicklungsreize für die Fähigkeiten **Kraft** (spezifische Bewegungsleistung) und **Schnelligkeit** (Bewegungschnelligkeit).

Die Anforderungen an die Entwicklung von Schnelligkeit und Kraft nehmen von der Schnelligkeitsdauer- bis zur Langzeitausdauerausprägung ab.

Ausgehend von einem niedrigen Niveau der konditionellen Fähigkeiten (wie beim Untrainierten) bewirkt Training mit Ausdauercharakter eine Entwicklung nicht nur in Richtung Ausdauer, sondern auch in Richtung Kraft und Schnelligkeit.

Zahlreiche sportwissenschaftliche Experimente vor allem im Schulsport haben immer

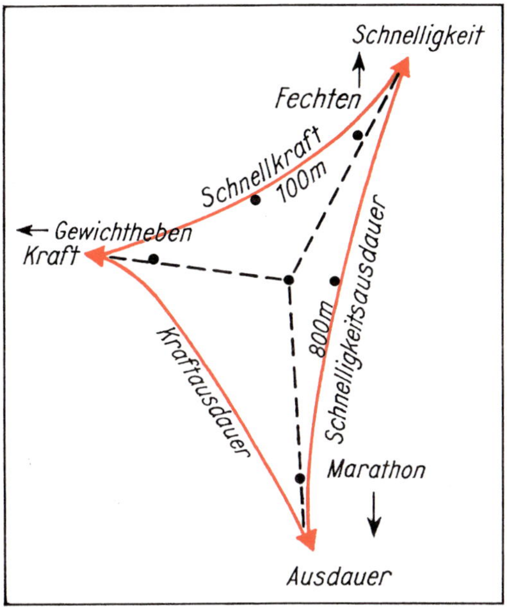

Bild 5.1 Lagen einiger Sportarten in einem Beziehungssystem der konditionellen Fähigkeiten (nach Gundlach und Ikai)

wieder ergeben, daß sich bei Untrainierten, die sich Ausdauerbelastungen unterzogen, auch **Kraft**, **Schnelligkeit** und **koordinative Fähigkeiten** entwickeln. Das ist bei einem hochentwickelten Ausdauerniveau anders. Will man durch spezielles Training beim Ausdauertrainierten die Fähigkeit Ausdauer weiter entwickeln, nehmen Kraft und Schnelligkeit eher ab. Das wird am Modell nach Ikai auch ohne weiteres verständlich.

5.1.1.2 Biologische und soziale Komponenten der Ausdauer

Das Niveau der Ausdauer wird von genetisch vorgegebenen Anlagen grundsätzlich in weitem Rahmen für jeden Menschen absteckt. Das Soziale – die Gesamtheit der Einflüsse des gesellschaftlichen Umfeldes – bestimmt, inwieweit angeborene Voraussetzungen verwirklicht werden können. Bedeutsamer sozialer Einfluß ist ein wirksam gestaltetes Training. Zu den biologisch vorgegebenen Faktoren, die für die Ausdauer von Belang sind, gehören körperliche Merkmale (insbesondere Hebelverhältnisse), die kapazitiven und funktionellen Voraussetzungen des Skelettmuskels, des Herzkreislauf- und Lungensystems, das Enzymmuster und die Substrate des Energiestoffwechsels, die Güte der Steuerung und Regelung durch das ZNS, dazu auch psychische Faktoren und Persönlichkeitseigenschaften. All diese Faktoren sind in geringerem oder größerem Maße sozialen Einflüssen zugänglich, können sich also anpassen. Bei besonders geeigneten Individuen kann diese Anpassung so weit gehen, daß Weltspitzenleistungen möglich werden.

Jeder gesunde Organismus ist in der Lage, auf Ausdaueranforderung hin Anpassungen zu realisieren. Jeder kann ein ausreichendes Maß an Ausdauer erwerben.

In der Literatur wird die Möglichkeit der Erweiterung der Ausdauer – gemessen an biowissenschaftlichen Daten recht einheitlich mit 20 bis 50 Prozent angegeben.

Die Steigerung der sportlichen Ausdauerleistung vom Untrainierten zum Trainierten dürfte eher noch etwas höher anzusetzen sein.

Es muß betont werden, daß die Ausdauerausprägung (Trainierbarkeit der Fähigkeit Ausdauer) nicht in jedem Lebensalter gleich ist.

Offenbar können nach Abschluß des Längenwachstums die angeboren vorhandenen Möglichkeiten nicht mehr in vollem Umfang ausgeschöpft werden. Das ist der Grund für die Forderung nach frühzeitigem Beginn von Ausdauerbelastungen im Hinblick auf das Erreichen von Höchstleistungen. Das Anpassungsergebnis auf Ausdauerreize nimmt nach Erreichen der körperlichen Reife mit dem Alter ab. Das wird im dritten Lebensjahrzehnt noch wenig deutlich, zeigt sich aber nach dem vierten Lebensdezennium.

Der ältere Sportler muß, um ein gleiches sportliches Ergebnis zu erreichen, mehr an sozialem Einfluß investieren.

Das muß sich nicht nur in Tainingsumfängen und -intensitäten äußern. Es sind auch bewußteres, rationelleres Training, eine gewissenhaftere Einstellung zum Training und zum Lebensregime nötig. Insbesondere die Leistungen in Langzeitausdauerdisziplinen lassen folgern:

Die Langzeitausdauer kann bis ins höhere Alter entwickelt bzw. erhalten werden.

Immer wieder ist versucht worden, für die Schulung der Ausdauer kritische Phasen nachzuweisen. Es gibt zahlreiche, z. T. erhebliche differierende Angaben zu dieser Problematik. Obwohl es möglich erscheint, daß während des Wachstums und der Reifung die Fähigkeit Ausdauer zu bestimmten Zeiten besser als zu anderen entwickelt werden kann, gibt es zur Zeit dafür keine in der Praxis nutzbaren Erkenntnisse. Weitgehend unbekannt ist auch die Bedeutung biologischer Rhythmen für die Ausdauer. Es kann angenommen werden, daß Anpassungsergebnisse im zeitlichen Bereich vom Leistungshoch (später Vormittag und später Nachmittag) ausgiebiger sind als während des Leistungstiefs nach dem Mittag.

5.1.1.3 Ausdauer und körperliche Leistungsfähigkeit (KLF)

Die körperliche Leistungsfähigkeit wurde von Israel als die Gesamtheit der **qualitativen und quantitativen** Möglichkeiten des Menschen zu geplanten willkürlichen motorischen Handlungen definiert. Diese Definition ist einerseits umfassend und läßt andererseits die Eingrenzung zu, daß es nicht um die KLF „an sich" gehen kann, sondern um die KLF „wozu". die KLF manifestiert sich überwiegend motorisch. Sie wird an der Ausformung der für die Motorik relevanten Organsysteme nach Qualität und Quantität gemessen. Das gelingt noch nicht in vollem Maße.

Die Verknüpfung der KLF mit der Ausdauer in besonders eng.

Die Leistungs- und Sportmedizin schätzt (in grober Vereinfachung) die KLF über die Herzkreislauf- und Lungenfunktionsbreite sowie über Kapazitäten und Durchsatzraten des Energiestoffwechsels ein. In diese Einschätzung geht das Niveau der Ausdauer sehr stark mit ein.

Ausdauer als eine fundamentale Fähigkeit prägt zur Zeit die Einschätzung der KLF.

5.1.1.4 Ausdauer und Gesundheit

Das Niveau der Ausdauer und der KLF haben einen unmittelbaren Bezug zur Gesundheit.

Regelmäßige Ausdauerbelastungen (vor allem wieder in der Langzeitausdauer) bewirken über eine ganze Reihe von Anpassungsmechanismen eine Stabilisierung der Gesundheit. Das reicht von umfassenden Wirkungen auf die Organe über Kreuzadaptationen (s. Kap. 1.1) bis zu positiven Wirkungen auf das allgemeine Befinden. Ausdauerbelastungen können sowohl vorbeugend (z. B. Verminderung der Risikofaktoren für Herz-Kreislauf-Erkrankungen) als auch im Rahmen der Behandlung von Krankheiten, also zur Steigerung oder Stabilisierung der Gesundheit eingesetzt werden.

Es besteht weitgehend Übereinstimmung darin, daß etwa eine Stunde ausdauerorientierte Belastung pro Woche die untere Grenze des gesundheitsrelevant Wirksamen darstellt.

5.1.1.5 Einteilung der Ausdauer

Die Ausdauer kann nach unterschiedlichen Gesichtspunkten eingeteilt werden Es seien zunächst einige Möglichkeiten genannt, die aber jeweils nur für ganz bestimmte Problemstellungen ihre Gültigkeit und Berechtigung haben.

- Ausdauereinteilung nach der Art der motorischen Anforderung: z. B.
  - allgemeine Ausdauer (sportartunspezifische Belastung),
  - spezielle Ausdauer (sportartspezifische Bewegungsabläufe) oder
  - statische Ausdauer,
  - dynamische Ausdauer.
- Einteilung nach der Lokalisation der muskulären Leistung z. B.
  - Ausdauer der Finger, Zehen usw. einzelne Muskelgruppen.
- Einteilung nach der Stoffwechselbeanspruchung z. B.:
  - aerobe Ausdauer,
  - anaerobe Ausdauer.

Abhängig davon, ob die motorische Anforderung an den Skelettmuskel eindeutig ausdauerorientiert ist (Bewegungswiderstand gering, viele Wiederholungen, bei mittlerer Frequenz und niedriger bis mittlerer Kontraktionsleistung, wie im Langstreckenlauf, Straßenradsport und Skilanglauf), ob sie mehr Kraftentwicklung fordert (hoher Bewegungswiderstand, viele Wiederholungen, hohe Kontraktionsleistung, schnelle Wiederholungsfolge, wie z. B. beim 400-m-Lauf oder dem 1000-m-Zeitfahren im Radsport, unterteilen wir in:

- Ausdauer,
- Kraftausdauer (von einigen Autoren auch Ausdauerkraft genannt),
- Schnelligkeitsausdauer.

Das Bild 5.2 und das Schema nach Ikai (Bild 5.1) sollen diese Einteilung verdeutlichen. Die Grenzen sind fließend.

Es gibt über diese Beispiele hinaus weitere Möglichkeiten der Einteilung.

Wenn von einer technisch beherrschten motorischen Anforderung mehr als ein Sechstel der Skelettmuskulatur möglichst lange beansprucht wird, dann kann man bei unterschiedlicher Intensität prozeßbestimmende

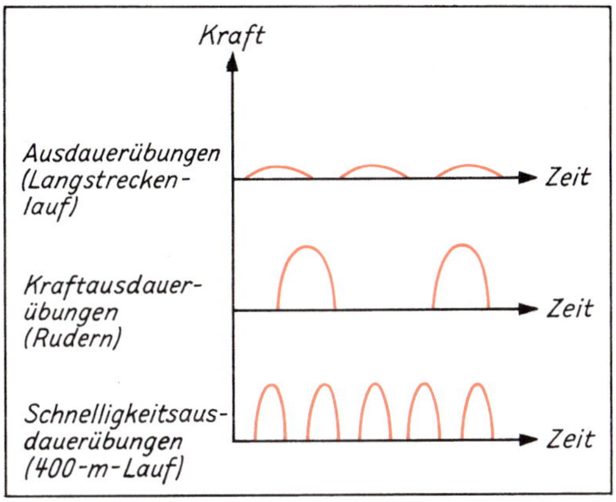

Bild 5.2 Kraft-Zeit-Verlauf bei Ausdauer-, Kraftausdauer- und Schnelligkeitsausdauerübungen

Faktoren zusammenfassen und nach Pfeiffer die folgende Einteilung vornehmen:

- Schnelligkeitsausdauer (SA) 10 Sekunden – 35 Sekunden,
- Kurzzeitausdauer (KZA) 35 Sekunden – 2 Minuten,
- Mittelzeitausdauer (MZA) 2 Minuten – 10 Minuten,
- Langzeitausdauer (LZA) über 10 Minuten.

Die Langzeitausdauer entspricht im wesentlichen dem Trainingsterminus der Grundlagenausdauer. Die LZA kann in:

- LZA I 10 Minuten – 35 Minuten
- LZA II 35 Minuten – 90 Minuten
- LZA III über 90 Minuten

differenziert werden.

Die Art der Einteilung der Ausdauer orientiert sich vorrangig an der **Intensität** und an der **Zeitdauer**.

Die Tabelle 5.1 faßt die Merkmale der einzelnen Ausdauerarten zusammen.

Es muß herausgestellt werden, daß diese Einteilung der Ausdauer von leistungssportlichen Anforderungen abgeleitet ist.

Sie sollte auch nur dort in der hier dargestellten Form Anwendung finden.

Die Tabelle 5.1 Merkmale der einzelnen Ausdauerarten

	Kurzzeit-	Mittelzeitausdauer I	II	Langzeitausdauer I	II	III
Belastungsdauer	35 s–2min	2–5 min	5–10 min	bis 30 min	bis 90 min	über 90 min
Belastungsintensität						
Hf	190	190–200		180	170	160
VO_2 max in Prozent	100	90–100		90	80	unter 70
Laktat in $mmol{\cdot}l^{-1}$	10–15	12–20		10	6–8	unter 5
energieliefernde Substrate	Phosphagene (KH)	Glykogen	Glykogen (Leber und lokal)	Leber- und Muskelglykogen	Glykogen Fette	Fette
Abbauweg						
alaktazid	15–30 %	3–5 %	---	---	---	---
anaerob/laktazid	50 %	60 %	40 %	---	---	---
aerob (KH)	20–25 %	40 %	60 %	70–80 %	80 %	30–50 %
aerob (Fette)	---	---	---	10 %	20 %	50–70 %
Leistungsbegrenzte Faktoren	neuromusk. System Tempo der Glykolyse	Laktattoleranz Tempo der Glykolyse	oxidative Kapazität Lactattoleranz	VO_2 max, Glykogenspeicher aerob/anaerobe Schwelle	Glykogenspeicher, Hormone (NN, Schilddrüse), aerob/anaerobe Schwelle	Lipolyse Binde- und Stützgewebe

Im Breitensport und im Gesundheitstraining ist diese Einteilung nicht sinnvoll – weil nicht praktikabel. Hier orientiert sich das Training weniger an der Intensität als vor allem an der Gesamtarbeit bei der Beanspruchung durch Ausdauerübungen. Es kommt für diese große Zahl von Sporttreibenden darauf an, möglichst kontinuierlich die Funktionen und Kapazitäten des Organismus über eine längere Zeit trainingswirksam in Anspruch zu nehmen. Die Ausdauerentwicklung und -erhaltung als ein lebensbegleitender gesundheitsrelevanter Anspruch muß durch Untersuchungen und Trainingsexperimente für den Breitensport anders als für den Leistungssport bestimmt werden. Israel hat sich in den letzten Jahren um Denkanstöße bemüht und Vorschläge anderer Untersucher zusammengefaßt.

Sein Konzept für die Ausdauer im Breiten- und Gesundheitssport stellt den **Energetischen Gesamtaufwand – Die Summe der Arbeit** (in kJ bzw. kcal) auf Grund folgender Überlegungen in den Mittelpunkt:

- Für einen Großteil der Sporttreibenden steht bei Ausdauerbelastungen nicht das Ziel, bis in adaptative **Grenzbereiche** vorzustoßen.

- Viele Ausdauersportler wollen und können sich nicht unbedingt bis in Grenzbereiche belasten. Ein nicht geringer Teil **darf** sich (wegen gesundheitlicher Einschränkungen) gar nicht hoch belasten.
- Die Gesamtarbeit z. B. zum Durchlaufen einer Strecke von 10 km wird von der Körpermasse bestimmt. Sie ist bei Zeiten zwischen 30 und 70 Minuten für einen Sportler von 70 kg mit etwa 3200 kJ (800 kcal) ausgewiesen. Auch die Leistungspulssumme ist weitgehend intensitätsunabhängig.
- Es ist deshalb praktikabel, die Ausdauerbelastung an der Gesamtarbeit zu orientieren. Damit lassen sich unterschiedliche Ausdaueranforderungen vom Rudern über das Laufen und Gehen[3] bis zum Schwimmen und Tanzen miteinander vergleichen. 1000 kcal werden z. B. beim Laufen über eine Strecke von 12,8 km, beim Schwimmen von 5,2 km beim Radfahren von 40 km umgesetzt.

Dem Sportler ist so eine Orientierung an die Hand gegeben, die ihm völlig ausreichend den adaptativen Wert einer Bewegungstätigkeit einzuschätzen erlaubt.

Es wird empfohlen, täglich 1200 – 2000 kcal über den Grundumsatz hinaus umzusetzen. Das wäre deutlich anpassungswirksam. Wöchentlich werden mindestens 2000 – 4000 kcal Energieausgabe für notwendig gehalten, um Anpassungsergebnisse zu erreichen oder zu halten.

- Es ist unbestritten, daß die moderate Intensität ein ganz wesentlicher adaptagener Faktor ist. Immerhin wird die Herzarbeit auch bei niedrig dosierten Anforderungen mindestens verdoppelt, ähnlich ist es mit der Atmung, dem Energiestoffwechsel.

3 Beim Laufen wird gegenüber dem Wandern mehr Energie pro Streckeneinheit verbraucht; Cooper hat Umrechnungsvorstellungen angegeben.

Es kommt unter extensivem Training zu sehr geschätzten und wünschenswerten Anpassungen, die im täglichen Leben (Kreuzanpassung) ständig abgefordert werden und einen unmittelbaren Bezug zu Gesundheit und Wohlbefinden haben.

- Bei Ausdauerleistungen derart extensiver Natur ist es ohne Wirksamkeitseinschränkungen möglich, bei Notwendigkeit (kleine) Pausen zu machen. Die Intensität darf natürlich nie ganz außer Acht gelassen werden. Wenn Ausdauerkonzepte vom Leistungssport abgeleitet werden, wird die Ausdauerart von der Intensität und der zeitlichen Dauer bestimmt.

Die Bezugsgrößen für die vorliegende Ausdauereinteilung sind die Dauer der Belastung, Maß der Beanspruchung des Herz-Kreislauf- Systems, Art und Umfang der Energiebereitstellung und -nutzung, Ausschöpfungsgrad der Speicher, Höhe der Akkumulation von Stoffwechselzwischen- und -endprodukten und Beanspruchungsgrad des neurohormonellen Systems bei maximaler Bewegungsleistung (Wettkampfleistung).

Schnelligkeitsausdauer (SA)

Die Schnelligkeitsausdauer kann berechtigt auch der Schnelligkeit zugeordnet werden.

Eine maximale Bewegungsgeschwindigkeit durch große Muskelgruppen in der Zeit zwischen 10 und 35 Sekunden zu realisieren, kennzeichnet die SA.

Wie die Bezeichnung ausweist, ist die Fähigkeit Schnelligkeit (aber auch Kraft) an der Leistung in SA-Sportarten maßgeblich beteiligt. Koordinierter Einsatz der Muskulatur (stabiles Bewegungsmuster), hohe Schnelligkeit bei ausreichender Zuverlässigkeit der motorischen Ansteuerung sind Voraussetzung guter SA. Der hohe Energieverbrauch wird durch Nutzung im Muskel vorhandener Phosphagene und Kohlenhydrate gesichert.

Weniger die ST-, vor allem aber FTO- und insbesondere FTG-Fasern erbringen die Kontraktionsleistungen bei ausgeprägter zentralnervaler Aktivierung und großer Leistungsbereitschaft.

Die Laktatwerte können bis über 15 $mmol \cdot l^{-1}$ ansteigen. Die Leistungsbreite des Herz-Kreislauf-Systems und des aeroben Energiestoffwechsels spielen für diese Fähigkeit nur eine untergeordnete Rolle. Das Training der Schnelligkeitsausdauer bewirkt:

- Optimierung des zentral gespeicherten Bewegungsmusters,
- Steigerung der Schnelligkeit und Zuverlässigkeit der motorischen Ansteuerung,
- Hypertrophie der FT-Fasern, metabolische Differenzierung in Richtung FTG,
- Steigerung der lokalen Vorräte an energiereichen Phosphaten,
- Vergrößerung des anaeroben Durchsatzes (Zunahme der Enzyme des alaktazid anaeroben und laktazid anaeroben Energiestoffwechsels).

Kurzzeitausdauer (KZA)

Eine hohe Bewegungsgeschwindigkeit über einen Zeitraum von 35 Sekunden bis 2 Minuten aufrecht zu erhalten, kennzeichnet die KZA.

Das Niveau von Schnelligkeit und Kraft spielt bei dieser Ausdauerart eine erhebliche Rolle. Hohe Motivation und optimales zentralnervales Aktivierungsniveau (dazu Mobilisation von Streßhormonen) sind Voraussetzungen für gute KZA-Leistungen.

Die Funktionsbreite des Herz-Kreislauf-Systems wird kurzzeitig nahezu ausgeschöpft. Es werden ausschließlich in der Muskelzelle vorhandene Energieträger (Phosphagene, Glykogen) energetisch genutzt. Der aerobe Energiestoffwechsel wird bereits in die Absicherung der Leistung einbezogen.

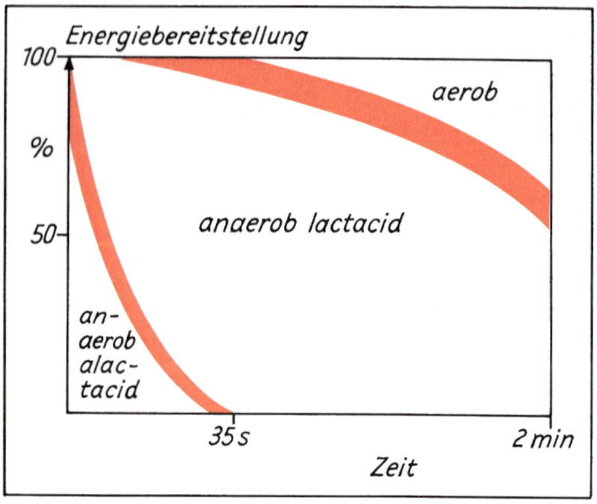

Bild 5.3 Anteil der einzelnen Formen der Energiebereitstellung bei unterschiedlicher Belastungsdauer

Bild 5.3 zeigt eine schematische Darstellung eines gut trainierten Sportlers. Je nach Dauer der Belastung liegt der Anteil des anaeroben Energiestoffwechsels zwischen 60 und 90 Prozent. Es kommt zu maximalen Laktatakkumulationen in der Zelle und nachfolgend auch im Blut. Beide Muskelfasertypen sind in die Bewegungsleistung einbezogen. Bei Leistungssportlern übersteigt der Energieverbrauch 4000 Joule $\cdot$ s^{-1}. Das Training der Kurzzeitausdauer bewirkt:

- Optimierung der zentral gespeicherten Bewegungsmuster (durch Inanspruchnahme unter Störeinflüssen),
- Hypertrophie vor allem der FT-Fasern,
- Steigerung der lokalen Vorräte an Phosphagenen und Kohlenhydraten,
- Steigerung des Durchsatzes des anaeroben Energiestoffwechsels,
- schnelle Mobilisierung des adrenokortikalen Funktionssystems,
- mäßige Entwicklung auch des aeroben Stoffwechsels,
- mäßige Erweiterung von Kapazität und Funktion des Herzkreislaufsystems,
- Steigerung der Toleranz gegenüber sauren Stoffwechselprodukten.

Für die Ausprägung von KZA ist es notwendig, auch den An- und Abtransport von

Substraten bzw. Stoffwechselzwischen- und -endprodukten, die Entsorgung (Laktatabbau) über die Entwicklung des aeroben Enenergiestoffwechsels zu fördern.

Auf diese Weise können schnelle Wiederherstellung nach KZA-Belastungen und ausreichende Wiederholbarkeit von KZA-Belastungen gewährleistet werden.

Mittelzeitausdauer (MZA)

Eine hohe Bewegungsgeschwindigkeit bei Werten des Energieverbrauchs zwischen 2500 bis 4000 Joule · s^{-1} in Zeiten zwischen 2 und 10 Minuten zu halten, kennzeichnet die MZA.

In die Leistungen der MZA-Sportarten und -disziplinen geht die Fähigkeit Kraft (spezifische Bewegungsleistung) meist unterschiedlich akzentuiert ein.

Abhängig davon werden bei stärkerer Inanspruchnahme der Schnelligkeit in dieser Ausdauerart (z. B. Mittelstreckenlauf) die FT-Fasern und ihre Stoffwechselentsprechungen mehr gefordert als bei dominierender Einbeziehung der Kraft (Rudern).

Das Herz-Kreislauf-System wird maximal ausgelastet. die maximale Sauerstoffaufnahme wird voll genutzt. Aus lokalen Energiedepots (Muskelglykogen) wird der Energiebedarf bestritten. Die Laktatakkumulation erreicht Höchstwerte. Nebennieren- und Schilddrüsenhormone werden hoch mobilisiert.

Die Anteile der anaeroben zur aeroben Energiewandlung verschieben sich in der Zeit von 2 bis 10 Minuten von 65 % : 35 % ± 10 % zu 35 % : 65 % ± 10 % (Bild 5.4). Das Training der MZA bewirkt:

- Optimierung des Bewegungsmusters,
- Erweiterung der Leistungsbreite des Herz-Kreislauf-Systems (kapazitive und funktionelle Größen), der Lunge und des Blutes (Blutvolumen),
- Steigerung der Ausnutzung des aufgenommenen und transportierten Sauerstoffs um etwa 60 Prozent beim wenig Trainierten bis über 90 Prozent beim Hochtrainierten,
- Hypertrophie der ST- und FT-Muskelfasern, metabolische Differenzierung in Richtung FTO,
- Erweiterung der Muskelglykogenvorräte durch anforderungsbedingte Depletion, maximaler Durchsatz sowohl bei der anaeroben als auch bei der aeroben Energiewandlung,
- Zunahme der Aktivitäten sowohl der Enzyme des anaeroben als vor allem auch des aeroben Stoffwechsels,
- Verbesserung der Kapillarisierung.

Langzeitausdauer (LZA)

Annähernd gleichmäßig hohe Bewegungsgeschwindigkeit unter Nutzung von Bewegungsstereotypen (Ökonomie) in einer Zeit von 10 Minuten bis zu Stunden kennzeichnen die LZA.

Als zweckmäßig für den Leistungssport hat sich die Einteilung der Langzeitausdauer in die LZA I, II und III erwiesen. Im Schul-, Freizeit-, Erholungs- und Gesundheitssport ist eine derartige Trennung nicht mit gleicher Schärfe möglich. In einigen Bereichen des Sports sollte sie unterbleiben. Weniger Trainierte können LZA-Anforderungen sehr bald nur noch mit geringeren Intensitäten (LZA III) erfüllen. Schnelligkeit und Kraft haben für die LZA bei weitem nicht die Bedeutung wie in anderen Arten der Ausdauer.

ST-Muskelfasern sind die Leistungsträger. Die energetische Absicherung erfolgt weitgehend aerob. In der Zelle (Mitochondrienzahl und -größe) und in der Umgebung der Zelle (Kapillarisierung) kommt es zu markanten Veränderungen. Die aerobe Energiebereitstellung und -wandlung dominiert.

Die Substratreserven wie Muskelglykogen und Leberglykogen, aber auch in die Muskelzelle eingelagerte Fette sind erhöht.

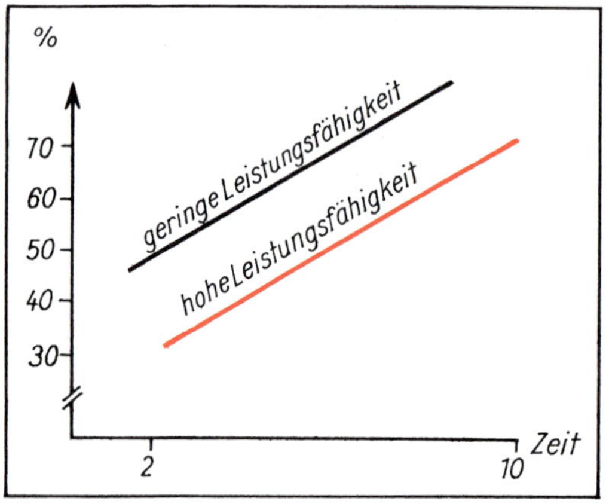

Bild 5.4 Unterschiede in der aeroben Anteiligkeit der Energiebereitstellung (in %) bei der Absicherung einer Leistung im Bereich der MZA bei Untrainierten (geringe Leistungsfähigkeit) und bei Trainierten (hohe Leistungsfähigkeit, Zeit in min)

Das Herz-Kreislauf-System wird dauerhaft stark, jedoch hinsichtlich seiner Funktionsamplitude nicht mehr maximal beansprucht.

Die prozentuale Inanspruchnahme der maximalen Sauerstoffaufnahme steigt weiter an (Bild 5.5).

Mit der Dauer der Belastung steigt der Anteil der Einbeziehung von Fetten in die energetische Absicherung. Auch wird bei Abnahme der Kohlenhydratreserven zunehmend Eiweiß energetisch genutzt. Der Substratnachschub wird von Hormonen gesichert. Mineral- und Wasserhaushalt nehmen mit der Belastungsdauer an Bedeutung zu.

Die Regulation der Körpertemperatur wird in einigen Sportarten unter bestimmten Umweltbedingungen zur bedeutsamen Größe (s. Kap. 4.1.2).

Langzeitausdauer I (LZA I)

Die Langzeitausdauer I (LZA I) wird in einem zeitlichen Bereich zwischen 10 und 35 Minuten im Wettkampf realisiert. Regulati-

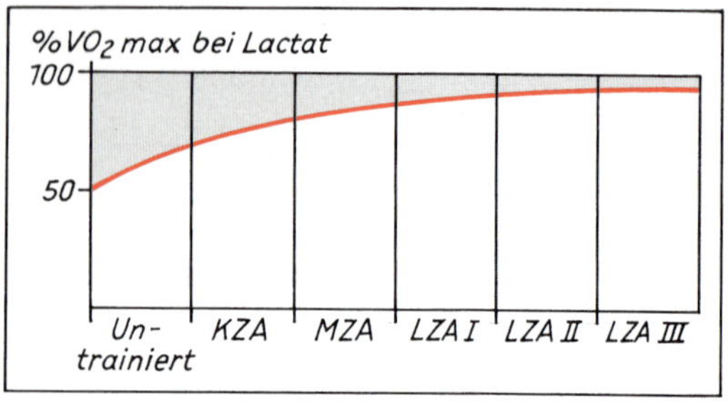

Bild 5.5 Schematische Darstellung der prozentualen Inanspruchnahme der VO_2max. beim Laktatwert 3 mmol · l^{-1} bei Untrainierten und Ausdauersportlern (Kurz-, Mittel- und Langzeitbelastung) (nach Neumann)

onsstabilität und Funktionsamplitude des Herz-Kreislauf- Systems werden sehr hoch beansprucht. Es werden Herzfrequenzen bis über 190 · min^{-1} erreicht.

70 bis 80 Prozent der notwendigen Energie werden über den aeroben Stoffwechselweg erbracht. Die Einbeziehung des anaeroben Stoffwechsels führt zu Laktatkonzentrationen bis über 10 mmol·l^{-1}. Als Substrate dienen Muskelglykogen und in geringem Umfang Leberglykogen.

Bei Veränderungen der Bewegungsgeschwindigkeit (Start, Spurt) werden FT-Fasern in größerem Maße eingesetzt. Vorrangig erbringen ST-Fasern die Leistung.

Langzeitausdauer II (LZA II)

Die LZA II umfaßt Wettkampfbelastungen zwischen 35 und 90 Minuten. Das Herz-Kreislauf-System ist weniger als in der LZA I in seiner Funktionsamplitude als vor allem in seiner regulativen Zuverlässigkeit gefordert. Es werden Herzschlagfrequenzen bis über 180.min^{-1} erreicht. Die maximale Sauerstoffaufnahme kann bis zu 95 Prozent ausgeschöpft werden.

Über 80 Prozent der Energie wird über den aeroben Stoffwechselweg bereitgestellt.

Dazu reichen die lokalen Substratspeicher nicht mehr aus. Leberglykogen wird mit zunehmender Belastungszeit mobilisiert, in die Zelle eingeschleust und genutzt.
Der Fettstoffwechsel liefert bis zu 20 Prozent der notwendigen Kontraktionsenergie. Der anaerobe Energiestoffwechsel wird noch in geringerem Maße einbezogen, wie Laktatwerte bis 10 $mmol \cdot l^{-1}$ beweisen.

LZA II-Leistungen werden überwiegend durch die motorische Ansteuerung von ST-Fasern erbracht.

Langzeitausdauer III (LZA III)

Die **LZA III** beinhaltet Wettkampfbelastungen über 90 Minuten Dauer. Die langsam kontrahierenden Fasern dominieren diese Leistungen.

Laktatwerte um 3 $mmol \cdot l^{-1}$ belegen, daß der anaerobe Stoffwechsel kaum noch eine Rolle bei der Realisierung derartiger Anforderungen spielt. Die Herzschlagfrequenz Hochtrainierter kann $180 \cdot min^{-1}$ erreichen. Die maximale Sauerstoffaufnahme wird nicht voll ausgeschöpft, weil Fette als Energieträger mitgenutzt werden.

Die Energiegewinnung erfolgt aus Kohlenhydraten (50 – 60 Prozent) und Fetten (30 bis 50 Prozent). Durch Eiweißabbau kann bis zu 10 Prozent der Energie gewonnen werden.

Bei Wettkämpfen macht es sich notwendig, leicht nutzbare Nährstoffe (meist in Form von Getränken) zuzuführen. Nebennierenhormone unterstützen die Freisetzung von Fetten (Lipolyse) und die Neubildung von Kohlenhydraten (Glukoneogenese). Das Training der LZA bewirkt:

- Stabilisierung des Bewegungsstereotyps,
- Erweiterung der Kapazität und Funktionsbreite vor allem der Organsysteme Herz-Kreislauf, Blut, Lunge, Leber, Niere (s. dazu die einschlägigen Kapitel),
- Zunahme der Kapillarisierung im Skelettmuskel, Ausprägung der ST-Fasern,
- Anstieg von Mitochondrienzahl und Aktivität der Enzyme des aeroben Stoffwechsels bei nur geringer Hypertrophie der ST- Fasern (Die Aktivität der Enzyme des anaeroben Stoffwechsels geht zurück),
- metabolische Differenzierung der Muskelfasern in Richtung FTO,
- Erweiterung der Substratspeicher im Muskel (Glykogen, Fette) und in der Leber,
- Optimierung der Temperaturregulation und in Verbindung damit des Wasser- und Mineralhaushaltes,
- ausgeprägte Kreuzadaptationen (Kap. 1.1),
- Anpassung des Binde- und Stützgewebes, insbesondere im Bereich der belasteten Strukturen durch Umbau oder Hypertrophie mit Funktionsstabilisierung. Diese Anpassung folgt einer anderen Kinetik als z. B. die des Herz-Kreislauf-Systems.
- Erweiterung der Hormonsensibilität vor allem bei Streßhormonen,
- vermehrte Abgabe von Wachstumshormonen.

5.1.1.6 Methoden der Ausdauerentwicklung

In Anlehnung an Harre und Peters unterteilen wir die Methoden der Ausdauerentwicklung in:

- Dauermethode:
  - kontinuierliches Tempo,
  - wechselndes Tempo.
- Intervallmethode:
  - Kurzzeitintervall,
  - Mittelzeitintervall,
  - Langzeitintervall.
- Kombinierte Methoden:
  - Wiederholungsmethode,
  - Wettkampf und Kontrollmethoden,
  - komplexes Üben (Sportspiele).

Dauermethode

Es wird über längere Zeit ununterbrochen belastet. Die Intensität der Bewegungsleistung ist gleichbleibend (kontinuierlich) dosiert.

Sie wird in Abhängigkeit von der Dauer der Belastung angesetzt. Bei Langzeitausdauersportlern liegt sie bei über 75 Prozent der Bestleistung.

Bei Anwendung der Dauerleistungsmethode mit wechselndem Tempo (Beispiel: Fahrtspiel, Läufe in profiliertem Gelände) wird über längere Zeit mit verschiedenen Intensitäten belastet. Die Wahl der wechselnden Intensität ist vorgeplant oder wird vom Sportler nach Gefühl und Befinden getroffen.

Im Schul-, Freizeit-, Erholungs- und Gesundheitssport wird überwiegend nach der Dauermethode trainiert.

Im Leistungssport steigt der Anteil des Trainings nach der Dauermethode von der Schnelligkeitsausdauer zur Langzeitausdauer bis auf 60 Prozent des Trainingsumfanges.

Die Zielstellung der Dauermethode hat nach Neumann zwei Richtungen:

- Ein Ziel ist die Ökonomisierung der Bewegungsleistung durch:
  - Erweiterung der Bewegungsleistung (der Geschwindigkeit) in aerober Stoffwechsellage,
  - Sicherung schneller Wiederherstellung,
  - Sicherung hoher Funktionsstabilität.

  Dieses Ziel wird erreicht durch:

  - Erweiterung und Ökonomisierung der notwendigen Ver- und Entsorgung (Herz- Kreislaufsystem, Blut, Leber, ...),
  - Erweiterung des aeroben Energiestoffwechsels (Mitochondrien, Enzymaktivitäten, Einbeziehung des Fettstoffwechsels).
- Ein zweites Ziel ist die Erweiterung der Funktionsamplitude des Organismus durch:
  - Einbeziehung des anaeroben Energiestoffwechsels in die Bewegungsleistung und
  - Sicherung eines hohen Energiedurchsatzes.

  Dieses Ziel wird erreicht durch:

  - Zunahme der maximalen Kapazität der Ver- und Entsorgung (Steigerung der maximalen Sauerstoffaufnahme),
  - Steigerung des Energieumsatzes bei Belastung (Nutzung der Kohlenhydrate),
  - Erweiterung der Glykogenspeicher und ihrer Mobilisation.

Die Ökonomisierung der Bewegungsleistung wird hauptsächlich durch Training nach der Dauerleistungsmethode im Grundlagenbereich angestrebt (Tab. 5.2). Die Erweiterung der Funktionsamplituden erfolgt bei Training nach der Dauerleistungsmethode im Entwicklungsbereich (Bild 5.6.).

Ökonomisierung und Erweiterung der Funktionsamplituden können aber auch durch andere Trainingsmethoden erlangt werden.

Intervallmethode

Diese Methode ist gekennzeichnet durch einen planmäßigen Wechsel von Belastungs- und Erholungsphasen.

Die Pausen zwischen den Belastungszeiten führen gewollt nur zu einer unvollständigen Rückschwingung von Parametern wie Herzschlagfrequenz oder Laktatwert.

Belastet wird meist in Serien. Zwischen den Serien liegen ausgiebige Pausen.

Es werden drei Formen der Intervallmethode unterschieden:

- Kurzzeitintervalle (Belastungsdauer etwa 20 s),
- Mittelzeitausdauerintervalle (Belastungsdauer etwa 60 s),
- Langzeitausdauerintervalle (Belastungsdauer etwa 180 s),

Tabelle 5.2 Kardiopulmonale und zirkulatorische Anpassungen nach Ausdauertraining

	Kardiopulmonale Anpassungen		*Zirkulatorische Anpassungen*
↑	*Herzvolumen* *Kapillarisierung* *Kollateralenbildung* *Mitochondrienmasse* *Substratbevorratung* *Lungenkapazitäten* *Lungenfunktion* *Durchströmungsrate* *arterio-venöse Differenz* *Blutvolumen*	↓	*Herzschlagfrequenz* *(Ruhe- und Standardbelastungen)* *Herzarbeit* *Sauerstoffbedarf für definierte Leistungen* *Blutdruck für definierte Leistungen* *Atemfrequenz* *Atemarbeit* *Atemäquivalent bei definierter Leistung* *Durchströmungsgeschwindigkeit*

Die Gesamtbelastung kann durch Veränderung der Belastungen in einer Serie, Veränderung der Pausenlängen und Serienanzahl in weitem Rahmen variiert werden.

Training nach der Intervallmethode erfordert ausreichende Leistungsfähigkeit und hohe Leistungsbereitschaft. Es muß gut vorbereitet sein.

Sprunghafte Umstellungen von Ruhephase auf hohe Belastung und Belastungsphase auf (unvollständige) Wiederherstellungsphase stellen hohe Anforderungen an den Organismus.

Dieses „Ein – Aus“ kann ein äußerst wirksamer Trainingsreiz sein.

Im Training der Ausdauer beträgt der Anteil der Intervallmethode zwischen 10 und 25 Prozent. Die Bewegungsgeschwindigkeit bei der Intervallmethode liegt meist im Bereich oder über Wettkampfgeschwindigkeit.

Das Ziel der Intervallmethode besteht darin:

- anspruchsvolle Steuerprogramme der Motorik zu erlernen bzw. unter Störeinflüssen zu festigen (Laktattoleranz);
- die Einbeziehung von FT-Fasern und des anaeroben Stoffwechsels in die Absicherung der Bewegungsleistung zu erweitern.

Die Anwendung der Intervallmethoden dient damit auch der Erweiterung der Funktionsamplituden. (Tabelle 5.3.)

Kombinierte Methoden, Wiederholungsmethode

Die Wiederholungsmethode ist durch Belastungen gekennzeichnet, denen ausgedehntere Pausen folgen.

Die Herzschlagfrequenz soll nach einer Belastung bei dieser Methode in der Pause wieder (nahezu) zum Vorbelastungswert zurückkehren.

Die Inhalte der Übungen nach der Wiederholungsmethode ähneln denen, die bei der Intervallmethode gebräuchlich sind (Unterdistanz). Sie können aber auch von längerer Dauer sein als beim Langzeitintervall.

Auch die Ziele der Anwendung sind denen der Intervallmethode ähnlich.

Bei den Wettkampf- und Kontrollmethoden wird die aktuelle maximale Bewegungsleistung im Bereich der Wettkampfstrecke oder der Wettkampfzeit abgefordert.

Auf bestimmten Trainingsetappen werden diese Methoden auch für Über- und Unterdi-

Tabelle 5.3 Anpassungen des Skelettmuskels und des Energiestoffwechsels nach Ausdauertraining

Skelettmuskulatur	*Energiestoffwechsel*
↑ *Energiedurchsatz*	↓ *Hormonfreisetzung*
• *Mitochondrienzunahme*	*Auslenkung von Funktionen*
• *Anstieg Enzymaktivität*	*Regulationsaufwand*
• *verbesserte Substratbevorratung*	*metabolische Risikofaktoren*
• *Myoglobinerhöhung*	*Membranpermeabilität*
metabolische Differenzierung der Fasern	
Steigerung der Hormonsensitivität	
Streßtoleranz	

stanzen (kürzere oder längere Dauer als die Wettkampfzeit) eingesetzt.

Die Leistungen und das Verhalten des Sportlers bei der Anwendung dieser Methoden geben wertvolle Hinweise für die Analyse des vorangegangenen Trainings bzw. für die künftige Trainingsgestaltung.

> Die Wettkampf- und Kontrollmethoden beinhalten hochintensive Entwicklungsreize. Anforderungen an die Leistungsbereitschaft (hohe zentralnervale Aktivierung) und die Erweiterung von Bewegungsleistungen auf höchstem Funktionsniveau sind das Ziel ihrer Anwendung.

Diese Methoden können z. B. im Gesundheitssport kaum oder gar nicht angewendet werden. In anderen Bereichen der Ausdauerentwicklung müssen sie geplant, vorbereitet und wohldosiert eingesetzt werden.

Ihr Anteil liegt unter 10 Prozent des Trainingsumfanges.

> Unter komplexem Üben sind vielfältige Formen des Ausdauer entwickelnden Trainings – insbesondere die (Lauf-)Spiele – zu verstehen.

Durch ihre komplexen Anforderungen kann z. B. mit Spielen im Schulsport, im Freizeit- und Erholungssport und im Gesundheitssport die allgemeine Ausdauer wirksam entwickelt werden. Im Leistungssport dient diese Methode eher der Kompensation vorausgegangener Belastungen oder der Einstimmung auf Anforderungen.

5.1.1.7 Trainingsbereiche der Ausdauerentwicklung

Zur Führung des Trainingsprozesses hat es sich als günstig erwiesen, das Ausdauertraining in Anforderungsbereiche einzuteilen (Neumann). Die im folgenden niedergelegten Zahlenangaben sind stark von der Streckenlänge und der Leistungsfähigkeit des Trainierenden abhängig (Bild 5.6.).

Grundbereich

Es wird mit 60 bis 80 Prozent der Streckenbestleistung bei Herzschlagfrequenzen zwischen 130 und 160·min^{-1} trainiert. Die Energie wird aerob bereitgestellt. Das Training im Grundlagenbereich erfolgt überwiegend nach der Dauermethode. Ziel ist eine höhere Ökonomisierung der organismischen Funktionen.

Entwicklungsbereich

Es wird mit 80 bis 95 Prozent der Streckenbestleistung mit Herzschlagfrequenzen zwischen 160 und 180·min^{-1} im Bereich des ae-

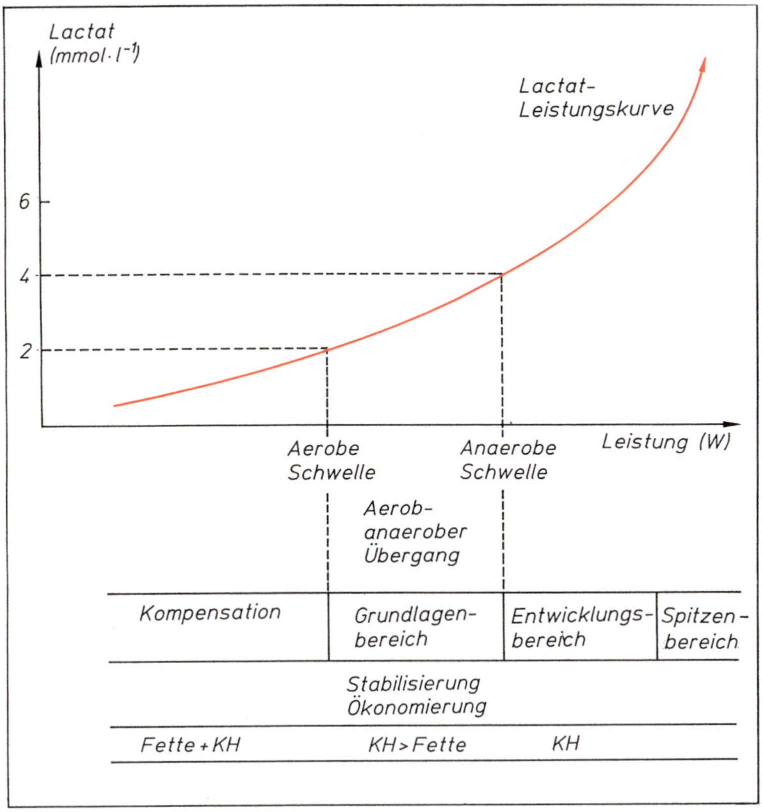

Bild 5.6 Einteilung der Trainingsbereiche über Kenngrößen des Energiestoffwechsels (nach Pansold). Das starre Konzept des aerob-anaeroben Übergangsbereiches mit den beiden Schwellen muß nach Leistungsfähigkeit (und Alter) modifiziert werden

rob-anaeroben Übergangs des Energiestoffwechsels trainiert. Dabei werden Blutlaktatwerte zwischen 3 und 7 $mmol \cdot l^{-1}$ gemessen. Training im Entwicklungsbereich erweitert die Funktionsamplitude.

Wie im Kapitel 2.1. begründet, hat Training im Entwicklungsbereich einen hohen Reizwert.

Grenz- oder Spitzenbereich

Es wird mit 95 bis 100 Prozent der aktuellen Wettkampfleistung bei (nahe) maximalen Herzschlagfrequenzen trainiert.

Bei Unterdistanzen (oder kürzerer Dauer der Anforderung) kann die Bewegungsgeschwindigkeit höher als während des Wettkampfes sein.

die Laktatwerte bei Belastungen im Grenz- oder Spitzenbereich liegen über 7 $mmol \cdot l^{-1}$.

Die Jahressumme der Trainingsanteile in den Trainingsbereichen weist bei leistungsfähigen Ausdauersportlern Werte von etwa 60 bis 70 Prozent im Grundlagenbereich, 20 bis 30 Prozent im Entwicklungsbereich und 10 Prozent im Spitzenbereich aus (Belastungspyramide).

Die Ziele des leistungsorientierten Ausdauertrainierenden sind:

- schnellere Folge der zyklischen Bewegungsimpulse,
- größere Leistung des Einzelimpulses,
- längere Wiederholbarkeit der zyklischen Bewegungsimpulse.

Der Leistungsentwicklung des Ausdauersportlers mit Wettkampfambitionen dient eine geplante in Trainingszyklen eingeteilte Steigerung zunächst des Umfanges (Trainingsdauer der einzelnen Anforderung und der Häufigkeit und etwas nachfolgend der Trainingsintensität). Der ständige Wechsel der Trainingsmittel ist für die Wirksamkeit mitentscheidend.

Die Phase der Transformation, in der überwiegend kompensierende Trainingseinheiten zur Anwendung kommen, dienen der Umsetzung (Superkompensation) der vorangegangenen Trainingseinflüsse (Bild 5.7).

Der gesundheitsorientierte Ausdauertrainierende strebt dagegen an, positive Anpassungsergebnisse an gesundheitsrelevanten Organsystemen und im Stoffwechsel zu erreichen.

Diese unterschiedlichen Ziele bestimmen die Handhabung weiterer Einflußgrößen des Trainings.

Zu diesen Einflußgrößen zählen:

- Charakter der Ausdauerbelastung (spezifisch – unspezifisch),
- Trainingsumfang (Trainingszeit oder Trainingsstrecke),
- Intensität (Bewegungsgeschwindigkeit, Vortrieb),
- Häufigkeit (Dichte der Trainingseinheiten),
- Dynamik der Belastung in den Trainingszyklen.

Für die Ausdauerentwicklung im Schul-, Freitzeit- und Erholungssport ist unabdingbar zu sichern, daß die richtig dosierte Belastung eine Stunde pro Woche überschreitet. Es sollte dazu 2- bis 4mal pro Woche trainiert werden.

Astrand hat eine sehr nachahmenswerte Empfehlung einer Trainingseinheit einprägsam illustriert. (Bild 5.8)

Nach dem Umkleiden 5 min Warmlaufen (joggen). / Berganläufe mit voller Geschwindigkeit jeweils etwa 25 Schritten, bergab langsam gehen, 5 Wiederholungen, / 3 min mit etwa 80 % der Maximalgeschwindigkeit laufen. Einige Minuten (3) zur Wiederherstellung. / 4 min Laufen (80 %), 3 min Gymnastik/Drehung, 4 min mit 80 % laufen. Saunagänge. Ein derartiges Programm sollte 2-3 mal pro Woche absolviert werden.

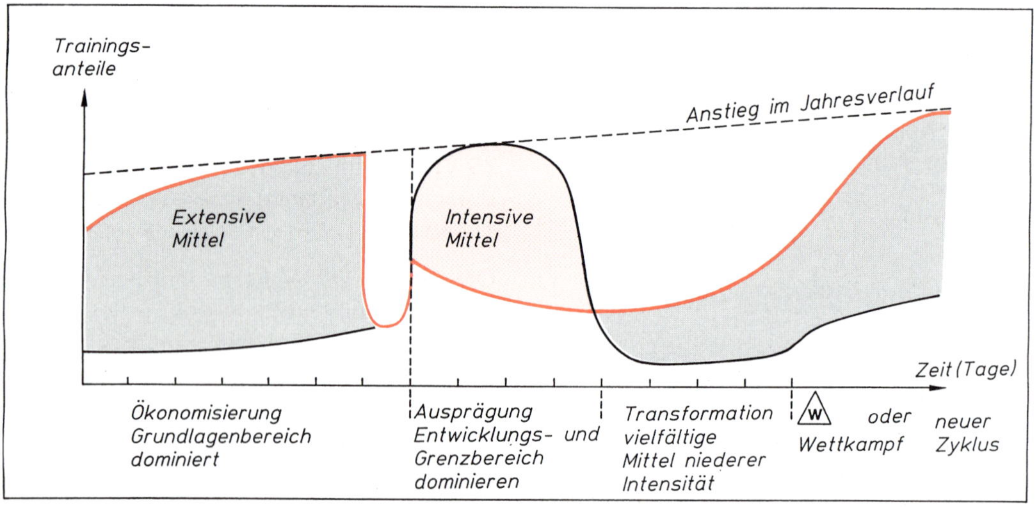

Bild 5.7 Schematische Darstellung eines Trainingszyklus ((Ausdauer) im Leistungssport (in Anlehnung an Neumann)

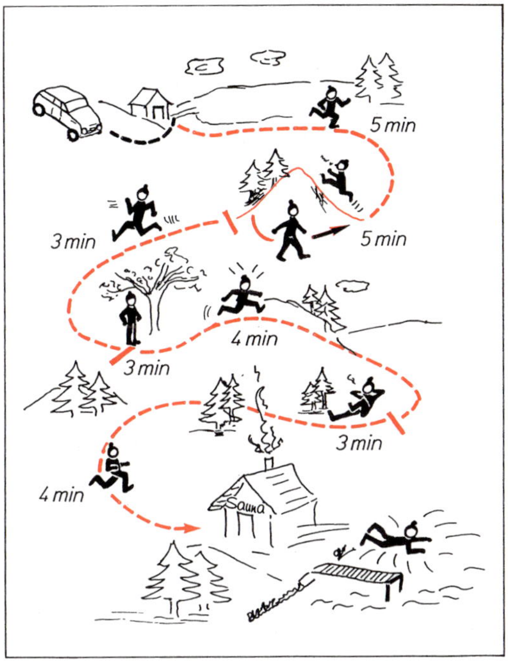

Bild 5.8 Beispiel eines Trainingsprogramms

Adaptationen durch Ausdauertraining

Ein wirksames Ausdauertraining führt zu strukturellen (funktionellen und baulichen) Veränderungen im Gesamtorganismus.

- *Die Kapazitäten des Herz-Kreislauf und Lungensystems werden erweitert und eine Stabilisierung der Funktion erreicht. Bei ausreichend hohen Anforderungen sind markante positive bauliche Veränderungen beschrieben worden (Kap. 3.5). Im Blut werden Zusammensetzung und Funktion optimiert.*
- *Die Skelettmuskulatur ändert ihre motorische Ansteuerung in Richtung Zuverlässigkeit, erweitert den Energiedurchsatz, die Speicherung von Energieträgern und den Abtransport von Stoffwechselendprodukten (Kap. 2.1).*
- *Der Stütz- und Bewegungsapparat paßt sich in vielfältiger Weise an (Kap. 2.2).Bei angemessener Ausdauerbelastung kommt es auch hier zur Optimierung der Struktur.*
- *Die Organe Leber und Niere vermögen nach Ausdauertraining einen weit höheren Durchsatz zu realisieren. Die Leber erweitert ihre Speicherkapazität insbesondere für Glykogen. In der Niere werden effizienter störende Metabolite ausgeschieden und unverzichtbare zurückgehalten (Kap. 3.8,3.9).*
- *Das Verdauungssystem wird insbesondere auf eine schnellere Verarbeitung größerer Kohlenhydratangebote ausgelegt.*
- *Das Immunsystem wird positiv stimuliert (Kap 3.3).*
- *Die hormonelle Regulation, vor allem die Harmonisierung des Energiestoffwechsels wird in Richtung einer Sensitivitätssteigerung beeinflußt. Das Innere Milieu bleibt lange stabil. Geringere hormonelle Veränderungen bewirken nachhaltigere organismische Antworten (Kap.3.2). Gesteigerte Endorphinausschüttungen während Ausdauerleistungen kaschieren den Schmerz, vermitteln Wohlbefinden bis Hochgefühle.*
- *Positive Kreuzadaptation führt dazu, daß eine umfassende Zahl von Einflüssen des Umfeldes besser toleriert werden. Die Abpufferung von negativem Streß geht von Hitze und Kälte über Geräusche, Schmerzen, bis zu Vergiftungen, Infekten, Verletzungen usw. (Kap.1.1.5).*

Gerade für das Verständnis der Wirkungen von Ausdauerreizen ist herauszustellen:

Gesundheitsrelevante Anpassungen verlangen ein für jeden Einzelnen definiertes Minimum (ungefähr eine Stunde pro Woche).

Die Ausdaueranpassung erreicht ein ebenfalls individuell ausgelegtes Optimum zwischen 3 und 5 Stunden richtigen Trainierens.

Ein Maximum an Ausdauerreizen garantiert keineswegs ein Optimum positiv für die Gesundheit zu wertender Anpassung.

5.1.2 Biologische Grundlagen der Entwicklung von Kraft

Von *S. Israel*

Physikalisch ist die Kraft definitionsgemäß die Ursache von Beschleunigungen frei beweglicher Körper oder von Deformationen festgehaltener Körper.

Die Maßeinheit der Kraft ist das Newton (N).

Physiologisch läßt sich die Kraft definieren als die Fähigkeit des Muskels sich zu kontrahieren und dabei Längenänderungen bzw. Zugspannung zu entwickeln.

Sportmethodisch ist die Kraft eine Leistungsvoraussetzung, um durch Muskeltätigkeit äußere Widerstände zu überwinden bzw. äußeren Kräften entgegen zu wirken. Prinzipiell erfordert jede motorische Handlung Kraft.

In der sportlichen Praxis kommt die Kraft, die den konditionellen Fähigkeiten zugeordnet wird, je nach Anlage des Trainings als Maximalkraft vor, oder sie tritt in der Kombination mit der Schnelligkeit (Schnellkraft, Explosivkraft)oder mit der Ausdauer (Kraftausdauer) in Erscheinung.

Bewegungsschnelligkeit und Kraft sind sehr gut miteinander verträglich. Sie bedingen sich gegenseitig vielfach sogar.

Auch beim Menschen gilt grundsätzlich die Formel:

Kraft = Masse x Beschleunigung bzw. Beschleunigung = Kraft/ Masse.

Die Kraft macht somit bei Bewegungshandlungen die Beziehung zwischen Masse und Beschleunigung aus.

Schnelle Bewegungen mit zyklischem Ablauf setzen besonders deshalb Kraft voraus, weil die Konstruktion der Gelenke, über die die Kraft wirkt, vielfach wie ein Pendel funktioniert.

Es finden z.B. beim Lauf Umkehrvorgänge der Beinbewegungen statt, wobei nach einem Totpunkt in der Bewegung die im Gelenk verbundenen Hebel beschleunigt werden müssen. Der schnelle Wechsel von Beugung und Streckung im Gelenk hat ein hohes Maß an Kraft zur Voraussetzung.

Kraft und Ausdauer sind ebenfalls vereinbar. Überschreitet jedoch die trainingsbedingte Ausprägung einer dieser beiden konditionellen Fähigkeiten ein hohes Niveau, so wird die andere Fähigkeit zurückgedrängt; es kommt offensichtlich zu Konkurrenzreaktionen.

Auf dieser Basis zeigt sich in der Praxis, daß gute Gewichtheber schlechte Langstreckenläufer sind und umgekehrt. Die einem solchen Sachverhalt zu Grunde liegenden Mechanismen sind noch nicht durchgehend aufgeklärt. Zweifellos spielen u.a. rein mechanische Verdrängungsreaktionen in der Muskelfaser eine Rolle.

Für eine extreme Entwicklung solcher intrazellulären Elemente, die für die Kraft oder die Ausdauer zuständig sind (Myofibrillen bzw. Mitochondrien und Energiespeicher) reicht gleichzeitig das zur Verfügung stehende Zellvolumen nicht aus.

Die Kraft kann sich dynamisch und statisch äußern. Bei dynamischen Übungen kommt im Regelfall eine Muskelverkürzung zur Geltung (konzentrische Kontraktion).

Es ist jedoch auch ein dynamischer Muskeleinsatz in der Weise möglich, daß der Muskel Kraft entwickelt, während er durch starke äußere Kräfte verlängert wird (**exzentrische Kontraktion**); dabei wird der Muskel in seiner aktiven Phase verlängert, weil er einer Last oder einem Zug nachgeben muß.

Das ist z.B. bei Bremsvorgängen der Fall.

Bei statischen Übungen tritt keine sichtbare Veränderung der Muskellänge ein (isometrische Kontraktion; Haltekraft).

Die energetische Absicherung hoher Kraftäußerungen erfolgt vorrangig auf dem Weg der anaeroben Energiebereitstellung (häufig anaerob – alaktazid).

Dabei werden nicht selten hohe Energiebeträge in der Zeiteinheit vom Muskel auf das Skelett übertragen, was für das Stützgewebe eine hohe Belastung und damit ein Risiko bedeuten kann. Das gilt insbesondere für solche explosivkräftigen Bewegungen, die gegen ein harten Gelenkanschlag stattfinden (Streckung des Ellenbogen- oder Kniegelenkes).

Jede Muskelfaser ist in der Lage, Kraft zu entwickeln. Die Voraussetzungen dazu sind jedoch unterschiedlich in Abhängigkeit vom Fasertyp.

Höhere und höchste Anforderungen an die Muskelkraft werden vorrangig durch die auf Schnelligkeit ausgelegten Muskelfasern (FTF; Typ II-Fasern) realisiert. Die langsam kontrahierenden Muskelfasern (STF, Typ I-Fasern) sind zuständig für dynamische Kraftäußerungen auf relativ tiefen Niveau, und sie bieten vielfach die notwendige Haltekraft auf.

Die FTF verfügen über eine verhältnismäßig hohe Schwelle der Ansprechbarkeit, so daß Bewegungen mit niedrigen Ansprüchen an die Kontraktionskraft in erster Linie von den STF, die eine tief gelegene Erregungsschwelle besitzen, aktiv ausgeführt werden.

Regelmäßig wiederholte stärkere Ansprüche an die Kraft führen gesetzmäßig adaptiv zu einer Hypertrophie der beanspruchten Muskelfasern, d.h., es kommt zu einer Verdickung der beteiligten Muskelfasern.

Nach dem gegenwärtigen Kenntnisstand tritt keine Vermehrung (Hyperplasie) der Faserzahl ein. Die binnenzellulären Strukturen, an die die direkte Kraftentwicklung gebunden ist, verstärken und vermehren sich. Es handelt sich dabei vorrangig um die Myofibrillen, von denen die Spannungsentwicklung und die Verkürzung ausgeht.

Der Myoglobingehalt, die Mitochondrienmasse und die lokalen Energievorräte (z.B. Glykogen) werden durch ein reines Krafttraining nicht adaptiv modifiziert.

Die Verteilung von schnell- und langsamkontrahierenden Fasern ist in den einzelnen Muskeln unterschiedlich. So besteht bei der Wade der Schollenmuskel (M. soleus) zum größten Teil aus langsamkontrahierenden und der Zwillingswadenmuskel (M. gastrocnemius) überwiegend aus schnellkontrahierenden Fasern. Darüber hinaus ist das Faserspektrum individuell genetisch determiniert.

Beim äußeren Schenkelmuskel (M. vastus lateralis), der hinsichtlich seiner Faserzusammensetzung relativ gut untersucht ist, kann z.B. das Verhältnis von FTF zu STF entsprechend dem Erbgut 80 zu 20 oder umgekehrt bei allen möglichen dazwischen gelegenen Verteilungen betragen.

In dieser Gegebenheit findet sich ein wesentliches Talentmerkmal für ein erfolgreiches Kraft- bzw. Ausdauertraining.

Kraft bedeutet „sichtbare Kondition“. Die durch ein Krafttraining induzierte Hypertrophie der unter der Körperoberfläche gelegenen Muskeln bestimmt maßgeblich das äußere Körperprofil. Nicht zuletzt in diesem Tatbestand findet sich gegenwärtig für relativ viele Menschen die Motivation, sich einem Krafttraining zuzuwenden.

Der Kraftgewinn durch ein spezielles Training ist nicht ausschließlich auf eine Hypertrophie zurückzuführen; etwa 40 % eines Kraftzuwachses beruhen auf diesem Mechanismus, d.h., auf einer Zunahme der Muskelmasse.

Folgende adaptive Veränderungen sind ebenfalls für einen Anstieg der Kraftfähigkeit mitverantwortlich:

- Steigerung der neuromotorischen Aktivierung,
- Modifikation der Rekrutierung der Muskelfasern,
- Synchronisation der motorischen Einheiten,

- Abschwächung hemmender nervaler Einflüsse.

Während beim Untrainierten pro cm² Muskelquerschnittfläche etwa 50 N Kraft manifestiert werden können, führen die o. g. Trainingsfolgen dazu, daß ein gut trainierter Kraft- oder Schnelligkeitssportler pro cm² Muskelfläche bis zu 100 N Kraft zur Geltung bringen kann.

Es kommt im Verlauf eines Krafttrainings zu positiven adaptiven Modifikationen der Steuermechanismen, die von den Repräsentationsfeldern der Hirnrinde über die Motoneuronen in den Vorderhörnern des Rückenmarks bis zu den motorischen Endplatten der Muskelfasern reichen.

Es gelingt auf dem Wege der nervalen Ansteuerung nicht, sämtliche Fasern eines Muskels gleichzeitig zu aktivieren.

Art und Umfang der Aktivierung der motorischen Einheiten eines Muskels wird als Rekrutierung bezeichnet. Ein systematisches Krafttraining führt dazu, daß mehr motorische Einheiten simultan aktiviert werden können.

Ein Krafttraining hat weiterhin zur Folge, daß die einzelnen motorischen Einheiten in höherem Maße aufeinander abgestimmt tätig werden und daß Hemmungsprozesse innerhalb der gesamten neuralen Impulsübertragungskette reduziert werden.

Die Stärke der realisierten Muskelkontraktion hängt von der Zahl der aktivierten motorischen Einheiten ab und von der Impulsfrequenz, mit der die einzelnen motorischen Einheiten nerval angesteuert werden.

Diese physiologischen Voraussetzungen ermöglichen eine präzise Abstufung des Krafteinsatzes.

Werden schnellkontrahierende Muskelfasern im Verlauf eines Trainingsprozesses in hohem Maße im Sinne der Kraftausdauer beansprucht, so können sie bestimmte Eigenschaften der relativ ermüdungsresistenten langsamkontrahierenden Fasern ausbilden (z.B. Vermehrung des Myoglobingehaltes und Vergrößerung der Mitochondrienmasse).

Eine völlige Umwandlung des Fasertyps ist jedoch nicht möglich, da auch das Innervationsmuster der beiden Fasertypen unterschiedlich ist; so werden die FTF von den großen und die STF von den kleinen Motoneuronen des Rückenmarkes nerval stimuliert.

Die Kraft wirkt im Regelfall über die Gelenke; sie stabilisiert ihre Statik bzw. bewirkt Drehbewegungen. Die Muskeln geben als Antriebsaggregat ihre Funktion an das Gelenk weiter. Eine angemessene Ausprägung der Kraft ist bedeutsam für die Gelenksicherung und damit für den Gelenkschutz. In diesem Zusammenhang ist auf die Einheit von Muskel, Sehne, Kapsel, Band und weiteren Gelenkstrukturen zu verweisen.

Dieser Komplex bestimmt die Festigkeitseigenschaften eines Gelenkes. Die Qualität des Muskels, der willkürlich aktiviert werden kann, steht in inniger Wechselwirkung mit dem Adaptationszustand des gesamten Gelenkes, für das er zuständig ist.

Die Festigkeitseigenschaften eines Gelenkes werden maßgeblich von der Muskulatur determiniert.

Kraftbetonte Muskelaktivität regt Sehnen, Bänder, Knorpel und Knochen zur Adaptation an. So hängt z.B. die Reißfestigkeit von Sehnen und Bändern, die Drucktoleranz von Knorpelgewebe und die Bruchsicherheit von Knochen von der Kraftausprägung des zuständigen Muskels ab. Angesichts der Häufigkeit des Auftretens von Gelenkstörungen ist dieser Sachverhalt von gesundheitsbezogener Wichtigkeit.

Ein adäquates Krafttraining bedeutet Gelenkschutz.

Zur Rückbildung der Kraft kommt es durch:

- Ruhigstellung eines Gelenkes,
- unbelastete Kontraktionen,

- Verkürzung der Kontraktionsstrecke,
- Durchblutungsstörungen.

Die Atrophie der Muskulatur erfolgt wesentlich schneller als ihr Aufbau.

Bei der Ruhigstellung eines Gelenkes (z.B. im Gipsverband) tritt eine völlige Entlastung ein, und schon nach 2 Wochen hat sich das Kraftpotential um etwa 20 % vermindert.

Jede Ruhigstellung muß deshalb bedacht werden, weil sämtliche Gelenkstrukturen geschwächt werden.

Ein instruktives Beispiel für den Kraftverlust in unserer Zeit liefert der Weltraumflug. Bei Astronauten entfällt der Zwang, sich permanent mit der Schwerkraft der Erde auseinanderzusetzen und das Körpergewicht gegen die Gravitation zu beherrschen. Ein drastischer Kraftabfall (Atrophie der Muskulatur) mit allen Folgen für Körperstrukturen, insbesondere auch die für Knochendichte, ist die Folge. Es wurden zahlreiche Vorgehensweisen ersonnen, um einer solchen Negativentwicklung, die nach der Rückkehr unter irdische Schwerkraftbedingungen erhebliche Probleme bereitet, entgegen zu wirken.

Die an einem Gelenk über Knochenhebel wirksam werdende Muskelkraft wechselt in Abhängigkeit von der Winkelstellung des Gelenkes, und sie ist auch abhängig von dem Verhältnis Kraftarm zu Lastarm; dieses Verhältnis weist zwischen den einzelnen Gelenken Unterschiede auf.

Weiterhin existiert eine Beziehung zwischen der Körpermasse und der Muskelkraft. Diesem Sachverhalt wird z.B. in solchen Sportarten Rechnung getragen, in denen für das Ergebnis die Kraft eine ausschlaggebende Rolle spielt (Gewichtsklassensportarten).

Ein Krafttraining geht nicht selten mit einem Verlust von Beweglichkeit (Flexibilität; Spielraum im Gelenk) einher.

Die gezielte Kräftigung vermindert oftmals die Dehnungsfähigkeit der Muskulatur. Das Krafttraining muß mit Dehn-, Entspannungs- und Lockerungsübungen kombiniert werden. Die Dehnung eines Muskels (besonders vorteilhaft ist die gehaltene Dehnung) hat darüber hinaus von sich aus eine stimulierende Wirkung im Sinne einer Kräftigung.

Die Messung der Kraft geschieht über subjektive, semiobjektive und objektive Methoden. Eine subjektive Einschätzung der Kraft erfolgt durch eine Blickdiagnose; dabei werden aus dem Entwicklungszustand der Skelettmuskulatur Rückschlüsse gezogen. Ein solches Herangehen erlaubt nur eine sehr grobe Beurteilung.

Als semiobjektiv gilt die Dynamometrie; dabei wird an einem Meßgerät die willkürlich mobilisierte Kraft abgelesen. Objektiv ist die Ermittlung des Muskelquerschnittes mittels der Ultraschalldiagnostik sowie die Feststellung der elektrischen Aktivität des Muskels mittels der Elektromyographie während einer Anspannung; auch diese Verfahren sind mit einer relativ großen Unzuverlässigkeit behaftet.

In der Praxis läßt die Ausführung standardisierbarer kraftfordernder Übungen (Körperlast, Gewichte) eine Beurteilung der vorliegenden Kraft zu.

Eine vorrangig gesundheitsbezogene Bedeutung haben angemessen ausgebildete Kraftfähigkeiten im Zusammenhang mit der aufrechten Haltung des Menschen.

Aus der senkrechten Position ergibt sich die Notwendigkeit, die labile Körperkonstruktion bei hochliegendem Schwerpunkt im Gleichgewicht zu halten. Durch diese Gegebenheiten erhöhen sich die Möglichkeiten von Fehlstellungen vor allem der vertikal angeordneten Wirbelsäule. Eine Abweichung vom normalen Achsenverlauf wird zu einer Dauerbelastung, und diese kann zu Beschwerden und zu frühzeitigem Verschleiß führen. Die Sicherung der Wirbelsäulenstatik benötigt ein stabilisierendes Muskelkorsett, das eine verstärkende und schienende Funktion ausübt. Ein solche Muskelmanschette für die Wirbelsäule läßt sich relativ einfach durch anatomisch und orthopädisch begründete kräftigende Übungen erwerben. Hier ist die Muskulatur des oberen Rückens und des Bauches zu berücksichtigen. Die Füße sind für die Statik der gesamten Körperkonstruktion von ausschlaggebender Bedeutung.

Die Sicherung der körperlichen Balance hängt von der Beherrschung der Körpermasse vor allem in der Bewegung bei sich ständig verlagerndem Körperschwerpunkt ab. Die Ausprägung der die Füße haltenden und bewegenden Muskulatur verbürgt entscheidend die Zuverlässigkeit des körperlichen Fundaments. Auch hat der Fuß angesichts seiner Lokalisation am unteren Ende des Körpers beträchtliche Kräfte zu übertragen. Die gezielte Stärkung der Füße ist heute generell geboten.

Der aufrechte Gang impliziert Besonderheiten bei der Drainage der unteren Extremitäten. Die Entstauung wird maßgeblich durch das Prinzip der Muskelpumpe bewerkstelligt. Der geordnete Rückstrom des venösen Blutes aus den unteren Gliedmaßen hängt von der Aktivität einer kräftigen Muskulatur im Bereich der Füße und Waden ab. Bis zu 50 % der Energie, die zum Rücktransport des Blutes zum Herzen notwendig ist, kann von der Muskelpumpe aufgebracht werden. Eine gekräftigte Muskulatur in dieser Region entlastet damit Herz und Kreislauf.

Ein besonderes Augenmerk ist bei kraftentwickelnden Übungen auf solche Muskeln zu richten, die zur Abschwächung tendieren (Bild 5.9). Es handelt sich dabei zumeist um die Gegenspieler der zur Verkürzung neigenden Muskeln.

Sportliche Übungen, die mit erheblichem Kraftaufwand ausgeführt werden, bergen das Risiko einer Schädigung in sich. So sollte z.B. die mitunter notwendige Preßatmung beim Einsatz der oberen Extremitäten zur Fixierung des Schultergürtels zeitlich minimiert werden.

Besondere Aufmerksamkeit verdient die Wirbelsäule: Das Heben, Bewegen und Halten von Lasten sollte möglichst bei gestreckter Wirbelsäule stattfinden. Das Kniegelenk ist bei einer lastbeaufschlagten oder sehr schnellen Streckenbewegung aus der Hocke heraus störanfällig.

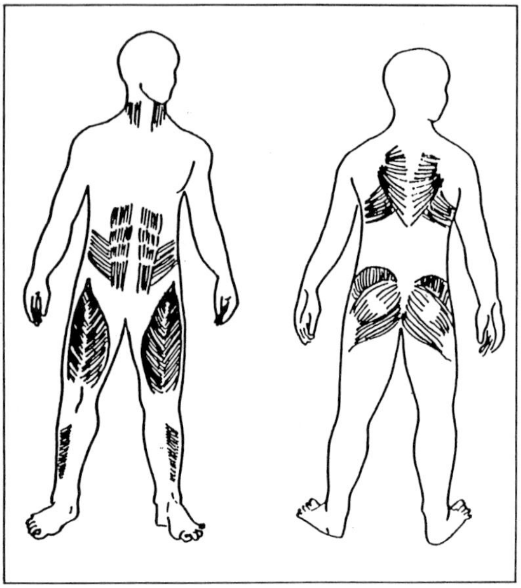

Bild 5.9 Muskeln mit Abschwächungstendenz

Auf die Alters- und Geschlechtsbesonderheiten der Kraftausprägung wurde im Kapitel 4.2.1 eingegangen.

5.1.2.1 Methoden zur Kraftentwicklung

Von *I. Ueberschär*

Eine Zunahme der Kraft beruht auf entsprechenden Entwicklungsreizen. Ein spezifisches Belastungsprogramm bzw. Training, das der unmittelbaren Verbesserung der Kraftfähigkeiten dient, wird als **Krafttraining** bezeichnet. Krafttraining kann mit allgemeinen und spezifischen Kraftübungen gestaltet werden, wobei statische und dynamische Belastungen enthalten sind.

Allgemeines Krafttraining

Diese Form des Krafttrainings dient unter Verwendung vorwiegend allgemeiner Körperübungen der Kräftigung der Gesamtmuskulatur bzw. großer Muskelgruppen, wobei sowohl die synergistisch als auch die antagonistisch arbeitenden Muskeln angesprochen werden.

Damit werden muskuläre Dysbalancen vermieden, die Belastungsverträglichkeit des Stütz- und Bewegungssystems erhöht sowie die Voraussetzungen für ein spezielles Krafttraining geschaffen.

Die hauptsächlichen allgemeinen Kraftübungen beinhalten das Überwinden der eigenen Körpermasse, Partnerübungen, Übungen an Turngeräten und mit Zusatzlasten.

Allgemeine Kraftübungen bilden den Schwerpunkt des Krafttrainings im Grundlagen- und Aufbautraining, wobei über die Zweckmäßigkeit des Krafttrainings im Entwicklungsalter zurückhaltende Auffassungen vertreten werden.

Die Ansprechbarkeit der Muskulatur auf Kraftreize hängt hochsignifikant von der Ausschüttung der männlichen Sexualhormone (Androgene) ab. Demzufolge bleibt die Muskulatur in ihrem Wachstum während der Kindheit hinter dem Gesamtwachstum zurück. Bei der Dosierung des Krafttrainings vor dem Abschluß der Pubertät muß stets die Belastbarkeit des Knochen- und Knorpelgewebes berücksichtigt werden.

Nach dem Murk-Jansenschen Gesetz ist die Empfindlichkeit dieser Gewebe der Schnelligkeit des Wachstums direkt proportional und daher während des puberalen Wachstumsschubes besonders hoch. Nicht zufällig manifestieren sich gerade in diesem Altersabschnitt die jugendlichen Wachstumsstörungen, wie die aseptischen Osteonekrosen (z. B. die Scheuermannsche und die Schlattersche Erkrankung) und die ideopathischen Skoliosen.

Trainingsmethodisch leiten sich aus der dargestellten Entwicklungsproblematik folgende Schlußfolgerungen ab:

- Im gesamten Kindesalter sind die Kraftfähigkeiten ausschließlich mit betont vielseitigen Trainingsmitteln ohne Zusatzlast herauszubilden. Ausnahmslos müssen die Belastungsreize auf eine Schnellkraft- bzw. Kraftausdauerentwicklung zielen. Ein Maximalkrafttraining ist erst postpuberal auf der Grundlage einer guten Schnellkraft- und Kraftausdauerfähigkeit angezeigt.
- Insbesondere während des puberalen Wachstumsschubes (Bild 5.10) sind alle das Stütz- und Bewegungssystem hoch belastenden Kraftübungen zu vermeiden, wobei auf eine Entlastung der Wirbelsäule und der großen Gelenke (z. B. Kniegelenk) zu achten ist.
- Eine Lastbeauflagung durch den Einsatz von Zusatzlasten im Krafttraining sollte erst nach Abschluß des puberalen Wachstumsschubes bei einem biologischen Alter von 16 Jahren bei den Jungen bzw. ein bis zwei Jahre früher bei den Mädchen erfolgen.
- Belastungssteigerungen beim Krafttraining sollten vorrangig durch eine Erhö-

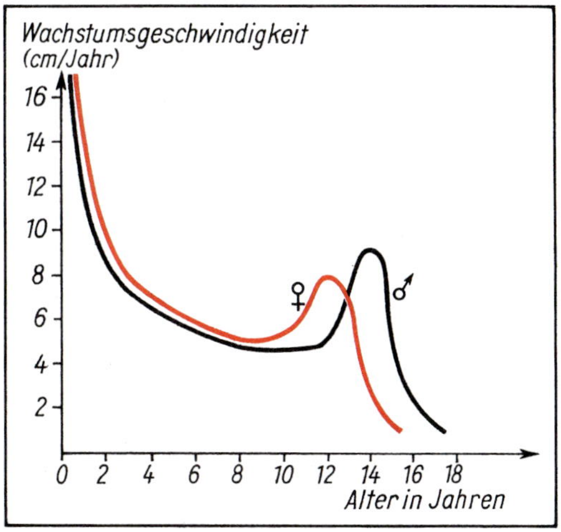

Bild 5.10 Durchschnittliche Wachstumsgeschwindigkeit (cm/Jahr) bei Mädchen und Jungen (nach Tanner)

Tabelle 5.4 Wirkungsweise der verschiedenen Krafttrainingsmethoden

	Maximalkraft	Schnellkraft	Kraftausdauer
Intensität	80–100 %	40–70 %	20–70 %
Dauer	5–10 s	1–10 s	1 min u. länger
Wiederholung	1–6	1–3	75–100 % der max. mögl. Wdhlg.
Belastung/Erholung	1:5	vollständ. Erholung	unvollständ. Erholung
Morphologische Anpassung			
FT-Fasern	+	++	O
ST-Fasern	+	O	++
Mitochondrien	(+)	O	+
Metabolische Anpassung			
CrP + ATP	(+)	++	O
Glykogen	(+)	O	++
glykol. Enzyme	(+)	++	O
oxyd. Enzyme	O	O	++
ATPphase	+	+	O
Myoglobulin	+	++	+
Durchblutung	O	O	+ Kapill. Anastomosen
Neuromuskläre Steuerung	vergrößerter Einsatz motorischer Einheiten	vergrößerter Einsatz motorischer Einheiten, bessere Koordination	Bewegungsökonomisierung

hung des Umfanges der Serien und erst sekundär durch eine Erhöhung der Lastbeauflagung erfolgen.

- Die technischen Elemente der Kraftübungen müssen einwandfrei beherrscht werden, bevor eine Steigerung der Belastung erfolgen kann.

Spezielles Krafttraining

Beim speziellen Krafttraining sollen die wettkampfspezifischen Maximalkraft-, Schnellkraft- und Kraftausdauerfähigkeiten mittels Wettkampf- und Spezialübungen gesteigert werden.

Es werden hierbei gezielt solche Muskelgruppen gekräftigt, die für die wettkampfspezifische Leistung besonders wichtig sind.

Basis für ein wirkungsvolles spezielles Krafttraining sind gute Kraftfähigkeiten bei einem ausgewogenen muskulären Gleichgewicht.

Das spezielle Krafttraining hat besonders Bedeutung bei trainingsälteren Sportlern nach Abschluß der Pubertät.

Mit dem speziellen Krafttraining werden entsprechende Entwicklungsreize für die disziplinspezifische Muskulatur gesetzt. Das spezielle Krafttraining stellt eine hohe Beanspruchung für die betreffenden Muskelgruppen und den entsprechenden Abschnitt des Halte- und Stützsystems dar. Es sind deshalb nach solchen Trainingseinheiten dringend wiederherstellungsfördernde Maßnahmen zur Prophylaxe von Fehlbelastungsschäden angezeigt (z. B. Kompensationstraining einschließlich der Intensivstretchingmethode, Physioprophylaxe, Liegepausen zur Wirbelsäulenerholung u.ä.).

Tabelle 5.5 Intensitätsbereiche im Training der Gewichtheber (nach Carlo)

Hantellast in Prozent zur individuellen Maximalkraft	Bezeichnung der Intensität
30– 50	gering
50– 70	leicht
70– 80	mittel
80– 90	submaximal
90–100	maximal

Adaptationen durch Krafttraining

Die menschliche Kraft ist biologisch determiniert. Eine Zunahme der Kraft beruht auf entsprechenden nervalen, hormonellen, biochemischen und strukturellen Veränderungen. Die Anpassungen der Muskulatur an ein adäquates Krafttraining vollziehen sich in Abhängigkeit vom Zeitraum unterschiedlich:

- *Kraftzuwachsraten nach Trainingszeiträumen von zwei bis drei Wochen beruhen primär auf Veränderungen der nervalen Ansteuerung der Muskelfasern. Höhere Kraftleistungen entstehen durch Zuschaltung zusätzlicher motorischer Einheiten (Rekrutierung) und gleichzeitiger verstärkter Aktivierung von bereits arbeitenden motorischen Einheiten (Synchronisation). Somit basiert die initiale Kraftzunahme nach regelmäßigem Krafttraining auf einer höheren Auslastung der Muskelfaserkapazität.*
- *Nach Trainingszeiträumen von vier bis sechs Wochen reagieren die angesprochenen motorischen Einheiten zusätzlich mit entsprechenden strukturellen und biochemischen Anpassungen. Es kommt zu folgenden Veränderungen:*
  - *Zunahme des Muskelfaserquerschnitts auf Grund einer Größenzunahme der Myofibrillen infolge der Bildung neuer Actin- und Myosinfilamente und einer Vergrößerung des sarkoplasmatischen Retikulums (s. Kap.2.1).*
  - *Adaptationen des Stoffwechselverhaltens der Muskelfasertypen im Sinne einer metabolischen Differenzierung.*
  - *Vermehrte Substrateinlagerung (Creatinphosphat und Muskelglykogen) in die Muskelzelle.*
- *Vergrößerung der motorischen Endplatte und Markscheidenzunahme der peripheren Nerven. Dies führt zu einer Verbesserung der Nervenleitgeschwindigkeit.*

Die Qualität und die Quantität dieser dargestellten Anpassungsreaktionen hängen von der Art und dem Umfang des absolvierten Krafttrainings ab. Interessant ist auch die Tatsache, daß die dargestellten Anpassungsvorgänge des neuromuskulären Funktionssystems nicht nur im Bereich der direkt angesprochenen Arm- bzw. Beinmuskulatur auftreten. Sie treten ebenfalls, wenn auch in abgeschwächter Form, im Bereich der – zum Beispiel infolge einer Verletzung – nicht beübten Extremitätenmuskulatur der Gegenseite auf.

Dieser „kontralaterale Trainingseffekt" beruht wahrscheinlich auf einer unbewußten Mitinnervation der Gegenseite und hat besonders bei verletzungsbedingter Ruhigstellung einer Extremität Bedeutung.

Durch Trainings- bzw. Sporttherapiemaßnahmen kann so mittels geeigneter Belastungsprogramme für die gesunde Extremität einem Kraftverlust der kranken und ruhiggestellten Seite (etwas) entgegengewirkt werden.

Bleiben adäquate Muskeltrainingsreize völlig aus, kommt es zu einem Nachlassen der Kraftfähigkeiten durch Rückgang der beschriebenen Anpassungsreaktionen. Diese muskelatrophischen Vorgänge verlaufen relativ rasch.

So kommt es beispielsweise bereits nach einer nur wenige Tage andauernden Bettruhe wegen eines fieberhaften Infektes zu spür- und meßbaren Beinmuskulaturverlusten, die Beine sind sichtbar „dünner" geworden. Häufig sitzen Kinder entgegen dem eigentlich in diesem Alter noch vorhandenen natürlichen Bewegungsdrang ganztägig: erst in der Schule, dann vorm häuslichen Computer und abends schließlich vor dem TV-Gerät. Die Beine dieser Kinder sind im Vergleich zur gleichaltrigen Normalpopulation deutlich dünner und werden auch als TV-Legs bezeichnet.

Der Kraftverlust wird mit durchschnittlich 15 Prozent pro Woche angegeben, wobei eine Abhängigkeit des Kraftrückgangs vom Trainingsalter zu beachten ist.

Je schneller ein Kraftzuwachs erreicht wurde, desto schneller geht er bei Inaktivität, zum Beispiel infolge von Bettruhe bei Krankheiten und Verletzungen, wieder verloren (Bild 5.11).

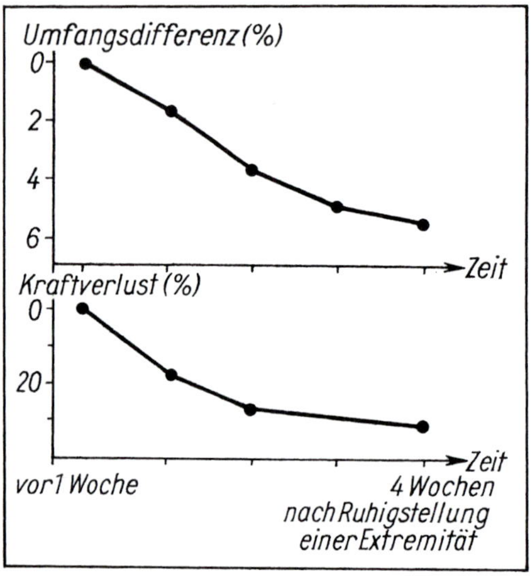

Bild 5.11 Darstellung des Rückgangs muskulärer Anpassungsvorgänge infolge körperlicher Inaktivität, dargestellt am Muskelumfang und am Kraftverlust (nach Hollmann und Hettinger)

Belastung des Stütz- und Bewegungssystems durch Krafttraining

Das Krafttraining stellt durch die Verwendung von Zusatzlasten, im jugendlichen Alter auf Grund der noch nicht abgeschlossenen Wachstumsprozesse auch ohne Lastbeauflagung, eine hohe Belastung für das Stütz- und Bewegungssystem dar.

So kann es durch einmalig übergroße Krafteinwirkungen, durch wiederholte kleinere Fehlbelastungen oder durch große Dauerbeanspruchungen zu Schäden im Bereich des passiven Bewegungsapparates kommen. Es gilt daher, durch geeignete trainingsmethodische Maßnahmen einer Fehlbelastung konsequent entgegenzuwirken und somit Schäden durch das Krafttraining zu vermeiden:

- Im Kindes- und Jugendalter ist das Krafttraining ohne Zusatzlast bei Beschränkung auf ein Training der Bewegungsgeschwindigkeit durchzuführen. Ein Krafttraining mit Lastbeauflagung sollte erst nach Abschluß des puberalen Wachstumsschubes in das Trainingsprogramm aufgenommen werden.
- Das Krafttraining muß vielseitig gestaltet sein, um durch Gewährleistung eines muskulären Gleichgewichts die Sicherung der Gelenke zu garantieren.
- Auf eine konsequente Einhaltung der richtigen Technik bei den Kraftübungen ist zu achten.
- Das Stütz- und Bewegungssystem besonders hoch belastende Kraftübungen sind zu meiden. Dazu gehören zum Beispiel die Tiefkniebeuge und Hockstrecksprünge, insbesondere mit Zusatzlasten. Allerdings beweisen Gewichtheber, bei denen die Tiefkniebeuge mit Zusatzlast ja zwingend mit zum Trainings- und Wettkampfprogramm gehört, daß bei einer guten allgemeinathletischen Ausbildung, Vermeidung muskulärer Dysbalancen und ausreichender Kompensationsmaßnahmen auch solche Extrembelastungen seitens des Stütz- und Bewegungssystems toleriert werden können.

- Das Krafttraining ist wirbelsäulenschonend durchzuführen. Hohlkreuzbildungen sind unbedingt zu vermeiden.

Die in den Bildern 5.12 bis 5.21 dargestellten Kraftübungen geben Hinweise und Anregungen für geeignete Kraftübungen bei Schonung des Stütz- und Bewegungssystems (nach Brenke und Dietrich).

Bild 5.12 Armstreckung in Rückenlage mit Zusatzlast („Bankdrücken“): Zum Ausschluß einer Hohlkreuzbildung müssen die Beine stets angehockt werden

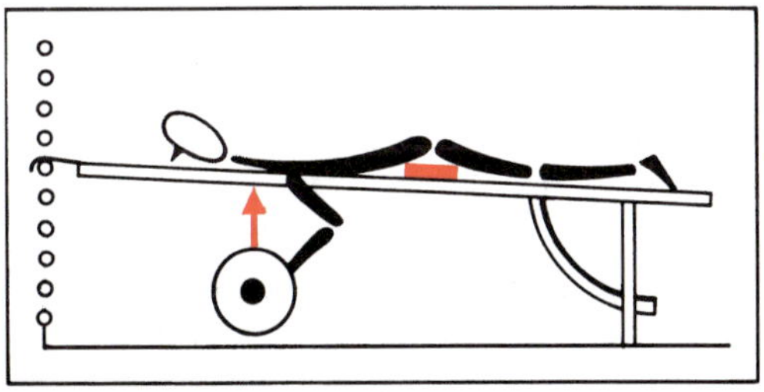

Bild 5.13 Lastanreißen auf Liegebrett: Zum Ausgleich der Lendenlordose dient eine Unterlage für das Becken. Ein Aufrichten des Oberkörpers muß wegen der damit verbundenen Hohlkreuzbildung unbedingt vermieden werden

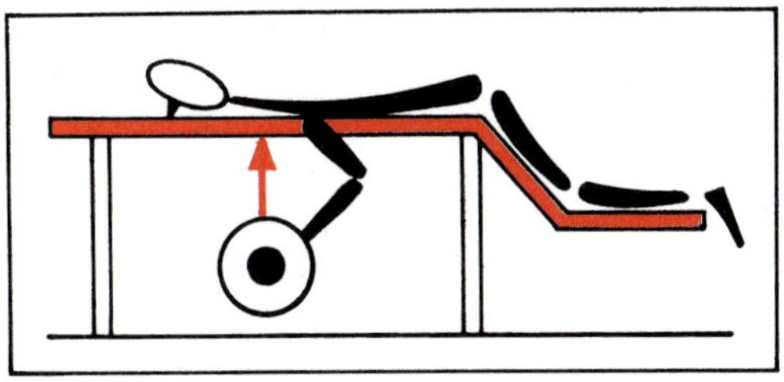

Bild 5.14 Lastanreißen auf dem Stufenbrett: Durch das Stufenbrett kommt es infolge der Beugung im Hüft- und Kniegelenk zu einem Ausgleich der Lendenlordose

Bild 5.15 Beinstreckung unter Hantelschwinge: Zum Ausgleich der Lendenlordose und damit zur Wirbelsäulenentlastung muß unbedingt ein Keil verwendet werden

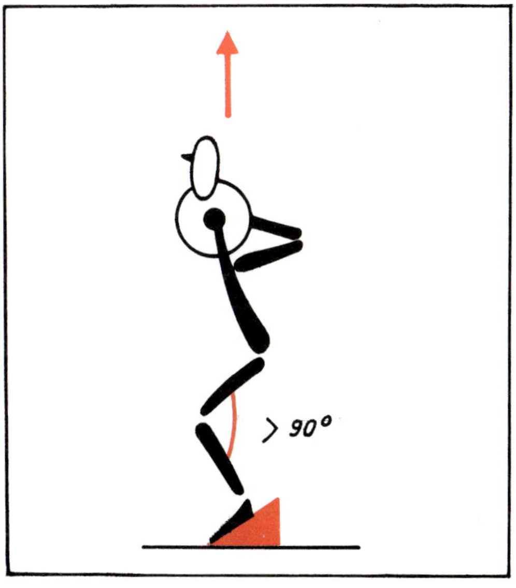

Bild 5.16 Halbkniebeuge mit Zusatzlast: Der Rücken muß bei dieser Übung wegen der Wirbelsäulenbelastung gestreckt sein. Der Kniegelenkswinkel darf wegen der sonst zu hohen Druckbelastung des Kniegelenks nie kleiner als 90° sein. Die schiefe Ebene dient der Entlastung der Achillessehne

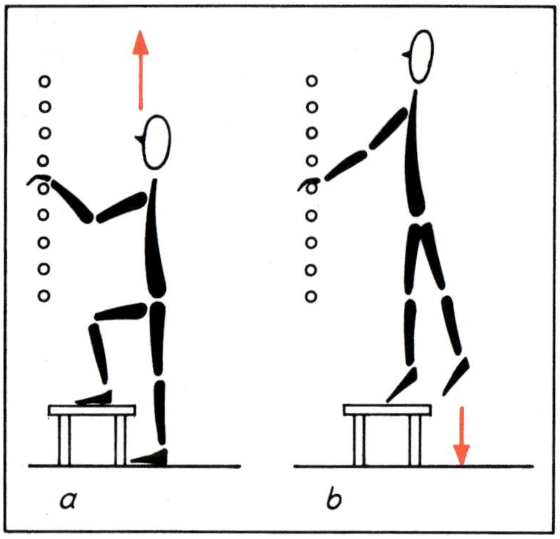

Bild 5.17 a, b Hockersprünge: Infolge Verlängerung des Bremsweges durch den Hocker kommt es zu einer Stauchungsverringerung bei der Landung

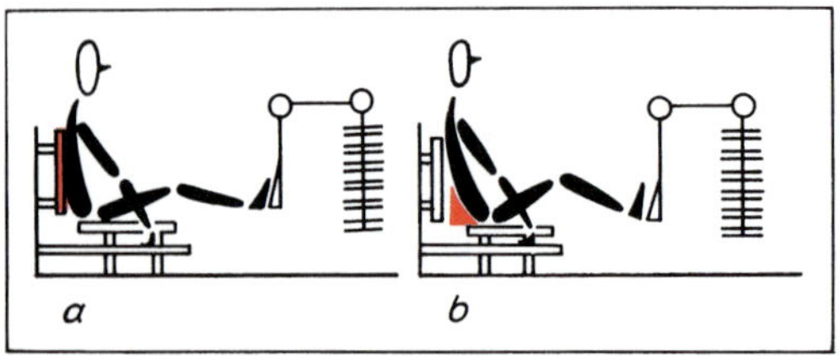

Bild 5.18 a, b Beinstreckung am „Herkules“: Um eine Wirbelsäulenschonung zu garantieren, bedarf es entweder **a** des großflächigen Kontaktes mit der Rückenlehne oder **b** der Verwendung eines Keils

Bild 5.19 Rumpfaufrichten aus der Rückenlage. Der gerasterte Bereich ist zu meiden, da es sonst zu wirbelsäulenbelastenden Hohlkreuzbildungen kommt

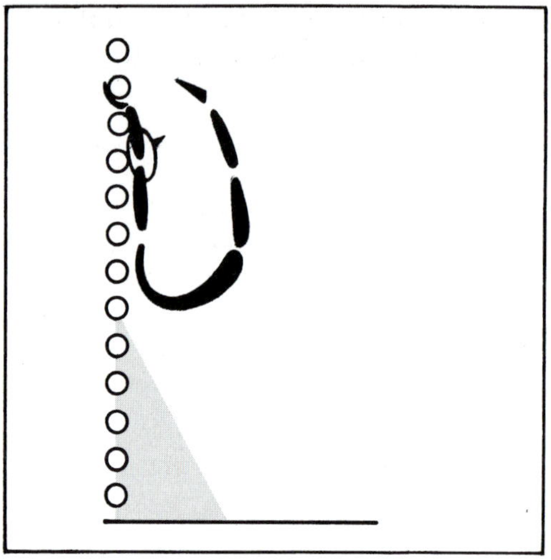

Bild 5.20 Beinheben aus dem Schwebehang. Der gerasterte Bereich ist zu meiden, da es sonst zu wirbelsäulenbelastenden Hohlkreuzbildungen kommt

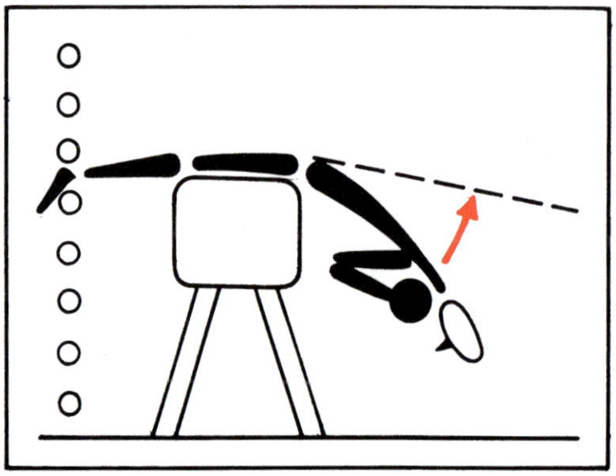

Bild 5.21 Oberkörperheben auf dem Bock: Zur Vermeidung einer Hohlkreuzbildung ist das Aufrichten des Oberkörpers nur bis zur Waagerechten angezeigt

5.1.3 Biologische Grundlagen der Schnelligkeitsentwicklung

Von *U. Pahlke*

Die körperliche Fähigkeit (Bewegungs-) Schnelligkeit ist eine unabdingbare Voraussetzung für das Gelingen einer Vielzahl von sportlichen Anforderungen. Schnell agieren, schnell reagieren – auch in allen Bewegungshandlungen – war Jahrtausende lang für den Menschen eine Überlebensgrundlage.

So ist die Schnelligkeit in Anlehnung an Harre ausgewiesen:

Schnelligkeit ist das Vermögen, eine einzelne (sport-) motorische Handlung oder eine definierte Abfolge gleichartiger oder verschiedenartiger Bewegungshandlungen unter gegebenen Bedingungen in kürzester Zeit auszuführen.

Die Energiebereitstellung bei sportlichen Bewegungshandlungen, die der Schnelligkeit zuzuordnen sind, erfolgt über die Spaltung energiereicher Phosphate und über die Glykolyse.

Aus der Sicht der Energiebereitstellung und -wandlung begrenzen Abnahme der energiereichen Phosphate (Kreatinphosphat) und (oder) die Akkumulation von Laktat die Schnelligkeit (Abb. 5.22).

Schnelle Einzelbewegungen ohne und gegen Widerstand auszuführen, nennt man **Bewegungsschnelligkeit**. (Überwiegend ein Ergebnis der schnellen motorischen Ansteuerung, Koordination und Beschleunigung.)

Die Zusammenfassung mehrerer oder vieler Einzelbewegungen ist mit dem Terminus Bewegungsgeschwindigkeit belegt. Diese Bezeichnung beißt sich jedoch mit einer seiner wichtigen Komponenten – der Beschleunigung.

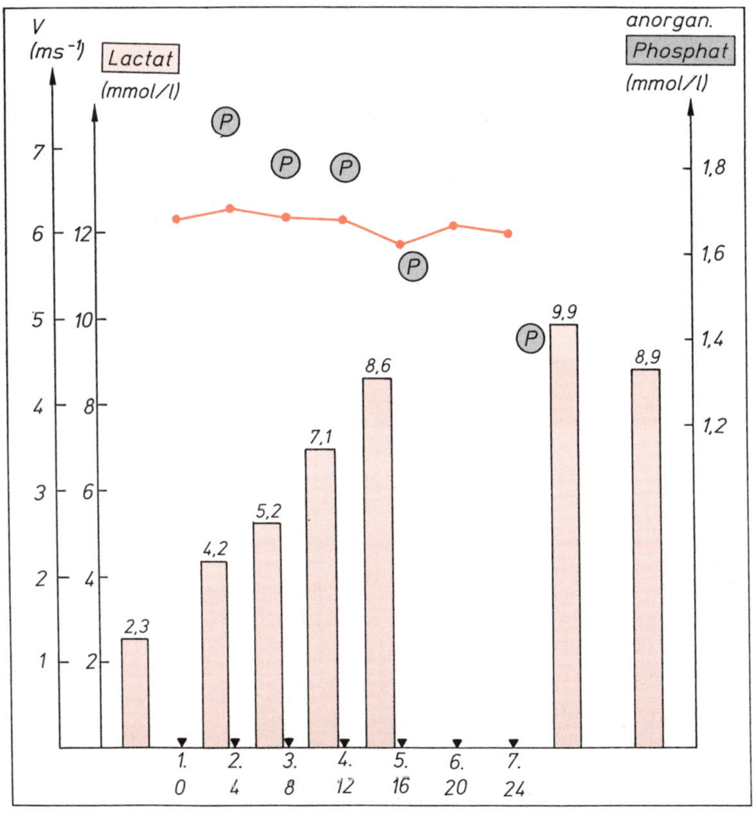

Bild 5.22 Bei kurz aufeinander folgenden Läufen nehmen die energiereichen Phosphate ab, während das Laktat im Serum ansteigt. Die Laufgeschwindigkeit bleibt etwa konstant

Tabelle 5.6 Schematische Darstellung von Einflußmöglichkeiten auf die Entwicklung der Schnelligkeit

Kortikal

Motorisches Vorhaben	Umwelteinflüsse über Auge, Ohr, Haut ...
↓	↓
Aktion	Reaktion
↓	↓

Handlungsentwurf
Auf der Grundlage eines mehr oder weniger gut ausgestatteten Handlungsrepertoires bzw.
Rückgriff auf ein eingefahrenes Handlungsmuster
über motorische Hirnrinde

↓

Subkortikal

Weiterleitung über pyramidales und extrapyramidales
System durch zahlreiche Bahnungs- und Hemmungsprozesse
bis zur motorischen Vorderhornzelle

↓

Motorische Einheit

Peripherer Nerv (Neurit)
Leitgeschwindigkeit

↓

Motorische Endplatte
Größe, Überträgerstoffe,
Übertragungsgeschwindigkeit

↓

Muskelfaser(n)
Faserzusammensetzung, Rekrutierungsmuster, Substratvorräte, Enzymbesatz, Qualität des Tubulussystems, Calciumfreisetzung, Zustand von Aktin und Myosin ...

Der Terminus **lokomotorische Schnelligkeit** ist besser.

Die Schnelligkeit bestimmt einerseits die sportliche Technik, ist andererseits abhängig von ihr, von Willensqualitäten und vor allem von der Struktur des neuromuskulären Systems (mit all seinen vielfältigen Beeinflussungsmöglichkeiten. Die Tabelle 5.6 zeigt schematisch einen Teil dieses Systems. Die Schnelligkeit ist somit zu einem großen Teil biologisch determiniert.

Die – anlagebedingt gute – neuromuskuläre Ausstattung und Verknüpfung (schneller, abgestimmter Ablauf) bei guten Realisationsvoraussetzungen (Hebel, Kraft) sind die Grundlagen für ausgeprägte Schnelligkeitsleistungen im Sport.

5.1.3.1 Wechselwirkungen der Fähigkeit Schnelligkeit mit den Fähigkeiten Kraft, Koordination und Ausdauer

Die Bewegungschnelligkeit ist undenkbar ohne Kraft und Koordination.

Jede Bewegungshandlung erfordert ein gewisses Maß an Kraft und muß (wenigstens mit den Antagonisten) koordiniert sein.

In aller Regel bedeuten Verbesserungen in Kraftfähigkeiten oder (und) in der Koordination einen Schnelligkeitsgewinn. Das gilt uneingeschränkt für Untrainierte und für wenig Trainierte.

Dieser Zusammenhang wird im Bereich hoher Ausprägung von Schnelligkeit und Kraft geringer.

Denn: Schnelligkeit ist keinesfalls nur eine Frage der Kraft. Der drahtige kleine Sprinter kann genauso schnell sein, wie der muskulöse Riese.

Paerisch nennt die Hypertrophie der Muskulatur bei der Schnelligkeitsentwicklung eine Verlegenheitslösung der Natur. Der Hase hat keinen muskelbepackten Hintern.

Wenn wir auf das Grundmodell der Fähigkeiten nach Ikai und Gundlach (Bild 5.1) zurückgreifen, wird die Differenz zwischen Kraft und Schnelligkeit bei hohem Entwicklungsstand deutlich (Der Gewichtheber ist schnell – aber er wird mit noch mehr Kraft nicht sprintschneller).

Auf die große Bedeutsamkeit der **Koordination** – abgestimmter Einsatz der an der Bewegung beteiligten Muskulatur auf der Grundlage eines fortlaufend optimierten Bewegungsmusters – für die Schnelligkeit kann nicht genug hingewiesen werden.

Die Einbeziehung auch der Antagonisten in die Bewegungshandlung ist notwendig für den Schutz der Struktur vor Schädigungen. Sie sollte nicht durch einseitige Trainingsforderungen abgeschwächt werden.

Der Krafteinsatz muß optimal abgestimmt werden.

Ausdauer und Schnelligkeit schließen sich ab einer bestimmten Ausprägung weitgehend aus (Bild 5.1).

Der Ausdruck Schnelligkeitsausdauer ist deshalb auch sehr unglücklich – leider aber fester Bestandteil der Trainingsterminologie.

Die Schnelligkeit ist eng verbunden mit der **Genauigkeit** der Bewegungsregulation und der Zuverlässigkeit der Bewegungssteuerung. Jede Verbesserung der Schnelligkeit stellt zunächst die Genauigkeit und **Zuverlässigkeit** einer Bewegung in Frage (Paerisch). Erst ein durch häufiges Wiederholen erreichtes höheres Niveau von Genauigkeit und Zuverlässigkeit läßt in vielen (technischen) Sportarten dann auch eine weitere Ausprägung der Schnelligkeit zu.

Auch auf möglichst große **Elastizität** der Muskeln, einen optimalen **Muskeltonus** und ein gutes **Entspannungsvermögen** (Viol) muß geachtet und Einfluß genommen werden.

5.1.3.2 Biologische und soziale Komponenten der Schnelligkeit

Keine andere Fähigkeit ist so deutlich genetisch festgelegt wie die Schnelligkeit.

Ein Sprinter wird geboren – nicht gemacht. Der Kurzleister ist betont ergotrop (sympathikoton) eingestellt. Die schnelle Informationsaufnahme, -verarbeitung, neuromuskuläre Ankopplung und die vorgegebene Ausstattung mit überwiegend schnell kontrahierenden Muskelfasern (FT) sind determinierte Voraussetzungen für gute Schnelligkeitsergebnisse. Hinzu kommt die abgestimmte Rekrutierung der überwiegend FTF (Tab. 5.6).

Auch Willenseigenschaften müssen ausgeprägt vorhanden sein. Soziale Einflüsse wie Übung und Training können diese Voraussetzungen in einem bestimmten (nicht zu weit gesteckten Rahmen) verbessern (Tab. 5.6).

Schnelligkeit muß – ebenso wie grundlegende koordinative Fähigkeiten – im menschlichen Leben möglichst frühzeitig entwickelt werden. Im frühen Kindesalter lassen sich sehr gute Entwicklungsergebnisse erreichen, die ausgebaut werden müssen und die wahrscheinlich nicht erzielt werden können, wenn die Einflußnahme später einsetzt.

Die Trillerschnelligkeit von Instrumentalisten, die Trittgeschwindigkeit von Steppern, die bis ins hohe Alter erhalten werden kann, wird im frühen Kindesalter erworben.

5.1.3.3 Schnelligkeit und körperliche Leistungsfähigkeit (LF)

Das Ziel oder die Notwendigkeit, schnell zu handeln, ist durchaus ein Kriterium der KLF. Die Gesamtheit der quantitativen und qualitativen Möglichkeiten zu geplanten willkürlichen notorischen Handlungen wird durch Schnelligkeit mitgeprägt – sicher aber nicht bestimmt.

Da die Möglichkeiten, die Schnelligkeit einfach und sicher zu bestimmen, vorerst kaum oder nur sehr eingeschränkt gegeben sind, ist der Stellenwert der Schnelligkeit für die „KLF“ nur grob einzuschätzen.

5.1.3.4 Schnelligkeit und Gesundheit

Die Zeiten in denen ein Gewinn für die Gesundheit (Wohlbefinden eingeschlossen) nur von Ausdauerübungen erwartet wurden, sind vorbei.

Komplexe Entwicklung oder zumindest Erhalt aller körperlichen Fähigkeiten (mit Betonung der Ausdauer) berücksichtigt auch in jedem Lebensalter die Schnelligkeit. Dabei hat für die Gesundheit vor allem die schnelle Reaktion auf einen störenden Umwelteinfluß Relevanz.

Auf ein Stolpern, ein plötzlich auftauchendes Hindernis ... schnell und angemessen reagieren zu können, ist ohne Zweifel ein Gewinn für den Erhalt der Gesundheit – besonders im Alter.

Bei (hoch)entwickelter Schnelligkeit kann unterhalb des Schnelligkeitsmaximums genauer und zuverlässiger agiert und reagiert werden – auch das ist für die Gesundheit relevant.

Der Einsatz von Mitteln und Methoden zur Schnelligkeitsentwicklung verlangt – um die Gesundheit nicht zu gefährden – eine gute Vorbereitung des Organismus. Insbesondere ist auf ausgiebige Erwärmung, Vordehnung und ausreichend lange Pausen zu achten.

Da Belastbarkeit und Leistungsfähigkeit von Muskulatur, Kapseln, Bändern, Sehnen nicht immer gleich gut ausgeprägt ist, kommt es, zumal im Zustand beginnender oder deutlich vorhandener Ermüdung ... zu Verletzungen dieser Strukturen.

Bei Trainierenden jenseits des Höchstleistungsalters besteht nicht selten ein gewisses Mißverhältnis zwischen der Leistungsfähigkeit der Muskulatur und der von Sehnen und Bändern. Das sollte in der Belastungsdosierung beachtet werden.

Ein einseitiges Schnelligkeitstraining ist hier eher abzulehnen.

5.1.3.5 Einteilung der Schnelligkeit (sportmotorische Bewegungsabläufe unter Zeitdruck bis zu einer Dauer von 10 s)

Die Schnelligkeit an der Anzahl von Wiederholungen einer Bewegung in der Zeiteinheit (**Bewegungsfrequenz**) oder nur an der **Geschwindigkeit** (erste Ableitung des Wegs nach der Zeit) bestimmt zusätzlich ganz entscheidend die Fähigkeit Schnelligkeit. (Möglichst große Massen möglichst hoch beschleunigen zu können, wäre das Kriterium der Schnellkraft.)

Bei der Schnelligkeit muß oft nicht nur hoch beschleunigt, sondern auch abrupt gebremst werden – ja es erfolgt bisweilen eine **Bewegungsumkehr**.

Auch die negative Beschleunigung sagt also zur Schnelligkeit aus.

Der Schnellste (Sprinter) muß also *nicht* die höchste Geschwindigkeit gehabt haben. Weitaus beste Beschleunigung und weitaus bessere Reaktionsfähigkeit reichen nicht selten aus.

Ob die **Reaktionsschnelligkeit** (0,1 – 0,3 sec.) – also die Zeit von der Aufnahme des auslösenden Reizes bis zur ersten Muskelbewegung – den koordinativen Fähigkeiten (Hirtz) oder der Schnelligkeit zuzurechnen ist, darüber besteht keine Einigkeit.

Der Einfluß der Reaktionsschnelligkeit auf die Schnelligkeit vieler sportlicher Handlungen ist offensichtlich. Denn die Realisierung von Schnelligkeitsleistungen hängt von den Komponenten

Reaktion auf ein Signal → Beschleunigung → Erreichen der Höchstgeschwindigkeit → Halten der Maximalgeschwindigkeit → Abbremsung

ab.

Zur **Schnelligkeitsausdauer** (10 Sekunden bis 35 Sekunden) wurde bereits im Kapitel 5.1.2 Stellung genommen.

Die Einschätzung der Schnelligkeit und die von Schnelligkeitsvoraussetzungen wird über sportmethodische Tests realisiert. Darüber hinaus werden herangezogen:

- Messungen der Reaktionszeit,
- Messungen der Schnelligkeit von Einzelbewegungen (Winkelgeschwindigkeiten),
- Messungen der Voraussetzung, hohe Frequenzen zu realisieren,
- Messungen der Möglichkeiten zu schneller Bewegungsumkehr,
- Auswerten biologischer Korrelats der Schnelligkeit wie Muskelfaserzusammensetzung, Nervenleitgeschwindigkeit, Übertragungsgeschwindigkeiten.

5.1.3.6 Methoden der Schnelligkeitsentwicklung

Das Schnelligkeitstraining erstrebt folgende Ziele:

- schnellere Ausführung der Einzelbewegungen,
- schnellere Folge der (schneller) ausgeführten Einzelbewegungen,
- schnellere Ausführung einer Komplexbewegung.

Beim Untrainierten oder wenig Geübten lassen sich gerade in der Schnelligkeit in kurzer Zeit gravierende Verbesserungen erzielen. In den Schnelligkeitsergebnissen dieser Sportlergruppe summieren sich die Verbesserungen in Koordination, Kraft, sportlicher Technik, Selbstvertrauen, Willen ...

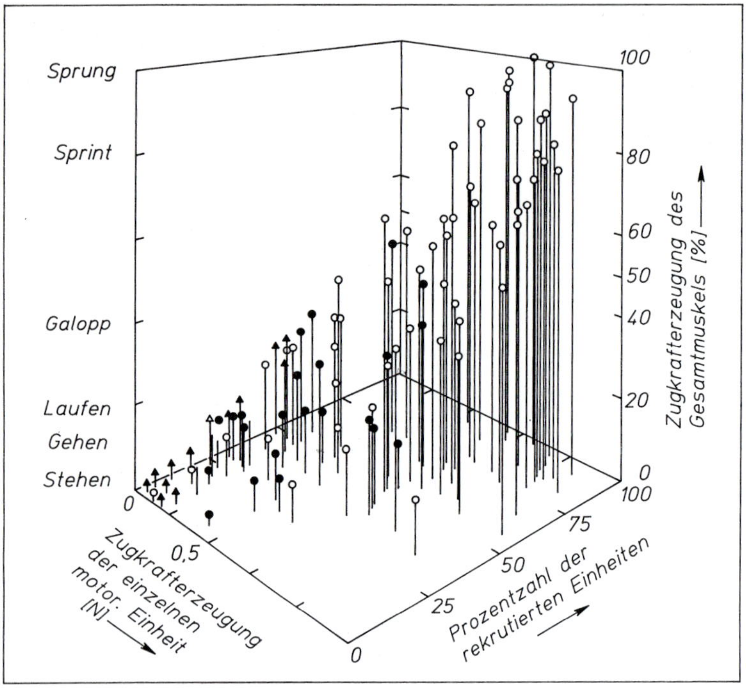

Bild 5.23 Abhängig von der Bewegungsanforderung werden mehr oder weniger langsame oder schnelle Fasern rekrutiert. Je höher die Anforderung, desto höher die Zugkraft (nach Burke)

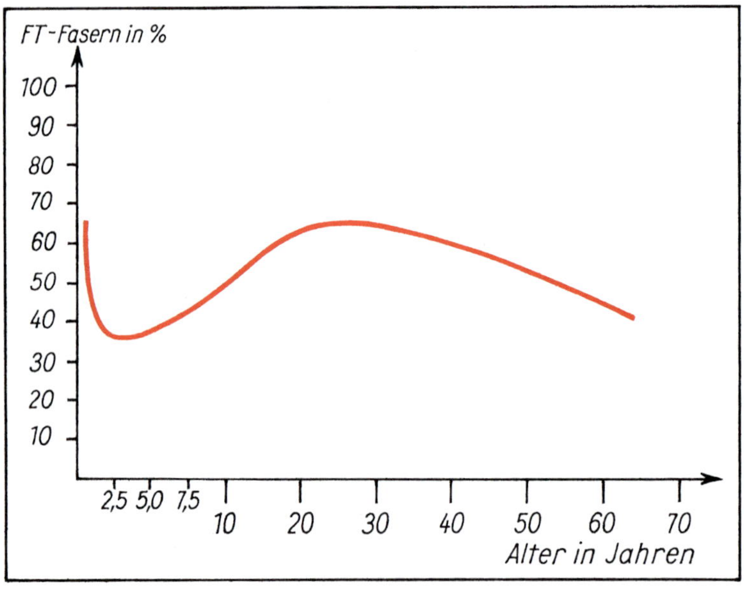

Bild 5.24 Durchschnittliche prozentuale Verteilung der schnell kontrahierenden Muskelfasern im Verlauf der Entwicklung vom Kleinkind bis ins hohe Lebensalter (nach Pieper, mod. nach Bolte et. al.)

Die eigentliche Möglichkeit einer Verbesserung (Trainierbarkeit) der Schnelligkeit dürfte im Rahmen von 10 % zu suchen sein.

Ebenso wie bei der Ausdauer und Kraftentwicklung bedarf es für die Verbesserung der Fähigkeit Schnelligkeit spezifischer Belastungsreize. Beim Schnelligkeitstraining gilt es, die leistungsbestimmenden biologischen Strukturen anzusprechen und somit positive Anpassungsreaktionen auszulösen.

Für die Adaptationen des neuromuskulären Funktionssystems ist es bedeutsam, daß durch intensive Trainingsreize die Ansprechschwelle der schnell kontrahierenden Muskelfasern und ihre Nervenzellen, d. h. der schnellen motorischen Einheiten erreicht werden.

Die Verteilung der Skelettmuskelfasern bleibt spätestens ab dem Kleinkindesalter weitgehend konstant (Bild 5.24).

So muß ein schnelligkeitsoptimales Training stets im hohen Intensitätsbereich durch schnellkräftige Antriebsimpulse bei Begrenzung auf kurze Zeitabschnitte und Einhaltung genügend großer Pausen zum Laktatabbau und zur Auffüllung der Energiespeicher (Kreatinphosphat) erfolgen.

Für die Entwicklung der Schnelligkeit sind bei Berücksichtigung der individuellen Bewegungsfertigkeiten alle Körperübungen geeignet, die Anforderungen an hohe lokomotorische Schnelligkeit, Beschleunigung und Reaktionsschnelligkeit stellen.

Für die sportartspezifische Entwicklung der Schnelligkeit werden Spezial- und Wettkampfübungen eingesetzt. Der Sportler muß lernen, den disziplinspezifischen, technisch gefestigten Bewegungsablauf bei allmählich ansteigender Bewegungsfrequenz (Bewegungsausschlag) und erhöhtem Krafteinsatz zu beherrschen.

Das Schnelligkeitstraining festigt Bewegungsprogramme im ZNS.

Unklar ist noch immer die Bewertung von Übungen zur Entwicklung der Schnelligkeit, die das Bewegungssystem des Sportlers zwingen, mit einer supramaximalen Schnelligkeit zu arbeiten (Bergabläufe, Zugunterstützungsübungen, Schnelligkeitstraining in mittlerer Höhe, bei starkem Rükkenwind ...).

Die Frage inwieweit die Motorik dadurch trainingswirksam gefordert (und damit gefördert) oder überfordert wird, ob diese Übungen eine Herausforderung für die Antagonisten darstellen, ist immer noch nicht entschieden.

Ein maßvoller, richtig plazierter Einsatz supramaximaler Schnelligkeitsübungen im Sinne einer Erweiterung des Trainingsrepertoires scheint im (Hoch)leistungssport angebracht.

Paerisch hat darauf hingewiesen, daß Schnelligkeitsübungen mit Hilfe von Taktgebern (akustisch – dynamische Programme), also über eine akustische Ansteuerung schnell verinnerlicht werden.

Ein akustisch aufgezwungenes Schnelligkeitsprogramm kann allerdings nur einen kleinen Anteil im Ensemble der Trainingsmittel haben.

Als wirksam hat sich auch der Einsatz der Elektromyostimulation auf die Entwicklung der Schnelligkeit erwiesen.

Mit Hilfe von Doppelimpulsprogrammen werden nicht nur die schnellen Muskelfa-

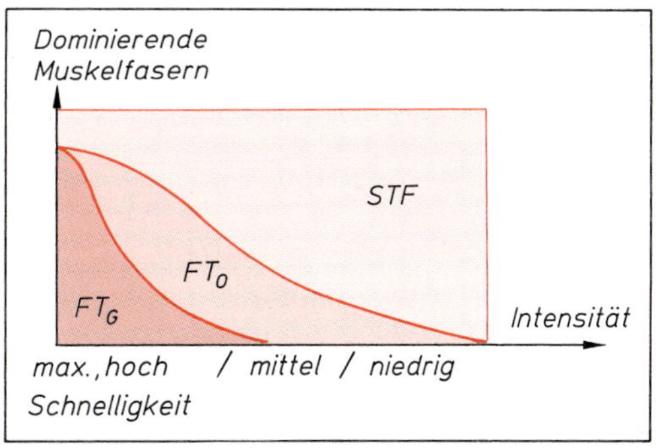

Bild 5.25 Bei Schnelligkeitsanforderungen dominieren die schnellkontrahierenden Muskelfasern

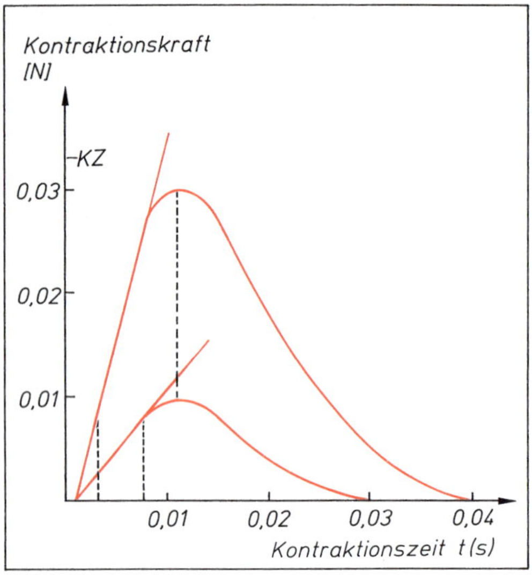

Bild 5.26 Kontraktiles Verhalten einer motorischen Einheit bei Einzelimpuls (untere Kurve) und bei Doppelimpulsansteuerung (obere Kurve) nach Burke

sern erreicht, sondern auch Steilheit des Kontraktionsanstieges (unmittelbare Beziehung zur Schnelligkeit) und Kontraktionskraft erhöht (Bild 5.26).

Adaptationen beim Schnelligkeitstraining

Ein effektives Schnelligkeitstraining führt zu strukturellen und funktionellen Anpassungsreaktionen des neuromuskulären Funktionssystems, wobei die biologisch wirksamen Zeiträume für eine Adaptation nach den bisherigen Kenntnissen bei 6 bis 8 Wochen liegen.

Die angesprochenen motorischen Einheiten weisen folgende Anpassungsreaktionen auf:

- *Zunahme des Muskelfaserquerschnitts auf Grund einer Größenzunahme der Myofibrillen, Bildung neuer Aktin- und Myosinfilamente und Vergrößerung des sarkoplasmatischen Retikulums.*
- *Adaptation des Stoffwechselverhaltens der schnell kontrahierenden Muskelfasern im Sinne einer metabolischen Differenzierung (Enzymaktivitäten, Mitochondrienzahl, Kapillarisierung u. ä.) in Abhängigkeit von der Spezifik der Belastung; bei Schnellkrafttraining erfolgt eine Differenzierung in Richtung FTG, bei Schnelligkeitsausdauertraining in Richtung FTO (s. auch 2.1.1.).*
- *Vermehrte Substrateinlagerung (Kreatinphosphat und Muskelglykogen) in die Muskelzelle.*
- *Erhöhung der Nervenleitgeschwindigkeit und Beschleunigung der neuromuskulären Erregungsübertragung auf Grund der Vergrößerung der motorischen Endplatte und einer Markscheidenzunahme der peripheren Nerven.*
- *Vermehrte und schnellere Freisetzung der Calciumionen zur beschleunigten Auslösung des Kontraktionsvorganges (Kap. 2.1.2).*
- *Anreicherung von Azetylcholin (Transmitter) in den synaptischen Bläschen zur Beschleunigung der Erregungsübertragung.*
- *Verbesserung der intra- und intermuskulären Koordination.*
- *Die Bänder, Fasern und Sehnen werden zugfester; vor allem bei jüngeren Sportlern kommt es mitunter zur Bildung von Exostosen an zugbeanspruchten Arealen. Der Gelenkknorpel nimmt an Dicke zu.*

Ebenso wie bei den beschriebenen Adaptationsvorgängen bei Ausdauer- und Krafttraining kommt es nach Wegfall der spezifischen Belastungsreize zu einer Rückbildung der dargestellten Anpassungsmechanismen. Nach Neumann gibt es aus biologischer Sicht ohnehin kein „Vorratstraining".

5.1.4 Biologische Grundlagen der Beweglichkeitsschulung

Von *I. Ueberschär*

Die technisch richtige und ästhetisch vollendete Ausführung sportlicher Übungen verlangt in vielen Sportarten ein hohes Maß an Beweglichkeit; besonders im Bereich der großen Gelenke und der Wirbelsäule. Die Beweglichkeit ist eine elementare Voraussetzung einer qualitativ und quantitativ guten Bewegungsausführung.

5.1.4.1 Charakteristik der Beweglichkeit

In der Sportwissenschaft versteht man unter Beweglichkeit die körperliche Fähigkeit, Übungen mit einer großen Bewegungsamplitude der Gelenke zu realisieren. In den technisch-akrobatischen Sportarten, wie Turnen, Eiskunstlauf, Wasserspringen und rhythmische Sportgymnastik, werden besonders hohe Anforderungen an die Beweglichkeit gestellt. In den Ausdauersportarten benötigt man eine gute Beweglichkeit für eine hohe Bewegungsökonomie. Ein ungenügender Bewegungsspielraum erhöht die Kraftanspannung, verlangt eine höhere Bewegungsfrequenz und führt somit zu einer Steigerung des Energiebedarfs und somit zu einer Verminderung der Bewegungsökonomie. In den Schnellkraftsportarten wird durch eine nicht optimale Beweglichkeit die Bewegungsschnelligkeit infolge zu kurzer Beschleunigungswege beeinträchtigt (z. B. bei Ausholbewegungen in den Wurf- und Stoßdisziplinen). Sowohl die aktive als auch die passive Beweglichkeit weisen große individuelle Unterschiede auf. Die Beweglichkeit hängt ab von:

- dem Lebensalter der Sportler: In der Ontogenese kommt es zu einer zunehmenden Festigkeit des straffen Bindegewebes durch Zunahme des Kollagengehaltes der Bindegewebsstrukturen (Kapseln, Bänder, Sehnen) bei gleichzeitiger Abnahme deren Elastin- und Wassergehaltes;
- der Anatomie der gelenkbildenden knöchernen Teile;
- der Entwicklung der Muskulatur: Mit zunehmender Muskelentwicklung nimmt die Beweglichkeit der Gelenke ab. Außerdem neigen hypertrophe Muskeln bei einem fehlenden muskulären Gleichgewicht (Dysbalance zwischen Synergisten und Antagonisten) zur Verkürzung und beeinflussen damit die Gelenkbeweglichkeit negativ. Selten bedingen hypertrophierte Muskeln rein mechanisch eine Beweglichkeitseinschränkung (z. B. bei Body-Buildern).
- dem Trainingszustand bzw. vom Gebrauch der jeweiligen Bewegungsfunktion. Durch einen „zivilisationsbedingten" Nichtgebrauch der Beweglichkeitsamplitude bzw. -funktion kommt es zu einem beschleunigten Verlust der Beweglichkeit in der betroffenen Gelenkregion („Wer rastet, der rostet").

5.1.4.2 Methoden zur Verbesserung der Beweglichkeit

Da die Beweglichkeit um so besser ist, je jünger die Sportler sind (s. Kap. 5.1.4.1), muß bereits im Kindesalter der Beweglichkeitsschulung große Aufmerksamkeit geschenkt werden („Was Hänschen nicht lernt, lernt Hans nimmer mehr"). Es gilt hierbei, die kindliche Beweglichkeit durch gezielte Übungen zu erhalten und der mit steigendem Lebensalter zunehmenden Verfestigung der Sehnen, Bänder und Gelenkkapseln entgegenzuwirken.

> Der Schulung der Beweglichkeit muß stets eine gründliche und vielseitige Erwärmung vorausgehen, um die Dehnungsfähigkeit der Muskulatur, der Sehnen und des Kapsel-Band-Apparates zu erhöhen. Damit werden gleichzeitig die Gefahren für Verletzungen und Fehlbelastungen dieser Strukturen vermindert.

Grundsätzlich unterscheidet man zwischen aktiver und passiver Muskeldehnung: Bei der aktiven Dehnung wird der erwärmte Muskel mit Hilfe der eigenen aktiven Bewegung allmählich maximal gedehnt. Bei der passiven Dehnung wird der erwärmte und entspannte Muskel durch äußere Kraft , durch einen anderen Sportler, den Trainer oder den Physiotherapeuten, langsam gedehnt. Aktive Beweglichkeits- und Dehnübungen sind zu bevorzugen bzw. müssen passiven Beweglichkeits- und Dehnübungen vorausgehen. Auch bei den passiven Beweglichkeits- und Dehnübungen muß der Sportler durch eine bewußte Entspannung der Muskulatur aktiv mitarbeiten.

5.1.4.3 Belastung des Stütz- und Bewegungssystems durch die Beweglichkeitsschulung

Ein gute Beweglichkeit bei einem muskulären Gleichgewicht ohne muskuläre Dysbalancen schützt per se das Stütz- und Bewegungssystem vor Verletzungen und Fehlbelastungsschäden. Infolge des „zivilisationsbedingten" Bewegungsmangels weisen die meisten Menschen im west- und mitteleuropäischen Raum bereits im Kindes- und Jugendalter entsprechende muskuläre Dysbalancen durch Abschwächung und Verkürzung von Muskelgruppen auf. So sind oft schon Kinder nicht mehr in der Lage, die Entspannungshocke nach asiatischem Muster auszuführen, sie weichen infolge einer Verkürzung der Rücken- und Wadenmuskulatur in eine „europäische Krampfhocke" mit abgehobenen Fersen und Außenrotation der Oberschenkel mit dadurch bedingter Mehrbelastung der Kniegelenke aus.

Nicht zuletzt um dieser Entwicklung entgegenzuwirken, entstand in den 80er Jahren in den USA die Stretching-Welle, die schnell ebenfalls in Europa Fuß faßte. Das Interesse an Beweglichkeitsübungen nahm auch im Breitensport deutlich zu.

Die gute Beweglichkeit der Gelenke darf aber nicht auf Kosten einer mangelnden Gelenkstabilität erreicht werden. Ein überdehnter, instabiler Kapsel-Band-Apparat bzw. ein unausgewogenes muskuläres Gleichgewicht provozieren infolge der Gelenkinstabilität asymmetrische Kraftspitzen auf den Gelenkflächen und können somit Knorpelschäden und andere degenerative Gelenkveränderungen bedingen.

Die Einheit von Gelenkmobilität und Gelenkstabilität ist die Voraussetzung für eine schädigungsfreie Gelenkbeweglichkeit!

Sowohl bei den aktiven als auch bei den passiven Beweglichkeits- und Dehnübungen ist die Bewegungsamplitude serienweise allmählich zu vergrößern. Abrupte Dehnungen bergen die Gefahr der Schädigung der Muskulatur, Sehnen, Bänder und der Gelenkkapseln in sich und sind daher aus jedem Übungsprogramm zu eliminieren.

Der Schmerz als Warnsymptom des Körpers ist unbedingt zu respektieren.

In der Pause und nach Beweglichkeitsübungen bieten sich als wiederherstellungsfördernde Maßnahmen Lockerungs- und Entspannungsübungen sowie eine gezielte Physioprophylaxe an.

Obwohl mit zunehmendem Lebensalter die Beweglichkeit des Stütz- und Bewegungssystems deutlich abnimmt, ist in allen Altersstufen durch gezielte und altersadäquate beweglichkeitsverbessernde Übungen auf eine optimale Beweglichkeitsschulung Wert zu legen.

Eine unzureichende Beweglichkeit bedingt neben der Fertigkeitsbeeinträchtigung eine erhöhte Gefahr bezüglich Verletzungen und Fehlbelastungen beim sportlichen Bewegungsvollzug sowie bei Alltagsbelastungen. Allerdings gilt insbesondere im höheren Lebensalter der Grundsatz: "Stabilität geht vor Mobilität". So sollte beispielsweise als wirksame Maßnahme gegen die „Volkskrankheit" Wirbelsäulensyndrom prophylaktisch und therapeutisch auf ein stabilisierendes Muskelkorsett durch eine optimale Ausprägung der Rücken-, Bauch- und Gesäßmuskulatur geachtet werden und nicht falscher Ehrgeiz hinsichtlich einer möglichst bis ins hohe Alter extrem beweglichen Wirbelsäule entwikkelt werden. Diesbezüglich sollte auch manche „Trimm Dich"-Strecke überprüft werden, z. B. erfolgt hierbei noch häufig die Prüfung des Finger-Boden-Abstandes.

5.2 Sportliche Lebensweise

Von *U. Pahlke*

5.2.1 Gestaltung des Tagesablaufs für Sportler

Wenn Anpassungsergebnisse organismischer Strukturen und Leistungsentwicklung durch Training erreicht werden sollen, ist die Gestaltung des Tagesablaufes nicht Nebensache.

Nach welchen Kriterien soll ein Tag für ein effektives Training genutzt werden?

Welche Faktoren sind bedeutsam?

Von entscheidender Bedeutung ist das **Zeitbudget**, das ein Sportler für sein Training einsetzen will und kann. Das wird sich für einen (Hoch)leistungssportler völlig anders darstellen als für einen Freizeit- oder Gesundheitssportler.

Nur im Idealfall kann davon ausgegangen werden, daß der gesamte Tagesablauf ausschließlich dem Training untergeordnet wird (s. Tabelle 5.7).

Ist das Zeitbudget uneingeschränkt groß, sind für ein effektives Training folgende Gesichtspunkte wichtig:

- Der Hauptinhalt des Trainings wird entsprechend dem biologischen Rhythmus dort eingeordnet, wo eine Leistungsbegünstigung zu erwarten ist.
- Gute Voraussetzungen zu möglichst hohem Anpassungsgewinn bestehen am späten Vormittag und am späten Nachmittag.

Zwei Erwägungen modifizieren diese Regel des Vorgehens:

- Langjährige Erfahrungen belegen, daß ein Teil der Sportler als „Lerchen" zu charakterisieren sind. Sie sind Frühaufsteher, leisten in den Morgenstunden am besten, gehen verhältnismäßig früh zu Bett (sind abends deutlich weniger leistungsfähig).
- Andere Sportler dürfen als „Eulen" gelten. Sie finden morgens schwer Tritt und abends kein Ende.

Die meisten Trainierenden sind einem dieser Typen mehr oder weniger zuzuordnen. Extreme sind auch hier eher selten.

Mit Nutzen kann auf diese Art der biologisch bestimmten Leistungsbereitschaft im Tagesverlauf eingegangen werden.

In einer nicht geringen Anzahl von Sportarten werden die Wettkämpfe zu ganz bestimmten Zeiten ausgetragen. Es ist notwendig, im Training darauf einzugehen. Für einen Starter, der seinen Wettkampf z. B. am (späten) Abend austrägt, muß auch im Training öfter in dieser Zeit (speziell) trainiert werden.

Ganz fraglos bestimmt die Sportart die Gestaltung des Tagesablaufs.

Unterschiedliche Sportarten erfordern recht verschiedene Trainingsumfänge. Die (Kraft)-Ausdauersportarten und die technisch-kompositorischen Sportarten verlangen den zeitlich umfangreichsten Aufwand.

In den Schnellkraft- und Schnelligkeitssportarten können derartige zeitliche Umfänge nicht mit Nutzen realisiert werden. Höchste Intensitäten sportmotorischer Handlungen bedürfen großer Pausen und Erholungszeiten, weil sie nur bei einem „ausgeruhten" Organismus (Lockerheit, Spritzigkeit) die angestrebte Leistungsverbesserung erwarten lassen.

Temperatur und Feuchte müssen auch mit in die Überlegungen bei hohen Belastungen eingehen. Ungünstige klimatische Bedingun-

Tabelle 5.7 Tagesablauf im Trainingslager

6.30 Uhr	Wecken, Körperpflege, **Wechselduschen, Gymnastik** als Auftakteinheit
7.00 Uhr	1. Frühstück
8.00 Uhr	1. Training
9.30 Uhr	Zwischenmahlzeit
10.00 Uhr	2. Training
11.30 Uhr	**Physioprophylaxe (Entspannungsbad/Teilmassage usw.)**
12.00 Uhr	Mittagessen (**Eiweißtrunk**)
bis	
14.00 Uhr	Mittagsruhe
14.30 Uhr	3. Training
16.00 Uhr	Vesper
16.30 Uhr	4. Training
17.45 Uhr	**Physioprophylaxe (Entspannungsbad/UWM, Ganz- u. Teilmassagen)**
19.00 Uhr	Abendessen (**Vitamin/Mineraltrunk**)
20.00 Uhr	
bis	
22.00 Uhr	Individuelle Beschäftigung
2mal wöchentlich Sauna, ev. UV-Bestrahlung	

gen können das Training empfindlich stören und zu zeitlichen Verschiebungen der Haupttrainingseinheiten (im Sommer in die Früh- und Abendstunden) führen.

Die Abfolge der Trainingsmittel muß wohldurchdacht sein. Motorisches Lernen, Schnellkraft, Schnelligkeit sollen möglichst einem noch wenig belastetem Sportler angeboten werden. Diese Trainingsinhalte nach ausgedehnten Ausdauer – oder Kraftanforderungen abzuverlangen, ist wenig effektiv.

Es hat sich als günstig erwiesen, die einzelnen Trainingseinheiten im Verlaufe des Trainingstages möglichst weit zu spreizen – also früh anzufangen und spät aufzuhören.

Die so gewonnenen langen Pausen gewährleisten einen höheren Effekt für die anschließenden Trainingsreize.

In einzelnen Sportarten hat sich ein **Frühtraining/Auftakttraining** bewährt. Es tut vor allem den ausgemachten Morgenmuffeln weh und soll vorzugsweise dazu dienen, den Organismus nachdrücklich in eine hohe Leistungsbereitschaft für die erste Haupttrainingseinheit zu versetzen. Das Frühtraining erfolgt unmittelbar nach dem Aufstehen (nach der Aufnahme einiger kohlenhydratreicher Happen oder Schlucke). Es wird gefolgt von Waschen/Körperpflege und einem guten Frühstück.

Anspruchsvolles Training am (späten) Abend bzw. unmittelbar vor dem Zubettgehen bringt meist Probleme beim Einschlafen mit sich. Der noch auf Ergotropie eingestellte Organismus kann nicht unmittelbar auf Trophotropie umschalten, die Aktivierung des ZNS klingt erst langsam ab.

Nach einem Sporttraining sollte nur noch wenig und leicht Verdauliches aufgenommen werden.

Dem Training im Tagesverlauf (Bild 5.27) zuzuordnen sind also:

- die kompensatorischen und wiederherstellenden Maßnahmen,
- die sportartspezifische Ernährung,
- die gegebenenfalls zusätzliche Gabe von Vitaminen, Mineralstoffen,
- soziale Belange, die den Sport begleiten wie Familie, Beruf, Studium, kulturelle Bedürfnisse, Geselligkeit u.v.a.,
- der Schlaf als die Regeneration schlechthin muß gesondert herausgehoben werden. Seine Wirkungen sind durch nichts zu ersetzen. Es dürfen an ausreichendem Schlaf keine Abstriche gemacht werden.

Eine strikte Ruhepause nach dem Mittagessen (am besten ein kurzer Mittagsschlaf) ist für die Regeneration des Leistungssportlers ganz nachdrücklich zu fordern und durchzusetzen.

Bei dem überwiegenden Teil der Sporttreibenden ist das Zeitbudget durch Lehre, Schule, Studium, Beruf oder andere Verpflichtungen diktiert.

Sport wird in der Freizeit betrieben; oft werden Ferien, Urlaub, Freistellung zu umfangreicheren sportlichen Aktivitäten genutzt.

Es gilt nicht zu versuchen, in eine (Riesen-) Trainingseinheit alle (gegebenenfalls auch noch unterschiedliche) Anforderungen hineinzupacken.

Ausreichende Pausen, Zeit zur Kompensation/Trainingsspreizung müssen auch hier angestrebt werden. Zu den Mahlzeiten muß ein angemessener Abstand eingehalten werden. Eine schnelle Wiederauffüllung der verausgabten Speichersubstanzen nach dem Training begünstigt das Befinden und das Anpassungsergebnis.

Das Frühtraining gewinnt bei Ausdauersportlern mit begrenztem Zeitbudget und ausgeprägtem Leistungsstreben ganz besondere Bedeutung. Günstig ist gegebenenfalls ein Verknüpfen des Anmarschweges (Schule, Arbeit ...) mit einem Auftakttraining.

Bei Kindern und Jugendlichen wird der Tagesablauf durch Schule/Lehre bestimmt, während im Leben arbeitsloser Jugendlicher das sportliche Training der Fixpunkt sein und den Tagesablauf bestimmen kann.

Die sportlichen Aktivitäten der meisten Sportler müssen sich also überwiegend auf die Nachmittags- und Abendstunden konzentrieren.

Für das intensive motorische Lernen, die Ausprägung von Schnellkraft und Schnelligkeit gilt uneingeschränkt: je jünger das Kind ist, desto kürzer muß die jeweilige Übungsphase sein – unterbrochen oder gefolgt von langen, kompensatorischen Pausen.

Nichts frustriert den jungen Sportler mehr als Monotonie und übertriebener Leistungsanspruch von Trainern und Erziehern/Eltern.

Wird die sportliche Betätigung vor allem als Ausgleich nach einem langen und anstrengenden Arbeitstag oder für Wiedererlangung, Festigung und Erweiterung der Gesundheit betrieben, kann der Tagesablauf anders aussehen.

Training mit Partner(n), mit der Familien, in der Gemeinschaft gewinnt einen besonderen Stellenwert. Die Freude an der Bewegung, am gemeinsamen Sporttreiben lassen den Leistungsgedanken in den Hintergrund treten.

Es ist gut und richtig, diese Sportler auf vielfältige Formen der Bewegungstätigkeit zu orientieren, ihnen neue Bewegungserfahrungen zu vermitteln (Freude an den hier rasch zu erzielenden Leistungsfortschritten), mit dem Anspruch, das sportliche Training fest in das Leben zu integrieren.

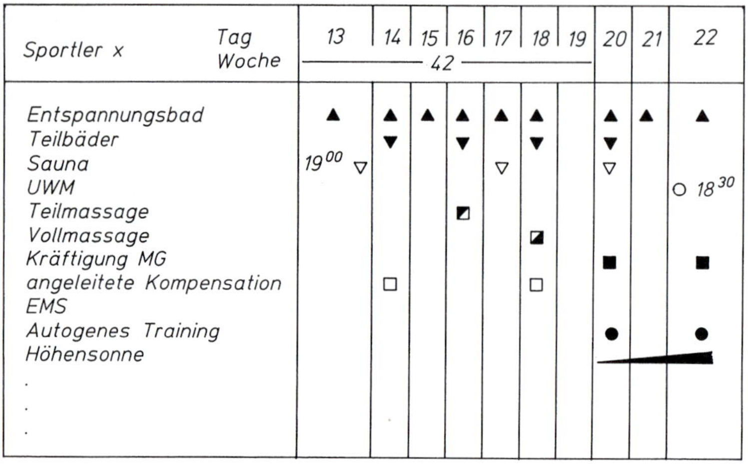

Bild 5.27 Planmäßige Zuordnung bestimmter sportmedizinischer Maßnahmen in den Trainingsablauf des Sportlers – ausgerichtet an der Trainingsbelastung, Kräftigung ausgewählter Muskelgruppen unter physiologischer Anleitung in der Gruppe

Der Sport und sein Umfeld müssen so attraktiv sein bzw. gemacht werden, daß die Zeit dafür gern erübrigt wird – die Tageszeit und Tageseinteilung sind dann von sekundärer Bedeutung.

5.2.2 Trainingsunterstützende Maßnahmen

Wenn man großzügig vorgeht, können eine unübersehbare Vielfalt von Einflüssen zu den trainingsunterstützenden Maßnahmen gerechnet werden.

Ganz sicher unterstützen ausreichendes, frei verfügbares *Zeitbudget* und die richtige Zeiteinteilung (Kap. 5.2.1) das Training.

Ebenso sind die Sportphysioprophylaxe und -therapie (s. dort) unmittelbar trainingsunterstützend und auch eine gesunde, abwechslungsreiche, ausgewogene Ernährung (Kap. 4.1.3).

Ausgehend vom Ziel des sportlichen Trainings sollen einige trainingsunterstützende Maßnahmen beschrieben werden.

Sportliches Training soll über epigenetische Anpassung **Leistungsentwicklung** und **Gesundheitsstabilisierung** bewirken. Ergotropie (die Möglichkeit Arbeit zu leisten) und/oder Trophotropie (die Voraussetzung, sich zu regenerieren) sollen erweitert, schnellere Abläufe erreicht werden.

Durch häufige (oder langdauernde) Auslenkung und der ihr jeweils folgenden Rückschwingung soll das **innere Milieu** des Organismus stabilisiert und damit Voraussetzungen erarbeitet werden, auf der Grundlage eines hohen Energiedurchsatzes und verbesserter Regulation ein angestrebtes Leistungsniveau zu erreichen und zu stabilisieren.

Voraussetzung für ein Training und für die Anwendung trainingsunterstützender Maßnahmen ist die Eignung des Sportlers.

Es müssen körperliche Voraussetzungen (Körpermasse, Hebel ...) vorhanden sein und es dürfen keine gesundheitlichen Einschränkungen für das angestrebte Training bestehen. Ein gewisses Maß an sportlichem Können ist in der Regel auch vonnöten.

Die Ausrüstung – von der Trainingsbekleidung bis zu den Trainingsgeräten muß ebenfalls zu den notwendigen Voraussetzungen gezählt werden.

Sorgfältige Trainingsvorbereitungen zählen bereits zu den trainingsunterstützenden Maßnahmen.

Direkt auf das Training/die Trainingseinheit führen dann ausgewählte Körperübungen hin:

- Kräftigung von bestimmten Muskelgruppen (die etwas im Abseits der sonstigen Ausbildung stehen),
- Erweiterung der Bewegungsamplitude,
- Dehnungsübungen (Stretching),
- Lockerungsübungen,
- Erwärmungsprogramme,
- Optimierung der Betriebstemperatur, Aktivierungen von Stoffwechselprozessen. Dazu zählen auch durch den Psychologen geführte Programme zur Aktivierung des ZNS. Lokal können z. B. (Teil)Bäder eine gute Vorbereitung auf eine Traininganforderung bedeuten. Die vielfach beliebten Einreibungen mit hautrötenden Salben und Mixturen sind eher abzulehnen; die Luxusdurchblutung der Haut stiehlt dem Muskel die Versorgung.

Alle pädagogischen und psychologischen Einflüsse zur Verbesserung der Motivation sind auch trainingsunterstützende Maßnahmen.

Die Motivation zum Training bestimmt den Erfolg in einem noch weitgehend unbekannten (und ungenutzten) Maße.

Meerson berichtet von Ratten, die bei gleichen Laufbelastungen auf dem Laufband hochsignifikant unterschiedliche Anpassungsergebnisse aufwiesen in Abhängigkeit davon, ob sie zum Laufen gezwungen wurden oder eine Belohnung anstrebten.

Der Einfluß des menschlichen Hirns auf das Anpassungsergebnis ist mit Sicherheit viel bedeutsamer als der bei Tieren.

Im Vorfeld des Trainings wirken ebenfalls als trainingsunterstützende Maßnahmen alle Vorgaben, die auf die Vorbeugung von Störungen gerichtet sind.

Verletzungsprophylaxe und Infektprophylaxe sind herausragende trainingsunterstützende Maßnahmen.

Im Training selbst soll in Abhängigkeit von der Zielstellung erreicht werden:

- möglichst hohe Auslenkungen bestimmter geregelter Vorgänge und Zustände,
- wiederholte definierte Auslenkungen,
- wiederholte und wechselnde Übungen zum Erlernen von Bewegungsabläufen (motorisches Lernen),
- möglichst lange dauernde definierte Auslenkungen,

Diesen Zielstellungen können trainingsunterstützende Maßnahmen zugeordnet werden.

Die trainingsunterstützenden Maßnahmen müssen den Voraussetzungen des Sportlers und dem Ziel seines Trainings angemessen sein.

Je weniger umfangreich, intensiv und speziell das Training ist, (und je weniger leistungsfähig der Sportler) desto sparsamer und allgemeiner sind Maßnahmen einzusetzen, die das Training unterstützen.

5.2.2.1 Ausgewählte trainingsunterstützende Maßnahmen und die Zuordnung zu den aufgeführten Trainingsabsichten

Sportphysiotherapeutische Maßnahmen (s. a. Kap. 5.3)

Eine besondere Bedeutung vor allem für den Breitensport haben Selbstanwendungen nach dem Training – hier sind besonders die (Teil)Bäder mit und ohne Zusätze zu nennen.

Rhythmisierte Formen der Gymnastik und die Beanspruchung und Kräftigung ausgewählter Muskelgruppen (Schwachstellen) können die Ziele des Trainings wirksam unterstützen.

Die Sicherung ausreichender (sportartspezifischer) Ernährung und die Versorgung mit Vitaminen, Mineralstoffen und Spurenelementen

Über die Ausführungen im Kap. Ernährung hinaus sind besondere Formen der Ernährung zu nennen, die mithelfen sollen, günstige Voraussetzungen für Leistungen zu schaffen oder Verbrauchtes schnell wieder aufzufüllen.

Auf Hultmann geht eine Fett-Eiweiß/Kohlenhydratdiät zurück, die in vielen Modifikationen für verschiedene Sportarten ausgearbeitet, die Energievorräte vor dem Wettkampf positiv beeinflußt (Bild 5.28).

Die beabsichtigte Ausschöpfung der Speicher führt häufig auch zu einer Überforderung der Sportler, so daß die Auffassungen über den Nutzen derartiger Diätschemata geteilt sind.

Da Eiweiß nicht gespeichert werden kann, bei hohen Belastungen aber fortwährend benötigt wird, möglicherweise über das Maß dessen hinaus, was in der Nahrung angeboten wird, kann die zeitweise Gabe von Eiweiß unter Umständen sinnvoll sein.

Vitamine, Mineralstoffe und Spurenelemente sind in einer ausgewogenen Sporternährung ausreichend vorhanden. Nur bei oder unmittelbar nach höchster Belastungen können einzelne Komponenten vermindert sein. Deshalb ist auch nur bei extremen Anforderungen eine Gabe dieser Stoffe gerechtfertigt; im Breitensport ist sie eine Luxusversorgung.

Viele der vitamin- und mineralstoff-angereicherten (teuren) Getränke sind nur wenig geeignet, bei sportlichen Belastungen eingesetzt zu werden. Die Mischung Apfelsaft : Mineralwasser (1:1) wird fast allen Anforderungen vollständig gerecht.

Elektromyostimulation (EMS)

Mit Hilfe der EMS sollen Reizmuster und Anforderungen an ausgewählte Skelettmuskel(gruppen) gestellt werden, die durch herkömmliches Training nicht oder nur unvollkommen realisiert werden.

Unterschiedliche Reizparameter und Einwirkungsdauer entwickeln stärker die lokale Ausdauer, die Maximalkraft oder die Schnellkraft. Dabei wird der Muskel/die Muskelgruppe statisch (im Sinne isometrischer Kontraktion) oder in Bewegung (gegebenenfalls sogar mit Auflast) gereizt (Bild 5.29).

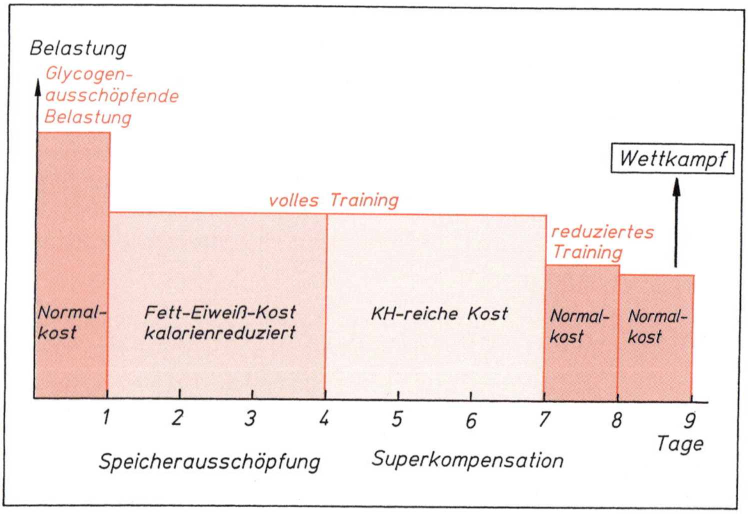

Bild 5.28 Ernährungsschema zum Aufbau großer Glykogenvorräte vor Wettkämpfen

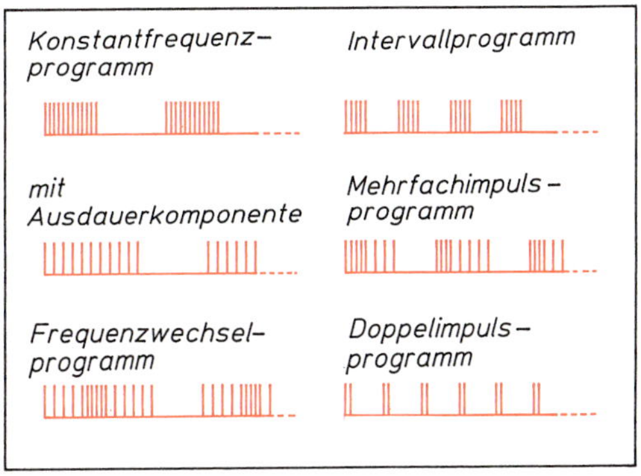

Bild 5.29 Schematische Darstellung verschiedener EMS-Programme

Die EMS kann gleichermaßen erfolgreich in der Rehabilitation nach Verletzungen zur Kräftigung abgeschwächte wie zur Leitungssteigerung trainierter Muskulatur eingesetzt werden.

Die EMS sollte 3 – 5mal wöchentlich für jeweils 3 Wochen angewandt werden, gefolgt von einer Pause von 2 – 3 Wochen.

Im Leistungssport wurde der Einsatz der Methode in der Vorbereitungsperiode und in der unmittelbaren Wettkampfvorbereitung (UWV) bevorzugt.

Für die Ansteuerung von ST-Fasern werden Reizfrequenzen von 50 Hz, für die von FT-Fasern von 200 Hz empfohlen.

Mit der EMS werden Muskelfaserflächen vergrößert, (Muskelhypertrophie) die Glykogenvorräte und Creatinphosphat aufgestockt und der Glykogendurchsatz gefördert.

Von den Fähigkeiten werden insbesondere Kraft und Schnelligkeit entwickelt.

Höhentraining (natürliche und künstliche Höhe)

Training in natürlicher Höhe um 2000 m hat sich vor allem für die Leistungsausprägung bei (Kraft)Ausdauersportlern als vorteilhaft erwiesen. Der Anstieg der Myoglobin – und Hämoglobinkonzentration, der Kapillardichte, der Sauerstoffausnutzung; die Elektrolytverschiebungen, die Verringerung der Azidosetoleranz und die Erweiterung und Veränderung biologischer Rhythmen während des Höhenaufenthaltes stellen Veränderungen dar, die den Organismus nach dem Höhenaufenthalt vor allem in Ausdauerdisziplinen befähigen, besser zu leisten.

Als notwendige Aufenthaltszeit in natürlicher Höhe werden 3 – 4 Wochen angegeben; der Nachhöheneffekt ist zwischen den 4. und dem 10. Tag am stärksten. Er hält bis zu drei Wochen an.

In natürlicher Höhe bringt der geringe Luftwiderstand für Sportler aus Schnelligkeits- / Schnellkraftdisziplinen gute Voraussetzungen für das Erreichen maximaler Beschleunigungen und Geschwindigkeiten.

Der jeweils zeitweilige Aufenthalt in künstlicher Höhe (Unterdruckkammer) beinhaltet den täglichen bis mehrmals täglichen „Auf- und Abstieg“ in die gewählte Höhe. Dieses „An-Aus“ bedeutet einen zusätzlichen bedeutsamen Reiz. Die Effekte künstlicher Höhe bedürfen im einzelnen noch weiterer Abklärung. Sie wurden bislang nur in der Luftfahrt und im Leistungssport genutzt.

Training bei erhöhtem CO_2-Gehalt in der Atemluft (Maskentraining)

Es ist in den letzten Jahren immer wieder versucht worden, Sauerstoffmangelbedingungen bei Ausdauersportlern durch die Steigerung des Anteils an CO_2 in der eingeatmeten Luft zu nutzen.

Die Sportler leisten dabei mit Mundstücken oder Masken und nehmen zusätzlich CO_2 auf. Die Reaktion auf diese Maßnahme reicht von optimistisch bis völlig ablehnend. Insgesamt konnte weder durch wissenschaftliche Erhebungen noch durch sportliche Ergebnisse ein Nutzen eindeutig belegt werden. Das Gleiche gilt für Versuche prophylaktischer Luxuspufferung des Blutes vor hohen Belastungen und für Atmung zusätzlichen Sauerstoffs.

Sport unter besonderen klimatischen Bedingungen (Hitze, Kälte)

Obwohl extreme klimatische Bedingungen erhebliche Anforderungen an die Konstanthaltung des inneren Milieus unter Trainingsbedingungen stellen (vor allem die Kombination Hitze/Strahlung/Feuchte), und einen Trainingsreiz verstärken könnten, werden sie im Training nicht gesucht.

Eine Ausnahme bilden Vorbereitungen auf wichtige Wettkämpfe, die unter besonderen klimatischen Bedingungen stattfinden.

Training mit vorgegebener Belastung

Bei dieser trainingsunterstützenden Maßnahme leistet der Sportler unter einer genauen Vorgabe – einem gewissen äußeren Zwang.

In der Leichtathletik z. B. gibt ein „Hase" die Laufgeschwindigkeit vor oder sie wird ganz strikt von einem Laufband diktiert. Im Strömungskanal werden für Schwimmer, Kanuten ... Bedingungen vorgegeben, die zu einer bestimmten Leistung nötigen.

Akustische und visuelle Zeitgeber veranlassen Radsportler, Ruderer, Läufer ... zu ganz bestimmten Leistungsabgaben.

Diese Vorgaben eignen sich für den gleichzeitigen Einsatz der Leistungsdiagnostik und erlauben eine Einschätzung der Leitungsvoraussetzungen des Sportlers.

Für den Sportler sind die Bedingungen des „Zwangstrainings" eine hohe Anforderung (mit sofortiger Rückmeldung) und eine wirksame Form vor allem des speziellen Trainings.

Eine besondere Art der ständigen Rückmeldung von Beanspruchung körperlicher Kapazitäten und Funktionen stellt der Einsatz eines permanenten oder intermittierenden Herzschlagfrequenzmessers dar.

Im Breitensport mehr eine Spielerei, ist er von Bedeutung im Gesundheits- und Leistungssport – dort, wo es auf genaue Belastungsdosierung ankommt.

So wird z. B. bei Ausdauerbelastungen in der Nachsorge nach Herzinfarkt eine Beanspruchungsbreite an Herzschlagfrequenz eingestellt, die eine wirksame Belastung garantiert, ohne zu überfordern.

Psychoregulative Verfahren
(s. Tabelle 5.8)

Diese trainingsunterstützenden Maßnahmen sind weitestgehend dem Leistungssport vorbehalten.

Aktivierende Verfahren (AT, IT, PMT) werden überwiegend vor bestimmten Trainingsanforderungen eingesetzt.

Verfahren, die auf Entspannung und Entmüdung gerichtet sind (AR, RM und KoE) kommen z. B. in der Mittagspause – vor allem aber nach dem Training zur Anwendung.

Eine Übersicht zu den wichtigsten psychoregulativen Verfahren gibt die Tabelle 5.8.

Es ist sehr kompliziert und noch keinesfalls bis in Einzelheiten erforscht, wie, wann und wie oft trainingsunterstützende Mittel einzusetzen sind.

Sollen eine oder mehrere hohe Auslenkungen erreicht werden, ist es möglicherweise falsch, die Dynamik dieses Vorganges abzubremsen (Bild 5.30). Auch die Verkürzung der Rückschwingung könnte einen Anpassungsverlust bedeuten.

Der Organismus ist nach Drischel in der Reizbeantwortung auf eine harmonische Schwingungsdämpfung ausgelegt. Es ist nicht sicher, ob eine Veränderung dieser Regelung nur Positives bewirkt.

Kürzere Rückschwingung heißt kürzere Nachwirkung des gesetzten Reizes; heißt vielleicht Dämpfung der Superkompensation.

Tabelle 5.8 Psychoregulative Verfahren zur Aktivierung vor der Trainingseinheit und zur Optimierung der Nachbelastungsphase

Verfahren	Abkürzung	Dauer
Überwiegend zur Aktivierung vor der Trainingseinheit		
Autogenes Training		
mit Verbalisierung von Trainingsschwerpunkten	AT	1 – 3 min
fremdsuggestive Formen mit aktivierendem Teil		5 – 8 min
Ideomotorisches Training		
gezielte Bewegungsvorstellungen	IT	2 – 5 min
Psychomuskuläres Training		
PMT-Übungsserie mit Betonung der Aktivierung	PMT	3 – 10 min
Übungen zur Optimierung der Nachbelastungsphase		
Apparativ gesteuerte Relaxation (elektrophysiologische Einwirkung)	AR	10 – 20 min
Regulative Musikeinwirkung (AT-Formen in Verbindung mit Musik)	RME	7 – 10 min
Konzentrative Entspannung Konzentration auf Wahrnehmung von Körperschemata und Muskelgefühlen	KoE	15 – 20 min

Konstanthaltung des inneren Milieus – auch bei einwirkender Störung – ist ein Kriterium eines guten Trainingszustandes (vor allem in den ausdauergerichteten Tätigkeiten).

Schnelles Ausschwingen als Reizbeantwortung im Sinne einer adäquaten Sofortreaktion (von 0 auf 100) – also in kürzester Zeit höchster Durchsatz – ist ebenfalls ein Leistungskriterium (mehr in den Schnellkraft/Schnelligkeitsdisziplinen).

Jeder Einsatz trainingsunterstützender Maßnahmen will also gut überlegt sein und sollte nie zu sehr in den Mittelpunkt bei Überlegungen um das Training gerückt werden.

Zu trainingsunterstützenden Maßnahmen sind das Doping und dem Doping ähnliche (meist unwissenschaftliche) Manipulationen (von Wunderdrogen über Wunderdiäten bis zu Wundertätern) nicht zu rechnen.

In dem fein abgestimmten Komplex von Funktionen und Kapazitäten des Hochtrainierten eine durch das Training nicht erfaßte „Lücke" zu finden, sie durch Substitution oder Manipulation zu schließen und einen Leistungssprung zu erwarten – ist irrig. Die von dergleichen Erwartungen geleiteten Aktivitäten versacken in der enormen Anpassungsbreite des Hochtrainierten.

Mit immer komplexeren an die Grenze des Machbaren gehendem Training, mit der Verbesserung des gesamten Trainingsumfeldes (Voraussetzungen, Vorbereitung, Steuerung, trainingsunterstützende Maßnahmen, Nach-

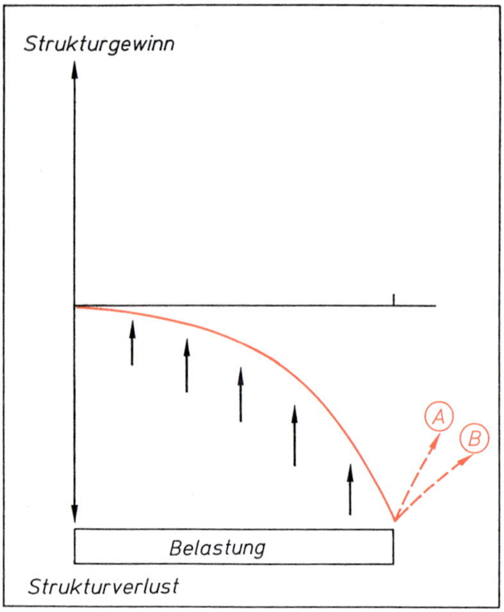

Bild 5.30 Die Auslenkung bei Belastung kann durch trainingsunterstützende Maßnahmen abgebremst werden. Dadurch kann der Reiz länger einwirken. Die Rückschwingung kann schneller **(A)** oder langsamer **(B)** verlaufen

bereitung ...) wird die Einflußnahme auf ein Teilgebiet von Funktion oder/und Kapazität durch Doping immer fragwürdiger und immer weniger wirksam.

5.2.3 Grundlagen der Trainingssteuerung

Von *S. Israel*

Unter Trainingssteuerung wird die zielgerichtete Einflußnahme auf den Prozeß des sportlichen Trainings mit Hilfe von Planungs- und Kontrollverfahren verstanden. Die Trainingssteuerung hat die effektive bzw. risikoarme Durchführung eines sportlichen Trainings zum Ziel. Erste Bedingung für eine begründete Trainingssteuerung ist somit die Zielsetzung des Trainings, die in den verschiedenen Formen des Sporttreibens und in einzelnen Zeitperioden des Trainierens unterschiedlich ist. Die Trainingssteuerung hat im Therapie-, Rehabilitations-, Breiten-, Leistungs- und Spitzensport eine jeweils zweckorientierte Bedeutung und einen in die Zielsetzung eingebundenen Stellenwert. Somit unterscheiden sich auch die Inhalte und Methoden des Herangehens.

Die Trainingssteuerung wird als Innen- oder Eigensteuerung sowie als Außen- oder Fremdsteuerung gehandhabt.

Bei der Innensteuerung reguliert der Sporttreibende die Belastung nach seinem Befinden. Ein solches subjektives Vorgehen findet mehr oder weniger ausgeprägt in jedem Fall statt; seine Zuverlässigkeit hängt in hohem Maße von der Erfahrung und der Körperkenntnis des Sporttreibenden ab. Die Außensteuerung erfolgt durch die Beobachtung Außenstehender bzw. mit Hilfe der Leistungsanalyse, sowie der Ergebnisse von Untersuchungen und Tests.

Die Trainingssteuerung kann kurz-, mittel- und langfristige Zielaspekte zur Geltung bringen. Die kurzfristige Trainingssteuerung berücksichtigt vorrangig den Charakter aktueller Belastungsreaktionen sowie das Profil des **Belastungs-Erholungs-Zyklus**. Die mittel- und langfristige Steuerung stützt sich auf einen Vergleich zwischen dem vorliegenden Iststand und dem beabsichtigten oder geplanten Soll. Diese Zustandsanalyse, die relativ umfassend ist, findet im Regelfall an bestimmten Knotenpunkten des Trainings statt; die Interpretation der Ergebnisse gibt eine Basis für die Planung des Trainings in den nachfolgenden Wochen oder Monaten.

Jede Trainingssteuerung muß mit einer Gesundheitskontrolle verbunden sein. Die Gesundheit bzw. die Kenntnis ihrer Ausprägung ist eine geradezu unerläßliche Voraussetzung für ein wirksames und zieladäquates Training.

Daß die dargelegte Strategie im Rehabilitationssport eine andere Rolle spielt als z.B. im Breitensport, versteht sich von selbst. Die Beachtung und richtige Einordnung von

Normabweichungen unter Belastung ist notwendig, da verdeckte Gesundheitsstörungen vielfach erst bei belastungsinduzierten Funktionsauslenkungen manifest werden. In jede Trainingssteuerung ist die Differenziertheit der Gesundheitsfestigkeit stets mit einzubeziehen.

Grundlage und Ausgangspunkt einer hochqualifizierten Trainingssteuerung ist die komplexe **Leistungsdiagnostik**. Diese folgt trainingsmethodischen, medizinischen, physiologischen, biochemischen, biomechanischen, anthropometrischen, psychologischen u. a. Leitlinien. Sie prüft alle stichhaltigen Einflüsse auf die Leistungsentwicklung. Das gewählte Diagnostikprofil hängt einmal von den gegebenen materiell-technischen Voraussetzungen ab, es wird aber maßgeblich bestimmt durch die Untersuchungsabsicht. So sind z.B. im Rehabilitationssport die Konsequenzen unterschiedlich für das Training nach einem Herzinfarkt, beim Bluthochdruck oder beim Diabetes mellitus. Im Leistungssport bestimmt die Sportart das untersuchungsmethodische Vorgehen; für einen Sprinter sind andere Versuchsversionen aktuell, ein Langstreckenläufer, ein Turner benötigt andere Tests als ein Ringer.

Für die Leistungsdiagnostik ist das Vertrautsein mit den Prinzipien der Testtheorie unerläßlich. So sind Sachverhalte zu berücksichtigen, die mit solchen Begriffen von **Objektivität**, **Validität** (Richtigkeit) und **Reliabilität** (Genauigkeit) verbunden sind. Tests müssen standardisiert sein. Auf die 24-Stunden-Rhythmik der Leistungsfähigkeit und Funktionstüchtigkeit ist bei der Testdurchführung einzugehen. Den gegebenen Umweltbedingungen ist Rechnung zu tragen. Nur auf diese Weise ist eine Reproduzierbarkeit des Herangehens gegeben.

Die Trainingssteuerung ist grundsätzlich trainingsbegleitend. Die sachkundige Beurteilung der Belastbarkeitssituation und der Zweckmäßigkeit des Trainingszuschnittes findet praktisch kontinuierlich statt. Die aktuellen subjektiven wie objektiven Gegebenheiten regeln folgerichtig das reale Trainingsregime. Diese Position bringt nachdrücklich zum Ausdruck, daß eine Trainingssteuerung das Prinzip der Regelung impliziert und daß sie longitudinal (im Längsschnitt) stattfinden muß. Da jede wissenschaftlich begründete Strategie auf dem Vergleich beruht, findet ein solcher Vergleich bei der Longitudinalanalyse mit den bei früheren vergleichbaren Tests erhobenen Werten unter Berücksichtigung der vorangegangenen Trainingsbelastungen und weiterer Einflüsse statt.

Es müssen allerdings Normwertmodelle vorliegen, die es ermöglichen, die ermittelte Trainingswirkung in einen generell vergleichbaren Zusammenhang zu stellen. Die sachgerechte Trainingssteuerung setzt somit die Ausarbeitung von sachbezogenen Modellen und Normen voraus. Eine zuverlässige Interpretation von Testwerten hängt ab von gesicherten Grundlagenuntersuchungen. Bei Laboruntersuchungen, die für den Therapie-, Rehabilitations- und Spitzensport in Betracht kommen, spielt die Ausrüstung, die der Belastungsvorgabe dient, eine nachdrückliche Rolle. Fahrradergometer und Laufband sind die zumeist zur Verfügung stehenden Geräte, durch die eine dosierbare Belastungsanordnung und eine von praktisch allen Sporttreibenden gut beherrschte Bewegungsstruktur vorgegeben wird. Dem nach Sportarten aufgefächerten spitzensportlichen Test genügen diese Voraussetzungen nicht. Hier gibt es sportartspezifische Belastungsgeräte und -bedingungen für Schwimmer, Ruderer, Kanuten, Skiläufer u.a. Im Spitzensport liefert die Reaktion des Organismus auf spezifische Bewegungsabläufe eindeutig zuverlässigere Daten für die Trainingssteuerung als das z.B. bei unspezifischer Fahrradergometerbelastung der Fall wäre.

Der zu testende Sportler soll mit den Testmodalitäten und vor allem mit dem Gerät, das der Leistungsprüfung dient, vertraut sein. Zum Test gehört das Gespräch des Untersuchers mit dem Sportler.

Die Trainingssteuerung stützt sich auf Parameter, die in Ruhe, bei submaximaler Belastung, in der Ausbelastung sowie in der

Nachbelastungsphase ermittelt wurden. Die Ruhefunktion kennzeichnet bestimmte Seiten der Anpassungssituation (Kondition), die funktionelle Reaktion auf eine submaximale Belastung ist ein Indiz für die Funktionsökonomie, das Verhalten in der Ausbelastung läßt Rückschlüsse auf die Mobilisationsfähigkeit zu und die Rückstellung der funktionellen Auslenkungen nach Belastungsabbruch charakterisiert die Erholungsfähigkeit.

Die Alters- und Geschlechtsspezifik ist bei der Funktionsdiagnostik und bei der Trainingssteuerung stets in Rechnung zustellen. Weitere Besonderheiten in der Steuerung ergeben sich bei der Trainingsaufnahme nach Erkrankungen, Verletzungen oder anderweitig bedingten Ausfällen.

Die Interpretation der Meßwerte einer Leistungsprüfung kann nur von Experten durchgeführt werden, und sie muß im Detail und im Komplex erfolgen. Zunächst muß der einzelne Parameter eingeschätzt werden; auf diese Weise gelingt es, Schwachstellen aufzudecken bzw. besondere Stärken zu identifizieren. Sodann muß dieses Urteil in einen gesamtorganismischen Zusammenhang gestellt und es muß mit Testergebnissen kombiniert werden, die von anderen Wissenschaftsdisziplinen ermittelt wurden; die komplexe Leistungsdiagnostik ist stets als **Teamwork** aufzufassen. In einem weiteren Schritt ist der Sportler als Individuum sowie sein Umfeld und die Vorgeschichte in das Training eingeschlossen, zu beurteilen. Es geht um die Erfassung des momentanen Zustandes und um die Analyse der Faktoren, durch die dieser Zustand herbeigeführt worden ist. Nach Möglichkeit ist die Auffassung des Sportlers zur Gesamtsituation einzuholen. Erst danach sollten Empfehlungen für die Steuerung des weiteren Trainings abgegeben werden.

Die Anzahl der physiologischen und biochemischen Meßgrößen für die stichhaltige Trainingssteuerung eines gesunden Sportlers ist relativ gering; es werden allein solche bewährten Verfahren eingesetzt, die valide und reliable Meßwerte liefern.

Selbstverständlich sind in unklaren Fällen Zusatzuntersuchungen erforderlich. Im Rehabilitationssport kommen beim Test vorrangig solche Meßverfahren zur Anwendung, die für das vorliegende Krankheitsbild relevant sind. Ein Test ist kein Ritual und kein Selbstzweck, sondern er ist ein Mittel zum Zwecke der Trainingssteuerung, d.h. zur Optimierung des weiteren Trainingsregimes unter einer kurz-, mittel- oder langfristigen Zielstellung. Jede „Überdiagnostik“ belastet und belästigt den Sportler, und sie ist in zahlreichen Fällen auch ökonomisch nicht vertretbar.

5.2.3.1 Trainingssteuerung im Gesundheitssport

Von *U. Pahlke*

Für die Bestimmung der gesundheitlichen Voraussetzungen ist eine ausgedehnte sportmedizinische Untersuchung mit sportlicher Anamnese, Leistungseinschätzungen insbesondere des Herzkreislauf- und Lungensystems (Ruhe und definierte Belastung) und des Stütz- und Bewegungssystems (arthromuskuläres Gleichgewicht, Gelenkamplituden, grobe Kraft ausgewählter Muskelgruppen) dazu anthropometrische Daten erforderlich.

Besonderer Wert muß darauf gelegt werden, das „schwächste Glied“ für die Belastungsvorgaben herauszufinden, um insgesamt etwas über die Belastbarkeit aussagen zu können. Empfehlungen und Effekte aus vorangegangenen Trainingsperioden gehen in die Überlegungen ein.

Die angemessene Belastung im Training dieser Gruppe wird überwiegend durch Messen der Herzschlagfrequenz gesteuert (Selbstmessung während und nach dem Training, Messung und Speicherung durch Geräte). Die Vorgaben kommen vom Arzt, Trainer oder Therapeuten.

Auch die Einschätzung der Belastung über das Belastungsempfinden durch den Trainierenden ist eine wesentliche Steuergröße.

Die Gesamtenergieausgabe (gelaufene, gefahrene, geschwommene ... Strecke bei bekannter Körpermasse) findet als Vorgabe- und Steuerparameter gleichermaßen begründet Anwendung (s. Kap. 5.1) Beim Training ausgewählter Muskelgruppen sind Belastungsempfinden, Wiederholungsanzahl, Frequenz, Dauer der Anspannung Steuergrößen.

Die Trainingssteuerung innerhalb der einzelnen Trainingseinheiten gerade im Gesundheitssport hat zu gewährleisten, daß ohne Risiko belastet wird, daß die Motivation zum Training immer erhalten bleibt und zwischen den einzelnen Trainingseinheiten nicht zu große Pausen gemacht werden müssen.

Häufigkeit und allmähliche Belastungssteigerung garantieren hier ganz wesentlich den Erfolg.

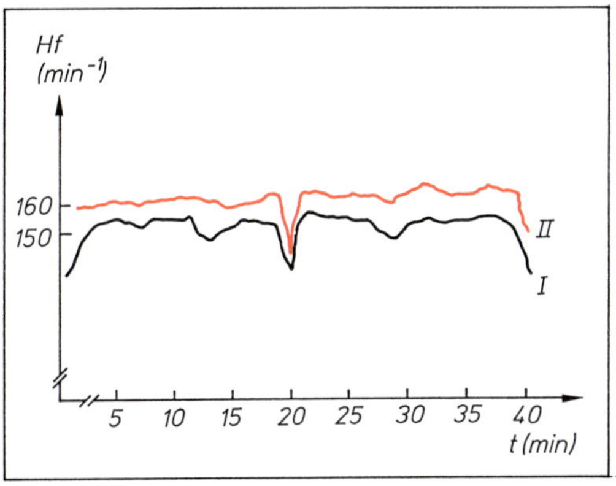

Bild 5.31 Gleiche Belastungen zweier Sportler im Feldversuch. Bei gleicher Leistungsfähigkeit lenkt Sportler II höher aus

5.2.3.2 Trainingssteuerung im Breitensport

Die Ausrichtung des Breitensports geht von der Betonung der Prävention und Gesundheitsstabilisierung bis zur eindeutigen Leistungssteigerung.

Die Trainingssteuerung ist insgesamt in diesem Bereich weniger relevant.

Auch hier müssen zunächst voraussetzend **Gesundheit** und **Belastbarkeit** als Basis einer Trainingssteuerung garantiert sein.

Die sportärztlichen Ausgangs- und Wiederholungsuntersuchungen gewährleisten die Minimierung (eventueller) Gefährdungen durch das Training.

Bei diesen Untersuchungen im Breitensport hat der Sportarzt die Aufgabe, sorgfältig zu prüfen, ob die vom Sporttreibenden ausgeübte oder angestrebte Sportart (weiter) empfohlen werden kann. Ob es Auflagen oder größere Einschränkungen geben muß.

(Höheres Verletzungsrisiko bei Schnellkraftsportarten Älterer, Überforderungen des Stütz- und Bewegungsapparates durch Laufen bei Adipösen)

Zur Kontrolle der Belastungsintensität bietet sich auch im Breitensport die kontinuierliche oder stichprobenhafte Bestimmung der Herzschlagfrequenz an.

Einige Geräte signalisieren bei der Hf-Messung das Verlassen eines bestimmten, einstellbaren Herzschlagfrequenzbereiches und damit einer angestrebten Intensität.

Im Breitensport wird die Herzschlagfrequenz in Beziehung gesetzt zu Geschwindigkeiten, Wiederholungen, Frequenzen, Gesamtenergieausgabe („Gesamtzahl der Pulse"), Dauer von Übungen und Serien.

Anpassungsergebnisse können in bestimmten Abständen zu Schnittpunkten des Trainings anhand von Reaktionen auf festgelegte Testbelastungen erfaßt werden.

Sie machen Entwicklung oder Stagnation deutlich.

Als Feldtest ist auch eine Geschwindigkeitsvorgabe über eine bestimmte Strecke geeignet.

Die gemessene Hf sagt über die Beanspruchung aus und gibt Aufschluß über die Dosierung zukünftiger Belastung. Die Möglichkeit, mit Hilfe von Stoffwechseluntersuchungen auf die Art der Energiebereitstellung beim Leistungsvollzug zu schließen, ist im Breitensport nicht (oder nur selten) möglich.

Eine gewisse Alternative bietet die Methode nach Conconi. Im Stufentest verläßt bei einer bestimmten Belastung die Herzschlagfrequenz die Linearität des Anstiegs. Dieser Bruch der Kurve soll der Ausdruck stärkerer Einbeziehung der anaeroben Energiebereitstellung sein. Er kennzeichnet somit einen markanten Bereich für die Trainingssteuerung – den aerob/anaeroben Übergang. In der Praxis ist die Bestimmung schwierig.

Das Befinden und Einschätzung der Belastung durch den Sportler sind nicht zu unterschätzende Steuergrößen. Sie sollten im Breitensport gegenüber allen noch so schönen Meßwerten dominieren.

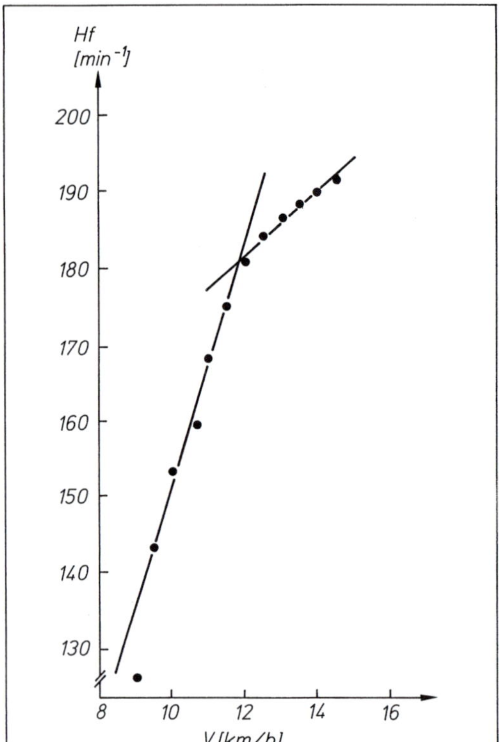

Bild 5.32 Prinzip der Bestimmung der Conconi-Schwelle mittels 2 Kompartment-Linearmodell

5.2.3.3 Trainingssteuerung im Leistungssport

Bei der Trainingssteuerung im Leistungssport geht es darum,

- die Wirksamkeit eines bestimmten Trainingsmittels auf den Sportler einzuschätzen (Befinden, Leistung, Auslenkung, Rückschwingung). Weiß man um das Maß der Wirksamkeit eines Mittels, kann man es gezielt (auch in Kombination mit anderen Mitteln einsetzen);
- die Gesamtanforderung eines Trainingstages einzuschätzen – oder das Zusammenspiel von Belastung und Wiederherstellung innerhalb von 24 Stunden. Sinnvoll sind nur Messungen über mehrere Tage. Sich anbahnende Störungen können oft rechtzeitig erkannt werden.

Auf die Leistungsbereitschaft des ZNS wird über Aktivitätsbestimmungen im EEG geschlossen und die Ausschüttung von z. B. Katecholaminen in Beziehung zur Aktivierung kognitiver Prozesse gesetzt.

Die Realisierung von Anpassungen in bestimmten Trainingsetappen werden anhand

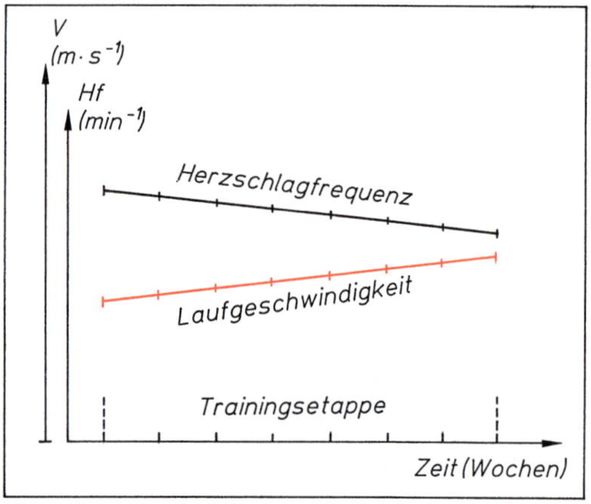

Bild 5.33 Bei einer definierten Belastungsvorgabe (z. B. Laufstrecke von 10 km) nehmen im Idealfall die Hf ab und die Laufgeschwindigkeit zu

von möglichst sportartspezifischen Tests und mit Mehrfachmessungen festgehalten. Fast immer können so auch Anpassungsreserven aufgefunden und kenntlich gemacht werden. (Bild 5.33)

Störungen gebieten eine Neuorientierung des Trainings. Sie Steuerung des Trainings im Leistungssport verlangt einen komplexen Einsatz von sportlichen, sportmethodischen, biomechanischen und leistungsmedizinischen Daten – für jede Sportart spezifisch und auf den einzelnen Athleten zugeschnitten.

Der gegenwärtige Stand der Leistungsdiagnostik unterstützt eine Trainingssteuerung in den Sportarten sehr unterschiedlich. Die Erkenntnisse sind am weitesten fortgeschritten in den von der Fähigkeit Ausdauer dominierten Sportarten.

5.2.4 Parameter zur Trainingssteuerung

Herzschlagfrequenz (Hf): Die Anzahl der Herzschläge pro Minute ist für fast alle Bereiche sportlicher Betätigung geeignet, über die Beanspruchung des Organismus auszusagen.

Die Leistungsbreite des Herzkreislauf- und Lungensystems bestimmt die Höhe der Auslenkung der Hf bei Belastungen. (Bild 5.35) Modifiziert wird diese Aussage durch das Lebensalter.

Höhere Ausgangsherzfrequenzen, steilere Frequenzanstiege bei Kindern, geringere maximale Herzfrequenzen, flachere Anstiege bei älteren Menschen.

Auch die (angeborene) vegetative Ausgangslage führt bei gleich Leistungsfähigen zu stärkeren oder schwächeren Auslenkungen bei Belastungen.

Diese individuelle Besonderheit spielt bei der Trainingssteuerung durchaus eine Rolle und muß in die Interpretation der Hf mit einbezogen werden.

Nicht zuletzt beeinflußt die Psyche die Hf. Unter psychischen Belastungen taugt die Hf als Steuergröße nicht.

Müdigkeit, Hitze, hohe Luftfeuchte, Höhe ... können ebenfalls das Ergebnis verändern.

Wird die Hf nach der Belastung gemessen, sollte bedacht werden, daß schon unmittelbar nach Belastungsabbruch die Hf stark zurückgeht.

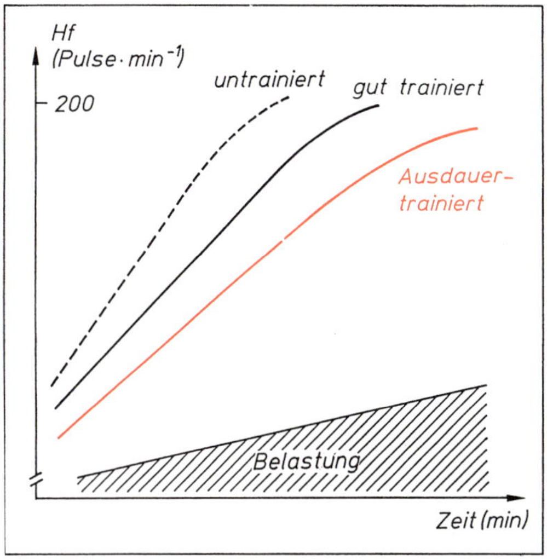

Bild 5.34 Leistungsfähigkeit des Herzkreislauf- und Lungensystems bestimmen die Ausgangs-Hf und die Steilheit des Hf-Anstiegs

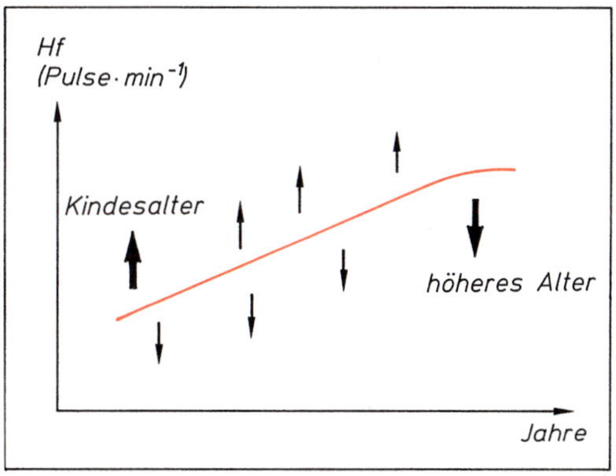

Bild 5.35 Schematische Darstellung des Einflusses des Lebensalters auf Ruhe-Hf und maximale Hf

Der auf dem steil abfallenden Schenkel der Hf-Kurve gemessene Wert muß auf die Belastungswerte zurückgeschätzt werden.

Das ist nur mit einiger Erfahrung möglich, zumal der Hf-Abfall abhängig ist von Leistungsfähigkeit, Alter, Höhe und Dauer der vorangegangenen Belastungen.

Um die Hf als Steuergröße in wesentlichen Bereichen des Gesundheits- und Rehabilitationssports auch von weniger Erfahren handhaben zu können, sind eine Reihe von Faustregeln aufgestellt worden.

170 bis 190 Hf min^{-1} minus Lebensalter werden Trainingsherzschlagfrequenzen angestrebt, die Risiken vermeiden helfen.

Für den Breiten- und Leistungssport ist es trotz umfangreicher Bemühungen nicht ausreichend sicher gelungen, mit Hilfe der Hf auf die Inanspruchnahme der verschiedenen Bereiche der Energiebereitstellung zu schließen.

Schüler und Neumann ordnen Belastungsbereiche im Leistungssport folgendermaßen zu:

- Hf 120 – 150 niedrige Belastung,
- Hf 150 – 170 mittlere Belastung,
- Hf über 170 hohe Belastung.

Bei der Zusammenführung des Hf-Verlaufs mit der Laktatleistungskurve nach Stufentests lassen sich diese Zuordnungen etwas präzisieren.

Herzschlagfrequenzen steigen bei langdauernden Belastungen gleicher Intensität allmählich an. Körpertemperaturerhöhungen und die von Streßhormonen unterstützte Mobilisierung des Fettstoffwechsels sind an dieser Veränderung maßgeblich beteiligt.

Laktat im Serum ($mmol \cdot l^{-1}$): Die Akkumulation von Milchsäure in der Muskelzelle – unmittelbar abgegeben in das Blut- stellt durch die Kennzeichnung der Art der Energiebereitstellung einen unverzichtbaren Parameter für den Leistungssport dar.

Der Nachteil für seine (ausgedehnte) Nutzung ist der recht hohe apparative Aufwand.

Der Milchsäurespiegel im Blut ist Ausdruck einer Bilanz aus Bildung, Verteilung und Nutzung bzw. Umbau zu Glykogen (Bild 5.36).

Der Trainierte (Kurz- und Mittelzeitausdauer) kann sowohl in der Zeiteinheit mehr Laktat bilden als auch weit mehr „verstoffwechseln“ als der Untrainierte. Sein energetischer Durchsatz ist deutlich höher.

Gleich hohe Laktatspiegel sinken beim Trainierten (unterstützt durch eine kompensierende Beanspruchung) schneller.

Mit Hilfe von Laktatbestimmungen erkennt man, wie einzelne Trainingsmittel, einzelne Intensitäten oder ganze Trainingseinheiten energetisch abgedeckt werden.

Neue Anforderungen können geplant (und wieder kontrolliert) werden.

Leistungsentwicklungen und Trainingsbereiche werden über die in Stufentests gewonnenen Laktatleistungsbeziehungen deutlich gemacht.

Pansold und Roth haben dazu einprägsame Vorgaben erarbeitet, die grob in Bild 5.37 zusammengefaßt sind.

Die größte Bedeutung hat die Kurvenbestimmung für die Festlegung von Trainingsintensitäten.

Der aerob-anaerobe Übergangsbereich (Laktat zwischen 2 und 4 $mmol \cdot l^{-1}$) und der Entwicklungsbereich (Laktat über 4 $mmol \cdot l^{-1}$) sind bedeutsame Vorgaben für ein wirksames Training.

Maximale Sauerstoffaufnahme (VO_2 max, $ml \cdot min^{-1}$): Die Höhe der VO_2 max sagt aus über:

- Sauerstoffaufnahme durch die äußere Atmung, (Ventilation, Diffusionskapazität),
- Sauerstofftransport (Herz-Kreislauf-System, Kapillarisierung, Hämoglobin, Blutvolumen),
- Sauerstoffverbrauch (Faserspektrum, Mitochondrien, Enzyme ...).

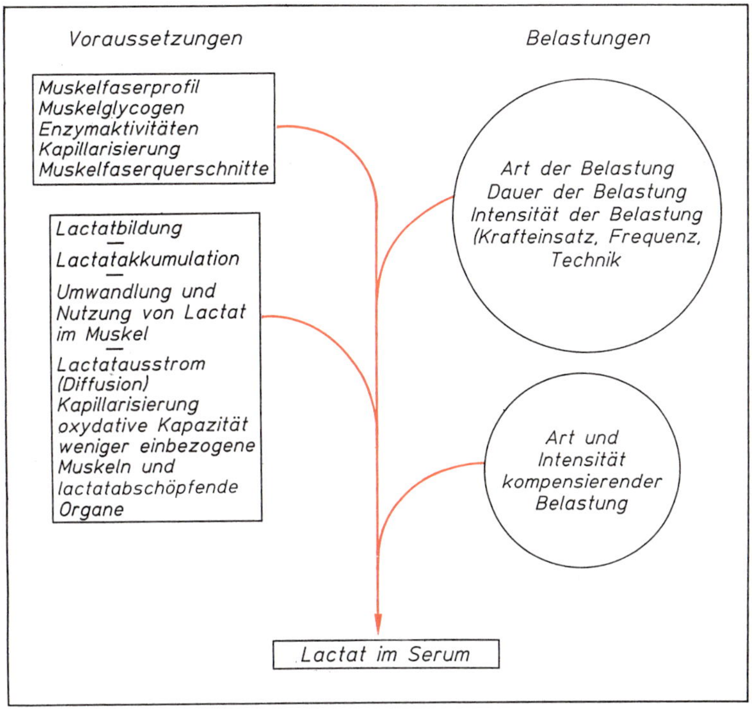

Bild 5.36 Einflußgrößen für den Meßwert des Laktats im Serum

Der muskelzelluläre Einfluß auf die Höhe der VO_2 max ist zu Unrecht lange unterstützt worden.

Als günstig hat sich erwiesen, die VO_2 max möglichst spezifisch z. B. in einem Test mit ansteigender Belastung zu messen. In einer weiteren Untersuchung sollte der Prozentsatz der VO_2 max festgestellt werden, die bei längerer Belastung keine Laktatakkumulation provoziert.

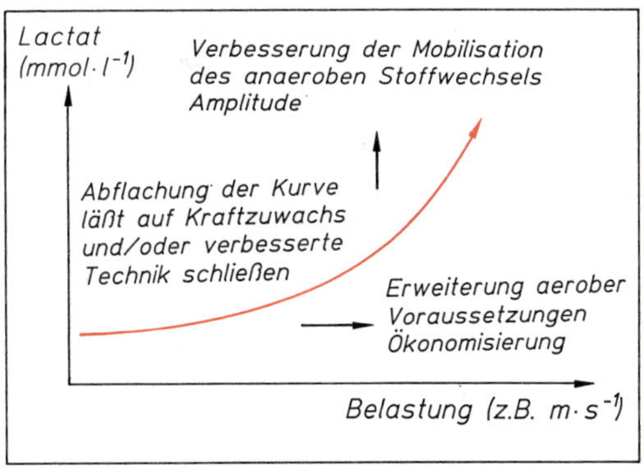

Bild 5.37 Die Laktat-Leistungskurve und ihre Veränderung durch unterschiedliche Trainingseinflüsse (schematisch)

Sportler erreichen in ihrer Sportart die höchsten VO_2 max-Werte, der Läufer auf dem Laufband, der Schwimmer im Strömungskanal. Der Trainierte kann einen hohen Prozentsatz seiner VO_2 max für Daueranforderungen realisieren.

Eine hohe VO_2 max hat für viele Sportarten voraussetzenden Charakter. Die Feststellung ist heute für den Gesundheits- und Rehabilitationssport (Anpassungsfortschritte) eher bedeutsamer als für den Leistungssport.

Mit der gleichen VO_2 max erreichen die Leitungssportler gegenwärtig deutlich höhere Leistungen als vor 20 Jahren.

Die Interpretation der VO_2 max macht nur Sinn, wenn man sie auf die Körpermasse (oder die aktive Körpermasse) relativiert. Die höchsten körpermassenbezogenen Werte von

Sportlern werden mit über 80 ml O_2 . kg^{-1} angegeben (Durchschnittswerte Männer 40 – 45; Frauen 35 – 40).

Serumharnstoff: Beim Abbau von Eiweißen wird über einzelne Aminosäuren zuerst Ammoniak und daraus in der Leber Harnstoff gebildet (und über die Niere ausgeschieden).

Serumharnstoff fällt immer dann vermehrt an, wenn entweder (übermäßig) viel Proteine aufgenommen werden und/oder wenn Proteine im Zuge hoher Belastungen (oder bei Hunger) vermehrt energetisch genutzt werden.

Der Ruhewert des Serumharnstoffs liegt bei Untrainierten etwa zwischen 2 und 5 mmol · l^{-1}. Er ist bei Männern etwas höher als bei Frauen (aktive Körpermasse!) und bei körperlich Aktiven höher als bei Inaktiven.

Wenn hohe Traininganforderungen über einen längeren Zeitraum abverlangt werden, kann über die Differenz des vor dem Training morgens und nach dem Training abends gemessenen Serumharnstoffs eine Aussage zur Inanspruchnahme des Eiweißstoffwechsels gemacht werden.

Die Ernährung muß in die Interpretation von Harnstoffwerten einbezogen sein. Hoch kohlenhydratreiche Ernährung kann den Harnstoffspiegel senken (Proteinsparefekt).

Wiederholt gemessene Harnstoffwerte über 8 mmol·l^{-1}sollten an eine Reduzierung des Trainings denken lassen.

Große Unterschiede der Werte zwischen morgens und abends unterhalb „8" kennzeichnen ein wirksames Training.

Ergebnisse des Tests nach Janda: Vor allem im Gesundheits- und Rehabilitationssport richtet sich ein erklärtes Ziel auf die Verbesserung des arthromuskulären Gleichgewichts.

Der Janda-Test vor und nach Beüben abgeschwächter oder verkürzter Muskel(-gruppen) macht Schwachstellen und Leistungsfortschritte deutlich.

Kreatinkinase: Das Enzym Kreatinkinase katalysiert die Phosphorylierung energiereicher Phosphate (ADP zu ATP, Kreatin zu Kreatinphosphat).

Es tritt vermehrt aus der Muskelzelle ins Blut, wenn die Membranstabilität der Muskelzelle stark gefordert (oder überfordert) ist.

Belastungen an welche die Muskulatur nicht ausreichend angepaßt ist, hohe, wirksame Trainingsanforderungen, ungewohnte Belastungen, Überforderungen und Muskelverletzungen (Zweikampfsportarten) haben deutliche Anstiege der CK zur Folge.

Nach wirksamen Belastungen steigt die CK innerhalb von etwa 6-8 Stunden auf einen Maximalwert (bis zum Mehrfachen des Ausgangswertes) an und fällt nach einem Tag etwa auf die Hälfte dieses Wertes ab.

Sinnvoll werden nur Werte über mehrere Tage (12 oder 24h-Abstände) sehr hoher Belastungen bestimmt und ausgewertet. Der Ruhewert der CK liegt (je nach Bestimmungsort) zwischen 1 und 4 mmol · s · l^{-1}. Bei streng individueller Betrachtung kann bei genauer Kenntnis des Trainings und des Sportlers eine Aussage zur Wirksamkeit des Trainings und möglichen Überforderungen getroffen werden.

Summe der Energieausgabe (Tagessumme, Wochensumme): Sie sollte für die Zielsetzung und Steuerung des Trainings im Gesundheits- und Rehabilitationssport viel stärker in den Mittelpunkt gestellt werden.

Cooper hat bereits vor über 35 Jahren eine Konzeption entwickelt, die über Wertungspunkte einzelne körperliche Aktivitäten mit anderen (über die Summe der Energieausgabe) in Beziehung setzt, vergleichbar macht.

Für den Umgang mit dieser wichtigen Ziel- und Steuergröße müssen noch praktikable Vorgaben entwickelt und propagiert werden.

5.3 Physiotherapie im Sport

Von *G. Badtke*

Belastungs- und Erholungsvorgänge bedingen sich bekanntlich gegenseitig. Für das Erreichen hoher sportlicher Zielstellungen bedarf es demnach nicht nur einer angemessenen **Trainingsbelastung**, sondern auch wirksamer Maßnahmen zur **Beschleunigung der Erholungsprozesse**.

5.3.1 Aufgaben der Sportphysiotherapie

Die Sportphysiotherapie ist in diesen Maßnahmenkomplex integriert. Zu ihren spezifischen Aufgaben gehören unter anderem Aktivitäten, die folgenden Zielstellungen dienen:

- Stabilisierung des allgemeinen Gesundheitszustandes,
- Verbesserung der Belastungsverträglichkeit,
- Unmittelbare Vorbereitung des Sportlers auf Training und Wettkämpfe,
- Verkürzung und Optimierung der Wiederherstellungsprozesse,
- Prophylaxe von Fehlbelastungen und Verletzungen,
- Behandlung von Schäden und Verletzungen,
- Rehabilitation nach Verletzungen und Erkrankungen.

Dabei muß beachtet werden, daß die Sportphysiotherapie nicht allein und isoliert für die Erfüllung dieser Zielstellungen verantwortlich ist.

Sie ordnet sich harmonisch in den Gesamtkomplex eines planmäßig gestalteten Trainingsprozesses ein.

In diesen Komplex gehen auch noch viele andere Einflußgrößen ein. Dazu gehören zum Beispiel der Sportler selbst, der Trainer, der Sportmediziner, Aspekte der Tagesgestaltung, die Verpflegung und die Wohnbedingungen. Erst wenn der gesamte Komplex in sich stimmt, kann auch das Hauptziel des Sportphysiotherapeuten erreicht werden: die **sportliche Höchstleistung**.

5.3.2 Anwendungsformen der Physiotherapie und ihre Auswirkungen auf den Organismus

Physiotherapeutische Verfahren wirken sich sowohl am Ort ihrer Anwendung als auch im gesamten Organismus aus.

Sie beeinflussen über das neurohormonelle System die Steuer- und Regelungsvorgänge im Stoffwechselgeschehen. Ihre Wirkung hängt sowohl von der Dosierung als auch von der jeweiligen Ausgangslage des Organismus ab.

So kann zum Beispiel eine Massage eine beruhigende (d. h. den Parasympathikus anregende) oder eine aktivierende (den Sympathikus anregende) Wirkung haben.

Akute Beschwerden sprechen am besten auf milde Reize an, ältere Prozesse auf stärkere Dosierungen.

5.3.2.1 Klassische Massage und Manuelle Behandlungsformen

Die Durchführung von Massagen erfordert Kenntnisse, die nur durch eine fundierte theoretische und praktische Ausbildung erworben und nicht im Rahmen eines Lehrbuchs für Sportmedizin detailliert abgehandelt werden können. Es kann daher nur ein Überblick über Anwendungsgebiete und Behandlungsprinzipien sowie über Massagevoraussetzungen und die wichtigsten im Bereich des Sports zur Anwendung gelangenden Massagegriffe vermittelt werden.

Die Massage von Hand, auch manuelle Massage genannt, gilt als eine der ältesten Behandlungsmethoden überhaupt (klassische Massage).

Sie wird im Sport eingesetzt, um:

- zur schnelleren Erholung (Entmüdung) nach dem Training oder Wettkampf beizutragen;
- den Aktiven in einen verbesserten Vorstartzustand zu bringen;
- prophylaktisch zu wirken und die Heilung bei Verletzungen zu fördern.

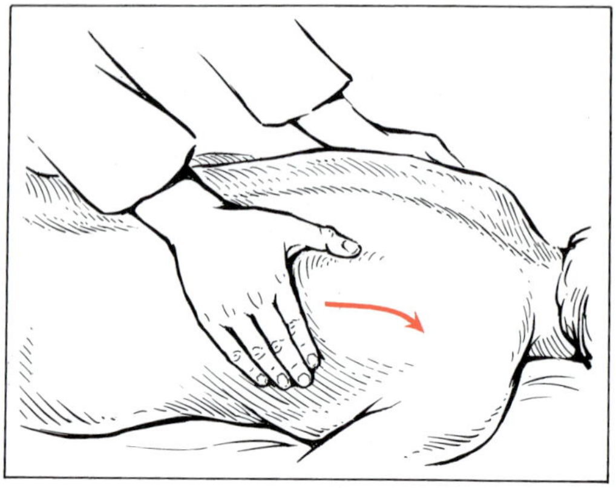

Bild 5.38 Ausstreichen

Massagevoraussetzungen

Zuerst ist die richtige Lagerung des zu Behandelnden zu nennen. Sie muß die Entspannung seiner Muskulatur gewährleisten, was eine bequeme Sitz- oder Liegeposition voraussetzt. Für eine gute Durchlüftung des Massageraumes ist zu sorgen, auch für Raumtemperatur im Behaglichkeitsbereich (Vermeidung von kältebedingten Verspannungen). Selbstverständlich müssen die Hände des Masseurs und die Haut des Behandelten sauber sein, damit Infektionen vermieden werden. Im Bereich von Hautverletzungen hat eine Massagebehandlung zu unterbleiben.

Massagegriffe

Je nach dem Behandlungsziel wird eine Vollmassage oder eine Teilmassage verabfolgt. Danach richten sich auch die anzuwendenden Massagegriffe. Zu den wichtigsten Massagegriffen gehören **Ausstreichen**, **Zirkelung** (Reiben), **Kneten** und **Klopfen**:

Ausstreichen: (Bild 5.38) Es wird die ganze Handfläche eingesetzt. Die Hand streicht mit gleichmäßigem Druck über den zu massierenden Körperteil. Je stärker der Druck ist, desto tiefere Schichten werden beeinflußt, während leichtes Ausstreichen sich vorwiegend auf die Haut und das Unterhautfettgewebe auswirkt.

Jede Massage sollte mit dem Ausstreichen beginnen, weil dadurch eine Förderung der Durchblutung (reaktive Hyperämie) erreicht und vorhandene Stoffwechselschlacken schneller beseitigt werden (Anregung des venösen Rückstroms und Lymphstroms). Leichtes Ausstreichen kann bis unmittelbar vor dem Start angewendet werden, kräftige Streichungen dagegen erfolgen vorwiegend nach dem Training oder Wettkampf, oft in Verbindung mit oder zwischen anderen Massagegriffen.

Zirkelung (Bild 5.39): Sie belastet die Muskeln stärker und erfordert auch stärkeren Kraftaufwand. Sie ist besonders nach dem Wettkampf und dem Training angebracht. Die Technik besteht darin, daß mit den Fingerbeeren, dem Daumenendglied oder -ballen geradlinige, kreisförmige oder spiralige Bewegungen auf die zu massierende Körperregion ausgeübt werden.

Die massierende Hand bleibt ständig mit der gleichen Hautstelle in Kontakt. Sie gleitet nicht, sondern verschiebt die Haut. Auf diese Weise werden Druck und Zug auf das Unterhautgewebe ausgeübt. Die Zirkelung trägt dazu bei, nach Training und Wettkampf die tiefliegende Muskulatur zu lockern und zu entschlacken. Der Griff wird aber auch an stark beanspruchten Gelenken vor dem Start und zur Lockerung von Verwachsungen nach Verletzungen angewendet.

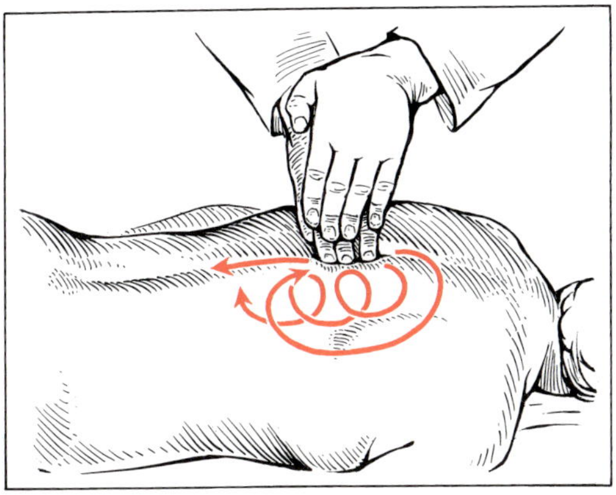

Bild 5.39 Zirkelung

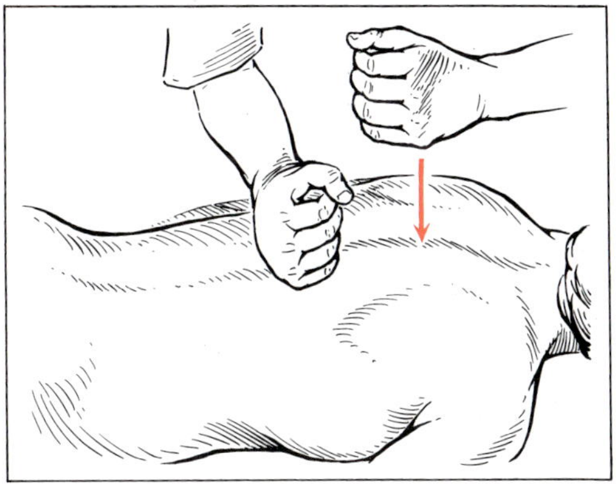

Bild 5.41 Klopfen

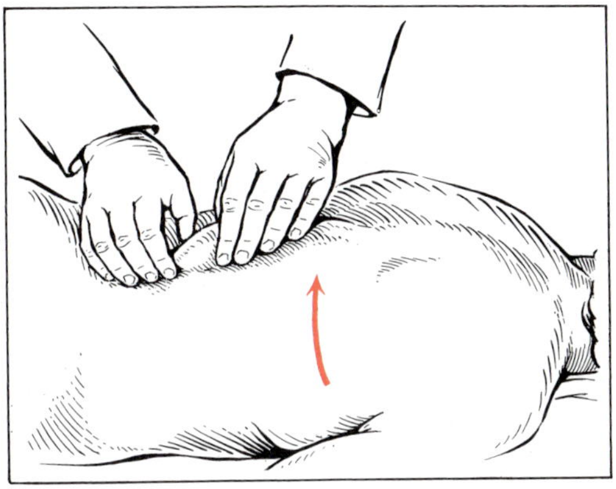

Bild 5.40 Kneten

Das *Kneten* (Bild 5.40): Es wird an größeren Muskelgruppen bevorzugt und hat neben dem erwünschten durchblutungsfördernden und den Muskelstoffwechsel anregenden Effekt positiven Einfluß auf das Nervensystem. Die Technik besteht darin, daß der Muskel zwischen dem Daumen und den übrigen Fingern so ergriffen wird, daß er leicht gedrückt – geknetet – werden kann. Man beginnt an den körperfernen Abschnitten und massiert kontinuierlich in Richtung Körpermitte. Die einzelnen Muskelstränge werden dabei nahezu aufgefasert. Trotzdem darf das Kneten keine Schmerzen verursachen.

Klopfen (Bild 5.41): Hier arbeitet der Physiotherapeut mit den Handkanten, mit der geballten Faust, manchmal auch mit der flachen Hand oder den Fingern. Der behandelte Körperabschnitt wird in schneller Folge (3 bis 5 pro Sekunde) beklopft, ohne daß Schmerzen auftreten dürfen. Bei richtiger Ausführung erreicht man eine verbesserte Durchblutung und eine stärkere Tonisierung der Muskulatur.

Die genannten Massagegriffe dienen teilweise der Vorbereitung spezieller Massagemethoden (z. B. der über das Bindegewebe wirkenden sogenannten Reflexzonenmassage) und bilden zugleich wesentliche Elemente der Sportmassage.

Das Prinzip der prophylaktischen, d. h. vorbeugenden Massage im Sport besteht darin, daß in Verbindung mit anderen physiotherapeutischen Maßnahmen (z. B. Sauna, Unterwassermassage, Hydrotherapie) die durch das Training besonders belasteten Körperabschnitte behandelt werden. Dabei sind Ursprung und Ansatz der Muskeln besonders zu berücksichtigen.

Ist ein Überlastungsschaden oder eine Sportverletzung eingetreten, kann nur der Arzt über zu ergreifende physiotherapeutische Maßnahmen entscheiden. Durch unsachgemäße Behandlung frischer Verletzungen können der Patient geschädigt und der Heilungsprozeß verzögert werden.

Grundsätzlich gilt, daß bei frischen Verletzungen nicht massiert werden darf.

Entmüdungsmassage

Diese Form der Massage findet unmittelbar nach dem Training oder Wettkampf, gelegentlich auch in Wettkampfpausen, Anwendung. Durch leichte Streichungen wird gewöhnlich die Massagebehandlung der stark belasteten Muskelpartien eingeleitet und beendet.

In experimentell-nuklearmedizinischen Untersuchungen wurde ermittelt, daß von den gebräuchlichen Massagearten das Kneten die höchste durchblutungsfördernde Wirkung hat. Dem Kneten folgten kräftige Streichungen und sodann die apparative Vibration. Als allen Massagebehandlungen weit überlegen erwies sich jedoch aktive dynamische Arbeit mit jenen Muskelgruppen, in denen sich Ermüdungsstoffe angesammelt haben.

Die Intensität derartiger entmüdender Kompensationsbelastungen (z. B. das Auslaufen) ist so zu gestalten, daß daraus keine weitere Laktatanhäufung erfolgt (Durchführung im aeroben Bereich). Diese Erfahrungen können angesichts der sehr zeit- und personalaufwendigen Massagebehandlung die Entscheidung über die zu wählende Methode im Einzelfall erleichtern helfen.

Reflexzonenmassage

Die Gewebe und Organe im menschlichen Organismus existieren und funktionieren nicht losgelöst voneinander, sondern stets zum Nutzen des Gesamtsystems. Für die Koordinierung ihrer Tätigkeit hat neben anderen Strukturen (z. B. dem Blut; dem Hormonsystem) das Nervensystem eine überragende Bedeutung.

So existieren unter anderem nerval-reflektorische Beziehungen zwischen Haut und Muskulatur, zwischen Gelenken und Muskulatur, zwischen Gelenken und dem zentralen Nervensystem, zwischen inneren Organen und dem Unterhautgewebe etc. (Bild 5.42).

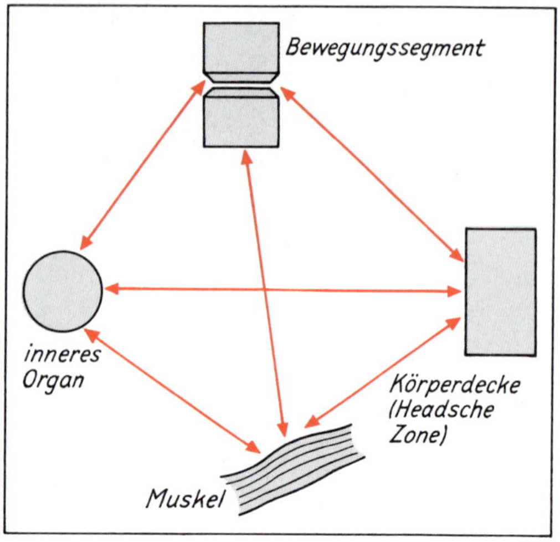

Bild 5.42 Reflektorische Beziehungen zwischen den verschiedenen Strukturen des Organismus (nach Hamann u.a.)

Störungen und Erkrankungen in einem Teil des Organismus können sich somit auf andere Strukturen auswirken.

Head und Mackenzie erkannten die Beziehungen zwischen Muskulatur und inneren Organen als erste.

Bei Erkrankung eines inneren Organs wird das bis dahin bestehende Gleichgewicht zwischen Sympathikus und Parasympathikus verschoben. Das Rückenmark erhält über afferente Fasern eine entsprechende Information, die mit einer Überempfindlichkeit (Hyperalgesie) in dem Hautbezirk beantwortet wird, der durch das gleiche Rückenmarksegment versorgt wird wie das innere Organ. Die dazugehörige Muskulatur erhöht oft ihren Tonus und verspannt sich, während das Bindegewebe in diesem Bereich zur Knötchenbildung neigt. Hartmann, Kohlrausch und später auch Diecke haben beobachtet, daß durch die Behandlung der so veränderten Bindegewebs-, Haut- und Muskelabschnitte Einfluß auf das gestörte Organ genommen werden kann.

In Abhängigkeit von der Lokalisation der Veränderungen wird die Behandlung in Form der manuellen Segmentmassage – überwiegend Einwirkung auf die Muskulatur und die Schmerzpunkte (sogenannte Maximalpunkte) oder der Bindegewebsmassage – Einwirkung auf das Bindegewebe durch streichende Griffe meist stärkerer Dosierung – durchgeführt.

Eine segmentale Behandlung ist aber auch durch andere Maßnahmen, wie zum Beispiel manuelle Therapie, Ultraschall, Elektrotherapie, Unterwasserdruckstrahlmassage, örtliche Injektionen (z. B. eines Lokalanästhetikums oder von Wasser), Wärme, Kälte und andere Reize, möglich. Die Auswahl aus dieser breiten Palette und die Dosierung trifft der Arzt. Er muß dabei eine Reihe von Faktoren, zum Beispiel die Art der Störung, das Krankheitsstadium, das Alter des Patienten, das kurz- und mittelfristige Behandlungsziel, berücksichtigen.

Selbstmassage

Da nicht jeder Sporttreibende durch einen Physiotherapeuten betreut werden kann, sollte die Selbstmassage als Teil der körperlichen Hygiene von regelmäßig trainierenden Sportlern in den Tagesablauf einbezogen werden. Sie bietet den Vorteil, daß sie zu jeder Zeit, wenn die Wettkampf- und Trainingssituation es erlaubt, angewandt werden kann.

Ihr Nachteil besteht darin, daß nicht der ganze Körper massiert werden kann und daß bei falscher Technik Ermüdungen auftreten können. Grundsätzlich ist der zu massierende Muskel in die Stellung zu bringen, in der er am stärksten entspannt ist.

Als Massagegriffe eignen sich am besten Kneten, Zirkelung und Ausstreichen.

Auch die apparative Vibrationsmassage kann für die Selbstbehandlung eingesetzt werden. Sie hat sich vor allem als Entmüdungsmaßnahme bewährt.

Manuelle Therapie

Manuelle Therapie heißt wörtlich übersetzt: Behandlung mit der Hand (manus = die Hand). Der Begriff ist für den Laien etwas irreführend, weil nicht jede mit der Hand ausgeführte therapeutische Maßnahme (z. B. Massage) dort einzuordnen ist.

Die manuelle Therapie ist ein medizinisches Arbeitsgebiet, das sich mit der Diagnostik, Behandlung und Verhütung von Funktionsstörungen des Bewegungsapparates beschäftigt.

Funktionsstörungen können (im Gegensatz zu morphologischen Störungen) bei rechtzeitig einsetzender Behandlung häufig völlig beseitigt werden. Sie sind dann reversibel.

Funktionelle Störungen am Bewegungsapparat können von der Muskulatur oder von den Gelenken ausgehen. Da zwischen der Muskulatur, dem zentralen Nervensystem und den Gelenken enge nerval-reflektorische Verbindungen existieren, beeinflussen Störungen des einen auch die Funktion des anderen Teiles des Bewegungsapparates. Die wichtigste reversible Störung der Gelenkfunktion ist die **Blockierung**. Sie geht mit einer mehr oder weniger stark eingeschränkten Beweglichkeit des Gelenkes einher (Bild 5.43).

Die Hauptursachen einer Gelenkblockierung sind:

- Fehl- bzw. Überlastungen durch Störungen des Bewegungsstereotyps,
- statische Störungen (z. B: durch Skoliosen der Wirbelsäule oder Bewegungsmangel),
- Verletzungen,
- reflektorische Prozesse (z. B. bei Störungen in der Muskulatur oder Erkrankungen innerer Organe im gleichen Segment),
- längere Ruhigstellung.

Die Blockierung eines Gelenkes äußert sich aber nicht nur durch eine Bewegungseinschränkung im Bereich der physiologischen Gelenkachsen. Sie geht auch einher mit ei-

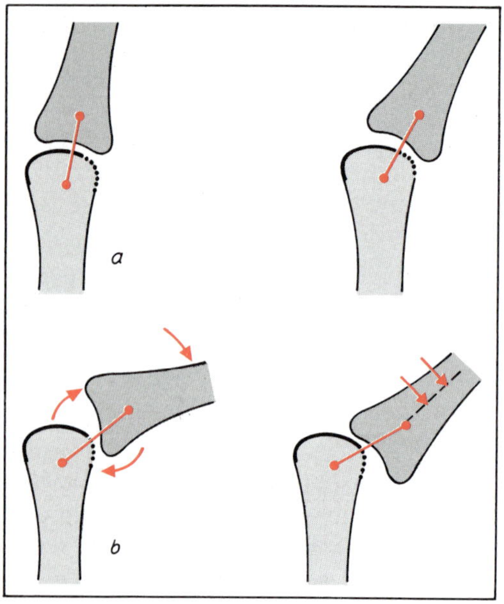

Bild 5.43 Gelenkblockierung. **a** Vor der Behandlung; **b** nach der Behandlung (nach Sachse)

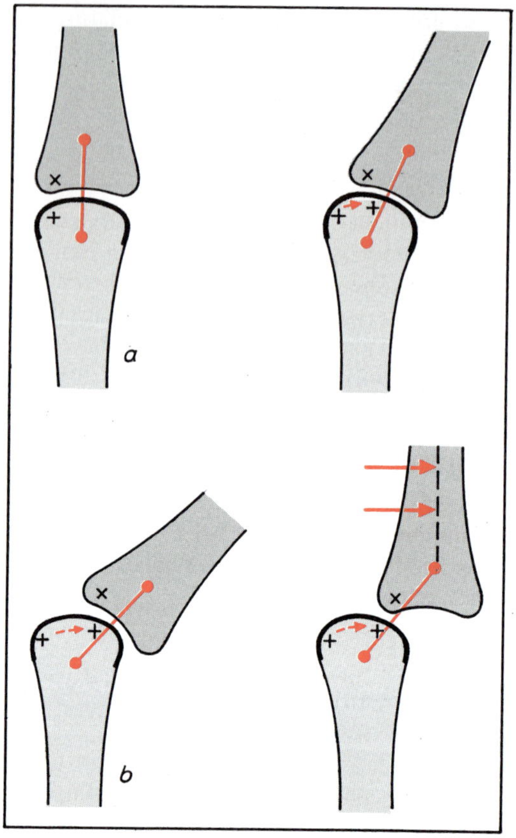

Bild 5.44 Gelenkspiel. a Gestört; b wiederhergestellt (nach Sachse)

nem verminderten Gelenkspiel (joint play – Nichtfunktionsbewegungen) (Bild 5.44) und mit reflektorischen Veränderungen im Segment (z. B. Muskelhartspann, Störungen in inneren Organen). Das hat häufig Schmerz bei Blockierungen im Bereich der Kopfgelenke auch Schwindelerscheinungen – und verminderte Belastbarkeit zur Folge.

Längere Zeit bestehende Blockierungen können weitere Störungen oder morphologische Veränderungen nach sich ziehen.

Dazu gehören:

- Veränderungen der Stereotypie (z. B. der Lauf- und Wurftechnik);
- reflektorische Veränderungen, die zum Teil über das vegetative Nervensystem ablaufen wie Muskelhartspann mit Zunahme der Schmerzen, Parästhesien, Mißempfindungen, Durchblutungsstörungen u.a.;
- Blockierungen in anderen Gelenken in der Nachbarschaft oder in entfernter liegenden Abschnitten;
- Abnutzungserscheinungen, besonders bei Beteiligung der Wirbelsäule;
- verminderte Anpassungsfähigkeit (z. B. durch Demineralisierung der Knochen).

Die Behandlung von Blockierungen kann nur durch entsprechend ausgebildete Ärzte und Physiotherapeuten der verschiedensten medizinischen Fachrichtungen durchgeführt werden, weil sie spezielle Kenntnisse und Fertigkeiten erfordern. Blockierte Gelenke werden zunächst mobilisiert (gelockert) und dann bei Erfordernis manipuliert (gelöst).

Wie bereits erwähnt, kann sich die manuelle Therapie nicht ausschließlich auf die Behandlung der gestörten Gelenkfunktionen beschränken. Sie muß auch den Funktionszustand der Muskulatur beachten und gegebenenfalls verändern.

Verspannte oder verkürzte Muskeln müssen gelockert oder gedehnt werden, während abgeschwächte Muskeln eine Kräftigung (z. B. durch gezieltes Training) erfahren müssen. Muskuläre Fehlsteuerungen (z. B. beim Laufen oder beim Heben von Lasten) müssen umgeschult werden.

Für den Sportlehrer ist es von Wichtigkeit zu wissen, daß ein Teil der Muskeln zur Verspannung, ein anderer zur Abschwächung neigt. Verspannte Muskeln neigen zur Verkürzung und sollten nicht noch stärker gekräftigt werden.

Die zur Abschwächung neigenden Muskeln müssen hingegen im Trainingsprozeß gestärkt werden (Tabelle 5.9).

Tabelle 5.9 Auswahl einiger Muskeln, die zu Verkürzungen oder zu Abschwächungen neigen

Abschwächungstendenz
- untere Schulterblattfixatoren (M. rhomboideus minor und major, unterer Anteil des M. trapezius, M. serratus anterior),
- oberflächliche und tiefe Halsbeuger, Teile der Bauchmuskulatur (M. rectus abdominis),
- Glutäalmuskulatur,
- Teile des vierköpfigen Schenkelstreckers (M. quadriceps femoris),
- vorderer Schienbeinmuskel (M. tibialis anterior).

Verkürzungstendenz (an der Vorderseite)
- großer Brustmuskel (M. pectoralis major),
- Beuger der Hand und Finger,
- Lendendarmbeinmuskel (M. iliopsoas),
- Adduktoren des Oberschenkels,
- gerader Schenkelstrecker (M. rectus femoris),
- Schenkelbindenspanner (M. tensor fasciae latae).

Verkürzungstendenz (an der Rückseite)
- obere Schulterblattfixatoren,
- kurze Rückenmuskeln (M. erector spinae),
- Wadenmuskel (M. gastrocnemius),
- Schollenmuskel (M. soleus).

Es ist zu beachten, daß vor den Kräftigungsübungen für abgeschwächte Muskeln erst ihre meist verkürzten Gegenspieler zu dehnen sind.

5.3.2.2 Sensomotorische Umschulung (s. a. Kap. 3.4)

Häufig reicht es nicht, abgeschwächte Einzelmuskeln zu kräftigen und verkürzte zu dehnen, um Beschwerden zu beheben oder technische Fehler im Sport zu beseitigen. Denn die Ursache solcher Erscheinungen liegt oft darin begründet, daß innerhalb von Bewegungsabläufen die „Übergabe„ der Aktivität von einer Muskelgruppe zur anderen mit Störungen verbunden ist. Die Steuerung der Bewegungskette, das komplexe Zusammenspiel von Bahnungs- und Hemmungsvorgängen ist beeinträchtigt. Hier kann die sensomotorische Umschulung (auch „sensomotorische Faszilitation„ genannt) hilfreich sein. Die Behandlungsform verfolgt das Ziel, unökonomische oder pathologische Bewegungsmuster zu verbessern. Sie nimmt also Einfluß auf die Ansteuerung von Muskeln bei meist automatisierten Bewegungsabläufen des Alltags. Muskeln mit mangelhafter Aktivität müssen fazilitiert (angeregt), solche mit Überaktivität inhibiert (gehemmt) werden. Der Behandler bemüht sich zunächst, die fehlerhaften Bewegungsabläufe abzubauen und einfache Grundbewegungen des Alltags (z. B. die Schulterbewegungen, die Kopfhaltung...) zu optimieren. Die aktive Mitarbeit des Behandelten ist dabei unumgänglich. Deshalb ist es unverzichtbar, die meist defizitäre propriozeptive Aktivität (z. B. die Signale von den Muskel- und Sehnenspindeln, von den Gelenk- und Oberflächenrezeptoren) zu fördern.

5.3.2.3 Hydrotherapie

Bei der Hydrotherapie wird Wasser zum Zwecke der Prophylaxe oder Therapie angewendet. Sie ist ihrem Charakter nach eine

Thermotherapie, die durch mechanische oder chemische Reize zusätzlich ergänzt werden kann.

Die Wirkung der Hydrotherapie hängt von der Temperatur des Wassers, von der Dauer der Anwendung, von der Art der zusätzlichen Reize und vom Anteil der in die Behandlung einbezogenen Körperabschnitte ab.

Ganzbehandlungen

Schon der Aufenthalt im Wasser selbst führt zu einer Entlastung des Stütz- und Bewegungsapparates und durch die Wirkung des hydrostatischen Druckes zu einer verbesserten Durchblutung der unteren Extremitäten. Das hat einen beschleunigten Abtransport von Stoffwechselschlacken und schneller ablaufende Erholungsprozesse zur Folge. Durch eine Erhöhung der Wassertemperatur auf 37° bis 45 °C kann der Stoffwechsel in den Geweben gesteigert werden. Dadurch wird ebenfalls die Entmüdung beschleunigt. Diese Effekte werden zum Beispiel nach dem Training im **Entspannungsbad** genutzt.

Die Auswirkungen von Bädern auf das vegetative Nervensystem sind von der jeweiligen Ausgangslage abhängig.

Je stärker der Organismus aus seinem vegetativen Normalzustand ausgelenkt ist, desto mehr bewirkt ein Bad eine Rückschwingung in diese Richtung. Stark erregte Sportler werden also ruhiger, ermüdete Athleten fühlen sich bald frischer.

Durch Veränderung der Wassertemperatur kann die Wirkung der Bäder modifiziert werden.

Kurzdauernde kühle Bäder (30 bis 34°C) bremsen den Stoffwechsel, warme Bäder (37 bis 45 °C) regen ihn an, während indifferente Bäder (35 bis 37°C) keinen Einfluß auf die Stoffwechselintensität haben.

Dabei hat selbstverständlich auch die Dauer des Bades einen Einfluß. So muß zum Beispiel bei zu starkem Wärmeverlust während eines kühlen Bades auch eine Stoffwechselsteigerung zur erhöhten Energiefreisetzung im Organismus einsetzen.

Die Anwendung von geeigneten Badezusätzen kann die beabsichtigte Wirkung des Bades (Anregung oder Beruhigung) verstärken.

Nach Beendigung des Bades sollte sich der Sportler stets kalt abduschen.

Ein wesentlicher Vorteil des Vollbades ist darin zu sehen, daß es durch den Sportler selbst angewendet werden kann und so wirksame Entmüdungseffekte auch ohne den nicht immer zur Verfügung stehenden Physiotherapeuten erzielt werden können.

Unterwasserdruckstrahlmassage

Für diese Behandlungsform hat sich der Begriff Unterwassermassage eingebürgert. Mit Hilfe eines Kompressors und eines Schlauchsystems wird auf den Behandelten, der entspannt in einer genügend großen Wanne liegt, ein Wasserstrahl gerichtet. Dieser übt einen Druck auf die Haut und das darunter liegende Gewebe aus. Durch sachkundige Führung des Wasserstrahls kann nun ein Massageeffekt auf den Organismus ausgeübt werden.

Die Intensität der Behandlung kann durch die Einstellung des Strahldrucks und unterschiedliche Düsenformen variiert werden. Die Vorteile dieser Massageform liegen darin, daß der Behandelte völlig entspannt liegen und die Behandlung so gut wie schmerzfrei sein kann.

Die Unterwassermassage findet bevorzugt dann Anwendung, wenn eine Lockerung der Muskulatur oder ein beschleunigter Abtransport von Stoffwechselschlacken beabsichtigt wird.

Sauna

Seit mehreren hundert Jahren wird das Saunabad in einer Reihe von Ländern zur Steigerung der Leistungsfähigkeit und zur Beschleunigung der Erholungsprozesse angewendet. Es führt über eine Anregung des Stoffwechsels zu einer Umstimmung im vegetativen Nervensystem und zu einer trophotropen Reaktionslage.

Die Sauna hat sich als ein Mittel zur Beschleunigung der Wiederherstellungsprozesse besonders nach extremen Belastungen bewährt.

Es ist jedoch wichtig, den durch das Schwitzen entstandenen Wasser- und Elektrolytverlust durch ausreichende Mengen von Getränken wieder zu ersetzen.

Die Sauna sollte am Ende eines Trainingstages etwa ein- bis zweimal pro Woche genutzt werden.

Die Temperatur sollte zwischen 80 und 90°C liegen, die Luftfeuchtigkeit nicht höher als 15 Prozent sein. Ein Schwitzgang sollte zwischen 5 und 15 Minuten dauern. Danach ist eine Ruhepause von 15 bis 25 Minuten einzulegen, bevor der Schwitzraum erneut aufgesucht wird. Eine zweite Wiederholung der Schwitzphase kann nach einer weiteren Ruhepause erfolgen.

In jeder Sauna liegen Nutzungsregeln aus, die strikt zu befolgen sind.

Teilbehandlungen

Die Behandlungsmöglichkeiten einzelner Körperteile durch hydrotherapeutische Maßnahmen sind so vielfältig, daß hier nur einige Aspekte davon berücksichtigt werden können. Weiterführende Informationen enthält zum Beispiel die Monographie von Krauss.

Warme Fußbäder: Bei kaltnasser Witterung können ansteigende Fußbäder nach dem Training das Wohlbefinden des Sportlers erhöhen. Sie können auch den Ausbruch eines bereits im Vorstadium erkennbaren Erkältungsinfekts verhindern und sollten zumindest dann angewendet werden, wenn die Durchführung eines Vollbades oder ein Saunabesuch nicht möglich ist.

Kaltwasserbehandlung und Kryotherapie: Besonders nach langen Straßenläufen ist zu beobachten, daß bei einigen Sportlern die hochbelasteten Sprung- und Kniegelenke, die Füße oder die Achillessehnen geschwollen, überwärmt und schmerzhaft sind. Diese Folgen einer akuten Überbelastung müssen als entzündliche Reaktionen gewertet werden. Hier wäre die Anwendung eines warmen Bades nicht indiziert, es würde die entzündlichen Prozesse nur fördern. Teilbäder mit kaltem Wasser sind hingegen geeignet, die Beschwerden rasch abklingen zu lassen. Gegebenenfalls kann etwa 12 Stunden später ein warmes Bad zur Förderung der Wiederherstellungsprozesse verordnet werden.

Wärmeentzug durch kaltes Wasser dämpft nicht nur entzündliche Prozesse wegen seines gefäßverengenden Effektes, der nach Beendigung der Einwirkung eine reaktive Mehrdurchblutung zur Folge hat. Es sind auch schmerzstillende Phänomene zu beobachten.

Die systematische Nutzung dieser Wirkungen führte zur Entwicklung der Kryotherapie. Hierbei kommen statt des kalten Wassers andere wärmeentziehende Stoffe zur Anwendung. Dazu gehören Eisstückchen, Kühlakkus (im Kühlschrank gelagerte Kälteträger), Kältegebläse und das Chlorethyl in Form eines Sprays.

Die Kältebehandlung im Sport erstreckt sich auf drei Bereiche:

- Kurz vor dem Training oder dem Wettkampf an den Strukturen des Bewegungsapparates, die gereizt, überlastet oder gefährdet sind. Dazu gehört bei Läufern zum Beispiel der Achillessehnenbereich. Da in Wettkampfsituationen in der Regel eine Selbstbehandlung erforderlich ist, sollten vorzugsweise kaltes Wasser und Eiswürfel oder ein geeigneter Kühlakku verwendet werden.

- Direkt nach Verletzungen wie Prellungen, Verstauchungen und Zerrungen. Die Behandlung erfolgt direkt an der Trainings- oder Wettkampfstätte durch Eispackung, Kühlakku oder Chlorethylspray. In Verbindung mit der Anlage eines festsitzenden Verbandes kann auch kaltes Wasser eine nachfolgende Anschwellung wirksam verhindern. Entweder wird der Druckverband direkt befeuchtet, oder die betroffene Extremität wird mit dem Verband in einen Behälter mit kaltem Wasser eingebracht.
- In der Rehabilitation. Nach Verletzungen oder Operationen ist die Funktion der angrenzenden Gelenke oft schmerzhaft eingeschränkt. Kryotherapie unmittelbar vor der Übungsbehandlung dämpft den Schmerz und trägt somit zu einem besseren Behandlungsergebnis und beschleunigter Rehabilitation bei.

5.3.2.4 Phototherapie

Unter Phototherapie wird die Behandlung mit künstlichem oder natürlichem Licht verstanden.

Die größte Bedeutung in der Sportmedizin haben das ultraviolette und das infrarote Licht.

Ultraviolettes Licht: Es kann durch ein Sonnenbad (Heliotherapie) oder in der trüben Jahreszeit durch Höhensonne bzw. ein Solarium auf den Körper gestrahlt werden.

Es führt über die Reizung (Rötung) der Haut mit einer nachfolgenden Pigmentierung derselben zu Umstimmungsreaktionen im Organismus. Diese betreffen vor allem das vegetative Nervensystem.

Ultraviolettes Licht verbessert darüber hinaus die Abwehrkräfte des Organismus durch eine Aktivierung des Immunsystems.

Ultraviolettes Licht schädigt („verblitzt“) die Augen. Sie sind deshalb bei der Behandlung zu schließen oder mit einer getönten Brille zu schützen.

In zu hoher Dosierung kann ultraviolettes Licht in Abhängigkeit von der Reaktionslage des Organismus und von der Lichtmenge leichte bis schwere Störungen des Gesundheitszustandes (Sonnenbrand) hervorrufen.

Infrarotes Licht: Infrarotes Licht führt dem Organismus Wärme zu. Es kommt also immer dann zum Einsatz, wenn eine verstärkte Durchblutung und eine Erhöhung der Stoffwechselaktivität gewünscht wird.

Die Indikationsgebiete sind deshalb Infekte vor ihrem Ausbruch oder im Spätstadium, Beschwerden durch erhöhten Muskeltonus und Furunkel kurz vor ihrem Aufbruch. Die direkte Wärmewirkung in tieferen Schichten ist relativ gering; jedoch wird auf reflektorischem Wege ein entsprechender Effekt auch in diesen Strukturen erreicht.

5.3.2.5 Elektrotherapie

Die Elektrotherapie nutzt die direkten und indirekten Wirkungen des elektrischen Stromes

auf den Organismus zu prophylaktischen und therapeutischen Zwecken.

Im Rahmen dieses Abschnittes können nur grundsätzliche Bemerkungen gemacht (nähere Hinweise bei Edel und Jenrich) werden.

Gleichstrombehandlung

Die Durchflutung eines Körperabschnittes mit Gleichstrom führt unter der positiven Elektrode (Anode) zu einer Schmerzlinderung.

Sie wird deshalb zum Beispiel genutzt bei Lumbago (Irritation des Ischiasnerven), bei Muskelschmerzen, vor allem im Rumpfbereich, bei Gelenkbeschwerden sowie Neuralgien.

Gleichstrom bewirkt darüber hinaus eine Steigerung der Gewebsdurchblutung und bei entsprechender Dosierung eine Reizung motorischer Nerven. Der letztgenannte Effekt wird zur Verhinderung von Atrophien (Rückbildungsprozessen) der Muskulatur bei teilweiser oder vollständiger Lähmung eines Nerven genutzt.

Iontophorese

Mit Hilfe des durch den Gleichstrom aufgebauten elektrischen Feldes können auch Medikamente durch die Haut des Behandelten transportiert werden, soweit sie eine elektrische Ladung besitzen und löslich sind.

Diese Behandlungsform heißt Iontophorese.

Die Medikamente werden entsprechend dem jeweiligen therapeutischen Ziel ausgewählt. So können sie zum Beispiel durchblutungsfördernd (Histaminiontophorese) oder schmerzlindernd (Prokainiontophorese) sein.

Wechselstrombehandlung

Niederfrequente und mittelfrequente Wechselströme bewirken eine verbesserte Durchblutung und eine Schmerzstillung an der Muskulatur. Sie werden deshalb bei entsprechenden Störungen eingesetzt.

Hochfrequente Ströme hingegen führen zu einer starken Erwärmung des behandelten Gewebes. Gleichzeitig erhöht sich die Stoffwechselintensität. In der Muskulatur sind darüber hinaus eine Senkung des Ruhetonus und eine größere Dehnfähigkeit (auch der Sehnen) zu beobachten.

Deshalb wird diese Stromart vor allem bei schmerzhaften Zuständen nach Verletzung, Operationen oder Fehlbelastungen zum Einsatz kommen.

Kurzwelle

Durch Kurzwellenbehandlung wird Energie in das Körperinnere transportiert. Sie wandelt sich dort in Wärme um und bewirkt vor allem im Bereich der Arteriolen eine Gefäßerweiterung.

Je nach Anwendungsform und Applikationstechnik können oberflächliche oder tiefere Schichten des Organismus behandelt werden. Kurzwelle kommt immer dann zur Anwendung, wenn ein Wärmeeffekt erzielt werden soll.

Das ist zum Beispiel bei Gelenk- und Muskelbeschwerden als Folge von Verletzungen oder von Abnutzungserscheinungen der Fall. Ältere Zustände bedürfen einer höheren Dosierung oder längeren Behandlungszeit als frische Schädigungen.

Ultraschall

Bei der Ultraschallbehandlung wird der elektrische Strom in Schallwellen umgewandelt, die über einen geeigneten Kontakt (Schallkopf und Kopplungsmedium) in den Körper eingebracht werden. Hier entfalten sie einen Vibrationseffekt und setzen Wärme frei.

Die **Vibration** kommt einer Mikromassage gleich, die den Stoffwechsel der Zelle anregt. Die Wärmebildung führt darüber hinaus zur Mehrdurchblutung und Stoffwechselaktivierung.

Daraus resultieren eine Tonusverminderung der Muskulatur, die eine Schmerzdämpfung bewirkt, und eine verbesserte Stoffwechsellage.

Die Tiefenwirkung der Ultraschallbehandlung ist begrenzt. Als Indikationsgebiete sind

Zustände nach Verletzungen (z. B. Blutergüsse ab dem zweitem Tag ihres Bestehens, Zerrungen, Prellungen), aber auch ältere, d. h. chronische Prozesse, zu nennen. Zur letzten Gruppe zählen zum Beispiel Verkalkungen von Bändern, Muskeln oder Sehnen nach Verletzungen ebenso wie alte Narben, die Beschwerden verursachen.

Seit einigen Jahren existieren Geräte, die eine synchrone Behandlung mit Ultraschall und Reizstrom möglich machen. Die Anwendung beider Behandlungsverfahren zur gleichen Zeit führt zu günstigeren Ergebnissen als ihr Einsatz nacheinander.

5.3.3 Physioprophylaxe

Der Begriff Physioprophylaxe wurde erstmalig in der Sportmedizin verwendet. Er umfaßt alle physiotherapeutischen Maßnahmen, die zur Erhöhung der Belastbarkeit des Sportlers beitragen.

Dazu gehören zum Beispiel

- Vorbeugung von Fehlbelastungen, besonders des Binde- und Stützgewebes,
- Beschleunigung der Wiederherstellungsprozesse,
- Optimierung der Adaptationsmechanismen und die
- Prophylaxe von Verletzungen.

Damit stellt die Physioprophylaxe einen Komplex von Maßnahmen dar, der in das Tagesregime des Sportlers fest integriert ist.

Er beginnt zum Beispiel mit der Anwendung von kaltem Wasser am Morgen, um den Organismus vegetativ auf die zu erwartende Trainingsbelastung einzustimmen, umfaßt Maßnahmen der Erwärmung (aktive Erwärmung, die z. B. durch leichte Massage unterstützt wird) vor der ersten Trainingseinheit und Anwendungen zwischen den einzelnen Trainingsbelastungen (Kompensationstraining, Massagen, Bäder, Elektrotherapie). Am Ende des Tages sind dann Aktivitäten zur Beschleunigung der Entmüdungsvorgänge für den gesamten Organismus zu treffen (Sauna, warme Bäder, Unterwasserdruckstrahlmassage u. ä.). Einen Teil der physiopropylaktischen Maßnahmen kann der Sportler selbst ausführen (Bäder, Selbstmassagen, Whirlpool, Sauna). Jedoch ist besonders im Leistungssport die aktive Mitwirkung des Sportmediziners und des Physiotherapeuten für die sinnvolle und effektive Durchsetzung der Trainingsprogramme eine unabdingbare Voraussetzung.

6 Sportmedizinische Untersuchungsverfahren – Grundlagen und Anwendungsmöglichkeiten

6.1 Funktionsdiagnostik

Von *K. Koinzer*

6.1.1 Grundlagen der Funktionsdiagnostik in der Sportmedizin

6.1.1.1 Definition Funktionsdiagnostik und Abgrenzung zur Leistungsdiagnostik

Die sportmedizinische Funktionsdiagnostik umfaßt wissenschaftlich begründete Routineverfahren zur Untersuchung und Beurteilung einer oder mehrerer organismischer Komponenten der Leistungsfähigkeit, der Funktionstüchtigkeit und/oder der Gesundheit. Leistungsdiagnostik zielt dagegen auf die Prüfung des individuellen motorischen Fähigkeits- und Fertigkeitsniveaus ab.

6.1.1.2 Ziele der Funktionsdiagnostik

Die sportmedizinische Funktionsdiagnostik dient dem Ziel, den Funktionszustand des Organismus und seiner Teile im Zusammenhang mit sportlichen Belastungen bzw. sportlichem Training zu beurteilen. Teilziele der sportmedizinischen Funktionsdiagnostik bestehen darin, die Kompensationsbreite des Organismus, d.h. die Regulationskapazität und die Regelgüte einzelner Organe und organismischer Funktionssysteme zu ermitteln. Die sportmedizinische Funktionsdiagnostik trägt dadurch bei zur:

- Beurteilung der Belastbarkeit organismischer Funktionensysteme und zur Erarbeitung von Empfehlungen für die effektive Trainingsgestaltung im Schul-, Gesundheits- und Leistungssport,
- Ermittlung der Trainierbarkeit organismischer Funktionen,
- Bewertung des Gesundheitszustandes der Sporttreibenden und dessen Beeinflussung durch sportliche Belastungen,
- Erfassung der leistungsbestimmenden und der leistungsbegrenzenden organismischen Voraussetzungen.

Damit kann die Sportmedizin ihren spezifischen Beitrag zur Beurteilung der aktuellen und prognostischen sportlichen Leistungsfähigkeit und Gesundheit erbringen sowie zur Stabilisierung der Gesundheit und zur Optimierung bzw. Maximierung körperlich-sportlicher Leistungen beitragen.

6.1.1.3 Aufgaben der Funktionsdiagnostik

Die Aufgaben der sportmedizinischen Funktionsdiagnostik bestehen darin, das organismische Funktionsverhalten bei motorischen Leistungen zu erfassen und im Sinne der o.g. Ziele zu beurteilen. Dies setzt eine klare Belastungs-Meßgrößen-Korrelation voraus.

6.1.1.4 Objektivierung der Meßdaten (Belastungs-Meßgrößen-Korrelation, Gütekriterien, Norm- bzw. Referenzwerte)

Die diagnostischen Prüfverfahren, auf denen die sportmediznische Funktionsdiagnostik basiert, müssen die folgenden **Hauptgütekriterien** erfüllen:

- Objektivität (weitgehende Unabhängigkeit der Untersuchungsergebnisse vom Untersucher bei der Durchführung der Untersuchungen sowie bei der Auswertung und Interpretation der Meßdaten),
- Validität (Gültigkeit = Genauigkeit der Messungen bezüglich der zu messenden Merkmale),
- Reliabilität (Zuverlässigkeit = Genauigkeit der Messungen und damit Wiederholbarkeit).

Weitere **Gütekriterien** für die Verfahren der sportmedizinischen Funktionsdiagnostik sind:

- Belastung des Probanden durch das Verfahren,
- Normiertheit (Qualität der Einordnung der Ergebnisse in das Bezugssystem),
- Aufwand (personeller, materieller, zeitlicher),
- Handnabbarkeit des Verfahrens.

Weiterhin soll ein Prüfverfahren im Rahmen der sportmedizinischen Funktionsdiagnostik noch einigen **Zusatzkriterien** genügen. Es muß:

- wissenschaftlich begründet sein,
- definierte Eigenschaften, Fähigkeiten und Fertigkeiten prüfen,
- routinemäßig die Prüfbarkeit unter Standardbedingungen erfüllen,
- die international vergleichbare und anerkannte Methodik (Durchführungsinstruktionen) berücksichtigen.

Die Interpretation der erfaßten Parameter setzt den Vergleich dieser mit entsprechenden Norm- bzw. Referenzwerten voraus.

Nach Israel unterscheiden wir folgende **Normwertkategorien**:

- Minimalnorm zur Abgrenzung unauffälliger „o.B-Befunde„ von pathologischen (krankhaften) Parameterwerten,
- Majoritätsnorm als Durchschnittsnorm (statistischer Regelfall),
- Idealnorm als Ausdruck des funktionellen Optimums,
- Spezialnorm als Vergleich für spezielle Leistungsvoraussetzungen (z.B. Tauglichkeitsmaßstäbe im Leistungssport).

6.1.2 Funktionsdiagnostik im natürlichen Milieu

Sportmedizinische Funktionsdiagnostik kann sowohl im natürlichen Milieu als auch unter Laborbedingungen durchgeführt werden.

Unter der Funktionsdiagnostik im natürlichen Milieu wird die Ermittlung von Parametern während der Sportausübung unter natürlichen Bedingungen, also während des Trainings oder Wettkampfes oder während der sportlichen Aktivität im Sportunterricht, im Vereins- oder Gesundheitssport verstanden (Feldbelastungen, Feldtests).

Die Art und Weise der Belastung wird durch die jeweilige Sportart oder Disziplin, durch Intensität und Umfang vorgegeben. Dazu zählen auch die realisierten Belastungskomponenten unter den existierenden materiellen, meteorologischen und psychischen Bedingungen. Die Methodik der Erfassung sportmedizinischer Meßgrößen bei Feldbelastungen kann kontinuierlich (fortlaufend) oder diskontinuierlich (nach Teilabschnitten und am Ende der Belastung) erfolgen.

- Die **kontinuierliche Parametererfassung** während der Funktionsdiagnostik unter natürlichen Bedingungen geschieht entweder mit Hilfe der Biotelemetrie (Radiotelemetrie) oder mittels Bandspeichergeräten oder mit Hilfe Computerspeicherung. Die **Biotelemetrie** ist eine Parame-

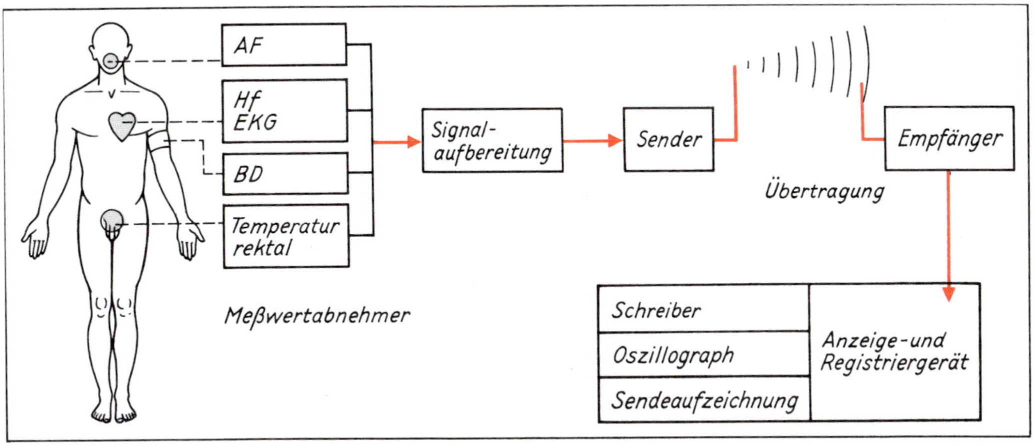

Bild 6.1 Schematische Darstellung der telemetrischen Übertragungsmöglichkeit biologischer Meßgrößen (nach Neumann, 1976)

terfernübertragung, wobei ein vom Probanden mitgeführter Sender die durch Meßfühler abgenommenen bioelektrischen Impulse (EKG, EEG) oder die nach Umwandlung nichtbioelektrischer Meßgrößen in elektrischanaloge Signale (Blutdruck, Atemgrößen, Körpertemperatur) übermittelt. Mit Hilfe eines am Spielfeld- oder Hallenrand postierten Empfängers werden die elektrischen Potentiale aufgefangen und direkt einem adäquaten Registriergerät (z.B. Elektrokardiographen) zugeführt (Bild 6.1). Bei der fortlaufenden Registrierung mit Hilfe von **Bandspeichergeräten** (z.B. Holter-Avionis) werden bioelektrische Potentiale auf einem vom Probanden mitgeführten Magnetband gespeichert. Nach Beendigung der Belastung erfolgt die Entspeicherung und Registrierung (z.B. des EKGs) mit entsprechenden Geräten. Die **Computerspeicherung** von bioelektischen Potentialen (z.B. die fortlaufende Erfassung der elektrischen Potentiale des Herzens in Form des EKG) oder nichtelektrischer Signale, die in elektrische umgewandelt werden (z.B. bei der fortlaufenden Messung der Pf mit Hilfe der Pulsuhren oder des Blutdruckes bei der 24-Stunden-Messung), erfahren immer größere Anwendung.

- Zur **diskontinuierlichen Parameterregistrierung** sind grundsätzlich alle physiologischen und biochemischen Meßgrößen geeignet, doch haben sich in der sportmedizinischen Praxis einige des Herz-Kreislauf-Systems (Herzfrequenz, Blutdruck, EKG) und des Stoffwechsels (z.B. Laktat, Blutzucker, Blutfettwerte) durchgesetzt. Die Erfassung der äußeren Belastungsstruktur kann mit Hilfe von Film- oder Fernsehaufnahmegeräten (Videomagnetspeicher) oder mittels Standbildfotografie relativ objektiv erfolgen. Danach muß die äußere Belastungsstruktur der „inneren„ Belastung zeitadäquat zugeordnet werden.

Die Vorteile der Erfassung biologischer Meßgrößen unter natürlichen Bedingungen liegen vor allem in der Möglichkeit:

- die „innere“ Belastung der Organe als Antwort auf die natürliche Belastungsstruktur unter konkreten materiellen, meteorologischen und psychischen Bedingungen zu erfassen. Dies ist bei Laborbelastungen nur schwerlich möglich,
- die bei Laborbelastungen relativ ausgeprägten psychischen Belastungen zu reduzieren,
- eine zieladäquatere (effektivere) Trainingssteuerung mit den unter natürlichen

Bedingungen erfaßten Parametern zu erreichen.

Die Nachteile der Diagnostik unter natürlichen Bedingungen bestehen in:

- der eingeschränkten Vergleich- und Reproduzierbarkeit infolge nicht exakter Erfassung der physikalischen Leistungen und unzureichender Realisierung vergleichbarer Bedingungen bei wiederholenden Untersuchungen (z.B. Bodenverhältnisse, Temperatur usw.),
- einer Reihe methodischer Schwierigkeiten, besonders bei der Umwandlung nichtbioelektrischer Meßgrößen in elektrischanaloge Signale,
- der aufwendigen Zuordnung der äußeren Belastung zur „inneren„ Belastung mittels Film, Fernsehen oder Standbildfotografie,
- dem hohen finanziellen, personellen und zeitlichen Aufwand bei der Beschaffung bzw. Nutzung entsprechender Anlagen.

Beispiele für komplexe Feldtests, die z. T. physiologische Kenngrößen berücksichtigen:

Cooper-Test

Methodik: Standardisierter 12-Minuten-Lauftest (Cooper 1984).

Bewertung: Die Klassifizierung der Laufleistung erfolgt für Kinder und Erwachsene anhand der absolvierten Laufstrecke (s. auch Grosser et al). Cooper fand durch spiroergometrische Vergleichsuntersuchungen folgenden Zusammenhang zwischen Laufleistung und der auf das Körpergewicht bezogenen maximalen Sauerstoffaufnahme: VO_2 max/kg (in ml/kg/min) = 3.126 x 12-Minuten-Laufleistung (in m) – 11.3 (American College of Sports Medicine). Damit ist die relative VO_2 max/kg indirekt aus der Laufleistung schätzbar.

Balke- Test

Methodik: Standardisierter 15-Minuten-Lauf (s. Balke et al).

Bewertung: Die Bewertung der 15-Minuten-Laufleistung ist anhand von erarbeiteten Tabellen möglich. Die Schätzung der VO_2 max/kg kann mit Hilfe des erarbeiteten Zusammenhangs: VO_2 max/kg = 2.67 x 15-Minuten-Laufleistung (m) – 11.3 erfolgen.

6.1.3 Funktionsdiagnostik im Labor

6.1.3.1 Methodik der Testbelastungen (Belastungsart, -dauer, -intensität, Pausen- bzw. Intervalldauer)

Die sportmedizinische Funktionsdiagnostik im Labor kann unter Ruhe- und unter Belastungsbedingungen erfolgen. Ausschließlich unter Ruhebedingungen werden im Rahmen der sportmedizinischen Funktionsdiagnostik nur wenige Parameter ermittelt. Dazu gehören zum Beispiel die Ruheherzfrequenz, das Herzvolumen oder anthropometrische Parameter als Vergleichsgrößen. Mit der Erfassung physiologischer und biochemischer Meßgrößen unter Belastungsbedingungen wird die Absicht verfolgt, solche Parameter belastungsbedingt auszulenken und zu erfassen, die in enger Korrelation zu der zu überprüfenden Organfunktion stehen (Belastungs-Meßgrößen-Korrelation). Dazu sind Belastungstests erforderlich.

Belastungstests (Arten motorischer Prüfverfahren)

Bei der Beurteilung der Regulations- oder der allgemeinen körperlichen Leistungsfähigkeit können zur Belastung der Probanden folgende Testbelastungen eingesetzt werden:

- *Stehversuche* (z.B. Schellong-Test, s. 6.1.3.2): Sie ermöglichen z.B. Aussagen zur Regulationsfähigkeit des Herz-Kreislauf-Systems,
- *Kniebeuge-Tests:* Sie kommen in der sportmedizinischen Funktionsdiagnostik

Belastungsart	Belastungsdauer je Stufe	Belastungsintensität je Stufe	Pausen- bzw. Intervalldauer
konstante Belastungsintensität - ohne Pause 	3,6,20 min 2,8 Std	- absolute Belastungsdosierung: 25,50,100 W usw. (Erw.)+25 oder 50 W - relative Dosierung	—
- mit Pause 	2,3,6,10, 20 min	- absolute Dosierung - relative Dosierung: ½ W/kg oder 1 W/kg oder 2 W/kg oder 3 W/kg	1,2,3,5 min
- intervallförmige Belastung 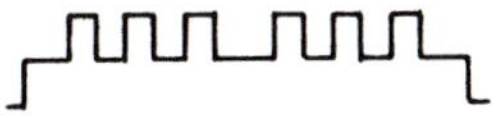	1,2,3,5,6 min	- absolute Dosierung - relative Dosierung	1,2,3,5 min
Belastung mit zunehmender Intensität - ohne Pause 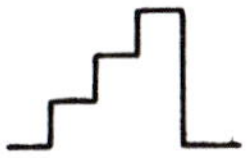	1,2,3,4,5,6 min	- absolute Dosierung - relative Dosierung - herzfrequenzgesteuerte Dosierung	—
- mit Pause 	1,2,3,6 min	- absolute Dosierung - relative Dosierung	1,2,3,5 min

Bild 6.2 Schematische Darstellung des am häufigsten verwendeten methodischen Vorgehens bei der Fahrradergometrie (nach Koinzer, 1978)

nur noch in Ausnahmefällen zur Anwendung, da die Vergleich- und Reproduzierbarkeit der dabei ermittelten physiologischen Meßgrößen relativ gering ist,

- *Steptests:* Hierbei wird die innere Belastung dadurch erreicht, daß der Proband in einer bestimmten Zeit eine bestimmte Anzahl von Stufen bestimmter Höhe zu besteigen hat (z.B. Ruffier-Test). Obwohl die Höhe der zu besteigenden Stufen den individuellen Hebelverhältnissen angepaßt wird (Ober- und Unterschenkel sollen nach Aufsetzen des Beines auf die Stufe einen Winkel von 90 ° bilden), ist auch bei den Steptests die dabei vollbrachte Leistung nur ungefähr ermittelbar, so daß die Reproduzierbarkeit den modernen Anforderungen sportmedizinischer Funktionsdiagnostik nicht genügt,

- *Ergometrie:* Ergometer (Arbeitsmesser) erfüllen die Forderung nach einer exakt meß- und dosierbaren Leistung während Laborbelastungen. Sie erhöhen damit deutlich die Vergleich- und Reproduzierbarkeit der unter diesen Belastungsbedingugen ermittelten physiologischen und biochemischen Meßgrößen. Die während Fahrradergometerbelastungen erbrachten Leistungen (Fahrradergometerleistungen) werden in Watt (W) oder in mkp pro Zeiteinheit ausgedrückt (1 mkp/s = 9,81 J/s). Zur Diagnostik der allgemeinen körperlichen Leistungsfähigkeit im Funktionslabor wird oft die Fahrradergometerbelastung eingesetzt (Fußkurbelergometrie). Der Proband tritt dabei gegen einen durch mechanische oder elektrodynamische Bremsung erzeugten Widerstand. Während der Laufbandbelastung (Laufbandergometrie) läuft der Proband gegen eine vorgegebene Bandumlaufgeschwindigkeit (Dosierung in m/s).

Belastungen im Rahmen der sportartspezifischen Leistungsdiagnostik erfolgen mit Hilfe von Spezialergometern, mit denen eine möglichst adäquate sportartspezifische Belastung des Probanden durchführbar wird.

Solche Spezialergometer zur Belastung von Leistungssportlern sind: Spezialfahrradergometer für Radsportler (Bahn und Straße), Laufband für Sportler in Laufdisziplinen (Leichtathletik), Strömungskanal für Schwimmsportler, Ruderergometer, Kanuergometer, kippbares Laufband (Skiroller) für Sportler in Skilanglaufdisziplinen u.a.. Die möglichen Grundtypen ergometrischer Testbelastungen sowie deren Dauer, Intensität und Pausengestaltung während der sportmedizinischen Labordiagnostik können dem Bild 6.2 entnommen werden.

Die Prinzipien ergometrischer Belastungsgestaltungen sind je nach angestrebter diagnostischer Aussage die Vita-maxima-Belastung und die Standardbelastung.

Vita-Maxima-Belastung (Maximale Ausbelastung, Vita-maxima-Test, Stufentest)

Sie erfolgt mit stufenförmig ansteigender Belastungsbeauflagung bis zur subjektiven Erschöpfung (Stufentest).

Stufentest auf dem Fahrradergometer: Die Belastungsbeauflagung und -steigerung kann grundsätzlich erfolgen

- durch **absolute Belastungsdosierung**: Laut WHO-Empfehlung wird die Belastung bei 25 W begonnen und aller 2 Minuten um 25 W bis zur subjektiven Erschöpfung gesteigert. Modifikationen in Abhängigkeit von der Leistungsfähigkeit der Probanden sind möglich (z.B. Belastungsbeginn bei 50 W, Steigerung um 50 W, Dauer der Belastungsstufen zwei oder drei oder vier Minuten),
- durch **körpergewichtsbezogene Dosierung**: Belastungsbeginn bei 1,0 oder 1,5 W/kg Körpergewicht und Steigerung jeweils um 0,5 oder 1,0 W/kg,
- durch körperhöhenbezogene Dosierung: Z.B. beim maximalen McMaster-Test (Tab. 6.1),

Tabelle 6.1 McMaster-Test zur maximalen, kontinuierlichen stufenförmigen Belastung am Fahrradergometer, Einteilung nach Körperlängengruppen

Körperlänge (cm)	Eingangsstufe (Watt)	Zuwachs (Watt)	Dauer der Stufe (min)
=/< 119,9	12,5	12,5	2
120 – 139,9	12,5	25	2
140 – 159,9	25	25	2
=/> 160	25	25 Mä	2
		50 Ju	2

Stufentest auf dem Laufband: Beim Stufentest auf dem Laufband wird die Belastung meist ab 2 m/s bei Kindern und 2,5 m/s bei Jugendlichen und Erwachsenen begonnen und alle 2 Minuten je nach Leistungsfähigkeit der Probanden um 0,25 oder 0,50 m/s gesteigert. Ergometrische Vita-maxima-Belastungen finden vor allem in der Funktionsdiagnostik von Leistungssportlern Anwendung.

Als Kriterein der Ausbelastung bei der Fahrrad- und Laufbandergometrie gelten:

- Belastungs-Hf: = / > 190 S/min bei Sportlern; bei Untrainierten altersbezogene maximale Hf lt. Berechnung: 200 minus ½ Lebensalter oder lt. Tabelle 6.2,
- ventilatorischer respiratorischer Quotient (RQ): > 1.10,
- Laktatkonzentration: = / > 6 mmol/l bei untrainierten Erwachsenen; bei Kindern > 4 mmol/l; bei Sportlern > 8 mmol/l,
- ph: < 7,2;
- Base-exsess-Wert: < -10,
- Atemäquivalent: > 30,
- Systolischer Blutdruck: > 200 Torr.

Tabelle 6.2 Maximale Herzschlagfrequenz bei Frauen und Männern im ergometrischen Stufenversuch (Rost/Hollmann 1982)

Frauen Lebens-jahrzehnt		X +/- s	Männer Lebens-jahrzehnt		X +/- s
3.	191	13	3.	195	11
4.	186	10	4.	189	13
5.	178	12	5.	182	9
6.	172	12	6.	170	11
7.	164	9	7.	162	8
8.	146	11	8.	148	10

Submaximale Ergometrie (Standardbelastung): Die Standardbelastung ist ihrem Wesen nach ein submaximaler Stufentest. Mit Hilfe von Standardbelastungen wird es möglich, Einblick in die Ökonomisierungsprozesse der geprüften Funktionssysteme zu erhalten und die Vergleichbarkeit der Meßwerte bei Längsschnittuntersuchungen zu erhöhen. Beim submaximalen Stufentest erfolgen die Belastungssteigerungen nicht bis zur subjektiven Erschöpfung, sondern bis an oder wenig oberhalb der anaeroben Schwelle (Kriterien: Laktat: =/> 4 mmol/l oder Herzfrequenz: =/> 190 minus Lebensalter; vgl. o.g. Hinweise). Die Belastungsdauer je Stufe ist zwischen 3 und 6 Minuten üblich, kann aber bis zu 15 Minuten betragen.

Neben der o.g. absoluten und relativen Belastungsdosierung (W, W/kg KG, W/cm KH) hat sich bei den Standardbelastungen die herzfrequenzbezogene Belastungsdosierung bewährt. Sie basiert auf der bekannten linearen Beziehung zwischen Testbelastung und Belastungsherzfrequenz im aeroben Leistungsbereich. Dieses Verfahren ist sehr schonend und hinreichend genau, so daß es insbesondere für Kinder, Leistungsschwache und Kranke gut geeignet ist (Koinzer 1977).

Standardisierungskriterien für die Ergometrie

Da auf die Quantität der biologischen Meßgrößen neben der Testbelastung eine Fülle von körpereigenen und körperfremden (exogenen) Faktoren Einfluß nehmen, ist die Einhaltung der folgenden Standardisierungskriterien im Interesse einer exakten Vergleich- und Reproduzierbarkeit der Untersuchungsergebnisse erforderlich:

- gleiche Belastungsart, um die Belastungsstruktur bei wiederholenden Untersuchungen adäquat zu halten,
- Tretgeschwindigkeit zwischen 60 bis 90 U/min, um für die biologischen Systeme die effektivste Arbeitsweise zu erreichen,

- bei wiederholenden Untersuchungen identische Kurbelumdrehungen, um den Wirkungsgrad der Muskulatur unverändert zu halten,
- individuelle Sattelhöhe bei der Fahrradergometrie, um den Einsatz gleicher Muskelgruppen zu gewährleisten,
- optimale Temperaturen von 18 bis 22° C im Untersuchungsraum und eine relative Luftfeuchte von 30 bis 60 %,
- gleiche Tageszeit der Untersuchungen, da sonst tageszeitlich bedingte Differenzen im Leistungsvermögen auf die Testergebnisse Einfluß nehmen können,
- Einnahme einer aus leichtverdaulichen Kohlenhydraten bestehenden Mahlzeit bis spätestens eine Stunde vor Untersuchungsbeginn,
- Ausschaltung störender, den Probanden ablenkender Umweltreize,
- Verbot von Genußmitteln- und Medikamenteneinnahmen am Untersuchungstag.

6.1.3.2 Auswahl, Erfassungsmethodik und Bewertung der wesentlichsten sportmedizinischen Funktionsgrößen

Im folgenden Abschnitt sollen die wichstigsten Meßgrößen, die für die Beantwortung sportmedizinischer Fragestellungen von Bedeutung sind, genannt und ihre grundsätzlichen Aussagemöglichkeiten angedeutet werden. Die Grundzüge ihrer Meßmethodik einschließlich der erforderlichen Apparaturen sollen kurz zur Darstellung kommen.

Parameter des Herz-Kreislaufsystems

Herzfrequenz (Hf) bzw. Pulsfrequenz (Pf)

Unter der Hf versteht man die Anzahl der Herzschläge pro Minute, unter der Pf die Pulsschläge pro Minute. Beim gesunden Menschen entspricht die Höhe der Pf der der Hf. Die folgenden Methoden der Pf- bzw. Hf-Erfassung haben in der sportmedizinischen Funktionsdiagnostik praktische Bedeutung erlangt:

- *Palpatorische Hf- bzw. Pf-Ermittlung* (Palpation = Tasten): Bei oder nach sportlichen Belastungen läßt sich die Pf am schnellsten und sichersten durch Palpation der Halsschlagader (Arteria carotis; ca. 2 Querfinger seitlich vom Schildknorpel unmittelbar vor dem inneren Rand des Kopfwendermuskels) oder durch Palpation der Speichenarterie (Arteria radialis; ca. 2 cm oberhalb des Handgelenkes unmittelbar neben dem Speichenknochenvorsprung kleinfingerwärts) ermitteln. Sollte bei maximalen Belastungen infolge geringer Füllung der beiden Arterien das Fühlen der Pulswelle schwierig werden, kann durch Tasten des Herzspitzenstoßes im 5. Zwischenrippenraum links in der durch die Mitte des Schlüsselbeines gedachten Senkrechten das Zählen der Hf verläßliche Werte ergeben. Die Palpation erfolgt mit dem 2., 3. oder 4. Finger, nicht mit dem Daumen. Das Zählen wird über 15 oder 10 Sekunden, bei Beherrschen der Methodik auch über 6 Sekunden durchgeführt. Die erhaltenen Werte werden auf jeweils 1 Minute umgerechnet.
- *Auskultatorische Hf-Bestimmung* (Abhören): Die Auskultation der Herzschläge mit einem Stethoskop über der Herzspitze mit anschließendem Auszählen und Berechnen der Hf ist der Methodik der Pf-Ermittlung analog.
- *Photoelektrische Pf-Messung*: Bei dieser Methodik werden die durch die Herzaktionen bedingten rhythmischen Veränderungen der Blutfülle in den Kapillaren des Ohrläppchens durch einen photoelektrischen Pulszähler, der aus einer Ohreinheit (Fotozelle und Lichtquelle) und einem Registriergerät mit elektronischer Verstärkereinheit besteht, erfaßt und registriert.

- *Elektrokardiographische Hf-Messung*: Die Hf wird aus der EKG-Kurve durch Ermittlung der R-R-Zackenabstände und Berechnung nach der Formel

$$\text{Hf} = \frac{60}{\text{R-R-Intervall in s}}$$

berechnet. Kardiotachometer berechnen auf dieser Basis die Hf elektronisch und zeigen sie an. Angeschlossene Drucker drucken sie aus. Damit ist eine automatische Hf-Bestimmung über lange Zeiträume (über Stunden und Tage) möglich.

Bewertung: Auf Grund gesetzmäßiger Beziehungen der Belastungs-Hf zur jeweils aktuellen Stoffwechselsituation im Organismus sind aus der Dynamik des Herzfrequenzverhaltens während ergometrischer Untersuchungen folgende diagnostische Aussagen möglich):

- Schätzung des Grades der Ausdauertrainiertheit des Herz-Kreislaufsystems aus der Höhe der durch Ausdauertraining bedingten Senkung der Ruhe-Hf (Bradykardie). Die Durchschnitts-Ruhe-Hf-Werte für untrainierte Kinder und Jugendliche sind zum Vergleich dem Bild 4.43 zu entnehmen.
- Ermittlung der maximalen Hf (Hf max) im Vita-maxima-Test, woraus Rückschlüsse auf die maximale Belastbarkeit des Herz-Kreislaufsystems möglich sind,
- Ermittlung der Schwellenherzfrequenzen (Hf an der aeroben und anaeroben Schwelle) als Voraussetzung für gezielte Trainingssteuerungen in diesen Stoffwechselbereichen. Die beim Standardtest am Ende jeder Belastung erfaßten submaximalen Hf-Werte (etwa zwischen 120 und 170 S/min bei untrainierten Erwachsenen) steigen linear mit der Testbelastung an. Sie repräsentieren den aeroben Leistungsbereich (Bild 6.3). Beim *Conconi-Stufentest* läßt sich deshalb aus der leistungsabhängigen Steilheit der linear mit der Testbelastung steigenden Belastungsherzfrequenz die individuelle submaximale Leistungsfähigkeit des Herz-Kreislaufsystems schätzen. Der Beginn des abgeflachten Anstiegs der Belastungsherzfrequenz (Ermüdungsherzfreuqenz) im Bereich der anaeroben Schwelle orientiert zugleich auf den Übergang in den anaeroben Stoffwechselbereich. Leider werden diese Herzfrequenz-Belastungsbeziehungen durch vielfältige Einflußfaktoren modifiziert, so daß mit Hilfe des Conconi-Tests nur eine Überblicksinformation zur Leistungsfähigkeit des Herz-Kreislaufsystems möglich ist.
- Berechnung der herzfrequenzbezogenen fahrradergometrischen Leistung als

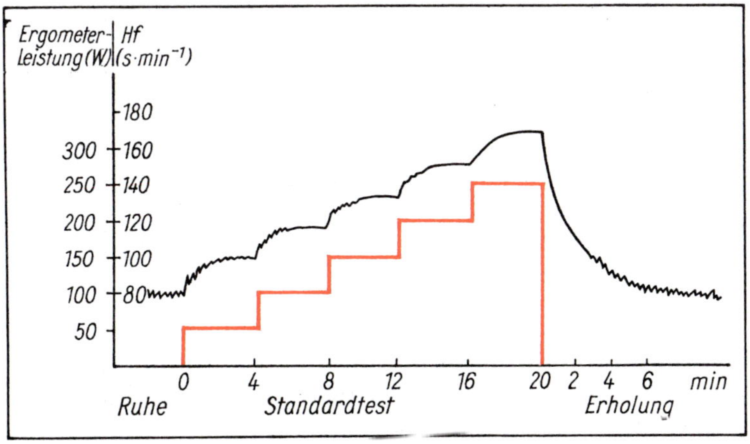

Bild 6.3 Schematische Darstellung des Hf-Verhaltens während einer ergometrischen Standardbelastung

PWC$_{170}$ (physical working capacity) oder als W$_{170}$ (working) und die herzfrequenzbezogene Sauerstoffaufnahme, z.B. als $VO_{2\,170}$.

- Anhand der Nachbelastungs-Hf können Rückschlüsse auf die Erholungsfähigkeit des Herz-Kreislaufsystems gezogen werden. Je rascher die Belastungs-Hf zum Ausgangsniveau zurückkehrt, um so größer ist die Erholungsfähigkeit des Herz-Kreislaufsystems. Dabei ist allerdings zu beachten, daß nach kurzdauernden maximalen Belastungen die Hf rascher zum Ausgangsniveau zurückkehrt als nach extremen Langzeitbelastungen. Die Nachbelastungs-Hf kann nicht als Maß für die sportliche Ausdauerleistungsfähigkeit betrachtet werden.

Arterieller Blutdruck (BD)

Der arterielle Blutdruck ist der in den Arterien herrschende Druck des Blutes. Die Maßeinheit ist kPa bzw. Torr bzw. mmHg.

Methodik: Der Blutdruck kann unblutig und blutig gemessen werden. Die blutige Blutdruckmessung wird in der sportmedizinischen Funktionsdiagnostik nur in Ausnahmefällen angewendet, auf die Darstellung der Meßmethodik kann deshalb verzichtet werden. Die unblutige Blutdruckmessung erfolgt in der Regel mit der Manschettenmethode (Methode nach Riva-Rocci und Korotkow). Dazu wird um den rechten Oberarm eine Gummimanschette, die mit einem Quecksilbermanometer verbunden ist, gelegt und mit Luft bis zu einem Druckwert aufgeblasen, der über dem zu erwartenden systolischen Blutdruckwert liegt (etwa 20 – 25 kPa) (Bild 6.4). Dadurch ist in der Blutdurchfluß durch die Armspeichenarterie unterbrochen, der Puls ist weder zu fühlen noch zu hören. Während des langsamen Ablassens des Druckes durch Öffnung der Schraube am Gummiball tritt, sobald der Manschettendruck den Druck der systolischen Blutdruckwelle geringfügig unterschreitet, eine Wirbelbildung auf. Dieses sogenannte Korotkowgeräusch ist mit Hilfe eines über der Armspeichenarterie aufgesetzten Stethoskops zu hören. Der dabei am Quecksilbermanometer abgelesene Druck entspricht dem **systolischen Blutdruckwert** in dieser Arterie (als 1. Druckwert angegeben). Bei weiterem Ablassen des Manschettendruckes werden die systolischen Geräusche zunächst lauter, danach zunehmend leiser und verschwinden schließlich völlig. Der beim Verschwinden des Geräusches abgelesene Manometerdruck entspricht dem **diastolischen Blutdruckwert** (als 2. Druckwert angegeben). Die Differenz zwischen systolischem und diastolischem Druckwert entspricht der **Blutdruckamplitude**.

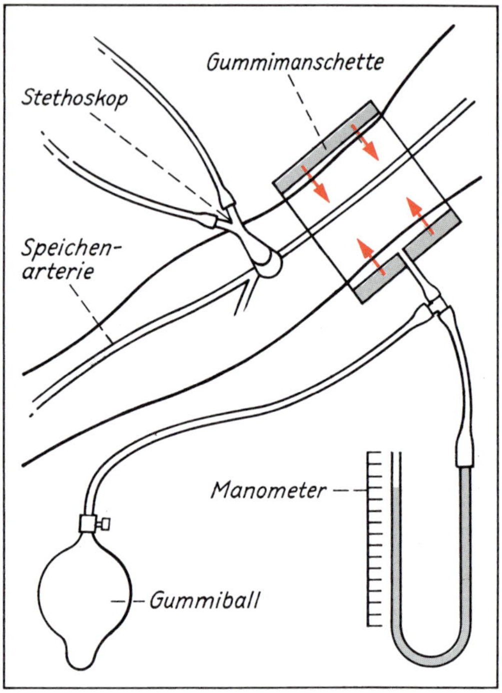

Bild 6.4 Schematische Darstellung der unblutigen Blutdruckmessung am Oberarm mit der Methode nach Riva-Rocci und Korotkow (nach Neumann)

Bewertung: Die Ruhe-Blutdruck-Normwerte (Majoritätsnorm) für Kinder und Jugendliche sind dem Bild 4.43 zu entnehmen. Das

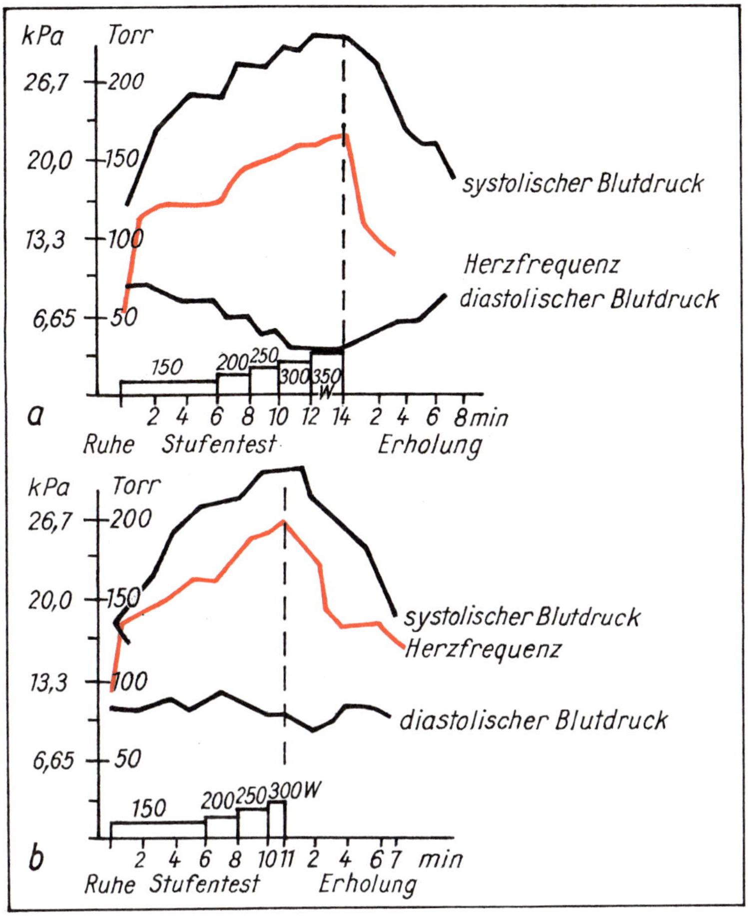

Bild 6.5 Typisches Verhalten von Herzfrequenz und Blutdruck beim ergometrischen Stufentest. **a** Gut trainierter; **b** ungenügend trainierter Ausdauersportler (nach Neumann)

Belastungsverhalten des Blutdruckes bei Untrainierten und Trainierten ist aus Bild 6.5 zu ersehen. Typisch für den Trainierten sind die größere Blutdruckamplitude bei vergleichbaren Belastungen und eine raschere Normalisierung in der Nachbelastungsphase. Die größere belastungsinduzierte BD-Amplitude des Trainierten ist Ausdruck der größeren Druck-Volumen-Arbeit des Herzens als Folge einer Schlagvolumenerhöhung und einer verbesserten Windkesselfunktion der Aorta. Außerdem erreicht der Trainierte höhere maximale systolische BD-Werte (bis etwa 33 kPa = 250 Torr).

Schlagvolumen (VS) und Herzminutenvolumen (HMV)

Das VS ist die Blutmenge in ml, die pro Herzschlag vom Herzen in die Aorta oder in die Arteria pulmonalis ausgeworfen wird. Unter dem HMV versteht man die Blutmenge in ml oder l, die vom Herzen pro Minute transportiert werden kann.

Methodik: Es gibt mehrere Methoden zur Bestimmung der Herzvolumina, die in der Regel einen großen apparativen und personellen Aufwand erfordern und hier nicht näher erläutert werden sollen.

Bewertung: Das Ruhe-VS wird für untrainierte Erwachsene mit 50 bis 80 ml (Mittelwert 75 ml) angegeben. Das Ruhe-VS für Kinder ist dem Bild 4.42 zu entnehmen. Bei Ausdauersportlern beträgt es in Abhängigkeit von der Größe des Sportherzens 80 bis 140 ml, bei einem HV von 900 ml etwa 100 ml. Unter Belastung erreichen Untrainierte ein maximales VS von 120 bis 140 ml, Trainierte von etwa 200 ml. Das Ruhe-HMV untrainierter männlicher Erwachsener beträgt 4 – 7 l/min, das der Kinder zeigt das Bild 4.42. Trainierte haben auf Grund der Bradykardie ein etwa gleichgroßes Ruhe-HMV (4 bis 6 l/min).

Das maximale HMV beträgt beim untrainierten männlichen Erwachsenen 20 bis 26 l/min, bei Ausdauersportlern 35 bis 42 l/min. Bei Frauen sind die maximalen Förderleistungen des Herzens in Relation zur geringeren Herzgröße etwa um 10 l/min kleiner. Die diagnostische Bedeutung des VS und HMV ist im Rahmen der sportmedizinischen Funktionsdiagnostik gering.

Herzvolumen (HV)

Das Herzvolumen bringt das Fassungsvermögen des Herzens für Blut und damit seine Größe zum Ausdruck (Maßeinheit: ml oder l).

Methodik: Die Ermittlung des HV erfolgt aus einer aus 2 m Entfernung am liegenden Probanden angefertigten Röntgenaufnahme, wobei aus Längendurchmesser (l), Breitendurchmesser (b1, b2) und dem größten Tiefendurchmesser (t max) (Bild 6.6) das HV nach der Formel: V = 0,4 x. l x b x t max berechnet werden kann (Rohrer und Kahlstorf, modifiziert durch Musshoff und Reindell, 1956). Die röntgenologische HV-Bestimmung ist eine relativ einfache und genaue Methode. Die Fehlerbreite dieser Methodik beträgt weniger als 5 %. Außerdem ist die Herzvolumenbestimmung mit Hilfe der Echokardiographie möglich (Rost u. Mitarb. 1995).

Bewertung: Mit der HV-Bestimmung können Geschwindigkeit und Ausmaß der Herausbil-

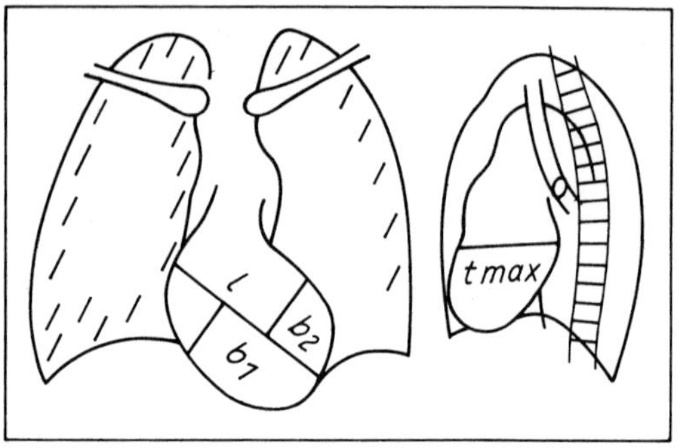

Bild 6.6 Herzvolumenbestimmung mittels röntgenologischer Herzfernaufnahme (nach Musshoff und Reindell)

dung von trainingsbedingten HV-Vergrößerungen (Sportherzen) objektiviert und Rückschlüsse auf die Trainingsgestaltung gezogen werden. Untrainierte Erwachsene besitzen Herzvolumina von durchschnittlich 750 ml, wie im Bild dargestellt. Ausdauersportler haben Herzvolumina von über 1000 ml (Extremwerte zwischen 1500 und 1700 ml).

Der **Herzquotient** oder die relative Herzgröße, das Verhältnis des Herzvolumens zur Körpermasse (Reindell et al., 1960), ermöglicht im Rahmen von Längschnittuntersuchungen objektivere Beurteilungen von HV-Adaptationen als der Vergleich der absoluten Herzvolumina. Für untrainierte Erwachsene werden Herzquotienten von 10,5 bis 12 ml/kg Körpergewicht, für Ausdauersportler bis 18 ml/kg KG angegeben.

Das *Herzvolumenäquivalent* (HVÄ; Reindell et al.,1960), auch als Herzvolumenleistungsquotient (HVLQ) bezeichnet, ist das Verhältnis des HV zum maximalen Sauerstoffpuls.

$$\text{HVÄ bzw. HVLQ} = \frac{\text{Herzvolumen (ml)}}{\text{max. } O_2\text{-Puls}} = \frac{\text{HV x max. Hf}}{VO_2 \text{ max}}$$

Der HVLQ ermöglicht die funktionelle Differenzierung zwischen Sportherzen und pathologisch vergrößerten Herzen (Herzinsuffizienz).

Elektrokardiogramm (EKG)

Das EKG ist die Aufzeichnung der elektrischen Phänomene, die bei der Herztätigkeit ablaufen.

Methodik: Die Aufzeichnung des EKG erfolgt mit Elektrokardiographen. Zu diesem Zweck werden an bestimmten Punkten der Körperoberfläche Elektroden angelegt. EKGs dürfen nur von Fachkräften abgeleitet werden, die Darlegung weiterer Einzelheiten zur Methodik erübrigt sich deshalb.

Bewertung: Die normale Erregungsbildung, Erregungsausbreitung und Erregungsrückbildung in der Herzmuskulatur ist der EKG-Form- und -Zeitanalyse in Bild 6.7 zu entnehmen.

Die einzelnen „Zacken" und „Strecken" des EKG ermöglichen folgende Aussagen:

- *P-Welle*: Zeit der elektrischen Erregungsausbreitung in beiden Vorhöfen (0,05-0,10 s.),
- *PQ-Dauer*: Zeit der elektrischen Erregungsausbreitung in beiden Vorhöfen und im AV-Knoten (0,12-0,20 sec),
- *PQ-Strecke*: Elektrische Leitungszeit im AV-Knoten bis zur Septumaktivierung (Q-Zacke = 1. negativer Ausschlag des QRS-Komplex),
- *QRS-Komplex*: Elektrische Erregung der Kammern (R-Zacke = Kammerhauptvektor; 0,08-0,11 s.),
- *ST-T-Komplex*: ST-Strecke und T-Welle = Erregungsrückbildung (Repolarisation) in den Kammern,
- *QT-Dauer*: Elektrische Erregungsausbreitung und Rückbildung in den Kammern (frequenzabhängig),
- *U-Welle*: Diastolisches Nachpotential unklarer Bedeutung.

Abweichungen vom „normalen" EKG-Verlauf ermöglichen folgende Informationen:

- Erkennung und Differenzierung von Abweichungen oder Störungen der bioelektrischen Erregungsbilder, der Erregungsausbreitungs- und -rückbildungsprozesse am Herzmuskel (Bradykardien, Tachykardien, Arrhythmien, Extrasystolen; Domäne der EKG-Diagnostik),
- Sicherung, Lokalisation und Verlaufsbeobachtung bestimmter Erkrankungen am Herzen (z.B. entzündliche Herzerkrankungen oder mit Durchblutungsstörungen einhergehende Störungen bzw. Erkrankungen wie Herzinfarkt),

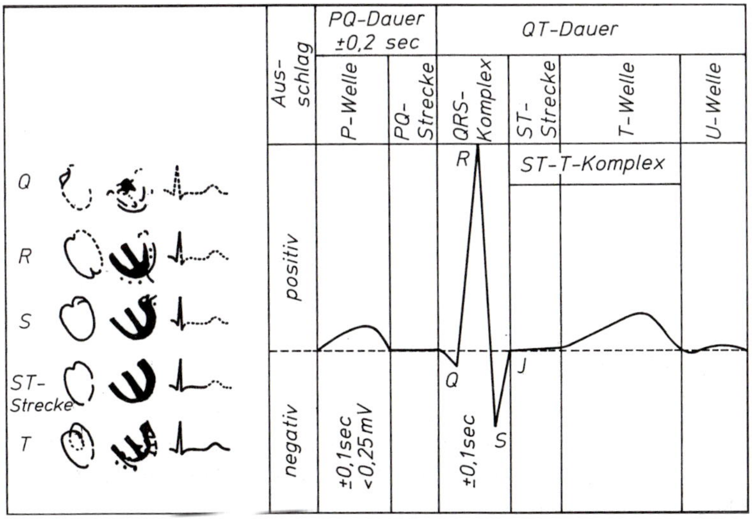

Bild 6.7 Formanalyse und Definitionen der verschiedenen Abschnitte des Elektrokardiogramms (Wehr, 1988)

- Erkennen und Differenzieren von Hypertrophien bestimmter Herzmuskelabschnitte, also auch während der Sportherzaus- und -rückbildung.
- Das EKG ist damit ein wichtiges Hilfsmittel zur gesundheitlichen Überwachung der Herztätigkeit bei Sporttreibenden. Pathologische EKG-Veränderungen sollen der Spezialliteratur vorbehalten bleiben (Wehr, 1988).

Das EKG ermöglicht auch die Beurteilung von funktionellen Veränderungen bei Anpassungen des Herzens an Ausdauertraining. Die wichtigsten funktionellen EKG-Besonderheiten eines Sportherzens sind:

- Bradykardie (Hf < 60 S/min),
- Sinusarrhythmie (RR-Abstand differiert > 30 s),
- Verlängerung der Vorhof-Kammerüberleitung (PQ-Dauer > 0,21 s),
- Vergrößerung der QRS-Ausschläge (R-Zackenanstieg in V 2, V 4 über 50 %),
- hohe Amplituden der T-Wellen, insbesondere in den Brustwandableitungen,
- Kriterien der Herzmuskelhypertrophie (RV 5,6 > 40 mm; SV 1 + RV 5,6 > 55 mm),
- inkompletter Rechtsschenkelblock (bei 50 % der Ausdauersportler.

Diese EKG-Besonderheiten sind Ausdruck erhöhter Funktionstüchtigkeit des Sportherzens (Reindell et al.,1960). Aus dem EKG können jedoch keine Hinweise zum Stand und zu den Veränderungen der körperlichen oder sportlichen Leistungsfähigkeit entnommen werden.

Leistungsindex (LI)

Der von Ruffier erstmals beschriebene LI ist ein Maß zur Schätzung der allgemeinen Leistungsfähigkeit und zur Beurteilung der Regulationsfähigkeit des Herz-Kreislauf-Systems anhand des Belastungspulses.

Methodik: Zur Ermittlung des LI besteigt der Proband innerhalb von drei Minuten 90 mal eine Stufe, deren Höhe der individuellen Beinlänge angepaßt worden ist. Die Steigefrequenz wird durch ein Metronom vorgegeben. Die erfaßten Pulswerte vor der Belastung (P1), unmittelbar nach der Belastung (P2) und eine Minute nach Belastungsende im Sitzen (P3) dienen der Berechnung des LI nach der Formel

$$LI = \frac{P1 + P2 + P3}{10} - 200$$

Bewertung: Die Beurteilung der Regulationsfähigkeit des Herz-Kreislaufsystems und die Schätzung der allgemeinen Leistungsfähigkeit erfolgt anhand der folgenden Bewertungskriterien:

- LI unter 0 bis 2.9 = LF hervorragend,
- +3 bis +5,9 = LF sehr gut,
- +6 bis +9,9 = LF gut,
- +10 bis + 14,0 = LF normal,
- > 14,0 = LF schlecht.

Durch gleichzeitige Erfassung der Blutdruckwerte zu den oben genannten Zeitpunkten und die Ermittlung der Hf und des Blutdruckes zwei Minuten nach der Belastung kann der Einblick in das Regulationsverhalten des Kreislaufs erhöht werden.

Schellong-Test

Der Schellong-Test ermöglicht die Beurteilung der Herz-Kreislauf-Regulation bei Lage- und Belastungsveränderungen des Organismus.

Methodik: Während 10minütigen Liegens werden die Hf und der Blutdruck (BD) alle 15 Sekunden ermittelt. Nach dem Aufstehen erfolgt während 10minütigem Stillstehen die Erfassung der Hf ebenfalls alle 15 Sekunden und des BDs in 1-Minuten-Abständen. In der darauf folgenden, eine Minute dauernden Phase des Sitzens werden die Hf alle 15 Sekunden und der BD einmal erfaßt. Anschließend erfolgt die Belastung mit 20 Kniebeugen innerhalb von 40 Sekunden ebenfalls mit Hf- und BD-Erfassung.

Bewertung: Bei ungestörter Kreislaufregulation kommt es im **Stehversuch** zu einem Pf-Anstieg um 10 bis 40 S/min gegenüber den Ruhewerten als Folge physiologischer Gegenregulation. Systolischer und diastolischer BD bleiben etwa gleich oder erhöhen sich bis maximal 15 mm Hg (2,0 kPa) systolisch und 5 – 10 mm Hg (0,7 – 1,3 kPa) diastolisch (Bild 6.8). Die Ausgangswerte sollen nach zwei Minuten Erholung wieder erreicht sein. Bei hypotoner Kreislaufregulationsstörung zeigt sich bei *Lageveränderungen* ein Absinken beider BD-Werte mit kompensatorischem Anstieg der Pf (Bild 6.8 unten). Eine solche hypotone Kreislaufregulationsstörung ist in der Pubeszenz bzw. Adoleszenz relativ häufig. Durch Ausdauersport wird sie positiv beeinflußt. Sie kann auch Ausdruck infektiös-toxischer Erkrankungen sein. Verringert sich während des Stehversuches die BD-Amplitude bei gleichzeitigem übernormalem Anstieg der Pf, liegt eine sogenannte Zentralisation der Kreislaufregulation vor. Diese Regulationsweise ist bei Vagotonikern und damit auch sehr häufig bei gut trainierten Ausdauersportlern anzutreffen, sie kann aber auch Ausdruck neuro-vegetativer Fehlregulationen oder bestimmter Erkrankungen sein. Anamnestische Erhebungen und weitere Untersuchungen ermöglichen die endgültige Klärung. Während der Belastung im Rahmen des Schellong-Tests ist die Kreislaufregulation als intakt anzusehen, wenn die Pf um 20 – 30 S/min und der systolische BD etwa 30 – 80 mmHg ansteigen und der diastolische BD unverändert bleibt oder leicht abfällt.

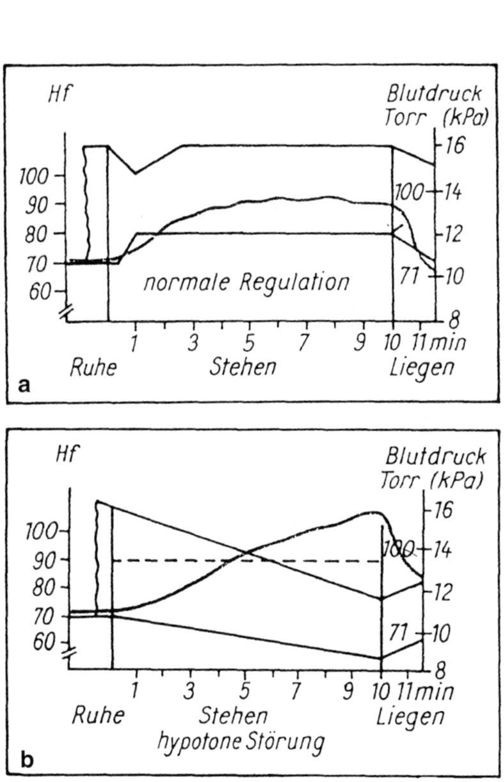

Bild 6.8 Schematische Darstellung der normalen (**a**) und hypotonen (**b**) Regulation von Hf und BD im Schellong-Test (nach Neumann, 1981)

Parameter des Atemsystems

Es wird zwischen **statischen und dynamischen Funktionsgrößen** des Atemsystems unterschieden. Die Aussagemöglichkeiten der statischen Atemgrößen zu sportmedizinischen Fragen sind relativ gering. Es sollen deshalb aus dieser Parametergruppe lediglich die Grundzüge der Methodik zur Ermittlung der Vitalkapazität besprochen werden.

Vitalkapazität (VK)

Die Vitalkapazität ist die Luftmenge, die nach tiefster Einatmung (Inspiration) maximal ausgeatmet (expiriert) werden kann (Bild 6.9).

Methodik: Nach tiefster Inspiration wird in stehender Haltung (im Liegen 5-10 % niedrigere Werte) maximal in ein Spirometer oder in einen Spirographen ausgeatmet. Der aktuelle Ist-VK-Wert wird am Spirometer angezeigt bzw. vom Spirograph aufgezeichnet.

Bewertung: Dieser aktuelle Ist-VK-Wert wird mit der individuellen Soll-VK (entspre-

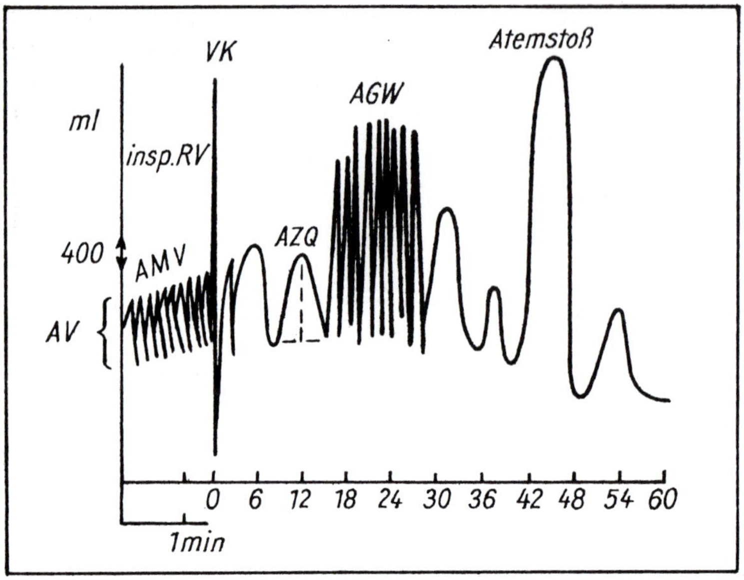

Bild 6.9 Spirographische Kurve mit verschiedenen Atemparametern. *VK* Vitalkapazität, *AMV* Atemminutenvolumen, *AV* Atemvolumen oder Atemzugvolumen, *AZQ* Atemzeitquotient, *AGW* Atemgrenzwert, Atemstoßtest oder Sekundenkapazität oder *FEV* 1,0

chend aktuellem Alter, Ist-Körperhöhe und Geschlecht) verglichen. Diese Vergleichssollwerte der VK sind dem Spirometeraufdruck zu entnehmen. Ausdauertraining erhöht die VK, jedoch individuell sehr unterschiedlich. Die VK ist deshalb kein sicherer Gradmesser für den Trainingszustand, sie ermöglicht bestenfalls eine Groborientierung. Ihre Bedeutung liegt vielmehr darin, daß sie Aufschluß über bestimmte krankhafte Veränderungen im Atemsystem gibt.

Dynamische Atemmeßgrößen

Die dynamischen Atemmeßgrößen sind in Bezug auf sportmedizinische Fragestellungen aussagekräftiger als die statischen. Die für die sportmedizinische Funktionsdiagnostik wichtigsten sind:

- **Atemvolumen** (AV): AV ist die Luftmenge, die bei einem Atemzug in Ruhe bewegt wird (auch Atemzugvolumen = AZV genannt)
- **Atemfrequenz** (Af): Die Anzahl der Atemzüge pro Minute wird als Af bezeichnet. Die Af kann sowohl direkt gezählt als auch mit Hilfe eines Spirographen aufgezeichnet werden. Trainingsbedingte Adaptationen sind wenig gerichtet, so daß die Af zur Objektivierung von Trainingsanpassungen keine praktische Bedeutung erlangt hat.
- **Atemminutenvolumen** (AMV): Das AMV ist die in einer Minute ventilierte Luftmenge. Es stellt das Produkt aus AV und Af dar. Das AMV wird aus den mit Hilfe des Spirographen registrierten AV und Af berechnet (s. Bild 6.9). Durch Vergleich des Ruhe-AMV mit dem altersbezogenen Soll-AMV, bei Erwachsenen beträgt es 6 bis 9 l/min, können keine sicheren Aussagen zur pulmonalen Leistungsfähigkeit gemacht werden. Im Längsschnitt ermittelte trainingsbedingte Senkungen des AMV auf vergleichbaren Belastungsstufen lassen nur grobe Einschätzungen des erreichten Ökonomisierungsgrades der Atmung zu

Atemäquivalent (AÄ)

Das AÄ ist das Verhältnis von Lungenventilation zu Sauerstoffaufnahme.

Methodik: Die Berechnung des AÄ nach der Formel

$$AÄ = \frac{AMV\ in\ l \times 100}{O_2\text{-Aufnahme in ml/min}}$$

wird nach Bestimmung des AMV mit dem Spirographen und der VO_2 mittels Spirometrie (s.u.) möglich.

Bewertung: Das AÄ bringt den Wirkungsgrad und damit die Effektivität der Atmung zum Ausdruck. Mit zunehmender Verbesserung des Ausdauer-Trainingszustandes wird die unter Ruhe oder bei vergleichbaren Belastungen ermittelte Luftmenge, die für die Aufnahme von einem ml Sauerstoff erforderlich ist, immer kleiner. Das AÄ ermöglicht damit Rückschlüsse auf den aktuellen Wirkungsgrad der Atmung und dessen trainingsbedingte Veränderungen. Leider schränkt die große Streubreite des AÄ von +/- 20 % die Vergleich- und Reproduzierbarkeit ein.

Die folgenden Meßgrößen des Atemsystems haben für den gesunden Sporttreibenden untergeordnete Bedeutung, sie werden aber für die Beurteilung der sportlichen Belastbarkeit und der Trainingswirkungen von Menschen mit Atemwegs- und Lungenerkrankungen wertvoll. Sie seien deshalb hier kurz vorgestellt, deren Erfassungsmethodik ist der Spezialliteratur zu entnehmen.

Atemgrenzwert (AGW)

Der Atemgrenzwert ist die durch maximale Hyperventilation in Ruhe pro Minute ventilierbare Luftmenge (s. Bild 6.9). Bei willkürlicher maximaler Atmung können Luftvolumina von 120-150 l/min ein- und ausgeatmet werden.

Atemstoßtest (AST) / Sekundenkapazität

Atemstoßtest oder Sekundenkapazität oder FEV 1,0 oder Tiffeneau-Test ist die Luftmenge, die nach tiefer Inspiration innerhalb einer Sekunde maximal ausgeatmet werden kann (s. Bild 6.9). Beim Gesunden beträgt die Sekundenkapazität bis zu 90 % der Vitalkapazität.

Bewertung: AGW und AST vermindern sich bei gestörter Lungenventilation rasch. Solche Veränderungen können einen beginnenden Erkältungsinfekt oder eine allergisch-hyperergische Reaktionslage (z.B. asthmoide Bronchitis) signalisieren. Sie normalisieren sich erst wieder nach völliger Überwindung der Krankheit.

Atemzeitquotient (AZQ)

Atemzeitquotient ist das Verhältnis der Dauer von Ein- zu Ausatmung (s. Bild 6.9).

Spiroergometrische Komplexparameter

Die **Spiroergometrie** ist ein Untersuchungsverfahren, bei dem die Ergometrie mit Gasstoffwechseluntersuchungen (Spirometrie) gekoppelt ist. Mit Hilfe der Spiroergometrie erfolgt die Prüfung der allgemeinen körperlichen Leistungsfähigkeit, der kardiopulmonalen Funktionsfähigkeit und des Stoffwechsels unter definierten Belastungsbedingungen. Je nach der diagnostischen Fragestellung kommt der Stufen- oder Standardtest zur Anwendung (s. 6.1.3.1). Die Standardisierungskriterien der Spiroergometrie sind ebenfalls im Abschnitt 6.1.3.1 genannt worden.

Methodik: In Ruhe-, bei Ergometerbelastungen und in der Erholungsphase wird die Ein- und Ausatemluft einer fortlaufenden Gasanalyse, besonders für O_2 und CO_2, unterzogen. Wichtige Apparaturen zur Atemgasanalyse sind der Pneumotachograph, der Douglassack, das Aerotest-Gerät, der Spirolyt und moderne computergesteuerte Spiroergometriemeßplätze. Diese basieren auf unterschiedlichen Meßsystemen (Bild 6.10).

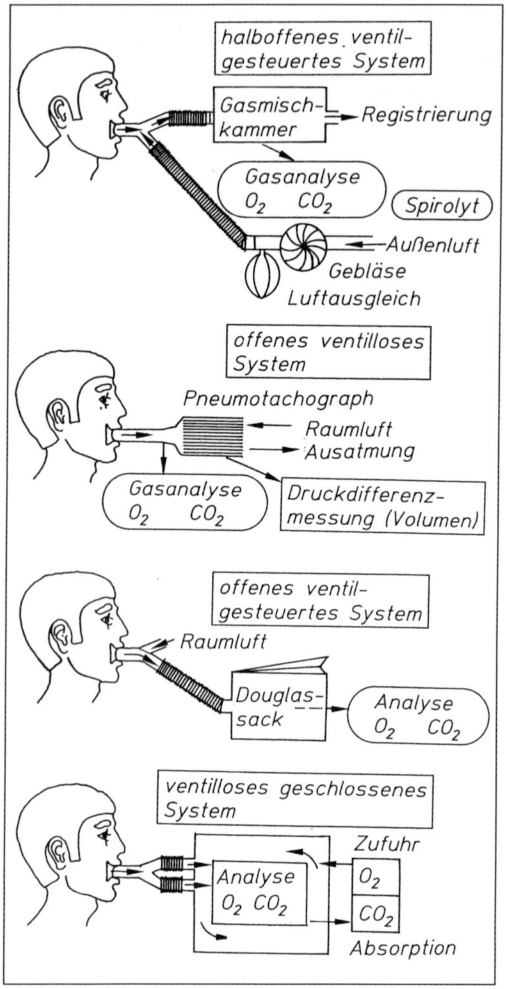

Bild 6.10 Schematische Darstellung der bei der Gasanalyse angewendeten Meßsysteme (nach Neumann/Schüler 1989)

Bewertung: Die zentrale Meßgröße der Spiroergometrie ist die Sauerstoffaufnahme (VO_2). Weitere im Rahmen der Spiroergometrie ermittelte Parameter sind die ergometrische Leistung (Watt oder mkp/s), die Kohlendioxydabgabe (VCO_2), das Atemzugvolumen (AZV), das Atemminutenvolumen (AMV), die Hf, die PWC_{170} und der Blutdruck. Aus diesen direkt bestimmbaren Meßgrößen können der Respiratorische Quotient (RQ) ($RQ = VCO_2 / VO_2$) der Sauerstoffpuls (O_2P) und das Atemäquivalent (AÄ) errechnet werden.

Sauerstoffaufnahme (VO_2)

Absolute VO_2

Unter der absoluten Sauerstoffaufnahme versteht man das Volumen an Sauerstoff in ml oder l pro Zeiteinheit, das ein Mensch bei definierten Belastungen aufnehmen kann. Das maximale Sauerstoffaufnahmevermögen (VO_2max) gilt als **Bruttokriterum der maximalen aeroben Energiewandlung** im menschlichen Organismus über eine bestimmte Dauer. VO_2 max drückt damit die *aerobe Kapazität* (maximaler Ausprägungsgrad der an der aeroben Energiewandlung beteiligten organismischen Substrate; Hauptkriterium: VO_2 max; Kriterien: Maximale Werte für den zellulären aeroben Enzymbesatz, die Herzzeitvolumina, die Durchblutungsgröße der belasteten Gewebe, die arterio-venöse Sauerstoffdifferenz, die Lungendiffusion u.a.) aus. VO_2 und VO_2 max sind Basismeßgrößen in der sportmedizinischen Funktionsdiagnostik. Sie spiegeln das Ausmaß der oxydativen Phosphorylierung in den arbeitenden Zellen (Muskulatur) und die kardiopulmonale Leistungsfähigkeit bei definierten Belastungen wider. Mit Hilfe der Spiroergometrie läßt sich die durch Ausdauertraining erreichte Zunahme der VO_2 max (s. Bild 4.46) sowie die Erhöhung der prozentualen Inanspruchnahme der VO_2 im aerob-anaeroben Übergangsbereich sowie die Zunahme der herzfrequenz- und schwellenbezogenen submaximalen VO_2-Werte objektivieren. Die VO_2 max-Werte Untrainierter sind ebenfalls dem Bild 4.46 zu entnehmen.

Relative VO_2

Methodik: Die relative VO_2 ist der Quotient aus absoluter VO_2 und Körpermasse (VO_2/kg).

Bewertung: Diese auf die Körpermasse bezogene VO_2 ermöglicht die Beurteilung der allgemeinen aeroben Ausdauerleistungsfähigkeit exakter als die absolute VO_2 max. Bild 4.47 informiert über die relativen VO_2 max-Werte im Alternsgang.

Sauerstoffpuls (O_2P)

Der O_2P als Quotient aus der VO_2 und der bei gleicher Testbelastung gemessenen Hf ist ein Maß für die pro Herzschlag transportierte Sauerstoffmenge. Der O_2P ist primär von der Hf und der VO_2 abhängig. Indirekt stellt er einen Summenparameter für die Größe des Schlagvolumens, der Sauerstoffbindungskapazität des Blutes sowie der Sauerstoffutilisation im Gesamtorganismus dar. Der O_2P kann somit als **Summenparameter für die Ökonomie der kardiopulmonalen Leistungsfähigkeit** angesehen werden. Die Durchschnittswerte des Sauerstoffpulses betragen für untrainierte Männer ca. 15 ml, für trainierte Männer um 21 ml (maximal bis 30 ml) und für Frauen 11 ml bzw. 15-16 ml.

Parameter des Stoffwechselsystems

Im Rahmen sportmedizinischer Fragestellungen ist die Ermittlung und Beurteilung des Säure-Basen-Status und der Parameter des Energiestoffwechsels von besonderem Interesse.

Säure-Basen-Status (SBS)

Der SBS ist ein Maß zur Beurteilung des aktuellen Säure-Basen-Verhältnisses im Blut. Parameter, die den Säure-Basen-Status im Körper kennzeichnen, sind: PH-Wert, Partialdruck des CO_2 (pCO_2), Basenüberschuß (BÜ) als Maß des Anteils nichtflüchtiger Säuren, das Standardbikarbonat, das aktuelle Bikarbonat, die Gesamtpufferkapazität und das Gesamt-CO_2 im Blut. Das Säure-Basen-Gleichgewicht ist das Ergebnis der Einstellung eines Gleichgewichtes zwischen den freien Ionen in den Zellen, insbesondere den freien H^+-Ionen, und den extrazellulären Flüssigkeitsräumen des Organismus. Ein normales Säure-Basen-Gleichgewicht gilt als wesentliche Voraussetzung für die Aufrechterhaltung der vitalen Lebensfunktionen und damit auch der körperlichen und sportlichen Leistungsfähigkeit.

Methodik: Zur Bestimmung des SBS wird aus Mikroblutproben, die dem hyperämisierten Ohrläppchen entnommen wurden, der PH-Wert des Blutes potentiometrisch bestimmt. Nomographisch können darüber hinaus der Partialdruck des CO_2 (pCO_2) , der Basenüberschuß (BÜ), das Standardbikarbonat, das aktuelle Bikarbonat, die Gesamtpufferkapazität und das Gesamt-CO_2 im Blut ermittelt werden. Einzelheiten der Methodik sind der Spezialliteratur zu entnehmen.

Bewertung: Als Normwerte für Schulkinder und Erwachsene gelten für den PH 7,35 – 7,45, für den aktuellen pCO_2 4,25 – 5,85 kPa, für den Basenüberschuß -3,0 – +3,0 mmol/l, für das Standardbikarbonat 20,0 – 27,0 mmol/l. Anhand der ermittelten belastungsbezogenen Parametergrößen des SBS sind Aussagen zum Stand und zu trainingsbedingten Veränderungen des SBS insgesamt und seiner Teilfunktionen wie der glykolytischen Kapazität und der Pufferkapazität des Organismus möglich. Außerdem kann anhand der aktuellen Laktatkonzentration im Blut (z.B. an der anaeroben Schwelle) die aktuelle aerobe Energiestoffwechselbelastung und Kapazität beurteilt werden (indirekte Aussage). Daraus lassen sich **Ableitungen für die Trainingssteuerung** ziehen: Werden während der sportlichen Belastung die Normbereiche o.g. Parameter aufrechterhalten, liegt der Zustand der kompensierten metabolischen Azidose vor (PH = 7,4 +/- 0,03, BÜ normal oder gering erniedrigt, pCO_2 im unteren Normbereich). Um eine teilweise kompensierte metabolische Azidose handelt es sich dann, wenn die Regulationskapazitäten zwar überschritten sind, sie jedoch noch ausreichen, um ein dynamisches Säure-Basen-Gleichgewicht außerhalb des Normbereiches einzupegeln. Dieser besonders bei LZA-Belastungen auftretende Zustand ist erkennbar an der Verminderung des PH-Wertes auf 7,36 – 7,25 und des BÜ-Wertes auf -3 bis -14 mmol/l. PH-Werte unter 7,36 und BÜ-Werte unter -3 mmol/l sind Zeichen für eine Mitbeteiligung der anaerob-laktaziden Energiewandlung im Organismus. Werden die Säure-Basen-Regulationsmechanismen extrem überfordert, wie dies z.B. bei maximalen 800- oder 1500-m-Läufen oder bei intensiven Ringkämpfen der Fall ist, kommt es zur dekompensierten metabolischen Azidose (PH unter 7,25, BÜ unter -15 mmol/l, pCO_2 unter 3,9 kPa).

Laktat im Blut

Der derzeit in der sportmedizinischen Funktionsdiagnostik wichtigste Parameter des energetischen Kohlenhydratstoffwechsels ist die Milchsäure bzw. deren Salz, das Laktat. Das Laktat stellt das Endprodukt der Glykolyse dar.

Methodik: Die Bestimmung des Laktats in den dem hyperämisierten Ohrläppchen entnommenen Mikroblutproben erfolgt enzymatisch. Da die Bestimmung des Laktats nur duch ausgebildete Fachkräfte (MTA) erfolgen darf, erübrigt sich hier die Beschreibung der Methodik. Je nach diagnostischer Fragestellung werden sowohl einzelne leistungsbezogene Laktatwerte als auch zunehmend die Laktatleistungskurve erfaßt. Individuelle Laktatleistungskurven (Bild 6.11) bringen die individuellen Beziehungen zwischen den während der Ergometerbelastungen erbrachten Leistungen (in Watt oder m/s) und den dabei im arteriellen Blut akkumulierten Laktatwerten zum Ausdruck. Da bei linearer Erhöhung der Ergometertestbelastungen in Watt der Laktatanstieg im Blut einer angenäherten exponentiellen Funktion entspricht, ist die Errechnung der Laktatleistungskurve durch Anwendung der e-Funktion (y = a . e bx) möglich. Dabei bedeuten: y = Blutlaktat und x = Leistung (W) je Belastungsstufe; e = Basis zum natürlichen Logarithymus, a = Koeffizient, der die Lage der Funktion angibt, b = Exponent, der die Steilheit der Funktion charakterisiert. Diese Laktatleistungsbeziehungen sind zu einem wesentlichen Hilfsmittel für die Beurteilung der u.g. aeroben und anaeroben Leistungsveränderungen in Abhängigkeit von Trainingsinhalten geworden.

Bewertung: Die Laktatleistungskurve dokumentiert die aktuellen aeroben und anaeroben Leistungsvoraussetzungen bzw. deren Veränderungen durch Training.

Aussagemöglichkeiten mit Hilfe der Laktatleistungsbeziehungen

- *Trainingsadaptationen im aeroben Stoffwechselbereich (Laktat als Ausschlußparameter): Die aerobe Leistungsfähigkeit, d.h., die Fähigkeit des Menschen, möglichst hohe disziplinspezifische Ganzkörperbelastungen möglichst lange mit Hilfe der aeroben Energiewandlung absichern zu können, kann anhand der individuellen Laktatleistungsbeziehungen ermittelt werden. Durch aerobes Ausdauertraining wird die Laktatleistungskurve im aerob-anaeroben Übergangsbereich nach rechts verschoben (Bild 6.11, rechte Kurve). Die durch ein solches Training erreichte Erhöhung der sportlichen Ausdauerleistung (W; m/s) ist bei nicht oder mäßig trainierten Erwachsenen am deutlichsten anhand der Rechtsverschiebung der Laktatleistungskurve im Bereich der anaeroben Schwelle, also bei Laktat 4 mmol/l, ablesbar. Die adäquate Fortbewegungsgeschwindigkeit bei Blutlaktatwerten um 4 mmol/l (bei Kindern um 3,5 mmol/l) wird kritische Geschwindigkeit (V kb) genannt. Übungsinduzierte Rechtsverschiebungen der Laktatleistungskurve im Bereich der aeroben Schwelle belegen*

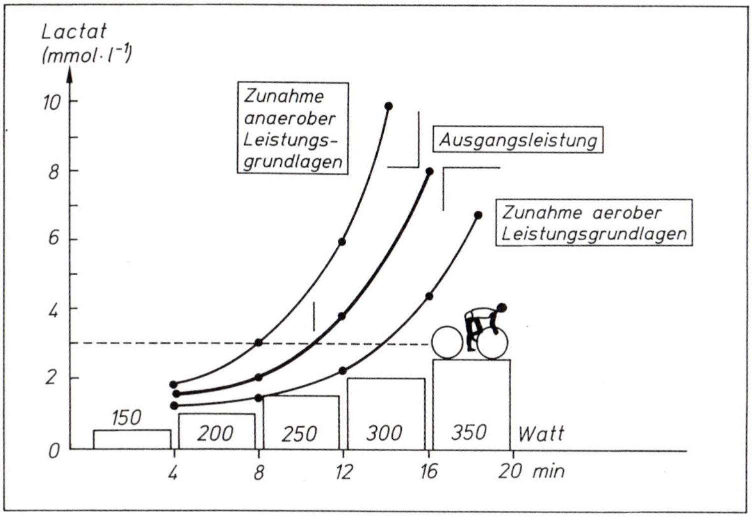

Bild 6.11 Laktatleistungskurve bei ergometrischer Stufenbelastung (Ausgangsleistung) und deren Veränderungen durch unterschiedliche Trainingsinhalte (Neumann/Schüler, 1989)

eine Stabilisierung der aeroben Energiewandlungsprozesse im Organismus (Erhaltungsbereich). Diese ist von besonderer Bedeutung für die Fettverbrennung und die Erholungsprozesse im Organismus. Aerobe Trainingsanpassungen können auch durch Zuordnung aerober Parameter wie VO_2, Hf, PWC_{170} u.a. zu den Laktatwerten 2, 3, oder 4 mmol/l energiestoffwechselabhängig vergleichbar gemacht werden. Dies ist auch bei Längsschnittuntersuchungen möglich, weil der aerob-anaerobe Übergangsbereich bei Untrainierten nur unbedeutenden Alters- und Geschlechtsdifferenzen unterliegt. Durch Ausdauerhochleistungstraining wird er allerdings in höhere Laktatbereiche (Laktat 5, 6, 8 mmol/l verschoben).

- *Trainingsanpassungen im glykolytischen Stoffwechselbereich. Erhöhungen der maximalen Blutlaktatwerte auf 20 bis 35 mmol/l bei trainierten Erwachsenen gegenüber 15 bis 20 mmol/l bei Untrainierten sind Ausdruck gezielten Trainings der glykolytischen Stoffwechselpotentiale (KZA-, MZA-, Intervall-Training). Dabei kommt es häufig zu einer Linksverschiebung der Laktatleistungskurve (Bild 6.11, linke Kurve).*
- *Erarbeitung von stoffwechselbezogenen Trainingsbelastungen. Die Kennzeichnung der Intensität für Ausdauertrainingsmittel mit Hilfe von Laktatbestimmungen basiert auf der folgenden Überlegung: Zur Schulung der allgemeinen aeroben dynamischen Ausdauer (Grundlagenausdauer, GA) sind bekanntlich Belastungsintensitäten an der anaeroben Schwelle, also im kritischen Geschwindigkeitsbereich (V_{kb}), effektiv. Diese sind mit Hilfe des Laktats bei Feld- oder Laboruntersuchungen bestimmbar. Wiederholende Bestimmungen der V_{kb} nach realisierten Trainingsabschnitten sind erforderlich. Auf die Funktionsdiagnostik mit weiteren Meßgrößen des Kohlenhydratstoffwechsels soll in diesem Rahmen nicht eingegangen werden. Kriterien für die anaerobe Schwelle sind: 4 mmol/l Laktat, Inanspruchnahme der VO_2 max von 65-90 %, Hf = 190 minus Lebensalter +/- 10 Schläge/min., BE von 4,5 mmol/l, Minimum des AÄ für CO_2-Ausscheidung (AMV/VCO_2).*

Die aerobe Schwelle ist gekennzeichnet durch: 2 mmol/l Laktat, Inanspruchnahme der VO_2 max von 50 -60 %, Bel.-Hf von 170 minus Lebensalter +/- 10 Schläge/min, BE bis 2,5 mmol/l, Minimum für das AÄ der VO_2 (AMV/VO_2).

Parameter des Fettstoffwechsels

Die Diagnostik des Fettstoffwechsels innerhalb der sportmedizinischen Funktionsdiagnostik hat in den letzten Jahren wesentlich an Bedeutung gewonnen, sowohl zur Beurteilung des Energiestoffwechsels im Langzeitausdauerbereich als auch im Interesse der Prävention und Rehabilitation von Fettstoffwechselstörungen mit sportlichen Mitteln.

Methodik: Die für sportmedizinische Fragestellungen wesentlichsten Meßgrößen des Fettstoffwechsels sind die „freien„ Fettsäuren, das Glyzerol, die ß-Hydroxybuttersäure , die cholesterinreichen VLDL und LDL und das cholesterinarme Schutzfett HDL. Die Darstellung von Einzelheiten zur Erfassungmethodik erübrigt sich, da diese komplizierten Untersuchungen von Fachkräften (MTA) durchzuführen sind.

Bewertung: Im Folgenden seien kurz die wichtigsten Aussagemöglichkeiten trainingsbedingt veränderbarer Fettstoffwechselmeßgrößen genannt:

Glyzerol und freie Fettsäuren (FFS)

Glyzerol und freie Fettsäuren sind Indikatoren für das Ausmaß der Fettmobilisation durch Streß und während Langzeitausdauerbelastungen. Bei LZA-Belastungen mit einer Dauer über 30 Minuten können die FFS bis auf das Fünffache (Ruhewert 0,10- 0,80 mmol/l) und das Glyzerol bis auf das Zwanzigfache (Ruhewert 0,03-0,07 mmol/l) ansteigen.

Lipoproteine

Die Lipoproteine im Blut gelten als wichtige Indikatoren sowohl für das Ausmaß von Hyper- und Dyslipoproteinämien, die durch chronischen Bewegungsmangel erhöht und durch gezielten Ausdauersport reduziert werden können. Beispielsweise sind durch gezielten Präventionssport erhöhte Cholesterinwerte (Normalwerte 5,70-6,20 mmol/l bzw. 220-240 mg/dl), erhöhte LDL-Werte (Normalwerte 3,01-3,90 mmol/l bzw. 120-150 mg/dl) sowie erniedrigte HDL-Werte (normal 1,17-1,30 mmol/l bzw. 45-50 mg/dl) normalisierbar.

Ketonkörper

Die Bestimmung des Ketonkörpers 3-Hydroxybutyrat zeigt durch Anstieg von 0,07 mmol/l in Ruhe auf 0,200-0,300 mmol/l nach mehrstündigen Ausdauerbelastungen das Ausmaß der Nachbelastungsketose (Zustand unzureichender Kohlenhydratverfügbarkeit oder gestörter Kohlenhydratverwertung) an.

Parameter des Eiweißstoffwechsels

Aus der Reihe der Proteinstoffwechselparameter hat für die sport-medizinische Funktionsdiagnostik die Meßgröße Harnstoff Bedeutung erlangt.

Methodik: Die Meßmethodik ist der Spezialliteratur zu entnehmen.

Bewertung: Der Harnstoff ist neben CO_2 und H_2O das wichtigste Abbauprodukt der Aminosäuren und damit der Eiweiße. Beim Menschen kommt es täglich zum Umbau, d.h. zum Abbau und Aufbau von ca. 2 % des Körperproteins, was etwa 300 Gramm Eiweiß täglich entspricht. Nachweislich ist dieser physiologische Eiweißumbauprozeß am Verhalten der morgendlichen Ruhe-Harnstoffwerte im Blutserum. Nach Hochleistungstraining, insbesondere in extremen LZA-Disziplinen, aber auch nach intensivem Training in Spiel- und Kampfsportarten, steigen die morgendlichen Ruhe-Harnstoffwerte von etwa 3 mmol/l auf über das Doppelte an und zeigen sich am folgenden Morgen noch deutlich erhöht. Diese Harnstofferhöhungen sind Ausdruck einer zeitweiligen belastungsbedingten Verschiebung des Proteinstoffwechsels in Richtung erhöhten Abbau bestimmter Aminosäuren (AS), die ihrerseits offenbar den Reiz für die durch das Training angestrebten Proteinsynthese darstellt. Steigen dagegen die Serumharnstoffwerte an mehreren Tagen hintereinander auf über 8 mmol/l an, ist dies ein Zeichen für eine Ermüdungssummation als Folge zu hoher Trainingsbelastungen. Eine Reduzierung des Trainings ist empfehlenswert, da sonst die weitere Adaptation gefährdet ist. Kommt es nach verringertem Training am Wochenende oder nach kurzzeitigen Trainingsunterbrechungen zu keinem Harnstoffabfall auf Werte zwischen 3 und 4 mmol/l, dann spricht dies für eine ungenügende Wiederherstellung nach vorausgegangenen hohen Belastungen. Mit Hilfe der Längsschnitt-Harnstoffdiagnostik kann in den genannten Sportarten, besonders in Phasen verstärkten Trainings und in der unmittelbaren Wettkampfvorbereitung, Einfluß auf die kurzzeitige Trainingssteuerung genommen werden. Es geht dabei praktisch um die möglichst rasche Erkennung beginnender trainingsbedingter Überlastungen des Stickstoffhaushaltes, die die geplante Adaptation und damit Leistungsentwicklung gefährden könnten.

Parameter des endokrinen Systems

Katecholamine

Die im Nebennierenmark und an den sympathischen Nervenendigungen freigesetzten Hormone Adrenalin, Noradrenalin und Dopamin bilden die Gruppe der Katecholamine.

Methodik: Ist derzeit nur in Speziallaboratorien möglich.

Bewertung: Die Katecholamine sind Indikatoren sowohl für die psychische Belastbarkeit bzw. aktuelle psychische Belastung als auch für die Beurteilung der Kreislauf- und Stoffwechselregulation unter sportlichen Belastungen. So steigt die Ruhekonzentration (Adrenalin = 0,1-0,2 ng/ml; Noradrenalin = 0,4-0,5 ng/ml) bei psychischen Belastungen wie z.B. öffentlichem Reden auf das Doppelte, bei Ausdauerbelastungen im aerob-anaeroben Übergangsbereichbereich auf das 2- bis 3-fache und bei maximalen Kurz- und MittelzeitAusdauerbelastungen auf über das 10fache des Ausgangwertes an.

11-Hydroxycorticosteroide

Mit Hilfe der Meßgröße 11-Hydroxycorticosteroide (11-OHCS; Hormon der Nebennierenrinde, Ruhe-Wert 400-550 nmol/l) kann bei kürzeren Belastungen (1-30 m) die Reaktionsbereitschaft des adrenocorticalen Funktionssystems (Achse Hypophysenvorderlappen-Nebennierenrinde) und damit der Anstrengungsgrad (Streß) eines Sportlers ermittelt werden.

Methodik: Ist Speziallaboratorien vorbehalten.

Bewertung: Bei Langzeitausdauerbelastungen belegen Anstiege der 11-OHCS-Konzentration (maximale Anstiege bis 1400 nmol/l sind möglich) die Aktivierung der Zuckerneubildung (Gluconeogenese), der Eiweißspaltung (Proteolyse) und der Fettspaltung (Lipolyse). Bei vergleichbaren Ausdauerbelastungen wiesen besser trainierte Ausdauersportler niedrigere Differenzen zwischen Nachbelastungs- und Vorstartwert als Untrainierte oder weniger gut trainierte Ausdauersportler auf. Bei maximalen Ausdauerbelastungen erreichen die besser trainierten Ausdauersportler bei den von ihnen erbrachten höheren Leistungen auch höhere Anstiege der 11-OHCS-Werte als Leistungsschwächere.

Insulin

Das Hormon Insulin unterstützt den Glukosetransport durch die Zellmembran, fördert die Glykogen- und Proteinsynthese und begünstigt die Lipogenese.

Methodik: Ist nur in Speziallabors möglich.

Bewertung: Unter Belastungen kommt es zunächst zu einem Anstieg der Ruhe-Insulin-Werte (0,7 – 1,4 müg/l) auf das 2- bis 3-fache, aber bereits nach 30 Belastungsminuten fällt die Insulinkonzentration auf unter 50 % des Ausgangswertes ab, um bei mehrstündigen Belastungen den Wert 0,3 müg/l zu unterschreiten. Erst nach über 24 h wird der normale Ruhewert wieder erreicht. Diese Kenntnis ermöglicht die Beurteilung der Leistungsfähigkeit und die Abklärung eventueller pathologischer Prozesse im Kohlenhydratstoffwechsel.

Parameter der Muskulatur

Grundsätzlich besteht die Möglichkeit, die Funktionsfähigkeit des Skelettmuskels und seiner Teilfunktionen durch die Ermittlung von Stoffwechselparametern im Muskelgewebe, die Erfassung der elektrischen Begleiterscheinungen der Muskeltätigkeit und die Erfassung der Muskelkraft mit Beurteilung verkürzter und abgeschwächter Muskelgruppen (Muskeltest nach Janda) zu beurteilen.

Stoffwechselparameter im Muskelgewebe

Muskelbiopsie

Eine Muskelbiopsie ermöglicht den direkten Einblick in die Zusammensetzung des Muskelgewebes. Die Muskelbiopsie kommt vor allem in der sportmedizinischen Forschung und in der Eignungsdiagnostik, jedoch kaum als Mittel der Trainingssteuerung zum Einsatz.

Methodik: Kleinste Mengen von Muskelgewebe werden gefahrlos entnommen und enzymatisch oder histologisch untersucht.

Bewertung: Aus dem untersuchten Muskelgewebe lassen sich Aussagen zum Entwicklungsstand und zu den Trainingsanpassungen z.B. der Muskelfaserstruktur, der Muskelfaseroberfläche, der Kapillarisierung, zum ATP-Gehalt, zur Mitochondrienaktivität (Mitochondrienzahl, Substratniveau, Enzymaktivitäten u.v.m.) treffen.

Muskelverkürzung und -abschwächung (verkürzte und abgeschwächte Muskeln)

Muskelverkürzungen und -abschwächungen führen zu muskulären und damit zu arthromuskulären Dysbalancen, die ihrerseits Leistungseinschränkungen sowie Muskel-, Bindegewebs- und Gelenkschäden nach sich ziehen können. Die Diagnostik des Schweregrades der Muskelverkürzung bzw. Muskelabschwächung ist deshalb von großer prophylaktischer Bedeutung. Im Rahmen dieses Buches sind nur die Grundzüge der Testmethodik kurz darstellbar.

Methodik: Die Prinzipien zur Untersuchung von Abschwächungen der Muskelkraft als auch von Muskelverkürzungen sind u.a. von Lovett, Daniels, Williams und Worthingham erarbeitet und von Janda weiterentwickelt worden. Dabei werden Abweichungen vom optimalen Zusammenwirken der Muskelgruppen in ein- und derselben Weise und in einer bestimmten Reihenfolge (motorische Stereotype) erfaßt.

Grundzüge der Technikausführung:

- Muskeltest stets langsam ausführen,
- volles Bewegungsausmaß des Muskels oder der Muskelgruppe testen,
- Berührung der Haut durch Untersucher nur auf das Notwendigste beschränken (Auslösung von Eigenreflexen führt zu Testverfälschungen),
- zu Beginn der Diagnostik (orientierende Diagnostik) soll der Proband selbständigg und ohne Korrekturhinweise die Bewegung ausführen,
- es werden nacheinander die Muskeln, die zur Verkürzung bzw. zur Abschwächung neigen, getestet.

Grundstufen der Beurteilung der Kraft nach Lovett, Kendall und Daniels:

- Stufe 5-N (normal): Muskel kann großen äußeren Widerstand überwinden (= 100 % der normalen Kraft),
- Stufe 4-G (good, gut): Muskel ist in vollem Ausmaß frei beweglich und überwindet mittelgroßen äußeren Widerstand (= ca. 75 % der normalen Muskelkraft),
- Stufe 3-F (fair, schwach): Muskel ist in vollem Ausmaß beweglich und vermag das Gewicht des getesteten Körperteil gegen die Erdschwere zu überwinden (= ca. 50 % der normalen Muskelleistung),
- Stufe 2-P (poor, sehr schwach): Muskel kann zwar Bewegung in vollen Ausmaß ausführen, aber den Widerstand des getesteten Körperteils gegen die Erdschwere nicht mehr überwinden (= ca. 25 % der normalen Muskelkraft),
- Stufe 1-T (trace, Spur, Zuckung, Muskelanspannung): Muskel spannt sich noch an, vermag aber den getesteten Körperteil nicht mehr zu bewegen (= ca. 10 % der normalen Muskelkraft),
- Stufe 0 (nula, Null): Muskel läßt keinerlei Zeichen von Zusammenziehung erkennen.

Grundstufen der Beurteilung von Muskelverkürzungen (nach Schmidt 1983):

- Stufe 5: Optimale Dehnbarkeit des Muskels bzw. der Muskelgruppe,
- Stufe 4: Leichte Muskelverkürzung, der normale Bewegungsausschlag ist mit passiver Hilfe noch erreichbar,
- Stufe 3: Starke Muskelverkürzung, normaler Bewegungsausschlag ist weder durch Eigenschwere noch durch passive Hilfe erreichbar. Es besteht aber noch keine Muskelkontraktur.

Beispiele für Testgestaltung

(Einzelheiten bei Lewit 1993, Janda 1994, Kempf 1990, Müller u. Hille 1996)

Test zur Erfassung von Verkürzungen des Lendenteils der tiefen Rückenstrecker (M. erector spinae-Pars lumbalis):

Methodik: Proband sitzt am Bankende, Arme hängen neben dem Körper nach unten. Stirn in Richtung Oberschenkel bzw. Kniegelenke führen, wobei Wirbelsäule einen gleichmäßigen Bogen bilden soll. Kein Nachhelfen durch Zug mit den Armen an den Beinen.

Bewertung: Stufe 5 = Stirn-Kniescheibenabstand 0 – 10 cm, Stufe 4 = Stirn-Kniescheibenabstand zwischen 10 – 15 cm, Stufe 3 = Stirn-Kniescheibenabstand über 15 cm.

Beachte: Beckenfixation durch Untersucher, keine Beckenkippung nach vorn zulassen.

Test zur Erfassung von Abschwächung der Bauchmuskulatur:

Methodik: Als Ausgang Rückenlage mit gebeugten Kniegelenken (nicht unter 60°), Füße fest auf Unterlage aufgestellt, aber nicht fixiert, nacheinander Kopf, Hals- und Brustwirbelsäule langsam, fließend und ohne Schwung („rollend„) von Unterlage abheben bis sich der obere Rand des Beckens von der Unterlage zu entfernen beginnt. Fersen bleiben auf der Unterlage, keine Fixation durch Untersucher.

Bewertung: Stufe 5 = Aufrichtung bei Nackenhalte der Hände mit nach vorn gerichteten Ellenbogen möglich bis gedachte Verbindungslinie zwischen beiden unteren Schulterblattwinkeln mindestens 5 cm von Unterlage entfernt ist, Fixierung der Füße nicht erforderlich; Stufe 4 = Aufrichtung möglich bei gekreuzten Armen vor der Brust und ohne Fixation der Füße; Stufe 3 = Aufrichtung bei Ausgangsstellung wie in Stufe 4 nur mit Fixation der Füße möglich.

Parameter des Nervensystems

Motorische Leistungen und Leistungsveränderungen sind in hohem Maße von der Mitwirkung nervaler Steuer- und Regelprozesse abhängig. Im Folgenden sollen die für die sportmedizinische Funktionsdiagnostik wesentlichsten Parameter dieser nervalen Steuer- und Regelprozesse der besseren Übersicht wegen innerhalb der drei Ebenen, des zentralnervalen, des neuromuskulären und des sensomotorischen Funktionssystems, kurz dargelegt werden.

Parameter des zentralen Nervensystems

Elektroenzephalogramm (EEG)

Das *EEG* ist eine Aufzeichnung der summarischen bioelektrischen Aktivitäten des Gehirns, also der Potentialschwankungen an den Neuronen des Gehirns, insbesondere der Hirnrinde.

Methodik: Bei der Elektroenzephalographie werden mittels Elektroden die Potentialschwankungen des Hirngewebes von der Kopfhaut abgenommen, in entsprechenden Geräten (Elektroenzephalographen) verstärkt und aufgezeichnet.

Bewertung: Während in der klinischen EEG-Diagnostik die Erfassung pathologischer Veränderungen der bioelektrischen Hirntätigkeit im Vordergrund steht, interessiert im Rahmen der sportmedizinischen EEG-Diagnostik die Aktivierung der bioelekrischen Aktivität bestimmter Hirnregionen während bestimmter sportlicher Belastungen. Durch die Erfassung der bewegungssynchronen bioelektrischen Potentiale, den sogenannten „markierten Rhythmen„ die sich beim Erlernen sportlicher Fertigkeiten in bestimmten Hirngebieten ausbilden, kann die Effektivität der Ausbildung bestimmter Bewegungsfertigkeiten gefördert werden . Auch Aussagen zum Grad der belastungsbedingten nervalen Ermüdungsprozesse mit Rückschlüssen auf die Trainingsgestaltung sind möglich. Die Vorprogrammierung bestimmter Willkürbewegungen vor Belastungen, die sich durch die Erfassung der sogenannten „Bereitschaftspotentiale„ im EEG verfolgen lassen, kann dadurch optimiert werden. Mit Hilfe des EEG ist es auch möglich, durch die Erfassung des allgemeinen Aktivitätsniveaus des ZNS Hinweise zur Steuerung des ideomotorischen Trainings und zur Gestaltung spezieller Erwärmungsprogramme zu erhalten. Dennoch ist derzeit die Nutzung des EEG in der sportmedizinischen Funktionsdiagnostik selbst noch Gegenstand der Forschung.

Flimmerverschmelzungsfrequenz (FVF)

Die FVF ermöglicht die Beurteilung des Aktivitätszustandes des optischen Analysators.

Methodik: Das Grundprinzip der Meßmethodik beruht darauf, daß die höchste Anzahl von Impulsen (Lichteindrücken), die das System Auge – ZNS in der Zeiteinheit getrennt aufnehmen und verarbeiten kann, ermittelt wird. Innerhalb der acht Lichtquellen der FVF-Apparatur werden dem Probanden Lichtsignale mit zunehmend höherer Frequenz angeboten. Die höchste Zahl von Lichteindrücken (Impulsen), ausgedrückt in Hz, die der Proband innerhalb von 3 s getrennt wahrnehmen kann, ergibt die Höhe der individuellen Verschmelzungsschwelle. Sie liegt bei Sportlern unter Ruhebedingungen bei 47 +/- 2 Hz.

Bewertung: Ein Anstieg der individuellen Verschmelzungsschwelle um =/> 4 Hz kann als Ausdruck erhöhten Aktivitätszustandes des optischen Analysators gewertet werden. Dies ist z.B. der Fall nach optimaler Erwärmung, nach intensiven Trainings- und Wettkampfbelastungen oder Ausdruck höherer Konzentrations- und Mobilisationsfähigkeit des ZNS. Eine Abnahme der FVF um =/> 3 Hz gilt allgemein als Absinken der Verschmelzungsschwelle und wird bei zentraler Ermüdung, zum Beispiel infolge Übertrainings, beobachtet. Diese wenigen Ausführungen deuten die Eignung dieser Methode für die sportartspezifische Funktionsdiagnostik, insbesondere im Leistungssport, an.

Tachistoskopie

Mit der Tachistoskopie wird überprüft, ob sportartspezifische optische Reize rasch, richtig und differenziert erkannt und adäquat beantwortet werden können.

Methodik: Auf eine automatische Vorführung sportartspezifischer Bildfolgen über eine Sekunde mittels Dia-Projektor hat der Proband verbal, durch Ausfüllen eines Testbogens oder durch Umschalten auf das nächste Bild zu reagieren.

Bewertung: Mit der tachistoskopischen Testung kann die Fähigkeit zum Erkennen der sportartspezifischen Situation, zum Finden von Entscheidungen unter Zeitdruck, zur Konzentration, zum Risikoverhalten und zum Überprüfen des sportartspezifischen Antizipationsvermögens ermittelt und im Längsschnitt beurteilt werden. Daraus sind Ableitungen für die Trainingssteuerung möglich.

Neuromuskuläre Meßgrößen

Elektromyogramm (EMG)

Das *EMG* dient der Erfassung bioelektrischer Begleiterscheinungen der Muskeltätigkeit.

Methodik: Die Erfassung der elektrischen Muskelaktivität erfolgt mit Hilfe der **Elektromyographie**, die als Oberflächenmyographie (Aktionspotentiale werden von der Haut über der zu testenden Muskelgruppe mittels Elektroden abgenommen) oder als Nadelelektromyographie (Aktionspotentiale werden mittels Nadelelektroden, die in den Muskel eingestochen werden), abgeleitet. Die Übertragung, Verstärkung, Registrierung und Auswertung erfolgt nach dem im Bild 6.12 dargestellten Prinzip.

Bewertung: Mit Hilfe der Elektromyographie können die während eines bestimmten Bewegungsablaufes aktivierten Muskeln erfaßt, ihr zeitlicher Anteil an der Bewegung eingeschätzt, ihr Einsatz den Bewegungsphasen zugeordnet und damit zeitliche Verhältnisse von Aktivitäts- und Inaktivitätsphasen eines Muskels bestimmt werden. Außerdem sind lokale Muskelermüdungen, die Größe des motorischen Innervationsaufwandes bei sportlichen Bewegungen und Anpassungen im Trainingsverlauf objektivierbar. Die synchrone Erfassung des Kraft-, Zeit- und Beschleunigungsverlaufes mittels Kinematographie, Photographie und anderen Verfahren ist zur Erhöhung der Aussagemöglichkeiten empfehlenswert. Damit kann die EMG-Untersuchung ihren Beitrag zur Beantwortung von trainingsmethodischen Fragestellungen, die hohen Bezug zur neuromuskulären Funktionseinheit besitzen (Kraft-, Schnelligkeit- und Koordinationstraining, Technikschulung) erbringen und zu deren Effektivierung beitragen.

Rheobase und Chronaxie

Rheobase (Grundwert) ist die Stromstärke, die bei einer nicht andauernden Gleichstromreizung eines Nerven oder Muskels eine initiale Erregung in diesem Gewebe auslöst. **Chronaxie** ist die Nutz- oder Kennzeit, die ein Strom der doppelten Rheobase fließen muß, um an einem Nerv oder an einem Muskel eine Erregung auszulösen.

Methodik: Zur Prüfung beider Kenngrößen werden über dem zu testenden Nerv oder Muskel zwei Elektroden auf die Haut aufgelegt und mit einem Reizstrom-Diagnose-Gerät mittels Kabel verbunden. Über dieses Gerät wird den Elektroden ein Gleichstrom zugeführt, dessen Stromstärke langsam erhöht wird. Die Stomstärke in Milliampere, die zur ersten sichtbaren Zuckung im Muskel (objektive Erfassung mit Hilfe des Myogramms ist möglich) führt, ist der gesuchte Rheobasewert. Nach Umschaltung auf die doppelte Stromstärke wird bis zum Auftreten der Zuckung die Chronaxie (Dauer der Kennzeit in Millisekunden) ermittelt.

Bewertung: Die Erregbarkeit des betreffenden Nerv oder Muskel ist um so höher, je kürzer der ermittelte Chronaxie- und je kleiner der Rheobasewert ist. Durch Schnelligkeitstraining kommt es zu entsprechenden Veränderungen. Mit der Chronaxie und

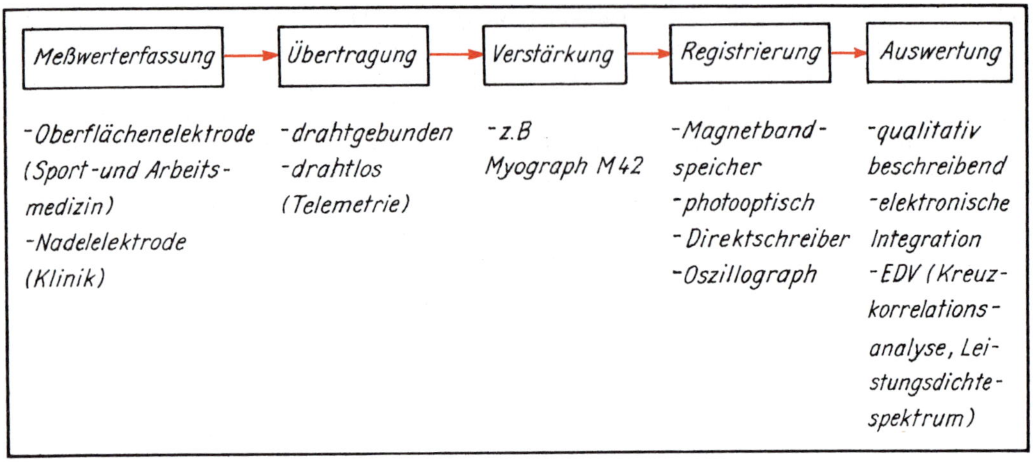

Bild 6.12 Prinzip der elektromyographischen Untersuchungstechnik (nach Wittekopf, 1982)

Rheobase sind auch Aussagen zum Grad der Ermüdung der genannten Gewebe nach sportlichen Belastungen möglich, da Ermüdung die Erregbarkeit des Muskel herabsetzt.

Muskeltonus

Die **Myotonometrie** (Diagnostik des Muskeltonus) zielt auf die summarische Erfassung der mechanischen Eigenschaften der Muskulatur wie Spannung, Lockerheit, Dehnbarkeit und Elastizität ab.

Methodik: Nach Aufsetzen eines Myotonometers auf die zu prüfende Muskelgruppe ist anhand der Eintauchtiefe des Meßstempels in mm, die ein Gleichgewicht zwischen Tonometerdruck und Widerstand des Gewebes signalisiert, auf den Muskeltonus zu schließen. Diese Myotonometrie ist einfach, jedoch recht ungenau, so daß 3 – 6 wiederholende Messungen empfohlen werden.

Bewertung: Deutliche Seitendifferenzen zwischen vergleichbaren Muskelgruppen deuten auf Muskeltonusdefizite und damit auf muskuläre Dysbalancen unterschiedlicher Genese (Fehlbelastungen, Muskel- oder Gelenkerkrankungen) hin. Untersuchungen des Muskeltonus im Längsschnitt ermöglichen Überblicksinformationen zur Trainingsgestaltung. In der Praxis der sportmedizinischen Diagnostik hat die Myotonometrie relativ wenig Bedeutung erlangt.

Parameter der Sensomotorik (Sensomotorische Tests)

Die sportliche Bewegungskoordination wird maßgeblich durch die Prozesse der Bewegungssteuerung und -regelung beeinflußt. Die organismischen Grundlagen der Sensomotorik sind die konstruktiv vervielfacht angelegten (redundanten) und dadurch funktionell ungemein vielschichtig und komplex reagierenden Motoneurone, Skelettmuskelfasern, neuromuskulären Synapsen, kinästhetischen Muskel-, Sehnen- und Gelenkspindeln und Interneurone. Aus der Vielzahl von Tests zur Beurteilung der Sensomotorik sollen in diesem Rahmen einfache Reaktionsprüfungen kurz dargestellt werden.

Einfache Reaktionsprüfung

Die Überprüfung des Reaktionsvermögens kann mit der Fallstabmethode erfolgen.

Methodik: Der im Reitsitz auf dem Stuhl sitzende Proband stützt seine Hand mit gespreizten Fingern senkrecht auf die Oberkante der Stuhllehne. Der Versuchsleiter hält einen Gymnastikstab 1 cm von der Handinnenfläche entfernt und mit dem unteren Ende in Höhe der Handoberkante des Probanden. Danach läßt er den Stab los. Die Testperson muß nun so schnell wie möglich den Stab festhalten.

Bewertung: Die Fallstrecke des Stabes in cm wird als Grobinformation für das Reaktionsvermögen des Probanden gewertet.

Reaktionszeitmessung

Methodik: Die Reaktionszeitmessung (Verzögerungszeit) auf optische, akustische und taktile Reize erfolgt, indem mit Reaktionszeitmeßgeräten die Zeit registriert wird, die zwischen dem Setzen des Reizes und der Reaktion des Probanden vergeht. Die gemessene Zeit wird in Sekunden angegeben.

Bewertung: Die einfachen Reaktionszeitmessungen ermöglichen Rückschlüsse auf die Geschwindigkeit des Reaktionsvermögens und den Zustand der Aufmerksamkeit. Die Wahlreaktionszeitmessung ergibt zusätzlich Informationen zur Beurteilung der Kombinationsfähigkeit und des Intellektes des Probanden. Damit bestehen sportartspezifische Aussagemöglichkeiten zu Eignung und Trainingsanpassung insbesondere für Sportler in Zweikampf- und Ballspielsportarten, aber auch im Sprint, im Gerätturnen und in der Gymnastik. Alters- und trainingsabhängige Vergleichswerte sind erarbeitet worden.

Tappingfrequenz

Unter der Tappingfrequenz versteht man die Anzahl der von einem Probanden mit Fingern oder Zehen auf einer Unterlage pro Zeiteinheit aufgabengerecht erzeugten Anschläge.

Methodik: Ein Proband hat mit einem oder mehreren Fingern oder Zehen mit oder ohne Hilfsmittel (z.B. Stift) in einer bestimmten Zeiteinheit auf eine Unterlage zu tippen. Es wird die Maximalfrequenz, die höchstmögliche Anzahl von Anschlägen innerhalb von 10 Sekunden, und die Vorzugsfrequenz, die durchschnittliche Anzahl von Anschlägen über 10 Sekunden zwischen der 30. und 60. Sekunde, ermittelt.

Bewertung: Mit dem Tapping wird im Rahmen der weitgehend automatisierten motorischen Tätigkeit ein Einblick in die Fähigkeit des ZNS zur Erzeugung von Bewegungsfrequenzen erzielt. Dabei bringt die Maximalfrequenz (im Durchschnitt 6 – 8 Anschläge pro Sekunde) die Fähigkeit zur kurzfristig möglichen Aktivierung, die Vorzugsfrequenz (im Durchschnitt 5 – 6 Anschläge pro Sekunde) die Fähigkeit zur Erhaltung der individuell günstigen Frequenz über längere Zeit zum Ausdruck. Beide Parameter ermöglichen einen Einblick in die Fähigkeit des Probanden zur Reproduktion motorischer Rhythmen. Die Tappingfrequenz ist altersabhängig, sie nimmt bis etwa zum 14. Lebensjahr, durch Training bis zum 18. Lebensjahr zu, wobei interindividuelle und trainingsbedingte Unterschiede typisch sind. Sie ist deshalb sportartspezifisch (z.B. im Sprint) einsetzbar zur Ermittlung des individuellen Standes und zur Dokumentation von Veränderungen der Rhythmusstabilität und der Folgerhythmen (Fähigkeit, vorgegebene Frequenzen und Frequenzänderungen zu reproduzieren).

Parameter des Immunsystems (Einführung)

Extensive sportliche Belastungen bewirken im Rahmen der gesamtorganismischen Reaktivität sowohl eine abgestufte unspezifische Antwortreaktion als auch eine Reaktion der spezifischen Immunabwehr. Dies geschieht auf humoraler und auf zellularer Ebene.

Methodik: Die gebräuchlichsten Meßgrößen der unspezifischen humoralen Abwehr sind die Plasmaproteine Albumin, Alpha-2-Makroglobulin, Haptoglobulin, c-reaktives Protein (CRP), Transferrin, Alpha-1-Antitrypsin, Alpha-1-saures Glycoprotein, Coeruloplasmin. Als wichtigste Parameter der humoralen immunologischen Abwehr haben die Immunglobuline IgA, IgG, IgM und IgE Bedeutung erlangt (Mögliche Bestimmungsmethoden: Radiale Immundiffusion nach Mancini, Lasernephelometrie, Turbidimetrie).

Der wesentlichste Parameter für die unspezifische zelluläre Abwehr sind die Granulozyten und für die unspezifische immunologische Abwehr die Lymphozyten (Bestimmungsmethoden: Lymphozytentransformationstest, Rosetten-Test). Die Kenntnis der Bestimmungsmethodik ist für den Sportpädagogen nicht relevant, da sie in Speziallobors erfolgt. Auf diesbezügliche Darlegungen kann deshalb verzichtet werden.

Bewertung: Die belastungsbedingten Akut- und Adaptationsveränderungen immunologisch relevanter Parameter sind derzeit insbesondere im Zusammenhang mit der Präventions- und/oder Rehabilitationswirkung sportlicher Belastungen bei mit Immunstörungen einhergehenden Erkrankungen (z.B. AIDS, Krebs) von erheblicher Bedeutung. Nachgewiesen sind trainingsbedingte Veränderungen der Immunglobuline (Tabelle 6.3).

Belastungsbedingte Akutveränderungen im Immunsystem sind:

- Abnahme der IgM während der Belastungen, der IgA und IgG bis zum 2.Tag der Erholung,
- signifikante Abnahmen der Transformationsraten der Lymphozyten auf ca. 35 % bei extremen Langzeitausdauer- und auf bis 47 % bei maximalen Kraftbelastungen. Sie sind begleitet von Eosinopenie und Kortisolanstieg. Bei extremen Streßbelastungen können diese Veränderungen noch ausgeprägter sein,
- Belastungsbedingte Leuko-, Mono- und Lymphozytose bis zum 3. Erholungstag.

Tabelle 6.3 Mittelwerte und Referenzbereiche der Konzentration der Immunglobuline im Serum bei untrainierten und trainierten Männern ((1) Einer et al.,1983; (2) Israel et al.,1982; (3) Neumann et al., 1982; (4) Neumann et al.,1982; (5) Israel et al.,1982; entn. bei Neumann/Schüler 1989)

Immunglobulin	Untrainiert	Trainiert
IgA	0,8 bis 2,5 g/l (1)	3,1 +/- 0,2 g/l (3)
	2,1 +/- 0,05 (2)	2,0 +/- 0,06 g/l (4)
		2,1 +/- 0,05 g/l (5)
IgG	9 bis15 g/l (1)	2,5 +/- 1,6 g/l (3)
	12,0 bis 1,8 g/l (2)	11,4 +/- 2,0 g/l (4)
		12,1 +/- 1,7 g/l (5)
IgM	0,4 bis 2,5 g/l (1)	1,3 +/- 0,9 g/l (3)
	1,3 +/- 0,4 g/l (2)	1,1 +/- 0,6 g/l (4)
		1,2 +/- 0,4 g/l (5)
IgE	0,7 bis 1,8 g/l (1)	

6.2 Sportanthropometrie

Von *K. Koinzer*

6.2.1 Aufgaben, Möglichkeiten und Grenzen der Sportanthropometrie

Die Anthropometrie umfaßt die Bestimmung der **Maßverhältnisse des menschlichen Körpers**. Die Sportanthropometrie ermittelt die sich im **Phänotyp** (Gesamtheit der äußeren Merkmale, die sich in der ontogenetischen Entwicklung auf der Grundlage des **Genotyps** unter Einwirkung der Umweltfaktoren herausbilden) manifestierenden Eigenschaften in Form von Körperbaumerkmalen, die als leistungsbestimmende Körperbaumerkmale sowohl Voraussetzungen der sportlichen Leistungsfähigkeit als auch Ergebnis sportlicher Tätigkeit sind. Sie hat sich in den letzten Jahrzehnten zu einer wissenschaftlichen Disziplin innerhalb der Sportwissenschaft entwickelt. Ziel der Sportanthropometrie ist das immer bessere Erkennen der Zusammenhänge zwischen dem Körperbau und den gegenwärtigen und zukünftigen sportlichen Leistungen sowie deren immer vollkommenere Nutzung in der Sportpraxis. Insbesondere bemüht sich die praxisrelevante Sportanthropometrie um:

- das Erkennen leistungsbestimmender Körperbaumerkmale, die eine spezifische Eignung für bestimmte Sportarten oder -disziplinen bedingen,
- die Aufdeckung leistungsmindernder morphologischer Faktoren,
- die Verdeutlichung des Einflusses des biologischen Entwicklungsstandes und des Entwicklungsverlaufes auf den körperlich-sportlichen Leistungsstand und den Leistungsfortschritt,
- das Erkennen der Gesetzmäßigkeiten der modifizierenden Wirkung des Trainings auf die körperbauliche Individualentwicklung.

Grundlage aller Überlegungen zum Einfluß von Körperbaumerkmalen auf die sportliche Leistung ist die **Einheit von Struktur und Funktion**. Struktur ist Voraussetzung und Ergebnis der Funktion. Die Möglichkeiten und Grenzen der Sportanthropometrie ergeben sich daraus, daß mit Hilfe der Sportanthropometrie Teilstrukturen des menschlichen Körperbaus metrisch erfaßt werden, die in einem logisch begründbaren Zusammenhang zur sportlichen Leistung stehen. Die zu erfassenden Längen-, Breiten-, Tiefen-, Umfangs-, Bewegungs- sowie Volumen- und Flächenmaße (Bild 6.13) charakterisieren die Strukturen des passiven Bewegungsapparates (des Knochengerüstes), des aktiven Bewegungsapparates (der Skelettmuskulatur) und der belastenden Substanzen (z.B. Körpermasse, Fettgewebe).

Da jede sportliche Leistung mehr oder weniger komplex und kompliziert durch **morphologisch-anatomische, funktionell-energetische, funktionell-regulative und psychisch-volitive Komponenten** bestimmt wird, können Körperbaumerkmale jeweils nur mehr oder weniger deutliche Teilaussagen über die sportliche Leistungsfähigkeit und ihre Entwicklung widerspiegeln. Dieses komplexe Bedingungsgefüge wird zusätzlich durch die große Weite der interindividuellen Variabilität kompliziert. Das System des Maßbezuges in der Sportanthropometrie ist im Bild 6.13 überblicksmäßig dargestellt. Es ist nachgewiesen, daß die Körperbaumerkmale funktionell enge Beziehungen zu den konditionellen Fähigkeiten Kraft, Schnelligkeit und Ausdauer besitzen.

6.2.2 Erfassung ausgewählter Meßgrößen zur Beurteilung von Wachstum und Entwicklung (Somatometrie)

Mit Hilfe der Sportanthropometrie werden je nach Aufgabenstellung bestimmte morphologische Körperbaumerkmale oder funktionelle Maße erfaßt, aufbereitet, berechnet und im Rahmen der Fragestellung gedeutet. Um die erfaßten Werte sinnvoll, vor allem vergleichbar zu machen, müssen die Festlegungen zur Methodik exakt eingehalten werden. Nur so kann der individuelle Meßfehler klein gehalten werden.

6.2.2.1 Einzelparameter

Zur Erfassung der Körperbaumerkmale sind **Längen-, Breiten-, Umfangs- und Volumenmessungen** erforderlich. Die Genauigkeit der Erhebungen bestimmt in hohem Maße den Wert der erfaßten sportanthropometrischen Untersuchungsergebnisse für die Praxis. Um den Meßfehler so niedrig wie möglich zu halten, ist es erforderlich, daß der Anfänger, bevor er selbständig Messungen am Schüler oder Sportler durchführt, die Meßpunkte und die Meßtechnik intensiv studiert und am Skelett und unter Anleitung am Probanden übt. Alle Messungen sollten am weitgehend unbekleideten Körper durchgeführt werden. Erlaubt sind lediglich Badehose oder Turnhose bei Jungen und Gymnastikanzug bei Mädchen. Seitenvertauschbare Messungen werden stets auf der rechten Körperseite durchgeführt. Die zu bemessenden Personen nehmen eine straffe Körperhaltung ein. Dabei sind die Füße geschlossen, die Arme gestreckt am Körper herabhängend und die Handflächen nach innen gerichtet zu halten. Zur Vermeidung eines häufigen Wechsels der Meßinstrumente sind die Messungen in einer vorgegebenen Reihenfolge vorzunehmen. Die Protokollierung der Meßergebnisse muß sorgfältig in einer Erhebungs- oder Testkarte, die später die ergebnisorientierten Berechnungen ohne großen Aufwand ermöglicht, erfolgen. Die vom Messenden angesagten Werte werden zur Vermeidung von Übermittlungsfehlern vom

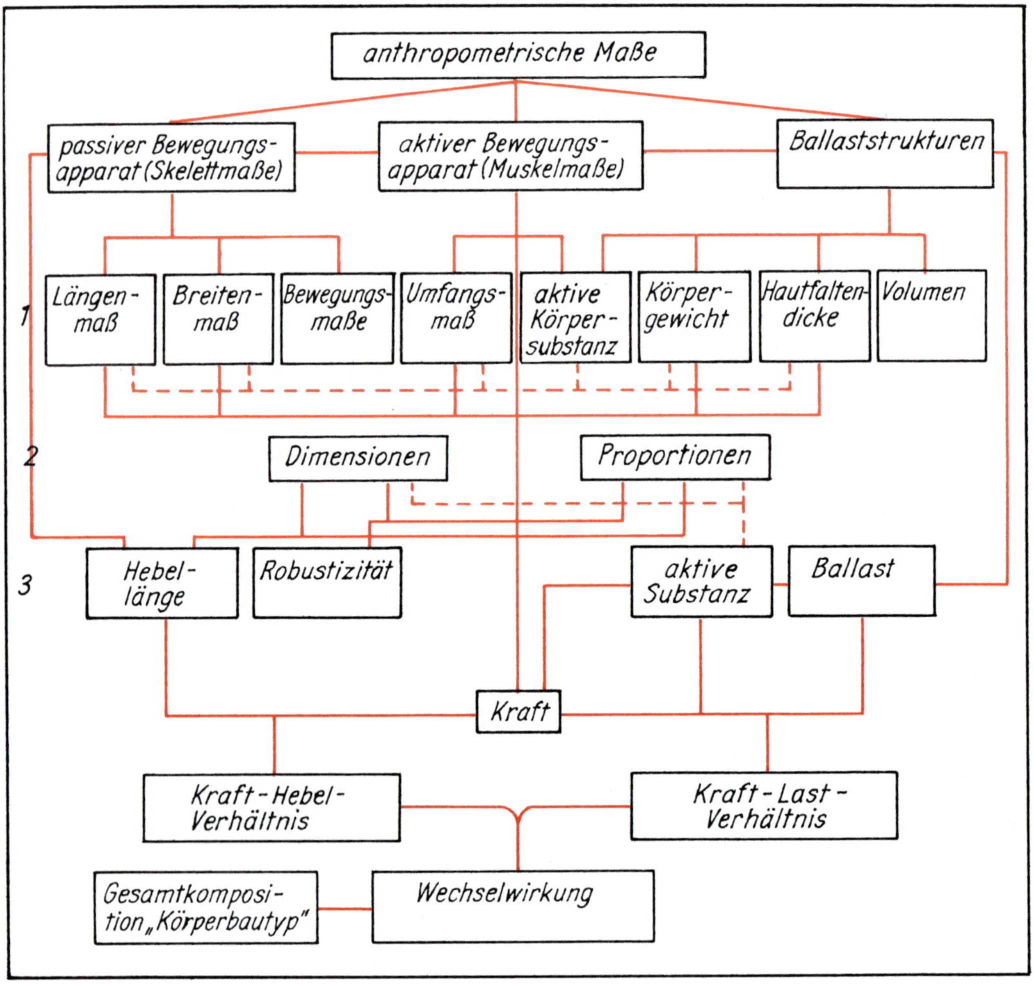

Bild 6.13 Das System des Maßbezuges in der Sportanthropometrie. *1* konkrete Maße, *2* Maßbezug, *3* funktionelles Synonym (nach Tittel und Wutscherk)

Protokollanten wiederholt. Ort und Tag der Messungen sind festzuhalten. Im Folgenden sollen die Grundzüge der Meßmethodik zur Erfassung der für die Sportpraxis wichtigsten Körperbaumerkmale kurz dargestellt werden.

Körpermasse (KM):

- Wägung des aufrecht auf der Mitte der Fußplatte einer geeichten Körperwaage mit Laufgewichtsanordnung stehenden Probanden,
- Einhaltung gleicher Bedingungen (Tageszeit, Nahrungsaufnahme, Darm- und Harnblasenentleerung),
- Protokollierung der Uhrzeit und der Körpermasse mit einer Dezimale (Abzug von 100 g für Turnhose bzw. 200 g für Gymnastikanzug).

Körperhöhe (KH) (Differenz zwischen Standfläche und Scheitelhöhe):

- Aufgerichtete, straffe Haltung des Probanden mit Berührung der Fersen, des Gesäßes und der Schulterblätter an der vertikalen Fläche (Wand des Untersuchungsraumes; Bild 6.14),
- die gedachte Augen-Ohr-Linie muß horizontal verlaufen (Proband muß geradeaus sehen),
- Meßinstrument ist ein Anthropometer (Bild 6.15), eine Meßlatte oder ein an die Wand geheftetes Bandmaß (Nullpunkt in Standflächenhöhe), wobei ein Winkellineal als Meßschieber neben dem Bandmaß bis auf die Mitte des Scheitels (höchste Erhebung des Kopfes) zu führen ist,
- die Körperhöhe wird in cm mit einer Dezimale angegeben.

Schulterbreite (Biakromialbreite; geradlinige Entfernung zwischen den äußeren Begrenzungen der beidenSchulterhöhen, Akromien):

- Körperhaltung aufrecht, stehend,
- Schultergürtel- und Schultergelenkmuskulatur entspannt,
- als Meßinstrument dienen ein Anthropometer oder ein Beckenzirkel mit Millimetereinteilung,

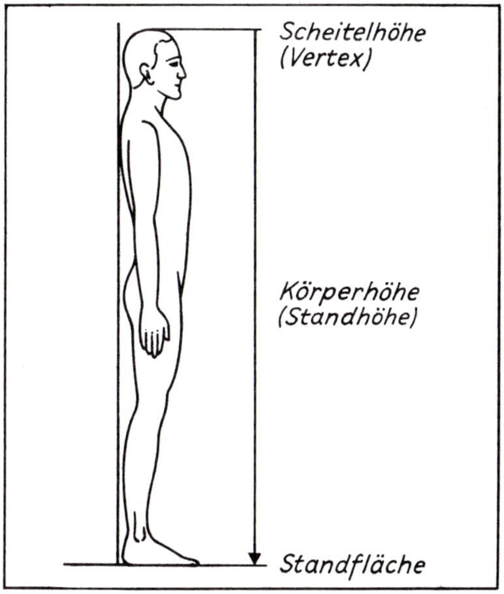

Bild 6.14 Haltung des Probanden während der Messung der Körperhöhe (nach Tittel und Wutscherk)

- der vor dem Sportler stehende Untersucher ertastet mit den auf den Spitzen der Beckenzirkelarme bzw. des Anthropometers liegenden Zeigefingerkuppen den gut fühlbaren Rand der beiden Schulterhöhen und liest nach Zurücknahme der Fingerkuppen die Schulterbreite in cm mit einer Dezimale ab.

Darmbeinstachelbreite (gradlinige Entfernung zwischen den untersten Begrenzungen der beiden vorderen oberen Darmbeinstachel, Bild 6.16):

Körperhaltung, Meßinstrumente und Meßvorgang wie bei Ermittlung der Schulterbreite, nur daß hierbei sehr sorgfältig die unterste Begrenzung des rechten und linken vorderen oberen Darmbeinstachels aufgesucht und anschließend deren gradlinige Entfernung gemessen wird.

Brustkorbbreite (transversaler Brustkorbdurchmesser; gradlinige Entfernung der am weitesten seitlich ausladenden Punkte des Brustkorbes; s. Bild 6.16):

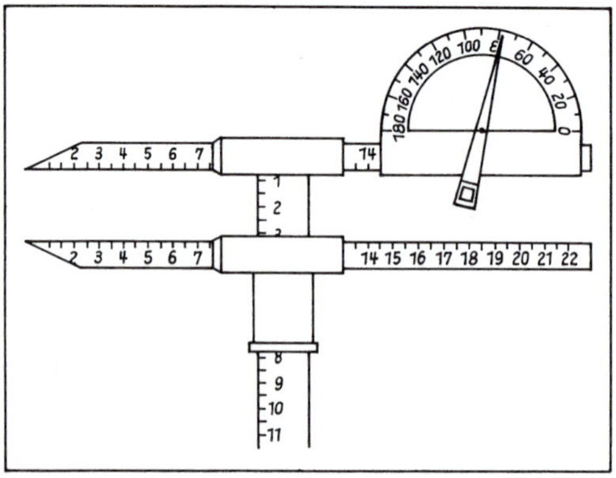

Bild 6.15 Kopfteil des Anthropometers nach Martin mit Ansteckgoniometer nach Mollison (nach Tittel und Wutscherk)

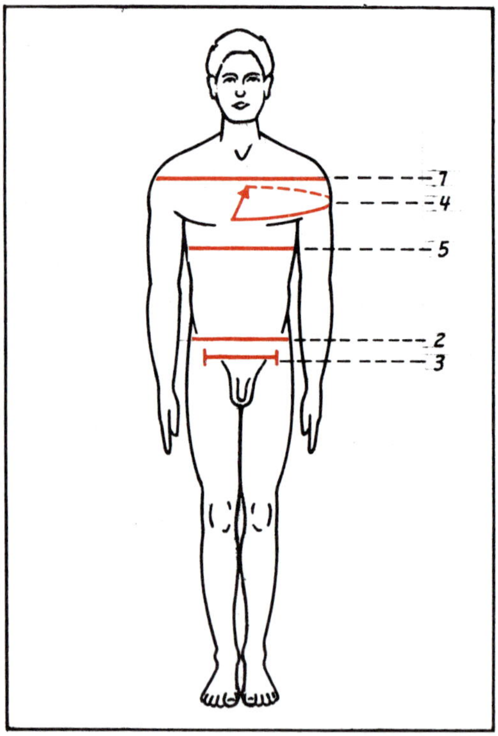

Bild 6.16 Breiten- und Tiefenmaße des Rumpfes. *1* Schulterbreite, *2* Beckenkammbreite, *3* Beckenstachelbreite, *4* sagittaler Brustkorbdurchmesser, *5* transversaler Brustkorbdurchmesser (nach Tittel und Wutscherk)

- Körperhaltung, Meßinstrumente und Stellung des Messenden wie eben genannt,
- Auflage der kopfförmigen Enden des Beckenzirkels oder der Lineale des Anthropometers auf den am weitesten seitlich ausladenden Rippen (nicht Zwischenrippenmuskulatur !) in Höhe der 4. Rippen-Brustbein-Verbindung,
- die Messung erfolgt in Mittelstellung zwischen Ein- und Ausatmung, also am Ende der normalen (unbetonten) Ausatmungsphase.

Brustkorbtiefe (sagittaler Brustkorbdurchmesser; gradlinige Entfernung zwischen dem unteren Ende des Brustbeinkörpers und der in der gleichen Horizontalebene gelegenen Dornfortsatzspitze der Brustwirbelsäule; Bild 6.16):

- Haltung des Probanden wie zuvor, der rechte Arm ist leicht angespreizt,
- der an der rechten Seite des Probanden stehende Untersucher legt unter Führung der Zeigefingerkuppen die Beckenzirkelenden (Bild 6.17) auf das meist gut fühlbare untere Ende des Brustbeinkörpers und unter exakt horizontaler Haltung des Zirkels auf die entsprechende Brustwirbeldornfortsatzspitze,
- die Messung erfolgt ebenfalls in Mittelstellung zwischen Ein- und Ausatmung.

Brustkorbumfang:

- die Körperhaltung des Probanden wie auf Bild 6.16,
- der seitlich vor dem Probanden stehende Untersucher legt das zu benutzende Stahl- oder Leinenbandmaß direkt unter den unteren Schulterblattwinkel, führt es durch die Achselhöhlen und schließt es unmittelbar über den Warzenhöfen der Brust, bei Frauen unmittelbar oberhalb der Brüste,
- der Brustkorbumfang kann bei Atemmittelstellung, nach maximaler Ein- und maximaler Ausatmung, ermittelt werden,
- als Atemspielraum (Exkursionsbreite des Brustkorbes, Atembreite) wird die Diffe-

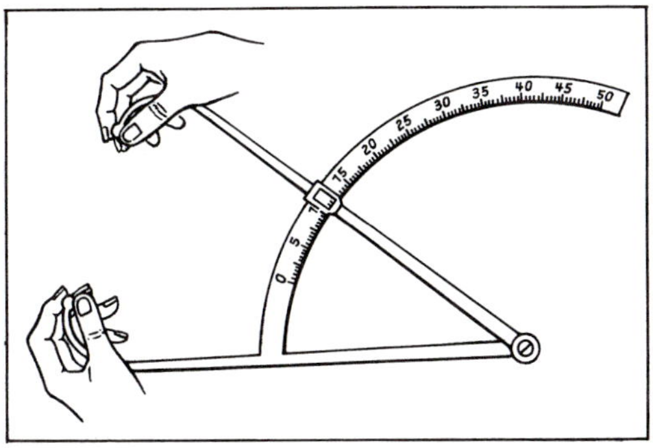

Bild 6.17 Beckenzirkel nach Martin

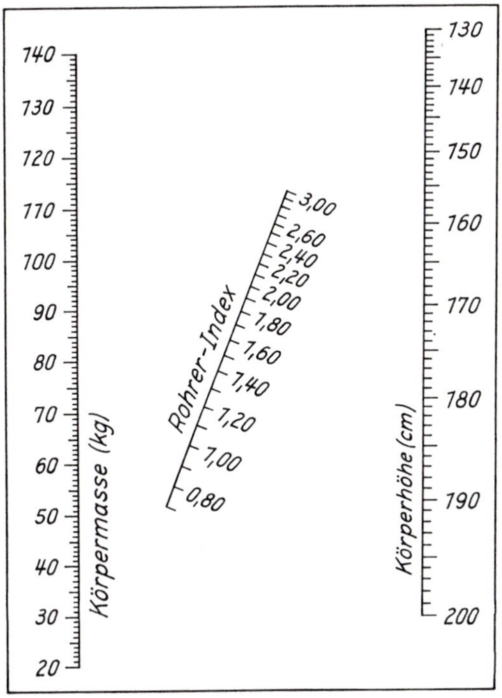

Bild 6.18 Nomogramm zur Ermittlung des Rohrer-Index (nach Titlbachova)

renz der Brustkorbumfangwerte zwischen maximaler Ein- und Ausatmung bezeichnet.

Größter Oberarmumfang (gestreckt):

- Körperhaltung des Probanden wie zuvor genannt,
- der seitlich vor dem Probanden stehende Untersucher legt das Leinen- oder Stahlbandmaß um die stärkste Vorwölbung des zweiköpfigen Armmuskels (M. biceps) des schlaff am Oberkörper herabhängenden rechten Armes und liest den Umfang direkt in cm ab.

Größter Oberarmumfang (maximal gebeugt):

- Der in aufrechter Körperhaltung stehende Proband kontrahiert die Beugemuskulatur des rechten Ellenbogengelenkes bis die Gelenkpartner einen rechten Winkel bilden,
- die Umfangmessung erfolgt an der stärksten Vorwölbung des Oberarmes.

Größter Unterarmumfang:

- Haltung des Probanden wie bei der Messung des Oberarmumfanges gestreckt,
- das Leinen- oder Stahlbandmaß wird zur Messung um die größte seitliche Vorwölbung des locker herabhängenden rechten Armes gelegt. Dies ist nur wenig unterhalb des Ellenbogengelenkes.

Größter Oberschenkelumfang:

- Der Proband sitzt, das rechte Bein wird auf einen Hocker oder auf die Knie des seitlich vor dem Probanden knieenden Untersuchers aufgelegt, die Oberschenkelmuskulatur wird dadurch entspannt,
- 20 cm oberhalb der oberen Kniescheibenbegrenzung (bei Kindern bis 150 cm KH 15 cm oberhalb der oberen Kniescheibenbegrenzung) wird das Bandmaß horizontal um den rechten Oberschenkel gelegt und dessen Umfang abgelesen.

Größter Unterschenkelumfang:

- Körperhaltung des Probanden und Stellung des Messenden wie bei der Oberschenkelumfangmessung,
- das Bandmaß wird um die stärkste Auswölbung der Wadenmuskulatur gelegt.

Untersuchungsverfahren in der Anthropometrie, die besonders gut zur Reproduktion morphologischer Maße geeignet sind (Photographie, Umrißzeichnungen, Abdruckverfahren, plastische Wiedergabeverfahren) sollten im Bedarfsfalle der Spezialliteratur entnommen werden.

6.2.2.2 Komplexkörperbaumerkmale

Die absolute Dimension der vorgenannten Körperbaumerkmale wird insbesondere im Kindes- und Jugendalter durch geschlechts-, alters- und körperbautypologische Besonderheiten beeinflußt. So ist die Vergleichbarkeit dieser absoluten Parameter zwischen den Probanden bei Querschnittsuntersuchungen und bei Längsschnittvergleichen eingeschränkt. Dadurch wird die Beantwortung vieler sportspezifischer Fragestellungen mit Hilfe der absoluten Parameterwerte allein nur bedingt möglich. Um diese typologischen Einflüsse („Störgrößen„) zu eleminieren, werden aus den einzelnen absoluten Größen der Körperbaumerkmale sogenannte Komplexkörperbaumerkmale (Dimension-Proportion) gebildet.

Dimensionen – Proportionen

Setzt man die absolute Größe eines Körperbaumerkmals (Dimension) in Relation zu der eines anderen morphologischen Maßes (Proportion), erhält man Dimensionen – Proportionen. Diese Beziehung kann als „relatives Maß„ ausgedrückt werden, indem die Relation wie folgt gebildet wird:

$$\frac{\text{kleines Maß x 100}}{\text{größeres Maß}},$$

$$\text{z.B.} \quad \frac{\text{Beinlänge x 100}}{\text{Körperhöhe}} = \text{relative Beinlänge in \%}$$

oder als „Index“

$$\frac{\text{Schulterbreite}}{\text{Beckenstachelbreite}} = \text{Schulterbreiten-Beckenstachelbreiten-Relation} = \text{SB-Index}$$

Da die sich im Kindes- und Jugendalter ständig verändernde Körpermasse die Kraft-Lastverhältnisse beeinflußt, sind für Kinder vielfältige Empfehlungen gegeben worden, die KM in ihrer Relation zur KH zu beurteilen. Dazu gehören zum Beispiel:

- Beurteilung der KM durch Indizes:

Quetelet – Index (Zentimetergewicht) $= \frac{KM}{KH}$,

Kaup-Index (Körperbau-Index) $= \frac{KM}{KH^2}$,

Rohrer – Index (Körperfülle-Index) $= \frac{KM}{KH^3}$.

Der Rohrer-Index kann auch mit Hilfe eines Nomogramms ermittelt werden (Bild 6.18).

Normalgewicht nach Broca:
KH – 100

Normalgewicht nach Brugsch:
KH – 100 bei KH bis 165 cm,
KH – 105 bei KH von 166 bis 174 cm,
KH – 110 bei KH über 175 cm.

Normalgewicht nach Jones:

$$KH - 110 - \frac{KH - 125}{2} \text{ (6-14 Lebensj.)},$$

$$KH - 110 - \frac{KH - 125}{2} \text{ (15-18 Lebensj.)},$$

$$KH - 110 - \frac{KH - 125}{2} \text{ (> 18 Lebensj.)}.$$

Body Mass Index (BMI): $\frac{KG\ (kg)}{KH^2\ (m)}$

- Beurteilungskriterien für Übergewicht bei Erwachsenen (American College of Sports Medicine):

20-24,9 kg/m^2 = Normalgewicht

25-29,9 kg/m^2 = Adipositas 1. Grades

30-40 kg/m^2 = Adipositas 2. Grades

> 40 kg/m^2 = Adipositas 3. Grades (morbide Adipositas).

Diese Indizes vermögen die alterstypologischen Einflüsse im Kindes- und Jugendalter ebenfalls nicht völlig zu eliminieren. Besonders altersdifferent sind Quetelet-, Kaup- und Broca-Index. Die relativ höchste Alterskonstanz besitzt der Rohrer-Index. Er spiegelt in allen Altersklassen die gewünschten Relationen am besten wider. Seine Anwendung ist deshalb am ehesten zu empfehlen (Bild 6.19).

- Beurteilung der KM anhand von Normtabellen bzw. Nomogrammen für KH-Gruppen:

Anhand umfangreicher longitudinaler Wachstumsstudien haben Prader und Mitarbeiter (1988) Wachstums-und Gewichtskurven in Perzentilen erstellt, mit deren Hilfe die Beurteilung der individuellen KM bezogen auf die aktuelle KH möglich ist. Oehmisch hatte 1970 ebenfalls anhand repräsentativer Erhebungen Mittelwerte für die KH und die KM angegeben und in Nomogrammen formuliert.

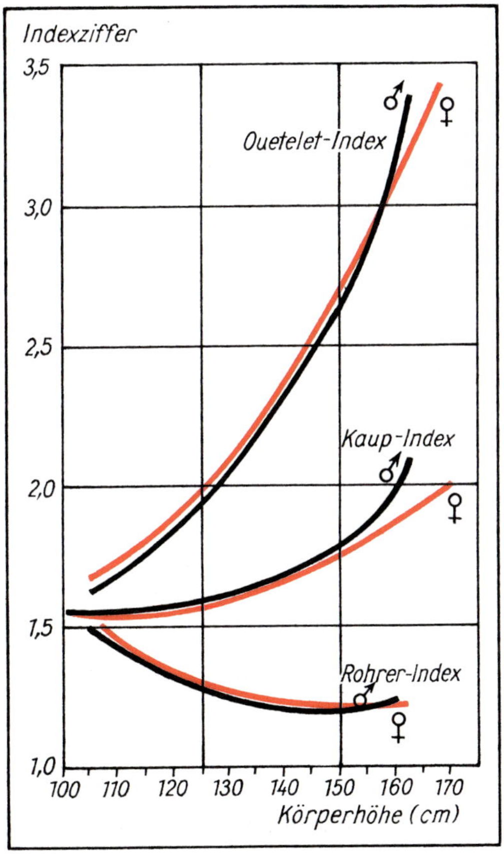

Bild 6.19 Quetelet-, Kaup- und Rohrer-Index in Abhängigkeit von der Körperhöhe (nach Oehmisch)

Beurteilung des Körperdepotfetts

Unter bestimmten Fragestellungen ist die Beurteilung der sportlichen Leistungsfähigkeit in Relation zur fettfreien Körpersubstanz (aktive Körpersubstanz, „essential body mass") aussagekräftiger als in Relation zur Körpermasse.

Methodik: Dazu wird zunächst die Fettmasse des Körpers bestimmt, indem Haut und Unterhaut mit Daumen und Zeigefinger nacheinander an zehn Meßstellen (Tabelle 6.4) oder an drei bzw. an zwei Meßstellen von der Muskelfaszie abgehoben und mit dem Hautfalten-Tasterzirkel (Skinfold-Kaliper) (Bild 6.20) gemessen werden.

Bewertung: Anhand der durch Summierung gewonnenen Gesamtdicke aller zehn Meßwerte ist aus Tabellen (Wutscherk, 1981) oder bei Messungen an zwei Meßstellen aus Nomogrammen (Parizkova, 1971), die auf der Basis von Regressionsberechnungen ermittelt wurden, der prozentuale Fettanteil direkt ablesbar. Danach sind berechenbar:

$$\text{Absolutes Körperdepotfett (kg)} = \frac{\text{KM x Körperdepotfett in \%}}{100}$$

$$\text{Aktive Körpersubstanz (kg)} = \text{KM} - \text{Körperdepotfett (kg)}$$

$$\text{AKS} - \text{Index} = \frac{\text{AKS}}{\text{Körperhöhe}^3}$$

Der AKS-Indes stellt praktisch die Relation der aktiven Körpersubstanz zur KH im Sinne des Rohrer-Index dar (Wutscherk, 1970).

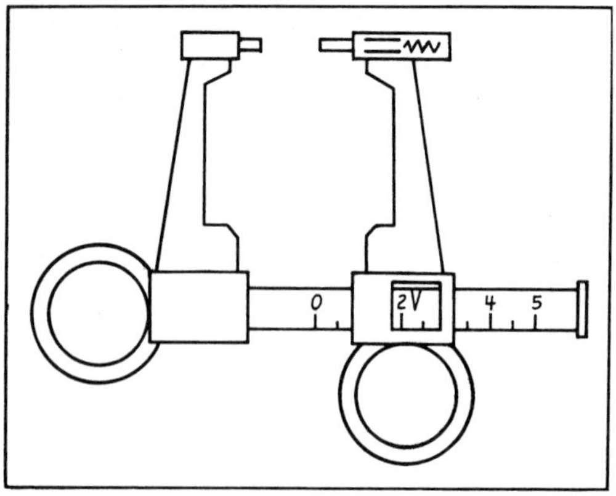

Bild 6.20 Hautfalten-Tasterzirkel (Skinfold-Kaliper) (nach Tittel und Wutscherk)

Tabelle 6.4 Meßstellen zur Ermittlung der Hautfaltendicke an 10 Meßstellen des Körpers (nach Tittel und Wutscherk)

01. an Wange, vor Tragus
02. Mundboden, oberhalb Zungenbein,
03. vordere Achselfalte,
04. 10. Rippe, in Axillarlinie,
05. Bauch (im 1. Viertel der Strecke zwischen-Nabel und dem vorderen Darmbeinstachel),
06. oberhalb des vorderen oberen Darmbeinstachels,
07. unterhalb des unteren Schulterblattwinkels,
08. über dem Armstrecker, in der Mitte des Muskels,
09. über dem geraden Schenkelmuskel am Übergang zur Sehne,
10. über dem Zwillingswadenmuskel, dicht unter der Kniekehlenraute.

Komplexkörperbaumerkmale

Komplexkörperbaumerkmale enthalten längenbestimmende Maße (Längenfaktor) sowie umfangs- und gewichtsbestimmende Maße (Umfangs- und Gewichtsfaktor), die sich in einem Dimensionsfaktor (der gleichzeitig auf den körperbaulichen Entwicklungsgrad hinweist) und in einem Proportionsfaktor sammeln.

Methodik: Als Beispiel für mehrere bisher erarbeitete Komplex-Körperbaumerkmale (A = Extremitätenmerkmal, B = Rumpfmerkmal) sei in diesem Rahmen nur das von Wutscherk (1966) erstmals beschriebene Komplexkörperbaumerkmal C aufgeführt. Es gilt als Gesamtmerkmal

$$C = \frac{0{,}5 \text{ x (Schulterbreite + Beckenstachelbreite) x KH}}{\text{(Armlänge x Oberarmumfang) + (Beinlänge x Oberschenkelumfang)) x KM}}$$

Bewertung: Merkmale zeigen in verschiedenen Sportarten engere Beziehungen zur sportlichen Leistung als die Einzelmerkmale (Tittel u. Wutscherk, 1972). Das Komplexkörperbaumerkmal C repräsentiert außerdem in hohem Maße den körperbaulichen Entwicklungsgrad (das „biologische„ Alter) und körperbau-typologische Spezifitäten.

6.2.2.3 Schätzung der Finalhöhe

Die möglichst frühe Kenntnis der finalen Körperhöhe kann nicht nur aus eignungsdiagnostischen Gründen, sondern auch bei extrem großen oder kleinen Kindern von medizinischem Interesse sein.

Meßmethodik: Nach Ermittlung des biologischen Alters (s. 6.2.4) und dessen Angabe in Kalenderjahren kann bei Kenntnis des kalendarischen Alters, der KH, der KM und der Elterngröße aus Tabellen nach Bayley-Pinneau (1952), modifiziert nach Wutscherk (1971), für die Altersstufen 4 bis 18 Lebensjahre der prozentuale Anteil der zum Bestimmungszeitpunkt erreichten Finalkörperhöhe abgelesen werden. Daraus ist die zu erwartende Finalhöhe errechenbar. Als Fehlerbreite werden +/- 2 cm angegeben.

Bewertung: Ab drittem Lebensjahr bestehen zwischen aktueller und finaler KH Korrelationskoeffizienten von > 0,7 (Mädchen) und > 0,8 (Jungen), so daß die richtige Vorhersage der finalen KH allein aus dem Kalenderalter mit einer Wahrscheinlichkeit von 50 bis 65 % möglich ist. Durch Berücksichtigung des biologischen Entwicklungsstandes kann diese Prognose erheblich genauer werden.

6.2.3 Bestimmung des Körperbautyps

Seit der Antike (Hippokrates 460-377 vor unserer Zeitrechnung) gibt es Versuche, die Menschen auf Grund ihrer äußeren Erscheinungsform zu kategorisieren. Da es sich dabei um Klassifizierungen anhand der morphologischen Erscheinungsform handelt, ist der Begriff „Körperbautyp" konkreter als der oft benutzte Begriff „Konstitutionstyp". Zwischen den einzelnen Komponenten der Konstitution, also den anatomisch-morphologischen (Körperbautyp), den funktionell-energetischen, den funktionell-regulativen und den psychischen Faktoren, bestehen Wechselbeziehungen. Deshalb sind anhand der Kennzeichnung des Körperbautyps bestimmte funktionelle und psychische Reaktionsweisen und damit auch bestimmte sportliche Leistungen voraussagbar. Dies ist nicht nur für die Auswahl von Kindern für die Eignung in bestimmten Sportarten, sondern auch für die Beurteilung der Belastbarkeit und für die differenzierte Bewertung von Bedeutung. Es gibt mehrere Möglichkeiten zur Bestimmung von Körperbautypen. Im Folgenden sollen die Grundsätze der Verfahren von Kretschmer und Sheldon sowie von Conrad dargelegt werden.

6.2.3.1 Körperbautypen nach Kretschmer und Sheldon

Kretschmer teilte die Menschen in drei polare Körperbautypen ein:

- Leptosome: Flacher, langer Brustkorb, spitzer Rippenwinkel, relativ breites Becken, Oberflächenrelief hager, wenig Unterhautfettgewebe, lange, dünne Extremitäten, schmale Hände und Füße.
- Pykniker: Kurzer, tiefer, gewölbter Brustkorb; stumpfer Rippenwinkel; relativ kurze Extremitäten; hartknochige, kurze und breite Hände und Füße.
- Athletiker: Breite, starke Schultern; trapezförmiger Rumpf mit relativ schmalem Becken; kräftiges, plastisches Oberflächenrelief; derber Knochenbau; kräftige Arme und Beine; große Hände und Füße.

Nach Untersuchungen von Sheldon lassen sich aber nur rund 28 % der Menschen in diese Extremtypen nach Kretschmer einteilen (Leptosome 9 %, Pykniker 7 %, Athletiker 12 %). Die übergroße Mehrheit der Menschen (72 %) ist danach nicht exakt klassifizierbar, sie wird zu den Mischtypen gerechnet. Diese unbefriedigende Definierbarkeit des bei Sportlern am häufigsten gefundenen „mittleren„ Körperbautyps und die dadurch bedingte unbefriedigende Voraussagemöglichkeit körperbaubezogener sportlicher Leistungsfähigkeit bedingen eine geringe Praxisrelevanz der Körperbautypen nach Kretschmer und Sheldon.

6.2.3.2 Körperbautypen nach Conrad

Das Verfahren zur Schätzung der Körperbautypen von Conrad ist objektiver und ermöglicht bessere Vergleich- und Wiederholbarkeit, da es den Körperbautyp aus wenigen Körperbaumerkmalen erfassen läßt. Der Grundgedanke dieses Verfahrens besteht darin, daß die allgemeinen Unterschiede in der Erscheinungsform des Menschen durch die individuellen Körpermaße zueinander (Körperbauproportionen, erste Variationsebene) und durch die individuellen Körperbaumaße im Vergleich zu den der Grundgesamtheit (Körperbaudimensionen, zweite Variationsebene) ausgedrückt werden.

Methodik: In der ersten Variationsebene wird die Ausprägung des pykno- bzw. leptomorphen Körperbaus aus den ermittelten Körperbaumaßen KH (Längenmaß), transversa-

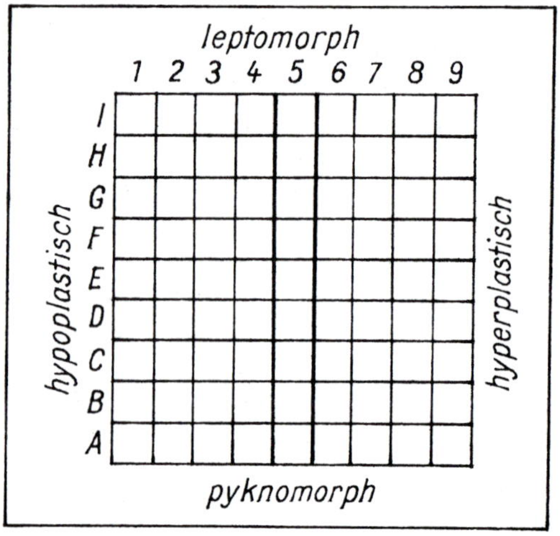

Bild 6.21 Koordinatensystem nach Conrad (1963) zur Ermittlung des Körperbautyps

ler Brustkorbdurchmesser (Breitenmaß) und sagitaler Brustkorbdurchmesser (Tiefenmaß) in Form des von Strömgren (1937) entwikkelten „Metrix-Index„ bestimmt. Einzelheiten zur Ermittlung des „Metrix-Index„ wie auch des „Plastik- Index„ (Summe der Werte von Schulterbreite, Unterarm- und Handumfang und deren Zuordnung zu neun nach diesen Werten eingeteilten Gruppen) als Ausdruck der Körperbaudimensionen (zweite Variationsebene) sind von Tittel und Wutscherk (1972) beschrieben worden. Der Schnittpunkt beider Indices im Koordinatensystem nach Conrad (Bild 6.21) ergibt den Körperbautyp. Dieser wird verbal zum Beispiel als leptomorphhypoplastish (Klasse G, Gruppe 3) ausgedrückt.

Bewertung: Mit dem Verfahren nach Conrad sind die Menschen trotz ihrer unübersehbaren individuellen körperbaulichen Variabilitäten in ihrer konstitutionellen Ausstattung zufriedenstellend erfaß- und beurteilbar. Hinweise zur Bedeutung der Conradschen Bestimmungsmethode für die Sportpraxis, insbesondere zum Zusammenhang zwischen Körperbautypen und sportlicher Leistungsfähigkeit, sind ebenfalls bei Tittel und Wutscherk (1972) zu finden.

6.2.4 Ermittlung des „biologischen“ Alters

Das „biologische“ Alter ist eine Altersangabe in Jahren und Monaten, die sich auf den **Ausprägungsgrad altersrelevanter biologischer Merkmale** bezieht. Die Kenntnis des „biologischen„ Alters ermöglicht Aussagen darüber, ob bei einem Schüler oder Sportler eine **Akzeleration** (Frühentwicklung), eine durchschnittliche Entwicklung oder eine **Retardation** (Spätentwicklung) im Vergleich zum Durchschnitt seiner Altersklasse vorliegt. Die der Schätzung des „biologischen„ Alters zugrunde liegenden biologischen Merkmale (Parameter) müssen den Entwicklungsstand des Individuums möglichst objektiv meßbar zum Ausdruck bringen. Anhand des „biologischen„ Alters können Tempo, Rhythmus und Ausmaß der Entwicklung biologischer Komponenten der Persönlichkeit geschätzt werden.

Die Kenntnis des individuellen „biologischen“ Alters ermöglicht dem Sportlehrer, Übungsleiter und Trainer die disziplinbezogene Belastbarkeit, die Phasen effektiver Trainierbarkeit sowie die Eignung für bestimmte Sportarten (Eignungsdiagnose, Leistungsdiagnose) objektiver und damit individueller zu beurteilen, als es anhand des „Kalenderalters“ möglich ist.

Mit folgenden Verfahren ist die Ermittlung des „biologischen“ Alters möglich:

- Schätzung des „biologischen“ Alters anhand der Ossifikation (Verknöcherung; „Knochen“-Alter-Bestimmung)

Da die Verknöcherung relativ eng mit der biologischen Gesamtentwicklung korreliert, kann aus der erhaltenen Verknöcherungsdiagnose auf den Grad der biologischen Gesamtentwicklung geschlossen werden.

Methodik: Die wichtigsten Modifikationen sind das Verfahren nach Greulich-Pyle. Bei diesem Vorgehen wird das zeitliche Auftreten und das Ausmaß der Verknöcherung des Handskeletts ermittelt (Bild 4.48). Das Verfahren nach Medved, Petrovic und Horvat hat den röntgenologisch bestimmten Verknöcherungsgrad der distalen Epiphysenfugen der Speiche, der Elle, des Schien- und des Wadenbeines zur Grundlage. Das Verfahren nach Kelly-Reynolds modifiziert nach Labitzke beruht auf der Ermittlung des Ausmaßes der Verknöcherung der distalen Ellen- und Speichenepiphysen und der proximalen Diaphysen des 1. und 5. Mittelhandknochens.

Bewertung: Das Grundprinzip der Ermittlung des „Knochen"-Alters besteht darin, den Grad bzw. die Geschwindigkeit der sich im Kindes- und Jugendalter vollziehenden Verknöcherung des Skeletts röntgenologisch zu erfassen und nach deren Vergleich mit altersbezogenen Verknöcherungs-„Norm"-Werten (Schmid u.Moll 1960), die an großen Probandengruppen erarbeitet und in radiographischen Atlanten festgehalten worden sind, das „Knochen"-Alter zu schätzen. Die Nachteile der Skelettaltersbestimmungen bestehen darin, daß sie mit Hilfe von Röntgenuntersuchungen erfolgen müssen, die mit Strahlenbelastungen und einem relativ großen technischen und personellen Aufwand verbunden sind. Trainer und Sportlehrer können diese Verfahren deshalb nicht anwenden, so daß hier Einzelheiten der Methodik der Spezialliteratur vorbehalten bleiben sollen. Außerdem ist keine der genannten Methoden allein für das gesamte Kindes- und Jugendalter einsetzbar, da die ihnen zugrunde liegende Verknöcherung in verschiedenen Altersstufen erfolgt (s. Bild 4.48). In relativ langsamen Knochenwachstumsphasen, zum Beispiel bei Jungen zwischen 10 und 12 und bei Mädchen zwischen 8 und 10 Lebensjahren, ist das Skelettalter ein relativ unempfindlicher Indikator. Durch die vergleichende Bewertung sind subjektive Fehler möglich und auch typologische Einflüsse lassen sich, besonders beim Verfahren nach Kelly-Reynolds, nicht sicher ausschließen.

- „Reifezeichen"-Altersbestimmung: Die Ermittlung des „biologischen" Alters mit Hilfe von Zeichen der geschlechtlichen Entwicklung ist durch die Erfassung von Symptomen primärer und sekundärer Geschlechtsreifung möglich. Dazu zählen:

  - Erfassung der Menarche: Dabei kann der Zeitpunkt der Pubertät, der Geschlechtsreife bei Mädchen, exakt ermittelt werden. Die Nachteile bestehen darin, daß bei der Ermittlung des Menarchealters ein gewisser Eingriff in die Intimsphäre der Jugendlichen erfolgt.
  - Hormonbestimmungen: Die Nachteile der komplizierten Hormonbestimmungen und ihr Vergleich mit Durchschnittswerten für bestimmte Alters- und biologische Entwicklungsstadien liegen im hohen Kostenaufwand.
  - „Reifezeichen"-Altersbestimmung: Hierunter wird die Ermittlung des Entwicklungsstandes aus den sekundären Geschlechtsmerkmalen verstanden (symptomatische Bestimmung des „biologischen" Alters). Die sekundären Geschlechtsmerkmale treten während der Reifungszeit in der im Bild 4.31 dargelegten Reihenfolge auf (Linneweh, 1959). Obwohl Zeitpunkt und Reihenfolge des Auftretens dieser Reifezeichen nicht immer mit dem Gesamtprozeß der sexuellen und morphologischen Reifung parallel gehen, ist die Schätzung des „biologischen" Alters bei Längsschnittuntersuchungen mit dieser Methode hinreichend genau.

Methodik: Das Grundprinzip der von verschiedenen Autoren vorgeschlagenen Verfahren zur Ermittlung des „Reifezeichen"-Alters besteht darin, den Ausprägungsgrad der sekundären Geschlechtsmerkmale in mehr oder weniger stark unterteilte Entwicklungsstadien einzuteilen (Zeller, 1939, Tanner, 1962 u.a.). Auf Vorschlag von Schwidetzky (1950) wird jeder Merkmals- oder Bewertungsstufe bei ihrer vollen Ausprägung (mature Stufe) eine konstante Punktsumme (12 Punkte) zugeordnet. Die ermittelte Gesamtpunktsumme ist durch die Anzahl der Merkmale zu dividieren. Der Quotient ist Ausdruck der Gesamtreifestufe (0 – 12). Da dieses Verfahren vor allem von Jugendlichen als ein Eingriff in ihre Intimssphäre empfunden wird, bleibt es einem speziellen Untersucherkreis vorbehalten. Einzelheiten des methodischen Vorgehens sind deshalb der Fachliteratur zu entnehmen.

- Ermittlung des „biologischen“ Alters nach Körperbaumerkmalen:
  Die unkomplizierte Erfassung von Körperbaumerkmalen und die Beobachtung, daß körperbauliche Veränderungen (z.B. 1. und 2. Gestaltwandel) deutlich sichtbar parallel zur biologischen Entwicklung verlaufen, führten immer wieder zu Versuchen, anhand von Körperbauproportionen das „biologische„ Alter zu kennzeichnen. Hier sollen die folgenden zwei Verfahren genannt werden:
  - Komplexkörperbaumerkmal C
    Methodik: Die Methodik ist in Abschnitt 6.2.2.2 beschrieben worden.
    Bewertung: Der errechnenbare Quotient schwankt zwischen dem Wert „5“ bei Schulanfängern und dem Wert „1“ bei Erwachsenen. Leider lassen sich mit diesem Merkmal typologische Besonderheiten nicht völlig eliminieren, so daß bei Pyknikern und Adipösen das Komplexkörperbaumerkmal C einen kleineren, bei Leptosomen einen größeren Wert hat, als es der biologischen Entwicklungsdiagnose entspricht.
  - Körperbau-Entwicklungs-Index (KEI)
    Methodik: Der KEI wird wie folgt bestimmt und errechnet (Wutscherk, 1981):

$$\text{KEI (Jungen)} = \frac{\text{mittlere Breite x 2 Unterarmumfang (korrigiert)}}{\text{Körperhöhe x 10}}$$

$$\textit{KEI (Mädchen)} = \frac{\text{mittlere Breite x Oberschenkelumfang (korrig.)}}{\text{Körperhöhe x 10}}$$

Die Korrektur der Umfangmaße erfolgt mit Hilfe des Rohrer-Index (Tabelle 6.5).

Bewertung: Durchschnittswerte des KEI im Alternsgang können der Tabelle 6.6 entnommen werden. Die KEI-Werte sind mit den

Tabelle 6.5 Nomogramm zur Bestimmung des Rohrer-Index

Rohrer-Index	Doppelter Unterarmumfang (männlich)				Oberschenkelumfang (weiblich)
0,90	3,7				5,1
1	3,5				4,9
2	3,4				4,8
3	3,2	+	Zuschlag	+	4,6
4	3,1				4,5
0,95	2,9				4,3
6	2,7				4,2
7	2,6				4,0
8	2,4				3,9
9	2,3	+	Zuschlag	+	3,7
1,00	2,1				3,6
1	1,9				3,4
2	1,8				3,3
3	1,6				3,1
4	1,5	+	Zuschlag	+	3,0
1,05	1,3				2,8
6	1,1				2,7
7	1,0				2,5
8	0,8				2,4
9	0,6	+	Zuschlag	+	2,2
1,10	0,5				2,1
1	0,3				1,9
2	0,2	+			1,8
3	0				1,6
4	0,2	–		+	1,5
1,15	0,3				1,3
6	0,5				1,2
7	0,6				1,0
8	0,8	–		+	0,9
9	1,0				0,7
1,20	1,1				0,6
1	1,3				0,4
2	1,5				0,3
3	1,6	–		+	0,1
4	1,8				0
1,25	1,9			–	0,1
6	2,1				0,3
7	2,3				0,4
8	2,4	–	Abzug	–	0,6
9	2,6				0,7
1,30	2,7				0,9
1	2,9				1,0
2	3,1				1,2
3	3,2	–	Abzug	–	1,3
4	3,4				1,5
1,35	3,5				1,6
6	3,7				1,8
7	3,8				1,9
8	4,0				2,1
9	4,2	–	Abzug	–	2,2

Tabelle 6.6 Durchschnittswerte des Körperbau-Entwicklungs-Index im Alternsgang (nach Wutscherk 1981)

Kalenderalter	Jungen	Mädchen
04	0,52	0,52
05	0,57	0,57
06	0,57	0,61
07	0,59	0,64
08	0,62	0,67
09	0,65	0,70
10	0,67	0,73
11	0,69	0,75
12	0,70	0,75
13	0,72	0,79
14	0,81	0,84
15	0,83	0,87
16	0,84	0,88
17	0,86	0,91
18		0,97
Erwachsenenwert	1,00	0,96

Ergebnissen der Knochen-Alter-Bestimmung eng korrelativ verbunden (r 0,85), so daß mit dem KEI das biologische Entwicklungsalter bei etwa 85 % der Fälle symptomatisch richtig ermittelt werden kann. Typologische Einflüsse konnten auch bei diesem Verfahren nicht völlig eliminiert werden.

7 Sportmedizinische Aspekte im Schulsport

7.1 Funktionen des Schulsports

Von *K. Koinzer, B.-K. Jüngst*

Mit dem Begriff **Schulsport** wird die Gesamtheit aller Formen des Sporttreibens in der Schule und durch die Schule gefaßt.

Die **Ziele des Schulsports** bestehen darin, einen Beitrag zu leisten

- zur Vervollkommnung der Funktionstüchtigkeit des Organismus. Dies beinhaltet Reizsetzungen für eine optimale körperliche, geistige und psychische Entwicklung der Schüler sowie für Gesundheitserhaltung und Gesundheitsförderung,
- zur Entwicklung der Bewegungseigenschaften,
- zur Ausbildung von Bewegungsfertigkeiten und sportlichen Fähigkeiten,
- zur Vermittlung sporttheoretischer und hygienischer Kenntnisse,
- zur Herausbildung und Anerziehung entsprechender sportrelevanter Verhaltensweisen.

Die Aufgaben des Schulsports beziehen sich sowohl auf den Sportunterricht (unterrichtlicher Schulsport) als auch auf den außerunterrichtlichen Schulsport für alle Schultypen (Grund-, Haupt-, Sonder-, Real-, Berufsschulen) und alle Schulstufen (Elementar-, Primar-, Sekundar-I-, Sekundar-II-Stufe).

Die **Richtlinien- und Lehrplankompetenz** für den Schulsport liegt bei den Kultusministerien der Bundesländer. Diese arbeiten mit dem Ziel der Abstimmung zu vielfältigen inhaltlichen und organisatorischen Aspekten in der Kultusministerkonferenz untereinander eng zusammen.

Abstimmungen zu den unterschiedlichsten Problemkreisen des Schulsports erfolgen auch

- zwischen den Kultusministerien und Wissenschaftsministerien der Bundesländer (insbesondere zu Fragen der Aus- und Weiterbildung der Sportlehrer),
- zwischen den Oberschul- bzw. Schulämtern und den territorialen Gesundheitseinrichtungen (z.B. in Angelegenheiten der Schulsportbefreiungen mit dem Jugendärztlichen Dienst als Bestandteil des öffentlichen Gesundheitsdienstes),
- zwischen den Schulämtern bzw. Schulen und den Sportverwaltungen der Kommunen sowie den Sportselbstverwaltungen (z.B. den Sportverbänden oder den Wissenschafts- und Bildungseinrichtungen des Deutschen Sportbundes in Angelegenheiten der Nutzung von Sporteinrichtungen im Territorium oder der gegenseitigen Unterstützung bei der Weiter- und Fortbildung der Sportlehrkader).

7.2 Belastungsverlauf innerhalb der Sportstunde

Von *K. Koinzer, B.-K. Jüngst*

7.2.1 Allgemeine Grundlagen für die Belastungen im Schulsport aus physiologischer Sicht

Unter sportlicher Belastung versteht man ein bestimmtes Maß der Einwirkung auf den Organismus während des Sporttreibens.

Es wird dabei zwischen **äußerer Belastung**, die durch die sportliche Tätigkeit charakterisierte Reizsetzung, und **innerer Belastung**, der Reaktion im Organismus auf die Körperübung, unterschieden. Als Maße zur Objektivierung der äußeren Belastung dienen der **Belastungsumfang** (effektive Übungszeit, Anzahl der Wiederholungen, zurückgelegte Strecken, Summe der gehobenen Gewichte), die **Belastungsintensität** (Höhe des Krafteinsatzes, Anzahl der Wiederholungen pro Zeiteinheit, Geschwindigkeit), die **Belastungs- und Pausendauer**. Umfang und Intensität der äußeren Belastung stehen in einem umgekehrten Verhältnis.

Körpereigene und umweltbedingte Faktoren bestimmen das Ausmaß (Quantität) der Reaktion der physiologischen Funktionen bei vergleichbaren sportlichen Belastungen wesentlich mit (s. Kap. 1.1). Geschwindigkeit und Ausmaß der organismischen Reaktion (innere Belastungen) werden grundsätzlich durch Qualität und Quantität der äußeren Belastung (Art, Intensität, Dauer, Pausengestaltung) bestimmt, jedoch modifizieren körpereigene Faktoren (z.B. Leistungsvermögen, genetisch bedingte Reaktionsfähigkeit, insbesondere im psychischen und regulativen Bereich, Gesundheitszustand u. a.) sowie umweltbedingte Einflüsse (meteorologische Bedingungen, Bodenverhältnisse, Gerätezustand u.a.) diese stark. Dieser qualitative und quantitative Zusammenhang zwischen äußerer und innerer Belastung beruht bekanntlich auf engen gesetzmäßigen Grundlagen (s. Kap. 1.1).

Ziel des Schulsports ist es, wie in 7.1 erwähnt, die Schüler so zu motivieren und zu befähigen, daß sie die Entwicklung ihrer koordinativen und konditionellen Fähigkeiten, ihrer geistigen Voraussetzungen (Fähigkeiten, Konzentrationsvermögen usw.) sowie ihrer psychischen Eigenschaften und Prozesse und ihrer Charaktereigenschaften mit den Mitteln des Sports möglichst lebenslang unterstützend vervollkommnen bzw. erhalten können, zum Nutzen der eigenen Lebensfähigkeit. Im Kapitel 1.1 wurde dargelegt, daß Leistungs- bzw. Fähigkeitsveränderungen stets an die Veränderung organismischer Strukturen auf der Basis von Adaptationen gebunden sind.

Das Erreichen von Adaptationen setzt bekanntlich Homöostasestörungen in den zu adaptierenden Funktionssystemen voraus, denen wiederum innere Belastungen bestimmter Größe vorausgehen und adäquate Erholungszeiten folgen müssen. Sportliche Belastungen müssen zieladäquat eingesetzt werden (vgl. 1)!

Die Besonderheit im Kindes- und Jugendalter besteht darin, daß auf Grund der genetisch vorgegebenen biologischen Entwicklungsreize in diesem Altersabschnitt die **höchste Anpassungsfähigkeit** während des gesamten Lebens besteht und dies für alle organismischen Strukturen und damit für alle menschlichen Leistungs-/Fähigkeitsvoraussetzungen Gültigkeit hat. Bezogen auf unsere Problematik ergibt sich daraus die **Notwendigkeit der individuellen Belastungsgestaltung** im Schulsport. Diese objektiven Zusammenhänge zwischen äußerer und innerer Belastung zwingen zur Anwendung der bekannten **Belastungsprinzipien**, sollen die in 7.1 genannten Ziele des Schulsports (Sportunterrichts) erreichbar werden:

- Prinzip der Übereinstimmung der Belastung mit dem Leistungsvermögen und der Leistungsbereitschaft der Schüler,

- Prinzip des systematischen Wechsels zwischen Belastung und Erholung,
- Prinzip der zyklischen Belastungen,
- Prinzip der vielseitigen Belastungen,
- Prinzip der ständigen und allmählichen Erhöhung der Belastung,
- Prinzip der kontinuierlichen Belastung im Jahresverlauf.

Diese Prinzipien sind als sportpädagogische Leitsätze zu verstehen, ihre Realisierung ist unter den Bedingungen des Schulsports im Gegensatz zum Leistungssport nur mit Einschränkungen möglich.

7.2.2 Belastungsverlauf innerhalb der Sportstunde

7.2.2.1 Möglichkeiten zur Erfassung der äußeren und inneren Belastung in den Sportstunden

Die oben genannte zieladäquate Belastungsgestaltung impliziert eine angemessene **Übungsauswahl und Belastungsdosierung**, sollen zweckmäßige Prozeßverläufe der Belastungen erreicht werden. Daraus ergibt sich als nicht minder wichtige Aufgabe die **Regulierung und Differenzierung der sportlichen Belastungsgestaltungen** im Übereinstimmung mit dem Leistungsvermögen der Schüler. Die äußere Belastung kann der Sportlehrer relativ gut in Form von Belastungsintensität, -dauer und -umfang (Analyse der motorisch aktiven Zeit als Zeit, in der der Schüler sich während der Sportstunde aktiv bewegt) und durch Vorgabe von Art und Dauer der Pausen zumindest für die Schüler innerhalb von Leistungsgruppen differenziert erfassen. Zur Beurteilung der inneren Belastung stehen ihm im Sportunterricht leider nur wenige Möglichkeiten zur Verfügung. Die Beurteilung der Reaktion des Organismus auf sportliche Belastungen im Sportunterricht erfolgt am häufigsten durch die Beobachtung der von Sotov empfohlenen **Merkmale für Ermüdungen** und durch die Messung der Pulsfrequenz. Erstere können nur als orientierende Anhaltspunkte empfohlen werden. In der Tabelle 7.1 sind diese Merkmale aufgeführt.

Beurteilung der Pulsfrequenz

Auf Grund der hohen Korrelation der Pulsfrequenz zum Energiestoffwechsel des Gesamtorganismus in Ruhe und bei submaximalen Belastungen läßt sich mit Hilfe der **Belastungspulsfrequenz** eine hinreichend genaue Aussage zur adaptationswirksamen aktuellen sportlichen Belastung erreichen, allerdings nur, wenn das Ziel in der effektiven Schulung allgemeiner dynamischer Ausdauerfähigkeiten besteht. Nur bedingt anwendbar ist der Parameter Belastungspulsfreqenz zur Beurteilung/Steuerung der Wirksamkeit von Kraft-, Schnelligkeits-, Koordinations- und Technikschulungen. Der Hauptgrund hierfür liegt ganz einfach darin, daß die organismischen Strukturen, die für diese Fähigkeiten und Fertigkeiten leistungsbestimmend sind und deshalb adaptiv wirksam belastet werden müssen, nur sehr lose Korrelationen zur Belastungspulsfreqenz haben. Die Belastungspulsfreqenz ist bei sportlichen Belastungen mit dem Ziel der Entwicklung o. g. Fähigkeiten und Fertigkeiten eigentlich nur als Ausschlußparameter zu benutzen, d. h., man kann mit Hilfe der Belastungspulsfrequenz lediglich grob einschätzen, ob im Organismus die für eine optimale Schulung koordinativer oder technischer Fertigkeiten erforderliche aerobe Stoffwechsel- und Kreislaufsituation (Körper erwärmt, aber nicht im glykolytischen Bereich belastet) vorhanden ist.

Besonderheiten der Herzfrequenzregulation im Kindesalter sind dabei zu berücksichtigen.

Die gegenüber dem Erwachsenen höhere Reaktivität der Herzfrequenz drückt sich u.a. darin aus, daß bei Kindern Abweichungen der Belastungspulsfreqenz von der stoffwechsel-

Tabelle 7.1 Merkmale für Ermüdungsvorgänge nach Sotov (entn.: Methodik des Sportunterrichts)

	Grad der Ermüdung		
Merkmale	leicht	mäßig	stark
Verfärbung der Haut	leichte Rötung	starke Rötung	Starke Rötung, Blässe, Bläue
Schweiß-ausbruch	gering	stark	besonders stark
Atmung	beschleunigt	sehr beschleunigt, beginnende Mundatmung	stark beschleunigt, oberflächliche Mundatmung
Bewegungen	sicherer Gang	unsicherer Gang	Koordinationsstörungen, Körperschwankungen
Aufmerk-samkeit	gute, fehlerfreie Ausführung der Anweisungen	ungenaue Ausführung der Anweisungen, Fehler bei Richtungs-änderungen	verzögerte Ausführung von Anweisungen
Befinden	Wohlbefinden, keine Klagen	Müdigkeit, Schmerzen in den Beinen, Herzklopfen, Atembeschwerden	zusätzlich Kopfschmerzen, Brennen in der Brust, Übelkeit, zuweilen Brechreiz

bedingten Höhe nach oben durch vielfältige Einflüsse (plötzliche Belastungserhöhungen, psychische Belastungen, nervale Anspannungen usw.) viel ausgeprägter und schneller erfolgen als beim Erwachsenen. Die Praktikabilität der Belastungspulsfrequenz für die Beurteilung der physiologischen Reaktion des Herzkreislaufsystems auf die vorgegebene Belastung wird leider zusätzlich durch zeitliche Probleme im Sportunterricht und die nicht bei allen Schülern vorhandene Fähigkeit zur exakten Messung der Belastungspulsfrequenz eingeschränkt. Die Erfassung und damit Beurteilung der aktuellen belastungsbedingten Situation im kindlichen Atem , Stoffwechsel-, Hormon- und Nervensystem sowie in speziellen Funktionsbereichen der Skelettmuskulatur ist aus all diesen Gründen leider im Schulsport nur bedingt möglich.

7.2.2.2 Untersuchungen zum Belastungsverlauf im Sportunterricht

Es liegen in der Literatur erstaunlich wenige analytische Untersuchungen zum Belastungsverlauf im Sportunterricht vor. Die Gründe hierfür sind vielfältig. Entscheidend dürften wohl der große personelle Aufwand bei der fortlaufenden Erfassung von Belastungsparametern und noch nicht befriedigende Erfassungsmethoden sein.

Analyse der motorisch aktiven Zeit:

Hierbei handelt es sich um eine quantitative Größe der Belastung. Differenzierte, zielgerichtete Belastungsbeurteilungen sind damit nur bedingt möglich. Eine Aussage zur Effektivität der Belastungsgestaltung im Sportunterricht ist somit eingeschränkt. Experimentelle Untersuchungen zur motorisch aktiven Zeit im Sportunterricht ergaben:

- für die gesamte Sportstunde (in %):
  in der Grundschule:18 – 22 % (Hauer, 1983),
  in der Sekundarstufe I(LA): 13 – 15 % (Farhang/Hirtz, 1987),
  um 22 % (Schwarz, 1985),
  um 35 % (Dietrich, 1964),
- für den einleitenden Teil: ca. 30 % (Farhang/Hirtz, 1987),
- für den Hauptteil: 3-5 % (LA; Farhang/Hirtz, 1987),
  20-30 % (LA; Zeuner, 1974),
- für den Schlußteil: 22-24 % (Farhang/Hirtz, 1987).

Erfassung der Belastungsherz- bzw. -pulsfrequenz im Sportunterricht

Mit Hilfe der Radiotelemetrie ermittelte Belastungherzfrequenz- bzw. mittels Pulsen erfaßte Belastungspulswerte ergaben in durchschnittlichen Sportstunden Durchschnittswerte zwischen 130 und 140 Herzschlägen pro Minute (Schwankungen zwischen 112 und 147 S/min) (Schwarz). Farhang/Hirtz beschreiben in den einleitenden Stundenteilen insgesamt sehr hohe, mit Spitzenwerten bis zu 200 Schlägen/min, zu hohe Herzfrequenzwerte. Die wenigen vorliegenden Ergebnisse deuten darauf hin, daß

- die Belastung insgesamt zu gering ist und offensichtlich in den letzten Jahrzehnten noch vermindert worden ist,
- die Belastungsgestaltung im Sportunterricht wenig zielorientiert erfolgt,
- das richtige Verhältnis von Belastung und Erholung unzureichend beachtet wird,
- die physiologischen Prozesse nicht hinreichend beachtet werden,
- die Belastungsgestaltung zu wenig differenziert erfolgt,
- die Planung der Belastungsgestaltung mittel- und langfristig (über mehrere Schuljahre) unzureichend ist.

7.2.3 Anzustrebender Belastungsverlauf innerhalb der Sportstunde aus trainingsphysiologischer Sicht

Anhand des oben kurz rekapitulierten gesetzmäßigen Zusammenhangs zwischen äußerer und innerer Belastung folgt, daß konkrete Angaben zum Verlauf der inneren Belastung während des Sportunterrichts nur unter Beachtung der konkreten Zielstellungen der einzelnen Sportstunden und durch Erfassung von Meßgrößen der durch die aktuellen sportlichen Belastungen angesprochenen leistungsbestimmenden organismischen Funktionsbereiche möglich ist. Da Ausführungen hierzu den Rahmen dieses Buches sprengen würden und die Praxisrelevanz für den Schulsport auf Grund der nur wenigen verwendbaren Meßgrößen ohnehin gering wäre, soll im Folgenden eine allgemeine Aussage zur im Sportunterricht wünschenswerten inneren Belastung versucht werden. Der Sportlehrer wird im Sportunterricht um so erfolgreicher im Sinne der o. g. Zielstellungen wirksam werden können, je besser es ihm gelingt, die Belastungs- und Erholungswirkungen als geplante Belastungskurve gedanklich vorwegzunehmen und im Sportunterricht weitgehend umzusetzen (Bild 7.1).

Eine motorisch aktive Zeit von einem Drittel der Sportstunde (15 Minuten) bei möglichen Schwankungen zwischen 20 und 40% sowie durchschnittliche Belastungspulswerte von etwa 150 bis 160 Schlägen je Minute sind anzustreben.

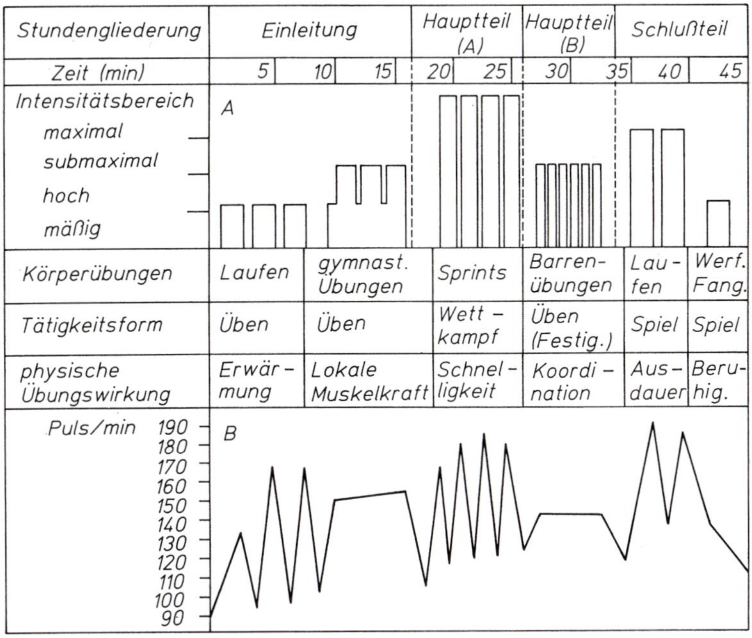

Bild 7.1 Die planmäßige Gestaltung von Belastung und Erholung im Ablauf einer Sportstunde (A: Die vom Sportlehrer geplanten Umfangs- und Intensitätsmerkmale der äußeren Belastung in den einzelnen Stundenteilen, B: Im Stundenverlauf kontrollierte Pulsfrequenzen, Mädchen Klasse 4) (entn. Autorenkollektiv: Methodik des Sportunterrichts. Volk und Wissen, Berlin 1973).

Diese gefährden nicht das motorische Lernen bzw. die Qualität der Bewegungsausführung (Farhang und Hirtz).

Zusammenfassend kann festgehalten werden, daß die Potenzen des Schulsports so explizit kein anderes Schulfach aufweisen kann, durch bewegungsbedingte Belastungen Reize für praktisch alle biologischen Strukturen setzen zu können. Dadurch werden genetisch bedingte Entwicklungsreize für Wachstum und Differenzierung optimiert. Im Ergebnis resultieren im Vergleich zu einer Entwicklung im Kindes- und Jugendalter, die ohne zusätzliche schulsportliche Reizsetzungen erfolgen müßte:

- größere anthropometrische Endwerte bei unseren Kindern und Jugendlichen,
- eine Beschleunigung der Akzeleration,
- höhere Leistungswerte nicht nur bei den sportlichen Fähigkeiten und Fertigkeiten, sondern auch bei den geistigen Fähigkeiten (Konzentrationsvermögen usw.) und bei den psychischen Eigenschaften und Prozessen. Die wissenschaftlichen Grundlagen hierfür sind an mehreren Stellen dieses Buches aufgezeigt worden,
- erhöhte Widerstandsfähigkeit (Kompensationsfähigkeit) gegenüber pathogenen Einflüssen und damit die Stabilisierung wesentlicher Seiten der Gesundheit,
- erzieherische Potenzen. Die quantitativen Anteile des Schulsports an der Gesamtentwicklung praktisch aller Leistungsbereiche des Menschen sind sehr schwer erfaßbar und deshalb auch nur in Ausnahmen exakt belegbar.

7.3 Belastbarkeit bei biologisch bedingter Verminderung der Leistungsfähigkeit, Befreiungen vom Schulsport

Von *B.- K. Jüngst*

In diesem Kapitel wird vorausgesetzt, daß keine organischen Veränderungen im klassischen Sinne der Krankheitslehre vorliegen, das Befinden des Schülers dennoch zu einer echten oder vermeintlichen Minderung der Leistungsfähigkeit führt.

Es gibt zahlreiche Störungen z.B. Veränderungen des Organismus, die nicht eine Krankheit im engeren Sinne darstellen, jedoch in ihren Auswirkungen auf den Schüler einen Krankheitswert haben. Zu dieser Gruppe gehören beispielsweise die psychosomatischen Erkrankungen, die in den letzten Jahren in den Schulen deutlich zugenommen haben. Auch diese Kinder können im Vergleich zu ihren Altersgenossen vermindert belastbar sein. Bereits bei altersuntypischen Körperproportionen und Körperdimensionen, die z.T. durchaus im Rahmen der normalen Entwicklung liegen, können derartige Minderungen eintreten. Es besteht die Gefahr, daß das leistungsgeminderte Kind (wobei die Ursache primär ohne Bedeutung ist) durch seine reduzierte Leistungsfähigkeit aus dem Gruppenverband ausgeschlossen und sogar zum Gespött der Klasse wird. Damit verbunden ist einerseits der Verlust der Selbstbestätigung und des Selbstvertrauens, andererseits die Abstempelung als Unfähiger und Untauglicher. Dabei hat der Sport für das leistungsgeminderte Kind, insbesondere für das chronisch kranke Kind, wichtige integrative und psychosoziale Aufgaben. Der demonstrativen Ausgliederung aus einer Gemeinschaft steht der positive Effekt der Integration in eine Gruppe gegenüber. In nicht wenigen Fällen ist daher die Führung eines leistungsgeminderten Kindes mehr eine pädagogische als eine medizinische Aufgabe. Der ärztliche Rat kann dann nur körperbezogen sein.

Gerade bei diesem diffizilen Thema muß streng zwischen Belastbarkeit und Leistungsfähigkeit unterschieden werden (Bild 7.2).

Leistungsfähigkeit bedeutet, daß bei entsprechender Motivation im Labor altersgemäße Meßwerte für möglichst alle Parameter erzielt werden.

Die Ausschöpfung dieser meßbaren Leistungsfähigkeit kann aber für manche Men-

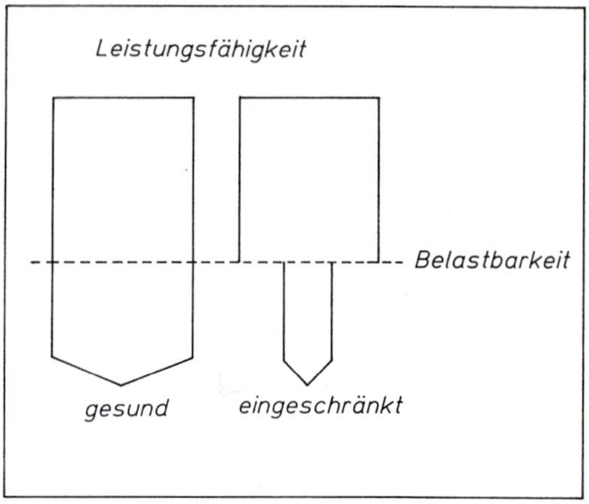

Bild 7.2 Beziehung zwischen Belastbarkeit und Leistungsfähigkeit

schen ein erhöhtes Risiko darstellen. Folglich muß sie ärztlicherseits gezielt reduziert werden.

Belastbarkeit ist die bewußte Festlegung einer Leistungsgrenze unterhalb der tatsächlichen Leistungsfähigkeit.

Dieser Begriff darf nicht mit den Leistungsreserven verwechselt werden.

Ein Beispiel soll diese wichtige Differenzierung erläutern. Menschen mit einem sog. long-QT-Syndrom (typische EKG-Veränderungen) haben labormäßig eine absolut altersgemäße Leistungsfähigkeit. Unter körperlicher Belastung können jedoch schwerste Herzrhythmusstörungen ausgelöst werden. Zum Schutz dieser Menschen wird, trotz ihrer normalen Leistungsfähigkeit, die Grenze der Belastbarkeit deutlich niedriger als die tatsächliche Leistungsfähigkeit festgelegt. Die Beurteilung und Einordnung einer biologischen Leistungseinschränkung ist oft schwieriger als die eines echten Krankheitsgeschehens. Der Wert des Sportunterrichtes für den Schüler und/oder die Verstärkung seiner Probleme müssen abgewogen werden, bevor eine endgültige Entscheidung bezüglich Sporterlaubnis oder Sportverbot ausgesprochen wird.

Für alle diese echten oder vermeintlichen Störungen der Leistungsfähigkeit können und dürfen keine verbindlichen Empfehlungen gegeben werden. Der individuelle Verlauf und die damit verbundene physische und psychische Beeinträchtigung ist gebührend zu berücksichtigen. In einer Vielzahl von Fällen kann sogar nur der speziell ausgebildete Arzt die Belastbarkeit definitiv beurteilen und festlegen.

7.3.1 Beispiele für Ursachen einer Leistungsminderung

7.3.1.1 Kreislauflabilität – Kreislaufregulationsstörungen

Eine der häufigsten Begründungen für eine Freistellung vom Sportunterricht sind Kreislaufstörungen. Gerade sie sind aber keine Erkrankungen im klassischen Sinne, sondern entsprechen in der Regel einer Entwicklungsverzögerung. Sie sind ganz überwiegend der Ausdruck von Blutdruckregulationsstörungen, meist als Abfall des Blutdrukkes (Hypotonie). Neben den Hauptkomponenten Pumpleistung des Herzens in der Zeiteinheit (Herzminutenvolumen) und Füllungsgrad des Gefäßsystems durch das Blutvolumen wird der Blutdruck vor allem durch eine ständige Änderung des peripheren Gefäßwiderstandes (sog. Spiel der Gefäße) reguliert und möglichst konstant gehalten. Natürlich haben zahlreiche hormonelle Einflüsse eine wichtige Bedeutung, sie können jedoch in dieser vereinfachten Betrachtung vernachlässigt werden. Eine wesentliche Aufgabe des Kreislaufs ist die Aufrechterhaltung einer bedarfsgerechten Durchblutung der Organe. Diese Aufgabe wird bei aufrechter Körperhaltung durch die Einwirkung der Schwerkraft erheblich erschwert.

Die normale Gegenregulation des Kreislaufsystems wird daher als orthostatische Regulation bezeichnet. Sie bedeutet, daß durch ständige Anpassung des peripheren Gefäßwiderstandes die Einflüsse der Schwerkraft ausgeglichen werden. Erfolgt dieses Spiel der Gefäße unzureichend oder langsam versagend, fällt der Blutdruck allmählich und führt zu einer Durchblutungsreduktion insbesondere des Gehirnes. Die Folgen sind Konzentrationsschwäche, Müdigkeit, Kollaps usw. Diese Störungen werden als orthostatische Dysregulation, als Hypotonie oder häufig nur als Kreislaufstörung bezeichnet. Sie treten unabhängig von Alter, Größe und Geschlecht auf, auch wenn Mädchen scheinbar häufiger über derartige Beschwerden klagen. Dieser Symptomenkomplex kann nur durch ein intensives Training der Gefäßreaktionen behoben werden. Eine der therapeutischen Empfehlungen ist die körperliche Belastung. Aus der Betreuung intensiv trainierender Sportler ist aber bekannt, daß es auch bei ihnen gerade nach der Belastung zu Kreislaufproblemen kommen kann.

Zum Abbau der angefallenen Stoffwechselprodukte bleibt der periphere Gefäßwiderstand längere Zeit niedrig und ermöglicht dadurch einerseits eine gute Durchblutung zum Abtransport, andererseits senkt er jedoch den arteriellen Druck. Sportarten mit wechselnder dynamischer und statischer Belastung haben eine direkte positive Auswirkung auf das Gefäßsystem und müssen daher bei diesen Kindern bevorzugt eingesetzt werden. Auch ist besonders auf das Auslaufen nach einer Belastung zu achten. Es ist nicht berechtigt, diese Schüler vom Sportunterricht freizustellen, es könnte höchstens eine Freistellung von betont statischen Sportarten in Frage kommen.

7.3.1.2 Impfungen, Desensibilisierungen

Heute werden die meisten Impfungen während der Säuglings- und Kleinkinderzeit durchgeführt. Im Schulkindalter erfolgen lediglich die Auffrischimpfungen, die aber auch gelegentlich zu Impfreaktionen führen können. Ob die körperliche Belastung auf die Immunantwort des Körpers nach Impfung einen direkten und negativen Einfluß hat, ist nicht bekannt, jedoch unwahrscheinlich, bedenkt man die Anstiege von Ig G und Ig M nach Ausdauerbelastung des Erwachsenen. Bei der passiven Impfung werden lediglich Antikörper übertragen, eine eigentliche Immunantwort erfolgt nicht. U.U. kann es an der Injektionsstelle zu einer lokalen entzündlichen Reaktion kommen. Besondere Maßnahmen sind nicht notwendig. Erfolgt die Grundimmunisierung durch aktive Impfung mit vermehrungsfähigen Keimen, sollte der Zeitraum der möglichen Impfkrankheit (etwas kürzer als die Inkubationszeit der „Wildkrankheit“) abgewartet werden. Bei Impfungen mit inaktivierten Erregern ist diese Wartezeit unnötig. Auffrischimpfungen sind problemlos. Eine Freistellung ist daher nur bei der Grundimmunisierung mit vermehrungsfähigen Keimen berechtigt.

Werden Schüler mit einer Allergie einer Desensibilisierung unterzogen, kann eine Reaktion (hyperergische Reaktion vom Spättyp) innerhalb von 12-24 Stunden eintreten. Für diese Zeit ist daher ein Sportverbot auszusprechen. In den Zwischenzeiten ist keine Auswirkung der Desensibilisierung zu erwarten.

7.3.1.3 Kleinwuchs – Minderwuchs

Als Minderwuchs werden Körperlängen unterhalb der 3. Perzentile und als Kleinwuchs solche zwischen der 3. und 10. Perzentile bezeichnet. Minderwuchs ist immer das Symptom einer Erkrankung, die als solche abgeklärt werden muß und meist einer speziellen (sport)-medizinischen Beratung – und zuweilen auch Behandlung – bedarf. Die häufigste Ursache des Kleinwuchses ist die konstitutionelle Entwicklungsverzögerung. Das biologische Alter dieser Kinder liegt unter dem chronologischen, wird aber im Laufe der Jahre aufgeholt. Dementsprechend sind auch die Organfunktionen, insbesondere die des Halteapparates, dem biologischen Alter entsprechend und damit z.B. unter dem Klassendurchschnitt. Der konstitutionelle Kleinwuchs wird im sportmedizinischen Sprachgebrauch leider meist als „Retardierung“ bezeichnet und führt damit zu Mißverständnissen mit dem Kinderarzt, der darunter eine statomotorische oder psychomotorische Entwicklungsverzögerung versteht.

Die Diskrepanz in den Körperentwicklungen wird besonders in der Sekundarstufe I deutlich, in der es durch die individuellen Wachstumsphasen zu einem ausgeprägten Auseinanderklaffen der einzelnen Entwicklungsgruppen kommt. Das Risiko für diese Schüler liegt in einer möglichen Überforderung vor allem ihres Halteapparates. Sie werden selten in die Sportspiele einbezogen und unterliegen im Kräftevergleich den Normalwüchsigen. Kleinwuchs ist kein Grund für eine Sportfreistellung, der Sportpädagoge muß von sich aus die körperliche Situation des Kindes in seine Beurteilung einbeziehen.

7.3.1.4 Hochwuchs

Körperlängen oberhalb der 97. Perzentile werden als Hochwuchs bezeichnet. Auch der Hochwuchs kann das Teilsymptom einer Erkrankung sein und sollte daher für die Beurteilung der Sportfähigkeit abgeklärt werden. Wie beim Kleinwuchs ist für den Hochwuchs die Beibehaltung der Körperproportionen entscheidend.

Vergleichbar dem Kleinwuchs ist die häufigste Form des Hochwuchses der konstitutionelle Hochwuchs und damit eine Frage des Wachstumstempos und genetischer Faktoren. Bei diesen Kindern ist das Knochenalter (biologisches Alter) dementsprechend deutlich über dem chronologischen Alter. In der sportmedizinischen Nomenklatur werden diese Schüler als „akzeleriert“ bezeichnet. Auf Grund ihrer körperlichen Entwicklung sind sie im Klassendurchschnitt erheblich stärker belastbar und haben insbesondere beim körperlichen Spiel deutliche Vorteile. Verbunden mit dem konstitutionellen Hochwuchs ist natürlich eine „frühnormale Pubertät“.

Auch bei einer normalen Längenentwicklung kann es während der Wachstumsschübe zeitweise zu einer Disproportionierung kommen. Dies wird besonders deutlich bei Knaben in der Pubertätsphase. In dieser Zeit kann es zu störenden Verschiebungen der Hebelverhältnisse kommen, wie sie u.a. in dem schlaksigen Gang dieser Jungen sichtbar werden. Derartige Entwicklungsphasen beeinträchtigen zeitweilig die Leistungsfähigkeit erheblich und müssen entweder vom Fachlehrer bereits berücksichtigt oder ärztlich in Form einer Teilfreistellung (u.a. Geräte) attestiert werden.

7.3.1.5 Adipositas

Überschreitet das Körpergewicht die Alters- und Körperlängennorm um 20% und mehr, dann wird der Begriff Fettsucht (Adipositas) benutzt.

Im Kindesalter, abgesehen von einigen seltenen Syndromen, ist die Adipositas ganz überwiegend Folge der zu hohen Kalorienzufuhr im Vergleich zum Kalorienverbrauch und ist daher keine Erkrankung im klassischen Sinne. Erst die Folgen (Diabetes mellitus, arterieller Hochdruck) machen aus einer Adipositas eine Erkrankung. Das überhöhte Nährstoffangebot führt bei vielen Kindern zusätzlich zu einem beschleunigten Längenwachstum, wobei das Knochenalter meist oberhalb der Altersnorm liegt (Adiposogigantismus). Die erhöhte Körpermasse beeinflußt die körperliche Leistungsfähigkeit erheblich. So liegt bei diesen Kindern die aerobe Leistungsfähigkeit deutlich unterhalb der Altersnorm.

Zugleich ist auch die motorische Leistungsfähigkeit eingeschränkt. Derartige Einschränkungen werden besonders bei Übungen deutlich, bei denen das eigene Körpergewicht bewegt werden muß. Um die geforderten Leistungen zu erbringen, müssen die Übergewichtigen mit einer erhöhten Herzfrequenz arbeiten. Auch der systolische Blutdruck steigt unter Belastung überproportional an. Daraus ergibt sich, daß adipöse Kinder unter körperlicher Belastung eine verminderte kardiale Reserve besitzen.

Auf Grund dieser reduzierten Leistungsfähigkeit erhalten übergewichtige Kinder überdurchschnittlich häufig eine schlechte Schulsportnote. Zusätzlich werden sie durch ihr Aussehen im Turndress zum Gespött der Mitschüler. Sie suchen daher verständlicherweise die Flucht in einer Sportfreistellung. Zur Schonung der Gelenke kann der Arzt eine Teilfreistellung insbesondere für Sprungübungen ausstellen. Er soll aber im Gespräch mit dem Sportpädagogen auf jeden Fall versuchen, die Situationsbedingungen für das Kind zu verbessern und die Leistungseinschränkungen zu definieren.

Der Sportpädagoge ist nicht in der Lage, durch seine negative Beurteilung Einfluß auf die Ursachen der Adipositas zu nehmen. Sinnvoll ist die Zuordnung übergewichtiger Kinder zum **Sportförderunterricht**.

7.3.1.6 MCD (minimal cerebral dysfunction)

Die Diagnose MCD wurde in den letzten Jahren ohne Zweifel zu häufig und zu rasch gestellt, u.a. sicher auch deswegen, weil eine exakte Definition bisher noch nicht existiert und zahlreiche Normvarianten als Pathologika angesehen wurden.

Im Vordergrund stehen überwiegend Störungen der Feinmotorik, aber auch Hyperaktivitäten, Konzentrations- und Aufmerksamkeitsschwächen. Über die Ursachen wird noch spekuliert. Es sind ohne Zweifel Kinder, die einer speziellen Beobachtung und Führung im Sportunterricht bedürfen. U.U. sollten sie zusätzlich dem **Sportförderunterricht** zugeführt werden. Eine Teilfreistellung kann evtl. für Geräteturnen und Wurfübungen ausgesprochen werden.

7.3.2 Freistellung

Wie alle Regelunterrichtsfächer ist Schulsport ein Pflichtfach. Der Schüler muß daher am Schulsport teilnehmen. Dies auch deswegen, weil im Sport heute nicht mehr allein das motorische Moment gesehen wird, sondern auch seine weitergreifende Bedeutung für die Entwicklung des Kindes. Sport ist jedoch an die körperliche Aktivität gebunden und kann daher krankheits- oder verletzungsbedingt nicht immer vom Schüler gefordert werden. Im Gegensatz zu den übrigen Schulfächern kann es daher notwendig sein, daß ein Schüler an diesem Pflichtfach offiziell nicht teilnehmen kann. Für diese Situation hat sich leider kein einheitlicher Terminus technicus ausgebildet. Je nach Bundesland werden die Begriffe **Nichtteilnahme, Befreiung, Beurlaubung, Rückstellung, Freistellung** oder **Sportunfähigkeit** benutzt.

Ist der Schüler jedoch trotz der verletzungs- oder krankheitsbedingten Beeinträchtigung in der Lage, am übrigen Unterricht teilzunehmen, kann er auch an den nicht-praktischen Anteilen des Sportunterrichtes partizipieren.

Sportunterricht enthält theoretische Anteile, die einen Teil des Pflichtfaches ausmachen und daher vom Schüler besucht werden müssen, wie z.B. Darstellung der Wettkampfregeln, Fairness-Diskussionen, Gesundheitserziehung. Er kann trotz seiner Beeinträchtigung aktiv als Schiedsrichter o.ä. in den Unterrichtsablauf einbezogen werden. Der Begriff „Beurlaubung“ sollte daher nicht benutzt werden. Er impliziert eine Nichtteilnahme am gesamten Sportunterricht und auch keine Ersatzleistung.

Kann ein Schüler aus gesundheitlichen Gründen am sportpraktischen Unterricht nicht teilnehmen, wird der Begriff „Voll...“-Freistellung o.ä. benutzt. Nicht jedes Krankheitsbild macht aber eine körperliche Belastung völlig unmöglich. Vielmehr können zahlreiche Belastungsformen auch dann ohne Probleme durchgeführt werden. In diesen Fällen wird allgemein der Begriff „Teil...“-Freistellung o.ä. verwandt. Dieser kann sich auf bestimmte Belastungsarten, Belastungsgrade und/oder Zeitfaktoren beziehen.

Es gehört zu den Aufgaben der Schule, die Teilnahme der Schüler an einem Pflichtfach zu überwachen. Ist der Schüler nicht in der Lage, an dem Pflichtfach Sport teilzunehmen, muß er seine Sportunfähigkeit gegenüber dem Fachlehrer nachweisen.

Die dazu notwendigen Modalitäten sind für jedes Bundesland unterschiedlich, sie beruhen aber alle auf den Rahmenrichtlinien für Leibeserziehung an den Schulen der Bundesrepublik Deutschland der KMK vom 3.11.66:

„Ein Schüler kann vom Unterricht in den Leibesübungen ganz oder zeitweilig befreit werden, wenn es sein Gesundheitszustand erfordert.

Eine kurzfristige Befreiung vom Unterricht bis zur Dauer eines Monats kann der Fachlehrer aussprechen, wenn offensichtlich eine Erkrankung oder Verletzung vorliegt, doch kann er jederzeit auf einem schriftlich begründetem Antrag der Erziehungsberechtigten bestehen. Bei nicht offensichtlich erkennbarer Erkrankung oder Verletzung kann er darüber hinaus ein ärztliches Attest einverlangen.

Die Befreiung für einen Zeitraum von einem bis zu sechs Monaten erfolgt durch den Schulleiter auf schriftlichen Antrag der Erziehungsberechtigten, wenn Art und Umfang der Befreiung (völlige Freistellung oder Verzicht auf einzelne Übungen) durch die gutachterliche Äußerung eines Amtsarztes, Schularztes oder Sportarztes begründet sind. Schüler, deren Leistungen wegen langfristiger Befreiung von den Leibesübungen nicht beurteilt werden können, erhalten einen entsprechenden Vermerk im Zeugnis. Bei teilweiser Befreiung und bei kurzfristigen Befreiungen soll dagegen auf eine Beurteilung im Zeugnis nicht verzichtet werden. Dabei ist nach Lage des Einzelfalles zu entscheiden."

Volljährige Schüler stellen den schriftlichen Antrag auf Freistellung oder Teilfreistellung selbst; sie müssen auch für das geforderte ärztliche Attest sorgen.

Aus den Rahmenrichtlinien sind zwei Aspekte hervorzuheben, die meist vergessen werden.

Die Entscheidungsbefugnis über die Freistellung oder Teilfreistellung eines Schülers liegt allein bei der Schulleitung. Das notwendige ärztliche Attest ist ein Gutachten und entspricht damit juristisch lediglich einer Empfehlung.

Aus Gründen der rechtlichen Absicherung wird sich jedoch die Schule an die ärztlichen Empfehlungen halten.

Zweitens wird in den Rahmenrichtlinien ausdrücklich der Sportarzt aufgeführt.

Nur der Sportarzt ist in der Lage, die tatsächliche Belastungsform richtig einzuschätzen und zu beurteilen.

In der Regel werden jedoch auf Grund der freien Arztwahl insbesondere die Hausärzte die Gutachten abgeben.

Die Dauer der Freistellung ist nicht einheitlich geregelt. In einigen Bundesländern muß das amtsärztliche Gutachten nach einem halben Jahr erneuert werden.

Die Einbeziehung des Amtsarztes und Schularztes ermöglicht dem Schulleiter, nicht nur bei Freistellungen über 6 Monate, sondern auch bereits bei für ihn augenscheinlichen Zweifelsfällen die enge Bindung des „Familienarztes" zu lösen und eventuelle „Gefälligkeitsatteste" zu unterbinden.

Aus zahlreichen Statistiken ist bekannt, daß die Zahl der Freistellungen über die gesamte Schulzeit zunimmt, bei Mädchen häufiger ist als bei Knaben. Da dies nicht der tatsächlich Morbiditätsstruktur in diesem Alter entspricht, müssen andere, nicht gesundheitlich bedingte Motive die Ursache sein. Unter dieser Gruppe finden sich einige Problemkinder, bei denen die Freistellung eine Flucht aus einem vermeintlichen oder tatsächlichen Schul(Zeugnis-)risiko darstellt.

Dies trifft insbesondere für Kinder zu, die auf Grund ihrer konstitutionellen Probleme, motorischen und/oder psychischen Hemmungen, Angst vor dem Leistungsversagen haben und eine Diskriminierung im Schülerverband befürchten oder erleiden.

Hier kann nur das einfühlsame Vorgehen des Pädagogen zur Problemlösung führen.

Werden in einer Schule extrem hohe Freistellungsraten registriert, muß von der Schulleitung zuerst die Frage geklärt werden, ob der zuständige Sportpädagoge altersgerechte Belastungsformen verlangt, bevor leichtfertig die Ursache in sog. Gefälligkeitsattesten gesehen wird.

Es müssen aber auch die Probleme einzelner Ärzte bei der Beurteilung des Schulsportes gesehen werden. Die Sportmedizin, d.h. die Lehre vom Einfluß körperlicher Belastung auf den Organismus, ist derzeit kein Lehrinhalt der Approbationsordnung und wird deshalb während des Studiums nicht obligatorisch vermittelt. Deshalb bestehen zuweilen über die Belastung während des Schulsportes ungenaue Kenntnisse, die noch dadurch verstärkt werden, daß zwischen Schule und Ärzteschaft nicht die erforderlich engen Kontakte bestehen, die zu einer Klärung der Probleme beitragen könnten.

Das Ziel jedes ärztlichen Attestes soll möglichst nur eine Teilfreistellung sein. Die völlige Freistellung vom Sport in der Krankheits-, Verletzungs- oder Behinderungsphase widerspricht in vielen Fällen den heutigen Kenntnissen und Erfahrungen der Sportmedizin. Der Erhalt möglichst vieler Bewegungskomponenten beugt Sekundärschäden vor und fördert die Restaktivitäten.

Die sich ständig erneuernden sportmedizinischen Erfahrungen müssen in die Beurteilungen einfließen und die Kriterien für die Voll- oder Teilfreistellung regelmäßig überarbeitet und erweitert werden. Auch eine Vollfreistellung soll in der Regel zeitlich begrenzt sein, um die physiologische Entwicklung des Kindes in die Begutachtung einbeziehen zu können. Nur in wenigen Fällen (u.a. Fehlbildungen, Behinderungen, schwerer chronischer Krankheitsverlauf) ist eine Vollfreistellung auf Dauer von Anbeginn festzulegen. Vollfreistellung im Rahmen einer Rekonvaleszenz sollte frühzeitig von einer zeitlich begrenzten Teilfreistellung gefolgt werden, damit das Kind sich allmählich wieder an die körperliche Belastung anpassen kann.

In seinem Gutachten muß der Arzt versuchen, durch Teilfreistellung des erkrankten Schülers die möglichen Aktivitäten und seine Zugehörigkeit zur Gruppe zu erhalten. Erlaubte Aktivitäten in der Schule fördern das Selbstvertrauen und bestärken die Aktivitäten in der Freizeit und im Verein.

Teilfreistellungen bedeuten sowohl für den Lehrer als auch für den Arzt eine besonders intensive Beschäftigung mit dem Krankheitsbild und seinen Auswirkungen auf die körperliche Leistungsfähigkeit. Es existieren zahlreiche Vorschläge und Erfahrungen darüber, ob ein freies Gutachten oder ein Formulargutachten aussagekräftiger ist. Für beide gilt, daß bei einer Teilfreistellung die Aussagen des Arztes für den Lehrer als medizinischem Laien verständlich und als Sportpädagoge umsetzbar sein müssen. Für die Einbeziehung des Schülers in den Unterrichtsaufbau ist es meist für den Lehrer einfacher, wenn vom Arzt bestimmte Sport- oder Belastungsarten verboten werden, als wenn aufgezählt wird, welche Sportarten erlaubt sind.

Folgende Fragen muß der Arzt vor seiner Entscheidung in jedem Einzelfall klären:

- Welche körperlichen Leistungen werden durch die vorliegende Erkrankung unmöglich gemacht bzw. eingeschränkt ?
- Welche Gefahren sind durch bestimmte Sportarten für den Erkrankten gegeben?
- Welche Restaktivitäten erlauben welche sportliche Betätigung?

Die Diagnose darf der Schulleitung nur mit Erlaubnis der Eltern oder des Volljährigen mitgeteilt werden. Es muß den Betroffenen jedoch verdeutlicht werden, daß die Kenntnis der Diagnose für den Lehrer hilfreich und damit für die Betreuung des Kindes wertvoll ist.

Das Gutachten muß enthalten:

- welche motorischen Hauptbeanspruchungsformen verboten sind (z.B. Schnelligkeit bei Asthma bronchiale),
- welche Belastungsgrade nicht erreicht werden dürfen (z.B. Dauerbelastungen mit einer Herzfrequenz über .../min),
- welche äußere Bedingungen verboten sind (z.B. Schwimmbad bei Nasennebenhöhlenentzündung, bestimmte Jahreszeiten bei Pollenallergikern),
- Dauer der Teilfreistellung.

Die Ausstellung eines Freistellungs- oder Teilfreistellungsattestes muß der Arzt auch zu einem intensiven Gespräche mit seinem Patienten und den Eltern nutzen, in dem er auf den Wert der körperlichen Belastung auch im Krankheitsfall hinweist. Er soll auch bereits zu diesem Zeitpunkt von sich aus einen Kontrolltermin vereinbaren, um die zeitliche Begrenzung des Gutachtens zu verdeutlichen. Mit Erlaubnis der Eltern darf und soll er Kontakt mit dem zuständigen Sportlehrer aufnehmen und die jeweils sinnvolle Vorgehensweise absprechen. Dies ist besonders dann sinnvoll, wenn der Arzt dem Kind eine Teilnahme am Schulsport nach dessen eigenem Empfinden und Entscheidung erlaubt, d.h. in seinem Gutachten nicht generell eine oder mehrere Belastungsformen verbietet. Diese Stellungnahme empfiehlt sich bei Kindern, deren Leistungsfähigkeit und Belastbarkeit deutlich reduziert ist, sie aber dennoch im Klassenverband am Sport teilnehmen möchten. So können Kinder mit einem Blausuchtherzfehler oder mit einer Mukoviszidose durchaus eine Zeitlang mitlaufen oder mitspielen, müssen dann aber eine Pause machen dürfen.

Ein besonderes Problem stellt die Benotung bei der Teilfreistellung dar. Auch sie ist in dem o. g. KMK-Beschluß geregelt und von den Bundesländern aufgenommen. Der Lehrer darf nur die Leistung beurteilen, die dem Kind erlaubt wurde. Außerdem muß er die Mitarbeit und das Engagement berücksichtigen. Gerade bei teilfreigestellten Schülern sind Meter und Sekunde keine Indikatoren für die Beurteilung. Selbst bei Kindern mit eigener Belastungsentscheidung ist eine Benotung möglich, wenn die Motivation, die Freude, der Wunsch am Mitmachen beurteilt wird. Bei Vollfreistellung und möglicherweise auch bei manchen Teilfreistellungen ist für einige Krankheitsbilder, insbesondere den chronischen Erkrankungen, zu überlegen, ob die Kinder nicht dem kompensatorischen Turnen oder dem Behindertensport zugeführt werden sollten. Die Anregung dafür kann vom Sportpädagogen auf Grund seiner fachlichen Beurteilung in Zusammenarbeit mit dem Schularzt und dem Hausarzt kommen.

7.4 Erziehung zur gesunden Lebensweise

Von *B.-K. Jüngst*

7.4.1 Definition des Gesundheitsbegriffs

Die Definition „der Gesundheit“ ist außerordentlich schwierig und vielgestaltig. Nicht zuletzt unterliegt sie einem historischen, kulturellen und sozialen Wandel. Ohne Zweifel ist die Darstellung Gesundheit = fehlende Krankheit zu einfach.

Meist wird die WHO-Definition zitiert: „Gesundheit ist das körperliche, seelische und soziale Wohlbefinden eines Menschen“.

Sie macht deutlich, daß dem Zustand des Wohlbefindens eine höhere Wertigkeit zugemessen wird, als dem der fehlenden Krankheit. Wohlbefinden kennzeichnet den Menschen in seinem Verhältnis zu sich selbst, zu seinem Körper und zu seiner sozialen und kulturellen Umwelt (Grupe).

Das bedeutet auch, daß Gesundheit abhängig ist von der physischen und psychischen Situation des Menschen und daher stark individuell geprägt.

Eine andere Einteilung (Röthig/Prohl), die u.U. eine bessere Grundlage zur Schematisierung der Gesundheitserziehung bietet, sieht Gesundheit

- als objektiv bestimmbaren biomedizinischen Status,
- als Prozeßgeschehen zur Selbstverwirklichung,
- als Potential zur optimalen Anpassung an Umweltanforderungen.

7.4.2 Gründe für eine Gesundheitserziehung

Aufgeschreckt durch die Zunahme an sogenannten Zivilisationskrankheiten und ihre kostensteigernden Auswirkungen, fordert die Gesellschaft von ihren Mitgliedern, gesund zu leben, Gesundheit zu erhalten. Sie geht davon aus, daß jedes Individuum eine Lebensweise führt, die es bewußt von Schädigungen freihält.

Erhalt der Gesundheit und der Arbeitskraft und Erhalt des Bruttosozialproduktes sind eng miteinander verknüpft. Jeder Mensch soll daher durch eine geeignete Lebensweise Risikofaktoren meiden oder zumindest minimieren.

Neben diesem Allgemeininteresse sollte es auch ein Eigeninteresse an der Gesundheit geben, denn zahlreiche vermeidbare Gesundheitsschädigungen sind mit schwerem persönlichem Leid und körperlichen Qualen verbunden.

7.4.3 Risikofaktoren

Den „gesellschaftlich beeinflußbaren Faktoren“ wie z.B. Umweltbelastung stehen Schädigungsmöglichkeiten gegenüber, die als „individuell beeinflußbare Faktoren (Risikofaktoren)“ bezeichnet werden können. Sie sind durch fünf Schlagworte zu charakterisieren:
Hygiene – Rauchen – Alkohol – Fehlernährung – Bewegungsmangel

Immer bessere medizinische Kenntnisse führen zu einer ständig besseren ärztlichen Betreuung und Versorgung und damit zu einer wesentlichen Anhebung des Gesundheitsstandes und der Alterserwartung der Bevölkerung. Sie werden durch einen einfachen Weg unterstützt, nämlich so zu leben, daß die zahlreichen Störfaktoren entweder nicht ansetzen oder rasch wieder eliminiert werden können, durch passive Vermeidung von Risiken oder aktiv gestaltete Lebensweise zur Vorbeugung von Schädigungen.

7.4.4 Bedeutung der Gesundheitserziehung

Die Definition der Gesundheit über das Wohlbefinden macht auch verständlich, daß nicht jeder einsieht, welchen Wert das „Gesundsein“ hat. Wissen über Gesundheit und Lebensweisen für die Gesundheit müssen gelehrt und gelernt werden. Erziehung zur Gesundheit ist eine folgerichtige Konsequenz der zunehmenden medizinischen, psychosozialen und pädagogischen Erfahrungen. Nach Balz kann dies geschehen über die **Gesundheitsförderung**, worunter die Verbesserung konditioneller Fähigkeiten im Sinne eines präventiven Trainings zu verstehen ist, oder über die **Gesundheitserziehung** bzw. Gesundheitsbildung, die auf die Verbesserung der individuellen Befindlichkeit im Rahmen einer ganzheitlich auszubalancierenden gesunden Lebensführung zielt.

Diese Maßnahmen, Erhalt der Gesundheit und Vorbeugung der Krankheitsentstehung durch geeignete Maßnahmen, wird auch als „Primäre Prävention“ bezeichnet.

7.4.4.1 Zeitpunkt der Gesundheitserziehung

Bemühungen, Gesundheit für das gesamte Leben zu ermöglichen, müssen im Kindesalter beginnen. Dies war bereits dem Leibarzt in Bückeburg Bernhard Christoph Faust bekannt, der 1794 seinen „Gesundheits-Katechismus zum Gebrauch in den Schulen und beym häuslichen Unterricht“ veröffentlichte.

Darin ging er u.a. auf körperliche Erziehung, Kleidung, Reinlichkeit, Nahrungsmittel, Rauchen und Bewegung ein; Themen, die auch heute weitgehend den Inhalt der Gesundheitserziehung darstellen. Natürlich kann Gesundheitserziehung auch im späteren Alter sinnvoll und erfolgreich sein.

7.4.4.2 Gesundheitserziehung im Kindesalter

Die Gesundheitserziehung des Kindes ist ein Teil der Gesamterziehung, wobei die schulische zusammen mit der familiären Gesundheitserziehung späteres Gesundheitsverhalten entscheidend prägt.

Gesundheitserziehung im Kindesalter muß mit dem schwierigen Problem fertig werden, daß die Kinder für „Gesundheit“ noch gar nicht sensibilisiert sind. Für gesundheitliche Gefahren und deren langfristige Auswirkungen existiert keine Selbsterfahrung; noch sind sie in der Lage, Ernährungsfehler, Bewegungsmangel, unzureichende Körperpflege ohne Schwierigkeiten zu kompensieren. Sie fühlen sich wohl, sie sind altersgemäß leistungsfähig. Wenn der Gesellschaft so viel an der Gesundheit ihrer Mitglieder liegt, muß sie auch dafür sorgen, daß diese gesundheitsförderliches Verhalten erlernen können.

7.4.5 Wege zur Gesundheitserziehung

7.4.5.1 Sport als Vehikel der Gesundheitserziehung

Für die Gesundheitserziehung werden von Medien und Interessengruppen verschiedene Wege angeboten. Der effektivste Weg ist der durch den Sport, der die Kriterien der WHO-Definition am besten erfüllt. Er fördert einerseits die aktuelle, kurzfristige Befindlichkeit durch den momentanen Erfolg, das Erlebnis einer Leistung, andererseits auch das langfristige Wohlbefinden, das nur durch mitverantwortliches Lernen und Training zu erreichen ist (Grupe).

Sport ermöglicht außerdem das Erleben theoretischer Grundsätze am eigenen Körper. Körperliche Betätigung zeigt dem Sporttreibenden, daß sie nur durchführbar ist, wenn z.B. gezielt Schädigungen wie Rauchen, zu große Kalorienaufnahme u.a. vermieden werden. Sport als Übermittler von Gesundheitsideen (nach Hegel vollzieht sich die praktische Bildung über Handeln) funktioniert für das Kind u.a. durch folgende Effekte:

- im Anbieten von Entwicklungsreizen für den wachsenden Organismus,
- in der Erhaltung und Förderung von Körperfunktionen,
- in der Beeinflussung der Lebensweise,
- in bewußter Vermeidung von Schädigungsmöglichkeiten.

Es ist aber zu bedenken, daß Sport in seinem Einfluß auf die Gesundheit nur körperbezogen und daher einseitig und begrenzt ist.

Wesentliche gesundheitsschädigende Faktoren, wie Umwelt, Arbeitswelt, soziales Umfeld werden nicht berücksichtigt bzw. einbezogen.

> Sport ist daher nur ein Weg zur Gesundheit, er ist nicht der Weg allein, und er kann auch für manchen Menschen durchaus der falsche sein. Dennoch ist der Sport wie kein anderes Medium geeignet, Gesundheitserziehung zu vermitteln.

1963 hat die WHO-Fachkonferenz auf die Bedeutung der Gesundheitserziehung während der Dauer der Schulzeit hingewiesen. Diese Erziehung wurde definiert als Einprägung von Gewohnheiten, Verhaltensweisen und Fähigkeiten, die weit leichter durch Beispiele als durch Worte erlernt werden (Euro/189, 1963).

Die Umsetzung lautet z.B. für Nordrhein-Westfalen:

> „Der Schulsport soll die Gesundheit aller Schüler durch regelmäßiges Training fördern, er soll sportbezogene Kenntnisse, Einsichten und Gewohnheiten ausbilden, die eine gesunde Lebensführung stützen helfen" (KM NRW 1980, 9).

Schulsport als obligatorische Lehrveranstaltung ist in der Lage, dem Schüler eine Reaktion des Körpers auf Belastung körpernah zu bringen. Der Pädagoge darf sich aber nicht nur auf die positiven Einflüsse der Bewegung verlassen, sondern muß auch die entsprechenden Begründungen liefern. Die dazu notwendige theoretische Unterweisung und Darstellung gesundheitlicher Aspekte sollte fächerübergreifend und in zeitlicher Abstimmung erfolgen.

Als zusätzlicher Partner kann der Schularzt in die Gesundheitserziehung im Unterricht eingebunden werden.

7.4.6 Inhalte und Probleme in der Umsetzung

Eine wirkungsvolle Gesundheitserziehung stellt die Schulen derzeit vor fast unlösbare Aufgaben, u.a. kennt der traditionelle Fächerkanon diese Aufgaben nicht. Gesundheitserziehung ist derzeit kein Unterrichtsgegenstand im Sportunterricht. In der Ausbildung der Sportpädagogen wird Gesundheitserziehung daher nicht gelehrt. Inhalte der Gesundheitserziehung müssen daher überwiegend in Eigeninitiative entwickelt werden. Im Rahmen des Sportunterrichtes können beispielsweise Arbeitsthemen sein:

- Ernährung,
- Körperhygiene,
- Kleidungshygiene,
- Genußmittelmißbrauch,
- Auswirkungen des Bewegungsmangels.

7.4.6.1 Instrumente zur Gesundheitserziehung

Für **Projektwochen** eigenen sich hervorragend die Bundesjugendspiele. Zu dieser Zeit besteht die Möglichkeit, die genannten Themen durch **körperliches Erleben** zu erlernen. Durch Besprechung des Ernährungsverhaltens vor und nach dem Wettkampf kann so die Ernährungslehre körperlich spürbar gemacht werden (Nahrung-Leistung-Befinden). Über die Beeinflussung des Waschverhaltens nach dem Sport ist wiederum eine gesundheitserzieherische Begründung für Hygiene gegeben.

7.4.6.2 Themen der Gesundheitserziehung

Eine Befragung von Erwachsenen aus dem Jahr 1985 (Arnold et al.) über wichtige Themen der Gesundheitserziehung in der Schule ergab sieben Schwerpunkte:

- Gefahren von Genuß- und Rauschstoffen (73%),
- Gifte in Umwelt und Arbeitswelt (45%),
- Gesunde Ernährung und Körpergewicht (43%),
- Bewegung und Sport als Gesundheitsvorsorge (42%),
- erste Hilfe und Krankenpflege (40%),
- Körperhygiene (0%),
- Körperhaltung (37%).

7.4.6.3 Verhalten des Sportpädagogen

Wenn der Sport zu demonstrativ als Mittel zum Zweck genutzt wird, können die Bemühungen, ihn als Vehikel der Gesundheitserziehung einzusetzen, fehlschlagen und der Sport an sich diskreditiert werden. Der Lehrer muß sich bewußt sein, daß er auch in Fragen des Gesundheitsverhaltens eine wesentliche Vorbildfunktion hat. Nach Grössing ist das Ausbildungsziel erreicht, wenn der zukünftige Sportlehrer

- Gesundheit als ganzheitliches und vernetztes Phänomen erkannt und umfangreiches und vielfältiges Wissen darüber erworben hat;
- Gesundheitssportarten und Übungen zur Körpererfahrung sich angeeignet und mit der Befähigung, andere darin zu unterweisen, verknüpft hat;
- gesundheitliche Wirkungen der körperlichen Bewegung bewußt erfahren und theoretisch verarbeitet hat, ein Gesundheitsbewußtsein besitzt und durch vernünftige Lebensführung bestätigt;
- Methoden der Gesundheitserziehung kennengelernt und in vielseitigen praktischen Unterrichtssituationen erprobt hat;
- bereit ist, die von ihm vertretene Sache auch als Person zu präsentieren.

Wahrhaft Gesundheitserzieher ist der Leibeserzieher nur als Vorbild, als bewegungsfreudiger, schlanker, nichtrauchender, ernährungsbewußter, Alkoholexzesse meidender, sicherheitsbewußter Mensch.

7.4.7 Gesundheitserziehung in der Ausbildungszeit

Daß in dem bisher Aufgezeigten eine Inkonsequenz steckt, wird darin deutlich, daß der Sport als Weg zur Gesundheitserziehung im bisher genannten Sinn, d.h. mit theoretischen Begründungen, ohne weitere Diskussion wegfällt, sobald die Jugendlichen die Schule verlassen. Der Sport an den Berufsschulen erfüllt diese Aufgabe kaum oder gar nicht. Jugendliche der Sekundarstufe II erhalten hingegen bis zum 19. Lebensjahr Sportunterricht. Unter Aufgabe der bisherigen Forderung, Bildung über Handeln zu erreichen, wird die Aufgabe der Gesundheitserziehung an die Sportvereine weitergegeben. Zwar bemüht man sich dort, den Gesundheitsaspekt darzustellen, ist jedoch nicht in der Lage, die theoretischen Aufgaben zu übernehmen.

7.4.8 Gesundheitserziehung außerhalb des Sportunterrichts

Anreiz zur Bewegung als eine der einfachsten gesundheitserzieherischen Maßnahmen sollte nicht nur im Sportunterricht erfolgen, sondern auch in Form von bewegungsanregenden Schulgeländen. Erfahrungen mit solchen Anlagen zeigten einen Zuwachs bewegungsbezogener Pausenaktivitäten vor allem in den Altersgruppen 13-15 Jahre (Kottmann et al.). Gleichzeitig ergab sich, quasi als Nebeneffekt, eine entspanntere und konfliktfreiere Pausenatmosphäre, ein Rückgang der Streitereien und aggressiven Handlungen (Wohlbefinden!) und eine Abnahme der Sachbeschädigungen.

„Dazu gehören in den Pausen aufsichtsführende Lehrer, die selbst das Bedürfnis nach Bewegung und frischer Luft erkennen lassen und die eher Anregungen geben als verbieten.“ (Kurz).

Die zitierte Kölner Untersuchung führte zu einem weiteren Ergebnis, das auch für die Frage der Gesundheitserziehung durch Sport von Bedeutung ist. l6jährige und ältere Schüler beteiligten sich kaum am Pausensport. Sie praktizierten eher Verhaltensweisen, die dem Rollenverständnis der Erwachsenen zuzuordnen waren (Rauchen, Teetrinken, Gespräche führen). Dies ist auch das Alter, in dem viele Jugendliche aus dem Sportverein austreten und so auch nicht mehr einer „Gesundheitserziehung im Verein“ unterliegen. Freunde und Hobbys spielen eine wichtigere Rolle als Sport und Gesundheit und die für den Sport notwendige Zeit fehlt. Das Einüben sozialer Zusammenschlüsse und Zusammenhänge in der Gruppe ist wesentlicher als vieles andere. Diese Gruppierungen können positiv oder negativ im Sinne der Gesundheitserziehung sein.

Der Jugendliche kann in eine Raucherclique geraten, er kann aber auch mit Freundinnen und Freunden zusammentreffen, die fit sein wollen, sportiv sein als modisch empfinden, nicht unbedingt im Sinne der Gesundheitsförderung, sondern als Modeerscheinung.

7.4.9 Die Familie als Träger der Gesundheitserziehung

Die wichtigsten Träger der Gesundheitserziehung sind jedoch die Eltern. Gerade in der Familie spielt das Vorbild, die gewohnte Lebensweise, die Einstellung der Eltern zu Gesundheit und Sport eine wichtige, wahrscheinlich die entscheidendste Rolle. Gesundheitserziehung ohne Erwachsenenbildung wird erfolglos sein. Auch hier zeigen sich erhebliche soziokulturelle Einflüsse (Riederer). Eltern aus der Mittel- und Oberschicht sind selbst häufiger sportlich aktiv, leben gesundheitsbewußt und rauchen weniger als Eltern aus der Arbeiterschicht.

7.5 Unfallprophylaxe im Schulsport

Von *K. Koinzer, B.-K. Jüngst*

7.5.1 Häufigkeit von Unfällen bei Schulsportveranstaltungen

Sportunfälle sind ein Teil des Schülerunfallgeschehens. 1991 entfielen bei 977 127 für Schülergruppen aller Altersklassen in der gesamten Bundesrepublik gemeldeten Schülerunfällen insgesamt 496 349 (50,80 %) auf

Unfälle während einer Schulsportveranstaltung. Dies bedeutete gegenüber 1974 ein Anstieg um 8 % (Statisik-Info zum Schülerunfallgeschehen 1991; Bundesverband der Unfallversicherungsträger der öffentlichen Hand, 1992).

Die Zunahme der **Unfallzahlen** erlaubt drei Interpretationen:

- sie spiegelt die allgemeine Tendenz wider, auch bei Bagatellunfällen die Versicherung in Anspruch zu nehmen,
- sie kann ein Indiz für eine Steigerung der Anforderungen im Schulsport sein,
- sie kann Ausdruck des allgemein beklagten Rückganges der motorischen Leistungsfähigkeiten der Kinder und Jugendlichen sein.

Insbesondere die beiden letzten Interpretationsmöglichkeiten enthalten wichtige Hinweise für den Sportlehrer/Trainer und sein Vorgehen im Sportunterricht.

7.5.2 Verteilung der Schulsportunfälle auf die Sportarten

Aus der Tabelle 7.2 geht hervor, daß Unfälle bei Ballspielsportarten über die Hälfte aller Schulsportunfälle darstellen. Nach expositionszeitbezogenen Untersuchungen (Hübner u. Mirbach) sind insbesondere die Ballspielarten Fußball, Handball, Hockey und die Kleinen Spiele im Sportunterricht sehr unfallträchtig, während Volleyball unter Berücksichtigung der realen Übungszeit offenbar ein geringeres Unfallrisiko besitzt. Hieraus ergibt sich die sportartspezifische Thematisierung von Sicherheitsaspekten für den Sportlehrer.

Tabelle 7.2 Schulsportunfälle in Abhängigkeit von den Sportarten (Statisik-Info zum Schülerunfallgeschehen 1991; Bundesverband der Unfallversicherungsträger der öffentlichen Hand, 1992).

Sportart	Anteil in %
Ballspiel	58,6
Geräteturnen	17,3
Leichtathletik	08,5
Wintersport	03,2
Laufspiel	03,1
Wassersport	03,0
Gymnastik	00,8

Die Tabelle 7.3 macht auf die Zunahme der Schulsportunfälle in der Bundesrepublik Deutschland zwischen 1979 und 1991 bei den Ballspielsportarten aufmerksam, während die prozentualen Unfallzahlen beim Geräteturnen abfallen und in leichtathletischen Disziplinen etwa konstant bleiben.

Tabelle 7.3 Dynamik des Schulsport-Unfallgeschehens zwischen 1979 und 1991 in der Bundesrepublik Deutschland in Abhängigkeit von den Sportarten (Statistik-Info zum Schülerunfallgeschehen 1991; Bundesverband der Unfallversicherungsträger der öffentlichen Hand, 1992).

	Ballspiele	Geräteturnen	Leichtathletik
1979	48,9 %	25,6 %	09,6 %
1983	56,3 %	20,4 %	10,3 %
1988	58,1 %	18,5 %	10,9 %
1991	58,6 %	17,3 %	08,5 %

7.5.3 Unfallgenese im Sportunterricht

Gezielte und erfolgversprechende Unfallvorbeugung setzt umfassende Kenntnisse der Unfallentstehung voraus. Nach Ausführungen des Bundesverbandes der Unfallversicherungsträger (Diekershoff/Hamacher/Kliemt/Sträter) sind die in Tabelle 7.4 genannten allgemein gültigen Entstehungsmechanismen für Schulsportunfälle beschrieben worden.

Anhand dieser Untersuchungsergebnisse führen die unter 1., 3. und 5. aufgeführten Mechanismen vorwiegend zu typischen Unfällen im Sportunterricht, während die bei 2. und 4. genannten Vorgänge in erster Linie Pausenunfälle verursachen können.

Folgende Ursachenkomplexe bedingen am häufigsten Sportunfälle in der Schule:

- Unzureichende Berücksichtigung der individuellen aktuellen sportlichen Belastbarkeit der Schüler (sportl. Belastbarkeit),
- nicht ausreichende Beachtung der motorischen Hyperaktivität bei Kindern und der Affektlabilität bei Jugendlichen,
- unzureichende Beachtung und Beseitigung von Unfallquellen (materiell-technische Mängel),
- ungenügende Einhaltung organisatorisch-methodischer Vorschriften (Notwendigkeit von Differenzierungsmaßnahmen nach dem aktuellen Lernniveau der Schüler, ihren physischen und psychischen Fähigkeiten, ihren individuellen sportlichen Fertigkeiten; Aufwärmprogramme; Kampf den Routinehandlungen bei Schülern und Sportlehrern; Vertrauensobulus für sportstarke Schüler nicht überhöhen; Risikoeinstellung der Sportlehrer überprüfen).

Tabelle 7.4 Unfallgenese im Sportunterricht

1. Mißlingen von Bewegungen/Anstoßen = 32 %				
Springen, Gehen, Laufen	→	Mißlingen von Bewegungen	→	Umknicken, Stauchen, Prellen, sich stoßen, anstoßen.
2. „Tätlichkeiten“ = 27 %				
Vielfach bestimmte Bewegungen	→	Tätlichkeiten	→	Getroffen werden von Körperteilen, Fallen
3. Ausrutschen / Stolpern = 19 %				
Gehen, Rennen, Laufen in der Ebene	→	Ausrutschen, Stolpern	→	Fallen in der Ebene
4. Getroffenwerden von Gegenständen = 12 %				
Hantieren mit Gegenständen, sich in Ruhestellung befinden	→	Gegenstand gerät außer Kontrolle	→	Schüler wird von Gegenstand getroffen
5. Unfälle mit Bällen = 10 %				
Bewegungen im Zusammenhang mit einem Ball	→	Ball gerät außer Kontrolle	→	Vom Ball getroffen werden, Fallen in der Ebene

7.5.4 Moralische und rechtliche Verantwortung des Sportlehrers zur Unfallprophylaxe

Die oben aufgeführten Häufigkeiten der Schulsportunfälle sollte jeder Sportlehrer als moralische Verpflichtung empfinden, alle ihm zur Verfügung stehenden Möglichkeiten zur Minimierung des Unfallrisikos zu nutzen.

Jeder Schulsportunfall ist ein Unfall zu viel. Sportunfälle sind weitgehend vermeidbar!

Die rechtliche Verantwortlichkeit der Schulleiter und der Sportlehrer für die Vermeidung von Unfällen im Sportunterricht oder im außerunterrichtlichen Sport ergibt sich aus den Festlegungen zur **Schulaufsicht**. Bezugnehmend auf das Grundgesetz (Art. 7, Abs. 1) und auf die Landesverfassungen sind in den Schulgesetzen der Länder oder in besonderen Richtlinien grundsätzliche **Festlegungen und Anleitungen zur Aufsichtspflicht** in Sachen Unfallprophylaxe im Schulsport als Teilaufgabe der Schulaufsicht festgelegt. Die Dienst- und Rechtsaufsicht für Sportlehrer und Schulleiter in Sachen Unfallprophylaxe erfolgt durch die Behörden der Schulaufsicht (Kultusministerium als oberste, Regierungspräsidium als mittlere und Schulamt als unterste Aufsichtsbehörde).

Unter Aufsichtspflicht werden alle Maßnahmen verstanden, die die Schule zu ergreifen hat, um die ihr anvertrauten Schüler vor Schaden und dritte Personen vor Schädigung durch die Schüler zu bewahren.

Für den Sportlehrer beinhaltet dies die Verpflichtung, den Sportunterricht pädagogisch zu verantworten und die Ausführung sportpraktischer Übungen der Schüler unter vollem Einsatz seines Wissens, seines Könnens, seiner Umsicht, seiner Aufmerksamkeit und seines Mutes sowie mit den gegenwärtig zur Verfügung stehenden Mitteln zu überwachen und zu sichern. Dazu gehören u.a. die unten detaillierter dargestellten und begründeten Maßnahmen wie alters- und leistungsgemäße Aufgabenstellungen an die Schüler, die Gewährleistung der Betriebssicherheit von Sportgeräten und -anlagen, die Absicherung wirksamer Hilfestellungen (s. Helfen und Sichern), die Förderung und Überwachung des hygienischen Verhaltens der Schüler u.a.m..

7.5.4.1 Haftung des Sportlehrers

Durch die **gesetzliche Unfallversicherung** (Gesetzliche Grundlage ist das Sozialgesetzbuch mit der Reichsversicherungsordnung – RVO §§ 537 ff), in der die Sportlehrer durch ihre Arbeitgeber bei den Leistungsträgern der gesetzlichen Unfallversicherung, den Gemeindeunfallversicherungsverbänden (Berufsgenossenschaft des öffentlichen Dienstes) pflichtversichert werden , sind die Sportlehrer ebenso wie die Schüler gegen unfallbedingte körperliche Schäden pflichtversichert.

Als **versicherte Tätigkeit** gelten alle schulischen Tätigkeiten, die entweder dem Schulleiter oder dem Sachkostenträger infolge ihrer Arbeitgeberstellung obliegen und von den Sportlehrern aufgrund ihrer Dienststellung zu erfüllen sind (§ 539 RVO).

Bei Sachschäden, die aus der dienstlichen Tätigkeit entstehen, besteht Haftpflicht, also eine gesetzliche Schadensersatzpflicht durch den Verursacher.

Unter „Haftpflicht“ wird nach § 823 des Bürgerlichen Gesetzbuches die Verpflichtung zum Ersatz von Schäden verstanden, die man anderen fahrlässig oder vorsätzlich, also schuldhaft, zugefügt hat. Da die Tätigkeit des Sportlehrers wie die Tätigkeit in allen Berufen und im privaten Bereich das Risiko schuldhaften Verhaltens birgt, sollte sich jeder Sportlehrer berufshaftpflichtversichern.

In der Regel wird eine solche Berufshaftpflichtversicherung durch den Arbeitgeber (Schulsachkostenträger bzw. Schulhoheitsträger) oder durch die Branchengewerkschaft im Rahmen von Gruppenversicherungen mit Versicherungsgesellschaften abgeschlossen. Jeder Sportlehrer sollte sich davon überzeugen!

Bei Unfällen mit Schäden durch Fahrlässigkeit übernehmen viele Versicherungsgesellschaften sämtliche Zahlungen in voller Höhe, bei grober Fahrlässigkeit haften sie nur bedingt und bei vorsätzlich herbeigeführten Schäden übernehmen sie in der Regel keine Haftung.

Verletzt ein Sportlehrer vorsätzlich oder fahrlässig die Aufsichtspflicht, hat er also nach § 839 Abs. 1 BGB dem Dritten den daraus entstehenden Schaden zu ersetzen. In diesen Fällen der **Schadenersatzpflicht** durch den Sportlehrer kann jedoch gemäß Art. 34 des Grundgesetzes zunächst der Arbeitgeber (Staat) eintreten. Dieser ist allerdings nach § 839 des BGB berechtigt, bei vorsätzlicher oder grob fahrlässiger Handlungsweise des Sportlehrers an diesen **Regreßansprüche** (Rückgriff) zu stellen.

Unabhängig von der vermögensrechtlichen Haftpflicht können Sportlehrer für eine Verletzung der ihnen obliegenden Aufsichtspflicht sowohl dienstlich als auch strafrechtlich zur Verantwortung gezogen werden.

Die rechtlichen Aspekte der Obhutspflicht (Aufsichtspflicht) im Sportunterricht sind im Abschnitt 7.6 detaillierter dargelegt. Auch die **Schülerunfallversicherung**, durch die alle Schüler allgemeinbildender und berufsbildender Schulen gegen Unfälle in der Schule, bei schulischen Veranstaltungen sowie auf dem Schulweg, also auch im Sportunterricht und bei angemeldeten Schulsportveranstaltungen versichert sind, kann bei vorsätzlicher oder grobfahrlässiger Verursachung des Schadens Regreß gegen den Schädiger erfolgen. Auf die Verhinderung von Sportunfällen oder Sportschäden in der Schule zielen ebenfalls die Festlegungen der Kultusministerien zu Art und Dauer der *Schulsportbefreiungen* aus gesundheitlichen Gründen ab.

7.5.5 Inhaltliche Schwerpunkte der Unfallprophylaxe im Schulsport aus sportmedizinischer Sicht

Nicht nur im Interesse einer effektiven sportlichen Leistungsförderung, sondern auch unter dem Aspekt der Verhinderung von Sportunfällen oder Sportschäden hat der Sportlehrer die folgenden Prämissen vor Beginn einer jeden Sportstunde zu bedenken und innerhalb dieser zu realisieren:

7.5.5.1 Hinreichende Berücksichtigung der aktuellen sportlichen Belastbarkeit der Schüler

Die sportliche Belastbarkeit charakterisiert bekanntlich einen psychophysischen Zustand, der die Verarbeitung hoher sportlicher Belastungen im leistungsstabilisierenden bzw. leistungsfördernden Sinne und damit ohne Gefahren für den Organismus ermöglicht.

Die Qualität und Quantität der sportlichen Belastungsverträglichkeit werden letztlich durch die aktuelle Leistungsfähigkeit der einzelnen Organe bestimmt, wobei belastungsbedingte Überforderungen und damit mögliche Schädigungen vornehmlich in den leistungsschwächsten Funktionssystemen auftreten. Die Kette reißt an ihrem schwächsten Glied!

Die sportliche Belastbarkeit ist durch die Bindung an die organismische Leistungsfähigkeit stets individuell geprägt und durch eine Vielzahl der die Leistungsfähigkeit beeinflussenden Faktoren auch stetigen Veränderungen unterworfen. Im Interesse der Verhütung von Sportunfällen in der Schule sollte der Sportlehrer zu Beginn einer jeden Sportstunde mögliche Einschränkungen der sportlichen Belastbarkeit (Belastungsverträglichkeit) der ihm anvertrauen Schüler eruieren !

Beachtung der Gesundheit der Schüler/Schülerinnen

Es gehört heute zum Allgemeinwissen, daß sportliche Belastungen bei akut oder chronisch erkrankten Menschen Sportunfälle oder Sportschäden provozieren können **(prämorbide, morbide oder postmorbide Zustände beeinflussen die sportliche Belastbarkeit negativ).** So kann z.B. eine sportliche Ausdauerbelastung bei einem Schüler mit grippalem Infekt zum Kreislaufkollaps oder gar zum Herzversagen führen. Sprung- oder Laufbelastungen bei einem Schüler mit einer leichteren Zerrung der Wadenmuskulatur können einen Riß dieser Muskulatur provozieren. Beispiele dieser Art ließen sich beliebig fortsetzen. Letztlich basiert die große Gefahr, bei akuten oder chronischen Erkrankungen durch sportliche Belastungen schwere Schäden für Gesundheit oder Leben heraufzubeschwören auf der krankheitsbedingten Einschränkung der sportlichen Belastbarkeit an einer oder mehreren Stellen der durch die sportlichen Anforderungen belasteten Funktionskette. Die Belastungsverträglichkeit wird in diesen Fällen überschritten. Es gehört deshalb zu den Aufgaben des Sportlehrers im Zusammenhang mit der Einhaltung seiner Aufsichtspflicht, zu Beginn einer jeden Sportstunde die **Schüler nach möglichen Erkrankungen oder nach Unwohlsein zu befragen** und entsprechende Beobachtungen durchzuführen. Außerdem sollte sich der Sportlehrer um eine gute Zusammenarbeit mit dem Schulärztlichen Dienst der Gesundheitsämter bemühen, da diesen im Rahmen der Grundsätze der Schulgesundheitspflege (Schulgesetze der Länder; Bundesseuchengesetz) die Bestätigung längerdauernder Schulsportbefreiungen aus gesundheitlichen Gründen obliegen. Vom Schulärztlichen Dienst und von den behandelnden Fachärzten sollten Empfehlungen für die Belastungsgestaltungen im Sportunterricht und im Sportförderunterricht eingeholt werden.

Ausreichende Erwärmung zu Beginn jeder Sportstunde

Eine fehlende oder unzureichende allgemeine und spezifische Erwärmung birgt die Gefahr von Sportverletzungen, z.B. von Muskelzerrungen oder von Muskel-, Sehnen- bzw. Bänderrissen. Hinreichendes Erwärmen mit sportlichen Mitteln reduziert solche Verletzungsgefahren wesentlich, da durch die Maßnahmen der sportlichen Erwärmung die physiologischen Funktionsabläufe in den Geweben, insbesondere die Stoffwechselprozesse „in Gang gesetzt werden“. Dadurch wiederum wird die Belastungsverträglichkeit dieser Gewebe und Organe wesentlich erhöht, so daß die Gefahren einer möglichen Überbelastung in diesen Funktionsstrukturen durch die anschließenden sportlichen Belastungen erheblich reduziert werden.

Belastungsintensität und -dauer im Schulsport dem aktuellen disziplinspezifischen Leistungsvermögen der Schüler anpassen

Da die sportliche Belastungsverträglichkeit durch den aktuellen sportlichen Leistungsstand wesentlich mitbestimmt wird, sollte der Sportlehrer versuchen, während der Schulung der sportlichen Fähigkeiten und Fertigkeiten Intensität, Dauer und Umfang der aktuellen Leistungsfähigkeit weitgehend anzupassen. Dies ist im Sportunterricht u.a. durch die Bildung von Leistungsgruppen möglich. Anderenfalls könnten beispielsweise Kraft- oder Schnelligkeitsschulungen die

Gefahr von Muskel-, Sehnen- oder Bänderrissen provozieren. Diese Gefahr wird, wie oben bereits erwähnt, durch unzureichende Erwärmung weiter verstärkt. Auch durch Sportpausen bedingte Verluste in der koordinativen und/oder technischen Ausbildung der Schüler können Sportunfälle und Sportschäden vorprogrammieren. Hierzu ließen sich genügend weitere Beispiele hinzufügen.

Unphysiologische Bewegungsabläufe vermeiden

Die Schulung modernster koordinativer und technischer Bewegungsabläufe (Moderne Übungstechnik) im Sportunterricht ist ebenfalls eine Möglichkeit, Sportunfälle und Sportschäden zu verhindern. Die sportwissenschaftliche Forschung konnte in den letzten Jahren belegen, daß unphysiologische Bewegungsabläufe für die Entstehung von bestimmten Sportschäden oder Sportverletzungen verantwortlich zu machen sind. Im Ergebnis wurden vielfältige Empfehlungen zu Veränderungen z.B. in der Lauftechnik zur Gelenk- und Muskelschonung, aber auch Hinweise zum Schutz der Gelenke und der Wirbelsäule bei der Kraftschulung gegeben. Der Sportlehrer sollte sich auch mit diesen Erkenntnissen vertraut machen, um seine Schüler vor sportbedingten Schädigungen zu schützen.

Sinnvolles methodisches Vorgehen

Es muß auch an die Möglichkeit erinnert werden, durch gesundheitsadäquate methodische Gestaltungen im Sportunterricht funktionelle Fehlbelastungen zu vermeiden. Als Beispiel sei die Möglichkeit der Vermeidung von muskulären Dysbalancen durch den regelmäßigen Wechsel von kräftigenden und entspannenden Übungen der Streck- und Beugemuskulatur genannt.

Ausreichendes Beachten der motorischen Hyperaktivität bei Kindern und der Affektlabilität bei Jugendlichen

Die entwicklungsbedingte motorische Hyperagilität im Kindesalter provoziert im Zusammenhang mit der häufig noch unsicheren Beherrschung der sportlichen Technik Unsicherheiten im Bewegungsablauf und damit die Möglichkeit von gegenüber anderen Altersstufen häufigeren Sportunfällen. Im Jugendalter können Sportunfälle durch die bei vielen Jugendlichen im Rahmen der geschlechtlichen Reifung auftretende Affektlabilität veranlaßt werden. Das oft übertriebene sportliche Geltungsbedürfnis z.B. von adoleszenten Jungen gegenüber gleichaltrigen Mädchen kann sich in allgemeiner Unsicherheit, aber auch in Imponier- und Renomierverhalten, in Selbstüberschätzung des eigenen Leistungsvermögens, in Disziplinlosigkeit mit Neigung zu Regelverstößen und in nicht sportgerechter Lebensweise, z.B. Alkoholgenuß im Zusammenhang mit sportlichen Betätigungen, äußern. Sportunfälle sind nicht selten die Folge solchen Fehlverhaltens. Entsprechende Belehrungen, erzieherische Einflüsse und organisatorische Maßnahmen durch den Sportlehrer sind auch im Interesse der Sportunfallverhütung unabdingbar.

Beseitigung materiell-technischer Mängel

Dem Sportlehrer obliegt die Beachtung und Beseitigung möglicher oder existierender Unfallquellen. Dabei sollte er zum einen auf den baulichen und hygienischen Zustand der Schulsportbauten (Sportplatz, Sporthallen, Schwimmbäder) achten. Einzelheiten sind im Kapitel 7.7 dargelegt. Gibt es Abweichungen von diesen Vorschriften, sollte er den Direktor der Einrichtung davon schriftlich in Kenntnis setzen. Zum anderen obliegt dem Sportlehrer im Interesse der Unfallverhütung die Überwachung des einwandfreien Zustandes der Sportgeräte, ihre Anordnung und Befestigung/Standsicherheit. Die hierfür erforderlichen Vorschriften sind ebenfalls im Kapitel 7.7 genannt.

Einhaltung organisatorisch-methodischer Vorschriften

Die Beachtung der entwicklungsrelevanten biologischen Voraussetzungen für sportliche Belastbarkeit und Leistungsfähigkeit bedingen entsprechende sportdidaktische und methodische Vorgaben für die Gestaltung des Sportunterrichts. Daneben muß auf einige weitere organisatorisch-didaktisch-methodische Aspekte aufmerksam gemacht werden, die in fast allen Analysen als Bedingungen für Unfälle im Sportunterricht genannt werden. Jeder Sportlehrer sollte bemüht sein, die einschlägigen **organisatorischen Vorschriften bezüglich Schutz- (Sicherheits-) ausrüstungen und -maßnahmen** einzuhalten (z.B. Hilfs- und Sicherheitsstellung nicht vernachlässigen, stete Überwachung des Funktionszustandes der Sportgeräte und Materialien, Beseitigung eventueller Unfallquellen an Geräten und Sporteinrichtungen, sicherheitserzieherische Maßnahmen regelmäßig durchführen, Durchsetzung sporthygienischer Maßnahmen wie in Kap. 7.7 dargelegt).

Bekämpfung der eigenen Unvorsichtigkeit und die der Schüler

Sportlehrer sollten die eigene Unvorsichtigkeit und die der Schüler bekämpfen und sich um Gefahrenbewältigung durch Konzentration bemühen. Dabei gilt es u.a., den Routinehandlungen bei Schülern und Sportlehrern den Kampf anzusagen, den Vertrauensobulus für sportstarke Schüler hinsichtlich Einhaltung von Sicherheitsmaßnahmen nicht zu überhöhen, die Risikoeinstellung der Sportlehrer und Schüler zu überprüfen und zu vervollkommnen. Andererseits sollte auch bedacht werden, daß Wagnis und Risiko zum Sport gehören. Unfallprophylaxe beinhaltet auch die Erziehung der Schüler, sportbedingte Risiken einschätzen zu lernen, um Herausforderungen im Sportunterricht annehmen oder ablehnen zu können und so eine **sinnvolle Balance zwischen Wagnis und Sicherheit** zu finden (Gefahrentraining). Andernfalls führen Angst und Übervorsichtigkeit zu Bewegungsarmut im Sportunterricht. Eingebunden sein sollten auch zielgerichtete **altersrelevante Informationsangebote** in Sachen Unfallprophylaxe an die Schüler. Auch die Technik der Hilfe- bzw. Sicherheitsstellung ist den Schülern anwendungsbereit zu vermitteln.

Sachgemäße Erste-Hilfe-Vorsorge und -Durchführung

Die sachgemäße Erste-Hilfe-Vorsorge durch Sicherung der materiellen Voraussetzungen für mögliche Erste-Hilfe-Leistungen können helfen, die gesundheitlichen Folgen eingetretener Schulsportunfälle zu reduzieren. Es sei hier nur an das Vorhandensein von jederzeit verfügbaren Notrufanlagen in Turn- und Spielhallen nach DIN 18O22 sowie an den jederzeit benutzbaren, nach DIN komplett ausgestatteten Verbandskasten erinnert. Die ausführliche Darstellung materieller Voraussetzungen für die Erste Hilfe erfolgt im Kapitel 8. Die hygienischen Voraussetzungen für den Schulsport werden im Abschnitt 7.7 vorgetragen. Jeder Sportlehrer sollte verantwortungsbewußt seinen Kenntnis- und Fähigkeitsstand zu den erforderlichen Erste-Hilfe-Maßnahmen hinterfragen und gegebenfalls diesen durch entsprechende Weiterbildungsmaßnahmen auffrischen.

Zusammenfassend kann gesagt werden, daß Sportunfälle und Sportschäden um so erfolgversprechender verhindert werden können, je besser Unfallprophylaxe als sportpädagogische Aufgabe verstanden und entsprechend geplant und umgesetzt wird!

7.6 Rechtliche Aspekte zur Obhutspflicht im Sportunterricht/ Versicherungsschutz

Von *B.-K. Jüngst, K. Koinzer*

7.6.1 Unfallpflichtversicherung

Seit dem 1.4.1971 sind alle Studenten, Schüler und Kindergartenkinder nach der **Reichsversicherungsordnung** (RVO) durch die **Gemeinde-Unfall-Versicherung** (GUV) pflichtversichert.

Durch diesen Schutz ist ein Unfall während der versicherten Tätigkeit (Arbeitsunfall), aber auch auf dem Wege zur und von der Ausbildungsstätte, versichert (Wegeunfall). Im Falle einer Verletzung muß die ärztliche Versorgung im Rahmen eines D-Arzt-(Durchgangsarzt-) Verfahrens erfolgen.

Die Beiträge zur Unfallversicherung werden vom Arbeitgeber, im Falle der GUV von den Kommunen geleistet.

Die Schüler sind für alle Veranstaltungen der Schule versichert, wenn diese eine „Schulveranstaltung" im Sinne der RVO darstellen. Veranstaltungen, die von der Schule ausgerichtet werden, auch wenn sie nicht zum Unterrichtsstoff gehören, unterliegen dem Schutz durch die GUV, besonders auch dann, wenn sie ausdrücklich als schulische Veranstaltung vom Schulleiter gekennzeichnet sind. Dazu gehören Schulwandertage, Aufenthalte im Schullandheim, Sportwettkämpfe wie „Bundesjugendspiele", „Jugend trainiert für Olympia" und andere Sporttage.

Dem Schutz durch die GUV unterliegen somit alle Sportveranstaltungen in der Schule, die dem Lehrplan entsprechen sowie alle nicht zum Unterrichtsstoff gehörende Veranstaltungen, die durch die Schule ausgerichtet oder organisiert werden, sofern diese ausdrücklich als schulische Veranstaltung vom Schulleiter gekennzeichnet sind.

Werden Sportarten durchgeführt, die in den Lehrplänen nicht aufgeführt sind (z.B. Bergwandern, Radfahren, Surfen), ist das schriftliche Einverständnis der Erziehungsberechtigten auch aus versicherungsrechtlichen Gründen erforderlich.

7.6.2 Versicherungsrechtlich relevante Aufgaben für die Sportlehrer

7.6.2.1 Aufsichtspflicht

Unabhängig von der Unfallversicherung der Schüler besteht für die Ausbilder (Lehrer, Trainer) eine **Aufsichtspflicht**.

Sie ist die gesetzliche Pflicht zur Beaufsichtigung von Minderjährigen oder von Personen, die wegen ihres körperlichen oder geistigen Zustandes der Beaufsichtigung bedürfen. Sie wird ausgeübt u.a. von Eltern, Vormund, Lehrern, Erziehern.

Aufsichtspersonen haften für den zu Beaufsichtigenden, wenn sie ihrer Aufsichtspflicht schuldhaft (d.h. vorsätzlich oder fahrlässig) nicht nachgekommen sind und eine Schädigung Dritter, also z.B. der Schüler, eingetreten ist.

Die Aufsichtspflicht für den Schulweg obliegt den Eltern. Die Kinder sind jedoch durch die GUV unfallversichert.

7.6.2.2 Geschlechtsspezifische Aspekte der Aufsichtspflicht

Besonderes Fingerspitzengefühl erwartet man von den männlichen Sportpädagogen im Umgang mit Mädchen. In der Tat hat er auch die Aufsichtspflicht für die Umkleide- und Duschräume. Er muß aber aus verständlichen Gründen diese Aufgabe immer an eine

Frau weitergeben. Auch bei den notwendigen Hilfe- und Sicherheitsstellungen hat er so zu arbeiten, daß er nicht in den Verdacht gerät, unsittliche Berührungen vorgenommen zu haben. Eine besondere rechtliche Regelung gibt es in dieser Hinsicht aber nicht. Dieser Problemkreis unterliegt dem BGB und dem StGB.

7.6.2.3 Fahrlässigkeit im Rahmen der sportpädagogischen Betreuung

Der Begriff der Fahrlässigkeit ist nicht nur im Rahmen der Aufsichtspflicht von Bedeutung, sondern auch bei allen anderen Obhutspflichten des Lehrers und Trainers.

Fahrlässig handelt, „wer die objektiv erforderliche und auch ihm persönlich mögliche und zumutbare Sorgfalt außer acht läßt und deshalb pflichtwidrig nicht voraussieht, daß er das in einem strafrechtlichen Tatbestand geschützte Rechtsgut verletzen könnte (unbewußte Fahrlässigkeit), oder, obwohl er dies voraussieht, pflichtwidrig darauf vertraut, daß der tatbestandsmäßige Erfolg nicht eintreten werde (bewußte Fahrlässigkeit)" (dtv-Lexikon).

Durch die allgemeine Forderung, den Pausensport einzuführen und zu fördern, kommt ein verstärktes Maß der Pausenaufsichtspflicht auf die Lehrer zu.

7.6.3 Versicherungsrechtliche Besonderheiten für den Sportunterricht

Neben den üblichen und für alle Schulfächer geltenden Regeln der Aufsichtspflicht kommen für den Sportpädagogen und Trainer noch zusätzliche, versicherungsrechtlich relevante Aufgaben hinzu.

7.6.3.1 Sicherheitsschulung

In den Lehrplänen wird ausdrücklich gefordert, daß alle Schüler mit Vorsichtsmaßnahmen bei den verschiedenen Sportarten vertraut zu machen sind (s. auch Kap. 7.5) und zur Sicherung und gegenseitiger Hilfestellung ausgebildet und herangezogen werden sollen.

Der Lehrer beaufsichtigt die Schüler, die Hilfe- und Sicherheitsstellung geben; er selbst gibt Hilfe- und Sicherheitsstellung nur soweit, als dadurch seine Übersicht über die Klasse nicht beeinträchtigt wird. Dies bedeutet, daß auch bei Hilfe- und Sicherheitsstellungen durch Schüler die Aufsichtspflicht (s.o.) beim Ausbilder bleibt.

7.6.3.2 Gerätesicherheit

Die Verkehrssicherungspflicht für Sportgeräte und Einrichtungen in Sporthallen obliegt dem Sachkostenträger bzw. dem Verein als Eigentümer. Es ist seine Aufgabe, Prüfungen und notwendige Reparaturen zu veranlassen und einen sicherheitstechnisch einwandfreien Zustand der Geräte und der Halleneinrichtung zu gewährleisten.

Dennoch hat der Lehrer die Pflicht, sich selbst von dem einwandfreien Zustand der Geräte und seine ordnungsgemäßen Aufbaus zu überzeugen.

Die Überprüfung der Sicherheit kann an Hand der **Checkliste der BAGUV** erfolgen, die dem Lehrer das Abprüfen sicherheitsrelevanter Stellen am Gerät erleichtert. Als Beispiel ist in Bild 7.3 die Checkliste für das Absprungtrampolin übernommen. Nach der Benutzung der diversen Einrichtungen muß der Lehrer dafür sorgen, daß sie an den vorgesehenen Plätzen sicher und stabil abgestellt sind.

7.6.3.3 Unfallmeldung

Die Meldung eines Unfallgeschehens hat so zu erfolgen, daß für die Beteiligten kein

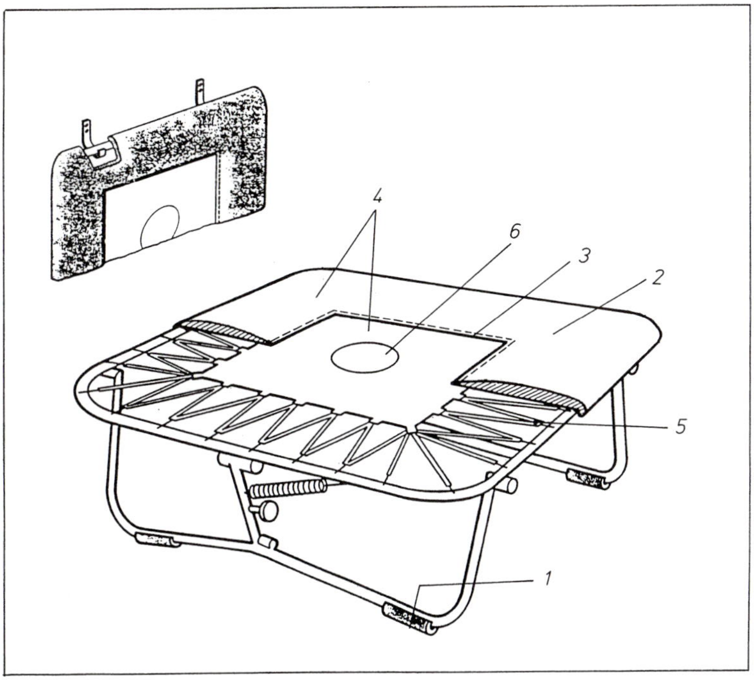

Bild 7.3 Sicherheits-Checkliste für das Absprungtrampolin

Nachteil durch fehlende oder unzureichende Informationen entstehen kann.

Nach Analyse der BAGUV entsprechen bis zu 50% der Angaben nicht dem tatsächlichen Unfallhergang. Die Unfallanzeige muß die wesentlichen Merkmale des **Unfallherganges** eindeutig wiedergeben.

Dazu gehören Angaben zu:

- Unfallort,
- Unfallzeitpunkt: soll die Einordnung in den organisatorischen Ablauf der Schule ermöglichen (Pause, Freistunde, Unterrichtsbeginn o.ä.),
- Unfallhergang: Art, wie ein Handlungsablauf auf unvorhergesehene Weise unterbrochen wurde (unkontrollierte und unerwünschte Freisetzung von Energiepotential). Dies gilt für Personen (Stolpern, Fallen), wie auch für Gegenstände (Kippen, Abreißen),
- Beteiligung des Verletzten am Unfallhergang: Tätigkeit oder Bewegung unmittelbar vor dem Unfall,
- Verlaufsform des Unfalls: wodurch und wie wurde die Verletzung bewirkt; erkennbarer Zusammenhang mit dem Unfall,
- Merkmale der Umgebung oder der Situation,
- Angaben über die beteiligten Gegenstände: Unfallbewirkend ist ein Gegenstand, wenn er selbst außer Kontrolle gerät und den Unfall bewirkt. Verletzungsbewirkend ist ein Gegenstand, wenn er unmittelbar die körperliche Schädigung herbeiführt.

7.6.3.4 Sportgerechte Bekleidung

Der Lehrer ist verpflichtet, darauf zu achten, daß er selbst und die Schüler sportgerechte

Kleidung tragen und alle Gegenstände, die zu Verletzungen führen könnten, abgelegt werden.

7.6.4 Diebstahlsicherung

Die Schule ist verpflichtet, Vorkehrungen zu treffen, die den Diebstahl der auf Aufforderung des Sportlehrers abgelegten Gegenstände unmöglich macht. Dies können Wertschließfächer, aber auch bereits das korrekte Abschließen eines Raumes sein.

Der Lehrer ist verpflichtet, sich diesbezüglich über die für sein Bundesland gültigen Rechtsregelungen zu informieren.

Der Rechtsgrundsatz: „Unwissenheit schützt nicht vor Strafe" ist überall gültig.

7.7 Hygienische Anforderungen an die Schulsportanlagen

Von *K. Koinzer, B.-K. Jüngst*

Die folgenden Kurzinformationen sollen dem in der Praxis tätigen Sportlehrer helfen, die hygienischen Anforderungen an Schulsportanlagen, die der Gesetzgeber fordert, überwachen bzw. bei anstehenden Neubauten einfordern zu können.

7.7.1 Allgemeine hygienische und sanitäre Anforderungen an Schulsportanlagen

Bei der Errichtung und Erhaltung von Schulsportanlagen sind allgemeine hygienischen Erfordernisse zu berücksichtigen. Die Planung von Schulsportanlagen ist lt. „Richtlinien für die Schaffung von Erholungs-, Spiel- und Sportanlagen" der Deutschen Olympischen Gesellschaft in den mittel- und langfristigen Bedarf kommunaler Sport-, Spiel- und Freizeitanlagen einzubinden. Die Größe von Sportplatzanlagen wird durch den Bedarf, durch den Verwendungszweck (wettkampfgerecht oder nicht wettkampfgerecht) und durch die Sportarten, die betrieben werden sollen, bestimmt. Für Schulsportanlagen sind Verwendungszweck und Sportarten durch den Lehrplan Sport vorgegeben. Zwischen den Bundesländern gibt es nur unwesentliche diesbezügliche Differenzen. Sie sind in den einschlägigen Landesgesetzen und Verordnungen geregelt. Die folgenden Orientierungswerte für die Planung von Schulsportanlagen werden im wesentlichen durch den Bedarf bestimmt:

- Der Bedarf an **Spiel- und Sportplätzen** für den Schulsport wird für je 10 Klassen bei Vollzeitschulen bzw. 15 Klassen bei Teilzeitschulen mit einer Übungseinheit (ÜE) angegeben. Ein Großfeld für Fußball, Hockey, Handball entspricht 2 ÜE.
- Als **Sporthallenbedarf** für den Schulsport wird für die gleiche Anzahl von Klassen eine Übungseinheit mit einer Regelfläche von 15 m x 27 m gefordert.
- Der **Bäderbedarf** für den Schulsport orientiert sich an einer Wasserfläche von 100 m^2 bis 125 m^2 pro Übungseinheit (Anzahl der Klassen wie oben), die von drei Seiten zugänglich sein muß.
- Schulsportanlagen müssen die Sportausübung durch ihre **bedarfsgerechte und funktionstüchtige Einrichtung** ermöglichen. Sie sollen ökonomisch vertretbar und durch eine attraktive architektonische Gestaltung emotional stimulierend wirken,
- Bei der **Standortbestimmung** sind Weg-Zeit-Beziehungen zu berücksichtigen. Es existieren diesbezüglich nur sehr grobe Orientierungsgrößen. **Sportplatzanlagen** sollten nach Möglichkeit eine Entfernung zur Wohnung von maximal 1000 Meter, von der Schule maximal 600 Meter nicht überschreiten. **Schulturnhallen** liegen in der Regel auf dem Gelände der Schule oder in unmittelbarer Umgebung. **Kommunale Hallenbäder**, die im Regelfall

durch die Schule mitgenutzt werden, sollen möglichst zentral im Einzugsgebiet oder nahe zu Wohngebieten mit hoher Bevölkerungsdichte liegen. Sie müssen gut mit öffentlichen Verkehrsmitteln und sicher für Fußgänger erreichbar sein. **Kommunale Freibäder**, die ebenfalls in der Regel von den Schulen mitgenutzt werden, werden wegen ihres hohen Flächenbedarfs und der Lärmbelästigung in größeren Grünzonen angelegt. Nordhänge und Flächen mit größerer Windbelastung, Kälte oder Nebelstau sind zu meiden.

- Im Interesse der **Einhaltung hygienischer Mindestforderungen** existiert eine Vielzahl bauphysikalischer, akustischer, beleuchtungstechnischer und raumklimatischer Vorschriften, die der einschlägigen Literatur zu entnehmen sind. Im Folgenden sollen lediglich für die einzelnen Schulsportanlagen einige für die Hygiene bedeutsame Ausführungen erfolgen.

7.7.2 Spezielle hygienische Anforderungen an Sportplatzanlagen

Die **Lage der Sportplatzanlagen** soll möglichst in **Nord-Süd-Richtung** (Längenausdehnung) ausgerichtet sein, um Blendwirkungen weitgehend zu vermeiden. Der Mindestabstand zu den Bäumen soll deren Kronendurchmesser im ausgewachsenen Zustand entsprechen.

Als Sportplatzboden sind **Rasenflächen, Tennenflächen** (wassergebundene, mechanisch stabilisierte Flächen) und **Allwetterdecken** (durch Bitumen-, Kunststoff- oder Zementbindung stabilisierte Beläge) möglich. Die wichtigsten Vor- und Nachteile dieser unterschiedlichen Beschaffenheiten der Sportplatzböden sind bei:

- *Rasenflächen*: Der elastischen Beschaffenheit mit der geringen Verletzungsgefahr, dem angenehmen Klima bei Trokkenheit und der geringen Staubentwicklung steht die Gefahr allergischer Reaktionen der Atemwege bei Allergikern (Heuschnupfen, Asthma bronchiale, Ekzem) gegenüber.
- *Tennenflächen*: Auf Grund der geringen Elastizität besteht größere Verletzungsgefahr; außerdem ist die Staubentwicklung bei Trockenheit größer als auf Rasenflächen.
- *Allwetterdecken*: Die verwendeten Materialien müssen toxikologisch und allergologisch unbedenklich sein. Die sporthygienische Wertigkeit wird durch die Elastizität und Oberflächenbeschaffenheit der Allwetterdecken bestimmt.

7.7.3 Hygienische Anforderungen an Sporthallen

An den Bau und die Gestaltung von Sporthallen sind aus hygienischer Sicht die folgenden Anforderungen zu stellen:

- Klare Trennung der Wegeführung in den **Stiefelgang**, der zu den Umkleidekabinen führt, den **Turnschuhgang** als Weg zur Sporthalle und den **Naßgang**, über den die Reinigungs- und Toilettenanlagen erreichbar sind.
- **Nachgebender** und **ebener Fußboden** mit rutschsicherem, splittergeschütztem und feuchtigkeitsfreiem, schalldämpfendem und toxikologisch unbedenklichem Belag. Außerdem werden bestimmte Anforderungen an die Ballreflexion und die mechanische Belastbarkeit für den Transport für Geräte und Arbeitsbühnen gefordert. Auch die Vorgaben für den Geräusch- und Erschütterungspegel bei sportlichen Belastungen sind einzuhalten. Deckel- und Bodenöffnungen sind maximal mit 200 x 200 mm vorgegeben, sie müssen mit der Umgebung bündig sein und fest aufliegen. Der Sporthallenboden ist regelmäßig zu reinigen, eine Grundreinigung ist jährlich 2 bis 3mal durchzuführen.
- **Ballwurfsichere, glatte und pflegeleichte Wände**. Fenster sollen mit Wurf-

schutzeinrichtungen, auf der Südseite auch mit Sonnenschutzeinrichtungen versehen sein.

- **Gleichmäßige, blendfreie Beleuchtung**. Die mittlere Beleuchtungsstärke soll 1 m über dem Boden mindestens 200 Lux betragen und konturenbildend sein.
- Günstige **raumklimatische Bedingungen** mit regelbarer Raumtemperatur zwischen 15 und 25°C, um in Abhängigkeit von der zu betreibenden Sportart die Leistungen zu fördern und Verletzungen zu vermeiden. Auf gute Durchlüftung der Turnhallen mit mindestens 3fachem Luftaustausch pro Stunde ist zu achten.
- Schallabsorbierende Decken- und Fußboden-, wenn möglich auch entsprechende Wandbeschaffenheit im Interesse der Lärmbekämpfung.

Weitere Einzelheiten zu den allgemeinen Rahmenbedingungen für Sicherheitsanforderungen an Sporthallen sind der DIN 18032, Teil 1 – 6 zu entnehmen. Hinweise zu rechtlichen Regelungen findet man in der Spezialliteratur (s. Literaturangaben).

7.7.4 Hygienische Anforderungen an Gemeinschaftsbäder

Die wichtigsten hygienischen Anforderungen an Hallenbäder sind:

- Exakte, übersichtliche Trennung zwischen **Stiefelgang**, dem Zugang von außen, und dem **Barfußgang**, der über den Duschraum zur Schwimmhalle und zu den Toilettenanlagen führt.
- Sichere Abgrenzungen zwischen dem in Hallenbädern häufig eingebauten Schwimmbecken mit einer **Wassertiefe** in der Regel **von 1,80 m**, das nur für Schwimmer zugänglich sein darf, dem Nichtschwimmerbecken mit einer **Wassertiefe von 0,60 m** abfallend bis zu 1,25 m, dem Springerbecken mit Sprunganlage und dem Mehrzweckbecken als Kombinationsmöglichkeit aus den drei zuvor genannten Beckenarten.
- Der **Umkleide- und Sanitärbereich** (Duschräume und Toiletten) sollte aus Gründen der Unfallverhütung, guter Aufsichtsmöglichkeiten und wirtschaftlicher Reinigung auf der Höhe des Beckenumgangs liegen und eingeschossig sein. Der Weg vom Beckenbereich zu den Toiletten sollte aus hygienischen Gründen durch die Duschräume führen. Direkt vom Beckenbereich aus zugängliche Toiletten sind abzulehnen. Der Sanitätsraum muß direkt von der Schwimmhalle aus zugänglich sein, jedoch auch den ungehinderten Abtransport Verletzter ermöglichen. Als Orientierungswert für die Grundausstattung mit Duschen wird mindestens je ein Duschraum mit jeweils 10 Duschen für Mädchen und Jungen angegeben. Bei weiteren Becken ist je Übungseinheit ein weiterer Duschraum erforderlich. Bei Wasserflächen bis 150 m^2 sollte ein teilbarer Duschraum mit je 5 Duschen für Mädchen und Jungen zur Verfügung stehen,
- Hygienische, leicht zu reinigende **Bekkenauskleidung**, die gleitsichere Anschläge bis zu 0,80 m unterhalb der Wasseroberfläche ermöglichen soll. Letzteres ist auch die Forderung für den Bekkenboden im Nichtschwimmerbecken und für die Beckenumgänge im gesamten Naßbereich,
- Das Vorhandensein von **Beckenüberlauf- und Überflutungsrinnen** zur Dämpfung der Wellenbewegungen und zur Reinigung der Wasseroberfläche.
- Die **Wasserbeschaffenheit** muß den Vorschriften nach DIN 19643 entsprechen, wobei das Füllwasser, für das Trinkeigenschaften gefordert werden, täglich in einer Menge von mindestens 30 Liter pro Besucher erneuert werden muß. Zweck dieser Norm ist es, eine gute, gleichbleibende Beschaffenheit des Beckenwassers in bezug auf Hygiene, Sicherheit und Ästhetik zu erzielen, um mögliche Schädigungen der menschlichen Gesundheit, insbesondere durch Krankheitserreger, zu vermieden. Das aufbereitete Wasser und das Beckenwasser muß die geforderte

bakteriologische Beschaffenheit, die vorgeschriebenen **physikalischen Bedingungen** hinsichtlich Klarheit und einwandfreier Sicht über dem Beckenboden und die vorgegebene **chemische Zusammensetzung** bezüglich PH-Wert, Oxydierbarkeit und Gehalt an Nitrit, Chlor u.a. erfüllen. Entsprechende Kontrollen durch die Hygiene-Inspektion haben in Hallenbäder mindestens monatlich einmal, in Freibädern mindestens dreimal pro Saison, je nach Wetterlage zweimal monatlich, zu erfolgen. Die erforderliche **Wassertemperatur** wird für Nichtschwimmerbecken, Schwimmerbecken, Springerbecken und Wellenbecken mit 28° C angegeben, für Planschbecken und Bewegungsbecken werden 32° C und für Therapiebecken 36° C gefordert.

- Eine **Beleuchtung** von mindestens 200 Lux in Bodennähe der Schwimmhalle beim Normalbetrieb, 400 Lux mittlere Horizontalbeleutungsstärke beim Wettkampfbetrieb und 500 Lux mittlere Horizontalbeleuchtungsstärke an Sprunganlagen muß gegeben sein.
- Die **Schwimmhallenraumtemperatur** sollte um 3 bis 4° C höher sein als die Wassertemperatur. Außerdem sollten nach Möglichkeit Wärmebänke mit einer Oberflächentemperatur von 38 bis 40° C installiert sein,
- Ein zwei- bis dreifacher **Luftwechsel** pro Stunde, um die Frischluftzufuhr zu gewährleisten, muß vorhanden sein.

Die wichtigsten hygienischen Anforderungen an Freibäder sind denen von Hallenbädern identisch. Einige **Besonderheiten** seien hier genannt:

- Größere **Wasserflächen** sowie ausgedehnte **Liege- und Spielflächen** (mindestens zehnmal so groß wie die Wasseroberfläche) sind einzurichten, um dem Ansturm von Badelustigen besonders an heißen Tagen zu genügen,
- Auf die **Abgrenzung** der Becken **für Schwimmer und Nichtschwimmer** ist besonders zu achten.
- Die Längsachse des Schwimmbeckens soll in Ost-West-Richtung liegen, um die günstigste Sonneneinstrahlung zu ermöglichen.
- Zur Sauberhaltung des Badewassers ist ein **Durchschreitebecken** (ca. 3 m x 5 m x 20 cm) mit einem nach außen grenzenden ca. 2,5 bis 4 m breiten Pflanzstreifen, empfehlenswert.

8 Erste Hilfe bei Unfällen im Sport

8.1 Zum Unfallgeschehen im Sport

Von *F. Bittmann*

Die Art und Weise des Sporttreibens bedingt charakteristische Unfall- und Fehlbelastungsfolgen. So finden im wettkampforientierten Breitensport andere typische Verletzungsmechanismen statt als im Leistungssport, in aktuellen Trendsportarten oder im Schulsport.

Steinbrück analysierte von 1972 – 1986 die Unfallstatistik in 64 etablierten Sportarten anhand von über 15 000 klinisch behandelten Sportverletzungen. Dabei dominierte in absoluten Zahlen mit mehr als einem Drittel der Verletzten der Fußball (36,9 % der Verletzten), in großem Abstand gefolgt von Skilauf (9,5 %), Handball (7,9 %), Volleyball (5,6 %) und Leichtathletik (5,5 %). Relativiert man diese Häufigkeiten auf die Zahl der Sporttreibenden, so ändert sich das Bild. Fußball rangiert erst auf Rang 12, Skilaufen auf Rang 13 und Handball auf Rang 11. Statt dessen finden sich Rugby, Basket-, Volleyball und Squash bei den relativ am meisten verletzungsträchtigen Sportarten.

Bild 8.1 zeigt die Verteilung der Traumata auf verschiedene Körperregionen, wobei keine Sportartspezifika ausgewiesen werden. Die unteren Extremitäten sind dabei mit mehr als zwei Dritteln aller Sportverletzungen am meisten betroffen. Mit etwa einem Viertel aller Sportverletzungen ist das Kniegelenk das am häufigsten verletzte Einzelgelenk. Das ergab eine Analyse von 8974 Sportverletzungen (Steinbrück, 1992). Dieser Anteil schwankt allerdings von Sportart zu Sportart stark, wie Tabelle 8.1 zeigt.

Tabelle 8.1 Anteil der Knieverletzungen an allen Sportverletzungen im Vergleich verschiedener Sportarten in % (nach Steinbrück, 1985)

Skilauf	48,1
Rudern	40, 0
Karate	37,7
Rugby	36,9
Leichtathletischer Sprung	32,2
Gewichtheben	29,7
Schlittschuhlaufen	28, 0
Lauf	28, 0

Nach dem Knie ist das Sprunggelenk mit 20,1 % das Einzelgelenk mit der zweithäufigsten Verletzungsrate. Hier dominieren Supinationstraumen infolge Umknickens (Badminton, Volleyball, Basketball, Trampolinspringen oder Squash).

Bei den *Verletzungsarten* bei allen Traumata finden sich:

- zu einem Drittel **Verstauchungen (Distorsionen)**;
- zu einem weiteren Drittel **Knochenbrüche (Frakturen), Ausrenkungen (Luxa-**

tionen) und Bänderrisse (Ligamentrupturen) zusammengenommen;
- **Prellungen (Kontusionen)** zu 12, 6 %;
- **Muskel- und Sehnenverletzungen** zu 10,4% und
- **Hautwunden** nur in 2,1 % der Fälle. (Steinbrück, 1992)

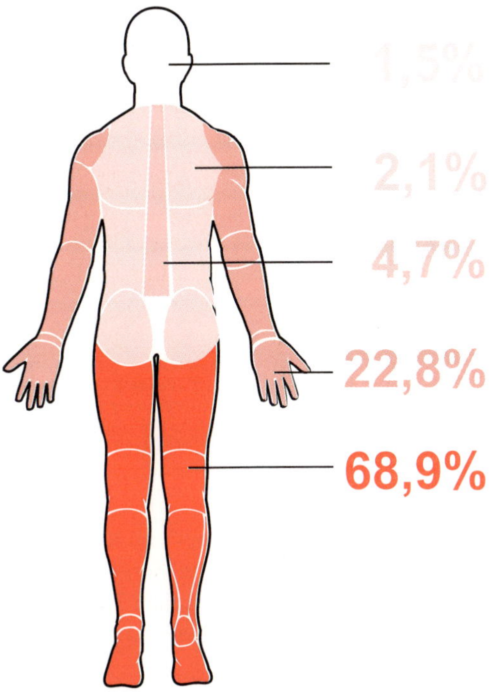

Bild 8.1 Verteilung von Sportverletzungen auf die Körperregionen (nach Steinbrück, 1992)

Zum traditionellen Spektrum der Sportarten gesellen sich ständig neue **Trendsportarten**, die zum Teil enorme Breitenwirkung erzielen, aber wiederum auch typische Verletzungsmuster mit sich bringen.

So erfreut sich **Inline-Skating** inzwischen enormer Beliebtheit. Nach Jerosch, Heidjan und Thorwesten (1997) tritt beim Skaten alle 124 Stunden eine Verletzung – in der Regel infolge Sturzes – auf. Dabei kommt es sowohl zu – meist relativ harmlosen – Weichteilverletzungen an Hüfte (15 %), Gesäß (15 %) Unterarm (15 %), Knie (14 %) und Ellenbogen (13 %) als auch zu Knochen- und Gelenkverletzungen von Handgelenk (21 %) und Fingern (17 %) sowie Hüfte (18 %), die häufig schwerer wiegen. Gefährdet sind dabei vor allem Oberkörper und obere Extremitäten. Auf letztere konzentrieren sich drei Viertel aller Inline-Skating-Frakturen.

Snowboarden wird derzeit von Millionen vorwiegend junger Menschen als Sportart mit Kultcharakter angesehen und aktiv ausgeübt. Es erfreut sich weiterhin hoher Zuwachsraten. Dann et al. (1997) fanden heraus, daß sich wenig erfahrene Snowboarder eher beim Freeriden und bei Schulungen verletzen, während Sprünge über Rampen typische Verletzungsauslöser bei erfahrenen Sportlern sind. Auch Gorschewsky et al. (1994) beschäftigten sich mit den Häufigkeiten typischer Snowboardverletzungen. Diese betreffen nach Aussagen beider Studien zu 40 bis 46% die oberen und zu 32 bis 42 % die unteren Extremitäten sowie in ca. 13 % der Fälle Kopf- bzw. Rumpfverletzungen. Es dominieren:

- Verstauchungen vorwiegend der unteren Extremitäten mit Bandverletzungen (42,5 %),
- Knochenbrüche (26, 8 %),
- Prellungen vorwiegend der oberen Extremitäten, aber auch an Beinen und Rumpf (25, 3 %),
- Ausrenkungen vorwiegend an den oberen Extremitäten,
- Die Wirbelsäule ist bei immerhin 11,1 % der Verletzungen mitbetroffen.

Nach Gorschewsky et al. betraf die überwiegende Zahl der Verletzungen Snowboarder mit weniger als einer Woche Erfahrung. Die Art des Schuhwerks beeinflußt den Verletzungsmechanismus. Beim Tragen von Soft-Boots kam es eher zu Sprunggelenks-, bei Hartschalenschuhen eher zu Knieverletzungen.

Auch das **Windsurfen** zeigt nach Schlunsen (1997) typische traumatisierende Mechanismen. Dazu gehören – im Salzwasser schlecht heilende – Hautablederungen und Blasenbildung an Händen und Füßen sowie Verletzungen nach Kollision mit Sportgerät oder natürlichem Untergrund, die bei hohen Geschwindigkeiten durchaus lebensgefährlich werden können. Typische Verletzungen sind:

- Verstauchungen/Ausrenkungen (Sprunggelenk),
- Knochenbrüche (Knöchel),
- Bandverletzungen (mediales Seitenband und vorderes Kreuzband am Knie),
- Wirbelsäulenverletzungen (Rotationstraumata der Lendenwirbelsäule,
- Schleudertraumata der Halswirbelsäule),
- Gehirnerschütterung,
- Weichteilverletzungen.

Schließlich seien auch **Extrem- „Sportarten“** erwähnt. Beim Bungee Jumping etwa kommen Wirbelsäulentraumata infolge unkontrollierter Bewegungen beim Auspendeln und Hautabschürfungen durch mögliche Seilschlingen vor.

Die Zahl der **Schulsportunfälle** verdoppelte sich von 1975 bis 1986 in der damaligen Bundesrepublik auf 400. 000 (Garske). Unfälle im Schulsport machen mehr als 40 % aller Schülerunfälle aus. Etwa 5% aller Schüler müssen sich jährlich aufgrund eines Schulsportunfalles in ärztliche Behandlung begeben (Kemeny). Eine Analyse von 800 Schulsportunfällen ergab, daß über die Hälfte der Unfälle bei Ballspielen zustande kommt, während andere Ursachen weit dahinter rangieren (Mirbach). Hierbei dominieren Basket-, Fuß- und Volleyball mit etwa vergleichbaren Anteilen (Bild 8.2). Nahezu zwei Drittel der Unfälle ereigneten sich bei Bewegungshandlungen, die von den Schülern als „sehr leicht“ bis „leicht“ eingestuft wurden, dagegen nur ca. 7 % bei „schweren“ bis „sehr schweren“ Anforderungen. Das Unfallgeschehen scheint demnach eher dadurch bedingt, daß die Schüler bei „Allerweltsbewegungen“ die Aufmerksamkeit und koordinative Kontrolle vernachlässigen als durch den Schwierigkeitsgrad. Zu revidieren ist auch die Annahme, daß Unfälle vor allem ermüdungsbedingt eintreten, denn sie finden vorwiegend in der 2. bis 4. Unterrichtsstunde statt, nicht in den letzten Unterrichtseinheiten des Tages. Auch häufen sie sich nicht am Stundenende, sondern im bewegungsintensiven Hauptteil einer Sportstunde. Nach Mirbach kommen folgende Verletzungsarten vor:

- Distorsionen 48 %
- Frakturen 20 %
- Kontusionen 17 %
- Rupturen/Luxationen 7 %
- Schädel-Hirn-Traumata 2 %

(Mirbach)

Die Darstellung der Verletzungstopografie (Bild 8.3) zeigt, daß die Extremitäten mit mehr als 80 % dominieren. Besonders bei den Ballspielen sind Sprung- und Kniegelenk mit 20 – 30 % betroffen, während Arm und Hand mit einem Anteil zwischen 35 und über 60 % angegeben werden (Dannemann, Arag).

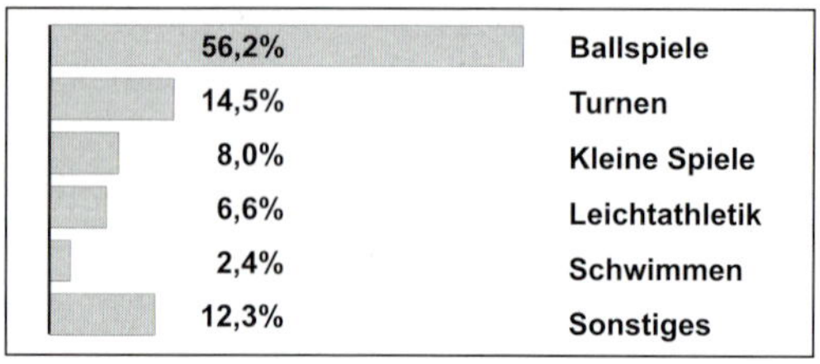

Bild 8.2 Anteile verschiedener Sportarten an den Schulsportunfällen Mirbach, 1995

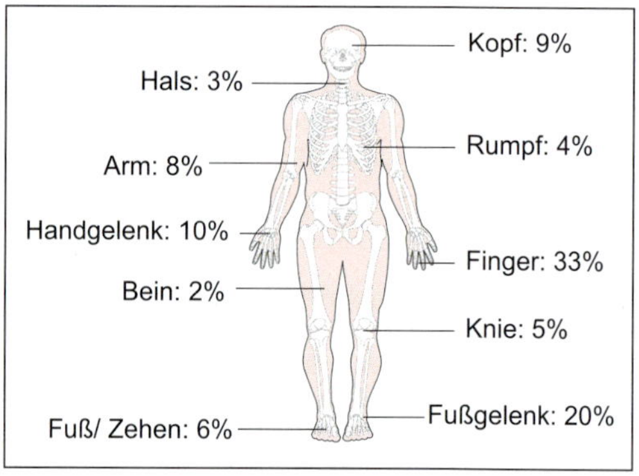

Bild 8.3 Lokalisation von Verletzungen im Schulsport (Mirbach S. 220)

Da Unfälle im Kindesalter Todesursache Nummer 1 ist, sei noch auf die in diesem Alter besonders häufigen **Fahrradunfälle** verwiesen. Jährlich werden in Deutschland ca. 15 000 Fahrradunfälle von Kindern unter 15 Jahren gemeldet, wobei mehr als 3 000 schwerverletzt und etwa 80 Kinder getötet werden (Basner, De Marees, 1993). Zwar ist die Zahl der schweren Verletzungen und tödlichen Ausgänge seit 1980 infolge zunehmender Sicherheitsbestrebungen (Fahrradhelm, Kampagnen) kontinuierlich zurückgegangen, doch sollte der Sportlehrer/Trainer auch hier auf typische traumatische Ereignisse vorbereitet sein (Schädel-Hirn-Traumen, Knochenbrüche, Abschürfungen).

Die nachfolgend aufgeführten Verletzungsarten und Hinweise zur Ersten Hilfe sind vor dem Hintergrund der im Sport häufig auftretenden Traumata zu sehen. Sie stellen keine vollständige Instruktion der Ersten Hilfe dar, da für den Sport weniger relevante Themen ausgespart bleiben.

8.2 Allgemeine Verhaltensregeln beim Auffinden eines Verletzten

- Ruhe bewahren! „Zuschauer" fernhalten.
- Vom Helfer ausgehende Unruhe überträgt sich auf den Verletzten und kann dessen Situation weiter verschlimmern.

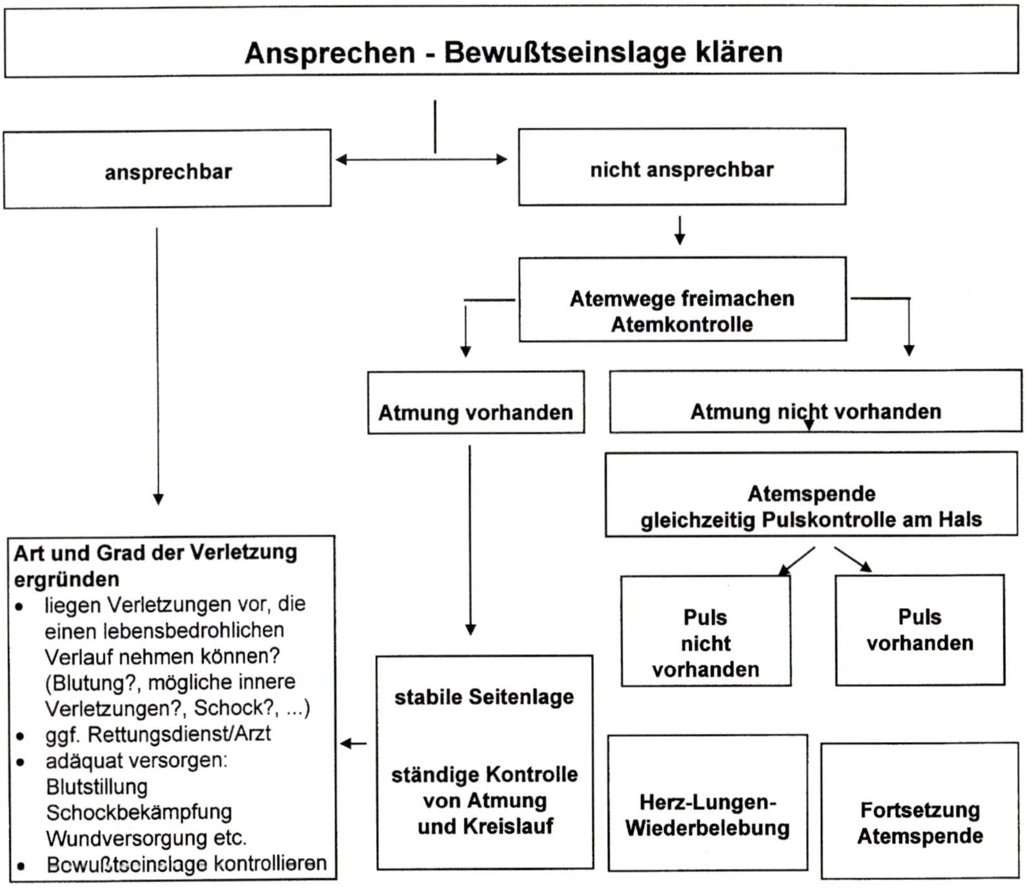

Bild 8.4 Schema zum Erfassen des Verletzungszustandes

- Soweit erforderlich, den Verletzten aus der Gefahrenzone bringen.
- **Zustand des Verletzten schnell erfassen!**

Dazu dient das Vorgehen nach dem Schema Bild 8.4.

Gibt es keine drohende Gefahr, so gilt:

Lagerung und Versorgung vor Ort gehen vor Transport!

Auf einen überstürzten Abtransport (z.B. im PKW) in das Krankenhaus ist zu verzichten. Besser sollte gegebenenfalls die Nothilfe alarmiert werden und parallel die Erste Hilfe erfolgen.

Die Lagerung erfolgt entsprechend der vorliegenden Verletzung bzw. in Abhängigkeit von der Bewußtseinslage. Bild 8.5 informiert über einige wichtige Lagerungsarten.

8.3 Lebensbedrohliche Zustände

8.3.1 Atemspende bei Atemstillstand

Unregelmäßigkeiten der Atmung bei einem Bewußtlosen können auf einen bevorstehenden Atemstillstand hindeuten. Ist dieser eingetreten, ist höchste Eile geboten.

Jeder Atemstillstand zieht ohne Atemspende einen Kreislaufstillstand nach sich. Die Überlebenschancen nach Atemstillstand liegen nach 3 Minuten bei 75 %, nach 4 Minuten bei 50 % und nach 5 Minuten bei 25 %.

Sichere Zeichen sind:

- keine Atembewegungen,
- blassblaue Haut,
- Pupillenweitung,
- Bewußtlosigkeit.

Keine weiteren zeitraubenden Untersuchungen zur Bestätigung der Vermutung eines Atemstillstands unternnehmen!

Bild 8.5 Schädigungsspezifische Lagerungsarten

Jedoch muß bei der Atemkontrolle geprüft werden, ob die Atemwege frei sind, ggf. säubern. Bei Atemstillstand wird **sofort** beatmet! Erst während dieses Vorgangs wird der Puls an der Halsschlagader (Karotis) getastet.

Falls Puls vorhanden:

- unverzüglich Atemspende fortsetzen!
- hierzu Rückenlage des Verletzten,

- Kopf überstrecken,
- Helfer atmet normal ein,
- Luft langsam einblasen,
- Kontrolle der Ausatembewegung des Brustkorbs des Verletzten nach jeder Beatmung, während der Helfer einatmet,
- Spontanatmung und Hautfärbung beobachten,
- Pulskontrolle!
- 12 bis 15 Atemspenden pro Minute (bei Kindern 20 bis 30, bei Säuglingen 40).

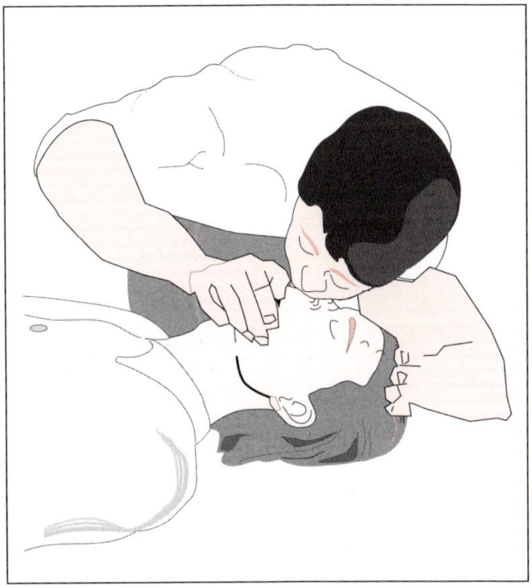

Bild 8.6 Mund-zu-Mund-Beatmung

Mund-zu-Mund-Beatmung (Bild 8.6):

- eine Hand auf Stirn, dabei mit Daumen und Zeigefinger Nase zuhalten,
- andere Hand öffnet Mund leicht,
- Hebt sich Brustkorb? Ggf. Lagekorrektur des Kopfes.

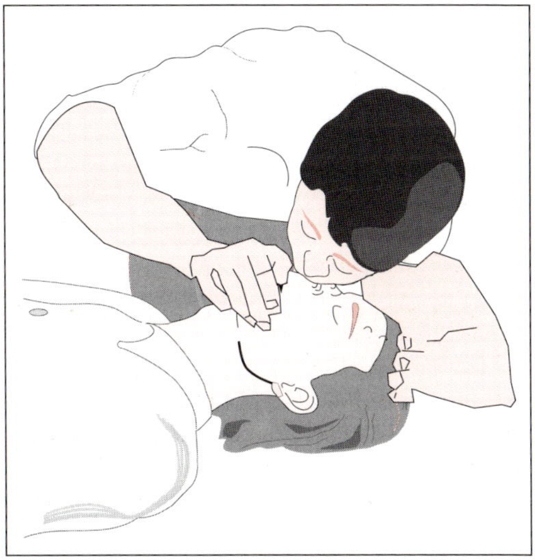

Bild 8.7 Mund-zu-Nase-Beatmung

Mund-zu-Nase-Beatmung (Bild 8.7):

- eine Hand hält Kopf oberhalb der Stirn,
- andere Hand zieht mit 4 Fingern Kinn nach vorn und verschließt mit dem querliegenden Daumen den Mund,
- Kinnspitze senkrecht,
- Mund um die Nase herum aufsetzen.

Die Beatmung ist solange fortzusetzen, bis

- der Verletzte wieder selbständig atmet oder
- medizinische Hilfe die weitere Betreuung übernimmt oder
- ein Arzt die Beendigung der Atemspende anordnet.

8.3.2 Herz-Lungen-Wiederbelebung bei Kreislaufstillstand

Falls kein Puls vorhanden ist, liegt Kreislaufstillstand vor. Jetzt ist umgehend mit einer **Herz-Lungen-Wiederbelebung** fortzusetzen. Diese besteht – abwechselnd – aus Atemspende und Herz-Druck-Massage (Bild 8.8):

Stehen zwei Helfer zur Verfügung ist wie folgt zu verfahren:

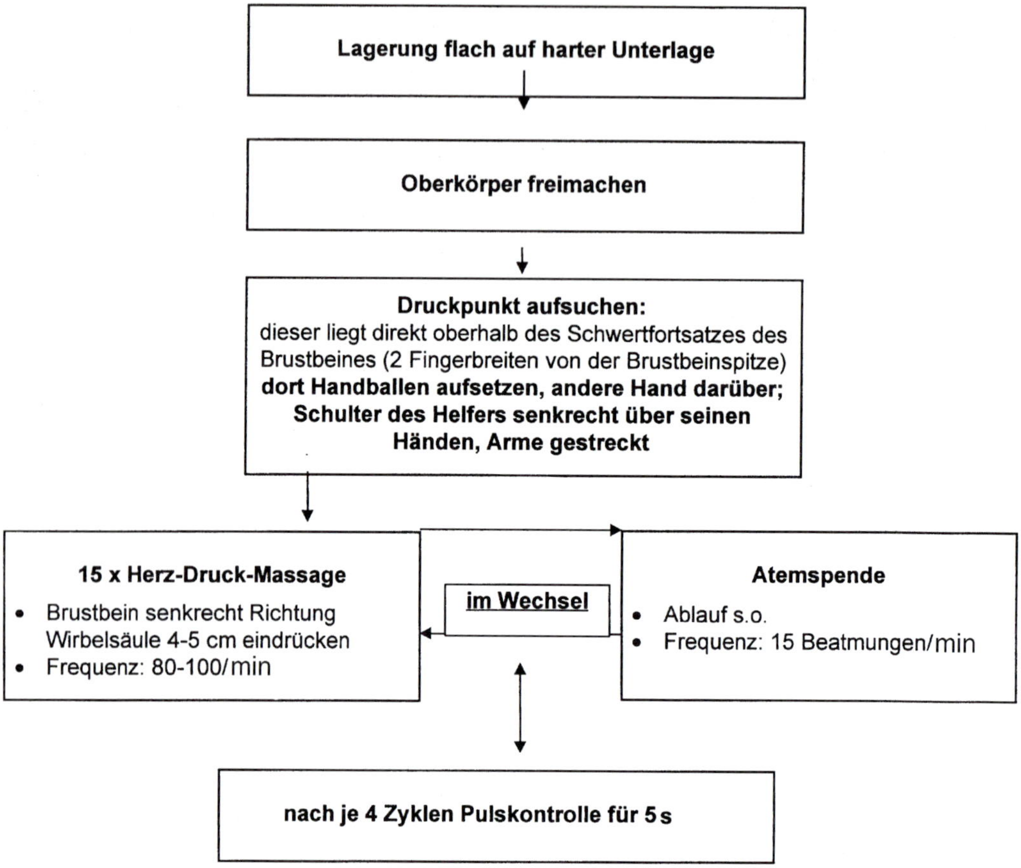

Bild 8.8 Herz- Lungen- Wiederbelebung

- Jeweils 5 x Herz-Druck-Massage und 1 x Atemspende im Wechsel,
- nach jeweils 10 Zyklen (= ca. 1 Min.) Pulskontrolle für 5 s.

8.3.3 Schock

Beim Schockgeschehen kommt es zu einem Mißverhältnis zwischen Blutmenge und Gefäßvolumen. Dieses kann durch

- starken Blutverlust oder relativen Blutvolumenmangel durch „Versacken„ des Blutes in den peripheren Gefäßen der Beine (**hypovolämischer Schock**),
- eine Weitstellung der peripheren Blutgefäße infolge Schädel-Hirn-Trauma, starke Schmerzen, Psychotrauma etc. (**neurogener Schock**),
- Rückenmarksverletzung (**spinaler Schock**),
- Herzversagen (**kardiogener Schock** – Achtung, hier verändertes Vorgehen!)

oder andere, für den Sportbereich aber weniger relevante, Ursachen hervorgerufen werden.

Ohne Erste Hilfe und baldige ärztliche Versorgung läuft das Schockgeschehen wie folgt ab (Bild 8.9):

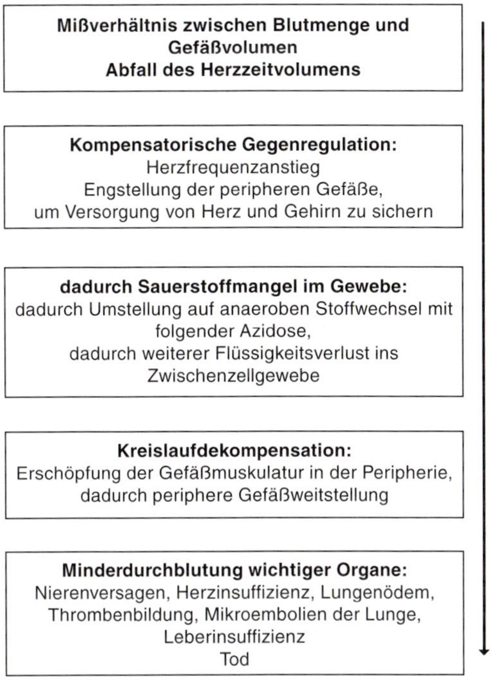

Bild 8.9 Ablauf eines Schockgeschehens

Schockzeichen sind:

- flacher schneller Puls (Tachykardie),
- Blutdruckabfall,
- blassbläuliche, kalte Haut,
- kalter Schweiß,
- Verwirrung, Angst, Unruhe,
- Frieren,
- später Atemstörungen, kaum noch spürbarer Puls und Übergang zur Bewußtlosigkeit.

- Falls Schock durch Blutverlust bedingt: Blutung stillen!
- Rettungsdienst anfordern lassen!
- Schocklagerung! (**nicht bei kardiogenem Schock**)
  - bei klarem Bewußtsein auf dem Rükken, Beine hochlagern (ca. 30 cm)
  - bei möglichen Wirbelsäulenverletzungen und Bewußtsein auf dem Rücken Ganzkörperschräglage (ca. 15°)
  - bei Bewußtlosigkeit in stabiler Seitenlage bei leichter Ganzkörperschräglage,
- beruhigend auf den Verletzten einwirken,
- vitale Funktionen ständig kontrollieren,
- Schutz vor Wärmeverlust,
- behindernde Kleidung öffnen, keine zusätzlichen Schmerzen provozieren,
- für unbehindertes Atmen des Verletzten sorgen,
- Eß-, Trink- und Rauchverbot!.

Ausnahme: kardiogener Schock!

Der kardiogene Schock tritt durch verminderte Pumpleistung des Herzens infolge Herzinsuffizienz oder Herzinfarkt ein. Bei Sport mit Infarktgefährdeten muß – besonders, wenn kein traumatischer Verletzungshergang vorliegt – an diese Möglichkeit gedacht werden.

Zeichen sind neben den oben genannten:

- Infarktzeichen (Schmerzen in der Brust, Atemnot, Blässe bis bläuliche Färbung),
- gestaute Halsvenen,
- Puls schnell, langsam oder unregelmäßig (Arrhythmien),
- Bei kardiogenem Schock keine Schocklagerung, sondern **Oberkörperhochlagerung** (Herzbelastung reduzieren)!

8.3.4 Kollaps und Bewußtlosigkeit (Ohnmacht)

Nach erschöpfenden (v.a. Ausdauer-) Leistungen kann es zu Kollapsneigung kommen. Im Unterschied zum Schock stellt der Kollaps beim gesunden Sportler meist kein lebensbedrohliches Geschehen dar, wenn er sich zur Beanspruchung adäquat verhält (Hitzeschutz, Flüssigkeitszufuhr, Dopingverzicht). Es kommt in der Erschöpfungssituation zur Weitstellung von Gefäßen der Peripherie infolge kardiovaskulärer Dysregulation. Das Blut „sackt ab“, wodurch sich kurzzeitig eine verminderte Hirndurchblutung mit Bewußtseinsverlust ergibt. Es besteht Verletzungsgefahr durch Sturz.

Zeichen sind:

- im Vorfeld Schwindel- und Kältegefühl, Brechreiz möglich,
- blasse, schweißbedeckte Haut,
- Bewußtseinsverlust, Fallen,
- verlangsamter Puls,
- beschleunigte Atmung.

- Möglichst im Vorfeld Sturz vermeiden! Sportler sollten nach dem Wettkampf nicht stehenbleiben, besser sich hinlegen oder wenn möglich locker weiterlaufen, um über die „Muskelpumpe" den venösen Blutrückstrom zu unterstützen,
- nach eingetretener Ohnmacht Rückenlage mit erhöht gelagerten Beinen meist schnell wirksam,
- sollte keine schnelle Besserung eintreten, stabile Seitenlage; Arzt rufen!

8.4 Verletzungen des Muskel-Skelett-Systems

8.4.1 Allgemeine Maßnahmen

Für den Ersthelfer ist es in der Regel nicht möglich, aber auch nicht erforderlich, die Art der vorliegenden Verletzung genau zu ergründen. Er wird in der Regel die Symptome

- umschriebener Schmerz,
- Schwellung,
- Funktionsausfall oder -behinderung

vorfinden. Bei Verletzungen des Muskel-Skelett-Systems kommt es unabhängig davon, ob Knochen-, Muskel- oder Bindegewebsstrukturen verletzt wurden, zu – meist geschlossenen – **Gewebeschädigungen**. Diese sind in der Regel mit Einblutung, Ödem und nachfolgend mit entzündlichen Reaktionen verbunden.

Im Vordergrund stehen Blutungen und steigender Gewebsdruck, die einerseits Schmerzen verursachen und andererseits den späteren Heilungsverlauf verlängern und komplizieren können. Erste Hilfe zielt daher grundsätzlich darauf,

- Schmerzen zu lindern und
- das Einbluten ins Gewebe zu minimieren,

aber auch

- die vitalen Funktionen und
- das Allgemeinbefinden zu kontrollieren.

Das gilt bei den verschiedensten Verletzungsarten am Muskel-Skelett-System gleichermaßen, so bei Prellungen, Verstauchungen, Weichteilverletzungen der Muskulatur und Bindegewebe, selbst bei Knochenbrüchen, die ja oft nicht unmittelbar als solche zu erkennen sind. Sichere Zeichen für Frakturen (s.u.) fehlen häufig.

Die oben genannten Ziele der Ersten Hilfe bei Verletzungen am Muskel-Skelett-System lassen sich durch folgende **Standardmaßnahmen (5 x „K")** erreichen:

Kühlen

- Kälte reduziert Blutung, unterdrückt Schmerz und hemmt Entzündungen
- mit Leitungswasser, Eispackungen, Kühlgel, Kühlspray o.ä.
- nicht zu früh abbrechen, da sonst Mehrdurchblutung in der Tiefe
- bei Muskelverletzung (auch bei Kontusion) zuerst Kompressionsverband, dann kühlen!

Kompressionsverband anlegen

um das Einbluten in das Gewebe – v.a. in der Tiefe – weiter zu vermindern.

- Material: unelastische Binde – nicht zu straff anlegen!
- nur angezeigt, wenn keine zusätzlichen Schmerzen provoziert werden
- bei Muskelverletzung zuerst Kompression, dann Kühlung

keine Bewegung

- Ruhigstellung zur Schmerzvermeidung
- zur Verminderung einer Kollapsneigung
- bei Extremitätenverletzungen (v.a. bei Knochenbrüchen) die beiden benachbarten Gelenke gleichzeitig mit ruhigstellen (Möglichkeiten der Ruhigstellung zeigt Bild 8.5)

Körperteil Hochlagern

- um den venösen Rückstrom zu fördern,
- die Durchblutung des verletzten Körperteils zu vermindern,
- die Ödembildung zu reduzieren

Kollapsneigung beachten

- daher prophylaktisch liegende Lagerung des Verletzten
- Verletzten unter Beobachtung halten, vitale Funktionen kontrollieren
- bei Komplikationen (Ohnmacht, Schock, Atemstillstand, Kreislaufstillstand) geeignete Maßnahmen ergreifen

Weiterhin ist zu beachten:

- Selbst vermeintlich geringfügige Verletzungen (z.B. kleiner Gelenke) können einen Kollaps auslösen.
- Kälteschutz, um Auskühlung zu vermeiden!
- Bei frischen Verletzungen noch keine durchblutungs- und stoffwechselanregenden Maßnahmen ergreifen! Nicht Massieren! Verstärkte Bildung von Narbengewebe oder Gewebeverknöcherung (Myositis ossificans) können die Folge sein.
- Kommt es trotz vermeintlich unproblematischer Verletzung zu länger anhaltenden Schwellungen, Schmerzen und Funktionseinschränkungen so ist ärztliche Hilfe erforderlich.

Neben den Standardmaßnahmen (5 x „K“) am Muskel-Skelett-System sind bei den verschiedenen **Verletzungsarten** einige Besonderheiten der Ersten Hilfe zu berücksichtigen.

8.4.2 Verletzungen von Gelenken und deren Hilfseinrichtungen

Gelenkprellung (Kontusion):

- Stumpfe Gewalt auf das Gelenk, wobei dieses nicht über seine Bewegungsgrenzen hinaus gezwungen wird (Bild 8.10),

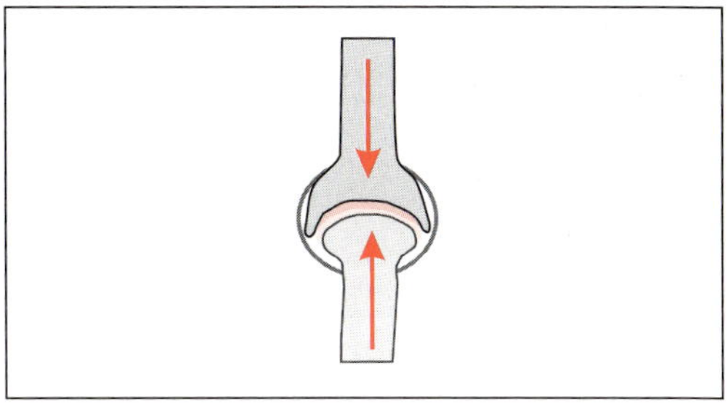

Bild 8.10 Kontusion

- Kraft verläuft häufig axial in Neutralstellung,
- Gelenkknorpel werden aufeinandergepreßt.

Gelenkverstauchung (Distorsion):

- Stumpfe Gewalt mit kurzzeitiger Überschreitung der physiologischen Bewegungsgrenzen (Bild 8.11);
- Bewegungsbegrenzende Einrichtungen wie Bänder und Gelenkkapsel können gedehnt oder ab- bzw. eingerissen werden.

Vor allem bei Distorsionen Bänder- und Knochenverletzungen ärztlich ausschließen lassen! Deshalb ist (außer bei leichteren und in der Genese klaren Kontusionen) grundsätzlich der Arzt aufzusuchen.

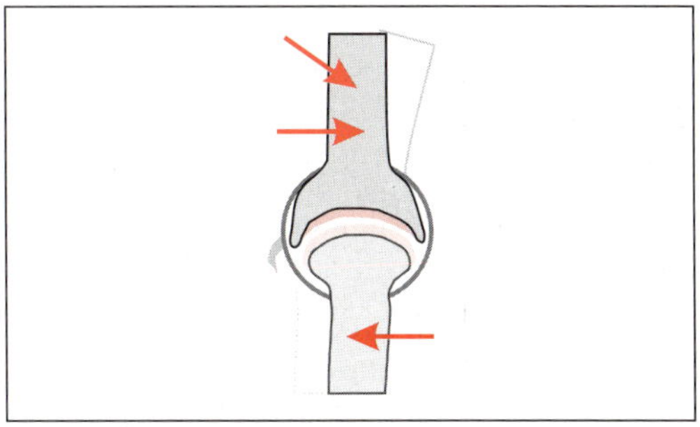

Bild 8.11 Distorsion

Verrenkung (Luxation):

- Überschreitung der durch die Sicherungseinrichtungen vorgegebenen Bewegungsgrenzen durch stumpfe Gewalt,

- Gelenkpartner treten bleibend aus der normalen Gelenkstruktur heraus und sind verlagert (Bild 8.12),
- Veränderung der äußerlich erkennbaren Gelenkform,
- Verletzung von Kapsel und Bändern (Sprung-, Schultergelenk!) wahrscheinlich, von Knochen (Ellbogengelenk!) aber auch von Arterien und Nerven möglich,

- Beobachtung des Bewußtseinszustandes!
- Ärztliche Hilfe schnell organisieren, da mögliche Nerven und Gefäßschädigungen umgehende Versorgung erfordern;
- keine Einrenkungsversuche unternehmen, da die Gefahr weiterer Verletzung besteht!

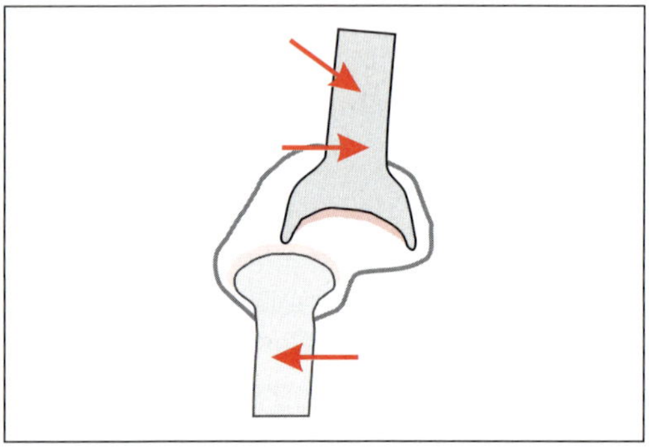

Bild 8.12 Luxation

Bandverletzungen

- Infolge Überschreitung der funktionell möglichen Bandbelastbarkeit,
- mögliche Ursachen sind Fehler in der intermuskulären Koordination (unzureichende Muskelführung aber auch Einwirkungen von außen,
- Bänderdehnung: partielle Gelenksinstabilität, teilweise reversibel,
- partieller Bänderriß (Teilruptur): Gelenk u.U. bei Prüfung noch scheinbar stabil,
- vollständiger Bänderriß (Ruptur): Gelenkinstabilität in der durch betroffenes Band gesicherten Richtung.

Typische Verletzungsmechanismen sind das Inversionstrauma des Sprunggelenks mit Verletzung der lateralen Bänder oder die Verletzung des Knieinnenbandes infolge Gewalteinwirkung von der Seite auf das Knie. Ein schlecht koordinierter Fußballstoß „in die Luft" kann zu Kreuzbandverletzung führen.

- Die Prüfung ist dem Arzt überlassen.
- Funktionsunsicherheiten – wie etwa Instabilitäten beim Gehen – beachten!
- Vor allem bei Instabilität Arzt konsultieren.

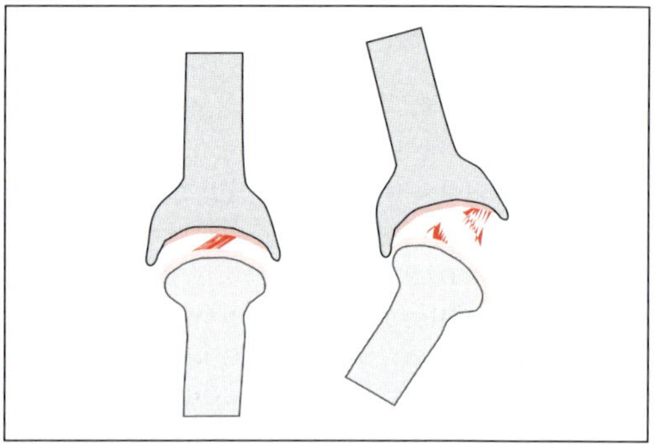

Bild 8.13 Bänderriß

Meniskusverletzung:

Menisci des Kniegelenks können bei Fehlbelastung auch im Rahmen der normalen Funktionsbewegungen geschädigt werden. Vor allem bei gebeugten Rotationen unter starker Belastung (Skifahren, Drehungen unter Last auf der Stelle, z.B. im Judo oder Ringen) kommt es zur Verletzung. Es dominieren Innenmeniskusschäden. Dabei spielt auch eine Rolle, daß der Innenmeniskus anatomisch mit dem Innenband verbunden ist und bei dessen Verletzungen oft in Mitleidenschaft gezogen wird. Schmerz, Bewegungseinschränkung und Bluterguß sind auch hier Zeichen der Verletzung. Die **„5 x K"** sind anzuwenden, ärztliche Betreuung ist erforderlich.

8.4.3 Verletzungen von Muskeln und deren Hilfseinrichtungen

Muskelverletzungen können als Folge unzureichender intra- bzw. intermuskulärer Koordination oder im Wechselspiel mit äußeren Kräften (Kollision, Preßschlag,...) auftreten. Werden die Muskelstrukturen in Zugrichtung überlastet, so kommt es in Abhängigkeit von Dynamik und Intensität des traumatischen Ereignisses zu **Zerrung** oder **Zerreißung**.

Muskelzerrung:

- Aufdehnung und teilweise Zerstörung feingeweblicher Strukturen des Muskels,
- v.a. der Z-Scheiben.

Muskelfaserriß (Ruptur):

- Zerreißen einzelner oder mehrerer Muskelfasern,
- starker Schmerz führt zu Inhibition des Muskels und damit zu akuter Funktionsbeeinträchtigung,
- bei Zerreißen einer größeren Anzahl von Muskelfasern kommt es zum partiellen Muskelriß.

Muskelriß (Muskelabriß):

- völlige Durchtrennung des Muskels,
- stechender Schmerz,
- vollständiger Funktionsausfall,
- tastbare Lücke im Muskelverlauf,
- umschriebenes Hervortreten des nun nicht mehr vorgespannten Muskelkopfes bzw. dessen Anteils.

Partieller oder kompletter Sehnenriß:

- plötzlicher stechender Schmerz während Belastung,
- umschriebener Schmerzbereich in der Regel,
- wenige Zentimeter vom Ansatz entfernt,
- bei komplettem Riß den Muskelrissen vergleichbare Symptome.

Weichteilverletzung durch stumpfe äußere Gewalteinwirkung:

- Plötzliche intensive Kompression („Pferdekuß"),
- Schmerz in tieferen aber auch oberflächlich gelegenen Muskelbereichen mit Gewebsblutung,später Hämatom,
- Komplikation: Kompartmentsyndrom (Nekrosegefahr!)
  Zeichen sind:
  - starke Schmerzverstärkung in den ersten Stunden,
  - Schmerzverstärkung bei passiver Dehnung,
  - Sensibilitätsstörungen,
  - motorische Schwäche oder Ausfall v.a. peripherer Funktionen,
  - pralle Muskelschwellung.

Umgehende operative Behandlung erforderlich!

- Es gelten die „5 x K"!
- Bei frischen Muskelverletzungen zuerst Kompressionsverband. Am ersten Tag nicht massieren!
- Muskelschmerz respektieren! Bei Schmerzen während der Anspannung des Muskels (Zerrung, Faserriß), sollte die sportliche Belastung abgebrochen werden um Schlimmeres zu vermeiden.

Muskelbruch (Muskelhernie):

Es kommt zum Einreißen der Muskelfaszie. Das weiche Muskelgewebe quillt scharf abgegrenzt aus der entstandenen – meist quer zum Muskelzug verlaufenden – Lücke hervor. Größere Hernien behindern die Muskelfunktion und laufen Gefahr, sich durch weiteres Einreißen zu vergrößern. Sie sollten ärztlich versorgt werden.

8.4.4 Knochenverletzungen

8.4.4.1 Geschlossener Knochenbruch (Fraktur)

- Mögliche Ursachen:
  - heftige mechanische Einwirkung,
  - Spontanfraktur während „Allerweltsbewegungen" infolge Fehlbelastung (z.B. „Marschfraktur" von Mittelfußknochen),

  - Gelenkverletzungen ist an einen möglichen Bruch zu denken.
- Sichere Zeichen (nicht immer vorhanden):
  - deutlich umschriebene Deformationen,
  - abnorme Beweglichkeit,
  - unnatürliche Stellung der betroffenen Gelenkpartner,
- obligatorische Symptome sind Schmerz und Schwellung,
- u.U. Kollapsneigung ,
- Funktionseinschränkung und ein Knackgeräusch sind weder sicherere Hinweise auf Fraktur noch obligatorisch für eine solche!

Es gelten die „5 x K"!

- **jedoch ohne Kompressionsverband!.**
- ärztliche Hilfe erforderlich!

Verboten:

- Repositionsversuche der Bruchenden
- Gabe von Medikamenten

Unter der Haut liegende knöcherne Bruchenden können bei unsachgemäßer Hilfe zusätzliche Verletzungen von Blutgefäßen, Nervenbahnen und anderen Weichteilen hervorrufen. Zuviel Bewegung fördert auch die Gefahr einer Fettembolie! Unter Umständen sind angebrochene Körperteile unter Schmerzen belastbar. Jedoch muß es nicht immer zu solchen Zeichen kommen. Deshalb sollte vom Helfer auch bei deren Fehlen an eine mögliche Fraktur gedacht werden.

8.4.4.2 Offener Knochenbruch

- Offene Wunde in unmittelbarer Bruchnähe mit oder ohne herausragenden spitzen Knochenbruchenden,
- hohe Infektionsgefahr!
- Schockgefahr!

Wundversorgung, ggf. Blutstillung und Schockprophylaxe bzw. -behandlung stehen im Vordergrund!

- Versorgung der Wunde durch sterile Abdeckung und Umpolsterung,
- ggf. Blutstillung,
- Schockprophylaxe,
- Bewußtseinslage überwachen, ggf. stabile Seitenlage,
- ggf. Erhaltung der vitalen Funktionen.

Verboten:

- Berühren von Wunde und Bruchenden,
- Lageveränderung der Bruchenden.

8.4.4.3 Besondere Aspekte bei verschiedenen Frakturarten

Wirbelsäulenverletzungen:

- Bei Verdacht auf Wirbelsäulenverletzung Verletzten nicht bewegen! (Soweit keine Gefahr besteht),
- Bewußtseinslage prüfen,
- vitale Funktionen prüfen, ggf. Atemspende/Herzdruckmassage,
- Aufschluß über mögliche Rückenmarksverletzungen:
  - Prüfung von Bewegungsfunktionen der Hände und Füße,
  - Prüfung der Sensibilität durch Entlangstreichen auf der Haut, Kneifen,
- nach Möglichkeit kein eigenständiger Transport! Notarzt rufen!
- falls Transport unerläßlich:
  - harte Unterlage (Tür, Brett, ...) verwenden,
  - Unterlage polstern,
  - gegebenenfalls die natürlichen Wirbelsäulenkurven (Lordosen) vorsichtig unterpolstern (weiche Lenden- oder Nackenrolle).

Gehirnerschütterung:

- Zeichen sind Kopfschmerz, Übelkeit, Erbrechen, Benommenheit und fakultativ Bewußtlosigkeit (meist kurzzeitig);
- Beobachtung über die nächsten 24 Stunden! (bei steigendem Hirndruck infolge Blutungen, Hirnhautschwellung oder

Ödem schwerwiegende Komplikationen möglich);
- bei Zeichen neurologischer Ausfälle (zunehmender Kopfschmerz, Sehstörungen, Hörsturz, Lähmungen, Reflexveränderungen, Sensibilitätsstörungen) umgehend Krankenhaus!

Hirnschädel- und Schädelbasisbrüche:
- Hohes Risiko einer Hirnmitverletzung!
- Bewußtlosigkeit und Gedächtnisausfälle sind ernstzunehmen Sickerblutungen aus Nase, Mund und Ohren; später „Monokel-“ oder „Brillenhämatome“ (bis 48 Stunden nach dem Trauma möglich) sind Zeichen einer Fraktur der Schädelbasis,
- Grundsätzlich ist Krankenhausbeobachtung erforderlich (Gefahr der posttraumatischen Flüssigkeitsansammlung im Schädel, s.o.),

- bis zum Eintreffen des Rettungsdienstes Bewußtsein ständig kontrollieren,
- bei Bewußtlosigkeit stabile Seitenlage (Aspiration von Erbrochenem verhindern!),
- vitale Funktionen ständig kontrollieren, ggf. Atemspende und/oder Herzdruckmassage,
- offene Wunden steril abdecken.

Gesichtsschädelverletzungen: Sie sind in der Regel weniger gefährlich, wenn es nicht zur Beeinträchtigung des Bewußtseins kommt. **Nasenbeinbrüche** werden vom Arzt gerichtet, eine Schienung erfolgt in der Regel nicht. **Kieferbrüche** sind durch Verschiebung der Zahnreihen, Schmerz, Sprech- und Bewegungsstörungen zu erkennen. Sie sollten durch eine den Kiefer haltende Bandage (um den Kopf unter das Kinn bzw. unter die obere Zahnreihe bei leicht geöffnetem Mund) ruhiggestellt werden.

Brustkorbverletzungen:

Rippenbrüche:
- Atmung ist auf der verletzten Seite schmerzhaft und vermindert,
- wenn geschlossener Bruch Ruhigstellung durch dachziegelartigen Tapeverband,
- Lagerung auf der verletzten Seite,
- Gefahr der Bildung eines Hämo- oder Pneumothorax bedenken; zunehmende Atemnot beachten!

Pneumothorax/Hämothorax:
- Verletzung des Rippen- und/oder des Rippenfelles z.B. durch Rippenbruchstücke aber auch durch äußere Gewalt (Speer, Skistock, ...),
- durch Eindringen von Luft (Pneumothorax) oder Flüssigkeit (Blut: Hämothorax) in den Pleuraspalt fällt die betroffene Lungenhälfte zusammen unter Funktionsausfall in sich zusammen,
- betroffene Thoraxseite geweitet,
- zunehmende Luftnot; Blaufärbung v.a. der Lippen.

Bei Pneumothorax gilt:
- Kontrolle von Bewußtsein und vitalen Funktionen; ggf. adäquat Hilfe leisten (s.o.),
- parallel Rettungsdienst rufen lassen!
- maximal ausatmen lassen,
- jetzt verletzte Stelle im Zustand der maximalen Ausatmung durch Auflegen der inneren gummierten und sterilen Fläche einer Verbandpäckchenhülle abdichten,
- Ruhigstellung durch Dachziegelverband,
- Lagerung auf verletzter Seite,
- beruhigen,
- Zustand überwachen!

Schlüsselbeinbruch:
- Typischer Verletzungsmechanismus: Sturz auf die vorgestreckten Arme
- Zeichen:
  - Schmerz,
  - möglicherweise tastbare Stufe durch übereinandergeschobene Bruchstückenden,
  - Schulterstellung mit muskulärer Schutzspannung,
- Risiko der Mitverletzung der Unterschlüsselbeinschlagader und von Nerven am thorakalen Auslaß.

- Ruhigstellung des Armes in einer Schlinge,
- Bewußtseinslage und vitale Funktionen überprüfen (Blutverlust?)

„Grünholzbruch“:

Der „Grünholzbruch“ kommt v.a. bei Vorschulkindern vor. Durch die vor allem bei Röhrenknochen noch vorhandene Ersatzknochen-Knorpelsubstanz besitzt der Knochen eine hohe Elastizität. Eine Verschiebung der Bruchenden ist selten, die Heilung schnell und meist komplikationslos.

Zehenbruch:

Die Zehenfraktur sollte durch Kühlung und ruhige Lagerung versorgt werden. Ruhigstellung durch Tape ist möglich.

8.5 Wunden und Blutungen

Kommt es mit der Verletzung zur Hautdurchtrennung und damit zu Wunden und Blutungen, so sind folgende Schritte (**4 x „S“**) erforderlich:

Starke Blutungen zuerst behandeln! Lebensgefahr!

Schockprophylaxe

- Relativ geringe Infektionsgefahr durch Spüleffekt;
- besondere Risiken durch den hohen Blutverlust! Schockgefahr!

Steril abdecken

- generell Risiko einer Infektion bei Hautdurchtrennung;
- Risiko erhöht bei Großflächigkeit der Wunde;
- Risiko erhöht, wenn die Wunde wenig blutet, eingedrungene Keime nicht herausgespült werden.

Die Gefahr schwerwiegender Infektionen besteht bei:

- starker Verschmutzung (Tetanus, **Impfstatus überprüfen!**),
  Bei **Verschmutzung der Wunde ist grundsätzlich der Tetanusschutz zu überprüfen!** Nach erfolgter Grundimmunisierung sollte alle 10 Jahre eine Auffrischung erfolgen,
- bei tiefen Wunden (Gasbrand, ärztliche Hilfe!),
- bei Bißwunden (Tollwut, Immunisierung!).

Schmerzvermeidung durch Ruhigstellung

- Bewegung provoziert Schmerz und behindert die Blutstillung!
- Nach Möglichkeit verletzten Körperteil hochlagern, um Gefäßdruck zu reduzieren!

Außerdem gilt:

Direkten Hautkontakt mit Fremdblut vermeiden!

Eine Infektion mit dem AIDS-Virus HIV über kleine Hautverletzungen kann nicht völlig ausgeschlossen werden. Auch andere Infektionskrankheiten – wie Hepatitis B und D – werden über den Blutweg übertragen. Deshalb sollten zu jeder Ersten-Hilfe-Ausrüstung Gummihandschuhe und Beatmungsmaske zählen!

8.5.1 Besonderheiten bei der Versorgung von Blutungen

8.5.1.1 Starke Blutungen

- Sowohl durch Verletzung von Arterien (pulsierendes hellrotes Blut) als auch durch Eröffnung von Venen (dunkelroter gleichmäßiger Blutstrom) möglich,
- **Sofortige Blutstillung hat oberste Priorität!**
- Schockgefahr steht im Vordergrund!
- Schon bei Blutverlust von einem Liter Schockgefahr,
- Blutverlust von mehr als zwei Litern meist tödlich,
- bei Kindern ist die kritische Grenze deutlich niedriger.

Abbinden: Meist nicht erforderlich und sollte nur als letzte Möglichkeit angesehen werden, wenn andere Maßnahmen erfolglos bleiben oder aufgrund der Verletzung nicht mög-

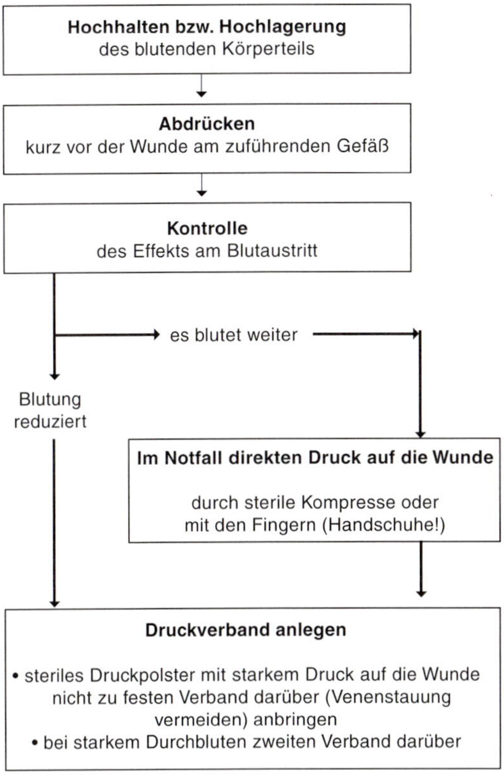

Bild 8.14 Blutstillung

lich sind. Abbinden ist sehr schmerzhaft und führt meist zu Ischämieschäden. Dabei ist direkt oberhalb der Wunde mit weichem, mindestens 4 cm breitem Material so fest zu umbinden, daß der systolische Blutdruck deutlich überschritten wird (keine einschneidenden Hilfsmittel benutzen, breite Auflagefläche anstreben).

- Abbindungsdruck nicht unterhalb des systolischen Blutdrucks sinken lassen, da sonst venöse Stauungen den Gewebsdruck erhöhen.
- Uhrzeit festhalten! Abbindung höchstens 1,5 Stunden aufrechterhalten!
- Abbindung nach Möglichkeit nur vom Arzt wieder lösen lassen!

8.5.1.2 Innere Blutungen

Vor allem bei (auch stumpfen) Bauchverletzungen ist immer an die Möglichkeit innerer Blutungen zu denken. Es kann zu Schockzuständen kommen. Verschlechterungen des Befindens des Verletzten sind genau zu registrieren. In diesem Fall Rettungsdienst benachrichtigen, falls nicht schon geschehen! Das Schmerzgeschehen sollte gleich zu Beginn registriert, ggf. dokumentiert werden. Der Verletzte darf nichts einnehmen. Die Lagerung erfolgt, Bewußtsein vorausgesetzt, in Rückenlage mit leicht angewinkelten Beinen (Knie unterpolstert), um die Bauchdecke zu entspannen.

Blutgerinnungsstörungen: Bei vorliegender Bluterkrankheit (Hämophilie) oder bei Einnahme bestimmter Medikamente (kumarinhaltige Medikamente wie Marcumar, heparinhaltige Medikamente, Azetylsalizylsäure wie in Aspirin) kommt die Blutung nicht oder verzögert zum Stillstand. Der Lehrer oder Übungsleiter sollte über solche Besonderheiten informiert sein. Rettungsdienst ist umgehend erforderlich!

8.5.2 Besonderheiten spezieller Wundarten

8.5.2.1 Platzwunden

- Wunde blutet wenig bis mittelstark,
- unregelmäßige Wundränder,
- Wundklaffen beeinträchtigt die Heilung und führt unbehandelt zu Narbenbildung,

- Erste Hilfe entsprechend der „4 x S“
- umgehende Wundversorgung (Klammern, Nähen) ist angezeigt.

Entsteht bei der Einwirkung stumpfer Gewalt auf wenig gepolsterte Regionen keine Wunde, so ist doch meist eine Blutung in das Unterhautgewebe zu erwarten, die nach kurzer Zeit zur Schwellung („Beule“) und entsprechendem Schmerz führt. Diese Folgen lassen sich wenigstens teilweise verhindern, wenn ein harter, flacher Gegenstand für ca. sieben Minuten fest auf die betreffende Stelle gepreßt wird.

8.5.2.2 Schürfwunden

- Relativ großflächig, unscharf begrenzt,
- oft mehr oder weniger stark verschmutzt,
- meist nur Sickerblutung,
- dadurch erhöhtes Infektionsrisiko,

- siehe „4 x S",
- Tetanusschutz überprüfen!
- keine Salben direkt auf die Wunde aufbringen.

8.5.2.3 Quetsch- und Rißwunden

- Unregelmäßige Wundformen und -ränder,
- Blutung meist nur mäßig stark bis gering,
- meist starke Schmerzen.

- „4 x S",
- ärztliche Betreuung erforderlich (Abklärung möglicher Verletzungen in der Tiefe, Wundversorgung, Tetanusschutz).

8.5.2.4 Schnittwunden

- glatte und gerade Wundränder,
- Schnittiefe häufig unklar, damit Gefahr der Durchtrennung von Sehnen, Gefäßen und Nerven,
- relativ starke Blutungen möglich,
- kleine Wundfläche,
- damit Infektionsrisiko vergleichsweise gering.

- Erste Hilfe entsprechend *„4 x S";*
- bei stärkerer Blutung Druckverband anlegen,
- bei Verdacht auf eine Verletzung tieferliegender Strukturen Ruhigstellung der Extremität in Mittelstellung,
- vor allem bei unklarer Schnittiefe und/oder Schnittlänge über 1 cm ist umgehend ärztliche Betreuung erforderlich.

8.5.2.5 Stichverletzungen

- Kleine Wundöffnung bei möglicherweise tiefem Wundkanal,
- tieferliegende Verletzungen möglich,
- verursachender Gegenstand kann unter Umständen in der Wunde verblieben sein,
- Sonderform ist die Pfählungsverletzung, bei der größere Gegenstände (Skistock, Zaunpfahl, Regenschirm,...) eindringen.

- *„4 x S",*
- bei stärkerer Blutung Hochlagerung des verletzten Körperteils und Druckverband anlegen,
- ärztliche Versorgung organisieren.

Bei verbliebenem Fremdkörper (bei Pfählungen meist der Fall):

- Beruhigend einwirken,
- Rettungsdienst!
- Fremdkörper in der Wunde belassen (falls notwendig für den Transport kürzen); **verbliebene** Fremdkörper (Dolch, Speer, ...) auf keinen Fall herausziehen! Durch den eingedrungenen Gegenstand noch verschlossene Gefäße würden eröffnet.
- Umgebung der Wunde steril abdecken und umpolstern,
- Transport falls unumgänglich liegend; dabei auf die Entlastung des Fremdkörpers achten, so daß keine Verschiebung in der Wunde erfolgen kann,
- Bewußtsein und vitale Funktionen ständig kontrollieren.

Ärztliche Betreuung ist dringend angezeigt und besteht vor allem in der Abklärung möglicher tieferer Verletzungen und gegebenenfalls der operativen Versorgung.

8.5.2.6 Kratz- und Bißwunden

Es können tiefe Wunden entstehen, die mit vielen Erregern infiziert werden. Infektionen mit Tetanus-, Tollwut- und Gasbrandererregern sind möglich. Ärztliche Betreuung ist zur endgültigen Versorgung der Wunden grundsätzlich erforderlich.

8.6 Hitze- und Kälteschäden

8.6.1 Hitzeschäden

Hitzeschäden treten v.a. bei körperlicher Belastung unter ungünstigen thermischen Bedingungen auf, wie:

- hohe Umgebungstemperatur,
- starke Wärmeeinstrahlung (Sonne, andere Strahlungsquellen),
- geringe Luftströmung,
- hohe Luftfeuchtigkeit.

Es kommt zu Flüssigkeits- (bis mehrere Liter) und Mineralverlusten. Letztlich wird der Organismus die lebensnotwendigen minimalen Wasserreserven zuungunsten des Wärmehaushalts schützen: Das Schwitzen wird eingestellt, was dann zu einem raschen Wärmestau führt. Dazu kommt, daß der Kreislauf durch erhöhte periphere Durchblutung die Wärmeabgabe zu verbessern sucht, was wiederum verschlechterte Versorgung der inneren Organe und des Nervensystems zur Folge hat. Die Gefäßweitstellung wird durch Muskelarbeit und/oder Alkohol begünstigt.

Es ist daher dringend angezeigt, den Blutvolumenmangel durch Zufuhr mineralhaltiger Flüssigkeit auszugleichen.

Zeichen von Hitzeschäden sind:

- Rötung der Haut,
- Durst, Kopfschmerzen, Schwindel,
- Herzklopfen, Atembeschleunigung,
- Sehstörungen, Ohrensausen.

Es kann zu

- Hitzekrämpfen der vorwiegend beanspruchten Muskeln (Tetanie),
- Hitzekollaps (Ohnmacht),
- Hitzeerschöpfung mit der Gefahr des
- Hitzschlages

kommen.

Der Ausfall der Wärmeabgabemechanismen (v.a. des Schwitzens) führt durch Wärmestauung schnell zu kritischem Ansteigen der Körpertemperatur. Es kommt zum **Hitzschlag** mit Kreislaufzusammenbruch (schockähnliches Geschehen), Bewußtseinstrübungen als Zeichen für eine Hirnschädigung und Ohnmacht, Atemstörungen. Es besteht Lebensgefahr!

- Flache Lagerung in kühler Umgebung,
- Kleidung öffnen,
- bei Bewußtsein reichlich Trinken von mineralhaltiger Flüssigkeit,
- bei Hitzeerschöpfung Flachlagerung oder Schocklage,
- bei Hitzschlag Oberflächenkühlung durch Wasser oder kalte Umschläge (ggf. Eis) auf Leisten, Achselhöhlen, u.U. Arme und Beine,
- bei Ohnmacht stabile Seitenlage, Freihalten der Atemwege.

Der **Sonnenstich** ist Folge zu starker Sonneneinstrahlung auf den unbedeckten Kopf. Die thermische Reizung des Gehirns und der Hirnhäute bewirken:

- Hochrote Gesichtsfarbe,
- starken Kopfschmerz,
- Nackensteifigkeit infolge Hirnhautschwellung,
- Bewußtseinsstörungen bis Bewußtlosigkeit,
- Schwindel, Übelkeit, Ohrensausen, Unruhe,
- Herzklopfen,
- evtl. Krämpfe.

- Betroffenen in kühle Umgebung bringen!
- Wenn Bewußtsein vorhanden: Oberkörper hochlagern;
- Stirn und Nacken kühlen (feuchtkalte Umschläge, Wasser, Eis ohne direkten Hautkontakt).

Der **Sonnenbrand** ist eine Verbrennung 1. Grades. Betroffen ist davon nur die Oberhaut, die infolge zu langer/intensiver Sonnenbestrahlung entzündliche Reaktionen wie

- Rötung,
- Schwellung und
- Schmerz

zeigt, sich dann aber wieder vollständig regeneriert. Bei großflächigen Verbrennungen können Allgemeinreaktionen wie Frösteln und Fieber eintreten. In Extremfällen kommt es stellenweise auch zu Verbrennungen 2. Grades mit Beteiligung tieferer Hautschichten (Blasenbildung).

- Sonneneinstrahlung meiden!
- wenig bewegen (Schmerz),
- Auskühlung vermeiden (nicht exzessiv im Wasser abkühlen),
- ärztliche Betreuung bei Verbrennungen 1. Grades von mehr als 25 % der Hautoberfläche.

Zur Förderung der Regeneration und um das Austrocknen der Haut zu verhindern, können bei Verbrennungen 1. Grades geeignete Cremes, Öle oder Pantothensäure-Präparate (Salben, Sprays) aufgetragen werden.

8.6.2 Unterkühlung

Leichte Unterkühlungen (bis 35°C Körperkerntemperatur) sind am Kältezittern, an Schmerzen und erhöhter Herz-Kreislauf-Aktivität zu erkennen. Hält der Prozeß der Unterkühlung weiter an, so kommt es zur Dekompensation. Unterkühlungen unter 34°C stellen lebensbedrohliche Zustände dar. Die Wärmeproduktion (Zittern) wird aufgegeben. Die Bewußtseinslage beginnt sich zu trüben und geht allmählich in Bewußtlosigkeit über, Schmerzen lassen nach. Pulsfrequenz, Butdruck und Atmung vermindern sich zusehends. Unter 27°C liegt tiefe Bewußtlosigkeit vor, unterhalb der 25°C ist mit Atemstillstand zu rechnen. Herzversagen tritt ein.

Kritisch ist weniger die Untertemperatur sondern die Wiedererwärmung!

Bei zu schneller Wiedererwärmung besteht die Gefahr des häufig tödlichen Wiedererwärmungsschocks (Verletzten nicht sofort in die Wärme bringen, kein heißes Vollbad)!

- Behutsame Bergung, da Kreislauflabilität;
- bei schweren Unterkühlungen Rettungsdienst rufen, Wiedererwärmung unter ärztlicher Kontrolle;
- Flachlagerung;
- nicht sofort in warmen Raum bringen, Zeit lassen;
- heiße Getränke, sofern klares Bewußtsein vorliegt;
- Schutz vor weiterem Wärmeverlust durch Decken, Folien, u. dgl.;
  - bei leichten Unterkühlungen kommt es zur selbständigen langsamen Wiedererwärmung;
  - bei schwererwiegenden Unterkühlungen durch mäßig warme Brust- und Bauchpackungen (nicht direkt auf die Haut bringen) die nicht mehr vorhandene körpereigene Wärmebildung ersetzen.

8.6.3 Erfrierungen

Leichte Erfrierungen sind an folgenden Zeichen zu erkennen:

- kalte, blasse Haut,
- herabgesetzte taktile und Schmerzsensibilität.

Bei schwereren Erfrierungen treten

- Blasen, Schwellungen
- blassbläuliche Haut
- Gewebsnekrose mit weißer bis schwärzlicher Verfärbung

auf.

Es ist zu beurteilen, ob gleichzeitig eine Unterkühlung vorliegt. Diese hat als unmittelbar lebensbedrohliche Situation Vorrang.

- Bei leichten Erfrierungen Blutzirkulation wieder in Gang setzen (betroffenes Körperteil bewegen, schnelles Armkreisen fördert die Durchblutung der Hände, Reiben, wechselwarme Bäder);

- Erfrierungen mit Gewebeveränderungen lediglich weich umpolstern und Arzt aufsuchen;
- ärztliche Betreuung bei Gewebeveränderungen (Blasen, Verfärbung) angezeigt;

Verboten:

Schnelle Wiedererwärmung und Reiben (mit Schnee) bei schwereren Erfrierungen.

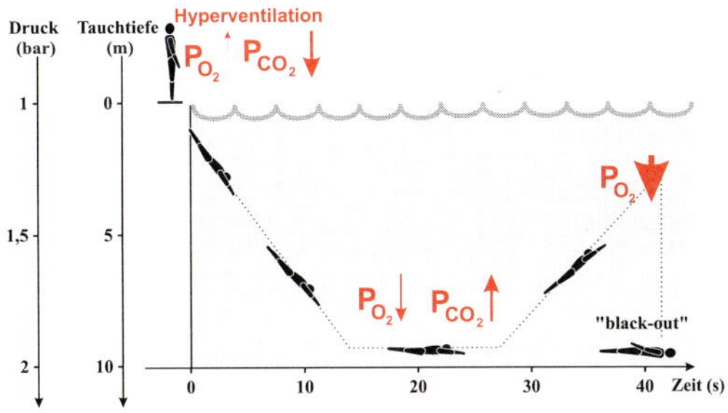

Bild 8.15 Partialdrücke beim Tauchen

8.7 Risiken im Wasser

8.7.1 Ertrinken

- Reanimation: Atemspende und Herzmassage,
- Schutz vor Wärmeverlust,
- Medizinische Hilfe holen!
- Keine Zeit durch Versuche vergeuden, Wasser aus den Lungen zu bringen!
- Nicht zu früh aufgeben, gerade bei niedrigen Wassertemperaturen kann der Organismus länger ohne Sauerstoff überleben. Immer die Reanimation bis zur Übernahme des Verletzten durch den Arzt fortsetzen.

8.7.2 Apnoetauchen nach Hyperventilation

Im sportlichen Ehrgeiz, möglichst lange Strecken unter Luftanhalten (Apnoe) zu tauchen, wird gerne der Effekt der Hyperventilation genutzt. Durch schnelles und tiefes Atmen wird Kohlendioxid vermehrt abgeatmet. Demgegenüber ist die Sauerstoffsättigung des Blutes kaum noch zu erhöhen. Der verminderte CO_2-Partialdruck erlaubt nun längeres Luftanhalten, da der Atemreiz infolge Kohlendioxidanreicherung später einsetzt. Während körperlicher Bewegung unter Wasser kommt es zu Sauerstoffverbrauch, der O_2-Partialdruck nimmt ab (Bild 8.15). Dieser kann unter einen kritischen Bereich fallen, der Bewußtlosigkeit zur Folge hat. Dies wird noch verstärkt, wenn der Sportler aus der Wassertiefe (etwa vom Beckengrund) auftaucht, da dabei der auf den Organismus einwirkende Gesamtdruck und damit auch der PO_2 weiter abnehmen.

- Über die Gefahren des Apnoetauchens nach Hyperventilation aufklären!
- Nach Hyperventilation nur an der Oberfläche tauchen lassen!
- Nur unter Aufsicht von Rettungspersonal tauchen lassen!

8.7.3 Tauchen mit Schnorchel

Schnorchel dürfen nicht verlängert werden!

Dies hätte zwei fatale Folgen:

1. Der Totraum und damit auch das funktionelle Residualvolumen würden künstlich vergrößert, was eine verschlechterte alveoläre O_2-Versorgung bedeutete.
2. Infolge des hydrostatischen Wasserdrucks ergäbe sich ein Druckgefälle zwischen alveolären Kapillaren und der mit der Atmosphäre verbundenen Alveolarluft. Dies kann bereits bei geringer Tiefe zu Gefäßschäden führen. **Emboliegefahr!**

Beim Gerätetauchen sind weitere Risiken zu beachten (Barotrauma, Tiefenrausch, Caisson-Krankheit, ...), die durch spezielle taucherärztliche Betreuung und eine gute Taucherausbildung minimiert werden.

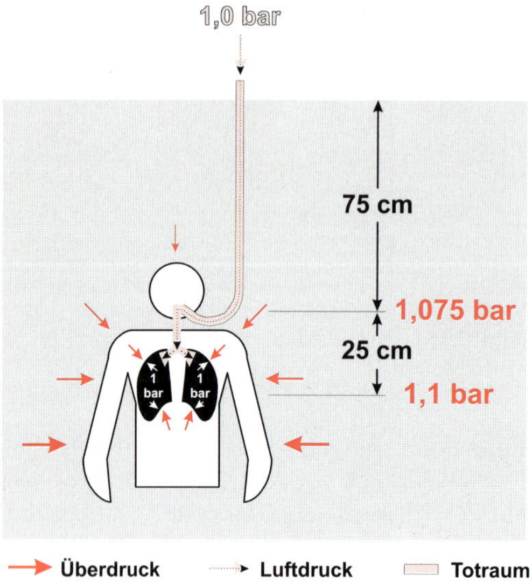

Bild 8.16 Druckverhältnisse und Totraum bei verlängertem Schnorchel

8.8 Risiken in großen Höhen

Durch die hohe Intensität ultravioletter Strahlung kann es zu einer Augenentzündung kommen, die sogenannte **„Schneeblindheit“**. Vorbeugend sollte deshalb eine UV-taugliche dunkle Sonnenbrille getragen werden. Nach eingetretener „Schneeblindheit“ sind die Augen vor Licht zu schützen. Die Erkrankung ist so in der Regel nach einigen Tagen überwunden. Unterstützend wirken vom Arzt gegebene Salben oder Tropfen.

Eine andere in der Höhe mögliche Komplikation stellt die „**Höhenkrankheit**“ dar. Sauerstoffmangel bewirkt eine Hyperventilation, durch die Kohlendioxid verstärkt abgeatmet wird. Folge ist eine Verschiebung des Säure-Basen-Gleichgewichts (respiratorische Alkalose). Die verstärkte Ventilation bewirkt zudem einen erhöhten Wasserverlust. Die beiden Effekte vermindern die ohnehin infolge des geringen Sauerstoffangebots beeinträchtigte Leistungsfähigkeit noch zusätzlich. Neurologische Auffälligkeiten treten auf. Erhöhte Unfallgefahr ist die Folge.

- Bei den ersten Anzeichen ist unverzüglich der Abstieg in tiefere Lagen erforderlich.
- Die Störungen des inneren Milieus sind medikamentös zu behandeln.
- In der Akutsituation kann durch Rückatmen von Kohlendioxid (für einige Atemzüge Plastikbeutel vor Mund und Nase) Besserung erreicht werden.
- Flüssigkeitszufuhr gleicht die Verluste aus bzw. wirkt vorbeugend.
- Bergsteiger nicht aus den Augen lassen! Er kann die Orientierung verlieren.

Literatur

1 Literaturquellen, die für ein vertiefendes Studium empfohlen werden

Ahonen, J., Lahtinen, T. et al.: Sportmedizin und Trainingslehre. Stuttgart New York: Schattauer (1994)

Appenzeller, O.: Sports Medicine. Baltimore München: Urban und Schwarzenberg (1988)

Arnold, A. , Kabisch, D.: Ärztliche Grundlagen der Befreiung vom Sportunterricht. 4.Aufl. Leipzig: Barth (1967)

Autorenkollektiv Kleine Enzyklopädie Leben. 3.Aufl. Leipzig: Bibliographisches Institut (1981)

Autorenkollektiv Wissensspeicher Biologie. Berlin: VEB Volk und Wissen (1981)

Badtke, G., Mudra, I. (Hrsg.): Neuraltherapie Lehrbuch und Atlas. 2. Aufl. Wiesbaden: Ullstein Medical (1998)

Bittmann, F. (Hrsg.): Körperschule. Reinbeck: Rowohlt (1995)

Brauer, B. M., Gottschalk, K.: Sportmedizin von A bis Z. Leipzig Berlin Heidelberg: Barth 1992 (1992)

Butler, D. S.: Mobilisation des Nervensystems. Berlin Heidelberg NewYork: Springer (1994)

Caspers, H.: Zentralnervensystem. In: Keidel, W D: Kurzgefaßtes Lehrbuch der Physiologie. 4. Aufl. Stuttgart: Georg Thieme (1975)

Cooper, K.H.: Bewegungstraining. Frankfurt: Fischer (1974)

Deetjen, P., Speckmann, E. J.: Physiologie. München Wien Baltimore: Urban & Schwarzenberg (1992)

Donath, R., Schüler, K. P.: Ernährung der Sportler. 2. Aufl. Berlin: Sportverlag (1979)

Dosch, J. P.: Lehrbuch der Neuraltherapie nach Huneke. 13. Aufl. Heidelberg: Haug (1989)

Drischel, H., Kirmse, W.: Das okulomotorische System – physiologische und klinische Aspekte. In: Velhagen, K, (Hrsg): Abhandlungen auf dem Gebiete der Augenheilkunde. Band 48. Leipzig: Georg Thieme (1979)

Eder, M., Tilscher, H.: Chirotherapie. Stuttgart: Hippokrates (1988)

Ehlenz, H., Grosser, M., Zimmermann, E.: Krafttraining: Grundlagen -Methoden - Übungen - Leistungssteigerung - Trainingsprogramme. 4. Aufl. München Wien Zürich: BVL (1991)

Ehm, O. F.: Tauchen noch sicherer. Leitfaden der Tauchmedizin. Rüschlikon Zürich Stuttgart Wien: Albert Müller Verlag (1988)

Ehm, O. F. (Hrsg.): Tauchmedizin. Landsberg/Lech: Ecomed (1993)

Fanconi, G.,Wallgren, A.: Lehrbuch der Pädiatrie. Basel-Stuttgart: Schwabe & Co. (1967)

Findeisen, D. G. R., Linke, P.–G., Pickenhain, L.: Grundlagen der Sportmedizin. Leipzig: Barth (1976)

Franke, K.: Traumatologie des Sports. 3. Aufl. , Berlin: VEB Volk und Gesundheit (1986)

Frisch, H.: Programmierte Untersuchung des Bewegungsapparates. 6. Aufl. Berlin Heidelberg New York: Springer (1995)

Frisch, H.: Programmierte Therapie am Bewegungsapparat. Berlin Heidelberg New York: Springer (1995)

Geiger, L.: Überlastungsschäden im Sport. Braunschweig: Vieweg (1992)

Grimm, H.: Grundriß der Konstitutionsbiologie und Anthropometrie. 3. Aufl. Berlin:VEB Volk und Gesundheit (1966)

Gürtler, H.: Allgemeine Prinzipien der Mechanismen der sportlichen Adaptation. Med. u. Sport 22: 34-37 (1982)

Haase, J.: Haltung und Bewegung und ihre spinale Koordination. In: Gauer, O H, Kramer K., Jung, R.: Physiologie des Menschen. Band 14. , München Wien-Baltimore: Urban & Schwarzenberg (1976)

Hamann, A.: Massage in Wort und Bild. 3. Aufl. Berlin: VEB Volk und Gesundheit (1980)

Harre, D.: Trainingslehre. 9. Aufl. Berlin: Sportverlag (1982)

Hartmann, J., Tünnemann, H.: Das große Buch der Kraft. Berlin: Sportverlag (1990)

Hollmann, W. (Hrsg): Lexikon der Sportmedizin. Leipzig: Barth (1995)

Hollmann, W., Hettinger, T.: Sportmedizin - Arbeits- und Trainingsgrundlagen. 3. Aufl. Stuttgart New York: Schattauer (1990)

Hoppenfeld, S.: Klinische Untersuchung der Wirbelsäule und der Extremitäten. Berlin: Volk und Gesundheit (1985)

Israel, S.: Sport mit Senioren. Leipzig: Barth (1995)

Israel, S., Weber, J.: Probleme der Langzeitausdauer im Sport. Leipzig: Barth (1972)

Janda, V.: Muskelfunktionsdiagnostik. Berlin: Ullstein und Mosby (1994)

Karsdorf, G., Kneist, W., Taubert, E.: Gesundheitserziehung., Berlin: VEB Volk und Wissen (1974)

Karsdorf, G., Marcusson, E., Marcusson, H., Neubert, R.: Schulhygiene. Berlin: Volk und Wissen (1967)

Keidel, W. D. (Hrsg.): Kurzgefaßtes Lehrbuch der Physiologie. 3. Aufl. Georg Thieme Stuttgart New York: Georg Thieme (1985)

Klimt, F.: Sportmedizin im Kindes- und Jugendalter. Stuttgart New York: Georg Thieme (1992)

Krauß, H.: Hydrotherapie. Berlin: VEB Volk und Gesundheit (1981)

Küchler, G.: Motorik. Leipzig: VEB Georg Thieme (1983)

Leutert, G.: Systematische und funktionelle Anatomie des Menschen. 5. Aufl. Leipzig: VEB Georg Thieme (1981)

Lenneweh, F.: Die physiologische Entwicklung des Kindes. Berlin: Springer (1959)

Lewit, K.: Manuelle Medizin. 7. Aufl. Leipzig: Barth (1997)

Ludwig, W.: Grundriß der Gesundheitserziehung. Berlin: VEB Volk und Gesundheit (1973)

de Marées, H.: Sportphysiologie. 6. Aufl. Troponwerke (1989)

Markosjan, A.: Probleme der Entwicklungsphysiologie. Moskau: Verlag MIR und Berlin: VEB Volk und Wissen (1978)

Mellerowicz, H.: Ergometrie. München Berlin Wien: Urban & Schwarzenberg (1975)

Moret, P. R., Weber, J., Haissly, J. Cl., Denolin, H.: Lactate. Berlin Heidelberg New York: Springer 1980

Neumann, G., Schüler, K.P.: Sportmedizinische Funktionsdiagnostik. 2. Aufl. Leipzig: Barth (1994)

Oehmisch, W.: Die Entwicklung der Körpermaße bei Kindern und Jugendlichen in der Deutschen Demokratischen Republik. Auswertung der Ergebnisse von Messungen im Jahre 1967. Berlin: Dt. Akad. f. Ärztl. Fortbildg. (1970)

Oeken, F. W., Wilke, J.: Hör- und Gleichgewichtsorgan. Sportmedizinische Schriftenreihe. Band 4. Leipzig: Barth (1969)

Pansold, B., Roth,, W. et al.: Die Laktatleistungskurve - ein Grundprinzip sportmedizinischer Leistungsdiagnostik. Med Sport 22:107 - 112 (1982)

Pischinger, A.: Das System der Grundregulation. Heidelberg: Haug (1988)

Rapoport, S. M.: Medizinische Biochemie. 8. Aufl. Berlin: Volk und Gesundheit (1983)

Reindell, H., Klepzig, H., Steim, H.: Herz-Kreislauf-Krankheiten und Sport. München: Barth (1960)

Richter, K., Becke, H.: Akupunktur-Tradition, Theorie, Praxis. 2. Aufl. Berlin: Ullstein & Mosby (1992)

Rüdiger, W.: Der Gesichtssinn - neurophysiologische Grundlagen. In: Bausteine der modernen Physiologie. Leipzig: Georg Thieme (1982)

Rüdiger, W.: Lehrbuch der Physiologie. 3. Aufl. Berlin: Volk und Gesundheit (1978)

Sachse, J.: Massage. Berlin: Ullstein & Mosby (1992)

Sachse, J.: Manuelle Untersuchung und Mobilisation der Extremitätengelenke. Berlin: Volk und Gesundheit (1991)

Sachse, J., Schildt-Rudloff, K.: Manuelle Untersuchung und Mobilisation der Wirbelsäule. Berlin: Ullstein & Mosby (1989)

Schadé, J. P.: (1973) Die Funktion des Nervensystems. 3. Aufl. Jena: VEB Gustav Fischer 1973

Schmidt, H.: Orthopädie im Sport. In: Sportmedizinische Schriftenreihe. Band 8. 2. Aufl. Leipzig: Barth (1983)

Schmidt, R. F., Thews, G. (Hrsg): Physiologie des Menschen. 25. Aufl. Berlin Heidelberg New York: Springer (1993)

Schmidtke, H.: Die Ermüdung. Bern Stuttgart: Huber (1965)

Schnabel, G., Harre, D., Borde, A. (Hrsg): Trainigswissenschaft. Berlin: Sportverlag (1994)

Schneider, W., Spring, H., Tritschler, T.: Beweglichkeit: Theorie und Praxis. Stuttgart New York: Georg Thieme (1989)

Schubert, E.: Grundriß der Physiologie des Menschen. Berlin: VEB Volk und Gesundheit (1983)

Simonson, E.: Physiology of Work Capacity and Fatigue. Springfield: Thomas (1971)

Schulte, K. L.: (Hrsg.) Kardiales Risiko beim Sport. Darmstadt: Steinkopff (1991)

Seithel, R. (Hrsg.): Neuraltherapie. Band 1: 1983, Band 2: 1984, Band 3: 1985. Stuttgart: Hippokrates

Smirnow, K. M.: Sportphysiologie. Berlin: VEB Volk und Gesundheit (1974)

Sologub, E. B.: Elektroenzephalografische Untersuchungen über die Entwicklung des Trainingszustandes bei Sportlern. In: Anpassungsmechanismen an sportliche Belastungen. Sportmedizinische Schriftenreihe. Band 20. Leipzig: Barth (1982)

Sommer, K. (Hrsg.): Der Mensch. Anatomie, Physiologie, Ontogenie. 7. Aufl. Berlin: Volk und Wissen (1984)

Steinbrück, K. (Hrsg.): Sportverletzungen und Überlastungsschäden. Wehr: Ciba-Geigy (1992)

Steiniger, U., Theile, H.: Funktionsdiagnostik im Kindesalter. Leipzig: VEB Georg Thieme (1974)

Strauzenberg, S. E. u. a.: Sportmedizin. Leipzig: Barth (1990)

Suchenwirth, R.: Taschenbuch der klinischen Neurologie. Jena: Gustav Fischer (1975)

Tammeling, G. J., Quanjer. P. H.: Physiologie der Atmung. 1980 (1. Teil) 1984 (2. Teil). Biberach a. d. Riss: Thomae (1980)

Tanner, J. M.: Wachstum und Reifung des Menschen. Stuttgart: Georg Thieme (1962)

Thieß, G., Schnabel, G., Baumann, R.: Training von A bis Z. Berlin: Sportverlag (1980)

Tittel, K.: Beschreibende und funktionelle Anatomie des Menschen. 12. Aufl. Jena: Gustav Fischer (1994)

Tittel, K., Arndt, K. H., Hollmann, W. (Hrsg.): Sportmedizin gestern- heute - morgen. Leipzig Berlin Heidelberg: Barth (1993)

Tittel, K., Wutscherk, H.: Sportanthropometrie. Leipzig: Barth (1972)

Weicker, H., Strobel, G.: Sportmedizin. Biochemische-physiologische Grundlagen und ihre sportartspezifische Bedeutung. Stuttgart Jena New York: Fischer (1994)

Weineck, J.: Sportanatomie. Erlangen: Perimed (1991)

Weineck, J.: Optimales Training: Leistungsphysiologische Trainingslehre unter besonderer Berücksichtigung des Kinder- und Jugendtrainings. 8. Aufl. Balingen: Perimed (1994)

Wiesinger, H.: Entwicklungsphysiologie des Kindes. Berlin Göttingen Heidelberg: Springer (1964)

Winter, R.: Die motorische Entwicklung des Menschen von der Geburt bis ins hohe Alter. in: Meinel, K., Schnabel, G.: Bewegungslehre. Berlin: Volk und Wissen (1977)

Wolf, H. D.: Neurophysiologische Aspekte des Bewegungssystems. 3. Aufl. Berlin: Springer (1996)

Zerbst, E., Dittberner, K. H.: Analyse der Informationsaufnahme und -verarbeitung durch biologische Rezeptoren. In: Fortschritte der experimentellen und theoretischen Biophysik. Leipzig: Georg Thieme (1973)

2 Literaturquellen, aus denen für einzelne Kapitel Zusatzinformationen gewonnen werden können

Kapitel 1

Autorenkollektiv Wissensspeicher Biologie. Berlin: Volk und Wissen (1981)

Badtke, G., Mudra, I. (Hrsg.): Neuraltherapie Lehrbuch und Atlas. 2. Aufl. Wiesbaden: Ullstein Medical (1998)

Dosch, J. P.: Lehrbuch der Neuraltherapie nach Huneke. 13. Aufl. Heidelberg: Haug (1989)

Gürtler, H.: Allgemeine Prinzipien der Mechanismen der sportlichen Adaptation. Med. u. Sport 22: 34-37 (1982)

Keidel, W. D. (Hrsg): Kurzgefaßtes Lehrbuch der Physiologie. 3. Aufl. Stuttgart New York: Georg Thieme (1985)

Pischinger, A.: Das System der Grundregulation. Heidelberg: Haug (1988)

Thieß, G., Schnabel. G., Baumann, R.: Training von A bis Z. Berlin: Sportverlag (1980)

Tittel, K.: Beschreibende und funktionelle Anatomie des Menschen. 12. Aufl. Jena: Gustav Fischer (1994)

Kapitel 2

Deetjen, P., Speckmann, E. J.: Physiologie. München Wien Baltimore: Urban & Schwarzenberg (1992)

Findeisen, D. G. R., Linke, P.–G., Pickenhain, L.: Grundlagen der Sportmedizin. Leipzig: Barth (1976)

Hollmann, W. (Hrsg): Lexikon der Sportmedizin. Leipzig: Barth (1995)

Janda, V.: Manuelle Funktionsdiagnostik. 3. Aufl. Berlin: Ullstein & Mosby (1994)

Keidel, W. D. (Hrsg): Kurzgefaßtes Lehrbuch der Physiologie. 3. Aufl. Stuttgart New York: Georg Thieme (1985)

Küchler, G.: Motorik. Leipzig: Georg Thieme (1983)

Leutert, G: Systematische und funktionelle Anatomie des Menschen. 5. Aufl. Leipzig: Georg Thieme (1981)

de Marées, H.: Sportphysiologie. 6. Aufl. Troponwerke (1989)

Moret, P. R., Weber, J., Haissly, J. Cl., Denolin, H.: Lactate. Berlin Heidelberg New York: Springer (1980)

Pansold, B., Roth, W. et al: Die Laktatleistungskurve – ein Grundprinzip sportmedizinischer Leistungsdiagnostik. Med u Sport 22: 107-112 (1982)

Pischinger, A.: Das System der Grundregulation. Heidelberg: Haug (1988)

Rapoport, S. M.: Medizinische Biochemie. 8. Aufl. Berlin: Volk und Gesundheit (1983)

Richter, K., Becke, H.: Akupunktur-Tradition, Theorie, Praxis. 2. Aufl. Berlin: Ullstein Mosby (1992)

Rüdiger, W.: Lehrbuch der Physiologie. 3. Aufl. Berlin: Volk und Gesundheit (1978)

Seithel, R. (Hrsg.): Neuraltherapie. Band 1: 1983, Band 2: 1984, Band 3: (1985) Stuttgart: Hippokrates

Ullrich, K., Gollhofer, A.: Physiologische Aspekte und Effektivität unterschiedlicher Dehnmethoden. Dt Z Sportmed 45:336-345 (1994)

Weicker, H., Strobel, G.: Sportmedizin. Biochemische-physiologische Grundlagen und ihre sportartspezifische Bedeutung. Stuttgart Jena New York: Gustav Fischer (1994)

Kapitel 3

Almeling, M., Böhm, F., Welslau, W.: Handbuch der Tauch- und Hyperbarmedizin. Landsberg: Ecomed (1997)

Brügger, A. Die Erkrankungen des Bewegungsapparates und seines Nervensystems. 2. Aufl. Stuttgart New York: Gustav Fischer (1980)

Bühlmann, A. A.: Tauchmedizin. 4. Aufl. Berlin Heidelberg: Springer (1996)

Bundschuh, G., Schneeweiss, B., Bräuer, H. (Hrsg): Lexikon der Immunologie. 2. Aufl. Medical Service München (1992)

Deetjen, P., Speckmann, E. J. (Hrsg): Physiologie. 3. Aufl. München Wien Baltimore: Urban & Schwarzenberg (1992)

Donike, M., Rauth, S.: Dopingkontrollen. Köln: Bundesinstitut für Sportwissenschaft (1988)

Ehm, O. F.: Tauchen noch sicherer. Leitfaden der Tauchmedizin. Rüschlikon-Zürich. Stuttgart. Wien: Albert Müller (1988)

Gabriel, H. et al: Infektionen und Sport. Dt Z Sportmed. 46: 73 ff (1995)

Giebel, W.: Urologische Diagnostik bei Sporttreibenden. Leipzig : Barth (1992)

Giebel, W., Arnold, W.: Sexuologische Probleme bei querschnittsgelähmten Patienten. Beitr Orthop Taumatol 30:266-278 (1983)

Großmann, P.: Pädiatrische Nephrologie. Leipzig: Georg Thieme (1970)

Haas, R., Amberg, S. C.: Physiologie - Kurzlehrbuch zum Gegenstandskatalog. 12. Aufl. Neckarsulm-Stuttgart: Jungjohann (1992)

Häcker, R., de Marées, (Hrsg): Hormonelle Regulation und psychophysische Belastung im Leistungssport. Köln: Deutscher Ärzteverlag (1991)

Janda, V.: Manuelle Muskelfunktionsdignostik. Berlin: Ullstein Mosby (1994)

Kaden, R.: Potenzstörungen in der andrologischen Praxis. Z Hautkrank 51:679-685 (1976)

Keidel, W. D. (Hrsg): Kurzgefaßtes Lehrbuch der Physiologie. 3. Aufl. Stuttgart - New York: Georg Thieme (1985)

Klinge, R., Silbernagel, S.: Lehrbuch der Physiologie. 2. Aufl. Stuttgart New York: Georg Thieme (1996)

Kramarz, S.: Leistungssport und Immunsystem. Dt Z Sportmed 48: 448-451 (1997)

Kuprian, W. (Hrsg): Sport-Physiotherapie. 2. Aufl. Stuttgart New York: Gustav Fischer (1990)

Lösel, H.: Die Bedeutung des Hörens und des Sehens im Schießsport. Internationaler Kongreß der Sportmedizin. Moskau 1990. Hrsg UIT-Generalsekretariat München (1990)

Märker, K.: Frau und Sport. Leipzig: Barth (1983)

Marconnet, P., Poortmans, J., Hermansen, L.: Physiological chemistry of training and detraining. Basel: S. Karger (1984)

Mester, J.: Diagnostik von Wahrnehmung und Koordination im Sport. Schorndorf: Karl Hofmann (1988)

Müller, G. M.: Stellung phagozytierender Zellen in der Infektabwehr und bei entzündlichen degenerativen Erkrankungen. Med aktuell 16: 368-370 (1990)

Neumann, G., Schneeweiss, U., Findeisen, D. G. R.: Neuere immunologische Aspekte der Raumfahrtmedizin. Med u Sport 26:231-237 (1986)

Oeken, F. W., Wilke, J.: Hör- und Gleichgewichtsorgan. Leipzig: Barth (1969)

Peter, H. H.: Immunsystem und Infektanfälligkeit. Dt Z Sportmed 37: 348-355 (1986)

Renström, P. A. F. (Hrsg): Sportverletzungen und Überlastungsschaden: Prävention, Therapie, Rehabilitation. Köln: Deutscher Ärzte-Verlag

Rockstroh, H.: Das Lebensschicksal der Einnierigen. Berlin: Volk und Gesundheit (1967)

Stange, G.: Funktionsprüfungen der Hör- und Gleichgewichtssinne. Stuttgart New York: Georg Thieme (1993)

Stegemann, J.: Leistungsphysiologie - Physiologische Grundlagen der Arbeit und des Sports. 3. Aufl. Stuttgart New York: Georg Thieme (1984)

Stickl, H.: Sport, Immunität und Infektion. Dt Z Sportmed 42: 28-33 (1991)

Strauzenberg, S. E., Gürtler, H., Hannemann, D., Tittel, K. (Hrsg): Sportmedizin. Leipzig: Barth (1990)

Sturm, A., Wetzel, S. E., Groser, K. D.: Grundbegriffe der Inneren Medizin. Studienausgabe. 13. Aufl. Stuttgart. New York: Gustav Fischer (1984)

Ten Bruggencate, G., Creutzfeld, O., Dedel, J. et al: Allgemeine Neurophysiologie. 3. Aufl. München Wien Baltimore: Urban & Schwarzenberg (1980)

Tiedt, N., Zwiener, U.: Taschenbuch der Pathophysiologie. Jena: Gustav Fischer (1982)

Tünnemann, H.: Biologische Grundlagen Teil 3. Deutsche Hochschule für Körperkultur Leipzig. 4. Aufl. (1989)

Kapitel 4

Bar-Or, O.: Die Praxis der Sportmedizin in der Kinderheilkunde. Berlin Heidelberg New York London Paris Tokyo: Springer (1991)

Baur, J., Braeutigam, M. (Hrsg): Bewegungswelt von Kindern und Jugendlichen. Schondorf: Hofmann (1989)

Crasselt, W., Forchel, I., Stemmler, R.: Zur körperlichen Entwicklung der Schuljugend in der Deutschen Demokratischen Republik. Leipzig: Barth (1985)

Grosser, M., Brüggemann, P., Zintl, F.: Leistungssteuerung in Training und Wettkampf. München Wien Zürich: BLV Verlagsgesellschaft (1986)

Hebbelinck, M., Borms, J.: Körperliches Wachstum und Leistungsfähigkeit bei Schulkindern. 2. Aufl. Leipzig: Barth (1989)

Hesse, V., Jaeger, U., Kromeyer, K., Zellner, K. et al.: Aktualisierte Wachstumsdaten (Körperhöhe und Körpergewicht) 0-16jähriger Kinder (Jenaer Studien). Klinische Medizin 45, 3: 1121-1125 (1990)

Hettinger, Th.: Isometrisches Muskeltraining. Stuttgart: Georg Thieme (1968)

Hollmann, W. (Hrsg): Lexikon der Sportmedizin. Heidelberg Leipzig: Barth (1995)

Hollmann, W., Bouchard, C., Heckenrath, G.: Die Leistungsentwicklung des Kindes und Jugendlichen unter besonderer Berücksichtigung des biologischen Alters. Ärztl Jugendkde 58: 198-203 (1967)

Hollmann, W., Bouchard, C.: Untersuchung über die Beziehung zwischen chronologischem und biologischem Alter zu spiroergometrischen Meßgrößen , Herzvolumen, anthropometrischen Daten und Skelettmuskelkraft bei 8- bis 18jährigen Jugendlichen. Z Kreislaufforsch 59: 160-176 (1970)

Hollmann, W., Hettinger, Th.: Sportmedizin – Arbeits- und Trainingsgrundlagen. 2. Aufl. Stuttgart New York: Schattauer (1990)

Klimt, F.: Herz, Kreislauf und Sport. Ein Repetitorium. Teil I, II, III. Universität Marburg (1990)

Klimt, F.: Sportmedizin im Kindes- und Jugendalter.Stuttgart New York: Schattauer (1992)

Koinzer, K: Energetischer Metabolismus und dessen hormonelle Steuerung bei Kindern und Jugendlichen während Ausdauerbelastungen. Med u Sport 27, 7: 208-211 (1987)

Koinzer, K.: Dynamics of submaximal aerobic capacity in childhood and adolescence on the biological development. International Journal of Sports Medicine. Supplement 1 Vol., 17 . S. 49. Stuttgart New York: Georg Thieme (1996)

Koinzer, K., Krüger, U.: Die Altersspezifik von Anpassungen an physische Belastungen. Med u Sport 22: 82-85 (1982)

Kurowski, T. T.: Anaerobic power of children from ages 9 through 15 years. M. Sc. Thesis, Florida State University (1977)

Lenneweh, F.: Die physiologische Entwicklung des Kindes. Berlin: Springer (1959)

Markosjan, A.: Probleme der Entwicklungsphysiologie. Berlin: Volk und Wissen (1978)

Prokop, L: Kinder-Sportmedizin.Stuttgart New York: Gustav Fischer (1986)

Rusch, H., Weineck. J.: Sportförderunterricht. 4. Aufl. Schondorf: Hofmann (1992)

Scharschmidt, F., Grossmann, G., Israel. S.: Zur Entwicklung von Anpassungserscheinungen bei sporttreibenden Kindern im Laufe von 3 Jahren. Ärztl Jugendkde 65: 21-30 (1974)

Schleusing, G., Luther, Th.: Spiroergometrische Normwerte bei Kindern und Jugendlichen. Med u Sport 9: 226-231 (1969)

Tanner, J. M.: Wachstum und Reifung des Menschen. Stuttgart: Georg Thieme (1962)

Kapitel 5

Ahonen, J., Lahtinen, T., Sandström, M., Pogliani, G., Wirhed, R.: Sportmedizin und Trainingslehre.Stuttgart New York: Schattauer (1994)

Brauer, B. M., Gottschalk, K. (Hrsg): Sportmedizin von A bis Z Heidelberg Leipzig: Hüthig, J. A. Barth (UTB für Wissenschaft) (1996)

Hollmann, W.: Sportmedizin: Arbeits- und Trainingsgrundlagen. 3. Aufl. Stuttgart New York: Schattauer (1990)

Janda, V.: Manuelle Muskelfunktionsdignostik. Berlin: Ullstein und Mosby (1994)

Klimt, F.: Sportmedizin im Kindes- und Jugendalter. Stuttgart New York: Georg Thieme (1992)

Kuprian, W. (Hrsg): Sport-Physiotherapie. 2. Aufl. Stuttgart New York: Gustav Fischer (1990)

Renström, P. A. (Hrsg): Sportverletzungen und Überlastungsschaden: Prävention, Therapie, Rehabilitation. Köln: Deutscher Ärzte-Verlag (1997)

Schnabel, G., Harre, D., Borde, A. (Hrsg): Trainingswissenschaft. Berlin: Sportverlag (1994)

Ullrich, K., Gollhofer, A.: Physiologische Aspekte und Effektivität unterschiedlicher Dehnmethoden. Dt Z Sportmed 45, 9:336-345 (1994)

Weicker, H.: Sportmedizin: biochemisch-physiologische Grundlagen und ihre sportartspezifische Bedeutung. Stuttgart Jena New York: Gustav Fischer (1994)

Weineck, J.: Optimales Training: Leistungsphysiologische Trainingslehre unter besonderer Berücksichtigung des Kinder- und Jugendtrainings. 8. Aufl. Balingen: Perimed (1994)

Kapitel 6

ACSM's Guidelines for Exercise Testing and Prescription (American College of Sports Medicine) Baltimore Philadelphia Hong Kong London München Sydney Tokio: Williams et Wilkins (1995)

Balke, B., Faulkner, J., Daniels, J. T.: Maximum performance capacity at sea level and at moderate altitude before and after training at altitude. Schweiz. Z Sportmed. 14: 100-116 (1966)

Bar-Or, O,: Die Praxis der Sportmedizin in der Kinderheilkunde. Berlin Heidelberg New York London Paris Tokyo: Springer (1991)

Bittmann, F., Badtke, G.: Beitrag zur funktionellen Diagnostik des Stütz- und Bewegungssystems in der jugendärztlichen Tätigkeit. Ärztl Jugendkd 81, 4: 269-275 (1990)

Clasing, D., Weicker, D. H., Böning, D. (Hrsg): Stellenwert der Laktatbestimmungen in der Leistungsdiagnostik. Stuttgart Jena New York: Gustav Fischer (1994)

Conconi, F., Ferrari, M., Ziglio, P. G. et al.: Determination of the anaerobic threshold by an invasive field test in runners. J Appl Physiol 52: 869-873 (1982)

Conrad, K.: Der Konstitutionstypus. Berlin Göttingen Heidelberg: Springer (1963)

Greulich, W. W., Pyle, S. I.: Radiographic Atlas of Skeletal Development of Hand and Wrist. 2nd edition Califonia: Standford University Press (1959)

Hebbelinck, M., Borms, J.: Körperliches Wachstum und Leistungsfähigkeit bei Schulkindern. Leipzig: Barth (1989)

Israel, S.: Körpernormen bei Kindern aus sportmedizinischer Sicht. Theor u Prax Körperkult 32: 43-48 (1983)

Israel, S.: Sportmedizinische Positionen zu Leistungsprüfverfahren im Sport. Theor u Prax Körperkult 27: 831-836 (1978)

Hollmann, W., Hettinger, Th.: Sportmedizin – Arbeits- und Trainingsgrundlagen. 3. Auflage Stuttgart New York: Schattauer (1990)

Koinzer, K.: Methodische Untersuchungen zur herzfrequenzgesteuerten Fahrradergometerbelastung im Kindesalter. Med u Sport 17, 8: 254-262 (1977)

Kretschmer, E.: Körperbau und Charakter. Berlin: Springer (1967)

Lewit, K.: Manuelle Medizin. 7. Aufl. Leipzig: Barth (1997)

Lenneweh, F.: Die physiologische Entwicklung des Kindes. Berlin: Springer (1959)

Martin, R., Saller, K.: Lehrbuch der Anthropometrie. Stuttgart: Gustav Fischer (1959)

Medved, R.: Beitrag zur Bestimmung des biologischen Alters. Med u Sport 2: 141-144 (1962)

Mellerowicz, H.: Ergometrie, Grundriß der medizinischen Leistungsmessung. München: Urban & Schwarzenberg (1979)

Mellerowicz, H., Franz, W.: Standardisierung und Methodik in der Ergometrie. Erlangen: perimed (1981)

Neumann, G., Schüler, K. P.: Sportmedizinische Funktionsdiagnostik. 2. Aufl. Heidelberg Leipzig: Barth (1994)

Pansold, B., Roth, W., Zinner, J., Hasart, E., Gabriel, B.: Die Laktat-Leistungs-Kurve - ein Grundprinzip sportmedizinischer Leistungsdiagnostik. Med u Sport 22, 4: 107-112 (1982)

Prader, A., Largo, R. H., Molinari, L., Issler, C.: Physical growth of Swiss children from birth to 20 years of age. Helvetica Paediatrica Acta Suppl. 52, Vol. 43 , Nr. 5/6 (1988)

Rost, R., Hollmann, W.: Belastungsuntersuchung in der Praxis. Stuttgart New York: Georg Thieme (1982)

Schmid, F., Moll, H.: Atlas der normalen und pathologischen Handskelettentwicklung. Berlin: Springer (1960)

Schwidetzky, L.: Eine Typenformel für die Reifungsstufen. Z menschl Vererb u Konstit Lehre 30: 86-90 (1950)

Sheldon, W. E., Stevens, S. S., Tucker, W. B.: The Varieties of Human Physique. New York London: Harper u. Brothers (1940)

Strömgren, E.: Über anthropometrische Indices zur Unterscheidung von Körperbautypen. Neurol 159: 75-81 (1937)

Tanner, J. M.: Wachstum und Reifung des Menschen. Stuttgart: Georg Thieme (1962)

Tanner, J. M.,. Whitehouse, R. H., Cameron, N. et al.: Assessement of Skeletal Maturity and Prediction of Adult Height. (TW 2 Metod) New York: Academic Press (1983)

Tittel, K., Wutscherk, H.: Sportanthropometrie. Leipzig: Barth (1972)

Tittel, K., Wutscherk, H.: Anthropometrische Meßverfahren zur Bestimmung der Beziehungen zwischen Körperbaumerkmalen und sportlicher Leistungsfähigkeit. Ther u Prax Körperkult 23: 137-158 (1974)

Wehr, M.: Praktische Elektrokardiographie und Elektrophysiologie des Herzens. Stuttgart-New York: Gustav Fischer (1988)

Wutscherk, H.: Grundlagen der Sportanthropometrie. Studienmaterial. DHfK Leipzig (1981)

Zeller, W.: Entwicklung und Körperform der Knaben und Mädchen von 14 Jahren. Berlin: Schoetz (1939)

Kapitel 7

Arnold, K., Lang, E.: Schule und Gesundheitserziehung. Pädadog Rundschau 4: 435 (1986)

Autorenkollektiv Methodik des Sportunterrichts. Berlin: Volk und Wissen (1973)

Balz, E.: Sport und Gesundheit. Sportwissenschaft 22: 257 (1992)

Bogdahn, A.: Vorschläge zur Planung und Vorbereitung einer Sportstunde bei Unterrichtsbesichtigungen durch den Fachberater. Sportunterricht 41, 10: 408-412 (1992)

Deutsche Norm:

+ Aufbereitung und Desinfektion von Schwimm- und Badebeckenwasser (DIN 19643). Normausschuß Wasserwesen im DIN (1984) Berlin: Beuth

+ Schulbau: Bautechnische Anforderungen (DIN 58125)

+ Innenraumbeleuchtung mit Tageslicht (DIN 5043)

+ Sporthallen; Hallen für Turnen, Spiele und Mehrzwecknutzung; Grundsätze für Planung und Bau. DIN 18032 T 1 - 6. Herausgeber: Normenausschuß Bauwesen im DIN Deutsches Institut für Normung e.V.; Fachnormenausschuß Lichttechnik im DIN. (1989) Berlin: Beuth GmbH

Diekershoff, K. H., Hamacher, W., Kliemt, G., Sträter, J.: Analyse von Schülerunfällen - Unfallschwerpunkte und Unfalltypen. Schriftenreihe der BAGUV zur Theorie und Praxis der Unfallverhütung und Sicherheitserziehung in Schulen und Kindergärten (1984)

Dietrich, W.: Intensivierung des Turnunterrichts durch Zusatzaufgaben. S. 18 f. Berlin: Volk und Wissen (1964)

Drenkow, E.: Betrachtungen zu pädagogischen Leitlinien des Sportunterrichts. Körpererziehung 41, 6: 225-232 (1991)

Dörnbrack, Chr., Jesella, E.: Zu Arbeitssicherheit und Unfallverhütung in der Schule.

Teil I. Körpererziehung 41, 2/3:112-115, Teil II. Körpererziehung 41,4:161 -165, Teil III. Körpererziehung 41,5: 209 - 212 (1991)

Farhang, G., Hirtz, P.: Den Sportunterricht bewegungsaktiv und belastungswirksam gestalten, dargestellt am Stoffgebiet Leichtathletik. Körpererziehung 37, 4: 155-162 (1987)

Frey, G., Hildenbrandt, E.: Gesundheitsförderung durch Schulsport aus trainingspädagogischer Sicht. Sportunterricht 37, 12: 451-459 (1988)

Fröhlich, R.: Unfallgeschehen und Affektlabilität im Jugendalter - Betrachtungen über einen Sturz vom Schwebebalken mit tödlichem Ausgang während des Sportunterrichtes. Ärztl Jugendkde 63: 32-34 (1972)

Gesetz zur Verhütung und Bekämpfung übertragbarer Krankheiten beim Menschen (Bundes-Seuchengesetz) vom 18 12.1979. BGBl. I, 1979, S. 2263

Grössing, St.: Gesundheit als Ziel und Inhalt der Ausbildung des Leibeserziehers. In: S. Redl (Red): Gesundheitserziehung. Wien (1988)

Grossmann, G., Greiner, E., Liebetrau, B.: Hygienische Probleme in Turnhallen. Med u Sport 16, 10: 340-344 (1976)

Grupe, O.: Leibeserziehung und Erziehung zum Wohlbefinden. Sportwissenschaft 6: 355 (1976)

Hauer, J., Wrzesinsky, U.: Analyse der Belastungsgestaltung im Sportuntericht der Unterstufe. Theorie und Praxis der Körperkultur. 32 Beiheft 1: 63 ff (1983)

Hübner, H., Mirbach, A.: Ein Umdenken ist möglich. Studie zum Unfallgeschehen im Schulsport erbringt neue Einsichten. Sportunterricht 41: 313-314 (1992)

Hüttmann, H.: Das Erfolgsmodell. Pluspunkt 12. 4: 6-7 (1987)

Hundeloh, H.: Analyse des Unfallgeschehens im Schulsport. In: Landesinstitut für Schule und Weiterbildung (Hrsg.): Mehr Sicherheit im Schulsport, Teil I: Grundhandreichung. S.66-74 Soest (1987)

Ilg, H., Knappe, W.: Zur Belastungsregulierung im Sportunterricht. Körpererziehung 27 , 8/9: 371-384 (1977)

Informationssystem Kommunales Bauen. Kommunale Sport-, Spiel- und Freizeitanlagen Band 2. 6. Aufl. Celle: Heinze (1990)

Kemeny, P.: Sportunfälle in allgemeinbildenden Schulen. Eine statistische Untersuchung zum Schülerunfallgeschehen im Schulsport. BAGUV-Schriftenreihe zur Theorie und Praxis der Unfallverhütung und Sicherheitserziehung in Schulen und Kindergärten. München (1983)

Kemeny, P.: Die Entwicklung der Unfallhäufigkeiten im Schulsport. In: Sportpädagogik 12, 5: 6-9 (1988)

Kemeny, P., Rothmeier, F.: Die Entwicklung der altersspezifischen Unfallhäufigkeiten an allgemeinbildenden Schulen. BAGUV-Schriftenreihe zu Theorie und Praxis der Unfallverhütung und Sicherheitserziehung in Schulen und Kindergärten. München (1985)

Kienel, H.: Die Aufsichtspflicht. Situationen aus dem Schulalltag. Heinsberg: Dieck (1985)

Köhler, H.: Zur Planung und Regulierung der Ausdauerbelastung im Sportunterricht. Körpererziehung 26 , 12: 558-565 (1976)

Koinzer, K.: Kriterien der sportlichen Belastbarkeit im Kindes- und Jugendalter. Z ärztl Fortbild 79: 927-931 (1985)

KOK-Richtlinien für den Bäderbau. Hrsg.: Koordinierungskreis Bäder (Deutsche Gesellschaft für das Badewesen/Deutscher Schwimm-Verband/Deutscher Sportbund)

Kurz, D.: Der spezielle Beitrag des Schulsports zur Gesundheitserziehung. „Schulsport und Gesundheit" SIL Rheinland-Pfalz (1985)

Pahlke, U.: Herzfrequenz und Belastungsintensität bei Ausdauerübungen im Kindesalter. Körpererziehung 29, 12: 551-553 (1979)

Pfefferkorn, A.: Jugendärztliche Kontrolle von Schulturnhallen auf hygienische Mindestforderungen am Beispiel des Kreises Hohenmölsen. Ärztl Jugendkde 63: 334 – 343 (1972)

Rechts-ABC für Lehrerinnen und Lehrer Neuwied Darmstadt: Hermann Luchterhand Verlag (1987)

Rechtssichere Organisation der Aufsichtspflícht während des Unterrichts. Pluspunkt. Wiesbaden

Riederer, H., Kuchenbecker, R., Rompe, G.: Motorische Entwicklung, Haltungsschwächen und Sozialisationsbedingungen. Schorndorf: Hofmann (1986)

Röthig, P., Prohl, R.: Gesundheit als Bildungsproblem des Sports. Sportwissenschaft 22: 172 (1992)

Rompe, H. D.: Körperliche Belastung beim Schulsport aus der Sicht des Arztes. Dt Z Sportmed 42, 3: 117-120 (1991)

Rompe, G., Rieder, H., Klumpp, H.: Grenzen der Unfallforschung im Sport. Dt Z Sportmed 8: 222-226 (1981)

Rümmle, E.: Sicherheit fängt bei der Planung an. Sportpädagogik 12, 5: 49-53 (1988)

Schriftenreihe „Sicherheit im Schulsport" des Bundesverbandes der Unfallversicherungsträger der öffentlichen Hand e.V. - BAGUV, Fachgruppe „Schulsport":

Heft 1: Unfallverhütung beim Gerätturnen (GUV 57.1.14),

Heft 2: Minitrampolin (GUV 57.1.15),

Heft 3: Unfallverhütung beim Handball (GUV 57.1.21),

Heft 4: Richtiger Einsatz von Matten (GUV 57.1.28),

Heft 5: Sicherheit von Sportgeräten und Einrichtungen in Sporthallen (GUV 57.1.31),

Heft 6: Kondition und Sicherheit im Schulsport (GUV 57.1.34).

Grundausstattung von Turnhallen (GUV 16.5.),

Allgemeine Anforderungen (GUV 0.1),

Richtlinien für Schulen: Bau und Ausrüstung (GUV 163),

Bodenbeläge für naßbelastete Barfußbereiche (GUV 26.17)

Schwarz, V.: Entwicklung biologischer Leistungsvoraussetzungen bei Jungen und Mädchen unter besonderer Berücksichtigung des Herzfrequenzverhaltens im Sportunterricht der Mittelstufe. Theorie und Praxis der Körperkultur. 34, 2: 93 ff. (1985)

Sicherer Schulsport - Unfallforschung im Schulsport BAGUV München (1989)

Statistik-Info zum Schülerunfallgeschehen 1991. Bundesverband der Unfallversicherungsträger der öffentlichen Hand, 1992

Staupe, J.: Schulrecht von A - Z. Beck-Rechtsberater. München: Deutscher Taschenbuch Verlag (1988)

Stibbe, G.: Brauchen wir eine Neuorientierung des Schulsports ? Sportunterricht 41, 11: 454-462 (1992)

Thate, H.: Wie erfolgreiche Sportlehrer die Belastung gestalten und differenziert arbeiten. Körpererziehung 37, 8/9: 347-353 (1987)

Trebels, A. H.. Wagnis und Sicherheit. Sportpädagogik 12, 5: 25-27 (1988)

Vieweg, K.: Der Schülerunfall - Rechtsfragen für den Lehrer. Sportunterricht 1: 17-21 (1980)

Völker. K.: Sportmedizinische Aspekte des Sportunterrichts in der Primarstufe. Sportunterricht. 38, 4: 125-128 (1989)

Zander, J.: Körperliche Belastung beim Schulsport aus pädagogischer Sicht. Dt Z Sportmed 42: 114-117 (1991)

Zeuner, A.: Untersuchungen zur Realisierung der Bildungsziele des Lehrplanteils Leichtathletik der Klassen 5, 6 und 8 - Stand, Ursachen, Lösungsvarianten. Potsdam Dissertation (1974)

Kapitel 8

ARAG (Hrsg): Sicherheit im Sport. Materialreihe zur Unfallverhütung in verschiedenen Sportarten. ARAG Allg. Vers. AG, Yorckstraße 21, Düsseldorf

Basner, B., de Marées, H.: Fahrrad- und Straßenverkehrstüchtigkeit von Grundschülern. In: Gesundheitsschutz in Schule und Beruf Bd. 1. Hrsg.: Gemeindeunfallversicherungsverband (GUVV) Westfalen-Lippe (1993)

Böhmer, R., Merz, Th., Schneider, Th., Wolcke, B. (Hrsg.): Taschenatlas Rettungsdienst. 2. Aufl. Mainz: Böhmer und Merz (1996)

Bundesverband der Unfallversicherungsträger der öffentlichen Hand e.V. (Hrsg.): Sicherheit im Schulsport. Schriftenreihe seit 1982

Dann, K., Boldrino, C., Kristen, K.-H., Ring, G.: Verletzungsrisiko und Risikofaktoren beim Snowboarden. TW SPORT + MEDIZIN 3: 128 ff (1997)

van Eimeren, W., Biehl, G., Tuluweit, K.: Therapie traumatisch verursachter Schwellungen. Stuttgart New York: Georg Thieme (1994)

Feldmeier, Ch.: Das stumpfe Trauma im Sport. München: Zenon Medizinverlag GmbH

Gorschewsky, O., Goertzen, M., Zollinger, H.: Snowboardverletzungen. Dt Z Sportmed 45, 3: 109-112 (1994)

Jerosch, J., Heidjan, J., Thorwesten, L.: Inline Skating - Hohes Verletzungsrisiko minimieren! TW SPORT + MEDIZIN 3: 118 ff. (1997)

Malteser-Hilfsdienst e.V. (Hrsg.): Erste Hilfe - Erkennen, Beurteilen, Handeln. 4. Aufl. Material der Deutschen Lebens-Rettungs-Gesellschaft (DLRG). Bad Nenndorf (1997)

Mirbach, A.: Schulsportunfälle an allgemeinbildenden Schulen in Westfalen-Lippe. In: Gesundheitsschutz in Schule und Beruf. Bd. 6. Hrsg.: Gemeindeunfallversicherungsverband (GUVV) Westfalen-Lippe (1995)

Schlünsen, C.: Brandungssurfen und Bungee Jumping aus Sicht der Sportmedizin. TW SPORT + MEDIZIN 3: 133 ff. (1997)

Stahl, Ch. (Hrsg): Sportschäden und Sportverletzungen beim Laufen. Landsberg: ecomed (1992)

Steinbrück, K. (Hrsg): Sportverletzungen und Überlastungsschäden - Prävention, Diagnostik, Therapie, Rehabilitation. Wehr: CIBA-GEIGY (1992)

Stichwortverzeichnis